U0017218

羅馬帝國衰亡史

The History of
the Decline and Fall of
the Roman Empire

【精選本】

愛德華‧吉朋
Edward Gibbon

席代岳——譯

愛德華・吉朋像

目 次

吉朋序

余擇定主題，戮力以赴，容有不當之處，尚請見諒，然述史乃藏諸名山之事，絕不敢譁眾取寵，曉曉不休，有瀆諸君清聽。值此《羅馬帝國衰亡史》首卷出版之際，就余著述之構想，聊為數語。

偉哉羅馬，舉世所譽，經此變革，雖毀猶榮，僅將千三百年之衰亡，區分三期以述之。

其一起於圖拉真至安東尼家族當政，帝國之勢力與威望臻於鼎盛，難免日中則昃之危，覆滅西部帝國雖為日耳曼與錫西厄蠻族，亦為歐洲現代文明國家之先世，變局之劇烈直至羅馬之權勢為哥德之君王取代而後已，結束之期當為六世紀初葉。

其二概述查士丁尼即位，明法教戰，復興東羅馬帝國之基業；及於倫巴底人入侵意大利，阿拉伯人征服亞非兩洲之行省，伊斯蘭教之崛起與傳播，君士坦丁堡之內憂外患，查理曼大帝建立日耳曼神聖羅馬帝國，時為公元八百年左右。

其三歷時最長，達六個半世紀，首述西部帝國重建，迄君士坦丁堡失陷於土耳其人，墮落之王朝遭受絕滅之命運，語言與習俗承古代羅馬之餘蔭，唯其統治僅限於一城耳，述史難免涉及十字軍之盛衰，希臘帝國慘遭蹂躪之始末，且余出於癖好，不免爬梳中世紀羅馬之前塵往事。

余將首卷倉卒付梓，差錯在所難免，勉力完成開宗明義之前部，要將安東尼至西羅馬帝國覆亡，作一完整之述著，必以第二卷不為功。後續各卷僅存奢望，成敗不敢斷言，欲照構想行事，治古代史與現代史為一體，則有待上蒼厚愛，賜余多年之健康、閒暇與堅毅耳。

愛德華・吉朋述於倫敦本廷克街
1776年2月1日

譯者說明
精選本緣起

　　聯經出版公司在2003年出版《羅馬帝國衰亡史》六冊全譯本，過了幾年發行人林載爵先生，為了使本書擴大閱讀的層面，嘉惠沒有充分時間或購買能力欠佳的讀者，希望我再編一本精選本，當時我正在全力翻譯《希臘羅馬英豪列傳》和《蒲魯塔克札記》兩部書，沒有時間從事這項有意義的工作。2017年6月底，我與林載爵發行人見面，林先生提到十年以前這段往事，認為現在這是我補救的機會，何況他當仁不讓要履行一個出版者應盡的責任，便促成了這次精選本的出版。

受到宗教、普世道德觀影響的各語文版本

　　刪節本或精選本有兩種型式和功能：一種是篇幅太長內容太多進行的刪節和精選；據說英文的刪節本就有六種之多，我在1975年購得梅寅生譯的《羅馬帝國衰亡史》刪節本，原文的編者是摩西・海達斯（Moses Hadas），這是我第一次接觸到吉朋的名著；1998年左右讀到商務印書館出版羅（D. M. Low）的《羅馬帝國衰亡史》一卷刪節本的中文譯本，這部書給我很大的啟示和幫助，就是因為當時的大陸和台灣沒有中文的全譯本，才不自量力投身這份極其艱困的工作，還有1970年休・特雷費─羅珀（Hugh Trevor-Roper）的一卷刪節本；日文也有幾個刪節本，我見過2003年蕭逢年先生譯的日文刪節本；此外各種語文的刪節本更是不勝枚舉。

　　另外一種是因內容不妥所做的刪節，我在明尼蘇達大學圖書館看到一部共三冊的《羅馬帝國衰亡史》刪節本，十九世紀的天主教和基督教，都將吉朋的著作和他本人視為洪水猛獸和無恥文人，只是《羅馬帝國衰亡史》的名聲太過響亮，教會無法制止不讓人接觸，為了適合教徒和年輕人的閱讀，將原著當中與教義不合或攻擊教會的章節全部刪除，還有一些用字不雅涉及強暴荒淫的段落，也都清除殆盡，特別是第四十七章第二節海帕蒂婭（Hypatia）被殺的情節，塗抹得毫無痕跡；看來是真對西方啟蒙時代以來自由開放思潮的絕大諷刺。

本書三大主題：文明社會、蠻族入侵、宗教信仰

我對本書的編纂採用紀事本末的體裁，把分散的材料按時間的先後加以集中敘述，兼有編年和紀傳的優點，詳於記事便於閱讀，要想得知史跡的原因結果以為鑑往知來之用，非以事為主體不可。本書一共安排二十八個主題，唯一與我國歷朝幾本「紀事本末史書」不同之處，在於每個主題的範圍極其龐大，內容包羅萬象，即使寫成一本專書都綽綽有餘，現在只能列舉犖犖大端，難免有遺珠之憾。我認為本書的主題有三個重點：第一是文明社會，也就是羅馬帝國的政治、經濟、軍事、文化和生活塑造各方面的綜合研究，第二是蠻族入侵，包括蠻族的區分，入侵的方式和時程、遷移和定居、重大戰爭影響、權力的篡奪和帝國的滅亡等；第三是宗教信仰，主要是討論基督教的建立、發展的過程、異瑞和分裂、政教爭執、伊斯蘭教興起、十字軍東征等。本書所擬定的二十八個重大事件當中，屬於第一類有十六個，第二類有九個，第三類有七個，而且前三冊到西羅馬滅亡有十四個主題，後三冊有同樣的數目，使得內容和分布的狀況達成平衡。

結構安排——篇幅、章節、注釋

刪節本或精選本的編排各人都有不同的著眼；文字有的冗長有的濃縮、取材有的繁複有的簡潔、編年有的零亂有的忽略，章節有的面面俱到，有的形成重點；我認為精選本的架構和文字至少要保持原作篇幅的三分之一，否則史實的敘述就會交代不清，嚴謹的體裁變得支離破碎、優美的文字缺乏宏偉氣勢。同時精選本的編排應以一冊為準，這樣才能減低售價和便於攜帶。再則精選本會在若干章節或段落造成斷層，人、時、地、事的關係無法貫連，閱讀起來有時不知來龍去脈，加上版面有限，注釋都已刪除，對於內容的了解更加困難，所以個人認為精選本在於讓讀者無須花太多的時間，可以獲得整體的印象和主要的情節，要想深入研究，還得費更大的工夫去讀全譯本。

文句堅持——去除英式語法

本書在二十世紀獲得定評是「文重於史」，「文學傑作」的名氣已經勝過「史學鉅著」，譯者感受的壓力在於如何表達出文學的特質和美感，特別是中文要體現的流暢、優雅和博大。所以再參照原文進行謹慎的修訂，更正譯文的錯訛和脫漏，舉凡西式用語，諸如：但是、雖然；若干表示時態的子句「當……時

候」、以後、以前、被動式和被動語氣、所有格代名詞等等，盡量加以刪除。原文的段落非常冗長，本次修訂再加以細分，更能吻合現代人的閱讀習慣。即使每頁頁底的注釋全部刪除，特別重要的說明文字也用括弧列在本文內頁，一目了然。

目次修訂 —— 強調主要歷史事件

精選本的章節使用文字鮮明的標題和編年，讀者只要先瀏覽卷首的目次，就可以大致明瞭主要的內容。在這二十八個主題當中，像是「顛覆西羅馬」、「西歐的雛形」、「哥德人共主」、「拜占庭英雄」、「查理曼加冕」、「阿拉伯先知」、「東歐的曙光」這幾章，是由原書單獨一章中摘錄編成，刪去多餘的節次和文字，讓敘述的內容能夠脈絡一貫，情節的發展保持氣勢暢通，其餘十九章由原書多數章節合併而成，內容的取捨很難兼顧簡潔的需要，前後的連接讓人產生突兀之感，讀者必須保留想像的空間。全譯本六冊在時間的安排上是前緊後鬆，然而後三冊幾個膾炙人口的章節，像是查理曼的加冕、穆罕默德的傳教和對外的征戰、十字軍東征、蒙古和韃靼帝國相繼崛起，精選本都有完整的敘述，尤其是最後描述君士坦丁堡被圍和陷落的生動情節，讓人低首沉思有不勝歔歟之感。

精選說明 —— 與全譯本對照

全譯本六冊共有七十一章，約為二百萬字（不包括前言、注釋、索引和辭彙），精選本編為二十六章；刪除較多的部分是在第二冊的第十九、第二十四、二十五和二十六這四章，內容是君士坦丁諸子的爭執、朱理安的登基、施政、進軍和陣亡、華倫提尼安的在位、遊牧民族的發展和哥德人的勝利等；第三冊是第三十二、第三十三和三十七等三章，內容是東羅馬皇帝阿卡狄斯和政教的爭執、霍諾流斯的亡故和汪達爾人入侵北非，以及阿萊亞斯教派的興亡；第四冊是第四十二、四十三、四十五和四十七等四章，內容是突厥的興起、波斯的戰爭、托提拉的哥德王國、和巴比倫人的狀況以及教會的發展等；第五冊是四十八、五十一、五十六和五十七等四章，內容是東羅馬王朝的傳承、阿拉伯人征服波斯、敘利亞、埃及、阿非利加（今日的利比亞西部和突尼西亞）和西班牙、意大利和西西里的王國、塞爾柱土耳其人的起源以及東帝國的狀況等；第六冊的六十九、七十、七十一等三章，內容只寫十二到十七世紀長征的景況。刪除這些項目主要在於敘述的零亂和資料的分散，很難形成獨立的主題，還有就是重要性和獨特性在

對比之下稍嫌不足。

這裡特別要提到原書第十五章〈基督教的發展及早期教會的風格、作為、數量和狀況〉和十六章〈從尼祿當政到君士坦丁統一天下，羅馬當局在此一時期對基督教的作為〉，很多刪節本都全部採用不刪一字。那是因為這兩章在歐美的宗教界引起很大的爭論所致，教會人士對吉朋指責的重點有二：一是沿用自古以來無信仰者對教會惡意攻擊的模式，譁眾取寵，了無新意；二是別具用心，選用不實材料，竄改歷史文獻，喪失公正的學術立場。吉朋在1779年針對似是而非的攻訐，寫了一篇〈羅馬帝國衰亡史第十五章和十六章若干文段的答辯〉，總算平息眾怒，等到後面五卷出版，裡面涉及「政教之爭」及「伊斯蘭教」，引起軒然大波，直到二十世紀初期，批評和譴責仍未中止。精選本與基督教有關的主題計有「基督教興起」、「信仰與異端」、「叛教的皇帝」和「十字軍東征」等四章。我對這部分的刪節所持的立場，就是盡量保留史實有關的部分，至於神學方面的問題，很難做出正確的評估和深入的探討，只有捨而不用予以刪除，這點要請讀者諒解。

席代岳

前言
偉大的帝國

　　羅馬帝國的偉大不在於擴張疆域，迅速贏得征戰的勝利。當前俄羅斯的領土最為廣大，占有世界上大部分荒漠地區。想起古老的年代，亞歷山大大帝越過海倫斯坡（Hellespont）海峽不到七年的工夫，戰勝印度在海法西斯（Hyphasis）河畔修建馬其頓紀念碑。等到中世紀來臨，所向無敵的成吉思汗和蒙古的君王，運用燒殺搶掠的作戰方式，從東邊的中國向西征戰，直達埃及和日耳曼邊界，一個世紀內建立為時短暫的龐大帝國。羅馬強權靠著無數世代的經營，憑藉智慧和經驗建立穩固的基業。圖拉真和安東尼努斯時代，帝國所屬各行省，經由法律獲得統一，藉著藝術增添光彩，已經完全降服再無異心。委派的地方官員雖然偶爾作威作福，一般而論施政作為還是理性、簡樸而且利民。行省人民可以信奉祖先的宗教，有關市民的榮譽和權益，大致提升到與征服者平等的地位。

　　公元二世紀，羅馬帝國據有世界最富饒美好的區域，掌握人類最進步發達的文明。自古以來聲名不墜紀律嚴明的勇士，防衛疆域遼闊的邊界。法律和習俗雖然溫和適用，卻能發揮巨大的影響力量，逐漸將各行省融合成為生命共同體。享受太平歲月的居民，盡情揮霍先人遺留的財富和榮光，共和體制的莊嚴形象，從外表看來受到尊敬和推崇，國家主權似乎仍舊掌握在元老院手中，實際上執政治國的職責已經全部授給皇帝。大約八十年的太平盛世，聶爾瓦（Nerva）、圖拉真（Trajan）、哈德良（Hadrian）和先後兩位安東尼努斯（Antoninus）皇帝，他們均能以才治國，以德撫人。自從馬可斯·奧理流斯（Marcus Aurelius）崩殂以後，國勢如江河之日下，陵夷滿目以至於萬劫不復，重大變革當前世界各國記憶猶新。

1 奧古斯都在位時期的羅馬帝國

　　羅馬對外重大的征討作戰，均在共和時期完成。後繼各朝皇帝一般而論都能秉持元老院的政策，對於歷代執政官發揮旺盛的企圖心，領導尚武精神的市民贏得的領土，大致都能感到滿足。羅馬建國最初七百年，蓋世的武功獲致應接不暇

的勝利，待到奧古斯都（Augustus）當政，
開始放棄吞併世界的雄心，運用穩健作風
主導政策，持盈保泰的精神在公眾會議
當中表露無遺。出於稟賦和環境的影
響，奧古斯都養成愛好和平的習性，
不難發覺羅馬已經處於巔峰狀態，雖
然毋須畏懼戰爭，更不必把一切軍國
大事全部訴諸武力解決。況且遠征行
動的艱苦情勢與日俱增，使得勝敗未
能預料，戰爭導致的後果，帶來愈多
的動亂與更少的利益。奧古斯都有豐富
的用兵經驗，更能印證持之以恆的看法，
經過深思熟慮的評估，確信以審慎的作風，
對於無法制服的蠻族只要稍做羈絆，仍能維
護羅馬的安全和尊嚴，所以不必讓屬下的臣
民和軍隊，冒著帕提亞人（Parthians）的矢石

奧古斯都，寶石浮雕半身像。

再度交鋒，寧願簽訂保持顏面的條約，讓對方歸還克拉蘇（Crassus）失去的鷹
幟和被俘的官兵。

　　奧古斯都當政初期，作為積極的將領要把衣索匹亞（Aethiopia）和阿拉伯‧
菲力克斯（Arabia Felix）納入版圖，他們千里迢迢行軍到達南部熱帶地區，嚴
酷的天候擊敗入侵的羅馬軍隊，僻遠地區不諳戰爭的土著免於刀兵的災禍。歐洲
北部的國家並不值得勞師動眾，日耳曼的森林和沼澤地帶，居住孔武有力的蠻
族，他們為了自由寧願捨棄生命，最早和羅馬人初次接觸，似乎會屈服在軍團的
優勢武力之下，等到背水一戰卻又能奮勇求勝，不惜犧牲重獲獨立自主。奧古斯
都感到氣數和態勢的變化難以預料，帶來慘痛的結局一直耿耿於懷。皇帝崩殂以
後，遺囑在元老院公開宣讀，給繼位者留下極珍貴的指示。羅馬帝國疆域西到大
西洋、北至萊茵河和多瑙河、東以幼發拉底河為界、南方是阿拉伯和阿非利加的
沙漠，要把大自然的地理限制當作永久的防線和邊界。

　　人性好逸惡勞，原本無可厚非，明智的奧古斯都提出懷柔政策，之所以會為
後來的皇帝全盤接受，還是心存畏懼及惡習纏身所致。最初幾位當政者不是一味
追求奢華和荒淫的享樂，就是暴虐無道殘民以逞，很少視導部隊和巡幸行省。雖
然自己怠惰忽略武事，又怕驍勇善戰的部將作戰凱旋，功高震主篡奪帝座，所以

把建立事功當成對君權的無禮侵犯。每一位羅馬將領率軍在外，都小心翼翼以守土為職責所在，不願大動干戈征討蠻族，以免惹來殺身之禍。

2 羅馬帝國趨向衰亡的主要因素

身處登峰造極無上盛世的人士，要想從安逸享樂的環境，發覺潛在的衰亡腐敗因素，根本是不可能的事。長久以來天下太平無事，加上羅馬政府重視傳統，慢慢使得帝國受到毒害，喪失原有的活力，於是人們的心智逐漸降到低劣的水平，天才的火花逐漸熄滅，就連尚武精神全都消失無遺。

歐洲的土著生性勇武、體格強壯，西班牙、高盧、不列顛和伊里利孔給軍團提供優秀的士兵，這才是君主體制的實際力量。他們強調個人的勇敢，要在戰場奮不顧身。至於市民所應具備的大勇，靠著擁護獨立自由、重視民族榮譽、不畏強權威脅和習於領導統御等要件，需要經過長期培養而成，在奴隸和蠻族身上完全付之闕如。羅馬人只有接受君王憑一己之私制定的法律和任命的總督，並將帝國的防衛交付傭兵手中。想當年共和時期英勇善戰的指揮官，他們的子孫汲汲謀求地位和階級，進取的精神用在宮廷和皇帝的旗幟下面。失去政治力量或缺乏團結合作遭到疏離的行省，不知不覺沉淪在毫無生氣和冷漠的私利氣氛之中。

須知哈德良和安東尼努斯的臣民喜愛文學，流行的趨勢與太平的歲月和高雅的生活有密切關係。在位的皇帝本人也是孜孜不倦的飽學之士，所以整個帝國受到風氣的感染，不列顛最北邊的部落人民也變得出口成章。荷馬（Homer）和魏吉爾（Virgil）的作品，在萊茵河和多瑙河地區，當地人士爭相抄錄誦讀不絕，就是辭意不清的二流文章也大受讚賞。希臘人在物理學和天文學有極高的成就，托勒密（Ptolemy）的觀察紀錄和格倫（Galen）的醫學著作，都有人深入的研究，找出其中的謬誤加以訂正。可惜前所未見的太平盛世，竟沒有出現一位統領風騷的人物，要是不提盧西安（Lucian）華麗絕倫的詩作，真還無法超邁前賢的文采。柏拉圖（Plato）、亞里斯多德（Aristotle）、季諾（Zeno）和伊庇鳩魯（Epecurus）望重士林，執文壇的牛耳。他們創建的學派為門人弟子全盤接受逐代流傳，後生小子難以衝破無形的藩籬，只好局限心智在前人的窠臼之內。詩人和辯士尋章摘句的詞藻，無法激起熊熊的烈火，只被人們不帶絲毫感情的抄襲模仿。要是有人膽敢打破成見自立門戶，將會視為背離法統和正道受到杯葛。

經過很長時期的沉寂直到文藝復興，民族之間的競爭帶來新的宗教和語文，年輕的世界充滿青春活潑的想像力，才喚醒歐洲的天才人物。就拿羅馬行省的屬

民來說，接受外國的制式教育，矯揉做作的意念怎麼能與古人的豪邁相比，不像他們的祖先使用自己的語文，可以表現真正的情感，獲得至高的榮譽。吟遊詩人的姓名已經遭到遺忘，辯士的地位為法庭的律師占據，一大群評論家、編纂家和注釋家把整個文壇搞得烏煙瘴氣，天才殞滅的結果是趣味日趨低級。

　　不久以後，地位崇高的隆柴努斯（Longinus）仍然保持古代雅典名士的風範。那時他住在敘利亞女王季諾碧亞的宮廷，見到當代人物情操卑劣、武德敗壞、才氣墮落，心中極為悲痛，不無感慨地說道：「孩童的手腳受到不當的禁錮，長大就變成畸形的殘廢。如同我們脆弱的心靈為偏見和習慣所奴役，失去正常發展的方向，無法獲得至聖先賢偉大的聲譽，不像古人生活在為民所有的政府治理之下，呼吸自由開放的空氣，隨心所欲寫出他們的作品。」設若我們能夠體會委婉的比喻，知道人類就古代的標準而言已經日趨矮小。羅馬世界到後來全是一群侏儒，等到北方凶狠的巨漢破門而入，才會改善退化和虛弱的品種。當他們重新恢復大丈夫氣概的自由精神，經歷十個世紀的變革，藝術和科學才得以成長茁壯。

第一章
帝國的傳承（98-180 年）

1 懷柔政策對外的征戰

帝國初期唯一增加的行省是不列顛。繼承帝位者只有在這件事上面，追隨朱理烏斯‧凱撒（Gaius Julius Caesar）的作為，沒有遵從奧古斯都的訓諭。不列顛與高盧海岸貼近，似乎時時在召喚軍隊入侵，盛產珍珠的誘人傳聞，更引發他們的貪婪野心。龐大的島嶼雖然被視為孤懸海外、隔絕封閉的世界，用兵的方略倒是與大陸作戰沒有多大差別。長達四十年的戰爭，是由最愚蠢無知的皇帝開啟戰端，最荒淫無道的皇帝繼續支持，到最怯懦膽小的皇帝手中宣告終止（是指克勞狄斯〔Claudius〕、尼祿〔Nero〕和圖密善〔Domitian〕三位皇帝）。獲得的結局是大部分土地降服羅馬的統治。不列顛的各部族雖然英勇善戰，但缺乏領導人物，再加上生性自由不羈，沒有團結合作的精神，他們拿起武器作戰雖勇猛絕倫，經常反覆多變，時而棄械向敵投降，時而各族兵戎相見，最後的下場是各自為戰，難逃逐一受征服的命運。卡拉塔庫斯（Caractacus）堅忍不屈的屢敗屢戰；波迪西亞（Boadicea）不惜犧牲的報仇消恨；德魯伊（Druids）教徒宗教狂熱下的前仆後繼，都無法阻止羅馬大軍長驅直入，不能改變整個國家遭受奴役的後果。

當時的羅馬皇帝有的懦弱退縮，有的墮落殘暴，率軍在外的將領，都能維護國家的尊嚴。圖密善皇帝在位時期，羅馬的軍團在阿格瑞寇拉（Agricola）指揮之下，擊敗卡里多尼亞人（Caledonians）在格拉比亞（Grampian）山丘集結的隊伍；艦隊從事前所未有的海上探險，克服各種危難環島展示羅馬的軍威；皇帝自身安居宮中，聽聞軍中傳來獲勝信息大感驚悸，專閫的主將畏懼朝廷的構陷，不列顛的征討只有草草結束。原來在阿格瑞寇拉的計畫裡面，可以將愛爾蘭輕易納入版圖，就他的意見看來，只要一個軍團以及少數的協防軍就能達成任務。占領西部的島嶼非常具有價值，不列顛人舉目四顧，自由已經毫無指望，就會束手就縛。

阿格瑞寇拉建立優異的功勳，遭到解除統治不列顛的職務，平定蠻族的計

畫即使再周全也只有放棄。處事審慎的將軍在離職以前，為了保障領土安全，採取必要的預防措施。他平時觀察不列顛有兩個相對的海灣，整個島嶼分成大小不相等的區塊，就是現在所稱的蘇格蘭河口灣，在越過這段狹窄的頸部大約有四十哩距離之處，他派駐軍部署一道防線。安東尼努斯・庇烏斯（Antoninus Pius）即位，石塊砌成堅固的基礎，上面覆蓋草皮成為壁壘，增強全線防禦能力，「安東尼邊牆」，距離現在的愛丁堡和格拉斯哥不遠，長久以來成為羅馬行省的界線。

安東尼努斯・庇烏斯。

土著卡里多尼亞人在島的極北部，過著狂野無羈自由自在的生活，並不是由於他們英勇過人，因為貧窮落後不值得討伐。他們屢次向南進犯遭到擊退，損失很多人馬，這片鄉土從未降服。羅馬人擁有世上氣候最溫和、物產最富饒的地區，對這塊冬季的暴風雪吹襲的陰鬱山丘、藍色煙霧籠罩下若隱若現的湖泊、遍布陰冷而孤立的石南樹叢地區，嗤之以鼻不屑一顧，任憑居住的赤裸蠻族在森林裡面獵取麋鹿。

以上所述是從奧古斯都逝世到圖拉真即位期間，邊界的狀況和帝國的大政方針。圖拉真是位品德高尚、作為積極的國家元首，他接受嚴格的軍事教育，具備統御指揮大軍的才能，要把先帝規劃的和平構想暫時擱置，開始連年的用兵和征戰。軍團在望眼欲穿以後，又等到皇帝御駕親征。首先討伐的對象就是好戰成性的達西亞人（Dacians），他們的居地越過多瑙河，圖密善當政時期曾經毫無顧忌侮辱羅馬帝國的尊嚴。這是一支孔武有力、凶狠殘暴的蠻族，深信靈魂不滅和輪迴往生，所以作戰奮不顧身視死如歸。

達西亞的國王底西帕拉斯（Decebalus）與圖拉真旗鼓相當，後來戰至精疲

底西帕拉斯之死。

力竭羅掘俱窮，雖然不至於讓自己和全族同歸於盡，卻也不輕言向敵人俯首認輸。這是一場值得刻碑立石的戰爭，除了短暫休兵，停止敵對行動，戰爭延續五年之久，直到皇帝不顧一切投入全國人力物力，才使得蠻族完全降服。獲得周長一千三百哩的達西亞行省，等於增加很長的國境線，這是違反奧古斯都遺言的第二次行動。現在帝國在東北方自然形成的邊界，是聶斯特河（Dniester）、特斯河（Teyss）或稱提比斯庫斯河（Tibiscus），下多瑙河和黑海一線。軍用道路沿著多瑙河河岸到鄰接的班德爾（Bender）地區，仍然可以看出當年遺留的古蹟。班德爾在現代歷史上很有名氣，形成土耳其和俄羅斯兩大帝國之間的國界。

　　帝國初期幾位皇帝當中圖拉真有繼往開來的氣概。長久以來人類對破壞者的讚譽遠過於創建者，以至於追求戰陣的榮耀，成為君王將相瑕不掩瑜的過失。歷代的詩人和史家對亞歷山大大帝讚不絕口，激起圖拉真要一比高下的萬丈雄心，權勢薰人的羅馬皇帝著手征服東方各國。他為自己的年老低首嘆息，效法馬其頓國王建立舉世無匹的令名已成奢望。雖然圖拉真的成就過於短暫，外表上看起來倒是快捷迅速光輝耀目。帕提亞人因為內爭國勢衰敗，等到大軍壓境不戰而逃，他也就趾高氣揚沿著底格里斯河順流而下，從亞美尼亞（Armenia）的山地直達

波斯灣，成為第一個在遙遠大海航行的羅馬統帥，因而感到沾沾自喜，可惜也是最後一位有此殊榮。他的艦隊蹂躪阿拉伯的海岸，甚至妄想進逼印度國境。

　　元老院每天接到信息，說新的國家和不知名的部落接受羅馬皇帝的統治，大家都驚訝不已。同時傳送正式文書，提到博斯普魯斯（Bosphorus）、柯爾克斯（Colchos）、伊比利亞（Iberia）、阿爾巴尼亞（Albania）和奧斯浩尼（Osrhoene）的國王，甚至帕提亞皇室的成員，都從圖拉真的手裡接受即位的冠冕；米地亞（Media）和卡都齊亞（Carduchia）山地的部落懇求羅馬軍隊的保護；亞美尼亞、美索不達米亞和亞述物產富饒的地區納入版圖，成為帝國的行省。等到圖拉真逝世，明亮的遠景立即黯然失色。值得擔憂的情況，莫過於遙遠地區的國度，一旦失去強有力的控制，就會掙脫強加的枷鎖。

2　後續皇帝的守勢作為

　　根據古老傳說，一位羅馬國王興建卡庇多（Capitol）神廟，地界神特米努斯（Terminus，負責掌管羅馬的疆界，按照習俗用一塊巨石來代表）雖然位階較低，還是拒絕讓位給朱庇特（Jupiter）主神。占卜官提出大家都高興的解釋，由於神祇的強硬態度，徵兆羅馬主權所及的界線絕不退縮。經過多少世代，流傳的預言大致都很靈驗，雖然地界神特米努斯曾經抗拒過朱庇特的神威，現在卻屈服於哈德良的權勢。他繼位以來首先採取的措施，就是放棄圖拉真在東方征戰獲得的利益，幫助帕提亞人恢復推選制度，建立獨立的主權，把駐紮在亞美尼亞、美索不達米亞和亞述的羅馬守備部隊撤走，為了遵守奧古斯都的遺言，再度將幼發拉底河當作帝國的疆界。難免有人要指責他公開的作為和私下的動機，認為完全是嫉妒心作祟，當然哈德良奉行的政策，也是深思熟慮和穩健審慎所得的結果。身為皇帝具有完全矛盾的性格，時而節約儉省，時而慷慨大方，就會讓人產生不必要的疑懼。誠然就他的地位而言，沒有光大先帝卓越的成就，等於有負圖拉真開疆闢土的厚望。

　　圖拉真雄才大略的尚武精神，與繼位者步步為營的穩健作風，形成非常奇特的對比；哈德良孜孜不倦的工作態度，在安東尼努斯‧庇烏斯無為而治的儒雅風範襯托之下，更令人印象深刻。哈德良的一生是永不停息的視導行程，將軍人、政要和學者的才能彙集一身，從帝王職責的踐行當中滿足自己的求知慾，根本不在意季節和天候的狀況，光著頭徒步在冰天雪地的卡里多尼亞行軍，或是跋涉在上埃及的鹽漬平原。他的足跡踏遍整個帝國，所有行省都親臨巡視。安東尼

努斯‧庇烏斯只願留在意大利腹地過著清靜無為的生活，親自執政的期間長達二十三年，和藹可親的君主最遠的行程，不過從羅馬的宮廷到退休後的蘭努維（Lanuvian）莊園（位於羅馬南邊不到30哩）。

縱使個人行事風格有所不同，奧古斯都規劃的制度，倒是為哈德良和兩位安東尼努斯遵奉。他們堅持先帝制定的方針維持帝國的威嚴，卻沒有增加疆域的企圖，採取各種不失大國風度的措施贏得蠻族的友誼，盡力說服其他的民族，讓世人知道羅馬勢力的崛起，不是陷溺於征服的誘惑，而是熱愛秩序和公義。經過四十三年漫長歲月，幾位皇帝相繼的德行感召和辛勞工作，他們的成就贏得萬世的推崇。要是把軍團在邊界微不足道的應戰行動略而不提，哈德良和安東尼努斯在位期間，的確為世界和平帶來美好遠景，羅馬帝國的威名受到最遙遠國家的尊敬，強橫無比的蠻族發生糾紛，也會聽從皇帝公正的仲裁。一位當代史家提到，外國使者懇請入籍成為羅馬臣民，當局認為帝國的尊榮不能輕易授人，因而加以婉拒。

羅馬的武力使人畏懼，皇帝即使推行懷柔政策，一樣能保持尊嚴不容輕視。他們不斷以備戰的狀態保持和平，用正義的要求規範作戰，同時向鄰近國家嚴正宣稱：若要羅馬忍辱雌伏，情願決一死戰。哈德良和老安東尼努斯原來展示軍威的武力，馬可斯‧奧理流斯用以對抗帕提亞人和日耳曼人。蠻族的敵對行動，讓富於哲人信念的君王大動肝火。在一場配合良好的守勢作戰當中，皇帝和所屬將領分別在幼發拉底河和多瑙河兩處戰場贏得重大勝利。羅馬帝國的軍事成就不僅在維護安穩現狀，也在於確保勝利成果。由於這方面受到我們的重視，將成為深入的研究主題。

3 共和末期的政治局面

所謂君主政體就是一個國家把執行法律、徵收稅捐和指揮軍隊的權力交付給一人，且不論此人使用何種名義和頭銜。除非有勇敢警覺的監護人發揮守衛公眾自由的功能，否則大權在握的行政首長就會步上專制政治的後塵。宗教迷信的時代，僧侶可以發揮影響力維護大眾的權利，等到王室和教會建立密切的關係，很少會為人民受到剝奪的自由伸張正義。只有尚武善戰的貴族和堅持信念的市民，擁有武裝的部隊和龐大的財產，可以組成合法的議會，形成制衡的力量，保持憲政的主張，防止別有用心人士的圖謀不軌。

出任笛克推多（Dictator）的官員要是野心勃勃，就會破壞羅馬的民主制

度，廢除為了防範獨裁設置的各種限制。三人執政團（Triumvir）的結果（公元前60年凱撒、龐培和克拉蘇組成第一次三人執政團，公元前43年，屋大維、安東尼和雷比達組成第二次三人執政團），毫不留情摧毀共和國最後的防線。屋大維在阿克興海戰大獲全勝，從而掌握羅馬的命運，他被舅公收為養子繼承凱撒的名號，後來在元老院的阿諛奉承之下，尊稱奧古斯都。羅馬世界偉大的征服者統率四十四個久經戰陣的軍團，深知自己的重兵在握和政府的衰弱無能，經歷二十年殘酷的內戰，習慣於血腥暴力，只有忠心效命凱撒家族，才能獲得豐盛的賞賜。行省長久以來受到共和國官員的百般欺壓，盼望有一強人蕩平亂世收拾殘局，管束魚肉百姓的貪官污吏，解救人民倒懸之苦。

羅馬民眾見到貴族階級的權勢受到貶抑，私心暗自竊喜。他們的欲望不高，僅僅要求裹腹的麵包和公辦的娛樂節目，奧古斯都出手大方能夠充分供應。生活富裕的意大利人一向溫文儒雅，奉行伊庇鳩魯哲學，只圖享受當前的安樂平靜，抱著逃避現實的心理，毫不考慮接踵而來的動亂痛苦。元老院喪失至高無上的尊嚴，擁有的權力如同過眼雲煙，何況很多名門世家已經清除殆盡，共和國擁護者的精神和才華，經過戰場的大肆殺戮和戰敗的公敵宣告（Proscription），完全消失得無影無蹤。一千多位各式各樣的人物，經過計算指定為元老院議員，若干人士到達此一階層，既無權力又未能像前人一般獲得應有的榮譽，無奈之餘深感羞愧。

4 奧古斯都建立的帝國

奧古斯都為了避免被稱為僭主，首要的措施便是重組元老院，同時以國父自居。他當選監察官與忠心耿耿的阿格里帕（Agrippa）一起篩選元老院議員名單。少數人因為犯有惡行和過於頑劣當眾除名，結果使得兩百多位候選人自動退讓，以免遭到驅逐的羞辱。奧古斯都把議員的財產資格提高為一萬英鎊（換算為當代的幣值約為250磅黃金），因而產生一批新的權貴家族。他接受元老院授與「第一公民」（Prince）的榮銜，通常是由監察官頒給服務國家建立勳績的知名人物。他表面上恢復元老院的尊嚴，卻也損害獨立執行權力的功能，一旦行政權凌駕於立法權之上，憲政體制也就陷入萬劫不復的地步。

奧古斯都經過妥善的安排，在元老院的會議發表一篇精心撰寫的演說，擺出愛國的姿態掩飾獨裁的野心：「奧古斯都悔恨過去的作為，要求大家多方體諒。

他所以採取報復行動，完全基於要對慘遭謀殺的養父克盡孝道，即使仁慈的天性能夠約束，有時也會違背嚴峻的法律，只有與兩位不足取的同僚舉兵起事，終於親手得報殺父之仇。要是安東尼活在世上他一定大義滅親，奧古斯都絕不會讓共和國自甘墮落，陷入羅馬叛徒和蠻族女王（克麗奧佩特拉）的手中。現在他已經克盡天職和本分，在此提出莊嚴的宣告，恢復元老院和人民自由擁有的權利。奧古斯都唯一的願望是與同胞長相左右，分享國家的光榮和幸福。」

塔西佗的如椽大筆描繪出在座議員的心緒，主張共和的人士極為震驚，只有追隨他的僚屬深表感動。相信奧古斯都的演說完全出於肺腑，就會自欺欺人對國家帶來危險；若懷疑奧古斯都的說辭，則會讓自己陷於難以自拔的絕境。君主政體與共和政體孰利孰弊，即使深入研究還是眾說紛紜。羅馬城邦目前的發展已經過分龐大，風俗敗壞和軍紀廢弛，使得擁護君主政體的既得利益者，振振有詞提出新的論點。只是對政府的看法為每個人的希望和恐懼所扭曲。

正當大家陷入混亂、莫衷一是之際，元老院的答覆卻是異口同聲，表現出堅定的態度。他們拒絕接受奧古斯都退隱的打算，請求他不要拋棄親手所拯救的共和國。政治技巧高明的行政首長，經過一番謙讓，終於服從元老院的命令，同意以眾所周知的代行執政官（Proconsul）頭銜和大將軍（Imperator）名義，管理各行省的地方政府和統率羅馬的軍隊。他接受的期限定為十年，甚至希望在任期屆滿之前，內戰衝突的創傷已經完全癒合，共和國已恢復原有的體制和活力，不再需要位高權重的行政官員，進行危險的干預。類似的喜劇在奧古斯都的一生不斷上演，使得大家記憶猶新。特別是身為羅馬權勢永垂不朽的君主，每在他統治屆滿十年就要舉行盛大的紀念活動，演變下去成為一種傳統保持到帝國的末期。

羅馬軍隊的將領有專閫之權，對士兵、敵人以及共和國的臣民行使幾近獨裁的權力，這樣做並未違犯憲政的原則。從早期的羅馬開始，為了達成征戰的目標，或者僅是重視軍紀的要求，身為士兵已經毫無自由可言。笛克推多和執政官有權徵集羅馬青年從軍服役，對於拒不聽命或怯懦不前的人員，處置特別嚴厲而且毫不留情面，可以將犯罪者從公民當中除名、或者將他的財產充公，甚至將本人出售為奴。經由波西亞（Porcian）法案和森普羅尼亞（Sempronian）法案獲得的自由權利，雖然神聖不可侵犯，一旦發生軍事行動就全部失效。主將在軍營掌握絕對的生殺大權，不受任何形式的審判和訴訟程序的限制，做成的任何判決要立即執行並不得上訴。抉擇敵對國家的大權操在立法機構手中，是戰是和必須在元老院經過嚴肅的討論做成決定，最後送請人民大會批准。

軍團組成的部隊離開意大利，不論到達多麼遙遠的國土，主將基於個人的

判斷，只要認為有利於國家，就有權指揮部隊用任何方式，對任何種族和對手進行作戰行動；期望獲得凱旋式的榮譽，根本不考慮作為是否合乎正義，僅在意能否得到最後的成功。特別是元老院無法用任免之權加以控制，戰爭勝利的最大用處是使主將能夠為所欲為，肆無忌憚。龐培在東方統兵征戰，有權獎賞部下和盟友、廢除別國的君主、劃分國土疆界、設立殖民區，並且分配米塞瑞達底國王的財富。等到他班師羅馬，元老院和人民大會通過法案，所有在東方的作為全部得到追認。像他這樣對待部下和處置羅馬敵人的權力，共和國的主將從來未曾獲得或擁有。統兵在外的將領同時是被征服行省的總督，成為君

羅馬士兵。

王的化身，可以上馬領軍下馬管民，不僅有司法權和財政權，還將行政和立法大權集於一尊。

國家的事務全部交付給奧古斯都，至於遙遠邊區為數眾多的軍團，不可能全由他親自指揮，就像龐培得到元老院的許可，於是他把統兵的職權授與屬下的將領。高階軍官的地位和職務，看起來好像不低於古時的代行執政官頭銜，只是他們的任免完全仰仗私人關係，得到的職位並不穩固。他們的擢升完全是出於上級的意願，為了感恩起見，要把自己的功績全部歸於長官的提拔。因此他們只是皇

帝派出的代表而已，只有君主才是共和國的統帥，不論是軍事的處置權或部隊的統轄權，延伸到羅馬征服的所有地區。皇帝有時也會將權力授給元老院的成員，這方面的恩典可以滿足元老院的虛榮。皇家的將領常常取得代行執政官或代行法務官的頭銜，軍團通常由元老院下令組成，羅馬騎士階級可以委派的最高職務是埃及的行政長官。

奧古斯都裝出一副被迫接受如此重責大任的模樣，六天之內，他胸有成竹略施小惠，元老院得意忘形沾沾自喜。他諮會元老院的旨意，在於他們雖然已經增大他的權力，然而在緊急狀況之下，有時會不得不越出應有的範圍。何況指揮軍隊和邊區作戰，都是極為吃力的工作，他們又不讓他放下千斤重擔，因此他必須堅持所做的承諾，要讓安定和平的行省恢復文官的治理。行省管轄權的劃分方面，奧古斯都兼顧自己的權力和共和國的尊嚴。元老院派遣代行執政官頭銜的總督，治理亞細亞、希臘和阿非利加，比起皇帝以將領代行統治高盧和敘利亞，享有更高的殊榮，前者用扈從校尉擔任隨員和護衛，將領只能用麾下的士兵。元老院還通過一項法案，皇帝不論到達哪個行省，他所下達的特別命令，凌駕該行省總督的法定權責。新征服的地區歸屬皇帝直接管轄，成為共同遵守的慣例。不久就可發現，即使有不同的管轄區，奧古斯都常用的尊稱雖然是「第一公民」，不過他具有的權勢無論在帝國任何地方，幾乎毫無差別。

元老院為了回報虛情假意的讓步，使奧古斯都獲得更大的特權，成為羅馬和意大利事實上的主人。他在承平時期可以保留軍事指揮權，以及在首都有一大批私人衛隊可供差遣，凡此全都嚴重違反古代的規定。他的指揮權確實只限於服役的公民，徵召入營要經過從軍宣誓。羅馬人的奴性未改，政府官吏、元老院議員和騎士階層成員，競相參加盛大的儀式，使得諂媚效忠的個人行為，不知不覺中變成年度舉辦的莊嚴典禮。

5 政府保持古老的基本架構

儘管奧古斯都體會到武力是政權最穩固的基礎，畢竟還是讓人討厭的工具，做出明智的決定要避免使用。他打起古代聖君賢相的名號進行統治，不僅適合他的個性也符合政策的需要，能夠巧妙的顯現文治的光輝。基於從善如流的見解，回應元老院授與他終身職的執政官和護民官，繼任者也都如法炮製。執政官繼承了古代羅馬國王的地位，代表國家的尊嚴，主要職權在於監管宗教儀式、徵兵和指揮軍團作戰、接見外國使臣、以及主持元老院會議和人民大會，還要負責控制

國家的財政。執政官雖然沒有時間親自處理審判工作，卻被視為法律、正義和公眾安寧的最高護衛者。執政官也是國家最高官員，元老院就有關共和國的安全，應與他諮商軍國大計。為了保衛人民的自由，他可以超乎法律之上，行使暫時的極權獨裁。

護民官的性質在各方面與執政官適得其反，顯現的外表應該溫和謙恭，個人的職責卻神聖不可侵犯，具備的權力不是為了主動執行而是為了反對和否決。設置此一官職的目的，在於維護受害者、赦免罪犯、起訴人民的公敵，以及基於迫切的需要，一句話就可以使政府機構停止運作。只要共和國還存在，執政官和護民官個別職權的巨大影響力所造成的危險，會因各種限制而日趨降低。首先是當選後一年任期屆滿權力消失，其次是執政官的職權由兩人分擔，護民官更是多達十人，雙方的利益無論在公、私兩方面都形成對立，相互抗拒產生的效果，多半會增強憲法的穩定與平衡。要是執政官和護民官的權力聯合起來，終生落在同一個人的身上，軍隊的統帥又是元老院和羅馬公民大會的元首，那就無法拒止他行使帝王的特權，更不容易限制他已經擁有的行政職責。

除了愈來愈多的權責和榮譽，奧古斯都運用策略增加祭司長和監察官兩個最尊貴而重要的頭銜。他經由前者操控宗教；擔任監察官可以合法檢查羅馬人民的行為和財產狀況。若是這些性質各異、獨立行使的權力，彼此之間出現無法協調配合的狀況，已經馴服的元老院隨時會做出最大限度的讓步，務求能夠完全加以彌補。皇帝身為共和國最高負責人，很多對他造成不便的法令，會帶來限制和罰則，也都完全予以取消和豁免。皇帝有權召集元老院的會議，可以在一天之內提出數個動議，為了國家的榮譽推舉各種候選人，根據需要擴大城市的邊界和範圍，在他的指導下處理國家的財政和稅收、對外的宣戰和媾和、批准與外國締結的條約。此外還要附加一項極為廣泛的條文，即有權執行認為對帝國有利的事務，處理公與私、人與神之間的所有問題。

等到國家行政的權力集中在具有帝王身分的資深執政官身上，共和國一般民選官吏便退居幕後，失去主動的活力幾乎無事可做。奧古斯都以極其認真和細心的態度，將古老官職的名稱和形式全都保存下來。執政官、法務官和護民官如數在每年授職，繼續擔任無關緊要的工作。傳統的榮譽對愛好面子而又野心勃勃的羅馬人而言，仍舊具有莫大的吸引力。歷任皇帝終身享有出任執政官的權利，卻也帶著尊嚴的頭銜，不惜紆尊降貴親身參與就職典禮，與最有名望的公民一同分享殊榮。奧古斯都在位時期，人民參與出任公職官員的選舉行為，完全暴露惡性民主造成的種種不便。手腕高明的元首沒有露出半點不耐煩的神色，擺出謙恭的

態度為他自己和朋友拉票，全程參與所有的競選活動以盡一位公民的責任。在他統治後期有一項重要措施，是由他自己成立一個最高會議，決定要把選舉移到元老院處理，人民會議從此撤除，皇帝就可以從危險的群眾團體脫身而出。羅馬的暴民若是沒有交出自由權，就可能前去干擾和搗亂，甚而危及已經建立的政府。

　　馬留和凱撒宣稱自己是人民的保護者，從而顛覆國家現有的體制。元老院要是一旦低聲下氣，便毫無力量，我們馬上發現一個由五、六百人組成的議會，根本就是統治者最聽話的工具。奧古斯都和後續幾位皇帝，運用元老院的尊嚴建立新的帝國，不管在任何時間任何場合，都會裝模作樣的採用貴族的語言和行為準則，處理政務會諮詢國務會議的意見，至關重要的戰和大計看來會聽從元老院的決定。羅馬、意大利和內地各行省直轄元老院，有關民事問題由最高法院做出最後的裁定；至於刑事案件，如果罪犯是有社會地位的人士，或者犯行損及羅馬人民的和平與尊嚴，將由一個專門組成的法庭負責審理。行使司法權成為元老院經常性的重要工作，處理的重大的違法犯紀案件，可以讓他們表現古代雄辯之士的風範。元老院是國家的議會也是一個法院，所以擁有相當的特權和威望，擁有的立法權雖然在實質上代理人民，同時也承認君王的統治權存在其中。

　　元老院具備的性質可以將各種權力下授，批准每項法律。會議通常在每月三個固定日期舉行，就是朔日、初盈和望日，並在相當自由的氣氛之下舉行辯論，皇帝也以首席元老的身分光榮的列席，參與投票和表決。總而言之，帝國政府的體制，全部由奧古斯都一手建立。後來的

凱撒像。

皇帝為了兼顧自己和人民的利益，要盡力加以維持，現行的政體可以定義為假共和形式之名而行專制政治之實。羅馬世界的主子，他們的寶座四周是參不透的黑暗，掩蓋無法抗拒的力量，謙虛的自稱是對元老院負責的首長，事實上他們對元老院下達命令，要求遵命行事不得有違。

宮廷和政府的形式從外表看來完全相似，除了本身極為愚昧而違反天理和正道的暴君，歷任皇帝都會鄙夷繁文縟節的排場儀式，以免激怒國民對實際的權力一無好處。他們在日常生活當中，裝出一副與平民無分彼此的樣子，平等的立場保持相互拜訪和宴請的關係。他們的衣著、住處和飲食，要與富有的議員大致相當，家庭人數再多，設施即使豪華，整個班底都由家養的奴隸和釋放的自由奴組成。奧古斯都和圖拉真為了雇用下等階層的羅馬人，擔任僕從工作感到難以為情。近代不列顛一位權勢有限的君王，他的家務和寢室的工作，連最體面的貴族也要搶著去做。

6 帝王神格化和名銜繼承

羅馬皇帝的神格化是他們拋棄謹慎謙虛態度的唯一例證。下流無恥、褻瀆神明的諂媚手法，始作俑者是亞細亞的希臘人。第一批神化的人物是亞歷山大大帝的繼承人，從此虛榮的風氣很容易從國王轉移到亞細亞的總督身上。羅馬的高級官員也會被人當作地方神明來供奉，非但建壇蓋廟還能享用節慶性祭品。代行執政官頭銜的總督既然受之無愧，皇帝當然更不會拒絕。大家都從行省獲得神性的榮譽，這倒不是羅馬人的奴性使然，全要靠著政府的專制力量。羅馬征服者在不久以後，效法受到奴役民族的奉承方式，第一位就是朱理烏斯‧凱撒；他身上流露征服四海的雄風，很容易在羅馬的守護神占有一席。

性格溫和的繼承人拒絕接受神的封號，因為會明示野心帶來危險。除了瘋狂的喀利古拉（Caligula）和圖密善以外，沒有人再敢採用。奧古斯都確實允許某些省城給他建廟，條件是對君主的尊敬和對羅馬的崇拜要結合在一起。他能容忍個人的宗教信仰，自己可能就是迷信的對象，認為僅讓元老院和人民崇拜他的人格，要把應否公開神格化的問題，擺出明智的態度留給他的繼承人考量。任何一位生前死後沒有被視為暴君的皇帝，崩殂以後會被元老院正式公告躋身神明的行列，長久以來已經成為慣例。尊為神明的儀式通常是和葬禮同時進行，具備合法性仍屬褻瀆神明的不智行為，雖然與我們較為嚴肅的生活原則難以相容，只是天性善良的多神論者雖然口出怨言，還是能夠勉強接受。可以看成基於策略的需

要，並非正統的宗教活動。

　　我們不能拿安東尼努斯的德行，來與海克力斯或朱庇特的過錯相互比較，等於羞辱前者的哲學家身分。甚至就是凱撒或奧古斯都的品格，也要遠遠超過一般神明，只是前兩位的運氣較差，生長在輿論開放的時代，一舉一動都要忠實記錄下來，無法像熱情的平民祈求、受膜拜的對象，能夠隨意摻雜一些傳說和神祕的因素。一旦他們的神格化經由法律強制建立，後來還是會慢慢被人遺忘，既無補於顯赫的聲名，也不能增加帝王的光彩。

　　只要談起羅馬帝國掌權的當局，常常會用耳熟能詳的頭銜「奧古斯都」，稱呼政治手腕高明的創始者，其實這個名號是在基業完成以後才加在他的身上。須知屋大維的出身寒微，無籍籍名的祖先來自阿非利加小鎮，體內流著放逐者的血液。設若他極其希望抹去幼年時代的回憶，須知顯赫的名諱「凱撒」，是他成為笛克推多的養子以後繼承獲得，他有自知之明無法與那位英雄人物相提並論或一較高低。元老院提案要為他們的行政首長加一個尊稱，經過一番嚴肅討論，從幾個名字中選定奧古斯都，認為最能代表和平神聖的品格，當然是他矯情做作造成的印象。

　　從此奧古斯都成為他個人的尊稱，眾所周知的「凱撒」當作家族的榮名。前者必然及身而絕不再使用；後者倒是用領養或聯姻的關係一直沿用下去，尼祿就是朱理安（Julian）世系的最後一位皇帝。等到奧古斯都逝世以後，經過一個世紀的運用，高貴的稱號和帝國的

扛著厄律曼托斯野豬的海克力斯。

尊嚴有牢不可分的關係。自共和國覆滅直到現在，羅馬、希臘、法蘭克和日耳曼的皇帝一直沿用不絕。奧古斯都的神聖頭銜由君王使用，凱撒的稱號可以自由轉用到親屬身上，這是兩者之間最明顯的差別。從哈德良即位開始，「凱撒」用來稱呼次於皇帝的第二號人物，視為帝國的預定繼承人。

7 奧古斯都的性格和策略

奧古斯都何以要摧毀他所推崇的自由政體，只能由狡詐的僭主具有細密思考的個性加以解釋。他的頭腦冷靜不動感情，加上天性怯懦生怕人知，十九歲開始戴上偽君子的面具，從此習以為常終身如是。他運用現實主義的手腕，也可能基於同樣的心情，一方面將西塞羅列入公敵宣告名單之內，另一方面又赦免辛納（Cinna）的罪行。無論為善作惡都出於有目的的矯揉作態，完全基於利害關係的驅使，開始是羅馬世界的仇敵，後來反而成為君主政體的國父。等到他制定帝國的權力結構，表現的溫和態度完全出之於恐懼，要用人身自由的幻影安撫人民，文官政府的假象欺瞞軍隊。

凱撒被弒的情景始終歷歷在目。奧古斯都對追隨的部下不吝豐盛賞賜給予高官厚爵，然而他深深體會前車之鑑，知道舅公最親密的友人可以成為叛逆的凶手。忠誠的軍團用來對抗公然的叛亂，維護掌握手中的權力。即使有高度的警覺心仍無法讓他倖免於頑強共和主義者的利刃，稍有不慎就會流血五步。羅馬人至今還在懷念布魯特斯（Brutus）大義滅親，對於效法古人的烈士精神一直歌頌不絕。凱撒由於擁有強大的權力加以多方誇耀，才落得死不瞑目的可悲命運。運用執政官和護民官的名義掌權可以相安無事，國王的頭銜就會激怒羅馬人惹上殺身之禍。

奧古斯都深知人類的統治靠著實力和名望，在這方面絕對不能一廂情願。要是保證元老院和人民能夠享有古老的自由，他們就會甘願讓人奴役。只有軟弱的元老院和萎靡不振的人民，才會滿足於虛偽的假象，興高采烈接受表裡不一的主子，這要靠奧古斯都和接位的皇帝出於善心和謹慎盡力維持。事後得知反對喀利古拉、尼祿和圖密善幾位皇帝的陰謀團體，都是身居高位的當權人士，完全是基於自保的動機，不是為了爭取自由；他們要攻擊暴君本人，並非是要推翻君權政治。

元老院忍耐七十年以後，為了恢復長久以來遺忘的權力，也做了一次毫無成效的嘗試，這件事使人記憶猶新。喀利古拉被刺王位空懸之際，執政官在朱庇

特神殿召開會議，譴責凱撒的作為，對尚未完全歸順的幾個步兵支隊提出自由的口號，要以獨立首長的身分要在兩天以內採取行動，成立民主自由的共和國。就在他們正在進行策劃的同時，禁衛軍已經有了決定，笨拙的克勞狄斯是日耳曼尼庫斯的親兄弟，憑著昔日的情分在軍營紫袍加身，他們準備用武力支持新帝的登基。自由的美夢終於落空，元老院只有在恐怖的氣氛當中過著奴顏婢膝的日子。早已無能為力的議會並未受到人民的支持，面臨武力的威脅只有批准禁衛軍所提的人選。同時克勞狄斯基於審慎的作為，用很慷慨的態度對他們發布大赦。

　　軍隊的蠻橫傲慢使得奧古斯都深懷戒心提高警覺。公民落到絕望的處境，也想像軍人一樣能夠為所欲為運用權力。奧古斯都過去引導民眾破壞社會的秩序和責任，是他對自己的權力感到何其不穩所致。他曾經聽過暴民的造反發出呼嘯和吶喊，看到表面無事暗中浪潮洶湧，心中更為驚懼難以平息。第一次革命付出龐大的酬庸，第二次還要加倍賜予，軍隊明確表示要忠誠追隨凱撒家族，群眾一直是反覆無常難以持久。奧古斯都利用羅馬人凶狠的偏頗心態以達成自己的企圖，加強法律的制裁整飭嚴肅的軍紀，運用元老院的威望調停皇帝和軍隊的矛盾，以身為共和國行政首長的職權，無所畏懼地要求軍隊的忠誠和服從。

8 帝位傳承的致命弱點

　　從奧古斯都建立運作高明的制度開始，一直到康莫達斯（Commodus）死亡，在長達兩百二十年的期間之內，軍事政府與生俱來的危險，總算能夠加以扼制。軍隊雖然明瞭擁有的實力和文官政府的軟弱，無論過去和爾後倒是少見圖謀不軌的僥倖心理，完全是廢立風氣的養成才會產生極其可怕的災難。喀利古拉和圖密善遭到豢養的家臣刺殺在宮廷，前者之死在羅馬引起騷動，範圍只限於城牆之內。等到尼祿的喪生就涉及整個帝國，十八個月內有四位皇帝死於劍下，狂暴的軍隊相互激戰使羅馬世界為之震撼。除了這段短暫的期間受到突發的暴力影響，使得軍紀蕩然無存以外，從奧古斯都到康莫達斯兩個世紀的歲月，並未沾上內戰的血跡也沒有受到革命的侵擾。皇帝的推選是元老院的權責得到軍隊的擁護，軍人遵守效忠誓言。只有用心閱讀《羅馬編年史》，才知道其間發生三件微不足道的反叛事件，全部在幾個月內解決，沒有引起刀兵之災。

　　王位虛懸、推舉新君的期間，通常危機四伏險象環生。羅馬皇帝為了使軍團在空位期置身事外，不會產生異心圖謀擁立，生前便對指定的儲君賦予大權，以便自己一旦崩殂，繼承人能夠順利接掌政權，不讓帝國有易主之感。奧古斯都

在所有基於血緣的較佳人選都已英年早逝，便把最後希望放在提比流斯身上，讓自己的養子出任護民官和監察官，發布敕令使得儲君和自己一樣，有統治行省和指揮軍隊的權力。就像維斯巴西安深知人性的弱點，要他的長子克制自己過分慷慨的天性以免遭忌。提圖斯受到東部各軍團的愛戴，在他的統率下很快完成對朱迪亞（Judaea）的征服，表現少年的血氣方剛，使得品性將被掩蔽，企圖受到懷疑，讓人恐懼他的權勢。謹慎的維斯巴西安為了不願聽到蜚短流長，召他回國共同處理國政，身為孝子沒有辜負老父的一番苦心，成為忠誠又負責的行政首長。

聰明睿智的維斯巴西安盡可能採取一切措施，保證能夠完成凶吉未卜的接位可以平安無事。軍隊的誓詞和士兵的效忠，永遠以凱撒的家族和姓氏為對象，已經是一百多年的習慣，即使血統已斷的家族靠著收養，用虛假的形式一代一代傳承下來。羅馬人仍舊把尼祿看成日耳曼尼庫斯的孫子，也是奧古斯都的直系傳人，表示極度的尊敬。想要說服禁衛軍心甘情願放棄為暴君服務的機會，這是一件很不容易而且得罪人的事。伽爾巴（Galba）、奧索（Otho）和維提留斯（Vitellius）的迅速垮台，讓軍隊知道皇帝是他們創造的傀儡，也是他們可以無法無天的工具。

維斯巴西安出身寒門，祖父是一個普通士兵，父親是職位很低的稅吏，完全靠著自己的功勳，等到年事已高，擢升到帝王之尊。雖然他的功績頗高，還沒有到達顯赫的地步，個人的德行也因過分的吝嗇失色不少。他能夠成為青雲直上的國家元首，真正的利益是放在兒子的身上，憑著儲君光輝以及和善的性格，可以轉移公眾的視聽，不再注意寒微的門第，只想到弗拉維亞（Flavian）家族未來的光榮。

維斯巴西安。

提圖斯的溫和統治，羅馬世界度過一段美好的歲月，基於人們對他的懷念，轉而庇護他的弟弟圖密善的惡行達十五年之久。

9 圖拉真和哈德良的傳承

圖密善被弒身亡以後，聶爾瓦還未登基就知道他所處的狀況，前任的長期暴政激起反叛的浪潮，正在急速擴展之中。他已年登花甲沒有精力加以遏止，善良之輩固然尊敬溫文儒雅的性格，對付腐敗墮落的羅馬人，需要治亂世用重典的強硬手段。儘管他有好些親戚卻屬意於外人，選擇年約四十歲在下日耳曼統率一支勁旅的圖拉真，作為他的養子，立即由元老院頒發敕令，宣布是他的同僚和帝國的繼承人。令人感到無奈之事，莫過於一面要為評述尼祿的惡行感到不勝其煩，另一方面又要從吉光片羽的文字中體察圖拉真的言行。然而有一事實絕非奉承之辭，圖拉真死後已有兩百五十多年，元老院在新帝登基的例行祝賀文告當中，希望他在給予人民幸福方面超過奧古斯都的作為，在個人的德行操守方面媲美圖拉真的言行。

圖拉真的治國如同愛民的慈父，相信他要賦予大權給多疑善變的親戚哈德良，事先一定會考慮再三。就在他臨終之際，波洛蒂娜（Plotina）皇后運用手腕，究竟是她要圖拉真下定決心，還是他自己讓收養成為事實，其中真相很難得到定論。哈德良在毫無波折的狀況下，受到認可成為合法的繼承人；治理的帝國安定繁榮日益強大。他提倡藝術，修訂法律，加強軍事訓練，親身視察行省，不僅精力充沛而且才智過人，處理政務非常老練，既能照顧全局又能洞察細節。他心靈的深處主要是受到好奇和虛榮的驅使，為了達成不同的目標期望都有所作為。哈德良是偉大的帝王、幽默的辯士和雄猜的暴君，他的作風就大處來說相當的公正與謙和，然而在即位最初幾天，處死四位曾任執政官的元老，這幾位是他的死對頭，卻也是帝國的功臣。到後來他因病纏身而痛苦不堪，變得脾氣乖張粗暴殘忍。元老院為了要把他尊為神明還是貶為暴君，感到困擾不已，只有忠心耿耿的兩位安東尼努斯，為他爭得應有的尊榮。

哈德良的性格多變影響他對繼承人的選擇，有幾個才智出眾的人物，雖然在他來說是又愛又恨，倒也認真加以考慮。最後他收養伊利斯·維魯斯（Aelius Verus），是一位輕浮而浪蕩的貴族，容貌英俊，為哈德良的男寵安提努斯（Antinous）所推薦。哈德良花了大筆犒賞，換得軍隊對繼承人的歡呼擁戴。就在他躊躇滿志之際，新封的凱撒卻一命嗚呼。伊利斯只留下一個兒子，哈德良將他託付

給安東尼努斯・庇烏斯照顧，後來又加以收養。馬可斯・奧理流斯登基以後，也授與他相等的君權。年輕的維魯斯雖然有很多缺點，還是有點自知之明，就是對傑出的同僚非常尊重，他愛好玩樂不能吃苦耐煩，自願放棄治理帝國的任務。身為哲學家的皇帝憐憫他的早死，掩飾在世的愚行，盡量讓他在身後留下美名。

　　等到哈德良的情緒平息下來，決定為了名留千古澤惠子孫，選擇最優秀的人物登上羅馬皇帝的寶座。他的慧眼很快就發現一位五十歲的議員，從事公職一生毫無瑕疵；還有一位十七歲的青年，謹言慎行而且才華橫溢。哈德良將年長者收為養子成為儲君，條件是年長者要立即收養年輕人。兩位安東尼努斯才德兼備，統治羅馬世界長達四十二年之久。雖然年長的庇烏斯有兩個兒子，卻能以國事為念不顧家庭私利，將女兒弗斯汀娜（Faustina）嫁給年輕的馬可斯，從元老院獲得執政官和護民官的權力，毫無自滿、猜疑的心理，真誠邀請馬可斯共同處理國政。在另一方面，馬可斯尊重恩人高尚的品格，愛之如父敬之如君，等到庇烏斯崩殂以後，還是恪守前人的規範治理國家。何其難得的聯合執政獲得極大的成

安提努斯與哈德良。

效，可能是歷史上唯一以人民福祉為目標的政府。

10 安東尼努斯王朝的傳承

　　提圖斯・安東尼努斯・庇烏斯（Titus Antoninus Pius）稱為努馬（Numa）二世，兩位都以愛好宗教、正義與和平為共同的特點，然而後者所處的時代較為古老，履行君王的美德有更大的施展空間。努馬只不過制止鄰近村莊相互搶奪收成而已，安東尼努斯則使廣大的帝國四境得到安寧和平。庇烏斯的統治有一個特色，就是能提供的歷史材料不多。說得明白一點，歷史往往就是人類罪惡、愚昧和災禍的記錄。他在私生活方面是一個和藹可親的長者，天性純真樸實，無視虛榮做作，善處中庸之道，樂於正直無為，凡事均能適可而止，表露安詳善良的為人處世之道。

馬可斯・奧理流斯。

　　馬可斯・奧理流斯・安東尼努斯（Marcus Aurelius Antoninus）更為嚴謹勤勉。他經由無數次的凝神討論、耐心聽講和通宵苦讀，才能獲致豐碩的學養。他從十二歲開始，奉行斯多噶學派的嚴格教條，受到教導要能身體聽命心靈，感情服從理智，認為德行是至善，邪行是至惡，一切身外之物均無足輕重。他的《沉思錄》是在戎馬倥傯之際撰寫而成，現在仍然廣為流傳世間。他甚至不惜以帝王之尊公開講授哲學，建樹立德、立言的不朽功業，聖哲賢君亦不過如是。從他的生活來看，實踐季諾教義最高貴的詮釋，那就是嚴以律己，寬以待人，行事公正，處世仁慈。他因亞維狄斯・卡休斯（Avidius Cassius）在敘利亞叛變畏罪自殺，感到無法化敵為友悔恨不已。元老院為了聲討賣國賊群情激昂，卻被他平息下來，證明確

實發自至誠。他厭惡戰爭，認為是對人性的屈辱和摧殘，一旦必須正當防衛，他義不容辭披甲上陣。冬天在冰凍的多瑙河岸，他親冒矢石進行八場戰役，嚴酷的氣候使他原本虛弱的身體不支因而逝世。後代子孫無不感恩懷德，馬可斯·奧理流斯去世一百多年以後，還有很多人把他的雕像供奉在神龕，當作家庭保護神祭祀不絕。

若要指出世界歷史當中哪一個時期人類最為繁榮幸福，我們將毫不猶豫說是從圖密善被弒到康莫達斯登基。幅員遼闊的羅馬帝國受到絕對權力的統治，指導方針是德行和智慧。四位皇帝一脈相傳，運用恩威並濟的手段，統制部隊使之秋毫無犯，全軍上下無不心悅誠服。聶爾瓦、圖拉真、哈德良和兩位安東尼努斯小心翼翼的維護，文官政府的形式得以保持。他們喜愛自由的形象，願意成為向法律負責的行政首長，他們統治的羅馬人享有合法的自由，已經恢復共和國的榮譽。

羅馬帝國的君主勤勞國事，功成名就是他們最大的報酬，樂於見到治下人民過著幸福的生活，這才是真正令人驕傲的光榮。他們雖然享用人類最高貴的令

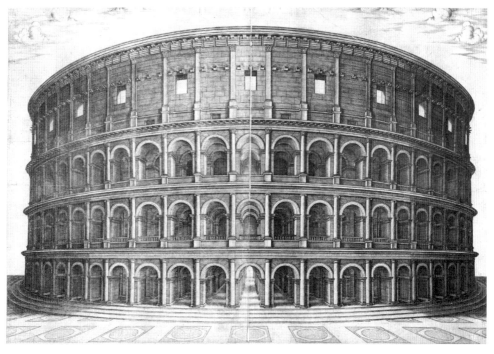

羅馬競技場。

名，時刻不忘戒慎恐懼的憂患心理，知道若只依賴個人品格德行，無法使人民保有長治久安的幸福。用在大眾利益的絕對權力，一旦被放縱任性的幼帝或猜忌嚴酷的暴君濫用，必然帶來破壞的後果，致命時刻立即臨頭。元老院和法律的約束固然理想，只能彰顯皇帝的德行，無法改正專制的惡行。軍事武力是盲從和不可抗拒的壓迫工具，羅馬人的生活習性極其腐敗墮落，諂諛奉承之徒急於歌功頌德。朝廷的大臣和官吏只有順從主子的恐懼或貪婪，縱欲或暴虐產生的種種惡行。

11 回顧歷史

　　長久以來極度令人戰慄的憂慮，已經從羅馬人的經驗中獲得證實。《羅馬編年史》敘述的國君，顯示人性的強烈善變和難以捉摸，很不容易從現代歷史找到如此混亂且可疑的特性。羅馬皇帝為善和敗德的言行之中，我們只能列舉其中最關緊要的對象，上焉者是人類最高尚完美的典型，下焉者是人類最無恥墮落的範例。圖拉真和兩位安東尼努斯的黃金時代之前，是陰暗酷虐的黑鐵時代。——列舉奧古斯都不肖的繼任者幾乎毫無必要，他們罄竹難書的罪行與其上演的華麗殿堂令人無法遺忘。像是提比流斯的睚眥報復、喀利古拉的殺戮狂暴、克勞狄斯的萎靡軟弱、尼祿的放蕩殘酷、維提留斯的縱欲佚行和圖密善的怯懦無情，注定要禍延子孫遺臭萬年。在這八十年當中（除了維斯巴西安短暫的統治外，其實他的作為是否正當尚有商榷餘地），羅馬在永無寧日的暴君統治下痛苦呻吟，不僅滅絕共和國的古老家族，這段不幸時期要是有任何才德之士稍露頭角，都會遭到致命的打擊。

　　處於形同禽獸的暴君統治之下，羅馬人過著生不如死的奴隸生活，同時也基於兩種特殊狀況獲致無法逃避的結局：一種是相較於他們在從前所擁有的自由，一種是來自對外的擴張和征服。這樣一來，使他們比起任何時代和暴政的受害者，後果更為悲慘可怕。特殊狀況造成的後果有兩個：其一是受害者對巨大悲痛的自覺，其二是無法逃脫壓迫者的魔掌。

　　羅馬人的心智經由不同途徑遭到奴化。他們雖然背負自甘墮落和軍方暴虐的重壓，長久以來還能保存祖先生而自由的情操和理想。希爾維狄斯（Helvidius）、賽拉西（Thrasea）、塔西佗和普里尼所受的教育方式，要與加圖和西塞羅完全相同。他們從希臘哲學的教導，吸收人性尊嚴和社會本源最正確持平的概念。他們自己國家的歷史，教育他們要尊重一個自由、和諧、勝利的共和國，聲討凱撒和

奧古斯都犯下的一連串罪行，內心鄙視表面上用最卑下的奉承來崇拜的暴君。有識之士出任政府官吏和元老院議員，可以參加會議制定法律，就用自己的名字替帝王的行動背書，把自己的權力出賣給居心險惡的暴君。提比流斯企圖用法律程序掩飾謀殺行為，元老院成為幫凶和受害人暗自感到竊喜，陰險的手法也為一些皇帝採用。

元老院的會議當中，最後的羅馬人受到譴責，來自莫須有的罪名以及真實的德行。到處充斥惡名昭彰的告發人，滿口大公無私的愛國論調，在法庭用來審問帝王心目當中所謂的危險公民。公職用來當成有財有勢者的酬庸。身為法官充滿奴性，嘴裡宣稱要維護共和國的尊嚴，一旦國家的元首違犯法律，面對帝王的冷酷無情和殘暴不仁，感到戰慄害怕，滿口歌頌他的仁慈。暴君反而瞧不起奉承者的奴性，知道他們表面裝出一副很誠摯的樣子，內心卻希望看到他垮台，基於這種心理就會遷怒整個元老院。

歐洲分裂成為許多獨立的國家，相互之間因宗教、語文和生活習俗大致雷同產生緊密的聯繫，結果反而對人類的自由有很大的助益。近代的暴君儘管率性妄為無所忌憚，也會從友輩的先例、輿論的指責、盟邦的忠告和外敵的憂患，稍微約束自己的行為。本鄉本土對暴君不滿的人士，逃離疆域狹窄的邊境，很容易在較為祥和的環境得到安全的庇護。他的才華得到新的發展，可以自由抱怨所受的迫害，甚至可以訴諸報復的手段。居於顛峰的羅馬帝國則不然，全世界都在嚴密的控管之下，要是主權落入一個獨夫手中，那麼對他的仇敵而言，整個世界就變成堅固而恐怖的監獄。

帝國專制統治之下的奴隸，不管發布判決在羅馬或元老院拖曳鍍金的鎖鍊，或是在塞里法斯島（Seriphus）的荒岩或多瑙河冰凍的沿岸，受到放逐終了餘生，都只有在絕望中靜待最終命運的降臨。反抗只是自尋死路，沒有地方可以逃亡。四周被一片汪洋大海和廣闊的陸地包圍，橫越之際就會被人發現並且捉回，最後還是解送到憤怒的主子面前。即使逃離帝國的邊界，焦急的眼睛除了看見遼闊的海洋、荒蕪的沙漠和帶著敵意的土著，其餘完全一無所有。化外之地的蠻族不但態度粗暴而且言語不通，他們的國君願意犧牲討厭的逃犯換取皇帝的好感和保護。所以，西塞羅對遭到放逐的馬塞拉斯說道：「不管你在哪裡，記住，始終逃不脫羅馬暴君的魔掌。」

Tav. XXX

第二章
篡奪和擁立（180-248年）

1 康莫達斯登基後朝政失修（183-189年）

大多數擾亂社會內部安定的罪惡，基於人類有滿足欲望的需求；難得公平的財產繼承，使大多數人垂涎的物品為少數人據有。須知人類所有的欲望當中，對權力的熱愛最為強烈而又不容共享，舉世尊榮的極致來自天下萬眾的臣服。過去因為內戰動亂，社會法律失去力量，取而代之者更難滿足人道的要求，爭奪的激情、勝利的榮耀、落敗的絕望、對過去傷害的紀憶，以及對未來危險的恐懼，在在都造成神智的激憤與憐憫之聲的沉寂。每一頁的歷史紀錄，都因這種爭奪權力的動機，沾滿受害者的鮮血。這種起因對康莫達斯而言，並不足以解釋毫無道理的殘酷暴虐，他早已享有天下應當再無所求。馬可斯・奧理流斯深受溺愛的兒子，在元老院和軍隊的歡呼聲中登基（180年）。

幸運無比的青年即位以來，既無對手可供剷除也沒有敵人需要懲處，處於四海昇平的狀況理應勤政愛民，效法前面五位皇帝的豐功偉業，不會自甘墮落於尼祿和圖密善可恥的命運。何況康莫達斯並非天生嗜血的虎狼之輩，從小也不是行為殘暴的人，要說他邪惡還不如說他懦弱。就是因為他的個性單純畏怯，受到身邊侍從的左右，逐漸腐蝕可以向善的心靈。他之所以落到酷虐無道的處境，開始是暗中聽從別人的擺布，終於墮落成為無法自拔的習慣，最後使得人格受到獸性的嚴密控制。

康莫達斯在父皇崩殂以後，發現自己面臨統率大軍無所適從，也不知道如何指揮對抗夸地人和馬科曼尼人的艱苦戰爭。過去環繞四周奴顏婢膝的儇薄少年，雖然遭到馬可斯・奧理流斯的斥逐，很快在新皇帝身邊獲得職位。他們對越過多瑙河在野蠻國家的戰事，誇大危險和艱鉅的程度，讓荒淫怠惰的皇帝相信，憑著他的威名，只要交代部將率領軍隊出兵，就會使蠻族喪膽迎風而降。他們還特別強調，坐鎮羅馬遙控的方式會使征戰更為有效。他們用盡心機迎合他好色的欲望，將羅馬的安逸舒適、富麗堂皇和精緻優美的生活，拿來與潘農尼亞（Pannonia）軍營的忙亂辛苦和清寒單調做比較。康莫達斯受到花言巧語的蠱惑

難免心動，在滿足自己的嗜好和畏於父親所留顧命大臣之間舉棋不定。夏天很快過去，只有將凱旋首都延到秋天。他有著優美的儀容，穿上講究的服裝，裝出一副天真無邪的樣子，大獲公眾好感，加上他已經給予蠻族光榮的和平，整個帝國都能感受到歡樂的氣氛。他之所以要急於返回羅馬，人們認為是因為他熱愛他的國家，即使他縱情於歌舞昇平，那也是因為皇帝才十九歲，幾乎聽不到人們責難的聲音。

康莫達斯統治的前三年，忠心耿耿顧命大臣的維護之下，政府還能保持原有的形式和精神。他們都是正直忠誠之士，馬可斯・奧理流斯拔擢用以輔助其子。康莫達斯在起初還能存有一絲敬意，年輕的皇帝和佞幸的寵臣雖然弄權玩法，他的雙手還沒有沾滿鮮血，甚至表現慷慨寬厚的氣概，經過相當時日，或許還可鎔鑄成為堅實的美德。不幸一樁謀殺事件決定了他極難捉摸的個性。

有一天夜晚（183 年），皇帝在返回宮廷的途中，經過競技場漆黑狹窄的柱廊，一個刺客在他通過之際，拔劍向他衝去，大聲叫道：「元老院要你的命！」威脅的言辭影響到刺殺的行動，衛士捉住凶手立刻發現主謀，出於內廷而不是宮外。盧西拉（Lucilla）是皇帝的姊姊，也是盧契烏斯・維魯斯的遺孀，不甘於位居次階，嫉妒皇后在宮廷的權勢，發生武裝刺客謀殺弟弟的事件。盧西拉不敢將陰謀告訴第二任丈夫克勞狄斯・龐培阿努斯（Claudius Pompeianus），一個忠心耿耿而且功勳卓著的元老院議員。她從愛人之中（這方面她模仿弗斯汀娜的作風）找尋到膽大包天的暴徒，不但願意給她體貼的熱情，也願意為她下手行凶。陰謀分子都受到法律嚴厲的制裁，盧西拉剝奪公主的頭銜，受到放逐的處罰，後來還是逃不過被殺的命運。

刺客的話深深烙印在康莫達斯心頭，對整個元老院留下難以磨滅的恐懼和恨意。過去他敬畏直言忠貞的元老和顧命大臣，現在卻懷疑他們是暗中潛伏的敵人。羅馬帝制常會出現大批告發者（Delator），前朝不能發揮作用幾已銷聲匿跡，發現皇帝正在元老院當中，尋找心懷不滿和圖謀不軌的人士，便又開始興風作浪成為可畏的工具。馬可斯・奧理流斯重視的國政會議，是由聲名卓越的羅馬人組成，功在國家的重臣不久變成罪犯。在重賞以下告發者不辭辛勞加緊工作，以致成果極為豐碩：舉凡個人操守嚴謹者，羅織為對康莫達斯不當行為做無聲的譴責；身居重要職位者，認定會危及君主的權威和地位；還有獲得父皇友誼的德高望重之士，更引起兒子的反感。懷疑就是證據，審判等於定罪。元老院的議員一個個被殺，誰要是表現悲傷或者想要報仇，難逃死亡的命運。康莫達斯一旦嘗到血腥的滋味，就變得更加冷酷無情，至死不悔。

2 康莫達斯的惡行和殞滅（189-192 年）

　　康莫達斯的心靈已經完全喪失道德和人性的情操，把治國的權柄視為無用之物，朝中的政事一概交付給可恥的佞臣，自己竟日縱情聲色犬馬的歡娛。他的時間都消磨在後宮，那裡有三百名美麗的少女，還有同樣數目的孌童，來自各個階層和行省。一旦狐媚誘惑的技巧無法滿足皇帝，如同野獸的愛人就會求助於暴力。古代的史家將淫亂的場面描述得入木三分，根本無視於天理和禮法的限制。現代語文講究高雅莊重，不宜將其中細節忠實的翻譯過來。縱慾的過程又穿插著下流低級的娛樂節目。羅馬優雅時代的影響，辛勤施教花費的苦心，從未在他充滿獸性和庸俗的心中灌輸一點學識，他是羅馬第一個既不求知又無品味的皇帝。尼祿很重視或者說假裝講究藝術素養，音樂和詩歌方面自認高人一等。我們不可因為他未能將打發閒暇的風雅享受，變成一生的事業與大志，就鄙視他對藝文的追求。康莫達斯從最早的兒童時期開始，就對文學和理論的課目感到極為厭煩。他喜歡平民化的娛樂，像是競技場和賽車場的各種活動，角鬥士的打鬥廝殺以及獵取野外的猛獸。先皇替自己的兒子安排很多學科的教師，他聽講不僅不專心而且產生反感；可是摩爾人和帕提亞人教他投擲標槍和彎弓射箭，這位門徒倒是心無旁騖凝神練習，仗著天賦穩定的眼力和靈活的手臂，不久就趕上師傅的技巧。

　　皇帝列入角鬥士名單自己感到洋洋得意，事實上賣命的職業受到羅馬法律和習俗排斥，認為低賤且極不榮譽，所以一般百姓看到自甘墮落的狀況無不感到羞恥。康莫達斯選擇擔任盾劍手（Secutor）的角色，與網戟手（Retiarius）的格鬥，是競技場中驚心動魄的血腥比賽之一。盾劍手配備頭盔、短劍和圓盾；他的對手赤身裸體，拿著一副大網和一根三叉戟，目的是用來撒網纏住對手，再用三叉戟刺死敵人。如果第一次撒網失手，就得逃開盾劍手的追殺，直到準備好第二次撒網為止。皇帝曾經參加格鬥七百三十五次，光榮的紀錄全部詳細記載在《皇帝實錄》。他所作所為中最可恥的事，是從角鬥士的基金中支領很大一筆酬勞，結果變成羅馬人民新的苛捐雜稅。可想而知世界的主人參與格鬥一定是贏家，他在競技場的勝利並不是經常血跡斑斑，然而他在角鬥士學校或自己的宮廷進行練習，無數倒楣的對手為了獲得光榮，經常要從康莫達斯的手中受到重創，阿諛諂媚要灑上自身的鮮血。皇帝現在瞧不起海克力斯的威名，保拉斯（Paulus）是一位聲威遠震的盾劍手，如今成為他唯一聽得入耳的名字，於是把它刻在他那巨大的雕像上面，元老院為了奉承他，就用這個名字再三高聲歡呼。

　　康莫達斯現在可謂罪孽深重、名譽掃地，充滿諂媚喝采的宮廷，他也不能

掩飾遭到帝國有識有德之士的蔑視與恨意。感受到別人對他痛恨、嫉妒對國家有建樹的人、憂慮可能面臨的危險，以及日常娛樂節目中的殺戮習慣，在在激起他殘暴凶惡的獸性。歷史的記載可以得知，他的猜忌和惡意，犧牲者的名單僅僅擔任執政官的議員就有一長串。他想盡各種辦法要找出與安東尼家族有關係的人士，即使是助紂為虐和共享歡樂的佞臣，一概斬草除根清除乾淨，暴行最後讓他自己也難逃死亡的命運。他濫殺羅馬的貴族使得血流遍地，等到家臣也感到自身難保，他本人的性命也危在旦夕。瑪西亞是他的愛妾，還有侍從艾克列克塔斯（Eclectus），以及禁衛軍統領里屠斯（Laetus），看到同伴和前任的下場人人自危，於是他們決定要防止隨時降臨的覆亡，不管是暴君瘋狂的一時衝動，還是人民突發的揭竿起義。康莫達斯在年前打獵回來，感到非常疲倦，瑪西亞乘機給他一杯毒酒，讓他回到寢宮睡覺。毒藥與酒醉發作的同時，一位以摔角為業的強壯年輕人潛入寢宮，毫無反抗之下將他勒斃。為了使整個城市，甚至於宮廷對暴君的死不致有絲毫的懷疑，所以眾人很祕密的將屍體搬出宮外。這就是馬可斯‧奧理流斯之子的下場，何其輕易就能推翻一個為萬民痛恨的暴君。他接掌先人傳承的政權，在位十三年壓迫數以百萬計的臣民，這些人無論在體能和才幹方面，都不亞於他們的統治者。

3 佩提納克斯即位後勵精圖治（193 年）

　　鑑於事勢極為嚴重，陰謀分子的手段相當冷靜和俐落，立即決定要擁立一位皇帝登上寶座，條件是必須赦免弒君應有的罪行。他們鎖定羅馬郡守佩提納克斯（Pertinax），他是曾任執政官的元老院議員，顯赫的功績遮蔽出身的寒微，擢升到國家最高的榮銜。他治理過帝國大部分的行省，所有重要的職位不論是文官還是軍職，都能以穩重、審慎和正直的作為，獲得良好的名聲。他現在是馬可斯碩果僅存的朋友和大臣，午夜喚醒說是侍從和統領就等在門外，他很鎮靜的接見他們，心想來人是在執行主子殘酷的命令。誰知道他不僅沒有遭到處決，反倒是他們前來呈獻羅馬世界的皇位。剛開始他還不相信他們的來意和保證，最後確定康莫達斯已經死亡，他才抱著惶恐的心情接受紫袍，因為他非常清楚身居帝王之尊的責任和危險。

　　里屠斯毫不耽擱立刻陪同新皇帝來到禁衛軍營區，同時在全城散布康莫達斯突然死於中風的說法，眾望所歸的佩提納克斯已經繼位。禁衛軍對皇帝死得不明不白感到十分詫異，沒有任何欣慰的表示，因為只有他們才能享有皇帝的縱容

和賞賜。目前處於緊張的情勢，面對統領的權力、佩提納克斯的名聲和民眾的叫
囂，他們只有硬壓下心中滋生的不滿，接受登基者答應的犒賞，宣誓要對他效
忠，興高采烈的拿著月桂樹葉，擁戴皇帝前往元老院。因為就算是軍方同意，還
是要經過議會的批准。

　　重要的夜晚總算熬過去，天亮就是新年的開始（193年1月1日），元老院
的議員聽候通知參加不光彩的典禮。早先康莫達斯根本不聽勸告，即使他身邊
供他驅使的人，也至少會顧慮到典禮的莊嚴和個人的形象，他完全無動於衷
決定在角鬥士學校過除夕，然後穿起角鬥士的服裝，帶著身分低賤的人員，一
起參加執政官的就職大典。當天破曉，元老院的議員很突然地被召集到協和宮
（Concord），準備接見禁衛軍的官員，批准新皇帝的當選。他們很安靜地坐在那
裡沒有任何表示，不相信有這種意想不到的好事，懷疑是康莫達斯刻意安排的陰
謀，當最後確定暴君已經不在人世，大家的歡樂和興奮到達極點。

　　佩提納克斯謙虛推辭，聲稱自己出身平民，指出在座有很多高貴的元老院
議員，比他更適合榮膺帝國的重任，終於獲得大家全力的擁戴登上王座，接受所
有帝國權力的頭銜，用最誠摯的宣誓保證效忠。康莫達斯留下千秋萬載的罵名，
殿堂回響一片譴責暴君、角鬥士和人民之敵的聲音。大家在囂鬧聲中投票通過敕
令，康莫達斯的榮譽全部遭到剝奪，頭銜和職稱要從所有公共紀念物上抹除，樹
立的雕像要全部推倒，屍體要用鐵鉤拖進關角鬥士的鐵欄，掛起來懸屍示眾平息
公眾的憤怒。他們對那些膽敢藏匿遺骸，不交給元老院審判的無聊分子，表示極度的憤慨。有些事情佩提納克斯無法加以拒絕：像是有人為了紀念馬可斯，要為他舉行最後的儀式；還有擁護最力的人克勞狄斯・龐培阿努斯，為康莫達斯流下同情之淚，感嘆他的舅子遭遇到如此悲慘的下場，一切都是咎由自取的報應。

　　元老院在皇帝生前不惜卑躬屈節、百般奉承，死後

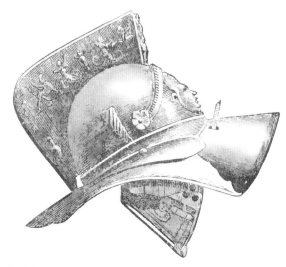

角鬥士的頭盔。

卻毫不留情的加以鞭屍，說起來不夠光明磊落，卻也證明天網恢恢疏而不漏。敕令的合法性受到帝國政體原則的支持，共和國的最高行政官員濫用權力，無論是要譴責、罷黜或處死，成為元老院自古以來無庸置疑的特權。現在這個大權旁落的議會，只能處罰一個已經垮台的暴君為滿足，因為他生前的統治，受到軍事專制政體的保護，無法對他進行審判。

佩提納克斯要用比較高尚的方法譴責他的前任，為了對照康莫達斯的惡行，那就是自己要奉行德政。他在登基那天把全部私人財產交給妻兒，要讓他們就沒有賣官鬻爵、假公濟私的藉口。他拒絕拿奧古斯都的頭銜自我標榜，更不願用凱撒的爵位腐化無處世經驗的青年。他把作為父親和皇帝之間的責任劃分得很清楚，用嚴格的簡樸方式來教育下一代，並不保證可以傳承帝位，時機到來兒子要讓自己不負所望。佩提納克斯在公開場合的態度溫和而又嚴肅，生活中經常找品德良好的元老作伴，都是一些相知甚深過從密切的人，彼此既不驕矜也不猜忌，過去在暴君的淫威之下患難與共，希望現在能夠同享美好的生活。他經常邀請大家歡度不拘形式的宴會，非常節儉從不講究排場，受到思念康莫達斯時代的奢華與豐盛的人所訕笑。

佩提納克斯要盡可能治療暴君施加的創傷，是他樂意擔任的工作，卻令人感到悲哀和痛苦。無辜的受害者要是還活在世上，就從放逐地召回，從監獄裡釋放，恢復他們原有的地位和財產。對於遭受謀殺的議員尚未埋葬的遺體（殘忍的康莫達斯要他們在死後不得瞑目），下葬在先人的祖塋。他平反他們的名聲，盡力撫慰家破人亡的氏族。其中最能大快人心的事，莫過於處罰無事生非的告發者，他們是君主、德行和國家的公敵。即使調查替天行道、謀殺皇帝的凶手，佩提納克斯的做法非常平實，完全遵照司法程序，不為成見和仇恨所左右。

皇帝應該特別關心國家的財政。康莫達斯雖然使盡各種不法手段，用橫徵暴斂的方式奪取臣民的財產送繳國庫，他的奢華鋪張使得入不敷出。等他死後發現國庫只剩兩百磅黃金，拿來支付政府的經常費用，還急需一大筆犒賞金，這是新皇即位時答應禁衛軍的要求。處於困難重重的環境，佩提納克斯以寬大和持重的態度，完全免除康莫達斯強徵的苛捐雜稅，取消對國庫的不當請款。他用元老院的敕令向臣民宣告：「我情願光明正大治理一個貧窮的國家，也不願用暴虐和不義的手段來求取財富。」他認為節儉和勤勉是致富之道，據此原則不久使得民眾的需要獲得大量供應。宮廷費用立即減少一半，所有奢侈品公開拍賣，包括各種金銀器具、精巧賽車、多餘的絲織品和刺繡服裝，及許多年輕貌美的男女奴隸。但為了表示人道的關懷，舉凡生而獲得自由人的資格，被人從哭號的父母懷中搶

來的奴隸，並不包括在出售之列。同時他強迫暴君的佞臣和寵幸要捐出部分不義之財。他很快償還國家的債務，出人意料能夠付清公職人員的欠薪。他廢止各種強加在商業上的限制，將意大利和各行省的未耕地，發放給願意耕種的人，為了獎勵起見豁免十年田租。

4 佩提納克斯為禁衛軍所弒（193年）

佩提納克斯言行一致的作為，使他獲得萬民的愛戴和尊敬，成為君王最高貴的回報。感懷馬可斯・奧理流斯的人士，也從新皇帝身上看到光明的形象，慶幸自己能夠長久享受仁慈寬厚的統治。佩提納克斯滿腔熱血，急於改革腐敗的國家，以他的年齡和經驗來說，不應如此輕舉妄動，以致自己飲恨九泉，國家蒙受不利。他那誠實和魯莽的行事，讓一群奴性深重，專喜趁亂謀取私利的人聯合起來，他們偏愛暴君的施惠甚於公正無私的律法。

在舉國一致的歡樂聲中，禁衛軍陰沉的怒容顯示內心的不滿。他們勉強聽命佩提納克斯，怕他隨時準備恢復嚴格的軍紀，懷念前任統治仗著權勢能讓他們為所欲為。他們的怨恨在暗中為統領里屠斯煽動，因為他在擁立之後才發覺，這位新皇帝會獎勵奴隸，卻不會受到近臣控制，所以要趁著為時未晚趕快動手。佩提納克斯登基的第三天，士兵們抓到一位具有貴族身分的議員，打算把他帶到軍營，以紫袍加身擁為皇帝。議員不為危險的位階所動，滿懷恐懼逃脫控制，跑到佩提納克斯的跟前尋求庇護。過了不久，執政官索休斯・法可（Sosius Falco），這個出身古老而富裕家族的魯莽青年，受到慫恿後產生野心，趁著佩提納克斯不在的時機篡位。誰知佩提納克斯突然返回羅馬，用果決的行動粉碎陰謀活動。如果不是皇帝認為沒有造成損害，非常誠摯的請求加以赦免，法可就會以人民公敵的罪名處以死刑。佩提納克斯向元老院表示，即使是一位元老院的議員判決有罪，他也不願讓流出的鮮血玷汙純潔無瑕的統治。

失敗的行動只會激起禁衛軍的憤怒，康莫達斯死後八十六天，軍營在3月28日爆發動亂，軍官既無權也不願出面壓制。兩三百名士兵在中午出發，手裡握著武器滿面怒容衝向皇宮。大門被衛兵和前朝的家奴打開，這些人早就密謀要害死德行高尚的皇帝。佩提納克斯聽到士兵接近的消息，既不逃走也不躲藏，反而接見這群凶手，義正辭嚴地告訴他們，他自己身為皇帝完全清白無罪，提醒他們已經立下神聖誓言。這群士兵啞口無聲站著發呆，慚愧自己惡毒的陰謀，敬畏皇帝莊嚴的神色和堅定的態度。最後因為赦罪無望又激起他們的怒火，有個東格里斯

（Tongres）蠻族士兵首先動手，舉劍刺向佩提納克斯。皇帝遭到亂劍殺死，頭顱砍下插在矛尖上面，在人民投以哀怨和痛恨的眼光，這群凶手們用勝利的姿態帶回禁衛軍營區。公眾悲嘆愛民如子的皇帝死於非命，在他治理下的幸福是何其短暫，每一思念至此，迫近的災難更加重他們的疑懼。

5 禁衛軍的專橫和出賣帝座（193年）

幅員廣大的王國比小社區更能感受到刀劍的威力。傑出的政治家能清楚計算出來，任何國家若將不事生產的軍隊，維持在總人口的百分之一以上很快就會民窮財盡。但雖然相對的比例一致，軍隊對社會其他成員的影響，還是依據實力而有所不同。軍隊要由相當數量的軍人組成，接受將領統一指揮，否則就不能發揮兵法和軍紀優勢。組成的人數過少根本無濟於事，一旦擴張成為龐大的部隊，這時甚難控制也不切實際，如同機器的動力會因彈簧過於精細，負載太重而損毀。為證明此說法大家只要想一下，一個人不可能只靠著體力、武器和技術的優勢，就讓一百個跟他地位相等的人唯命是從。一個小城邦或區域的暴君，會發現一百名武裝人員無法抵擋一萬名農夫或市民，然而十萬名訓練精良的士兵，可用專制的方式控制一千萬臣民。一支一萬到一萬五千人的衛隊，能讓龐大首都擁塞在街道上的群眾聞風喪膽。

奧古斯都創立的禁衛軍，人數並未到達上文所提的數目，違法亂紀和干政篡奪，成為羅馬帝國衰亡的徵兆和起因。政治手腕高明的君王，知道法律只是表面的掩飾，奪取的政權要靠武力維持，於是編組強大的衛隊，隨時用來保護自己、恐嚇元老院、事先防範謀叛活動並及時撲滅暴亂行為。他以雙薪和特權籠絡受寵的部隊，首都只駐紮三個支隊的兵力，其餘散布在意大利鄰近的各城鎮。禁衛軍飛揚跋扈的作風，讓羅馬人民感到忿忿不平與驚慌難安。經過五十年的和平，人民逐漸深受奴化，提比流斯貿然採取一個很重要的措施，使國家從此戴上枷鎖動彈不得。他

提比流斯。

用免除意大利對軍營的負擔、加強禁衛軍的軍紀做藉口，將他們集中在羅馬一個永久性營區，置於首都的要衝位置，建造最精實的守備工事。

禁衛軍用殘忍的手段謀害佩提納克斯，侵犯神聖的寶座，隨後的行動更是侮辱帝制的尊嚴。軍營當中鬧哄哄無人出面領導，惹出弒君風波的統領里屠斯，非常小心謹慎不敢觸犯眾怒。正在軍心大亂法紀蕩然之際，羅馬郡守蘇庇西努斯（Sulpicianus）是皇帝的岳父，得知叛變奉派來到軍營，企圖平息難以預測的事故。等到凶手將佩提納克斯的頭顱插在矛尖，興高采烈凱旋歸來，他也只有黯然無語。受到野心的驅使喪失原則和忘記悲痛，歷史上是司空見慣的事。蘇庇西努斯居然在如此恐怖的時刻，渴望登上血跡未乾的王座，真令人不敢置信，被弒的皇帝是如此聖明，與他的關係又是何等密切。他開門見山用最有效的方法磋商繼位的條件，禁衛軍深知奇貨可居不願吃虧，又怕私下接觸得不到好價錢，登上防壁大聲叫喊，用公開拍賣方式將羅馬世界讓售給出價最高者。

6 鳩理努斯登基引起眾怒（193 年）

軍方無恥的叫價真是狂妄囂張到了極點，全城民眾知道後莫不痛恨在心，人人氣憤填膺。消息傳到德第烏斯‧鳩理努斯（Didius Julianus）耳中，他是一位有錢的議員，根本不管民間疾苦，毫無心肝放縱奢豪的飲宴。他的家人和門下的食客，都在唧唧不休勸他爭取王位，千萬不要放棄大好機會。虛榮心極重的老傢伙急忙趕到禁衛軍營區（193 年 3 月 28 日），蘇庇西努斯還在討價還價，於是他也在壁堡的牆腳高聲競爭，接著就在雙方代表的奔走下進行卑鄙磋商，來回把底標告訴對方。蘇庇西努斯原來答應給每位士兵五千笛納，鳩理努斯急於獲勝，出價一下子跳到六千兩百五十笛納，等於超過五磅黃金。營門立即打開歡迎買主進入。他受到擁立成為皇帝，接受部隊的宣誓效忠，士兵還要求他諒解蘇庇西努斯的競標，不可追究此事，看來還很講公道。

禁衛軍現在要盡義務來履行賣方的條件，新皇帝雖為他們所不齒，還是要給予扶持，於是將他簇擁於隊列的中央，四周用盾牌圍繞，以密集戰鬥隊形，通過城中靜寂無人的街道。元老院奉命召集會議，不論是與佩提納克斯來往密切的朋友，還是與鳩理努斯發生私人衝突的仇敵，為了不吃眼前虧，只有裝出一副愉快的模樣，來分享革命成功的喜悅。等到鳩理努斯帶著士兵布滿元老院，大言不慚談到這次的選舉是多麼的自由，本人的德行是多麼的高尚，以及在尊重元老院方面要給予充分的保證。善於奉承逢迎的議會為他們自己和國家的幸福而祝賀，矢

言要對他忠心不貳，並且授與帝國的全部權限。離開元老院鳩理努斯用同樣的軍隊行列接收宮殿。首先讓他感到極為刺目礙眼的，是佩提納克斯砍掉頭顱後留下的軀體，接著是為他準備極為儉樸的御膳。他對於死者根本無動於衷，就是飲食也棄而不用，只是下令準備豐盛的宴席，自己玩骰子並觀賞著名舞蹈家皮拉德斯（Pylades）的表演直到深夜。然而可以預料得到，一旁奉承的人員散去，留下他在黑暗中獨處，恐怖便會襲上心頭整夜無法入睡，他必然想起操之過急的愚行，品德高尚的先帝慘遭橫死，何況他的權勢危疑不定，皇位並非功績獲得而是高價買來。

　　他實在應該戰慄難安，身處世界的寶座卻發現自己沒有一位朋友，甚至連支持者全告闕如。禁衛軍也因貪婪接受骯髒的皇帝，大感顏面無光。每一位公民都認為推舉他當皇帝就是一場災難，也是對羅馬盛名的最大侮辱。有錢有勢的貴族非常小心的掩飾情緒，用滿意的笑容和恭順的言辭，應付皇帝虛偽做作的姿態。一般市民自恃人數眾多而且身分低微，可以盡量發洩不滿。羅馬的街道和公共場合回響著一片謾罵和詛咒的聲音，義憤填膺的群眾當面質問鳩理努斯，拒絕接受他的施捨和贈與，大家知道自己的憤怒無法發揮任何作用，只有求助駐防邊疆的軍團出動，維護羅馬帝國橫遭侵犯的尊嚴。

7　邊疆將領同聲討伐弒君與賣國罪行（193年）

　　公眾的不滿情緒很快由中央傳播到邊疆。不列顛、敘利亞和伊里利孔的軍隊，哀悼佩提納克斯的慘死，他們不是曾與他共事，就是在他的指揮下完成征討的任務。接到禁衛軍將帝國公然標售的信息，大夥無不感到驚訝和憤慨，或許還帶妒忌發橫財的心理，因此堅決不同意無恥之尤的買賣。兵變發起非常快速，獲得全軍一致的贊成，固然可置鳩理努斯於死地，同時也破壞國家的和平。尤其是各軍的將領，像是克羅狄斯‧阿比努斯（Clodius Albinus）、佩西紐斯‧奈傑（Pescennius Niger）和塞提米烏斯‧塞維魯斯（Septimius Severus），渴望奪取皇位之心，遠較替佩提納克斯復仇更為急切。他們之間的實力大致旗鼓相當，每人統率三個軍團以及大量協防軍部隊，雖然性格各有不同，都是能征善戰的軍人。

　　克羅狄斯‧阿比努斯擔任不列顛的總督，是古老共和國顯赫貴族世家的後裔，身世遠較兩位對手占優勢。他的祖先算是旁支，已經衰敗沒落遷移到遙遠的行省。我們很難明瞭他真正的性格，據說是在哲學家嚴肅外表下掩藏絕滅人性的罪惡，那些指控他的人都是被收買的作家，不免要對塞維魯斯頂禮有加，而把失

敗的對手踩在腳下。阿比努斯的德行，至少他表現出來的作為，獲得馬可斯·奧理流斯的信任和好感，後來其子也保持這種印象，證明他不僅世故而且圓滑。暴君並不是只寵愛沒有功勳的人，有時也會在無意之間，獎賞擁有才幹或值得受獎的將領，因為他發現拉攏特定對象對他的統治還是很有用處。當然也不表示阿比努斯在馬可斯的兒子統治之下，成為執行殘酷暴行的大臣，或共同享樂的玩伴。他帶著榮譽的頭銜在遙遠的行省指揮部隊，曾經接到皇帝送來的密函，裡面提到心懷不滿的將領，企圖進行謀叛的行動，要他接受「凱撒」的頭銜和旗章。經過充分的授權以後，他就成為王位的監護人和儲君。不列顛總督很明智的拒絕危險的榮譽，以免遭到康莫達斯的猜忌，何況暴君的覆亡在即，也不必捲入其間導致身敗名裂。至少要用高尚或更講究技巧的方式來取得權力。

阿比努斯接獲皇帝死亡的信息以後，立即集合部隊在演講中發揮雄辯的長才，悲悼暴政下不可避免的災禍，追述先民在共和政府享受的安樂和光榮，宣稱已經下定決心要恢復元老院和人民合法的權力，義正辭嚴的講話非常符合大家的看法。不列顛軍團回報以熱烈的歡呼，羅馬亦在暗中大加讚許。阿比努斯在他的地盤很安全，指揮的軍隊數量不少，戰力也很強只是軍紀較差一點。所以他不在乎康莫達斯的威脅，對佩提納克斯的尊敬也保持若即若離的態度，現在立即公開反對鳩理努斯的篡奪行為，首都的騷動增加情感上的壓力，使他的愛國心更加表露無遺。考慮禮節和體制，他拒絕奧古斯都和皇帝的榮銜，或許他是在效法伽爾巴而已。想當年伽爾巴也是處於同樣的狀況，還一直稱自己是元老院和人民的代理人。

佩西紐斯·奈傑完全靠自己努力，從寒門出身和低微地位爬升到敘利亞總督。這個職缺獲利極豐且地居要衝，使他參加內戰有登上帝座的希望。他雖是優秀將領，絕不是塞維魯斯的對手，因此只能屈居第二把交椅。塞維魯斯後來反倒顯示廣闊的胸襟，採用敗軍之將很多有用的制度。奈傑領導的政府獲得軍人的尊敬及民眾的愛戴，嚴格的軍紀使士兵在戰場奮不顧身，平時也能服從命令秋毫無犯。柔弱的敘利亞人對溫和與堅定的施政作風感到滿意，更喜歡他帶著和藹可親的態度，參加他們舉辦的豐盛宴會。謀害佩提納克斯的消息很快傳到安提阿，亞細亞人希望奈傑能穿上紫袍登基，為先帝報仇雪恥。東部邊疆的軍團全都支持他，從衣索匹亞邊境到亞得里亞海岸，繁榮富裕而缺乏武備的行省，也樂於聽從他的指使。底格里斯河和幼發拉底河以外的國王，宣誓效忠和提供協助祝賀他當選皇帝。奈傑心理上雖還不能適應這突如其來的運道，自認只有他繼任才能避免爭執，不至於爆發內戰。正當他做著凱旋歸去的白日夢，完全忽略如何才能鞏固

勝利。他沒有與擁有強大軍隊的西方勢力展開積極談判，達成可以左右，或起碼也能平衡激烈的競爭的決議。他也沒有及時揮軍回都，即刻出現在引領企望的意大利和羅馬。奈傑在安提阿悠閒度日，誰知良機不再，塞維魯斯果決的行動使他追悔莫及。

　　多瑙河和亞得里亞海之間的潘農尼亞和達瑪提亞（Dalmatia），是羅馬費盡千辛萬苦最後才征服的國家。蠻族為了保衛國家自由，一度有二十萬人湧上戰場，震驚年老力衰的奧古斯都，迫使慎謀能斷的提比流斯親掌兵符，傾全國之力出征。潘農尼亞人最後還是屈服在羅馬的武力和統治之下，這些已歸順的人民，還有鄰近尚未征服的蠻族，甚至連混血的部落，或許是水土和氣候之故，都是體型壯碩心智遲鈍的武夫，有著殘暴的天性，與羅馬省民溫順柔和的面貌比較，剛毅堅定的特徵可以很容易分辨出來。當地英勇好戰的青年，給駐防在多瑙河沿岸的軍團，供應源源不斷的新兵，他們與日耳曼人和薩瑪提亞人（Sarmatians）經常作戰，最佳部隊的名譽可受之無愧。駐紮在潘農尼亞的軍隊接受阿非利加人塞提米烏斯·塞維魯斯的指揮，他從平民身分逐漸爬升，能夠掩藏雄心大志，不會因為歡樂的誘惑、危險的恐懼和人性的弱點改變穩健的作風和企圖。得到佩提納克斯被謀害的消息，他馬上集合部隊，很生動的詳述禁衛軍的罪惡、傲慢和懦弱，鼓勵軍團起兵報仇，他在最後的結論裡（這段話一定極有說服力）答應給每個士兵一萬二千五百笛納的賞金，要比鳩理努斯用賄賂的手段購買帝國的價錢高了一倍，歡呼的軍隊立即以奧古斯都、佩提納克斯和皇帝的名號尊稱塞維魯斯（193年4月13日）。他生性迷信，相信夢兆和占卜給他帶來的運道，同時也靠著顯赫的功勳，制定適當的策略獲致的成果，使他能夠攀登到顛峰的地位。

8 塞維魯斯進軍羅馬登基稱帝（193-197年）

　　塞維魯斯決定逐鹿中原，馬上爭取主動，發揮據有的優勢位置。潘農尼亞的邊界延伸到朱理安·阿爾卑斯（Julian Alps）山，成為快捷進入意大利的孔道。記得奧古斯都說過，潘農尼亞的軍團十天之內可以出現在羅馬城外。他的競爭對手和意大利隔著海洋和大陸，所以進行這件大事必須搶先下手，在讓他們知道大事定局之前，他已經替佩提納克斯報仇雪恥，處罰鳩理努斯，接受元老院和人民的宣誓，成為合法的皇帝。他在遠征期間不眠不休的趕路，全副武裝走在行軍縱隊的前頭。他的做法贏得部隊的信任和愛戴，督促大家要勤勞，激勵大家的士氣，鼓起大家的希望，願意與士兵同甘共苦，同時讓大家知道未來還有更豐厚的

報酬。

處境可憐的鳩理努斯原打算與敘利亞總督爭奪帝座，潘農尼亞軍團勢如破竹前進，使他即將面臨滅亡。邊境傳來警報讓他憂慮難安，不斷獲得告急信息，塞維魯斯已經越過阿爾卑斯山；提到意大利城市不願阻擋邊防部隊的進軍，非但沒有能力拒止還要簞食壺漿以迎王師。拉芬納（Ravenna）是個重要的城鎮，沒有加以抵抗就立即投降，亞得里亞艦隊落在對方手中，敵軍離羅馬僅有兩百五十哩，每一刻時光都在減少鳩理努斯短暫的皇帝生涯。

鳩理努斯盡一切努力想要免於覆亡，或者至少要能撐一段時間。他要求花錢收買的禁衛軍在城內備戰，環繞城郊建立防線，甚至加強宮廷的防禦工事，好似最後靠著備而不用的護城壕，在沒有解救的希望之下，還能抵禦勝利的侵略者。恐懼和羞辱使禁衛軍的衛士不敢拋棄連隊隊標逃亡，他們聽到潘農尼亞的軍團，由百戰沙場的將領指揮，曾在冰凍的多瑙河岸輕鬆征服凶狠的蠻族，人人無不驚慌失色，唉聲嘆氣離開浴場、劇院和聲色場所，好進行備戰的工作。兵器久不上手，很少臨場使用，甲冑的重量也讓他們吃不消；想靠外形凶猛的野獸嚇唬北方的部隊，未經調教的大象卻把技術欠佳的馭手摔下背來。麥西儂（Misenum）抽調前來的艦隊，海上的操練錯誤百出，成為人們嘲笑的對象。元老院在一邊冷眼旁觀，對於篡位者的焦灼和軟弱，端出一副幸災樂禍的嘴臉。

鳩理努斯表現的任何動作，都可看出他已經六神無主心驚膽裂。他堅決要求元老院宣布塞維魯斯是國家的公敵，同時又央請潘農尼亞的將領一同治理帝國。他派遣執政官階層的人員出任使節與對手談判，一面又派刺客謀取塞維魯斯的性命。他想要灶神處女和各級祭司穿著祭祀的服裝，帶著羅馬諸神的祭器和貢品，擺出莊嚴的行列迎向潘農尼亞軍團。同時他又舉行詭異的儀式和非法的活人獻祭，卜問未來的凶吉和祈求神明賜福改運。

塞維魯斯既不在乎鳩理努斯的武力也不畏懼他的法術，唯一的危險是行刺的陰謀，於是挑選六百個忠誠的衛士，行軍的全程日夜甲不離身在四周嚴密防護。他領軍長驅直入部隊快速挺進，毫無困難通過亞平寧山的隘口，把派來阻擋的軍隊和使節納入麾下，然後在距羅馬七十哩的因特朗尼亞（Interamnia）稍做停留。塞維魯斯勝券在握，禁衛軍處於困獸之境，難免引起流血衝突，所以不願動武登上皇位，保全羅馬的用心值得讚佩。他在首都的使者向禁衛軍提出保證，只要交出一無是處的皇帝和謀害佩提納克斯的罪犯，接受勝利者公正的審判，他就不會將此一悲痛事件視為團體行為。禁衛軍的反抗只是情緒性的固執，他們毫無忠誠可言，欣然接受簡單的條件，抓住大部分凶手，通知元老院不再為保護鳩理

努斯出兵戰鬥。執政官召開會議一致通過塞維魯斯為合法的皇帝，敕令封佩提納克斯為神祇以為榮耀，宣布鳩理努斯的退位並且判處死刑。鳩理努斯被私下帶到宮殿的浴場，像一般罪犯斬首（193年6月2日），離他花費巨款買到帝位，到岌岌可危的政權垮台為止，不過六十六天而已。塞維魯斯在極短期間之內，率領大軍從多瑙河地區遠征台伯河畔，似乎難以令人置信，可以證明帝國當時的狀況：農業和貿易能夠供應充分的軍用糧食；道路的建設和維護非常良好；軍團有嚴格的訓練和紀律；以及各行省明哲保身的退縮態度。

塞維魯斯首先要處理佩提納克斯身後事宜。他採取兩種措施，一個是基於策略替他報仇，其次就是根據禮法尊以榮名。他對禁衛軍下達指示，新帝在沒有進入羅馬之前，他們不准攜帶武器，要穿著典禮的制服如同平時隨護君王，在羅馬附近的平原等候他的駕臨。傲慢的部隊既後悔又害怕，當前的形勢逼得他們只有服從。一支精選的伊里利孔軍隊將長矛平舉起來團團圍住，禁衛軍已經無路可逃也沒有能力抵抗，只能在驚怖的籠罩之下靜待命運的安排。塞維魯斯登上臨時法庭，嚴厲斥責禁衛軍的變節和怯懦，以謀叛和背信解除官兵的軍職，剝奪華麗的勳標服飾，發配到離首都一百哩的地方，凡有不從立即處死。處理期間另外派部隊收繳遺留的武器，占領位於羅馬的營房以免發生負隅之鬥。

佩提納克斯的葬禮及尊為神祇的祭祀極為莊嚴隆重，元老院以哀痛的心情為愛民如子的皇帝舉行最後的儀式，以極為敬重的儀式表達懷念的深思。繼任的君主呈顯的關懷並非絕對的真誠，雖然推崇佩提納克斯的德行，只限於小節而未能及於更大的抱負。塞維魯斯以極為動人的語氣發表葬禮演說，表面上看來很哀傷，內心卻非常滿足。他用虔誠的追思使群眾認為只有他夠資格接替先帝的位置，然而他深有所感是武力而不是典禮使他拿下帝國。他在三十天之後就離開羅馬，不容許自己因輕易獲勝就心滿意足，準備應付更加難纏的對手。

9 塞維魯斯的施政和對後世的影響

專制君主的真正利益在於符合國家的整體利益，要把臣民的數量、財產、秩序和安全視為最重要的基礎，才能突顯皇帝真正偉大的治國理念。再無作為的統治者，謹慎也可以補才能之不足，還是能夠制定共同遵守的行為準則。塞維魯斯把羅馬帝國視為他的資財，到手以後刻意培植和改良如此珍貴的產業，制定有益的法律，剛直堅定的執行，不久以後就矯正自馬可斯‧奧理流斯逝世以來，政府各部門的濫權惡習。依法行政的程序當中，皇帝的判決以詳察、明理和正直為特

色，即使有時會偏離公平的嚴格分際，通常是為了幫助窮苦和深受壓迫的人員。他的做法與其說是基於人道的情感作用，還不如說是專制的自然趨向，使得權貴和豪門收斂驕縱的氣焰，將所有的臣民降到絕對隸屬的同一水平。他興建公共紀念物和壯觀的劇場完全不惜工本，經常發放大量糧食和穀物，是獲得羅馬人民愛戴的有效手段。內訌的災害已經清除乾淨，行省再度感受到和平繁榮的寧靜，許多城市從塞維魯斯的慷慨設施恢復生機，擁有頭銜由他創立的殖民區，拿公共建築的大興土木表示感激和幸福。羅馬的軍威因皇帝崇尚武德和戰無不勝恢復原有的名聲，他大可以誇耀自己的成就，即位於帝國蒙受內憂外患的危亡時刻，後來卻建立一個深遠而光榮的全面和平。

　　雖然內戰的創傷好像已經完全痊癒，專制政體的關鍵所在仍藏匿致命的毒藥。塞維魯斯文武兼備，確是不可多得的人才，首任凱撒的英武或奧古斯都的智謀，還是無法控制武功輝煌的軍團驕縱傲慢的氣焰。塞維魯斯基於感激的心情、政策的錯誤和表面的做作，終於放鬆對軍紀的嚴格要求。虛榮的士兵講究戴金戒指作為裝飾，獲准攜眷帶着無所事事住在軍營之中，助長懶散成性的風氣。他給他們超過前例的加薪，以至於養成他們動輒需索的習性，擔任危險的任務或公開的慶典均要求額外的賞賜。軍隊因勝利而得意忘形，因奢華而萎靡衰弱，因擔任危險工作而享受特權，過著高於人民一般水準的生活；長此以往便無法忍受軍務的辛勞，不願接受國法的約束，更不耐煩成為嚴守分際的部屬。各級軍官要用極度揮霍和無限奢侈，維持階級的優越。現在還保存塞維魯斯的一封信，對於軍隊放縱和失職的情況有很大的感慨，信中告誡他的一個將領，必須從要求軍團主將自身開始進行必要的改革。如同他所說軍官要是失去士兵的尊敬，就會得不到他們的服從。皇帝如果肯正本清源探索始末，就會發現普遍腐化的主要原因，雖然不能說是最高統帥缺乏身教言教，帝王之尊的惡意放縱卻難辭其咎。

　　禁衛軍謀害皇帝出賣帝國，以叛國罪名得到懲處，難以取代的軍勤制度雖然危險但卻必要，塞維魯斯很快用新的模式恢復舊制，人數增加四倍。這支部隊以往都在意大利徵召，由於鄰近行省逐漸感染羅馬柔弱嬌貴的習氣，募兵範圍延伸到馬其頓、諾利孔和西班牙。原來舉止優雅的部隊，只適合華麗的宮廷，無法用來作戰。於是塞維魯斯以新血接替，他規定所有邊疆的軍團，挑選最為健壯、勇敢和忠誠的士兵，到禁衛軍服役當成榮譽和獎勵。等到新制度實施以後，意大利青年不再熱中練習武藝，首都出現大批奇裝異俗的蠻族使人驚駭不已。塞維魯斯卻深表自滿，軍團勢必將經過挑選的禁衛軍，看成維護軍中秩序的代理人，以現有五萬人的兵力，兵器和配備方面均優於任何武裝力量，可以立即開入戰場，從

此粉碎一切叛變的企圖，使他能夠保有帝國傳之子孫。

指揮這支受寵而強大的部隊，不久就變成帝國的最高官職。禁衛軍統領在最初只是衛隊的隊長，現在不僅統率大軍，還握有財政和司法的大權。他在行政部門代表皇帝本人和行使皇帝的權力，這樣一來使得政府墮落成為軍事獨裁政治。普勞提努斯（Plautianus）是塞維魯斯寵信的大臣，成為首任享有且濫用大權的禁衛軍統領，拱衛中樞的時間長達十年之久。他的女兒和皇帝的長子結婚，看來可以長保榮華富貴，誰知卻成為覆亡的原因。宮廷之間相互傾軋，讓普勞提努斯起了野心卻也產生恐懼。皇帝感受革命的威脅，即使仍然喜愛如前，迫於形勢也不得不將他處死。普勞提努斯垮台以後，名聲顯赫的佩皮尼安（Papinian）是一位優秀的法學家，奉派執行禁衛軍統領繁重的職務。

塞維魯斯時代的羅馬人享受強勢治理的和平與光榮，也就原諒因他引起的殘酷和暴虐。後代子孫身受惡法和特例產生的變局，無不斥責他是羅馬帝國衰亡的始作俑者。

10 塞維魯斯的帝位傳承與崩逝（208-211年）

人之能臻於偉大境界，務必心存積極進取的精神，運用天賦能力克服艱難險阻；但是獲得帝王的寶座，並不一定能夠知足於目前的成就。塞維魯斯承認自身的感受，並且深以為憾。他憑藉著功勳和機運，能從無籍籍名而身居帝王之尊，最後還自謙於「歷盡世事滄桑之人，毫無功成名就之心」。他所煩惱的事並非創業而是守成，年紀和病痛的折磨，使他滿足於既有的權力，不再追求更大的目標。因而他已不寄望於自己未來的雄心壯志，唯一的希求是發揮父愛的仁慈，渴望家族和睦興旺永保盛名。

塞維魯斯就像大多數的阿非利加人一樣，非常喜愛研究巫術和占卜，能夠詳盡解說各種夢境和預兆，而且精通星象和子平之學。除了當前因科學昌明影響力已經減低外，幾乎在過去每個時代，命理都能發揮支配人類心靈的作用。他任職里昂高盧（Lionnese Gaul）總督不幸喪偶，續弦要挑能夠給他帶來好運的女子。等他知道在敘利亞的伊美莎（Emesa）有個年輕淑女，生下來就有「金枝玉葉」之命，便趕緊前往求婚得以結成連理。茱麗亞·唐娜（Julia Domna）確實如星象推斷貴不可言，天生麗質不因年華老去稍減魅力，何況還有豐富的想像力、堅定的意志力和正確的判斷力，卓越的才華在婦女中如鳳毛麟角。她具有和善樂觀的氣質，對於丈夫陰沉猜忌的性格，倒是沒有發揮多大的影響力。等到兒子登基

卡拉卡拉。

以後，她親自處理帝國重大事務，用審慎的態度支持皇帝行使權力，也採溫和手段來規勸狂放的奢華生活。茱麗亞致力於文學和哲學頗有成就，帶來相當大的名望，同時也是各種藝術的贊助人，成為當代才智之士的朋友。文人雅客滿懷感激而讚賞不絕，無不稱譽她的懿德潔行；但是，我們要是相信歷史記載的緋聞，茱麗亞皇后的貞節不無非議。

她在這場婚姻裡有了卡拉卡拉（Caracalla）和傑達（Geta）兩個帝國的繼承人。他們自負而虛榮以為運道可以取代功績和勤奮，表現坐享其成的懶散態度，使得他們的父皇和羅馬世界都大失所望。兩兄弟自小就產生積不相容的反感，從來沒有在德行和才能方面相互勉勵，隨著歲月使雙方的厭惡加深。原本有如孩童的爭吵，因為佞臣在旁煽動以至於愈加激烈。在兩邊主子希望和恐懼的鼓動之下，最後竟將劇院、賽車和宮廷分為兩派，私下明爭暗鬥不已。行事審慎的皇帝用盡各種勸說和權謀，想要化解日漸增長的仇恨。他深知尖銳對立使得他一切的打算，全部蒙上不祥的陰影，會使他費盡辛勞、流盡鮮血、耗盡錢財，以及傷亡無數士兵打下的大好江山，毀於兒輩的手中。他對兩人同樣喜愛毫不偏袒，都授與奧古斯都的位階和安東尼的尊號，使得羅馬世界第一次同時出現三個皇帝，縱然是如此的公正，也只會激發更多的競爭。生性凶狠的卡拉卡拉保有長子繼承權的優勢，性格溫和的傑達贏得人民和軍隊的愛戴。失望的父親痛苦萬分，塞維魯斯預言會出現兄弟鬩牆、弱肉強食、煮豆燃萁的後果，勝利者也會因所犯的惡行遭到報應。

面對無法化解的環境，傳來不列顛的戰事和北方蠻族入侵行省的消息（208年），塞維魯斯聽到甚為高興。他的兒子沉溺奢華的生活，心靈受到腐化，整日爭鬥不休，現在可以讓他們有藉口離開羅馬，趁年輕時多加以鍛練，俾能習慣戰爭和政事的勞苦。雖然他老邁年高（年過六十）患有痛風，必須用擔架抬著行進，還是在兒子和整個朝廷的陪伴下，率領兵強馬壯的大軍深入遙遠的離島，越過哈德良和安東尼所建兩道邊牆，進入敵人的國度，按計畫征服不列顛，完成帝

國長久以來期盼的偉業。部隊貫穿島嶼直達北端，未曾遭遇敵軍，卡里多尼亞人全部埋伏起來，藏匿在羅馬大軍的後方和側翼。據說天候的酷寒，以及越過蘇格蘭的山崗和沼澤實施艱苦冬季行軍，使得羅馬損失五萬人馬。卡里多尼亞人抵抗到最後，還是屈服在猛烈而持續的攻擊，為了求得和平寧願繳出部分武器，割讓一大塊領土。但是蠻族表面歸順，只是為了免於當前的恐懼，等到羅馬軍團撤離，他們又滿懷敵意恢復獨立。反覆無常、毀約背信的行為，使得塞維魯斯大為震怒，重新派遣大軍進入卡里多尼亞，下達充滿血腥的命令，不是降服而是絕滅當地的土著。所幸傲慢自大的敵人塞維魯斯不久駕崩，土著才免於滅族之禍。

　　卡里多尼亞戰爭沒有出現決定性的事件，無法產生關鍵性的結果，並不值得我們重視。但是據說塞維魯斯的入侵行動，很有可能與不列顛歷史和傳說的光輝時代連結起來。芬格爾（Fingal）的名聲連同英雄豪傑和吟遊詩人，他們口口相傳的詩句經由印刷出版，又重新在我們的語文中復活。也就是他在那個緊要關頭，領導卡里多尼亞人避開塞維魯斯的銳鋒，在卡彎河（Carun）的兩岸贏得重大勝利，世界霸主的兒子卡拉庫爾（Caracul）曳兵棄甲逃走。諸如此類的說法還是像一團迷霧，外表籠罩蘇格蘭高原的傳統，就是現代的評論家進行最深入的探索，還是無法完全澄清難以理解的傳聞。設若我們能夠平和的沉醉於歡愉的想像之中，芬格爾的平生和奧西安的詩歌，就雙方的形勢立場和生活習俗而論，在這兩個相互對抗的民族形成明顯的對照，達觀的心靈得到了愉悅。要是我們拿塞維魯斯的無情報復與芬格爾的慷慨仁慈相比較，拿卡拉卡拉的怯懦殘暴與奧西安的勇敢高雅相比較，拿基於利益和恐懼心理服務於帝國旗幟之下的僱傭軍頭，與受到莫爾文（Morven）國王感召而披甲上陣的自由武士相比較。總而言之，要是我們想到未受教化的卡里多尼亞人，全身散發自然的溫暖德行，相較墮落的羅馬人沾染銅臭和奴性的卑賤惡習，在懸殊的對比之下，接受教化的人民又有哪些優勢可言。

　　塞維魯斯年老體衰久病難起，激起卡拉卡拉的狼子野心和陰毒邪念，他急於登基稱帝不願將帝國分而治之。他曾經不只一次想要縮短他父親餘日不多的殘年，盡力在軍中煽起叛變卻未能成功。這位老皇帝經常批判馬可斯・奧理流斯過於寬厚，若能斷然採行公正措施，就可使羅馬人免於孽子的暴虐統治。現在他所處的情況如出一轍，體驗到法官的鐵面無私，很容易在父愛的親情下冰消瓦解。他何嘗沒有深思熟慮，也曾疾言厲色的加以威脅，明知逆兒不孝還是無法下手處置，最後只有法外施恩，豈不知他就是做盡壞事，對帝國也不會造成更大的禍害。他的心神不寧使得病體更為痛苦，因求死不得煩躁難安，最後總算能夠得到

解脫。塞維魯斯駕崩於約克，享年六十五歲（211年2月4日），光榮而且卓然有成的統治帝國十八年之久。

臨終之際他勸告兩個兒子同心協力，要求軍隊擁護在外征戰的兄弟。這兩位任性妄為的年輕人根本聽不進老父的逆耳忠言，也絲毫不受感動。領受遺命的部隊沒有忘記忠誠的誓言和先帝的權威，他們拒絕卡拉卡拉提出長子繼承權的請求，宣布兩兄弟同時成為羅馬皇帝。兩位新皇帝不久得到不列顛的和平，就離開卡里多尼亞回到首都，以封神的榮耀為父王舉行盛大的葬禮，興高采烈的元老院、人民和行省承認是合法的君主。兄長的位階似乎較為尊貴，不過他們共同以平等獨立的權力治理國家。

11 卡拉卡拉的暴政與覆滅（213-217年）

自古以來羅馬人之所以特別感到幸福，即使處於惡劣狀況仍能獲得最大安慰，就是皇帝的德行可以積極發揮，惡行受到無形約束。奧古斯都、圖拉真、哈德良和馬可斯·奧理流斯，經常親自視導遼闊的疆域，所到之處能夠表現出睿智和仁慈的行為。提比流斯、尼祿和圖密善的暴政，所及的區域不過是羅馬或近郊的莊園，限制在元老院的議員和騎士階級。卡拉卡拉可說是人類的公敵，謀害傑達以後過了一年（213年）離開首都（從此沒有回來過），其餘的統治期間全部在帝國的幾個行省，特別是喜歡流連東方，所到之處輪流成為蹂躪和掠奪的對象。元老院的議員被迫同行，無不恐懼他那善變的性格，每天提供鉅額經費供給他享樂花用，他毫不放在眼裡，隨意丟給衛士朋分。卡拉卡拉還在每個城市興建宏麗的行宮和劇院，有的他根本就沒有去過，也不下令停止修建。大多數富有的家庭因為處以罰金或籍沒財產而家破人亡，一般人民也因巧立名目和日益增加的稅賦而苦不堪言。即使國家太平無事，他稍有不如意便勃然大怒。他在埃及的亞歷山卓發布大屠殺的命令，從位

塞提米烏斯·塞維魯斯一家，左下角被刮毀的人物為其次子傑達。

於塞拉皮斯神廟的行營，親自監督殺害幾千公民和外國人。他從不在意要殺多少人，也不管他們有沒有犯罪，只是冷酷的通知元老院，所有的亞歷山卓人，不管是遭到處死還是已經逃走，全部犯下滔天大罪。

塞維魯斯明智的教誨，沒有在他的兒子心中留下深刻的印象，並不是他欠缺想像力和辯才，而是沒有判斷力和人性。有一個為暴君喜愛的格言，雖然會帶來危險，卡拉卡拉不僅牢牢記住，還無限制的濫用，那就是「掌握軍隊，欺壓民眾」。他的父親對軍隊的確很慷慨，還能審慎的加以約束，對部隊有時會縱容，由於他的堅定和權勢，也讓狀況緩和不會造成嚴重的後果。兒子確把「縱兵殃民」當成統治策略全力推行，使得軍隊和帝國全部難逃覆滅的命運。士兵作戰的勇氣，沒有因軍營嚴格的紀律而加強，反而在城市的奢侈生活中消磨殆盡。他們的薪餉和賞賜大幅增加，國家的財政極為困難，軍隊卻人人發財。想要他們在平時守法重紀，戰時為國效力，一定要靠清苦的生活才能維持。卡拉卡拉舉止傲慢，態度粗暴，只要和部隊相處，往往忘記自己的尊嚴，跟戰士在一起打鬧，忽視將帥的職責，極力模仿普通列兵的穿著和習慣。

卡拉卡拉的個性和行為無法受愛戴，只要他讓軍隊得到好處，便無兵變之危，後來發生陰謀活動結束他暴虐的統治，完全是猜忌性格引起的後果。他將禁衛軍統領的職責分由兩個大臣負責，軍事部分交付給亞溫都斯（Aventus），一位經驗豐富但才能較差的軍人；民政事務由歐庇留斯・麥克林努斯（Opilius Macrinus）掌理，他憑著熟練的行政能力，加上公正的處世態度而擢升到高位。得到寵幸與否完全隨著皇帝善變的性格而定，只要他起了猜疑之心，或是發生突變狀況，他們的性命便隨時不保。有一位自認通曉未來的阿非利加人，做出非常危險的預言，說麥克林努斯和他兒子命中注定要登大寶。消息很快傳遍行省，後來此人被綁送羅馬，還在郡守面前堅持預言不會有錯。郡守曾接到處理有關「卡拉卡拉繼位者」傳聞的緊急指示，立即將審訊阿非利加人的情形，報告設在敘利亞的行宮。儘管信差的傳遞速度很快，麥克林努斯的一位朋友還是想盡辦法，通知他迫在眉睫的危險。皇帝收到來自羅馬的書信，正好要參加賽車，就將未拆封的文件交給禁衛軍統領，指示他趕快處理，並就其中重要事項提出報告。麥克林努斯看到文件，知道在劫難逃，決心先下手以求自保，於是他挑起下級軍官的不滿情緒。其中有個名叫馬修里斯（Martialis）的士兵，最近在晉升百夫長遭到否決而感到失望，麥克林努斯希望能假他的手行事。

卡拉卡拉對宗教很虔誠，要從埃笛莎（Edessa）到卡爾希（Carrhae）的月神廟進香朝拜。他在一隊騎兵伴護下前往（217年3月28日），途中稍做停留，讓

衛士在外圍保持相當距離。這時馬修里斯藉口執行勤務接近皇帝，並找到機會拔出短劍將他刺死，自己也隨即被皇家衛隊射殺。卡拉卡拉就此結束一生，羅馬人能忍受他這麼多年的統治，真是人類的恥辱。對他感激的士兵只記得他的偏愛和慷慨，根本不管他的罪行。卡拉卡拉強迫元老院出賣人格和宗教尊嚴，把他尊為神祇；亞歷山大是他心中唯一的英雄，使用大帝的名號和標章，組成一支馬其頓方陣的衛隊，還迫害亞里斯多德的門徒，好表現無聊的熱情，讓人知道他對德行和榮譽的尊敬。我們由此想到查理十二世（雖然他缺少菲利浦〔Philip〕之子高不可仰的成就）在納爾瓦（Narva）會戰和征服波蘭之後，還吹噓他的英勇和寬大可與亞歷山大媲美。卡拉卡拉一生中，除大量謀殺自己和父親的朋友外，沒有一件事的表現能與馬其頓英雄稍微類似。

12 麥克林努斯篡位後的施政（217年）

　　塞維魯斯家族絕滅以後，羅馬世界三天沒有主人，軍隊的選擇（元老院距離遙遠而且無能為力，因此不予理會）在急迫的狀況下懸而未決。沒有人在身世和功勳方面出類拔萃，能贏得他們的愛戴，獲得大家一致的同意。禁衛軍的決定可以發揮舉足輕重的作用，使他們的統領燃起希望，兩位極有權勢的大臣自認為有繼位的合法權利。亞溫都斯是資深統領，年紀大且身體多病，加上名望和才幹都不足以服眾，就將危險的寶座讓給野心勃勃的同僚。麥克林努斯裝出一副哀慟欲絕的模樣，使人無法懷疑他就是殺死皇帝的主謀。軍隊對他的為人處世既不喜愛也不尊敬，想四處找一個可以競爭的對手。後來因為他答應給一大筆的犒賞費和維持禁衛軍原有的特權，大家就勉強同意。他登基（217年3月11日）不久，就對十歲的兒子戴都米尼努斯（Diadumenianus），賦予帝國的榮銜和安東尼努斯的封號。這個少年以其俊美外表，加上額外的賞賜，拿盛大典禮做藉口，想獲得軍隊愛戴，確保麥克林努斯尚未穩固的帝座。

　　新皇帝的權力因元老院和行省的欣然接受，得到合法的承認。大家原先根本沒料到能從痛恨的暴君手下脫身，因而無不欣喜若狂，所以對卡拉卡拉的繼位人，是否具備應有的德行和條件沒有在意。等到驚喜的心情平靜下來，大家開始以嚴厲的批評探查麥克林努斯的功勳，方才指責軍隊的推選太過於倉卒。皇帝必須由元老院選出，統治權雖然不再掌握在手裡，仍舊會託付給元老院的議員負責行使，迄今為止視為政體的基本原則。然而麥克林努斯並不是元老院議員。禁衛軍統領急遽的提升顯露出身的低下，何況對眾人的生命和財產握有生殺予奪權力

的重要職位，一向由騎士階級出任。憤慨的竊竊私語四處可聞：一個缺乏顯赫家世，也沒有建立非凡功勳的人，居然妄想身穿紫袍，沒有把帝王之尊賦予出身和地位與帝國榮譽相當的元老院議員。麥克林努斯一旦被不滿的眼光進行深入的追查，很容易發現他的敗德行為和重大缺失，他任用的大臣遭到很多非議，不滿的人民以其一貫的直率，立即非難他疲軟的怠惰與過分的嚴厲。

問題在於過急的野心使他爬上很難站穩的頂峰，稍有不慎就會摔得粉身碎骨。他受的訓練是宮廷的應付技巧和文官的辦事形式，等站到凶狠毫無紀律的群眾前面，雖然他有統治的權力，還是會緊張得不知所措。他欠缺軍事指揮才能，個人的勇氣受到懷疑，軍營中流出耳語，揭露他陰謀對付前任皇帝的祕密。卑鄙的偽善更加重凶手的罪惡，軍方對他產生的輕視和厭惡與日俱增。麥克林努斯挑撥士兵下手，引起暴君的滅亡，獲得成功以後缺少改革者應有的條件，這是他命運中無可奈何之事，迫不得已只有盡量運用禁衛軍惹人討厭的機構。卡拉卡拉奢侈揮霍，留下一大堆難以處理的後遺症。若那位一無是處的暴君能夠知道，所犯惡行造成的後果，對謀害他的繼位人帶來不幸和痛苦，一定會偷笑於九泉之下。

麥克林努斯在著手進行必要的改革時，非常謹慎小心，想用容易而且很難覺察的方式，使羅馬軍隊恢復生氣和活力。對已經在軍中服役的士兵，他取消卡拉卡拉發給的危險特權和額外待遇；對於新兵運用塞維魯斯循序漸進的訓練制度，逐步養成他們守法和服從的習性。不幸發生一件致命的錯誤，破壞原來計畫所能獲得的良好效果。前任皇帝在東方集結很多部隊，麥克林努斯沒有立即將他們分散到各行省，反而在登基那個冬天，讓他們全師駐紮在敘利亞。部隊整日無所事事留在軍營，盤算他們的實力和數量，交互傳遞各種怨言，心中想要發起另一次革命，好獲得更多利益。老兵沒有受到優厚待遇，反而識破皇帝別有用心深感不滿；新兵進入軍中服役，看到皇帝吝嗇又不願對外征戰，工作增加，報酬反而減少。所以大家的心情非常陰鬱，軍中不滿的耳語傳播開來，慢慢形成煽動性的囂鬧，接著是局部譁變宣洩憤怒的情緒，只等待很小的事件爆發以引起全面的叛亂。狀況既然如此發展，機會很快就會來臨。

13 伊拉珈巴拉斯的家世和崛起（218 年）

茱麗亞皇后體會到造化弄人和天理循環的無奈，從寒門出身到貴為至尊，嘗到樂極生悲的苦果，命中注定要哀泣幼子的冤死和長子的被殺。卡拉卡拉慘遭報應的命運，以她的明智得知此乃必然的結局，作為人子的母親和帝國的皇后，仍

然無法克制悲憤之情。篡位者對塞維魯斯的遺孀仍然尊重，她經歷痛苦掙扎降為一介平民，過著寄人籬下的生活，隨後在焦慮羞辱之中自殺身亡。她的妹妹茱麗亞・瑪莎（Julia Maesa）被迫離開安提阿宮廷，帶著二十年寵幸所得的龐大財富退隱於伊美莎，兩個女兒蘇米婭絲（Soaemias）和瑪米婭（Mamaea）在身邊陪伴。她們兩人也各有一個兒子，蘇米婭絲的兒子名叫巴西努斯（Bassianus），獻身在太陽神廟當祭司。敘利亞青年只要獲得神聖的職位，不論是出於審慎或迷信的因素，就會受到羅馬帝國的重用可以青雲直上。

許多部隊駐紮在伊美莎，麥克林努斯要求嚴明的紀律，讓他們過艱苦的生活進入冬營加強訓練。士兵成群結隊在太陽神廟休息，看見年輕大祭司雅致的服裝和漂亮的容貌，不僅表示尊敬感到高興，還認出他的面孔就像仍在懷念的卡拉卡拉。政治手腕極為高明的瑪莎發覺士兵的表現，為了孫子未來的命運不惜犧牲女兒的名節，暗示巴西努斯是被害皇帝的私生子。她派出密使慷慨散發數量龐大的金額，大家很高興的收下並證明他與皇帝的血緣關係。年輕的安東尼努斯（他僭用並玷汙這受人尊敬的名字）在伊美莎為部隊擁立稱帝（218年5月16日），發表聲明說他有世襲的權利，並且向軍隊大聲疾呼，要他們追隨在年輕而高尚的皇帝大纛之下，協助他報復殺父的血海深仇，反抗軍事專制的高壓統治。

婦人和宦官的陰謀配合極為嚴密，行動非常迅速果敢。麥克林努斯要是採取積極的作為，還是能粉碎羽毛未豐的敵人，他卻在恐懼和安全之間舉棋不定，守在安提阿頓兵不出。這樣一來敘利亞各地的軍營和守備部隊，全部瀰漫反叛的氣氛，很多派遣單位發生殺害長官、投效叛黨的事件。同時他們把麥克林努斯遲遲不願恢復軍人待遇和應有的特權，歸咎於他的軟弱無能。麥克林努斯終於從安提阿發兵，與年輕皇位的覬覦者兵力增加戰志高昂的軍隊遭遇。他自己的人馬看起來很不心甘情願的上戰場，會戰到達緊要關頭之際（218年6月7日），禁衛軍在自動自發的驅策之下，發揮勇猛的鬥志和訓練的優勢，叛軍的戰線崩潰。

敘利亞皇帝的母親和祖母按照東方的習慣隨軍出戰，看到狀況不利就從篷車中跳出來，藉以激發士兵的同情心，盡力鼓舞戰志消沉的士氣。這位安東尼努斯的一生中從來不像個大男人，到了生死存亡的時刻卻能證明自己是貨真價實的英雄，他騎在馬背上面率領經過整頓的部隊，手執長劍衝向層層密布的敵軍。甘尼斯（Gannys）是個宦官，生長在東方溫順奢靡的環境，主要的工作是照顧婦女，今天的表現卻像才氣橫溢的大將。戰場上殺得天昏地暗仍是難分勝負，要不是麥克林努斯放棄大好機會很快逃走，可能會獲得最後的勝利。他的怯懦只讓他多活幾天，不幸的結局還要蒙上羞恥的汙名，他的兒子戴都米尼努斯落得同樣的

命運，詳情也就不必多說。頑抗的禁衛軍得知他們為之奮戰的皇帝已經逃走，也就放下武器投降。羅馬軍隊交戰的雙方，一起流下愉悅和感激的眼淚，大家團結在卡拉卡拉之子的旗幟下面，東方各省很高興承認第一位有亞細亞血統的皇帝。

　　麥克林努斯早先很客氣去函元老院，提到一個敘利亞騙子引起輕微的騷亂，於是通過敕令宣布叛徒和他的家族是公敵，只要受騙的支持者立即回到原來的崗位，便答應赦免他們的罪行，並且讓他們還有立功的機會。安東尼努斯從宣布繼位到獲得勝利，只花了二十天的時間（決定羅馬世界的命運何其短促），這段時期的首都和東部各行省，陷入希望和恐懼交織的混亂，不論是誰能在敘利亞獲勝，就有資格統治整個帝國，不必引起大規模的流血犧牲。年輕的征服者用立場嚴正的信函，通知恭順的元老院勝利的消息，語氣顯得尊敬和穩重。他把馬可斯・奧理流斯和奧古斯都光輝的例證，作為用人行政的最高指導原則。他的年紀和運道與奧古斯都相比頗有類似之處，使他感到非常驕傲，他們都在少年時代打贏一場硬仗，報了殺父的大仇。他身為安東尼努斯（這是卡拉卡拉的封號）的兒子和塞維魯斯的孫兒，同時也承受馬可斯・奧理流斯・安東尼努斯的名號。元老院還未以正式敕令，授與他護民官和代行執政官頭銜之前，他非常老練向帝國要求世襲的權力，這樣做是犯了羅馬的大忌。他率先違反體制過於急躁的舉動，可能是敘利亞朝臣的無知，或者是軍事參贊人員的傲慢。

14 伊拉珈巴拉斯的淫亂及被弒（219-222年）

　　新即位的皇帝從敘利亞到羅馬（219年），一路上花費幾個月時光尋歡作樂，在尼柯米地亞消磨勝利以後第一個冬天，延到來年夏天正式凱旋進入首都。他的一幅栩栩如生畫像先他而至，送到元老院奉令置放勝利女神祭壇，讓羅馬人民瞻仰教人無法恭維的丰采。他在畫裡穿著米提人（Medes）和腓尼基人寬鬆飄逸綴以金絲的袍服，頭上戴著高聳的冠冕，項圈和手鐲鑲嵌極為名貴的寶石，眉毛塗黑雙頰抹上粉彩和胭脂。嚴肅的議員感慨的嘆息，羅馬人長久以來吃盡自己同胞暴政的苦頭，現在居然苟延殘喘於陰柔奢靡的東方專制政體。

　　供奉在伊美莎的太陽神尊稱為伊拉珈巴拉斯（Elagabalus），用一塊黑色圓錐形石頭做替身，大家都相信是從天上降落到知名的聖地。安東尼努斯認為他能當上真命天子，完全是這位神祇的庇護。如何用虔誠的祭典表示全心全意的感激，是他在位期間最重要的事務。伊美莎的神明勝過世間所有的宗教信仰，是他崇敬和榮耀的最大目標，伊拉珈巴拉斯的稱號（他身為大祭司和受寵者，已經僭

用神聖的名字）對他而言，比帝國所有偉大的頭銜更為親切。莊嚴的行列經過羅馬街道，潔淨的路面灑上金粉；四周鑲著名貴珠寶的黑色石頭，置於六匹乳白駿馬拉曳的華麗座車之中，所有的馬匹均覆蓋絲繡的馬衣。虔誠的皇帝握住韁繩，大臣在旁邊扶好車架，慢慢向後倒退表示尊敬，他就永遠享有神明降臨的無上幸福。巴拉廷山（Palatine Mount）建造一座雄偉華美的神廟，伊拉珈巴拉斯神的祭器和奉獻，極盡鋪張和隆重的能事。擺設豐富的美酒和大量的祭品，燃燒昂貴的香料，敘利亞少女圍繞神壇，在蠻族的音樂聲中，跳著有挑逗意味的舞蹈。嚴肅的高官顯貴和文武大臣穿上腓尼基式的長袍，參與不登大雅之堂的祭典儀式，裝出一副煞有其事的樣子，內心其實氣憤萬分。

對於成為羅馬的宗教信仰中心，伊拉珈巴拉斯的狂熱想要把戰神盾牌、智慧女神神像和崇敬努馬的神聖誓約全部搬離這個地區，再用一群位階較低的神祇，安排在不同的位置陪祀來自伊美莎的偉大神明。除非讓聞名於世的女神祀奉在祂的寢宮，否則對皇帝的宮廷而言，還是不夠完美。最初他要選帕拉斯（Pallas，就是希臘的雅典娜，是掌管技藝、智慧和戰爭的女神）做祂的配偶，害怕她那好戰的性格嚇壞溫柔纖弱的敘利亞神祇，倒是阿非利加人以亞斯塔特（Astarte）為名供奉的月神，認為適合陪伴日神。於是他將月神的像連帶神廟裡豐富的祭器當作嫁粧，從迦太基運到羅馬，神聖的婚禮成為羅馬和帝國最重要的節日。

伊拉珈巴拉斯的罪惡和愚行，難免出於想像或為偏見所誇大。我們僅就公開暴露在羅馬公眾面前、得到當時某些嚴肅的史家證實的情節來看，極其卑鄙汙穢的下流程度，實在是任何朝代和任何國家所僅見。東方帝王的縱欲違行，局限後宮的高牆之內，隔離人們好奇的眼光；榮譽和俠義的情操，現代歐洲的宮廷講究歡樂的昇華、禮法的規範和輿論的尊重。羅馬貴族的墮落和富有，竟將各民族和習俗產生的罪惡匯集以供他們享樂，無懼於法律的懲處，無視於輿論的批評，他們因奴隸和食客的百依百順，生活在不受任何限制和約束的社會。皇帝更是處於高不可及之處，以極其輕蔑而漠不關心的態度，對待各階層的臣民，聲稱可以毫無顧忌享用放縱奢華的皇家特權。

世界上最無用的蠢材敢於指責別人不守法的行為，即使他自己和別人雷同也在所不計；他很容易找出彼此年齡、性格和地位的微小差異，振振有辭認為應該有不同的待遇。權勢熏天的軍隊擁立卡拉卡拉荒淫的兒子為帝，他們為可恥的選擇感到羞愧，厭惡這位魔頭想另做打算，轉而對皇帝的表弟產生好感，也就是瑪米婭的兒子，品德和操守良好的亞歷山大。精明的瑪莎深知她的孫子伊拉珈巴拉斯必然毀於自己犯下的滔天大罪，為了預留後路應該替家族找更有力的支撐，把

握一個祭神的良機，趁著年輕皇帝心情開朗之際，勸他收養亞歷山大，授與「凱撒」的榮銜（221年），他的神職就不會因處理政務而中斷。性情和善的王子是帝國僅次於皇帝的二號人物，很快贏得民眾的愛戴，卻也引發暴君的嫉妒，決心要他敗壞品德同流合汙，否則取他的性命結束危險競爭。他空洞的計謀很快因自己多嘴洩漏出去，謹慎的瑪米婭安置在她兒子身邊的僕人，立刻向她通風報信。伊拉珈巴拉斯急於完成暗算，發現靠詭計沒有效果，決心要用武力執行，通過一項專制的命令，把他表弟出任凱撒的地位和榮譽予以撤銷。元老院接到消息毫無反應，軍營裡面引起軒然大波，禁衛軍發誓保護亞歷山大，要為受到羞辱的儲君報仇。渾身發抖的伊拉珈巴拉斯淚流滿面當眾求饒，保證只留下所愛的希洛克利斯（Hierocles），才消弭了他們的憤怒。禁衛軍的首領可以照顧亞歷山大，也可以看管皇帝行為，只有兩人相安無事才讓他們感到滿意。

　　雙方的妥協不可能維持很久，即使是伊拉珈巴拉斯性格卑劣的角色，也不願接受屈辱的條件，讓人牽著鼻子治理帝國。不久他想出一種極其危險的方式，要去試驗軍隊的反應，放出風聲說他的表弟已經死亡，如此一來人們自然認為是他下的毒手，在軍營當中激起大家的狂怒。只有讓深受歡迎的年輕人出面，立即恢復他的權力否則無法平息這場風暴。皇帝由這件事看出大家喜愛他的表弟，便非常討厭他，一時怒氣大發想要處罰領頭鬧事的士兵。他擺出毫無理性的嚴厲態度，馬上使他的親信、他的母親和他本人走向死亡的命運。伊拉珈巴拉斯當場被禁衛軍殺死（222年3月10日），肢解的屍體拖過羅馬街頭丟進台伯河。元老院對他的蓋棺論定是遺臭萬年，後人則認為這則頒布的敕令非常公正。

15 亞歷山大的繼位及其德行（222年）

　　亞歷山大取代表兄伊拉珈巴拉斯的位置，受禁衛軍的擁戴登上皇帝的寶座。他與塞維魯斯家族的關係以及僭用的名字，完全和慘死的皇帝相同；具備的德行和遭遇的危險，使得羅馬人對他產生好感，熱心慷慨的元老院，一天以內授與他代表帝國尊嚴的頭銜和權力。亞歷山大是位謙和孝順的青年，年紀只有十七歲，政權遂落入兩位婦女的手中，他的母親瑪米婭和他的祖母瑪莎。後者在亞歷山大登基後不久逝世，瑪米婭成為她的兒子和帝國的攝政。

　　無論哪個時代和國家，兩性之中比較聰明或強壯者掌握國家的政權，另一半限於家庭生活的照顧和傳宗接代。世襲的君主政體，尤其是現代的歐洲國家，基於俠義精神和繼承法則，使我們早已習慣特殊的例外，也就是讓文治和武功

這兩方面都一竅不通的女人，能夠在偉大的王國具有絕對的統治權。羅馬的皇帝仍然被視為共和國的軍事主將和行政首長，他們的妻子和母親雖然享有「奧古斯塔」的稱號，個人可以說是毫無權勢。要是讓女人統治國家，在古代只有婚姻而無愛情，或者是相愛而不知體貼和尊重的羅馬人看來，牝雞司晨真是不可思議的事。傲慢的阿格里萍娜將帝國的權位授與她的兒子，說實在自己也想分享應得的榮譽，瘋狂的野心為感受羅馬尊嚴的公民深痛惡絕，遭遇計謀百出的塞尼加（Seneca）和拜爾福斯（Burrhus），喪失性命使得尼祿成為弒母的孽子。後繼各位皇帝無論是睿智或平庸之輩，都不願冒犯全國臣民之大不韙。只有荒淫亂政的伊拉珈巴拉斯，會用他母親的名號汙辱元老院的名聲，蘇米婭絲坐在執政官的旁邊，拿出合法成員的身分簽署立法機構的敕令。她的妹妹瑪米婭非常謹慎，拒絕接受一無是處而且引起反感的特權，後來制定嚴謹的法律，禁止婦女進入元老院，舉凡惡意違犯者要砍下頭顱奉獻給地獄之神。瑪米婭萬丈雄心的目標在於實際的權力並非虛榮的表面，要在兒子的心目中維持絕對永久的帝國，她的母愛不容許有任何敵手存在。亞歷山大得到她的同意，和一位貴族的女兒結婚，他對岳父的尊敬和妻子的愛情，卻與瑪米婭要求的孝心和利益發生衝突。貴族立刻控以叛國罪處死，亞歷山大的妻子受盡羞辱趕出宮廷，最後放逐到阿非利加。

　　縱然嫉妒產生的殘酷行為以及在某些方面的貪婪，會使瑪米婭受到責難，整體而言她的用人行政都符合兒子和帝國的利益，獲得元老院的同意。她選出十六名在智慧和德行方面優秀的議員，組成常設性的國務會議，每件重大的公共事務經過討論再做成決定。名聲顯赫的烏爾平（Ulpian），不僅精通羅馬法律且深受各階層的尊重，他擔任會議主席發揮貴族政治的持重和堅定，恢復政府的秩序和權威。他們首先要完成的目標，除去都城外來的迷信和奢侈，以及伊拉珈巴拉斯貪婪暴虐留下的痕跡，接著便將政府各行政部門安插的佞臣全部遣散，用一批有才德的人士取而代之。文官的推薦標準是學識和公正，武職的任用資格是英勇和紀律。

　　瑪米婭和精明的顧問最關心的事項，是如何陶冶皇帝的性情和品德。羅馬世界的禍福安危視他個人素質而定。肥沃的土壤使得培植容易，也還有水到渠成的效果。亞歷山大具有優越的理解力，能夠領受德行的益處、知識的愉悅和努力的必要，自然流露善良溫和的氣質，使他不受外在刺激和罪惡的誘惑。他對母親始終保持孝心，尊敬睿智的烏爾平如同嚴師。後者庇護涉世未深的年輕人，免於諂媚和奉承有如毒藥的腐蝕。

16 皇帝的治績和軍隊的暴亂（222-225 年）

　　皇帝的日常生活如此正常緊湊，沒有時間用來作惡和邪思，比起保存在朗普里狄斯（Lampridius）作品裡面瑣碎的細節，更能證明亞歷山大的智慧和正直。自從康莫達斯即位以來，羅馬帝國在四十年之間，接連經歷四位惡貫滿盈的暴君，等到伊拉珈巴拉斯慘死，才能享有十三年（222-235 年）國泰民安的歲月。行省從卡拉卡拉和他的冒牌兒子無所不用其極的苛捐重稅中得到紓解。各級官員配合施政作為，和平安定的局面逐漸興旺繁茂。官吏從經驗得知，贏得人民愛戴是獲得皇帝重用唯一也是最佳方法。對於羅馬人民不太過分的奢華，增加某些較溫和的限制措施，獲得亞歷山大身為君父的關懷，物價和利息都能降低。他那寬厚開闊的胸懷，並未讓勤勞奮勉的人士增加困擾，反而提供民眾的需要和娛樂。恢復元老院的尊嚴、自由和權勢，每位德行優良的議員都可以接近皇帝，毋須畏懼更不必自求多福。

　　安東尼努斯·庇烏斯和馬可斯·奧理流斯的崇高德行，使得安東尼努斯的稱號極其貴重，就用領養的方式讓荒唐的維魯斯獲得傳承，再以世襲的權利轉授殘暴的康莫達斯，後來成為塞維魯斯之子的榮譽稱號，接下來給予年輕的戴都米尼努斯，最後為伊美莎最高祭司的醜行妄加玷汙。元老院雖然深懷戒心，還是誠心誠意一再要求，亞歷山大感受極大的壓力，卻能用高貴的氣度拒絕剽竊的名聲，情願盡力恢復安東尼努斯時代真正的榮譽和幸福。

　　經由亞歷山大文官政府的努力，智慧的作用因權力而加強，人民可以感受公眾的生活大獲改善，回報他的恩主以敬愛和感激。仍然存在極關重要而且必需的工作，處理起來又何其困難，對當時的羅馬人而言就是軍事的革新。長久以來軍隊因利害關係和暴力習性免受懲罰，不願接受軍紀的約束，無視民眾的安寧和福祉。為了執行極其危險的計畫，皇帝隱藏對軍隊的恐懼，表面上裝出愛護的神色。政府各級行政單位以嚴格的節約，供應所需款項成立基金，作為軍隊的日常支出和額外獎賞。大軍遠征的行軍途中，他放鬆每人應肩負十七日份口糧的嚴厲規定。道路兩旁設有大量倉庫，只要進入敵人的邊境，由於當時的士兵懶散成習，必須準備大批騾馬和駱駝運送給養。亞歷山大對矯正士兵的奢靡感到失望，只有把目標限於軍容的裝飾、優良的馬匹、華麗的盔甲和盾牌可用金銀來鑲嵌等方面。他同時也與士兵一起習於勞苦，親自訪問患病和負傷人員，把他們的服役紀錄和他自己的感謝之辭，全部保存下來。不論在何種場合盡量表達熱烈的感激，故作姿態的宣布他們的幸福與國家的榮譽休戚相關。他用最溫和的方式力圖

喚起暴亂的群體要有責任感，至少要恢復軍紀原已式微的形象，羅馬帝國之所以能戰勝在尚武精神、整體力量均較他們為優的國家，應該歸功於軍紀的要求。他完全白費心機，堅持的勇氣也無從發揮，改革的企圖只是讓他所要治療的疾病，不僅無法痊癒而且要提前發作。

　　亞歷山大被弒有很多說法，真相如何莫衷一是，問題是他沒有覺察到馬克西明（Maximinus）的忘恩負義和狼子野心，所以才死於非命。有的作家很肯定的表示，他用過餐便去睡覺，第二天早上七點鐘，衛兵闖進皇帝帳篷將他殺傷多處，賢德的皇帝在毫無防範之下傷重身亡。我們也可相信另一種較可靠的說法，馬克西明在離御帳有幾哩路的地方，很多任務部隊以紫袍加身擁立為帝。他認為要成功不能向大軍公開宣布，而是要採取機密的手段。亞歷山大聞訊還有時間向部隊呼籲，要求他們克盡忠誠的責任，極其勉強的效忠行動因為馬克西明的出現迅速消失。篡奪者自稱是軍人階層的好朋友和支持者，軍團在歡呼聲中推舉他為羅馬皇帝。瑪米婭的兒子受到軍隊的背叛和出賣，回到自己的帳篷，以為至少已經逃過亂兵的殺戮，然而接著出現一名護民官和幾位百夫長，他們就是要命的劊子手。他未能表現大丈夫的氣概，反而又哭又叫苦苦哀求。他的不幸和無辜必然得到後世的同情，卻在當時因貪生怕死而受人鄙視。他大聲責怪瑪米婭的驕縱和貪婪，是他覆滅的主要原因，結果他的母親也隨之命喪黃泉。很多忠實的朋友成為憤怒士兵手下的犧牲者，還有一些人受到馬克西明殘酷的待遇。凡是先帝重用的人士都遭到解職，用很屈辱的方式趕出了宮廷和軍隊。

17 馬克西明的殘酷和暴虐（235-237年）

　　羅馬以往的暴君，諸如喀利古拉、尼祿、康莫達斯和卡拉卡拉，都是荒唐淫亂、少不更事的青年（四位皇帝登基的年齡分別是25歲、17歲、19歲和23歲），在帝王之家接受教育，為帝國的驕傲、羅馬的奢華和吹捧的聲音敗壞腐化。馬克西明跟他們不同，血腥的行為源於害怕被人輕視。他雖然靠著士兵的擁護登上寶座，主要是弟兄愛他把他看成大家的化身，他始終意識到自己低賤的身世、粗野的外貌，以及對文明生活當中藝術和制度之全然無知，要是與亞歷山大善良的德行相比，真是強烈的對照只有甘拜下風。他記得自己過去光景不佳之際，經常等候在傲慢的羅馬權貴門前，被狗仗人勢的奴隸飽以閉門羹。當然他也記得接濟和幫助的朋友，不管是得罪還是有恩對他都是極大的冒犯，因為他們全都知道皇帝見不得人的出身，許多人遭到羅織罪名處死。馬克西明就是因為殺害

對他有恩的人，使得他以蠻族家世和忘恩負義的惡名，血淋淋的存留青史之中。

　　蠻族出身的皇帝天性陰鷙嗜殺，帝國每位出身高貴和功勳顯赫的人士，都會讓他引起猜疑心理，只要聽說有任何不穩的跡象，毫不留情立即斬草除根。有一位曾任過執政官的議員名叫馬格努斯（Magnus），受到控訴是要殺害他的主謀，沒有證人和坐實的證據，不給審判和答辯的機會，連同四千名疑為幫凶的人員一併處死。意大利和整個帝國到處都是密探和告發者，只要是最輕微的指控和影射，舉凡治理過行省、指揮過軍隊、獲得代行執政官和凱旋式殊榮，身為最高階層的羅馬貴族，都會遭受逮捕押解到皇帝面前。沒收財產、放逐異地或者立即賜死，都算是仁慈寬大的處置。有些極為可憐的受害者縫在獸皮裡面，丟給野獸咬死或慘遭亂棍擊斃。三年的統治期間，他從來沒有回到羅馬和意大利，經常在萊茵河和多瑙河之間轉移，駐留的營地就是嚴酷的專制行宮。他蔑視法律和正義的原則，靠宣誓效忠的刀劍給予支持。出身高貴具有氣質和修養的人士，遭到排斥不准接近。羅馬皇帝的朝臣成為古代奴隸和角鬥士的首領，他們掌握殘酷的權力，使人留下恐懼和厭惡的深刻印象。

　　要是馬克西明的殘酷行為，只限於地位崇高的元老院議員，或者是想從宮廷和軍隊牟取暴利的投機分子，一般人民對於特權階級的受苦受難，不僅無動於衷甚至還會幸災樂禍。暴君的貪婪受到士兵搜刮無饜的刺激，最後竟然侵犯公共財產。帝國每座城市原本都有獨立的稅收，用來購買糧食供應民眾，支付各種運動和娛樂經費。馬克西明交代手下，全部財產沒收供國庫運用，掠奪廟宇最值錢的各種金銀祭具和飾物，神明、英雄和皇帝的雕像，融化鑄成錢幣。這些觸犯天理、褻瀆神明的亂命，執行的時候不可能沒有引起騷動和殺戮。很多地方的人民寧願以死保護他們的神壇，也不願眼看他們的城市遭到戰爭的搶劫和暴行。士兵本身可以從冒犯神祇的侵奪當中得到好處，但內心還是會有羞愧的感覺，無論他們如何冷酷地施用暴力，同樣畏懼親戚朋友義正辭嚴的指責。整個羅馬世界憤怒的呼聲清晰可聞，要求對人民的公敵採取報復行動。最後因為個人的壓迫行為，和平而沒有武力的行省被迫走向反叛的道路。

18 元老院對抗暴君贏得勝利（237-238 年）

　　羅馬和阿非利加的起義相繼發生，快速的行動令人簡直難以置信，馬克西明心中憤怒之情溢於言表。據說他聽到郭笛努斯（Gordian）舉兵的消息，以及元老院發布懲處的敕令，已經不是像常人發發脾氣，根本就是野獸在大聲咆哮。

他對遙遠的元老院無可奈何，就發洩在他的兒子、朋友和隨從的身上。郭笛努斯去世的消息固然令他放心不少，接著得知元老院做出決定，放棄所有寬恕和調解的希望，推舉兩位在功勳上為他所深知的皇帝，這時馬克西明唯一能夠感到安慰的事，就是可以大起刀兵報仇雪恨。亞歷山大抽調帝國各地的軍團，集結起來形成戰力強大的部隊，征討日耳曼人和薩瑪提亞人的三場戰役獲得勝利，使得他們的聲譽蒸蒸日上，肯定他們軍紀的嚴明，同時可以運用蠻族的年輕精英，補充各階層的需要。馬克西明一生獻身軍旅，為秉持史實的公正，對一位英勇善戰的軍人和才能卓越的將領，也不可一味抹煞建立的功勳。唯其如此我們料想有獨斷性格的皇帝，絕不容許叛變坐大，拖延時日地位益為穩固，必定立即從多瑙河發兵，迅速進軍台伯河。他的常勝軍為元老院的蔑視激怒，急於奪取意大利的戰利品，意欲如烈火燎原之勢輕易打勝有利可圖的征戰。我們相信那個時代並不詳實的編年史顯示，有幾次對外的戰爭正在進行，使得回師意大利的行動延到第二年的春天。從馬克西明審慎的舉止和作為，知道傳聞的蠻橫個性和形象，是政敵書於筆墨的誹謗之辭。雖然他心情急躁還是要理智的考量，看來身為蠻子有蘇拉（Sylla）的氣度，就像後者一樣要在報復私仇之前，先出兵戰勝羅馬的敵軍。

馬克西明的部隊以壯盛軍容進發，抵達朱理安・阿爾卑斯山的山麓，見到意大利邊境的寂靜和荒蕪無不大感驚愕。邊區的大軍接近之前，居民放棄村莊和城鎮，牛群全部趕走，糧食不是搬運就是損毀，橋樑受到破壞，沒有留下任何東西供入侵部隊居住或維生。元老院的將領採取非常明智的做法，他們計畫要打曠日持久的消耗戰，饑饉慢慢減弱馬克西明的兵員，再迫使他圍攻意大利主要城市，時間就會磨損他的戰力。防務堅強的城市從堅壁清野的地區，儲備大批人馬和充足的糧秣。阿奎利亞（Aquileia）成為抵抗侵略者第一擊的要地，亞得里亞海灣盡頭出海的河流，因為冬雪融化水勢高漲，形成阻擋馬克西明大軍的天險。他們花很大的力氣製做很多大木桶，再接合起來構成橋樑。全軍渡河到達對岸，將阿奎利亞附近美麗的葡萄園全部連根剷除，拆毀郊區的房屋和建築，用取下的木料製造投射機具和大型塔台，接著要從四面八方攻擊城市。年久失修的城牆倒塌，危機處理得宜迅速修復。阿奎利亞的堅強防禦在於市民的齊心協力，各階層的人員在極端危險之中，知道暴君的殘酷不仁，毫無驚慌之感反而激起高昂的鬥志。元老院二十名將領當中的克里斯平努斯（Crispinus）和明諾菲魯斯（Menophilus），率領一小部正規軍進入被圍的城市，全體市民接受他們的支持和指導更是勇氣百倍。馬克西明的軍隊不斷的進攻遭到擊退，攻城機具被對方派人縱火燒毀。阿奎利亞人抱著滿腔熱血的犧牲精神，相信保護神貝里努斯

（Belenus）會親自披掛上陣，庇佑在苦難中的信徒，給了他們必勝的信心。

麥克西繆斯（Maximus）皇帝一直進軍到達拉芬納，先要鞏固重要的據點，加速軍事準備工作，看清當前需要面對的情況，運用理智和策略指導戰爭的進行。他深知一座城鎮無法抵擋大軍的持續攻堅，擔憂敵人一旦厭煩阿奎利亞的頑抗，突然放棄無用的圍攻，直接進軍羅馬，帝國的命運和人民的自由，就要靠兩軍的野戰決定勝負。應有何種軍隊才能與萊茵河和多瑙河久經戰陣的軍團抗衡？現在僅有的部隊，意大利徵召慷慨激昂卻氣力軟弱的青年編成，加上若干日耳曼的協防軍，他們的穩定性還有待時

攻城機具。

間的考驗，要是整個依靠他們一定會產生危險。正在憂慮這些問題的時候，馬克西明的內部發生陰謀事件，結束暴君罪惡的生命，羅馬和元老院解除一場浩劫。要是憤怒的蠻子獲勝的話，後果真是不堪設想。

阿奎利亞的人民在圍城當中還算沒有吃到多大的苦頭，他們的糧食存量充足，城牆裡面有幾道清泉，可以供應取用不盡的飲水。馬克西明的士兵完全不是那回事，他們飽嘗日曬雨淋、病疫流行和饑餓難捱之苦，眼見田園被毀，屍橫遍野，血流成河，失望和不滿的情緒瀰漫軍中。當時所有的情報都遭切斷，以為整個帝國全都支持元老院，他們要在阿奎利亞無法攻破的城牆下犧牲送死。暴君凶狠的脾氣因為攻城的困頓經常發作，歸咎於軍隊的怯懦。他那任性剛愎的殘酷行為，現在非但無人畏懼，反而引起痛恨和報復。有一隊禁衛軍的妻兒留在阿爾

巴（Alba）軍營，位置就在羅馬附近，他們擔心家人會因元老院的判決受到株連。於是馬克西明的衛士發生叛變，連帶他的兒子（共享皇帝的名號）和幫凶亞魯利努斯統領，一同在中軍大帳被殺（238年4月）。他的頭顱插在矛尖上面使阿奎利亞人相信圍城已經結束，打開城門讓慷慨的市集供應馬克西明饑餓的軍隊。他們全軍參加對元老院和羅馬人民，以及合法皇帝麥克西繆斯和巴比努斯的效忠宣誓。這就是充滿獸性的野蠻人必然的下場，公認他缺乏文明人甚至作為社會一分子應有的情操。他的軀體正好配得上他的心靈，雄偉的身材超過八呎，有關力氣之強和食量之大，簡直令人難以相信。要是生在未開化時代，詩歌和傳說把他描述成惡魔一樣的巨人，超自然的力量會給人類帶來毀滅。

頭戴春天花環的人物，地面鑲嵌畫。

19 軍隊擁立風氣和菲利浦稱帝（244-248年）

我們的時代有一位知名的作家，研究羅馬帝國的軍事政府，他的看法有些雖然天馬行空，但提出的論點相當精闢，特此抄錄如下：「三世紀中葉的羅馬帝國，充其量只是一個非正統的共和國而已。很像阿爾及爾的貴族政體，民兵擁有統治的主權，可以對稱為德伊（Dey）的行政官員進行任免。軍事政府在某些方面，或許更近於共和政體而不是君主政體。老實說類似的論點可以成為都能接受的通則。這也不是說軍人非要靠著抗命和叛變，才有資格參加政府。皇帝對軍隊所講的話，好像執政官和護民官向人民宣布的事項，難道不是屬於同樣的性質？儘管軍隊沒有議會的形式和討論的地點，儘管他們的辯論很簡短而且行動很突然，決定也不是冷靜考慮的結果，難道他們還不是一樣用專制統治主宰共和國的命運？皇帝是什麼？不過是軍方為了私人利益，推選凶暴政府的代理人而已！軍隊擁立菲利浦之際，那時他正是郭笛努斯三世的禁衛軍統領。郭笛努斯向軍隊要求讓他單獨成為皇帝，完全無法獲得士兵的同意；郭笛努斯請求讓他與菲利浦均分權力，軍隊根本不聽他的話；郭笛努斯同意貶到凱撒的位階，善意被軍隊認為毫無必要；郭笛努斯希望至少能夠任命為禁衛軍統領，懇求仍然遭到拒絕。最後只有請軍方饒他性命，結果還是難逃一死。軍隊在審判君主的過程當中，行使至高無上的權力。」

根據史家的說法，孟德斯鳩曾引用這段有疑問的敘述。菲利浦在整個事件的處理過程始終保持沉默，心中也想讓無辜的恩主倖免一死，直到他考慮郭笛努斯遭受的冤屈，必然在羅馬世界引起同情，遂不顧皇帝的懇求哀號，下令剝去紫色袍服立即處死。馬上執行這慘無人道的判決。

菲利浦從東方回到羅馬，急欲抹去犯罪的回憶，爭取人民的好感，於是用最鋪張壯觀的方式慶祝百年祭（248年4月21日）。自從奧古斯都舉辦恢復以往的盛會以來，

繪有士兵的銀盤。

歷經克勞狄斯、圖密善和塞維魯斯，現在已經是第五次，羅馬奠基算起來是整整的一千年。百年祭的各種典禮活動，要用深遠莊嚴的敬意，藉著妥善的安排激發崇高的信仰。兩次節慶之間相隔很久的時日，超過凡人一生的壽命，沒有人敢吹牛說他曾經參加兩次。神祕的祭祀典禮在台伯河畔接連舉行三個夜晚，戰神廣場到處歌舞昇平，火炬燈籠徹夜通明，奴隸和外鄉人不准參加國家大典。一個由出身貴族家庭，雙親健在的二十七位青年，以及同樣數目的處女組成的合唱團，祈求慈悲的神明保佑活在世上的人類，為下一代帶來希望，唱出宗教的詩歌，體驗古老的神諭，羅馬人民能夠保有他們的德行、幸福和帝國。菲利浦的展示和娛樂之華麗壯觀，使得民眾目眩神迷，虔誠的信徒全心貫注宗教的儀式，少數有識之士在他們焦急的心裡，反覆思索帝國過去的歷史和未來的命運。

自從羅慕拉斯（Romulus）帶領一小撮牧羊人和亡命之徒，在台伯河附近占山為寨以來，十個世紀倏忽之間已成過去。最初的四百年，羅馬人胼手胝足獲得戰爭和施政的經驗。他們嚴格運用寶貴的規範，加以上天的垂愛，接續三個世紀擊敗四面的敵人，統治歐、亞、非許多專制王國。最後的三百年消耗在表面的繁榮和內部的腐化之中。現在是軍人、行政官吏和立法者的國家，組成羅馬人民的三十五個區部，融合成為人類的共同集團，混雜數以百萬計的奴隸和省民，他們有羅馬人的名字卻沒有羅馬人的精神。一支傭兵徵自邊疆的居民和蠻族，唯一保持獨立和濫用獨立的群體。在他們動亂不安的選擇之下，敘利亞人、哥德人和阿拉伯人相繼登上羅馬的王座，賦予統治西庇阿征服地區和自己家鄉的專制權力。

羅馬帝國的疆域仍然從大西洋到底格里斯河，從阿特拉斯山到萊茵河和多瑙河。拿世俗的眼光看來，菲利浦是一位比哈德良或奧古斯都擁有更大權力的君主。政府和軍隊的形式仍然相同，但令人精神昂揚的進取心被拋到九霄雲外，人民的勤奮受到暴政的壓迫灰心喪志，軍團的紀律隨著各種德行的逝去消失殆盡，單獨支持國家的宏圖大業，卻因皇帝的野心慢慢腐化，或因皇帝的懦弱更加廢弛。邊疆地區實力虛弱專恃防禦工事，日久逐漸破爛崩塌，大部分的行省成為蠻族逐鹿的場所，他們不久後發現，羅馬帝國已經步入沒落之途。

第三章
蠻族的入侵（165-268 年）

1 阿塔澤克西茲建立薩珊王朝（165-226 年）

　　塔西佗在他的作品當中，經常加入一些有趣的插曲，其中提到日耳曼和帕提亞的國內狀況。他的敘述主要是讓讀者歷經罪惡和災難的場面，能夠暫時放鬆一下心情。從奧古斯都臨朝到亞歷山大‧塞維魯斯時代為止，羅馬的仇敵是暴君和軍閥，他們就在帝國的心腹之地。羅馬的國勢已臻極點，對於發生在遠隔萊茵河和幼發拉底河之外的變革並無多大興趣。軍隊毫無忌憚推倒皇帝的權勢、元老院的敕令，甚至軍營的紀律的時代，長久以來盤旋流竄在北部和東部邊疆的蠻族，竟敢放膽攻擊衰落帝國的行省。零星的寇邊變成大舉的入侵，給雙方都帶來很大的災難。經過很長時期互有輸贏的爭鬥，許多獲勝的蠻族將整個部落遷入羅馬帝國的行省。想要弄清楚至關重要的歷史大事，對那個替漢尼拔（Hannibal）和米塞瑞達底（Mithridates）報了一箭之仇的王朝，應該就他們的特性、武力和意願，事先獲得若干明確的概念。

　　遠古時期的歐洲覆蓋濃密的森林，只有少數四處漂泊的野蠻人藏身其間。亞細亞的居民聚集成為人口眾多的城市，受到幅員廣大的帝國管轄，是工藝生產、奢華生活和極權專制的中心。亞述人統治東方世界，直到尼努斯（Ninus）和塞美拉米斯（Semiramis）的權杖，從懦弱無能的繼承人手中失去。米提人和巴比倫人接著均分亞述人的權勢，然而他們也被波斯人的王國併吞。這時波斯的武力已不限於亞細亞的狹小範圍，據說居魯士（Cyrus）的後裔澤爾西斯（Xerxes），統率兩百萬人馬侵入希臘。菲利浦之子亞歷山大受到榮譽心的驅使，要為希臘復仇雪恥，只有三萬士兵就能征服波斯。塞琉卡斯家族篡奪馬其頓對東方的統治權，不久以後又得而復失。大約就在此時，他們簽訂一紙喪權辱國的條約，把陶魯斯（Taurus）山脈西邊的地方割讓給羅馬，接著又被帕提亞人從上亞細亞的各行省驅走，這批遊牧民族是錫西厄（Scythia）人的後代。帕提亞的軍隊所向無敵，橫掃印度直到敘利亞邊界，最後還是自食其果，為阿德夏爾（Ardshir）或稱阿塔澤克西茲（Artaxerxes）所滅。新建立的薩珊（Sassanides）王朝統治波斯，

直到阿拉伯人入侵為止。巨大變革產生久遠的影響力，羅馬人不久就有深刻的體驗，入寇的事件發生在亞歷山大·塞維魯斯臨朝第四年，也就是公元226年。

阿塔澤克西茲的軍旅生涯獲得極高的聲望，他是帕提亞最後一位國王阿爾塔班（Artaban）的部將，建立莫大的功勳對王室形成威脅，遭到放逐的處分起而舉兵叛變。他的出身清寒，敵人可以橫加汙衊，卻也因此得到支持者大為讚賞。要是我們相信前者的毀謗，他就是製革匠妻子和士兵婚外情的結晶。支持者認為他是古代波斯國王的旁系後裔，雖然時間和不幸的遭遇，他的祖先逐漸下降到庶民的地位。身為皇室的胤嗣，他要維護登基的權利，波斯人從大流士（Darius）逝世以降，五百年來在高壓之下痛苦呻吟，要以解救人民當作最高貴的任務接受挑戰。他在三次重大的戰役擊敗帕提亞人，阿爾塔班國王在最後一次會戰被殺，整個國家的士氣從此一蹶不振。

柯拉珊（Khorasan）的巴爾克（Balch）召開大會，阿塔澤克西茲的權力和地位獲得整個民族的承認。阿薩息斯（Arsaces）王室兩個旁支帝系，混雜在投降的行省總督當中難以辨識。第三支帝系只想維持過去的權位，沒有考慮當前大勢已去，帶領眾多的屬下隊伍，企圖回到亞美尼亞國王的領地，因為後者是他們的親戚。這支兵力不大的逃亡部隊，全部被機警的征服者截斷予以殲滅，大膽的勝利者享用前任國王的雙層冠冕，還要加上「萬王之王」的頭銜。名聲顯赫的稱號無法滿足波斯人的虛榮，反而提醒他要善盡職責，要有萬丈雄心，以恢復居魯士時代帝國和宗教的卓越成就。

2 波斯帝國與羅馬帝國連年戰爭（165-226年）

阿塔澤克西茲憑著英勇善戰和指揮才能，很快從帕提亞古老的皇族手中，奪走統治東方的權杖，即將面臨更為艱鉅的工作，要在遼闊的波斯建立團結合作、上下一心的政府。阿薩息斯懦弱縱容，讓自己的兒子和弟兄，以世襲的方式，占有重要的行省和王國主要的機構。十八名最有權勢的行省省長，又稱之為維塔克梭（Vitaxoe），獲准擁有王侯的頭銜。喪失實權仍然驕縱的君主，保持管轄眾多王侯的名義感到心滿意足，即使是在勢力範圍之內位於山區的蠻族部落，以及在上亞細亞的希臘城市，既不承認也不服從更高的權威。帕提亞帝國真是虛有其名，展現的統治方式與歐洲通行的采邑制度毫無差別。積極進取的勝利者，率領一支紀律嚴明的大軍，親自巡視波斯每一個行省，擊敗最頑強的反叛分子，攻占最堅固的防禦工事，用武力展現恐怖的手段，為和平開設降服的道路。對於頑抗

不從者，為首之人處死，追隨者從寬處置，心悅誠服的歸順者則賞賜高官厚爵。

　　高瞻遠矚的阿塔澤克西茲，除了他自己不許別人擁有國王的頭銜，消除一切隔離帝座和人民的中間勢力。他擁有的王國面積概同現代的波斯，四周是海洋與大河，像是幼發拉底河、底格里斯河、亞拉克西斯（Araxes）河、阿姆（Oxus）河、印度河、波斯灣和裏海，構成天然的邊界。公元三世紀整個國家估計有五百五十四座城市和六萬個村莊，大約四千萬人口。如果拿薩珊王朝和夏菲王朝的統治，以及祆教和伊斯蘭教的政治勢力做一比較，我們獲得結論：阿塔澤克西茲統治的王國至少有同樣多的城市、村莊和居民。不可否認自古以來，海岸沒有優良的港口，內陸缺乏灌溉的水源，對於波斯人的商業和農業極為不利。他們認為僅憑人口的數目就值得大肆誇耀。

　　阿塔澤克西茲以雄心壯志擊破地方諸侯的抗拒，開始用武力威脅鄰近的國家。何況他認為這些國家在前任渾渾噩噩、無所用事之時，對於波斯毫無禮遇之心還要多方羞辱。他很輕易戰勝粗野的錫西厄人和軟弱的印度人，只有羅馬人是難以制服的勁敵，從前曾經侵犯波斯，現在仍舊保持強大的勢力，對於西方的世仇必須大動干戈全力以赴。圖拉真的勝利獲得四十年的平靜，完全是英勇作為和穩健政策獲得的成果。從馬可斯・奧理流斯繼位到亞歷山大臨朝這段期間，羅馬帝國和帕提亞帝國發生兩次戰爭，雖然阿薩息斯使用舉國之力與羅馬的局部守軍抗衡，一般說來還是後者較占優勢。麥克林努斯受到王位不穩和生性懦弱的影響，花費五萬鎊黃金買到和平；原先馬可斯・奧理流斯的部將，還有塞維魯斯皇帝及其子，已在亞美尼亞、美索不達米亞和亞述建立許多戰勝紀念碑。他們的戰功很不巧被內部的變革打斷，以致無法進行完整的敘述。我們只要提到塞琉西亞（Seleucia）和帖西奉（Ctesiphon）兩個大城，不斷受到刀兵之災就可略知一二。

　　塞琉西亞位於底格里斯河西岸，在古代巴比倫的北方距離大約四十五哩，是馬其頓征服上亞細亞的首府。亞歷山大帝國覆滅以後，很多年代已經過去，塞琉西亞仍舊保持希臘殖民地的特性，那就是藝術生活、軍事武德和愛好自由。獨立的共和國由三百名貴族組成的元老院負起統治的責任，人口眾多將近六十萬公民，城池堅固而且兵力強大，只要國內各階層和諧相處，就不將帕提亞的實力放在眼裡。後來的狀況是各派系瘋狂的傾軋，逼得請求共同的敵人給予危險的援助，須知對手已經虎視眈眈站在殖民地門口。帕提亞的君王就像印度的蒙兀兒大君，喜歡過錫西厄祖先的遊牧生活，皇家的營地經常搭蓋在底格里斯河西岸，距離塞琉西亞只有三哩的帖西奉平原。宮廷的奢侈豪華和專制獨裁，聚集著形形色色數不清的隨伴事物，原是小村落的帖西奉立即膨脹成為一個大城市。

　　馬可斯‧奧理流斯在位期間，羅馬將領深入帖西奉和塞琉西亞（165 年），受到希臘殖民地友情的接待，拿出滅此朝食的精神攻擊帕提亞國王的居留地，兩座城市面臨同樣的命運。塞琉西亞遭到燒殺擄掠，有三十萬居民喪命，玷辱羅馬勝利的榮耀。塞琉西亞與強敵為鄰耗盡國力，慘遭致命的打擊沉淪到萬劫不復的地步。帖西奉經過三十三年的休養生息完全恢復力量，能夠頑強對抗塞維魯斯皇帝的圍攻（198 年）。最後城池還是被攻破，親自鎮守的國王倉卒逃走，一萬名俘虜和豐富的戰利品，用來獎賞羅馬士兵的辛勞。雖然經歷無數慘重的災難，帖西奉繼巴比倫和塞琉西亞以後，成為東方世界最大的首都之一。波斯君王到了夏天，前往伊克巴塔納（Ecbatana）避暑享受米地亞山區的涼爽微風；帖西奉氣候溫和，成為冬天行宮的所在地。

　　羅馬的入侵行動雖然成功，但並沒有獲得實際的永久利益，中間有一大塊沙漠要與帝國其他的行省隔絕，所以他們不願保有遙遠而又分離的領地。征服奧斯浩尼王國的行動，雖然並不很光明磊落，算起來卻有實質上的好處。蕞爾小國擁有美索不達米亞以北，位於幼發拉底河和底格里斯河之間的良田沃野，首府埃笛莎位於遠離幼發拉底河二十哩的地方，從亞歷山大時代以來，居民是希臘人、阿拉伯人、敘利亞人和亞美尼亞人的混合種族。實力衰弱的奧斯浩尼國君，處在兩大敵對帝國之間，基於地緣的關係倒向帕提亞的陣營；羅馬的優勢力量逼得他們只有勉強順從，這點可以從他們的徽章看得出來。

　　後來是馬可斯‧奧理流斯結束帕提亞戰爭，為了鞏固靠不住的忠誠，除了雙方的誓約，有必要加強實質的防務，於是在很多地點建構堡壘，一支羅馬守備部隊進駐尼昔比斯（Nisibis）守備堅固的城鎮。康莫達斯死後羅馬陷入混亂，奧斯浩尼國王企圖解脫外來的束縛。塞維魯斯的強硬政策迫使他們再度歸順，卡拉卡拉的背信使征服工作很容易完成。最後一任國王阿布加魯斯（Abgarus）打上腳鐐押送羅馬（216 年），他的領土成為帝國的一個行省，首府列入殖民區的位階。帕提亞王國衰亡前十年左右，羅馬越過幼發拉底河獲得穩固而永久的基地。

3 狄西阿斯的稱帝及其事功（248-250 年）

　　從菲利浦熱烈慶祝百年祭到高連努斯（Gallienus）皇帝逝世，差辱不堪災禍連接的二十年光陰彈指而過（248-268 年）。在這段舉國陷入苦難的時期，羅馬的行省幾乎沒有片刻可以免於入侵蠻族和橫暴軍隊的肆虐，殘破的帝國似乎已經瀕臨最後瓦解的緊急關頭。這對史家而言是一個混亂的年代，缺乏可信的資料和

數據，要想把真實過程交代清楚又能保持連續的記述，的確有很大的困難。所能找到的歷史紀錄都是斷簡殘篇，不是太過簡略就是晦澀含糊，有的地方還矛盾百出，只能盡力蒐集加以比較，有時還要依靠揣度和臆測。雖然不能用推論取代事實，然而基於對人性的了解，憑著一股堅毅不屈的熱情，鍥而不捨全力以赴，在不太失真的狀況之下，倒是能夠補充史學素材的不足。

舉例來說，歷史的過程有時缺乏正確的記事，並不難設想可能發展的狀況。接連多位皇帝遭到謀弒，已經使得君王和臣民之間的忠誠關係日趨瓦解。菲利浦的將領都可以模仿主子的作為，反覆無常的軍隊長久以來已經習慣暴力革命，隨時會把出身低微的軍中夥伴推上皇帝的寶座。歷史只能事後補記，像是公元249年的夏天，瑪西亞（Maesia）的軍團爆發反對菲利浦皇帝的叛變事件，有個部將名叫馬里努斯（Marinus）成為叛軍擁戴的對象。菲利浦事先獲得警告，生怕瑪西亞軍隊的動亂擴大成為燎原之火，由於過去的罪行和迫近的危險深感困惑不安，親自將消息通知元老院。

議場可能出於畏懼或者不滿，呈現陰鬱而不祥的寧靜。出身高貴參與會議的狄西阿斯（Decius），冒著可能受到皇帝猜忌的危險，最後還是挺身而出慷慨陳辭。他認為叛逆事件根本不值得大驚小怪，只是一場匆促沒有經過考慮的騷動，下級軍官要想稱帝僅僅出於幻想，過不了幾天就會被易變的軍隊，就像推選一樣將他打翻在地。整個事件正如他預料迅速處理妥當，菲利浦非常賞識他在元老院仗義執言。馬里努斯被殺以後部隊人心惶惶，騷動還未完全平息下來，看來只有狄西阿斯是讓軍隊恢復紀律最好人選。他長久以來不願接受任命，就是怕建立功勳隨之帶來危險，同時也考慮軍人憤怒而又不甘受到壓制的心情，一定會想盡辦法運用能造成毀滅的權力。

狄西阿斯的看法也都為事實肯定，瑪西亞的軍團逼迫長官成為共犯（249年），留下兩條路讓他選擇，要是不想當場被殺就得穿上紫袍登基稱帝。等到他做出決定，就無法避免隨之而來的行動，他指揮或者追隨軍隊到達意大利的邊界。菲利浦集結全部兵力，雖然受他提拔的競爭對手目前聲勢浩大，他仍要前去迎戰將敵人擊退。皇帝的軍隊在數量上占有優勢，叛軍全部由老兵組成，領導者有指揮能力而且經驗豐富。菲利浦在戰場陣亡，也有人說是戰敗後在維洛納處死，他的兒子和帝國追隨他的人員，都在羅馬被禁衛軍屠殺殆盡。狄西阿斯的年事已高根本毋須加以辯駁，他自己沒有野心，之所以如此作為完全是形勢造成，元老院和行省都非常清楚。據說他被迫不得不接受奧古斯都的頭銜，曾經派出私人代表面見菲利浦，說明自己的無辜和保證要忠心耿耿，鄭重聲明等他回到意大

利就會推辭皇室的尊榮，恢復過去恭順的臣民地位。狄西阿斯的表白可能非常誠摯，一旦天命所歸既不容推辭也實在難以捨棄。

狄西阿斯花了幾個月的時間從事戰亂之後的綏靖工作，進行公正的審判和各項行政事務，聽見哥德人入侵就趕到多瑙河地區（250年）。歷史的記載首次提到這個偉大的民族，接踵而來就是粉碎羅馬的勢力和權威，洗劫羅馬帝國的首都，統治高盧、西班牙和意大利，讓人難以忘懷的大事就是滅亡西羅馬帝國。對於粗野而好戰的蠻族而言，哥德人這個名字不一定很適合，卻是最普遍被大家接受的稱呼。

4 哥德人的起源及北歐信仰

公元六世紀開始的候時，哥德人已經結束意大利的征服，鑑於當前已經完成偉大的事業，自然會耽溺於過去的光彩和未來的榮耀之中，希望保存對祖先的記憶，好把建立的事功能讓子孫永矢弗護。拉芬納宮廷的首席大臣博學的卡西多魯斯（Cassiodorus），對於哥德的征服者感到極其自豪，就將事蹟撰寫成十二卷史籍，現在只剩喬南德斯（Jornandes）改寫的簡略本流傳在世。作者運用高明的手法，有關整個民族的災禍和過錯略而不提，大肆宣揚成功的英勇行動，用許多亞細亞的戰利品炫耀勝利的成果，其實多數屬於錫西厄民族的珍寶。蠻族僅有的記憶是對古老歌謠的喜愛，雖然不一定正確，可以推斷哥德人發源在斯堪地那維亞的島嶼或半島上面。意大利的征服者確知北方極地之國是他們的故鄉，古老血緣的聯繫因為當前官員的友誼而加強，斯堪地那維亞的國王樂意放棄野蠻行為造成的偉大事蹟，情願在平靜和文雅的拉芬納宮廷安享餘年。

遙遠的北方有很多遺跡留存下來，雖然不像羅馬人出於虛榮心作祟，還是可以證明哥德人古老的居留地，是在越過波羅的海那片遼闊的國土。地理學家托勒密時代，這個民族繼續保有瑞典南部，留下來的都是沒有強烈進取心的人員，最大的地區到現在還是分為東戈特蘭（Gothland）和西戈特蘭兩個部分。到了中世紀（約為九到十二世紀）基督教逐漸向北部發展，哥德人和瑞典人在同一個國家，成為兩個迥異而且相互敵視的宗族，後者占了上風並沒有採用趕盡殺絕的手段。瑞典人滿意自己從事戰爭獲得的成就，在每個時代都盛讚哥德血緣的光輝。就在對羅馬的教廷表示不滿之際，英勇的查理十二世很含蓄的提到，所向無敵的祖先已經打敗世界的統治者，目前他的軍隊將會更勝一籌。

公元十一世紀快要結束，烏薩爾（Upsal）是瑞典人和哥德人都相當看重的

小鎮，繼續存在一座非常有名氣的廟宇。裡面裝飾華麗而豐富的黃金器具，貝斯堪地那維亞人從當海盜的冒險活動中獲得的，並供奉三位主要的神祇，那就是戰神、生殖女神和雷神。九年舉行一次莊嚴的祭典，每種動物要拿九隻來獻祭（除了不用人類以外），血淋淋的屍體懸掛廟宇旁邊的神聖樹叢。野蠻的迷信現在還留存的唯一痕跡，保持在艾達（Edda）的神話體系之中。艾達是古代傳統最有價值的文物，冰島完成編纂已有十三個世紀之久，丹麥和瑞典的學者還在進行深入的研究。

哥德民族經過許多世代以後，只能保持起源於斯堪地那維亞模糊不清的傳統，如同沒有文字的蠻族，對他們遷移的時間和情況，不可能有任何確切的紀錄。橫越波羅的海是很簡單而自然的舉動，瑞典居民擁有足夠數量的大型船隻，全部使用划槳，從卡爾斯克隆納（Carlscrona）到波米拉尼亞和普魯士最近的港口，距離不過一百多哩。等到踏上堅實而有歷史價值的地面，時間上來說可能早到公元開始之際，或者晚到安東尼努斯的時代。哥德人成功到達維斯杜拉河口，那是土地肥沃的行省，很久以後建立索恩（Thorn）、埃爾賓（Elbing）、科林斯堡（Koningsberg）和但特澤克（Dantzic）等等有名的商業城市。

就在哥德人西邊不遠之處，汪達爾人（Vandals）有大量的部落沿著奧德河，以及波米拉尼亞和麥克林堡的海岸向外發展。他們的習性、外貌、宗教和語言完全相似，似乎說明汪達爾人和哥德人是源於同一個偉大的民族；後者又可以細分為東哥德人（Ostrogoths）、西哥德人（Visigoths）和傑皮迪人（Gepidae）。至於汪達爾人很明顯的區分為赫魯利人（Heruli）、勃艮地人（Burgundians）和倫巴底人（Lombards）等不同的稱呼，開始組成很小的城邦，到了後來發展為勢力強大的君主國。

5 哥德人的遷移行動和定居

哥德人在安東尼努斯時代仍舊居住在普魯士，等到亞歷山大・塞維魯斯在位期間，羅馬的達西亞行省經常面臨大肆破壞的入侵，已經感受他們的迫近。爾後大約有七十年的中斷期，正是哥德人從波羅的海到黑海的第二次遷移。確實的原因並不清楚，很多不同的動機刺激沒有文字的蠻族採取行動：設想是一場瘟疫或者發生饑荒；要不就是打了勝仗或者吃了敗仗；也可能假藉神明的指示；或者被大膽領導者的口才說服，就足夠驅使哥德人的大軍，向南方溫暖的地帶移動。此外受到好戰宗教的影響，哥德人無論是數量和精神，都能勝任最艱難的

冒險活動。他們使用小圓盾和短劍近身搏鬥，所向無敵，無條件服從世襲的國王，使得會議發揮穩定和聯合的功能。那個時代的英雄人物，聲名顯赫的阿馬拉（Amala），是意大利國王狄奧多里克（Theodoric）的十世祖，他的權力來自列祖列宗建立的勳業，以及源於哥德民族半人半神安西斯（Anses）的家世。

偉大事業建立的名聲，對日耳曼所有汪達爾國家勇敢戰士產生激勵作用。他們之中有些是在很多年以後，投歸到哥德人旗幟下作戰。最初的遷移行動將他們帶到樸里佩奇（Prypec）河岸，古代就知道那是波里森尼斯（Borysthenes）河在南邊的一條支流，曲折蜿蜒通過波蘭和俄羅斯的平原，給他們行進的路線指引方向，供應數量龐大的牛群所需水源和草地。他們順著從前沒有走過的河道，對自己的勇氣極為自信，根本不在意有任何力量可以阻止他們前進。巴斯塔尼人（Bastanae）和維尼第人（Venedi）首先出現，優秀的年輕人不論出於選擇或強迫，都能增加哥德大軍的力量。巴斯塔尼人居住在喀爾巴阡山脈的北邊，中間有一塊面積很大廢棄不用的土地為維尼第人所有，可以將前者和芬蘭的蠻荒區域隔離開來。我們大可相信兩個民族在馬其頓戰爭就已經變得眾所周知，後來分為普西尼（Peucini）、波拉尼（Borani）和卡皮（Carpi）幾個英勇善戰的部落，根源還是出於北方森林的日耳曼人。

權威學者認為薩瑪提亞人的血統來自維尼第人，後者到中世紀開始就已經聞名於世。不同的民族處於位置不定的邊疆地帶，血緣關係和風俗習慣都極為混亂，會使盡心的研究人員困惑不知所措。等到哥德人前進快要接近黑海，遭遇血統較為純正的薩瑪提亞人，就是賈柴吉斯（Jazyges）、阿拉尼（Alani）和羅克索雷奈（Roxolani）幾個部落。他們也是首先看到波里森尼斯河和塔內斯（Tanais）河入海口的日耳曼人。要是我們調查日耳曼和薩瑪提亞兩個地區的人民較為顯著的特點，就會發現人類之中兩個主要民族，最大差別在於一個住在固定的茅屋，另外一個則是活動的帳篷；還有就是穿緊身的衣服和穿寬大的長袍；再就是娶一個妻子還是可以娶好幾個妻子；就軍事武力方面而言，主要的組成部分是步兵還是騎兵；其實關鍵在於一個是條頓語系，另一個講的是斯拉夫語。後面這個語系透過征戰的傳播，從意大利的國界向東分布到日本的鄰近地區。

哥德人現在據有烏克蘭，國土的幅員廣大而且非常肥沃。可以通航的河流貫穿其間，從不同的方向流入波里森尼斯河，到處都是廣大而高聳的橡樹森林。豐富的獵物和魚類，成群的蜜蜂築巢於老樹的空幹以及岩石的洞穴，須知蜂蜜在粗野的年代是最有價值的商品。還有大量的牛群在草原放牧；整個地區有氣溫適宜的天候，每種穀類都能種植的土壤，以及生長極為繁茂的植物，顯示自然界蓬

勃的生機，可以吸引人們辛勤工作。哥德人對天賜的恩典無動於衷，仍舊過著怠惰、貧窮和掠奪的生活。

6 蠻族入侵及狄西阿斯的因應之道（250-251年）

遊牧的錫西厄民族向東方移動，與哥德人新到手的居留區為鄰，雙方的戰事毫無意義可言，只有出於機會湊巧的狀況，才能贏得無利可圖的勝利。從而得知羅馬人的區域有更大的誘惑力，達西亞的田地出產豐收的穀物，辛勤的民族要用雙手耕種，好戰的民族可以坐享其成。當年圖拉真征服廣大的地區，完全基於國家的尊榮並無實際利益，可能後繼的皇帝保持同樣的看法，逐漸削弱帝國在此保留的實力。達西亞是新近成立人煙稀少的行省，沒有強大的戰力阻止蠻族入侵，財富也無法滿足貪婪的胃口，只要把遙遠的聶斯特河河岸當成羅馬人權力的邊界，下多瑙河地區的防線就可輕鬆防守。瑪西亞的人民過著毫無警覺的生活，他們盲目認為蠻族的距離都很遙遠，很難進犯他們的家園。

菲利浦在位時期發生哥德人入寇事件，才知道自己犯下多大錯誤。凶狠民族的領袖帶著藐視的態度，橫越整個達西亞行省。渡過聶斯特河和多瑙河的時候，沒有遭到任何能夠妨礙行動的敵對力量。紀律鬆弛的羅馬部隊放棄最重要的據點，原來駐守的人員害怕受到懲罰，大批投效到哥德人的旗幟之下。最後數量龐大的蠻族出現在瑪西亞諾波里斯（Marcianopolis）的城牆前面。圖拉真建立的城市，用姊姊的名字表示對她的尊敬，同時也是瑪西亞的首府。居民同意支付一大筆錢，當作生命和財產的贖金，讓入侵者退回他們的地盤。第一次用武力對付富裕而衰弱的國家獲得成功，使他們極為興奮並不感到滿足。消息很快傳到狄西阿斯皇帝耳中，哥德國王尼瓦（Cniva）率領強大兵力再次越過多瑙河。部隊且已分散開來襲擾瑪西亞全境，主力包括七萬日耳曼人和薩瑪提亞人，所到之處無人敢攖其鋒銳，需要羅馬皇帝率領大軍御駕親征。

狄西阿斯在蠻族入侵的風暴當中極力奮鬥，他的心情並沒有受到戰爭的影響，還能夠平靜的考量更重大的問題，那就是從安東尼努斯時代以降，大家一致認為羅馬的偉大已經衰退。他深刻感到要是不能恢復公眾的美德、古老的原則、樸實的習俗和法律的尊嚴，羅馬的偉大就無法重建在不朽基礎之上。他要推動這個高貴而困難的計畫，決定首先恢復監察官這個早已廢除的官位。重要的職務要是沒有受到歷任凱撒的篡奪和忽略，保持從創始就有的正直廉明，對於國家的永續發展會有莫大的貢獻。他經過仔細的推敲，認為君王會基於私心授與權力，無

法獲得人民的尊敬和建立所望的權威，所以他建議選舉監察官，要出於元老院大公無私的精神。華勒利安（Valerian）在一致同意之下，受到元老院的歡呼，獲得這個榮譽的職位。他雖然後來成為接位的皇帝，現在卻在狄西阿斯的軍隊服務表現極為卓越。

等到元老院的敕令送到皇帝手中（251年10月27日），他正在營地召開會議，監察官就任式開始前，推崇華勒利安出任這個困難而重要的職位，是元老院最佳的選擇。狄西阿斯對他欽佩的臣民說道：「祝賀華勒利安！祝賀元老院和羅馬共和國的批准！請接受監察官的職位，判定我們的言行舉止！你將要選擇值得繼續擔任元老院的議員，你將恢復騎士階層到古代光輝的地位，你將改進稅收的狀況然而能調和公眾的負擔，你將對形形色色眾多的公民區分合於規定的層級，你將確實考察羅馬的軍事實力、政府財務、官員操守和國家資源。你的決定必能獲得法律的力量做後盾，無論是軍隊、宮廷、法院和帝國的官員都要遵守你的裁決。除了在職的執政官、羅馬的郡守、神聖的國王和最年長的灶神處女（她要保持不容侵犯的貞操），沒人能夠免除應盡的責任。就是這少數幾位，雖然不必畏懼嚴格的要求，仍要對羅馬的監察官保持最大的尊敬。」

7 羅馬皇帝在戰場壯烈犧牲（251年）

一個官員既不是君主的法定同僚，卻授與如此廣泛的權力，華勒利安很怕擢升高位的結果是帶來嫉妒和猜疑。他非常謙虛的提到他有很多缺失，不足以擔任這個重要的職位；他也很技巧的暗示監察官事關帝王的尊榮，一個臣民微弱的能力無法負起重責大任。接踵而來的戰事使得不切實際的構想中斷，免除華勒利安所要面臨的危險，也不必讓狄西阿斯感到失望，這也是必然要遭到的後果。監察官可以用來維持國家的道德水準，絕不可能恢復已經喪失的操守規範。僅靠一位官員執行他的權力，不僅毫無效果也發生不了作用，除非民眾的心目當中很快感覺到榮譽和德行的重要，那就是尊重公眾的意見，革除墮落的習俗。在一個基本原則已經消失的時代，監察官的審判權力成為充場面的擺飾，或者成為帶有偏見的濫權機構。就羅馬人而言，比起根除公眾的惡行，征服哥德人倒是容易得多。就在走出第一步的時候，狄西阿斯與他率領的部隊遭遇全軍覆滅的命運。

從當前的情勢看來，哥德人不是被圍得水泄不通就是受到羅馬軍隊的追擊，部落的精英在菲利浦波里斯的長期圍城作戰消耗殆盡，羅掘俱窮的行省無法提供所需的給養，用來維持數量龐大而且任意浪費的蠻族。哥德人陷入難以克服的困

境，情願放棄所有的戰利品和俘虜，買通羅馬人給他們一條不受阻礙的安全退路。皇帝認為穩操勝券決心嚴懲入侵的匪盜，用殺雞儆猴的手段讓北方的蠻族知道厲害，拒絕聽取任何調停的意見。心志高傲的蠻族寧願戰死也不願當奴隸。德里布隆尼場（Forum Terebronii）是瑪西亞一個名不見經傳的小鎮，成為這次會戰的戰場。哥德人的軍隊列陣成三線配置，不知是有意的選擇還是意外的安排，第三線的前面有塊沼地當作掩護。狄西阿斯的兒子是前途無限的青年，正要準備接受紫袍的尊榮，作戰開始就在傷心老父的眼前被箭矢射死。堅毅剛強的皇帝忍住悲痛，大聲向驚慌的部隊宣布，他喪失一個兒子對共和國而言算不了一回事。

雙方的戰鬥真是慘烈無比，展現悲憤和震怒的氣勢要拚個你死我活，哥德人的第一線終於被對方擊潰，第二線繼續接戰還是遭到同樣的下場。這時只有第三線保持完整，準備在沼地的通道對輕舉妄進的敵軍做最後的抵抗。「現在運氣轉壞了，一切都對羅馬人不利，到處是深深淤泥，讓人站都站不穩，要想前進就會滑倒。羅馬人全是重裝，陷入深水裡面無法將沉重的標槍投出去。蠻族習慣在沼澤地區作戰，身材高大而且用的矛要長得多，可以刺出較遠的距離殺傷敵人。」

羅馬軍隊在沼地的作戰成為無望的掙扎，最後失敗已成定局，就連皇帝的屍體都沒有找到。享年五十歲的狄西阿斯是位有成就的皇帝，戰時主動負責，平時和藹可親，他和他的兒子無論在生前死後，都配得上古代最光榮的令名。

8　兩位皇帝的喪權辱國和旋起旋滅（251-253年）

素來氣勢凌人的軍團受到致命的打擊以後收斂不少，耐心等待元老院推舉皇位的繼承人，收到敕令就非常恭謹表示服從。大家為了追念狄西阿斯為國捐軀，想把皇帝的頭銜授與倖免於難的兒子賀斯提連努斯（Hostilianus）。元老院還有一批議員，發揮更大的影響力，他們屬意經驗豐富而又能力高強的蓋盧斯（Gallus），認為只有他才能保衛滿目瘡痍的帝國。新登基的皇帝首先關心的事情，就是要把伊里利孔幾個行省，從勝利的哥德人鐵騎蹂躪下解救出來（252年）。他同意對方保留入侵所獲得的豐碩成果，不僅是數量龐大的戰利品，還有更羞辱人的東西，就是一大群階級和職位都很高的俘虜。他給敵人的營地供應各種用品，讓他們盡量感到方便以安撫暴烈的脾氣，產生樂於離開的意願，甚至答應每年付給大量黃金，條件是以後不再入侵蹂躪羅馬的國土。

當羅馬在西庇阿時代，世界上最富有的國王懇求勝利的共和國給予保護，就會收到一些象徵性的禮物，他們以能夠親自接受為榮。這些東西不外乎是一個象

老西庇阿的凱旋。

牙座椅、一件紫色的粗製長袍、一個並不考究的銀盤或是一些銅幣。等到各國的
財富集中羅馬，皇帝為了表示他的偉大，或者是基於政策的需要，對於他的盟國
經常做出慷慨大方的舉動，可以使蠻族免於貧窮。他們建立的功勳獲得榮耀，保
持對羅馬的忠誠獲得酬勞。這些自願發給的獎賞，大家都了解不是因為恐懼，而
是基於羅馬人的慷慨和友情。禮物和津貼會分配給友邦和屬國負擔，有時也會受
到拒絕，說這會使他們負債太多。等到後來訂立契約每年支付金額給戰勝敵國，
這就是可恥的貢金，而且無法加以掩飾。

　　在羅馬人的心目中，與蠻族的部落簽訂不平等的法律文件，是大家不能接受
的喪權辱國行為。原先之所以推舉蓋盧斯即位是為了拯救國家，現在變成大眾輕
視和嫌惡的對象。雖然賀斯提連努斯死於猖獗的瘟疫，眾人也把這筆帳算在他的
頭上，就連前位皇帝在戰場陣亡，他們也懷疑是可恨的繼承人提出有利哥德人的
意見所致。在他當政的第一年，帝國還能保持平靜無事的狀態，但民眾的不滿並

沒有和緩，等到不再憂慮發生戰事以後，恥辱在和平時期的感受就會愈來愈深。羅馬人發現他們犧牲榮譽，並沒有獲得應有的安寧，於是怒氣沖天火冒三丈。等到帝國的財富和衰弱的狀況，毫無保留的洩漏在世人眼前，一大群新到的蠻族受到激勵，也不像他們的同族要受義務的約束，很快進入伊里利孔各行省大肆燒殺掠奪，恐怖的行動已經及於羅馬的門戶（253年）。

帝國的防衛看來好像被懦弱的皇帝放棄，現在就由潘農尼亞和瑪西亞的總督伊米連努斯（Aemilianus）負起重大的責任，他重組潰散的軍隊，激勵部隊低落的士氣。蠻族遭到出其不意的攻擊，很多人被活活捕捉，其餘趕出多瑙河地區。勝利的領袖截回貢金當作賞賜分給大家，於是歡呼的士兵就在戰場擁立他稱帝。蓋盧斯根本不關心國家的福祉，縱容自己在意大利過著愉快的日子，幾乎同時傳來充滿野心的部將叛變成功及迅速進軍的消息，於是他率軍前進到斯波勒托（Spoleto）平原迎戰。兩軍接近到相望的距離，蓋盧斯的士兵見到對手是如此的光榮，對比在懦怯的皇帝指揮下感受的羞恥，不禁對英勇的伊米連努斯生出敬仰之心，再加上對方要厚賞反正的人員，他們為慷慨的行為所吸引，於是蓋盧斯和他的兒子弗祿昔努斯（Volusianus）被自己人殺害，內戰也因此結束。

元老院合法承認勝利者的權利（253年5月），伊米連努斯致元老院的信函，表現出混合謙恭和自負的心態。他保證在國內事務方面要聽從明智的意見，對於手下將領的素質也感到滿意，要在短期內重建羅馬的聲威，把帝國從北邊和東邊的蠻族手中解救出來。他的雄心壯志受到諂媚的元老院讚許，現存的獎章可以看到「勝利的力士」和「復仇的戰神」等封號。

新即位的君主真要有能力去踐行美好的諾言，那麼他最需要的是時間，因為從勝利到顛覆還不到四個月。雖然伊米連努斯剷除蓋盧斯，遭到比蓋盧斯更強有力的對手就難免滅亡。華勒利安奉不幸遭難皇帝的命令，要他把高盧和日耳曼的軍團帶過來給予援助。華勒利安非常熱心而且忠誠執行交付的任務，等他來救助君主為時已經太遲，於是決心採取報仇的行動（253年8月）。伊米連努斯的部隊仍舊在斯波勒托平原紮營，對華勒利安帶有神聖不可侵犯的性格感到敬畏，當然更怕的是他兵力上的優勢，何況他們已喪失憲法原則的保護。伊米連努斯擁立蓋盧斯為帝，現在手上沾滿先帝的鮮血，擔下弒君的罪名，讓華勒利安獲得莫大的好處。他經過一場內戰取得帝位，在革命年代獲得無瑕的聲名是罕見的事，更毋須對被廢的前任有任何感激或忠誠可言。

9 華勒利安面對蠻族入侵的危局（253-268年）

華勒利安穿上紫袍時已經將近六十歲。他能登基且沒有經過元老院的推選也非軍隊的擁戴，而是羅馬世界共同的願望。在獲得國家尊榮逐步高升之際，值得接受仁德君主的垂愛，何況還自己宣稱是僭主和暴君的仇敵。他出身貴族世家，為人溫和有禮，淵博的學識、審慎的言行和豐富的經驗，獲得元老院和人民的尊敬。要是人類能夠自行決定誰當主子，相信會一致公推華勒利安當帝國的大家長（按照維克托的看法，其中有很大的差別，華勒利安從軍隊接受皇帝的頭銜，奧古斯都的稱號來自元老院）。他在稱帝以後可能感到自己名實不符，或是年邁精力不濟，出現懶散和怠惰的狀況，決定在衰老之際找個年輕力壯的同僚，與他一起共商國事，時機的緊迫使他需要將領更甚於儲君。

他曾經出任過羅馬監察官能有知人之明，大可以拿紫袍作為軍事功勳的獎賞。他不為此圖放棄可以鞏固政權、激勵人心的正確選擇，基於親情和自私的打算，把最高的職位頒給他的兒子高連努斯。年輕人的短處是缺乏男子氣概，迄今還隱藏在沒沒無聞的私人身分之下。父子共同統治七年，高連努斯繼續獨當一面約八年之久（253-268年），整個期間真是動亂和災難不斷。羅馬帝國處於內憂外患、四面楚歌的苦境，受到國外侵略者盲目瘋狂的攻擊，加上國內王座篡奪者蠢蠢欲動的野心，真是國脈危如累卵。我們並不打算探本追源查明事件始末，找出禍亂的發展途徑，華勒利安和高連努斯當政這段期間，羅馬最危險的敵人依序是法蘭克人、阿里曼尼人、哥德人和波斯人。除此以外，還會涉及一些名不見經傳部落的入侵行動，提到他們生疏而怪僻的姓氏，只會對讀者造成不必要的負擔和干擾。

10 法蘭克人的結盟和入侵行動（240-268年）

法蘭克人的後裔構成歐洲幅員廣闊、文明開化的國家。探索他們沒有文字紀錄的祖先，真是絞盡腦汁，除了可信的傳說還有各種不同的臆測。只要是能發現此一民族的來源，每條線索都經過深入的研究，每處地點都經過仔細的調查，於是潘農尼亞、高盧和日耳曼北部，都可能是聚集的戰士最早的發源地。學者終於屏棄過於理想的觀點，征服者的遷移作用能夠接受更簡單的事實。他們認為在公元240年前後，原來居住在下萊茵河和威瑟河（Weser）的部落，用法蘭克人的名號組成新聯盟，就是現在的西伐利亞（Westphalia）地區，包括黑瑟（Hesse）

伯爵的領地以及布藍茲維克和盧林堡（Luneburg）的封邑在內。這裡在古代是克塞族（Chauci）的居留地，憑藉無法通行的沼澤區，公然反抗羅馬軍隊；還有克落賽族（Cherusci）以阿米紐斯（Arminius）的名聲而感到自豪；也要把卡蒂族（Catti）算上去，他們因勇猛無畏的步兵所向無敵，此外還有幾個不出名的部落也住在那裡。

日耳曼人的主要性向就是熱愛自由，享受奔放無羈的生活是他們最大的財富，很明白的表示出非此不樂。他們問心無愧盡力護衛法蘭克人或自由人（Freemen）的光榮名號，雖然這名號只產生掩蓋作用，沒有完全消除聯盟當中幾個成員本來的名字。基於彼此的默認和相互的利益制定第一部聯盟法則，再以運用的習慣和經驗慢慢予以加強。法蘭克聯盟與赫爾維提克（Helvetic）共同體頗有相似之處，參加的每個州保留本身的獨立主權，所有成員一起商議共同的問題，不承認有任何高高在上的領導權威，也不接受派出代表參與的會議有任何拘束的力量。只是兩個聯盟的運用原則極為不同：瑞士基於明智和真誠的政策指導，已經獲得兩百年的和平；法蘭克人具有猜忌多變的心性、放縱掠奪的貪欲、以及破壞條約的習氣，構成可恥而狡猾的性格特色。

熟知耳曼人民奮不顧身的英勇精神，羅馬當局已有長久的經驗，現在敵對的力量聯合起來，直接威脅到高盧地區的安全。帝國將要面對無法抗拒的入侵行動，需要儲君和身為同僚的高連努斯親自率軍進駐。國君帶著年幼的兒子薩洛紐斯（Salonius）在特列夫的宮廷展露皇家的威嚴排場，他的軍隊接受波斯吐穆斯（Posthumus）的指揮。英勇的將領雖然後來背叛華勒利安家族，現在可是忠心耿耿的捍衛著國家最大利益。語焉不詳的頌辭和獎章隱約表示一連串的勝利，戰勝紀念物和頭銜可以證明波斯吐穆斯建立了很大名聲，後來一再稱為「最偉大的日耳曼征服者和高盧的救星」。

只要提出最簡單的事實，就可以一舉抹殺浪得虛名、粉飾過當的紀念物。萊茵河雖然被尊為行省的屏障，受到法蘭克人氣勢勇猛的大舉進攻，卻無法發揮阻絕的作用。快速的破壞力量越過河流直達庇里牛斯山的山腳，並沒因而停止下來。過去從未受到外來威脅的西班牙，完全無法抵擋日耳曼人的入侵。在這十二年當中，高連努斯統治的大部分地區，富庶的國土淪為強弱懸殊、一片焦土的戰場。塔拉格納（Tarragona）是平靜行省繁榮的首府，遭到掠奪以後幾乎完全毀滅，甚至晚到五世紀奧羅休斯（Orosius）的年代，他在作品提到巨大城市的廢墟之中，點綴殘破不堪的村舍，訴說蠻族的凶狠殘暴。等到這片搜刮一空的鄉土沒有物品可供搶劫，法蘭克人就在西班牙的港口捕獲若干艘船隻，渡海開往茅利

塔尼亞（Mauritania）地區。憤怒的蠻族給遙遠的行省帶來極大的驚惶，彷彿自另一個世界從天而降，因為他們的名字稱呼、生活習慣和容貌舉止，對於阿非利加海岸的居民來說完全陌生，也從來沒有人提過。

11 阿里曼尼人進犯高盧和意大利（253-268年）

易北河邊的上薩克森尼地區，現在稱為盧薩斯（Lusace）侯爵領地，古代有片隱密森林是蘇伊威族（Suevi）可怕的祭祀地點。任何人想進入這塊聖地必須四肢趴伏在地，公開宣示相信統治一切的神靈；獻身部族的精神也和宗教儀式的供奉犧牲一樣，將森諾尼斯（Semnones）森林妝點得更為神聖。一般認為此地是這個民族的誕生地，特定時期凡是以蘇伊威血統為榮的部落，都會派遣使者前往聚會。經過狂野儀式和活人獻祭，更能加深大家同源同種的印象。從奧德河直到多瑙河，廣大的日耳曼內陸地區，都是奉蘇伊威族為名的群眾。他們和其他日耳曼人最大的不同，留著長髮在頭頂挽成粗糙的髮髻，成為他們最喜愛的裝飾，可以讓他們在敵人眼中顯得高大而可怕。妒羨善戰威名的日爾曼人，承認蘇伊威族的超凡勇猛。就像以前優西庇特斯族（Usipetes）和登克特里族（Tencteri）兩個部落，集結大軍與笛克推多之尊的凱撒接戰，最後宣稱朱理烏斯的軍隊連不朽的神明都無法匹敵，從他面前逃走根本不算恥辱。

卡拉卡拉皇帝在位期間，眾多蘇伊威人出現在緬因（Mein）河畔，此處已接近羅馬行省，目的為了尋找食物，看看有無劫掠的機會，再就是獲得戰勝的榮譽。倉卒狀況下自願組成的軍隊，慢慢聚合成巨大而恆久的民族。因為有很多不同的部落加入，取名為阿里曼尼（Allemanni）意思是「全體人員」（All-men），用來表示雖然有不同的來源都一樣的勇敢，這方面的特性在接著而來的入侵作戰，羅馬人已經完全領教。阿里曼尼人主要是在馬背上戰鬥，騎兵隊伍混雜輕步兵更能發揮威力。輕步兵選自勇敢而又靈巧的青年，經過長期的訓練之後，全部都能伴隨騎士做長途的行軍、迅速的衝鋒和緊急的撤退。

黷武好戰的日耳曼人，過去見到亞歷山大‧塞維魯斯對作戰有充分的準備，感到非常驚奇。後來又面對一個繼承人，是和他們一樣勇敢和凶狠的蠻子，率領的軍隊也讓他們驚魂喪膽。他們不斷在帝國的邊疆徘徊逗留，等到狄西阿斯被害更增加帝國西部的混亂情勢。他們使高盧幾個富庶的行省遭受嚴重的損害，首次戳破意大利虛張聲勢的假面具。一大群阿里曼尼人渡過多瑙河，穿越雷蒂提亞的阿爾卑斯山，進入倫巴底平原直抵拉芬納，幾乎就在羅馬城的視野之內，展開蠻

族勝利的旗幟。元老院感到侮辱和危險，大家的心頭點燃古老美德的火花。兩個皇帝都在遠方指揮戰爭，華勒利安在東部而高連努斯在萊茵河，所有的希望和措施都要靠羅馬人自己想辦法。處於生死存亡的關頭，元老院的議員負起保衛共和國的重責大任，抽調留守首都的禁衛軍，再從平民徵召願意服役的健壯青年，用來填補兵員的不足。阿里曼尼人見到一支人數更多的軍隊突然出現，在大為驚懼的狀況下，滿載擄掠的戰利品，退回日耳曼人的地區。就不諳戰鬥的羅馬人來說，這是一場至為難得的勝利。

高連努斯接到消息，首都從野蠻人手裡獲得解救，他並不感欣慰卻對元老院的勇氣感到驚愕，生怕有一天他們像對付外來侵略者般對抗他，從國內的暴政中解救整個共和國；天生膽小怯懦又忘恩負義的心理，臣民看得一清二楚。他發布詔書禁止議員參加軍事訓練活動，甚至不准他們接近軍團營地，發自內心所產生的恐懼感，除了暴露自己的短處，實在沒有任何道理可言。富有的貴族還是過著奢侈的生活，很高興能恢復自己懶散的天性，把不讓他們參加軍事活動帶有侮辱性的命令，毫不為忤的欣然接受。只要能夠充分享受自己的浴場、劇院和莊園，他們非常樂意把關係帝國安危的重大事務，交到農民和軍人粗糙的雙手之中。

有位羅馬帝國晚期作家（佐納拉斯〔Zonaras〕和他的《新羅馬史》）提到阿里曼尼人另一次入侵，事態更是嚴重萬分反而使帝國獲得更大光榮。據說在米蘭附近的會戰，高連努斯親自率領一萬羅馬人，擊潰三十萬的敵人。我們可以把難以置信的勝利，歸之於史家不重證據的輕信傳言，或是皇帝手下將領過分誇大戰果。高連努斯竭力保護意大利不受日耳曼人侵犯，卻完全運用另外一種性質的武器，他娶馬科曼尼國王的女兒琵芭（Pipa）為妻。馬科曼尼族是蘇伊威人的部落，經常和阿里曼尼人混合在一起，從事戰爭和征服行動。高連努斯允許她的父親，在潘農尼亞保留很大的居住區，當作聯盟的代價。她那不加粉飾的天生麗質，使得見異思遷的皇帝把寵愛集中在蠻族少女身上，政策上的聯合也由於愛情的彩帶更加牢固。傲慢的羅馬人心中充滿偏見，把羅馬公民和蠻族聯婚視為褻瀆的行為，拒絕承認她的合法地位，同時以「高連努斯的侍妾」這帶有羞辱的稱號稱呼這位日耳曼公主。

12 哥德人海上遠征蹂躪希臘（253-268 年）

我們聽說哥德人在博斯普魯斯的各個港口，編組的第三支艦隊共有五百艘帆船，必然會很快算出總兵力。學識淵博的斯特拉波（Strabo）明確告訴我們，

潘達斯和小錫西厄蠻族使用的海盜船，每艘只能裝載二十五到三十人，因此可以很肯定的表示，強大的遠征所能運送的戰士，最多不過一萬五千人而已。入侵的行動不限於黑海地區，要把毀滅的路線從西米尼亞（Cimmerian）航向色雷斯岸的博斯普魯斯海峽。他們幾乎到達海峽中途，突然又被浪潮推回入口的地方。等到第二天颳起順風，幾個小時之內就將他們帶到像湖泊一樣平靜的普洛潘提斯（Propontis）海，登陸坐落西茲庫斯的小島，立即使得古老而高貴的城市遭受摧毀。穿過海倫斯坡海峽的狹窄通道，接著在散布眾多島嶼的愛琴海，蜿蜒曲折向前航行。受到俘虜和逃兵的幫助，可以掌握船隻的航行方向，指導對希臘海岸以及亞洲海岸的襲擊行動。

　　最後哥德人的艦隊在派里猶斯（Piraeus）港下錨，離開雅典城只有五哩，這時該城正在著手各項準備工作，以便進行堅強的抵抗。克利奧達繆斯（Cleodamus）是個工程師，奉皇帝的命令前來加強海岸城市的防守能力，對抗哥德人的入侵。他已開始修復自蘇拉以來任其倒塌的古代城牆，要求的目標沒有達成預期的效果，蠻族變成文學和藝術發源地的主人。就在征服者盡情掠奪和狂歡之際，他們的艦隊停泊在派里猶斯港，只有很少的兵力守衛，受到英勇的德克西帕斯（Dexippus）出其不意的攻擊。他和工程師克利達繆斯一起逃出雅典，匆匆組成一支自願軍，裡面有農夫也有軍人，要為國家遭受的災禍雪恥復仇。

　　英勇的行為沒有為已經沒落的雅典帶來一點好處。不僅無法打擊北方侵略者無所畏懼的士氣，反而激起他們更深的恨意，把狂暴的憤怒傾洩在希臘每一個地區。想起當年相互征戰不已的底比斯、亞哥斯、科林斯和斯巴達，現在沒有能力編組軍隊應戰，甚至無人防守已經損毀的堡壘。無情的戰火順著海上和陸地，從最東邊的蘇尼姆（Sunium）燃燒到西海岸的伊壁魯斯，直到哥德人進入意大利的視線，危險迫在眉睫才把毫無動靜的高連努斯從美夢中驚醒。全副戎裝的皇帝率領軍隊阻止敵軍進犯，同時讓對方的實力分散。他很快與赫魯利人談好條件接受他們的歸順，在勞洛巴都斯（Naulobatus）族長的領導下，大批的蠻族願意向羅馬效力。為了鼓勵他的行為頒給執政官的尊榮，羞辱的事例往日從未發生。

　　一大群哥德人討厭單調、危險而且辛苦的航海生活，所以就衝進瑪西亞地區，想要打開一條通路，越過多瑙河回到烏克蘭的定居地。羅馬將領之間的傾軋帶給蠻族活命的機會，否則難逃全數殲滅的命運。四處燒殺隊伍的殘存人員回到他們的船上，通過海倫斯坡海峽和博斯普魯斯海峽回航，歸途還乘機搶劫特洛伊海岸。這個地方因荷馬的史詩獲得不朽的聲名，從此也會把哥德征服者的燒殺擄掠長存記憶之中。等到他們知道自己已經安全抵達黑海盆地，就在色雷斯的安

契拉斯（Anchialus）登陸，那裡靠近希繆斯山不遠。他們浸泡舒適無比的溫泉中，一洗多月來的辛勞，剩下的路程不多也容易航行。這就是第三次也是最大一次海上遠征的大致狀況，有人會難以想像，當初只有一萬五千名戰士的隊伍，歷經大膽的冒險犯難過程，怎麼維持人員損失和分兵作戰。他們的人數由於戰死、船難和溫暖氣候的疾病逐漸消耗，有一大群土匪和逃兵為了搶劫，投效到他們的旗幟之下。再就是大量逃亡的奴隸，他們大部分都具有日耳曼人和薩瑪提亞人血統，一心要抓住自由和報復的機會。

大理石柱。

哥德民族經由幾次遠征，認為已經克服巨大的危險，獲得應有的榮譽。那些在哥德人旗幟之下共同作戰的部落，在史料不完整的時代，有時會有所區分讓大家知道，有時就全部混雜一起無法辨別。由於蠻族的船隊從塔內斯河口出發，經常對一個人種混雜的團體，就用含糊而熟悉的稱呼，將他們叫成錫西厄人。

人類遭遇到災難，不論是多麼有名的人物死去，多麼高大的建築物倒塌，過不了多久就會被人拋在腦後。然而我們卻無法忘懷以弗所的黛安娜神廟，曾經遭遇七次災難，每次修復更能增加光彩，最後在哥德人第三次海上入侵中燒得片瓦不留。唯有希臘的藝術和亞細亞的財富通力合作，才能建成神聖而宏偉的建築物，使用一百二十七根愛奧尼亞型大理石柱作為支撐，每根有六十呎高都是虔誠的帝王奉獻。雕刻大師普拉克西特勒斯（Praxiteles）設計的祭壇，從最有名的傳說選擇裝飾的題材，諸如拉托娜（Latona）那對金童玉女（太陽神阿波羅和月神阿特米斯）的誕生、阿波羅殺死獨眼巨人（Cyclops）的藏匿、酒神巴克斯（Bacchus）饒恕擊敗的亞馬遜女戰士（Amazons）。以弗所神廟的長度只有四百二十五呎，約為羅馬聖彼得大教堂的三分之二，其他方面更不如舉世讚譽的現代建築。

一座基督教十字架形狀的大教堂，伸展出去的雙臂比起異教徒橢圓形的神廟，需要更大的寬度才能容納得下。要在空中修建一個與萬神殿同樣大小和比例

的拱型圓頂，會讓古代最大膽的藝術家吃驚不已。大家認為黛安娜神廟是世界奇觀而大力讚美；波斯、馬其頓和羅馬代代相傳的帝國，尊敬宏偉建築物代表的神聖地位，盡力踵事增華使其更為光彩耀目。然而波羅的海粗俗的蠻子缺乏藝術欣賞力，厭惡異國的迷信帶來的恐懼感。

13 高連努斯的性格與作為（253-268年）

　　歷史的回響雖然不及仇恨和諂媚的呼叫來得宏亮，仍然要譴責薩坡爾（Sapor）濫用征服者的權勢。我們聽說身穿紫袍戴著枷鎖的華勒利安，展示在群眾的面前，完全是一副落魄王侯的可憐相。還聽說只要波斯君王上馬，腳下就要踩著羅馬皇帝的脖子。儘管盟邦都在勸他要記住命運的興衰無常，提防羅馬會有東山再起的機會，要讓有身價的俘虜成為和平的保證，不能只當作洩憤的對象，薩坡爾完全置之不理。等到華勒利安受不了差辱和悲哀死去以後，他的皮還剝下來填進乾草做成人的形狀，好幾代都保存在波斯最著名的廟宇裡面。比起愛慕虛榮的羅馬人經常建立的銅像和大理石像，這是更要真實得多的紀念碑。

　　故事非常感人更富於教育意義，只是真實性如何值得可疑。現在仍舊保存東部的王侯寫給薩坡爾的信，看來都是冒名偽造。再說身為充滿猜忌心的君王，為了對待競爭的敵手，如此公開侮辱帝王的尊嚴，也是完全不通人情的事。至於華勒利安在波斯受到什麼待遇不得而知，但是可以肯定的說，這唯一落到敵人手中的羅馬皇帝，在監禁之中悲慘度過絕望的餘生。

　　高連努斯皇帝對於他的父親和同僚的遭遇，長期以來忍受嚴厲的指責，得知消息以後心中暗喜外表顯得不動聲色，只是說道：「我深知家父是個順應天意的凡人，表現如此勇敢讓人沒有任何遺憾。」羅馬為不幸的君王悲痛不已，他那身為兒子毫無人性的冷漠態度，被奴性十足的廷臣當成堅強的英雄氣概和斯多噶精神加以讚揚。高連努斯成為帝國獨一無二的皇帝，輕浮多變和頤指氣使的性格，真是讓人無法恭維和描述。任何一種技能只要他想學，天賦的才華都可以做得很出色，由於他只有天才缺乏判斷的能力，變成想到什麼就做什麼，除了作戰和治國這兩項最重要工作不會以外，通曉很多新奇而無實用價值的技能。他是口若懸河的演說家，也是風格典雅的詩人，是善於養花蒔草的園藝家，也是手法出眾的廚師，卻是一無是處的皇帝。

　　國事危殆需要他親臨指導和加強呼籲，他卻與哲學家普洛提努斯高談闊論，時間消磨在細瑣和無聊的消遣，不然就是準備體驗希臘的神祕儀式，或是在雅

典的最高法院參加辯論。像他極度炫耀自己的天分，等於在侮辱缺乏才識的普通人。他對勝利裝模作樣的嘲笑態度，加深公眾受到的屈辱和打擊。他對於接連不斷傳來的入侵、戰敗和叛變的報告，用淡然一笑表示接受，裝出無所謂的神情，拿來一些丟失行省的產品，然後不經意的問道，要是獲得不了埃及的亞麻布和高盧的阿拉斯（Arras）掛毯，難道羅馬就會毀滅？不過高連努斯這一生有幾回受到強烈的刺激，變得像一個英勇的軍人和殘酷的暴君，直到對血腥感到滿足或對抗爭感到疲倦，又會在不知不覺當中恢復天生溫吞慵懶的性格。

14 三十僭主及其後續影響（253-268年）

　　政府掌握在沒有實力的君王手裡，帝國各行省都有一大批人起來反對華勒利安的兒子，要說企圖篡奪帝位也是不足為怪的事。奧古斯都王朝的史家出於非常玄妙的想法，要拿羅馬和雅典各有三十位僭主做一對比。他們特別選出這個數目，後來逐漸為大家接受。無論從哪方面來說，這種對比既無必要也沒有道理。一邊是單一城市的統治階層聯合組成的三十人議會；另一邊是在廣大的帝國起伏不定、形勢各別的競爭敵手。我們又能從這兩者之間找出何種類似之處？除非我們把加上皇帝頭銜的婦女和兒童都算進去，否則就無法湊成「三十」這個數目。

　　高連努斯的統治再怎麼令人反感，好在只產生十九個窺伺帝位的人物：東部地區有賽里阿德斯（Cyriades）、馬克里阿努斯（Macrianus）、巴利斯塔（Balista）、奧登納蘇斯（Odenathus）和季諾碧亞（Zenobia）；高盧和西部行省有波斯吐穆斯、洛連努斯（Lollianus）、維多里努斯（Victorinus）和他的母親維多利亞（Victoria）、馬留（Marius）和提垂庫斯（Tetricus）；伊里利孔和多瑙河的邊界有因吉努烏斯（Ingenuus）、理傑連努斯（Regillianus）和奧理略盧斯（Aureolus）；潘達斯有薩都尼努斯（Saturninus）；艾索里亞（Isauria）有德里比連努斯（Trebellianus）；以及帖撒利的畢索（Piso）；亞該亞的華倫斯（Valens）；埃及的伊米連努斯和阿非利加的息爾蘇斯（Celsus）。要想把帝位覬覦者的生死存亡做個交代，將是一件繁重的工作，毫無教育意義也引不起大家的興趣。我們只能研究一下可以強烈標示時代的特定狀況、人民的舉止習俗，和那段時期的人物具有的處世態度、理想抱負、行為動機和天命氣數，以及篡奪行為造成毀滅後果的性質。

　　一般而言僭主雖然是令人厭惡的稱呼，不過古代用來表示非法篡奪最高權力的行為，並不是指某人有濫用最高權力的意圖，所以僭主並不一定就是暴君。這

些高舉起義旗幟反對高連努斯皇帝的人士當中，有幾位是品德高尚的模範人物。幾乎所有的反叛分子都有相當的才能和勇氣，他們建立功勳受到華勒利安的賞識，逐漸擢升到帝國最重要的職位。那些自封為奧古斯都的將領，是以卓越的指揮能力和嚴格的紀律要求，獲得部隊的尊敬；再不然就是戰爭的英勇與成就，受到全軍將士的崇拜；或者是因為個人的性格開朗、慷慨大方，得到大家的讚許和愛戴。他們打勝仗的戰場就是被推舉為皇帝的所在。覬覦紫袍的僭主即使出身不堪、當過競技場兵器保管員的馬里烏斯，也有無畏的勇氣、無敵的體能和無隱的率直。低賤的職業的確為他的擢升帶來嘲諷與訕笑，絕不會比為數不少出身農民和士兵的對手更為卑微。

　　在一個天下板蕩、群雄並起的時代，每位天才人物都能掌握最好的機會。身處戰亂頻仍的環境，軍事才能是通向成功和榮譽的青雲之路。十九位僭主之中只有提垂庫斯是元老院議員，畢索是唯一的貴族。卡爾豐紐斯・畢索（Calphurnius Piso）是努馬第二十八代的直系子孫，因為母系方面的親屬關係，有權在家裡掛上克拉蘇和龐培大將的畫像。他的祖先獲得共和國所有最高的榮譽，羅馬古代的豪門貴族，只有卡爾豐紐斯家族經歷幾代凱撒的暴政還能倖存。畢索個人的品德也能增加古老門第的光彩，等到篡位的華倫斯下令把他處死，曾經極度懊悔的承認，就是敵人也應尊敬畢索的聖潔無瑕。他雖然死於反對高連努斯的武裝起義，承蒙皇帝寬宏大量，元老院以敕令正式表揚此一德行高尚的叛徒。

　　華勒利安的將領對深受尊敬的老王感激不盡，都不願服侍奢侈怠惰、沒有出息的兒子。羅馬世界的帝座得不到忠誠的支持，對皇帝的反叛很可能看成愛國的行為。如果深入研討篡奪者的心理狀況，可以發覺很多是基於恐懼，並非受到野心的驅使。他們害怕高連努斯殘酷的猜忌刻薄，同樣畏懼部隊衝動的暴力行動。要是軍隊突然對某位將領產生極為危險的好感，聲稱他有資格繼承帝位，這時他就命定成為消滅的對象。處於朝不保夕的狀況之下，謹慎的做法只有決心先享用帝王的尊榮再說，寧可在戰爭當中試試自己的運氣，總比喪命劊子手的刀下要好多。每當心不甘情不願的犧牲者，在士兵的歡呼聲中登上寶座之際，會為即將來臨的不幸暗自傷悲。薩都尼努斯在登上帝位那天說道：「你們失掉一個指揮若定的統帥，倒是推舉了一位值得憐憫的皇帝。」

　　接連發生種種想像不到的變革，證明薩都尼努斯的擔心不是沒有道理。高連努斯統治期間冒出來十九位僭主，沒有一個享受平靜的生活且壽終正寢。只要披上鮮血淋淋的紫袍，就等於激起追隨者的恐懼和野心，好讓他們起而模仿。處於內部陰謀、軍事叛亂和內戰威脅的重重包圍，全身戰慄彷彿置身於懸崖的邊緣，

經過或長或短寢食難安的焦慮時日，終究會落得不可避免的下場。旋起旋滅的君王分別由他們統領的軍隊和行省奉承應得的尊榮，他們擁有的權力建立在叛亂的基礎，永遠得不到法律和歷史的認可。意大利、羅馬和元老院始終依附高連努斯的正統地位，把他視為帝國唯一的統治者。這位君主確實能夠放下身段，以身為華勒利安的兒子滿懷感激之心，對奧登納蘇斯獲得勝利的軍隊致謝，認為他們值得接受榮譽的稱呼。得到羅馬人普遍的贊許，經過高連努斯的同意，元老院把奧古斯都的頭銜頒給勇敢的帕爾麥拉（Palmyra）人，似乎要將東部的政府委託給他。事實上早已為他所有尚能獨斷專行，更像私產一樣的傳給大名鼎鼎的遺孀季諾碧亞。

即使哲學家對於人世的災難困苦無動於衷，要是看到從農舍到皇宮，再從皇宮到墳墓的迅速轉移過程，就是再冷漠的個性也會深有感觸。身為命運乖舛的皇帝，他們的推選、掌權和死亡，對於臣民和部從同樣帶來毀滅的作用。致命的高升要付出的代價，就是經常拿出巨額的賞賜支付部隊，所需錢財要從枯竭的人民身上壓榨出來。不論人格再高尚，用意再純正，只要走上篡奪這條不歸路，只有把劫掠和殘酷的行為實施到底。一旦篡奪者倒下去，就有一大批的軍隊和行省跟著遭殃。高連努斯蕩平在伊里利孔稱帝的因吉努烏斯，頒發給大臣一份最野蠻的命令，現在還可以看得到。那位外貌柔和卻毫無人性的皇帝說道：「戰事爾後隨時都會繼續發生，僅僅消滅手執武器的人還不夠。只要在屠殺兒童和老人這個問題，能夠不要讓我們的名聲受損，就把所有男性不論年齡完全連根剷除。任何人只要說過反對我的話，抱著反對我的思想，就不能讓他活下去。要知道我是華勒利安的兒子，也是許多王子的父親和兄長。要記住因吉努烏斯受到推舉成為皇帝，就得撕爛他、殺死他、把他剁成肉醬。我現在親筆寫信給你們，希望你們也有我這樣同仇敵愾的精神。」

等到國家的武力因為個人紛爭消耗殆盡，侵略者便長驅直入沒有防衛力量的行省。就是最英勇的篡奪者處於混亂的情勢之下，也被迫與共同的敵人簽訂屈辱的條約，用極為高昂的代價買到蠻族的中立和協助，甚至容許懷著敵意的獨立民族，進入羅馬帝國的心臟地區。

第四章

名將振軍威（268-285年）

1 高連努斯逝世和克勞狄斯繼位（268年）

　　羅馬帝國經由華勒利安和高連努斯可悲的統治，幾乎要毀於軍人、僭主和蠻族之手，幾位來自尚武好戰精神的伊里利孔行省出身低微的君王，才能挽救帝國於即將頹廢之際。在大約三十年以內，克勞狄斯、奧理安、蒲羅布斯（Probus）、戴克里先（Diocletian）和他的同僚，敉平國內的叛亂，擊敗國外的敵人，整飭軍隊的紀律，重建強大的邊防，贏得「羅馬世界中興之主」的光榮令名。

　　打倒一位柔弱的僭主，可以為後續的英雄開創出路。憤怒的民眾將災難歸咎高連努斯。確實如此，這是寡廉鮮恥的行事態度，以及漠不關心的施政作風造成的結果。他根本沒有榮譽觀念，喪失公德淪亡以後唯一可恃的力量。就他來說只要能夠保有意大利，無論是蠻族獲得一場勝利、羅馬失去一個行省，乃至有個將領叛變，對他安寧過著享受的生活都毫無影響。駐防在上多瑙河地區的部隊，擁立他們的主將奧理略盧斯為帝（268年）。他不願僅只統治雷蒂提亞貧瘠的山地，越過阿爾卑斯山占領米蘭威脅羅馬，直接挑戰高連努斯對意大利的主權，要在戰場決一勝負。

　　皇帝為侮辱的行動激怒，同時覺察到逼近的危險，突然奮發潛伏在本性中的英勇，一掃平日慵懶的形象，強迫自己離開奢華的宮殿，全副戎裝站立在軍團前面，向著波河前進去迎戰他的對手。在名字變成龐特洛羅（Pontirolo）的地方，阿達（Adda）河的橋樑就是那次戰爭的紀念物。整個行動過程證明控領通道對雙方都極為重要，雷蒂提亞的叛軍頭目不僅戰敗，身受重傷退回米蘭。接著馬上開始圍城作戰，城牆從古代以來就遭受過無數次的攻擊仍然屹立不搖。奧理略盧斯知道自己實力已不可恃，很想得到外來的援助，唯一的希望要使沒有成功的叛變，擴展波及的範圍產生更大的影響。

　　奧理略盧斯最後的辦法是使圍攻者失去忠誠報效之心，從他的營地向對方散發傳單，要求部隊放棄毫無價值的主子，指控高連努斯為自己的享受犧牲大眾的幸福，最有功勞的臣民只要引起猜忌就會喪失性命。奧理略盧斯很技巧的將恐懼

和不滿在對手的主要將領之間散布，禁衛軍統領希拉克連努斯（Heraclianus）、聲名顯赫的高階將領瑪西安（Marcian），以及指揮達瑪提亞衛隊的昔克羅斯（Cecrops），形成私下活動的陰謀組織，他們的想法是首先要終止米蘭的圍攻，然後盡快執行大膽的計畫。誰知高連努斯突然死亡，他們解除每一刻延遲帶來的危險。

這一天時間已經很晚（268 年 3 月 20 日），皇帝還在大擺宴席聽到警報傳來，奧理略盧斯率領部隊離開城鎮列出陣式背水一戰。高連努斯從來不是畏戰之輩，馬上從絲質的臥榻上面起身，來不及穿好全副胄甲也沒有集合衛隊，跳上馬背全速馳向受到攻擊的地點，在狀況不明的情勢下被敵軍包圍，黑夜的混戰之中受到長矛致命的一擊。高連努斯處於彌留之際，愛國的情操在心頭油然滋長，他最後的交代是指定繼承人，帝位傳給在帕維亞（Pavia）指揮分遣部隊的克勞狄斯。皇帝的遺命為大家接受很快向各方通報。陰謀分子樂意遵守，原來的打算也是要把克勞狄斯推上寶座。高連努斯死亡的消息傳出以後，部隊表示懷疑和憤恨，等到每個士兵可以得到二十個金幣的犒賞，疑慮自然消失，憤怒也告緩和。他們同意將領的推選，承認新任皇帝建立的功勳。

克勞狄斯的出身隱蔽得不為人知，奉承之徒杜撰傳聞加以潤飾，掩蓋低賤和寒微的家世。我們只能得知他是多瑙河地區某個行省的土著，年輕時代就進入軍隊。他為人審慎而又英勇，深得狄西阿斯的賞識和信任，元老院和人民都認為他是優秀的官員，值得拔擢加以重用。華勒利安初時並未注意，讓他仍舊在下層擔任軍事護民官。沒有多久皇帝發覺克勞狄斯的功績，晉升他為伊里利孔邊區的將領和行政首長，指揮駐防在色雷斯、瑪西亞、達西亞、潘農尼亞和達瑪提亞所有的軍隊，接著指派他為埃及的行政長官，後來又以代行執政官頭銜出任阿非利加總督，大有希望榮登執政官的高位。高連努斯運用非常具有技巧的手法，安撫伊里利孔的將領憤怒的情緒，驅除畏懼的心理。於是在高連努斯統治期間，雖然克勞狄斯看不起在上的主子，還是為他仗義執言，甚至擺出不惜為之一戰的姿態。最後他從陰謀分子手裡接下高連努斯血染的紫袍，那時他並不在營地也沒有參加他們的會議。雖然他事後會贊同叛逆的行為，我們還是公正的推測他很清白，完全不知有陰謀組織的存在。克勞狄斯登上王座已有五十四歲。

圍攻米蘭的行動仍然持續，奧理略盧斯立刻發現，他的策略已經成功，卻找來了一個更堅決的對手。他很想與克勞狄斯談判，簽訂結盟和瓜分疆域的條約。英勇無畏的皇帝回答：「告訴叛徒，可恥的建議應該向高連努斯提出，他也許會有耐心聽這一套，接受和他同樣卑鄙的同僚。」明示毫無餘地的拒絕，繼續堅持

下去發生不了作用，逼得奧理略盧斯獻出城市和部隊，任憑征服者自由處置。軍事法庭宣布他犯下十惡不赦的罪行，克勞狄斯故作姿態表示反對，接著同意死刑的判決。為了擁戴他們的新君主，元老院真誠的熱情沒有稍減，批准軍隊對克勞狄斯的推舉。由於他的前任在高層有很多的仇敵，所以他們假公正之名，對高連努斯的朋友和家人進行嚴厲的報復。有個忘恩負義的官員運用懲罰過當，被元老院解除職務，於是皇帝出面求情提出賠償的法案，使他獲得很好的名聲。

2 克勞狄斯率領大軍擊敗哥德人（269-270 年）

　　從一件小事可以看出克勞狄斯是憑良心做事。高連努斯在位期間，很多行省發生叛變，凡是涉案人員觸犯叛國罪財產都要充公，高連努斯表示對下屬很慷慨，就把沒收的產業賞賜手下的官員。克勞狄斯繼位那天，有個老婦人投身在他的腳前，控訴先帝的將領任意奪走她世襲的家產，而她指控的就是克勞狄斯，他還沒能擺脫那個時代的不良風氣。皇帝受到譴責感到面紅耳赤，請她相信一定會秉公處理。後來他承認自己的過失，馬上將侵占的產業全部發還。

　　克勞狄斯為恢復帝國古老的光榮，著手進行艱鉅的工作，首先是重整軍中秩序，喚醒部隊服從意識。他憑著資深指揮官的威望的經常告誡部隊，軍紀廢弛衍生戰亂頻仍的後果，最後軍隊本身也會蒙受其害。人民不堪過度壓榨和搜刮，生計絕望導致不事生產的怠惰心理，無法供應一支龐大而奢華的軍隊，就連最基本的衣食都會發生問題。歷代君王在位深感朝不保夕，為了護衛個人安全不惜犧牲臣民的身家性命，隨著軍事極權的日益暴虐，使得個人的生存更無保障。

　　皇帝詳述欠缺法紀約束的任性行為帶來的不幸，軍人只會讓自己白白犧牲，經常發生煽動性的擁立事件，隨後就會引起內戰，軍團的精英分子不是消耗在戰場，就是死於戰勝者的殘酷清算。他生動描繪國家財源枯竭和行省殘破不堪的慘狀，使得羅馬人的令名受到侮辱，貪婪的蠻族獲得可厭的勝利。他公開宣稱為了對抗蠻族，當急之務是加強軍備，提垂庫斯目前可以統治西方，甚至就是季諾碧亞也能保有東方的疆域。篡奪的僭主是他個人的對手，在他能夠拯救整個帝國之前，不會讓私人的仇恨影響到最重要的目標。要是不及時採取防備措施，迫近的危險就會壓碎軍隊和人民。

　　日耳曼人和薩瑪提亞人是不同祖先的部族，為了參戰都投效到哥德人的旗幟之下，現在已經集結的部隊（269 年），比起以往從黑海出發的實力都更為龐大。聶斯特河是流向黑海的一條巨川，他們在河岸建立一支有兩千艘船的船隊，

甚至有人說是六千艘，無論數字是多麼不可思議，數量還是不夠載運原來計畫的兵力，那就是三十二萬蠻族部隊。不論哥德人的真正實力有多大，就這次遠征的氣勢和成效來看，所做的準備工作不夠完善。他們的船隊通過博斯普魯斯蕞爾小國，技術生疏的舵手無法克服狂暴的海流，窄隘的海峽壅塞太多的船隻，發生很多起互撞事件，或者擱淺或者在岸邊觸礁。

蠻族對歐洲和亞洲的海岸發起幾次襲擊，鑑於敞開的國度過去遭受掠奪，所以城市防備森嚴。他們的突擊無功而返，而且還遭到相當程度的損失，船隊瀰漫沮喪的氣氛，要做分道揚鑣的打算。有些部落的族長帶著他們的隊伍，航向克里特島和塞浦路斯島，主力還是堅持原來更穩妥的路線，最後靠近阿索斯山（Athos）的海岸停泊，遭到突擊的提薩洛尼卡（Thessalonica）是馬其頓行省最富有的首府。蠻族的攻勢因為克勞狄斯迅速救援受到阻撓，同時也可看出他們作戰只憑凶狠勇氣，毫無用兵的技巧可言。為了要盡快趕到行動的現場，獻身軍旅的君王親自率領帝國所有的部隊前來決一死戰。哥德人無心戀棧立刻拆除營地，放棄圍攻提薩洛尼卡，船隊留在原處不加理會，橫過馬其頓的山地，進擊意大利最後的防線，要在那裡與克勞狄斯對陣。

這是值得紀念的事件，克勞狄斯寫給元老院和人民的一封信，現在還保存下來。皇帝提到：「各位議員：已經知道有三十二萬哥德人侵入羅馬的領土，要是我擊敗他們，各位的感激就是我服務的酬勞；萬一我失敗，大家務必記住我是高連努斯的繼承者。整個共和國已經困頓不堪而又民窮財盡，我們必須為華勒利安與波斯奮戰不息。還要與因吉努烏斯、里傑連努斯、洛連努斯、波斯吐穆斯和息爾蘇斯，以及其他幾千個人作戰，這些人都是因為鄙視高連努斯而叛變。我們需要標槍、長矛和盾牌，軍備的實力在西班牙和高盧，現在已為提垂庫斯篡奪；我們應該感到慚愧，東方的弓弩手都在季諾碧亞的旗幟下服務。不管怎樣我們還是要盡力去做，這樣才能稱得上是偉大的羅馬人。」

這封信顯示了可悲的堅強意志力，像一位英雄在大聲疾呼，根本不考慮自己的命運，同時知道自己面對的危險。他內心深處，仍舊懷抱永不絕滅的希望。

3 後續作為和克勞狄斯的病故（270 年）

事件的結局遠超過他的心願和整個社會的期望，獲得光輝的勝利，從大群蠻族手中拯救整個帝國，後代子孫尊稱他是「哥德人的剋星」以此揚名千古。史家對這次非正規戰爭的記錄並不完整，無法描述當時作戰的序列和環境，如果能夠

遷就大家提及的狀況，可以把這件值得紀念的戲劇性事件，分為三個步驟加以說明：

其一，達達尼亞的奈蘇斯城（Naissus）附近打了一場決定性的會戰。軍團開始遭受優勢敵軍的壓力，人員有很大的傷亡，幾乎就要敗北，要不是皇帝準備好及時到達的援軍，將無可避免被完全殲滅的命運。一支兵力強大的特遣部隊，祕密通過困難的山地突然出現，占領了有利的地形。在他的一聲令下，即刻從後方攻擊即將獲勝的哥德人，整個局勢在克勞狄斯積極作為下完全改觀。他恢復部隊的士氣，重新組成戰鬥隊形，從各方面向著蠻族施加壓力，據稱在奈蘇斯會戰中有五萬人喪命。只有幾個人數較多的蠻族團體，用車輛當成活動堡壘，藉著有效的掩護才能逃脫殺戮的戰場。

其二，我們可以設想有很多難以克服的困難，像是戰勝者過度勞累，以及命令無法貫徹，以至於克勞狄斯無法在一擊之下，完全摧毀哥德人的主力。戰事擴散到瑪西亞、色雷斯和馬其頓各行省，作戰行動拖延成為行軍、突擊和大規模的混戰。不論是海上和陸地全部一樣，羅馬人遭到損失通常都是由於自己的怯懦或者是輕敵。皇帝的智慧高人一等，對國內的狀況瞭如指掌，非常明智選擇最適當的手段，保證軍隊在大多數情況能夠獲得成功。數量龐大的戰利品是多次勝仗的收穫，包括很多的牛群和奴隸。從年輕的哥德人中間選出一部分補充軍隊的需要，其餘人員全部販賣為奴。女性俘虜的數量極其龐大，每位士兵可以分配兩到三名婦女。我們可以從當前的情況獲得結論，入侵者的海上遠征都帶著家人，懷著不僅搶劫也想定居下來的打算。

其三，他們的船隊不是被奪就是沉沒，損失極為慘重，以至於哥德人無法實施撤退。羅馬人非常技巧將哨所配置成很大的包圍圈，運用堅強的部隊在後面支撐，接著向中央逐漸縮小正面，要把蠻族迫進希繆斯山區最難通行的部分。雖然可以在那裡找到安全的庇護，可怕的後果是物質極度缺乏，這段時期正是嚴寒的冬季，他們被皇帝的軍隊包圍得水洩不通，人數因饑餓、瘟疫、逃亡和作戰死亡逐漸減少。等到春季來臨（270 年），這批從聶斯特河口登船的敵人，除了小部分人仍死拚到底外，已經完全潰不成軍。

瘟疫橫掃過人數眾多的蠻族，最後證明對征服者同樣有致命的危險。克勞狄斯在位只有短短的兩年，戰績輝煌令人難忘，舉國的哀慟和頌讚聲中病逝在色米姆（Sirmium）。他在臨終前召集國家和軍隊的重要官員，當著大家的面推舉奧理安接任帝位，認為這位將領是完成他遺志的最佳人選。克勞狄斯具有很多方面的美德，不論是他的勇氣、和藹、公正、節制以及珍惜名聲、熱愛國家，使他名

列確能為羅馬紫袍增添無限光彩的少數皇帝。君士坦丁是克勞狄斯兄長克里斯帕斯（Crispus）的孫兒，等到他統一帝國，先帝的德行和功勳受到宮廷御用文人的極力吹捧。頌揚之聲傳述引導克勞狄斯升天的神明，酬勞他在塵世的功績與忠誠，要讓他的家族在帝國建立永恆的基業。

雖然是後來杜撰的神諭，弗拉維亞家族出人頭地還要推遲二十年。克勞狄斯要奧理安接位，造成他的兄弟昆提留斯（Quintilius）的打算落空。先帝基於愛國心曾經責備過他缺乏足夠的穩健與勇氣，曾經將他降為平民的地位。等到克勞狄斯過世，昆提留斯一點都沒有耽擱也不經深思熟慮，就在他統領軍團的阿奎利亞稱帝。雖然他在位不過十七天，卻已得到元老院的批准，甚至還經歷了一場兵變。他很快得到消息，英勇出名的奧理安接受多瑙河大軍的擁戴，已經登上皇帝的寶座。他不論在名聲和功績方面均無法與對手相比，只有俯首稱臣甘拜下風（270年4月）。

4 奧理安的治軍作為與簽訂和約（270年）

本書不打算詳盡敘述每位皇帝登基以前的作為，對於私人生活的機運和傳聞更是著墨甚少。我們只能提及奧理安的父親是色米姆地區的農夫，承租一個很小的農莊，是位富有的元老院議員的財產。喜愛戎馬生涯的年輕人應募入營當一名普通士兵，然後開始不斷晉升，當過百夫長、軍事護民官、軍團的副將、營區的統領、部隊的將領、邊區擁有「公爵」的位階，等到哥德戰爭開始擔任重要職務，成為指揮騎兵的主將。他不論出任哪一項職務，在過人的英勇、嚴格的紀律和成功的指揮三方面都無可匹敵。華勒利安皇帝將他擢升為執政官，就用華麗的辭句讚許他是「伊里利孔的救星」、「光復高盧的名將」，以及「媲美西庇阿的將領」。

受到華勒利安的推薦，元老院一個議員名叫厄皮爾斯·克里尼都斯（Ulpius Crinitius），有很高的地位和功勳，身世可以追溯到圖拉真，收養並將女兒嫁給出身潘農尼亞的農夫，更用可觀的財產調劑奧理安奉行不悖的貧樸生活。奧理安在位大約有四年九個月，短暫期間建立很多名垂後世的豐功偉業：他結束哥德戰爭；懲治入侵意大利的日耳曼人；從提垂庫斯手中光復高盧、西班牙及不列顛；摧毀季諾碧亞在東方建立的王國，使得驕傲的王朝化為一片焦土。

奧理安對軍紀的要求極為嚴格，連微小的細節都不放過，所以他率領的軍隊幾乎是戰無不勝，攻無不克。他對軍隊的規定很簡短，可以包含在寫給下級軍

官的一封信中，善盡責任督促部屬，要他們像渴求存活於世一樣，爭取出任軍事護民官的職務。他嚴厲禁止賭博、飲酒和求神問卜。奧理安期望他的部下必須謙遜、節儉和勤勞，個人的冑甲要經常保持光亮，武器要打磨銳利，衣物和馬匹準備好隨時可用。他們必須住在宿舍裡，保持營地的樸素、整潔和肅穆，不可以損毀農田的收成，不可以偷竊，哪怕是一頭羊、一隻雞或一串葡萄，不可以強徵民間的物品，無論是鹽、油或木柴。皇帝繼續說道：「公家配發的實物補給足夠我們使用，軍人的財富要得自敵人的戰利品，不是得自省民的眼淚。」

有一個很獨特的案例，可以看出奧理安的要求不僅嚴厲，甚至已經是過分的殘忍。有個士兵勾引屋主的妻子，違犯軍紀的可憐蟲，被綁在用力硬拉在一起的兩棵樹上，等把綁住的繩子砍斷，這兩棵樹突然彈開就將他活活撕成兩半（亞歷山大大帝用大樹分屍的酷刑懲治殺害大流士篡位為王的貝蘇斯，看來奧理安是模仿而非創意）。還有一些案例非常恐怖，能夠發生很大的效果，奧理安的懲罰雖然可怕，同樣的罪行卻很少再度違犯。他的作為都能用制定的法條加以支持。容易受到煽動的軍團，有他們畏懼的首長，下屬都學到如何服從，指揮起來當然就會得心應手。

克勞狄斯的逝世使哥德人振作起奮鬥的精神。防守希繆斯山區隘道和多瑙河地區的部隊，顧慮發生內戰已經撤收下來。哥德人和汪達爾人的部族，原先留下未隨著行動的人員，現在又有很好的機會。他們放棄烏克蘭的居留地，越過達西亞和瑪西亞的河流，使得慘受克勞狄斯打擊的族人，在生力軍加入以後，勢力又開始壯大起來，聯合在一起成為數量很大的團體。新的聯軍終於與奧理安的部隊遭遇，只有夜晚才能終止血腥和難分勝負的衝突。雙方忍受二十年戰爭帶來的痛苦，經歷無窮盡的災難大家都感到精疲力竭。

哥德人和羅馬人同意簽訂長久而有利的和約，蠻族很熱誠促進解決辦法，軍團很高興批准雙邊條約。奧理安基於審慎免得落人口實，把這個重要問題提交軍團投票決定。哥德人各部族保證供應羅馬軍隊兩千人的協防軍，全部都是騎兵，規定服役和歸還的條文，遠至多瑙河開設一個定期的市集，由皇帝指定專人照應，蠻族共同負擔費用，雙方要用宗教的忠誠遵守條約。若有五百人的團體由營地散出劫掠，蠻族的國王或將領要負責逮捕犯罪的為首分子，用長矛將他活活搠死，作為侵犯神聖諾言的犧牲品。奧理安很可能採取預防措施，哥德人的族長交出自己的兒女作為人質，對於和平相處不無貢獻。他要年輕人接受軍事訓練，盡可能不要遠離他的統御；少女則讓她們接受羅馬的教育，並將其中一些人許配給主要的軍官，逐漸使兩個民族產生密切的關係。

5 奧理安殲滅羅馬帝國心腹大患（270年）

就在奧理安用英勇的行動和審慎的作為，重新恢復伊里利孔邊疆的安定，阿里曼尼人卻又大動刀兵。雖然經過高連努斯的收買和克勞狄斯的懲治，衝動的青年經過慈惠竟有四萬名騎兵出現戰場，步兵的人數還要多一倍。蠻族為了滿足貪婪的搶劫，開始是以雷蒂提亞邊疆的幾個城市為目標，獲得成功以後胃口加大，阿里曼尼人迅速進軍，從多瑙河到波河的廣大地區都受到蹂躪。

皇帝立刻獲得蠻族入侵的消息（270年9月），知道他們在劫掠以後就會撤離，於是很快集結一支常備軍，沿著赫西尼亞森林的邊緣安靜而迅速的進軍。阿里曼尼人滿載從意大利搶來的戰利品，退回多瑙河的南岸，根本沒有懷疑對面會有什麼狀況。羅馬軍隊占據有利的位置，隱藏起來準備截斷他們的退路。奧理安並沒有驚動蠻族，讓他們以為很安全。在沒有受到干擾的狀況之下，蠻族有一半的兵力渡過河來，他運用對手前後分離的機會發起攻擊，輕易獲得勝利，過人的指揮才能適時發揮，讓羅馬軍隊占盡優勢。他把軍團排成半圓形陣式，左右兩角越過多瑙河，橫掃當面敵人突然向中央壓迫，把日耳曼人連後衛一起包圍起來。失去鬥志的蠻族不管從哪個方向望過去，都只有一片荒蕪的田野、水深而湍急的河流，以及勝利在望而且絕不手軟的敵人，真是感到萬念俱休。

阿里曼尼人陷入悲苦的處境，唯一的打算是懇求和平。奧理安在營地的前端接見使者，擺出刁斗森嚴的壯盛軍容，顯現羅馬軍隊有強大的戰力和高昂的鬥志，軍團全副武裝井然有序排成陣式，保持使人畏懼的肅殺氣氛。各級主要的指揮官打起位階標誌，在盛大儀仗的簇擁之下，騎著戰馬排在皇帝御座兩邊。後面陳列皇帝和先帝的神聖畫像、金色的鷹幟，以及軍團的各種名銜，所有的文字都用黃金刻成，聳立的矛尖閃耀一片銀色光芒。等到奧理安肅然端坐御座，雄偉的姿態和莊嚴的神情，使得蠻族無比敬畏，是掌握他們生死大權的君王。使者不覺啞口無言俯伏在地。他們奉命起身並獲准發言，經由通事的協助他們為背信的不義行為提出很多藉口，誇大自己的功績和戰力，說是受到命運的撥弄才會離開自己的家園，知道和平是對大家都有益的事情，同時還帶有不識時務的自信，要求付給大量的補助金，當作他們與羅馬聯盟的代價。

皇帝的答覆極為嚴厲而且毫不通融，對他們要與羅馬聯盟表示輕視，更憤慨他們竟敢提出條件。他指責蠻族對於戰爭藝術的無知，也不知遵守和平的規定，最後要他們退下去以前，他開出自己的條件要他們抉擇，只有投降才能得到無條件的寬恕，否則就會在他的震怒下自取滅亡。奧理安已經將遙遠的行省放棄給哥

德人，相信或者饒恕反覆無常的蠻族實在太過危險，他們在一旁虎視眈眈，意大利隨時會大禍臨頭。

就在這次會面以後，發生出乎意料的緊急狀況，需要皇帝親臨潘農尼亞。他交代部將要很謹慎完成殲滅阿里曼尼人的工作，不論是用武力還是用饑餓的手段。絕望中的奮鬥常會勝過坐待成功的到臨，蠻族知道不可能渡過當面的多瑙河，接著衝過羅馬人防備森嚴的營寨，於是決定擊破圍在後面的哨所，那裡不僅兵力較少警戒也不夠嚴密。經過大家奮不顧身的努力，使用不同的道路全軍轉過來又指向多山的意大利。奧理安原來認為戰爭即將結束，敵軍全數被殲，接到阿里曼尼人逃脫的消息感到極為痛心。米蘭地區即將受到蠻族的蹂躪，雖然軍團已經受命在後追趕，但部隊過於鈍重無法發揮作用，敵人迅速飛奔逃走，步兵可以保持騎兵那樣的敏捷。幾天以後皇帝親自趕來援救意大利，率領他選用的協防軍（其中有哥德人的人質和汪達爾人的騎兵），以及所有參與多瑙河戰役的禁衛軍。

阿里曼尼人的輕裝部隊，散布在阿爾卑斯山到亞平寧山之間廣大的區域。奧理安和他的部下要不斷保持警覺，去找尋、進攻、追擊數量龐大的小股蠻族武力。雖然這是雜亂無序的戰爭，有三次會戰不能略而不提，雙方的主力投入從事慘烈的戰鬥，成功確是來之不易。第一次是在普拉森提亞（Placentia）附近的戰鬥，羅馬人受到嚴重的打擊。有位作者極為偏袒奧理安，根據他的說法，面臨危險的程度好像帝國會就此瓦解。狡猾的蠻族在森林裡面列陣，趁著薄暮昏暗之際對軍團發起攻擊。長途行軍之後部隊疲倦而又混亂，幾乎無法抵擋狂野的衝鋒。經過一番可怕的殺戮，熬過難關的皇帝極其堅決重新整頓軍隊，甚至還能保持榮譽不致一敗塗地。

第二場會戰發生在翁布里亞的法諾（Fano）附近，五百年以前漢尼拔的兄弟就是在這裡失去性命。日耳曼人到目前為止一切還都很順利，於是沿著艾米利亞大道和弗拉米尼亞大道進軍，打算掠奪沒有防衛能力的都城。奧理安始終注意羅馬的安全，追蹤在後跟蹤而至，等到決定的時刻立即發起攻擊，阿里曼尼人受到慘敗再也無法恢復。逃走的殘餘人員在靠近帕維亞的第三次會戰全數被殲，意大利從阿里曼尼人的入侵得到解救。

6 奧理安收復帝國西邊的疆域（271年）

克勞狄斯戰勝哥德人，奧理安殲滅阿里曼尼人，經過重建的羅馬軍隊，對抗北方的蠻族能夠維持古代的優勢。英勇善戰的皇帝第二件任務是要懲治國內的僭

主，將帝國已經分裂的部分統一起來。雖然奧理安是得到元老院和人民承認的皇帝，統治的區域還是有所限制，只能及於意大利、阿非利加、伊里利孔和色雷斯及所屬的邊疆地區。高盧、西班牙和不列顛，以及埃及、敘利亞和小亞細亞，仍舊分別為兩位叛賊所有。過去篡奪的人物可以開出很長的名單，現在只有他們逃脫應有的懲罰，何況這兩個寶座竟為婦女盤據，使羅馬蒙受更大的羞辱。

相互爭奪的君王在高盧行省不斷起落，波斯吐穆斯嚴肅的個性只是加速自己的殞滅。他鎮壓在門次（Mentz）稱帝的競爭對手，拒絕讓軍隊搶劫反叛的城市，經過七年統治，成為貪婪軍人手下的受害者。維多里努斯是他的朋友和同僚因細故被殺，身為君主有傑出的成就，卻讓情欲玷汙自己的名聲。他以暴力行為發洩畸戀，毫不在意社會的法律，甚至連愛情的法則都不尊重。他在科隆被嫉妒的丈夫陰謀殺害，如果他們饒恕無辜的兒子，報復的行為就會顯得更有正當性。很多英勇的君王遭到謀害，發生一種很不平常的現象，就是一位女性長久以來控制高盧慓悍的軍團，確鑿的史實令人感到不可思議。

維多利亞是維多里努斯的母親，她運用政治手腕和金錢財富，陸續將馬里烏斯和提垂庫斯扶上帝座，利用徒有虛名而無實權的皇帝，對整個國家進行嚴密的統治。所有的通貨不論銅幣、銀幣或金幣，上面都刻著她的名字，頭銜為奧古斯塔（Augusta）和「軍隊之母」（Mother of the Camps）。她的權力隨著生命結束而中止，極可能是忘恩負義的提垂庫斯下的毒手。後者原來是阿奎丹的總督，位於高盧的行省一直平靜無事，擔任的職位很適合他的個性和所受的教育，受到野心勃勃女贊助人的唆使，穿上紫袍繼位稱帝，統治高盧、西班牙和不列顛有四、五年之久。就不守法紀的軍隊而言，他既是君主也是奴隸。他對軍方心存畏懼，軍人則對他表示輕視。

英勇而幸運的奧理安終於公開宣布，要達成統一帝國的目標，提垂庫斯才敢透露處於悲慘的地位，懇求皇帝趕快拯救不幸的對手。他很怕私下聯繫的情形被軍方發覺，到時性命一定不保。他已經無法統治西部這片疆域，只有對自己的軍隊採取反叛的行動，好讓帝國完成統一。他表面上裝出要打內戰的樣子，領導部隊進入戰場對抗奧理安，故意把營地開設在最不利的位置，將自己的計畫和企圖全部通知敵人，然後就在開始行動之前，帶著少數親信人員逃走（271年夏季）。反叛的軍團被自己的長官出賣，雖然引起混亂使士氣受到影響，仍舊不顧犧牲做困獸之鬥，直到最後一個人被砍倒為止。令人難忘的血戰發生在香檳的夏隆（Chalons）附近，法蘭克人和巴塔維亞人組成的非正規協防軍，接受奧理安的壓迫與勸說向後撤退折返萊茵河。如此帝國恢復平靜，皇帝的聲名和權威從安

東尼努斯邊牆一直傳播到海克力斯之柱。

早在克勞狄斯當政期間，奧頓（Autun）沒有外力的援助竟敢單獨反抗高盧的軍團，經過七個月的圍攻歷盡磨難、早已苦於饑饉的城市方始陷落受到劫掠。在另一方面里昂堅決抗拒奧理安的大軍，我們只知道里昂受到嚴厲的懲罰，沒有人提到奧頓得到任何獎勵。我們說句老實話，內戰的政策就是睚眥之仇必報，再造之恩難記；因為報復有利可圖，施恩所費不貲。

7 奧理安進軍亞洲平定帝國東疆（272-274年）

等到奧理安進入亞洲（272年），面對的敵手是一位婦女，只有這方面會使人產生輕視的心理，除此以外他占不到半點便宜。俾西尼亞（Bithynia）因為季諾碧亞的武力和權謀，原來已經發生動搖，現在因為奧理安親臨，又對羅馬表示歸順。大軍開拔奧理安始終位於前鋒，接受安卡拉（Ancyra）的投降。經過一段持續發起的圍攻，一位市民的叛降協助奪取台納（Tyana）；按照奧理安對部隊慷慨而對敵人凶狠的脾氣，會將城市任憑憤恨的士兵燒殺掠奪。完全著眼於尊重宗教的心理，對哲學家阿波羅紐斯（Apollonius）的鄉親採取寬容的態度。安提阿的市民得知大軍壓境全部逃離城市，皇帝立即發布安民告示，號召逃亡人員回鄉，對於在沒有選擇餘地之下，被迫在帕爾麥拉女皇手下服役的人員，全部赦免不予追究。出人意料的慈善作為，使得敘利亞人心悅誠服，一直到伊美莎的勢力範圍之內，人民都願意支持仁義之師。

季諾碧亞要是不採取行動，她聲譽就會受損。決定東方的命運在於兩次會戰，因為地區的環境極其類似，除了第一次在安提阿附近，另外一次是在伊美莎以外，可說很難分辨其中有什麼差異之處。帕爾麥拉的女王參與每一次會戰，都要親臨戰場鼓舞士氣，把執行任務的工作交給查布達斯（Zabdas）全權負責，他曾經在征服埃及的戰事中展現軍事長才。季諾碧亞有數量龐大的軍隊，大部分由輕裝弓箭手和全身鎧甲的重裝騎兵組成。奧理安的騎兵由摩爾人和伊里利孔人組成，抵擋不住對手聲勢驚人的衝鋒，便在邊打邊退的狀況混亂向後逃走，帕爾麥拉人奮力追趕。羅馬的騎兵經過整頓等待機會反擊，再用不斷的纏鬥困惑對手，使得他們無法脫離戰場，終於打垮過於笨重運動不靈的重裝騎兵。

雙方交戰開始輕裝步兵先是用盡箭矢，接著在短兵相接的近身搏戰失去防衛的能力，他們沒有甲冑護身幾乎赤裸，完全暴露在軍團的刀劍砍殺之下。奧理安早已編組久歷戎伍的老兵部隊，原來駐紮在上多瑙河地區，接受阿里曼尼戰爭嚴

酷的考驗，獲得驍勇善戰的英名。季諾碧亞在伊美莎會戰失敗，沒有能力再編成第三支大軍。這時帝國以內原來臣屬於她的民族，一直到埃及的邊界，全部投靠戰勝者的麾下，何況奧理安派出最勇敢的將領蒲羅布斯，率領一支部隊占領埃及的行省。帕爾麥拉成為季諾碧亞最後的根據地，她將部隊撤進首都的城牆，進行頑強抵抗的準備工作，像一位女英雄做出大無畏的聲明，要是她的統治結束就以身相殉。

　　阿拉伯貧瘠荒涼的沙漠，少數農耕地區就像遼闊海洋中間浮現出來的島嶼。無論是塔德莫爾（Tadmor）或者帕爾麥拉的名字，在敘利亞語和拉丁語的意義，都是指溫暖氣候下蔭涼而蔥鬱的棗椰林。這個綠洲的空氣清新，有珍貴無比的流泉，灌溉的土地生產水果和穀物。優越的條件加上地處波斯灣和地中海之間，到兩邊的距離大概相等，所以經常有駱駝隊來往，把數量繁多的印度貴重商品運到歐洲各國。帕爾麥拉逐漸發展成為富裕的獨立城市，互利的貿易聯繫羅馬和波斯兩大帝國，一直保持卑躬屈膝的中立地位。

　　等到圖拉真獲得勝利，幅員很小的共和國落到羅馬人手中，當作一個從屬而頗受重視的殖民地，才繁榮興旺達一百五十年之久。我們從遺留的少數銘文可以看出，雄於資財的帕爾麥拉人在和平時期，建構廟宇、宮殿和希臘風格的柱廊。時至今日形成的廢墟散布在幾個平方哩的範圍之內，仍為好奇的旅客流連憑弔。奧登納蘇斯和季諾碧亞的崛起，給他們的國家帶來一番新氣象，成為可以與羅馬分庭抗禮的對手。然而不對稱的競爭要付出何等重大的代價，多少代的子孫都成為一時風光的犧牲品。

8 季諾碧亞的戰敗和歸順（272-274 年）

　　奧理安皇帝行軍越過伊美莎和帕爾麥拉之間的沙漠地區，不斷受到阿拉伯人的騷擾，無法不讓軍隊，尤其是行李和輜重，避開行動慓悍的匪徒進行積極而大膽的搶劫。他們看準時機發起襲擊，得手以後很快逃脫軍團遲緩的追擊。圍攻帕爾麥拉才是最困難也是最重要的任務，精力過人的皇帝親自參與攻擊，身體被標槍刺傷。奧理安在一封信上寫道：「羅馬人民總以開玩笑的口氣，談起我跟這位女人進行的戰爭。他們根本不了解季諾碧亞的性格和她的力量，防禦作戰的準備工作非常周全，多得算不清的石塊、弓弩和各種投射武器。每一小段城牆就配置兩到三門弩砲，也可以用小型投射器投擲燃燒的火球。她害怕受到懲處所以不惜死拚到底，我仍然信賴羅馬的神明給我的護佑，使我能夠完成當前的工作。」

　　天意的順遂終歸有限，圍攻的成敗無法預料。奧理安認為最合理的辦法是提出有利的投降條件，女王可以很光彩的退位，市民仍舊保有古老的權益。他的意見遭到嚴辭拒絕，同時伴隨侮辱的言詞。季諾碧亞之所以表示出堅決的態度，是因為她認為在短期內，羅馬大軍受不了饑饉的壓力，就會循著沙漠原來的路線退兵。讓她更有信心的是東方的君主不會坐視，特別是波斯國王必然會出兵保護當作屏障的盟友。

　　奧理安的運道和堅毅克服許多困難，就在這個關鍵時刻，薩坡爾逝世使波斯的權貴無暇他顧，只能派遣有限的援軍前來解帕爾麥拉之圍。皇帝很容易用武力對付，或者很慷慨花錢收買，他們全部無功而返。從敘利亞各地派遣按時出發的運輸隊，陸續不斷安全抵達皇帝的營地，再加上在埃及獲得勝利的軍隊，蒲羅布斯率領全部歸建，季諾碧亞到此時才決定逃走。她騎上速度最快的單峰駝，已快要到達幼發拉底河的河岸，離開帕爾麥拉大約有六十哩的地方，被奧理安的輕騎兵追上，當作俘虜送到皇帝尊前。她的首都不久以後投降（273 年），出乎意料得到寬大以待。兵器、馬匹、駱駝以及大量的黃金、銀塊、絲綢和珠寶，全部歸勝利者所有，只留下六百名弓弩手編成的守備部隊。皇帝回到伊美莎，花了很多時間對東方行省進行賞功罰罪。有些行省受到華勒利安被俘的影響，就對羅馬失去忠誠之心，等到帝國獲得戰爭的勝利又重新歸順。

9 奧理安的班師及再度出征被弒（275 年）

　　奧理安東征班師回朝，跨越分隔歐、亞兩洲的海峽，傳來消息帕爾麥拉人屠殺留下的總督和守軍，再度樹起反叛的旗幟。他勃然大怒立即回軍指向敘利亞。安提阿對他如此迅速的行動感到十分驚訝，孤立無援的帕爾麥拉為自己一時的衝動而悔恨不已，毫無能力抗拒壓境大軍。我們可以看到奧理安所寫一封信，他認為應該把處死的範圍限定於武裝叛亂分子，但還是有很多老人、婦女、兒童和農夫慘遭殺害。雖然他最關心的事情是要重建太陽神廟，還是對殘存的帕爾麥拉人起了憐憫之心，允許離開的人們回來重建他們的城市。摧毀一座城市比重建要容易得多，商業和手工業製造中心，曾經是季諾碧亞的皇城，慢慢衰落成為沒沒無名的市鎮、一個微不足道的城堡變成破敗的村落。現在的帕爾麥拉不過三、四十戶人家，宏偉廟宇的空曠中庭用泥磚砌起他們的農舍。

　　戎馬奔波的奧理安還有最後一件工作要完成。帕爾麥拉反叛期間，弗爾繆斯（Firmus）在尼羅河地區作亂，聲勢不大卻造成危險的後果，急需出兵鎮壓以免

情勢擴大難以收拾。弗爾繆斯其實是埃及的富商，自稱奧登納蘇斯和季諾碧亞的朋友和同盟。他在印度的貿易過程與布雷米斯人（Blemmyes）和撒拉森人建立親密關係，這兩個民族位於紅海兩岸很容易進入上埃及地區。他鼓動埃及人起義爭取自由，帶領大批憤怒群眾攻進亞歷山卓城，在那裡穿上紫袍稱帝，開始鑄造錢幣，發布告示，召募軍隊，到處誇口只要用紙張貿易的盈餘，就可維持作戰的需要。烏合之眾的隊伍對抗奧理安的大軍怎會有防守的能力？所以也毋須詳細敘述。弗爾繆斯很快遭到擊敗，捕獲以後經過拷問立即處死。奧理安現在可以向元老院、人民和他自己祝賀，不過三年的時間他就使羅馬世界恢復和平與安定。

後來有個智慧出眾的羅馬皇帝說道，他的前任奧理安具有的才能，適合指揮一支軍隊而不是統治一個帝國（這是戴克里先對他的評論）。奧理安意識自己的天賦和經驗，實非常人所能及於萬一，舉行凱旋式以後不到幾個月，他又領軍進入戰場（274年10月）。有鑑於邊境眾多的軍團不安其位，能夠參加國外的戰爭不失是明智之舉，加上波斯國王因華勒利安的受辱而沾沾自喜，仍舊毫無忌憚侵犯羅馬帝國的尊嚴。皇帝親自率領紀律嚴明而又驍勇善戰的軍隊，完全不恃兵力是否具有優勢，直接向著分隔歐、亞兩洲的海峽進軍。那時他就應該有所體會，至高無上的權力無法防範陷入絕望的反抗。

他對身邊一位祕書被控受賄發出威脅的言辭，大家都知道這並不是說說就算。犯罪的傢伙唯一的希望，是使軍隊一些重要軍官落到同樣的危險境地，讓他們像他那樣處於恐懼之中，冒充主子的筆跡列出一長串血腥名單。這些人看到自己的名字知道即將遭到處死，根本沒有懷疑欺騙行為也無法加以驗證，大家決定殺死皇帝以求自保。奧理安正從拜占庭向赫拉克利（Heraclea）行軍的途中，遭到一群陰謀分子的攻擊。動手的人由於地位很高留在他的身邊。短暫的抵抗他就死在繆卡波爾（Mucapor）的刀下（275年1月），這還是他平素最喜愛和信賴的一個將領。軍隊對他的去世感到惋惜，元老院卻表示厭惡。蓋棺論定的看法認為他是英勇善戰而且掌握機運的君王，對於暮氣已深的國家進行了有用卻嚴厲的改革。

10 塔西佗受到推舉及東征的崩殂（276年）

那一年的9月25日，執政官在元老院召集會議，報告帝國即將遭遇危疑而嚴峻的狀況，這時距離奧理安被害已有八個月。執政官輕描淡寫提到軍隊已經呈現不穩的情勢，任何時刻和微小事件都可能引發兵變，接著他用雄辯的語氣表示，

只要推舉皇帝的重大事件繼續拖延下去，各種危險就會隨之發生。根據他得到的消息，日耳曼人渡過萊茵河，占領高盧某些重要據點和富庶的城市；野心勃勃的波斯國王使得東方一直警報不斷；埃及、阿非利加和伊里利孔正受到國外和國內武力的威脅；立場不穩的敘利亞寧願接受女性的統治，也不願臣服於神聖的羅馬法律。接著執政官對首席議員塔西佗說話，請他就「推舉適當人選即位為帝」的重要議題發表意見。

設若我們月旦人物，純以德行風範而不以時勢造化，對於塔西佗比國王還要高貴的家世，深表崇敬之意。羅馬有位獨領風騷的史家，著作嘉惠後世彌久長新，塔西佗議員自稱係其後裔。他當時已經七十五歲的高齡，始終保持潔身自愛的習性，憑著巨額的財富和獲得的榮譽，更能光大先祖的門楣。他曾經兩次出任執政官，雖然家產幾達二到三百萬英鎊之多（約為五萬到七萬五千磅黃金），仍然過著文雅而有節制的生活。他能夠以尊敬的態度和忍耐的毅力，從荒淫無道的伊拉珈巴拉斯到精明英武的奧理安，經歷了多位君王的賢明與不肖，這使得他對帝位萬人之上的責任、危險和誘惑，自有正確的理解和認識。他孜孜不倦鑽研先賢的著作，深知羅馬制度和人類天性。民意所趨一致認為塔西佗是帝國最適合繼位的公民，令人不悅的謠言傳到耳中，讓他決定退休回到康帕尼亞（Campania）的莊園。他勉強順從執政官召請回任元老院的最高席位，對重大問題提供建言幫助共和國因應當前變局，已經在貝宜（Baiae）過了兩個月悠閒的隱居生活。

塔西佗的榮耀和生命都很短促，深冬之際遠離康帕尼亞輕鬆的退休生活，經過長途跋涉來到高加索山脈的山腳，身體不習慣軍營的艱苦變得非常衰弱，心理負擔更加劇身體勞累。這些軍人有一陣子興起公德的熱誠，憤怒和自私的情緒暫時停止下來，很快又故態復萌，對於年邁的皇帝表現非常粗魯，營地和帳篷到處都是爭吵。塔西佗溫和友善的性情只能引起他們輕視之心。無力化解軍隊派系之間的內訌，使他感到極為痛苦也不可能滿足貪婪的索求，總算體認到要想調解無秩序的狀況是毫無希望的期待。塔西佗認為軍隊放縱任性，不把法律微弱的約束力放在眼裡，是最難克服的惡習。他一直為此焦慮、失望，因此縮短了他在世的時間。無辜的帝王是否為軍人殺害不得而知，卻可斷言軍隊的驕橫確實是讓塔西佗致死的主因。塔西佗崩殂於卡帕多西亞的台納（276年4月12日），在位期間只有六個月零二十天。

塔西佗甫一逝世，他的弟弟弗洛里努斯（Florianus）不等元老院的批准，迫不及待穿上紫袍登基，表現出不似人君的猴急模樣。基於對羅馬制度的尊敬，可以影響軍隊和行省的態度，弗洛里努斯突如其來的野心，雖然不致引起他們的反

對，卻引起強烈的指責。如果不是位在東方的將領兼英雄人物蒲羅布斯大膽站出來，為元老院打抱不平，不滿的情緒也就會在竊竊私語中逐漸消失。皇座的競爭還談不上勢均力敵，歐洲的軍團實力非常強大，他們支持塔西佗的弟弟；軟弱的埃及和敘利亞部隊，要是沒有能力高強的領袖，接戰以後根本沒有勝利的希望。運道很好而又積極進取的蒲羅布斯克服所有的困難，他的對手都是身經百戰的老兵，習慣在寒冷的地區作戰，西里西亞（Cilicia）酷熱的氣候使很多人生病甚至死亡，證明當地夏季的衛生條件對身體有害，很多人逃亡使兵員數量減少，以至於山區的隘道無力防守，最後塔蘇斯（Tarsus）開城投降。弗洛里努斯登基不過三個月，部隊就背叛受到輕視的皇帝，讓他輕易成為結束內戰的犧牲者（276年7月）。

11 蒲羅布斯繼位及鴻圖大展的作為（276年）

　　王位經常更替，世襲權利的概念已經蕩然無存，落敗的皇帝在受難以後，他的家族也不會引起繼位者的猜忌。塔西佗和弗洛里努斯的子女，受到允許降為平民身分，混雜在一般百姓裡面居住，雖然貧窮卻可以清白活下去。塔西佗為元老院推選稱帝之際，他為了服務公眾情願捨棄大量家財，表面看起來是很慷慨的舉動，明顯洩漏他的意圖是要將帝國傳給他的後裔。落得不幸下場的唯一安慰，除了讓人記得他的事功只是曇花一現，還有就是動聽的預言給後代子孫帶來長遠的希望。千載而後，塔西佗家族會出現一位君王，成為元老院的保護人和羅馬的中興之主，也是全世界的征服者。

　　克勞狄斯和奧理安的出身寒微，兩人在帝國式微之時力挽狂瀾。如今對蒲羅布斯的即位，伊里利孔的農夫也應與有榮焉。大約在二十多年前，華勒利安皇帝知人善任的洞察力，發現年輕的軍人具有很多優點，軍事法規雖對任職的年齡有限制，仍舊破格授與他軍事護民官的階級。蒲羅布斯不久戰勝數量優勢的薩瑪提亞人，不負皇上拔擢之明，是役還救了華勒利安一位近親的性命。皇帝親自頒給頸圈、臂鐲、長矛、旗幟、公民冠和登城冠等獎品，這是古代羅馬授與英勇將士的殊榮，同時將第三軍團接著就是第十軍團交給他指揮。以後他每次擢升都能一顯身手，給人的感覺是未來的發展能夠更上層樓。他的軍旅生涯曾轉戰阿非利加和潘達斯，以及萊茵河、多瑙河、幼發拉底河和尼羅河等地區，不論是英勇的膽識和指揮的能力，表現極為卓越而且有豐碩戰果。奧理安對他征服埃及固然極為感激，更為推許他冒著性命危險，阻止皇帝犯下殘酷暴行的忠心耿耿。塔西佗

為了借重他的將才以彌補個人軍事學養之不足，授以東方各行省軍事總指揮的職位，薪餉較一般將領高五倍之多，應允給予執政官的位階，以及凱旋式的榮譽。蒲羅布斯即位時僅四十四歲，聲望極隆又受軍隊愛戴，正是春秋鼎盛之年可以大展鴻圖。

蒲羅布斯的功勳為世人公認，統率的軍隊已戰勝弗洛里努斯，帝國之內再無競爭對手。要是我們相信他的自白，會發現他毫無稱帝的意念，後來所以接受也是勉為其難。他曾在私人信函內提到：「就我現有的權勢，實在沒有必要頂著虛名陷身猜忌的險境，這樣一來我就得扮演軍方強加於我的角色。」他出乎至誠寫給元老院的信函，至少在言辭上表現出羅馬愛國者的情操：「各位元老：務必請各位從元老院議員當中，推舉德行高潔之士接替奧理安皇帝，遵從公正和智慧做最適當的選擇。各位才是世界最合法的統治者，從祖先繼承的權力由各位傳給後代的子孫。要是弗洛里努斯沒有像繼承私人產業那樣，篡奪自己兄長的帝位，能夠聽從各位具有最高權力所做的決定，無論各位將厚愛施於任何人，一切都會很圓滿解決，不會產生任何問題。現在軍隊基於維護體制，已經懲處他輕舉妄動的作為，授與我奧古斯都的頭銜，基於個人的權利和建立的功勳，請求各位以仁慈之心給予恩准。」

當執政官宣讀這封非常恭敬的信函（276年8月3日），在座的議員都飄飄然難掩滿意之情，覺得蒲羅布斯已穩操左券，還能卑辭相求實在難得。大家異口同聲以熱烈的詞語，頌揚他的操守德行和豐功偉績，還有溫和穩健的言行。於是在毫無異議之下立刻通過一項敕令，批准東部軍隊推舉的繼位人選，對他們的統帥授與所有身登大寶的尊榮：凱撒和奧古斯都的稱號、國父的頭銜、元老院一天可以提出三個動議的權利、祭司團大祭司長的職位、行使護民官的權力、以及代行執政官頭銜的軍事指揮權，還有就是舉行登基的儀式。看起來是增加皇帝的尊榮和權勢，隱約中顯現出共和國的古老傳統和規定。蒲羅布斯從當政開始同樣表示友善的態度，允許元老院參與帝國的行政事務。忠誠的將領為了維護羅馬軍隊的光榮戰績，經常把金冠和蠻族的戰利品堆放在大家的腳前，都是他無數次勝利的成果。他雖然滿足元老院的虛榮，私底下一定輕視議員的懶惰和軟弱。雖然元老院有權力隨時廢止高連努斯可恥的詔書，然而他們身為西庇阿驕傲的繼承人，默默忍受被排除在軍方所有的職務之外。同時他們立即有深刻的體驗，誰若拒絕刀劍的保護就得丟掉權杖立即下台。

奧理安發揮戰力已經粉碎羅馬四周敵人的抵抗，等他逝世各方的蠻族又捲土重犯聲勢更為強大。短短六年統治期間，蠻族再度被蒲羅布斯積極的英勇作為討

伐平定。論武功他不輸古代英豪，重新恢復行省的和平與秩序。帝國最危險的邊
區是雷蒂提亞，經過他大力掃蕩根本毋須顧慮還會有敵人留存。他擊潰薩瑪提亞
部族飄忽不定的戰力，運用令人敬畏的手段迫使蠻族歸還掠奪的戰利品。哥德民
族要求與英勇善戰的君王結成聯盟。他深入山區擊敗艾索里亞人，圍攻奪取幾個
堅強的堡壘。他非常自傲於制服國內頑強的敵人，他們過去的倨傲不遜深深傷害
到帝國的尊嚴。篡位者弗爾繆斯在上埃及引起的事端一直沒有完全平息，托勒美
斯（Ptolemais）和科普托斯（Coptos）的城市在與布雷米斯人聯盟後加強防務，
仍舊維持暗中叛亂的狀況。要想對埃及的城市和南部野蠻的協防軍加以懲治，必
然使得波斯的宮廷提高警覺，偉大的國王就會終止與蒲羅布斯的友誼。

　　蒲羅布斯建立的勳業大部分是由於個人的英勇無敵和指揮有方，所以為他
寫傳的作家感到非常驚奇，何以他能在短短六年之內，參加那麼多遠距離的戰
爭。他將次要的行動交給部將負責，選賢與能是他治績的一大特色。諸如卡魯
斯（Carus）、戴克里先、馬克西米安、康士坦久斯（Constantius）、蓋勒流斯
（Galerius）、阿斯克利庇德都斯（Asclepiodatus）、安尼巴連努斯（Annibalianus）
以及很多重要官員，爾後不論是登基治國或是輔弼朝政，都在奧理安和蒲羅布斯
的麾下受過嚴格的訓練。

12 蒲羅布斯征服蠻族的豐功偉業（277-279年）

　　蒲羅布斯對共和國最大的貢獻應該算是光復高盧（277年），從日耳曼蠻族
手中收回七十多個欣欣向榮的城市。奧理安逝世，最大的行省受到毫無忌憚的掠
奪。眾多凶狠的入侵者之中，狀況比較清楚能讓後人分辨出來的事件，就是英勇
的蒲羅布斯連續擊敗蠻族三支大軍：像是把法蘭克人驅回他們的沼澤地區，當然
有的情形只能靠事後的推斷。法蘭克可能是指一個聯盟，所以取這個名字帶有
「自由參加」的意味。他們占領沿海一大片平坦地區，因萊茵河貫穿其間，經常
氾濫成為積水的湖沼。還有幾個部族像是弗里西亞族（Frisians）和巴塔維亞族
都參加這個聯盟。還有他擊敗汪達爾人的分支勃艮地人，過去一直在奧德河到塞
納河之間到處流竄，尋找可以搶劫的地方，現在只要歸還所有的戰利品允許他們
全身而退；這方面也讓蠻族感到慶幸，要是他們不遵守條約的規定，立即就會受
到嚴厲的懲處。

　　入侵高盧的蠻族當中，黎吉人（Lygii）的戰力最為強大，距離遙遠的民族
統治波蘭和西利西亞邊界廣闊的領域。阿里伊族（Arii）在黎吉人之中，無論是

人口數量和凶猛程度都居於領先的地位。史家塔西佗曾經很生動描述：「阿里伊人天性殘暴狠毒，靠技術及環境努力強化令人恐懼的特質。他們使用黑色的盾牌，身體也繪成黑色，專門選在深夜時分作戰。他們成群前進的身影，看來就像黑烏烏的幽靈。他們怪異像魔鬼一般的面貌，任何敵人看見都會不寒而慄。人在戰場以視覺的抵抗力最差，最容易被敵人的外表懾服。」

皇帝放棄將好戰的日耳曼人變成臣民的構想，為了應付當前的需要，代之以建造一道堅固的防線拒止蠻族的入侵。這片國土的範圍就是現在的斯瓦比亞（Swabia）大公國，奧古斯都當政之時，原來的居民全部遷移一空，所以成為荒蕪之地。這裡的土地非常肥沃，很快就對鄰近的高盧行省產生吸引力。冒險者前來建立新的殖民地，帶著不受羈絆的性格追求財富，據有這片無主的產業，繳交十一稅受到帝國的承認。

政府為了保護新來的臣民，邊區守備部隊的防線逐漸從萊茵河延伸到多瑙河。大約是哈德良在位時，防禦的方式已經建立而且推展開來，守備部隊的防線建構完成，森林和柵欄做成堅強的工事和塹壕加以掩護。蒲羅布斯皇帝在原本很粗糙的防線，築起一道相當高的石牆，每隔一段距離興建守備塔增強防禦力量。從多瑙河鄰近的紐斯塔德（Newstadt）和瑞特斯朋（Ratisbon），延伸越過丘陵、山谷、河流和沼澤，抵達芮克爾河的溫普芬（Wimpfen），最後終止在萊茵河的河岸，一路蜿蜒而行將近兩百哩。一個重要的屏障把兩條主要的河流連接起來，可以保護在歐洲的行省，中間的空隙已經完全彌補得很堅固，使得蠻族特別是阿里曼尼人，無法像往昔很方便切入到帝國的要害部位。

然而從中國和不列顛獲得的經驗可得知，修築堡壘高牆防禦廣袤的邊疆，全屬徒勞無功之舉。一個積極進取的敵人，可以任意選擇和變更攻擊的位置，最後必能發現守備薄弱的部分，或趁其不備而攻之。防守者的兵力和警備經常處於分散的狀況，即是訓練有素的部隊要是不明敵情，也會產生畏懼的心理而影響至鉅，到時候防線只要有一點突破，就會產生全面崩潰的作用。蒲羅布斯建造的石牆遭遇的命運或可證實此種說法，在他死後不過數年全都被阿里曼尼人推倒。剩餘的殘跡還零落的散布各處，現在只能引起斯瓦比亞農夫的驚奇，以為這些工程是惡魔的力量。

13 羅馬皇帝與日耳曼人簽訂和平協議（279年）

蒲羅布斯強迫征服的日耳曼民族簽訂和平協定，其中最有用的一項就是蠻

族要履行義務，每年徵召一萬六千名身強體壯的青年，供應羅馬軍隊所需，然後分配到各行省，再以每批五十到六十人，派到羅馬部隊作為緊急增援之用。明智的做法是將蠻族對羅馬的協助，無形之中發揮最大的威力。到後來人力的供應成為不可或缺的項目，意大利和內地各行省習於文雅的生活，人民虛弱不堪無法負荷軍備的重任。萊茵河和多瑙河艱苦的邊疆地區，人民在身心兩方面都適合軍營的辛勞工作，連年的戰爭使人口的數量逐漸減少，家庭的破碎和農業的凋敝影響最大，不僅摧毀目前的人力資源，更要斷送未來數代的希望。蒲羅布斯採用具體而正確的計畫，讓被俘或逃亡來歸的蠻族組成新的殖民地，分發土地、家畜及各種農具，多方採用各種獎勵措施，使他們安定下來為共和國培養服役的兵源，用來取代人力資源業已枯竭的邊疆。他曾運送一大批汪達爾人到不列顛的康橋（Cambridgeshire）地區，讓他們無法逃走也沒有能力作亂，證明果能忠心耿耿為國服務。

　　大量法蘭克人和傑皮迪人居留多瑙河和萊茵河兩岸，將近十萬巴斯塔尼人趕出自己的家園，非常高興到色雷斯定居，立刻受到羅馬臣民的感染，接受他們的生活方式和國家觀念。蒲羅布斯的期望大多數還是落空，蠻族沒有耐心而且生性懶惰，無法忍受緩慢而單調的農耕工作。他們對自由自在的生活有一種難以克制的喜愛，只要有人站出來反對專制，就可以煽動他們很快叛亂，給自己和行省帶來致命的危險。雖然後來的皇帝繼續採用類似措施，以不自然的人力供應方式對於高盧和伊里利孔最主要的邊界，還是不能恢復到古代原有的態勢。

　　放棄新開發的居留地區、擾亂公共安寧的所有蠻族當中，只有很少數人員能夠回到自己的故土。在很短的一段時間，他們武裝作亂在整個帝國之內流竄，但都被英勇的皇帝率軍平定，最後仍逃不掉全數被殲的命運。其中有一部分法蘭克人，開始也是倉卒行事卻能獲得成功，後來產生極大影響，不應該因為沒有引起注意而略過不提。蒲羅布斯將法蘭克人安置在潘達斯的海岸地區，著眼點在於加強邊疆的實力，制止阿拉尼人的入侵。有一支船隊配置在黑海的一個港口，結果落在法蘭克人的手裡，他們決定冒險通過不知底細的海洋，從費西斯河回到萊茵河的河口。他們很容易通過博斯普魯斯海峽和海倫坡斯海峽，在地中海到處巡航，隨心所欲進行報復和搶劫的行動，不斷襲擊毫無戒心的亞細亞、希臘和阿非利加海岸。敘拉古（Syracuse）是個富庶的城市，過去雅典和迦太基的海軍在港口裡面鏖戰不休，現在被一小群蠻族掠奪，戰慄的居民大部分遭到屠殺。法蘭克人再從西西里島前進到海克力斯之柱，很放心向著大洋航行，沿著西班牙和高盧海岸，引導出一條成功的通路穿過不列顛海峽，完成令人驚嘆不已的航程，在巴

塔維亞和弗里西亞海岸安全登陸。成功的實例教導他們的同胞，善於利用運動快速的優勢，不必害怕大海的危險，只要發揮積極進取的精神，就會有一條新的路線可以獲得財富和榮譽。

14 蒲羅布斯平定叛亂及被弒（280-282年）

蒲羅布斯雖然保持高度的警覺和主動的作為，不可能立刻使廣大版圖內的每一部分都受到他的約束。蠻族只要抓住國內戰爭的良機，就要掙脫加在身上的枷鎖。皇帝出發解救高盧將東方的指揮權授與薩都尼努斯，深受信任的將領有很好的績效和經驗，主要因素在於君主出征在外、加上亞歷山卓人的輕舉妄動、朋友的危言聳聽、以及自己心懷畏懼之感，迫不得已高舉反叛的旗幟。他對帝國甚至自己的生命，從登基那刻起就未抱任何希望。他說道：「慘哉！共和國喪失一位可用之材，多年的汗馬功勞毀於一時的鹵莽行動。你們難道不知掌握君權之可悲，像利劍懸在頭上隨時會喪失性命。畏懼自己的侍衛，懷疑自己的友人，抉擇的行止和生活的方式，完全失去自主能力。無論年齡的長幼、品格的高下或行事的良窳，都免不了因猜忌而引起責難。當我被推舉登上帝位，注定要終生憂慮，不得安享天年。唯一值得安慰之事，可以保證將來下場悲慘者，絕非僅我一人而已。」

預言的前面部分，因為蒲羅布斯的勝利得到證實（279年），由於他的慈善為懷，後面部分所幸並未言中。仁慈的君王甚至想從憤怒的軍人手中救下薩都尼努斯的性命。蒲羅布斯過去對他的操守極為敬重，信任有加，不惜為他說話，有人第一次提到他即將叛變的消息，蒲羅布斯認為是誣告而將告發者加以懲處。薩都尼努斯所以落到不得善終的下場，是他對手下的追隨者沒有約束，誤聽人言所致。因而這些在下慫恿和鼓動的擁戴者，比起有經驗的領袖，他們的期待更加熱切，所以罪惡就更為深重。

薩都尼努斯在東方的叛亂剛剛平息，西方又產生新的問題。波諾蘇斯（Bonosus）和普洛庫盧斯（Proculus）在高盧發起叛亂（280年）。出事的兩個軍官作戰英勇，雖然一位好酒而另一位好色，卻絕非懦弱無能和貪生怕死之輩，聲言要保持崇高的品格，畏懼強加在身上的懲罰，結果還是不敵蒲羅布斯過人的才能。他獲得勝利後還是保持仁慈的風格，讓他們無辜的家人能保有財產和生命。

蒲羅布斯的軍隊現在已經平定國外和國內所有的敵人，溫和而穩健的施政以重新恢復共和國的安寧。行省再也不像過去遭遇的痛苦，陷入一大群帶著敵意的蠻族、一個受到擁立的僭主，甚或一幫橫行的盜匪造成的混亂之中。皇帝可以

再度造訪羅馬，慶祝自己的光榮和給全民帶來的幸福。英勇的君王舉行凱旋式（281年），壯觀的程度能夠展現他的戰功，人民不久前看到奧理安的戰利品欽佩不已，現在更為慶幸有這一位英雄人物，能將先帝的豐功偉業發揚光大。這個時候我們不會忘記非常特殊的狀況，那天有八十名角鬥士毫無生還的希望，在圓形競技場中進行慘無人道的殺戮，還保留的六百名角鬥士準備在以後幾天表演。他們不願白白犧牲自己的性命提供大眾的娛樂，於是殺死看守的警衛從監禁的地方衝出來，在羅馬的街道上濫殺無辜引起全城混亂，雖頑強抵抗正規部隊的圍剿，最後還是寡不敵眾全部被殲滅。他們這樣做不僅死得光彩，起碼可以一洩心頭之恨。

蒲羅布斯的治軍不如奧理安殘酷，對於軍紀的要求同樣嚴格。後者對違紀官兵的處罰極為暴虐無情，前者讓軍團進行各項勞動，沒有閒暇可以為惡。蒲羅布斯治理埃及時期，著手各項重大工程，使得富庶的國家蒙受很大利益。尼羅河的航運對羅馬非常重要，於是他進行多項改革的工作。軍人用雙手建構廟宇、橋樑、柱廊和宮殿，等於轉變角色成為建築師、工程師和工匠。據稱漢尼拔為防止部隊習於怠惰生活，終日無所事事容易發生危險，要求他們沿著阿非利加海岸栽種大片橄欖樹林。根據類似的原則蒲羅布斯運用軍團在高盧和潘農尼亞的丘陵地開墾葡萄園。特別有兩處地方完全使用軍隊的勞力挖掘溝渠，全面治理灌溉工程，其中之一名叫阿爾摩〔Almo〕）位於色米姆附近，是蒲羅布斯的出生地，使他產生一種孺慕之情，為了報答養育的恩德，一心想把很大一片無用的沼澤變成耕地，於是就指派部隊擔任這項任務。

一個人在執行得意的計畫之時，即使賢德之士也會因磊落正直而自滿，容易忘記拿捏謙和的分寸。蒲羅布斯就是沒有充分考慮部屬的耐性和意向，軍人職業的危險只有靠生活的歡娛和閒散來補償。要是部隊的責任因為農墾而不斷加重，最後的結果不是不堪負荷而解體，就是非常氣憤用暴力設法擺脫。蒲羅布斯的做法欠當，據說已經引起部隊不滿。他重視群體的利益甚於軍隊的利益，甚至表示國家得到和平以後，最理想的方式是立即廢除傭兵和建制部隊。他不慎將釜底抽薪的意圖透露出來遭到殺身之禍。那年夏季最熱的一天，蒲羅布斯如同往常不顧酷熱的天候，嚴格要求部隊排除色米姆地區沼澤的積水。士兵擔任勞累工作時極為暴躁，突然丟下工具抓起武器，爆發成為狂怒的兵變事件。皇帝深知大難臨頭，逃到監工的瞭望塔上躲避，結果塔被推倒，不幸的蒲羅布斯當場死於亂劍之下（282年8月）。部隊洩憤之後立即平息下來，懊悔衝動的行為不再記恨皇帝的嚴厲，決定建一座紀念碑追思先帝的豐功偉業使之永垂不朽。

15 卡魯斯及其二子相繼稱帝（282-284 年）

　　軍隊對蒲羅布斯的慘死深表哀傷和悔恨，一致宣稱禁衛軍統領卡魯斯最有資格繼承帝位。提及登基的君王令人覺得可疑，他以具有羅馬公民身分沾沾自喜，不像前面幾位皇帝要不是外國人就是蠻族出身，所以很喜歡與他們比較血統的純正，然而當時的人好奇而追查他的身世，發覺跟他的說法大不相同。他的祖先可能來自伊里利孔、高盧或者是阿非利加。他雖然是軍人，但是接受良好的教育，擔任過元老院的議員。然而要是授與軍隊最高的職務，就他的年齡來說已經過大。當時帝國的文官和軍職的資歷完全分開發展，他卻能獲得一致的擁護，可見有其過人的長處。他受到蒲羅布斯的重用和尊敬，一直深表感激，嚴格說雖然他反對謀害蒲羅布斯，然而犯上的行為使他獲利最大，所以無法逃避成為幫凶的嫌疑。他以眾所周知的操守和才能感到自豪，他原來很純樸的性格，在不知不覺中變得嚴厲而殘酷，就是替他寫傳並無名氣的作家，都在犯愁是否要將他放在羅馬僭主之列。卡魯斯登基時大約六十歲，兩個兒子卡瑞努斯（Carinus）和紐米倫（Numerian）均已成年。

　　元老院的權勢隨著蒲羅布斯的逝世而消失。軍方雖然感到悔恨，也沒有像當年奧理安被弒，依照職責對文官政府的統治權表示尊重，認為毋須得到元老院的許可，自行決定推舉卡魯斯繼位。新登基的皇帝諮送元老院的信函表現冷淡而高傲的態度，揚揚自得宣稱依法行事。這種行為一反前任友善的作風，新的朝代從開始就沒有展現博大的氣象，終非良好的預兆。羅馬人民剝奪權力和自由也只能私下發發牢騷；即使如此，恭賀和奉承的聲音還是到處可聞。在他繼位時有人撰寫一首田園詩，倒是可以抱著開玩笑的心情姑且一讀。說是兩個牧羊人為了避開中午的酷熱，就跑進福納斯（Faunus）的洞穴去休息，在一塊木板上面發現當時人物的記述。農村的神明用預言的詩句，描寫出帝國在偉大君主的統治之下，全部都會過著幸福的生活。福納斯向來到都城的英雄歡呼，他的肩上背負著整個羅馬世界，將戰爭和內訌全部消除乾淨，再一次恢復到純潔和安定的黃金時代。

　　可能身經百戰的老將沒有聽到無聊的詩文，卡魯斯和軍團都一致同意，準備執行延誤很久的波斯戰爭。他在出發遠征之前將凱撒的頭銜頒授給兩個兒子，並且賦予長子卡瑞努斯與皇帝同等的權力，指示年輕的君王首先要平定高盧新發生的動亂，然後在羅馬坐鎮負責治理西部各行省的政務。老邁的皇帝指揮一場會戰獲得大勝，伊里利孔的安全得到保障，一萬六千名薩瑪提亞人伏屍戰場，還有兩萬多名蠻族被俘。羅馬軍威大振，決定趁勝進軍，不顧隆冬天氣，通過色雷斯和

小亞細亞等地區。最後他帶著小兒子紐米倫到達波斯帝國邊界，將營地設在高山頂上，指出敵人的財富和寶物讓部隊看清楚，要他們大膽入侵當前的疆域。

波斯國王瓦南尼斯（Vananes）是阿塔澤爾西茲的後裔，雖然已經征服上亞細亞戰力最強的國家西吉斯坦，得知羅馬大軍東征卻感到驚慌，想用和平談判的手法盡力拖延進軍的速度。波斯的使者在日落時分到達營地，軍隊正享用儉樸的晚餐。他們要求晉謁羅馬皇帝，最後引見給一位坐在草地上的軍人，正在進食發霉的鹹肉和硬碗豆，唯一能夠顯示皇帝的威嚴，就是穿著一件紫色的粗羊毛長袍。會議就在毫無宮廷禮儀的狀況下進行，卡魯斯將戴著掩蓋童山濯濯的便帽取下，對使者很堅決的表示，除非波斯國王向羅馬認輸，否則很快要將波斯夷為平地，就像他的禿頭一樣寸草不留。雖然他的談話很有技巧事先也有準備，我們可以從而知道卡魯斯的行事作風，很像繼承高連努斯的好戰君主具有單純的性格，已經在羅馬軍營之中恢復往日的雄風。波斯的使者極為驚慌而告退（283年）。

卡魯斯的威脅並非誇口之言，他率軍蹂躪美索不達米亞，凡是阻擋前進的敵人全部被他剷除，占領塞琉西亞和帖西奉這些重要城市（都沒有抵抗就投降），帶著獲勝的大軍越過底格里斯河，掌握最好的機會入侵波斯。現在波斯最高會議全力應付國內黨爭，同時大部分兵力在印度邊界受到牽制。羅馬和東方知道當前的狀況都認為穩操勝券。阿諛之言和一廂情願的想法，大肆誇張要滅亡波斯、征服阿拉伯、敉平埃及，最後甚至要一勞永逸解決錫西厄人的入侵問題。卡魯斯在位時注定要讓預言落空，甚至連話都沒有說出口，就因為他的死亡否定一切（283年12月25日）。

這件事後來產生很多狀況，從他的祕書給羅馬郡守的一封信中，我們或許可以了解真相。他寫道：「我們敬愛的卡魯斯皇帝，病倒在床上的時候，正好有一場猛烈的暴風雨襲擊營地。天空是漆黑一片，伸手不辨五指，從不斷閃電的照耀下，發現大家都陷於混亂之中。在一陣轟隆的雷鳴過後，我聽到突然發出的哭聲，知道皇帝已經崩殂。接著發生的狀況是侍從急怒攻心，不小心著火焚燒御用帳篷，於是產生傳聞說是卡魯斯遭到雷殛。就我們知道的真相，他是病故。」

虛懸的帝位沒有引起爭奪，懷有野心的將領彼此之間產生恐懼，相互牽制不敢行動。年輕的紐米倫和不在現場的兄長卡瑞努斯，受到一致擁戴成為羅馬皇帝。公眾期望卡魯斯的繼承人能夠追隨先人腳步，不能容許波斯人從驚恐的狀況下復原，必須手持武器向蘇薩（Susa）和伊克巴塔納的宮殿前進。軍團的實力固然強大，不論數量再多訓練再嚴，受到迷信的影響感到極為沮喪。雖然用各種手段掩飾先帝的死因，也不可能使部隊袪除心中的陰影，況且輿論和流言的力量強

大，古人對雷電的威力感到極為恐懼，要是有任何地點或人員受雷擊，都會認為
是神明憤怒的懲罰。這時也就記起過去的神諭，上面提到底格里斯河是羅馬軍隊
到達的極限。現在災禍降臨卡魯斯的頭上，軍隊向年輕的紐米倫大聲疾呼，要服
從神明的警示，領導他們離開不祥的作戰地區。文弱的皇帝沒有辦法移去蠱惑人
心的成見，使波斯人感到奇怪，為什麼這支戰無不勝的大軍在片刻之間，竟會撤
得一乾二淨。

　　先帝崩殂的噩耗很快從波斯的邊界傳回羅馬，元老院和行省都祝賀卡魯斯的
兒子登基（284年）。兩位走運的年輕人，根本不知道自己的門第和功績有何出
眾之處，以為兩者之中只要有一項非常人所及，就可穩保帝王之尊，並且視為理
應當然之事。他們的出身和教育與庶民沒有不同，只因為父親稱帝而能晉身皇家
尊榮。卡魯斯在位約十六個月逝世，帝國的基業遺留給兒子繼承。要想在遠登大

踩踏敵人的羅馬士兵。

寶之時而能保持平常心，必須講究潔身自愛和謹言慎行，可是身為長子的卡瑞努斯欠缺應有的德行。

他在高盧戰爭確表現出英勇的氣概，但班師回到羅馬以後，過著奢侈腐化、揮霍無度的生活，個性軟弱而又暴虐，縱情聲色毫無品味，極度誇耀表面的虛榮，毫不顧慮公眾的尊敬。幾個月之內他連續娶了九個妻子，接著辦理離婚這時她們大多仍懷著身孕。雖然婚嫁和離異是合法的行為，表露喜新厭舊和率性而為的惡習，無異是在羞辱自己和羅馬的名門世家。任何人只要記得他從前出身寒微或指責他現在行為的過失，他全都恨之入骨。過去他父親指定一些朋友和顧問，輔導沒有經驗的年輕人，結果不是被他放逐就是處死。對他不夠恭敬的同學和朋友，使用最卑鄙的報復手段加以迫害。卡瑞努斯只要與元老院的議員在一起，就會裝出高貴的帝王派頭，經常公開宣布要將議員的財產分配給羅馬人民。他從羅馬最低賤的人渣中選用親信和大臣，整個宮廷甚至皇帝的筵席充斥歌手、舞女、娼妓以及各類邪門歪道的隨從。他的司閽負責市政；將禁衛軍統領處死，挑選一個陪他放蕩行樂的大臣遞補；另外一位聲名狼籍、無恥之尤的大臣，授與執政官的職銜；有一個機要祕書熟悉各種偽造的技巧，懶惰的皇帝竟讓他代簽各種文件。

當卡魯斯皇帝著手進行波斯戰爭時，為保障家族財產安全，將西方的行省和軍隊交給長子統治，雖合乎政策需要，顯然是基於自私的動機。等他接到消息得知卡瑞努斯的胡作非為，心中感到無限羞愧和懊惱，表示要加以嚴辦的決心，以期對公眾有所交代。同時他收養康士坦久斯以代替不肖子，操守廉明且英勇過人的康士坦久斯此時正任達瑪提亞總督。收養之事稍有延誤，待卡魯斯死後遂作罷論。卡瑞努斯無所忌憚，更可無法無天，揮霍奢侈過於伊拉珈巴拉斯，殘酷不仁更甚於圖密善。

16 羅馬各種壯觀的競技與賽會（284 年）

卡瑞努斯施政最大的功勞，從歷史的記載和詩文的歌頌中可以得知，是用他自己和兄弟的名義，在劇院、賽車場和競技場展示各項節目的偉大壯舉。大約二十年後，戴克里先的廷臣向節儉的君王，提到他前任的手筆之大，獲得非常響亮的名聲。戴克里先承認卡瑞努斯的統治，確是滿足了老百姓的歡樂，毫無意義的揮霍浪費，會讓羅馬人民在如狂如痴中獲得最大的享受，然而審慎的戴克里先卻瞧不起這種作風。年老的市民曾經目睹往日的各種盛會，像是蒲羅布斯和奧理安

凱旋式的排場，菲利浦皇帝非常別致的競技和搏鬥項目，都比不過卡瑞努斯的豪華壯觀。

歷史曾經詳細記載羅馬歷代皇帝的事蹟，從而我們知道卡瑞努斯的豪舉，確實有獨到之處。要是提及獵捕野獸這件事，或許可以對設計的華麗和手段的殘忍，從人道的立場加以譴責，卻不得不承認，羅馬人為了娛樂他們的民眾，所花的費用之龐大和設計之精巧，說是空前絕後亦不為過。蒲羅布斯曾經下令，把很多大樹連根挖起移植到賽車場，成為一片廣大而濃蔭密布的森林，立刻將鴕鳥、大鹿、梅花鹿和野豬各一千隻放養其間，任憑民眾前來射獵取樂。翌日就換上雄獅和雌獅各一百頭、花豹兩百隻，以及三百頭熊。這批野獸本來是年輕的郭笛努斯皇帝準備做凱旋式遊行之用，後來的繼位者也曾經在競技場中展示出來，像目前一次屠殺幾百隻大型野獸倒是非常少見。二十隻斑馬表現出優雅的外形和斑條的軀體，使羅馬人大開眼界。悠遊在薩瑪提亞平原的大角鹿以及衣索匹亞平原的長頸鹿，高大又對人無害的動物各有十隻，與之對比的是三十隻非洲鬣狗和熱帶地區最凶狠的印度虎十隻，還有自然界最具有威力的四足獸，犀牛和尼羅河河馬也都來亮相，此外還有三十二頭大象組成莊嚴的隊伍，從世界各地運送到羅馬競技場。

這麼多的珍奇野獸，的確令一般人嘆為觀止。博物學家可在此進行研究，真正觀察不同品種的外形和特性倒是意外的收穫，這方面的好處在科學家來說可以很容易得到，也不足以成為任意糟蹋人類共有自然資財的理由。第一次布匿克戰爭發生一件稀罕事例，明智的元老院竟能將民眾的娛樂用來維護國家的利益。羅馬戰勝迦太基俘獲一大批象，幾個象奴用鈍矛在後面趕著在賽車場裡表演。羅馬士兵前來觀賞知道笨重的動物毫不足畏，以後在戰爭當中看到隊列出現戰象，進擊之際就不會產生恐懼的心理。

公開把獵殺和展示野獸當作豪華的活動，很適合視自己為世界主人的民眾；作為展示場地的建築工程除了用來娛樂，還能顯示出羅馬的偉大。提圖斯的大競技場真是值得「巨無霸」（Colossal）的稱號，後代子孫看到所殘留的遺跡，難免心生敬畏而產生欽佩之感。這個橢圓形的建築物有五百六十四呎長，四百六十七呎寬，以八十個拱門作基礎，用四根連續柱式的結構，升到一百四十呎的高度。建築物的表面鑲嵌著大理石，也裝飾著各種雕像。內部的構造是巨大的凹狀斜面，充滿並圍繞著六十到八十排大理石座位，上面覆蓋著坐墊，很容易容納八萬名觀眾。六十四個出入口方便大量人員的進出，通道、走廊和樓梯的設計非常精巧，每個人無論是元老院的議員、騎士階層還是平民，很容易到達規定的位置，

戰車上的青銅裝飾品。

不會產生擁塞和混亂。無論任何方面連細節都沒有忽略，盡量讓觀眾感到方便和舒適。有很大的活動涼篷，在必要時放下防止日曬和雨淋，利用噴泉使空氣不斷保持清新，同時使用大量香料保持芬芳的氣味。

建築物的中央或為搏鬥場或為舞台，鋪上最好的細砂，隨時可以改變外表形狀。舞台可以升起來變成赫斯培里德斯（Hesperides）的金蘋果樂園，隨後亦可變成色雷斯的岩層和洞穴。地下水管供應源源不絕的水流，舞台可以從平坦的地面，馬上成為一個大湖泊，由於挖的深度很夠，上面還可以漂浮作戰的船隻。羅馬皇帝為裝飾豪華場面，不惜工本大手筆投資。很多記載提到大競技場的擺設都是用黃金、白銀和琥珀製成。詩人描述卡瑞努斯的競技節目時，把自己描述為牧羊人，被壯觀的名聲吸引到首都。防護野獸的網是用金線編成，柱廊全都鍍金。用來區分觀眾的階級，布滿價格昂貴的馬賽克鑲嵌，全部用美麗石子作為材料。

17 卡魯斯家族的殞滅與戴克里先的發跡（284-285年）

　　卡瑞努斯皇帝備極尊榮，安享帝王的福分，所見所聞都是民眾的頌讚、廷臣的奉承和詩人的謳歌。他本人實在欠缺值得稱譽的德行，不得不推崇他蒙受神的恩典。就在此時他的弟弟逝世在離羅馬九百哩的鄉野（284年9月12日），卡魯斯家族的皇權也在一次突發的革命轉到他人手中。

　　卡魯斯的兩個兒子自從父親逝世，彼此還未晤面，他們所做的安排是先拖一陣子，等弟弟在波斯戰爭得到光榮的成就，就用敕令要他回到羅馬來舉行凱旋式。至於雙方的權責，甚至於行省或整個帝國的劃分，都還沒有確定，但是要想聯合統治，看來不會執行太久的期間。兩個人的性格有很大的差異，極易引起兄弟之間的猜忌。即使就一個腐敗者而言，卡瑞努斯都應罪該萬死。紐米倫則適合做太平皇帝，他的言行舉止和藹可親，操守德行也受到公眾的喜愛和尊敬，對詩文和演說都有很深的造詣，雖然已擢升到最高的地位，表現的言行卻非常謙虛，顯得更為尊貴無比。他的辯才受到元老院的讚許，不像西塞羅鋒芒太露，毋寧是溫和穩重。雖然當時並不缺乏詩文的高手，他可與當代名家一爭高下，而且與對手成為要好的朋友，有很詳盡的資料可以證明他不僅心地好而且才氣高。

　　紐米倫的才華適合頭腦沉思而不是身體力行，等他父親即位後，逼得他無法過著與世無爭的生活。何況他的性格和愛好均不適合指揮軍隊，波斯戰爭的艱苦生活斲喪他的身體，炎熱的氣候使他染上目疾。漫長的撤退行動只能獨處在黑暗的帳篷裡或是臥床上面。國家大事不論是民政或軍政，全部授權給禁衛軍統領阿里烏斯‧阿培爾（Arrius Aper）負責，他是皇帝的岳父可以大權獨攬，御帳由他派出親信嚴密看守。在很長一段時期，阿培爾因皇帝不能視事，假借名義對軍隊下達命令。

　　卡魯斯死後還不到八個月，羅馬軍隊以緩慢的行軍方式，離開底格里斯河班師回國，到達色雷斯的博斯普魯斯地方。軍團停紮在亞細亞的卡爾西頓（Chalcedon），行轅已經過了赫拉克利，行抵位於歐洲的普洛潘提斯。軍營到處流傳說是紐米倫已經死亡，有個心懷不軌的奸臣，仍然假冒皇帝之名行使皇權。眾人剛開始是竊竊私語，到了後來變成群情激動的喧囂。性格暴躁的士兵無法忍受長期懸疑不決的情況，帶著強烈的好奇心闖進皇帝的帳篷，發現紐米倫的屍體橫陳床榻。他的身體狀況原本可以讓大家相信是自然死亡，但沒想到掩飾死亡原因的舉動，卻成為犯罪的證據。阿培爾採用的措施是想讓自己被推舉為帝，結果成為他滅亡的原因。雖然目前已引發狂怒和悲傷的情緒，部隊還是願意遵守正常

的程序，可見從高連努斯以降幾位武功顯赫的皇帝教誨之下，軍隊已經建立嚴明的紀律。

　　所有軍隊奉命向卡爾西頓集結，阿培爾被鐵鍊鎖住當作罪犯押解過來。營地中央成立一個法庭，將領和軍事護民官組成最高軍事會議，他們立即向部隊宣布，選擇衛隊指揮官戴克里先繼承帝位，並為受大家愛戴的皇帝復仇（284年9月17日）。候選人未來的命運，全部要看當前如何掌握機會做出妥善處置。戴克里先深知他原來的職位必然會招來猜疑，登上法庭舉頭目視太陽，在神明鑑察之下，鄭重表明自己清白無罪，然後用皇帝和法官的口氣，命令將阿培爾腳鐐手銬押上法庭。他指著阿培爾說道：「這個人是謀害紐米倫的凶手。」然後不容他有辯駁的機會，拔出佩劍刺進統領的胸膛。罪證已經昭然若揭不容被告否認，軍團一再高聲歡呼接受戴克里先皇帝的判決和權威。

　　進入另一位皇帝的統治之前，要先簡要交代紐米倫兄長的悲慘下場。卡瑞努斯擁有大量軍隊和充分財力，能夠支持他以合法的名義統治帝國，他個人私德有虧，抵消出身和地位上的優勢。他父親最忠誠的下屬都瞧不起這個兒子的不學無術，更畏懼他的殘酷傲慢，人心都向著他的對手。甚至元老院也不諱言，他們寧願接受一位篡臣總比僭主要好。戴克里先運用各種政治手腕，引起國內不滿，在冬季進行密謀活動，公開準備要打一場內戰。到了春天東方和西方的軍隊在瑪古斯平原遭遇（285年3月），此處是瑪西亞的一個小城位於多瑙河畔。從波斯戰爭回師的部隊，早已耗盡體能和兵員才獲得光榮的勝利，戰力無法與毫無耗損的歐洲軍團相比，所以隊伍遭到擊破。悲慘的時刻戴克里先不僅是帝位甚至連生命都將不保。卡瑞努斯由於英勇的士兵而獲得優勢，也由於軍官的叛逆而喪失自己的生命。有位軍事護民官的妻子被他勾引，所以要找機會報復，在一擊之下，這位姦夫身上流出的鮮血，沖掉了內戰的衝突。

第五章
分治和統一（285-324年）

1 戴克里先的出身與繼位（285年）

　　戴克里先的統治較之前朝幾位皇帝更為光耀奪目，個人的出身則更為貧苦卑賤。貴族世家自古以來標榜的特權，世人要求功勳和霸業早已蕩然無存，只是在人類的自由和奴役之間仍然保持一條明顯的鴻溝。戴克里先的父母原是羅馬元老院議員阿努利努斯（Anulinus）的奴隸，他的名字源於達瑪提亞的一個小鎮，也就是母親出生的地點。他的父親從主人家獲得自由以後，能夠讀書識字謀得文書工作。志向遠大的兒子從廟宇得到有利的神論，自己也認為頗有才能，所以決定在軍中發展，希望能夠出人頭地。誰知道奇蹟發生，他靠著計謀和機遇，一步一步實現上蒼的預言，向世人展示他的豐功偉業。戴克里先一路飛黃騰達，當過瑪西亞的總督獲得執政官的尊榮，負責指揮宮廷衛隊的重要職位，波斯戰爭發揮非凡的才能。等到紐米倫死後，有心爭取王位的人員均自嘆不如，竟一致推舉這位奴隸出身的人，認為他最適合接任帝座。

　　出語惡毒的宗教狂熱人士，指責他的同僚馬克西米安行事野蠻殘暴的同時，對於戴克里先的勇氣產生懷疑。很難相信這樣一位受到軍團尊重和士兵愛戴的皇帝，就像以前那些英勇善戰的君王，後來發現竟會是個膽小鬼。毀謗的言論總要運用技巧找到最脆弱的部位，然後再加以攻擊。戴克里先克盡自己的權責，在緊要關頭並不是沒有擔當。縱使他絕非英雄人物缺乏大無畏的氣概，無法把危險和權勢置之度外，不能以毫無虛偽之心以贏得舉世的讚譽。實說在他的才能偏於實用，不會誇耀引起猜忌；他的心智保持均衡，人性的揣摩富於經驗；處理事務精明能幹又能講求技巧；慷慨大方而且生活節儉樸實，常以軍人的爽直掩飾深沉的心機；能夠隨時改變手段達成鍥而不捨的目標；為了滿足自己的野心，根本不顧慮別人的貶損，甚至違背自己的良知；有時也會假借社會正義和公眾福祉之名，有利於達成自己的企圖。戴克里先也與奧古斯都一樣，視為新帝國的奠基者，如同凱撒的養子是一位極其出色的政治家，而非統兵征戰的勇將。他們能用策略獲得成果，盡可能不使用武力。

戴克里先。

　　戴克里先的成功之道在於寬厚溫和的作風。羅馬人在接受死刑、放逐或籍沒的處置，只要稍微給予寬容或公正，就會極口稱讚在上位者的仁慈，民眾對內戰自行熄滅無不感到驚喜。戴克里先把卡魯斯家族的首席大臣阿里斯托布盧斯（Aristobulus）視為心腹，尊重過去政敵的生命、財產和地位。他甚至讓卡瑞努斯的大部分奴僕，繼續在原來的位置上供職。這種做法可能是出於謹慎的動機，善於玩弄手段的戴克里先可以獲得仁慈的美名。有些奴僕為了得到他的歡心，不惜暗中出賣舊主人；還有人對不幸的故主懷有感恩之心，得到他的尊敬。奧理安、蒲羅布斯和卡魯斯這幾位皇帝，都有知人善用的才幹，政府和軍隊的各部門安排有能力的官員，撤換他們只會損害公眾的利益，對繼任者而言毫無好處。豁達的心胸使得整個羅馬世界，對於新政府懷抱美好的遠景。戴克里先公開讚揚前代皇帝的美德，特別表示要效法馬可斯‧安東尼努斯的王道思想，用以彰明個人

的治國理念。

2 戴克里先力主帝國的分治（286-292年）

戴克里先當政時期最為關切的事項，就是向臣民表示誠摯和穩健的態度，於是效法馬可斯‧奧理流斯，擢升馬克西米安作他的同僚，開始加上凱撒的頭銜，最後晉封奧古斯都（286年4月1日）的稱號。就他的動機和目的而論，與馬可斯‧奧理流斯不顧國家的利益，將帝王的尊榮授與一名儇薄少年（所指不是他的兒子康莫達斯，而是伊利斯‧維魯斯的兒子），完全是為了報答私人的恩德，比較起來真是天差地別。戴克里先是在國事危難之際，讓一個多年戰友共同肩負治國重任，用以增強東方和西方的防衛力量。馬克西米安像奧理安一樣，出生於色米姆地區的農民家庭，大字不識視法律為無物，容貌和舉止粗野，後來雖然貴為皇帝仍然不改本色。戰爭是他唯一的專長，勞苦的軍旅生涯讓他揚威帝國每處邊疆。他的軍事才能不在指揮部隊而在唯命是從，或許他的兵法造詣不能成為卓越的將領，憑著勇敢、忠貞和經驗，能夠執行最艱鉅的任務。

馬克西米安的缺點就願意提拔的恩主而言頗有利用的價值。他從無惻隱之心行事不畏後果，戴克里先對政策每有重大的興革舉措，馬克西米安成為執行殘忍行動最適當不過的工具。等到血腥的犧牲者已經選定，有時為了審慎起見，戴克里先會出面調停，救出幾位本不想取其性命的人士，而有時為了防止報復，就會對馬克西米安的嚴酷輕描淡寫的斥責幾句，所以當時以黃金時代和黑鐵時代，對比寬猛治道不同之處。兩人雖然性格大相逕庭，在位仍能保持當年布衣之交。馬克西米安作風粗暴而倨傲，會對自己和國家的安全帶來莫大的危險，他一向尊敬戴克里先為不世的天才，承認理性的力量勝過蠻橫的暴虐。這兩個人不知出於自大或迷信，一位自稱為喬維烏斯（Jovius），另一位是海克力烏斯（Herculius）。按照御用文人的說法，喬維烏斯是比擬朱庇特用智慧推動宇宙的運行，海克力烏斯則欲仿效所向無敵的英雄剷除世上的惡魔和暴君。

兩位國君自比古代的神明和英雄，能力卻難以承當治理國家的重任。見識過人的戴克里先發現帝國四面都受蠻族攻擊，重點方面需要安置大軍和皇帝御駕親征。他基於策略的考量決心，再次讓出一部分過於龐大的權力，用較次一級的凱撒稱號授與兩位功勳顯赫的將領，分享統治帝國的君權（292年3月1日）。蓋勒流斯原以牧牛為業獲得亞明塔流斯（Armentarius）的別名，康士坦久斯臉色蒼白常被人稱為克洛盧斯（Chlorus），兩人都身御紫袍榮登次一位階的帝座。前面

提到馬克西米安的家鄉、出身和習性，等於已經描繪出蓋勒流斯的大致輪廓。他常被稱為馬克西米安年輕的化身，事實上無論在才能和品德方面都要高明得多。康士坦久斯的家世不像共治者那樣低微，他的父親優特洛庇斯（Eutropius）是達達尼亞很有地位的貴族，母親是克勞狄斯皇帝的姪女。雖然他年輕時期過著軍旅生涯，個性卻溫和友善，人們在很久以前就異口同聲讚譽，認為他的前途無可限量。

戴克里先和馬克西米安為了用家族關係增強政治的結合，兩位皇帝分別成為兩位凱撒的父親。戴克里先和馬克西米安分別收養蓋勒流斯和康士坦久斯，迫使他們與髮妻離異再各以自己的女兒嫁給養子（蓋勒流斯娶了戴克里先的千金華倫麗婭〔Valeria〕，康士坦久斯的妻子狄奧多拉〔Theodora〕是馬克西米安的妻子的女兒，後來馬克西米安又將另一位女兒福絲妲〔Fausta〕嫁給君士坦丁；這樣算起來康士坦久斯和君士坦丁父子娶了一對異父同母的姊妹）。這四位君主劃地分治廣大的羅馬帝國：高盧、西班牙和不列顛的防務責成康士坦久斯；蓋勒流斯駐守多瑙河兩岸，用以護衛伊里利孔各行省；馬克西米安管轄意大利和阿非利加；戴克里先自己保有色雷斯、埃及和富庶的亞細亞地區。各人在統轄範圍都有最高的權力，共同的聯合治權及於整個帝國，每一位隨時準備為共治者提供意見或親臨效力。兩位身居高位的凱撒尊重兩位奧古斯都的權威，三位較年輕的君王都能以感激和順從的言行，毫無例外的承認成全他們的再生之父戴克里先。他們之間沒有發生猜忌的權力之爭，團結合作表現非常奇特的和諧景象，可以比擬為演奏一段協奏曲，完全依靠首席樂師高明的技巧，引導著整個樂曲能夠流暢進行。

3 羅馬的地位和權力日趨衰落（303年）

接連繼承大寶的伊里利孔農夫，將處於狀況極度惡劣的帝國，從僭主和蠻族手裡拯救出來，完成艱辛困苦的工作。戴克里先進入統治第二十個年頭，就像軍隊戰勝以後舉行壯觀的羅馬凱旋式，用類似的方式慶祝值得紀念的節日，馬克西米安是擁有同等權力的共治者，全程陪伴在旁共享殊榮。兩位凱撒曾經征戰各地建立勳業，根據嚴格的傳統規定，成果要歸功於身為父親的皇帝對他們的指導和教誨。戴克里先和馬克西米安的凱旋式（303年11月20日），比起當年奧理安和蒲羅布斯，就規模和華麗而言或許有所不及，在另外幾方面卻享有更高的名聲和氣魄。阿非利加和不列顛、萊茵河、多瑙河和尼羅河這幾處邊疆，都送來各自的戰利品。最突出的裝飾品帶有非常獨特的性質，那就是波斯戰爭獲勝征服很重要

的地區，代表著河流、山脈和行省的模型，抬著走在皇帝的前面。波斯國王被俘幾位妻妾、姊妹和兒女的畫像，構成一幅滿足人民虛榮心的場面。然而在後代子孫的心目當中，最突出的一點卻不怎麼光彩，那就是這次凱旋式是羅馬城最後一次，從此皇帝再也沒有揚威異域，羅馬再也不是帝國首都。

　　羅馬在台伯河畔選定的地點奠基以後，由於古代各種儀式和不可思議的奇蹟，成為一個神聖的場所。神祇的存在和英雄的往事，使得整個城市的每一部分都顯得生氣勃勃，要把世界的帝國奉獻給卡庇多神殿。土生土長的羅馬人，感受到沛然莫之能禦的力量來自古老的祖先，從最早期的生活習慣獲得發展，受到政治方面相關措施的有效保護。政府的形式和所在的位置密切結合，公認兩者缺一無法獨存。誰知首都的統治權力隨著征服區域的擴大逐漸萎縮。行省的地位即將提升到同樣水平，遭到征服的民族獲得羅馬人的名分和權益，都能夠不分彼此一視同仁。有很長一段時間，古代制度的殘餘勢力和風俗習慣的影響作用，能夠保持羅馬僅存的尊嚴。無論是出生在阿非利加或伊里利孔的皇帝，尊重全心接納他們的國家，願意將羅馬當成運用最高權力的法源基礎，統治廣大疆域的政治中樞。

　　戰爭的緊急狀況使得君王長駐前方，只有戴克里先和馬克西米安兩位皇帝，最早開始在和平時期也定居在行省的城市。權宜的做法無論出於何種私人的動機，就政策的考量都很正確。西部的皇帝大部分時間把宮廷安置在米蘭，城市位於阿爾卑斯山的下方，在這窺伺日耳曼蠻族的動靜，顯然要比羅馬更為方便。米蘭很快顯現皇城的氣勢，據說這裡的房舍數量很多建築優美，人民的言行舉止不僅謙恭有禮而且風度翩翩。主要公共設施是一個競技場、一所劇院，還有鑄幣廠和皇宮，以及用建造人馬克西米安為名的浴場，柱廊裝飾各種雕像，還建有兩道城牆成為雙層防衛，增加新都城在外表上的美觀，與鄰近的羅馬比較並不相形見絀。

　　戴克里先運用個人的閒暇時間加上東部的富庶和資財，大力整建位於歐亞交界處的尼柯米地亞（Nicomedia），此地離多瑙河和幼發拉底河的距離概約相等，為了要與羅馬的宏偉和尊嚴能夠抗衡，基於君王的大力倡導和民眾踴躍出資，尼柯米地亞不到幾年就有非數代工夫不能達成的富麗堂皇，面積和人口是僅次於羅馬、亞歷山卓和安提阿的重要城市。戴克里先和馬克西米安一生戎馬倥傯，大部分時光是在軍營和長途跋涉當中度過，每當公餘閒暇都會回到位於尼柯米地亞和米蘭的居所，過著豪奢和安逸的生活。戴克里先統治屆滿二十年，曾經前往羅馬參加凱旋式，以前是否到過帝國的京城頗成問題，即使參加排場極其盛大的典禮，停留的時間也未超過兩個月。他本來應邀到元老院致詞接受執政官的

章紋，厭惡都城人民的放縱無禮。突然提早十三天離開羅馬。

　　戴克里先對羅馬和京都人士的倨傲放蕩表示不悅，並非一時的率性而為，乃是政治手腕的運用。高瞻遠矚的皇帝早已計畫一套新的帝國政治體系，後來由君士坦丁王朝實施完成。元老院把老朽的體制視為神聖，還要恭謹加以保存，戴克里先決心剝奪他們僅剩的權勢和尊榮。早在他登基前八年，羅馬元老院擁有為時短暫的崇高地位和偉大抱負，趁著順應時代的興奮潮流，許多貴族得意忘形表現重建共和的熱忱。曾幾何時事過境遷，蒲羅布斯的繼承人撤銷對共和派人士的支持，元老院掩蓋不住無可奈何的憤慨。馬克西米安統治意大利負責剷除麻煩多過危險的風氣，艱難的任務最適合他那殘暴的性格。對元老院最有聲望的成員，過去戴克里先對他們裝出很尊重的樣子，現在被他的共治者以莫須有的證據，指控犯下祕密謀反的罪行。持有一座上好的莊園或是一片耕種的田地，都被當成犯罪的物證。禁衛軍在過去對羅馬盡力壓制，現在反而是多方保護，因為素來倨傲不遜的部隊，已經意識自己的權力即將日薄西山，自然想與元老院的勢力結合起來。戴克里先採取步步為營的做法，不知不覺當中減少禁衛軍的員額，取消他們早已具有的特權，職位也由伊里利孔兩個忠誠的軍團取代，分別命名為「賈維烏斯軍團」和「海克留斯軍團」，指定擔任皇帝的警衛任務。

　　戴克里先和馬克西米安對元老院致命而難以發覺的傷害，是從不出席元老院會議造成的必然後果。只要皇帝居住在羅馬，議會雖然受到壓制，具有無形的實力不容忽視。奧古斯都以後所有的皇帝，有權隨心所欲制定法律，最後還要得到元老院的批准，古代公民權的模式保存在法律的審查和頒行之中。賢明的君王為了尊重民意，對於共和國的行政官員和執政官，言行方面採取優容的態度。君王的威嚴盡可以在軍隊和行省顯現，等到他們居住的位置離首都更遠，就可把奧古斯都對繼承人的告誡置之度外，不再用偽裝掩飾自己的行動。行使法庭審判和施政作為的權力，只要與大臣商量一下，毋須像過去那樣要諮詢元老院的意見。一直到帝國的末葉，提到元老院時仍能保持相當敬意，議員仍受到恭維而沾沾自喜。多少年來元老院一直就是權柄的根源，又是運用權勢的工具，終於遭到敬而遠之的待遇，落得無疾而終的下場。既然已經與帝國宮廷和權力機構失去任何聯繫，就只會被人視為卡庇多山一個可敬而無用的古蹟。

4 戴克里先提高君權的具體做法（303 年）

　　羅馬君王只要看不到元老院和古老的都城，很容易忘懷他們擁有法定權力的

來源和屬性。像是執政官、前執政官、監察官和護民官等等，基本上就是民選的官職，結合起來構成整體的權力，人民通過官員的職稱看出共和國的由來。現在已將平民化的頭銜棄而不用，如果還要用「統帥」（Emperor）和「大將軍」等稱呼，表明具有的崇高地位，就要將這個名詞賦予更新穎和更莊嚴的釋義，不再是指羅馬軍隊的將領，而是主宰羅馬世界的皇帝。「皇帝」一詞原來含有軍事性質，演變成為使人卑躬隸屬的意義。「主上」（Dominus）或「主子」（Lord）這個稱呼，最早表示的隸屬關係，並不是指臣民對國君或是士兵對長官，而是自己家養奴隸對操有絕對權力的主人。如此令人厭惡的含意，難怪早期幾位凱撒視為蛇蠍棄而不用。等到時日已久，後來的君王對這個稱呼的抗拒緩和下來，聽起來也不令人討厭。到了最後像「我主」和「皇帝」的用語不但成為阿諛的口頭禪，漸漸用在法律的條款和紀念物的銘文。崇高的頭銜固然可以滿足最極端的虛榮心，要是戴克里先的繼承人還拒絕國王的稱號，那倒不是真正的謙虛，只是感到有點難為情罷了。

　　舉凡使用拉丁語的地方（這是整個帝國的官方用語），羅馬皇帝的頭銜比起無數蠻族酋長自稱國王可要尊貴得多。過去羅馬的國王源於羅慕拉斯或是來自塔昆（Tarquin）地方的方言。這個問題在東部的感受跟西部大不相同，早期亞洲的統治者習慣使用希臘語的頭銜巴西流斯（Basileus）或國王，代表的意義是眾人中最顯赫者，立刻就為東部奴化很深的省民引用，擺出謙恭的態度稱呼羅馬的君王。戴克里先和馬克西米安甚至自認具有神明的屬性，至少已經僭用神明的稱號，並且傳給他們的繼承人基督徒皇帝君士坦丁。不過這種過甚其辭的恭維，由於並不代表特定的涵義，也就談不上褻瀆神聖的意思，只要習以為常，即使奉承過度讓人肉麻的用語，聽起來也不過是含混的表示敬意。

　　從奧古斯都時代到戴克里先當政之初，羅馬皇帝會不拘形式與市民交談，這時市民為了表示敬重，使用的禮節與對元老院議員以及官吏沒有多大差別。皇帝唯一特殊不同之處在於穿著紫色的長袍或軍服，元老院議員的長袍用寬的綬帶或袍邊，騎士階級比較窄，這些綬帶和袍邊都是尊貴的紫色。戴克里先出於自大的心理或者是基於政策的考量，手腕高明的君王把波斯宮廷的氣派引用過來。他戴上皇帝的冠冕，視為代表皇權的神聖服飾，羅馬人看到當然產生反感。喀利古拉的穿戴被人當成無可救藥的瘋狂行為，其實那不過是白色的帶子，上面綴以珍珠再綁在頭上。戴克里先和以後的皇帝全都穿著絲和金線織成的長袍，甚至連鞋面也鑲上貴重的寶石更讓人氣憤。由於手續和儀式的增加，使得晉見皇帝極為困難。宮中各處通道全部派家臣嚴密把守，內部的寢宮由機警的閹人巡視，因而宦

官的人數和權勢日益增大，這
是專制政體不可避免的現象。
要是臣民終於可以面睹天顏，
不論官職大小都應俯伏在地，
仿照東方規矩口呼主上並頂禮
膜拜。

戴克里先為人非常理性，
終其一生對自己以至於全人
類，都有正確的評估和衡量，
很難想像他採用波斯的禮儀取
代羅馬的成規，僅為了滿足虛
榮心而已。事實上他自以為擺
出高貴的氣勢就可杜絕一般
人的非分之想。公眾難以見到
君王就可減少接觸人民和士兵
的機會，不會受到粗暴行為的
傷害；長期讓人聽命膜拜的習
慣，不知不覺之中增加了人們
崇敬的心理。戴克里先就像奧

喀利古拉。

古斯都假裝謙卑，一直在演那裡戲作秀。我們必須承認這兩齣喜劇表演，還是後
者比前者更為高明，看來奧古斯都也更有人情味。皇帝對羅馬世界擁有無限的權
力，奧古斯都的目的是要盡量遮蓋掩飾，戴克里先是要全力展現唯恐不為人知。

5 戴克里先新體制的主要內涵（303年）

戴克里先建立新體制第一條原則是炫耀宮廷，第二條原則是政府分治。他將
帝國、行省及軍事和民政機構，再劃分為若干區域或部門。政府的單位加多行政
效率必然減低，好處是職責功能更為明確。不論改革的利弊如何，都應由創始者
負主要責任，新政的成效將由繼任者逐漸改善始能獲得，未臻成熟及完備的階段
不宜事先評論得失。因此真正新帝國的準確形象，要等君士坦丁統治才會知道。
目前只能就戴克里先親自規劃的藍圖，描述最重要的輪廓。他找到三個共治者和
他一起行使皇權，主要是他深信帝國的範圍遼闊，一個人的能力不足以應付國

家防衛的需要。他不認為四帝分治是臨時權宜之計，反而表明這是治理國家的根本大法。按照他的構想，兩個年長的皇帝頭戴冠冕，使用奧古斯都的頭銜以示尊貴，各自選擇一位副手及繼承人，給予他們凱撒的名號。等到兩位凱撒升到最高統治者位置，再各選一位繼承人接任凱撒，這樣可以毫無間斷的補充新一代的皇帝。

帝國劃分為四個部分，東部和意大利是重要地區，多瑙河和萊茵河是動亂邊疆，前者需要奧古斯都親自坐鎮，後者交由凱撒前往治理。軍團的力量掌握在四個齊心協力的君王手裡，任何人想要連續擊敗四個強大的對手，幾乎沒有成功的希望，會使野心勃勃的將領望而卻步。政府的行政方面，兩位皇帝以統一的權力管轄整個帝國，法令經過共同的會議核定，再由兩位皇帝聯名簽署，頒布以後各行省要遵照辦理。縱使有這樣多的預防措施，羅馬世界的政治聯合還是逐漸解體，分裂的作用愈來愈嚴重，以致在短短幾年之內，竟出現永久分離的東羅馬和西羅馬兩個帝國。

戴克里先的體系還有一個重大的缺失，政府機構的擴大以致支出增加，結果是加重稅賦使得人民的生計受到更大的迫害。當年奧古斯都和圖拉真的皇室家庭，非常簡單由奴隸和自由奴構成，一樣擁有有崇高的地位，他們感到非常滿足。現在完全改觀，帝國要在不同的地方建立四個規模宏大的朝廷，這樣多的羅馬國君在追求虛榮，一味講究廷儀的排場和生活的奢侈，要與波斯國王一比高下。眾多的大臣、高級官員、一般官吏和各種奴僕，充滿政府的各級單位，與過去相比人數成倍增加。當時就有人說道：「徵收的比例超過負擔的能力，行省便會感受稅賦的沉重壓力。」從這時開始到帝國滅亡為止，隨時可聽到哀鳴和怨恨的聲音。

每位作家依據自己的宗教信仰和當時處境，分別挑選戴克里先、君士坦丁、華倫斯和狄奧多西（Theodosius）作為詛咒謾罵的對象，看來他們對沉重賦稅的深惡痛絕倒是完全一致，特別是過重的土地稅和丁稅，成為帝國末期無法忍受的苦難。有位公正的史家從相關的論點找出真相，賦稅加重的責任在於皇帝，雖然不是個人的惡行所致，行政機構的浮濫卻難辭其咎。戴克里先是新制度的創始人，在他統治期間這個日趨嚴重的缺失，還是局限在可以接受的範圍。他受到指責是開創帶來禍害的先例，而不是實際對人民的壓榨。還有一點要知道，他在國家歲入和支用方面一直本著節約的原則，何況在支付正常經費開支以後，皇帝的金庫尚有足夠的儲備額度，可以供應合理的賞賜和國家緊急需要之用。

6 戴克里先和馬克西米安的禪退（304-305 年）

　　戴克里先在他統治第二十一個年頭，終於履行禪位的重大決策。這件事如果發生在兩位安東尼努斯皇帝身上，看起來要順理成章得多，因為他在取得和行使王權方面，都沒有領受哲學的教訓。戴克里先為世界創下光榮退位的先例，只可惜後世帝王起而效法者為數不多。我們自然會想起查理五世的類似行徑，經由一位現代史家的生花妙筆，使得英國讀者都熟悉他的名字。何況這兩位皇帝的性格還十分相像，政治才能遠在軍事天分之上，品德方面大有可議之處，言行多半出於做作並非天性使然。查理的遜位頗受時運枯榮盛衰的影響，心血凝聚的計謀不能實現，帶來的失望之情促使他寧願放棄現有的權力，因為已經無法滿足他的雄心壯志。戴克里先的統治正處於無往不利的順境，並非已擊敗所有敵人和完成全部計畫以後，才很嚴肅的考慮禪退的問題。無論是查理或是戴克里先，都還沒有到達衰老知命之年，前者五十九歲而後者僅五十五歲，只是這些君王過著繁忙的生活，長年櫛風沐雨從事戰爭和巡視，再加上國事的憂慮和施政的操勞，很容易損害身體的健康，以致人未老邁就已衰弱不堪。

　　雖然是朔風撲面、淫雨綿綿的冬季，戴克里先在凱旋式慶典剛結束，離開意大利繞行伊里利孔各行省向東部出發。惡劣的天候和旅途的勞累，使他感染慢性疾病，只有躺臥在密閉的舁床讓人抬著緩慢行進。夏末（304）還未抵達尼柯米地亞，病情的嚴重惡化讓人感到驚訝，那年整個冬天都留在皇宮養病，危急的狀況引起普遍關懷，都是出乎內心的真情流露。一般人只能從侍從人員的臉色和行動表現的欣喜和驚惶，判斷病情和健康的狀況。經常流傳皇帝崩殂的謠言，戴克里先祕而不宣加以隱瞞，因為蓋勒流斯沒有趕來生怕發生無謂的麻煩。直到3月1日他才再次公開露面，看起來面容蒼白和身體瘦弱，以致和他熟悉的人都認不出來。這一年來他擔憂自己的健康和身為帝王的職責，非常勉強硬撐下去，經過痛苦的掙扎之後，現在是該做出決斷的時刻。一方面為了身體的健康，他必須丟開勞心費神的工作，完全放鬆以便安靜養病。另方面他身負帝王之責，即使病倒在床，必須推動一個龐大帝國的施政作為。他決定要在光榮的禪退生活安享餘年，放下畢生戎馬獲得的榮譽不再受命運擺弄，把世界的舞台讓給年輕更有活力的共治者。

　　禪退儀式在尼柯米地亞城外約三哩開闊的平原上面舉行（305 年 5 月 1 日）。戴克里先登上建造的高壇，發表洋溢理性和莊嚴的演說，對於刻意聚集在此一場合的民眾和軍人，宣告禪位的意圖。他脫下紫袍在眾人關懷的眼光下離開，坐上

一輛掛著帷幕的車子穿過市區，毫不耽擱向自己所選的退休地點前進，落葉歸根回到家鄉達瑪提亞。就在5月1日同一天，馬克西米安按照早已取得的協議在米蘭辭去帝位。甚至早在羅馬凱旋式的華麗盛會，戴克里先已經思考要辭去政府職務，同時希望馬克西米安遵從他的安排。可能那時馬克西米安已有承諾，一定會按照恩主的意思去做，很明確的保證只要戴克里先提出勸告或做出榜樣，無論在什麼時候馬克西米安都會照樣步下皇帝寶座。雙方曾經在朱庇特神殿的祭壇前面立下神聖的誓詞。只是對性格凶狠的馬克西米安來說，他平生喜愛權勢既不圖眼前的安寧也不求身後的虛名，缺乏約束力的誓言到底能發生多大作用。不管馬克西米安多不情願，對明智的同僚凌駕於他的威勢最後只有勉強屈服，禪位以後立即退隱到盧卡尼亞（Lucania）的莊園。像他那樣脾氣暴躁的人，不可能長期過平靜的生活。

7 戴克里先退位造成的紛爭（305-324年）

　　帝國形成的權力平衡局面，需要戴克里先堅強而技巧的手腕才能維持，是多種不同性格和才能的綜合運用。須知當時具備的條件真是千載難逢，兩位皇帝之間沒有猜忌，兩位凱撒也沒有野心，四位各鎮一方的君王一致追求共同利益。戴克里先和馬克西米安退位以後，內部的混亂和傾軋長達十八年，帝國發生五次內戰，其餘時間雖然沒有戰事，也無法保持平靜的狀況。敵對的君王之間充滿恐懼和仇恨，各自擴大勢力範圍，完全不顧臣民的死活。

　　戴克里先和馬克西米安交出統治權，按照最新的規定，遺留的帝位應由兩位凱撒遞補，同時獲得奧古斯都的頭銜。康士坦久斯年長而且資深，以皇帝的尊榮繼續領有高盧、西班牙和不列顛，統治疆域廣大的行省，能夠充分發揮他的才能，個人感到滿足沒有非分之想。他的個性仁慈、寬厚而穩健，特別是對人極為和善，受惠的臣民讚揚他的美德，可以和馬克西米安的戰功以及戴克里先的治術，相提並論而在伯仲之間。康士坦久斯保持羅馬君王的謙虛，並沒有仿效東方的傲慢心態和華麗的排場。他以率真的口吻宣稱，民心的歸向是他最寶貴的資產，無論身居帝位的尊榮或面臨艱險的情勢，自信能夠依賴臣民感恩圖報之心，可以獲得額外的支持和援助。高盧、西班牙和不列顛的省民，深知在他的統治下才能過幸福的生活，所以極為憂心康士坦久斯皇帝日益衰弱的身體以及眾多年幼的子女，那些孩子都是他第二次婚姻與馬克西米安的女兒所生。

　　個性剛毅的蓋勒流斯則迥然相異，雖然可以獲得臣民的敬重，本人卻不肯

紆尊降貴爭取大眾的愛戴。他的名聲完全來自戰功，波斯戰爭獲勝助長傲慢的氣焰，自恃功高蒙戴克里先另眼相看，對康士坦久斯產生輕視之心。要是我們聽信道聽途說的作者發表的論調，就會將戴克里先禪位的起因歸之於蓋勒流斯的威脅。他特別記述兩位君王的私下談話，後者表現出忘恩負義和倨傲不遜的態度，從而發現前者極為懦弱怕事。空穴來風的軼事傳聞，從戴克里先的性格和行為來看就會不攻自破，不論禪位基於何種意圖，要是覺得蓋勒流斯的作為危險，以他的明智和見識一定會制止可恥的爭執。當他能夠光榮掌握皇權的時候，絕對不會在羞辱的狀況下退位。

康士坦久斯和蓋勒流斯登基成為奧古斯都，接著要選出兩位凱撒遞補空位，使帝國的體制保持完整。戴克里先用誠摯的態度渴望退出世界的舞台，蓋勒流斯娶了他的女兒，自然就會支持他的家族和他託付的帝國。所以他一點也不猶豫，就把大家羨慕的推選大權，以功勳卓越為由授與蓋勒流斯。這件事一經決定，並沒有詢問西部兩位君主的意見，也不考慮他們的利益和意圖，特別是這兩位都有成年的兒子，可以視為遞補空缺的最佳候選人。失勢的馬克西米安只能生悶氣不足為懼，溫和的君士坦久斯雖然無畏於危險，但不會因為爭權奪利讓無辜的黎民受到內戰的摧毀。

蓋勒流斯推選的兩位凱撒，既缺乏才幹和功勳，本身也不是重要人物，只能說是便於個人野心的驅使而已。第一位是達查（Daza）後來稱為馬克西明，就是蓋勒流斯的外甥，一個毫無處世經驗的年輕人，從舉止和談吐知道只受過私塾教育。他被戴克里先授以紫袍拔擢凱撒的高位，負責統治埃及和敘利亞，讓他自己和全世界一樣感到驚奇不已。另一個是忠誠的家臣塞維魯斯，耽溺於玩樂而且才具不足以負重任，遣往米蘭接受馬克西米安尚不願放手的凱撒服飾，以及統治的意大利和阿非利加。按照制度的架構，塞維魯斯應該承認西部皇帝的最高權力，然而他只聽從恩主蓋勒流斯的指示。

蓋勒流斯的統治區域從意大利的邊界到敘利亞的邊界，加上他栽培的兩個凱撒，勢力範圍是帝國四分之三的疆域。他知道康士坦久斯即將逝世，所以羅馬世界的主子只剩下一人。我們確信他在內心對未來的君主會有安排，考慮自己從公眾生活退隱之時，會完成二十年光榮的統治。

為時不到十八個月，兩次突如其來的變革，令蓋勒流斯的雄心壯志付諸東流。他想兼併帝國西部各行省的企圖，因為君士坦丁稱帝而幻滅；又因馬克森久斯（Maxentius）的叛亂獲得成功，使他失去意大利和阿非利加。

8 君士坦丁的身世及其繼位的始末（274-306 年）

　　君士坦丁的聲譽受到後世子孫的重視，對他平生的事功有非常詳盡的記載，他的出生地就跟他母親海倫娜（Helena）的身世一樣，不僅是文學創作也是舉國爭論的主題。根據傳說，她的父親是英國國王，我們認為海倫娜是一個客棧老闆的女兒。有人說她是康士坦久斯的侍妾，我們還是要為她婚姻的合法性提出辯護。君士坦丁大帝很可能生於達西亞的奈蘇斯（274 年），像這樣的家庭就跟整個行省一樣，都是因為投身軍旅的行業享有盛名，他很少有機會接受正規教育提升心智。

　　在他大約十八歲那年，父親擢升凱撒的高位（292 年），隨著時運而來就是母親的離異，皇家聯婚的光彩使海倫娜的兒子受到羞辱和傷害。他並沒有隨著康士坦久斯去西方，留在戴克里先的麾下服務，參加埃及和波斯戰爭表現極為英勇，逐漸升到一等護民官的榮譽職位。他的身材高大不苟言笑，對於體育和軍事項目都很精通，戰時英勇無畏，平時對人友善。在他一生的作為當中，充滿年輕人的進取精神，保持審慎的節制加以調和，有旺盛的企圖心要全力達成，冷靜和自律的習性不受物欲的誘惑。君士坦丁受到民眾和士兵的愛戴，稱他為最有資格的凱撒候選人，這樣就會激起蓋勒流斯的猜忌。為了避免物議雖然不能採取公開的暴虐行為，一位專制君王要在暗地下毒手還是防不勝防，使得君士坦丁的處境更為危險。感到焦灼的父親不斷來信要求跟兒子見面，表示出最熱

君士坦丁一世。

切的期望。蓋勒流斯用計謀找出藉口盡量拖延，然而對他的同治者出乎天性的要求，不可能一直置之不理，或者使用武力來加以拒絕，最後同意他前往的命令已經批准，皇帝還是隨時可以收回成命。君士坦丁用盡心機終於成行，連夜離開尼柯米地亞的宮廷，運用各地的驛站經過俾西尼亞、色雷斯、達西亞、潘農尼亞、意大利和高盧，在民眾喜悅的歡呼聲中抵達布倫港口。他的父親就在那個時刻準備登船前往不列顛。

　　遠征行動輕易贏得對卡里多尼亞蠻族的勝利，成為康士坦久斯在位期間最後的功業。他崩殂在約克的皇宮（306年7月25日），離接受奧古斯都的頭銜才十五個月，擢升凱撒的高階則有十四個年頭，逝世以後立刻由君士坦丁接位。繼承的觀念自古就有，一般人認為是天經地義的事，若干處理私人財產的原則，已經轉用到國家的主權。英名蓋世的父親將受人尊敬的功勳、民眾的希望，以及在感情和地位產生的影響力，全部都傳給自己的兒子，看來合情合理的做法真是勢不可當。帝國西部軍隊的精英分子追隨康士坦久斯到不列顛，增援的協防軍是一大群阿里曼尼人，全部聽從世襲酋長克羅庫斯（Crocus）的命令。君士坦丁的擁護者不斷開導麾下的軍團，要他們了解到自己能夠表達意見的重要性，保證不列顛、高盧和西班牙有權能夠推舉候選人。他們問軍隊要是有兩位人選，一位是他們敬愛的皇帝夠資格站在隊伍前面的兒子，選他就會帶來無上的榮譽；另一位是名不見經傳的新來陌生人，只會感激在亞洲的君主交給他西方的軍隊和行省，選他就會帶來屈從的羞辱。請問這時還有什麼遲疑不決之處？同時向大家暗示君士坦丁具有感恩和慷慨的美德，獲得應有的顯赫地位後，一定不會讓軍隊失望。

　　等到大家用奧古斯都和皇帝的稱號歡呼，頗富心機的君王才出現在軍隊的面前。君士坦丁渴望的目標是帝座，還不完全是野心的問題，因為這才是安全的保證。他非常了解蓋勒流斯的性格和情緒，自己經過深思熟慮知道要想活下去就得掌握統治權。他在表面上裝出堅決反對的樣子，就是為了證明他沒有意願要公然篡奪，所以在開始並沒有屈從軍隊對他的歡呼，一直到他把這些狀況寫在信裡，立刻派人送給位於東部的皇帝以後，才正式接受軍隊的擁戴登基為帝。君士坦丁將他父親逝世的噩耗報告皇帝，用謙恭的口吻提到他具有合法的繼承權，而且表示非常遺憾，在摯愛他的部隊堅決要求之下，不容許他運用正常而合於規定的方式，向他提出請求繼位為帝。

　　蓋勒流斯最初的反應是驚訝和失望，向來無法控制自己火爆的脾氣，大聲威脅說要把信件和使者全部丟進火裡，等他想到對於戰爭沒有獲勝把握，怒氣慢慢平息下來，再深入衡量對手的個性和實力，決定接受君士坦丁給他留下的台階，

同意由他賜給君士坦丁最高的恩惠。蓋勒流斯既沒有指責也不批准不列顛軍隊的推選，只是接受過世同僚的兒子統治阿爾卑斯山以北的行省，給予他凱撒的頭銜，羅馬君王的位階列為第四，空下的奧古斯都頭銜給予賞識的塞維魯斯。這樣一來帝國的和諧得以保持，君士坦丁已經掌握實力，只有耐心等待機會，期望能夠獲得最高的權柄。

9 君士坦丁與對手的施政和爭執（306-312年）

　　雖然羅馬帝王不良的癖好惹出很多的罪行和慘劇，能夠發現他們偶爾的善舉也是一樁樂事。君士坦丁在位第六年到奧頓巡視，不僅豁免積欠的貢金，同時根據臣民的確實數量按比例所核定的丁口數，從兩萬五千人減到一萬八千人。然而就君王對人民給予的恩惠來看，毫無問題可以證明當時社會的慘狀，稅賦的本身和徵收的方式都是難以忍受的重負，強徵暴斂的結果陷民眾於絕望的處境。奧頓也和其他地方一樣大部分田園無人耕種，很多省民不是遠走高飛就是投身為盜，不願負擔沉重的社會責任。愛民如子的君王採取慷慨的行動，不過是對行政法規制定的各項要求，稍微紓解一下過於嚴厲的條文而已，須知所有的規定因需要而設，讓人沒有選擇的餘地。要是不提處死馬克西米安有欠厚道，君士坦丁在高盧的統治，是他一生當中施政最為仁慈寬厚的時期。蠻族忌憚他積極果敢的作為，行省受到保障免於入侵之苦。有一次對抗法蘭克人和阿里曼尼人的戰役贏得重大勝利，他下令將俘虜的王侯丟到特列夫的競技場去餵野獸，民眾看到用殘酷的手段對待蠻族頭目不禁大樂，歷史上倒是很少發現如此違反人道和敗壞法律的行為。

　　君士坦丁的善舉在馬克森久斯的惡行襯托之下顯得極為突出。高盧的行省就當時的條件尚能享受幸福的生活，意大利和阿非利加受可鄙又可恨的暴君統治，令人民呻吟不已。熱中諛媚奉承的人士經常把失敗者貶得一文不值，全部光榮歸於獲勝的對手。喜歡揭發君士坦丁隱私和過失的作家，也都一致認為馬克森久斯為人殘酷、貪婪而放蕩。他在阿非利加鎮壓微不足道的叛亂獲得大量錢財，總督和少數追隨者遭到處決，整個行省因他們的罪行陷入無窮盡的苦難，人煙繁盛的城市像是色塔（Cirta）和迦太基，以及面積廣大的豐饒鄉土，都受到刀兵和戰火的摧毀。濫殺無辜的勝利帶來肆意而為的法律和審判，阿諛者和告發人像一支無敵大軍開進阿非利加。富貴的家族很容易背上謀叛的罪名，他們之中誰要能蒙受皇帝的寬大發落，最輕的懲罰就是沒收財產。為了炫耀敉平變亂的偉大勝利，

就用壯觀的凱旋式加以慶祝，馬克森久斯把羅馬行省的戰利品和俘虜展現在民眾眼前。首都的狀況和阿非利加一樣值得同情，羅馬的財富像是填無底洞般，供應揮霍無度的開支。他的稅務大臣完全運用搶劫的手法，在他統治期間首先以「樂捐」的名目向元老院的議員斂財，胃口愈來愈大使用的藉口也愈來愈多，像是作戰勝利、婚喪喜慶、甚至皇室榮典，都按照比例要臣民加倍奉獻。

　　馬克森久斯就像古往今來的暴君，受到元老院難以平息的仇視和嫌惡，主要原因是元老院擁戴他登上寶座又支持他對抗強敵，然而他對元老院的慷慨和忠誠卻毫無感恩圖報之心。他的猜疑忌恨使得很多議員的性命難保，有些議員的妻女不知羞恥的行為倒是能滿足他的肉慾。照理說一位君王身分的情人很少空自嘆息，在他而言只要勸誘無效就使用暴力。有個使人難忘的例證，一位貴夫人為了保持貞節寧願自殺而死（這位貴夫人是羅馬郡守的妻子索弗洛尼婭〔Sophronia〕）。馬克森久斯只尊敬軍人極力爭取他們的好感，羅馬和意大利到處都是武裝部隊養成喧囂和暴亂的行為，就是搶劫和殺害無力反抗的平民也不會受到任何懲處。這是因為皇帝自己也胡作非為，所以縱容軍隊傷天害理的作風。馬克森久斯經常從元老院議員手裡，奪取他們的莊園或美麗的妻子，賜贈給軍隊裡受到賞識的人員。像這樣的君王無論是平時或戰時都無法治理國家，雖然可以用錢買到支持，但無法獲得部隊的尊敬。他的傲慢也像其他的惡行一樣令人憎恨，過著怠惰而奢華的生活。不論是在宮殿的高牆之內，或是在鄰近的薩祿斯特（Sallust）花園裡，不斷聽到大聲宣告說他是唯一的皇帝，其他的君王不過是他的部將用來防守邊疆的行省，好讓他在首都不受干擾享用榮華富貴。羅馬人長久以來怨恨君主遠離都城對他們不加理會，在馬克森久斯六年的統治期間，皇帝近在咫尺卻使他們感到無盡的懊惱。

　　君士坦丁認為馬克森久斯的作為讓人厭惡，羅馬人的處境確實值得同情。我們沒有理由認為他會運用武力解決這些問題，他之所以能控制自己的野心，是基於審慎的考慮並非正義的要求，反倒是意大利的暴君竟敢激怒難以克服的敵人。馬克西米安死後按照慣例，他的頭銜遭撤銷，原有的雕像也因醜行推倒在地。那個生前迫害過他後來又拋棄他的兒子，裝出一副思念不已的孝心說要採取報復行動，所有樹立在意大利和阿非利加，用來推崇君士坦丁的雕像立即損毀。明智的君士坦丁不想挑起戰爭，充分認識進行的困難和預料的後果，只有不理對方的侮辱，準備採用溫和的談判方式解決雙方的歧見。後來發覺意大利皇帝已有極具敵意和野心的計畫，逼得他要用武力自衛（312 年）。馬克森久斯公開宣稱他擁有整個西部帝國的統治權，著手準備一支非常強大的兵力，從雷蒂提亞侵入高盧各

行省。雖然他不期望黎西紐斯（Licinius）會給予任何幫助，卻一廂情願的以為伊里利孔的軍團，收到他送的重禮會為他的承諾所打動，拋棄原來的旗幟歸順到他麾下效力。君士坦丁一點都不猶豫，仔細衡量當前的狀況立即採取果敢的行動。他私下接見打著「元老院和人民」名號的使者，來使懇求他從萬民唾棄的暴君手裡拯救羅馬。他接著召開會議，聽到膽怯的意見全都置之不理，決定阻止敵人先要把戰爭帶到意大利的腹地。

10 君士坦丁進軍羅馬擊滅馬克森久斯（312年）

君士坦丁在戰場表現指揮能力和作戰勇氣，而意大利的君王好像不知道內戰的災難和危險已經蔓延到領域的中樞地區。馬克森久斯還是尋歡作樂不理國事，想把軍事失利的消息隱瞞不讓公眾知道，用毫無把握的信心來欺騙自己，不敢面對現實想就此拖延下去，事實上卻只會令問題更加惡化。君士坦丁的快速前進還是沒有讓他覺醒，不知自己的安全即將發生致命的危險。他一直自我吹噓憑著他的慷慨大方和羅馬的威名，已經解決過兩次敵軍的入侵，現在也可用同樣的方式驅退高盧叛變的軍隊。原來在馬克西米安麾下服務深具經驗和能力的軍官，不得不告訴軟弱無能的君王馬上就要大禍臨頭，方始使他提高警覺不能再醉生夢死。下屬還敦促他要鼓舞剩餘部隊的勇氣，才能避免自己陷入滅亡的命運。馬克森久斯的作戰資源，無論是人力或金錢都很充足，禁衛軍要想保持強大的實力，維護自己的利益和安全，就得跟他採取一致的行動和目標，因此第三支軍隊立即編成，兵員數量比在杜林和維洛納兩次會戰的損失還要增多不少。

皇帝毫無領軍作戰的意願，對於用兵布署的事務完全外行，擔心戰鬥帶來的危險以至於驚惶不已。他的畏懼還帶有迷信的成分，對於各種徵兆和預言非常在意，根據四處聽到的謠傳，知道君士坦丁好像已經威脅到他的生命和帝國，因此即使再膽怯也要鼓起勇氣，最後迫得他只得親臨戰場。他已經無法忍受羅馬人民對他的藐視，競技場到處聽到憤怒的喧囂。暴民圍住皇宮大門，指責懶惰的君主是個膽小鬼，大聲讚揚君士坦丁無畏的精神。馬克森久斯在離開羅馬之前，特別請求西比萊神諭給他指示。古代預言的守護者無法通曉命運的祕密，卻也精通解釋和指點迷津的各種技巧。於是針對當前的狀況給予四平八穩的預告，不論戰爭的結局如何都可以保持神諭的令名於不墜。

君士坦丁的行軍極其敏捷，可以說跟首位凱撒快速征服意大利不相上下（朱理烏斯·凱撒在公元前49年1以11日揮軍渡過盧比孔河，直接南下將龐培從布

朗杜西（Brundusium）趕往希臘，回師在4月1日據有羅馬，平定意大利的時間約為七十天），這不是違背歷史真相的奉承話，因為從維洛納投降到最後戰爭結束（312年10月28日），只花了短短的五十八天。君士坦丁一直在擔憂暴君聽信勸告產生畏懼心理；或者基於審慎的打算不敢冒險進行堂堂正正的決戰，龜縮在羅馬城內堅守到底。他有充足的糧食可以防止饑饉的發生，君士坦丁則無法打持久戰，若逼不得已最後必須運用武力和戰火將帝國的首都整個毀滅，如此一來他就算獲勝也失去最寶貴的報酬，何況解救羅馬還是打內戰的動機和最重要的藉口。

　　等他抵達距離羅馬大約九哩路，一個名叫薩克薩・魯布拉（Saxa Rubra）的地方，發現馬克森久斯的軍隊準備與他決戰，心中真是又驚又喜。敵軍的隊伍正面延伸得很長，涵蓋廣闊的平原，多層配備的縱深直達台伯河邊可以用來掩護後衛，卻也對撤退行動形成阻礙。根據各種資料，我們知道君士坦丁部署兵力的技巧極為高明，自己選擇最顯著也是最危險的位置，旌旗招展的軍隊將他的行動看得非常清楚。他親自率領騎兵向敵陣發起衝鋒，雷霆萬鈞的攻擊決定戰爭的勝負。馬克森久斯的騎兵部隊，主要是由穿鎧甲的重騎兵以及摩爾人和努米底亞人的輕騎兵所組成。高盧的騎兵比重騎兵靈活也比輕騎兵堅韌，憑著驍勇善戰的精神把兩者打得大敗而逃。等到騎兵在兩翼崩潰以後，使得步兵的側翼失去掩護，不受軍紀約束的意大利人拋棄連隊標誌，不顧一切向後逃走，對於平素痛恨的暴君已毫無畏懼之心。禁衛軍知道所做的惡行不會得到赦免，拚死進行困獸之鬥。雖然老兵還能奮勇作戰卻已經無法挽回劣勢，他們卻能光榮戰死不退後一步，屍體散布在陣列原有的位置上面。

　　戰場一片混亂，馬克森久斯毫無鬥志的部隊，被衝鋒陷陣的敵人在後面追趕，上千人投身到台伯河水深蓋頂的急流之中。皇帝自己想經由米爾維亞橋逃回城市，群眾擁塞在一條狹窄的通道，使他被擠落掉進河裡，身上穿著的沉重鎧甲很快淹死，屍體陷入很深的淤泥，第二天費了不少力氣方始找到。等把他的頭顱展示在人民眼前，才讓大家感到獲救，提醒羅馬人接受君士坦丁賜給他們的恩惠。大家帶著忠誠和感激的心情向他歡呼，祝賀他憑著智勇雙全的才華，獲得一生最光榮的勝利。

11 君士坦丁在羅馬的作為與成就（312-313年）

　　君士坦丁對於勝利成果的運用，稱不上寬厚仁慈卻也不會引發嚴詞攻擊。他採用的處置辦法是將暴君的兩個兒子處死，整個叛黨經仔細篩選只殺掉幾個為

首分子。假設他戰敗，家人和部屬也會遭到這種下場。馬克森久斯主要的追隨者既然享用他的富貴和罪孽，料想也要相隨於黃泉之下。羅馬人民大聲叫囂要抓出更多人來抵命，君士坦丁慈悲為懷不聽從討好的聲音，更不願群眾發洩憤怒的情緒。他對告發者不僅不受理還加以懲罰，以制止賣友求榮的不良風氣。受到暴政壓迫的無辜人員都從流放地召回，發還遭到沒收的財產，頒發大赦令使意大利和阿非利加的人心得到安定，重建安居樂業環境。君士坦丁第一次親臨元老院表達推崇之意，態度親切的演說簡述自己對國家的功績和貢獻，保證對在座的高階人士特別關照，承諾要重新恢復元老院古老的尊榮和權利。元老院心懷感激依據尚能保有的職權，授與他空洞的尊貴頭銜報答毫無意義的諾言。同時對君士坦丁的權力也不敢擅自作主，要求依慣例加以批准，只是通過一項敕令，統治羅馬世界的三位奧古斯都，封他為位階最高者。舉辦競技比賽和慶節典活動慶祝他的勝利，籍沒馬克森久斯的資財興建數座建築物，紀念君士坦丁獲得的榮耀。

　　君士坦丁凱旋門是藝術衰落最可悲的明顯實物，人類虛榮最空洞的獨特證據。帝國的都城竟然找不到一個有才華的雕刻家，可以修飾當前最偉大的公共紀念物，因此將圖拉真凱旋門藝術價值最高的雕像，全部搬來用在這座新的拱門上面，既不尊敬祖先的令名也不考慮是否合於情理。有關時代背景和人物造型的不

同，歷史事件和環境特性的迥異，一概置之不理。從未率軍越過幼發拉底河的皇帝，跟前竟然跪著帕提亞的俘虜。古物學家只要細心觀察，就會在君士坦丁的紀念物發現圖拉真的頭像。古老雕像之間的空隙，需要用新穎裝飾加以填補的地方，全是粗俗無能工匠的手藝。

禁衛軍最後終於廢止，不僅是審慎的預防措施，而且成為必要的報復行動。馬克森久斯恢復驕橫隊伍的數量和特權，有些地方還加以擴大，後來一直受到君士坦丁的鎮壓，防務森嚴的營地也被拆毀。僥倖逃過殺身之禍的少數禁衛軍官兵，分散到帝國邊疆的軍團，只能遠戍異地再也無法對帝國造成危害。君士坦丁整肅駐紮在羅馬城的部隊，對羅馬元老院和人民（羅馬共和國時期的正式稱呼是「羅馬元老院和人民」（Senatus Populusque Rommanus. S. P. Q. R.），帝制以後沿用，表示的意義大不相同）的尊嚴是致命的打擊，解除武裝的首都從此無法保護自己，受到遠處主子的凌辱和輕視。羅馬人當初是為了保住即將消失的自由，免受繳納稅賦的痛苦，才擁護馬克森久斯登上皇位。不料他當上皇帝以後，用元老院的名義假借自由捐獻強徵貢金，所以他們才懇求君士坦丁前來解救，等到擊敗暴君自由捐獻改為正常的稅賦。元老院的議員按照申報的財產區分為幾個等級，最富有的議員每年繳納黃金八磅，次等四磅，最後一等兩磅；就是貧窮到可以申請豁免稅賦的人，也要繳八個金幣。除了元老院正規的成員，他們的兒子、後裔甚至親戚，舉凡享受元老院階層空洞的特權者，都要分擔沉重的稅賦。如此，對於君士坦丁很願意增加此一「有用」階層的人數，看來一點都不足為奇。

勝利的皇帝擊敗馬克森久斯，停留羅馬不過兩、三個月的時間，後來在他一生中也只來過兩次，分別是主持登基十周年和二十周年莊嚴隆重的慶祝典禮。君士坦丁幾乎永遠保持動態的生活，不是參加軍團各種演習和訓練活動，就是巡視各行省的狀況。他將「新羅馬」興建在歐洲和亞洲接壤處之前，像米蘭、阿奎利亞、色米姆、奈蘇斯和提薩洛尼卡各地，都是他臨時居住過的城市。

12 君士坦丁與黎西紐斯的結盟及恩怨（313-314 年）

君士坦丁進軍意大利之前，為了確保與伊里利孔皇帝黎西紐斯的友誼，至少要他嚴守中立，答應自己的妹妹康斯坦霞（Constantia）與他結成連理，婚禮延到戰爭結束以後舉行。兩位皇帝在米蘭晤面交換意見（313 年 3 月），目的是藉著通婚和利益鞏固雙方的聯盟，就在公開祝宴進行之際，他們不得不立即分開，因法蘭克人入侵，所以君士坦丁必須趕赴萊茵河；亞細亞君主的敵意表現需要黎

西紐斯親身前往處理。馬克西明與馬克森久斯成立祕密聯盟，沒有因為後者的悲慘下場而喪失勇氣，他決定要以內戰來賭自己的命運。馬克西明在隆冬之際離開敘利亞前往俾西尼亞的邊界，這是天候酷寒而且崎嶇難行的季節，很多人員和馬匹倒斃在深雪之中，道路也被連綿的降雨沖毀。為了趕上快速的急行軍，他不得不把沉重的輜重和行李留在後面。他率領一支戰力強大發起奇襲的軍隊，經過額外加倍的努力，黎西紐斯的部將通報他帶著敵意而來的消息以前，就已經到達色雷斯・博斯普魯斯的兩岸。拜占庭經過十一天的圍攻就向馬克西明投降。赫拉克利的城牆把他的大軍阻擋住幾天，等到他奪取這個重要的城市，從獲得的消息傳來警報，黎西紐斯在距離只有十八哩的地方紮營。協商毫無結果，這段期間兩位君王都想辦法收買對方的人員，後來只有訴諸武力解決。

　　東方帝國的皇帝指揮一支紀律不佳老兵甚多的部隊，大約有七萬人馬；黎西紐斯只能集結三萬伊里利孔人組成的軍團，所以從一開始就受到優勢敵軍的壓力，憑著他的軍事素養和部隊的英勇善戰，贏得一次決定性的勝利（313年4月）。馬克西明以不可置信的速度拚命逃走，比起他在戰場的英勇行為真是值得大聲喝采。二十四小時之內，他面無人色全身顫抖，失去皇家佩飾的狀況之下出現在尼柯米地亞，從他被打敗的地方到此地的距離有一百六十哩。亞細亞的財富尚未枯竭，精銳的老兵部隊在遠征行動全部喪失，只要他有足夠的時間，仍舊可以運用權力從敘利亞和埃及徵集大量兵員。他在遭到沉重的打擊之後，只活了兩、三個月便在塔蘇斯過世。後來產生很多傳言說他失望傷心而死，也有人認為是被毒斃或遭到天譴。像馬克西明這樣無才無德之人，死後根本沒有人哀悼或悲傷，東方各行省能夠避開內戰的摧殘，欣然接受黎西紐斯的統治。

　　亡故的馬克西明皇帝留下八歲的兒子和七歲的女兒，幼小的年齡獲得別人的同情，黎西紐斯毫無憐憫之心，對他的仇敵絕不放過，一定要斬草除根。處死年輕又可憐的塞維里努斯（Severianus），無論從策略或報復來說都沒有必要。黎西紐斯從來沒有受到他父親的傷害，塞維魯斯的統治時期很短，也沒有什麼作為，領地是帝國很偏遠的地方早已被人遺忘。提到黎西紐斯殺害康迪戴努斯（Candidianus），可真是喪心病狂和忘恩負義的行為。這位青年是蓋勒流斯的私生子，他的父親是黎西紐斯的朋友和恩主，認為他太年輕沒有能力保住頭上的皇冠，才把帝位傳給黎西紐斯，希望君王能夠感恩圖報保護他的兒子，讓他過著安全而富貴的生活。康迪戴努斯滿二十歲時，雖然沒有功績和野心，只在生日那天擺出皇家的排場，就讓黎西紐斯產生猜忌的心理。甚至連戴克里先的妻女，是他極端暴虐行為之下，最無辜也最顯赫的犧牲者。

　　戴克里先將凱撒的頭銜賜給蓋勒流斯，也把女兒華倫麗婭許配給他當妻子。她經歷一生的榮華富貴和顛沛流離，真是一部悲劇的最佳題材。華倫麗婭是一個善盡本分的妻子，自己無出就不顧別人在背後指點，收養丈夫的私生子當成自己的兒子，如同親生母親慈祥對待康迪戴努斯，非常關心他的生活。等到蓋勒流斯去世以後，繼位的馬克西明垂涎她龐大的產業和誘人的姿色，想要人財兩得。雖然他的妻子還健在，卻根據羅馬的法律把她休掉，以盡快滿足自己難以克制的情慾。華倫麗婭是皇帝的女兒，也是另外一位皇帝的孀婦，知道目前處於無法保護自己的情況，只有用很緩和的語氣，向馬克西明派來求親的人表明自己的立場：「就算是禮法允許一位婦女，可以得到合於她的身分和地位的第二次婚姻，在她丈夫屍骨未寒之際，就接受求婚實不能算是正當的行為，何況她的丈夫還是求婚者的恩主。這時她的心情還很悲痛，仍舊穿著喪服。她還要再明白的表示，要是一個男人為了得到新歡，就毫無情義將忠誠而且深愛他的髮妻休掉，那麼她對於他的人品真是一點信心都沒有。」

　　馬克西明被拒絕因愛生恨，證人和法官都受他的支配，羅織罪名告進法庭，華倫麗婭的名譽受到詆毀，平靜的生活破壞無遺，受到犯下通姦罪的不實指控以

後，她的產業被沒收充公，侍候她的閹人和家僕處以最不人道的酷刑。有幾位無辜且受人尊敬的貴婦，基於友誼幫她說公道話被殺。皇后本人雖然跟母親普麗斯卡（Prisca）在一起，還是被判處流放，從一個城市趕到另一個城市，受到無盡的羞辱，後來才監禁在敘利亞沙漠一個偏僻的村莊，等於把她們的羞恥和苦難公開展示在東方的行省，過去的三十年她們在這裡享盡皇室的尊榮和富貴。戴克里先想要減輕女兒所受的苦難，使盡辦法也得不到效果。他把帝位給予馬克西明，期望能夠得到最後的回報，於是他作出懇求，希望能讓華倫麗婭到薩洛納過退休生活，最後可以給受罪的父親送終。他只能懇求，因為他再也無法對他們形成威脅，然而他的祈求得到冷淡的答覆，甚至完全置之不理。傲慢的馬克西明在心理上得到滿足，戴克里先現在成為一個哀求者，並且讓他的女兒成為罪犯。

　　馬克西明死亡以後，看來兩位皇后的命運會苦盡甘來，社會大亂看守她們的警衛也放鬆警覺，讓她們很容易逃出放逐的地方，經過一些人的幫助，盡量隱藏行動趕到黎西紐斯的宮廷。在他統治初期對於年輕的康迪戴努斯還很禮遇，使得華倫麗婭私下感到很安慰，覺得是因為她們的緣故，讓自己的養子也能受惠。但是美好遠景接下來就是晴天霹靂，康迪戴努斯慘遭殺害，血染尼柯米地亞的宮廷，讓她知道接替馬克西明王座的人，是更心狠手辣的暴君。華倫麗婭為了自己的安全，只有和母親一起匆忙逃走，在各行省飄流十五個月，穿著平民的衣服掩飾自己的身分，最後終於在提薩洛尼卡洩漏行蹤，被捕以後立即處斬屍體丟進大海。人們看到令人傷感的一幕，害怕軍方警衛的逮捕，只有壓下心中忿忿不平的怒氣，認為戴克里先的妻子和女兒不該得到悲慘的下場。我們也為不幸的結局感到惋惜。沒有發現她們的罪行，也不知道黎西紐斯為什麼要如此殘忍。難道使用更祕密或更正當的方式施加報復就不能令他感到滿足，有關這一點讓我們更是無法理解。

13 君士坦丁和黎西紐斯的決裂和戰爭（314-315年）

　　君士坦丁和黎西紐斯現在平分羅馬世界，前者是西部的主人，後者統治東部。大家期望兩位征服者不要再打內戰，藉著私人情誼和公開盟約的聯繫，不會產生併吞的野心從事進一步的企圖，至少也要拖延一段時間。兩位勝利的皇帝開始相互對抗，是在馬克西明死後一年才發生的事（314年）。表面看來君士坦丁天才橫溢又胸懷大志，好像他是先動手的侵略者；事實上黎西紐斯陰鷙狡詐，才是真正的罪魁禍首。從歷史的蛛絲馬跡不難找尋真相，發現他在煽動一場陰謀活

動，對付與自己結盟的親人。君士坦丁不久前把妹妹安娜斯塔西婭（Anastasia）許配給巴西努斯（Bassianus），他是個貴族子弟而且家世富有，然後君士坦丁將自己的親戚擢升為凱撒。按照戴克里先設立的政府架構，就得把意大利或者是阿非利加交給他治理，應許的封地在執行之際受到延誤，要不就是狀況跟過去不同，已經有了變化。

這樣一來巴西努斯獲得尊榮，應該可以鞏固他的忠誠，現在反而產生離間的作用。他的任命要得到黎西紐斯的同意以獲得批准，手段高明的君主立刻派出自己的密使，與新上任的凱撒建立祕密而危險的通信聯繫，挑起他不滿的情緒勸他要為自己打算，因為他不可能得到君士坦丁公正的對待，必要時使用暴力亦在所不惜。機警的皇帝在叛徒安排妥當快要動手之前發覺整個陰謀活動，然後嚴正宣布斷絕與巴西努斯的親戚關係，剝奪凱撒的皇室位階和頭銜，對他的謀叛和不忠處以應得的刑責。這時巴西努斯逃到黎西紐斯的國土尋求庇護，要求引渡涉嫌的罪犯，傲慢的黎西紐斯加以拒絕，肯定表示巴西努斯早已有反叛之心。加上意大利邊界的伊摩納（Aemona），對君士坦丁的雕像有侮辱的舉動，成為兩位君主引起戰爭的導火線。

第一次會戰發生在西貝利斯（Cibalis）附近（315年10月8日），這是潘農尼亞位於薩維河畔的城市，離色米姆的大約五十哩。兩位勢力強大的君主在重要的衝突當中，帶到戰場的兵力看起來並不相稱，只能推測有位皇帝忽然怒氣發作，使得另一位受到突如其來的奇襲。西方的皇帝只率領兩萬人，東方統治者的兵力是三萬五千人，不過兵力劣勢的一方倒是占有地形之利。君士坦丁在一處大約半哩寬的通道建立前哨陣地，這條通道的一邊是很陡的小山，另一邊是難以通行的沼澤，然後在有利的位置堅守頑抗，擊退敵軍的攻勢接著趁勝追擊領軍進入平原。身經百戰的伊里利孔軍團在統帥的旗幟下列陣，黎西紐斯的軍旅生涯曾經身受蒲羅布斯和戴克里先的教導。雙方發射的箭矢很快消耗殆盡，勢均力敵的兩軍蜂擁而上，用短劍和擲矢進行肉搏戰鬥，從當天的清晨一直激戰到黃昏還是勝負難分。君士坦丁親自在右翼領導一次英勇的衝鋒，獲得決定性的戰果。黎西紐斯當機立斷向後撤退，救出其餘的部隊免於全軍被殲。他計算自己的損失達兩萬人，認為在目前狀況下，得勝的敵軍會採取積極的行動，在此過夜已沒有安全可言，就放棄營地和輜重，帶領大批騎兵祕密離開，克服萬難繼續行進，終於逃脫敵軍的追擊。由於他不屈不撓的努力，才能夠保全他的妻子、兒女和財產，他把最寶貴的物品都存放在色米姆。黎西紐斯通過這個重要的城市以後，破壞架設薩維河上的橋樑，很快在達西亞和色雷斯徵集一支新軍。他在逃離之後就把凱撒這

個靠不住的頭銜授給華倫斯，後者是一位負責伊里利孔邊疆防務的將領。

　　色雷斯的瑪迪亞（Mardia）平原是第二次會戰的舞台，戰鬥沒有上次那樣激烈，人員的傷亡也比較少，雙方部隊的勇氣和紀律尚能不分上下，勝利取決於君士坦丁的卓越才能。他率領五千人獲得有利的高地，激戰之際攻擊敵軍的後衛，使得對方付出慘重的代價。黎西紐斯的部隊雖然兩面應戰，卻還能保持自己的陣地，直到夜幕降臨戰鬥趨於尾聲，向著馬其頓山區安全撤退。兩次會戰失利，平白犧牲最英勇的老兵部隊後，黎西紐斯的野心受到打擊亟欲求和。他派出使者米斯特林努斯（Mistrianus）觀見君士坦丁，展開如簧之舌曲意奉承君王的高尚德行，同時委婉表示戰事仍是勝負難分，無可避免的災難會造成兩敗俱傷的局面，因為兩位皇帝都是他的主人，所以授權前來達成長久而光榮的和平。君士坦丁接受他的說辭，提到華倫斯的時候表達他的氣憤和不齒，用強硬的語氣說道：「我們從帝國西部海岸進軍以來，在連續不斷的戰鬥中獲得勝利，還不是為了要得到和平。現在若是不能拒絕負恩的親戚，那就得接受一位可恥的奴隸成為同僚治理帝國，所以要讓華倫斯退位，不得繼續享有凱撒的頭銜，這是簽訂和約的首要條件。」

14 君士坦丁的安內與平服蠻族的作為（315-323年）

　　處於目前的狀況，黎西紐斯必須接受屈辱的條件（315年12月），不幸的華倫斯不過在位幾天，就失去君王的名號與賠上自己的性命。等到障礙排除以後，羅馬世界很快恢復平靜。黎西紐斯連續被擊敗，使得軍隊殘破不堪，卻還能展現出自己的勇氣和能力，目前處境已陷入絕望之中，有時困獸之鬥仍能產生驚人效果。君士坦丁的善意使他獲得有利的轉機，期待能在第三次鬥爭賭一下自己的運氣。君士坦丁再度承認黎西紐斯是他的朋友和兄弟，讓他保有色雷斯、小亞細亞、敘利亞和埃及，要把潘農尼亞、達瑪提亞、達西亞、馬其頓和希臘這幾個行省，割讓給西部帝國。君士坦丁統治的區域從卡里多尼亞邊境，延伸到伯羅奔尼撒半島的頂端。同時在條約當中特別規定，獲得繼承權的三位皇室青年都是皇帝的兒子，克里斯帕斯和小君士坦丁接著授與西部的凱撒，同時小黎西紐斯在東部獲得同樣的頭銜。從這個比例可以知道，戰勝的君王憑著軍隊和實力，享有較高的權勢和地位。

　　克里斯帕斯是位個性和善的青年，接受凱撒的頭銜以後，負責指揮萊茵河的防務，由於調度有方，英勇過人，對法蘭克人和阿里曼尼人的作戰，贏得幾次勝利。邊境蠻族懾於他是君士坦丁的長子，也是康士坦久斯的孫兒，因而產生敬畏

之心。皇帝自己負責多瑙河方面的守備，面對的狀況更困難也是最重要的地區。哥德人在克勞狄斯和奧理安統治時期，知道羅馬軍隊有強大戰力，對帝國的權勢頗為忌憚，不敢輕易越雷池一步。好戰的民族經過五十年的休養生息逐漸恢復實力，新生一代崛起不再記得往日的慘狀。位於米奧提斯海邊的薩瑪提亞人追隨哥德人的旗幟，有時是他們的臣屬有時又成為盟友。他們組成聯軍衝擊伊里利孔廣大的區域，康坡納（Campona）、瑪古斯和波諾尼亞（Bononia）發生幾次圍攻和會戰，激烈的戰鬥讓人難以忘懷。

君士坦丁雖然遭到頑強的抵抗，最後還是占到上風，哥德人被迫將到手的戰利品和俘虜留下，換取羞辱的撤退。對於無禮的蠻族膽敢進犯帝國邊疆，皇帝在事後還是忿忿不平，決心予以嚴懲。他修復圖拉真時代建造的橋樑，率領軍團渡過多瑙河，侵入蠻族在達西亞防衛最嚴的隱密聖地。當他施以最殘酷的報復行動以後，不惜紆尊降貴對哀求的哥德人給予和平，條件就是只要帝國一要求，他們就得供應所需的四萬名士兵。蓋世功勳給君士坦丁帶來不朽的聲名，有利於國家的安全和穩定，有些過譽之辭也難免讓人產生疑問。就像宦官優西庇烏斯（Eusebius）宣稱的，遠到極北之處所有錫西厄民族，受到戰無不勝的羅馬軍隊給予嚴懲，產生巨大的影響以致分裂為許多族群和部落。

15 君士坦丁再度統一羅馬帝國（323-324年）

君士坦丁的光榮已達登峰造極之境，不願忍受帝國尚有人能與他並駕齊驅，深信憑著才能和軍備的優勢，雖然雙方的關係沒有破裂，趁著黎西紐斯的年事已高而且民怨很深，可以一舉征服連根摧毀他的勢力。老邁的皇帝確知今日之友即明日之敵，已從迫近的危險中驚醒，提振精神和才智應付激烈的鬥爭。他並非浪得虛名之輩，否則怎麼能夠配與蓋勒流斯建立友誼，榮登帝國的寶座。他立刻徵召東方的兵員，軍團部署在哈德良堡（Hadrianople）的平原，艦隊在海倫斯坡海峽巡弋，全軍有步兵十五萬人，以及主要來自卡帕多西亞和弗里基亞的一萬五千騎兵。一般認為這兩個地方出產的馬匹非常俊美，比起騎士的勇氣和技術可要高明得多。艦隊由三百五十艘三層划槳戰船組成，埃及和相鄰的阿非利加海岸提供一百三十艘，還有一百一十艘來自腓尼基人的港口和塞浦路斯島，濱海國家像是俾西尼亞、愛奧尼亞和卡里利，也要盡義務供應一百一十艘戰船。

君士坦丁的軍隊奉令在提薩洛尼卡集結，全軍共有步兵和騎兵十二萬人，皇帝對軍威雄壯的隊伍甚感滿意，兵員總數雖然較少，列陣戰士反而比東方的對

手要多。君士坦丁的軍團從歐洲民風強悍的行省徵召人員編成，紀律能約束他們的行動，勝利能鼓舞他們的鬥志，何況其中還有大量久歷軍旅的老兵，就在光榮的統帥指揮之下參與過十七次獲勝的戰役，他們準備以無比的勇氣做最後的奮鬥，俾能在退役時接受最高的榮譽。君士坦丁海上作戰的整備，無論從哪方面來說都遠較黎西紐斯處於劣勢。希臘濱海城市按照分配的額度，指派人員和船隻前往著名的派里猶斯港集中，整個聯合兵力大約是兩百艘較小的船隻，要是與古老的雅典共和國參加伯羅奔尼撒戰爭派出的無敵艦隊相比，無論數量和裝備都屈居下風。自從意大利不再是政府的施政重心，麥西儂和拉芬納的海軍整備逐漸被人忽略，帝國的造船和海員主要用在商業不是為了戰爭，所以在這方面的發展和生產，自然就轉到埃及和亞細亞的行省，那裡的技術不但成熟，而且材料獲得更為便利。令人感到奇怪之處是，帝國東部能獲得巨大的海上優勢，為什麼不掌握機會將戰爭帶到對方的疆域，選擇最重要的區位發起攻勢作戰？

　　黎西紐斯並沒有採取上述的積極行動，否則就會改變整個戰爭的外貌。他只是很謹慎的駐紮在哈德良堡附近的營地，等待敵手前來接戰，主要是他已預先在此整建工事，不願放棄既得的地形之利。君士坦丁指揮部隊從提薩洛尼卡向色雷斯方向前進，直到為赫布魯斯（Hebrus）河寬闊的急流所阻，發現當面小山的陡坡布滿敵軍，黎西紐斯的部隊從河岸一直延伸到哈德良堡。雙方很多天都花在勝負難分的遠距離前哨戰鬥，最後君士坦丁經過不屈不撓艱辛的工作，終於把通路和攻擊的障礙全部排除。在此要提一下君士坦丁最不可思議的事蹟，就是在詩文或傳奇小說都很難看到，並非御用文人的吹捧之辭，而是一位對他並不友善的史家事後的記述。我們知道英勇蓋世的皇帝在十二名騎士的陪同下，騎馬奔入赫布魯斯河中，憑著所向無敵的本領，像砍瓜切菜一般，將十五萬敵軍打得大敗而逃。

　　諾昔繆斯輕易採信傳聞，無法用理性思考，對於哈德良堡會戰整個事件，把最難置信的插曲選出來加以修飾和潤色，真正重要部分反倒沒有提及。能夠證明君士坦丁遭遇的危險和英勇，是他的大腿受了輕傷。無論是從虛構的小說或者是訛誤的史實，我們可以看到其中的記載，全把獲得的勝利歸功於英雄的勇氣，而不是一位領袖的將道。真實作戰狀況是君士坦丁派出五千名弓箭手，繞到敵人後方占領一處濃密樹林，結果他們到達此地的意圖，被認為是要伐木建構一座橋樑。黎西紐斯為敵軍奇特的部署感到困惑，只有放棄有利的陣地，到平原上列出陣式，準備在對等的狀況之下與敵人決戰（323年7月3日）。這樣一來條件對他不利，徵集的新兵亂成一團，根本不是西部老兵軍團的對手，據稱有三萬四千人被殺。黎西紐斯工事環繞的營地在傍晚被攻破，大部分人逃到山區，次日向征服

者投降任憑處置。黎西紐斯逃進拜占庭的城牆在裡面固守。

君士坦丁立即著手圍攻拜占庭，這是一件艱鉅的工作，也發生很多讓人覺得可疑的事件。內戰後期拜占庭被認為是歐洲到亞洲的關鍵位置，整個城堡的防禦工事經過整修和加強，只要黎西紐斯仍舊控制海洋，守備部隊受到的危險和饑饉，會比圍攻的部隊還要少很多。君士坦丁把海上作戰指揮官召到營地交付明確的任務：要打通海倫斯坡海峽的航路。黎西紐斯的艦隊根本不想擊沉或摧毀弱勢的敵軍，躲在狹窄的海峽不敢活動，使得數量的優勢無法發揮作用。皇帝的長子克里斯帕斯奉命執行大膽的任務，無比的勇氣克服萬難獲得輝煌的戰果，受到部隊的推崇和讚揚，也引起父親的猜忌。

海上的接戰持續實施兩天，第一天夜晚交戰的艦隊雙方都受到相當損失，各自回到在歐洲或亞洲的港口。第二天快到中午突然颳起一陣強烈的南風，帶著克里斯帕斯的船隻衝向敵軍。他掌握戰機發起全面攻擊，憑著技術和勇氣的配合獲得壓倒性的勝利，摧毀敵軍一百三十艘戰船，五千人被殺，亞洲艦隊的統領阿曼達斯（Amandus）歷盡千辛萬苦，才逃到卡爾西頓的海岸。海倫斯坡海峽的航路立即開放，運輸船運來充足的糧食和供應品，抵達君士坦丁的營地，使他可以實施圍攻作戰。他下令築起人工的土堤到達拜占庭防壁的同樣高度，在上面建起高聳的木塔，用投射機具發射重大的石塊和標槍，襲擾守軍使之無法安然休息，同時在幾處地點架起攻城槌，不停衝擊城門或城牆。要是黎西紐斯堅持在城內防守，就會遭到毀滅的命運；被圍以前就已審慎安排，把人員和財富搬到亞細亞的卡爾西頓。他經常會找一個副手分擔責任和危險，於是將凱撒的頭銜授給手下的將領馬提尼努斯（Martinianus）。

黎西紐斯經過連續幾次挫敗，仍舊保有資源和能力，趁著君士坦丁在拜占庭進行圍攻作戰時，他又在俾西尼亞徵召一支五到六萬人的新軍。但君士坦丁並沒有忽略對手仍在做最後的掙扎，將相當大的兵力用小船運過博斯普魯斯海峽，在克里索波里斯（Chrysopolis）的高地登陸，這個地方現在稱為斯庫塔里（Scutari），立刻發起決定性的接戰。黎西紐斯的部隊雖然新近編成，武器裝備都很缺乏，紀律也難以維持，卻能夠面對敵軍發揮勇氣做困獸之鬥，然而在毫無希望之下終於打得潰不成軍，兩萬五千人被殺，他們的統帥已難逃覆滅的命運。黎西紐斯又撤到尼柯米地亞，已經沒有希望進行有效的防守，只是想獲得談判的時間。他的妻子康斯坦霞是君士坦丁的妹妹出面為丈夫求情。倒不是出於親情而是策略的需要，君士坦丁在神明前面發誓提出莊嚴的保證，只要犧牲馬提尼努斯的性命，以及黎西紐斯退位為民，同意讓他的餘生過著平靜而富裕的生活。康斯

坦霞的行為加上她與敵對兩派的關係，不由得使人想起勇敢的貴夫人，就像歷史上著名的屋大維婭，她既是奧古斯都的姊姊也是安東尼的妻子（屋大維婭基於政治聯盟的需要嫁給馬克‧安東尼為妻，雖然遭到遺棄，她與馬克‧安東尼生了兩個女兒，小女兒安東尼婭（Antonia）與德魯薩斯結婚生兩子，次子即克勞狄斯皇帝，看來這個貴夫人的境遇真是有天淵之別）。

人類的性向已經大有改變，一個羅馬人為了活下去，就是犧牲榮譽和自由，也不再被人認為是件羞恥的事。黎西紐斯向攻打他的敵手懇求赦免，身著紫袍投身在他的「主子」腳前，在羞辱的憐憫聲中站立起來，獲准參加皇室的宴會。接著他被送押到提薩洛尼卡，那是選來監禁他的地方，很快遭到處決終結一生。他的被殺不知是士兵憤而動手，還是奉有元老院的敕令。總之他過去如何對待別人，今天也遭遇同樣的下場。按照勝利一方自行訂立的法條，他被控參加叛亂組織的密謀罪，以及暗通蠻族的通敵罪，這些都是莫須有的罪名，不需任何人證和物證也不用審判和宣告。或許可以從他懦弱求饒的行為證明他的清白無辜。黎西紐斯一生的標誌就是恥辱，他的雕像被打碎毀棄，同時皇帝下了一道急促的詔書，要求盡快改正跟他有關的不良風氣。所有他制定的法律以及在他統治期間的審判程序，全部明令廢除。三十七年以前戴克里先把權力和行省分給他的同僚馬克西米安，現在君士坦丁獲得勝利，羅馬世界又統一在一位君主的權威之下。

第六章
基督教興起（180-313 年）

　　坦誠且合理的探討基督教的創建和發展，該是羅馬帝國歷史極其重要的課題。龐大的政體外受暴力凌虐，內遭腐化侵蝕而日趨崩塌之際，一個樸素而謙卑的宗教，卻不動聲色潛入人心，平靜和隱蔽的掩護之下成長茁壯，忍受反對和制壓的迫害，並興起奮鬥和進取的精神，終於在朱庇特神廟的廢墟上面，樹立十字架的勝利旗幟。基督教的影響並非限於一時一地或僅及於羅馬帝國而已，經過長達十三、四世紀的變革，仍為歐洲民族誠心信奉，從而在藝能、學術和武備方面，開人類先河而有卓越表現。經由歐洲人民的勤奮和熱忱，基督教在亞洲和非洲最遙遠的海岸得以廣泛傳播，藉由殖民地的推展，從北美的加拿大到南美的智利，在古人所未知的新世界當中穩固建立。

1 基督教發展的主要因素

　　從事此項探討甚為有用且有趣，卻也伴隨特殊的困難，教會歷史資料不足且疑點甚多，無法驅散籠罩早期教派的不解之謎。我們信守公正的原則，對於福音教師和無知信徒抱殘守缺的看法，根本不予理會。然而就不置可否的旁觀者而言，他們所犯的錯誤對信仰投下一片陰影。只要他們認為神的啟示是「為我」和「利我」，舉凡對虔誠基督徒的惡意汙衊和蠻橫異教徒的虛妄勝利，都會自動絕滅不留痕跡。神學家樂於描繪宗教從天而降，完全不食人間煙火的景象。史家卻身負重責，必須找出早期教會在塵世與生性軟弱且自甘墮落的人類長期接觸以後，無可避免所要沾染的過錯和腐敗。

　　我們想要探討，基督教的信仰對世上所有古老宗教，為何能夠取得如此重大的勝利？對此一問題真有明顯和滿意的答案，基督教的教義產生讓人信服的力量，以及偉大的創始者具有支配命運的意志。然而這個世界並不見得樂於接受正道和理性，神慧經常不惜利用人性的感情和人類的處境，作為達成宗教目的的工具。或許世人能以謙恭之心，姑且不提基於神意之主要原因，允許我們追問基督教會所以能迅速發展的次要原因何在。看來收效最大、助力最強的原因有五點：

其一，淵源於猶太教狂熱的信仰。基督徒具有不屈不撓的精神和絕不寬容的宗教狂熱，接受基督教義取代摩西律法以後，已經革除原有狹隘而封閉的觀念。其二，永生和來世的教義，加強和改進此一絕對真理，使之具備更大的影響力。其三，原創教派不可思議的力量。其四，基督徒純潔而嚴謹的德行。其五，基督教的團結和紀律逐漸在羅馬帝國的核心，形成獨立自主且又日益壯大的宗教王國。

　　探索重要問題的過程極為繁瑣，雖然令人厭煩，期望從除了神意的主要原因，提出次要的因素，有助於闡明基督教的真理。如果我們在列舉的因素當中發現人為的渲

基督像。©Myrabella / Wikimedia Commons

染，或是出於偶然的情況，以及任何錯誤和個人情感的混雜，對於人類深受不完美天性相稱的誘因造成的影響，看來也不應感到詫異。基督教得益於五個次要因素，就是信仰的熱忱、來世的憧憬、神蹟的傳聞、嚴格的德行，以及教會的體制，使得教會在羅馬帝國的發展獲得偉大成就。正是由於第一個因素，基督徒具有不屈不撓的勇氣，決心要使被征服的敵人完全屈從。接下去的三個因素，為他們的勇氣提供最有力的武器。最後一個因素，要把他們的勇氣團結在一起，指揮他們如何運用武器。像是一小隊訓練有素、勇猛頑強的志願軍，發揮無可抗拒的威力，奮力擊敗一大群不知「為何而戰」及「為誰而戰」的烏合之眾。

　　多神教的各教派中，埃及和敘利亞四處遊蕩的狂熱教徒，是唯一有組織的僧侶階層，對神的安全和昌盛極其關切，利用民眾的迷信思想，能夠獲得聲譽和支持。羅馬和各行省的多神教祭司，絕大多數出身高貴家庭，富有資財，把出面管理著名神廟或參與公眾獻祭活動，當作光耀門楣的事務，大部分都是自己花錢舉行定期的賽會。等到他們按照鄉土的規定和習俗，舉行古老的宗教儀式，表現十分冷淡的態度。由於他們都有正當的職業，宗教的熱情和虔誠，很少受到個人利益或傳統習慣的影響，長時間生活在各自的神廟和城市之中，始終不會受到紀律

的約束，也不會產生政治的聯繫。當他們受到元老院、大祭司團和皇帝的管轄，只要四周是和平與莊嚴的氣氛，維持人民一般的宗教活動，對行政官員而言也是輕而易舉的事。

　　我們可以知道，多神教信徒的宗教情緒，彼此之間完全是同床異夢，各不相干，不僅鬆散也沒有任何定準，在毋須控制之下，任憑自己跟隨迷信的幻想自然浮沉，依照生活和處境的偶然情況，決定崇拜的對象和虔誠的程度。只要宗教信仰可以任意濫用在一千個神明的身上，他們的心靈不可能對其中任何一位發生摯愛和熱烈的感情。

2 基督教發展的主要條件

　　羅馬對外的征戰為基督教的傳播做好準備，加速征服世界的行動。我們曾經試圖說明，歐洲、亞洲和非洲最文明的行省，何種情況之下為羅馬君王統一，後來又如何通過法律、習俗、語言的密切聯繫更加團結。巴勒斯坦的猶太人熱切期盼救世主，只是對神派來的先知陸續施展的神蹟，表現得非常冷漠；他們認為出版和保存《希伯來文福音書》完全沒有必要，有關基督言行的真實史事，要等到非猶太人的信徒數量大增，才在距離耶路撒冷相當遙遠的地方（是指尼祿和圖密善當政的時代，在亞歷山卓、安提阿、羅馬、以弗所幾個大城市），改用希臘文編寫而成。古老的歷史一經譯成拉丁文，除了埃及和敘利亞的農民之外，羅馬臣民全都可以領悟。後來為使行省的農民皈依，根據需要傳來特別的譯本。

　　原來供羅馬軍團使用的公路，可以從大馬士革到科林斯，從意大利到西班牙和不列顛，為基督教傳教士開闢便利的通道。要把外國宗教傳入遙遠地區，通常面對的障礙和阻撓，基督教的征服者從未遭遇。我們有充分的理由可以相信，早在戴克里先和君士坦丁統治之前，基督的信仰已經在帝國各行省和大城市傳播開來。不過有關教會奠基的情況，組成教會的信徒人數以及在不信教的群眾所占比例等等，現在不是無從查考，就是為虛幻和浮誇的言詞掩飾。基督教在亞細亞、希臘、埃及、意大利以及帝國西部，聲望日漸增高的情況，儘管我們獲得的資料並不完整，下面仍將盡力加以敘述，對於在羅馬帝國疆界以外獲得的成就，同樣不會忽略。

　　從幼發拉底河延伸到愛奧尼亞海的富裕行省，有位非猶太族的使徒，顯示傳教熱情和信仰虔誠的主要場所。等到播撒在肥沃土壤的福音種子，獲得門徒辛勤的培植，就在最初兩個世紀，這個區域建立最大的基督教社團。敘利亞行省

的大馬士革、波里亞、阿勒坡和安提阿所屬教會，不僅古老而且最有名望。先知在〈啟示錄〉描述亞細亞的以弗所（Ephesus）、西麥那（Smyrna）、帕加姆斯（Pergamus）、塞阿泰拉（Thyatira）、沙德斯（Sardes）、拉奧狄西亞和菲拉德菲亞（Philadelphia）七個教會，得以揚名後世，派出的下屬單位遍布人口眾多的地區。很早一段時期，塞浦路斯和克里特兩個島嶼，還有色雷斯和馬其頓兩個行省，熱情接受新來的宗教。基督徒共和國很快在科林斯、斯巴達和雅典等城市建立起來。希臘和亞細亞古老的教會，有充分時間發展和擴大組織，使得諾斯替派和其他異端教派都能蜂擁而起，足以說明正統基督教會的興旺狀況，因為所謂「異端」這個名稱，不外乎用來指出人數較少的派別而已。

　　除了可以到手的內部證據，還要加上非猶太人的供狀、怨言和表現出來的恐懼。盧西安（Lucian）是一位研究人類的哲學家，他的作品用極其生動的詞句描繪當代各種情況，可以知道在康莫達斯統治時期，他的故鄉潘達斯（Pontus）充滿伊庇鳩魯派教徒和基督徒。基督死後不到八十年（依據古代的紀錄，耶穌基督遇難是在兩位傑米奈〔Gemini〕出任執政官那年。要是這樣算就是公元29年，亦即普里尼到俾西尼亞出值總督是在公元110年），仁慈的普里尼不禁發出感嘆，試圖消滅的罪惡依然無比猖獗。他寫給圖拉真皇帝極為詳盡的信函，提到羅馬神廟幾乎全部荒廢，用作祭品的牲口無人購買，從異地傳入的宗教信仰，不僅流行在地區各個城市，甚至已經遍布潘達斯和俾西尼亞的鄉村和原野。

　　爾後的作家頌揚和感嘆基督教在東方的發展，毋須對他們的說法和動機進行深入研究。因為誰也沒有留下足夠的證據，可以正確判斷眾多行省的信徒人數。無論如何，有一種事實總算保存下來，對這個不為人知的有趣問題多少可以略見端倪。狄奧多西當政時期，基督教沐浴在皇恩之中長達六十餘年，古老而遠近聞名的安提阿教會有十餘萬會眾，其中竟有三千餘人依靠公眾的捐獻為生。冠上「東方之后」的尊稱，在於人口密集的凱撒里亞、塞琉西亞、亞歷山卓和安提阿。賈士丁（Justin）老皇在位一次地震使安提阿居民死去二十五萬人的悲慘事件，證明全部居民恐怕不下於五十萬人。不論由於宗教狂熱或教會勢力如何大大增加，基督徒不可能超過城市總人口的五分之一。

　　設若我們拿受迫害的教會和得勝的教會、西方和東方、遙遠偏僻的村莊和人口眾多的城市，最近改信基督教的地區和最早接受基督教的地方等等對立的因素做一比較，就會發現應當採用的人口比例數是多麼截然不同。我們記得克里索斯托（Chrysostom）的作品提供一些有用的資料，列舉信徒的人數甚至超過猶太人和異教徒。解決看似複雜的難題其實很容易，顯而易見言辭鋒利的傳教士，只是

在安提阿的民政組織與教會組織之間進行比較，數據來自受洗得以進入天堂的教徒人數，和有權享受公共福利的公民人數之間進行比較，前者包括奴隸、外地人和兒童，後一種名單卻將這些人排除在外。

亞歷山卓的商業和貿易非常興旺，加上鄰近巴勒斯坦，新興的宗教傳入相當容易。大量特拉普提派（Therapeutae）信徒首先皈依，他們居住在馬里歐提斯（Mareotis）湖區，這個猶太教教派對摩西的宗教儀式，本就不如從前那樣尊敬。至於艾塞尼派過著嚴肅生活，厲行齋戒和逐出教門的規定，推行共產制度且愛好獨身，熱中殉教以及義無反顧的信仰，為原創教會的教規提供極其生動的景象。亞歷山卓的學院使基督教神學具有正統和科學的形式，就在哈德良巡視埃及之際，見到一個由猶太人和希臘人組成的教會，成員的地位都很重要，引起好學君王的注意。經過很長一段時間，基督教的發展僅限於國外的殖民地城市之內。直到二世紀末葉，德米特流斯（Demetrius）的前任不過是埃及教會的高級教士，等到掌握教會大權就親自任命三位主教，繼任者赫拉克拉斯（Heraclas）把主教人數增加到二十人。一群沉默寡言、性格倔強的地方人士，擺出冷漠的態度勉強接受新制定的教義。就是遠在奧利金（Origen）的時代，很難見到一個埃及人願意拋棄野蠻的習俗，不再殺害動物用來祭神。一旦基督教登上統治寶座，蠻族的熱情受到宗教風氣影響，埃及的城市見到很多主教，蒂貝伊斯（Thebais）沙漠到處都是過著隱士生活的僧侶。

從異地和外省來的龐大人流，不斷注入羅馬城何其寬廣的胸襟。不管多麼奇特或醜陋的事物，任何一個罪徒或嫌犯，希望隱匿在人煙稠密的首都，能夠逃脫法網的搜捕。在一個多民族混雜的環境之中，無論是傳播真理或虛妄的導師，或是道德或罪惡社團的創建者，非常容易得到大批門徒和隨從。羅馬的基督徒按照塔西佗的記載，無端遭到尼祿迫害的時期，數量已經相當龐大。博學的史家對此一事件的來龍去脈，就像李維敘述接受和取締巴克斯（Bacchus）的祭祀儀式，運用同樣的語氣和筆調。酒神的信徒喚醒元老院採用嚴厲的措施，同樣擔憂已有數量極大的人群，簡直可稱為一個民族，介入萬分可厭的神祕活動。要是能夠仔細深入追究，就會發現真正的信徒沒有超過七千人。考慮眾多的信徒將是司法單位偵辦的對象，提出的數字就相當驚人。塔西佗和較早時期的普里尼，談到受騙的狂熱分子未免過於誇張，關於到底有多少多人拋棄對諸神的崇拜，措辭非常含糊不清，我們對這點也要加以澄清。

羅馬教會毫無疑問在帝國高居首位而且會眾最多，根據一份可靠的紀錄，大約在三世紀中葉，經過三十八年和平時期，記載都城的宗教情況。那時羅馬教會

的教士包括主教一人，長老四十六人，執事七人，副執事七人，輔祭四十二人，以及讀經師、驅魔師和看守共五十人，依靠教徒捐獻贍養的寡婦、殘疾和窮人共有一千五百人之多。按理推算或是拿安提阿的狀況做比較，我們可以大致確定，羅馬的基督徒約為五萬人。關於偉大首都的總人數，也許很難做出準確推算，按最低的標準估計，居民不可能少於一百萬人，基督徒最多占二十分之一或百分之五。

3 基督教傳播的主要方向

西方諸多行省對基督徒的了解，就像在他們中間傳播羅馬的語言、思想和習俗一樣，出自於同一來源和目標，比較重要的情況是阿非利加和高盧，逐漸仿效首都的做法。儘管產生許多有利時機，誘使羅馬的傳教士前往訪問拉丁諸行省，那也是渡過海峽或穿越阿爾卑斯山前不久的事。除此以外，在其餘諸多幅員廣闊的地區，無法找到可信的跡象，表明這裡比起安東尼努斯統治時期，出現過更激烈的皈依熱潮和迫害活動。福音傳播在高盧嚴寒區域緩慢發展，與在阿非利加炎熱的沙漠地帶，那種迫不及待的接受情況極不相同。阿非利加的基督徒很快就形成原創教會的主要組織，在這個行省常常為最偏僻的鄉村開始採用，並不是在重要市鎮。設置主教的做法有助於提高宗教社團的聲望和地位，何況在整個三世紀當中，激起特塔里安宗教熱情的鼓舞，服從西普里安（Cyprian）才能過人的領導，受到拉克坦久斯口若懸河的美化。

我們轉過來看看高盧是完全相反的情況，整個馬可斯・奧理流斯統治時期，只能在里昂和維恩那，見到人口不多還能聯合在一起的會眾。甚至遲至狄西阿斯時代，僅在亞耳、納邦、土魯斯、列摩日（Limogea）、克勒蒙（Clermont）、土爾（Tours）和巴黎等少數城市，存在零散且由少數虔誠教徒維持的教會。沉默適合虔誠的心靈，卻與宗教的熱情難以相容。我們不免為看到基督教萎靡不振的狀況慨然感嘆，由於在頭三個世紀裡未能產生一個教會作家，無法將這些行省的塞爾特語改為拉丁語。在阿爾卑斯山這一邊的諸國中，從學術和知識方面處於領袖地位的高盧，反射到西班牙和不列顛等遙遠行省的福音光芒，當然顯得更為微弱。如果我們相信特塔里安的激烈言辭，那麼，當他對塞維魯斯皇帝的官員呈送〈護教申辯書〉時，這些行省便已籠罩在基督教信仰的照耀之下。

有關歐洲西部教會模糊不清和資料欠缺的源起問題，現有的記載非常草率，以致我們若要對建立的時間和情況做一番敘述，便必須用到很久以後，陰暗的修

道院遊手好閒的僧侶，受到貪婪和迷信的支配，胡亂編寫的傳說填補古代文獻的空白。這些神聖的浪漫傳說當中，有關使徒聖詹姆士的事蹟，由於過分誇張怪異，值得在這裡提一提。他是金內薩爾斯（Gennesareth）湖邊過著平靜生活的漁夫，忽然變成勇敢的武士，在對摩爾人的戰鬥中，率領西班牙騎兵衝鋒陷陣，連最嚴肅的歷史學家都曾讚揚他的功績。康波斯特拉（Compostella）帶有奇蹟色彩的神龕顯示他的威力，代表軍階的寶刀加上宗教法庭可怕的拷問，用褻瀆神明的藉口來消滅任何持反對意見的論點。

基督教的發展絕不限於羅馬帝國的疆域。早期神職人員按照上帝的預言陳述事實，新興的宗教在創立者死後一百年，已經遍及地球上的每一個地方。殉教者聖賈士丁說道：「地球上任何一個民族，不論是希臘人還是野蠻人，還是任何其他人種，不論這個民族叫什麼名字，習俗上面是如何南轅北轍，不論他們對於工藝和務農一竅不通，不管是生活在帳篷裡面，還是坐著篷車四處流浪，他們之中絕對有人在祈禱，用釘死在十字架上耶穌的名義，奉獻給天父和萬物的創造主。」

即使就今天的真實狀況來看，這種極難如願、過分誇大的炫耀之辭，只能當成建立在理想的基礎，一位虔誠而任性的作家輕率發出的議論而已。無論是出自神職人員的信念還是願望，都不能改變歷史的真相。後來推翻羅馬君主國家的蠻族，無論是錫西厄人或日耳曼人，當時完全處在異教思想的黑暗深淵，這是不容置疑的事。甚至就是伊比利亞、亞美尼亞和衣索匹亞改變宗教的做法，直到國家的權杖落入一位正統基督教的皇帝手中，都不曾取得任何重大的成就。那個時期之前經常發生的戰爭行動和商業交往，對於卡里多尼亞部落和萊茵河、多瑙河及幼發拉底河的邊陲地區，可能傳播不夠完整的福音教義。幼發拉底河的對岸，只有埃笛莎很早就接受基督教信仰，堅定的決心表現十分突出，基督教的教義正是從此地向外推展，較為容易傳入希臘人和敘利亞人的城市。當時整個地區還受到阿塔澤克西茲後裔的統治，只是基督的教義對波斯人的心靈，並沒有產生深刻影響。他們原有的宗教體系，在訓練有素的僧侶階層努力之下，要是與希臘和羅馬變化無常的神話一做比較，建構的層次顯得更為技巧和牢固。

4 原創基督徒的人數和處境

當前對基督教發展的研究雖不完善，所持的立場倒是很公正。我們根據有關資料，認為異教徒皈依基督教的人數，一方面是出於恐懼的心理，一方面也由於

信仰的虔誠，實在是過分誇大所得的成就。按照奧利金無可辯駁的證據，信徒人數和未皈依的龐大人群相比起來，仍然是微不足道。我們無法找到任何可信的資料，根本不可能肯定，甚至也難以猜測早期基督徒的確實人數。後人即使以安提阿和羅馬為例做出最高的估計，很難想像在君士坦丁皇帝改信基督教以前，帝國已有二十分之一以上的人民，投身到十字架旗幟之下。然而我們可以確信，基督徒的信仰、熱情和團結的習慣，看起來像是人數大為增多，有助於未來發展的關鍵因素，使他們的實際力量顯得更加突出和強大。

文明社會的基本結構，顯赫的少數人擁有財富、地位和學識，廣大的人民都淪於貧窮、卑賤和無知之中。基督教是面對整個人類的宗教，相對於上層階級而言，必然會從下層社會得到更多的信徒。像這樣的一個無關緊要的自然情況，竟然慢慢變成十分可憎的汙衊藉口。基督教的敵人一直大肆渲染，教會的辯護者看來也不曾全力否認，那就是新興的基督教派，完全由人群的殘渣組成，都是農民和工匠、兒童和婦女、乞丐和奴隸，其中經由最後這類人的推薦，可能將傳教士引進富有和高貴的家庭。毫無名氣的教師（這是異教徒惡意的貶辭）在公開場合保持沉默，私下卻全都滔滔不絕解說教義。他們小心翼翼避免和哲學家發生危險的衝突，盡可能混雜在粗魯無知的群眾中間，向那些因為年齡、性別或所受教育的緣故，最易接受外來影響的心靈，將迷信的恐懼思想灌輸進去。

完全出於惡意的描繪，雖說有的地方頗為相似，從歪曲的情節再加以渲染來看，顯然出自敵人之手。基督教卑微的信仰廣布整個世界，一些因天資和財富獲得地位的人士成為信徒。阿里斯達德（Aristides）曾向哈德良皇帝呈獻極具說服力的〈護教申辯書〉，他便是雅典的一位哲學家。殉教者賈士丁有幸遇見一個老人，或者說是天使，改變他的觀點，開始對猶太先知進行研究之前，就曾向季諾、亞里斯多德、畢達哥拉斯及柏拉圖等不同學派，求教有關神學的知識。亞歷山卓的克雷門斯（Clemens）閱讀多種希臘文著作，特塔里安（Tertullian）也讀過許多拉丁文書籍，朱利烏斯・阿非利加努斯（Julius Africanus）和奧利金的學識非常淵博。雖說西普里安的風格和拉克坦久斯（Lactantius）大不相同，仍可看出這兩位作家都是知名的修辭學教師，後來甚至在基督徒中推廣對哲學的研究，只是並不見得對宗教產生有益的效果而已。知識可以導致虔誠的信心，同樣可以產生異端邪說。

原用以指責阿特蒙（Artemon）追隨者的一番說詞：「他們妄圖修改聖書，背棄古老的信條，根據奇異的邏輯概念提供意見。他們忽略教會的道理，卻致力於幾何學的研究。正當他們忙著對大地進行測量之際，竟然會忘懷天主的

旨意。他們永遠只記得歐幾里德，景仰的對象是亞里士多德和狄奧弗拉斯都斯（Theophrastus），百般讚譽格倫的醫學著作。他們犯下大錯來自濫用異教徒的技藝和科學，對人類的理性進行的研究過於精細，從而敗壞福音教義的純潔和樸素。」可以完全用來詆毀使徒繼承者的各個教派。

5 基督教興起帶來的問題

　　我們不能自以為是的表示，出身高貴和富有的人士，完全和基督教信仰無緣。幾個羅馬公民帶上普里尼的法庭，讓人很快發現其中大有玄機，俾西尼亞社會各階層都有為數眾多的人背棄祖先的宗教。特塔里安利用阿非利加前執政官的恐懼心理和人道主義思想，很明確對他提到，要是堅持運用殘酷的株連手段，就會將迦太基的人口消滅十分之一，同時他會在罪犯當中找到許多和自己身分相同的人，就是出身高貴家庭的元老和貴婦，以及他最親密朋友的友人和親戚。特塔里安過於大膽的挑戰言論，卻不如普里尼從未遭到懷疑的證詞更為可信。看來類似的狀況等到四十年之後，華勒利安皇帝倒是真正相信可怕的說法，因為從他的詔書當中可以看出，顯然認為已經有許多元老院議員、羅馬騎士以及有身分的貴婦，都已參加基督教的活動。教會雖然逐漸喪失內部的純潔，外部的聲勢卻仍然有增無減，以至於戴克里先統治時期，宮廷、法院，甚至軍營，全都隱藏大批基督徒，他們試圖協調現世和來生的利益。

　　有人認為這些特殊的事例不是數量太少，就是時間太晚，無法消除橫加於早期基督徒卑賤和無知的誹謗。我們不應該利用較晚時候虛構的傳說加以強辯，更可行的辦法是把遭受詆毀的情況，變成可以使大家受到教誨的題材。我們只要願意深思便能有所體會，上天從加利利漁人當中挑選使徒，要把第一批基督徒在塵世的地位降得越低，愈有理由敬佩他們的品格和功德。我們都有責任時刻銘記在心，一般而言天國的門專為窮人敞開。受過災難和鄙視磨練的心靈，聽到神靈應許未來的幸福會無比振奮。從相反的角度來看，有福分的人為擁有塵世感到滿足；有智慧的人會在懷疑和爭論之中，濫用理性和知識的優越，事實上卻一無所得。

　　我們確實需要建立理念自我安慰，免得為失去某些傑出人物感到悲傷。大家認為這些人最有資格接受上天恩賜，像塞尼加、大小普里尼、塔西佗、蒲魯塔克、格倫、身為奴隸的艾比克提特斯（Epictetus），以及馬可斯‧奧理流斯皇帝等人，他們都為生存的時代增添無限光彩，提高人性尊嚴，無論是實際生活或沉

思默想，受到推崇的地位充滿榮譽，傑出的理解力因研究學習更為增強。他們思想形成的哲學，清除一般人迷信的成見，把自己的時光用於對真理和善行的追求。然而所有的哲人學者（這是一個令人驚異和關心的問題）都忽略或漠視基督教體系的成熟。無論他們說出的話語或有意的沉默，對於遍布羅馬帝國日益擴大的教派，全都表現鄙視和不齒。他們中間願意降低身分提到基督徒的人士，認為這群信徒是頑固和蠻橫的狂熱分子，強求別人五體投地聽從神祕的教義，卻完全提不出真正讓有見識的學者產生共鳴的理論。

原創基督徒一再為自己和宗教撰寫的護教言論，當代的哲學家是否仔細閱讀，值得懷疑。不過更令人惋惜之處，就是沒有更具才能的辯護人，出來捍衛傳播宗教的大業。他們為揭露多神教的荒謬花費過多的機智和辯才，只是經由揭示受害教友的無辜和痛苦激起大眾的同情。應當明示基督教神聖起源，卻大力宣告彌賽亞即將來臨的預言，不曾將伴隨救世主來臨的各種神蹟講個清楚。經常談論的教義或許能啟迪基督徒，或者使猶太人改教，因為只有這兩者承認預言的權威，帶著虔敬的心情尋求包容的含義和應驗的情況。有些人既不理解也不尊重摩西的信仰道路和預言風格，過分僵化的勸誡方式用在他們身上，便會大大減弱說服的力量和影響。

賈士丁和後來護教者極其拙劣的手法，使崇高意義的希伯來神諭變成遙不可及的幻象，充斥裝模作樣的自滿和冷漠無情的寓言，對於一個思想閉塞的非猶太人來說，混雜一些使用奧菲斯（Orpheus）、赫爾密斯和女預言家的名義，好像是來自上天的真正靈感，實際上是出於虔誠的偽作，神諭的真實性也變得可疑。採取欺詐詭辯的手段保衛上帝的啟示，總使我們想起技巧不很高明的詩人，硬要替自己筆下百戰百勝的英雄，穿上沉重易碎和一無是處的盔甲。

萬能的上帝基於感情而非理性，親手提出的證據，異教和哲學世界竟毫不在意，我們又該如何原諒他們呢？基督的時代、使徒的時代，以及他們第一批門徒的時代，宣講的教義都有無數的神蹟加以證實：跛腳能行走、盲人看得見、生病得痊癒、死者可復生、惡魔遭驅除……自然規則往往為教會的利益暫時停止作用。希臘和羅馬的聖哲卻不理睬驚人的神蹟，一味忙於日常的生活和學習，對於精神和物質世界的任何改變，似乎完全無所覺察。提比流斯統治期間，整個世界或至少在羅馬帝國的一個著名行省，出現過三小時違反自然的景象，天地一片漆黑。如此神奇的現象，理應引起人類的驚懼、詫異和虔誠。在一個注重科學和歷史的時代，竟然無人注意就那麼放過不提。

這件事發生在塞尼加和老普里尼在世的年代，他們一定親身經歷這一奇異

事件，或很快得到有關的信息。兩位哲學家都曾在苦心經營的著作當中，記錄不倦的好奇心理能蒐集一切重大自然現象，諸如地震、流星、彗星、日蝕、月蝕等等，他們對於自然世界自從創造以來，凡人眼睛所曾親見最偉大的奇觀，卻都略而未談。普里尼的作品中有一章專門講述一些性質奇特、歷時較久的日蝕，僅僅滿足於描述凱撒被刺後奇特的天光反應，說是在那一年的絕大部分時間，太陽都顯得黯淡無光。這一晦暗的季節，顯然不能和耶穌受難之際反自然的天昏地暗相比。然而在前面那個值得記憶的日期（公元前44年3月15日），詩人和史家對凱撒遭到刺殺，毫不例外的都會耗費更多的筆墨（凱撒死後一顆名叫「烏理烏斯星」的大彗星連接出現七夜，魏吉爾、賀拉斯和其他詩人都用這個題目寫出有名的詩篇）。

6 羅馬皇帝迫害基督教的動機

基督教在傳播福音的初期階段，憑著基督教義的純正、道德律條的純真以及教徒生活的純潔，人們必會很自然的認定：異教徒會推崇充滿善意的新興教會；有教養的上流社會人士，可能會嘲笑有關宗教奇蹟的種種說法，卻也會對教派的善行表示尊重；地方當局對自外於戰爭和政治，能夠奉公守法的教徒，不但不會橫加迫害，還會盡力保護。只要回想一下多神教普遍受到寬容，自古以來始終享有民眾的崇拜，哲學家漠視宗教不會反對，羅馬元老院和歷代皇帝奉行的政策也會鼎力支持。我們無法理解，基督徒究竟犯下何種罪行，觸怒自古以來放任不管的宗教政策？何況羅馬帝王素來保持中立態度，聽任上千種形形色色的膜拜儀式和迷信活動，在溫和統治下安然並存。到底是何種動機，促使他們一反常態，懲處信奉獨特、無害於人的宗教信徒？

古代羅馬世界的宗教政策為了制止基督教發展，顯得格外嚴厲和蠻橫。大約在基督去世八十年之後，有位素以溫和、睿智著稱的總督竟處死幾個無辜的基督教信徒，依據的法規是施政賢明的皇帝明令頒布。基督徒向圖拉真的繼任者一再提出的申述狀，充滿悲慘和苦難的情景，聲稱在整個羅馬帝國的無數臣民當中，唯獨遵守帝國法令、順從良心呼籲、謀求信仰自由的信徒，不能分享賢良政府普遍施與全民的恩澤。幾位著名殉教者死難情況的記載，措辭都十分謹慎。自從基督教執掌最高權力開始，教會統治者不遺餘力，模仿昔日異教徒仇敵的本領，宗教迫害方面同樣的殘酷無情。敘述的宗旨是要從一大堆未經整理、充滿謬誤和顯然虛構的資料裡面，設法篩選可信而且較為有趣的史實，力求清晰合理，對於首

批基督教徒遭受迫害的起因、程度、持續時間和重要情節，重新做一番交代。

受到宗教迫害的教派，基於恐懼感覺的壓抑、憤怒情緒的撥弄、狂熱信仰的刺激，很難心平氣和調查事實真相，客觀無私評估敵人的行為動機。對於宗教迫害衍生的問題，連帶安全無虞、立場公正的局外人士，往往都不能持平清醒的看待。羅馬皇帝基於何種原因如此對待原創基督教徒，有種說法是從多神教教義的精髓推論而得，似乎較為真實可信。人們早已注意世界上各種宗教之所以和平共處，主要是古代各民族對各自的宗教傳統和祭典儀式，全都不言自明表示認可和尊重。設若某種教派或某個民族，要從人類的大家庭當中分裂出去，聲稱只有他們了解神的意旨，要把該教派以外的一切宗教儀式都斥為瀆神活動和偶像崇拜，必然觸怒其他教派，聯合一致進行圍剿。容忍的權利基於彼此的寬恕加以維持，要是拒絕履行源遠流長的義務，隨之而來的權利也就不復存在。從古以來只有猶太人，非常明確拒絕負起應盡的責任。深入思考猶太人在羅馬當局手中所受到的待遇，有助於我們了解上述推論究竟有多少事實根據，引導我們探明基督教之所以受到迫害的真實原因。

7 猶太人的宗教主張和叛逆精神

羅馬君王和總督對耶路撒冷神廟的尊重，史籍上面有明確的記載。這裡只想說明，耶路撒冷的廟宇和城市的毀滅，以及後續發生的情況，都會激起征服者難以言喻的怒火，並且要用維護政治正義和公共安全極其冠冕堂皇的理由，公開進行宗教迫害。尼祿當政直到安東尼努斯·庇烏斯王朝，猶太人對羅馬的統治始終表示無法忍受的情結，引發多次近乎瘋狂的屠殺和叛亂。埃及、塞浦路斯和塞林等地區，城市的猶太人一直不露聲色，假裝友好跟毫無戒備心的當地人生活在一起，後來卻進行種種可怕的殘暴活動。任何目睹耳聞的外人也不禁為之髮指，當然情不自禁對羅馬軍團嚴厲的報復拍手稱快。當局懲罰陷入瘋狂的民族，愚昧荒謬的迷信使他們不僅與羅馬政府為敵，還要成為全人類的仇人。

猶太人的宗教狂熱，一方面是因為他們認為沒有理由向崇拜偶像的統治者繳納稅款；另一方面是根據從古代流傳下來的神論，一廂情願相信具有最高權力的救世主，很快會降臨人間解開他們的枷鎖，要為上帝的選民建立一個地上王國。著名的巴喬契貝斯（Barchochebas）宣稱自己就是猶太人盼望已久的彌賽亞，號召全體亞伯拉罕的子孫起來實現以色列的夢想，終於組成一支聲勢浩大的隊伍，與哈德良皇帝的軍團浴血奮戰達兩年之久。猶太人對政府不斷的挑釁，羅馬皇帝

獲勝以後憤怒平息，戰爭和危險一過，帝國恢復平靜，不再惶恐難安。羅馬當局對多神教實施寬容政策，加上安東尼努斯‧庇烏斯的溫和性格，猶太人很快恢復古老特權，又能對嬰兒施行割禮，僅有無關緊要的限制，亦即不得把希伯來種族的特殊標誌，強加於任何皈依猶太教的外族人身上。

　　殘留下來為數眾多的猶太人，不得進入耶路撒冷城區，卻可在意大利的行省和城市，建立和維持相當數量的居留點，獲得羅馬法令規定的自由，享有市民的榮譽，免除擔負費力費錢的社會公職義務。羅馬人具有寬容性格，對於異教保持不屑一顧的姿態，使得受到征服的教派建立的教權制度，形式上獲得法律認可。猶太教固定駐在提比里阿斯（Tiberias）的大教長，有權委任下屬教士和信徒，行使內部司法權力，每年從分散各地的教徒手中收取一定數量的奉獻。帝國各主要城市建立新的猶太會堂，按照摩西律法規定和猶太教教士代代相傳的慣例，一直奉行安息日、齋戒日及其他節日慶祝活動，全都可以公開舉行。這樣一來羅馬當局溫和的宗教政策在不知不覺的灌輸之下，改變猶太人冷酷的態度，終於從先知和征服的夢幻當中清醒，逐漸安於做帝國馴良和勤勞的臣民。原來那種對全人類的仇恨情緒，現在不再發展為流血和暴亂的行為，另外找到無害的發洩管道，經商活動不放過一切機會掠奪偶像崇拜者，暗暗念誦難以理解的經文，詛咒傲慢的以東（Edom）王朝（這是猶太人用來稱呼羅馬帝國的名字）。

　　猶太人厭惡羅馬皇帝和臣民信奉的神明，拒絕參與祭拜活動，卻還能自由自在過著不受歡迎的宗教生活，使人想起亞伯拉罕的子孫所以能倖免於基督門徒所受的苦難，其中必有原因存在。須知這兩個團體的區別不易分辨；從古代人的觀點來看，彼此的差異卻至關重要，猶太人是一個民族，基督教卻只是一個教派。雖然每個團體都應尊重鄰近另一個團體的神聖傳統，就一個民族而言，更有責任堅持祖先建立的制度。神諭的聲音、聖哲的教誨和法律的權威，一致要求他們必須盡力完成單一民族的義務。猶太人自視較常人聖潔，這就會激怒多神教徒，反說他們是令人憎惡的下流種族。猶太人不屑於與其他民族交往，遭人蔑視也是罪有應得。摩西律法大部分內容看來繁瑣荒謬，許多世紀以來為一個龐大社會勉強接受，猶太教徒當然可以援例更不在話下。世人承認他們有權奉行教規，設若違背便視為犯罪。

　　古老的原則雖然可以保護猶太會堂，對於原創基督教會並沒有好處，不能產生安全和穩定的作用。基督徒只要信仰新近流行的福音，便已犯下十惡不赦的罪行，割斷習俗和教育之間的神聖紐帶，破壞帝國和家族的宗教制度，狂妄詆毀祖先長期信仰和崇拜的神聖事物。前所未有的叛教行為（若能這樣認定的話）還不

僅是局部或限於某一地區的問題，虔誠的背離者既然屏棄埃及或敘利亞的神壇，自然不屑於在雅典或迦太基的廟宇尋找庇護。每個基督徒都以厭惡的情緒拋棄家族、城市以及行省長期保有的迷信思想。他們毫無例外的拒絕和羅馬、帝國、乃至全人類崇信的神明發生任何關係。因此受盡壓制的信徒不論如何要求伸張正義，祈請聽從良心呼籲和自行判斷不能剝奪的權利，全都無濟於事。基督徒的處境也許使人同情，他們所提出的申辯，卻始終不能被異教世界的有識之士和一般信徒領會。按照常人的看法，任何人要是對相沿已久、代代相傳的信仰產生懷疑，簡直和有人忽然對本鄉本土的風俗、衣食或腔調感到厭惡一樣荒唐無稽。

8 基督教受到誤解的主要原因

基督教的創始人不僅被信徒尊為聖人和先知，還要當作神明進行膜拜。這一點應該不會讓人感到驚異，多神教教徒對民間流傳的神話或任何有關的事物，即使再牽強附會，都會拿來當成獻祭的對象。關於巴克斯、海克力斯和埃斯科拉庇斯的各種傳說，早已膾炙人口，所以相信上帝之子一如常人降臨人世，也是想當然之事。基督徒竟然要拋棄供奉古代英雄的神廟，令人感到吃驚。正是接受香火的人物在世界的早年發明有用的工藝，制定相關的法律，征服世界各處危害人類的暴君和妖魔。基督徒寧願選擇無藉藉名的教長，作為唯一崇拜的對象，須知鮮為人知的教長早些年頭在一個野蠻民族當中，成為本族同胞怨毒和羅馬政府猜忌下的犧牲品。為數眾多的異教徒民眾只對塵世的利益感到興趣，拿撒勒的耶穌賜予人類賽過無價之寶的生命和不朽，大家卻視若無睹。在貪念紅塵的人們看來，基督自甘犧牲的精神、堅持貞潔的勇氣、博愛無私的胸懷、人品舉止的崇高和生活言行的樸實，不足以彌補缺乏聲望和無所建樹的缺陷。他們拒不承認基督戰勝黑暗勢力和死亡取得巨大勝利，反而對基督教神聖創始人極為可疑的出身、顛沛流離的生活和受盡屈辱的死亡，多方曲解甚或橫加汙衊。

個別基督徒置本人的信念於國家宗教之上的罪過，會因人數眾多和聯合行動更加嚴重。眾所周知，早有人發表危害國家安全的見解，羅馬當局對臣民的任何結社活動，都極為仇視和猜疑，即使全然無害或甚至抱著有益社會的目的組成的團體，都很難得到政府認可。脫離公共敬神活動的基督徒，私下舉行宗教集會，自然更令人生疑。他們的組織和結社不合法，將對社會造成威脅和危險。羅馬皇帝以維護治安為理由，禁止在夜間祕密集會，認為違背公眾安全的法則。基督徒的信仰表現執著和頑固的態度，更給他們的行為和用心塗上一層嚴重的犯罪色

彩。羅馬帝王對於俯首聽命的順民或許會立即停止使用武力，他們認定命令能否貫徹執行，關係統治者的尊嚴。設若一種獨立精神自認可以凌駕政府權威之上，就會使用嚴厲的懲罰加以遏阻。基督教帶著反抗的精神就會產生叛逆活動，等到擴展範圍增廣和持續時間加長，就更會受到羅馬當局的壓制。我們已經看到，基督徒主動積極和成效卓然的宗教狂熱，傳播信仰遍及帝國每個行省，甚至每個城市。新的皈依者要和性質顯然與眾不同的特殊社會建立牢不可破的聯繫，不惜拋棄自己的家族和國家。基督徒陰沉和嚴峻的神態，對正當謀生活動和各種人生樂趣的厭惡，加上經常散布大難即將臨頭的預言，使得異教徒不免憂心忡忡，害怕新興教派會帶來某種危害。大家愈是不明白就愈感到後果嚴重。普里尼說道：「不管基督教的宗旨是什麼，只憑著他們桀驁不馴的頑固態度，就應予以懲罰。」

❾ 早期基督教採取的防範措施

　　基督的門徒進行宗教活動，總要盡量避開別人的耳目，最初是出於恐懼和需要，後來卻完全是有意為之。基督徒全力模仿古希臘伊琉西斯（Eleusis）神祕祭典極端詭譎的做法，認為神聖的組織在異教徒心目中更顯得高不可及，正像許多事情不能盡如人意一樣，後來產生的結果卻完全與他們的意願相反。人們普遍認為，基督徒之所以遮遮掩掩，是由於有些做法根本見不得人。受到曲解的小心翼翼為敵視他們的人提供製造謠言的機會，使得懷疑他們的人更對可怕的謠傳信以為真。很多故事四處流傳，基督徒說成人類中最邪惡的敗類，躲在黑暗的角落裡幹著荒唐的下流勾當，把人類的尊嚴和道德品質當成犧牲，取悅世人無法辨識的神。有許多信徒假裝悔過自新，出面講述親眼所見舉行拜神儀式的情景。他們肯定的說道：「基督徒入教的神祕儀式，是把一個剛出生且渾身沾著麵粉的嬰兒，捧到一位手持匕首的新入會教徒面前。他閉著眼在這個代他贖罪的犧牲品身上胡亂砍殺。殘酷行動完成以後，教徒大口喝乾嬰兒的血，大塊吞食還在顫動的小肢體，全體需要通過共同的犯罪意識，保證彼此永恆的祕密。更有人出面作證，經過慘無人道的獻祭，接著大家一起吃喝，所有人都以狂飲滿足各自的獸慾。等到某個時刻，燈火突然全部熄滅，所有人拋棄羞恥的心理，遺忘人類的天性，黑暗之中不顧倫常，胡亂進行交配。」

　　只要仔細讀一讀古代基督徒的申辯書，任何一個正直的反對派人物，對誹謗造謠的惡毒說法，當然不會信以為真。基督徒堅持本身的清白，向羅馬政府地方官員呼籲，要求追查傳播的謠言。他們宣布只要有人為詆毀他們的罪行提供

任何證據，甘願領受最嚴厲的懲罰。他們同時還提出反駁，別人胡亂加在他們頭上的罪名不僅毫無實據，從情理上推斷根本是不可能的事，這方面的理由倒是令人信服。他們的論點是福音書上一條條聖潔的戒律，對於各種合法的享樂尚且要加以禁止，誰能相信竟會唆使教徒犯下最值得詛咒的罪行；誰能相信如此龐大的一個宗教團體，會有人令自己的組織聲譽蒙羞；誰又能相信如此人數眾多、品行各異、年齡不同、性別不同的人群，面對死亡尚無所畏懼，竟會違背教養和天性深深印入腦中的做人準則。義正辭嚴向當局的申辯，除了少數基督教的辯護士不識大體，為了發洩對教會內部敵人的切齒仇恨，不惜損傷宗教事業的共同利益以外，任何言辭都駁不倒證據的真實性。

即使某些辯護士有時暗示，有時直截了當宣稱，強加於正統基督徒頭上血腥的獻祭活動和淫亂行為，事實上是馬西昂派（Marcionites）、卡勃克拉特派（Carpocratians）以及屬於諾斯替派（Gnostics）的幾個小教派所作所為。他們已經成為異端，只有少數教義仍然遵循基督教的戒律。那些和基督教會脫離關係的分裂教派，同樣使用類似的罪名指控基督徒。無論各方面都有人聲稱，不堪入耳的淫亂行徑，在大批自稱為基督徒的人員當中，一直普遍存在。正統信仰和異端教派之間微妙的分界線，異教徒和政府地方官員根本無法分辨。他們認為是不同教派之間的仇恨，揭發出彼此共同的罪行。政府當局有時本著溫和與冷靜的態度，完全不理會各教派之間的宗教狂熱，經過公正的慎重調查之後提出的報告，總是聲稱拋棄羅馬宗教信仰的派別，所做的交代都很真誠，行為也無可非議。雖然他們奉行荒謬和過度的迷信會招致法律的懲處，類似的調查對首批基督徒的安寧和名聲總是件好事。

10 羅馬當局對基督教抱持的觀點

歷史的使命在於忠實記錄重大事件以為後世借鑑，要是刻意為暴君的行為開脫責任，或為迫害的旨意尋找藉口，就會自取其辱。我們必須了解，看來對原創教會毫無善心的羅馬皇帝，和近代君王動輒使用軍隊暴力和恐怖手段，鎮壓不同信仰的臣民做一個比較，罪惡程度可以說是小巫見大巫。查理五世和路易十四之類的君王，無論從個人的思想和感情方面，應該都能認清良知的權利、信仰的義務和法律的公正。古代的羅馬帝王和官吏，對基督徒堅持信仰的原則一無所知，為了促使基督教合法或自然皈依本國的神聖宗教制度，他們的內心也不會產生敵對的動機，所定的罪責可以獲得緩頰的理由，能夠減低進行迫害的激烈程度。

　　當局的行為出於立法者的溫和政策，不受具有偏見的宗教狂熱所驅使，執行針對地位卑賤的基督徒所制定的法律，常會帶著蔑視的眼光不以為意，甚至出於人道的關懷免於處理。要是我們全面檢視羅馬當局的心態和動機，可以得到以下幾點結論：其一，各級政府經過很長一段時間以後，方始發覺對此一新興教派不可漠然視之。其二，任何臣民被控犯有奇特的罪行，當局在量刑定罪之際，都會特別謹慎處理。其三，處罰以從寬為原則。其四，受害的教會有和平安寧的時期。那個時代的異教徒作家長篇大論寫下皇皇巨著，對於基督徒這個問題，一直視為平常著墨不多。不過我們還是可以根據可信的史料，證明這四點符合事實，所言不虛。

　　感激上天的恩賜，啟蒙時期的基督教會被一層神祕的面紗罩住，在教徒的信仰成熟、人數增加之前，保護他們免於惡意的攻擊，甚至完全躲開異教徒的知曉。他們逐漸拋棄摩西規定的種種崇拜儀式，為最早皈依福音的人提供安全而無害的掩護。信徒大部分都是亞伯拉罕的族人，割禮就是最特殊的標誌，耶路撒冷神殿被毀之前，一直在那裡舉行禮拜，將律法和先知視為神的旨意在地上顯現。就是在心靈上接受以色列應許之說的非猶太人，改變信仰以後從外觀上也被視為猶太人。多神教徒重視表面的祭典和儀式，更甚於信仰的實際內容。新興教派有偉大的企圖和期望，始終小心加以掩飾，不動聲色私下傳播，從羅馬人對聞名的古老民族抱持的寬容政策，獲得相當程度的保護。

　　時隔未久，猶太人受到宗教狂熱和對異端深仇大恨的刺激，慢慢覺察到他們的拿撒勒兄弟正在背棄猶太教堂的教義，一心一意要把異端邪說淹沒在信奉者的血泊之中。上天的意旨早已解除他們執行惡毒念頭的武裝能力。雖然他們有時還能無法無天，行使煽動叛亂的特權，只是不再擁有審判罪犯的司法權力。猶太人發現要在一個冷靜的羅馬政府地方官員的心中，煽起狂熱情緒和偏見引發的仇恨也確實不易，何況各行省的總督曾經宣布，隨時準備受理危害公共治安的案件。等到羅馬人聽說問題的中心不是具體事實，只是一些有關宗教的空話，是猶太教的律法和預言應如何解釋產生的爭論，羅馬當局覺得認真研究在野蠻和迷信的人群當中發生不著邊際的意見分歧，未免有損羅馬帝國的尊嚴和威信。

　　第一批基督徒的清白無辜，倒是受到全然無知和不屑過問的保護，異教徒地方官的法庭常常變成躲避猶太會堂瘋狂迫害最安全的庇護所。事實的確如此，如果我們願意接受從古代遺留下來的傳說，也會在這裡重述十二使徒漫遊異邦的旅程，他們的種種神奇行蹟，以及各自不同的死難情景。經過一番更為細膩的研究以後，卻會使我們不能不懷疑，這些曾經目睹基督創造各種奇蹟的人，如何可能

會被允許在巴勒斯坦境外，用自己的鮮血證實所言不虛。就一般人的正常壽命判斷，須知在猶太人的不滿爆發，成為那場必以耶路撒冷的澈底毀滅告終的瘋狂戰鬥之前，十二使徒當中的大多數人都應該早已過世。

　　從基督死亡到令人難忘的暴亂之間，已經過了很長一段時間。可以說除了在基督死後第三十五年，重大暴亂發生之前兩年，尼祿曾對帝國的基督徒突然進行一次短暫而殘酷的迫害之外，我們沒有發現羅馬政府改變寬容政策的任何跡象。後來我們之所以能夠知道這一獨特事件的歷史面貌，主要是依靠當代具有哲學頭腦的史家，僅憑他的人品也足以使我們不能不對這段史料做一番最認真的思考。

11 羅馬大火引起尼祿迫害基督徒

　　尼祿當政第十年（64年7月18日）帝國首都遭到一場大火，為禍之烈和受害之廣都是前所未有。所有希臘藝術和羅馬功勳的紀念物，布匿克戰爭和征服高盧的全部戰利品，最神聖的廟宇和最壯觀的宮殿，都被凶猛的烈火吞噬。羅馬城劃分為十四個區或地段，只有四個區完好如初，三個區夷為平地，其餘七個地段在經歷大火肆虐以後，到處是斷壁殘垣的悲慘景象。當局提高警覺採取各種預防措施，不讓這場重大災害引起惡劣的後果。皇家花園開放收容受難民眾，迅速搭建臨時房舍給災民棲身，提供廉價的糧食和民生用品。從下達的詔書對市容重整和民宅築構所做的規定，可以看出整建的工作要從寬處理。就像繁榮時期出現的情況，羅馬大火發生數年以後，反而造成比過去更美麗整齊的新城市。尼祿在這段期間盡量謹言慎行，裝出悲天憫人的仁慈態度，還是無法使他免於大眾的猜疑。把罪名加在一個殺妻弒母的凶手頭上是很自然的事。身為國君無視於尊貴的地位，竟敢在劇院登台獻藝，這種人還有什麼蠢事做不出來。謠言到處流傳，指控皇帝縱火燒毀自己的都城，愈是荒

尼祿。

謬的傳言愈容易迎合災民憤怒的心情。當時竟有一種聳人聽聞的說法，更是使人堅信不疑，尼祿欣賞他引燃的大火，手裡彈著七弦琴，高歌特洛伊的焚毀發思古之幽情。

皇帝為了轉移用專制力量也無法消除的嫌疑，決意要找一些人出來當替死鬼。塔西佗曾經這樣寫過：「尼祿為了闢謠將群眾所稱的基督徒抓來。這些人因作惡多端普遍受到厭惡，於是用各種慘酷之極的手段懲罰他們。教派因創始人基督而得名，提比流斯當政時期，為代行法務官頭銜的潘提烏斯・彼拉多（Pontius Pilate）處死。有害的迷信雖然一時受到抑制，再度從發源地朱迪亞（Judaea）傳播而後蔓延到首都。須知羅馬是當世最汙濁放蕩的罪惡淵藪，邪教在受到庇護之下，非常猖獗的流行開來。當局在起初將自認是教徒的人逮捕起來，繼而根據他們的揭發，有大量人員遭到判罪，與其說是在城市縱火，不如說是由於他們對人類的憎恨。他們死於殘忍的酷刑，臨終還受到凌辱和訕笑。有些人釘在十字架上，有些人全身縫上獸皮讓狗撕裂。那些被釘十字架的人，後來身上浸泡易燃物質，夜晚點著當成照明的燈火。尼祿把自己的花園當成大型展示場所，到處是慘無人道的景象，還舉行賽車活動，皇帝親臨主持，他有時還會打扮成賽車手的模樣混雜在人群中。基督徒的罪過實在應予嚴懲示眾，輿論認為這批可憐蟲是死於暴君的殘酷，並非為著大眾的利益而犧牲，群眾的心理由痛恨轉為憐憫。」

運用好奇的眼光觀察人類變革的有識之士，一定會注意到某種現象，尼祿位於梵蒂岡的花園和競技場，受到首批基督徒鮮血的汙染，卻因迫害連連的宗教獲得一連串的勝利，加上濫用具有的特權變得更為名聞遐邇。就在出現奇蹟的土地上面，歷代教皇修建一座比古代朱庇特神殿更為壯觀宏偉的教堂。他們從加利利海卑微的漁夫手裡（耶穌的十二門徒當中，彼得、安得烈、雅各和約翰都是加利利海的漁夫，這裡提到卑微的漁夫是指聖彼得），獲得統治全世界的權力，繼承凱撒的寶座為征服羅馬的蠻族制定法律，把管轄心靈的統治範圍，從波羅的海推展到太平洋的兩岸。

12 圖密善當政對基督徒的迫害

有件事值得我們的注意，耶路撒冷的聖殿和羅馬的朱庇特神殿，幾乎同時毀滅於兩地的戰火。如果提到更令人感到不可思議之處，那就是猶太人自願向聖殿的捐獻，竟然被暴虐的征服者搶走，拿來整修和裝飾朱庇特神殿。羅馬皇帝向臣民徵收人頭稅，雖然每個人繳交的稅額有限，這筆錢的運用早已有所計畫，橫

徵暴歛使用的手段非常嚴厲，讓人認為是不堪其苦的苛政。有些人與猶太人既無血統淵源，也沒有宗教關係，稅務官員還是可以任意課稅。基督徒原來藉著猶太人的會所當庇護，現在也無法逃脫貪婪的勒索。基督教徒一直不願惹上偶像崇拜的麻煩，憑良知也不能為披著魔鬼外衣的朱庇特神廟盡力。基督徒當中信奉摩西律法的人員，原來的數目相當多，雖然目前已經減少，就是想要極力掩蓋猶太血統，也很不容易做到，只要檢查是否行過割禮，馬上就能揭穿身分。

就羅馬當局的官員來說，他們可沒有工夫研究兩個教派在教義上的差異。舉凡用皇帝的名義設置在羅馬的法院，還有以代行法務官頭銜設置的朱迪亞地方審判庭，帶來受審的基督徒當中，據說有兩個人的出身，甚至比偉大的君王還要高貴得多。他倆是耶穌基督的親兄弟使徒聖猶大（St. Jude，明顯可從稱呼得知耶穌的兄弟就是約瑟和馬利亞的婚生子，為了尊敬聖母的貞潔無瑕，諾替斯教派認為猶大是約瑟第二位妻子所生，正統的希臘教徒也採用這種說法）的孫兒，本來具備繼承大衛王的資格，受到全民的尊敬，從而引起總督的猜忌。他們的穿著襤褸而且答話老實誠懇，很快讓當局相信他們既沒有意圖，也沒有能力擾亂羅馬帝國的安寧。兩兄弟坦率承認自己的皇室血胤，以及和彌賽亞的近親關係，否認有任何世俗的企圖，聲稱要建立純粹屬於精神和心靈的天國。當被問到財產和職業的時候，他們伸出因每日辛勤勞動長滿老繭的雙手，說是完全靠著耕種為生，科卡巴（Cocaba）村莊附近有一塊面積約二十四英畝的土地，價值約九千德拉克馬或三百英鎊。聖猶大的孫兒在總督既憐憫又鄙視的心情之下無罪釋放。

大衛王室的衰落使後代子孫免於暴君的猜忌，家族的興旺使得怯懦的圖密善皇帝提高警覺。他只有一直讓恐懼、憎恨或尊敬的羅馬人流血喪命，才能消除自己的不安。所以圖密善對付親叔叔弗拉維烏斯‧薩拜努斯（Flavius Sabinus）的兩個兒子，老大很快以涉嫌謀叛定罪處決，小兒子弗拉維烏斯‧克雷門斯（Flavius Clemens），由於生性懦弱無能，才始倖免於死。皇帝有很長一段時期，對這位不會造成威脅的堂弟真是恩寵備至，把自己的外甥女多米蒂拉（Domitilla）許配給他，收養他們所生的兒子，希望有一天讓他繼承王位，將孩子的父親賜予執政官的高位。可是連一年的任期都沒有做滿，圖密善找出微不足道的藉口，將堂弟判處極刑，多米蒂拉也放逐到康帕利亞海岸一個與世隔絕的小島。另外一大批牽連進去的無辜者，不是處死就是沒收財產，指控的罪名是「無神論者」和「認同猶太人」。要是按照當時官府和輿論對基督徒並不很明確的了解，要把這兩種罪名加在一起，除了用於基督徒身上，對其餘人員全都不適合。

就憑「莫須有」的解釋，可以坐實一個暴君的猜疑，作為他們光榮死難的

證據。教會便將克雷門斯和多米蒂拉，列為第一批殉教者的名單之中，圖密善的暴行稱之為「第二次大迫害」。這次迫害（如果配得上這個稱呼的話）的時期並不長，處死克雷門斯和放逐多米蒂拉不過幾個月，一名深得多米蒂拉喜愛的自由奴史蒂芬，雖然沒有信奉她的宗教，卻在皇宮裡刺殺圖密善。元老院對死去的皇帝加以鞭屍，廢除他所下的詔書和判令，赦回流放的人士。聶爾瓦皇帝溫和的統治，無辜的受害者恢復地位，發還沒收的財產，就連一些罪無可逭的人也都獲得赦免，或者逃脫應有的懲罰。

13 圖拉真為基督徒建立合法的審判程序

　　圖拉真在位時期大約過後十年，小普里尼為他在元老院的同僚和皇帝，任命為俾西尼亞和潘達斯的總督。到任不久他就發現，不知道應依據哪些法令和規定，進行法院的審判工作，何況有的根本違背他善良的本性，因為小普里尼從來沒有參與審理基督徒的案件，只知道有這個教派的名稱。至於他們所犯的罪行屬於哪種性質，按什麼方式定罪，應給予何種懲罰，他根本一無所知。他處於誠惶誠恐的狀況之下，就像以往慣常的做法，將新興教派的狀況寫了一篇奏章，就他個人難免有點偏袒的看法，呈給圖拉真裁定，請求皇帝以聖明的睿智解除他的疑惑，開導他的無知。

　　小普里尼的一生汲汲求知，通曉政府事務，十九歲的年紀就以出色的辯辭，在羅馬法庭初試啼聲（他第一次出庭辯是在公元81年，因為前一年是歷史上有名的維蘇威火山爆發，他的叔父老普里尼死於非命），進入元老院占有一席之地，也擔任過執政官的殊榮，個人交遊廣闊，與意大利和行省的各階層都有聯繫。如果說他對這方面的無知，倒是釋放出來一些信息。我們因而可以斷定，他出任俾西尼亞總督時期，對於取締基督徒並沒有一般的法規和元老院的敕令。無論圖拉真或以前幾位公正廉明的皇帝，他們的詔書和司法裁定，都會收入民法和刑法的法典之中。同時當局並沒有公開表明對這個新興教派的意見，即使在法庭上有取締基督徒的訴訟程序，卻沒有一件具有相當的影響力和權威性，可以供當局成為必須遵循的先例。

　　圖拉真的宗教政策在概念上或許有錯誤，但就他對小普里尼奏章的批示加以對比，表現得還算公正仁慈。後來有一段時期，基督徒常用來為自己辯護。圖拉真皇帝並沒有表現出宗教法庭審判官的狂熱，要把異端查得水落石出，一點都不能放過，判罪的人愈多愈好。恰恰相反，他表示最關緊要之處，在於保護無辜者

的人身安全，不是防止犯罪者逃
脫制裁。他承認要制定一套普遍
適用的法律甚為困難，頒布兩項
較為寬大的法令，對於受苦受難
的基督徒，確實起了支持和保護
的作用。雖然他明令指示地方官
員懲處已經依法定罪的基督徒，
基於人道的考量提出非常矛盾的
做法，就是禁止對未定罪的嫌犯
進行審訊，也不允許聽到一點風
聲就進行追究。皇帝對於匿名指
控概不受理，認為可恥的行為損
害政府信譽，因而嚴格規定，要
以「信奉基督教」的罪名給人定
罪，必須有合法的控告人公開出
庭作證。

圖拉真。

　　按照審判的規定，任何人要
想充當告發者之類引人怨恨的角色，必須當眾說明產生懷疑的理由，具體提出祕
密集會的時間和地點，列舉大量內部情況的數據，何況相關的資料都是教徒嚴格
保密，不讓神聖的事物遭到基督教的敵人給予的褻瀆。要是告發者的指控生效，
必然引起人數眾多而又活躍的教派的仇恨，受到人群中思想開明分子的譴責，而
且不管任何時代和國家，諸如此類的行徑都被視為可恥的角色。反之，設若證明
控告不實，按照哈德良皇帝頒布的法令，舉凡誣告市民犯有信奉基督教的罪名
者，會受到嚴厲處分，最高可以判處死刑。個人之間的仇恨或者宗教信仰的衝
突，可能會無視於遭受侮辱或危險帶來的恐懼，同樣可以想像得到，羅馬帝國的
異教徒當中，很少人願意以身試法指控敵人。

　　為了規避法律的限制採取的權宜手段，對於制止私人仇恨或宗教狂熱的害人
計謀，證明經常發揮很大的功效。恐懼和羞愧的心理對個人行為產生制約，只有
在人數眾多充滿喧囂的集會，無形的影響力就會失去作用。虔誠的基督徒希望獲
得殉道的光榮，當然有更多人力求逃避，不是迫不及待，就是提心吊膽的等候，
按照規定即將來臨的節日慶典和競技比賽，帝國各大城市的居民都會聚集到競技
場或者露天大劇場。盛大的場合具有特殊氣氛以及舉行各種宗教儀式，激發他們

狂熱的情緒，完全喪失人性。無數觀眾頭戴花環，滿身經過香薰，要用犧牲的鮮血淨化靈魂，置身保護神的畫像和祭壇之中，充滿宗教信仰必具的歡樂。他們在這個時候就會想到，只有基督徒憎惡全人類共有的神祇，懷著陰險的惡意拒不參加莊嚴的集會，須知對於公共喜慶活動的厭惡就是侮辱的表示。

設若帝國最近遭到任何災難，比如一場瘟疫，一次饑荒，或一場戰爭的失利；設若台伯河氾濫成災，或者尼羅河沒有漲水漫進田地；設若發生地震或者季節的寒暑失調，迷信的非基督徒就會認定全是基督徒的過錯，他們的罪孽和瀆神活動，雖然因政府的過分仁慈而得到寬恕，終於還是引起上天的震怒。在一大群狂亂和激怒的暴民環伺之下，訴訟案件不會按公正的法律程序進行。在一個被野獸和角鬥士鮮血染汙的競技場，不可能聽到憐憫的聲音。龐大人群不耐煩的怒吼，指控基督徒是全體人類和神明的公敵，呼籲判處他們最殘酷的刑罰。就會在這個新興教派當中挑出一兩個出頭最多的人物，帶著無比激憤的情緒呼喊他們的名字，要求把他們抓來扔進關著獅子的獸穴。主持這類集會的行省首長和地方官員，一般都會滿足民眾血腥的要求，犧牲幾個最惹人痛恨的基督徒，用來平息他們的怒火。

有一些明智的羅馬皇帝保護基督徒，免遭暴亂群眾任意指控帶來的傷害。他們很公正的譴責無法無天的私刑，認為既不符合堅強的統治要求，也有損帝國政府的公道立場。哈德良和安東尼努斯·庇烏斯的詔書都明確宣布，集會當中民眾的呼喊，對於虔誠信仰基督教的徒眾，永遠不能作為定罪和懲罰的合理見證。

14 羅馬當局對基督徒的處置及殉教狀況

有些基督徒定罪以後也不一定要服刑，經過證人的指控，或者自願招供，已經充分坐實有罪的人，仍然自己掌握選擇生或死的權力。基督徒使地方官員最感憤恨之處，不在於過去的可惡罪行，而是目前的抗拒態度。當局認為對定罪的人，已經提出非常寬大的赦免條件。他們只要同意在祭壇上敬幾炷香，就會安然無事的在一片掌聲之中當場釋放。大家認為仁慈的法庭要善盡責任竭力感化，不是一味懲罰迷途的狂熱分子。審判官根據被告的年齡、性別和具體處境採取不同態度，不惜屈就高高在上的身分，向教徒指出活著如何充滿樂趣，死亡是可怕的絕滅，不僅苦口婆心勸說，有時甚至請求他們要多少對家人和親友有幾分同情之心。如果規勸和威脅都不起作用，還會使用暴力，皮鞭和輪架補充說服力之不足。為了制服在異教徒看來如此冥頑不靈、怙惡不悛的罪犯，不惜使用各式各樣

的酷刑。對於迫害者匪夷所思的行為，古代的基督教辯護人據實提出嚴厲的指責，當局違反一切法律原則和正常的法庭程序，然而使用嚴刑拷問的目的，不是要強迫罪犯承認自己犯下的罪行，而是要他否認自己的過失。

等到後來接連幾代的修道士在孤寂無聊之中，竟以研究早期殉教者所受各種死狀和苦刑為樂，挖空心思發明許多想入非非的離奇酷刑。特別設想狂熱的羅馬政府地方官員，置一切道德觀念和公共廉恥於不顧，竟然對無法制服的人進行姦汙，下令可以使用最野蠻的暴力。據說那些視死如歸的虔誠婦女，往往被迫受到更嚴酷的考驗，要她們決定宗教信仰和自己的貞潔究竟何者重要。奉命前來姦汙她們的淫蕩青年，事先都曾受到法官莊嚴的告誡，要他們對那些不願向維納斯祭壇敬香的瀆神處女，必須盡最大的努力維護愛神的榮譽。他們的強暴行為總是無法得逞，一定會有某種神奇的力量及時進行干預，使得貞潔的女基督徒，最後能夠免於遭受身不由己的蹂躪。在這裡我們一定要明確交代，比較古老和更為可信的教會紀錄，很少有這類汙穢筆墨的誇張辭句。

對於早期殉教者，產生不顧事實真相和根本無此可能的描述，主要是出於一個很自然的誤解。第四和第五世紀的教會作者妄加猜臆，認為羅馬政府地方官員如同異教徒或偶像崇拜者，對基督徒懷有勢不兩立的狂熱仇視。若干由平民搖身一變成為朝廷顯貴的人員，可能會懷有基層民眾的成見。還有一些人出於貪婪或恩怨，也會表現得殘酷無情。我們必須肯定一件事，當時可以用早期基督徒感激涕零的供狀作為證明。皇帝或元老院派往各行省，操持生殺大權的地方官員，絕大多數都是溫文儒雅，頗有教養的人士，尊重法治精神，通曉處世哲理，往往拒絕執行可厭的宗教迫害任務，對某些告發根本不予受理，或者向被控基督徒指明逃脫刑責的辦法，使他們免遭法條的懲處。

尤其是官員授與可以自行裁決的司法權力以後，總是盡量用來解救和幫助一直遭受迫害的基督徒，並非變本加厲做進一步的趕盡殺絕。當局沒有將告到法庭的基督徒全部判罪，更沒有把狂熱堅持基督教信仰，已經判罪的信徒全都處死。大多數狀況都會判處不太嚴厲的懲罰，諸如監禁、流放或者發配礦山服行苦役，為遭到判決的不幸受害者保存一線希望。如能遇到新主即位、皇室婚姻或者戰爭獲勝等國家慶典，宮廷頒布命令大赦天下，他們很快就可以恢復原來的地位和財富。

羅馬政府地方官員若要立即處死殉教者，看來只是從兩個極端中仔細挑選的少數人，大部分是主教或執事，都是在基督徒中最有地位和影響力的領導人物，可以產生殺一儆百的作用。不然就是基督徒當中身分最卑下的基層，特別是處於

奴役地位的貧民，一般人認為奴隸的生命一文不值，接受的苦難在眾人眼裡不值得掛齒。學識淵博的奧利金曾經親身經歷，廣泛閱讀古代基督教的歷史，非常明確而且清楚的明示，真正殉教者的人數實在是微不足道。單憑公正又權威的論點，足以推翻後人所謂出現一支殉道大軍的說法。

遍布羅馬各地的許多地下墓穴，搜尋殉教者的遺骨和遺物，數量之多足以塞滿為數眾多的教堂，神蹟和功德更成為連篇累牘聖徒傳奇不可思議的主題。奧利金一般性的議論可以從友人戴奧尼休斯的具體證詞得到解釋和說明。戴奧尼休斯生活在亞歷山卓，這座名城一直受到狄西阿斯皇帝的荼毒，因為信奉基督教迫害至死的殉教者，按照他的估計大約只有十男七女。

15 早期基督徒虔誠的宗教信仰

現代人的觀念清晰而且行事謹慎，對於早期基督徒的獻身精神，可能只會指責不會仰慕，或許只會崇敬不會效法。根據蘇庇修斯・塞維魯斯（Sulpicius Severus）生動的描述，那時的基督徒渴望成為殉教者的急切心情，更甚於後代人企求獲得主教的席位。伊格納久斯（Ignatius）戴著腳鐐穿行亞細亞各大城市，寫下一些書信想要表現的情緒，實非普通人的天性所能容忍。他帶著宗教的狂熱祈求羅馬人，將他投入露天鬥獸場之際，千萬不要出於好心進行無禮的干預，奪去獲得殉教者的光榮。他還聲稱決心要挑逗和激怒凶狠的野獸，好成為解脫罪孽的工具。有些故事特別提到某些殉教者的勇氣，真把伊格納久斯說他要做的事付諸實施。他們故意引得獅子發怒，催促劊子手趕快行刑，興高采烈跳進專為他們準備的烈火，在那劇烈的痛苦折磨之中，表現出無比欣賞的神態。

有些故事還提到狂熱宗教信仰的人員，對羅馬皇帝為保護基督徒安全頒布的限制性法令，表示出不能容忍的態度。有些基督徒因為沒有人告發他們，就主動坦白自己的信仰，用粗暴的行為擾亂異教徒公開的宗教儀式，成群結隊擁到羅馬地方官吏的法庭周圍，大喊大叫要求官府拿他們治罪。像基督徒過於露骨的做法，不可能不引起早期哲學家的注意。他們的反應似乎只是感到驚訝，殊少表示欽佩之意。他們對有些基督徒的堅毅精神竟會超乎常態，不合情理到無法解釋是出於何種動機，因而把急於求死的激情看成是極度的絕望、無知的愚頑或狂熱的迷信造成離奇的結果。

安東尼努斯總督對亞細亞行省的基督徒高聲叫喊道：「不幸的人哪！可憐的人哪！如果你們真要是對生活如此厭倦，找一根繩子或一處懸崖不就更省事了

嗎？」對於那些自己坦承、無人告發的基督徒，他在判刑時會極為謹慎（某位博學又虔誠的史家特別提到這點）。對出乎常情意想不到的狀況，帝國的法律又沒有做出任何具體規定，因此他只能挑出少數幾個人定罪，藉以警告他們的教友。對其他大多數的教徒，他總是帶著氣憤和鄙夷的神情打發他們離開。不管這種厭惡情緒是真是假，信徒堅持到底始終不屈的表現，對於天性易於接受宗教真理的人士頗有正面的影響。每到可歌可泣的悲壯時刻，總會有許多人出於憐憫和欽佩，最後皈依基督教的信仰。宗教的激情往往從受難者的身上傳達給旁觀者，有人說殉難者的鮮血變成基督教發展的種子。

16 羅馬當局的宗教迫害政策

儘管獻身宗教的精神不斷提升，引人動容的教誨繼續煽動，狂熱的情緒卻在不知不覺之中，逐漸為對人性的希望、對生命的留戀、對痛苦的害怕和對死亡的恐懼這些世俗的情感所取代。審慎的教會負責人慢慢體會，有必要對徒眾不顧一切後果的狂熱情緒加以限制，不再輕信在生死關頭全然喪失理性的堅毅精神。隨著信徒的生活條件日益改善，不再面對往日的艱苦和嚴峻，也就不再熱中追求殉教者的光榮。基督徒士兵不願做出一番英雄事業求得揚名於世，遭遇盡責抵抗的敵人往往狼狽逃竄。不過他們倒是有三種可以逃避迫害烈火的方法，產生罪孽的嚴重程度也各自不同。第一種公認完全無罪；第二種的性質可疑或至少屬於有罪範圍；第三種視為對基督教信仰有直接背叛的罪行。

羅馬地方當局遇到有人告發某人信仰基督教，總會把有關情況通知被告，給他一些時間可以先料理好自己的家務，準備就控告的條款做出答覆，當時的情況顯然會使後世宗教法庭的審判官感到無比驚奇。若是被告對堅持到底的精神沒有把握，可趁著給予的空擋找機會逃跑，保全自己的性命和榮譽，躲到無人知曉的偏僻地方或遠赴外省，留在那裡耐心避開風頭，以便再獲得平靜和安全。如此合乎人情的辦法，除一絲不苟、頑固堅持古代教規淪為異端的孟他努派（Montanists）拒不採用以外，神聖的高級教士很快都用建議和行動給予肯定，不會受到人們的非議。

行省總督對錢財的貪婪遠勝於宗教的熱忱，往往就出賣證書（一般稱為「免罪證」）的做法採取放任的態度。這份文件可證明持有者奉公守法，曾經向羅馬神明奉獻犧牲。富裕而膽小的基督徒憑著假證書，就可讓惡毒的告發者無法開口，同時就某種程度而言，很安全的維持自己的宗教信仰。雖然做出褻瀆神聖的

行為，事後採取有限的贖罪悔改就能夠抵消過錯。

　　每一次迫害活動的發起，總有不少怕事的基督徒公開否認或實際放棄原來的信仰。他們用法定的焚香祭神或奉獻犧牲的做法，證明改邪歸正的誠意。叛教者受到政府當局的虛聲恫嚇就會屈服，較有耐力的人常在長時間反覆受刑之後才停止反抗。有些人驚恐的面容流露出內心的痛苦，還有人卻若無其事顯現愉快神情走向羅馬神祇的祭壇。只要度過眼前的危險，就會停止裝模作樣的姿態。一旦嚴酷的迫害有所緩和，教堂的門前就擠滿悔過的人群。他們對屈服於偶像崇拜表示十分痛心，同樣用信仰的熱情請求允許重新加入基督教會，但不見得人人都被接納。

　　最高當局對基督徒判決和懲罰的一般原則，儘管早已有明文規定，在一個疆域遼闊的帝國，地方政府有相當獨立的權限負責推行。教派的命運主要仍取決於自己的宗教行為、當時的具體情況，以及皇帝和下屬各級官吏抱持的觀點。異教徒會因一時宗教狂熱的刺激，產生源於迷信的瘋狂情緒，當局經過慎重思考和再三斟酌，常會壓下或減輕相互對立以免引起衝突。行省總督在各式各樣動機的驅使之下，可以嚴格執行法律也可以放寬尺度。綜觀其中最強有力的一項，莫過於當局不僅要注意已經公布的詔書，還要揣摩皇帝祕而不宣的意念。他的一個眼神或手勢就足以點燃或熄滅那一次迫害的烈火。

　　每當帝國各地偶爾採取一些嚴厲措施，早期基督徒就會鳴冤叫屈，誇大自己遭受的苦難，所謂「十大迫害」這個人人皆知的數字，卻是五世紀時候教會作家的議定。他們對於教會從尼祿到戴克里先時代，兩百五十年期間經歷的興衰禍福，應該有更為清晰和肯定的看法。埃及發生十大瘟疫和《聖經：啟示錄》提到的七頭十角獸等先例，啟發他們運用「十」這個數字。他們把對預言的信仰印證於歷史事實，卻非常小心選擇對基督教最為仇視的朝代。可是那幾次短暫的迫害活動，僅足以恢復信徒的宗教熱忱，強化信仰的教規理念而已。每一次異常嚴厲的迫害以後，總會有很長的和平與安寧時期作為補償。有些朝代的皇帝漠然視之，還有君王採取寬容的態度，明知他們違背法律的規定，卻要考慮事實的需要，使得基督徒的信仰能夠得到公眾的容忍。

17 遍及帝國各地的迫害基督教活動

　　取締基督教的詔書原來要當作敕令下達，頒行全帝國一體實施。不過戴克里先和蓋勒流斯不必等待西部君王的聯署，肯定知道他們必然同意。按照目前執行政策的觀念加以推論，行省的總督都會事先接到密令，同一天在統治區域對基督

徒宣戰。我們可以想像，無遠弗屆的公路和密如蛛網的驛站，使得皇帝能夠用最快的速度，把命令從尼柯米地亞傳達到羅馬世界各個行省。他們不會容許這份詔書在五十天以後，還不能在敘利亞公布；或是在將近四個月的期限，還沒有通知阿非利加各個城市。後來發生延遲的狀況，可以歸於戴克里先遇事謹慎的作風。他一直對迫害的辦法不很贊成，希望先在親眼目睹之下進行一番實驗，免得在邊遠行省實施，要冒引起混亂和不滿的風險。事實上，地方當局在開始的時候，不敢等閒視之以免造成流血事件。後來採取種種殘酷手段獲得准許，甚至鼓勵宗教迫害的熱情。基督徒儘管樂意放棄裝飾華麗的教堂，還是不願下定決心，中斷教徒的宗教集會，或者將《聖經》付之一炬。

有一位阿非利加主教費利克斯（Felix），出於宗教虔誠的執拗態度，讓地方政府的下級官員十分難堪。當地的典獄長把他抓來交給總督處治，身為前執政官又把他押解給意大利的禁衛軍統領。費利克斯甚至不肯做出含糊其辭的答辯，最後終於在賀拉斯的誕生地，就是盧卡尼亞獲得封號的維紐西亞（Venusia）斬首示眾。這一事件造成先例，或許皇帝因此事另行發出詔書，從此以後允許各行省總督，有權對拒不交出聖書的基督徒處以死刑。毫無疑問的，許多基督徒借重難得的機會得到殉教的桂冠。同樣有更多的人用繳交和告密的方式，讓聖書落入異教徒手裡得以苟且偷生，甚至有不少主教和地方教會監督人，會因罪惡的順從行為獲得「叛徒」的惡名。他們在阿非利加教會犯下的過失，造成許多眼前的醜聞和未來的紛爭。

敘利亞和亞美尼亞邊境發生輕微的動亂，儘管都剛興起便遭撲滅，倒給教會的敵人提供看來有理的口實。他們於是散布流言，認定基督教的主教雖然公開聲明絕不抵抗，要無條件服從當局的綏靖行動，現在竟忘卻誓言暗中陰謀鼓動製造很多麻煩。戴克里先產生憤恨和恐懼的心理，越過迄今一直保持溫和態度的界線；頒布一連串殘酷的詔書，宣示決心要澈底取締基督教。第一道詔書指示各行省總督把基督教會的教士全部抓起來，原為關押重大罪犯的監獄，現在擠滿大批的主教、地方教會監督人、祭司、讀經人和驅魔師。第二道詔書命令地方當局可以使用嚴酷的手段，把教職人員從眾人厭惡的迷信中挽救出來，重新回頭祭拜羅馬的神祇。

在這一項嚴酷的命令之後，又補充一道詔書，把對象推廣到全體基督徒。要是基於原來尚可接受的溫和政策，控告人都必須先拿出直接和嚴肅的證據，現在的狀況已有改變，搜索、追查和折磨固執的信徒竟成為帝國官員的職責和興趣所在。凡有人膽敢拯救一個遭到查禁的教派，逃脫羅馬神明和皇帝主持正義的震

怒，不容姑息均將處以重刑。儘管法律森嚴，許多異教徒出於行善的勇氣，處處掩護身為基督徒的朋友和親戚。從而可以證明宗教狂熱的怒火，並沒有使他們發自天性和仁愛的情操完全泯滅。

戴克里先發布懲處基督徒的詔書之後，彷彿急著想把迫害的工作交給別人去做，本人很快禪位脫下皇帝的紫袍。他的共治者和繼位者基於性格和處境，有時想不顧一切繼續蠻幹到底，有時傾向於暫緩執行嚴峻的法條。教會史對於這一重要時期的情況，除非從戴克里先頒布第一批詔書到重新恢復平靜，就基督教會十年來在帝國各地的狀況分別加以考察，否則無法獲得正確而清晰的概念。

康士坦久斯的性格天生溫和而仁慈，絕不願無端壓迫治下的臣民。基督徒在皇宮擔任主要職務，受到他的喜愛和尊重，他對他們的宗教信仰從沒有任何不滿。只要康士坦久斯仍然處於凱撒這次要地位，就無法公開拒絕執行戴克里先的詔書，或者不服從馬克西米安的命令。其實他的權力倒是可以減輕基督徒所受的苦難，雖然勉強同意搗毀教堂的做法，卻又盡量設法保護基督徒，免遭民眾怒火和嚴酷法律的打擊。高盧各行省（還可以將不列顛包括在內）之所以能獨享安寧，完全應歸功於君主用溫和的態度加以調解。西班牙總督達提阿努斯（Datianus）出於宗教的狂熱和策略的考量，一心只要執行皇帝公開頒布的詔書，不願體會康士坦久斯的苦心。讓人幾乎不用懷疑，行省當局必然沾染殉教者的鮮血。

等到康士坦久斯升到奧古斯都至高無上唯我獨尊的地位，可以從容實施德政。雖然他的統治時間很短，還是能夠建立寬容的制度，經由自己的訓示和做出的榜樣讓君士坦丁有所遵循。他那幸運的兒子繼位伊始便宣布保護教會，後來終於名副其實成為第一位基督徒皇帝。君士坦丁改信基督教的動機，由於情況複雜，可以歸之於仁慈的天性、他的政策和信念、或者出於懺悔。在他和其子強有力的影響之下，使基督教成為羅馬帝國主要宗教。改革運動的進展將成為本書敘述的重點。現在只需要說明一點，君士坦丁每一次的勝利，都使教會得到安慰和恩賜。

意大利和阿非利加兩個行省經歷過一次短暫而殘暴的迫害。戴克里先頒布嚴厲的詔書，他的共治者馬克西米安早就仇恨基督徒，喜歡流血和暴力活動，非常嚴格而且興高采烈貫徹執行。進行宗教迫害第一年的秋天，兩位皇帝在羅馬聚會慶祝勝利，制定後面幾項鎮壓邪教的法令就是祕密協商的結果。羅馬當局由於兩位君王駕臨，執行任務格外起勁。戴克里先禪退以後，意大利和阿非利加在名義上由塞維魯斯統治，所在的基督徒毫無自保能力，完全暴露在主子蓋勒流斯絕不

寬恕的仇恨之下。羅馬的殉教者當中，阿達克都斯（Adauctus）值得後代人的景仰。他出身意大利貴族家庭屢受宮廷封賞，升任為執掌皇家產業的財務大臣，尤為引人注目之處，在整個帝國發起的大迫害，他似乎是唯一位居顯貴的人物。

馬克森久斯的叛亂很快使得意大利和阿非利加的教會恢復平靜。暴君多方壓迫各階層的臣民，卻偏愛受盡苦難的基督徒，顯示出公正和仁慈的一面。他完全領會到基督徒的感恩和愛戴，可以料想得到，原來在他不共戴天的仇敵手中遭受過那麼多苦難，至今他們還心有餘悸。何況信徒的人數和財富都極為可觀，勢必能夠保證獲得這一派人的忠心支持。馬克森久斯對待羅馬和迦太基主教抱持的態度，可看作極度寬容的證明，因為很可能正統的君王，都會採取類似的政策對待基督教自成派別的教士集團。馬塞拉斯（Marcellus）是兩位高級教士之一，對於迫害期間背叛和隱瞞宗教信仰的大批教徒嚴加處置，使得首都陷入一片混亂之中，派別之間的憤怒情緒多次引發嚴重的騷亂狀況。基督徒自相殘殺，只有將宗教狂熱遠勝於高瞻遠矚的馬塞拉斯流放，是羅馬教會得以恢復平靜的唯一辦法。

迦太基主教門蘇流斯（Mensurius）的行為更無理性可言，該城一個祭司發表詆毀皇帝的文字，罪犯躲進主教府邸，儘管當時還不可能提出教會豁免權的要求，主教卻拒絕將他交給司法官員處置。由於抗拒的行為構成反叛罪，門蘇流斯遭受法庭傳喚，經過短時間的審訊，沒有判處死刑或流放，仍舊讓他回到自己的教區。這便是基督教臣民在馬克森久斯治下的幸福處境，如果出於需要想獲得殉教者的屍骸，必須到遙遠的行省去收購。

18 蓋勒流斯頒布宗教寬容詔書的始末

宗教迫害的主要決策者蓋勒流斯嗜殺成性，他與統治下不幸的基督徒勢不兩立。可以想像許多中產階層人士沒有財富的拖累，不至於難以脫身坐困愁城，他們背井離鄉到氣氛比較緩和的西部尋求庇護。如果蓋勒流斯僅僅指揮伊里利孔的軍隊和行省，他要搜索或製造殉教者會有相當的困難，因為在這一個四戰之地，對待宣揚福音的傳教士比帝國其他地方都更加冷淡和厭惡。等到蓋勒流斯獲得最高權力統治東部，就讓狂熱情緒和殘酷行為發洩到達極致，不僅是直接管轄之下的色雷斯和亞細亞，而且馬克西明也感到正中下懷，決定遵從恩主嚴酷的命令，在敘利亞、巴勒斯坦和埃及雷厲風行。等到蓋勒流斯高漲的野心屢遭失望的打擊，六年的迫害行為帶來的經驗，加上心頭縈迴不去的痛苦情緒，對他造成巨大的激盪，終於使他澈底覺悟，專制的暴政也不能完全絕滅一個民族，無法摧毀他

們的宗教信仰。

為了彌補他所造成的損害，於是以他本人的名義，再加上黎西紐斯和君士坦丁，共同發布了一份詔書，開列一長串皇家頭銜之後，基本內容如下：「我們夙夜匪懈維護帝國的統一和安全，依據羅馬古老的法律和公認的準則，時刻不忘改正各階層犯下的錯誤。特別希望受到矇騙的基督徒，雖然在帝國各行省組成社團，還能回到合乎理性和自然的道路，不要背棄祖先建立的宗教和儀式，不要厭絕古代遺留的規章和典範，完全任憑自己胡思亂想，毫無依據編造荒唐的法條和謬論。我們前此頒布意在敦促大家崇敬諸神的詔書，已經使基督徒陷入危險和苦難的處境，其中許多人喪失性命，還有更多的人始終堅持瀆神的愚蠢做法，至今不能參加任何正常的公眾宗教活動。為此我們本著寬大為懷的宗旨，決定對那些不幸的人法外開恩，今後允許他們自由表達個人的意念，只要永矢勿諼已經公布的法律，對政府抱持應有的尊敬，便可以毫無畏懼和不受干擾在宗教場所集會。我們即刻頒發另一道詔書，將旨意告知各級法院法官和地方行政官員，希望得到寬容的基督徒在他們崇拜的神前禱告，勿忘為個人與共和國的安全和繁榮祈福。」

一般來說我們不會在詔書和文告的字裡行間，探測帝王的真正意圖或祕密動機，不過由於這些話出自一個垂死皇帝的口中，不幸的困境倒是可以保證他的誠意。

蓋勒流斯簽署赦罪詔書的時候，斷定黎西紐斯對身為恩主的友人所要達成的意圖，必定欣然表示同意，任何有利於基督徒的政策，都會得到君士坦丁的讚許。審慎的皇帝卻不願貿然在序文寫上馬克西明的名字，而且他的同意與否至關重要，因為幾天以後他就繼承亞細亞各行省的統治權。不管怎樣馬克西明在當政的頭六個月，始終裝著採納前任交代的策略，儘管他沒有用自己的名義頒布公告，保證教會的安寧。禁衛軍統領薩拜努斯（Sabinus）向各行省總督和行政官員發出通知，提到皇帝的仁慈和寬厚，體認基督徒毫不屈從的固執，指示執法官員停止無效的控訴，對宗教狂熱分子的祕密集會不必干預。根據最高當局的命令，大批基督徒從各處監獄和礦山釋放，堅強的信徒唱著勝利的讚美詩返回各自的故鄉。屈服在狂風暴雨打擊之下的人們，含著悔恨和贖罪的眼淚，要求重新投入教會的懷抱。

帶有欺騙性質的平靜轉瞬即逝，東部的基督徒再也不會對君王的為人抱有任何信心。殘酷行為和迷信思想滲入馬克西明的靈魂，前者提出迫害的手段，後者指明迫害的對象。皇帝全心全意崇拜羅馬諸神，研究具備大能的魔法，相信

指點迷津的神諭，把先知和哲學家當成天上來客無比敬重，提升到行省負責人的高位，參加最機密的國事會議。飽學之士很容易使他相信，基督徒所以能獲得勝利，完全依靠嚴格的紀律，多神教虛弱不振主要來自祭司之間缺乏團結和上下級關係不明。比照基督教會的辦法照本宣科拿來運用，據以建立一種管理體制。遵照馬克西明的命令，帝國各大城市的神廟都一一加以修繕和裝飾，所有管事的祭司全歸一個高級大祭司的管轄，用來推行異教的各項活動以與基督教的主教對抗。

從另一方面來看，要是城市和行省的高等祭司成為皇帝的直接代理人，大祭司也得承認他們具有無上的權威。白袍是高貴地位的標記。新近任命的高級祭司，全部從最高貴和富有的家族挑選出來。通過地方行政官員和祭司團的影響，東部各個地區特別是尼柯米地亞、安提阿和泰爾，送來大批表示效忠的奏章，全都經過巧妙的安排作為民眾的呼聲，迎合朝廷明示的旨意，籲請皇帝堅持法律的公正，不要一味寬大為懷。為了表示對基督徒的憎惡，請求政府將褻瀆神聖的宗派逐出所在的地區。馬克西明在泰爾市民的奏章上面留下的批語至今尚存。他以無比滿意的口吻讚揚臣民的熱情和虔敬，申斥基督徒不敬神的頑固態度，迫不及待通過流放教徒的要求，從而顯示自己只是接受一項義務，並非由他親自主動提出，授權祭司和地方行政官員，執行刻在銅牌上的詔書。雖然告誡他們避免流血，對一些冥頑不靈的基督徒，卻仍然施以最殘酷和最惡毒的懲罰。

19 宗教迫害的中止和殉教人數的估算

頑固殘酷的君王按照步驟制定方案，亞細亞基督徒無不談虎色變。沒過幾個月西部兩位皇帝頒布詔書，迫使馬克西明暫時中止執行迫害計畫。後來黎西紐斯輕率發動的內戰占據他全部注意力。等到馬克西明失敗和死亡，基督教會快速從最後也是最凶狠的敵人手裡獲得解放。

依據戴克里先最初幾份詔書，授權進行迫害活動，我對這一段的描述，有意略去基督教殉教者遭受苦難和死亡的情景。事實上優西庇烏斯撰寫的歷史書籍，拉克坦久斯慷慨激昂的演說詞，以及各種古老的檔案卷冊，可以收集大堆令人毛骨悚然和厭惡之極的描述。要是讓可怕的輪架和皮鞭、鐵鈎和燒紅的鐵床、用火的炮烙與血淋淋的拷打、那些如同野獸和比野獸更為蠻橫的劊子手、慘無人道加於軀體的刑具，拿來充斥文章的若干篇幅，是再容易不過的事。淒慘的景象還可用來達成某些目的，不論是為了推遲死亡或慶祝勝利，或者指引人們發現為基督

獻身的聖徒遺骨。

　　我對所收集的資料，在確定可信之前，無法決定該引用哪些內容。嚴肅的教會史家優西庇烏斯本人就間接承認，他重述一切能為基督教增加光彩的記載，卻略去所有可能使基督教丟臉顯眼的材料。這樣一來難免使人懷疑，如此公開違反史學基本法則的作者，恐怕對其他要求也未必嚴格遵守。優西庇烏斯的個性使產生的懷疑更加顛撲不破，因為和任何一個同時代的人相比，他都較能保持不輕易採信的態度，也更為熟悉宮廷的各種運作。當然在某些特定的場合，政府官員為個人的利害或冤仇所激怒，殉教者的狂熱情緒促使他們拋棄謹慎從事的準則，甚至忘記保持得體的言行，像是動手推倒祭壇、肆意謾罵皇帝、毆打開庭審案的法官，這樣一來所有人類能想像得到的刑具，最堅強信念所能忍受的酷刑，都會拿來折磨信仰虔誠的犧牲者。

　　然而有兩個無意中提到的情況，卻讓人得知遭到司法官員逮捕的基督徒，處置過程不像設想那樣痛苦不堪：其一是舉凡判處礦坑裡面勞動的信徒，由於看守的仁慈或疏忽，可以在陰暗淒涼的地點修建小教堂，自由表達虔誠的宗教信仰。其二是主教對自動向行政官員投案、宗教過度狂熱的基督徒，不得不加以阻止和

譴責。他們之中有些人被窮困和債務所迫，盲目尋求機會要藉光榮的死亡終結悲慘的人生。另外某些人懷著天真的希望，期待能夠經過短時間的監禁洗去一生的罪孽。還有人出於自私自利的動機，盼望教會給予坐監者大筆補償金，從此可以過富裕的生活。

等到教會戰勝一切敵人，囚禁的教徒出於自私和虛榮的考量，極力誇張所受苦難的程度。時間或地點的隔絕使他們可以信口開河隨意編造，像是誰的傷口如何頓時自癒，誰又轉眼恢復身體的健康，或者有誰斷掉的肢體立即神奇的接上等等情節。有關神聖殉教者的各種例證，相當方便用來解決編造的困難和壓制別人的改正意見。誇張的傳說只要能為教會增光，便會受到輕信會眾的喝彩，獲得掌權教士團的容忍。教會歷史採用一些可疑的證據，拿來證實所言不虛。

有關流放、監禁、苦難和折磨的含糊描述，在一位高明演說家筆下，十分容易加以誇大或淡化，我們決心要對更為清楚和不易篡改的事實進一步探索。那就是因戴克里先及其共治者和繼位者頒布的詔書而喪命的人究竟有多少？近代的傳說記載整支的軍隊和全城的市民，在不分青紅皂白的迫害當中受屠殺一空。更早一些作家僅以悲憤的心情，不著邊際的大發牢騷，根本不清楚究竟有多少人用生命證實對福音的信仰。不過從優西庇烏斯的史書，知道僅有九位主教遭到處決。根據具體列舉的巴勒斯坦殉教名單，可斷定能加上殉教者稱號的基督徒，不會超過九十二人。那個時期一般主教的熱誠和勇氣，我們的了解還是不夠，提到主教被處死的人數，無法做出有用的推斷。後面這個數字卻可以用來證實十分重要和極為可能的結論。根據羅馬帝國行省劃分的情況，巴勒斯坦的面積可以算為東部帝國的十六分之一。

有些總督不論是出於真正仁慈，還是假裝偽善姿態，手上始終沒有沾染基督徒的鮮血，因而我們相信基督教的誕生地，蓋勒流斯和馬克西明治下喪命的殉教者，至少占全國殉教者的十六分之一，那麼總數可能達到一千五百人。按照大迫害延續的十個年頭平均分配，每年實際犧牲的殉教者則為一百五十人。意大利、阿非利加，再加上西班牙這幾個行省，經過兩、三年的高峰期，嚴峻的刑法不是暫時擱置就是明令廢止。要是也按同樣的比例計算，那麼在羅馬帝國境內經過法院判決處以極刑的基督徒，總數將減至不足兩千人。不容置疑與以前任何一次迫害相比，戴克里先時代受難基督徒的人數更多，敵人也更瘋狂，像這樣可信而溫和的估計，可以讓我們推算得知，達成基督教傳播整個帝國此一重大目標，到底有多少聖徒和殉教者犧牲性命。

20 結論

我們要拿自動在腦海中浮現，令人深感悲嘆的事實結束這一章的敘述。就是有關殉教問題方面，即使我們毫不懷疑也不去深究，完全認同史書的記載和虔誠教徒杜撰的傳說，必須承認基督徒在長期內部鬥爭彼此造成的傷亡，遠遠超過異教徒的狂熱帶來的迫害。西羅馬帝國覆滅以後那段愚昧的時代，帝國都城的主教把統轄權擴及俗世的人民，包括拉丁教會的神職人員。他們為了抵制理性力量的衝擊，建立一套迷信制度，從十二到十六世紀，遭受大膽狂熱分子的摧毀，這些人一直以宗教改革家的面貌出現。羅馬教會用暴力行動保護以欺騙手段獲得的帝國，一個和平和仁慈的宗教體系，很快就為放逐令、戰爭、屠殺以及宗教法庭走向敗壞之途。改革派受到熱愛民權和宗教自由的鼓舞，天主教的親王和教士的利益結合，不惜用火與劍推展宗教懲罰的恐怖行動。

據說僅在尼德蘭（Netherland）地區，查理五世的臣民就有十萬餘人倒在劊子手的屠刀之下，驚人數字得到格羅久斯（Grotius）的證實。這個人才華出眾，學識淵博，在瘋狂的教派鬥爭之中始終保持冷靜的頭腦。在印刷術的發明便利情報流通、那個增大洩密危險的年代，他為自己的國家撰寫了一部編年史。要是相信格羅久斯著作的權威，必須承認僅僅在一個行省和一位君主的統治階段，處決的新教徒的時間就遠遠超過三百年。如果對這一事實產生難以置信的感覺，勝過證據的力量，從而認定格羅久斯過分誇大宗教改革派的功績和苦難，我們可以很自然的聯想古人出於輕信的態度，讓我們在面對這些資料可疑而又極不完整的重要作品時，又能相信到什麼程度？對於受到君士坦丁保護的主教和演說家，享有敘述皇帝用仁德征服對手的權利，記載失勢的前任受迫害基督徒的情況，我們又如何能夠完全相信？

D

第七章

都城的創建（324-353 年）

1 君士坦丁堡建城的源起及其形勢（324 年）

　　黎西紐斯戰敗黯然引退，獲勝的君王建造一座城市，命中注定要在爭勝之地統治未來的東方，使得君士坦丁的帝國和宗教能夠萬古長新永垂不朽。戴克里先當初遷都的動機，不知是出於傲慢無知還是策略規劃，要從古代政治中心羅馬脫身而出。後繼者拿他當榜樣一直沿用四十年，顯示趨吉避凶的動機具備的力量確實強大無比。羅馬的地位已沒落，原來附屬的王國，慢慢否認帝國的都城在政治上擁有最高權力。一位黷武好戰的君王出生多瑙河地區，在亞細亞的宮廷和部隊接受教育，為不列顛軍團擁立稱帝，當然會對凱撒的國土冷漠以待視若無物。意大利歷來把君士坦丁尊為救星，只是他偶爾會移樽就教。他向元老院和羅馬人民發布的詔書，大家都會非常恭敬的接受，皇帝登基以後人民很少有機會一睹天顏。君士坦丁在精力充沛的壯年，統治廣闊的國土，根據和平與戰爭的情勢，一直親身在邊界不斷活動，無論是和緩莊嚴的行進還是不辭辛勞的戒備，時刻都準備與外來或國內的敵人一戰。隨著他逐漸抵達顛峰時期，年齡日益衰老，開始預想定都在永久的位置，保持王權的實力和威嚴。

　　君士坦丁認為最佳地點位於歐亞邊界，可以部署強大的兵力，一方面用來壓制居住在多瑙河和塔內斯河之間的蠻族，另一方面對波斯保持警覺，國王受到屈辱條約強加在身的束縛，始終感到怒氣填膺。戴克里先當年基於主要的考慮條件，大張旗鼓建設尼柯米地亞的行宮。然而教會保護者始終憎恨死去的戴克里先，何況他有雄心大志想要建立名聲永垂不朽的城市。君士坦丁與黎西紐斯交戰的後期階段，有機會從軍人和政要的立場，反覆考量拜占庭舉世無匹的絕佳位置，自然條件可以拒止外來敵人的進攻，交通極為方便利於通商貿易。早在君士坦丁很多世代之前，便有一位高瞻遠矚的史家（希臘的波利拜阿斯），指出這個地點的位置有莫大的優勢，身為希臘實力弱小的殖民地才能掌握海上霸權，有幸成為獨立而繁榮的城邦國家。

　　我們用君士坦丁堡（Constantinople）響亮的名氣衡量拜占庭的範圍，皇都

的形狀近似不等邊三角形。鈍角的尖端指向東方和亞洲海岸，直逼色雷斯‧博斯普魯斯（Thracian Bosphorus）海峽的波濤；城市北部以海港為界，南面瀕臨普洛潘提斯海或稱為馬爾馬拉（Marmara）海；三角形的底部對著西方，鄰接歐洲大陸。周圍的陸地和水域的形勢和分布情況令人嘆為觀止，如果不加以詳盡說明很難了解清楚。

　　黑海的水流經過曲折的海峽，日夜不停迅速奔向地中海，博斯普魯斯海峽不僅歷史留名，古代神話更是眾所周知。綠樹成蔭的陡峭海岸布滿廟宇和神聖的祭壇，充分顯示希臘航海家的無能、畏懼和虔誠，一心想要踏著阿爾戈號英雄人物（Argonauts）的足跡，重新探訪險惡的黑海。這一帶海岸長期流傳的故事，像是淫蕩的鳥身女怪占領菲尼烏斯（Phineus）神殿，及森林之王阿密庫斯（Amycus）在錫斯都斯（Cestus）向勒達（Leda）的兒子挑戰。博斯普魯斯海峽的盡頭是賽阿尼安（Cyanean）礁岩，據詩人的描述之所以全部浮在海面，那是天神為防範凡夫俗子的好奇前來窺探，特意成為守護黑海入口的屏障。從賽阿尼安礁岩到位於拜占庭頂端的港口，蜿蜒的博斯普魯斯海峽長十六哩，寬度一般在一哩半左右。歐亞兩個大陸修築的新城堡，建立在塞拉皮斯（Serapis）和朱庇特‧烏流斯（Jupiter Urius）兩座著名的神廟上方；希臘皇帝修建古老的城堡，占據海峽最狹窄部分的地區，相距對岸突出的海灘不過五百步而已。

　　雄偉的要塞在穆罕默德二世（Mahomet II）企圖包圍君士坦丁堡期間，曾經全部重新整修增加守備強度。土耳其的征服者可能不太清楚，在他的統治近兩千年以前，大流士選定此地修建一座把兩個大陸連接起來的浮橋。距離古老城堡不遠有個名叫克里索波里斯，或稱為斯庫塔里（Scutari）的小鎮，成為君士坦丁堡的亞洲郊區。博斯普魯斯海峽逐漸展開與普洛潘提斯海會合，正好穿過拜占庭和卡爾西頓之間一片海域。卡爾西頓還要比拜占庭早幾年由希臘人修建完成，缺乏眼光的建造者竟然沒有從地理位置的形勢加以考量，海峽西岸顯然比東邊更為優越，近乎愚昧的做法一直受到後人訕笑。

　　君士坦丁堡的港口可說是博斯普魯斯峽的一條臂膀，金角（Golden Horn）的美稱是指彎曲的部分像公鹿犄角，或者該說更像一頭公牛的彎角，「金」字更是生動的形容，各種財富從最遙遠的國家被四時不斷的季風，吹進君士坦丁堡安全而寬廣的海港。萊庫斯（Lycus）河由兩條溪流匯合，不停向海港注入淡水，不但可清除水底汙物，還為定期返回河口的魚群提供適合的棲息地。平靜的水域幾乎感覺不到潮汐漲落，港口水深恆常不變，船上貨物不需小船接駁直接運上碼頭。這裡經常停靠許多龐大船隻，船頭靠在碼頭的棧房邊，船尾還在水面漂浮。

從海港深處萊庫斯河口，到博斯普魯斯海峽的臂膀長度有七哩，入口處卻僅寬約
五百碼，必要時橫拉起一根粗大鐵鍊，可保護港口和城市不受敵艦襲擊。

　　博斯普魯斯海峽和海倫斯坡（Hellspont）海峽之間，歐洲和亞洲的海岸同時
從兩邊向後延展，環抱古代稱之為普洛潘提斯海的馬爾馬拉海。博斯普魯斯海峽
的進口到海倫斯坡海峽的出口，這段航程約為一百二十哩。要是有人經過普洛潘
提斯海的中部向西航行，躍入眼簾的景色是色雷斯和俾西尼亞在遠方的高地，天
際是奧林帕斯（Olympus）山終年積雪的山峰（奧林帕斯山有兩處，一在小亞細
亞亦即現在土耳其的烏盧・達格（Ulu Dag）山，標高2543公尺；另一處在希臘
北部為全世界知名的聖山高2917公尺，本書所提奧林帕斯是指前者）。左側愈離
愈遠是一個深入陸地的海灣，戴克里先的皇都尼柯米地亞位於海灣的底部。再就
是經過西茲庫斯（Cyzicus）和樸羅科尼蘇斯（Proconnesus）幾個小島，然後才
能在加利波里（Gallipoli）拋錨停泊，到了這裡分隔歐亞兩大洲的海域又收縮起
來，再度成為一條狹長曲折的海峽。

2 擁有優越安全的地理和交通位置（324年）

　　君士坦丁在最後選定拜占庭之前，曾想到把帝國的中心建立在著名的四戰之
地（要是選這個地點，都城就位於亞洲地區而不是目前的歐洲海岸；另外不同之
處是位於兩條海峽的南端出口，而不是現在靠近黑海的進口處），根據傳說羅馬
人最早在這裡生息繁衍。他首先想選來作為新都城的地址位於古特洛伊城下方，
面對洛提安（Rhoetean）海岬和阿傑克斯墳墓的廣闊平原。儘管原來的計畫很快
放棄，在這裡留下未完工的雄偉牆壁和城堡，至今每位航行經過海倫斯坡海峽的
旅客，仍舊受到吸引特別凝神注視。

　　不管從哪方面來說，君士坦丁堡的確據有優越地位，彷彿是大自然專為君
主國家設計的政治中心和首都。位於北緯四十一度線上的皇都，正好從所坐落的
七個小山，俯瞰歐、亞兩大洲海岸；氣候溫和宜人、土地肥沃富饒、海港寬闊安
全，位於大陸邊陲一個面積狹小的範圍之內，防守容易。博斯普魯斯海峽和海倫
斯坡海峽，等於君士坦丁堡的兩道門戶。敵軍從海上來犯可閉關自保，又能隨時
為前來貿易的船隊敞開大門。東部各行省之所以能生存發展，應歸功於君士坦丁
的政策。黑海地區的蠻族在上一代大動刀兵，曾進入地中海腹地，卻無法超越堅
固的屏障，被迫終止海盜行徑。即使兩道海峽的門戶全部關閉，都城依靠圈入的
寬廣土地，仍能生產各種物品，滿足居民的生活所需和奢華要求。

　　土耳其高壓之下呻吟不絕的色雷斯和俾西尼亞海岸，靠著葡萄園、果園和農業收成，呈現富饒的景象。普洛潘提斯海以魚類資源豐富著稱，某些魚類到了汛期，無需技術不必花費多少勞力便可大量捕獲。等到兩個通道為對外貿易完全敞開，可按照季節變化，輪番接納來自南面和北面、黑海和地中海的天然物產和人工財富。從日耳曼和錫西厄的森林直到遙遠的塔內斯河和波里昔尼斯河的源頭，所有能收集到未曾加工的產物；歐洲或亞洲的工匠所能製造的任何手工藝品；加上埃及的穀物，印度運來的寶石和香料，始終隨著季節的風向，駛入君士坦丁堡港口，連續許多世代，此處一直是古代世界的商業中心。

　　君士坦丁堡同時具備了美觀、安全和富裕，可以證明君士坦丁的選擇極為正確，不應引起非議。無論在任何時代一個偉大城市的誕生，總得和神話傳說或聖賢英雄聯繫在一起，才能顯示出偉大和威嚴。皇帝也不願居功過多，把全部責任包攬在己身，而歸之於神意的安排更可以萬無一失、根基永固。他在一份法規告誡後代子孫，完全聽從神的旨意，為君士坦丁堡奠定千秋萬世的基礎。這方面儘管沒有說明上天如何啟發他的心靈，謙虛的沉默所留下的遺憾，卻被後世的作家憑著聰明才智獲得補充。他們詳細描繪君士坦丁夜宿拜占庭城，神明在他的睡夢中顯靈的情景。拜占庭的守護神，像一位年邁體衰的老太婆，忽然在他面前變成如花似玉的少女，於是他親手用帝國一切偉大象徵作為祂的裝飾。君王醒來後仔細揣摩吉利的夢境預兆，接著就遵從天命毫不遲疑地盡快辦理。

　　舉凡一座城市或殖民地奠基命名之日，羅馬人總按照傳統規定，古老的習慣多半帶有迷信觀念，不惜一切花費也要舉行隆重慶典。儘管君士坦丁想要減少異教味道過於濃厚的儀式，他卻把這件事看得非常重要，處心積慮要讓在場的臣民留下威嚴、充滿希望的深刻印象。皇帝手執長矛步行在莊嚴隊伍前面，領導眾人劃出未來城市的界線，圈入的範圍愈來愈大，一直到隨從在驚愕之餘，不得不壯著膽子告訴他，劃入市區的地面超過巨大城市的最大面積。這時他說道：「我還得繼續前進，直到引導我的神靈叫停為止。」對這位超凡入聖的領導者，我們不想繼續揣度他的性格或意圖，還是要實地描述一下君士坦丁堡的邊界和範圍。

3 君士坦丁堡的人口和享有的特權（324 年）

　　君士坦丁這位奠基者其次要關切的重大問題，就是鍾愛的城市人口過多。羅馬帝國東遷之後緊接著就是黑暗時期，這一嚴重狀況造成的危害，無論產生遠期和近期的影響，都被虛榮的希臘人和輕信的拉丁人完全忽視，這方面實在令人

感到奇怪。人們一直提到羅馬所有的貴族家庭、元老院成員、騎士階級以及不計其數的隨從人員，都跟隨皇帝遷到普洛潘提斯海岸。大家也都相信荒涼的古都完全留給外來住戶和當地平民混雜的人群；早已改為果園的大片意大利土地，馬上變得無人居住和耕種。現在要在這部歷史當中，對誇大失實的說法還原本來的面目。君士坦丁堡的發展不能歸於人口自然增多，也不能說是生產的需要，必須承認這塊人為的殖民地，要犧牲帝國原有許多老舊城市才能興建起來。

羅馬及東部幾個行省許多富有的議員，受到君士坦丁的邀請，皇帝為自己的住所選擇運氣很好的地點，讓他們也來此定居。主子的邀請往往與命令很難區別，皇帝表現慷慨好施的態度，立即贏得心甘情願和興高采烈的服從。他把新都城多處修建的宮殿分贈親信，還發給土地所有權和固定津貼，維持高貴而體面的生活，並且還把潘達斯和亞細亞的領地，劃給都城的永久住戶作為世襲產業。相關的鼓勵措施和優惠條件，很快難以為繼，只有取消或不再提起。

無論政權中心位於何處，國家歲入相當大的部分總會被皇帝本人、政府大臣、法庭官員以及宮內人員揮霍一空。最富有的省民被利益、權勢、歡樂和新奇的強大動機吸引而來。居民當中人數眾多的第三階層，不知不覺由僕役、工匠和

商人形成，他們靠出賣勞力謀生用來滿足上層人士的需要或奢侈的排場。不到一百年，君士坦丁堡的財富和人口可以與羅馬一爭高下。整排新蓋的建築物根本不考慮衛生條件或生活方便，非常稠密緊緊硬塞在一起，留下極其狹窄的街道，使得擁擠不堪的人群、馬匹和車輛幾乎都無法通行。原來圈定的城區範圍已經逐漸容不下日益增長的人口，新的建築從兩邊向大海方向延伸，增加部分可以成為一座面積廣大的城市。

羅馬的貧民靠著政府經常不斷分發酒、油、糧食、麵包和銅錢或實物，幾乎不用勞動謀生。君士坦丁堡的奠基者效法頭一位凱撒的手法，有的地方盡量慷慨豪爽卻遭到後代的指責。一個國家的立法者和征服者，認為自己付出生命的代價，獲得阿非利加的領地，自然擁有無可爭辯的主權。奧古斯都卻費盡心機，力圖使羅馬人民建立君權的概念，現在既然已能過著富裕生活，便應徹底忘懷過去的自由權利。提起君士坦丁的揮霍毫無道理可言，不論從公共或私人利益考量都無法原諒。他為建造新的都城每年從埃及強徵來的稅收，實際上全用來養活一群妄自尊大的懶漢。皇帝制定其他法規倒是無可厚非，僅就實質而論的確無關緊要。他把君士坦丁堡分為十四個地區或區域，公民會議尊為元老院，為使該地的公民享受意大利式的特權，就將新興的城市稱作殖民區，成為古羅馬第一位最受寵愛的女兒，德高望重的母親仍然享有法律上最高領導地位，能與她的年齡、威望以及過去偉大成就完全吻合。

君士坦丁珍愛他擁有的城市，全力督導加速工程進度（330-334 年），城牆、柱廊及主要建築物經過幾年時間全部落成；根據另一記載只不過幾個月的工夫。這種異乎尋常的趕工速度實在令人不敢恭維，許多項目都是在倉卒當中草草了事，以後幾代皇帝的統治期間，維護建築物不致崩塌真是克服不少的困難。等到表面顯現新奇和宏偉的氣勢，城市的奠基者已經在為慶祝竣工進行籌備。這樣一個大規模和值得紀念的慶典，表演節目之多和花費之大不難想見。還有一個具有永久意義的奇特情況，在此要提出說明。每當城市的生日來臨，人們會遵照君士坦丁的命令，安排一輛凱旋式使用的戰車，上頭放置一尊君士坦丁的雕像，用木頭製作，外面包金，右手拿著城市守護神。儀仗隊的士兵身著盛裝手持白色細蠟燭，隨著莊嚴行進的行列一起穿過大競技場。隊伍行經在位皇帝的寶座，統治者會從座位上面站起來，非常虔誠向奠基者表示感激和尊敬。城市的落成典禮還通過一道雕刻在大理石柱的詔書，賦予城市第二羅馬或新羅馬之名。然而君士坦丁堡這個名字始終勝過高貴的稱呼，經過十四個世紀的變革仍舊保留奠基者永垂不朽的盛名。

4 君士坦丁堡的位階制度和等級區分（330-334年）

建立新都城必然隨伴民政和軍事制度的革新。最早是戴克里先提出構想，經過君士坦丁加以改進，接著由幾位繼任者貫徹完成，如此一套複雜的政治體系，不僅通過龐大帝國的奇異形象，能夠發人深思有所啟示，同時還揭露帝國迅速衰退的祕密，讓人得知內在的原因。追溯過往任何一種獨特的制度，難免要與或早或晚的羅馬歷史發生緊密的關係，研究較為適當的起始分界線，應該包括從君士坦丁繼位到頒布《狄奧多西法典》，約有一百三十多年的時間。從此段歷史以及西部和東部的《職官志》（Notitia）當中，可看到有關帝國情況最為豐富和最具權威的資料。要說明雜亂無章的內容，便不得不在短時間內中斷正常敘述。有些讀者不了解法律和社會習俗的重要性，才會對主題的更換感到不滿，因為他們具有的好奇心，只是一味追逐過眼雲煙的宮廷變故，重視某個戰役偶然發生的逸聞軼事。

羅馬人天生男子漢的傲氣，只有掌握實權時才能獲得滿足，把誇張的形式和虛假的場面留給喜愛虛榮的東方。等到他們從古代自由權利獲得的高尚品德，漸漸連虛名也難以維持，羅馬人樸實的社會風尚，在不知不覺中被亞洲宮廷講究場面和裝模作樣的習氣敗壞殆盡。個人出眾的功勳和發揮的影響力，在共和國能引起眾人的注目，君主國家視為無足輕重也不能發揮作用，反而會被專制政體的皇帝全力加以撲滅，取而代之是下級服從上級的嚴格等級制度。從坐在皇座階梯擁有頭銜的高階奴隸，一直到濫施權力最下賤的專制工具，相互之間存在非常可鄙的依賴關係，有利於維護現有政權的長治久安，因為既得利益者擔心變革會斷送前程，抹除服務可能得到的報酬。

當時被大家視為神聖的位階制度（hierarchy），每一個層級都有極其嚴格的標記和成規，地位的高低靠各種毫無意義的嚴肅禮儀表現出來，學習相關的準則和規範是一門很大的學問，發生任何差錯便是褻瀆的行為。在雙方傲慢與阿諛的交往和接觸當中，採用大量西塞羅幾乎聽不懂、進入奧古斯都的耳中可能憤怒予以禁止的詞彙，拉丁語文的純樸完全受到破壞。

帝國中央政府任職的要員稱為「顯貴」，可以分為三個等級：其一為建有功勳者（Illustrious），可以稱之「特勳階」；其二為德高望重者（Spectabiles）或眾望所歸者（Respectable），可稱之為「卿相階」；其三為世家出身者（Clarissimi）或獲得官位者（Honourable），可稱之為「士尉階」。最早的羅馬時期，經常提到的用詞諸如克拉西繆斯（Clarissimus），只不過是一般用來表示尊敬的稱謂，後來變成專用以指元老院成員的特殊名號，最後成為稱呼由元老院選出擔任各行省

總督的高階官員。至於認為自己官職和地位顯然高於一般議員，因而必須有所區別的人，為虛榮心所驅使，全都熱中於「卿相階」的名目。

「特勳階」一直專用於稱呼出類拔萃的人物，受到位階較低的兩類人士應有的尊敬和服從，所以「特勳階」只限於：一、執政官和大公；二、禁衛軍統領，包括羅馬和君士坦丁堡的郡守；三、騎兵和步兵的主將；以及四、皇宮中侍奉皇帝負有神聖職責的七位大臣。在一般認為應該處於平等地位的傑出行政官員，資深者也只能和同僚享受相等的榮譽。皇帝樂於不斷對臣下施恩，時而會毫不費力的頒發榮譽證書，用來滿足朝臣迫切的虛榮，如果他們還會野心勃勃那也絕不輕饒。

5 行政區域的劃分和行省總督的行政權力（330-334 年）

帝國的位階制度尊為「卿相階」的一批人，在「特勳階」的統領和行省「士尉階」的行政官員之間，形成一個中間階層。其中以代行執政官的名義出任亞細亞、亞該亞（Achaia）和阿非利加的總督自認高人一等，事實上過去都是德高望重之士，倒也獲得大家的認同；然而他們審判的案件，可以上訴到統領做出終審，成為不能獨斷專行的唯一限制。帝國的民事政府被分為十三個大行政區（Dioceses），每個行政區的面積都相當於一個強大的王國。其中第一個行政區在東方伯爵的管轄之下，只要看一看他的辦公室，竟有可以稱之為祕書、文書或信使的六百名工作人員，在他的手下擔任各種工作，便能從而得知他的職務是何等重要而且雜亂。埃及的特派行政長官（Augustal Praefect），已不再由羅馬騎士擔任，這個名稱仍然保留，由於地理位置的特殊和居民的脾氣，過去曾賦予極大的權力，現在則握在東方伯爵的手中。餘下的十一個大行政區像是亞細亞納（Asiana）、潘提卡（Pontica）和色雷斯、馬其頓、達西亞、潘農尼亞或西伊里利孔、意大利、阿非利加、高盧、西班牙和不列顛，則由十一個副統領或統領代表（Vicars or Vice-praefects）負責治理，這種稱呼本身便足以表明他們的身分和地位。這裡順便提到羅馬軍隊的將領，以及有公爵和伯爵頭銜的軍官，都容許使用「卿相階」的頭銜和稱呼。

皇帝的御前會議瀰漫彼此妒嫉和相互排擠的氣氛，大家為了爭權奪利無所不用其極。羅馬征服者最早的政權形式非常簡單，等到併吞大片國土以後，無形中劃分為無數區域，分別歸入一百一十六個行省（三個是前執政官出任總督的行省，三十七個是一般總督的行省，五個是軍階出任總督的行省，七十一個是設省長的行省），維持一個鉅額支出的龐大政治機構。其中有三個行省由前執政官治

理，行政官員的頭銜不同，位階也依次升高，用以代表身分的標記多得不可勝
數，他們的待遇因為情況的變化，各人的生活享受和獲利多少並不完全一樣。不
過，他們全都（除了前執政官）屬於「卿相階」這一階層，而且都是蒙受皇帝的
恩典，在四大統領或其副手的管轄下，委以掌管本地區司法和財政大權的重任。
卷帙繁多的《御法集》和《民法匯編》，可以為研究各行省的行政體系，提供豐
富而詳盡的資料，時間前後涵蓋六個世紀，是充滿智慧的羅馬政治家和法律家的
心血成果。

　　作為一個史家，只需摘錄兩個制止濫用權力獨特而合理的規定，就可以說明
問題所在。其一，為了維護和平和秩序，授與各行省總督執法的尚方寶劍，可以
進行人身的懲處和刑求，對重大罪行更掌有生殺大權。他們無權讓被判死刑的罪
犯，自行選擇處決的方式，也不能對罪犯判處溫和而又能保持顏面的流刑。郡守
專有的特權，可以向犯人處罰高達五十磅黃金的罰鍰，他們的副手僅能處以幾盎
司黃金的罰款而已。放縱較大的處分權，嚴格管制較小的權力，務實的做法出於
十分合理的考慮，那就是較小的處分權容易濫用。各行省的行政官員要是產生憤
怒的情緒，常常對臣民採取迫害的行動，使得自由權利和家財產業受到影響。這
些官員基於審慎或人道的考量，還是害怕自己犯下殘害無辜的罪行。要是做進一

步研究，有關流放、巨額罰款或選擇較不痛苦的死法相關問題，特別與富豪和貴族有關。他們容易被行省行政官員當作滿足貪慾或發洩憤怒的對象，便可以躲開暗中的迫害，接受禁衛軍統領更為嚴格公正的裁判。

其二，讓每個人感到擔心的事，莫過於正直的法官會因涉及本身的利益或有感情的聯繫，審判發生偏袒的行為，因而制定嚴格規定，除非獲得皇帝的特准，任何人不得在出生地的行省出任行政職務（我國古代自漢唐以來，規定地方官不得在本鄉本土任職，尤其是明清兩朝要求更為嚴格，可見為加強監察和懲治不法，無論中外做法大致相通），禁止總督的兒子與當地居民聯姻，也不得在自己權限所及範圍內購買奴隸、土地或房屋。儘管已有如此嚴格的預防措施，君士坦丁皇帝經過二十五年統治，仍然對司法部門的貪汙受賄和欺詐行為十分痛心。有些法官自己或經由法庭的官員，安排與當事人面談的機會，對案件的及時安排、有利拖延以及最終如何判決，都可以公開出價講情，皇帝了解鬼蜮的伎倆，表現極大的憤怒。這些違法活動的始終存在，或許很少受到懲罰，從一再重申的重要法令和收效甚微的厲聲申斥，可以得到證明。

行政官員都來自法律事務的行業。著名的查士丁尼學院（Institutes of Justinian）教授羅馬的法律，便是查士丁尼皇帝為國內的青年所興辦。君王為了鼓勵他們勤奮學習，不惜紆尊降貴提出保證，有一天他們憑著能力和才智會從帝國政府得到豐厚的報酬。研習這門學科可以獲得遠大的前途，在西方和東方的一些較大的城市裡，都有學校專門教授基礎課程，其中以位於腓尼基海濱的貝里都斯（Berytus）學校名氣最大，自亞歷山大・塞維盧斯（Alexander Severus）時代以來的三百年，教育辦得非常成功，學院的創辦人為自己的家鄉帶來很多的好處。經過五年正規課程的訓練，學生分散到各行省尋找待遇優厚和職位體面的工作。在早已被複雜零亂的法律、詐術和罪惡所敗壞的龐大帝國，他們有無窮盡的就業機會，僅是東部的禁衛軍統領法庭，就可以為一百五十個法律工作者提供職位，其中六十四名享有特權，每年從中間選出的兩名，年薪六十磅黃金，主要是為國家的利益充當辯護士。考驗他們法律才能的第一步，是不定期指派他們充當行政官員的陪審法官，逐漸提升為出庭辯護的法庭擔任主審法官。他們可以得到行省的管轄權出任高級行政官員，依靠自己的才能、名聲、或強有力的後台，能夠高升到「特勳階」的地位。

談起法庭的實際工作，他們總把「講理」當成辯論的工具，完全根據自身的利益解釋法律，因而在公開處理國家司法事務的時候，有害的風氣可能成為他們的性格的一部分。從古到今許多法律工作者，他們的表現無愧於崇高而明智的職

業，懷著純真的忠誠之情，竭盡自己的心力智慧，擔任無比重要的職位。等到羅馬帝國司法制度開始衰敗，法律人員的普通升遷都充滿種種徇私苟且的現象。高尚的技藝在過去視為貴族的神聖遺產，現在卻落入剛剛拋掉奴隸身分的自由人和平民之手，他們不是憑著專門技能，而是靠詐術在經營一項下流的罪惡業務。有些惡訟師設法探求別人的隱私，目的是要挑撥離間引起訴訟，使自己或同夥有機會大撈一筆。還有一些人關在房中，擺出法律專家的架勢，對富有的當事人把無關緊要的細節說得天花亂墜，就連簡單的事情也弄得真相不明，或者故意添油加醋，把絕無道理的訟案說得頭頭是道。這些律師組成外表體面而為眾所周知的特殊階層，放言高論的腔調充滿整個法庭。他們對公正的名聲不感興趣，其中大多數就法律的指導而言，被人稱為無知的土匪。他們把當事人帶進一個浪費、拖沓和失望的迷宮，然後，經過幾年無聊的折磨，當事人的耐心和財產即將消耗殆盡時便被一腳踢開。

6 軍事制度的調整和改革對後世的影響（330-334年）

　　奧古斯都運用的政府組織策略，授與總督全部的統治權力，尤其在皇帝直轄的行省更是如此。方面大員們無論平時或戰時，按照個人的作為獲得獎勵或接受懲處，穿著文官的袍服在法庭治民，也要能全副鎧甲率領軍團出兵征戰。稅賦的徵收、法律的執行和軍事的指揮都享有至高無上的大權，所以只要個人的忠誠產生問題，統治的行省也會涉入謀叛的活動，雖然如此組織和用人的策略還是很少改變。從康莫達斯臨朝到君士坦丁統治，將近有一百名總督運用各種方式打出反叛的旗幟，縱使有人獲得成功，君王猜忌和殘酷的作為之下，很多無辜者受到冤屈、涉嫌者受到阻止。君士坦丁為了確保王權的穩固和帝國的平靜，不受掌握權勢的方面大員帶來的威脅，決定把領軍和治民的權責分開，一勞永逸解決帝國的隱憂，以往雖然也曾實施，都是一時的權宜做法。

　　禁衛軍統領過去掌控帝國的軍隊，現在把軍事指揮權轉移到主將的手裡。君士坦丁設置步兵和騎兵兩位主將，位階都是「特勳階」的侯爵，平時負責部隊的訓練和紀律，戰時無論軍隊是由步兵或騎兵編成，全部由兩位主將負起共同指揮的責任。等到帝國劃分為東西兩部，主將的人數也就倍增，後來又將負責萊茵河、上多瑙河、下多瑙河和幼發拉底河四個邊區的將領，按照同樣的位階和頭銜區分指揮權責，防衛帝國的任務交付給八位步兵和騎兵主將。在主將下面又設三十五位軍事指揮官，配置在各行省，其中三位在不列顛、六位在高盧、一位在西

班牙、一位在意大利、五位在上多瑙河、四位在下多瑙河、八位在亞細亞、三位在埃及，以及四位在阿非利加。

　　他們的位階通常是伯爵或公爵，其中還是有一些差別，跟現代語言表示的意義並不一樣，使用的時候會讓人感到奇怪。須知這是運用拉丁文產生的訛誤所造成，一般而言他們對軍事首長都用第二種稱呼，也就是各行省的軍事指揮官全都是「公爵」。其中不到十位享有更尊貴的地位，他們的位階是「伯爵」，不僅獲得榮譽更加深受器重，全由君士坦丁的宮廷授與位階，伯爵的服飾可以束起金帶以示區別，恩賜和薪俸非常優厚，用來維持一百九十名下屬和服務人員，及一百五十八匹馬。

　　各級將領奉有嚴格的規定，禁止干涉民政尤其是司法和稅務，軍事指揮和部隊有關事項獨立於文官系統之外。君士坦丁在這個時候，對於教會階層給予合法的制裁力，使得羅馬帝國在民事和軍政方面獲得良好的平衡。由於兩個部門的利益發生衝突，雙方的行事原則大相逕庭，經常會引起爭執造成不和，有的地方對帝國是產生好處，也會帶來有害的影響。當然行省的將領要與總督聯合謀叛引起動亂確實是很困難，可也別期望能夠齊心合力服務帝國。等到事故發生，軍方遲遲未能發兵救援，行政部門也不願向軍方低頭。部隊沒有接奉命令、得不到糧草的支援，經常是留在原地待命，把國家的安全置之不理，任由毫無防衛能力的民眾被憤怒的蠻族蹂躪。君士坦丁的分權使國家喪失進取的活力。

　　提到君士坦丁還有一件革新之舉應該加以譴責，產生的結果是斲喪軍隊的紀律，造成帝國陷入淪亡的局面。在他與黎西紐斯爭奪天下贏得最後勝利之前，十九年的時間不顧帝國的安危和人民的福祉，全副力量投入內戰。敵對的雙方為了逐鹿羅馬世界，防守邊疆的兵力大部分抽調一空，各方控制地盤內的大城市，像帝國的邊界一樣駐紮數量龐大的軍隊，把自己的同胞視為絕不饒恕的敵人。等到動用國內守備部隊平定內亂，戰勝的君王缺乏智慧和毅力恢復戴克里先嚴格要求的軍紀，制裁帶來致命影響的放縱行為，而這習性的養成在於過分溺愛部將和軍事制度不彰所致。

　　君士坦丁統治期間，宮廷掌握的部隊稱為內衛軍，還有負責守衛邊疆的部隊稱為邊防軍，兩種軍制差別很大，他為此訂出相關法規。內衛軍的待遇較高而且享受特權，除非是應付緊急的戰爭狀況，平時駐紮在寧靜無事的行省，尤其是在人口稠密的城市興建軍營，運用高壓手段實施軍事統治。士兵日久頑生逐漸忘懷軍職應該具備的素養，過著酒醉金迷的平民生活，不是自甘墮落從事小本行業賺取蠅頭薄利，再不然就是無所事事整天在浴場和劇院打混度日，完全失去積極進

取的活力。部隊變得不重視軍事操練，專一講究飲宴和穿著，他們平素的作為讓帝國的臣民畏懼，等到蠻族大軍壓境，卻表現出戰慄畏戰的怯懦姿態。

戴克里先和他的同僚沿著大河興建堅強的防線，現在不是疏於工事的保修和維護，就是缺乏守備的決心和勇氣。邊防軍表面上還保持原有的數量，可以負起守備的任務，戰鬥精神已經惡化到屈辱不堪的地步，只要有一場曠日持久的大戰，所有的困難和危險就會全部暴露出來，尤其是他們的薪給和恩賜只有內衛軍的三分之二，更是讓人忿忿不平。甚至是特種部隊和軍團，雖然待遇已接近內衛軍的水平，僅就榮譽的稱號而論，仍不及內廷部隊受到君主的寵愛，也難免心存芥蒂。君士坦丁一再對邊防軍發出嚴厲的威脅之辭，說他們要是膽敢變節叛亂，或者縱容蠻族入侵分享掠奪的戰利品，就要派大軍鎮壓嚴懲不貸，然而僅是說說而已毫無成效可言。所以會不斷發生災禍，主要是當政者的作為欠當，不公正的嚴厲手段無法解決問題。雖然建立功勳的君王費盡心血，恢復邊疆守備部隊的實力和數量，帝國一直到最後發生分裂為止，君士坦丁輕率而軟弱的施政作風，造成致命的傷口使得民不聊生國力凋敝。

在位者畏懼有實權的將領和部隊，同樣採用怯懦的策略，打散戰力集中的單位，貶黜有軍事才幹的官員，認為愈是軟弱無能的部屬愈會聽命服從，以至於有幾位君主心存抑制的想法，採用各種制度大力推展，尤其君士坦丁更是如此。羅馬的軍團因百戰功高產生狂妄的驕氣，自認有實力可取而代之，戰勝的營地經常成為反叛的溫床。自古以來軍團從建立開始保持六千人的兵力，一直到戴克里先當政，每一個軍團在羅馬帝國的歷史上，都是戰爭勝利的寵兒，光耀奪目占有一席地位。不過數年，這些巨大的戰鬥體減縮到人數極為薄弱的地步，舉例來說七個軍團加上一些協防軍，部署在阿米達城抵抗波斯人的圍攻，整個守備部隊加上不分男女的居民，還有逃離鄉村的農夫，總數一共不到兩萬人。基於事實和可信的證據，相信軍團部隊的編制和有關的戰鬥精神和紀律，全部出於君士坦丁的決定。雖然保有原來的番號和榮譽，軍團的步兵只有一千人或五百人，過去很多單獨執行任務的分遣部隊，經常發生叛逆事件，現在感到實力微弱不敢輕舉妄動，就是一旦生事也容易加以制止。

君士坦丁後續的幾位皇帝沉溺於誇大的炫耀心理，發布的作戰序列有一百三十二個軍團，銘刻在官兵總名冊上面，顯示帝國實力舉世無雙。部隊在減編以後剩下的人員，再分配到幾百個步兵支隊和騎兵分隊。數量極為龐大的兵員、番號和旗幟，確實令人生畏，也可以看出各個不同的民族齊心效忠帝國。羅馬民權伸張的共和國時代，軍隊之所以戰無不勝，全在於力求簡約務實，雖然留下的

資料很少，我們還是得知雙方交戰之際，羅馬軍隊的嚴陣以待和亞洲國家的烏合之眾，成為強烈的對比。一位愛好古物的考據家，只要勤於爬梳就可從《職官志》就可以找到很多資訊；史家要想讓自己滿意，一定要進行深入的探討。根據查證各種相關資料，知道君士坦丁及其子在位期間，帝國的邊疆有大軍防守，經常性的駐地和派遣守備部隊的位置，一共有五百八十三處，總兵力有六十四萬五千人，數量之龐大不僅遠超過古代的需要，就是以後的朝代也無法達到當時的規模。

7 尚武精神的斲喪和進入帝國的蠻族軍隊（330-334 年）

　　基於社會的狀況各異，軍隊的徵集來自不同的動機。蠻族勇武無知為天性好戰所驅使，共和國的市民受強烈的責任心感召，國君的臣民受到榮譽感的鼓勵，尤以貴族為然。然而一個陵夷滿目的帝國，生性怯懦而習於享受的居民，不是為了圖謀利益才會在軍隊服役，就是受到嚴刑峻法的逼迫。羅馬帝國的政府，因為軍費支出的增加，對軍隊不斷的賞賜，以及為收攬人心和浪費放縱設立各種新名目，使得財源日漸枯竭，就行省的青年而言，為了縱身危險而困苦的軍事生涯，增加的待遇是必要的補償。

　　徵兵的身高標準已經放寬，就是身為奴隸，也可以在心照不宣的縱容下進入各個軍事階層，絲毫不受歧視和排斥，但還是無法克服當前的困難，獲得正常而足夠的志願服役兵員，逼得皇帝採用更為有效而高壓強制的措施。為了獎勵士兵勇敢殺敵，授與早就退役的榮民土地，只是從現在起附加條件，包括最早給予領地所有權的人員在內，就是他們的兒子要是想獲得繼承權，就必須在軍中服役一定年限，成年開始就要履行責任，凡是膽怯逃避者給予嚴懲，不僅喪失榮譽和財產，有時甚至連性命都不保。退役榮民之子每年人數有限，不能滿足服役兵員的需要，經常需要從行省辦理徵集，身為地主不是自行從軍，就得找到替代人員，再不然支付巨額罰款獲得免役。法定的金額在降低以後，還要四十二塊金幣，對志願從軍人員來說真是高得離譜，政府當局對不願服役的及齡役男，同意他們有選擇的餘地。士兵的行業確實令人生畏，耽於安逸的羅馬人在心理上已無法適應，意大利甚至行省有很多年輕人，為了逃避兵役的壓力將右手的手指切除。這種奇特的自殘行為變得非常普遍，在法律上遭到嚴格的取締。

　　選用蠻族進入羅馬軍隊變得日益普遍而且需求殷切，也帶來致命的危機。慓悍大膽的錫西厄人、哥德人和日耳曼人，樂於戰陣之事，發現對行省的保護比搶劫帶來更大的利益，投身行伍不僅加入族人的協防軍，自行編組軍團，還進入威

名遠播的內衛軍部隊。等到蠻族自由混雜在帝國臣民之中，逐漸明瞭狀況，便對當地的習俗和生活方式產生輕視，並模仿文明社會的權術手段。羅馬人的知識使他們保持有利態勢，能夠支持帝國的偉業，雖然尚能相安無事，但羅馬的驕傲取決於蠻族的無知，等到蠻族獲得知識達到對等的條件，就對羅馬失去原有尊敬之心。蠻族士兵只要展示出軍事才能，毫無例外升任更高階的指揮職務，可以擔任軍事護民官、伯爵、公爵，甚至獨當一面的將領，即使祖先是外國人也毋須自慚身世。將領就是進行戰爭對付自己族人也會受到信任，他們寧受效忠誓言的束縛而非同種同源的血統，然而他們難免犯下通敵罪行或是受到猜疑，為的是邀集敵人進犯掠奪在退離之際坐地分贓。大軍的營地以及君士坦丁子孫的宮殿，都受到大權在握的黨羽法蘭克人的統治。法蘭克人非常合作且熱愛自己的國家，要是個人受到冒犯等於是國家受到侮辱。

　　暴君喀利古拉想將執政官的職位授與他中意的人選，就褻瀆神聖的傳統而言，他竟將紫袍披在心愛的坐騎身上；比起他選擇的對象是日耳曼和不列顛最高貴的酋長，不會帶來更多非難或引起更大驚異。三個世紀的變革，使人民不再抱殘守缺固執成見。君士坦丁公開核定要把執政官的榮譽授與蠻族，等於是給他的繼承人開了先例，因為這些將領的功勳和服務，夠資格升到羅馬人的最高階級。但身經百戰的老兵沒有受過多少教育，對於法律不僅無知而且輕視，難以負起文官的職務，使得權位與軍職的才能積不相容，造成大權旁落的現象。希臘和羅馬共和國有成就的市民，他們經由學習的過程能寫能讀，發揮個人的才能和進取的精神，具備的特質是適合於法庭、元老院、軍營和學校各種不同的職位。

8 君士坦丁的性格特質和行事風格（323-337年）

　　君士坦丁遷移帝國的統治中心，對國家的行政和宗教制度進行重大的改革，他到底具有何種性格特質，一直是人們注意的重點，看法引起極大的分歧。基督教徒出於強烈的感激情緒，不惜使用推崇英雄甚至聖徒的辭句，裝飾基督教會的救星；遭到壓制的人群無比憤怒，認為君士坦丁既懦弱又邪惡，把他說成歷史上最可憎的暴君，他的登基有辱帝國的尊嚴。不同的評價經過很多世代還能保留下來，有很大的差異，他的為人處世直到今日仍有懸殊的褒貶。只有站在公正的立場，要把最熱忱的崇拜者所不能否認的缺點，和不共戴天的仇敵也不得不承認的優點，不懷任何成見綜合起來，才有希望對極為重要的歷史人物，勾畫出一個正確的形象，毫無愧色的為史實所接受。設若不能從恰當而明晰的角度，把君士坦

丁的統治時期，仔細的劃分為幾個階段來加以研究的話，馬上就會發現，把不協調的色彩和聲音混合一塊，將不相容的性格和言行調和起來，結果產生的形象很可能像是一個怪物。

君士坦丁有得天獨厚的外表和心靈，身材雄偉、相貌英俊、舉止得體，男性的陽剛豪邁表現矯健的身手和靈活的技巧。他從少年時期直到進入老邁的晚年，始終保持強壯和健康的體魄，家庭生活始終堅持清心寡慾的原則。他非常喜歡參加社交活動，可以隨意的談話歡笑。儘管有時會不顧自己高貴的身分，在無法控制之下對人大發脾氣，一般而言他那待客以禮的態度，凡是接近過的人都會傾心不已。有人懷疑他交友是否真誠，然而從很多確鑿的情況來看，證明他並非刻薄寡恩、不能同生共死之輩。他沒有受過多少教育，這方面的缺失並未妨礙他明瞭知識的重要，在他大力支持和推動之下，藝術和科學還獲得相當的發展。他勤奮處理公務不知疲倦，活躍的頭腦毫不間斷用於閱讀、寫作、思考、接見外國的使節、研究臣民的疾苦和怨言。即使那些指責他措施不當的人，也不得不承認他具有博大的胸懷和堅持的耐心，才能規劃出無比艱鉅的計畫，不被學識的偏見和群眾的叫聲阻撓，最後終於能夠貫徹完成。他在戰場上能夠把自己的大無畏精神，很成功的灌輸給手下的士兵，指揮大軍的才華已臻完美的境界。他與國外和國內的敵人作戰獲得輝煌的勝利，應歸功他的將道並非運氣而已。他熱愛榮譽看作辛勞工作的獎賞，也是激發積極作為的動力。

自從他在約克登基那天起，已經有非常正確的認定，諸如當前危險的處境、敵手的優點長處、自覺有高尚的品格、預見自己的成功可以為混亂的帝國帶來和平與秩序，這些有形無形的因素促成無可遏止的野心，主導他的生命能夠達成最後的目的。早在他與馬克森久斯和黎西紐斯進行內戰之時，他的陣營已經贏得人民的好感，因為他們會將暴君毫無忌憚的行徑，拿來和君士坦丁明智公正的施政進行比較。

設若君士坦丁在台伯河畔戰死，甚至在哈德良堡的平原上陣亡，除了極少數的例外，後人所知君士坦丁的為人可能不外乎如此。須知他最後一段統治期間（根據同時代的一位作家，有一段非常溫和而關懷的敘述），使他喪失身為羅馬皇帝無愧於後代子孫的榮譽。奧古斯都的一生開始是毀滅共和國的暴君，後來逐漸變成國家以及全人類的父親。君士坦丁則反其道而行，看到一個長期受到臣民愛戴和使得敵人喪膽的英雄，卻被自己的運道荼毒得一無是處，雖建立威震天下的戰功，卻在最後墮落成殘暴而放蕩的君主。

他統治的最後十四年（323-337 年）所能維持的安寧局面，只能說是粉飾的

太平並非真正的繁榮。進入老年的君士坦丁更被兩種彼此對立卻相互調和的惡行玷汙和敗壞，那就是縱情任性的掠奪和揮金如土。馬克森久斯和黎西紐斯多年累積的財富全被他揮霍一空。征服者進行各種革新措施，都得大量增加必須的支出，同時各項建設、宮廷用度及慶祝活動的開銷，都要立即大量供應現金；對人民的壓榨是能維持君王無限制浪費的唯一資金來源。他重用品德敗壞的親信，他們靠著主子的慷慨大方全都十分富有，還要肆無忌憚侵占圖利和貪汙受賄。普遍存在的腐敗現象雖然受到掩蓋，在政府行政機構各部門已是公開的祕密。

　　大家都能覺察皇帝本人儘管仍能獲得臣民順從，卻已漸漸失去他們的敬愛。愈進入晚年他愈刻意追求穿戴和舉止，使得他更為人們鄙視。傲慢的戴克里先採用亞洲華麗的排場，放在君士坦丁身上顯得軟弱和陰柔。他戴著各種顏色的假髮，是當時的巧匠精心製作，一頂式樣新穎無比昂貴的皇冠，渾身珠光寶氣還戴著項圈和手鐲，再加上一件像水波拖在後面的絲質長袍，上面繡著金碧輝煌的花朵。豔麗的裝束即使穿在年輕又愚昧的伊拉珈巴拉斯身上，也會讓人感到俗不可

《伊拉珈巴拉斯的玫瑰》描繪伊拉珈巴拉斯與宮女嬉戲（*The Roses of Heliogabalus*, Sir Lawrence Alma-Tadema[1888]，局部）。

耐。現在要想從年事已高的君王和羅馬年邁的老兵身上，找到失去的智慧和簡樸那更是難上加難。繁榮和放縱敗壞的心靈，不可能昇華為寬宏的氣度，能夠藐視猜忌大膽發揚恕道。馬克西米安和黎西紐斯致死之道，按照他們從身為暴君習得的原則來看，可以說是報應臨頭命該如此。一篇文章提到君士坦丁有損晚年名聲的處決，也可以視為謀殺的客觀敘述，所能引起非常坦誠的聯想，只能說這樣一位皇帝受到情緒或利益的支配，就會毫不猶豫的犧牲法律的公道和僅存的人性。

9 皇帝處死長子克里斯帕斯的本末（323-337 年）

君士坦丁終其一生好運相隨，飄揚勝利的旌旗同時，也使他的家庭生活充滿希望和歡樂。過往統治時間漫長國家繁榮昌隆的前輩，像是奧古斯都、圖拉真和戴克里先，生前都因沒有男性繼承人深感不安。處於經常發生動亂和變革的時代，不容任何皇室有足夠的時間，讓後裔在紫袍的庇蔭之下成長茁壯。等到哥德人克勞狄斯（Claudius）獲得皇位，他的弗拉維亞皇族卻延續了好幾代。

君士坦丁本人也把從他父皇繼承的寶座傳給他的子息。皇帝曾結婚兩次，出身寒門的美尼維娜（Minervina）是他年輕時期合法的伴侶，她僅給他生了一個兒子克里斯帕斯；後來他娶馬克西米安（Maximian）的女兒福絲姐（Fausta）為妻，她生了三個女兒和三個名字相近的兒子：小君士坦丁（Constantine）、康士坦久斯（Constantius）和康士坦斯（Constans）。

君士坦丁大帝的三個胸無大志的弟弟朱理烏斯·康士坦久斯（Julius Constantius）、達瑪久斯（Dalmatius）和漢尼拔連努斯（Hannibalianus），雖然沒有實權，都能享受最高榮譽和巨富財產。三兄弟當中最年輕的一位，活在世上鮮為人知，死時也未留下後代。兩個兄長都娶元老院有錢議員的女兒，為皇族增添新的支派。封為大公的朱理烏斯·康士坦久斯，他的兒子以蓋盧斯和朱理安兩位的名聲最大。後來出任監察官（Censor）的達瑪久斯，他的兩個兒子也分別叫做達瑪久斯和漢尼拔連努斯。君士坦丁大帝妹妹安娜斯塔西婭（Anastasia）和優特洛庇婭（Eutropia），分別嫁給出身貴族，並具有執政官身分的老院議員歐普塔都斯（Optatus）和尼波泰努斯（Nepotianus）。

他的三妹康士坦霞（Constantia）的生平事蹟和所受苦難，在歷史上享有盛名，在丈夫黎西紐斯敗亡之後一直寡居；經過她苦苦哀求，親生兒子當時沒有受到牽連，生存一段時間並且保留凱撒的頭銜，看來還有渺茫的繼位希望。在這個弗拉維亞家族中，除去提到的婦女和她們的親眷之外，還有十到十二位男

性。按照現代法律術語應該稱為皇族血統的親王，似乎全應按出生順序繼承或者輔佐君士坦丁的王位。僅不過三十年的時間，人數眾多的興旺家族很快就只剩下康士坦久斯和朱理安兩個人，像是悲劇詩人感嘆庇羅普斯（Pelops）和卡第穆斯（Cadmus）的詩篇，能從描述的罪惡和災難之中倖存於世。

　　克里斯帕斯是君士坦丁的長子和帝國的推定繼承人，公正的史家都把他說成對人友善而且卓然有成的青年。他的教育和學習，託付給基督徒當中最有口才的拉克坦久斯負責。培養傑出學生的興趣、喚醒他的良知良能，拉克坦久斯是最稱職的導師。克里斯帕斯在十七歲那年授與凱撒的稱號，賦予管轄高盧各行省，正好發生日耳曼人的進犯，可以讓他盡早施展軍事才能。爾後不久爆發的內戰，父親和兒子分掌兵權。從這段歷史的記載得知，強攻黎西紐斯以優勢艦隊全力固守海倫斯坡海峽的行動，充分顯示克里斯帕斯的英勇和才幹。海倫斯坡海戰的勝利對結束戰爭發生很大作用，東部臣民向他們歡呼，君士坦丁和克里斯帕斯兩個名字合而為一，高聲宣告整個世界已被征服，現在全都處在仁德的皇帝和其子的統治之下。

　　等到皇帝老邁不堪，很難獲得公眾的喜愛。年輕的克里斯帕斯布滿朝氣的光輝，從各方面都能受到朝臣、軍隊和人民的尊敬，確實贏得他們的愛戴。對於治國多年經驗豐富的君王，臣民承認他的功績總是勉強，也常常認為他不公正，並夾雜表示不滿意的抱怨，不過只要看到他的繼承人呈現良好的品德，認為可以獲得個人和公共的幸福，便一廂情願對他懷有無限的希望。

　　克里斯帕斯受到人民愛戴產生的危機，很快引起君士坦丁的注意。不論作為父親還是國王，都無法

哥德人克勞狄斯。

容忍有人與自己處於平等地位還能共存。他並沒有用信賴以獲得感恩確保兒子對自己的忠誠，卻要堅決阻止尚未實現的野心可能引起的越軌行為。克里斯帕斯很快看到未成年的弟弟授與凱撒的頭銜（324 年 10 月 10 日），掌握高盧各行省原屬他管轄的特殊部門。他自己是長大成人的王子，近年內有過重大功績，非但沒有得到奧古斯都的高位，反而像囚犯一樣關在父親的王宮，聽任陰險的敵人對他進行惡意的中傷，毫無自衛能力。

處在難以言喻的痛苦環境，年輕的王子恐怕無法做到處處注意自己的舉止，盡量壓制自己的情緒。可以斷言在他身旁一定聚集許多行事冒失或懷有二心的隨從，用盡心機故意挑逗他發洩不滿，也許他們還接到密令要隨時告發他。就在這段時期，君士坦丁發布一道詔書（325 年 10 月 1 日），不論事態的真假如何，明確表示正在懷疑有人陰謀策劃推翻他本人和政府，不惜以榮譽或重金為誘餌，呼喚各種層次的告密者，即使執政官和大臣也可以大膽檢舉，甚至連朋友或最貼身的親信都無一例外。同時他還莊嚴的宣布，將要親自聆聽確鑿的指控，對有害於他的人進行報復。最後他用一段禱告結束他的敕令，倒是真正表露出他對危險的擔憂，懇求最高的神明仍如既往保佑皇帝和國家的安全。

告密者接受優厚的條件奉命行事，自然全都通曉宮廷的鬥爭藝術，選定克里斯帕斯的朋友和親信作為有罪的告發對象。皇帝既已答應要進行充分的報復和懲罰，顯然他的誠意無庸置疑。君士坦丁雖然把自己的兒子視為勢不兩立的敵人，表面上卻保持關心和信任的態度，授與他各種勛章和珍寶，和往常一樣祝福年輕凱撒的統治能夠德澤綿長。人民並不知道宮廷的祕密，仍舊愛戴他的善行和尊敬他的地位。一位詩人（他是波非里烏斯‧奧帕塔提阿努斯〔Porphyrius Optatianus〕）提出請求，從流放地召回，出於感激的恩情歌頌父親和兒子的偉大。

現在到了莊嚴慶祝君士坦丁統治二十週年紀念的時候，皇帝決定要把朝廷從尼柯米地亞遷到羅馬，準備在古老的都城舉行與民同樂的節慶和儀式。這時每個人眼睛所見和嘴巴所說，都要極力裝出幸福和快樂的樣子，可以用隆重典禮和偽裝掩飾的帷幕，暫時遮蓋住陰險報復和謀殺計畫。可憐的克里斯帕斯在政府公休期間被皇帝下令逮捕，君士坦丁放下父親的親情卻沒有保持法官的正義，審訊極為草率且隱密進行，看來他也感到讓羅馬人看到年輕王子的悲慘命運有失皇家的顏面。克里斯帕斯押到伊斯特里亞（Istria）的波拉（Pola），不久便被劊子手殺害，或用較仁慈的方式毒斃（326 年 7 月）。

態度和藹可親的小黎西紐斯是位年輕的凱撒，也因克里斯帕斯的事件受到株連。君士坦丁最喜愛的妹妹痛哭流涕，哀求他饒恕她的兒子，年輕人除了出身

皇室別無罪過，還是無法打動極其剛愎的猜忌心理。康士坦霞在兒子被殺後很快也就逝世。有關不幸王子遇難的過程，諸如犯罪事實的真相、接受審判的方式、遭到處死的細節，都已淹沒在不可知的神祕氣氛中。後來有位顯貴的大主教用一部洋洋灑灑的作品，盛讚護教英雄的美德和虔誠，對於家庭悲劇的細節卻小心避開不著一詞。完全不顧會遭世人責難的做法，不能不使我們想起現今最偉大的君王採用完全不同的態度。擁有全部專制權力的沙皇彼得大帝，把有罪或已經十分墮落的兒子判處死刑的理由，完全交給俄國人、歐洲人以及他的子孫後代去評論（是指俄國沙皇彼得大帝在1702年處死已失去繼承權的長子阿傑克斯）。

10 君士坦丁的子姪教育和繼承的狀況（323-337年）

克里斯帕斯的冤屈早已得到大家的承認，現代希臘人雖然對都城締造者無比崇敬，他犯下殺死親生兒子的罪行，礙於人類的感情無法為之辯護，只能勉強加以掩飾而已。他們提到傷心的父親一發現指控不實，由於自己輕信讒言，發生錯誤置自己的兒子於死地，立即向世人公開表白悔恨和痛苦；為喪生的嗣子哀悼四十天，他停止沐浴斷絕所有的生活享受；還說他為了讓子孫後代引以為戒，特地給克里斯帕斯立了一尊金像，上面鐫刻銘文：「獻給受枉定罪的兒子」。如此煞有其事的故事，理應當然可以得到學者的支持。如果查閱一下更早和可信的記述，會發現君士坦丁用血腥屠殺和報復表達他的懺悔，為了彌補誤殺無辜兒子的過失，卻處決也許真有罪孽的妻子。

他們把克里斯帕斯的不幸，歸之於繼母福絲姐的陰謀，無法消除的仇恨或難以滿足的情慾，使她在君士坦丁的宮廷，重演希波利都斯（Hippolitus）和菲德拉（Phaedra）的悲劇。要拿邁諾斯（Minos）的千金當作榜樣，馬克西米安之女誣告她的非親生子，對她這個貞潔的王后有亂倫企圖，由於皇帝嫉妒心重，很容易頒發處死年輕王子的敕令。君士坦丁的母親海倫娜（Helena），對孫兒克里斯帕斯的死於非命極其傷心，要為他進行報復。沒多久就有人發現（當然也可能是造謠），福絲姐和一個在御馬廄服役的奴隸有罪惡的勾搭。對她的判決和治罪是在提出指控以後立即進行，特意將奸婦放在蒸氣浴池用燒得熾熱的高溫悶死。有人會想到二十年夫妻生活的感情，考慮到兒子是預定王位繼承人的榮譽，應該會軟化君士坦丁的鐵石心腸，不管她犯下多大的罪行也只有容忍，將她獨自關押在牢房消磨罪惡的餘生。

現在看來假設的說法都是無的放矢，對這一段存有許多疑點和混亂的奇特歷

史，沒有辦法弄清楚真實情況。不論是攻擊君士坦丁或為他進行辯護的人士，全都忽略接位的皇帝統治期間，發布的兩篇重要文告其中非常重要的段落。文章在開始就盛讚福絲妲皇后身為女兒、妻子、姊妹和多位王子的母親，擁有的懿德、美貌和幸運。另外一篇有段話說得非常明白，小君士坦丁在他父親死後三年被害，他的母親為自己的兒子遭到不幸傷心哭泣。儘管有許多異教和基督教的作家都提出肯定的證據，仍然讓人相信或至少不免產生疑問，福絲妲逃過丈夫盲目多疑的殘暴行徑。一個兒子和一個姪子的枉死，再加上大批有地位而無辜的朋友遭到處決，無論如何可以讓羅馬人感到這件事極其荒唐，才會在後宮的門口張貼諷刺詩，把君士坦丁光耀奪目而又血腥撲鼻的統治說成和尼祿不相上下。

克里斯帕斯遭到處決，帝國王位繼承權落到福絲妲的三個兒子，小君士坦丁、康士坦久斯和康士坦斯身上。三位年輕王子先後都授與凱撒的稱號，晉升的時間分別是父皇在位的第十年、第十二年和第十三年。羅馬帝國出現眾多的主子，認為是親情的偏愛加以原諒，不知皇帝究竟出於何種動機，不惜置自己的家庭乃至全體人民的安危於不顧，毫無必要把兩位姪子達瑪久斯和漢尼拔連努斯提升高位，確實令人難以理解。前一位授與凱撒頭銜與他的堂兄弟地位平等；為了討好後一位君士坦丁特意創造新奇的名諱「至尊者」（Nobilissimus），隨著光榮的頭銜更賞給他紫色的袍服。羅馬帝國各朝所有的王子當中，只有漢尼拔連努斯破格加以國王的稱號。即使是在君士坦丁治下，這特殊的做法不僅離奇也無法解釋。然而帝國的獎章和當代作家的文章可以成為確鑿的證據。

君士坦丁公開認可五位年輕的繼承人，整個帝國對他們的教育問題感到十分關心。他們要進行各種體能的鍛鍊，為將來應付疲勞的戰爭生活和繁忙的高階職務預做準備。有人偶爾提到康士坦久斯的教育情況和各種才能，認為他在跳遠和賽跑等體育運動方面表現出色，還說他是射箭的高手和熟練的騎士，不論是騎兵還是步兵使用的武器，全都能夠運用自如。為了增加君士坦丁幾個兒子和姪子的學識，教育的要求也很嚴格，只是成效要差一點。皇帝不惜重金請來講授基督教義、希臘哲學以及羅馬法理方面的知名學者；至於教導皇家青年如何治理政府和知人善任，則由他親自現身說法。君士坦丁的才幹是從逆境奮鬥和長期磨練所能獲得；還能從私人生活的自由交往，蓋勒流斯充滿危險的宮廷，學會控制自己的感情力求在同儕中出人頭地，依靠個人行為表現的謹慎和堅強，求得當前的安全發展和未來的偉大成就。他的子姪是命中注定的繼承人，皇宮裡面接受細心的呵護和通識的教育，身邊圍繞阿諛奉承之徒，從小過著奢侈的享樂生活，一心想著自己將要繼承王位。他們處於深受仰慕的顯赫地位，不容許紆尊降貴去了解事情

的真相，他們站在宮闕高處向下觀望，各種人物都顯得平凡，所有事物都看來簡單。

君士坦丁縱容子姪，讓他們在不知世事艱難的年輕時候，就負起統治帝國的重責大任，只有拿管轄下的人民當作實驗品，用來熟練治國用兵的藝術。小君士坦丁指派到高盧地區掌握軍政大權，他的弟弟康士坦久斯用父皇的世襲領地，換取富庶而又戰事較少的東部各行省。意大利、西伊里利孔和阿非利加推崇君士坦丁第三個兒子康士坦斯，把他看成君士坦丁大帝的代表。君士坦丁還把達瑪久斯派到鄰接哥德人的邊區，後來把色雷斯、馬其頓和希臘交給他統治。凱撒里亞（Caesaarea）選作漢尼拔連努斯的住處，他的新王國計畫由潘達斯、卡帕多西亞（Cappadocia）和小亞美尼亞（Lesser Armenia）所屬各行省組成。所有的王子都分別建立適當的行政機構，每人都分派一定數量的衛隊、軍團士兵和輔助人員，用來維持高貴的地位和護衛個人的安全。

君士坦丁把自己相信的部屬，安排在他們身邊擔任大臣和軍事指揮官，協助年輕王子行使賦予的權限，甚至進行相當控制以免發生差錯。等到他的子姪年齡較長、經驗更加豐富之後，對他們運用權力的限制才逐漸放鬆。皇帝始終把奧古斯都的頭銜留給自己專用。儘管他經常委派凱撒前往軍隊和行省，始終讓帝國全都聽命君士坦丁本人，只有他才是最高首領。塞浦路斯雖然有個趕駱駝的人發起帶來麻煩的叛亂，君士坦丁的政策還是積極進行對付哥德人和薩瑪提亞人的戰爭，凡此種種都沒有干擾最後十四年的平靜統治。

11 君士坦丁崩殂及屠殺血親的殘酷事件（335-337年）

君士坦丁重挫哥德人的威風，接受降服民族的效忠宣誓，再度宏揚羅馬帝國的權勢。各國使節來自衣索匹亞、波斯以及最遙遠的印度，祝賀國家的和平與繁榮（335年7月25日）。如果他把長子、姪子和妻子的死當作莫大的運道，那麼他的三十年統治，無論從公私兩方面來看，可以說毫不間斷過著美滿幸福的生活。從奧古斯都以降所有的皇帝，在位都沒有如此漫長的時間，也享受不到何其巨大的福分。三十周年的隆重慶典過後君士坦丁大約又活了十個月。

他在六十四歲的高齡經過短期的病痛，便在尼柯米地亞郊外的阿昆里昂（Aquyrion）宮，結束令人難忘的一生（337年5月22日）。他到此地原是為了清新的空氣和神奇的溫泉，希望重新恢復日漸不支的體力。哀悼活動和葬禮儀式過度鋪張，超過以往任何一位皇帝喪事的規模，完全不顧古老羅馬城元老院和人民

的要求，已故的皇帝遺體遵從生前的最後願望，運到以建造者為名對他表示永久紀念的城市。君士坦丁的遺體用各種象徵偉大的服飾裝扮起來，身著紫袍頭戴王冠躺在一張金床上面，安置在王宮專為出殯布置得金碧輝煌和燈火通明的殿堂。觀見的儀式仍然嚴格按照過去的程序進行，在每天規定的時間，政府、軍隊和皇族的重要官員都雙膝跪地，非常嚴肅的圍繞在君主身邊，彷彿他仍舊活在世上要表示忠心耿耿的態度。出於政治的需要，表演的儀式持續相當時間。阿諛的臣民盡量掌握機會，恭維君士坦丁受到上天的特殊恩寵，只有他在死後能夠繼續統治帝國。

　　極其做作的統治只是空洞的形式，所有的臣民不再想得到他的恩賜，更不畏懼他的震怒，大家發現絕對專制君王的願望已經很少有人放在心上。至於在過世君王的遺體前面敬禮有加，表示無比崇敬的大臣和將領，暗中安排策劃要奪去達瑪久斯和漢尼拔連努斯的統治權，原來是君士坦丁指定由他的兩個姪兒繼承。世人對宮廷的具體情況了解太少，很難斷言密謀的發起者出於何種動機，至多只能

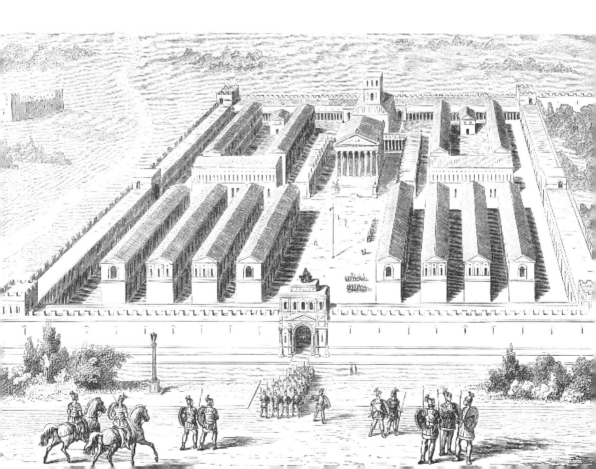

假想是因對禁衛軍統領的忌恨和報復。阿貝拉維斯（Ablavius）受先帝的寵愛對人十分狂傲，很長一段時間左右皇帝的意志，後來有負皇帝的信賴和厚愛。大臣和將領為獲得軍隊和臣民諒解，表面上編出冠冕堂皇的道理。他們振振有辭倒也並非虛妄的辯說，只有君士坦丁的親生兒子才能享有最高權力，指出爭權君王日益增多就會產生危險，彼此敵對的王子毫無手足之情也不知相親相愛，已然威脅著國家安全。

計謀是在祕密策劃之下積極進行，直到有一天各個部門忽然異口同聲宣布，除了先帝的嫡子他們無法接受外人統治羅馬帝國。較為年輕的達瑪久斯靠著友情和利害關係，加上繼承君士坦丁大帝的部分才能，理應當然成為拉攏的對象。即使處於一倒的種情況之下，他好像沒有採取任何手段，用武力來保護自己和兄弟，還有他們的兒子從慷慨的伯父那裡獲得的合法權益。他們面臨瘋狂怒濤的威懾和壓力，局勢掌握在無法和解的仇敵手中，既沒有辦法逃跑也無力反抗。他們的命運拖延到康士坦久斯前來處理，他是君士坦丁最寵愛的次子。

皇帝臨終前的遺言，是要讓康士坦久斯主持葬禮，趕來的王子仗著接近東部的關係，輕易阻止遠在意大利和高盧的弟兄採取行動。他占據君士坦丁堡皇宮後，第一要消除皇室親屬的恐懼心理，莊嚴宣誓要保證他們的安全。第二則是急著尋找合理藉口，使自己能從冒失的承諾脫身，不致受到良心譴責。欺騙的伎倆用來為殘忍的陰謀服務，一紙顯而易見的偽造文件，卻得到神聖人物的背書。康士坦久斯從尼柯米地亞主教手中，得到一份確認為他父親的遺囑。這份文件極為重要，皇帝表示懷疑自己被兄弟毒死，要求兒子懲罰凶手，不僅要為死去的父親報仇，更要保障他們自己的安全。

可憐的王孫，無論他們提出多麼充分的理由，反駁那誰也不相信的指控，為自己的性命和名譽辯護，都立即被憤怒士兵的呼聲壓制下去。公然宣稱軍隊同時是罪犯的報復者、審判官和劊子手。訴訟程序的基本精神和形式都被一場混亂不堪的屠殺破壞，康士坦久斯的兩個叔叔和七個堂兄弟倒在血泊之中，其中以達瑪久斯和漢尼拔連努斯最為知名。其餘同時被殺的人員包括與先帝妹妹結婚的羅馬大公歐普塔都斯，還有以權勢和財富而論可能覬覦皇位的禁衛軍統領阿貝拉維斯。

如果上述對血腥的謀殺描繪得不夠仔細，還可補充說明，康士坦久斯娶早死的叔叔朱理烏斯的女兒為妻，還把自己的妹妹嫁給了堂兄漢尼拔連努斯。君士坦丁完全出於策略考量，不顧世俗禮法反對，在近支皇族之間結成婚姻關係（古代法律廢止後仍舊無法消除羅馬人的成見，他們認為堂表兄妹的婚姻是一種帶有血親通姦性質的亂倫），足以向世人表明，身為王子王孫對極近的血緣關係毫不在

意，視天真幼小親屬的苦苦哀求無動於衷，自然對以婚姻為基礎的親密關係也同樣冷漠無情。龐大的家族僅有朱理烏斯‧康士坦久斯兩個最小的兒子蓋盧斯和朱理安，從劊子手的屠刀下脫身，也是因為瘋狂的士兵殺得心滿意足，才饒了這兩個幼兒的性命。康士坦久斯趁他弟兄不在犯下令人髮指的滔天大罪，後來有一段時期不免對自己的年輕無知，受到圖利自己的大臣在旁慫恿，加上軍隊的喧囂形成無法抗拒的威脅，竟做出殘害至親的暴行，內心感到略微悔恨。

　　弗拉維亞家族大屠殺發生之後，三兄弟經過磋商重新劃分帝國各行省的疆域（337 年 9 月 11 日）。小君士坦丁是年紀最長的凱撒，除了居有最高的位階以外，還獲得了以先帝之名也就是用他名字的都城。色雷斯以及東部地區劃歸康士坦久斯，作為他可以世襲的領地；承認康士坦斯是意大利、阿非利加以及西伊里利孔的合法君主。軍隊都服從他們繼承的統治權，經過一段時間的拖延，接受羅馬元老院授與的奧古斯都頭銜，這三位王子登基之時，年齡最大的不過二十一歲，其次為二十歲，最小的一位才十七歲。

12 兄弟鬩牆的後果和馬格南久斯的篡奪（340-350 年）

　　帝國分治以後三年時間很快過去。君士坦丁的兒輩似乎迫不及待讓世人知道，即使對於他們沒有能力治理的國土，還是對分配的狀況感到不滿。最年長的君王立即抱怨，把遭到謀殺的親戚那份領地拿來分贓之時受到欺騙。雖然他對康士坦久斯下毒手所立的功勞不敢爭辯只有屈服，還是堅決要求康士坦斯放棄阿非利加各行省，因為他的弟弟從死去的達瑪久斯手裡，拿走富裕的馬其頓和希臘，他只有得到亞非利加才算公平。小君士坦丁非常在意提出的補償，經過冗長而沒有結果的談判之後，激發他凶狠的天性也聽從親信的意見，認為不論是基於地位或利益，必須對爭執採取具體的行動。於是他率領一群喧鬧的烏合之眾，不像出征倒是適於打劫，穿過朱理安‧阿爾卑斯山，突然侵入康士坦斯的疆域。在阿奎利亞四周的鄉土，首先遭受他氣憤填膺帶來的暴虐行為影響。

　　康士坦斯當時駐紮在達西亞，採取的措施非常審慎而且更能發揮作用，等聽到他的長兄入侵的信息，從伊里利孔部隊當中派遣一部選鋒先行出發，自己再率大軍隨後跟進。在部將優越的指揮之下，很快終結這個有違天理的爭執。小君士坦丁與選鋒遭遇，對方佯作不支敗逃，他在追趕時中伏。這位性急的年輕人和少數隨員，被隱藏在樹林中的敵軍襲擊，受到包圍以後慘遭殺害（340 年 3 月），他的屍體在阿爾薩（Alsa）河找到，獲得君王葬禮的尊榮。他的行省全部向勝利

者輸誠，作為兄長的康士坦久斯並沒有分到一杯羹，康士坦斯理所當然占有帝國三分之二的疆域。

康士坦斯的氣數不過多延長十年，還是一位國內的叛徒用更可恥的手為他的長兄報殺身之仇。君士坦丁建立的制度帶有致命缺失，兒輩的統治展現懦弱和無能的一面，特別由於他們本人的惡行和疲軟，立刻失去臣民的尊敬和愛戴。康士坦斯從軍隊毫無功績可言的成就變得極為狂妄高傲，缺乏能力又不專心國事更被人輕視。他喜愛日耳曼俘虜原因是他們年輕迷人，民眾當成醜聞的話題到處傳播。蠻族血統的馬格南久斯（Magnentius）是極具野心的軍人，公眾對康士坦斯未能維護羅馬的榮譽感到不滿，使他受到很大的鼓勵。皇帝的衛隊賈維烏斯（Jovians）軍團和海克留斯（Herculians）軍團都把他看成首領，所以他從中選一幫人成為心腹，在皇家營區保持最有利和最重要的地位。他和馬塞利努斯（Marcellinus）建立友誼獲得大量錢財的支持，才能用很慷慨的手段來發起叛變。士兵被這些似是而非的理由所說服，也就是要順應公眾的呼籲，掙脫加在他們身上的束縛，不要成為世襲制度下的奴隸，選擇一位更積極而勇敢的君王，並對他的德行給予報酬，就像對待墮落的康士坦斯那位偉大的先人，讓他從平民擢升到世界的寶座。

等到陰謀成熟已經可以執行，馬塞利努斯藉口慶祝兒子的生日，擺出很隆重的場面款待高盧宮廷擔任高職的知名人士，身分都是有戰功的侯爵和男爵，他們目前全部住在奧頓這個城市。山珍海味的飲宴用很技巧的方式拖到夜深，賓客毫無顧忌的自由交談，故意說些非常危險甚至叛逆的話，也沒有引起一點懷疑。突然之間家門大開，馬格南久斯在離開一會兒以後，穿著登基的冠冕和紫袍進入宴會大廳，謀逆分子馬上用奧古斯都和皇帝的稱號向他三呼萬歲。在場人員不論是基於驚訝、恐懼、酒醉還是野心的驅使，還有些人根本不知事態的嚴重，都異口同聲的參與歡呼。衛士很快將效忠的誓詞拿走，市鎮的城門緊閉，日出之前，奧頓城市和宮廷駐守的部隊和金庫，都奉馬格南久斯為主人。就謀叛者而言，他們的祕密行動用盡心機，認為會對康士坦斯造成奇襲的作用。誰知康士坦斯正在鄰近的森林裡從事喜愛的狩獵，或許是私下進行帶有犯罪性質的娛樂活動，雖然被他的部隊和臣民所遺棄，已經沒有反抗的力量，聽到叛亂迅速展開的消息，還是有時間趕快逃走。他打算搭船離開，到達西班牙一處海港之前，就在庇里牛斯山山麓靠近海倫娜（Helena）的地方，被一隊輕騎兵趕上，根本不理會神聖的廟宇所在地，君士坦丁第三個兒子被奉行任務的隊長下令殺害（350年2月）。

隨著康士坦斯的過世，讓人知道重要的革命行動竟能如此輕易達成，西方各

行省均開始仿效奧頓宮廷的先例。意大利和高盧兩個主要行政區，全部都承認馬格南久斯的主權。篡位的僭主運用各種高壓手段，搜括國庫的金銀財富，根據他應盡的義務給擁立的部隊付出很大一筆賞金，同時要供應內戰所需的費用。伊里利孔為四戰之地，從多瑙河延伸到希臘半島的頂端，長期以來服從一位老將的指揮。維崔尼奧（Vetranio）獻身軍旅生涯，優異的服務和豐富的經驗博得名聲，特別是他生性單純深獲部下的愛戴。他對君士坦丁家族的順從已成了習慣、責任和義務，對於主子僅存的兒子立即給予強烈的保證，無論是他個人或部隊的忠誠之心絕不動搖，高盧的叛徒要施展報復的手段。維崔尼奧的軍團受到叛亂帶來的利益所引誘，沒有敵愾同仇的心理，他們的領袖立即喪失堅毅和忠貞之心，何況康斯坦提娜（Constantina）的名銜，為他的野心帶來一種似是而非的藉口。康斯坦提娜是一個為達目的不擇手段的女人，她的父親君士坦丁大帝封給她奧古斯塔的名號，於是她親手把王冠戴在伊里利孔老將的頭上（350 年 3 月 1 日），期望他的勝利能達成她夢寐以求的虛榮。新登基的皇帝或許沒有獲得康士坦提娜的同意，雖然行為可恥還是要與西部的篡賊結盟，即使馬格南久斯的紫袍上面還沾染她兄弟的鮮血。

13 康士坦久斯擊敗馬格南久斯贏得墨薩會戰的勝利（351 年）

康士坦久斯在值得紀念的事件之中，最令人稱道的地方就是他的行為能夠盡量做到公平正直。他的廷臣把他用心良苦的講話，比擬為伯里克利和笛摩昔尼斯（Demosthenes）在雅典對民眾的演說，勝利的雄辯說服武裝的士兵，棄暗投明做出最好的選擇。他與馬格南久斯即將到來的鬥爭，不僅關係重大而且血流成河更為慘烈。僭主快速進兵好來迎戰康士坦久斯，馬格南久斯親率大軍，全部由高盧人、西班牙人、法蘭克人和薩克遜人組成，在省民的支援下成為軍團的主力，這些蠻族是帝國的世仇大敵，更是令人望而生畏。

下潘農尼亞（Lower Pannonia）有一塊肥沃的平原，位於德拉弗（Drave）河、薩維（Save）河與多瑙河之間，形成面積遼闊的舞台。雙方的戰鬥人員都富於作戰技巧，而且不願放膽進攻，內戰的軍事行動拖延整個夏天。康士坦久斯宣稱他的注意力全部放在西貝利斯河，只有這個地點才能決定勝負，因為提到西貝利昔河，他的部隊就受到激勵，會記起他的父親在這個幸運的地點，領軍作戰獲得勝利。然而皇帝用無法攻破的堡壘工事圍繞著他的營地，看來並沒有主動出擊，反倒是拒絕接受敵軍的挑戰。馬格南久斯的目標是誘使敵人應戰，再不然就

迫使對手放棄有利的陣地。為了達成要求，他運用各種運動和部署的手段，配合欺敵的計謀，從他通曉兵法看來，可見得是一位有經驗的軍官。他帶領軍隊突擊重要的城鎮昔西亞（Siscia），對首府色米姆發起攻擊，奪取的要點都位於御營的後方，期望能打開一條通路越過薩維河，進入伊里利孔東部各行省。要是他能將對方兵力強大的分遣部隊，誘進阿達尼（Adarne）的狹窄通道，就可加以分割以後再各個殲滅。

　　高盧的僭主在整個夏天看來是主宰戰場，康士坦久斯的部隊倍感困苦而且士氣低落。他的名聲在世人眼裡日趨下降，甚至自貶身價要求簽訂和平協定，把阿爾卑斯山以外各行省的主權，全部讓給謀殺康士坦斯的凶手。能言善辯的菲利浦是皇家的使臣，他極力的主張和提出建議，馬格南久斯的會議和軍隊都有意願接受。狂妄自大的篡位者很不謹慎地聽從友人的諫言，下令將菲利浦當成俘虜和人質先囚禁起來。同時他派遣一位官員前去譴責康士坦久斯，說他不夠資格統治帝國，用答應赦免他的罪行加以侮辱，條件是要卸下紫袍馬上退位。皇帝基於榮譽

只能回答，他相信自己的理由合乎正義的要求，復仇之神必然給予保護。他非常了解自己所處的狀況極其困難，不敢表達心中的氣憤提出抗議。無論如何，菲利浦的談判沒有發生效用，然而他使法蘭克人錫凡努斯（Sylvanus）這位富有名聲和功動的將領，下定決心拋棄馬格南久斯，墨薩（Mursa）會戰前幾天帶著大量騎兵投向康士坦久斯的陣營。

墨薩這個城市又稱埃昔克（Essek），靠著德拉弗河鄰近一個沼澤，是匈牙利的戰略要點，現代有一座船隻做的浮橋，至少有五哩長，所以地位顯得更為重要。馬格南久斯揮軍指向墨薩，發起突擊放火焚燒城門，正要架起雲梯攀登城牆，英勇的守備隊撲滅火焰。康士坦久斯的部隊即將來到，使他沒有時間繼續進行圍攻作戰。皇帝立即排除妨害運動的唯一障礙，督促軍隊的主力在附近的山頭占領陣地。墨薩四周的戰場是一片毫無掩蔽的平原，康士坦久斯的會戰隊形是右翼用德拉弗河做依託，在左翼方面，不僅占有地形之利，而且配置優勢的騎兵，延伸出去超越馬格南久斯右翼的側背。雙方從早晨開始列陣，大部分時間都在焦急的等待，並沒有發起攻擊。君士坦丁大帝的兒子巡視隊伍，用雄辯的言詞鼓勵官兵英勇作戰，退到離戰場不遠處一所教堂，在這決定勝負的日子裡，向他的部將下達命令投入戰鬥。他們竭盡所能發揮奮不顧身的精神和訓練有素的技巧，確實值得君王的器重，非常明智的從左翼發起行動，整翼騎兵採斜行隊列向前運動，以雷霆萬鈞之勢掃過敵軍的右側，對方在措手不及下無法抵擋猛烈的衝鋒。西方的羅馬部隊訓練良好，能夠很快重新整頓，日耳曼的蠻族部隊習性英勇，也要保持令名於不墜。雙方的局面穩定下來變成正常的接戰行動，這時要靠掌握特定的關鍵因素，才能捕捉戰機造成態勢的逆轉，整個會戰一直打到深夜才分出勝負（351 年 9 月 28 日）。

康士坦久斯依賴騎兵發揮戰力獲得最後勝利，他的重裝騎兵就像一群鋼鐵鑄成的巨人，身上的鎖子甲發出耀眼的光芒，用沉重的長矛衝開高盧軍團堅強的陣式。等到軍團開始敗退，第二線輕騎兵分隊的運動更為靈活，手執長劍殺進敵軍撤守形成的空隙，使得對方大亂無法掌握部隊。這時巨大的日耳曼主力幾乎毫無掩護，完全暴露在東方弓箭手矢無虛發的火力之下，整個蠻族部隊被痛苦和失望驅策，為了逃命縱身到德拉弗河寬闊的急流。總共有五萬四千人被殺，勝利者的戰死人數超過戰敗者，可以證明作戰的情況是何等的堅忍和激烈。

有位古代作者特別提到，帝國的兵力在墨薩會戰中消耗極為慘重，尤其是有戰鬥經驗的老兵損失更多，如果不是自相殘殺的白白犧牲，非但可以用來防衛帝國的邊疆，更能贏得對外戰爭的勝利，增加羅馬光榮的名聲。雖然有個被收買的

演說家大力抨擊，指責僭主在接戰開始就拋棄自己的旗幟逃離戰場，但空穴來風的謊言根本不值得相信。馬格南久斯展現將領和軍人的風範，一直到局面無法挽回而且營地被敵軍占領，為了考慮安全才丟掉皇室的標飾，克服很多困難擺脫輕騎兵的追擊，對方始終跟隨快速的逃亡行動，從德拉弗河岸糾纏到朱理安·阿爾卑斯山麓。

14 康士坦久斯蕩平內亂的綏靖工作（352-353年）

　　冬天快要到來，生性怠惰的康士坦久斯提出很勉強的理由，把戰爭行動延遲到第二年春天（352年）。馬格南久斯的行營設在阿奎利亞城，下定決心要固守山區和沼地的通路，用來防衛威尼斯行省的邊界。他在阿爾卑斯山的一座碉堡，被對方用祕密行軍一舉攻占，只要人民還偏向於支持僭主的作為，他絕不會放棄對意大利的掌握。等到尼波提安（Nepotian）的起兵舉事失敗以後，僭主的大臣實施殘酷的報復行動，在羅馬人的心中留下恐怖和憤恨的深刻印象。尼波提安是優特洛庇婭公主的兒子和君士坦丁的姪兒。生性衝動的青年對於西部帝國的權杖竟被叛逆的蠻族篡奪，心中感到氣憤填膺，就將奴隸和角鬥士武裝起來，組成一支鋌而走險的隊伍，擊敗羅馬實力衰弱只能維護社會安寧的警衛隊，接受元老院所提供的人質，然後僭用奧古斯都的頭銜，很快垮台的統治只有動亂和短暫的二十八天而已。隨著正規部隊的進軍，充滿野心的希望頓時破滅，尼波提安被殺，他的母親優特洛庇婭和追隨者全部被害。叛亂行動受到鎮壓，發布「公敵宣告名單」，凡是與君士坦丁的名號和家族有親屬關係，或是涉及舉事反抗的人員，都逃不脫制裁的毒手。

　　墨薩會戰以後，康士坦久斯立即成為達瑪提亞海岸的主人，一群放逐的貴族冒險在亞德里亞海的港口裝備一支艦隊，從勝利者的營地獲得保護，開始進行報復的行動。他們的同袍傳來祕密的消息，羅馬和意大利的城市已經被說服，要在他們的城牆上展出康士坦久斯的旗幟。心懷感激的老兵因他的父親能過富裕的生活，現在向他的兒子表達忠誠感恩之心。意大利的騎兵、軍團和協防軍重新向康士坦久斯宣誓效忠，篡奪者警惕到棄職逃亡的人員增加，被迫帶著仍舊對他忠心耿耿的部隊，撤退越過阿爾卑斯山回到高盧各個行省。有一支分遣隊奉命對馬格南久斯的部隊施加壓力，截斷他們逃離的路線，成功使他們過於目中無人，對手在帕維亞平原找到機會，轉過身來襲擊在後追趕的部隊，屠殺殆盡的結果雖然對勝利毫無助益，總算一洩心頭之恨。

　　氣數將盡的馬格南久斯雄風頓失，知道毫無希望還是主動求和。他先派遣能力信得過的元老院議員，接著是幾位主教，認為憑著他們的聖職會蒙優容接見，說明他願意卸下紫袍退位，奉獻餘生為皇帝效犬馬之勞。康士坦久斯公開宣布不能變更的決心，就是要懲治凶手的罪行，勝利的軍隊將擊敗所有的抵抗，其他人只要拋棄反叛的旗號，就會盡量給予寬恕和赦免。一支皇家的艦隊很容易就可以把阿非利加和西班牙掌握在手裡，摩爾人各族不再觀望而表示肯定，相當戰力的部隊登陸以後通過庇里牛斯山，向著馬格南久斯最後的根據地里昂（Lyons）前進。僭主的脾氣因遭遇的災難而凶性大發，何況他也不是善良之輩，可能採取各種極端行動，逼得高盧的城市隨著他一齊玉石俱焚。因此他們不能坐以待斃，特列夫（Treves）是禁衛軍治理下的首府，發出叛變的信號，關上城門反對笛森久斯（Decentius），他被他的兄長擢升到凱撒和奧古斯都的高位。笛森久斯不得不從特列夫撤退到森斯（Sens），立刻就被日耳曼的軍隊包圍。康士坦久斯竟將帶來不良後果的伎倆，引用到羅馬的內戰衝突之中。

　　就在這個時候，皇家的部隊打開科提安阿爾卑斯（Cottian Alps）山的通道，在塞琉卡斯（Seleucus）山的一場血戰，馬格南久斯的黨派從此烙上叛逆者的惡名。他沒有能力再組成一支大軍進入戰場，忠貞的衛隊被暗中收買，他在公眾中出現，要用言辭來激勵士氣，受到異口同聲的歡迎：「康士坦久斯皇帝萬歲！」僭主現在發覺，他們準備犧牲最受厭惡的罪犯，來換得寬恕和賞賜。他為了阻止他們的計謀，就用佩劍結束自己的生命（353 年 8 月 10 日），總比遭到敵人處死更為方便也更有榮譽。而且他們為了復仇，就會用正義和親情做藉口來大事渲染。笛森久斯在得知兄長去世的消息，步其後塵上吊自殺身亡。

　　謀逆活動主使人馬塞利努斯在墨薩會戰後消失蹤跡，叛亂失敗被判有罪的黨派，倖存的領導人物全數處決，社會秩序逐漸恢復安寧。嚴酷的審訊行動延伸到每個涉及叛逆案的人員，不論是自願參加還是被迫入夥全不放過。綽號叫「株連者」（Catena）的保羅，辦案技巧高明而且行事極為殘刻，奉派到不列顛遙遠的行省，追查漏網潛伏的謀逆分子。馬丁是這個島國的副行政長官，對於逼供的做法表示非常氣憤，就被羅織為犯罪的證據，逼得總督怒極用劍刺傷皇室的大臣，最後只有了結自己的性命。帝國西部無辜的臣民受到牽連，不是放逐邊陲就是沒收家產，有的被處死甚至受到酷刑迫害。怯懦的人通常會表現暴虐的天性，而康士坦久斯正是毫無惻隱之心。

第八章
信仰和異端（306-438年）

公開建立基督教是帝國內部最重大的變革，引起人們極大關切，提供最有價值的教誨。君士坦丁的勝利和政策已不再影響歐洲當前局勢，身為君王改變信仰帶來的印象，至今仍保留在很大一部分人的心田，像是牢不可破的鐵鍊，把在位時的教會體系和現今的觀念、情感和利益緊密聯繫在一起。

1 君士坦丁改變信仰的時間和動機（306-337年）

想要公正面對皈依的問題，而且絕不能漠然視之，出現了意料不到的困難，那便是不易判定君士坦丁真正改變信仰的準確時間。口若懸河的拉克坦久斯在宮廷任職（306年），迫不及待向世界宣告，高盧的君王堪稱光輝典範，稱帝之初便承認真正和唯一的上帝，崇拜祂無上的權威。博學的優西庇烏斯把君士坦丁的虔誠信仰，歸於他正在準備遠征意大利時，天空忽然出現神奇景象（312年）。史家諾昔繆斯則惡意的斷言，皇帝是在雙手沾滿他大兒子的鮮血之後，才公開拋棄掉祖先和羅馬信奉的神明（326年）。各執己見的權威說法之所以混亂不堪，完全出於君士坦丁本人的行為。按照嚴格的教會規定，把他尊為「首位基督教皇帝」的說法，臨死以前還不配使用這個頭銜，因為他只是在最後一次患病時，初步接受教義舉行按手禮，依照正式施洗儀式成為教徒（337年）。

君士坦丁對基督教的實際態度，有的地方含糊不清可以說是有所保留，必須用細心和精確的研究態度，才能弄清楚皇帝先自稱教會的保護者，後來成為基督教的改信者，一個緩慢讓人難以覺察的過程。澈底消除原來的教育使他養成的習慣和成見，轉而承認基督的神聖權柄，認清祂的啟示和原來崇拜的多神教完全無法相容，對他而言是非常艱鉅的任務。他在心靈上或許經驗過相當的困擾，教導他在進行帝國宗教改革的重大問題，必須採取謹慎的態度。他總要能在安全而有效的推行時刻，才逐漸表露新的觀念。在他臨朝統治的整個時期，基督教像一條緩慢流動卻已逐漸加快的河流，前進方向因為當時變化不定的局勢、小心謹慎的態度，以及皇帝反覆無常的個性，有時會受到阻撓，有時會發生改變。

　　他允許大臣為了說明主子的意圖，可以用不同的語言表達。他在同一年發布兩件詔書（321年），運用手段使臣民在希望和恐懼之間獲得平衡。第一件是莊嚴奉行安息日給全民所帶來的喜悅，另一件是命令定期實施腸卜儀式。重大變革還處於前途未卜的狀態，基督教徒和異教徒都同樣以非常急切的心情，注視著君王的行動，兩者的感受完全相反。前者激起高漲的熱情和虛榮，盡量誇張君王對基督教的偏愛和信仰的忠誠；後者在焦慮尚未轉變為失望和仇恨之前，一直對世人，甚至對自己採取掩飾態度，那就是羅馬的神明不可能仍然視皇帝為信徒。基於雙方各自認同的熱情和觀點，使得當時懷有成見的作家，根據自己所主張的信仰，公開宣布這是基督教和君士坦丁最光輝或最汙穢的統治時期。

　　即使君士坦丁的談話和行動，曾經透露對基督教的虔誠，他在接近四十歲的時候，仍然堅持奉行舊教的各種儀式。他在尼柯米地亞的宮廷就是如此施為，也許是出於恐懼或別的圖謀，更可以視為高盧統治者的思想傾向或政策需要。他的性格極其慷慨，多神教的廟宇得到重建並且變得更為富足。帝國鑄幣廠出產的獎章，鐫刻朱庇特、阿波羅、馬爾斯和海克力斯的圖像和象徵。因為他對父親康士坦久斯的一番孝心，選擇用奧林帕斯山的神明增加了父皇神格化的莊嚴形象。君士坦丁最崇拜希臘和羅馬神話的太陽神阿波羅，還特別喜歡人們把他比作光明和詩歌之神。諸如百發百中的神箭、明亮照人的眼光、月桂編成的冠冕、千秋萬載的英姿，以及文雅風趣的才藝，全都表明祂正是一位年輕英雄的保護人。阿波羅的神壇總是堆滿君士坦丁熱心奉獻的供品。他盡量讓輕信的平民相信，皇帝得到神明的特許，可以用肉眼直接看到保護神的威儀。而且無論他在清醒之際，還是接受神明啟示的時刻，都會出現種種吉兆證明他是永久和常勝的統治者。太陽神作為君士坦丁所向無敵的指導者和保護神，因而受到舉世的頌讚。異教徒普遍相信，獲得神明恩寵的信徒要是忘恩負義，就會受到毫不留情的報復。

　　君士坦丁對高盧行省實行職權有限的統治時期（306-312年），信奉基督教的臣民一直受到君王的權威和制定法律的保護，至於維護神明的榮耀，非常明智的留給教徒自己去料理。如果真能相信君士坦丁自己所講的話，說他親眼見到羅馬士兵對一些僅僅由於宗教信仰不同的罪犯，採取非常野蠻的殘暴行為，使他感到非常憤怒。他在西部和東部看到嚴苛和寬容產生的不同後果。他那不共戴天的仇人蓋勒流斯，就是實施嚴苛政策的例證，使他更加難以忍受；他接受垂危父親的要求和勸告，效法原已成果顯著的寬容政策。基於上述原因使康士坦久斯的兒子毅然終止或廢除帶有迫害性的詔書，給予所有公開宣稱自己是教會成員的信徒從事個人宗教活動的自由。早已暗自對基督的名字和基督教的上帝表示由衷尊敬

的君王，教徒對他的關懷和公正產生孺慕之思。

2 頒布〈米蘭詔書〉的始末和主要內涵（313年）

征服意大利約五個月以後，羅馬皇帝頒布著名的〈米蘭詔書〉（313年3月），莊嚴而明確宣示他的旨意，要恢復正統基督教會的和平。兩位西部君王在一次面對面會談中，君士坦丁的聰明才智和權勢地位都略勝一籌，提出雙方聯合的要求，他的共治者黎西紐斯欣然同意。兩位君王和政權產生的力量，使得震怒的馬克西米安不敢輕舉妄動。等到東部的暴君過世，〈米蘭詔書〉就成了羅馬世界的基本法。基督徒被不公正剝奪的公民權利及信仰自由，在兩位英明的皇帝手裡全部得到恢復。法條明文規定，凡被沒收的禮拜場所和集會地點，都必須無條件無代價歸還教會，更不得拖延時日節外生枝。發布這道嚴格命令的同時還非常慷慨的承諾，要是願意用公平合理的價格購買回來，皇家的國庫將予以補償。有利於社會和諧的規定，目的在使宗教信仰能夠維護未來的平靜，運用廣泛平等的寬容原則作為基礎，然而適合所有宗教的條件會被後來的基督教派，解釋為對他們有利和另眼相看的殊榮。

兩位皇帝向世界宣告，他們把絕對的自由權利給予基督徒和所有其他人員，用來追隨自己希望加入或已經篤信的宗教，或認為對自己最有用的信仰。他們詳細解釋易於含混的詞語，排除各種例外情況，命令各行省總督對保護宗教自由的詔書，一定要按照規定要點，真實不虛的加以執行。他們不惜諄諄教誨，向臣民闡述頒布寬容基督教詔書的兩大原因：其一是出於萬民的善良意願，要維護全民和平幸福；其二是經由這種作為表達虔誠願望，希望能夠榮獲天上神明的恩寵。他們從自己的身上已經應驗神的恩惠和至德，相信天恩永遠保佑君王和萬民的繁榮昌盛。從這些模糊而粗糙的虔誠表現，可以推斷出三種彼此相異但並非不發生關聯的假設。首先，君士坦丁的信仰可能一直在異教和基督教之間徘徊。其次，根據多神教理由不充分卻又非常謹慎的說法，他可能把基督教的上帝，視為上天龐大統治集團眾多神明中的一員。再者，他可能抱定富有哲理的觀點，天下大同的想法也許更能引人入勝，那就是儘管有眾多的神明、儀式和觀點存在，崇拜一個共同造物主和宇宙之父，使所有教派和民族獲得統一。

君王對問題的商議受世俗利益的影響，總是多於對抽象理論的考慮。君士坦丁逐漸增加的愛好和傾向，他對基督教品格的敬仰特別讓他建立信心，覺得傳播福音可以指導個人及公眾的德行。身為專制君主，他的作為可以毫無忌憚，他的

Capitello che si vede nel palazzo Massimi

Due altre volte   Museo dell' Autore
esistente presso il   ora in Inghilterra

情緒也可以唯我獨尊，但有一點必然是與他利害相關，那就是所有臣民必須遵守作為公民的社會責任。然而，最明智的法律運用時也不夠周詳和穩定，很難發揮鼓勵善行的功能，有時也不能制止罪行的產生。單憑法律的力量對所譴責的行為並不能完全加以阻止，對所禁止的行為也不一定能夠懲處，因而古代立法者把擴大教育和輿論的影響作為輔助手段，但是曾一度為羅馬和斯巴達帶來活力和純潔的各種原則，長久以來都隨著帝國的專制和衰敗而消失殆盡。

儘管哲學所能發揮支配人類思想的力量非常有限，異教的迷信鼓勵人們行善的影響力極其微弱，處於長久以來令人失望的情況，睿智的官員仍會高興見到一種宗教的成長茁壯，在人民中間傳播純良、仁愛和遍及世界的道德體系，適合各種行業和不同生活水平的人群，接受人們尊為上帝的教誨和意志，被永恆的善惡均有報應更加強說服的力量。希臘和羅馬的歷史經驗都不能告訴世人，聽從神啟的觀念，在推動並改革國家體制方面，到底能起多大的作用。君士坦丁聽到拉克坦久斯恭維而又極富哲理的言論，也許會產生信服的心理。雄辯的護教家不僅堅定相信並敢於大膽斷定：崇信基督教將重現羅馬原創時期的純真與美好；真誠信仰上帝對起源於共同祖先的人類，可以消除彼此之間的戰亂和糾紛；福音的真理會遏制人們所有的邪念、敵意和私心；一個民族廣泛受到真理和虔誠、平等和溫順、和諧和博愛的激勵，統治者就不必用武力來維持正義。

在君王的極權統治甚至壓迫之下，依然主張服從和無條件依順的福音精神，必然會被享有絕對權威的君王，視為值得利用和提倡的美德。原創基督徒建立政權管理制度的基本思想，並非基於人民的意願，而是出自上天的意旨。掌握統治大權的皇帝，儘管採取叛逆和謀殺的手段篡奪寶座，後來卻急著打出天授神權的旗號。這樣，他濫用權力的行為就只對上帝負責，臣民卻被效忠的誓言所束縛，對肆意踐踏自然及社會法則的暴君，心甘情願接受他的統治。謙卑的基督徒來到弱肉強食的世界，就像送入狼群的羔羊，即使為了保衛宗教也無權使用武力，短暫人生為虛名私利引起的爭端殺戮同類，更是視為莫大的罪惡。

基督徒在公元開始的頭三個世紀，表現耶穌門徒逆來順受的忠誠，那是早在尼祿時代就已宣揚的教義，不涉及陰謀叛逆和公開暴動的罪惡，保持純潔和清白的生活。即使受到殘酷的迫害，他們也未曾想要與暴君在戰場決一勝負，或憤然遷移到世界遙遠的角落。後來敢於爭取公民和宗教自由的法蘭西、日耳曼和不列顛的新教徒，被稱為改革派並與原創基督徒混為一談，自認受到侮辱。我們應該推崇而不是指責祖先的進步思想和精神，因為他們相信宗教不能消除人類與生俱來的權利。或許我們應把原創教會的堅忍既看作一個弱點，也視為一種美德。有

一派毫無戰鬥力的平民，沒有首領、武器和防禦工事，在羅馬軍團的統帥面前進行沒有效果的反抗，應該會自取滅亡。然而虔誠的基督徒祈求戴克里先息怒，或懇請君士坦丁開恩，大可有理由據以提出他們信守順從和馴服的原則，而且在過去的三個世紀，他們的作為也都符合君王的要求。他們甚至會進一步表示，若皇帝周圍的臣民信奉基督教義，全都學會忍辱和順從，帝王的寶座就會建立牢固而恆久的基礎。

3 基督教教會合法地位的建立和傳播（312-438年）

慷慨的庇主將基督教置於羅馬世界的寶座，教會用感恩之心高度頌揚他的美德，掩飾他的過錯。希臘人不會忘記慶祝皇室聖徒的節日，只要提到君士坦丁的名字，特別會冠以行同使徒尊稱的名號。當然這也不過是口頭的比喻，如果指的是神聖使徒的品德，就會變成非常誇張而又俗氣的奉承話。設若類似的對比只限於基督福音獲得勝利的程度和次數，那麼君士坦丁的功勞並不亞於上帝的使徒。他頒布寬容基督教的詔書，將阻礙基督教前進的世俗不利因素全部排除，基督教眾多活躍的教士都得到承諾和慷慨的鼓勵，讓他們自由的運用打動人心的說法，用理智和宗教的熱忱宣揚神啟的真諦。

兩種宗教勢力真正處於均勢狀態的時間很短暫，人們野心和貪婪的銳利眼光很快就會看出，加入基督教不論對眼前的利益還是將來的生活，都有很大的好處。人人都希求得到財富和榮譽，皇帝是最好的榜樣。在他的勸說之下，皇宮充斥唯利是圖和奴顏婢膝的人群，一定會為基督教拉到不少信徒。有些城市自願拆除原來的神廟，以顯示日益增加的宗教熱情，結果都被授與某些特權，能夠獲得人民群眾的捐贈。東部的新都城君士坦丁堡，從未遭受偶像崇拜的玷汙，更因極其獨特的優越條件受到眾人景仰。社會下層民眾的行為準則以模仿為主，在出身、權勢或財富方面處於優越地位的人士一旦改變信仰，那些附屬於他們的群眾就立即紛紛效法。據說在一年之中除了相應數目的婦女和兒童，就有一萬兩千位男士在羅馬接受洗禮，又說皇帝許諾贈給每個改變信仰的人一件白袍，外帶二十個金幣。如果相應的說法屬實，要讓一般民眾得救也未免太過容易。

君士坦丁強勢的影響力，並不僅限於他短短的一生，或所統治的疆域之內。他讓自己的兒子和侄兒受相關教育，確保帝國有一批信仰更為堅定和虔誠的王子，因為他們從幼小時期開始，已經灌輸基督教精神或有關基督教的學說。戰爭行為和商業活動把福音教的知識傳播到羅馬帝國以外的地區，蠻族原來對出身卑

賤而又奉令信仰的教派，產生反感而深為厭惡，很快仿效世上最偉大的君王和最先進的民族，對他們信仰的宗教表示無限崇敬。聚集在羅馬軍隊旌旗下的哥德人和日耳曼人，對於高舉在軍團前面閃閃發光的十字架，願意當作勝利的象徵奉獻犧牲，他們凶狠的同胞同時獲得宗教信仰和人性仁慈的教育。伊比利亞和亞美尼亞的國王仍舊崇拜原來的保護神，始終保存基督徒名稱的臣民，很快就與羅馬教友建立起神聖而永恆的聯繫。在戰爭期間的波斯基督徒，有人懷疑他們寧可不要國家，也不會放棄信仰的宗教。只要在兩大帝國之間出現一絲和平，祆教祭司的迫害行動經由君士坦丁的干預就會受到有效的制約。

　　福音教的光芒照亮印度的海岸，原來深入阿拉伯半島和衣索比亞的猶太人殖民地，全都反對基督教的擴張，當地人士對摩西的啟示早已有所了解，傳教士的努力在某些方面更易收效。君士坦丁時代的弗魯門久斯（Frumentius），終身致力傳教工作，要使封閉地區的人民改變宗教仰，至今仍受到阿比西尼亞人的尊敬。在他的兒子康士坦久斯統治時期，狄奧菲魯斯（Theophilus）的出生地是印度，曾被同時授與大使和主教職務，帶著皇帝送給薩比安人（Sabaeans）或荷美萊特人（Homerites）的兩百匹純種卡帕多西亞馬，乘坐在紅海航行的船隻。狄奧菲魯斯還帶了許多其他有用的新奇禮物，可能引起蠻族的欽羨和贏得他們的友情。他花費好幾年的時光，走遍廣大而又灼熱的土地，在各處成功進行宗教事務方面的訪問。

4 基督教精神權力和世俗權力的區分（312-438年）

　　羅馬皇帝在改變民族宗教信仰極其重大而危險的問題上面，會將他擁有無法抗拒的權勢全部表現出來。軍事力量的威懾行動，用來鎮壓異教徒只會產生微弱怨言，而基督教教士以及一般人民的欣然皈依，完全是出於良心的驅使和感恩的情緒。羅馬體制早已確定一條基本原則，就是任何社會階層的公民在法律面前一律平等，對宗教的關心既是行政官員的權利也是應盡的義務。君士坦丁和他的繼承人不相信如此輕易的改變宗教，便會喪失任何方面的皇家特權，也不認為在改變信仰以後，就不能為所保護和篤信的宗教制定法律。羅馬皇帝對於整個教會仍然擁有最高司法權。《狄奧多西法典》第十六卷，在幾個不同的標題下，就明文規定皇帝在基督教會行政機構享有的權力。

　　有關精神權力和世俗權力相互區分的觀念，過去對希臘和羅馬的自由精神從未產生影響，卻被合法建立的基督教會接受並肯定。從努馬到奧古斯都時期，

最高祭司的職務總是由國家最傑出的元老擔任，最後更和帝國的高級官員混為一談。國家最高行政官員出於迷信或政策需要，一般總要親自行使神聖的職能。無論羅馬還是行省沒有任何階層的祭司，自稱較別人更為聖潔，更能和神明直接溝通。基督教會在聖壇前的獻祭永遠由專職教士負責，君王的精神地位卻比最低等的執事還要卑下，所以只能坐在教堂內殿的圍柱以外與普通的教徒混雜一起。皇帝可以作為人民的父親受到朝拜，他對教堂的神父卻必須表示出子女的恭順和尊敬，君士坦丁對聖徒和懺悔牧師表示的尊敬，很快就讓驕傲的主教階層也獲得最高的榮譽。行政和教會在暗中爭奪審判權，使得帝國政府處處感到為難。用不潔的手碰到神聖的約櫃，會帶來罪惡和危險，難免讓一位虔誠的皇帝感到吃驚。

把人分為僧侶和俗家兩大類，古代許多民族都早已盛行：印度、波斯、亞述、猶太、衣索比亞、埃及以及高盧的祭師，都是通過神明的淵源獲得世俗的權力和財產。受人尊重的制度逐漸融入各國的社會習俗和政治體制之中，當時的行政機構抱持反對或蔑視的態度，更可強化原創基督教會的紀律。基督徒早已選舉自己的執事人員、徵集和分配特殊的稅收，在得到人民同意以後，經過三百年實踐成形的法典，規定教區的內部政策。等到君士坦丁皈依基督教，他似乎是和一個特殊的獨立社會簽訂永久性的盟約。皇帝和繼承人所授與或認可的特權，不會被看成是宮廷的恩寵，而被認為是教會的合法和永恆權利。

5 基督教神職制度的內容和原則（312-438年）

正統基督教會共有一千八百名握有宗教及合法審判權的主教，其中一千人在帝國的希臘省區，八百人在各拉丁省區。教區管轄的範圍和邊界的設立，是基於最早傳教士的熱情和成就、群眾的意願和福音書的傳播程度，在不同的狀況下偶然形成。主教教堂一個接一個排列在尼羅河兩岸、阿非利加海岸以及代行執政官頭銜治理下的亞細亞地區，直至南部意大利各省。高盧、西班牙、色雷斯和潘達斯的主教管轄極大一片土地，還委派一些農村副主教在下級教區行使職權。一個基督教教區可能大到涵蓋一個行省，也可能小到僅限於一個村莊，所有的主教都有平等尊嚴的地位，全都得到使徒、人民以及法律賦予相同職責和權力。當君士坦丁推行軍政分離政策的時代，教會和國家出現新成立的神職制度，能夠長治久安，不僅受到尊敬，有時也能免於危險。關於神職制度的內涵和特性，可以分為以下幾方面：

一、公開的選舉
二、教士的任職
三、財產
四、民事審判權
五、教會的譴責
六、公開演說的訓練
七、宗教會議

　　基督教共和國的代表每年定期在春季和秋季聚會，宗教會議向羅馬世界一百二十個行省，傳送基督教的教會教規和立法精神。依據法律規定，授權大主教或首席主教，召集他所管轄行省的副主教舉行會議，用以改進與會人員的行為，重申神職人員的權利、表達在座人員的忠誠。如果教士和人民選出填補紅衣主教團空缺的候選人，就對他們的績效進行審查。羅馬、亞歷山卓、安提阿、迦太基以及後來的君士坦丁堡主教享有更大的審判權，可以召集所屬主教舉行多種會議。最關緊要的大公會議卻只有皇帝本人有權決定。每當教會出現緊急情況需要採取此類重大步驟，他會立即向各行省的主教或其代理人發出強制召喚令，同時附有可以使用驛馬並支付足夠旅費津貼的證書。君士坦丁統治的早期（314年），那時他還是基督教的保護人而非教徒，把有關阿非利加問題的爭論，交給亞耳（Arles）會議去處理。來自約克、特列夫（Treves）、米蘭以及迦太基的主教，操著本鄉本土的語言，在會議上像朋友和兄弟一樣，討論拉丁地區或西部教會與大家利害相關的問題。
　　十一年之後（325年）在俾西尼亞的尼斯召開陣容盛大而且千古留名的宗教大會，能夠通過與會人員最後的裁定，徹底解決在埃及出現有關三位一體的問題，事實上爭論的內容非常微妙。三百八十名主教聽從寬容君王的召喚全部到場，與會人員包括各個階層、教派和稱號的教士總共是兩千零四十八人。希臘的教士都親自前來，拉丁地區的教士在獲得同意，由羅馬教皇派出的代表團擔任。皇帝經常御駕親臨為期兩個月的大會，讓侍衛等在門外，自己（在得到會議的同意之後）坐在大廳中央的矮凳上。君士坦丁耐心聽別人發言，講話非常謙虛。如果他的話對辯論產生影響，總是很謙恭的聲明，他是使徒繼承人的行政首長，絕不是審判官，何況各位都奉神的指派成為地上的僧侶。一位專制君王對無拳無勇的臣民集會，竟然表示如此隆重的尊敬態度，唯一先例就只有採用奧古斯都政策的羅馬帝王，一度對元老院所表示的崇高敬意。

　　就在短短五十年間，一位通達天理人情的哲人，看到世間風雲變幻，不免想到羅馬元老院的塔西佗，和在尼斯會議上的君士坦丁。朱庇特神殿之父和基督教教會之父都同樣日趨墮落，在品德方面全都無法和原來的創始人相比。只是基督教的主教深深扎根在公眾輿論之中，比較能夠用合理的傲氣維持自己的尊嚴，有時甚至還能用英武的氣概反對君王的意願。隨著時間的推移和迷信思想的發展，曾使宗教會議喪失威信的軟弱無能、意氣用事和愚昧無知，都已被世人逐漸淡忘。整個基督教世界全無例外，完全聽命全國大會永遠正確的教條。

6 基督教的異端教派受到迫害及產生分裂（312-362年）

　　極為感激的教士用讚美的聲音，推崇君士坦丁一生的作為，使他們可以發揮宗教熱情，增進實質利益，獲得安全、財富、榮譽和尊敬。君士坦丁支持正統教會的信仰，認為是政府官員最神聖的義務和最重要的責任。〈米蘭詔書〉是信仰自由的大憲章，賦予羅馬世界每位臣民有權利選擇和主張自己的宗教，極為寶貴的權利立刻受到侵犯，皇帝自認了解真理，所以吸取迫害的典則。對於正統教會持異議的教派來說，基督教的勝利給他們帶來苦難和壓迫。君士坦丁很容易相信，異端教派敢於爭論他的理念，反對他的統治，是執迷不悟的犯罪行為，及時採用嚴苛的手段加以節制，從沉淪於永恆懲罰的危險，將俗世的可憐群眾拯救出來。皇帝非常慷慨，對正統教會的教士賜予酬勞和豁免，分離的教會無法享受不可多得的特權，要求大臣和教諭採取行動，不得浪費時間和減低成效。有些異端的徒眾因帝國尚未統一而能苟延殘喘，等到征服東部隨著立即奉行詔書，就等於宣告他們完全絕滅的命運。君士坦丁拉開充滿宗教狂熱和嚴辭指責的序幕，絕對禁止異端教派的集會，籍沒他們的公共財產，作為國家的收入或提供正統教會運用。

　　有些教派抗拒皇室的嚴厲作風，像是薩摩薩塔（Samosata）的保羅，領導追隨的徒眾進行直接的反抗；弗里基亞的孟他努派（Montanists）還是狂熱的繼承先知的預言；諾瓦提亞派（Novatians）嚴正否認塵世的悔改所能產生的效果；在馬西昂派（Marcionites）和華倫提尼安派（Valentinians）的領導之下，亞細亞和埃及形形色色的諾斯替派信徒，又開始重整旗鼓蠢蠢欲動；或許就是摩尼派（Manichaeans）最近才從波斯，傳入東方和基督教神學最欺世盜名的著作。企圖將可憎的異端完全根除，或者至少要能限制他們的發展，已經雷厲風行的推動而且頗有成效，從戴克里先的詔書引用一些刑事規定，這些「改宗皈依」的方式受

到若干主教的讚許，他們過去嘗過高壓手段的滋味，現在有權訴諸報復的要求。

　　兩個微不足道的情況可以證明君士坦丁的內心，沒有完全被宗教的狂熱和偏見所腐化。在他譴責摩尼教和同宗的派別之前，決定對相關教義就本質方面進行精確的探索和調查，由於不相信他的宗教顧問會公正無私，就把這件很精細而微妙的工作，交付給一位學問淵博而且行事穩健政府官員負責，只是並不知道這貪婪的官員很容易被金錢收買。另一件事是皇帝很快受到說服，他對諾瓦提亞派的正統信仰和嚴謹教規加以禁止，是過於倉卒的舉動。教會所以對諾瓦提亞派產生異議，是他們認為有些戒律條款並非救贖世人的基本要件。為此皇帝特別下了一道詔書，赦免諾瓦提亞派教徒在法律方面的罪行，允許在君士坦丁堡興建一所教堂，尊重他們的聖徒所行的奇蹟，邀請該派的主教阿西休斯（Acesius）參加尼斯的宗教會議。同時他用開玩笑的口氣，溫和的嘲諷參加會議的主教，說他的教條太過瑣碎。從君主口裡說出的話，人們自然會用讚美和感恩的心情全盤接受。

　　君士坦丁在馬克森久斯亡故以後，立刻用勝利的軍隊光復阿非利加，誤以為一位受過教化的改宗者能適合該地，結果產生不停的怨言和相互的指控，給他的統治帶來很大的困擾（312年）。等他得知幅員廣大的地區，從塞林到直布羅陀海峽的各行省，都因宗教的紛爭而動盪不安，真是感到非常驚異。人心渙散的根源在於迦太基教會的重複選舉，無論就位階或富裕的程度，在西部的教會中都名列第二位。昔西利安（Caecilian）和馬喬里努斯（Majorinus）是阿非利加相互敵對的兩位總主教，等到後者過世，就留下一個空缺給道納都斯（Donatus），他因為才識過人而且品德高尚，受到他這一派教徒的堅定支持。昔西利安的聖職任命在前，應該在位階上具有優勢，但他過於急躁沒有等努米底亞的主教到達，舉行任職典禮成為不合法的行為，至少也是不合例行的程序。於是與會的主教指責昔西利安，同時推崇馬喬里努斯，結果這七十名主教，因為有人的品格上發生醜聞，再加上努米底亞宗教會議發生涉及女性的陰謀、褻瀆神聖的交易和囂鬧暴亂的議程，使得他們的職權再度受到削弱。

　　黨派對立的主教仍然是爭權奪利互不相讓，過去由於對手把《聖經》私下送給戴克里先的官員，犯下不可饒恕的罪行，地位岌岌可危，也為眾人所不齒。雙方相互攻訐同時進行私下的活動，像是證實阿非利加的基督徒，在上次的迫害期因宗教信仰吃盡苦頭，看來態度還是沒有改過自新，分裂的教會也沒有能力進行公正的裁判。皇帝為了平息雙方的爭論，陸續成立五個法庭慎重審理本案，整個審判的過程從最早提起上訴到最後的宣判，拖延三年之久。意大利禁衛軍副統領和阿非利加以代行執政官頭銜的總督，負責進行全面的調查，兩位主教的貴賓把

處理報告帶到迦太基，裡面是羅馬和亞耳御前會議下達的敕令，以及君士坦丁在神聖宗教會議至高無上的裁決。整個案件對昔西利安有利，全體一致承認他是阿非利加真正合法的總主教，具有民事和教會的全部權力。教會的位階和財產判給他所指定的主教，執行起來毫無困難，君士坦丁則將道納都斯派的主要領導階層全部處以放逐。

整個案件要求公正處理的呼聲甚囂塵上，受到注意又進行鑑定，或許他們的冤情不是沒有根據，完全是寵臣奧休斯（Osius）運用狡猾陰險的手段，取得皇帝的信任所致。欺騙和賄賂的影響力，可以使無辜者受到懲處，有罪者加重刑責。不公正的情況要是發生糾纏不清的爭執，在專制政體看來只是微不足道的缺失，何況類似的案例多如牛毛，後代子孫覺察不到，很快就會遺忘。這次事件要不是導致教會的分裂（315年），發生重大的影響，也不會在歷史上占有一席之地。阿非利加的行省忍受三百年的痛苦，靠著基督教本身的力量才完全平息下去。道納都斯派受到爭取信仰自由和發揮宗教狂熱的激勵，以不屈不撓的精神拒絕服從篡奪者，因為他的當選引起爭論，教職的權力不被承認。凡是有人接受昔西利安叛教者和邪惡的黨派，使自己獲得聖職任命，道納都斯派就將不當得利者全部逐出教會，使這些人失去與社會和宗教的正常交往。

道納都斯派極為欣喜而又充滿信心，因為歐洲和亞洲的主教受到罪行和分裂的影響，使徒的繼承權因而中斷，正統教會的特權限於選定的阿非利加信徒，只有他們的信仰和紀律，能夠保持正直純潔未受任何汙染。他們用毫不通融的態度支持僵硬的原則，要是誰派來一個改信者，甚至是來自東方遙遠行省的聖職人員，他們都懷疑這些人的合法性，視之為異端或分裂分子，對於擔任教職主持的洗禮和任職，他們還要再重複神聖的儀式。教徒在獲准接受道納都斯派的聖餐禮之前，無論是主教、處女或是純潔的幼兒，都要蒙受公開認罪的羞辱。要是道納都斯派得到一座教堂的所有權，過去曾被正統教會的敵手使用，就像獲得一所崇拜偶像的廟宇，用猜忌的心理很小心的處理，淨化整個瀆褻神聖的建築物。他們洗滌進出的道路，重新粉刷牆面，焚毀木製的聖壇，熔掉金銀器具，把作為聖餐的麵包丟給狗當食物，用盡一切侮辱的手段，在宗教的派系之間激起永恆的仇恨。

雖然存在著無法化解的嫌惡之情，兩個派別混雜在阿非利加的城市，彼此有相同的語言和習慣，保持宗教的狂熱和知識，加上完全類似的信仰和崇拜儀式，成為水火不容的分裂局面。道納都斯派受到帝國政府和教會的排斥毫無權力，仍舊在有些行省保有人數的優勢，尤其是努米底亞有四百位主教承認總主教的管轄

權，即使教派有堅強不屈的精神，有時仍會被人抓住要害。原本分裂的教會由於內部的離心離德，造成的後果更是慘不忍睹。道納都斯派的主教有四分之一追隨馬克森久斯自立門戶的旗幟，他們最早的領袖規劃窄狹而孤獨的道路，繼續要與人類的大社會分道揚鑣不相往來。與他們差異不大的祈禱派（Rogatians），竟敢大言不慚的宣稱，等到耶穌降臨世上進行最後的審判，會發現真正的信仰保存在凱撒里亞‧茅利塔尼亞（Caesarean Mouritania）幾個無名的村莊。

7 三位一體論的哲學淵源和發展經過

　　道納都斯派的分裂局限在阿非利加一地，釀成大禍的三位一體爭論不斷危害基督教世界的每個地區（360年）；前者是濫用自由形成偶發性質的吵鬧，後者用哲學當幌子帶來神祕難解的爭辯。從君士坦丁當政到克洛維斯（Clovis）或狄奧多里克時代，羅馬人和蠻族的世俗利益，深深涉入阿萊亞斯教義（Arianism）的神學爭論之中，因而允許歷史學家用尊敬的態度掀開聖所的神祕，從柏拉圖的學院到帝國的衰亡，推論出理性和信仰、謬誤和激情的發展過程。

　　柏拉圖的才智受到他本人沉思冥想的激發，或是埃及僧侶傳統知識的啟示，竟敢探索高深莫測的神性。他把自己的心靈提升超越智慧的思維境界，首次出現自存的概念，進而考量宇宙的必要成因。雅典的智者沒有能力領悟：為何經由個體本質極為簡單的結合，能容許不計其數相異而又連續的觀念，構成智能「理性」世界能夠垂諸永久的規範；為何一個「人」純粹的精神力能夠執行完美模式，用易塑的手鑄造粗陋而自主的混沌狀態。要從思辨的困難當中脫身而出已是徒然無望，甚至人類心靈微弱的力量也要受到壓制，誘使柏拉圖要考慮經過三次變形的神性：就是宇宙的首次成因、宇宙的理性或邏各斯（Logos），即「道」、宇宙的靈魂或精神。柏拉圖充滿詩意的想像力有時會貫注在形而上的概念，有時又會受到「神而明之」概念的激發。這三種原始的要素在柏拉圖的宇宙系統，述說成為三個神明，在神祕莫測而又難以形容的世代，三者相互結合在一起，邏各斯對一位永恆之父的聖子來說，特別認為是最易獲得的本性，至少聖父就是造物主和世界的主宰。隱密難知的玄理在學院的花園發出審慎的喁喁私語，就是柏拉圖最私淑的門徒，經過三十年勤奮的學習，也還是無法完全了解。

　　馬其頓人（是指馬其頓國王菲利浦和他的兒子亞歷山大）用武力將希臘的語文和知識傳播到亞細亞和埃及，亞歷山卓知名的學院教授柏拉圖的神學體系，不僅保存原有的內容還能發揚光大。猶太人受到托勒密（Ptolemies）王朝的庇蔭，

在他們的新都城建立人數眾多的殖民區，孤獨的民族有大部分人員遵從合法的傳統祭典，從事賺錢的經商行業，少數希伯來人擁有更為自由開放的心靈，將一生奉獻給宗教和哲學的沉思。他們全力鑽研雅典哲人的神學體系而且心悅誠服，然而不會公開承認過去在理論方面的貧乏，那將會使民族的自尊受到羞辱。他們勇敢的指出，這就像從祖先繼承神聖的金銀和珠寶，都是後來從埃及主人那裡偷竊的物品。基督出生前一百多年，亞歷山卓的猶太人創作一篇哲學論文，當成受到所羅門智慧啟示的遺物，他們認為這貨真價實而且極為珍貴，毫無異議為大家接受，即使貿然的做法不符柏拉圖學院的風格，也有傷哲人的感情。還有若干類似的狀況，摩西信仰和希臘哲學的結合突顯菲羅（Philo）作品的體裁，大部分在奧古斯都統治的時代寫成。宇宙的靈性冒犯希伯來人的虔敬，他們把邏各斯的特質賦予摩西的耶和華以及以色列人的族長，神的兒子用可見的形象，以人的容貌降臨世間，執行眾所周知的職責，看起來與宇宙成因的本質和屬性自相矛盾。

柏拉圖的滔滔雄辯，所羅門的崇高名聲，亞歷山卓學院的學術權威，加上猶太人和希臘人的積不相容，使高深莫測的學說無法建立不朽的真理，雖可取悅理性的心智於一時，卻無法讓靈魂獲得永遠的滿足。受到上帝啟示的先知或是使徒，只有祂在人類的信仰施展合法的統治，要不是〈四福音〉作者運用天賜的如椽巨筆，完成卓越的神聖著作，肯定邏各斯的名聲和神性、學院學派（Academy）、萊西昂學派（Lycaeum）和畫廊學派（Porch）基於各自的哲學觀點以及柏拉圖的神學，必然會困惑得不知所措。基督教的改革完成在聶爾瓦（Nerva）統治的時代（97年），向世人揭露絕大的祕密，那就是邏各斯（道）太初與神同在，邏各斯就是神，祂創造萬物，萬物都藉著祂被創造出來，化身為人就是拿撒勒（Nazareth）的耶穌，為童女所生，被釘死十字架上。除了基督憑著神的榮譽建樹永世不朽的根基，最古老備受尊敬的教會作者歸之於福音神學家，他們特別提高警覺要駁倒兩個持反對立場的異端邪說，因為它們曾經破壞原創教會的和平。

其一就是伊比翁派（Ebionites），他們的信仰過於粗俗而且不夠完美，又可稱為拿撒勒派（Nazarenes），崇敬耶穌是最偉大的先知，具有超凡入聖的德業和權柄。他們把希伯來神論所有的啟示，提到彌賽亞應許屬靈和永恆的國度，全部歸之於祂本人以及未來的統治。他們之中有人承認祂為童女所生，對邏各斯或神的兒子存在於太初和保有完美的神性，仍舊非常固執加以否認，這在〈約翰福音〉有明確的釋義。過了五十年以後，殉教者賈士丁提到伊比翁派的謬誤，認為異端的派別只保留基督徒的名義，成為微不足道的少數，不值得用嚴厲的口氣加

以譴責。

其二是以別號「幻影論者」（Docetes）而知名的諾斯替教派，完全逸出正道走向極端，主張基督的神性同時也顯示祂的人性。他們受教於柏拉圖的學院，經常聽到邏各斯極為玄妙的觀念。他們表示上帝最光明燦爛的「元氣」或稱為「流溢的光」，可以用來塑造成一個「人」的外表形體和可見容貌，他們又徒然無益的聲稱，世俗物體的缺陷和天國本質的純淨，兩者之間根本無法共存。基督的寶血依然瀰漫在髑髏地（Calvary）的山頂，幻影論者虛構邪惡和縱情的假說，認為耶穌並非生於處女的子宮，而是以完美的人形降臨於約旦河的河岸，把旨意強加於敵人或門徒的身上，使彼拉多的手下對空虛無物的幻象，浪費無能為力的憤怒和殺戮，看來像是喪生在十字架上，三天後從死中復活。

8 三位一體的主要觀點和對基督教的影響

使徒借用柏拉圖神學的基本原則，特別提到經過神的核准，第二、三世紀博學的長老受到鼓勵，可以欣賞並研究雅典智者的著作，因為經典的作品有不可思議的先見之明，其中之一就是顯示基督教的改革。正統教會經常運用柏拉圖可敬的名聲，異端教派更是氾濫成災，一般都是拿來支持自己的真理或是反駁別派的錯謬。評論者的妙思建立的權威，以及邏輯辯證的運用技巧，拿來證明柏拉圖的見解，遙遠的後代產生的影響完全正確無誤，也可以讓受到啟示的作者，能夠補充保持沉默之不足。特別像是神奇莫測的三位一體，有關三個神格的性類、形成、區隔和平等，微妙而又深奧的問題，亞歷山卓的哲學學院和基督教學校引起爭論不休的激辯。熱烈的好奇心促使他們探索深淵的祕密，導師和門徒的驕傲可以為文字的表達技巧滿足。舉凡最明智的基督教神學家，像是偉大的阿泰納休斯都會坦承，無論如何用盡理解力思索邏各斯的神性，辛勞的工作不僅無濟於事徒然產生反效果，思考得愈多理解得愈少，寫作得愈勤愈是無法表達出自己的觀念。人們在探索的每一個步驟的同時，不得不認識或者深有感覺，所望目標的大小範圍與人類心靈的運思能力，其間不相稱的程度已難及其萬一。

我們可以努力萃取時間、空間和事物的概念，能與通過經驗知識獲得的理解力發生密切的關係，要想很快敢於合理推定無限的本質或屬靈的世代，通常會從否定的概念推斷出肯定的結論，就會陷入黑暗、困惑和不可避免的矛盾之中。由於相關的困難起源於討論主題的性質，帶著無法負荷的重量壓在哲學和神學的爭論者身上，我們也可能觀察到兩種最基本也是最特殊的情況，從柏拉圖學院的論

點可以辨別正統教會的義旨。

其一，在一個哲學家所精選的社會，其中的成員受過良好的教育，具有格物致知的習性，在雅典的花園或是亞歷山卓的圖書館，可以安靜的沉思或是溫和的討論，有關形而上學深奧難解的問題，神遊於物外的深思，由於他人的怠惰、忙碌或是勤奮從事其他的學問，不會引起注意而受到忽略。所以對柏拉圖學派的弟子而言，個人的思考不會因相信別人有所悟解，更不會引發大家辯論的熱情。等到邏各斯的本質揭露出來，成為基督徒信仰、希望和宗教崇拜的神聖目標，高深莫測的神學體系，為羅馬世界每個行省數量龐大而日益增加的群眾樂於接受，這些人無論是年齡、性別和職業，很少習於抽象的推理和深奧的沉思，沒有資格判定神性的制度。

特塔里安大言不慚的提到，基督徒的神智可以回答任何問題，甚至困惑最聰明的希臘智者，都可以迎刃而解。等到目標在我們所不及的遠處，人類對它的理解最高和最低之間的差距，真要度量會發現小到不足為道，至於真正微弱到何種地步，要用固執和教條產生的信心，具有的標準加以衡量。沉思默想不再是打發時間的休閒活動，而變成當前生命最嚴肅的責任，也是未來生活最重要的準備工作。神學成為個人沉思和公眾談話最熟悉的主題，相信是義務，懷疑是罪惡，錯誤是危險，甚至帶來致命的後果。冷酷的哲學呈現漠不關心的態度，虔誠的狂熱精神激起騰空的烈焰，甚至就是用普通語言表示的隱喻，暗示感覺和經驗會產生謬誤的成見。基督徒憎恨希臘神話粗俗而齷齪的世代，禁不住要用大家熟悉的子女和父親的關係來加以證明。聖子的角色像是永恆從屬於主動的創造者，由於世代繼承的行為就最靈性和抽象的感覺而論，必定會傳輸自然之道的屬性，以至於不會在聖子和永恆全能的聖父之間，樹立起權柄和時效的界線。

基督去世八十年，俾西尼亞的基督徒在普里尼的法庭裡宣稱，他們把祂當成神明祈求保護，祂那神性的榮譽在每個時代和國家都永垂不朽，所有的教派都尊祂的名，自視為祂的門徒。他們崇敬基督，恐懼任何異教崇拜，原本可能讓他們斷言邏各斯相等和絕對的神性，但他們憂慮到會違犯基督偉大的聖父和宇宙統合獨一無二的至高權柄，因而在不知不覺之中阻礙他們迅速朝向天國的寶座上升。基督徒由於相互對立的意向，內心會產生懸慮難安和變動不居，可以由神學家的作品看得出來，從使徒時代的末期到阿萊亞斯爭論開始，在這段期間盛極一時。無論是正統還是異端教派，都以無比的信心需要信徒的贊同。就是最吹毛求疵的評論家也得承認，即使他們走運獲得羅馬正統教會的真理，也會用散漫、含糊甚至矛盾的語言陳述他們的概念。

其二，區別基督徒和柏拉圖學派的首要條件是個人的虔誠，其次是教會的權威。哲學的徒眾強調學術自由的權利，對教師出於感情的尊敬，最充分的理由就是出手大方和自願呈送束脩。基督徒形成人數眾多而紀律嚴明的社會，法律和官吏的管轄權很嚴格的運用在心靈的信仰上，想像力毫無拘束的飄盪狀況，逐漸受到信條和懺悔的制約，個人判斷的自由權利降服於集合公眾智慧的宗教會議。神學家的權威為教會的位階所決定，主教是使徒的繼承者，對背離正統信仰的人施以教會的譴責。宗教爭論的時代，任何壓迫行動對心靈的彈性增加新的力量，一個精神叛徒的宗教狂熱和固執作風，有時會為野心和貪婪的祕密動機所引起。形而上的論辯成為政治鬥爭的原因和藉口，柏拉圖學院的精妙之處用來當作黨派傾軋的徽章標誌，激烈刻薄的爭執使雙方揭櫫的信條擴大分裂的距離。普拉克西阿斯（Praxeas）和薩貝留斯（Sabellius）的黑色異端，長久以來竭盡全力要混淆聖父與聖子。要是他們對神格的區隔較之神格的對等堅持得更為嚴謹而熱烈，可能會受到正統派的諒解和寬恕。等到爭論的狂濤消退，薩貝留斯派的發展不再成為羅馬、阿非利加和埃及教會恐懼的對象，宣揚神學見解的浪潮開始平穩的流向對立的極端，就是出於其他宗派之口受到譴責的名詞和釋義，最正統的神學博士現在也會拿來使用。

宗教寬容的詔書恢復基督教的平靜和安寧以後，有關三位一體的論爭又在動盪不安的亞歷山卓復活，那裡是柏拉圖學派，以及才智和富有人士在古代的聚集中心。宗教紛爭的火焰迅速從學術界傳播到教士和人民中間，再散布到各行省和東部。有關邏各斯的永恆性質極其玄妙的問題，基督教大會和群眾的布道會也有人熱烈鼓吹。阿萊亞斯學說的離經叛道，通過他本人和對立教派的狂熱宣揚，很快變成眾所皆知，即使態度最堅決的反對者，都承認傑出的長老學問淵博，生活樸素無可指責。他還在前一次的選舉，氣度大方拒絕登上主教的寶座。競選對手亞歷山大前來擔任阿萊亞斯的審判官，重大案件在他的面前進行法庭辯論。開始時亞歷山大還有些猶豫，最後他卻做出判決，認為這是一個有關宗教信仰絕對不容違背的原則問題。無所畏懼的長老決心要否定憤怒主教的無上權威，因而排斥於教會的一切活動之外。孤軍奮鬥的阿萊亞斯得到人數眾多一派的支持，直接追隨者有兩位埃及主教、七位長老、十二位執事以及七百名處女（簡直可以說是不可思議）。亞細亞大多數主教都支持或贊成他的主張，提出的因應之道是促使兩位優西庇烏斯採取行動，前者是凱撒里亞最博學的高級教士，後者是尼柯米地亞的政治家，仍未失去聖徒的身分。在巴勒斯坦和俾西尼亞召開的宗教會議，與埃及的宗教會議對抗。皇帝和人民的注意力集中到神學的論爭，經過整整六年時光

（318-325年），最後結果仍然提交具有最高權威的尼斯宗教大會做出裁定。

9 阿萊亞斯派主張的教義和擁戴的信條

將具有神祕特性的「本體同一」這個字，用在正統基督教派的旗幟上面，大公會議上產生的權威言論，使得阿萊亞斯派只有順從，儘管引起私下的口角和陰暗的爭鬥，維護和堅持信仰的統一或至少有語言的一致，發生很大的作用。同體論人士獲得成功，可以正大光明稱為正統基督教教徒，因具有簡潔和穩定的信條深深引以為榮，對於敵對教派變幻無常的論點，以及信仰原則毫無定見的表現，百般加以羞辱。阿萊亞斯派主要人物誠實或狡詐的習性、對法律或人民的懼怕、對基督的尊敬、對阿泰納休斯的憎恨，以上這些理由無論來自人間或天上，凡能影響和擾亂神學教派的協商，全部用來在分裂主義者之間注入混亂和變異的精神，不到短短幾年時間，建立了十八種不同的宗教模式，報復的行為使正統教會的尊嚴受到褻瀆。

信仰狂熱的奚拉里（Hilary）基於自身處境的困難，傾向減輕而非誇大東部教士的錯誤，宣稱在他流放的十個亞洲行省極為廣闊的地區，幾乎找不到一位高級教士認識真正的上帝。他感受的壓迫以及親眼所見而又身受其害的混亂局面，在很短期間裡平息靈魂深處的憤怒情緒。從下面抄錄的幾句話，可以看出這位波瓦提耶（Poitiers）的主教極其不慎，竟然模仿一位基督教哲學家的風格。奚拉里說道：「有種狀況既可悲而又危險，那就是世間有多少種觀點就有多少種教義，有多少種思想傾向就有多少種宗教學說，有多少種謬誤就有多少種瀆神的理由。因為大家全都任性制定信條，隨意對信條進行解釋。在接連舉行的宗教會議上面，『本體同一』在本次的議程受到否定，下次討論又被接受，再開會竟然經過解釋遭到排斥。在那段令人痛心的日子，聖父聖子部分類似或全部相同的問題，變成了爭論的主題。每年甚至每個月都在制定新的信條，用來描述無法目視而又難以理解的奧祕。我們為我們所做的事懺悔，再為那些懺悔的人辯護，最後詛咒我們為之辯護的人。無論是我們之中運用別人的學說，或是別人之中出現我們的論點，我們全部加以譴責。於是不惜相互把對方撕成碎片，彼此成為毀滅對方的根源。」

沒有人願意我在此浪費時間談論神學問題，特別是連聽到名字都感厭惡的阿萊亞斯十八種信條。然而，舉出其中最獨特的一條當作範例，像是討論一種植物所具有的外形特徵，探索栽培種植的過程，倒是會令人感到興趣盎然；如果單調

的描述無花之葉和無果之枝，就是勤勞的學生也會失去耐心和好奇。阿萊亞斯論戰逐漸顯現出來一個問題，無論如何值得特別注意，因為從而產生三個教派，並且使得相互之間有所區別，僅在共同反對尼西亞會議的「本體同一」一事上，這三個教派又聯合起來。

其一，要是問到聖子是否與聖父相像，異端分子都會堅決做出否定的回答。他們追隨阿萊亞斯的理論，或者緊跟哲學的觀念，確認造物主和祂最神聖的創造物之間存在無限差距。埃伊久斯（Aetius）支持明顯的結論，因而反對他的宗教狂熱人士，給他加上無神論者的稱號。他那衝勁十足、永不停息的性格，幾乎試過人世所有的職業，先後做過奴隸，還有農夫，串街的補鍋匠、醫生、小學校長、神學家，更成為新興教會的使徒。全靠他的門人優諾繆斯（Eunomius）的能力，教會才能興建起來。埃伊久斯的思想細密，腦袋裝滿聖經的詞句，加上亞里斯多德邏輯學吹毛求疵的三段論法，博得「戰無不勝」縱橫家的稱號，沒有人在任何問題上能駁倒他或使他保持緘默。無礙的辯才贏得阿萊亞斯派主教的友情，由於他凡事據理力爭，失去公眾對他的支持，冒犯虔誠的追隨者，使得阿萊亞斯派轉而攻擊危險的盟友，甚至對他進行迫害。

其二，造物主的萬能對聖父聖子相像的問題，提出一個說得通而又冠冕堂皇的解釋。至高無上的上帝傳輸無限完美、創造僅只與祂自己相像的生靈。阿萊亞斯派人士受到既有地位又有能力的領導人強有力的支持，早已控制優西庇烏斯的宗教事務，占據東部的主要寶座。他們對埃伊久斯缺乏虔誠之心表示厭惡，公開宣稱，根據聖經毫無保留相信聖子與其他一切創造物都不相同，僅只與聖父相像。他們不承認祂和聖父屬於相同或相似的物質，因而有時大膽為自己不同的意見提出辯解，有時又拒絕使用本質說明神的屬性。

其三，肯定本體相類學說的教派，在亞細亞各行省的人數最多。因此當兩派的領導人在塞琉西亞舉行會議時，他們的意見可能占優勢，因為他們有一百零五位主教，對方只有四十三位。被選用代表神祕相似性的希臘字，和正統教會所支持的符號如此相近，以致歷代世俗之士，都對Homoousion（本體同一）和Homoiousion（本體相類）兩個字之間，只有一個母音之差（是指兩個辭語之中的ou和iou的雙元音，前者比後者只少了一個i而已）引起的劇烈爭論大加嘲諷。發音和符號都彼此十分相近的兩個字，正巧代表最為相反的兩種含意，類似的情況倒是所在多見。要是在半阿萊亞斯派和正統基督教派兩種學說之間，真正找到確有意義的差異，那麼這種說法本身就會顯得十分可笑，事實上稱之為半阿萊亞斯派就已非常不恰當。波瓦提耶主教促進各派的聯合是非常明智的行為，他

在弗里基亞流放期間力圖證明，通過信仰虔誠和一心向主的解釋，Homoiousion就可以帶有聖父聖子同體的含意。他承認這個字確有陰暗而令人可疑的一面。彷彿曖昧不清和神學的爭論密不可分，半阿亞萊亞斯派帶著難以釋懷的憤怒攻擊正統教會。

　　埃及和亞細亞的行省曾經培育希臘人的語言和風格，現在深受阿萊亞斯派論爭的毒害。東部的教士和人民習於研討柏拉圖思想體系，傾向虛浮而誇耀的辯駁，運用冗長而多變的語言，發表意見就會滔滔不絕而且喜歡咬文嚼字。激烈爭論使他們忘形，把哲學的審慎和宗教的順從置之腦外。西部居民沒有探究到底的精神，無從感覺的東西不會激起他們的熱情，他們的習性也不願與人辯論。高盧的教會安於無知的狀況，奚拉里在第一次宗教大會召開三十多年之後，還對尼斯會議的信條感到極為陌生。拉丁人通過晦澀難懂和有失精準的翻譯，獲得神明知識的吉光片羽。他們的土語貧乏而呆板，不可能對希臘的專門詞彙和柏拉圖的哲學用語，提出相應的同義語，尤其是相關的用語已被福音和教會神聖化，用以表達基督教的信念。而且只要一個字使用失當，便有可能在拉丁神學中引進一序列的錯誤或混亂。西部各教區的主教十分幸運，由於他們非常穩靠，所以保存原來恭順接受的教義，等到阿萊亞斯派的瘟疫接近邊界時，及時得到羅馬教皇像慈父一樣的關懷，提供「本體同一」當作最有效的預防劑。

　　他們的思想感情在令人難忘的里米尼（Rimini）大公會議（360年）完全表達出來。參加盛大的聚會有來自意大利、阿非利加、高盧、不列顛和伊里利孔的四百名主教，人數甚至超過了尼斯會議。從第一次辯論開始，只有八十多名高級教士裝作詛咒阿萊亞斯的名字和亡靈，實際卻堅持他們這一派的觀點。人數的劣勢運用技巧、經驗和紀律的優勢得到了補償。身居少數派由伊里利孔的兩位主教華倫斯（Valens）和烏爾薩修斯（Ursacius）指揮，他們一直在法庭和議會的陰謀和鬥爭之中討生活，過去參與東部的宗教戰爭，在優西庇烏斯的旗幟下面受過訓練。他們通過辯論和談判，使得正直而單純的拉丁主教難堪又困惑，最後更玩弄欺騙的伎倆，終於靠著詐術和糾纏而非公開的暴力威脅，從與會主教的手中奪走保護宗教信仰的權力。里米尼大公會議某些成員非常草率，同意接受一項不容分離的信條，塞進帶著異端邪說意味的單字，以代替「本體同一」的本意。按照傑羅姆（Jerom）的說法，正是因為處於疏忽的情況，整個世界忽然完全成為阿萊亞斯的天下，大家為此驚奇不已。拉丁各行省的主教剛回到各自的教區便立即發現犯了大錯，開始痛恨自己何其軟弱。這樣一個極不榮譽的妥協方案，最後還是因大家的厭惡遭到憤怒拋棄。本體同一論的旗幟雖然發生動搖，但一直未曾倒

下，隨之在西部的基督教會更加牢固的樹立起來。

10 羅馬帝國兩個都城的宗教信仰狀況（356-362年）

　　如同許多德高望重的主教，阿泰納休斯受到了迫害，因為他們堅持自己的信念，要憑著良心去做正直的事。除了盲目獻身阿萊亞斯教派的人員，在所有基督徒之中引起憤怒和不滿，使得他的作為成為追求正義的目標。人們惋惜失去忠誠的本堂神父，受到放逐隨之就有外人侵占主教的職位，於是他們大聲抱怨選舉的權利受到侵犯。要是有誰服從一位圖利的篡奪者，就會受到教徒的譴責，因為他們並不認識派來的新人，對他秉持的原則抱著懷疑的態度。羅馬正統教會向世人表示，可以公開舉證對國教有異議的行為，要不就全部從教會團體加以隔離。運用這兩種方式，可以證明教會的管理者並未涉入罪行和異端。最早是在安提阿採用獲得很好的成效，馬上傳布到整個基督教世界。

　　榮耀頌或者是聖詩集用來讚美三位一體的榮名，文體固然要文雅典麗，更重要的是音調要抑揚頓挫。正統教會或是異端派系的信條，實質內容用反意或聯繫詞的些微變化來加以表示。弗拉維努斯（Flavianus）和戴奧多魯斯（Diodorus）雖然虔誠而熱心，都是不懂音樂的外行，他們信守尼斯宗教會議的信條，並將「交互應答」和正規的讚美詩，運用到公開的禮拜儀式。經過兩位的安排，一群修道士來自附近的沙漠地區，安提阿的主座教堂配置受過良好訓練的合唱團，用歡欣鼓舞的聲音唱出「榮譽歸於聖父、聖子和聖靈」（The Glory to the Father and the Son, and the Holy Ghost）；戈德弗洛伊對這句話的查驗非常仔細，這裡有三種異端的表達方式：「榮耀經由在聖靈之中的聖子歸於聖父」（The Glory to the Father by the Son in the Holy Ghost）、「榮耀歸於在聖靈之中的聖父與聖子」（The Glory to the Father and the Son in the Holy Ghost）、「在聖子和聖靈之中榮耀歸於聖父」（The Glory to the Father in the Son and the Holy Ghost）。

　　羅馬正統教會用典範的純潔，羞辱阿萊亞斯派的主教，是他篡奪年高德劭的優斯塔修斯（Eustathius）的寶座。宗教的狂熱喚醒正統派信徒當中猶豫不決的人員，要自行組成分離的集會，暫時交給長老治理，直到被信徒遺棄的主教離去，選出並任命一位新主教，擔任本堂聖職為止。宮廷的變革增加覬覦者的人數，康士坦久斯統治的時代，這座城市經常有兩個、三個甚至四個主教發生爭執，對各自的追隨者施展精神的統治權，教會的暫時所有權在他們之間輪流失去或獲得。基督教的濫權對羅馬政府而言，是產生暴政和叛亂的最新起因，受到約

束的平民社會因為宗教派系的怒火撕得四分五裂。位卑言微的市民冷眼旁觀，不斷有皇帝在興起和沒落，根據預判和經驗要顧全自己的身家性命和事業前途，一定要與教會的利害連接在一起，特別是眾望所歸的教會。羅馬和君士坦丁堡這兩個都城就是很好的例子，可以用來說明在君士坦丁的三個兒子統治時期，帝國的狀況和人心的傾向。

其一，羅馬主教長久以來，在眾多人民忠義之心的護衛下，能夠保持崇高的地位和行事的原則，用蔑視的態度反對持異端思想的君王，無論他是在懇求、威脅還是奉獻。宦官私下宣稱要放逐萊比流斯，事先就顧慮會發生動亂，盡力做好防備措施，使本案的判罪能夠順利執行。都城的四周派重兵包圍，在統領的指揮下逮捕主教本人，不論是用計謀誘騙或公開運用武力，都已無關緊要。他們遵奉命令達成抓人的任務，要在民眾的驚愕轉變成暴動之前費很大的力氣，在午夜時分把萊比流斯迅速運到羅馬人民勢力無法抵達的地方。很快大家知道主教放逐到色雷斯，就召開了一次盛大的集會。羅馬的教士為了約束自己的行動，公開進行莊嚴的宣誓，絕不背棄自己的主教和承認菲利克斯（Faelix）。身為篡奪者受到宦官的庇護，在一座瀆褻神聖的宮殿進行選舉和授任聖職。

等到過了兩年，他們虔誠之心堅持到底毫無動搖，康士坦久斯巡視羅馬，受到糾纏不斷的請求至為困擾。羅馬人民還能保有古老自由權所剩餘的部分，就是有權用無禮的態度對待自己的君王。很多元老院議員和體面的公民受到妻子的壓力，要求出面為萊比流斯說項求情。丈夫勸說她們組成一個委員會，不僅減少危險也更容易獲得成效。皇帝彬彬有禮接待女性代表，她們穿著華麗的服裝，戴上貴重的飾物，顯出富家豪門的氣勢和風采，皇帝欽佩她們有不屈不撓的決心，追隨敬愛的主教到世間最遙遠的角落，便答應要讓萊比流斯和菲利克斯兩位主教和平管轄各自的會眾。寬容的概念就那個時刻來說，無論是付諸實施還是基於情感的考量，竟會引起民眾極大的憎恨。康士坦久斯的答覆在羅馬的賽車場公開宣讀，如此合理的調解構想被民眾用輕視和訕笑的態度加以拒絕。觀眾在賽車緊要關頭的激情表現，現在卻直接對著不同的目標，重複不斷的喊叫：「一個上帝！一個基督！一個主教！」萊比流斯引發的宗教狂熱，並不只限於爭吵而已。在康士坦久斯離開以後，很快就發生危險和流血的叛亂，讓皇帝決定接受全民的條件，將菲利克斯放逐。經過一陣無效的抵抗，萊比流斯的敵手在皇帝的核定下被逐出城市，連帶對立黨派的勢力也全部瓦解。菲利克斯的徒眾在大街小巷、公共場所、浴場劇院，甚至在教堂裡，都遭到慘無人道的謀殺。羅馬在主教歸來的那段期間，像是恢復馬留（Marius）的大屠殺和蘇拉發布「公敵宣告名單」極其恐

怖的景象。

其二，基督徒人數雖在弗拉維亞家族統治時代急速增加，羅馬、亞歷山卓和帝國其他重要城市，非基督徒的黨派仍舊據有很大勢力。他們對基督教的繁盛感到嫉妒，甚至坐在劇院還要訕笑教會的神學爭論。只有君士坦丁堡享有不一樣的優勢，孕育在基督教信仰的腹地，得以成長茁壯。東部的都城從未受到偶像崇拜汙染，全體人民都深入吸取基督教理念、德行和激情，在那個時代有別於其他人類。亞歷山大去世以後，保羅和馬其頓紐斯（Macedonius）爭奪主教寶座，從宗教的奉獻精神和能力來說，兩人都夠資格也都勢在必得獲此職位。若說馬其頓紐斯在品格方面沒有非議之處，那麼他的對手先當選且以正統派自居，因而占有相當優勢。保羅堅定支持尼西亞教條，使他的名字在教會節日表得以與聖徒和殉教者並列，也因而受到阿萊亞斯派憎惡。在長達十五年的任職期間，他曾五次被趕下主教座位，總靠著民眾強烈抗議才恢復原職，倒不完全是君主的恩准，所以只有對手的死亡才能確保馬其頓紐斯的權力。不幸的保羅拖著鎖鍊從美索不達米亞的沙漠，跋涉到托魯斯山最僻遠的地點，囚禁在黑暗而窄狹的地牢，留在裡面六天不給食物最後還被絞死，這些都是菲利浦下的命令，他是康士坦久斯皇帝的主要大臣之一。

帝國的新都城第一次被鮮血所玷汙，同時也洩露教會的鬥爭，人民狂悖而頑強的暴動雙方都有很多人被殺。保羅受到放逐宣判，強力執行的任務最早被交付給騎兵主將赫摩吉尼斯（Hermogenes），結果他因而送掉性命。正統教會的信徒起來反抗，要保護他們的主教，赫摩吉尼斯的豪華住宅燒得片瓦不覆，帝國最高階將領腳鐐手銬拖過君士坦丁堡的街頭，死後屍體還受到示眾的汙辱。赫摩吉尼斯的下場使菲利浦得到教訓，禁衛軍統領為應付同樣的狀況，先完成很多準備工作，接著卑辭相求意願，伴隨保羅前往宙克西帕斯（Zeuxippus）浴場，這裡有便道與皇宮和海邊相通，並且已準備好一艘船在花園階梯的下面，很快可以揚帆行駛。人民根本沒有想到會有瀆褻神聖的事情發生，主教已經被解押上船開往提薩洛尼卡。

他們立刻驚訝而氣憤的看到，宮殿的大門打開，篡奪者馬其頓紐斯在一輛高大的戰車上面，坐在統領的旁邊，一隊衛兵拔出劍在四周保護，軍隊的行列向著本座教堂前進。阿萊亞斯派和正統教會的信徒情緒高漲，衝過去搶占重要的據點，混亂的暴動中有三千一百五十個人喪失生命。馬其頓紐斯在正規部隊的支持下獲得決定性的勝利，他的統治受到騷亂和暴動的干擾。即使與爭論主題最沒關係的原因，足夠孕育和點燃引起社會混亂的火焰。存放君士坦丁大帝遺體的小

禮拜堂很可能受到破壞，主教就將莊嚴可敬的骸骨移到聖阿卡修斯（St.Acacius）教堂。審慎而虔誠的措施，堅持主張「本體同一」教義的宗派被描述成最邪惡的褻瀆神聖行為，於是他們立即全面備戰，奉獻給神的地面當作戰場。有位教會史家提到有一件真正發生的事，絕非修辭的比喻，說教堂前面有一口水井，柱廊和鄰近庭院流進的鮮血，都從井口滿溢出來。作者把暴亂歸於宗教緣故，等於透露他並沒有充分了解人性，必須承認動機能夠誤導宗教狂熱具有的誠摯，藉口可以掩蓋私心自用產生的激情。鎮壓之後的悔恨在另一個案例，成為緊接在君士坦丁堡基督徒憤怒的情緒。

11 異端教派和宗教爭論造成的重大影響

基督教各派內部的分裂造成的結果是破壞教會的和平，玷汙教會的勝利，哪怕是很簡單加以敘述，等於肯定一位異教徒史家的說法，贊同一位德高望重主教的指責。阿米努斯由於本人的經歷，相信基督教教徒之間的仇恨更勝於野獸之對人類；格列哥里‧納齊成（Gregory Nazianzen）更是悲痛的哀嘆，彼此不和已使天國一片混亂，變成黑夜的風暴和可怕的地獄。當代情緒激烈而懷著偏見的作家，總把一切功德都歸於自己，將所有罪過都推給敵人，從而描繪出天使與惡魔的會戰。冷靜的理智否認邪惡或神聖的怪物竟會保持如此純粹和完美的特性，應該把大致相等或不分軒輊的善與惡，歸於稱為正統基督教和異端邪說的敵對兩派。他們原是孕育和成長在同一個宗教環境和政治社會之中，對於現世以及未來的希望和恐懼，就比例上來說大致相等。任何一方的錯誤都可能是無意而為，信仰都可能是真實無虛，行為都可能是值得嘉許或敗壞不堪。他們用相同的目標激起奮鬥的熱情，有可能交互輪替濫用宮廷或人民對他們的支持。阿泰納休斯派和阿萊亞斯派在形而上學方面表達的意見，不會真正影響到道德品質。他們體會福音書純真而簡單的訓誡，使得行為受到偏執和絕不寬容思想的驅使。

有一位頗為自信的現代作家，他的歷史著作加上許多政治和哲學方面受人尊重的稱號，批評孟德斯鳩的審慎作風幾近怯懦的程度，說他敘述帝國衰亡的原因，竟不曾提到君士坦丁所定的法令，他用來取締異教的崇拜活動，使得很多臣民失去他們的祭司、廟宇以及公開的宗教信仰。富於哲理的史家一向重視人權，竟然不經思考就輕率接受基督教牧師含混的證詞，須知他們把心目中英雄實施的迫害行動說成功績。其實用不著看那些在帝國法典編成之前，就已假裝存在並且大放光芒的法令，只要把君士坦丁不再掩蓋自己改變信仰的事實，無須害怕有人

與他爭奪王位，寫給古老宗教的信徒那封信拿出來，便再也明白不過。他用十分懇切的口氣敦請羅馬帝國的臣民，效法他們君王的榜樣，同時又宣稱不願睜眼看天空出現萬丈光芒的人，仍然可以在自己的廟宇供奉想像的神明。有關異教的宗教儀式遭到取締的傳聞，君士坦丁正式予以駁斥，這是他奉行溫和政策的基本原則。他非常明智的說到，人類的習慣、偏見和迷信都無法用外力強加克服。高瞻遠矚的君王既不曾違背神聖的諾言，也不會引起異教徒的恐慌，只是運用緩慢而謹慎的步驟，摧毀多神教毫無紀律和日趨腐爛的組織。他偶然會採取過於偏激的行動，儘管在暗中受到基督教熱情的驅使，外表卻充分表現法律正義和公共利益的特色。

君士坦丁試圖摧毀古老宗教的基礎，看起來像是整治引發的破壞作用，他仿效往昔賢帝明君的做法，用嚴厲的刑罰禁止玄虛詐欺和褻瀆神明的占卜。自古以來幻術挑起人們異想天開的希望，有時會刺激一些對現實不滿的野心分子，不惜鋌而走險危及社會的安全。對於已被公眾認為虛幻不實毫無作用的神諭，他保持沉默根本不加理睬。尼羅河畔的女祭司受到取締，君士坦丁自己行使監察官的職權，下令全部拆除腓尼基的幾所廟宇，因在該地為了向維納斯獻祭，竟在光天化日之下進行形形色色的淫亂勾當。作為帝都的君士坦丁堡，從很多方面來說，靠著犧牲希臘和亞洲富裕的廟宇才能修建完成，並且拿搶來的物品把全市裝飾得富麗堂皇。龐大和神聖的財產遭到沒收，神靈和英雄的雕像搬運一空，被當成滿足好奇心的藝術品，而不是受群眾崇拜的偶像。行政官員、主教和宦官利用難得的機會，一舉同時滿足宗教熱忱、貪婪私欲和深仇大恨。然而掠奪活動畢竟局限羅馬世界的小部分地區，受盡壓榨的行省早已習慣君王和前執政官的籍沒和搜刮，只有忍受他們利用暴政施展褻瀆神明的行為，不過他們並沒有企圖破壞古老宗教的嫌疑。

君士坦丁的三個兒子遵循著父皇足跡前進，情緒熱烈且百無忌憚，掠奪和壓迫的藉口日益增多，基督徒的不法活動受到百般保護，所有發生爭議的問題都解釋為異教徒的過失。康士坦斯和康士坦久斯執政期間，毀壞廟宇的行為當作慶典加以頌揚。康士坦久斯頒布一項簡明法令，認為可以一勞永逸解決困難，使得今後不必發布任何禁令：「立即關閉所有地方和城市廟宇，全部派人嚴格看守，任何人無權違背頒布的規定。帝國的臣民都不得奉獻犧牲，任何人膽敢犯下此一罪行，就會受到刀劍加身的懲治，處決以後財產全部充公。言明在先，行省總督對上述罪犯懲辦不力者，將受相同的刑責。」

這道嚴酷的詔書可能寫成以後未曾公布，或者是公布以後卻未曾執行。具

體事實的例證和現存的黃銅和大理石紀念物可以證明，君士坦丁三位兒子統治期間，異教徒的祭拜活動一直公開進行。帝國的東部和西部，無論是城市還是鄉村，仍然有一大批廟宇受到人們的崇敬，並未遭到毀損。篤信異教的群眾有幸在地方政府的贊同或默許，熱烈享受獻祭、拜神和遊行的活動。血腥的詔書發布以後又過了四年，康士坦久斯親自拜訪羅馬的神廟，表現十分得體。一位異教的演說家公開推崇，認為是值得爾後君王效法的榜樣。敘馬克斯（Symmachus）說道：「在位皇帝同意灶神處女的特權神聖不可侵犯，祭司的神聖地位賦予羅馬的貴族，批准支付公眾祭祀和犧牲費用的津貼。儘管他自己信奉另一種宗教，絕對無意在整個國家範圍取消神聖的古老宗教活動。」

元老院仍然通過莊嚴的敕令，把過去的君王封為神明，君士坦丁死後也和他生前百般詆毀和汙蔑的眾神坐在一起。努馬首先設立祭司長的名銜、章紋和特權，為奧古斯都僭用，七位基督教皇帝都毫不猶豫的接受。皇帝信奉異教所能獲得的統治權，遠比改信基督教以後要多很多。

基督教因異端造成的分裂延緩異教的衰亡過程，而皇帝和主教並沒有那麼大的興趣和熱誠全力進行反對「非基督徒」的聖戰，在他們看來國內的叛亂罪行才是迫在眉睫的危險。根據已建立的不寬容原則，雖然根除偶像崇拜的做法非常正當。輪流在帝國宮廷當權的敵對派系，對於擁有強大力量儘管日趨陵夷的教派，還是不願彼此關係疏遠甚或無謂的得罪。一切有關權威和潮流、利害和理智的動機全都對基督教有利，只是他們獲得勝利產生的影響，還沒來得及普遍感受，兩三個世代的時光已經過去。一個源遠流長的宗教，到很晚才在羅馬帝國建立起來，後來之所以受到許多人的推崇，並非經過慎思明辨的考慮，僅僅不過出於舊日的習慣使然。國家和軍隊的榮譽都毫不珍惜賞給君士坦丁和康士坦久斯的所有臣民，相當多的知識、財富和勇氣仍然效力多神教。議員、農民、詩人、哲學家的迷信雖來自不同的根源，對廟宇的神明卻同樣都很虔誠。受到禁止的教派獲得勝利，無形中激起他們狂熱的情緒。他們相信帝國的推定繼承人，一位年輕而勇敢的英雄，曾經從蠻族手中解救高盧，現在已在暗中信奉祖先的宗教，而他們又有了希望的曙光。

第九章
叛教的皇帝（331-363 年）

1 朱理安在高盧的施政和對後世的影響（356-360 年）

深切關懷臣民的安寧與幸福是朱理安用人行政的指導原則。他把自己住在冬營的空閒時間都用來處理行政事務，願意常以行政長官的身分出現，並不喜歡擺出主將的威嚴。在他準備出征前，先將呈上來讓他審定的大部分公私案件，交給各行省總督處理，等到他回來後，總會重新仔細檢查處理的狀況，對過於嚴苛的法律略加緩和以資彌補，詳閱法官的判決提出複審意見。他不願被人視為心地善良的濫好人，也不會為了實現法律的公正，縱情於草率而鹵莽的行動。控訴納邦省長犯有敲詐勒索罪的案件，能夠用心平氣和以理服人的態度，壓下法官過於偏激的情緒。激動的德斐狄斯（Delphidius）大聲叫著說：「如果只憑被告否認就能翻案，那還能定誰的罪？」朱理安則回答說：「如果只憑別人認定有罪就能判決，那還有誰能清白無辜？」處理有關和平與戰爭的重大問題，君主的要求與人民的利益完全一致。

康士坦久斯根本不考慮這個民窮財盡的國家，還是一味的欺詐、壓迫，無所不用其極，要是被朱理安的德行所阻止，不能盡興掠奪所要的貢品，便認為自己受到傷害。朱理安擁有皇家的權柄，有時會出面糾正下級官員公然的貪汙行為，揭露他們進行掠奪的各種手法，提出力求公允簡單的新稅制。康士坦久斯為了能夠掌握財政起見，將有關權責交付給高盧統領佛羅倫久斯（Florentius），酷吏的個性陰毒根本不知憐憫和同情為何物。即使有人提出非常客氣與溫和的反對意見，傲慢的大臣都抱怨不已，有時使得朱理安感覺自己的行為未免過於軟弱。凱撒以厭惡的心情批駁一項徵收特別稅的法令，列舉理由其中提到民眾苦難狀況，所以對統領送給他簽署的超量財產估值，表示拒絕的態度。這樣一來終於激怒康士坦久斯的朝廷。

朱理安在寫給最親近友人的一封書信，就表達出非常激動的情緒。他敘述自己在高盧的作為，接著說道：「柏拉圖和亞里斯多德的門徒會採取與我不同的做法嗎？我能將管轄下不幸的臣民棄之不顧嗎？難道我不應責無旁貸的保護著他

們，免得讓毫無人性的強盜，對他們施加無休無止的傷害嗎？須知一個放棄職守的保民官會被處死刑，剝奪舉行葬禮的榮譽。如果我自己在遇到危險時，忽略更為神聖和更加重要的職責，那又有什麼資格定別人的罪呢？神既然把我放置這個高位上面，祂的恩惠就會引導我支持我。如果我終必遭受苦難，將會因為自己擁有一顆純潔、正直的心而感到欣慰。真希望上天能讓我現在有像薩祿斯特那樣的顧問！如果他們認為應該派個人來接替我，我將毫無怨言的拱手讓賢。我寧可盡量用短暫的機會做些好事，也不願意長時間或永遠作惡多端，認為不會受到懲罰。」

　　朱理安在非常不穩固的處境下，仍能發揮道德勇氣，充分顯示出他的節操，同時也掩蓋他的缺點。在高盧地區維護康士坦久斯統治的年輕英雄，沒有被授與澈底清除政府弊端的權力，卻有勇氣減輕人民的災難痛苦。除非他有能力使羅馬人恢復尚武精神，或能夠與帝國為敵的蠻族，學會過勤勞和文雅的生活，那麼無論是與日耳曼人媾和，還是征服日耳曼人，照理都不可能指望保證人民獲得安寧。然而朱理安在高盧的勝利，有相當長的一段時間制止了蠻族的入侵，從而延緩西羅馬帝國的滅亡。

　　高盧的城市長期受到內戰紛擾、蠻族入侵和國內暴政蹂躪，因為朱理安發揮影響力，現在重新恢復生機。獲得美好生活的希望日增，逐漸產生勤勞的精神。農業、製造業和商業受到法律保護而再度興旺；工匠組織的同業工會中，擠滿有能力及受到尊敬的成員；年輕人不再反對結婚，成家的人也願意生孩子；公眾和私人的慶祝活動按照傳統習俗辦理；各行省的交通狀況很安全，顯示國家一片繁榮的景象。像朱理安這樣擁有理想和抱負的人，一定會感受到他給民眾帶來歡樂情緒，必然會對巴黎格外滿意和感到親切，因為這是他冬天的居所和特別偏愛的地方。這座占據塞納河西岸大片土地的輝煌都城，最初不過是局限河中的一個小島，居民靠河流供給純淨和甜美飲水。激流沖刷四周城牆，只有兩座木橋可通入城中。塞納河北邊覆蓋著一片森林，在河的南邊現在稱作大學區的地方原是一大片房屋，其中點綴著一座王宮和競技場、幾處浴場、一道水渠和一個供羅馬軍隊操練的戰神廣場。嚴酷的氣候由於靠近海洋得到調和，通過實驗獲得經驗，精心種植和照顧的葡萄和無花果獲得成功。嚴寒的冬季，塞納河水常結出極厚冰層，順流而下的巨大冰塊，可能會使亞細亞人聯想到從弗里基亞採石場的白色大理石。安提阿的違法亂紀和腐敗現象，使朱理安留戀心愛的盧提夏（Lutetia），在這裡他可以過嚴肅而簡單的生活，何況此地居民不懂得或不屑於搞娛樂性的戲劇活動。

朱理安要是將毫無男子漢氣概的敘利亞人與勇敢誠實的高盧人相比，便會感到生氣，不過對於塞爾特人性格中過於縱酒誤事這唯一的缺點，他也可以原諒。如果朱理安今天能重遊法國首都，可能會去和知識卓越的學者交談，這些人都有能力理解和教誨希臘人的門徒。對這個不因沉溺奢華生活並而喪失武德的民族，他也會原諒他們做出生動而美好的蠢事。而且他必定會對無價的藝術品百般讚賞，表現出完美的風格，使人類社會的交往更加柔美、精純和高尚。

2 康士坦久斯逼使朱理安陷入絕境（360 年）

羅馬人在宦官和主教可恥的暴政下痛苦呻吟，讚揚朱理安的聲音除了康士坦久斯的宮廷無法聽聞，早已喜不自勝傳遍整個帝國。日耳曼蠻族知道年輕凱撒的兵力強大而畏懼，他的部隊與他並肩作戰贏得勝利，感激的省民在他的統治之下歡欣不已。反對他擢升的寵倖為他的德業激怒，總是秉持不正常的想法，認為人民的朋友就是宮廷的敵人。打開始起朱理安的名聲就受到懷疑，宮廷的弄臣對於運用諷刺的言辭損人很有一套，他們經常賣弄鬼蜮的伎倆得到讚賞。皇家的小丑認為朱理安的簡樸生活，不過是裝腔作勢而已，對於有哲學家氣質的武士，有關他的穿著和人品，竟用「披髮左衽」、「沐猴而冠」等荒謬的字眼加以嘲笑，把他處理公務的能力描述成多嘴希臘人虛張聲勢的傳聞，而且這個投機取巧的士兵，怎麼能在古樹參天的學院習得戰爭藝術。惡意糟蹋的聲音終於被勝利的歡呼壓倒，法蘭克人和阿里曼尼人的征服者不再被當作蔑視的對象肆意戲弄，甚至就是君王自己也把部下的功勞據為己有，用以滿足卑鄙的野心。

按照古老的習俗，在用月桂冠表彰榮譽的信函中，根本不提朱理安的功績，以君王的名義發布到各行省：「康士坦久斯綜攬全局，調度有方；臨陣當先，激勵鬥志；指揮若定，獲得大捷。呈獻戰場生擒蠻族國王，使戰勝之英名永垂不朽。」事實上，他離戰場還有四十天的行程之遠。像這樣過分誇耀的說法，根本不可能杜天下悠悠之口，就是皇帝也不能自欺以滿足驕縱的心態。康士坦久斯私下認為，羅馬人的稱譽和關愛，是隨著朱理安的地位高升而來，因此心生不滿，使他聽得進技巧高明的阿諛者惡毒的讒言。他們設置害人的計謀，外表看起來不僅光明正大而且振振有辭。他們非但沒有抹殺朱理安的功勳，反而承認並誇大他有極高的聲望、優秀的才能和卓越的績效。他們在暗中毫無根據的影射，要是善變的群眾肆意妄為，擁戴心目中的英雄人物；要是戰勝軍隊的主將，受到報復私仇的誘惑，何況還要想成為獨一無二的偉大君主，這時凱撒的德業很快就會轉變

為危險的罪行。康士坦久斯個人的擔心害怕，在御前會議解釋為著重公眾安全的顧慮而作了掩飾，在私下，在他內心深處，則對於朱理安無與倫比的德行，有著痛恨和嫉妒的心態。

高盧平靜無事而東部各行省面臨立即的危險，給皇家大臣遂行大家一致同意的計謀的藉口。他們決定解除朱理安的兵權，要把用來護衛個人安全和高貴地位，而又忠心耿耿的部隊全部召回去。身經百戰而又身強力壯的老兵，在萊茵河岸征討凶狠蠻族，現在要調到遙遠的戰場對付波斯國王。就在朱理安趁著在巴黎的冬營期間，手裡掌握行政大權，可以盡心發揮全力推行政務之際，有一位護民官和一位法務官匆匆抵達，讓他感到非常驚異。他們帶來皇帝的命令要貫徹執行，他不得表示任何反對意見。康士坦久斯的旨意是分別由塞爾特人、佩都倫特人（Petulants）、赫魯利人（Heruli）和巴塔維亞人（Batavians）組成四個軍團，雖然目前軍紀良好威名大振，但全部要調離朱理安的麾下。同時其他的協防軍每單位要挑選三百名最勇敢的青年，編成人數眾多的特遣部隊，可以說是高盧軍隊的精華，要立即開拔加速行軍，竭盡全力在戰役開始之前，抵達波斯的邊界。

凱撒預知派遣的命令會帶來嚴重的後果，感到極為悲傷。過去為了使參加協防軍的志願人員踴躍投效，特別規定他們不會越過阿爾卑斯山，調到別的地區去打仗，所以一定要保證遵守雙方約定的條件，事關帝國的信用和朱理安的榮譽。像這種背約和高壓的行為，會使日耳曼不受羈絆的武士喪失信心，引發他們的憤怒之情，就他們而言誠實是最高貴的德行，自由是最有價值的財富。過去軍團的成員享有羅馬人的頭銜和特權，應徵入營防守共和國的疆域，現在聽到共和國和羅馬古老的名字，這些傭兵部隊根本無動於衷。高盧是他們出生的家園，全心全意依附這片土地，過著自古以來習慣的生活。他們喜愛朱理安，從內心對他表示感激和欽佩，同時輕視並痛恨皇帝。他們害怕勞累不堪的行軍、波斯人如雨的箭矢和亞細亞熾熱的沙漠，因而提出抗辯，認為保護自己的家庭和朋友，不僅是當務之急也是神聖的責任，所以他們有權奉獻自己去拯救家園，已經沒有餘力去做份外的工作。高盧人得知迫在眉睫和無法避免的危險，更加深他們的憂慮和苦惱，等到把行省的兵力抽調一空，日耳曼人在無所畏懼之下，就會違犯所訂的和平條約。雖然朱理安的指揮能力和戰鬥精神仍然存在，軍隊已經虛有其表，經過無效的抵抗，國家的災難會怪罪在他身上，讓他不是成為蠻族營地的俘虜，就是康士坦久斯宮廷的罪犯。

設若朱理安遵從接到的命令，等於是給自己簽下死刑判決書，還有受他提拔的部下都會受到株連；正式拒絕是叛逆行為，不啻在向康士坦久斯宣戰。皇帝

冷酷的猜忌心理及有絕對權威的命令，再加上奸詐的計謀，使朱理安沒有辯白和解釋的餘地，何況凱撒沒有獨立自主的地位，很難藉故拖延時日從容思考謀求對策。獨處愁城更增加朱理安的困惑，宦官早就懷著惡意把薩祿斯特從現職調走，現在他連能放心商量的人都沒有。他甚至不能用大臣的背書，因為他們也害怕涉入本案將隨著高盧一起毀滅。解除兵權的時機事先經過挑選，騎兵將領盧庇西努斯（Lupicinus）派到不列顛，驅退蘇格蘭人和皮克特人（Picts）的入侵，弗羅倫久斯為了估算貢金前往維恩納。後者是一個狡猾而腐敗的政客，遇到緊要關頭不願分擔責任，一直規避與朱理安見面，因為朱理安曾向他表示，君王主持的會議有任何重要的決定，一定要統領出席才算有效。凱撒因宮廷信使言語粗魯和糾纏不休的請求，感受到很大的壓力。他們甚至表示，如果他想等待大臣回來再處理，如同控訴自己犯下拖延的罪行，連帶使他們遭到處決的命運。朱理安沒有抵抗的能力卻也不願執行命令，於是用很慎重的辭句表示請求辭去凱撒的職位，甚至還說他的本意就是如此。對於紫袍他無法光榮保有，更無法安全捨棄。

經過痛苦掙扎後，朱理安迫使自己承認，卓越的臣民應以服從為美德，只有君主才夠資格判定全民的福祉。他發布必要的命令貫徹執行康士坦久斯的旨意。有些部隊開始向阿爾卑斯山行軍，從幾個守備部隊抽調出來的特遣隊到了指定地點集結。士兵穿過成群驚惶而恐懼的省民時感到難以成行，群眾想用無言的絕望或大聲的哀鳴激起他們的憐憫，士兵的妻子手裡抱著幼兒，混合著悲傷、柔情和憤怒的語氣，指控丈夫拋棄她們。生離死別的場面使凱撒起了惻隱之心，派出相當數量的驛車運送士兵的妻子和家人，盡力撫慰給大家帶來的艱苦。這可視為最高明的手段，更增加凱撒個人的聲望和戍邊部隊的不滿。一大群武裝人員的悲痛很快產生暴戾之氣，他們的怨言在帳篷之間傳播，隨著時間的消逝變得毫無忌憚，開始醞釀大膽的反叛行動。得到護民官默許，一份時機適當的誹謗文字在暗中散布，生動描述凱撒面臨罷黜的羞辱、高盧軍團受到打壓的痛苦、及亞細亞暴君的卑劣惡行。康士坦久斯派來的人對於危險情勢的發展感到驚慌且已提高警覺，逼著凱撒要盡快讓部隊開拔，對於他誠懇而明智的勸告，沒有經過考慮就加以拒絕。朱理安的意見是部隊不要行軍通過巴黎，暗示最後的唔面會產生危險和誘惑。

3　朱理安為高盧軍隊擁立為帝的本末（360-361年）

收到部隊快要接近的通報，凱撒親自前往迎接，登上建在城門前一塊平地的

將壇，仔細辨識軍官和士兵的面孔，根據他們的階級和功勳，特別加以示意。朱理安在部隊的環繞之下，對他們發表精心推敲的談話，用感激的語氣讚許他們的戰功，鼓勵他們要用敏捷的態度接受賜予的榮譽，會受到極有權勢而且出手慷慨的君主另眼相看，同時訓誡他們接受奧古斯都的指揮，需要立即奉行和心悅誠服的從命。士兵擔心不合禮儀的喧囂觸犯他們的統帥，再不然就是讓人懷疑歡呼是受到收買傷了大家的感情，只有保持沉默以對，克制內心的激動沒有發出一點聲音，經過一陣躊躇部隊解散回到駐地。凱撒招待麾下重要的軍官，用很溫馨的話語提到大家的友情，希望能報答一起贏得勝利的夥伴。他們離開宴會之際，心中充滿哀傷和困惑，也為未來崎嶇的命運懊惱不已，迫得他們告別敬愛的主將和自己的家園。現在只有鼓起勇氣眾志成城，不得已採用權宜的辦法，才能使高盧的軍隊不致分崩離析。大家這股冤氣慢慢形成一場真正的叛亂，他們有正當的理由抱怨，使得不滿的情緒急劇高漲，再加上飲酒消愁，激昂的熱情完全失去控制。

　　離開的前夕部隊縱情在毫無節制的飲宴之中。到了午夜時刻，衝動的群眾拿著刀執著弓帶著火把，蜂擁到郊區圍住皇宮，根本不理會後果，大聲叫出讓人送命而且無法收回的字眼：「朱理安‧奧古斯都！」煩惱的君王在懸而未決之際，

思考受到混亂歡呼聲的干擾，只有緊閉宮門不加理會，現在要靠自己把持得住，讓他本人和尊嚴的地位，不要與夜間產生騷動的意外事件扯上關係。到了次日清晨，士兵因無人理會情緒衝動，強行進入皇宮到處找尋他們要擁立的對象，拔出刀劍護衛朱理安通過巴黎的街道，將他安置在將壇上，不斷用皇帝的名號向他歡呼致敬。他身為皇室後代子孫，諄諄受教於審慎和忠誠，抗拒叛逆的計謀，不以暴力做托辭，要準備好無懼於壓制的德行，於是轉過來要說服群眾，更要堅定不變的意念。

　　朱理安有時乞求他們的憐憫，有時則表現出自己的氣憤，懇請他們不要汙染不朽勝利所帶給他的聲名。同時他提出保證，只要他們即刻恢復原來的忠誠，從皇帝那裡獲得不僅是表示感激的赦免，甚至連惹起義憤的命令都可以撤銷。士兵自知已經犯下大罪，大夥的熱情逐漸變得沒有耐心，就會產生無法克制的狂怒。毅力驚人的朱理安在大家的祈求、指責和威脅下，一直堅持到這天的第三時刻（羅馬人的時刻無論白天或夜晚都以十二個時辰計算，每個時辰因為季節不同而長短不一，夏季的白天每個時辰相當於現在的一個半小時，冬天只有四十五分鐘，白天的第三個時刻是指日出後第三個時辰，約在上午九時或十時左右），還是沒有屈服，一直到最後他確信要想活命，就必須答應登基。他在部隊一致同意的歡呼聲中，升坐在臨時拿來的一面盾牌上面，製作很精美的項圈湊巧用來作為皇冠，答應發一筆相當數目的犒賞，最後才結束簡單的典禮。新即位的皇帝不知是真的悲傷到了極點，還是表面上裝腔作勢，很快回到寢室最幽暗的角落不再現身。

　　朱理安的哀傷出於他的清白無辜，有些人根據傳聞，不相信君王的動機和表白，他們眼裡看到的藉口顯得極為可疑。朱理安具有活躍而積極的心靈，能容納各種對立的概念，像是希望和畏懼、感恩和復仇、責任和野心、愛護聲譽和害怕指責。要從這些情緒計算產生的影響和作用所占的分量，進而確定行為的原則，都是不可能的事。事實上當時的行為可能逃避旁人的觀察，依循的原則是用來指導或迫使朱理安採取步驟。部隊產生不滿完全是敵人惡意的陰謀詭計，他們發生暴亂是基於利害和情緒的自然影響。朱理安想用外表看來很類似的偶發狀況，掩飾他早有深遠計畫的行事，那他必須施展最高明的策略，不僅無此必要也不能保證一定成功。他當著朱庇特、阿波羅、馬爾斯、密涅瓦，以及所有其他神明的面前，發表很嚴正的聲明，表示一直到推戴他當皇帝的前夜，完全不知道士兵的圖謀。要是對一位英雄的榮譽和一位哲學家的誠實，都秉持懷疑的態度，那麼做人的氣度未免太過於狹窄。

然而朱里安抱著迷信的想法，認為康士坦久斯是上天的敵人，自己是神明的寵兒，可能鼓勵他去盼望和懇求即位的幸運時刻盡快到來，天命注定能為人類恢復古老的宗教。朱里安接到叛變的消息，帶著聽天由命的態度，只想暫時先休息一會兒。事後他告訴朋友，說他看到帝國的保護神在房裡等候，帶著不耐煩的神色催他趕快進去，責備他缺乏勇氣和野心。他極為驚異而且困惑，於是向偉大的朱庇特祈禱，立刻收到明確的神諭，他必須遵從天國的旨意和軍隊的要求。這不可思議的說法完全違背理性的原則，不僅引起大家的懷疑也在規避我們的探查。無論他是否在暗示宗教狂熱的精神已進入他那高貴的心靈，要是他真是如此加以輕信，或者玩弄狡猾的手段，就已經慢慢腐蝕德行和正直的最重要原則。

安撫擁戴者的過度熱情，保護敵對方面的人員，防範暗中的陰謀活動，表面要等閒視之以免產生意外，危害到君王的生命和尊嚴，這是新登基的皇帝第一天最關心的工作。雖然朱里安決心要維護既有的地位，仍然想要拯救國家不陷入內戰的慘劇，拒絕與康士坦久斯的優勢力量爭個勝負，始終不願讓忘恩負義的指責有損自己的人格。在軍隊旗幟和皇家儀仗的裝飾之下，朱里安出現在戰神廣場的士兵面前，全體人員生氣勃勃充滿熱情，因為他們的門生、他們的領袖以及他們的朋友能夠登上帝座。朱里安簡單敘述過去的勝利，感嘆遭受的痛苦，稱許正確的決定，激勵未來的希望，同時要阻攔輕率的衝動。他特別提到非要獲得部隊嚴肅的認同，否則他不解散當前的集會，就是東部的皇帝只要願意簽署相互平等的條約，他們必須放棄征戰的念頭，滿足於平靜地保有高盧各行省。

朱里安以祥和的理念做基礎，用自己的名義以及軍隊的副署，寫了一封言不由衷然而相當克制的信函，由御前大臣潘塔狄斯（Pentadius）和寢宮總管優昔流斯（Eutherius）兩人充當使臣負責接受回信，觀察康士坦久斯的態度和表情。這封信的署名是用凱撒的謙恭稱呼，朱里安即使表現得彬彬有禮，卻斷然要求認可奧古斯都的頭銜。這次晉升不合常規，仍然是正當的行為，基於部隊的義憤和脅迫只有勉強從命。他承認他的兄長康士坦久斯有至高無上的權力，保證每年呈送諸如西班牙馬匹之類的禮物，挑選相當數量的蠻族青年用來補充東部的軍隊，接受康士坦久斯依據權責和忠誠挑選的禁衛軍統領，他自己保有軍隊、稅務和治理阿爾卑斯山以北各行省，所有文職和軍職官員的任命權。他進諫皇帝多向公正的老成之士請教，不要相信私心自用阿諛者的陰謀伎倆，他們就想趁著混亂可以大撈一筆。他規勸皇帝接受公正而光榮的條約，對國家和君士坦丁家族同樣有利。

朱里安在不無遺憾的談判當中，除了到手的利益並沒野心要得更多，他職責所及的範圍長久以來包括高盧、西班牙和不列顛各行省，仍舊服從更有獨立自主

權勢的西部皇帝。士兵和人民聽到解決的信息極為喜悅，雙手毋須沾染犯罪的血跡。弗羅倫久斯成為亡命之徒，盧庇西努斯是被關的囚犯，凡是不滿新政府的人員全部解除武裝，卻也保護他們的安全，留下的空缺按照功績推薦，由君王分派任命，根本不理會宮廷的勾心鬥角和士兵的鼓噪叫囂。

4 朱理安穩定內部迅速進軍東方獲得勝利（360-361 年）

　　進行和平談判要有實力做後盾，必須拿出全副力量準備戰爭。朱理安處於混亂的時代，開始徵兵擴充編制，把軍隊掌握在手裡可隨時出動。馬格南久斯的黨徒之前被殘酷迫害，很高興接受他的招安，願意服從軍紀的節制；他們對於康士坦久斯本人和他的政府，還保持誓不兩立的仇恨態度。這年到了適合大軍作戰的季節，朱理安親自率領軍團，在克里夫斯（Cleves）附近的萊茵河上架橋，準備懲罰阿陶里人（Attuarii）不守信用的犯罪行為，法蘭克人的部落在分治帝國的邊界上肆意掠奪，沒有受到法律的制裁。遠征行動是前所未有的冒險，行軍要克服重重困難，突破以前君王認為難以進入的國土，終於征服敵人獲得光榮勝利。

　　等到他賜給蠻族和平，就從克里夫斯到巴西爾沿著萊茵河巡視防務，考察的重點是從阿里曼尼人手裡光復的區域，越過遭受蹂躪最慘重的貝桑松（Besancon），次年冬天將大本營設在維恩納。高盧的天塹增添碉堡工事，已經改進和加強防禦的能力。朱理安希望蠻族經過這次慘痛的教訓，就算他無法親身在此坐鎮，懾於他遠播的威名而也不敢輕舉妄動。瓦多邁爾（Vadomair）是阿里曼尼人當中，唯一令人產生敬畏之心的君王，這個狡猾蠻族的作為和行動，影響其他部族遵守條約的義務，瓦多邁爾的部隊不受季節的限制可以隨時出兵，危險的戰爭威脅到地區的安定。朱理安的策略是移樽就教，運用計謀奇襲阿里曼尼人的君王。瓦多邁爾毫無戒心地接受羅馬總督的邀請，在宴會當中遭到逮捕，當作俘虜送到西班牙的內陸去囚禁。等到蠻族從極度驚愕的狀態中恢復過來，皇帝已率領大軍來到萊茵河，接著渡河抵達對岸，從第四次的遠征行動中，重新讓敵人產生悚懼的印象，獲得蠻族的尊敬。

　　朱理安派出的使臣奉到訓令，要竭盡全力完成重要的任務。他們通過意大利和伊里利孔的時候，行省的總督故意加以阻撓，要求辦理各種費時的手續，使得行程受到耽擱。從君士坦丁堡到卡帕多西亞的凱撒里亞，這段路更是緩慢得讓人心焦，最後終於獲得同意觀見康士坦久斯。這時宮廷發現皇帝從官員送來急件中，獲知最不利的消息，讓他用來對付朱理安和高盧軍隊的希望落空。他帶著

不耐煩的表情聽讀來信，戰慄的信差在氣憤和輕蔑的眼光下辭退下去，君王的容貌、姿態和狂暴的語氣，現出內心的混亂。康士坦久斯和朱理安一位是海倫娜的兄弟，而另一位是她的丈夫，現在卻因公主的死亡而解除家族的關係；海倫娜公主曾經多次懷孕，結果都流產最後還因而喪失性命。優西庇婭終其一生對朱理安保持善意的好感，甚至還會產生嫉妒的心理，她那溫和的影響力使君王能夠節制憤怒的情緒。因此康士坦久斯在她亡故以後，開始自暴自棄的縱情聲色，完全落入宦官的奸謀之中。

外敵侵略的危機使他暫時停止懲罰私人的仇敵，繼續向波斯邊界進軍，認為不妨先明示條件。對於朱理安和他那一夥犯罪的死黨，不法篡奪統治權，他有網開一面的仁心，因而提出嚴苛要求：僭越的凱撒要公開表示拒絕奧古斯都的稱呼和位階，因為他的擢升來自叛徒的擁戴；他必須屈就過去的職位，是權責有限、行事不能獨斷的大臣；他必須將國家和軍隊的大權，交到宮廷指派的官員手中；他必須相信身家性命獲得赦免，提出的保證由加利克主教艾比克提都斯（Epictetus）公開宣布，這位阿萊亞斯教派的神職人員，是康士坦久斯的寵臣。談判在相距三千哩的巴黎和安提阿之間進行，浪費幾個月的時間磋商條約，只是沒有任何成效可言。

朱理安很快體認到自制而尊敬的行為，對於不共戴天的仇人，只是助長敵手囂張的氣焰，於是很勇敢的下定決心，不顧一切把生命和前途投入內戰，要分出最後的勝負。他公開用軍禮接見法務官李奧納斯（Leonas），對著專注的群眾宣讀康士坦久斯倨傲的信函。朱理安用謙和的語氣鄭重聲明，為了對原來擁護他登基的支持者有所交代，只要獲得他們的同意，會馬上放棄奧古斯都的頭銜。妝點門面的提議很快銷聲匿跡，大家高呼「奧古斯都朱理安，在軍隊和人民的授權之下，繼續統治你所拯救的共和國」的聲音，像雷鳴一樣響徹整個廣場，康士坦久斯的使臣嚇得臉色蒼白。接著讀到信函的後面部分，皇帝指責朱理安忘恩負義：他曾授與朱理安紫袍的高位，抱著關懷之心很仁慈的讓朱理安接受教育，朱理安成為無依無靠的孤兒，幼年生活都是他在照顧。

這時朱理安的情緒激動無法克制，要讓大家來為他主持公道，因此打斷讀信，不禁喊道：「說我是孤兒！殺害我全家的凶手，怎麼會拿『我是一個孤兒』來責怪我？是他迫我要來報復血海深仇，說真的，這麼多年來，我一直想忘掉這件事。」集會解散後，朱理安費很大的勁保護李奧納斯，沒讓群眾拿他發洩心頭的怒氣，讓他帶著覆信去回報自己的主子。朱理安表現滔滔雄辯的豪放氣勢，帶著藐視、痛恨和憤怒情緒，將忍耐了二十年之久的壓制和痛苦，全部都發洩出

來。送出這個信息後，戰爭如箭在弦上勢不可免。朱理安在幾周前慶祝基督教的主顯節期間（紀念耶穌向世人顯現的節日，天主教和新教都在1月6日，東正教在1月18日或19日），公開宣布要不朽的神明保佑他的安全，等於正式拒絕康士坦久的友情和宗教。

　　朱理安的處境立即獲得改善，形勢更為有利。他從攔截的信件中得知，敵手身為國君卻要犧牲國家的利益，再度誘使蠻族入侵西部的行省。有兩個倉庫區，一個已經整備完畢位於康士坦斯湖邊，另一個位於科提安阿爾卑斯山山腳，經由安排的位置可以指出兩支大軍的進軍方向。每個倉庫區儲存六十萬夸特的小麥或是麵粉，等於是很明顯的證據，可以看出敵軍的實力和人數，能夠對朱理安實施夾擊。皇家的軍團仍然在亞細亞遙遠的駐地，多瑙河的守備兵力薄弱，要是朱理安突然進犯，占領伊里利孔最重要的行省，除了大群士兵會投效到他的旗幟之下，而且產量豐富的金礦和銀礦可以為內戰提供充足的經費。他將士兵集合起來，向他們提出大膽的冒險行動，鼓勵他們對將領和自己要有信心，訓誡他們要維護軍隊的名聲，要使當面敵人膽戰心驚，讓本國人民安居樂業，並且要服從自己的上官。

　　他那充滿活力的談話使得官兵歡聲雷動，就是同樣的部隊，在康士坦久斯召集他們離開高盧時拿起武器來反抗，現在倒是很快速的回答，要追隨朱理安遠赴海角天涯生死與共。舉行效忠宣誓典禮，士兵們把盾牌敲得砰砰作響，拔出佩劍指著自己的咽喉，發出恐怖的詛咒，要為解救高盧和征服日耳曼人的領袖獻身，赴湯蹈火百死不辭。莊嚴的保證出於感情而非責任，只有擔任禁衛軍統領的尼布里狄斯（Nebridius）表示反對，忠誠的大臣單獨而且毫無奧援，面對全副武裝的暴怒群眾，堅持主張康士坦久斯的權利，成為僅能空留虛名的犧牲品。他的一條手臂被劍砍斷，只有投身到他冒犯的君王膝下懇求保護。朱理安用自己的斗篷蓋住統領，使他免於受到手下人員的傷害，讓他安全返回家中。他把尼布里狄斯遺留的職位授與薩祿斯特，高盧的行省從難以忍受的高稅下得到解救，享受朱理安友人溫和而平等的施政作為。想當年他還是學生的時候，內心受到愛民如子理念的薰陶，現在大權在握決心貫徹實施。

　　朱理安成功的希望並非仗恃部隊的數量而是迅捷的行動，進行大膽的計畫之前，先盡量完成各項準備工作，非常審慎設想可能的狀況，要是在採取的步驟當中，小心翼翼已經無濟於事，就用英勇衝破難關，或者付之於命運的安排。他在巴西爾的附近地區集結部隊，指派任務分別展開行動。一部兵力大約有一萬人馬，騎兵將領尼維塔（Nevitta）率領之下，直接指向雷蒂提亞和諾利孔的中部地

區。同等兵力大小的部隊，接受傑維烏斯（Jovius）和傑維努斯（Jovinus）的指揮，準備順著公路採取迂迴前進的方式，通過阿爾卑斯山和意大利北部的邊界。將領接受訓令的要點：保持積極進取的精神和準確的前進方向；編成接近而密集的縱隊使行軍的速度加快，可按照地形的狀況，很快變換成為會戰的陣式；派出強大的前哨和機警的衛兵，保障夜間的安全不會受到奇襲；能出人意料先行抵達，使敵人不及編組抵抗；能夠突然拔營離開以逃脫敵人的偵察；盡量展現實力，讓敵人聞名喪膽；最後是要與國君在色米姆的城下會師。

朱理安自己執行最為困難而特別的任務，挑選三千名作戰勇敢而又行動積極的志願軍，像他們的首領要有只進無退冒險犯難的精神。他率領這群忠誠的夥伴，毫無所懼投身到幽暗的瑪西亞森林，也就是一般人熟知的黑森林，山高樹密遮天幔日掩蔽多瑙河的源頭，世人有很多天都不知道朱理安的下落；他的行軍、他的勤奮和他的勇氣，在無所曉的狀況下克服多少困難險阻；他強行通過山巒和沼澤，占領橋樑或是泅渡過河，追循最直接的路線，根本不考慮是越過羅馬人還是蠻族的地域。最後在瑞特斯朋和維也納之間出現，根據計畫搭載部隊在多瑙河航行。由於協調良好的欺敵行動，他奪取一小隊輕型雙槳帆船，這些船隻當時下

錨在岸邊，獲得足夠的糧食供應，能夠滿足不講究食物品質而胃口奇大的高盧軍隊，非常勇敢沿著多瑙河順流而下。水手都很賣力工作，日夜不停的划槳操舵，加上緩和而且穩定的順風，整個船隊花十一天的時間航行七百哩，等到他的敵人接獲信息說他離開萊茵河之前，部隊已經準備在波諾尼亞下船，離開色米姆只有十九哩。在漫長而迅速的航行途中，朱理安將他的冒險大業訂出目標。雖然他接受一些城市所派出的代表團，很早就表示歸順，建下不戰而降的功勳，他通過沿河設置帶有敵意的據點，盡量克制不必運用武力攻占，以免曠日持久節外生枝。多瑙河兩岸的群眾觀看到軍容的壯大，預測會發生重大的事件。一位英雄人物率領無數西方軍隊，用驚人的速度進軍，就把無敵的名聲傳遍鄰近地區。

　　盧西利安（Lucilian）的職位是騎兵將領，指揮伊里利孔的部隊，他收到可疑的報告，沒有表示拒絕或相信的態度，雖然感到非常困惑已經提高警覺。他為了集結分散在各地區駐防的部隊，採取的各項措施不僅動作緩慢而且猶豫不決，才會讓他受到達迦萊法斯（Dagalaiphus）的奇襲。朱理安手下行動積極的軍官在波諾尼亞登岸，帶著一些輕步兵向前推進。被俘的將領未卜生死，騎在馬上領去晉見朱理安。這時朱理安很仁慈，把他從地上攙起來，他看上去一副驚魂失魄不知所措的樣子，於是朱理安好言消除他的恐懼和驚慌。等到盧西利安驚惶甫定，就不知天高地厚的向征服者表示不服，說是一時不察率領兵力不足才會自投羅網。朱理安帶著藐視的微笑回答道：「怯懦的強辯留著對你的主子康士坦久斯去說吧！我所以讓你吻我的紫袍，已經把你看成一位戰敗求饒的降將，並不是一位賣弄口舌的說客。」

　　奇襲的成功已經證明他的預判正確，只有大膽的出擊才能獲得勝利，於是他率領三千士兵繼續前進，攻擊伊里利孔各行省中最堅強且人口最稠密的城市。他進入色米姆漫長的郊區，接受軍隊和民眾喜悅的歡呼。他們頭戴花朵，手裡拿著點燃的細蠟燭，引導他們承認的國君到皇家的居所，全城在喜氣洋洋的氣氛中過了兩天，賽車場舉行比賽表示慶祝。第三天的清晨，朱理安向著希繆斯山的隘道進軍，占領形勢險要的蘇昔伊（Succi）雄關。此處位於色米姆和君士坦丁堡的中途，分隔色雷斯和達西亞的行省，向著東邊的地勢極為陡峭，對著另一邊是平緩的坡地，把防衛要點的責任託付給英勇的尼維塔。他是指揮意大利支隊的將領，能夠達成君主的意圖，貫徹行軍計畫，如期完成會師。

　　朱理安獲得人民的效忠，無論是出於恐懼或是真心擁戴，已經遠超過兵力所及的範圍。意大利和伊里利孔的統領是托魯斯（Taurus）和弗羅倫久斯，同時他們兩人擁有最高的職位，出任徒有虛名的執政官，不戰而退，很狼狽的縮回亞

細亞的宮廷。朱理安有時無法約束逞口舌之快的脾氣，為了譴責兩位執政官的行為，在編年實錄將他們的姓名前面加上「逃亡者」的字眼。最高行政官員放棄的行省，全部承認皇帝的權威。他能調和軍人和哲學家的氣質，無論是在多瑙河的營地還是希臘的城市，都得到同樣的尊敬。

　　他位於色米姆和奈蘇斯的宮殿可說是大本營，他在那將一份詳述自己行為的辯白書，分送給帝國各主要城市，公開列出康士坦久斯機密的信函，懇求大家站在公民立場來審判兩個競爭者，其中一位要把蠻族驅除殆盡，而另一位卻要開門迎敵，為了私利出賣國家。朱理安被對手指責為忘恩負義，受到很深的傷害並激起雄心壯志，要在兵戎相見的局面下維持優勢的地位，不僅要在戰爭的藝術方面勝過敵人，就是訴諸情理的文字寫作也要高人一等。他之所以寫一封信函給雅典元老院和人民，就是內心的熱情受到附庸風雅的指使，激勵他把自己的行為和動機，向當時已經墮落的雅典人交代清楚；他同樣以謙卑的敬意，就像處在亞里斯多德時代，要在最高法院的裁判席上為個人辯護。

　　他向羅馬元老院提出請求，因為這個機構仍舊可以賜予代表帝國權勢的頭銜，共和國雖然不存在，傳統的做法還是適合原有的形式。羅馬郡守特屠拉斯（Tertullus）召開會議宣讀朱理安的信函，承認現在他已成為意大利的主人。朱理安的請求得到同意，沒有任何人表示異議。他用很間接的方式譴責君士坦丁的改革，大力抨擊康士坦久斯的罪惡行徑，聽見的人倒是頗有同感。如同朱理安本人在場一樣，元老院齊聲高呼：「吾等乞求陛下憐憫，天命所歸，惟有德者居之。」這是很技巧的表達方式，按照戰爭的結局有不同的解釋，可以說是坦率的譴責篡奪者有負君恩，也可以看作奉承的言辭。反叛的行動帶給國家的利益，可以補償康士坦久斯所有的過失。

5 康士坦久斯逝世消弭帝國的內戰（361-362年）

　　朱理安大舉出兵和火速前進的信息，很快傳到敵手那裡。康士坦久斯自從薩坡爾班師歸國，波斯戰爭之餘獲得一段休養生息的時間，為了掩飾內心的焦慮，表面裝出毫不在乎的模樣。康士坦久斯公開宣布要回師歐洲，迎擊朱理安的部隊，除了提到軍事遠征行動如同狩獵，其他事務全部閉口不談。等到營地搬到敘利亞的海拉波里斯（Hierapolis），他向軍隊說明他的計畫，輕描淡寫提到凱撒所犯的罪行和草率的行動，毅然向大家保證，要是高盧的叛賊膽敢在戰場對陣，光憑大家眼中發出的怒火，就會讓他們撐不下去，要是聽到大家攻擊的吶喊，他們

馬上就會一敗塗地。皇帝的講話獲得軍隊的歡呼，海拉波里斯的議長狄奧多都斯（Theodotus）流出奉承的眼淚，請求皇帝把叛賊的頭顱賜給他們，好掛起來裝飾城市。皇帝挑選一個特遣隊乘坐驛車出發，要是可能就得固守蘇昔伊關口。原來用來對付薩坡爾的兵員、馬匹、武器以及倉庫，全部轉撥供做內戰之用。康士坦久斯過去在國內獲得多次勝利，使他的黨徒對於成功抱持極為樂觀的看法。書記官高登久斯（Gaudentius）用自己的名義據有阿非利加各行省，羅馬的糧食供應遭到截斷，完全出乎意料的事件，給朱理安帶來極大的災難，產生非常嚴重的影響。

駐防在色米姆的兩個軍團和一個弓箭手支隊向朱理安投降。他根據很多消息來源，懷疑起義的部隊在忠誠方面會有問題，特別是過去受到皇帝青睞者，於是想出一個權宜的辦法，就是藉口高盧邊區處於暴露的狀況，調動他們過去擔任守備，可以離開未來行動最重要的地點。這些部隊很勉強前進到達意大利的邊界，他們畏懼漫長的行軍，以及要面對凶狠的日耳曼蠻族，於是受到一位護民官的煽動，決定留在阿奎利亞不再前進，並且在這個難以攻陷的城市，從城牆上升起康士坦久斯的旗幟。機警的朱理安立即發覺這場災難為害不淺，要立即採取措施加以補救。在他的命令之下傑維努斯率領部分軍隊回師意大利，以堅毅不拔的精神和奮勵爭先的勇氣，開始圍攻阿奎利亞。軍團的士兵拒絕接受軍紀的制裁，發揮技巧和毅力進行防禦作戰，號召意大利其他地方也拿他們的勇氣和忠誠做榜樣，可以威脅朱理安的退路。要是他真的敗在東方軍隊的優勢兵力之下，可說是死無葬身之地。

朱理安的人道思想，在不是殺人就是被殺的殘酷抉擇得以保全，康士坦久斯的死亡正是恰得其時，羅馬帝國能夠脫離內戰的苦難。冬天即將來臨，無法將君主留在安提阿，就是他的寵臣也不敢忤逆他急著要報復的欲望。他有點輕微的發熱或許是近來心神不寧引起，卻因旅程的勞累而加重病情。康士坦久斯過了塔蘇斯山，在不到十二哩遠的小鎮摩蘇克里尼（Mopsucrene）停頓下來，經過短期的調養終以大限已到，得年僅有四十五歲，在位二十四年（361年11月30日）。他的本性混合驕奢、軟弱、迷信和殘酷，從以往國家和教會重大事件的敘述完全表露無遺。多年的濫權使他在當代人的眼中是極具爭議的對象，僅留下個人的功勳值得後代子孫的關注，君士坦丁最後一個兒子離開塵世，唯一得到的評論是遺傳其父的缺失而非能力。

康士坦久斯彌留之際，遺言要朱理安接位繼承大寶並非不合情理，他留下年輕而溫柔的妻子，要考慮她未來的命運，何況她還懷著身孕。臨終對妻兒的關懷

之情，還是勝過永難平息的仇恨。優西庇烏斯和那批有罪的同夥，還抱著一廂情願的打算，想要選出另一位皇帝，可以延續宦官的當政。軍隊不願從事痛恨的內戰，抱著不屑參與的態度粉碎宮廷的陰謀，指派兩位高階軍官前往晉見朱理安，矢言帝國的軍隊要效忠他的麾下。君王原已完成三種不同的計畫對色雷斯發起攻擊行動，現在都可置之高閣，毋須犧牲市民的生命，不必冒著激戰的危險，他一手攫走全盤勝利獲致的利益。

朱理安急著重訪出生地和帝國的新都，他從奈蘇斯出發，穿過希繆斯山區和色雷斯的城市前進。當他到達赫拉克利之際，相距六十哩以外君士坦丁堡的居民全都前來歡迎。他在士兵、人民以及議員恭敬的歡呼聲中，以勝利者的姿態進入都城（361年12月11日）。無數的群眾滿懷崇敬之心擁擠在他的身旁，他們看到心目中的英雄人物，缺乏經驗的幼小年紀擊敗日耳曼蠻族，現在一帆風順從大西洋岸邊，直穿整個歐洲到達博斯普魯斯海峽，身材竟然如此矮小衣著又極為簡樸，或許感到頗為失望。幾天以後去世皇帝的遺體在港口上岸，他們的君王不論真假表現悲傷的神色，臣民均報以熱烈的歡呼。他不戴王冠身著喪服，步行跟隨送葬隊伍一直來到安放遺體的聖使徒大教堂。即使他表示尊敬的舉動可以解釋為出於自私，純粹因為死者享有皇室的出身和榮耀，他的眼淚毫無疑問向世人表明，已經忘記死者對他的傷害，只記得康士坦久斯交託給他的責任。阿奎利亞的軍團確知皇帝去世立即打開城門，以幾位有罪的首領作為犧牲，很容易獲得朱理安的赦免，這可以說是出於謹慎，也可以當成慷慨的舉動。他這時年僅三十二歲，毫無爭議之下據有整個羅馬帝國。

6 朱理安的宗教信仰和叛教行為（331-351年）

朱理安扮演「背教者」的角色損害到他的名聲，德行受到狂熱情緒的蠱惑，結果使得他的過錯遭到誇大和渲染。後人對他的了解不多，總認為他是一位具有哲學思想的君王，多方設法用一視同仁的態度保護帝國所有的教派，同時要緩和從戴克里先的詔書到阿泰納休斯的放逐，這段時期在人民心胸湧起的神學熱潮。深入研究朱理安的性格和行為，知道他並未免於當時普遍存在的通病，就不致對受誤解的君王產生偏愛的印象。採納他最要好的朋友和勢不兩立的敵人對他描繪出的不同形象並加以比較，可以保持公正的立場，避免有先入為主的看法。

一位明智而坦誠的史家，是他在生死存亡之際的公正目擊者，忠實描述朱理安的種種行為。當代人士提出的證言看法倒是一致，從皇帝本人許多公開和私

下的聲明中得到證實。他的多種著作完全表明他對宗教抱持的觀念，要是從政策面加以考慮，他只會盡量掩飾絕不會大聲張揚。虔誠而忠實的崇拜雅典和羅馬的神祇，形成朱理安的主導情結。受到迷信和偏見的影響，開明思想的實力被腐蝕和削弱，原來只存在這位皇帝腦海裡的幻影，對帝國政府產生真正有害的後果。基督徒憎惡他人崇拜神話和傳奇出現的神明，不惜將他們的聖壇推倒，陷入狂熱的信徒集中力量，對臣民當中相當大一部分人保持水火不容的狀態。朱理安有時出於渴望求得勝利或遭到排斥產生羞辱，禁不住想要破壞法律的正義和謹慎的作為。受到他唾棄而且極力加以反對的教派竟然獲勝，不免要用恥辱汙衊朱理安的名字。他的背教行為終於失敗，使他遭到虔誠教徒排山倒海的抨擊，發動譴責的信號是格列哥里‧納齊成吹出響亮的號角。積極進取的皇帝短暫的統治期間，接二連三發生很多重大事蹟，值得詳細且要進行公正的描繪。現在謹將他的動機、

為皇帝送葬的隊伍雕刻。

意圖、行為，舉凡與宗教史有關的論點都將在本章一一說明。

　　狀況奇特而影響重大的背教行為，產生的原因可以從朱理安成為孤兒，落入殺害他全家的凶手手裡，那段早期的生活當中去尋找。幼小的心靈對生動的印象十分敏感，因而基督和康士坦久斯的名字、奴隸和宗教的概念，很快在他的內心深處聯繫在一起。他的童年生活是由尼柯米地亞大主教優西庇烏斯負責照顧，後者與他的母親一方有親戚關係，直至朱理安滿十二歲以前，他從基督教導師學到不是如何成為一位英雄，而是要成為一位聖徒。當時的皇帝關心塵世的皇冠遠勝過天上的寶座，滿意自己僅僅保有新入教者的地位，要讓君士坦丁兩個姪兒接受洗禮。大難不死的兩兄弟還得在教會擔任低階教職，朱理安曾在尼柯米地亞教堂當過讀經師。皇帝刻意培養他們對宗教進行研究，希望產生信仰虔誠的後果。他們祈禱、齋戒、向窮人散發救濟、對教士贈送禮物、到殉教者的墳墓致祭，蓋盧斯和朱理安在凱撒里亞共同建立聖瑪馬斯（St. Mamas）雄偉的紀念碑。他們用恭敬的態度和以聖潔聞名的大主教交談，誠懇的請求僧侶和隱士為他們祝福，這些人自願過艱苦的修行生活，並且將犧牲奉獻的精神引入卡帕多西亞。

　　等到兩位親王接近成年，他們在宗教問題上看到彼此性格的差異。遲鈍而固執的蓋盧斯天生具有宗教熱忱，完全接受基督教的各種論點，然而教義從未影響他的行為或約束他的欲望。弟弟的個性非常溫和，對福音書的信條並沒有反感，神學體系可以滿足活躍的好奇心，解釋神明奧祕難知的本質，對看不見的未來世界展示出無限遠景。朱理安的獨立精神使他不願屈就被動和無條件的服從，那是教堂傲慢無知的神職人員，藉著宗教的名義加之於人的要求。他們把主觀的看法當成正式的法律，拿永恆懲罰的恐怖作為後盾；還要試圖改變年輕親王堅定的思想、言論和行動，等於在無形中激發早已伺機而動的天才，從此他再也不承認神學導師的權威。他在小亞細亞有關阿萊亞斯思想鬥爭的攻訐中接受教育，東部主教的激烈言論和信條的不斷更換，以及唆使採取行動的非宗教動機，無形中堅定朱理安的偏見，認為他們對如此吵鬧不休的宗教，既不能深入理解也無法真正相信。他沒有辦法用關切的心情聆聽基督教的證言增強對教會的信心，始終抱著懷疑的態度和無法克服的厭惡情緒，固執而機敏的抵制無法接受的教義。每當年輕的親王奉命對正在進行的爭論發表演說，朱理安總是明確表示自己站在異教教派的陣營，藉口為力量弱小的一派進行辯護，可以使他的學問和智慧得到充分的練習和發揮。

7 朱理安的哲學思想和神學體系（331-351年）

　　朱理安的神學體系包括「自然宗教」崇高和重要的原則，只是整個架構未能建立在神啟的基礎上面，信仰缺乏堅實的保證，柏拉圖的門徒落入低級迷信的習慣行為。而且在朱理安的行動、著作和思想，神性的普通概念和哲學思維全部混淆在一起。虔誠的皇帝承認並崇拜宇宙的永恆動因，認為它是無限自然最完美的根源，為凡人肉眼所不能見和理解所不能及。用柏拉圖的觀點來說，至高無上的上帝創造或產生不同層次的神祇、魔鬼、英雄和凡人，全部依賴不滅的靈魂，從第一動因獲得生命的造物都將賜予天賦的永生。如此珍貴的恩惠不能隨便給予卑下的生物，造物主把製造凡人，以及安排動植物和礦物界的美好和諧，交付有技術和能力的下級神明去做，把低等世界的各種工作委託給神聖的使臣去管。

　　他們的治理工作不夠完善，難免出現矛盾和失誤。於是將地球及居民加以區分，馬爾斯、密涅瓦、麥邱里或維納斯的性格，從他們各自不同的信徒所遵循的法則和態度，可以很清楚找到根源。只要人類不朽的靈魂還被桎梏在不能長存的軀殼裡面，請求上天賜恩或赦罪就符合所要的利益和職責，人類虔誠崇拜可以滿足神明的驕傲情緒，神明的感官假定會從下界奉獻犧牲的煙霧得到滋養。下級神祇有時可能會在神像上附身，居住在為祂修建的神殿裡，偶爾會到地上巡視，祂的寶座安置在天上代表真正的榮譽。太陽、月亮和星星的運行有不變規律，朱理安對這點很大意竟然用來作為萬物永恆存在的證據，足以充分證明不是下級神祇而是萬能造物主的高深技術。柏拉圖學派的理論體系中，可見世界是不可見世界的一種形式，各種天體的形成都瀰漫著神明靈性，可以作為接受宗教崇拜最適當的對象。太陽發出溫暖光芒遍及整個宇宙，生命得以繁殖綿延生生不息，應該視為邏各斯或「道」極其明亮的代表，當作全能天父鮮明、理性和仁愛的形象，受到人類的頂禮膜拜。

　　無論在哪一個缺乏真正創作靈感的時代，總會代之以狂熱的強烈幻覺和欺騙的模仿伎倆。如果是在朱理安那個時代，諸如此類的手法只有異教的祭司拿來使用，維持他們即將滅亡的行業，應該說是特有的興趣和習慣使然。哲學家竟然幫著濫用人類的迷信思想，希臘的神祕教義得到現代柏拉圖學派慣用魔法或妖術的支持，確實令人吃驚而且茫然不知所措。離經叛道的人士吹牛說自己能控制自然的變化，探索未來的奧祕，命令亡靈鬼魂服務侍候，欣然會晤高層神祇相談甚歡，能使靈魂與臭皮囊分離，重新與無限的神靈結合在一起直到永恆。

　　朱理安的好奇心虔誠而無所畏懼，使得哲學家懷抱很大的希望，認為他是

很容易掌握的對象，且從方始改變信仰的年輕人所處地位來看，他們成功以後可能產生極關重要的效果。伊笛休斯在帕加姆斯建立的學院，因受到迫害而四處漂泊，朱理安倒是從他的口中，第一次了解有關柏拉圖學說的基本知識。受人尊敬的哲人精力日衰，無法滿足積極勤奮而又才思敏捷的學生提出的要求，於是由兩位最有學問的門生克里桑昔斯（Chrysanthes）和優西庇烏斯，按照他的意願取代年事已高的老師。兩位哲學家為扮演不同的角色，事先有充分準備並分工合作。他們運用沽名釣譽和假裝爭辯的手法，挑動那迫不及待渴求者的希望，最後又把他交給同夥，膽大包天且最有能耐的法術大師麥克西繆斯。

剛滿二十歲的朱理安經過安排，暗中在以弗所成為入門見習弟子。從他在雅典住所的來往人士當中，可以清楚看到哲學和迷信違反自然的結合。他獲得正式加入伊琉西斯祕密教派的特權，處於希臘宗教普遍衰頹的情況，還能保留一些原始聖潔的遺跡。朱理安的宗教熱情是如此高漲，竟為了通過神祕的儀式和奉獻，完成清洗罪孽的偉大工作，拉攏伊琉西斯教派的大祭司，專程邀請他前往高盧王宮。入會儀式是於寂靜夜晚的山洞深處進行，新入教者要對神祕儀式絕對保守祕密，因此我就不必詳加描述，通過入會者的感官或想像會誕生陰森可怖的聲音和火花四射的妖魔，後來會沐浴在一道天光的照射，因而感到舒適並且豁然領悟。在以弗所和伊琉西斯的深山，朱理安的頭腦滲透真誠、深刻、堅定的信仰熱情，難免有時會表現出虔誠的欺騙和偽善，這是最認真的狂熱信徒性格當中無法避免的過失。

朱理安入會開始決定獻出自己的生命為神祇效力，即使戰事、政務和學習占去他的全部時間，仍然在深夜保留部分時光專為自己私下祭拜祈禱之用。身為軍人又是哲學家的嚴厲態度所以會趨於緩和，與宗教信仰的節制私欲有很大的關係，因為他要奉行苛刻而瑣碎的規定。為了祭拜牧神潘（Pan）、麥邱里、赫卡蒂（Hecate）或艾希斯（Isis），朱理安在規定的日子拒絕食用引起守護神反感的食物。自願的齋戒使得他的感覺和意識保持在最適合的狀態，有幸經常接待神祇非常親切的訪問。

儘管朱理安本人出於謙虛從不談及此事，根據忠心的友人演說家利班紐斯（Libanius）透露，他一直都與神祇和女神保持交往。祂們為了和所喜歡的英雄交談，經常從天上來到人間，常常觸摸他的手或頭髮，使他從睡夢中醒來；遇有什麼危險即將來臨，總是預先提出警告，運用正確無誤的智慧，為他的一生指示行動的方向；還提到他與天上來客的關係極其親密，能夠很容易分辨出朱庇特與密涅瓦的聲音，阿波羅和海克力斯的神態。長期禁慾和狂熱情緒使得他睡夢或清

醒都能見到幻象，讓皇帝的高貴身分降低到普通埃及僧人的地位。安東尼努斯或帕柯繆斯（Pachomius）度過虛無縹緲的一生以致一事無成。朱理安能夠從迷信的夢幻清醒過來，拿起武器去作戰，縱橫沙場征服羅馬帝國的敵人，接著安詳返回御帳，指導帝國執行法律何其敏睿而合理，還能在文藝和哲學方面發揮他的才智。

8 宗教狂熱形成的寬容政策（360-363年）

朱理安基於友情和宗教的神聖聯繫，將背教行為的重大祕密告訴忠誠的新入會者。有一個動人的謠言不斷在篤信古老宗教的人士中間流傳。帝國所有行省的異教徒把他未來的偉大成就當成希望、祈求和預言的目標；他們抱著美好的期望，靠著熱忱而善良的皇家改變信仰者，可以消除所有的禍害，重獲種種上天賜予的福分。針對他們虔誠的渴望和熱情，朱理安公然巧妙的表示，他決心要到達的地位，能夠對他的國家和宗教都發生作用。君士坦丁的繼承人對古老的宗教始終抱持敵視的態度，喜怒無常的脾氣時而保護時而又威脅朱理安的生命。專制政府公然愚蠢到懼怕法術和占卜，嚴格禁止傳統的古老活動。要是異教徒的祭拜儀式還能勉強得到同意，目前以朱理安所處的地位，宗教的寬容對他並不適用。

不久以後背教者成為王位的推定繼承人，現在顯然只有他的死亡才能除去基督徒的恐懼。年輕的親王並不願意成為殉教者，竭盡所能要獲得英雄的榮譽，為了保護自身的安全，開始隱瞞自己的宗教信仰，對於內心感到十分厭惡的教派，多神教的溫和態度容許他參加基督教的禮拜活動。利班紐斯把深藏不露的朋友表現出虛偽的態度，當成值得讚揚而不是應該批評的行為，口若懸河的演說家說道：「就像遭到玷汙的神像重新安置在宏偉的聖殿，朱理安接受教育帶來的愚昧和謬誤，全部從頭腦裡清洗乾淨，重新發射出美麗的真理之光。他的思想已經產生變化，要是公開承認會給自己帶來危險，他的行為只能一如既往。伊索寓言的驢子用獅皮掩飾自己，恰好相反，我們這頭雄獅要用一張驢皮將自己偽裝起來。他聽從理性的指導，奉行審慎和需要的生存法則。」

從在以弗所祕密加入異教直到內戰開始，朱理安的偽裝隱匿有十多年之久。開始東征才公然宣稱他是耶穌和康士坦久斯誓不兩立的敵人。強迫自己忍耐的情況更堅定真誠的信仰，他在莊嚴的節日盡自己的義務參與基督徒的集會。朱理安懷著戀人的急切心情，回到供奉朱庇特和麥邱里的家庭聖殿，自由自在的焚香膜拜。誠實的人要時時偽裝必然十分痛苦，公開承認自己信奉基督教，使得他的思

想自由受到壓制，迫使在行為上違反人性的高貴品德，也就是喪失忠誠與勇氣，更增加他對閃族的宗教極其厭惡的情緒。

朱理安雖然受過基督教的神聖洗禮成為其中的一員，但就他的思想傾向而言，寧可接受荷馬和西庇阿父子的神祇，絕對不願信奉他的伯父在羅馬帝國建立起來的新宗教。身為哲學家他有責任說明自己所以反對基督教的道理，因為現在有眾多的信徒、持續的預言、光輝的神蹟和大量的證據在支持強勢的教派。

他在準備波斯戰爭期間寫了一部長篇著作，其中敘述的具體內容，許多都是他經過長期沉思默想探索的論點。有些殘篇斷簡被亞歷山卓的西里爾（Cyril）抄錄並保存下來，雖然這個神職人員是他的敵對分子。朱理安的文章是機智和學識、詭辯和宗教狂熱的奇妙結合，高雅的風格和作者的地位使他的作品大受歡迎。視為基督教仇寇的邪惡人員名單當中，波菲利（Porphyry）的名字與品德高尚而又名聲遠揚的朱理安相比，難免顯得大為遜色。虔誠的心靈受到誘惑或感到可恥或震撼不已。異教徒有時膽敢參加寡不敵眾的爭辯，可以從皇帝傳教士的通俗著作，得到取之不盡卻謬誤的反駁論點用來大聲激辯。身為羅馬皇帝對神學的研究極其喜愛，對於好辯的神學家必然吸取他們狹隘的偏見和狂熱。他為自己訂下永不後悔的誓約，要竭盡全力支持和宣傳他的宗教觀點。他為自己使用的辯論武器發揮的力量和技巧，在私下激賞不已，對於敵手抗拒他提出的理由和辯論的才華，竟會如此固執己見，難免要懷疑對方是否誠心參加辯論，或者是他們根本沒有理解的能力。

基督徒對朱理安的叛教行動心懷恐懼和憤怒，他們真正感到害怕不是他的論點而是他的權力。異教徒看到他的狂熱信仰，急切盼望立即點燃一場迫害的烈火，殲滅神祇的敵人，用帶著惡毒仇恨的智慧發明獨特的處決和殘酷的刑具，超出前任皇帝的意想之外，不像他們空有專橫的憤怒而缺乏經驗。只是重視自己名聲、社會安寧和人民權利的君主，謹慎小心運用仁善為懷的做法，對於帝國所有的教派而言，有的希望感到破滅以及有的恐懼未能成真。朱理安接受歷史經驗的啟發，經過反覆的思考，認識到儘管身體的疾病有時可以用下重藥的辦法治癒，心靈的偏差意識無論是烈火或刀劍都無法祛除。毫無意願的受害者可以被強拉到聖壇，內心十分憎惡褻瀆神靈的活動且完全不能接受。壓迫只能更加深宗教信仰的執著甚至可以為之瘋狂，況且等到迫害時期每成過去，曾經屈服的人會馬上表示懺悔，照舊恢復自己原來的信仰。始終堅持己見的人，得到榮名成為聖徒或殉教者。

朱理安非常清楚，如果他採用戴克里先及其共治者所採用的殘酷政策，不僅

沒有辦法獲得成功，結果只能使自己在後人心目中留下暴君的罵名。早先就是因為異教徒行政官員的嚴厲手段，使得基督教得以成長茁壯，如果還要照舊施為，會使基督教增添新的榮譽。在這些動機的驅使之下，加上擔心打亂尚未穩固的統治和社會的安寧，朱理安展現政治家或哲學家的胸襟，頒布出乎世人意料之外的詔書，向羅馬世界全體臣民許諾，要實行自由和平等的寬容政策，對基督徒提出唯一的嚴厲要求，是剝奪他們折磨和迫害其他教派的權力，其中包括被他們惡毒稱作偶像崇拜者和異端分子。異教徒獲得優惠的許諾和明確的命令，將他們的廟宇對公眾開放，人人有參拜的權利。須知異教徒在君士坦丁及其子統治下一直忍受壓迫的法令和無窮的痛苦，轉瞬之間被他解救出來。

9 恢復異教信仰的措施和行動（360-363年）

　　朱理安具有宗教狂熱，使得他把朱庇特的信徒都當作成自己的友人和兄弟。雖然他未能充分認識基督徒堅持宗教信仰永不改變的美德，設若異教徒能把神祇的恩惠看得更甚於皇帝的賞賜，他會大加讚賞和獎勵高貴而忠誠的態度。要是他們對希臘的文學如同對希臘的宗教一樣愛好，更有權利獲得朱理安的友誼。因為他把九位繆思也都列在自己的守護神名單之中，在他信奉的宗教裡面虔誠和知識幾乎成了同義語，大批的詩人、修辭學家、哲學家都匆匆趕到皇宮，好據有神職人員空出的位置，當初的主教用各種手法騙到康士坦久斯的信任。他的繼承人卻把同入會的約束力，看作比血緣更為神聖的關係。他總是從精通法術和占卜之類玄奧學問的智者之中挑選親信，因而每一個施展騙術、宣稱能揭示未來祕密的江湖郎中，保證可以獲得眼前的榮華富貴。身為哲學家的麥克西繆斯在皇帝門徒的朋友裡面居於最崇高的地位，即使在內戰最緊張的時期，為了表示極其信任起見，朱理安會向他通報自己的行動、想法以及在宗教方面的計畫。

　　朱理安剛進入君士坦丁堡的皇宮，立即向他的老師發出一份尊重而急切的邀請函。麥克西繆斯這時與克里桑昔斯同住在利底亞的薩德斯，一起研究技藝和學問。謹慎而迷信的克里桑昔斯拒絕參加，因為從占卜的結果看來，向西的旅行充滿險惡極為可怕，夥伴的狂熱情緒卻表現得毫不畏懼，繼續堅持詢問未來的吉凶，終於看到神祇同意滿足自己和皇帝的願望。麥克西繆斯穿過幾座亞細亞城市的旅行，充分顯示哲學名不虛傳的勝利，各地的行政官員競相以無比的熱情接待皇帝的朋友。朱理安得知麥克西繆斯來到的消息，立即中斷在元老院的演說前去迎接，兩人相互親密擁抱，他抓住麥克西繆斯的手領他到會場中間，當眾宣稱他

曾經從哲學家的教導獲得助益。

麥克西繆斯很快贏得朱理安的信任，後來並且能左右皇帝的思想，在宮廷的誘惑之下逐漸墮落。他的穿著十分奢華舉止高傲，以致在繼位君王統治時期，終於接受極其羞辱的調查，迫使柏拉圖的弟子回答受到哪些優厚的待遇，能夠在短短幾年聚集大筆驚人的財富。還有其他的哲學家和詭辯家，無論是朱理安自己選擇，還是由麥克西繆斯推薦進入皇宮，大都未能保持自己的清白和名聲。慷慨贈與的錢財、田地和房產都無法滿足貪得無饜的胃口，民眾對他們過去的貧窮和自命清高的生活記憶猶新，自然激起應有的義憤。朱理安有敏銳的洞察力不可能長期受騙，對那些在才智方面值得他尊敬的人，他卻不願意對他們的品德表示憎惡，力圖使自己避開輕率無知和言而無信的雙重責備，害怕產生侵犯文藝和宗教的行為，在教外人員的眼中留下無法抹除的汙點。

朱理安把他的恩惠和利益，公平分配給堅定信奉祖先宗教的異教徒，還有謹慎皈依君主宗教的基督徒。看到有許多人新近改變宗教，滿足他內心深處的主導情結、迷信思想和虛榮心理，有人還曾聽到他用傳教士的熱情宣稱，如果他能使每一個人都變得比邁達斯（Midas）更富有，每一座城市都變得比巴比倫還偉大，仍然不認為自己是人類的造福者，除非他同時還能使臣民中所有反對不朽神祇的人都能回心轉意。一位通曉人性又擁有羅馬帝國財富的皇帝，可以讓自己的論點、承諾和獎賞滿足任何等級基督徒的需要，而且及時轉變宗教信仰，可以當作一種德行來彌補候選人欠缺的資格，甚至還可以用來為犯行過錯贖罪。軍隊是專制權力的強大保障，朱理安特別努力要盡量破壞軍隊的宗教信仰，因為沒有軍隊的真正同意，他的任何措施不僅危險而且也難以實現，士兵的習性使得如此重大事件很容易獲得成功。高盧的軍團都忠於勝利領導者的宗教信仰和氣數運道，在康士坦久斯去世以後，朱理安經常興高采烈的告訴朋友，軍隊帶著熱烈的虔誠和旺盛的食欲，常參加在營地舉行的百牛祭典。

東部軍隊在十字架和康士坦久斯的旗幟下接受訓練，勸服他們需要花費更大氣力，付出更大代價才行。莊嚴的節慶祭典期間，皇帝接受軍隊的歡呼致敬，這時就會獎賞有功官兵。皇帝的寶座被羅馬和帝國各種旗幟和隊標圍繞，基督教的神聖名字從拉貝隆旗上被去掉。象徵戰爭、皇權和異教信仰的標誌巧妙混合在一起，使得虔誠的基督教臣民，在向君主本人或畫像致敬行禮，常會犯下偶像崇拜的罪行。所有的士兵排隊依次覲見皇帝，朱理安按照他們不同的官階和功績，親自遞交他們一份慷慨的賞賜。每個人都必須往聖壇正在燃燒的火焰丟入幾粒香料，堅守基督教信仰的士兵會抵制褻瀆的做法，也有人會在事後懺悔，更多的士

兵受到金錢的誘惑和皇帝親自在場的威嚴，也就參與形同犯罪的活動。至於後來
他們還堅持崇拜神祇，完全是出於對義務和利益多方面考慮的結果。朱理安經常
使出用盡心機的計謀，支付的費用足夠買下半個錫西厄族的男子前來服役，終於
逐漸使軍隊獲得神祇的保護，贏得羅馬軍團堅決有力的支持。我們幾乎可以肯定
的表示，異教之所以能夠復辟和再度興旺，就是有一大批自稱為基督徒的人員，
出於眼前利益的考量，默默接受在位統治者的宗教，因為良心有極大的彈性，重
新回歸朱理安繼位者倡導的信仰。

10 朱理安在耶路撒冷重建猶太神殿（363年）

　　朱理安雄心壯志的抱負，可能希望恢復耶路撒冷神殿古代的光輝。基督徒
受到摩西誡律的說服，死後將遭到永恆毀滅的判決，身為皇帝的詭辯家，可能會
將他的成功轉變成似是而非的主張，駁斥先知的可信性和神祇的真實性。他並
不欣賞猶太會所的禮拜方式，對於不肯放棄原來採納埃及許多儀式和祭典的摩西
教規甚表贊同。猶太人的神受到朱理安的歡迎，他相信多神教盼望增加神明的數
目。朱理安對於奉獻犧牲祭神的規模受到所羅門信仰虔誠的啟發，古代的君王曾
經在一次祭祀大典殺死兩萬兩千頭牛和十二萬隻羊。過多的考量會影響他的計
畫，而基於當前有利的狀況，性情急躁的君王不願等待波斯戰爭以後再行處理，
何況未來吉凶未卜夜長夢多。他決心不再延遲立即動手，在俯視耶路撒冷的摩萊
爾（Moriah）山最高處，建立一座氣勢宏偉的神殿，使鄰近髑髏地小丘的耶穌復
活教堂為之失色；組成一批重視本身利益的教士隊伍，能夠識破敵對基督徒的計
謀，不讓他們有抗拒的能力；邀請大批猶太人前來殖民，因為他們的堅強的宗教
狂熱，會使他們隨時準備支持或者期待異教政府，對付基督徒採取敵視政策。

　　皇帝認為自己的朋友當中，處在第一位是品德高尚、博學多才的阿利庇斯
（Alypius），待人慈善而且有強烈的正義感，是擇善固執的正人君子。他在不列
顛負責行政工作施展才能，膾炙人口的詩作卻模仿莎孚（Sappho）頌詩和諧與
柔美的韻味。朱理安把軍國大計到個人私事毫無保留告訴他信任的大臣，因而阿
利庇斯接受一項特殊的委託，要去重建耶路撒冷神殿恢復昔日的富麗堂皇。只要
阿利庇斯勤奮工作，必然獲得巴勒斯坦總督的大力支持。帝國各行省的猶太人受
到偉大解救者的號召，聚集到祖先曾經長期居留的聖地，擺出凱旋來歸的勝利姿
態，使得目前居住在耶路撒冷的基督徒倍感驚愕、為之震怒不已。多少世代以來
重修神殿一直是以色列子民最迫切的願望。激動人心的時刻來到，男人都拋棄貪

婪之心，女人也不再珍惜服飾，擺闊的富豪拿出銀製的鑣和鍋來當工具，運出的泥土上面都蓋著紫色絲綢。所有的人都慷慨解囊，爭著要為聖潔的工程出力，偉大君王的計畫得到整個民族熱烈支持。

單就神廟重建這件事情而論，世俗權力與宗教熱忱聯合起來，所產生的努力並未獲得成功，猶太神殿的地基現在建立一座穆罕默德的清真寺，看上去仍是一片發人深思的荒涼廢墟。浩大的工程是在朱理安去世前六個月開工，後來所以停工是因為皇帝的離去和死亡，以及繼位者推行了新的策略。然而基督徒很自然抱有虔誠的想法，認為在這場難忘的競爭中，應該有表明天意所歸的神蹟出現，可以重振宗教的聲譽。像是發生一次大地震、颳起一場龍捲風以及地下噴出的烈火，因而把新建神殿的地基掀翻，毀棄已經完成的建築，等等說法不脛而走，從當時人士的記憶中可以找到相當可信的證據。有關傳遍四方成為眾所周知的事件，米蘭主教安布羅斯在寫給狄奧多西皇帝的信中曾經加以陳述，當然這封信要是給猶太人看到一定深感不滿。能言善辯的克里索斯托也提到此事，安提阿會眾

牲祭。

中有些年歲較大的人對整個情節仍舊記憶猶新。格列哥里‧納齊成就在同一年裡也發表描寫神蹟出現的文章。

　　上述作者當中的最後一位還大膽宣稱，這件不可思議的神蹟，連沒有宗教信仰的人都不覺得意外。納齊成的說法不管聽來多麼奇怪，卻得到阿米努斯‧馬塞利努斯的證實。精通哲理的士兵喜愛朱理安的美德，只是並未完全接納他的成見。他那公正而又誠實的作品記載當時的歷史事件，其中記錄不可思議的神蹟，使得重建耶路撒冷神殿的工程中途停止：「正當阿利庇斯得到行省總督的協助，不辭辛勞加快工程進度之時，可怕的火球突然從地基附近噴射出來，時斷時續不停爆發，使得燒灼或炸傷的工人不能接近。無法抗拒的自然力量沒有止息的樣子，好像下定決心要把這裡的人全部趕走，工程只有被迫放棄。」

　　權威性的敘述雖然可以使信服的人感到滿意，卻使不肯輕信的人吃驚，有見識的人要找到不帶偏見而且知識豐富的目睹者，能夠提出的原始證詞。在那樣一個事關重要的時刻，任何一件奇特而偶發的自然現象，都很容易被當作真正的神蹟，而且實際上已經產生預想的效果。由於耶路撒冷的教士虔誠加以修飾，基督教世界用積極的態度全盤接受，奇妙的說法得到修飾和誇大。事隔二十年之後，一位對神學爭論絲毫不感興趣的史家，再拿起似乎可信而又光彩絢麗的神蹟，當作裝飾品用來提升著作的價值。

11 迫害基督徒的方法、手段和目標（363年）

　　重建猶太神殿與破壞基督教在暗中發生連帶關係。朱理安仍然公開維護信仰自由的權利，容忍態度究竟出於正義還是仁慈卻難以區別。他對選擇人生最重要的目標竟然誤入歧途的可憐基督徒，裝出一副同情的模樣，只是他的同情透出蔑視，他的蔑視充滿仇恨。朱理安經常用賣弄聰明的譏諷口氣表達他的感情，未經思考的話出自君王之口，便會造成極重要甚至致命的傷害。他非常清楚基督徒永遠以救世主的名字為榮，他卻有意縱容讓人使用另一個帶侮辱性的稱呼「加利利人」。同時他把加利利派描述為人所厭惡和神所唾棄的狂熱教派，聲稱由於他們的愚蠢行為，整個帝國曾一度瀕臨毀滅的邊緣。他還在一份公開的詔書中暗示，對得到瘋病的患者適度的暴力有時可達成治療的效果。

　　朱理安的觀念和構想之中顯然產生不公正的分界線，那就是針對不同宗教情緒，一部分臣民應該得到他的恩寵和友情，基於對順從的人民不能拒絕正義的要求，另外那些人只配得到一般的照顧。根據一條充滿惡意和壓迫精神的原則，皇

帝把原由君士坦丁和其子授與基督教教會管理，國家稅收撥出大筆慈善事業津貼的權力，轉交給他自己教派的大祭司。花費大量心血和代價建立起極為自負的教會體系，享有榮譽和種種豁免權全部摔得粉碎。接受遺贈的願望有嚴格的法律規定加以阻撓，基督教各派的教士已落到人民當中最下等和最卑賤的地位。某些規章制度對於遏制教士的野心和貪婪確有必要，屬於正統教會的君王都會很快起來效尤。政策規定給予特殊優惠，以及使用在迷信行為的費用，都僅限於自承信奉國教的祭司。立法者的意志難免摻雜偏見和意氣用事。朱理安極為惡毒的政策，目的是要剝奪基督徒世俗的榮譽和特權，讓他們在世人眼中不再因此受到尊敬。

有人對禁止基督徒教授文法和修辭學的法令，給予公正和嚴厲的指責。皇帝說明自己的動機，為極不公正的高壓政策提出辯護，在他統治期間只有滿身奴氣的人才會保持沉默，也只有獻媚拍馬的人才會鼓掌叫好。朱理安隨便將一個語義曖昧的字，不加區分使用於希臘人的語言和宗教。他十分輕蔑的提到凡是公開頌揚絕對信仰的人，都不配得到或享受科學帶來的好處。他還自以為是的爭論，如果知識分子拒絕崇拜荷馬和笛摩昔尼斯提到的神明，那他就只配在加利利派的教堂裡解說〈路加福音〉和〈馬太福音〉。羅馬世界所有城市教育年輕人的工作完全交託給文法和修辭學家，他們由行政官員選出一切費用由國家負擔，額外享有金錢和榮譽方面的特權。

朱理安的詔書把醫生和其他一些自由業者包括在內，皇帝對候選人有最後批准權，實際上依據法律掌握有學識基督徒未來的就業狀況，可以用收買或懲罰的方式摧破他們堅定的信仰。等到最頑固的教師辭職以後，異教的詭辯家沒有競爭對手，從而獲得教學方面的大權。朱理安號召新成長起來的一代，可以自由到公立學校去學習，他相信幼小的心靈必會對文學和偶像崇拜留下深刻的印象。如果大部分基督教青年出於自身或家長的疑慮，不肯接受危險的教育方式，那麼他們同時必須放棄接受自由教育的機會。朱理安相信在短短的幾年之後，基督教會即將退化到過去的簡陋狀態。目前神學家具備當代最高水準的學識和辯才，將被新一代盲目而無知的狂熱分子取代，再也沒有能力為自己信奉的原則進行辯護，更沒有能力揭露多神教的愚蠢行為。

朱理安的意願和計畫，毫無疑問是要剝奪基督徒在財產、知識和權力方面的優越地位，運用各種不公正的手段，將他們從所有肩負重責和有利可圖的職位上排斥出去，這就是他所推行的政策期望達成的結果，絕非僅靠某一項法令直接獲得成效。優越的才能實際上應得到非常的待遇，絕大多數的基督徒官員，都逐漸被解除在政府、軍隊和行省擔任的職務。皇帝公開表明他的偏見，更完全絕滅他

們將來再次任職的希望，因為他曾經不懷好意的提醒大家，不論是為了正義還是
為了戰爭，讓一個基督徒從軍服役都算違法。他還堅持己見，要用各種偶像崇拜
的標記守護軍營和法庭。政府的權力交付公開宣稱虔誠崇拜古老宗教的異教徒，
皇帝選賢與能常常受占卜的支配，他挑出合於神明意願的親信，往往得不到人民
的認同。處於敵對教派統治下的基督教徒吃盡苦頭，時刻擔心有更大的災難來
臨。朱理安的天性不贊成殘暴，世人看到他對名聲的重視。公正和寬容的尺度剛
剛建立不久，有哲學家頭腦的君王絕不願輕易破壞。然而他所指派的行省官員地
位較低，為了討好就會毫無顧忌，在執行專制權力的時候，往往考慮君主的意願
而不是他頒發的命令。他們不隨便把殉教者的榮譽加在敵視教派的成員身上，卻
在暗中實施暴政。皇帝對用他的名義進行的不公正做法，本人卻盡量佯裝不知，
最後他再對官員施以象徵性的責備和實質性的獎勵，表達出真正的情緒和意圖。

用來壓迫基督教一個最有效工具，是規定基督徒必須為他們在前代皇帝統治期間，對於毀壞的神廟支付巨額賠償。獲勝的基督教會在那時完全憑著敵對的感情，往往很少考慮要獲得官方的批准。主教認定自己不會受到懲罰，經常帶領會眾前往搗毀黑色魔鬼的堡壘。劃定的聖地原都有明確的界限，後來被君王和教士奪走，用來增加自己的財產，倒是很容易恢復原狀。在所謂的聖地以及異教廟宇的廢墟上面，基督徒已經修建自己的宗教建築，必須先拆除基督教堂才能建築神廟。皇帝的公正和虔誠只受到一方的歡呼，另外一部分人不禁痛哭嘆息，斥責褻瀆神明的暴行。等到地面清除完畢，重新整修雄偉的結構，把轉用在基督教建築的貴重裝飾品恢復原樣，顯然形成一筆數額巨大的賠款和債務。原來進行破壞的人員，現在既無能力也無意願處理愈來愈大的要求。面對必須民事處理的情況，公正而明智的立法者要用平等對待與溫和的調停態度，求得敵對雙方之間的平衡。整個帝國特別是東部地區，已被朱理安根本不考慮後果的詔書，瞬息之間變得天下大亂。異教行政官員為狂熱信仰和復仇心理所激怒，濫用羅馬法律賦予他們的嚴厲特權，使得基督徒因為財力不足，成為永遠無法償還的債務人。

康士坦久斯統治期間，阿里蘇薩（Arethusa）的馬可主教竭盡全力要讓教區的人民改變信仰，顯然覺得採用強制比說服的辦法更為有效。現在地方官員要他按原價賠償出於任性而為的狂熱所搗毀的神廟，看到他的確十分貧窮即使只能得到少量賠償，也要轉過來制服對方虔誠的信仰和剛毅的精神。他們把年邁的高級教士抓來，殘酷鞭打他的脊背，撕扯他的鬍鬚，還把他塗上滿身蜂蜜，赤身裸體用大網兜住，吊在上不著天下不著地的高處，任憑各種蚊蟲叮咬和敘利亞的烈日曝曬。就算身在半空，馬可仍然堅持以自己的罪過為榮，對無計可施的迫害者百般嘲笑。他最後終於被救走，享受神聖勝利的光榮。阿萊亞斯派教徒為虔誠的神父隆重慶功，正統基督教會也非常熱中將他視為同道，異教徒不免感到羞愧或悔恨，再也不願採行無用的殘暴行為。朱理安饒恕了主教的性命，而如果馬可確實救過年輕時候的朱理安，後人只會譴責皇帝忘恩負義，不會讚揚他的仁慈寬厚。

12 朱理安的葬禮及後世對他的評價（363年）

傑維安（Jovian）在人民大聲疾呼的反對下履行協議，匆匆離開使他蒙受羞辱的國土，帶著整個宮廷前往安提阿享受奢華的生活。他完全沒有遵從宗教的情緒，只是基於禮儀和感激向君王遺體表示最後的致敬。失去親人真正感到痛苦的樸洛柯庇斯（Procopius），要讓他護送靈柩的冠冕堂皇藉口之下，免除對軍隊的

指揮權。朱理安的遺體從尼昔比斯運到塔蘇斯，行進緩慢用了十五天時間。護靈隊伍走過東部各城市，同時受到敵對兩派的痛心哀悼和破口大罵。異教徒早已把深受愛戴的英雄，歸入靠自己的力量得以享受人間香火的神祇之列；基督徒的詛咒將背教者的軀體送入墳墓，靈魂要打下地獄。有一派人痛心他們的祭壇將面臨毀滅，而另一派人則歡呼教會又將獲得解救。

基督徒用傲慢曖昧的聲調歡呼，神聖復仇之劍早懸在朱理安的頭上，現在終於落了下來。他們到處宣揚，暴君在底格里斯河對岸咽氣之際，埃及、敘利亞以及卡帕多西亞的聖徒已得到神的啟示。他們並不承認他死於波斯人的標槍，卻說消滅暴君的偉大壯舉，乃是出自一位信仰虔誠的勇士之手，此一凡人或不朽的神靈並不為人所知。這種論調極為草率而且不智，立即被不懷好意或出於輕信的教徒所接受。他們有的盲目跟著喊叫，有的公然斷言其事，教會的領導人指使並著手進行宗教狂熱的謀殺活動。朱理安死去十六、七年以後，利班紐斯還要呈送狄奧多西皇帝一篇公開文告，嚴肅而激烈的提出這項指控。他的懷疑並沒有事實或理論的根據，安提阿的詭辯家對死去已久的朋友始終忠心耿耿，我們只能表示欽佩而已。

按照古老的習俗，羅馬人舉行葬禮以及凱旋式，讚美的頌辭要用一些諷刺和嘲笑加以沖淡。表現生者或死者榮耀的盛大慶典上，也會將他們的缺點暴露於世人眼前。這一習俗在朱理安的葬禮充分體現出來。由於他在生前向來輕視和厭惡戲劇活動，所以喜劇演員對他非常反感，就在基督徒觀眾的掌聲之中，生動而誇張的扮演過世皇帝種種錯誤和愚蠢的行為。他那多變的性格素質和獨特的處世態度，為滑稽戲和諷刺劇提供大量素材。他施展超人才幹經常忘記自己高貴的地位和尊嚴，亞歷山大變成戴奧吉尼斯（Diogenes）又從哲學家降為傳教士。他純真的品德被極度的虛榮心玷汙，迷信的思想擾亂偉大帝國的平靜並且危害社會的安全。他行事不按常理，說話不像衝口而出彷彿是用心做作。

朱理安的遺體埋葬在西里西亞的塔蘇斯，莊嚴的墓地位於寒冷而荒涼的昔德努斯河畔。很多忠誠愛戴故世偉大人物的友人，對此事表示不滿。哲學家表明合情合理的願望，說柏拉圖的門徒應該安息在學院的園林之中；軍人卻又用更響亮的聲音喊道，朱理安和凱撒的骨灰該攙混起來，在古羅馬紀功碑的環繞下放置戰神廣場。朱理安在各方面的卓越成就可以說是難逢敵手，帝王史上能有如此偉大的人物，真是世所罕見。

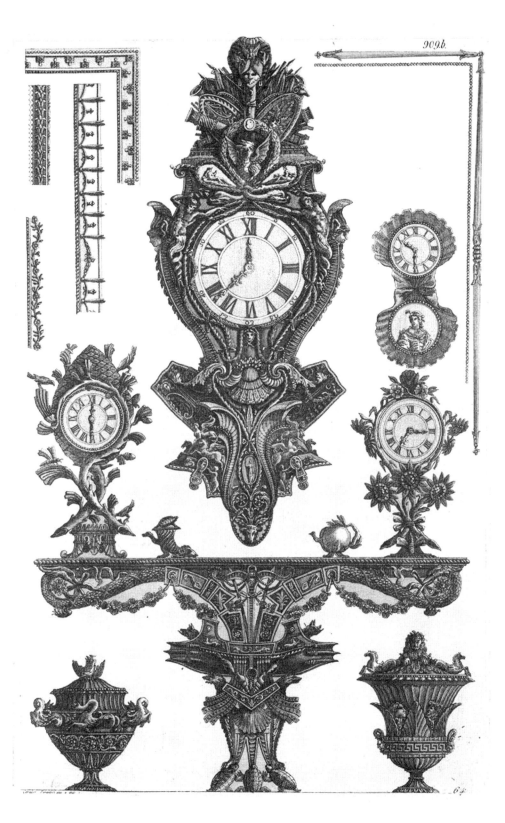

909.b.

64

第十章
分裂的帝國（386-408 年）

1 論述狄奧多西的成敗和功過

　　一個演說家可以保持沉默不表意見以免發生危險，也能毫無困難隨心所欲對當代人物大加頌揚。後人認為狄奧多西的為人處世，值得寫出歌功頌德的讚美詩。他編纂的法典和軍隊的勝利，使他在文治和武功方面，贏得臣民和敵手的尊重，建立相當的威望和崇高的地位。他喜愛過家庭生活，能夠到達文雅的境界，這在帝王的家族倒是少見。狄奧多西氣質純真，個性溫和，樂於享受正常的飲宴和情慾之歡，絕不會沉溺其中無法自拔，對於異性的燕好與熱情也限定合法的對象。他作為帝國偉人值得擁有驕傲的稱號，還得到忠誠的丈夫和慈愛的父親這些美譽。他像對自己的父親那樣敬愛叔父，推崇到極高的地位；也像對待自己的兒女那樣愛護子姪，把關懷的熱忱和照應，遍及眾多姻親和家族最偏遠的旁支。他與親密朋友平等交往，選擇的對象都是從不弄虛作假的人士。他自負有過人的才華，對於身著紫袍視為當然之事，毋須刻意炫耀賣弄。從他後來的行為得知，登上帝國寶座以前所受的傷害已經完全忘懷；對於所受的幫助和恩惠卻能牢記在心。他談話的語氣和聲調無論是嚴肅或輕鬆，全視所接見的臣民的年齡、地位和性格而定，非常自然毫不做作，和藹可親的神情反映出真誠純潔的心靈。狄奧多西尊重簡樸的善良和德行，任何人只要具有一技之長，都會得到他的賞識，用公正的態度給予慷慨的酬勞，除了對異端邪說嫉惡如仇絕不寬恕，說實在他的恩澤已經遍及全人類。

　　龐大帝國的政務是如此繁重，完全占去凡人所有的時間和精力，狄奧多西是勤政愛民的君王，不在意贏得博學多才的名聲，總要抽出閒暇欣賞人類的大千世界。歷史是他的最喜愛的項目，有人特別注意到每當他讀到辛納、馬留和蘇拉的殘酷暴行，總是情不自禁掩卷嘆息，對人道和自由的大敵表達難以抑制的憤慨之情。他對古代的重大事件給予公正的批評，據以作為自己行事的準則，狄奧多西當得起眾口同聲的美譽，德操風範似乎與他的地位齊頭並進，軍國大事愈順利表現得愈為謙恭和善。他寬宏大量的胸襟，在內戰獲勝已成定局、國家解除危機以

後，顯得尤為突出。暴君仗恃的摩爾人禁衛軍，在戰勝的狂潮當中全被殺死。少數罪大惡極的禍首受到法律的制裁，然而皇帝重視的當務之急是釋放無辜並非懲治罪犯。帝國西部受到迫害的臣民，重新獲得原有的土地，已經感到皇恩浩蕩，還能得到一筆賠款，相當他們全部的損失，更是欣喜欲狂。氣度豪邁的勝利者，還要在生活上照顧麥克西繆斯年老的母親，負責讓那些成為孤兒的子女接受教育。

演說家帕卡都斯（Pacatus）異想天開提到，要是布魯特斯能夠重返人間，即使他是心志堅定的共和主義人士，也會對狄奧多西大為傾倒，徹底改變對帝王的憎惡心理，一定會坦率承認有新的看法，亦即對羅馬人的尊嚴和幸福，只有虔誠的君主才真正是忠實的捍衛者。由於他有如此完美的人格，帕卡都斯的狂言還是很有道理。

布魯特斯身為共和國的締造者有洞察世情的眼光，必然會看到狄奧多西兩個重要的缺點，沖淡對專制統治產生的好感。狄奧多西的仁政常因怠惰無法貫徹到底，有時會受到情緒的影響難以善終。他為了達成目標會奮不顧身排除障礙；等到計畫完成度過難關，這位蓋世的英雄就會鬆弛下來，享受奢華的宮廷生活，縱情率性自適的樂趣，暫時忘懷君王應把時間奉獻給人民，負起應盡的責任。狄奧多西性格急躁易怒，處在一種無人反抗的狀況，很少人能加以勸阻，難免會因脾氣大發釀成嚴重後果。仁慈的君王每當意識到自己的弱點和權力，事後難免十分驚愕。他一生都在思考要壓制或調節不時發作的暴躁習性，經由努力獲得的成果增加氣度寬宏的美德。照說苦心孤詣的作為應能貫徹持盈保泰的風格，不幸終於面臨失敗的危險。他的統治被一件暴行玷汙，只能在尼祿和圖密善的史書找到先例。有位史家為狄奧多西作傳，不過是短短三年之內，除了要敘述他對安提阿人民的寬大為懷，又要記錄他在提薩洛尼卡的殘殺無辜，兩相對比看來真是自我矛盾。

2 平定和鎮壓安提阿叛亂的本末（387-390年）

安提阿的居民有積極進取行事急躁的習性，凡事只關懷自己的處境和利益，對於歷代皇帝的作為深表不滿。狄奧多西統治之下，阿萊亞斯派的臣民一直痛心疾首失去信仰自由。當時有三位相互敵對的主教，爭奪安提阿教會的寶座，最後發布的判決只能滿足一派的要求，難免引起兩個失敗派系的抵制。哥德戰爭需要龐大的費用，加上簽訂和約必然帶來巨額的開支，皇帝不得不加重人民的稅賦。

亞細亞各行省未曾捲入蠻族帶來的災難，無法體會切膚之痛，不願為解救歐洲的困窘出錢出力。狄奧多西的統治將屆十年，昇平盛世要舉行壯觀的慶祝活動，士兵可以獲得數目可觀的賞金，軍隊對於君王的慷慨感到極為滿意。一般臣民對於原本自願的捐獻，成為額外增加的負擔，難免表達消極反抗的態度。

　　皇帝下達多道徵稅的敕令，打破安提阿人民平靜逸樂的生活，請願的群眾圍住行政官員的法庭，一開始用尊敬的哀求語氣，敬請當局出面為全民作主；蠻橫的官員傲慢無禮，把群眾的訴願當成抗拒君權的犯罪行為。於是現場的火氣愈來愈大，譏諷的嘲笑逐漸變成憤怒的謾罵，開始以政府的下級機關為對象，星星之火無形之中擴大開來，演變為攻擊皇帝的神聖人格和尊嚴。被引起的憤怒無法壓制，原來建立在重要位置供人民瞻仰的皇室雕像，成為傾洩怒氣的對象。狄奧多西本人，加上皇后弗拉西拉、兩位皇子阿卡狄斯和霍諾流斯（Honorius）的雕像，全部毫不留情被推下基座，砸成碎片或表示輕蔑在大街拖曳而過，侮辱帝國尊嚴的違法行為，表現出人民充滿不忠和叛逆的思想。騷動立即被派來的輕步兵和弓箭手鎮壓下去，這時安提阿的人民真要思考罪行的性質和產生的後果。

　　行省的總督基於職責所在，如實寫下全部真相的報告。膽顫心驚的市民把認罪和獲赦的機會，全部託付給弗拉維（Flavian）主教的盡力奔走，以及希拉流斯（Hilarius）議員的口才辯護。希拉流斯是利班紐斯的門徒和朋友，天賦才華在重大事件發生以後，可以發揮最大的效能。安提阿離君士坦丁堡的路途有八百哩，儘管有驛站可用，罪孽深重的城市仍舊長時間無法獲得確切的信息，民眾擔驚受怕飽受折磨。到處傳播謠言使安提阿交互充滿希望和恐懼，他們驚怖萬分，聽說皇帝震怒，對本人和心愛的皇后受到侮辱大發雷霆，決心將罪惡的城市夷為平地，所有居民不分男女老幼屠殺殆盡。很多居民遠走高飛，逃到敘利亞山區和附近沙漠地帶避禍。騷亂好不容易終於平息。

　　經過二十四天的等待，駐軍將領赫勒比庫斯（Hellebicus）和行政長官凱撒流斯（Caesarius），宣布皇帝的旨意和對安提阿的判決：充滿侮慢習氣的省都不夠資格享有城市的稱號，剝奪東部名城管轄的土地、特權和稅收，羞辱的狀況下貶到村莊的地位，劃入拉奧狄西亞的行政區域；浴場、競技場和劇院全部關閉，停止市民所有的消遣和娛樂節目。根據狄奧多西嚴格的禁令，取消穀物的分配，派出專人追查個人的刑責，找出犯案的人員，查清哪些人直接參與搗毀神聖雕像的行動，還有哪些人在一邊袖手旁觀未能善盡制止之責。赫勒比庫斯和凱撒流斯將審判法庭設置在競技場中央，四周派武裝士兵嚴密戒備。安提阿最富有的市民五花大綁帶到審判官前面，運用各種酷刑逼出口供，無論是立即判決或暫緩處

理，全憑幾位特派大員一語裁定。罪人的土地和房產充公拍賣，妻兒子女從以往富足奢華的生活，墮入貧窮沒落的困境，人們料想這一天將執行大規模的血腥處決。

克里索斯托是安提阿辯才出眾的神職人員，用生動的筆調敘述此一事件，比擬為進行最後審判的世界末日。狄奧多西的使臣雖負有殘酷的任務，執行之際卻有不忍之心，眼見眾多罪犯即將家破人亡，難免同情不幸的遭遇，正好藉機接見從深山和沙漠前來的僧侶和隱士，懷著敬意聆聽緊急的申訴。兩位主審在多方勸說之下，同意延期執行判決。經過眾人多方商議，赫勒比庫斯留在安提阿處理本案，凱撒流斯盡速趕回君士坦丁堡面見皇帝，不惜觸犯天顏請求主上收回成命。此刻狄奧多西的怒氣已消，代表民眾陳情的主教和議員，有幸得到皇帝召見。狄奧多西與他們親切的交談，對於安提阿民眾的行為，像位受到傷害的朋友發出怨言，並不是一味仗著皇帝權威，用恐嚇的手段施加報復。

皇帝既往不咎，赦免眾人的罪行，打開監牢的大門，擔心喪失性命的議員和富室，領回自己的田產和房屋。東部的省都恢復原有的地位，重新顯現歷史名城的光輝。狄奧多西嘉獎君士坦丁堡的元老院，稱讚他們不計利害為受難弟兄陳情奔走，巴勒斯坦的管轄權授與希拉流斯，酬勞他為同胞仗義執言的辯才，特別在安提阿主教辭退的時候，以極大尊敬表示感激之意。安提阿的市民為報答君王不殺之恩，重新建造一千多座新雕像，帝國四境發出讚頌的歡呼，皇帝深為期許並公開表示，設若伸張正義是帝王的首要職責，法外施仁必然是國君的最高享受。

3 提薩洛尼卡的大屠殺事件（387-390年）

提薩洛尼卡的叛亂行動，一般認為起因更為荒謬，產生的結局更是恐怖。占地極廣的城市是伊里利孔的首府，為了免於哥德戰爭的刀兵之災，修築堅強的防禦工事，派駐兵力強大的部隊。統領的主將是波昔里克（Botheric），從名字可知出身蠻族。主將的手下有個容貌出色的男孩，這位奴隸引起了賽車場中著名御車手的情欲，等到波昔里克得知原委，便下令將這位凶狠的情人關進監獄。駕車比賽那天群眾見不到喜愛的御車手不禁大失所望，須知他們看重長勝英雄的技術並非品德。加上民眾在過去與軍隊發生爭吵，不滿的情緒藉機爆發開來。當時軍隊為了支援意大利的戰事，調走主要的單位，常有士兵開小差溜走，剩下的兵力受到狂怒群眾襲擊，不足以保護主將的安全。波昔里克和幾位主要官員慘遭暴徒殺害，還有人將遍體鱗傷的屍體拖在大街遊行示眾。皇帝住在米蘭的宮廷，接到

提薩洛尼卡民眾暴動作亂的報告感到無比震驚。波昔里克曾建立功勳讓他的主子感到無限的悲痛和憤怒。就當時狀況只要派出鐵面無私的法官，經過審判的程序就會使行凶的首要分子受到嚴厲的懲處。脾氣火爆的狄奧多西，無法等待司法程序的調查和審訊，很快決定部將身上流出的鮮血，要用凶手的性命償還。這時他的考量還在寬大為懷和血腥報復之間猶豫，主教熱忱規勸使得皇帝幾乎勉強同意網開一面。

大臣魯菲努斯（Rufinus）幾句不得體的言辭，激起皇帝滿腔的怒火。就在他派出信差下達屠殺命令之後，再想阻止命令的執行已經為時太晚。對一座羅馬城市的報復行動交到蠻族的手裡，盲目衝動之下完全喪失理性大開殺戒。何況這一攻擊計畫，在陰毒、險惡和非法的密謀指使用最殘酷的手段進行。提薩洛尼卡的市民眼見皇帝名義所下的告示，假意邀請他們前往觀看賽車。市民對免費的娛樂絕不嫌多，觀眾人數如此龐大，打消一切恐懼和疑惑的念頭。人員全部進場後，一聲令下，埋伏在競技場四周的士兵著手行動，不是賽車出場而是展開大屠殺。這場不分外人土著、不管年齡性別、無論有罪無罪的殺戮，持續進行三個鐘頭。被殺人數根據最保守的估計有七千人，更有作者肯定達一萬五千人，當作奉獻給波昔里克亡靈的犧牲品。

一個外國來的商人可能想到自己不會被殺，提出用自己的生命和財產做擔保，換取兩個兒子其中一人的性命。正在他捨不得而猶豫難決不知該選哪位之際，士兵幫他做出決定對兩個毫無抵抗能力的孩子，用匕首同時刺進他們的胸膛。無情的劊子手大肆殘殺的藉口，是他們不得不拿出足夠的人頭交差，必須進行有計畫和預謀、遵從狄奧多西命令行事的大屠殺，讓人聽得膽戰心驚面無人色。皇帝過去曾長期在提薩洛尼卡居住，如此看來他的罪孽就更為深重。這座慘遭不幸的城市，無論街道和建築的外貌，居民的衣著和習性，皇帝都十分熟悉，好像會隨時呈現在眼前；狄奧多西甚至感到遭他屠殺的人們仍然健在一樣。

4 狄奧多西擊敗尤金紐斯贏得內戰勝利（394-395 年）

虔誠的皇帝在做出重大決定之前，急著想要知道上天的旨意，基督教的發展早使德斐爾（Delphi）和多多納（Dodona）的神讖，根本無從獲得。當時有位埃及僧生就通曉未來的神奇天賦，狄奧多西決定向他求教。君士坦丁堡皇宮倍受寵信的宦官優特洛庇斯，奉派專程前往，先乘船到亞歷山卓，再溯尼羅河而上，到達遙遠的行省蒂貝伊斯的萊柯波利斯（Lycopolis），或稱為狼城（Wolves）的

地方。神聖的約翰在該城附近高山頂上，親手建造一間簡陋的小屋，在裡面居住五十多年，從不開門應客未曾見過女人一面，拒絕食用經過烹調或人工處理的食物。他每週五天閉門祈禱和沉思，只在星期六和星期日打開一扇小窗，接見大批絡繹不絕的求見者，他們來自基督世界的每個角落。狄奧多西派來的宦官，用恭敬的態度步行走到聖者的窗前，提出有關內戰的問題，帶著十分吉利的神諭回到皇宮。聖者肯定內戰的殘酷無情，必將贏得勝利的信念鼓舞皇帝的勇氣。為了使得預言實現，人類智慧所能想到的方法，全部都要善加利用。

斯提利柯（Stilicho）和提馬休斯（Timasius）是部隊的兩位主將，奉命招募新兵加強訓練，全力整頓羅馬軍團的紀律。作戰凶狠的蠻族部隊，分別在各族酋長的標誌之下排列出戰鬥隊形，伊比利亞人、阿拉伯人和哥德人彼此不和，卻投效在同一個君王的麾下使人感到驚訝。聲威遠播的阿拉里克（Alaric）曾受教於狄奧多西，學會用兵法則和作戰技巧，後來他運用這些知識毀滅整個羅馬世界。

西部皇帝以及他的將領阿波加斯特斯（Arbogastes），從麥克西繆斯的錯誤和失敗中吸取教訓，深知當面之敵富於長期用兵的經驗，完全掌握主動可以從很多方面發起進攻。要是自己的戰線延伸過長，就會帶來莫大危險。阿波加斯特斯把部隊配置在意大利境內，任由狄奧多西的軍團，在毫無抵抗的狀況下占領潘農尼亞各行省，到達朱利安阿爾卑斯山的山麓。無論是出於無意的疏忽或有意的預謀，連各主要隘道都無人防守，門戶開啟讓敵軍可以長驅直入。東部皇帝穿過崇山峻嶺，帶著吃驚的神色，看見哥德人和日耳曼人的陣容和營地，漫山遍野的散布開來，一直延展到阿奎利亞城牆前面，抵達弗里基達斯（Frigidus）河或稱冷河的河岸。這樣一片地形狹長的戰場，位於阿爾卑斯山和亞得里亞海之間，用兵無自由迴旋的餘地，很難發揮軍事才能。

阿波加斯特斯生性固執，根本不做求情的打算，弒君重罪毫無展開談判的可能。狄奧多西急於懲罰謀害華倫提尼安的凶手，好完成光榮的復仇計畫。東部皇帝對前進道路的天然和人為的障礙，絲毫不放在心上，毅然發起攻勢，把最光榮和最危險的任務，交給戰力強大的哥德人負責，心中暗自打算，經過血腥的激戰，重大傷亡可以稍減戰勝者的氣焰，也可消耗他們的兵員和實力。協防軍部隊有一萬名官兵戰死，連帶伊比利亞將領巴庫流斯（Bacurius）壯烈犧牲，付出慘重的代價卻未能獲得勝利，高盧人仍舊占上風。等到夜幕低垂，掩護狄奧多西的部隊在潰敗當中退卻，皇帝撤到附近一片山林，度過淒涼的夜晚，饑腸轆轆無法入睡。前途暗淡失去希望，只有運用靈活的頭腦，面臨絕望的處境無視於運道的轉變，也不留戀塵世的生命，才能產生堅強的意志繼續奮鬥。

尤金紐斯（Eugenius）在營地肆意狂歡慶祝勝利，機警主動的阿波加斯特斯暗地派出相當數量的部隊，占領各處山隘要道，從敵人後方把東部軍隊全包圍起來。天色大亮，狄奧多西看到自己陷於極度危險的困境，不禁大為恐懼，很快得知起死回生的信息可解燃眉之急，那就是對方有若干指揮官要背叛僭主，提出讓他們獲得榮譽地位和財物賞賜的歸順條件。狄奧多西毫不猶豫立即接受，當時找不到正式文書，就在一張便箋寫明約定事項，再由他批准此一協議。及時獲得的外援振奮部隊士氣，信心百倍對阿波加斯特斯的營地發起襲擊。這位主將雖曾在他手下任職，現在既不承認他有運用武力的權利，也不以為他有獲得勝利的希望。正當戰鬥進行到短兵相接的激烈狀況，從東方颳起一陣強勁暴風，突變的異象在阿爾卑斯山區是常事，狄奧多西的部隊處於背風，不會受到氣候的影響。捲起的漫天沙土直撲敵人臉面，馬上使得西部軍隊陣勢大亂，難以站穩腳跟，投出的標槍不是被風吹回就是失去準頭。狄奧多西意外獲得有利的天象，加以渲染就影響到敵軍的心理。聲勢驚人的風暴增加高盧人的恐懼，既然上天對虔誠的皇帝施以援手，那麼他們對眼不能見的天神投降並非可恥之事。

狄奧多西贏得決定性的會戰，兩位對手因性格各異而落得不同下場。無路可逃的尤金紐斯，在即將榮登統治寶座之際戰敗，只能哀求征服者高抬貴手。一群心狠手辣的士兵，趁他跪倒在狄奧多西腳前，用刀砍下他的頭顱（394年9月6日）。阿波加斯特斯在戰爭中遂行將領的職責，無愧於軍人名聲，會戰失敗接連數日在深山流竄。等到了解前途毫無希望，企圖逃命已經於事無補，勇冠三軍的蠻子拿古代羅馬人做榜樣，用佩劍刺進自己胸膛。意大利一隅之地的戰鬥，決定帝國未來的命運。

華倫提尼安家族合法的繼承人接納米蘭大主教的諫言，對於西部各行省的歸順，不再加以指責和追究。很多行省犯下參與謀逆的罪行，只有安布羅斯一人能夠堅持原則，拒不承認獲得成功的篡位奪權行動。米蘭大主教以大無畏的氣概，拒絕尤金紐斯贈送的禮物，退回專人送來的信函，毫無留戀離開米蘭，避免見到僭主可憎的面孔。過分絕裂的做法出於任何人，都會惹來殺身之禍，他已經在所不惜。何況尤金紐斯的敗亡，從他審慎小心而曖昧不清的談吐早已有了預兆。安布羅斯的懿行得到戰勝君王的讚譽，他的職守忠於基督教會贏得民眾的擁戴。當時一般的看法認為，狄奧多西的仁義美德歸功於大主教的虔誠引導和循循善誘。

狄奧多西擊敗尤金紐斯，羅馬世界的臣民欣然推崇他的功勳和名望，根據即位以來的施政作為，對於爾後的統治懷抱美好的希望。皇帝年齡尚不滿五十歲，預期會有很長一段太平盛世。不料他獲得勝利僅四個月就棄世，對帝國而言

是出乎意料的重大打擊，轉瞬之間粉碎下一代人的光明遠景。狄奧多西過著放縱的奢華生活，早已種下致命的病根，突然自皇宮移駐軍營，衰弱的身體無法承受劇烈的勞頓，日益惡化的水腫說明皇帝即將不久人世。輿論的訴求抑或基於利害關係，勢必造成東西帝國分裂，兩位皇子阿卡狄斯和霍諾流斯，都因父子舐犢情深，早已獲得奧古斯都的頭銜，於是分別前往君士坦丁堡和羅馬登基。

　　皇帝不曾讓兩子參加內戰，自己用冒險犯難爭取榮譽。等到狄奧多西擊敗無所作為的敵人後，卻召喚次子霍諾流斯前來分享勝利成果，從垂死父王手裡接過統治西部帝國的權杖。霍諾流斯抵達米蘭賽車場，特別舉辦盛大表演以示歡迎之意，這時皇帝雖已經病骨支離，仍然親自蒞臨與民同樂。他接著在次日參加清晨的盛會，終於耗盡精力，其餘活動只有由霍諾流斯代表主持，偉大的狄奧多西於當晚崩殂（395年1月17日）。儘管內戰的仇恨尚未化解，皇帝辭世還是受到帝國臣民的哀悼。無論是被他征服的蠻族，還是受到壓制的教士，對於舉世稱譽的皇帝，異口同聲推崇他的豐功偉業。無能為力而又趨向分裂的統治階層，為帝國帶來迫在眉睫的危險，羅馬人為之憂心不已。阿卡狄斯和霍諾流斯的統治時期，每當施政失誤帶來災禍，臣民總是對先帝興起懷念之情。

5　狄奧多西崩殂及羅馬帝國面臨的危局

　　史家據實描述狄奧多西的不朽事功，從來不曾掩飾他的過失佚行。這位羅馬史書少見的王侯，暴虐的性格和慵懶的習慣難免損及光輝的形象。有位學者對狄奧多西浪得虛名始終耿耿在懷，不惜用誇大的言辭評述皇帝罪惡的行徑和危害後世的影響；從而非常大膽的斷言，當時帝國各個階層人士，全都效法君主弱不禁風的女性氣質。他提及政府的苞苴公行，腐化社會的風氣和個人的品格，談到公眾秩序和人際禮儀的式微，不足以抗拒日益嚴重的道德淪喪。整個國家衰敗趨勢的形成，使得人們不知廉恥為何物，為圖一己的安逸生活，放縱物欲和自私的需要，拋棄個人責任和社會利益如敝屣。當代作家有鑑於人民生活崇尚奢華，社會風氣日趨墮落，大多數是從個人的感受或處境，發出責難之聲。只有少數見解高明的旁觀者，能夠認清社會的變革，發現精巧而隱密的動力，會將群體盲目而易變的激情，引導朝一個既定的方向推進。如果依據可信的理由，也許能夠斷言狄奧多西在位時期，羅馬帝國的奢侈腐化比之於君士坦丁甚或奧古斯都當政，都更為可恥而荒唐。

　　這方面的變遷不能歸之有利的改革，使國家的財富增加所致。長時期的內戰

災難和政治敗壞，只會導致百業荒廢和生產凋敝，人民的財富在無形之中大為減少。民眾之所以肆意揮霍浪費，他們在掙扎之餘深感絕望，只顧得眼前的享受，不再考慮未來的需要。狄奧多西的臣民認為自己的財產可能朝不保夕，不願拿錢從事獲利緩慢的穩當行業。眼前頻繁出現家破人亡田園毀棄的景象，祖傳的家產隨時可能遭到殘暴哥德人的掠奪，不如趁著還未喪失先花光算數。在一艘即將沉沒的船上，或是處於圍攻城市的混亂當中，必然出現瘋狂的舉動，完全可以用來說明，一個行將淪亡的國家，群眾面臨災禍和恐懼會愈來愈不愛惜自己的錢財和產業。

令人志氣消沉的奢侈風氣，對宮廷和城市生活造成重大影響，無形之中毒害和腐蝕羅馬軍團。當時有位軍人研究羅馬古代的軍紀和訓練，了解素來主張的宗旨和要點，鉅細無遺記錄軍隊墮落的情況。根據維吉修斯（Vegetius）精到而詳盡的觀察，從羅馬建城之初到格里先（Gratian）在位，步兵都得穿著護身鎧甲。隨著軍紀的鬆弛和訓練的欠缺，士兵的體能和毅力無法承擔兵役的勞累，都會抱怨護身裝具過於沉重不願穿著在身，久而久之也就奉准將胸甲和頭盔置於一邊。他們的先輩使用沉重的兵器，像是征服世界的短劍和無堅不摧的標槍，也不知何時起從他們手中消失，似乎帶著盾牌就不能使用弓箭。他們勉強赴戰場，命中注定不是受皮肉之苦，就得寡廉鮮恥臨陣脫逃，通常他們選擇偷生之路。哥德人、匈奴和阿拉尼人的騎士看到護身鎧甲的好處就普遍加以採用，加上在投擲武器方面占很大的優勢，作戰時真是無往不利。反觀羅馬軍團的士兵，上體毫無保障防護，接戰害怕得渾身發抖，何況他們袒露頭部和胸背，怎能抵擋蠻族的箭雨。軍隊的傷亡、城市的陷落以及名聲的喪失，都無法使格里先以後的在位者，能恢復穿戴盔甲的古老要求。士兵軟弱畏戰使自己和國家全都失去防護的能力，帝國衰亡的直接原因就是軍隊的怯懦和怠惰。

6 東西兩個帝國的分治已成定局（395年）

羅馬的天才隨著狄奧多西的死亡終於絕滅，身為奧古斯都和君士坦丁最後的繼承人，曾經率領軍隊縱橫戰場，為羅馬帝國建立權勢和威嚴。他的逝世還能保持功業長存，用來庇護兩個兒子，都是個性軟弱毫無經驗的青年。阿卡狄斯和霍諾流斯在父皇崩殂之後，受到全國民眾一致推崇分別成為東部和西部帝國的皇帝，每一個階層無論是新、舊羅馬的元老、教士、官吏、士兵和人民，全都熱誠向他們宣誓效忠。阿卡狄斯十八歲登基，出生於西班牙平民家庭的普通住屋，在

君士坦丁堡的宮殿接受皇家教育，坐上平靜無事而金碧輝煌的寶座，過了庸庸碌碌的一生。他統治色雷斯、小亞細亞、敘利亞和埃及所屬行省，從下多瑙河一直延伸到波斯和衣索比亞的邊界。他的弟弟霍諾流斯只有十一歲，名義上統治意大利、高盧、阿非利加、西班牙和不列顛。部隊防衛國土的邊界，一面對付卡里多尼亞人，在另一面用來防備摩爾人。最重要也是戰亂頻仍的伊里利孔統領轄區，平分給兩位君王。西部帝國仍然領有並防護諾利孔、潘農尼亞和達瑪提亞所屬各行省，但是最大兩個行政區達西亞和馬其頓，原來是格里先託付給英勇的狄奧多西，現在則與東部帝國聯合在一起。

　　兩個帝國在歐洲的邊界，與現在分隔日耳曼和土耳其的國境線並沒有多大不同。羅馬帝國在完成最後永久的分裂之際，有關個別的疆域、財富、人口和軍事實力主要的利益所在，都可以獲得平衡和補償，大致能夠不分軒輊。狄奧多西的兒子從他們的父親手裡繼承權杖當成天賜的禮物，將領和大臣已經習慣尊敬皇家幼兒的威嚴，軍隊和人民並沒有用要求選舉帶來危險的行動，提醒他們應有的權利，就是逐漸發現阿卡狄斯和霍諾流斯的軟弱，以及在他們統治下一再發生的災難，也無法抹去根深柢固的忠誠。羅馬的臣民仍舊尊敬統治者本人甚至他的名字，憎恨反對帝座權威的叛賊和濫用君主權力的大臣。

7 魯菲努斯擅權亂政及殘民以逞的行徑（386-395年）

　　狄奧多西擢用魯菲努斯是在玷汙統治的光榮，這是一個政府和宗教都在派系傾軋的時代，提到少見而又極其卑劣的寵臣，他的所作所為無論從哪方面來說，都當得上惡貫滿盈的罪名。魯菲努斯有強烈的野心和貪婪的欲望，拋棄高盧偏處一隅不為人知的家園，跑到東部的首府尋找機會，具有膽大心細和口若懸河的本領，使他能在法律有利可圖的行業出人頭地，獲得成功能夠按部就班在政府機構謀得重要職位，正是人地兩宜擢升御前大臣。他的職務具有多方面功能，執行的時候要與政府各部門密切協商。他不僅勤奮而且具備政通人和的本領，很快就獲得君主的信任，雖然他本性傲慢、惡毒和貪婪，卻很久都未曾為人知曉。所有的惡行都被極為高明的偽裝面具掩蓋，他表現出來的情緒都是為了奉承主子的欲望，所以發生提薩洛尼卡恐怖的大屠殺，殘酷的魯菲努斯在事前激起狄奧多西的狂怒，事發卻毫無悔恨之心。他身為大臣，對其他人員擺出高傲不屑一顧的態度，從來不會忘記自己所受的傷害，就他的說法只要是他的仇敵就會喪失在政府服務的資格。

　　普洛摩都斯（Promotus）是步兵主將，曾在東德人入侵時擊敗來敵，為國家立下很大的功勞。有位傑出人物是普洛摩都斯政治上的敵手，雖然他輕視對方的為人和出身，等他看到這位敵手因為得罪魯方努斯，遭受到不公平的對待，就會引起心中的憤慨，即使對方是在很多地方與他不和，普洛摩都斯也決定加以支持。於是在一次公開的會議，脾氣暴躁的老兵看見深受皇帝寵愛的大臣擺出無禮的傲慢態度，忍不住揮拳大打出手。當著皇帝的面發生的暴力行為，可以視為對君主的侮辱絕不可能置之不理。普洛摩都斯受到罷黜和放逐的處分，奉命前往多瑙河整修軍事營區設施，即刻成行不得延誤。因而將領的喪生（雖然他是在一次規模很小的衝突被蠻族所殺）也要歸罪於魯菲努斯奸詐的計謀。

　　犧牲一個英雄人物可以滿足魯方努斯的報復心理，升任執政官的高職讓他趾高氣揚感到自負。只要東部禁衛軍統領和君士坦丁堡郡守兩個重要職位，始終把持在塔提安（Tatian）和其子普洛庫盧斯（Proculus）的手裡，他們聯合起來的力量，會牽制御前大臣的野心和利益，如此一來他的權勢就會受到威脅而難保穩固。兩位位高權重的大員被控瀆職和貪汙，皇帝指示成立專設委員會審判此一重大案件，委員會內又有幾位法官指名與罪行有關，難免受到責備就會使此事不了了之。可是宣布判決書的權力，一直保持在身為主席的魯菲努斯手裡。塔提安解除東部統領職務打進地牢，這時他的兒子覺得仍有幾位大臣清白未受牽連，得知他們不會施以援手，加上委員會有一個法官與他們有仇，於是趕快祕密逃走。要是專制暴政毋須使自己不顧身分地位，可以運用卑劣無恥和氣量狹窄的手段，那麼魯菲努斯就會感到滿意，還有一個受人厭惡的罪犯可以拿來犧牲。

　　審理案情的過程當中，他外表看來公正而且態度客氣，使得塔提安產生僥倖的心理，以為會受到君王的關愛。同時主席對他提出莊嚴的保證，甚至敢用狄奧多西的名字發出神聖的誓言，更加堅定塔提安的信心。他最後受說服終於寫出一封私函，將逃亡在外的兒子普洛庫盧斯召喚回來。他立即遭到逮捕辨明身分判決有罪，就在君士坦丁堡的郊區斬首，倉促行事只是讓人對君主的仁慈感到失望而已。酷殘的法官根本不尊敬有執政官身分的元老院議員，無視他的痛苦和不幸，強迫他去觀看自己兒子的處刑，此時他恨不得能速死以求解脫。塔提安獲減刑，可以貧窮和放逐了斷可憐的餘生。他們父子受到懲罰也許是罪有應得，魯菲努斯基於野心不得不使出絕情的手段，現在目標達成，應可以減輕原本的敵意。

　　他讓人痛恨之處在於毫無審慎和公道之心，縱容自己趕盡殺絕的報復情緒，甚至將塔提安父子的家鄉呂西亞，撤除羅馬行省的位階，讓當地無辜民眾蒙羞。他還公開宣稱塔提安和普洛庫盧斯的鄉親，在帝國政府中不會獲得任何職位和利

益。東部的新任統領（魯菲努斯很快繼任敵手所空出來的職位）並沒有任何改變，不會因為執行宗教的責任放棄喪盡天良的罪惡，雖然在那個時代大家認為宗教信仰是獲得救贖的基本條件。他在卡爾西頓的郊區名叫「橡樹」的地方，興建規模極其壯觀的莊園，為了表現信仰的虔誠，增添一所宏偉的教堂，奉獻給使徒聖彼得和聖保羅。不斷有人在此祈禱和苦修，還有一個正規的僧侶團體，使得此地充滿聖潔的氣氛。他為奉獻教堂和自己受洗，特別召開人數眾多的宗教會議，東部的主教全部參加，兩個典禮都擺出極為豪華的排場。魯菲努斯在聖水盆前滌盡所有的罪惡，有一個年老的埃及隱士非常冒失，竟然向態度傲慢且野心勃勃的政客提出意見，要成為他的教父。

8 阿卡狄斯立后引起權臣和豎閣的鬥爭（395 年）

　　魯菲努斯深有感受，一個明智的大臣必須善於運用習性，當成強韌而看不見的鍊條，用來緊緊把帝王像俘虜一樣掌握在手中，因為善變又疲軟的君主，會趁著大臣不在之際把他的功勳一筆勾銷，至於恩寵的喪失更不在話下。正當統領在安提阿大肆報復，受寵的宦官受到寢宮總管優特洛庇斯的指使，暗中進行密謀活動，想要剝奪他在君士坦丁堡皇宮的權力。他們發現阿卡狄斯並不喜愛魯菲努斯的女兒，毫無意願娶硬送上門的新娘，於是他們私下設計要用美麗的優多克西婭（Eudoxia）取代。她是法蘭克人將領保托（Bauto）的女兒，自從這位為帝國服務的將領過世，她在普洛摩都斯之子的家庭接受教育。年輕的皇帝受到家庭教師阿爾昔紐斯（Arsenius）虔誠的照應，嚴格的看管要過純潔的生活，聽到侍奉的宦官用盡心機，以奉承的言詞描述優多克西婭的美貌，難免怦然心動，看到她的畫像更是情不自禁。皇帝知道要把暗中的愛慕保密，不能讓大臣知道婚事有了變化，雖然事關皇帝的幸福，因為涉及大臣的利益，所以魯菲努斯一定會極力反對。

　　等到魯菲努斯自東部回朝，向君士坦丁堡的民眾宣布即將舉行皇家婚禮，安排各種盛大的活動，熱烈的歡呼慶祝他的女兒洪福齊天。一個由太監和官員組成的迎親隊伍，擺出華麗而壯觀的排場，抬著送給未來皇后的鳳冠、禮服和名貴的飾物離開皇宮大門，莊嚴的行列通過城內街道，到處張燈結彩擠滿圍觀的人群。他們抵達普洛摩都斯之子的住處，宦官總管保持恭敬的態度進入府邸，把皇家的袍服授與金髮雪膚的優多克西婭，引導她進入皇宮與阿卡狄斯舉行合巹之禮（395 年 4 月 27 日）。

　　這件對付魯菲努斯的密謀進行得如此順利，使得身居高位的大臣受到難以忘懷的訕笑，他所處的職位是以奸詐和謊言構築而成，現在反受其害感到更加痛苦。滿懷野心的宦官私下用女色迷惑君王獲得恩寵贏得勝利；魯菲努斯不僅氣憤，更產生大難臨頭的恐懼，女兒的羞辱與他息息相連，傷害到他的親情和自尊。就在魯菲努斯抱著自我炫耀的心情，將要成為國君的父親，想像未來會有一大群皇家後裔時，竟會讓在他的仇敵家中接受教育的異國女士，送進皇家的寢宮。優多克西婭不僅用綺年美貌獲得年輕丈夫的專寵，更用理性和見識的長處掌握更大的權勢。皇帝聽到妻子不斷的勸告，要對受到傷害又有勢力的臣民，保持高度的警惕心，為防反噬應先下手根除。

　　魯菲努斯知道自己犯下滔天大罪，已經喪失一切希望，就是退休也無法過安全而舒適的生活。他仍舊掌握權力，可以保護自己的職位鎮壓敵人的蠢動。統領對東部帝國政府無論在軍事或民政方面，都能運用無人可以控制的勢力，同時他要是決心運用他的金錢，只要是一個逼上梁山的政客所能想像的暗中企圖，無論是自尊、野心和報復，都能花錢買到。魯菲努斯就像被人指控的那樣，暗中陰謀反叛他的君王想要取而代之，祕密邀請匈奴人和哥德人入侵帝國的行省，使社會更混亂。奸詐的統領一生都花在宮廷的勾心鬥角上面，要用同樣的武器對付宦官優特洛庇斯的鬼蜮伎倆。現在怯懦的魯菲努斯感到驚慌失措，而又有根本無法抗拒的對手不懷好意到來，他就是名震天下的將領斯提利柯，西部帝國的主人。

⑨ 斯提利柯成為兩個帝國的保護人（385-408年）

　　詩人天賜的恩典用來歌頌英雄的成就，過去有阿奇里斯獲得荷馬的青睞（荷馬用《伊利亞德》寫出他一生的事蹟，流芳百世，永垂不朽），讓亞歷山大大帝極為羨慕，現在斯提利柯也能享有無上的殊榮，這在天才和藝術都已告衰微的時代，成為極其難得的雅事。克勞狄安（Claudian）只要詩興大發，通常會用作品指責魯菲努斯和優特洛庇斯，這兩位仇敵的罪惡罄竹難書；同時也用華麗的詞藻，描繪權勢驚人的恩主獲得光榮的勝利和卓越的成就。回顧那個無法供給可信史料的時代，我們可以拿霍諾流斯的編年史作為例證，充滿了當代作者私心自用的誹謗和奉承吹捧的頌詞，像是克勞狄安所處的環境，不僅是詩人還是宮廷近臣，照說在寫作方面能夠具有更大優勢，有些學者認為有必要將虛構或誇張的詩句，轉變成敘述真正史實的散文。後來他之所以保持沉默，是為了使斯提利柯的家庭不要受到無謂牽連，倒是可以拿來當成有用的證據。因此他的贊助人既不可

能，也毫無必要大肆吹噓祖先的光榮事蹟，只能稍微提到他的父親是蠻族騎兵隊的軍官，在華倫斯的麾下服務，的確能夠證實有些武斷的言辭。將領雖然長期以來指揮羅馬軍隊，然而他的先世是野蠻而不忠的汪達爾人部族。要不是斯提利柯在體能和身材方面有驚人的優點，自負的吟遊詩人也不可能當著數千名觀眾面前，毫不猶豫的肯定表示他在各方面已經凌駕古代半人半神的英雄。

斯提利柯無論在何處都邁開大步前進，當他通過首都的街道，驚訝的群眾會讓路給威風凜凜的陌生人。無論參加任何私下的聚會場合，他都會展現出一個英雄的懾人氣勢。他在年輕的時候就嚮往軍旅生涯，憑著審慎的策畫和英勇的行動，在戰場屢建奇功出人頭地。東部的騎士和弓箭手對他的技術讚不絕口，每次軍隊升遷他都受到大家的推舉，因而受到君主的賞識和器重。開始還怕他功高震主形成難以克服的阻礙，事後證明他忠心耿耿皇帝因而深慶得人。狄奧多西派遣他代表帝國與波斯國王簽訂莊嚴的和平條約，果然不負所望能夠維護羅馬帝國的威嚴。返回君士坦丁堡皇帝為了獎勵他的功勞，賜與皇室聯姻的光榮建立親密的關係。狄奧多西基於手足之情收養弟弟霍諾流斯的女兒。塞妮娜（Serena）在善於逢迎的宮廷，以容貌美麗和知書達禮受到大家稱許，斯提利柯在眾多的角逐者中脫穎而出，經過激烈競爭獲得公主的垂愛和皇帝的首肯。身為塞妮娜的丈夫保證會效忠於帝座，憑著斯提利柯精明的才幹和無畏的英勇，會盡心盡力協助皇帝登基。

斯提利柯按部就班向上擢升，從騎兵將領、宮廷伯爵，一直到羅馬帝國或至少是西部帝國所有步兵和騎兵的主將。他的敵人也不得不承認，他始終保持重視功業勝於金錢的軍人本色，更不會中飽士兵的薪餉和賞金，盡量讓每個人都能享用國家給予的恩惠。他後來防衛意大利的安全，對抗阿拉里克和拉格達蘇斯的大軍，展現出指揮若定和英勇無敵的用兵才能，早期的事功樹立卓越的聲名。在法制不彰的時代，羅馬將領屈從居於高位的君王，很少在意榮譽和尊嚴的原則，不能把軍事的天才發揮到登峰造極的地步。普洛摩都斯是他競爭的對手也是多年的至交，對於好友受到謀害使斯提利柯感到哀悼，決心要施出報復的手段。

詩人提到屠殺數千名逃走的巴斯塔納人（Bastarnae），就像羅馬的阿奇里斯拿血腥的犧牲，奉獻給另一個帕特洛克拉斯（Patroclus）的亡靈。斯提利柯的功業和勝利使魯菲努斯產生忌恨，要不是塞妮娜有良好的人脈和高度的警覺，保護她的夫婿抗拒國內的仇人，即使他在戰場征服帝國的敵寇，誹謗的伎倆可能已經得逞。由於魯菲努斯極為勤奮，狄奧多西一直支持這位邪惡的大臣，委派他負責宮廷的事務和管理東部的政府。狄奧多西揮軍擊滅尤金紐斯僭主，卻靠忠誠的將

領協助完成困苦而光榮的內戰。生命最後的幾個月垂死的國君，囑咐斯提利柯負責照顧他的兒子和整個帝國。

斯提利柯具有旺盛的企圖心和統御軍隊的能力，完全可以勝任托孤的重要工作。阿卡狄斯和霍諾流斯尚未成年，斯提利柯主要是承擔起兩邊帝國的防備任務，採取的措施把指揮的活力和進取的精神展示給所有民族知曉。他在隆冬季節越過阿爾卑斯山，沿著萊茵河順流而下，從巴西爾的堡壘到巴塔維亞的沼澤，一路巡視各地區的守備狀況，壓制日耳曼人蠢蠢欲動的情勢。他沿著河岸建立穩固而光榮的和平，用難以置信的速度趕回米蘭皇宮。霍諾流斯本人和整個朝廷全都聽命於西部的主將，歐洲的行省和軍隊也毫無猶豫服從他的權威，名義上是遵奉年幼的君王。兩位對手仍然因斯提利柯的掌權與他發生爭執，難免激發他施加報復的心理。阿非利加的摩爾人吉爾多（Gildo）還能保持傲慢而危險的獨立；君士坦丁堡的大臣統治東部的君主和帝國。

10 制裁權臣引起兩個帝國的勃谿（395 年）

斯提利柯就像皇家兄弟的監護人毫無偏袒之心，按照規定將先帝的兵器、珠寶以及華麗的衣物和擺設，公平的分給他們兩人。遺產最重要的部分包括羅馬人或蠻族組成數量龐大的軍團、各種支隊和騎兵分隊，內戰期間都集結在狄奧多西的旗幟之下。歐洲和亞洲數量龐大的軍隊，過去只對在位君王產生敬畏之心，現在卻因為摩擦而產生強烈的怒氣，斯提利柯靠著嚴格的紀律保護市民的土地，不致受到驕縱的士兵任意的掠奪。意大利駐紮太多戰力強大的部隊，面對的狀況只能適用在帝國的邊疆。雖然他急著處理以解除心腹大患，他又發現掌握強有力的部隊正可用來對付阿卡狄斯的大臣，因此公開宣布他要再度領導東部的部隊，巧妙利用日耳曼人將會發生動亂的謠言，掩飾自己滿足野心和報復的圖謀。傳來斯提利柯即將接近皇宮的消息，惡貫滿盈的魯菲努斯提高警覺，知道對方不會善罷干休，盤算出自己前途渺茫，因此更增恐懼。獲得安全的唯一希望，是運用阿卡狄斯皇帝的權勢進行干預。

斯提利柯沿著亞得里亞海岸行軍，快抵達提薩洛尼卡之際，接到一紙緊急公文，命令將東部的部隊調回去，同時宣稱要是他再繼續前進，就拜占庭宮廷的看法，這是充滿敵意的行為。西部的將領出人意料之外很快從命，這是要讓世人知道他的忠誠和節制，何況他已經獲得東部軍隊的愛戴，可以把血腥的圖謀託付於他們的熱誠，趁著他不在現場下手，可以減少危險也免得受到指責。斯提利柯讓

哥德人蓋納斯（Gainas）指揮東部的部隊，非常信任他會聽命從事，相信身強力壯的蠻族將領，絕不會因畏懼和悔恨改變自己的意圖，很容易說服士兵懲處斯提利柯和羅馬的敵人。這是魯菲努斯自己激起的仇恨，致他死地的祕密暗流通，有數千人知曉，從提薩洛尼卡到君士坦丁堡城門的長途行軍都能忠實保持，沒有洩露出去。他們做出決定不讓他活命，先用奉承的態度讓他仍然驕縱如故。野心勃勃的統領上了大當，以為已經與實力強大的協防軍講好條件，他們會把皇冠放在他的頭上。等到他同意散發金庫的錢財，動作過於遲緩而且帶著很勉強的神色，使得氣憤的軍隊在接受的時候，非但不願感激反而認為是一種侮辱。

距離都城約一哩的地方，西部班師的部隊在赫布多蒙（Hebdomon）皇宮前的戰神教練場駐紮，皇帝以及大臣按照古老的習慣，對於支持帝座的權力表示歡迎之意（395年11月27日）。魯菲努斯隱藏天生傲慢的姿態，裝出殷勤有禮的模樣，沿著隊列向前走過。部隊兩翼慢慢從左右兩邊合攏過來，注定要送命的受害人被圍在圈子中間。就在他反應到大難臨頭的片刻之間，蓋納斯已發出動手的信號，一個站在前面的士兵大膽用劍刺進統領胸膛，魯菲努斯倒在面無人色的皇帝腳前，不住呻吟接著再受重擊很快死亡。如果一剎那的痛苦能夠償還一生的罪惡，要是受到暴行摧殘的屍首能成為憐憫的對象，那麼伴隨魯菲努斯遭到謀殺的恐怖情況，就會使我們的人道思想發揮最大效果。血肉模糊的屍體被拋棄在當地，留給從城市四面蜂擁而來的群眾，他們為了洩憤，不分男女都踐踏了殘餘的遺骸。想起從前倨傲的大臣只要蹙額不悅，就會讓大家渾身戰慄不已。他的右手砍下來帶著通過君士坦丁堡的大街通衢，對於貪婪的佞臣強索錢財是最殘酷的嘲笑。他的頭顱插在一根長矛的矛尖高舉起來示眾。按照希臘共和國的野蠻規定，無辜的家人要分擔他的罪行帶來的懲罰。宗教的影響力使魯菲努斯的妻子兒女受惠匪淺，他們的安全獲得聖殿的保護免於暴民的危害，允許平安的隱退到耶路撒冷，把餘生奉獻給基督教的宗教活動。

斯提利柯的詩人還是免不了當時的習性，帶著獰笑的歡樂來頌揚正義的行動，然而當眾處決的恐怖手段，已經違反自然和社會的法則，侵犯君主的尊嚴和權威，對於軍隊的踐屨不法重新建立危險的先例。克勞狄安沉思宇宙的秩序與和諧，滿足於神明的存在施展的大能，惡行免於懲罰的風氣勃然興起，顯然與倫理的本質產生牴觸；魯菲努斯的下場成為僅有的事實，能夠驅除詩人心中對宗教所產生的疑慮，殘暴的行為可以證明上天的報應疏而不漏，只是對人民的幸福並沒有多大貢獻。不到三個月的時間，皇宮就發布一紙很特殊的詔書，等於把新的處理方式通知大家。宮廷對於魯菲努斯的家產建立有獨占權的金庫，東部帝國的臣

民不得任意妄為據為己有，否則一定嚴懲不貸。這樣一來過去受到傷害的民眾，就所受的侵占和剝削而言，再也無法討回公道。斯提利柯謀殺他的敵手沒有獲得所望的成果，雖然報復之心已經滿足，政治上迫切的意圖沒有達成。軟弱的阿卡狄斯只能提供名義上的統治，需要一個寵臣作為實際的主子，宦官優特洛庇斯富於逢迎手段，得到家人一樣的信任，何況不會產生取而代之的疑慮，選擇他是很自然的事。皇帝想到個性剛強才氣很高的外國勇士，內心驚慌不已，頓生厭惡之感。

蓋納斯的武力和優多克西婭的魅力，也都支持皇宮的寢宮總管，他們之間對權力的分配已經獲得共識。不忠不義的哥德人奉派出任東部的主將，毫無顧忌背叛恩主的利益。就是剛剛殺害斯提利柯仇敵的部隊，也開始反對他的政策和構想，支持君士坦丁堡的君王有獨立自主的能力。阿卡狄斯的佞倖醞釀永無止息的祕密戰爭，用來對付實力強大的英雄。他一直渴望將羅馬的兩個帝國以及狄奧多西的兩個兒子，全部掌握在自己的手裡由他來統治，也由他來護衛。他們非常努力在暗中進行各項陰謀活動，目的是要剝奪皇帝對他的器重、人民對他的尊敬和蠻族對他的友誼。斯提利柯一生之中，多次受到殺手行刺。君士坦丁堡的元老院下達敕令，宣稱他是國家的公敵，東部行省龐大的產業全部被充公。帝國已經到達登峰造極的佳境，所有的民族逐漸產生緊密的連繫，成為阿卡狄斯和霍諾流斯的臣民。

就在這個緊要關頭，羅馬人的名聲要想延續下去，不要遭到毀滅的命運，唯一的希望是靠著各民族的精誠合作和相互支援。然而他們受到各自主子的教導，相彼此之間視為路人和仇敵，抱著幸災樂禍的心理看待對方的苦難，要把蠻族當成推心置腹的盟友，同時鼓勵他們入侵自己同胞的疆域。意大利的土著受到影響，藐視拜占庭的希臘人，認為他們奴性太重過於軟弱，只會模仿羅馬元老院議員的穿著，僭用他們的地位和權勢。希臘人從來沒有拋棄仇恨和輕蔑的心態，他們文雅的祖先自古以來，一直用不屑的眼光看待西部粗魯的居民。兩個政府之間的隔閡很快使得兩個民族形成分離，這也證實我對拜占庭歷史抱持質疑的態度，有違常理的想法倒是正確無誤。他們一直指控霍諾流斯的統治極為羞辱可恥，繼承強大帝國的君王，口碑如此不堪使人難以忘懷。

11 吉爾多在阿非利加的叛亂和暴政（386-398年）

行事謹慎的斯提利柯對於反對他掌控政府的君王和人民，沒有堅持使用武力改變他們的態度，明智的做法是不再理會阿卡狄斯，把他丟給一無是處的豎閹。

雖然他經常表現軍事素養和能力，只是為了善盡顧命大臣的職責，不願挑起兩個帝國陷入內戰之中。斯提利柯要是再忍受阿非利加的反叛，等於把首都的安全和西部皇帝的尊嚴，完全委付給善變無禮的摩爾人叛徒。吉爾多是僭主弗爾繆斯的弟弟，在羅馬軍隊長期服務建立功勳，晉升到軍階是伯爵的高位。皇帝為了獎勵他的忠誠，就把謀逆喪失的巨大家產，全部發還給他。狄奧多西的宮廷政策不當，採用引起災害的權宜做法，為了與有勢力的家族建立利害一致的關係，支持他們建立合法的政府。宮廷授與弗爾繆斯的弟弟指揮阿非利加的軍事，激起他僭奪司法和財務權力的野心，從此以後沒有帳目可以稽查也缺乏制衡的力量。十二年的統治期間，他始終保持官員的身分，除非不怕引起內戰，更無人敢調動他的職務。

阿非利加的行省多年來一直在暴君的管轄下呻吟不已，吉爾多與毫無人性的外鄉人沆瀣一氣，帶有偏見憎恨地方上的黨派，把只注重形式的法律拿來當作害人的手段。戰慄的客人被邀請來與他共餐，要是表現出畏懼的樣子，就會讓他產生懷疑並暴怒，大聲呼叫手下人把來客拖走處死。吉爾多縱情貪婪和女色不能自拔，要是這個惡徒白天讓有錢的富豪面無人色，到了夜晚就會使丈夫和父母驚慌不已。許多年輕貌美的妻子和女兒都被僭主拿來滿足獸慾，事後還被用來犒賞凶惡的蠻族和殺手，他們都是生長在沙漠的黝黑土著，吉爾多認為他們是保護王座唯一值得信任的衛隊。

狄奧多西和尤金紐斯內戰期間，阿非利加的伯爵也是實際上的統治者，竟然保持態度傲慢和啟人疑竇的中立，對於鬥爭的雙方拒絕用部隊和船隻加以援助，期望在決定未來的命運以後，再與戰勝者建立虛有其表的聯盟關係。獨善其身的表白方式當然會使羅馬世界的主子感到不滿，狄奧多西之死以及其子接位的懦弱和混亂，只有讓摩爾人的勢力在一方坐大。他拒絕戴上冠冕稱帝已經自認感到委屈，何況為了證明他的順從，繼續以穀物作為慣常的貢金或津貼供應羅馬。帝國每次劃清疆域實施分治，阿非利加的五個行省總是維持不變指派給西部，吉爾多對於用霍諾流斯的名義統治廣大的區域也能感到滿意，等到他了解斯提利柯的作風和企圖，馬上向距離更遠而且實力較弱的君王表達輸誠之意。

阿卡狄斯的大臣願意接受投機叛徒的報效，抱著不切實際的希望。吉爾多引誘東部大臣提出主權的要求，然而他們無法用武力支持，就是所提的理由也不能自圓其說。斯提利柯義正辭嚴答覆拜占庭宮廷的要求，就在元老院的法庭正式指控阿非利加的暴君。想當年此地曾經審判世間的君王和敵國，經歷近三個世紀的辛酸以後，想像的共和國在霍諾流斯的治下復活。皇帝將省民控訴的細節詳情

和吉爾多的罪行有關條文諮會羅馬元老院，古老議會的成員可以用來公開譴責叛徒，一致表決通過宣布吉爾多是國家的敵人。元老院的敕令使羅馬人動武不僅合法，而且更帶有神聖的意味。

　　一個民族仍舊記得他們的祖先是世界的主人，要是他們不抱持傳統的習慣性想法，情願要麵包也比自由與偉大更切實際得多，就會對象徵古代自由權利的舉動帶著不由自主的驕傲，情不自禁發出歡呼。羅馬的存在依賴阿非利加的收成，要是宣戰很明顯會帶來饑饉的威脅。敘馬克斯郡守在元老院召開會議討論，把他的憂慮向大臣提出警告，摩爾人為了報復很快就會禁止穀物外運，飢餓的民眾會引發大規模的暴亂，威脅到都城的寧靜和安全。辦事細心的斯提利柯為了解決羅馬人民的困難，早已設想萬全之計，毫不延遲著手進行。大量可以及時供應的穀物儲存在高盧內陸行省，裝船可以靠著隆河的急流向下航行，再用方便的海運送到台伯河。整個阿非利加戰爭期間，羅馬的倉庫始終維持滿溢，首都的尊嚴也免遭受羞辱，群眾保持平靜的情緒，對於和平與富裕充滿信心。

12 阿非利加的戰事和吉爾多兄弟的敗亡（398年）

　　斯提利柯把解決羅馬的困難和指揮阿非利加的戰爭，託付給一個將領負責，他滿腔熱血採取行動好向暴君尋求報復。吉爾多和馬西查爾（Mascezel）都是納巴爾（Nabal）的兒子，兩人爭執不和已無法保持手足親情，雙方引發致命口角。篡奪者忌憚幼弟的英勇和才幹，在無法控制的狂怒之下非取他性命不可。馬西查爾力薄勢孤只有到米蘭宮廷尋找庇護，不幸的消息立刻傳來，說是他兩個無辜的兒子竟被暴虐的伯父謀害，痛苦的父親只有等待報仇的機會。斯提利柯一直保持高度警覺心，開始著手集結西部帝國的海運和軍事戰力，設若暴君發起勢均力敵的戰爭，他決定親自率軍進擊。

　　意大利需要他坐鎮，否則會危及帝國邊區的防備。他判斷最合理的方案，是讓馬西查爾負責指揮大膽的冒險行動，可以率領經過挑選久經戰陣的老兵，很多人過去在尤金紐斯麾下服務。組成的部隊有賈維烏、赫丘利安（Herculian）和奧古斯坦（Augustan）軍團，以及聶爾維安（Nervian）協防軍，士兵打起的旗幟都有獅子的標誌，部隊也都取吉利的名稱像是「神明保佑」和「所向無敵」等等。他們曾讓世人知曉，他們能夠顛覆也能保衛篡奪者的寶座。整體而言遠征軍的組成和徵召困難，雖然有七隊人馬，在當時的軍事編組當中位階已經很高，然而可上陣的兵力不過五千人而已。

　　暴君戰敗從戰場逃到海岸，登上一艘小船希望能安全抵達東部帝國友善的港口，卻碰到頂頭風把船吹回塔布拉卡（Tabraca）。無法脫逃的消息很快讓其餘的行省知道了。這裡屬於霍諾流斯的疆域，也是他的部將管轄的地區。當地居民為了顯示悔過和忠誠，就把吉爾多抓住關進地牢。他陷於絕境卻能夠免於報復的酷刑，要把他交給過去受到傷害現在已經獲得勝利的弟弟。阿非利加的俘虜和戰利品都呈獻在皇帝腳前，斯提利柯雖然獲得莫大成功，認為整個事件要依共和國的法律來處理，就將惡名昭彰的罪犯交給羅馬元老院和人民，由此可見他那溫和與誠摯的一面。審判按照莊嚴的程序公開進行，法官運用過時且不切實際的條文，以中斷供應羅馬人民生存所需糧食為名，對身為阿非利加官員的叛徒判處死刑。

　　皇家大臣想藉此機會壓榨富裕而有罪的行省，最有利的方式是牽連更多人員成為吉爾多的共犯。要是說霍諾流斯曾經下一道詔書，用來阻止告密者惡意羅織陷人入罪的勾當，然而過了十年又頒布詔書重申前令，追查以往涉及叛亂的黨徒，要求知情人員出面揭發所犯罪行。暴君的追隨者在最初要是逃過士兵的殺害和法官的判罪，得知他的兄弟馬西查爾的不幸下場，應該可以感到莫大安慰，因為身為仇敵絕不可能獲得他的寬恕。馬西查爾完成重要戰爭那年冬天，在米蘭宮廷接受大聲的讚美、表面的感激和私下的嫉妒。他的死亡可以說是意外，也可歸之於斯提利柯的罪行。摩爾王子陪伴西方主將經過一座橋樑，突然從馬背上摔到河裡，隨從為獻殷勤急忙趕上去，卻看到斯提利柯的臉上掛著殘酷而邪惡的笑容。所有人都停下來不施援手，眼看著不幸的馬西查爾慘遭淹斃。

　　阿非利加的凱旋使得霍諾流斯皇帝的婚事喜上加喜，新娘是表妹瑪麗亞，也就是斯提利柯的女兒。門當戶對的聯親授與氣焰熏天的大臣更高的權力，成為皇家聽話門徒的父親。克勞狄安在喜氣洋洋的日子寫出美妙的詩篇，鮮明活潑的筆調歌頌皇家新人的幸福，英雄的偉大事業鞏固帝國和支持皇室。希臘的古老神話涉及信仰的虔誠久已無人使用，在詩人的天才火花之下才重新出現。塞浦路斯的樹叢用來祝福白頭偕老和愛情永固，維納斯從家鄉的海上滿面春風翱翔而過，把溫馨的氣氛散布到米蘭的皇宮。無論在什麼時代，神話故事的愉悅和歡樂都在我們的心田引起共鳴。難忍的示愛引發了宮廷的笑意，克勞狄安認為年輕的君王就應該如此表現，但美麗的妻子對於夫君的激情既無所畏懼也不抱希望。霍諾流斯只不過十四歲而已，新娘的母親塞妮娜運用手腕以及婉言說服，延遲皇家新人的圓房時間。

　　瑪麗亞當了十年的妻子，死時還是一個處女，而皇帝之所以保持獨身是因為個性冷漠，加上體質非常虛弱。臣民只要研究一下國君的個性，就會發現霍諾流

斯毫無感情，接著知道他更無才能，不僅身體軟弱而且精神委靡不振，難以負起身登寶座的重責大任，無法享受少壯年齡的歡樂生活。他在幼年時代還經常練習騎射和軍事項目，後來全部放棄，不再從事過於勞累的活動。身為西部的君王，竟以飼養家禽自娛，認為這是日常事務最緊要的工作，反把統治帝國的大事託付到斯提利柯的手裡。

　　歷史的經驗會贊同所提疑點，一個君主生於帝王之家，較之統治國土裡最面卑賤的農夫而言，即使他受到極有價值的教育，野心勃勃的大臣容許他長大成人，卻不願激發他的勇氣和熱情，更不願擴展他的眼界和知識。霍諾流斯的前任無論是以身作則或親臨指揮，都習慣於激起軍團奮勇殺敵的精神，從他頒布法律的日期，證實了他積極的活動遍及羅馬帝國的行省。先皇狄奧多西的兒子在怠惰和慵懶的日子裡度過一生，把自己當成宮殿的俘虜和國家的來客，抱著事不關己的漠然態度，一再忍受蠻族大舉刀兵的攻擊，最後終於遭到顛覆，他就像一個旁觀者坐看西部帝國的絕滅。二十八年的統治形成了一部驚天動地的歷史，根本不需要提到霍諾流斯這位皇帝的名字。

右圖：羅馬競技場中的賽馬表演。

第十一章
圍攻羅馬城（395-410年）

1 哥德人的反叛使希臘慘遭蹂躪（395-397年）

　　羅馬臣民倘若還未忘記狄奧多西大帝的功業，就會知道過世的皇帝為了支撐脆弱而腐朽的帝國，曾經花費偌大的苦心多方經營。他是元月去世，該年冬天尚未結束，哥德人的部族已完成動武準備。蠻族的協防軍打起獨立自主的旗幟，公開要與羅馬為敵，凶狠的圖謀念念不忘揭竿而起。他們的同胞受制於上一個和約的條款，想過平靜和勤奮的生活卻招來欺詐和災禍。他們聽到號角聲就放棄農莊，全副熱情拿起過去被迫丟下的武器。多瑙河的天塹已經全部敞開可以通行無阻，野性未除的錫西厄武士從森林出發，格外嚴寒的冬天就像詩人所說：「他們拉著沉重的大車，在寬闊而凍結的冰層上面，輾過憤恨不平的河流。」位於多瑙河南岸各行省的不幸土著，在過去二十年一直忍受苦難的折磨，仍能展現想像當中天不怕地不怕的模樣。形形色色的蠻族隊伍打著哥德人光榮的名號，縱情任性散布在廣大的疆域，從達瑪提亞的森林邊一直到君士坦丁堡的城牆。

　　哥德人從審慎而又慷慨的狄奧多西手裡獲得的年金，有時會中止給付，再不然就減少數量，而這可以當成叛亂的藉口。他們對狄奧多西不知戰陣為何物的兒子抱著輕視的態度，受到影響生計的侮辱極其憤怒。阿卡狄斯的大臣不僅軟弱無能況且食言多變，更加助長哥德人報復的心理。魯菲努斯經常拜訪蠻族的營地，為了討好起見故意帶著他們的武器，穿他們的衣著，現在都成為他通敵的證據。人們後來發現國家的敵人不知是出於感激還是策略的動機，雖然到處燒殺破壞，對於失去民心的統領，只要是他的私產總是手下留情。

　　哥德人的行動不受酋長的驅使，現在都聽從阿拉里克的指揮，因為前者的作為出於盲目又固執的情緒，不像後者英勇過人且足智多謀。顯赫的領袖出身是巴爾提人高貴的門第，只順服阿瑪利人的皇室地位。他要求擁有羅馬軍隊的指揮權，受到拒絕引發了滿腔怒火，顯示出宮廷的極度愚蠢和重大失策。雖然心存奢望要攻占君士坦丁堡，明智的將領立即放棄不切實際的打算。阿卡狄斯皇帝處於離心離德的宮廷和心懷不滿的人民當中，對於哥德大軍的聲勢感到極為驚懼。城

市的實力雖然缺乏高明的將才和英勇的部隊，不論陸地或海上的防禦工事，使得蠻族任意投擲的標槍完全失去作用。色雷斯和達西亞毫無反抗餘地而且已經殘破不堪，阿拉里克不願再花有氣肆意蹂躪，決定要找出迄今未受戰火摧毀的行省，以便在名聲和財富方面都能得到豐碩的收獲。

魯菲努斯將統治希臘的軍政大權授與無能的官員，果然不出大眾所料，把古代的民主和學術中心拱手讓給哥德侵略者。安泰阿克斯（Antiochus）以執政官頭銜出任總督，與他備受尊敬的父親相比真是不肖之子。吉隆久斯（Gerotius）指揮行省的部隊，可以執行暴君欺壓民眾的命令，這方面的資格倒是綽綽有餘。要是憑著勇氣和能力防衛國土，何況只靠著天然的險阻而無人為的工事，實在說真是力有未逮。阿拉里克越過馬其頓和帖沙利的平原，根本沒有受到任何抵抗，很快到達伊塔（Oeta）山脈的山麓，崎嶇不平而又森林密布的高地，使得騎兵部隊很難通行。整個山脈順著海岸由東向西延伸，懸崖和馬利亞（Malian）灣之間留下三百呎寬的間隙，有的地方縮小到只剩一條羊腸小道，僅供成單行的運輸車隊通過。色摩匹雷是名氣最大的隘道，李奧尼達斯（Leonidas）和三百名斯巴達人在此英勇捐軀。只要有作戰經驗豐富的將領，就可以仗著地形之利，拒止或擊滅哥德人的入侵。或許這個神聖的地點，能在墮落的希臘人心胸之中激起戰陣之勇的火花。然而配置在這道天險擔任守備的部隊，根本沒有接戰就奉命撤離。

阿拉里克沒有遭到阻礙能夠迅速通過，皮奧夏（Boeotia）和福西斯（Phocis）肥沃的土地立即被蠻族的洪流淹沒，他們屠殺所有服役的及齡男子，從烈火沖天的村莊裡擄走美貌的婦女，將所有的物品和牛群洗劫一空。幾年以後前往希臘遊歷的旅客，很容易發現哥德人所到之處留下深印人心的斑斑血跡。底比斯的倖存不是靠著七個城門的防禦力量，而是阿拉里克無法久留，急著前去占領雅典和重要的海港派里猶斯。因此他不願曠日持久的圍城帶來危險，所以提出條件接受他們的降服。雅典人聽到哥德人前鋒已經抵達的消息，很容易被對方說服交出大部分的財產，當作密涅瓦之城和所有居民的贖金。雙方舉行莊嚴的宣誓批准條約要忠實履行應盡的義務，允許哥德君王帶一小隊經過挑選的隊伍進入城中。他讓自己盡興在浴場洗滌，全身無比的輕鬆，再接受官員安排的豪華飲宴，很高興能夠表現出自己並非對於文明社會的禮儀一竅不通。

希臘民族最後的希望無法依靠自身的武力、神祇和國君，只能寄託西部帝國將領的援助。斯提利柯雖未獲得允許前去擊退希臘的侵略者，還是決定進軍對哥德人施加懲處。一支龐大的艦隊在意大利的港口完成整備，部隊在愛奧尼亞海上經過短暫而順利的航行，靠近被毀滅的科林斯在地峽下船。阿卡迪亞（Arcadia）

是塊森林密布的山區，傳說中潘神和德拉茲（Dryads）的居留地，成為兩位勢均力敵的將領相互角力的場合。經過曠日持久且過程可疑的鏖鬥，羅馬人的戰術和毅力終於占上風。哥德人受到疾病和逃亡的侵襲，逐漸撤退到福洛伊（Pholoe）地勢高峻的山區，接近佩尼烏斯（Peneus）河的源頭，位於伊利斯（Elis）的邊界，這是一處聖地過去可以不受戰爭侵害。蠻族的營地立即遭到圍困，河流的水源經過轉向注入另外的通道。他們面臨口渴和飢餓難等以忍受的壓力，仍然苦戰不息，對手已經構成強大的包圍圈阻他們逃脫。斯提利柯完成所有防備措施後認為穩操勝券，離開戰地享受凱旋帶來的快樂，在希臘人的劇院欣賞各種戲劇節目和色情舞蹈。士兵擅自拋棄連隊標誌，分散在盟友的國土到處橫行，人員即使逃過敵人毒手的劫後餘生，也避免不了再被掠奪的命運。

阿拉里克抓住千載難逢的機會，執行極為大膽的計畫，比起在會戰當中獨撐危局、掌握混亂場面，更能展現一個將領的真才實學。他為了從伯羅奔尼撒半島的困境找到生路，必須突破包圍營地的塹壕，實施困難而危險的行軍，橫越三十哩的距離直達科林斯灣，然後把部隊、俘虜和戰利品運過一個內海，位於賴昂姆（Rhium）和對岸之間狹窄的地區，寬度大約有半哩。阿拉里克的行動必須祕密、謹慎而且迅速，等到敵人逃脫千辛萬苦構成的包圍圈，羅馬的將領獲得信息感到狼狽不堪，接著哥德人完全據有重要的行省伊庇魯斯。進擊的行動過於遲緩使阿拉里克獲得時間，經過祕密的談判和君士坦丁堡的大臣簽訂條約。斯提利柯接到君士坦丁堡傲慢的命令，擔心會引起內戰，只有撤離阿卡狄斯的疆域。阿拉里克成為東部皇帝的盟友和部屬，雖然他與羅馬有深仇大恨，斯提利柯仍對他的崇高地位表示尊敬。

2 東部帝國對蠻族的安撫和拒止（398-403 年）

有位希臘哲學家在狄奧多西逝世之後訪問君士坦丁堡，就國君的責任和羅馬帝國的狀況發表極為精闢的高見。辛尼休斯（Synesius）對致命的惡習感到惋惜，尤其是先帝把寬容的作風引進兵役制度更是不智的做法。保衛國家是每個人不可逃避的義務，現在市民以及臣屬可以花錢買到免服兵役的許可，要靠蠻族傭兵的武力維護國家安全。不管是錫西厄人或亡命之徒都獲得允許加入軍隊，玷汙了帝國最光榮的職位。舉凡生性凶惡、少不更事之輩無視於法律的規範，根本不願習得一技之長就想發財致富，把人民當成輕視和仇恨的對象。哥德人的權力就像坦塔拉斯（Tantalus）的巨石懸掛在頭上，威脅和平與安全。

　　辛尼休斯建議君王要像勇敢而高貴的愛國者，對所屬指示具體的做法。他勸勉皇帝要有男子氣概的德行，做為榜樣激勵臣民勇往直前的精神，宮廷和軍營屏棄奢侈豪華的風氣，徵召人民的軍隊取代蠻族的傭兵，基於全民的利益保衛他們的法律和財產。每當國家處於危險關頭，就要迫使商人離開店舖，哲學家離開學校，負起保國衛民的責任，把怠惰的市民從歡樂的美夢中驚醒，也要使勤奮的農民獲得武裝，以保護他們的田莊和收成。只有統率本鄉本土的部隊，才配得上共和國的稱呼，發揚羅馬人的精神。他鼓勵狄奧多西的兒子親自去迎戰入侵的蠻族。說實在，他們配不上真正的英勇，除非把他們驅趕到錫西厄的荒漠，或是把他們貶低到可恥的奴役地位，就像當年拉斯地蒙人對擄獲的希洛特人（Helots）那樣，否則絕不要輕言放下武器（希洛特人是被斯巴達征服的部落，全員成為農奴，後來受到被黜國王波桑尼阿斯的煽動，有作亂的跡象，以給予自由為獎勵，選出最勇敢的奴隸兩千人，但最後全部被處決）。

　　阿卡狄斯的宮廷聽了辛尼休斯一席話，空懷滿腔的熱情，讚賞雄辯的言詞，然而卻忽略規勸的內容。或許問題是出於哲學家本身，他對東部皇帝的講話，就所提理由和德行的措辭來說，看來應該用在斯巴達國王的身上。他採用移樽就教的態度，擬出不切實際的計畫，無論是性質和情況都與墮落的時代完全脫節；或許問題出在傲慢的大臣身上，他們的職權很少受到外來意見的干擾，所以會把每一個意見看成粗俗不堪或是逃避現實，只要是超出他們的能力和責任，或是偏離公務的形式和先例，就會像是受到羞辱一樣大力反對。

　　辛尼休斯的演講和蠻族的敗亡成為談話主題，大家討論不休之際，君士坦丁堡公開發布一份詔書，宣布擢升阿拉里克的職位，讓他成為東部伊里利孔的主將。羅馬的省民和盟友都感到氣憤填膺，因為這個蹂躪希臘和伊庇魯斯的蠻子竟獲得如此豐碩的報酬，但為了守信只能尊重條約的規定。勝利的哥德人在圍攻不久的城市搖身變成為合法的官員，兒子剛被屠殺的父親和妻子遭受強暴的丈夫，現在成為他們權勢管轄下的臣民。叛亂的成就激起每一個外國傭兵領導者的野心，從阿拉里克對新獲得指揮權的運用方式，可看出他的策略是極其堅定而且明智。對於瑪古斯（Margus）、瑞塔里亞（Ratiaria）、納蘇斯和提薩洛尼卡，四個儲存和製造攻擊及防禦武器的城市，他發布命令要求將盾牌、頭盔、軍刀和長矛之類的額外補給品，提供給他的軍隊使用。不幸的省民被迫要製造毀滅自己的工具，蠻族已經除去無法發揮勇氣的最大缺失。

　　阿拉里克對古老的家世、光榮的事蹟和未來的規劃深具信心，逐漸把整個民族在他勝利的旗幟下融合成為一體。蠻族的酋長全體一致同意，伊里利孔的主

將依據古老的習慣，坐在舉起的盾牌上面，經由莊嚴的儀式受到擁立成為西哥德人的國王。武力倍增原來具有的權勢，他位居於兩個帝國的邊陲，交互對阿卡狄斯和霍諾流斯的宮廷提出虛偽的保證，一直到他下定決心宣告要入侵西部帝國的疆域。原來屬於東部帝國位於歐洲部分的行省早已殘破不堪，亞細亞無法直接進入，君士坦丁堡的實力在前面擋住他的攻勢。他受到意大利的名聲、美景和財富吸引，以前曾經訪問兩次，私心渴望將哥德人的旗幟樹立在羅馬的城牆，把三百次凱旋累積的戰利品，奪取過來讓自己的軍隊享受財富和尊榮。

史料的缺乏和日期的不準，對於阿拉里克的軍隊第一次入侵意大利，要想描述有關細節至感困難。他的行軍可能是自提薩洛尼卡出發，經過好戰成性而且充滿敵意的潘農尼亞，抵達朱理安·阿爾卑斯山的山麓。穿越山區的通道有重兵把守，已經構築塹壕和工事，圍攻阿奎利亞以及征服伊斯特里亞和威尼提亞（Venetia）行省，顯然要消耗相當的時日。他的作戰行動除了極為謹慎而又緩慢，整個期間只能讓人感到相當可疑。哥德國王主動退兵撤回多瑙河兩岸，在他再度打算突入意大利的心臟區域之前，用蜂擁而來的蠻族生力軍增援他的部隊。如此震驚社會的重大事件，竟會從治學勤勉的史家筆下漏過未曾記述。只有克勞狄安為了打發時光聊以自娛，曾經思索阿拉里克大舉出兵以後，對兩位沒沒無聞人物的機遇所造成的影響，其中一個是阿奎利亞的教會長老，另一個是維洛納的農夫。他有一首詩敘述學問淵博的魯菲努斯受到敵手的召喚，要求在羅馬宗教會議公開露面。留在被圍攻的城市雖然危險，他經過盤算認為一靜較之一動更加有利。蠻族正在狂暴衝擊阿奎利亞的城牆，可以使他免於受到異端的殘酷判決，否則就會在若干主教的堅持下承受慘無人道的鞭刑，接受永久放逐到荒涼小島的懲處。

另一首詩中他說，這位老人根本無視於國王和主教的爭執，在維洛納附近度過簡單而清白的一生。他的歡樂、欲望和知識，都局限在他父親遺留的農莊這個很小的範圍，老年用來支撐行走的一根拐杖，他在幼年時期也曾在同一地點看家人用過。然而哪怕是過著與世無爭的農村生活，還是逃不掉戰爭漫蓋天蓋地而來的狂暴。他種的樹木以及與他同年齡的老樹，被焚燒整個鄉土的大火吞噬，哥德人的騎兵分遣隊洗劫他的木屋、侵犯他的家庭，阿拉里克的權力摧毀他的幸福，使他以後無法再享用，更不能傳給子孫。詩人說道：「傳聞長著環繞恐怖的陰鬱雙翼，宣告蠻族的大軍正在快速前進，使得整個意大利充滿驚惶畏懼。」每個人都憂心如焚，財富愈多者愈感焦慮，膽小如鼠的傢伙帶著值錢的財物上船，想到西西里島或阿非利加海岸避難。人們對於宗教迷信的畏懼和責怪，更加誇大國家

遭受的災難，隨時都有奇特充滿不祥預兆的可怕故事到處流傳。異教徒把一切罪過都推給忽略占卜徵兆和停止奉獻犧牲，而基督徒從聖徒和殉教者的求情贖罪，使心靈獲得很大的安慰。

3 日耳曼人入侵高盧造成的後果（406年）

　　勝利的名聲特別加上奇蹟，導致了非常誇張的說法，說從波羅的海地區遷移的大軍甚至整個種族，全都悲慘的滅亡在佛羅倫斯的堅城之下。說實在都沒有錯，拉達蓋蘇斯（Radagaisus）本人羞辱的下場，加上勇敢和忠誠的伙伴跟著犧牲，還有蘇伊威人、汪達爾人、阿拉尼人和勃艮地人各族的群眾，他們追隨將領的旗幟，都占到本族三分之一的人數。一支聯合大軍使我們驚奇，引起分裂的原因則明顯有力，像是家世出身產生的驕縱心理、英勇行為帶來的傲慢無禮、高高在上激起的嫉妒羨慕、不願屈從形成的憤怒情緒、各持己見堅持的口角爭執，種種因利益和情感產生的對立不和，在如此眾多的國王和武士之間不斷發生，何況他們根本不知道什麼是謙讓和服從。

　　拉達蓋蘇斯被擊敗後，日耳曼還有兩個很大的群體，人數都在十萬以上，仍舊維持著相當的武力，在亞平寧山和阿爾卑斯山之間，也或許在阿爾卑斯山與多瑙河之間流竄，很難確定他們是否想為領袖之死雪恥復仇，或是急需發洩憤怒的情緒。斯提利柯的謹慎和堅定使蠻族的目標有所轉變，他所採取的步驟是阻止他們進軍，同時又便於他們撤離。他最關心的主要目標是羅馬和意大利的安全，至於犧牲遙遠行省的財富和安寧，在他而言不僅漠不關心而且在所不惜。蠻族獲得潘農尼亞的逃兵加入陣營，因而明瞭整個地區和道路的狀況。阿拉里克曾經計畫入侵高盧，由拉達蓋蘇斯大軍的殘部著手執行。

　　他們要是抱著一廂情願的想法，認為居住萊茵河兩岸的日耳曼部落會給予幫助，希望就會落空。阿里曼尼人保持無所作為的中立態度，法蘭克人用忠誠和勇氣防衛羅馬帝國的安全。斯提利柯為了應付目前的狀況，第一步行動是盡快從萊茵河順流而下，主要的著眼是穩定黷武好戰的法蘭克人不致有變，確保雙方堅定的聯盟關係，還有就是促使共和國與和平的心腹大患離開意大利。瑪科米爾（Marcomir）身為法蘭克人的國王之一，違犯應遵守的條約，在羅馬官員主持的法庭公開定罪，判決很溫和的處分，流放到遙遠的托斯卡尼行省。罷黜的方式有損帝王的尊嚴，卻沒有引起臣民憤慨，他們反而處死想要替兄弟報仇的桑諾（Sunno），並且與法蘭克人的君主保持友善的聯盟關係，須知蠻族人士之所以登

上寶座完全是斯提利柯的選擇。

　　北部的民族大遷移，引起高盧和日耳曼的邊境動盪不安，法蘭克人英勇迎戰單獨由汪達爾人組成的大軍。後者根本不顧敵手過去給他們的教訓，再次與蠻族聯軍分離，採取單獨的作戰行動，結果因為魯莽輕進付出慘痛的代價，兩萬汪達爾人連同他們的國王戈迪吉斯克拉斯（Godigisclus）在戰場被殺。要不是阿拉尼人的騎兵隊前來解救，揮軍擊潰法蘭克人的步兵，汪達爾人整個民族都會遭到滅絕的命運。法蘭克人受到頑強抵抗，被迫放棄無法占到優勢的鬥爭。戰勝的同盟軍追擊前進，就在那年最後一天（406年12月31日），嚴寒季節使萊茵河全部凍結，毫無抵抗的狀況之下揮軍進入高盧未設防的行省。蘇伊威人、汪達爾人、阿拉尼人和勃艮地人這一次的入侵具有歷史意義，他們從此再也沒有後撤。可以當成羅馬帝國在阿爾卑斯山以北地區衰亡的先兆，萊茵河形成的地塹在重要的時刻完全遭到摧毀，再也無法使地球上野蠻和文明國家保持分離。

　　提到日耳曼的和平，多少年來一直取決於法蘭克人的歸附和阿里曼尼人的中立，此時羅馬的臣民絲毫沒有覺察趨近的災難，還在享受平靜和繁榮的景況，很少會對高盧邊境的安定表示感激之情。他們的牲口和牛群獲得允許在蠻族的草地放牧，獵人深入幽暗的赫西尼亞森林，既不畏懼也無危險。萊茵河的兩岸就像台伯河，到處都是優美的住宅和耕種的農莊。要是一個詩人順流而下，他會表示懷疑不知哪一邊是羅馬人的疆域。和平與富裕的景色突然變成赤地千里的大漠，只有冒煙的廢墟使人為的荒蕪有別於自然的孤寂。蠻族襲擊市面熱鬧的門次，全城受毀沒有完整的房屋，數千基督徒在教堂遭到慘無人道的屠殺。窩姆斯經過長期圍攻一直堅守不降，城破以後洗劫一空市民已無噍類。斯特拉斯堡、斯拜爾斯（Spires）、理姆斯（Rheims）、土爾內（Tournay）、阿拉斯和亞眠（Amiens），都忍受沉重的負擔，經歷日耳曼人殘酷的壓迫。毀滅一切的戰火從萊茵河畔蔓延開來，遍及高盧十七個行省的大部分區域。把海洋、阿爾卑斯山和庇里牛斯山之間，整個人民富足範圍廣大的國度，全部放棄給入侵的蠻族。他們把教會的主教、元老院的議員以及擄來的處女，全部混雜在一起驅趕著前行，大車裝滿從他們的家庭和祭壇搜刮的戰利品。

　　我們感激神職人員藉這個機會教誨基督徒要悔改，隱約描述出公眾遭到重大災難的狀況。他們認為世間的罪行引起神施以正義的制裁，人類在充滿邪惡和欺騙的世界，當成易毀之物受到拋棄。貝拉基派（Pelagian）引起爭論，想要探測慈恩和宿命的深淵，拉丁教士很快拿來應用，上帝下令施行、預見或容許一連串的道德與自然的災禍，要想權衡理由的輕重與否，那既不完美且有很多謬誤。受

苦人民的罪行和災難，毫無道理要比照他們的祖先，同時他們怪罪神的正義，對人類之中的弱者、無辜和幼童，沒有在面臨毀滅的時候加以赦免。無用的爭論忽視不變的自然律，就是無辜者可以得到和平，勤奮者可以得到富足，英勇者可以得到安全。拉芬納宮廷的政策怯懦而自私，要召回稱為巴拉廷的內衛軍團前來保衛意大利，剩下配置的部隊無法勝任困難的使命。蠻族的協防軍寧願不受軍紀的約束，任意掠奪物品獲取利益，也比正常和有限的薪餉要好得多。

高盧行省充滿成群身強力壯的年輕人，可以防衛田園、家人和祭壇。要是他們無懼死亡，就值得說服以為己用，知道他們生長的鄉土，就可以拿他們當作連續而且無法克服的障礙，對付前進中的入侵者。蠻族缺乏紀律和武器，只要致命的缺點繼續存在，就會因為久經戰陣導致兵員數量屈居劣勢，最後降服於人口眾多的國家。查理五世入侵法蘭西時，審問一名戰俘從邊界到巴黎要幾天的行程。「或許是十二天，還要把戰鬥的時間算進去。」這英勇的回答能夠制止野心勃勃的君王傲慢自大的態度。霍諾流斯與法蘭西斯一世的臣民大相逕庭，彼此之間是完全不同的士氣。不到兩年工夫，波羅的海蠻族已經逐漸分離的部隊，即使人數少到受人輕視的程度，根本沒有作戰就前進到庇里牛斯山的山麓。

4 西部帝國式微導致哥德人入侵意大利（408 年）

國勢衰弱而政出多門的當局毫無獨立自主的能力，就會公然發生要與敵國保持密切連繫的現象，阿拉里克若能參加拉芬納的國務會議，也會像霍諾流斯的大臣一樣，勸他盡快處死斯提利柯。哥德國王儘管不願行事腌髒，還是想要摧毀心中的強敵，因為可恨的死對頭在意大利和希臘，曾兩次想用武力將他殲滅。宮廷大臣基於深仇大恨和利害關係，處心積慮要讓偉大的斯提利柯受辱敗亡。作戰英勇的薩魯斯（Sarus）憑著在軍隊的名聲，無論是基於個人行為或父輩遺傳，都能對加入聯盟的蠻族產生影響，也只能推薦給國內過去一些朋友。須知他們不僅看不起也討厭作風卑鄙的土庇利奧（Turpilio）、瓦拉尼斯（Varanes）和維吉蘭久斯（Vigilantius），因為這三個將領從以往表現來看根本不配稱為軍人，現在也比照新近發跡的寵臣，紛紛晉升指揮步兵、騎兵和內廷部隊的主將。奧林庇斯（Olympius）為頭腦簡單而又信仰虔誠的皇帝草擬詔書，哥德君王一定會欣然簽署。

霍諾流斯驅除所有反對正統教會的不滿分子，不讓他們擔任公職。凡對他的宗教持異議的人員，絕不讓他們在軍隊服役。採取非常草率的行動，將很多勇敢

且經驗豐富的軍官解職，只因為他們堅持異教信仰，或者接受阿萊亞斯教派的見解。諸如此類措施對敵人極為有利，阿拉里克必然贊同，或許會自己提出類似的建議。至於蠻族是否會接受帝國大臣的指示或是得到他的默許，拋棄極不人道的殘酷行為，增進本身所能獲得的利益，這點倒是值得懷疑。追隨斯提利柯的外籍協防軍對他的受害感到悲痛萬分，想要報復但考慮到妻兒子女的安全，只有黯然打消不智的念頭。他們的家屬都被當作人質，拘留在意大利警衛森嚴的城市裡，最值錢的財物也都放在城中。就在此時像是接到一齊動手的信號，意大利的城市為恐怖的屠殺和掠奪所玷辱，他們的家人和財產慘遭毀滅。蠻族的部隊因為受到的傷害而暴怒，即使最溫馴和滿身奴氣的人也會鋌而走險，他們把憤恨和希望的眼光投向阿拉里克的軍營，異口同聲立下重誓，要用血債血還和永不言和的戰爭，用來報復奸詐背信的民族。霍諾流斯的大臣犯下天怒人怨的行為，帝國不僅喪失三千名最勇敢士兵的協力，反而增加心腹之敵，戰力強大的軍隊足以左右戰局，現在使得權衡輕重的砝碼從羅馬人這邊，轉移到哥德人的天平上面。

　　哥德國王面對虛有其表的敵人，一切作為缺乏長遠考量和全盤計畫，所以無論是運用談判的技巧還是戰爭的手段，他都能保持優勢地位。阿拉里克從位於意大利邊界的營地，密切注意宮廷發生的變革事件，觀察爭權奪利和內部不滿的發展狀況，掩飾蠻族入侵者的敵對面貌，裝出自己是斯提利柯大將忠心盟友的親善姿態。蠻族不再對斯提利柯產生畏懼之心，就對他的功業表示由衷的讚頌和惋惜。心懷不滿的人感到自己所受切身的痛苦，更加堅定決心要用迫切的邀請，敦促哥德國王入侵意大利。國王自己也有理由作為進攻的藉口，帝國的大臣仍舊拒不支付四千磅黃金，元老院表示同意用來獎勵他的服務，也拿來平息他憤怒的情緒。他的企圖所以獲得成功，在於堂堂正正的堅毅態度加上運用權術的審慎作風。他要求能夠公正而且合理滿足他的願望，同時信誓旦旦提出保證，只要獲得應該支付給他的黃金，就會立刻退兵。只是他無法相信羅馬人的承諾，除非把兩位國家高級官員的兒子，埃伊久斯和傑生（Jason）送到營地作為人質，他也會派遣幾位哥德民族出身高貴的青年，用以當作交換用來保證履約的誠意。阿拉里克故作謙遜的態度，拉芬納的大臣誤解為軟弱和恐懼，他們不屑於和對方談判和平條約，也認為沒必要集結軍隊。他們太過輕率，完全不知道大禍即將臨頭，不知在決定和戰的重大時刻，會喪失機會造成無可挽回的局面。

　　就在山雨欲來的寧靜時刻，大臣期望蠻族會從意大利邊境撤離，阿拉里克大膽而迅速的進軍（408 年 10 月），越過阿爾卑斯山和波河。阿奎利亞、阿丁隆、康科第亞（Concordia）和克里摩納（Cremona）等城市，屈服在強大兵力之下，

馬上遭到蠻族的劫掠和搜刮。三千名協防軍的加入更增強他的聲勢，未在戰場遭遇敵軍一兵一卒而神速前進，抵達保護西部皇帝難以攻陷行宮的沼澤邊緣。行事謹慎的哥德人領袖知道圍攻拉芬納沒有多大指望，就對著里米尼向南急進，沿著亞得里亞海岸一路燒殺，意圖征服偉大的羅馬。有一個意大利隱士以宗教的熱忱和聖潔的言行深受蠻族尊敬，遇到戰場得勝的君王，大膽宣稱憤怒的上天將要降災給地上的壓迫者。阿拉里克給予義正辭嚴的回答，他感覺到一種神祕而靈性的衝動，驅使他向羅馬的城門進軍，這時聖徒聽了無話可說。

　　阿拉里克知道憑著他的才華和運道，能夠勝任極為艱鉅的冒險行動，並要把勇往直前的熱情傳輸給哥德人。過去對羅馬人的莊嚴和名聲懷有迷信的尊敬，已經在不知不覺中消除殆盡。他的軍隊為掠奪的希望起了高昂的士氣，沿著弗拉米尼亞大道前進，占領無人防守的亞平寧山隘口，進入富饒的翁布里亞平原，就在克萊屯努斯（Clitumnus）河岸紮營，肆意屠殺並大嚼乳白色的牛群，高貴的牲口長久以來飼養供羅馬人舉行凱旋式之用。納爾尼（Narni）這座小城的地勢居高臨下，加上及時發生一陣暴風雨，雷鳴閃電之中免於攻陷的命運。哥德國王也瞧不起沒有油水的獵物，仍舊保持奮不顧身的勇氣繼續進軍，等他穿過用蠻族戰利品裝飾得極為雄偉的凱旋門，面對雄偉的羅馬城池設置營地。

5 羅馬歷來面對強敵壓境的作為

　　帝國都城歷經長達六百一十九年的歲月，從未遭到外敵臨門搦戰的羞辱。漢尼拔遠征失敗突顯「元老院和人民」的特殊性質，雖說元老院要是與國王的御前會議相比，不但成員的身分卑下顯不出高貴的氣質。就是人民也像皮瑞斯（Pyrrhus）的使臣所言，是一群不怕犧牲殺之不盡的「九頭怪物」。布匿克戰爭期間，每一個元老院的議員都要在軍隊服完規定期限的兵役，不論是擔任下級軍官還是負責重要職務，頒布的敕令授與執政官、監察官或笛克推多臨時指揮權，產生很多作戰英勇且經驗豐富的將領，為共和國提供援助必要的保障。戰爭初期羅馬人可以從軍的及齡市民只有二十五萬人，其中有五萬人為了保衛國家犧牲性命。部署在意大利、希臘、薩丁尼亞、西西里和西班牙不同營地的二十三個軍團，大約需要十萬人，所以在羅馬和鄰近地區還剩下數量相等的人員，他們一樣有從軍報國的雄心壯志，每位市民從幼年時期開始，就像一個士兵接受體能和軍事訓練。

　　漢尼拔鑑於羅馬元老院既不派兵解卡普亞（Capua）之圍，也沒有集結分散

的部隊，只是期待他率軍進犯羅馬，堅毅的精神倒是使漢尼拔大感驚異。他在距離城市三哩的阿尼奧（Anio）河畔紮營，很快獲得消息說他拿來搭帳篷的土地，在一次公開拍賣中被人用適當的價格買走，同時有一支部隊使用與他位置相反的路線，奉命增援西班牙軍團。他率領阿非利加的部隊來到羅馬城，發現有三支大軍列出陣勢準備接戰，這時漢尼拔知道一定要擊滅最後一支敵軍，否則就沒有脫身希望，心中不禁產生畏懼，立即匆忙撤軍離開，承認羅馬人的豪邁氣概天下無敵。

　　羅馬在布匿克戰爭以後有如旭日東升，元老院的議員一脈相承保留共和國的稱呼和形象，霍諾流斯的臣民日益墮落，恬不知恥以英雄後代自詡，想當年曾擊退漢尼拔的大軍，征服地球上許多民族。信仰虔誠的寶拉（Paula）繼承世俗榮耀，卻表現出鄙夷的態度。她的宗教導師和傳記作家傑羅姆，對這方面有很詳盡的敘述：她的父親從家譜可以追溯到高貴的阿格曼儂，好像顯示出希臘人的血統；她的母親布列西拉（Blaesilla）的祖先名字包括西庇阿、伊米留斯·保拉斯（Aemilius Paulus）和格拉齊（Gracchi）兄弟在內的偉大人物；寶拉的丈夫托克索久斯（Toxotius）自認有皇室血胤，來自朱理安家族的祖先伊涅阿斯（Aeneas）。富豪鉅賈希望有高貴的家世，可以從自我誇耀中滿足虛榮的心理，門下的食客在旁高聲頌揚使他們得意忘形，更容易使無知的老百姓相信他們身價不凡。當時的習俗可以採用庇主的姓氏，使得被釋的自由奴和部從能列入聲名顯赫的家族，助長愛慕虛榮的風氣。

　　不過大多數的名門世家因內憂外患而逐漸凋零以致絕滅。要想找到一個家族第二十代直系子孫，阿爾卑斯山的深處或阿普利亞（Apulia）的僻野，較之於羅馬這個充滿機運、危險和變革的舞台，更要容易得多。每一次王朝的鼎革，帝國每個行省總會出現一批膽大包天的投機分子，靠著自己的本領或惡行爬上顯赫的地位，攫取羅馬的財富、榮譽和宮闈，對於執政官家族殘留且早已貧窮和卑賤的子孫，根據自己的需要加以壓迫或保護，然而顯赫家族的後代早已忘懷祖先光榮的事蹟。

6 羅馬權貴阿尼西安家族的輝煌事蹟

　　傑羅姆（Jerom）和克勞狄安享有盛名的時代，元老院議員一致推崇阿尼西安（Anician）家族的顯赫地位。只要稍微回顧他們過去的事蹟，很容易了解甘心屈居次席的貴族世家不僅源遠流長而且名滿天下。在羅馬建城最早的五個王

朝，無人知曉阿尼西安家族，他們的家世淵源於普里涅斯特（Praeneste）。城鎮併入羅馬產生新的市民，最大的野心也不過想獲得保民官的職位，這是一個平民所享有的最高榮譽。公元前168年，獲得執政官名銜的阿尼修斯（Anicius）一舉征服敵軍並俘虜國王，光榮結束伊利里孔戰爭，使整個家族出人頭地。將領獲得舉行凱旋式的榮譽，後代子孫陸續有三位出任執政官，家族的名聲綿延不絕日益昌隆。從戴克里先在位到西羅馬帝國滅亡，阿尼西安家族的表現極為燦爛輝煌，與皇室的紫袍相比不會相形見絀。整個家族有幾個分支藉著婚姻和繼承的關係，把阿尼西安家族能與佩特洛尼安（Petronian）家族和奧利比里安（Olybrian）家族的財勢和名位聯合起來。

每一代的後裔因為繼承的權利使擔任執政官的人數增加。阿尼西安家族在宗教信仰和財富產業方面，都居於最優勢的地位。他們是羅馬元老院最早皈依基督教的議員，很可能是因為阿尼修斯‧朱理安（Anicius Julian）的關係，他後來成為執政官和羅馬的郡守，為了彌補曾經追隨馬克森久斯參加叛黨的過錯，很快信奉君士坦丁的宗教。蒲羅布斯是阿尼西安家族的族長，他不僅個人勤奮努力，曾享有與格里先共同擔任執政官的榮譽，四次出任禁衛軍統領的高位，龐大的世襲財產增多到驚人的程度，無數產業遍布羅馬世界廣大的地區。雖然公眾質疑他獲得財富的手法且並不表贊同，這位幸運的政客倒是氣度大方而且慷慨好施，博得部從的感激和世人的欽佩。人們對他生前的成就是如此尊敬，以致蒲羅布斯的兩個兒子在幼年時代，經過元老院請求獲得候選執政官的資格。從羅馬編年史可以得知這是從無先例的殊榮。

「有如阿尼西安府邸豪華的大理石柱！」這句用來表示財大氣粗和富麗堂皇的諺語，顯示了羅馬的貴族和議員只要能力所及，是如何盡量模仿光彩奪目的家族。狄奧多西時代有篇精確描寫羅馬狀況的文章，列舉一千七百八十處供有財有勢市民居住的房舍，其中很多是華麗壯觀的府邸，我們無法責備詩人用誇張的筆調加以描繪。羅馬城有很多處皇宮，每一處皇宮等於一座城市，廣大的範圍包括生活和享受所需的一切東西，像是市場、競技場、廟宇、浴場、柱廊、濃蔭的林木、以及人工的鳥園。史家奧林庇多魯斯（Olympiodorus）描述羅馬被哥德人圍攻的狀況時，還提到幾位最富有的議員，每年可以從他們的產業中獲得四千磅黃金（用現在的金價計算，相當於新台幣十八億元）的收益。這裡面還沒有計算數量極為龐大的穀物和酒類，發售使得金額還可以增加三分之一。要是與這份極為驚人的財富相比，一個議員年收入通常是一千磅或一千五百磅黃金，也只能適度維持元老階級的尊榮，因為有很多的公務的開支和擺排場的費用。霍諾流斯當政

時留下的紀錄提到，有幾位愛擺排場又人氣旺盛的貴族，為了慶祝出任行政長官的周年紀念，連續舉行七天的宴會，花費金額超過二千五百磅黃金。

羅馬元老院的議員所擁有的產業，遠遠超出現代人的標準，而且不限於意大利境內，所有權可以越過愛奧尼亞（Ionian）海和愛琴海，一直到達最遙遠的行省。奧古斯都為了能永久紀念阿克興（Actium）海戰的勝利，特別建名為立尼柯波里斯（Nicopolis）的城市，全部都是虔誠的寶拉名下產業。塞尼加還提到過去敵對民族用來作為分界線的河流，現在從市民的私人土地上流過。羅馬人的產業可以根據性質和環境，由自家的奴隸負責耕作，或者簽訂契約租給勤勞的農夫。古代的經濟學家一般都贊成自行耕種的辦法，因為要是有的莊園距離過遠或者範圍太大，主人根本無法親自照料。他們認為要找一家世代承租的農戶，靠著土地過活產生相依為命的關係，總比雇用不負責任或圖利自己莊頭的人來管理要可靠得多。

一座人煙繁密的都城有許多富有貴族，他們無心在軍中博取功名，也很少參與政府工作，閒暇的時間全用在私人理財和生活享樂。經商在羅馬一直受到鄙視，不過元老院的議員從共和國初期開始，就以高利貸作為賺錢行業，增加世襲財產和部從數量，為照顧當事人雙方的意願和利益，就會規避陳腐不堪的法規，有時還會公然違犯禁令。羅馬通常都會存放數目極為驚人的財富，很多是帝國流通的貨幣，或者是金銀製作的器具。普里尼時代就有不計其數的餐具櫥，作為材料的白銀成色十足，比起西庇阿征服迦太基運回來的銀塊還要多得多。大部分的貴族揮霍成性，雖是富豪世家，然而心靈貧窮不堪，過著放蕩的生活卻感到百無聊賴，有成千雙辛勤工作的手不斷用來滿足他的欲望，其中大部分是家裡豢養的奴隸，他們害怕受到懲罰，每日像牛馬一樣的勞累，此外還有各種工匠和商販，他們有更為強烈的願望要賺取利潤。古人無法獲得工業進步以後發明或改良的生活用品，後來能夠生產大量的玻璃製品和亞麻布料，才使得歐洲各民族的生活更為舒適，遠超過羅馬議員講究排場的奢侈和豪華所能得到的享受。

7 羅馬居民的行為習性和人口數量

人煙稠密的城市是通商貿易和加工製造中心，靠著技術和勞力謀生的中層階級，具有龐大的生產能力和實質的服務水準，從這層意義來說是社會當中最值得尊敬的對象。羅馬的平民長久以來，鄙視固定不變和奴僕習性的行業，難免要遭到債務和高利貸的重壓。農民到達服兵役的年限，不得不拋下需要耕種的田地。

意大利的土地原來分給享有自由權利和貧窮的家庭，後來逐漸為貪婪的貴族巧取豪奪。共和國衰亡以前那段時期，根據統計只有兩千名市民擁有可以獨立生活的財產。然而，人民經由選舉，可以授與國家的職位、軍團的指揮權和富裕行省的行政管理權，這時他們的確感到自豪，貧窮生活的困苦得到相當的安慰，能從候選人充滿野心的慷慨，及時獲得相當的補助。

公職候選人總想從羅馬的三十五個區部，以及一百九十三個百人連，獲得超過多數的選票。揮霍無度的平民階層非常不智地放棄權力的運用和繼承，他們在凱撒的統治之下，成為了一群可憐的賤民，要不是得到解放的奴隸和流入的移民不斷補充，可能只要幾代的時間就會完全絕滅。早在哈德良在位期間，有見識的當地人士就提出抱怨，倒也不是沒有道理。他們認為帝國的首都吸引世間所有的邪惡罪行，以及相互對立民族的風俗習慣。像是高盧人的酗酒放縱、希臘人的狡譎輕浮、埃及人和猶太人的野蠻剛愎、亞細亞人的奴顏婢膝以及敘利亞人的淫亂好色，同時打起羅馬人傲慢和虛假的名號，混雜成為包羅萬象的群體，全都藐視自己的同胞，甚至也看不起居住在永恆之城以外的統治者。

都城的名字聽來使人肅然起敬，雖居民經常會肆意引發騷亂，最總會得到赦免。君士坦丁的繼承人不會動用強大的軍事力量，粉碎民主制度最後殘留的餘孽，倒是採用奧古斯都溫和的政策，研究如何解救不計其數的貧民，消磨無所事事的空閒。

其一，當局為了方便懶惰的平民，把每月分配穀物改為每日發放麵包，運用公費修建並維持相當多數量的爐灶。每位市民在規定的時刻拿著一張配給票，爬上幾級台階到達指定的發放所，免費或付很少的現金買一塊三磅重的麵包供全家食用。

其二，盧卡尼亞森林的橡實養肥大量野豬，像一種特別的貢物提供物美價廉的肉類，每年有五個月讓最貧窮的市民可以分配到燻肉。就是在最不景氣的年代，依據華倫提尼安三世的一份詔書，首都每年的消耗量也有三百六十二萬八千磅。

其三，古代的照明和沐浴的熱水都需要用油，羅馬每年要向阿非利加徵收三百萬磅，要是以體積計算是三十萬英制加侖。

其四，奧古斯都使盡全力給都城提供足夠的穀物，以維持人類生存所需項目為準。民眾大聲吵鬧指責酒類的價格昂貴而且取得困難，面容嚴肅的改革者便發布一份公告提醒所有臣民，通到城內的阿格里帕供水渠道，可以供應充沛的泉水，如此純淨而且有益身心健康，誰也不應該埋怨口渴。嚴格的禁酒規定後來在

無形中慢慢放寬，雖然奧理安有大手筆的計畫但並沒有全面實施。酒類的獲得已經很容易而且售價不貴，公共酒窖的管理委託給層級較高的行政官員，康帕尼亞出產的葡萄酒主要供應羅馬，可讓市民大飽口福。

壯觀的供水渠道受到奧古斯都稱讚，對羅馬人的色摩（Themoe），也就是浴場供應所需用水。城市有很多地點建造浴場，隨著帝國的興旺增加數量，使得都城的建築更顯宏偉。安東尼紐斯・卡拉卡拉（Antoninus Caracalla）大浴場在規定時間開放，一共有一千六百個大理石座位的容量，從元老院議員到一般平民都可使用，沒有差別待遇。戴克里先浴場的規模更大，有三千多個座位，高大房間的牆壁砌上色彩絢麗的馬賽克，模仿鉛筆畫的風格看起來非常雅致，埃及花崗岩鑲嵌貴重的努米底亞（Numidia）綠色大理石顯得格外精美，熱水從成排閃閃發光的銀噴口不斷注入寬大的浴池。就是最貧苦的羅馬人也只要花一枚小銅幣，每天就可以獲得高貴豪華的享受，連亞細亞的國王聽到都羨慕不已。建築宏偉的宮殿走出一群衣著破爛的平民，打著赤腳也沒有穿上斗篷，整天遊手好閒在大街或廣場亂逛，到處打聽新聞再不然就是彼此胡鬧爭吵，把養活妻兒子女少得可憐的生活費拿來賭博；夜晚的時光就花在陰暗的酒館和妓院，縱情於粗鄙而低級的色情勾當。

無數好吃懶做的群眾，真正覺得生動而壯觀的娛樂，還是經常舉辦的公眾競技比賽和表演。基督徒君王基於惻隱之心，禁止角鬥士慘無人道的搏命格鬥，羅馬人民舊仍把賽車場視為他們的家園、廟宇及共和國之所在。焦急的群眾在天剛破曉就趕去占位置，很多人在鄰近的柱廊熬過無眠而焦慮的夜晚。從早到晚顧不得日曬雨淋，有時甚至會多達四十萬名觀眾全神貫注觀看比賽進行。他們的眼睛緊盯馬匹和賽車手，心情隨著他們屬意的賽車顏色是否獲勝而喜或憂，羅馬的氣運全取決於比賽的結局。他們在欣賞捕殺凶狠的野獸以及各種戲劇表演時會十分激動，大聲叫囂歡呼。

現代大都會的戲劇節目，可以培養高雅純正的風範，提升欣賞的品味和德行，羅馬人無論在喜劇或悲劇方面，都擺脫不了一味模仿希臘古典劇的風格。自從共和國衰亡，常演的劇目也就跟著銷聲匿跡，被毫無藝術價值且庸俗不堪的滑稽劇取代，只剩下靡靡動人的音樂和富麗堂皇的布景。啞劇表演從奧古斯都在位一直到公元六世紀盛行不衰，可以不借重語言表達，便能演出古代神明和英雄的神話傳說。他們所使用的藝術手法和身段，有時會使嚴肅的哲學家為之莞爾，觀眾更會哄堂大笑高聲喝采。羅馬的劇院寬大宏偉，經常有三千名舞女和三千名歌手，加上主唱組成各種合唱團一起表演。他們受到群眾喜愛的程度，就是發生供

糧不足或政局不穩期間，所有外鄉人都會被驅離城市，這項法律對自由業同樣嚴格執行，在公眾娛樂方面有重大貢獻的人士卻可獲得保障。

　　據說好奇而愚蠢的伊拉珈巴拉斯曾想從蜘蛛網的數量，計算出羅馬居民的人數；一個更合理的測定方法應該受到賢明君王的注意，而這個對於羅馬政府很重要且後代會感到興趣的問題，其實可以輕易解決。市民的出生和死亡都要據實登記，要是古代的作家不怕麻煩，能夠提出年度的總數或者每年的平均數，我們就可以計算出一個滿意的答案，用來駁斥學者非常武斷的說法，肯定哲學家合理且接近事實的臆測。經過鍥而不捨的努力，總算蒐集若干資料，雖然還不夠完整，就某個程度來說，還是可以用來說明古代羅馬的人口問題。帝國首都遭受哥德人圍攻期間，數學家阿摩紐斯（Ammonius）精確測量城牆的周長，發現相當於二

擲骰子的人。

十一哩。不要忘記城市的形狀接近正圓，大家都知道這是同等周長可以包含最大面積的幾何圖形。

建築師維特魯威斯（Vitruvius）的業務在奧古斯都時代非常發達，他的意見在人口問題上極具權威。他提到羅馬人民的居所不計其數，早已超越城區狹小的範圍，伸展到極遠的地方。園林和別墅向四周發展，土地相對縮小不敷使用。他倡導雖不方便卻已普遍採用的辦法，就是住宅盡量向上空發展。高聳的建築物因為偷工減料的關係，很容易引起事故帶來致命的災難。所以奧古斯都甚至尼祿都一再制定法律，規定羅馬城內的私人建築物，高度不得超過地面七十呎。

朱維納依據他本人的經驗，哀嘆更為貧窮的市民所遭受的苦難，好心建議他們應該毫不猶豫搬離烏煙瘴氣的羅馬城。只要花上每年為陰暗而悲慘的公寓所付的租金，在意大利的小城就能買到舒適寬敞的住宅。可見羅馬的房租極為昂貴，富豪花費鉅資購買土地興建府邸和花園，但羅馬人民絕大多數擁擠在狹小的空間。同一所住屋的不同樓層和房間，分租給很多戶平民居住，跟目前的巴黎和其他城市的做法大致一樣。

狄奧多西在位時期，有人撰文提到羅馬的詳細狀況，城市劃分為十四個區，所有房屋的總數是四萬八千三百八十二戶。住宅分為住家和公寓兩大類，包括首都各種階層和狀況的所有住所在內：從阿尼西安的大理石府邸，裡面有人數眾多的自由奴和奴隸；到高聳而狹窄的公寓，詩人科德魯斯（Codrus）和他的妻子，獲准租用一間位於屋瓦下方極其悲慘的閣樓。要是我們採用類似狀況適用於巴黎的平均數加以計算，就是每一戶不論大小居住二十五人，可以估計羅馬的居民大約是一百二十萬人左右。提出的數目雖然超過現在歐洲最大城市的人口，就一個偉大帝國的首都而言並不會多得離譜。

8 哥德人圍攻羅馬以及退兵和議和（408-409年）

以上是霍諾流斯統治期間，羅馬遭到哥德大軍圍城或封鎖的大致狀況。阿拉里克急著要掌握時機發動攻擊，按照兵法部署強大的部隊。他把城池圍得水泄不通，控制十二個主要的城門，切斷所有對鄰近地區的聯繫，嚴密看管台伯河的航道，不讓羅馬人獲得大量所需的糧食。貴族和人民在開始之際不免感到驚異和氣憤，一個卑賤的蠻族竟敢冒犯世界的首都。他們原先保有倨傲的態度，遭到不幸的苦難變得較為謙遜，缺乏大丈夫氣概的憤怒，無法轉為對抗敵軍的武力，除了增加無謂的犧牲，不能發生任何防衛的作用。羅馬人要是把塞麗娜（Serena）本

人當成狄奧多西的姪女，或者是當今皇帝的嬸母，不，應該是岳母才對，就一定會顯出很尊敬的態度。然而他們卻憎恨斯提利柯的遺孀，聽到誹謗的傳聞便信以為真，指控她與哥德侵略者保持連繫，正在進行祕密的罪惡勾當。元老院在民眾瘋狂情緒的驅使和威脅之下，對她的罪行並沒有獲得任何證據就判處死刑。塞麗娜被極為羞辱的吊死，昏愚的民眾很驚訝的發現，不公正的殘暴行為沒有發生立即的效果，蠻族並沒有退兵使城市解圍。

霉運臨頭的首城逐漸感受糧食短缺的痛苦，隨後帶來恐怖的饑荒。每天供應的麵包從三磅減為半磅、三分之一磅到完全停止。穀物的價格迅速上漲，貧窮的市民買不起生存所需的食物，靠著向富有人家乞討一點殘羹度日。格里先皇帝的遺孀莉塔（Laeta）仁慈施捨，公眾的苦難一度有所紓解。她定居在羅馬，故世的丈夫指定的繼承人為了感恩圖報，贈送可以用來維持生活的皇族年金，她全部拿出來救濟窮人。然而，個人所得且數目有限的款項，實不足以解救眾多人民的轆轆飢腸。

災情擴大危及居住在大理石府邸的元老院議員，有很多人從小過著不知世事的享福生活，現在才知道活下去實際所需為數極少，只有不惜無用的金銀財寶，拿來換取昔日不屑一顧的少量粗糲雜糧。就算是感官或想像最引人厭惡的食物，甚至是對身體和健康有害卻可以吞嚥的東西，在飢火中燒的狀況下都能大口吃進肚內。到處都有陰森可怕的傳聞，卑鄙的亡命之徒為了活命殺死自己的同胞，然後把肉割下來吃掉。甚至有些母親（人類天生最強烈的兩種本能，現在竟然發生如此恐怖的衝突）也吃被殺幼兒的肉！數以千計的羅馬居民缺乏糧食餓死在家裡或街頭，城外的公共墓地都在敵人的控制之下，許多沒有掩埋的屍體腐爛，發出瀰漫城市的臭氣變得四處可聞。

悲慘的饑荒接著是瘟疫肆虐，帶來更為可怕的生命損失。從拉芬納的宮廷一再傳來消息，保證派出迅速而有效的援軍，羅馬人在一段時間內就靠獲救的信念，勉強支持微弱的決心。等到最後對於任何人為的幫助都感到失望，只能同意求助於超自然的力量。羅馬郡守龐培阿努斯聽信托斯卡尼占卜師的本領和法術，可以運用咒語和奉供犧牲，從天空的雲層召來雷電，發出天火燒毀蠻族的營地。重要的機密大事通知羅馬主教英諾森（Innocent），聖彼得的傳人後來受到指控，雖然毫無根據卻說他重視共和國的安全，勝於關心基督徒的嚴格教規。這個問題在元老院進行討論，有人提出條件，認為奉獻犧牲的活動要經過批准，在朱庇神廟舉行且要有行政官員在場。參與可敬會議的大多數人員，因害怕引起神明（基督教的上帝）和宮廷的不悅，拒絕加入後果難知的宗教活動，因為這看來

像是公然恢復異教的信仰。

　　羅馬人瀕臨絕境，只有寄望哥德國王大發慈悲，至少要出於節制的態度。元老院在緊急關頭成為政府的最高權力機構，指派兩位使者與敵人展開談判。重要任務交付有西班牙血統的議員巴西留斯（Basilius），他在治理行省的工作上政績卓越。還有一個是約翰，曾在司法部門任職護民官，不僅精通談判事務，而且過去與哥德君王的交往親密，是最適當的人選。他們獲得晉見竟然在悲慘局面下擺出很高的姿態，公然宣稱無論是戰是和，羅馬人都決心維護他們的尊嚴。要是阿拉里克拒絕簽訂公正而光榮的條約，那麼他可以吹起進軍的號角，準備與為數眾多的人民進行決戰，羅馬人不僅訓練有素而且要負嵎頑抗。蠻族首領簡短回答：「牧草濃密，更易刈割。」說完粗俗的譬喻，竟發出一陣極其侮慢的大笑，完全藐視毫無戰鬥意志的群眾發出的威脅。何況這些群眾在遭受飢餓折磨之前，早被奢侈的生活斲喪得失去勇氣。

　　他用遷就的口氣開出要求的贖金，也就是他從羅馬城下退兵的代價：所有城內無論屬於國家還是私人的金銀、所有可以帶走的財富和值錢的物品、所有能夠證明蠻族出身的奴隸。元老院的使者鼓起勇氣，用溫馴和懇求的聲調問道：「啊！國王，如果所有的東西你全要，那麼打算留些什麼給我們？」高傲的征服者回答：「你們的命！」於是，他們在戰慄之中告退下來。離開之前，蠻族同意暫時休兵以利雙方談判。阿拉里克蠻橫的姿態逐漸變得更近人情，放寬原來嚴苛的條件，最後同意解圍只要立即支付五千磅黃金、三萬磅銀兩、四千件絲質長袍、三千套質地精美的紅色服裝，再加上三千磅胡椒。國庫已經空虛，意大利和行省龐大產業的年度租金，受到戰火截斷無法送來，金銀珠寶遇到饑饉只能拿來換粗劣的糧食，暗中蓄藏的財富也因人性的貪婪祕而不宣。原來奉獻給神明的戰利品而剩餘的財物，成為城市免於毀滅的唯一資金來源。

　　羅馬人在滿足阿拉里克貪財好貨的要求之後，很快在相當程度上恢復和平與充裕的生活。有幾處城門在嚴密的看守下之打開，最重要的糧食從河道和鄰近地區運來，不再受到哥德人攔阻。成群的市民前往郊區一連舉辦三天的臨時市場，商人從極為合算的貿易賺到高額利潤。公共和私人的倉庫囤儲大批貨物，保障城市未來生活所需的糧食不致匱乏。阿拉里克的軍營一直維持嚴格紀律，實在令人難以想像。賢明的蠻族首領嚴懲一夥無法無天的哥德人，表明他信守條約的聲譽，他們在通往歐斯夏的大道上襲擊幾個羅馬市民。他的軍隊獲得首都大量貢金變得非常富有，緩緩進入托斯卡尼美麗而豐饒的行省（409年），打算建立冬營以便休養生息。哥德人的旌旗成為四萬蠻族奴隸的避難所，他們砸開鎖鍊獲得

自由，接受偉大解救者的指揮，激勵強烈的鬥志，要為奴役生活所受的傷害和侮辱進行報復。大約就在此時，他得到哥德人和匈奴強有力的增援部隊，在他急迫的邀請之下交由他的內弟阿多法斯（Adolphus）率領，從多瑙河的兩岸來到台伯河，一路上遭遇優勢的帝國軍隊，經過激戰蒙受相當損失，歷盡千辛萬苦方才抵達。獲得勝利的領導者率領十萬名戰鬥人員，他兼具蠻族的無畏精神和羅馬將領的素養和紀律，使得意大利人提到戰無不勝的阿拉里克，就會膽戰心驚面無人色。

經過十四個世紀的漫長時間，我們只要敘述羅馬征服者蓋世的戰功就會感到滿足，不必深入研究政治行為的動機。阿拉里克在表面上看來一帆風順，但或許已經感覺到隱匿的弱點和內部的缺陷。或許他裝出溫和的姿態用來欺騙霍諾流斯的大臣，使得他們失去戒備和警覺。哥德國王一再呼籲他喜愛和平，決心成為羅馬人的朋友。完全是出於他懇切的要求，三位元老院議員充當使節派往拉芬納的宮廷，商討交換人質和簽訂條約有關事項。他在談判過程中提出明確的建議，只會讓人對他的誠意產生猜疑，因為與哥德人目前有利的情況不相吻合。蠻族首領仍舊渴望獲得西部軍隊主將極為榮譽的位階，律定每年獲得穀物和金錢的補助款，同時選定達瑪提亞（Daimatia）、諾利孔（Noricum）和威尼提亞所屬行省作為新王國的領地，可以控制意大利到多瑙河的重要通道。要是這些並不過分的條件遭到拒絕，阿拉里克表示願意放棄對金錢的要求，甚至以能據有諾利孔就感到滿足。這塊地方經常遭到日耳曼蠻族的進犯，早已民窮財盡。

身為大臣的奧林庇斯個性軟弱而又固執，基於個人利益的考量，使得和平的希望完全破滅。他根本不接受元老院非常中肯的勸告，非要派出護衛隊把使節遣送回去。出動的兵力要是成為擺場面的隨員則人數太多，要想成為有防衛能力的部隊則實力太過薄弱。六千名達瑪提亞人是帝國軍團的精銳，奉命從拉芬納行軍到羅馬，穿越毫無掩護的原野，現在已被數以萬計的蠻族所占領。勇敢的軍團士兵遭到敵軍包圍，救援無門全部成為愚昧大臣的犧牲品，僅有主將華倫斯（Valens）帶著一百多名士兵從戰場逃出來。有位使節不再受國際法的保護，只得花三萬塊金幣的贖金獲得自由。阿拉里克對毫無成效的敵對行動不放在心上，立即再度提出和平建議。羅馬元老院派出第二個使節團，因為羅馬主教英諾森的加入顯得更有分量和權勢，為了避免在路上發生危險，派出一隊哥德士兵擔任護衛。

奧林庇斯受到人民大聲的指控，說他是國家災難的始作俑者。發生在宮廷的陰謀傾軋削減他的權勢，要不然人民憤怒的情緒還會繼續遭到侮辱。得寵的豎閹

4

Piramide di C. Cestio

1 Terreno sgombrato d'in torno alla Piramide sotto il Pontificato d' Alessandro VII. 2. Porta aperta di quel tempo nella Piramide. 3. Colonne ritrovate nella sgombro eriposte nell'antica positura. 4. Mura di Roma. 5. Torri della Porta di S. Paolo.

把霍諾流斯的政府和帝國交給卑鄙的家奴賈維烏斯（Jovius），他身為禁衛軍統領並沒有發揮應有的才幹，彌補在行政管理方面所產生的過失和錯誤。罪大惡極的奧林庇斯不知是流放還是自行出亡，竟然能保全性命而又歷盡人世滄桑。他過著埋名隱姓到處漂泊的生活，後來又再度崛起掌握權勢，第二次受到罷黜帶來的羞辱，兩耳被割而且死於可怕的鞭刑，羞辱的下場對斯提利柯的朋友而言卻是遲來的正義。奧林庇斯的性格深受宗教狂熱的汙染，等他遭到清除以後，異教徒和異端分子從大為失策的禁令獲得解放，可以出任國家的各項公職。

勇敢的金尼里德（Gennerid）是蠻族出身的軍人，堅持信奉祖先的宗教，被迫解除軍中的職務。雖然皇帝親自一再對他提出保證，法律並不適用像他擁有地位或功績的人物，他拒絕接受任何帶有宗教偏見的赦免，寧願保留獲得正直名聲的屈辱，直到處於困境的羅馬政府受到壓力，只有通過全體適用的公正法案。金尼里德擢升為達瑪提亞、潘農尼亞、諾利孔和雷蒂提亞的主將，其實他原來就擔任這個重要的職位。部隊接受他的指揮和領導，像是能恢復古老共和國的紀律和精神，很快改變訓練怠惰和物質匱乏的景況，士兵習於嚴格的訓練，糧草的供應也更為充裕。同時他的個性非常慷慨，自己掏腰包提供各種獎勵和報酬，拉芬納宮廷由於吝嗇或是貧困，對提高賞賜的要求通常都會拒絕。驍勇善戰的金尼里德使得鄰近的蠻族聞虎色變，成為伊里利孔邊區最堅強的長城。他保持很高的警覺加上細心的照應，帝國獲得一萬名匈奴生力軍的援助。他們抵達意大利國境帶著豐富的給養和大群的牲口，不僅足夠大軍出兵所需，也能用來建立一個墾殖區。

霍諾流斯的宮廷和國務會議，表現懦弱無能和離心離德的模樣，已經腐敗到處於無政府狀態。衛隊受到賈維烏斯的唆使，爆發怒氣衝天的叛變，要求立即將兩位將領和兩位高階宦官斬首。將領被送到船上騙說要保護他們的安全，卻遭到祕密處決。同時皇帝賜恩給宦官，所受到的懲罰只是不痛不癢，流放到米蘭和君士坦丁堡而已。優西庇烏斯和蠻族出身的阿羅比克（Allobich），分別接替管理寢宮和衛隊的職位，然而這兩位直屬皇帝的大臣彼此猜忌，結果造成相互毀滅。傲慢的內廷伯爵一聲令下，位高權重的寢宮總管竟然就在驚愕萬分的皇帝面前，當場被亂棍活活打死。接著是阿羅比克在公眾遊行的隊伍中被殺，這也是在霍諾流斯一生的境遇當中，還能看到那麼一絲勇氣和憤慨。

優西庇烏斯和阿羅比斯喪生之前，他們基於自私或罪惡的動機，反對賈維烏斯在里米尼城下私自與阿拉里克會面所達成的條約，等於貢獻一己之力促成帝國的毀滅。賈維烏斯離開宮廷的時候，皇帝聽從大家的勸告要展現至高無上、獨斷專行的權威，事實上無論是他的處境或性格，都無法做到過於奢望的標準。有一

封簽署霍諾流斯的信件送給禁衛軍統領，授與他自行處分國家財物的權力，卻要嚴辭拒絕蠻族首領傲慢無理的要求，不能出賣羅馬軍隊的榮譽。賈維烏斯冒昧地將來信交給阿拉里克本人，哥德國王在會談當中一直保持自制和冷靜，接下來才在讀完信函後用極為憤怒的詞句表示，他認為這方式惡意侮辱他個人和整個民族。

里米尼會議倉促之間半途而廢，賈維烏斯統領回到拉芬納，被迫接受宮廷極力贊同的主張，甚至自己也認為很有道理。於是接受他的建議和示範，政府和軍隊的主要官員立下重誓，不管面臨何種情況絕不接受任何條件的和平，他們要不惜一切犧牲與國家的敵人奮戰到底。出乎意氣用事極為草率的做法，形成未來重新談判難以逾越的障礙。霍諾流斯的大臣都贊同引起決裂的措施，甚至公然宣布要是他們向神明提出祈求，都是為了考量國家的安全，根本不在意個人的安危禍福。然而他們發誓是為了神聖的皇帝，透過莊嚴的儀式與權威和智慧的尊貴帝座產生密切的關係，因而要是有誰膽敢違反誓言，就是觸犯塵世的褻瀆神聖和謀叛犯上十惡不赦的罪行。

⑨ 哥德人第二次圍攻及擁立的作為（409-410年）

皇帝和他的宮廷擺出拒人千里的態度，仗著溝深壘高苟安於拉芬納一隅，使得羅馬毫無防衛力量，任憑蠻族拿去發洩心頭怒火。阿拉里克仍舊裝出溫和的態度，當他沿著弗拉米尼亞大道進軍之際，不斷派遣意大利各城鎮的主教，一再重申他的和平信念，並且向皇帝提出保證，古老的首都不會毀於戰火，也不讓蠻族殘殺城市的居民。羅馬總算躲過大難臨頭的災禍，不是靠著霍諾流斯的智慧和實力，而是基於哥德國王的審慎和仁慈。他採用效果較差卻溫和得多的強制手段，不再進襲首都而是將兵力直接指向歐斯夏港，該地擁有羅馬最具創意的工程也是最偉大的建樹。冬季的航運因為港口開闊毫無掩蔽，以致經常發生海難事故，影響到羅馬城的糧食供應，憑著首位凱撒的天才擬出一勞永逸的構想，直到克勞狄斯在位才完成全部規劃。人工修建的防波堤遠遠伸入大海，形成一條狹窄的進港航道，有效阻擋洶湧的浪濤，最大噸位的船隻也可以在三個廣闊的深水港灣裡安全錨泊。台伯河位於北邊的支流，在離古老的歐斯夏殖民區約兩哩的地方注入海灣。羅馬的外港逐漸擴展規模，成為有主教府邸的城市，許多巨大的糧倉儲存阿非利加運來的穀物，供應首都所需。

阿拉里克一占領這個重要的地方，馬上呼籲羅馬要識時務立即投降，發出嚴正的聲明使得他的要求更為有力。要是遭到拒絕或稍有延誤，他毫不猶豫會把羅

馬人賴以維生的糧倉全部摧毀。人民發出不滿的鼓噪加上饑饉帶來的恐懼，壓下元老院的傲慢和驕縱。他們只得聽從建議不敢稍存怠忽的心理，要擁立新帝即位取代一無是處的霍諾流斯，人選由哥德征服者自行決定。他將紫袍授與羅馬郡守阿塔盧斯（Attalus），心懷感激的君王立即承認他的保護人是西部軍隊的主將。阿多法斯出任內廷伯爵，負責控制和監視阿塔盧斯。這兩個敵對的民族看來像是用友誼和盟約緊密連繫在一起。

羅馬的城門全部敞開，新即位的皇帝在哥德人全副武裝、前呼後擁之下，引導喧囂吵鬧的隊伍走向奧古斯都和圖拉真的宮殿。阿塔盧斯把行政和軍事的重要職位分派給親信和黨羽，召集元老院的會議，他用非常正式的華麗辭藻發表演說，決心恢復共和國的尊嚴，統一帝國原有的版圖，像是埃及和東部各行省過去終承認羅馬的統治。每位有見識的市民聽到如此大放厥詞的言論，無不對他的格調感到無比鄙視。根本不懂軍事的篡奪者竟然會登上帝位，那是無理取鬧的蠻族對整個國家最深的傷害，使人根本無法忍受。一般民眾輕浮善變，對於更換主子只會大聲歡呼叫好。公眾的不滿中有利霍諾流斯的敵手，尤其是受到壓制的教派，以往在宗教迫害的詔書下苦不堪言，現上台的君王阿塔盧斯，曾在出生地愛奧尼亞的鄉間，受過異教迷信的薰陶，後來又從阿萊亞斯派的主教手裡接受神聖的洗禮。深受壓迫的教派期望能得到相當程度的贊同，至少也要能獲得宗教的寬容。

阿塔盧斯初期的統治平穩且順利，他派一個心腹官員率領實力不算強大的部隊，前往阿非利加鞏固臣屬的地位。意大利的大部分地區都屈服在哥德人的脅迫之下，雖然波隆納（Bologna）進行堅強而有效的抵抗。米蘭的人民因霍諾流斯的棄守感到不滿，大聲歡呼中接受羅馬元老院的選擇。阿拉里克率領一支精銳軍隊，帶著放在身邊的皇家囚徒直薄拉芬納的城門。由禁衛軍統領賈維烏斯、騎兵和步兵主將華倫斯、財務大臣波塔繆斯（Potamius）和首席司法官朱理安（Julian）等主要大臣所組成的使節團，在盛大軍事儀仗護送下進入哥德人營地。他們用君王的名義承認對手的合法選舉，同意由兩位皇帝分治意大利和西部各行省。他們的建議遭到輕蔑的拒絕，阿塔盧斯帶著侮辱的慈悲語調，使得反對的態度更加讓人難以忍受。他用寬大為懷的口氣表示，如果霍諾流斯馬上脫下紫袍，就允許他在遙遠的小島上過流放的生活，安享他的餘生。

狄奧多西的兒子目前的處境，就熟知他實力和策略的人來說，確實是瀕臨絕望的關頭，以致他的大臣和將領賈維烏斯和華倫斯，無法達成託付的任務，可恥背叛即將沉淪的恩主，覥顏投靠一帆風順的敵手。發生在內廷的謀逆事件真把霍

諾流斯嚇得屁滾尿流，看到每一個向他走過來的奴僕和每一個剛到達的信差，都會驚慌得面容失色，害怕那些藏在首都、皇宮甚至寢室裡的敵人。在拉芬納的港口已經準備好幾條船，要把退位的君王送到東部的皇帝那裡，也就是他年幼姪子統治的疆域。

天無絕人之路（這是歷史學家樓洛柯庇斯的觀點），霍諾流斯總算得到神明保佑。就在他絕望到無法做出任何明智和果敢的決定，只想不顧羞恥的趕快逃命的時候，料不到竟有增援部隊抵達，四千名久經戰陣的老兵及時在拉芬納的港口登陸。霍諾流斯把城市的守備任務交給驍勇的外來弟兄，他們未參與宮廷傾軋，還能確保對君王的忠誠，皇帝毋須擔心大禍臨頭以致寢食不安。從阿非利加獲得有利的信息，人們的看法和政局的狀況立即發生重大變化，阿塔盧斯派去的部隊和軍官，因作戰失敗以致全軍覆滅。赫拉克利安（Heraclian）用無比熱誠採取積極行動，使得自己和人民仍舊對帝國忠心耿耿。他身為阿非利加伯爵，還為皇室送來大筆金錢，堅定皇家衛隊效命的信念，而且他早已提高警覺，不讓穀物和食油外運，要給羅馬帶來饑饉、動亂和災難。

阿非利加遠征失利，成為阿塔盧斯黨羽之間相互抱怨和指摘的根源。他的保護人在不知不覺中對擁立的君王失去興趣，因為他既缺乏指揮領導才能，也不會溫馴的聽命服從。他們要採取極其不智的作戰行動，事先沒有讓阿拉里克知悉，可能是不願聽他的勸阻。元老院非常固執，拒絕讓五百名哥德人攙雜在遠征隊伍裡一起登船，這等於洩露他們抱著懷疑和猜忌的心態，就他們所處的情況來說，胸襟不夠開闊，舉止也過於鬼祟。哥德國王對賈維烏斯惡毒的權術感到怒火中燒，他被升到貴族的地位，現在倒要進行反正活動，竟還毫無愧色公然宣稱，他看來像是背棄霍諾流斯，實際上是要促成篡奪者毀滅。在靠近里米尼的一片大平原上，當著無數羅馬人和蠻族群眾，可憐的阿塔盧斯被公開剝奪紫袍和冠冕（410 年）。阿拉里克把無用的皇家禮服，當成和平與友誼的信物送給狄奧多西的兒子。重回工作崗位的官員恢復原職，連拖延不決最後才表示悔誤的人都獲得寬恕。已經下台的羅馬皇帝不顧廉恥只求活命，懇請獲准留在哥德人營地，夾雜在高傲而善變的蠻族行列之中。

10 蠻族第三次圍攻羅馬破城後的掠奪（410 年）

阿塔盧斯的罷黜除掉締結和約的唯一真正障礙。阿拉里克前進到離拉芬納三哩的地方，對遲疑難決的皇室大臣施加壓力，他們一旦否極泰來又擺出傲慢的姿

態。阿拉里克聽到他的死對頭薩魯斯酋長被接進皇宮，心中難免騰起一番無名業火，何況薩魯斯還跟阿多法斯早有過節，也是巴爾提家族的世仇大敵。豪氣蓋世的蠻族酋長率領三百名隨從，突然從拉芬納的城門衝了出來，襲擊哥德人有相當實力的部隊，來往縱橫大殺一陣，掌著勝鼓收兵回城，用大軍先鋒的口氣侮辱他的對手，公開宣稱罪孽深重的阿拉里克受到皇帝排斥，永遠不會建立友誼和結盟的關係。拉芬納宮廷的謬誤和愚行使羅馬得到報應，要遭受第三次的浩劫。哥德國王不再掩飾剽掠和報復的欲念，大軍出現在羅馬城下。心驚膽戰的元老院知道沒有任何解救的希望，只能做破釜沉舟的打算，拖延城市覆滅的時間。但他們無法防備奴隸和僕從的密謀，反叛者因為出身和利益的關係，甘心情願投靠敵人。

撒拉里亞（Salarian）門在午夜時分悄悄打開（410年8月24日），居民被哥德人號角的可怕聲音驚醒。羅馬建城一千一百六十三年，帝國之都曾經征服和培育世界上大多數人類，現在落在日耳曼人和錫西厄人的手中，受到蠻族部落狂暴的蹂躪。阿拉里克強行攻進受到征服的城市，從公開的聲明可得知他關心人道和宗教的規範。他鼓勵部隊發揮英勇精神奪取應得報酬，盡量從富有而軟弱的人民手裡搶劫戰利品據為己有，同時告誡手下對於不加抵抗的市民要饒恕性命，尊敬聖彼得教堂和聖保羅教堂，要視為不可侵犯的聖地。

這是鬼哭神號的暴亂之夜，有一些信奉基督教的哥德人，展現出新近改變宗教者的信仰熱誠。他們的行為異乎尋常的虔誠和節制，使得教會的作家出於衷心的讚許，曾經舉例詳細描述。蠻族士兵在城中亂竄到處尋找獵物，有一個終生獻身祭壇的老處女，她那簡陋的住屋被凶悍的哥德人撞開。闖入者雖然說話的語氣斯文，卻要她交出所有的金銀，使人感到驚奇不已的是，她竟將士兵引導到一間金光閃閃的貯藏室，裡面堆滿用金銀材料精工製作的器具。蠻族士兵看到獲得的財寶真是心花怒放，聽到忠告的話卻使他不敢動手。她說道：「這些都是奉獻給聖彼得的法器，要是你膽敢拿走，褻瀆神聖的行為會使你的良心不安。對於沒有能力保護的東西我只有聽天由命。」

哥德隊長表現敬畏的神情，派遣信差把發現寶藏的狀況報告國王，接到阿拉里克嚴格的命令，所有聖器和飾物要立即歸還使徒的教堂，不得有任何損壞。從昆林納爾（Quirinal）山的盡頭一直到遙遠的梵蒂岡，無數哥德人的分遣隊用作戰隊形通過主要的街道，手裡拿著閃閃發光的兵器保護一長列虔誠的信徒。他們的頭上頂著大堆金銀器具，蠻族的軍隊口令混合著宗教的讚美歌聲。從鄰近的房屋裡很多基督徒趕快出來加入感人的隊伍。還有大群的逃難人員不分男女老幼和階級職位，甚至不分宗教派別，全部趁著最好的機會逃進梵蒂岡安全而友善的避

難所。聖奧古斯丁寫出宏偉淵博的思想名著《上帝之城》，就是要闡明偉大羅馬的毀滅實屬天意，他以歡欣鼓舞的心情歌頌基督流傳萬古的勝利，用輕視的口吻質問那些異教徒的對手，能否舉出類似的例證，闡明一個城鎮被蠻族的狂濤捲走的時候，古代傳說的神祇還能保護自己和受騙的信徒？

羅馬遭到洗劫時發生若干罕見而奇異的事件，蠻族的德行值得嘉許。梵蒂岡這塊聖地和各處使徒教堂，只能接納極少部分羅馬人民。打起阿拉里克旗幟有成千上萬的武士，特別是匈奴對於基督的名字或信仰可以說一無所知。因而我們可以大膽推測他們不會別有用心或惡意冒犯，在那獸性發作的時刻，所有的欲望都被燃起，人性的抑制全無作用，福音的教誨也難以影響哥德人基督徒的行為。有些作者極力誇張他們的仁慈，卻也坦白承認他們殘酷殺害羅馬人。恐怖籠罩下，城市的街道堆滿無人掩埋的屍體。市民的絕望有時會轉變成憤恨，蠻族只要遭到反抗就會引發暴虐的震怒，老弱婦孺和傷殘病患都遭到不分青紅皂白的屠殺。四萬名奴隸報復私仇，毫無憐憫和惻隱之心，從前在有罪或可惡的家庭受到痛苦的鞭打，現在要用他們家人的鮮血洗滌傷口。羅馬的貴婦和童女視貞潔重於生命，因此遭受比死亡更為可怕的摧殘，教會史家特別選出表現婦德的事例供後世景仰。

有位容貌美麗的貴夫人是正統教會的基督徒，激起一個哥德青年無法克制的慾火。要是根據索諾曼（Sozomen）合理的推斷，這位青年應該是阿萊亞斯派的異端分子，被她的堅決抵抗所激怒就拔出軍刀，像生氣的情人刺傷她的頸脖，鮮血直流的女英雄還是奮不顧身拒絕他的求歡。一直到強暴未遂的罪犯放棄徒然無效的努力，為了表示敬重將她帶到梵蒂岡聖地，拿出六個金幣交給看守教堂的衛兵，要他們安全護送她到丈夫身旁。這兩人英勇的舉動和慷慨的行為是極為難得的例子，一般來說野蠻的士兵為了滿足肉慾，根本不考慮虜獲女性的意願和應守的本分。因而一個微妙而又容易曲解的問題引起激烈的爭辯：承受暴力拒不相從的嬌弱受害者，違背個人意願受到侵犯是否算失去純潔的貞操？

相較之下貪婪卻是永難滿足而且普遍存在的欲望，使不同品味和習性的人都能享受歡愉的東西，只要據有財富便能輕易獲得。羅馬的搶劫行為主要目標是黃金和珠寶，重量輕體積小而且價值高，等到便於攜帶的財富被先得手的強盜搶光，羅馬宮殿富麗堂皇和貴重值錢的陳設也被搜刮一空。裝滿金銀器具的大櫃、塞滿絲綢紫袍的衣箱，都隨意堆放在大車上面，跟著哥德部隊一起行軍。蠻族不把最精美的藝術品當一回事，甚至惡意毀損，為了獲得值錢的金屬將很多雕像熔化，為了分配贓物用戰斧將貴重的器具劈成碎片。獲得財富使利欲薰心的蠻族更加貪得無饜，進一步用恐嚇、毆打甚至酷刑逼供，迫使被擄人員說出藏匿財物的

地點。穿著的豪華和貴重的飾物視為富有的必然證據，外表窮酸歸之於節儉的個性更有餘財。非常頑固的求財奴通常在遭受最殘酷的拷打後，才供出祕密藏放的心愛物品。許多冤屈的可憐蟲實在無法拿出對方想像中應有的財寶，結果只有慘死在皮鞭之下。

　　羅馬的建築物遭受破壞的程度，儘管有的說法過於誇張，還是在哥德人的暴行中受到相當的毀損。他們穿過撒里亞門入城之際，點燃附近的房屋作為進軍的引導，也用來分散市民的注意力。蔓延的火焰在混亂的夜晚無人出來撲滅，吞噬很多私人和公共建築物。薩祿斯特皇宮的廢墟一直保留到查士丁尼時期，就是哥德人大火的確鑿證據。當代有位史家提到，就是大火也難以燒毀粗大的實心銅樑，憑著人力根本無法動搖古代建築的基礎。在他虔誠的信念中倒也包含某些真理，就是天怒補充人怨之不足。令人感到驕傲的羅馬廣場，四周裝飾無數神衹和英雄的雕像，是為天上的雷火夷為平地。

11 羅馬陷落以後發生的善行和義舉（410年）

姑且不論騎士和平民階級在這次羅馬大屠殺中的死亡人數，有一件事可以確定，元老院的議員只有一位死於敵人的刀劍。究竟有多少人從尊貴而富有的地位，突然之間成為可憐的俘虜和人犯，這就很難計算清楚。蠻族通常只要錢財不要奴隸。擄獲貧窮的人員能索取的贖金很少，一般都是好心的朋友或慈悲的外人代為支付，要不然這些俘虜會在公開的市場或私下的交易中賣掉，但即使如此還能合法擁有與生俱來的自由，這是身為公民不會喪失也不容剝奪的權利。但後來他們後來很快發現自己雖然能夠維護個人的自由，生命的安全卻受到威脅，哥德人如果無法把他們賣掉，便會一不做二不休將無用的俘虜全部殺光。所以司法部門針對戰爭的情況已經有明智的規定，被賣的俘虜必須為賣主服行五年的短期勞役，等於是用勞力來抵付贖金。這些侵入羅馬帝國的民族，早已將大批吃不飽而又驚恐萬分的省民趕到意大利，他們害怕挨餓更甚於受到奴役。

等到羅馬和意大利發生災難，居民四散開來逃到最偏僻遙遠的地方，把那裡當成安全的避難所。哥德騎兵部隊沿著康帕尼亞和托斯卡尼海岸，一路散布恐怖和毀滅，與阿堅塔里亞（Argentarian）海岬只有一水之隔的小島伊吉利姆（Igilium），由於海洋的阻絕倒是逃過一劫。在離羅馬相當近的僻靜地點，濃密的樹林裡面隱藏人數眾多的市民。有很多元老院議員的家庭在阿非利加擁有大量世襲產業，要是他們明智決定及早離開，就可以安全抵達歡迎他們的行省，不僅獲得安身立命的場所，更可躲開家破人亡的災難。

在逃難的人群之中，高貴和虔誠的普蘿芭（Proba）最有名望，她是彼特洛紐斯（Petronius）統領的遺孀，羅馬最有權勢的公民去世，她仍舊是阿尼西安家族的大家長，運用個人的財產支持三個兒子先後出任執政官所需的花費。等到城市遭遇圍困以及被哥德人占領，普蘿芭身為基督徒抱持聽天由命的態度，忍受重大的財產損失。她登上小船身在海上，這時看見她的府邸已被烈焰吞噬。她帶著女兒拉塔婭和孫女德米特里阿斯（Demetrias），也是受到景仰的貞女，一起抵達阿非利加海岸。貴夫人把產業的出息或變賣所得的款項，慷慨解囊仁慈施捨，減輕許多人遭受流離失所和被擄付贖所受的痛苦。然而就連普蘿芭高貴的家庭，也無法避免赫拉克利安伯爵貪得無厭的壓榨。他竟然濫用婚姻的名義，使出極為卑鄙的手法將羅馬最高貴的婦女，賣給荒淫而又貪婪的敘利亞商人。

意大利的難民沿著埃及和亞細亞海岸散布在幾個行省，一直到遙遠的君士坦丁堡和耶路撒冷。聖傑羅姆和他的女弟子在伯利恆小村的僻靜居所，擠滿無數不

分男女老幼的乞丐，這些人過去都有顯赫的地位和富有的家世，落到悽慘的地步難免讓人不勝欷歔。羅馬受到前有未有的浩劫，使得帝國一下陷入悲傷和恐懼之中。偉大和敗壞形成極為可笑的比照，使得輕信的人們誇大「城市之后」遭受的痛苦。教士把東方預言家高深的隱喻用在新近發生的事件，有時就會將都城的摧毀和地球的末日混為一談。

　　人類對所處的時代在天性上產生一種強烈的傾向，那就是難免輕視優點，盡量渲染罪惡。激動情緒緩和了下來後，對於真正的破壞狀況進行公正的評估，見多識廣的當代人士不得不承認，羅馬在建城初期遭到高盧人的重大傷害，比起衰敗以後在哥德人手下的破壞要更為嚴重。十一個世紀的經驗使後代子孫提出奇特的比較，用充滿信心的語氣加以肯定，阿拉里克從多瑙河畔引進蠻族所帶來的蹂躪，遠不如查理五世率領的部隊造成的摧毀為烈。然而自封為羅馬皇帝的正統基督教君王，竟對自己的臣民採取敵對行動。

　　哥德人在進城不過六天工夫就撤離首都，羅馬卻被帝國主義分子據有達九個月之久，每個鐘頭都為凌虐、淫亂和掠奪的罪惡犯行造成汙染。殘暴的隊伍承認

日耳曼女性為了不成為羅馬俘虜而集體自殺。

阿拉里克是領袖和國王，他的權威對他們產生約束和制裁作用。擔任聯軍統帥的波旁（Bourbon）攻城之際光榮犧牲，主將之死使得軍紀蕩然無存，因為這支軍隊是由意大利、西班牙和日耳曼三個獨立民族組成。十六世紀初葉，意大利的生活方式和習性顯示人類的極端墮落。他們把社會處於動亂狀況常見的殺戮罪行，與濫用權謀和奢華產生的邪惡技能，非常巧妙的結合在一起。那些冒險家毫無原則，侵犯愛國主義和宗教迷信應該具有的正確觀點，竟然攻進羅馬教皇的宮殿，可說是意大利人最為放蕩的浪子。

就在同一個時代，西班牙人使舊大陸和新大陸為之戰慄失色，他們不可一世的英勇行為，贏得的盛名卻被陰鬱的倨傲、貪婪的搜刮和無情的暴虐所玷汙。為了不擇手段追求虛名和財富，他們反覆試驗發展出最惡毒和最有效折磨囚犯的方法。很多在羅馬剽掠的卡斯提爾人（Castillans），他們熟悉「神聖宗教裁判所」的招式，或許還有一些志願軍剛從征服墨西哥的戰場歸來，更是慣用此道的老手。日耳曼人沒有意大利人那樣墮落也不像西班牙人那樣殘暴，來自山北的武士滿是鄉土氣息，外貌蠻橫粗暴，掩藏著簡樸而純良的心地。但他們在宗教改革開始，受到路德的精神和教條的啟示，最大的樂趣是汙辱和摧毀天主教信仰供奉的聖物。他們肆意仇恨各種職稱和等級的教士毫無憐憫之心，而羅馬城的居民當中聖職人員占有相當大的數量。他們燃起宗教的狂熱要推翻「反基督」的教皇寶座。成為精神上已經墮落的巴比倫，只有靠著血與火才能淨化。

12 哥德人撤離羅馬及阿拉里克之死（410年）

戰勝的哥德人在第六天撤離羅馬（410年8月29日），很可能出於審慎的作風，倒不一定是畏懼的效果。驍勇善戰的首領親率滿載財寶和戰利品的大軍，沿著阿皮安（Appian）大道向意大利南部的行省緩緩前進，要是有人膽敢捋虎鬚立即摧毀，對不加抵抗的鄉土肆意掠擄。康帕尼亞因奢華而感到自傲的城市卡普亞，儘管已經日益衰落，還是帝國列名在第八位的大城受到重視，響亮的名聲時至今日已完全被人遺忘。

處於大難臨頭的情形之下，鄰近的小鎮諾拉（Nola）卻因聖潔的保利努斯（Paulinus）聞名於世。他曾出任過執政官、僧侶和主教，四十歲那年拋棄榮華富貴的享受和文學藝術的嗜好，獻身孤獨和懺悔的生活。所有的親友認為他的行為過於絕情，一定是身心方面喪失理性所致。教士的大聲讚揚使他堅定信心，對世俗的指責毫不在意。他熱誠皈依以後決心在諾拉的郊區，在靠近聖菲利克斯

（St. Faelix）顯現奇蹟的墳墓，找到一處簡陋的住所，虔誠的民眾在周圍已經建造五座信徒繁多的大教堂。他把剩餘的財富和智慧都用來侍奉光榮的殉教者，每逢節慶祭典，保利努斯以讚美歌頌揚祂的事蹟，再以祂的聖名興建第六座教堂。整座建築物的造型顯現無比的典雅和細緻，用《舊約》和《新約》故事做題材，繪出精美的圖畫作為裝飾。他那堅定而執著的信仰獲得聖徒的保佑和民眾的愛戴，迫得羅馬前執政官在退職十五年以後，只有接受諾拉主教的位置，這是羅馬被哥德人圍攻前幾個月的事。

圍城期間有些宗教界人士能在夢中或親眼看到守護神的形象，心靈獲得極大的安慰。然而緊接著發生不幸的災難，證明菲利克斯無能力也無意願保護祂曾放牧過的羊群，諾拉並未逃過普遍蔓延的浩劫。

自從阿拉里克用武力成功侵入意大利，直到他的繼承人阿多法斯指揮哥德人自動退走，四年的時光轉瞬而過（408-412年）。整個期間他們處在毫無干擾的狀況統治此一地區，不再是古人所謂自然和藝術結合有最高成就的人間樂土。說實在，意大利在安東尼努斯時代獲得的繁榮和富裕，隨著帝國的衰亡沒落已成明日黃花。長期和平產生的美好果實全落在蠻族手中，他們無法欣賞精緻文雅的奢華生活，那是準備供應給養尊處優和不事生產的意大利人。每個士兵都要分得一份生活所需的物質，像是穀物、牛羊、食油和酒類，哥德人營地每天都要徵收且消耗量極大。

一些職級較高的武士，還騷擾沿著康帕尼亞美麗海岸建造的別墅和花園，想當年盧克拉斯（Lucullus）和西塞羅曾經在裡面歌舞逍遙。戰戰兢兢的俘虜都是羅馬元老院議員的兒女，手裡拿著鑲嵌寶石的金質高腳酒杯，好

羅馬胸甲。

讓目中無人的戰勝者猛灌法勒尼安（Falernian）美酒，伸開粗壯的四肢躺在懸篠木的樹蔭下面，避開耀眼灼人的陽光卻又享受太陽帶來的舒適溫暖。他們回憶過去受的苦難，更加強了當前愉悅的感覺。要是對比家鄉的情景，貧瘠的錫西厄山丘是一片荒涼，還有多瑙河和易北河冰凍的河岸，使得意大利的宜人樂土平添一番嫵媚風情。

　　不論阿拉里克的目標是名聲、疆域還是財富，他用全副精力不屈不撓的追逐，不會受制於敵人的抗拒，更不會自滿於既有的成就。等他到達意大利最南端的領土，馬上被鄰近富裕而和平的島嶼吸引。就算他獲得西西里，也會認為這不過是重大遠征行動的中途點而已，他內心懷著攫取阿非利加大陸的構想。雷朱姆（Rhegium）和美西納（Messina）的海峽長度共是十二哩，最狹處的寬度只有一哩半。傳說中的深水怪物像是讓人變為岩石的錫拉（Scylla）女妖，還有世界奇觀的克里布迪斯（Charibdis）大漩渦，只能嚇唬生性怯懦和技術太差的水手。等到首批哥德人剛上船，突然颳起強烈風暴，把很多運輸船颳翻或吹散，他們對自然力量產生畏懼，高昂的士氣全部化為烏有。

　　阿拉里克的夭折也讓整個計畫泡湯，他得病不久過世（410年），所有的征戰隨之而去。蠻族的凶殘在英雄的葬禮展現無遺，他們用哀悼的呼聲讚揚領袖的勇敢和機運，派出大批俘虜辛勞的工作，使得從康森提亞（Consentia）城牆下方流過的布森提努斯（Busentinus）河改道。國王的墳墓建造在已乾涸的河床上面，墓內裝滿從羅馬掠奪得來價值連城的戰利品，然後再讓水流經過原來的河道。所有從事此項工程的俘虜全被殺死，阿拉里克埋葬的地點於是成為千古之謎。

第十二章
匈奴的興亡（376-453 年）

1 匈奴的興起及在歐洲建國的過程（376-433 年）

　　哥德人和汪達爾人為了逃避匈奴排山倒海壓向西方世界，匈奴的權勢和興旺卻無法創造偉大的成就。勝利的匈奴將各旗從窩瓦河散布到多瑙河，獨立自主的酋長之間的爭執與不和，把整體的實力消耗殆盡。英勇武士浪費在零星和掠奪的入侵行動經常玷汙民族的尊嚴，為了獲得戰利品不惜自貶身價投效敗逃敵人的旗幟之下。阿提拉（Attila）的統治使匈奴再度給世界帶來恐怖，我現在認為這個實力強大的蠻族，憑著他們天生的特質和積極的作為，交替侵略東方和西方，打擊對手的民心士氣，促使羅馬帝國很快滅亡。

　　民族大遷移的浪潮從中國北疆向西衝到日耳曼地界，實力強大而又人口眾多的部族經常出現在羅馬行省的邊陲。人為的阻障只能抵擋累積的力量於一時，容易屈服的皇帝惹起蠻族無理的需索，永難滿足無饜的貪念，因為他們有強烈的欲望要過奢華的文明生活。匈牙利人有雄心壯志把阿提拉奉為他們的國王，事實上遊牧民族的各旗都是他叔父羅阿斯（Roas）或稱為魯吉拉斯（Rugilas）的子民，將營地安紮在現代匈牙利局限的範圍之內。這是一片肥沃的土地，對於一個靠著遊獵和放牧為生的民族，用非常豐盛的方式供應全部所需。魯吉拉斯和驍勇善戰的弟兄處於有利的地位，不斷提升他們的權力和聲勢，交互運用和平與戰爭的手段對付兩個帝國。

　　埃伊久斯和他們建立深厚的友誼，可以鞏固雙方的聯盟關係。他經常拜訪蠻族的營地，獲得殷勤的接待和強力的支持，用篡奪者約翰的名義懇求他們出兵。六萬匈奴進軍到意大利的邊界，無論是揮軍助戰或是安然退兵，都得花費國家鉅額的金錢。埃伊久斯運用籠絡的策略，放棄潘農尼亞把主權讓給忠誠的盟友。東部的羅馬人對魯吉拉斯的武力有芒刺在背之感，不僅是行省連首都也受到威脅。有些教會史家要用神威和瘟疫消滅蠻族，狄奧多西放下身段用較難啟口的權宜之計，經過約定每年付給匈奴三百五十磅黃金，拿一般費用的項目掩飾聽起來有失顏面的貢金。匈奴國王並不計較欣表同意。

　　蠻族的凶狠暴躁和宮廷的奸詐善變，不時引起事故擾亂公眾的安寧。依附帝國的四個民族之中，我們特別要把巴伐利亞人（Bavarians）提出來表揚。他們不承認匈奴的統治，羅馬人身為匈奴的盟友，竟然鼓勵叛亂並且給予保護。等到魯吉拉斯用強大的武力鎮壓，他的使臣伊斯勞（Eslaw）出言恫嚇，發生很大的作用。元老院一致同意和平，敕令也經過皇帝的批准，同時派出兩位使節前往訂約。一個是普林薩斯（Plinthas），是有錫西厄人血統的將領，身居執政官的高位，另一個是財務官伊壁杰尼斯（Epigenes），見識高超且經驗豐富的政府官員，由企圖心旺盛的共治者推薦擔任所望的職位。

　　魯吉拉斯的死亡使簽訂和約的事宜暫時停頓下來。他的兩位姪兒阿提拉和布勒達（Bleda）接替叔父留下的寶座（433-453 年），同意與君士坦丁堡的使節進行私下會談。他們擺出高傲的態勢不願下馬，就在上瑪西亞靠近瑪古斯的廣闊平原，騎在馬背上一面馳騁一面進行商議。匈奴國王在協商過程當中，不僅要得到可供誇耀的榮譽，同時還要非常實際的利益。他們指定和平的條件，其中任何一條都在侮辱帝國的尊嚴：在多瑙河兩岸自由開放市場，提供安全和充裕的商品交易；要求每年的貢金從三百五十磅增加到七百磅黃金；從蠻族主人手裡逃走的羅馬人俘虜，每人要支付八個金幣的罰鍰或贖金；皇帝要廢止與匈奴的敵人簽訂的任何條約或協定；所有的逃亡人員，要是在狄奧多西的宮廷和行省得到庇護，全部交還受到冒犯的國君，由指定的法官接收以後再行處置。在遣返的逃亡人員之中，有些不幸的青年具有皇家血統，受到法官嚴厲的懲罰，阿提拉下令要把他們在帝國境內處以磔刑。等到匈奴國王用讓人產生恐懼來向羅馬人施壓時，為了收買人心對逃亡者給予短期的緩刑，同時要征服錫西厄和日耳曼那些意圖反叛和謀求自主的國家。

2 阿提拉的家世出身和行事風格（433-453 年）

　　阿提拉是蒙德祖克（Mundzuk）之子，古老匈奴貴族或王室後裔，他們的族人過去曾與中國的皇帝歷經很多世代的交鋒。依照一個哥德史家的記載，他的相貌帶著明顯的種族特徵。阿提拉的肖像呈現當代卡爾木克人（Calmuck）醜陋的面容：龐大的頭顱、黝黑的膚色、深凹而又細小的眼睛、扁平的鼻子、長著幾近稀疏的鬍鬚、寬厚的肩膀、短小的身材，雖然體型長得極不勻稱，卻孔勇有力而且行動敏捷。匈奴國王舉手投足之間泰然自若，表現出高高在上君臨萬民的氣勢。他有不斷轉動眼睛的習慣，像是思索可以給人帶來恐怖的事物，感到自得其

樂的樣子。然而身為蠻族的英雄人物，倒不是沒有容人的雅量和悲憫的情懷。向他乞憐的敵人可以相信他的誠意，只要他答應就是和平和赦免的保證。阿提拉的臣民也認為他是公正無私和寬宏大量的主子。他喜愛軍旅戰陣之事，等到登基已經到達盛年，靠著頭腦而非蠻力完成北國的征服。早年他可說是一個冒險犯難的士兵，在戰場拿刀槍贏取無敵的名聲，逐漸轉變成為偉大的將領，運用深謀遠慮的智慧建立不朽的功勳。除了在詩歌和小說的誇耀，個人的英勇行動發揮的功能究竟有限。即使是蠻族的勝利一樣要靠經驗和技術，能把熱情的群眾團結起來，願意接受一個人的指揮，赴湯蹈火在所不辭。

　　偉大的錫西厄征服者阿提拉和成吉思汗，領導統御方面較之粗魯不堪的同胞，畢竟要高人一等，他們並不完全依仗暴虎馮河的勇氣。我們同時也可以看得很清楚，無論是匈奴還是蒙古的王國，創始者都把民眾的迷信當作奠立的基礎。傳聞成吉思汗的母親是處女生子，出於杜撰的說法就是有人深信不疑，因此使得他不同於凡人。後來有全身赤裸的先知用神靈的名義，把世上的帝國交到他的手上，指出蒙古人的英勇無敵於天下。阿提拉善於運用宗教的手段，非常適合時代和民族的特性。錫西厄人崇拜戰神，特別要表現出虔誠的行為，這倒是很自然的

阿提拉。

事。他們不會形成抽象的觀念或具體的表徵，只是在形如彎刀的鐵製圖騰下面，祭拜他們的保護神。傳言匈奴族有一個牧人外出放牧，發現有頭母牛的腳受傷，他很好奇要查出原因，就順著血跡去找，結果在草叢裡看見一把古劍露出劍尖，於是把劍從土裡挖出來獻給阿提拉。這種手腕是何等的高明且富於心機！君主以虔誠的感激之心接受上天所賜予的恩惠，只有他才夠資格成為「戰神之劍」的得主，等於向世人宣告他有統治塵世的神聖權利，直到千秋萬世。要是為莊嚴的目的實施錫西厄人的儀式，就在廣闊的平原用柴束高高的堆積起來，成為長和寬都有三百碼的祭壇。戰神之劍豎立放在粗野的祭壇最上方，每年要用羊、馬和第一百位俘虜的鮮血當作奉獻的祭品。

　　不論阿提拉的拜神活動用哪種方式實施活人獻祭，或是為了要用犧牲邀得戰神的恩寵，還得繼續在戰場進行類似的活動，受到戰神賜恩的人立刻具備神聖的身分，使得他的征服更為順利，他的統治更為長久。蠻族的諸侯用虔誠而阿諛的語氣承認，他們幾乎不敢逼視神聖威嚴的匈奴國王。他的兄弟布勒達曾經統治很大一片國土，後來被迫交回權杖，結束自己的生命。即使手足相殘的行為也歸之於超自然力量的衝動。阿提拉揮舞「戰神之劍」表現的豪邁氣概，讓所有的人承認只有他率領的無敵大軍可以征服世界。他擁有面積廣闊的帝國，僅能保存原始的證據，其中提到他參加戰爭的次數和重要的勝利。錫西厄的國君不知道科學和哲學的價值，他那些不識字的臣民也欠缺應有的技藝，無法使他的功勳永垂不朽，對此必然感到懊惱和遺憾。

　　設若在地球上面劃一條線，把文明聚落和野蠻地域區分開來，將農耕為生的城市居民和住在帳篷的牧人和獵人加以隔離，阿提拉渴望的頭銜是遊牧的蠻族最高和唯一的國君。無論是古代還是現代的征服者之中，唯有阿提拉把日耳曼和錫西厄兩個偉大王國聯合在一起。當他運用這種很含糊的稱號進行統治，已經知道把極為廣大的範圍包括在內。圖林基亞（Thuringia）的區域延伸越過實際的邊界，已經到達多瑙河一線，還不過是他的一個行省而已。他以一個強權的鄰國自居，有實力介入法蘭克人的國內事務。他有一個部將懲罰在萊茵河的勃艮地人，幾乎要絕滅整個種族。他征服位於島嶼的斯堪地那維亞王國，四周為波羅的海包圍和分隔。匈奴獲得北方地區用毛皮作為貢品，當地的土著過去就是靠著特殊的材料在嚴冬得到保護，使其他的征服者不敢染指，而且可以激發自己的鬥志。阿提拉向東的疆域超越錫西厄的荒原，詳細情況很難弄得清楚，可以確定他的統治已經及於窩瓦河兩岸。匈奴國王之所以使人畏懼，因為他不僅是位武士還是一個術士。他攻擊所向無敵的哲歐根人，使他們的可汗降服稱臣。他派遣使臣前往中

國談判建立同盟關係。

　　阿提拉很驕傲的自誇舉凡拉觸過的民族都奉他為主，在他有生之年都不會背叛，尤其是吉皮迪人和東哥德人，以人數眾多、作戰英勇和酋長的個人功勳，重要性顯得更為突出。吉皮迪人名聲顯赫的國王阿達里克（Ardaric），是統治者忠誠可靠而又足智多謀的軍師，阿提拉對他無畏的天賦才華非常尊敬。同時他也喜愛東哥德國王高貴的瓦拉米爾（Walamir），為人溫和有禮且行事審慎細心。這一群粗野豪邁的國王，都是許多黷武好戰部族的領導人物，全部投效到阿提拉的旗幟下，遵奉命令像侍衛和家臣圍繞在主上的四周，看到他領首就感到輕鬆愉快。要是他一皺眉頭，他們難免膽戰心驚。只要他一聲令下，他們即使赴湯蹈火，也毫無遲疑和怨恨之心。平時臣屬的王侯帶領本國的部隊，按照正常的輪替制度隨護皇家營地，等到阿提拉集結作戰軍隊時，能夠進入戰場的兵力到達五十萬或七十萬蠻族之眾。

3 匈奴入侵波斯及與東部帝國的征戰（430-441 年）

　　匈奴使臣提醒狄奧多西注意，他們在歐羅巴和亞細亞都與帝國相鄰，一邊是在多瑙河發生接觸，另一邊已抵塔內斯河。他的父皇阿卡狄斯在位時期，有一股匈奴為患東部各行省，掠奪大量戰利品和無數俘虜。他們使用一條不為人知的小徑，沿著裏海海岸前進，橫越亞美尼亞積滿冰雪的山嶺，渡過底格里斯河、幼發拉底河與哈里斯（Halys）河，用卡帕多西亞血統優良的馬匹，補充他們損耗過度和精疲力竭的騎兵部隊，占領西里西亞四境多山的國度，擾亂安提阿市民紙醉金迷的生活。埃及為他們的趨近而戰慄不已，聖地的僧侶和香客趕緊登船，準備逃過將臨的劫難。東方民眾對他們的入侵記憶猶新，內心充滿恐懼和驚慌。阿提拉的臣民運用優勢兵力，發起大膽的冒險行動。無論巨大的暴風雨是落在羅馬或波斯疆域，難免要讓關心的人先行預測好有所打算。匈奴國王有一些重要的家臣，他們的位階已列入實力強大的王侯，獲得批准與西部皇帝或將領建立聯盟。

　　他們住在羅馬提到東方的遠征情況，橫過荒漠和沼澤抵達羅馬人熟知的米奧提斯海。他們穿越山區經過十五天的行軍趕往米地亞邊界，接著向一無所知的城市巴夕克（Basic）和庫夕克（Cursic）進軍，在米地亞平原與波斯大軍遭遇。他們說天空被箭雨籠罩，受到敵軍優勢兵力的壓迫，匈奴只有退兵保持實力。他們經由多條道路向後轉進，歷經千辛萬苦總算擺脫敵軍，損失大部分戰利品，終於回到皇家營地。他們現在已經了解波斯的狀況，矢言報仇雪恥。帝國使臣在阿提

拉的宮廷交談，討論匈奴當前大敵的狀況和爾後計畫。君士坦丁堡的大臣表示，他們希望匈奴能夠轉用實力，與薩珊王朝的君王進行曠日持久且勝負難決的鬥爭。見識卓越的意大利使臣認為東方的共治者要是抱持空幻的希望，不僅愚蠢而且會很危險。他要讓對方明白其中道理，設若米提人和波斯人都無法抵擋匈奴的軍隊，那就會助長征服者的權勢和氣焰。無論是當前數目不算龐大的貢金，或授與軍階擔任狄奧多西的將領，都不會讓他感到滿意。何況羅馬人在各方面已被匈奴的帝國包圍，阿提拉會用羞辱和沉重的木枷，鎖在走投無路的羅馬人頸脖上。

歐洲和亞洲的強權取得共識要防止迫在眉睫的危險，阿提拉用建立聯盟的方式支持汪達爾人據有阿非利加。拉芬納和君士坦丁堡的宮廷協力發起冒險行動，要光復極為重要的行省，西西里的港口集結狄奧多西的軍隊和船艦。狡猾的堅西里克（Genseric）不斷呼籲要用談判解決問題，同時做釜底抽薪的打算，煽動匈奴國王入侵西部帝國。此時正好發生一件微不足道的意外（441年）拿來作為藉口，成為這場毀滅性戰爭的導火線。為了遵守在瑪古斯簽訂的條約，多瑙河北岸要設置一個自由貿易的市場，受到當地羅馬堡壘的保護，這座要塞有個別號稱為康士坦霞（Constantia）。有一群蠻族違犯商業安全的規定，殺死毫無戒備的商人，餘眾全部四散奔逃，同時將堡壘夷為平地。

匈奴聲稱他們的殺人越貨是正當合理的報復行為，因為瑪古斯主教進入他們的地區，發掘並偷竊國王埋在地下的寶藏。匈奴嚴厲要求將犯罪的教士、褻瀆的財物以及逃亡的臣民，交給阿提拉的法官。拜占庭宮廷的拒絕引起戰爭，瑪西亞人一致讚譽君主有堅定不移的決心。維米尼康姆（Viminiacum）和鄰近城鎮的毀滅，立即使他們受到大禍臨頭的威脅。民眾在朝不保夕的狀況下，只能採用最有效的處理方式。為了大眾的安全，犧牲少數可敬的市民也是無可奈何的事。瑪古斯主教沒有殉教者的獻身精神，害怕會有不幸的情況發生，決定採取預防的措施。他大膽前去找匈奴君王談判，要求對方原諒他的行為，發出重誓願意將功折罪。他要蠻族在多瑙河岸埋伏一批人馬，在指定的時間，他會打開主教城市的城門。匈奴從主教的獻城背叛掌握有利的地位，等於拉開序幕，將獲得一連串光榮而且有決定性戰果的勝利。

伊里利孔邊區在一條布滿工事和堡壘的防線給予的掩護之下，雖然其中大部分只是一座單獨的城堡加上少數防守部隊，對於入侵的敵人通常能夠驅離，也可截斷他們的退路，因為敵人缺乏圍攻的技術也沒有持久的耐心。目前的狀況是實力微弱的阻礙被匈奴大軍一掃而光，人煙稠密的城市像是色米姆、辛吉都儂（Singidunum）、瑞塔里亞（Ratiaria）、瑪西亞納波里斯（Marcianapolis）、奈蘇

斯和撒迪卡，全部遭到戰火的摧毀。所有的城市只要設防就會落得同一下場，人員受到懲罰，建築物全被破壞。歐洲在這個部分從黑海到亞得里亞海一線，延伸大約有五百哩的寬度，阿提拉率領成千上萬的蠻族進入戰場，立刻發起攻擊、占領和蹂躪行動。然而民眾的危難和災禍並沒有振奮狄奧多西的勇氣，中止他的休閒活動和宗教奉獻，親自率領羅馬軍團出征。他只是將派遣出去對付堅西里克的部隊，倉促從西西里召回，位於波斯邊境的防備部隊都已消耗殆盡。至於在歐洲集結的戰力，要是將領明瞭指揮之道，士兵克盡服從之責，倒是可以發揮在武器和數量上的優勢。

東部帝國的軍隊在三次連續發生的會戰中被敵軍擊敗，阿提拉在戰場踩著勝利的血跡前進。前面兩次會戰分別發生在烏都斯（Utus）河岸和瑪西亞納波里斯城下，使得多瑙河與希繆斯（Haemus）山之間寬廣的平原進行激烈的戰鬥。羅馬人受到戰勝敵軍的壓迫，逐漸退向色雷斯的克森尼蘇斯（Chersonesus）。這個行動至為不當，此地為狹窄的半島，等於自動陷入絕境。羅馬人受到第三次的挫敗，大局已無法挽回。阿提拉殲滅敵人大軍，完全主宰戰場任其縱橫，從海倫斯坡海峽到色摩匹雷（Thermopylae）關隘，包括君士坦丁堡的郊區在內，可以隨心所欲盡情踩躪色雷斯和馬其頓所屬各行省。只有赫拉克利和哈德良堡仗著城池堅固逃過一劫，東部帝國有七十多個城市遭到絕滅的命運。狄奧多西的宮廷和毫無戰鬥能力的人民，有君士坦丁堡有如金湯的城牆可以給予保護，但最近發生一次強烈地震，五十八座塔樓倒塌，城牆出現很大一段裂口。雖然很快修復損壞，然而意外事件因迷信而誇大了民眾的畏懼，說是上天要把皇家的都城交到錫西厄的遊牧民族手中。

4 阿提拉與東部皇帝簽訂和平條約（446 年）

西部的羅馬人基於怯懦和自私的政策，將東部帝國丟給匈奴不管死活。就狄奧多西的個性來看，無法補充已經喪失的軍隊，也不能維持紀律和武德，仍舊要裝著保有「奧古斯都天下無敵」的稱呼和頭銜，實際上已經墮落到乞求阿提拉大發慈悲的地步。反觀他的對手，已下達專橫的指示，提出苛刻和羞辱的和平條件：

其一，東部的皇帝要放棄廣大而重要的地區，沿著多瑙河的南岸從辛吉都儂或貝爾格勒（Belgrade），一直延伸到色雷斯行政區的諾維（Novae），限定的寬度很含糊的計算是十五天的行程。為了保持帝國的顏面，至於用什麼方式表示，

或是訂立雙方心照不宣的協定，匈奴都沒有意見。從阿提拉的提案可以看出，雙方的市集位置要立刻遷移，他擔心遭到摧毀的城市奈蘇斯，會劃到他的疆域範圍之內。

　　其二，匈奴國王要求得到的貢金或稱為補助經費，應該從七百磅黃金增加到兩千一百磅，同時規定要立即支付六千磅黃金，這是他在戰爭中所花去的費用，當作戰敗賠償的罰款。富裕的東部帝國對這樣的需求可以立即支付，事實上，有些私人的財富比支付的金額還要多得多，倒是公眾的災禍顯示出貧窮的現象，至少在財政方面是一片混亂。特別是從民眾強徵的稅款，在繳交給君士坦丁堡國庫的途中，因為道路阻塞而中斷或滯留。狄奧多西和他的寵臣用維持皇家排場的藉口，打著基督教慈善事業的名目，任意支用年度的歲入額度，過著奢侈浪費的生活。等到出乎意料的軍備需要耗盡一切可用的資源，只好對元老階層的成員強制要求捐獻。雖然規定嚴厲但朝令夕改，總算是唯一權宜之計，及時滿足阿提拉貪婪的胃口，沒有惹起兵刀之災。那些已經貧窮的貴族逼於無奈，只有不顧羞恥公開拍賣妻子的珠寶，以及府邸裡面家傳各項裝飾。

　　其三，匈奴國王建立本國的司法原則，就是他運用權力使人降服獲得的財產，無論是自願還是勉強，從此不再喪失所有權。阿提拉根據此一原則得到結論，制定不得變更的法律，即任何人在戰爭中獲得匈奴為戰俘，均須立即開釋不得延誤，亦不得要求贖金。每一個羅馬人俘虜，包括逃走的人在內，獲得自由的贖金為十二個金幣。所有從阿提拉旗幟下逃亡的蠻族，必須歸還並不保證或規定可以得到赦免。為了執行凶暴而可恥的條約，皇家官員逼得要屠殺幾位忠誠而出身高貴的逃亡分子，他們拒絕遣返自尋死路。這樣一來，羅馬人喪失所有的號召力量，再也無法獲得錫西厄人民的友誼。對於願意接受狄奧多西統治的懇求者，羅馬人等於公開宣稱，他們不僅違背信義，而且也沒有保護的實力。

　　處於國勢陵夷門戶大開的情況，只有一個城鎮表現出堅定的決心，暴露出皇帝和帝國已羞愧到無地自容，否則以這個城市名不見經傳的程度，不可能被史家和地理學家提到。阿茲穆斯（Azimus）是色雷斯一個小城，靠近伊里利孔邊界，以年輕人的尚武精神名聞邇遐。他們產生的領導人物經驗豐富而且英勇過人，所以膽敢奮不顧身抗拒蜂擁而來的蠻族。阿茲穆斯人並沒有現出氣餒的樣子等待敵軍到來，而運用奇襲的方式主動發起攻擊，救出被搶走的戰利品和擄去的俘虜。同時有很多國內的流亡人員和逃兵自動投效，使得匈奴對充滿危險的鄰居感到非常頭痛。締結條約以後，阿提拉仍然用戰爭威脅帝國，不論用說服或強迫的方式，阿茲穆斯人必須順從他們的國君接受的條件。狄奧多西的大臣很羞愧的

承認，對於勇敢要求天賦獨立狀況的群眾，實質上已經喪失管轄的權力。

匈奴國王站在平等的立場去與阿茲穆斯人談判。他們要求歸還一些牧人，在偶然發起的突擊中連帶著牲口一起被擄走。阿茲穆斯人於是扣留匈奴，作為讓同伴安全的保證。匈奴同意進行嚴密的調查但沒有獲得結果，不過他們信誓旦旦說沒有拘留該市任何俘虜，才能從阿茲穆斯人手中接回倖存的兩個匈奴奴隸。阿提拉感到滿意同時也被欺騙了，因為阿茲穆斯人鄭重發誓其餘的匈奴俘虜已經死在劍下。阿茲穆斯人還說，只要曾經獲得公眾誓約保障卻又叛逃的人士及羅馬人，他們會立刻解決。詭辯家不論傾向奧古斯丁的嚴厲訓示，或是偏向聖傑羅姆和聖克里索斯托的溫和脾氣，都可能指責或原諒謹慎而故意的掩飾。每個士兵和政府官員應該知道，要是人人效法阿茲穆斯人，有奮發圖強的精神，蠻族就不會踐踏帝國的尊嚴。

5 霍諾里婭的韻事與阿提拉入侵高盧（451年）

阿提拉宣布決定支持盟友的大業，就是應允汪達爾人和法蘭克人的要求，同時帶著騎士制度的浪漫精神，認為自己是霍諾里婭（Honoria）公主的愛人和護花使者。華倫提尼安的姊妹在拉芬納的宮廷接受教育，由於她的頭銜是奧古斯塔，擢升到極其崇高的位階，使最狂妄的臣民也不敢抱有求婚的指望，要想找到門當戶對的對象實在是非常困難。等到膚色白皙的霍諾里婭滿十六歲，開始厭惡不斷要求她保持高貴的儀態，使得她無法享受愛情的快樂，空虛的豪華排場則難以讓她感到滿足。霍諾里婭為此嘆息不已，只有屈服在激情的本能之下，投身寢宮總管尤金紐斯的懷抱，懷孕的體態立即暴露她的罪行和羞恥。普拉西地婭（Placidia）皇后處理此事不夠謹慎，使得皇家的醜事傳遍世界，因為她對自己的女兒施加嚴格而羞辱的監禁，把她放逐到遙遠的君士坦丁堡。苦惱的公主留在狄奧多西的姊妹身邊，有一群選來的處女作伴，不再有任何物質享受可言，只能在修道院致力於祈禱、齋戒和守夜，還得裝模作樣的勉強去做，在封閉的環境度過十二或十四年的歲月。

她無法忍受漫長毫無指望的獨身生活，做出極為大膽和鋌而走險的決定。阿提拉的名字在君士坦丁堡不僅眾所周知，而且使人聞之生畏，他不斷派遣使臣保持營地和皇宮的密切交往。普拉西地婭的女兒為了追求愛情，或者是心存報復，放棄自己的責任和社會的成見，自動獻身投入蠻族的懷抱。事實上，他們的言語她根本不懂，他們的外表極為醜陋，而且他們的宗教和習俗都為人憎惡。在一個

忠誠宦官的幫助下，她送給阿提拉一枚戒指作為愛情的誓言，熱烈懇請他公開要求她成為合法配偶，因為他們之間已經私訂終身。匈奴國王對於並不合適的以身相許，抱著冷淡和輕視的態度加以接受，還是不斷增加妻妾的數量，直到野心和貪婪喚醒他的愛意。

等到入侵高盧成為當務之急，如果他能合法要求娶霍諾里婭公主為妻，就可以分享皇家的世襲財產和地位。他們的祖先在古代同樣用帶著敵意和專橫的方式，對中國皇帝的女兒打主意。阿提拉對權利的要求一樣冒犯到羅馬的尊嚴，宮廷用溫和的態度對匈奴的使臣表示堅定的拒絕，雖然有普拉西地婭和帕契麗婭（Pulcheria）似是而非的前例可循，宮廷仍舊嚴正否認女性有繼承的權利。何況霍諾里婭已有生死不渝的婚約，可以拿來反駁錫西厄求愛者的要求。等到發現她私下與匈奴國王連繫，有罪的公主成為禍害，被君士坦丁堡打發送回意大利。雖然免除她的死罪，但在與名義上的丈夫舉行婚禮後，被永久的囚禁起來，她只有暗自嘆息自己的罪孽和不幸。霍諾里婭要不是生為皇帝的女兒，愛情帶來的災難都可以避免。

知名之士賽東紐斯（Sidonius）是土生土長的高盧人，不僅學識淵博且辯才無礙，後來成為克勒蒙主教。他曾對友人承諾要寫出阿提拉之戰的正確史實。若非賽東紐斯的謙虛使他無法完成有趣的作品，這位史家就會以簡單的敘述呈現軍國大事，不像詩人用含混而可疑的譬喻，能更精確暗示相關的情節。日耳曼和錫西厄的國王和族人從窩瓦河到多瑙河，全都服從阿提拉黷武好戰的召喚。他的旗幟從位於匈牙利平原的皇家村莊開始向西方移動，前進約七百到八百哩抵達萊茵河與內克爾（Neckar）河會合口。忠於聯盟的法蘭克人在克羅迪恩長子領導下加入匈奴陣營。一大群輕裝的蠻族行動飄忽到處剽掠，特別選擇冬季便於渡過冰封的河流。為數眾多的匈奴騎兵部隊，需要有豐富的牧草和給養，龐大的數量只有在溫暖的季節才能獲得。赫西尼亞森林提供材料造船建橋，成千上萬帶著敵意的群眾擁入貝爾京兩個行省，燒殺擄掠無所不為，整個高盧瀰漫隆冬陰鬱之氣。幸運逃過一劫的城市，按照傳統都歸功於奇蹟發生和殉教士保佑。特洛瓦（Troyes）的得救是聖盧帕斯（St. Lupus）的功勞；聖塞維久斯（St. Servatius）離開塵世以免見到通格里被毀；聖熱納維埃芙（St. Genevieve）的祈禱使阿提拉的行軍轉向，離開巴黎及附近地區。絕大部分高盧的城市同樣缺乏聖徒和士兵，遭到匈奴圍攻難逃毀滅的命運。就拿美次（Metz）來說，敵人依照戰爭的慣例，絕不會心慈手軟，連在聖壇的教士和要盡快受洗的兒童，都慘遭不分青紅皂白的屠殺。繁榮的城市陷入熊熊大火，只剩下聖司蒂芬的禮拜堂屹然聳立。

　　阿提拉從萊茵河與莫瑟爾河向著高盧的心臟地區前進，在奧克瑟爾（Auxerre）渡過塞納河，經過長途而辛勞的行軍，抵達奧爾良的城牆下方紮營，想要占領有利的位置，控制羅亞爾河通路保障征服的成果。遠征行動主要依靠阿拉尼國王桑吉班（Sangiban）祕密的邀請，他要反叛帝國答應出賣重要的城市。叛逆的陰謀活動及時撲滅使阿提拉大失所望。奧爾良新增工事和堡壘加強防備，匈奴的突擊被信心十足的士兵和市民驅散。大家齊心合力堅守不退，阿尼努斯（Anianus）主教本著神聖的地位和卓越的智慧，運用宗教的力量和策略鼓舞士氣，直到援軍抵達。這是一場堅持到底的圍攻作戰，城牆在攻城槌的撞擊聲中搖搖欲墜，匈奴將郊區完全占領，沒有能力執武器守衛城市的居民，全都趴俯在地向上天祈禱。阿尼努斯焦急的計算時日，派出得力的人員到城牆的堞垛，觀看四周遙遠鄉野的狀況。兩次回報沒有任何消息可以帶來希望或安慰，等到第三次報告提到遙遠的地平線出現很小一團煙霧，虔誠的主教用充滿信心的語氣大聲宣稱：「上帝派來的援軍到了！」全體民眾都跟著叫喊：「上帝派來的援軍到了！」大家注視著遠方，看著那群人的身影越來越近變得更為清晰逐漸能看到羅馬人和哥德人的旗幟。一陣順風吹散瀰漫在空中的灰塵，顯出戰力強大的陣勢。埃伊久斯和狄奧多里克帶著殺氣騰騰的騎兵部隊，迅速前來解奧爾良之圍。

6 埃伊久斯與西哥德人結盟對付匈奴（451年）

　　阿提拉所以能夠輕易進入高盧的心臟地帶，完全在於伺隙而趁的策略和令人驚駭的兵力。他以私下的保證緩和公開的宣告，對羅馬人和哥德人交互運用安撫和威脅的手段。拉芬納和土魯斯的宮廷這時還相互猜疑，對於共同敵人的來臨，竟然漠不關心到坐以待斃的程度。埃伊久斯是國家安全的唯一保障，自從普拉西地婭去世，皇宮內部的黨派傾軋蔓延開來，他採取的諸般明智措施難免受到干擾。意大利青年聽到戰爭的號聲響起，面無人色嚇得渾身哆嗦。蠻族不論出於畏懼或愛戴，都願意獻身阿提拉的大業，懷著疑惑和貪婪的信念等待戰爭的勝利。西部帝國的大公率領若干人馬越過阿爾卑斯山，從實力和數量上來說都不能稱為一支軍隊。等他到達亞耳或里昂獲得令人困惑的信息，說是拒絕防衛高盧的西哥德人，現在公開宣稱他們藐視入侵的敵軍，決定要在自己的領土上擊退對手。

　　元老院議員阿維都斯（Avitus）擔任過禁衛軍統領要職，他在奧文尼（Auvergne）有產業，就在那裡過退休生活，現在受到勸說接受重要職位出任使節，能夠發揮才華獲得成就。他向狄奧多里克提出忠告，面對的入侵者有吞併世

界的野心，所有的力量要堅定的聯合起來，不能讓他各個擊破，如此一來才能發揮抵抗作用。阿維都斯運用口若懸河的辯才，敘述他們的祖先遭到匈奴傷害的狀況，懷著仇恨把他們從多瑙河趕到庇里牛斯山山麓，哥德人的武士聽聞無不激起滿腔熱血。他還努力鼓舞他們的鬥志，每個基督徒都有責任拯救上帝的教堂和聖徒的遺骸，不能受到褻瀆神聖的侵犯。每個在高盧定居的蠻族都要基於個人利益，保護自己的土地和葡萄園，不讓錫西厄遊牧民族肆意蹂躪。狄奧多里克聽到提出的事例完全口服心服，立即採取審慎而榮譽的措施，公開宣稱要成為埃伊久斯和羅馬人忠實的盟友，為了保護高盧的共同安全，就算犧牲自己的性命和王國亦在所不惜。

那個時代的西哥德人，無論是名聲和實力都到達顛峰狀況，大家抱著愉悅的心情接受戰爭的召喚，準備自己的武器和馬匹，集合在年邁國王的旗幟之下。老當益壯的君主帶著兩位年長的兒子，托里斯蒙德（Torismond）和小狄奧多里克，決定親自指揮數量龐大而且英勇善戰的子民。還在匈奴和羅馬人之間舉棋不定的部落和民族，看到哥德人的榜樣下定決心。西部帝國的大公賣力勤奮工作，逐漸把高盧和日耳曼的部隊集結起來，過去承認是帝國的臣民或士兵，現在卻為自願從軍索取報酬，要求以獨立身分獲得盟友的地位。所有的部族包括里提人（Laeti）、阿莫里卡人、布里奧尼人（Breones）、薩克遜人、勃艮地人、薩瑪提亞人、阿拉尼人、里普里亞人（Ripuarians），以及追隨墨羅維斯（Meroveus）當他是合法君主的法蘭克人。以上是埃伊久斯和狄奧多里克指揮下的雜牌部隊，要迅速前進解奧爾良之圍，準備與阿提拉的大軍決一勝負。

匈奴國王在對方進軍時，立即撤收圍城的兵力，吹起號角召回遠處的部隊，是時他們正攻進一個城市要實施劫掠。阿提拉始終保持審慎的作為以指導勇敢的行動，他預想在高盧的腹地一旦戰敗，產生的後果將導致全軍覆沒，於是趕快退過塞納河，期望敵軍進入夏隆的平原地帶，一望無際的曠野適合錫西厄的騎兵部隊發揮戰力。秩序大亂的撤退行動，羅馬人和盟軍的前鋒不斷壓迫阿提拉的後衛，引起激烈的戰鬥。處於漆黑的夜晚和道路不明的狀況，敵對的縱隊經常不預期遭遇。法蘭克人和吉皮迪人的一場血戰，有一萬五千名蠻族被殺，這不過是為規模龐大的決定性會戰拉開序幕而已。卡塔勞尼亞（Catalaunian）戰場圍繞夏隆向四周展開，一直延伸到整個行省。喬南德斯曾經粗略估計，戰場面積約有一百五十哩長、一百哩寬，就是後來稱為香檳的地方。面積遼闊的平原上有些起伏不平的地方，若能掌握制高點，就可以俯瞰阿提拉的營地。兩位將領都知道它的重要性，因此都極力奪取。年輕英勇的托里斯蒙德首先占領最高的小山頂，匈奴正

從對面費力向上進攻，哥德人以雷霆萬鈞之勢從上面衝下來。誰要是據有態勢有利的地點，該方陣營的士兵和主將都自認可以獲得最後的勝利。憂慮的阿提拉請教祭司和腸卜師的看法，據說在檢查牲品的內臟和切開骨頭後，神祕的預兆顯示主要敵手的死亡和他自己的戰敗。這個蠻子接受極為公正的說法，對於埃伊久斯的才能表示由衷欽佩。

匈奴的個性經常會出現意氣消沉的情緒，阿提拉也像古代的將領，針對當前的狀況採取必要的手段，用充滿豪情壯志的演說鼓舞部隊的士氣。他不僅用國王的語氣向他們說話，還要親自率領他們衝鋒陷陣攻城掠地。阿提拉要求大家考量過去的光榮、實際的危險和未來的希望，他們憑著天賜的運道，用勇氣打開錫西厄荒野和沼澤的通路，那麼多黷武好戰的民族趴俯在他們的腳下。他相信同樣的氣運會使他們贏得勝利，在這場值得紀念的會戰享受最大的歡樂。由於敵方審慎的作戰，又擁有關係緊密的聯盟，占據有利的地形位置，因此阿提拉不得不用非常技巧的表達方式，把對方的優點說成是敵人畏戰的結果，而不是穩健的行動。他又說只有西哥德人是敵軍的主力和中樞，匈奴可以任情踐踏墮落的羅馬人；並且把敵軍密集的衝擊隊形解釋成膽怯的表現，阿提拉相信敵人甚至無法支持一天會戰的危險和辛勞。

這位匈奴國王把軍人武德有關的準則，全都搬出來加以運用。他向臣民提出保證，受到上天保佑的戰士即使親冒敵人的槍矛，還是非常安全不會受傷。對於退縮不前求饒的無恥敗類，永不失手的命運之神會命中他的胸膛。阿提拉繼續說道：「我自己要投出第一支標槍，哪個可恥的倒楣鬼要是不敢照著君主的榜樣去做，就是自取滅亡。」無畏的領導人以身作則，用語言和行動激勵部隊士氣，產生立竿見影的效果。阿提拉順勢接受部隊迫切出戰的高昂情緒，立即下令排成會戰陣式。最前列是勇敢又忠誠的匈奴，他親自站在最中央的位置。

那些對他的帝國表示臣服的民族，像是魯吉亞人、赫魯利人、圖林基亞人、法蘭克人、勃艮地人都在兩翼依次排開，占滿卡塔勞尼亞原野的廣大空間。右翼由吉皮迪人國王阿達里克指揮，統治東哥德人的英勇三兄弟位於左翼，正好面對同宗的西哥德人。其他同盟部隊按照不同的方式列陣，阿拉尼人國王桑吉班的狀況不穩，就放在中央位置，行動受到嚴格監視，一旦發現反叛就立即加以懲處。羅馬人和西哥德人聯軍的陣營，埃伊久斯負責指揮左翼，狄奧多里克在右翼，托里斯蒙德仍舊占領高地，逼得錫西厄軍隊要延伸側翼和後衛。從窩瓦河到大西洋的民族都在夏隆的平原集結，其中很多因派系的傾軋、征服或對外的遷移形成分裂。現在他們拿起同樣的武器和旗幟，相互做出威脅的動作，一場大規模的內戰

一觸即發。

7 夏隆會戰的經過和阿提拉的撤離（451年）

　　希臘人和羅馬人最令人感到興趣的民族習性，反映在他們的紀律和戰術方面。無論是色諾芬（Xenophon）、凱撒或腓特烈（Frederic）的天才，都表現在軍事行動的認知和實踐之中。設若對他們進行深入的研究，就可以增進毀滅人類的技術和能力。夏隆之役所以激起我們的好奇心，只是規模龐大無比而已，完全出自蠻族的盲目衝動。提到這場戰事的作者都懷有若干成見，他們全部擔任政府和教會的職務，對於軍事一無所知。卡西多流斯（Cassiodorius）與很多哥德人戰士親切交談，對話者曾經參加令人難忘的戰鬥行動。他們說：「那是一場凶狠頑強、變化無常、血流成河的會戰，無論是過去還是未來，沒有一場戰爭能夠與它相提並論。」被殺人數總計是十六萬兩千人，根據另一份資料是三十萬人。難以置信的數字雖有誇大之嫌，但至少可以表明真實的損失，能夠讓一個史家振振有辭的指責，瘋狂的君王僅僅在一個小時之內，就消滅整整一個世代的人類。

　　雙方的交戰先是使用投射武器，錫西厄的弓箭手憑著技術，明顯占了上風，接著就是兩軍的騎兵和步兵廝殺。國王注視下進行戰鬥的匈奴戰士，突破盟軍部署較弱且行動遲疑的中央部分，使得兩翼分離不能相互支援，匈奴的指揮官迅速調動兵力到左翼，運用全部力量對付西哥德人。狄奧多里克為了鼓舞士氣，騎馬沿著隊列來回奔馳，受到東哥德貴族安達吉斯（Andages）用標槍給予致命一擊，從馬上摔落。重傷的國王陷身一場混戰，遭到自己的騎兵踐踏，不幸的死亡事件正好印證腸卜含混的預兆。阿提拉深信已經勝利在望，勇敢的托里斯蒙德從小山上衝下來，使得預言的其餘部分也獲得證實。阿拉尼人的不敵逃走或是接戰落敗，陷入混亂的西哥德人逐漸恢復會戰的部署，阿提拉的戰線只得被迫後撤，匈奴毫無疑問遭到擊潰。阿提拉奮不顧身像普通士兵向前猛衝，中央的部隊卻因突入太深，超越戰線其餘的隊列，以至於攻擊無法獲得強大的支援，而且側翼缺乏掩護。後來因為暗夜來臨，錫西厄和日耳曼的征服者才得以避免全線戰敗。他們退到大車構成圓圈用來當成工事的營地，騎兵部隊全部下馬，準備進行武器並不合手、心情上也不適應的防禦作戰。這時勝敗還是難以預料，阿提拉為了保持榮譽要做最壞打算，下令把馬鞍和貴重物品全部集中，堆積起來隨時可以縱火燒掉。偉大的蠻族國王決定，要是他的防線被攻破，他就一頭衝進火堆中間，不讓敵人有俘虜或殺死阿提拉的光榮功勳。

　　阿提拉的對手在那一天的夜晚，同樣陷於惶恐緊張之中且信息不通。神勇無比的托里斯蒙德原本策勵大家發起追擊，直到無意中發現自己陷身在錫西厄的車陣，身邊只有很少的追隨士兵。夜戰的混亂狀況使他從馬背摔落，要不是自己年輕力壯，加上同伴拚死相救，哥德人的王子很可能步上父親的後塵戰死沙場。埃伊久斯在左翼與盟軍分離，還不知道自己的陣營獲得勝利，反倒憂慮個人將要面對的命運。他遭遇散布在夏隆平原的敵軍部隊，幸好逃脫被捕的下場，最後抵達哥德人的營地，只能用盾牌當成臨時防壁固守直到天亮。帝國的將領為阿提拉的失敗感到欣慰，現在匈奴國王仍舊留在防線後面，沒有採取任何行動。埃伊久斯思考這場血戰的情景，內心感到非常滿意，因為損失主要還是落在蠻族身上。狄奧多里克的遺體在死人堆裡找到，身上有長矛貫穿的致命傷口，確實是光榮戰死。他的臣民為國王和父親的死而悲痛不已，流出眼淚夾雜著歌聲和歡呼，就在被他打敗的敵人面前舉行葬禮。哥德人敲擊著手裡的武器，用一面盾牌把他的長子托里斯蒙德高高抬起，大家一致贊成要把重大的勝利歸於他的功勞。新登基的國王把報仇的責任，當成他繼承父親遺產最神聖的部分。

　　對於當面無法擊倒的敵手表現的凶狠和英勇，哥德人十分驚訝。他們的史家把阿提拉比作在獸穴負嵎頑抗的獅子，發出狂暴的怒吼威脅要對付接近的獵人。舉凡在阿提拉苦難臨頭的時刻，拋棄他的旗幟不肯出來救援的國王和民族，感受到仍然活著君主的憤恨，將會給他們帶來迫近且無法避免的危險。雙方軍隊的所有樂器不斷發出驚天動地的響聲，鼓舞士氣進行搏戰的行動。走在最前列發起衝鋒的部隊，遭到防線從四面八方射出的箭雨阻止和殲滅。埃伊久斯召開一次軍事會議做出決定，要把匈奴國王緊密包圍在他的營地，斷絕他的給養和糧食，逼他接受羞辱的條約，要不就進行寡不敵眾的戰鬥。性情急躁的蠻族同盟不滿意過度謹慎且拖延不決的作戰方式。

　　另一方面，埃伊久斯要思考長治久安的政策，等到匈奴完全消滅，帝國將受驕縱而強大的哥德民族施加的壓迫。於是西部帝國的重臣運用優勢的權威地位不斷開導，讓狄奧多里克的兒子認清責任所在，充滿熱情的心理安定下來。埃伊久斯用帶著感情的語氣向他說明事實真相，分析目前不在國內及延遲返國帶來的危險，勸托里斯蒙德要盡快趕回去，阻止懷有野心的兄弟占據土魯斯的王座和財富。一旦哥德人離開，盟軍部隊只有星散，阿提拉對夏隆平原的寂靜感到驚訝，懷疑敵軍要使出陰謀詭計，因此又在用大車圍成的防線裡面守了幾天。他渡過萊茵河的撤退行動，是西部帝國所能獲得最後一次勝利。墨羅維斯率領法蘭克人追隨在匈奴後面，一直到達圖林基亞人的邊界。他們保持相當距離，每天夜晚燃燒

巨大的篝火，誇大他們擁有的實力。

圖林基亞人在匈奴的軍隊裡當兵吃糧，進軍和撤退都要經過法蘭克人的居住區，在這場戰爭中犯下很多殘酷暴行，以至於過了八十年，克洛維斯（Clovis）的兒子還要報復深仇大恨。他屠殺他們提供的人質及獲得的俘虜，有兩百多位年輕婦女受到酷刑折磨，身體被野馬分屍，骨頭被大車輾碎，沒有掩埋的肢體丟在路上，任憑野狗和兀鷹吞食。凡此等等都是野蠻的祖先想像出來的美德，有時會被文明時代的子孫欽佩和羨慕。

8　阿提拉入侵意大利及威尼斯共和國的建立（452年）

遠征高盧失敗，對於阿提拉尚武的精神、軍隊的戰力及懾人的聲譽，都沒有造成傷害。他在第二年春天再次提出請求，要娶霍諾里婭公主為妻，以及獲得她所繼承的遺產。再次遭到拒絕讓他氣憤填膺重返戰場，越過阿爾卑斯山侵入意大利，率領數量龐大的軍隊包圍阿奎利亞。蠻族並不熟悉一般正規圍城作戰的方式，就是在古代也要知道一些機械技術才能加以運用。他有數以千計的省民和俘虜可以拿來任意犧牲，從事最痛苦和最危險的工作，羅馬的技術人員可以收買用來毀滅自己的國家。阿奎利亞的城牆受到成列的攻城撞車、移動木塔和拋射石塊、標槍和火球的投射機具，不停發起連續的攻擊。匈奴君王運用希望、恐懼、虛榮和利益這些強有力的刺激因素，降服前進中唯一的障礙，使得意大利的征服不致受到影響。那個時期的阿奎利亞，可算是亞得里亞海岸富裕強大和人口眾多的城市。哥德協防軍過去曾在本國君王阿拉里克和安塔拉（Antala）的指揮下作戰，能夠傳承大無畏的精神。市民仍舊記得以往的光榮事蹟，他們的祖先抵抗凶狠和殘暴的蠻族，使得羅馬皇帝的尊嚴不致遭到羞辱。

阿提拉花了三個月的時間圍攻阿奎利亞，毫無成效可言。缺乏補給和軍隊的鼓噪迫使阿提拉放棄原有計畫，無可奈何之下只有發布命令，讓部隊在第二天早晨拆除帳篷開始撤退。就在他帶著憤怒、失望和沉思的心情，騎在馬上繞城巡視的時候，看到高塔上面有隻鸛鳥準備離巢，帶著幾隻小鸛將要飛向田野。這時他靈機一動，像政治家抓住偶發的微小事件大作文章，提出迷信的解釋，用極為愉快的語調大聲宣告，鸛是一種居住在人類社會的家鳥，除非當面的高塔注定要毀棄或倒塌，否則不會離開年代久遠的舊窩。有利的徵兆保證獲得勝利，匈奴重新發起圍攻作戰，同時還注入新的活力和勇氣。就在鸛鳥飛走的地方，城牆打開很大一個缺口，匈奴用無法抗拒的瘋狂力量發起突擊，程度之猛，以致後代人士連

阿奎利亞的廢墟都難以找到。

　　阿提拉完成極為可怕的懲治行動，揮軍繼續前進，所到之處像是阿丁隆（Altinum）、康科第亞（Concordia）、帕度亞（Padua）這些城市，全部變成一堆瓦礫。內陸城市維辰札（Vicenza）、維洛納和柏加摩（Bergamo），任憑匈奴肆意掠奪。米蘭和帕維亞毫無抵抗開城投降，雖然損失所有財產，公私建築物都沒有遭到燒毀，無數俘虜的性命獲得饒恕。他們對異乎尋常的仁慈之舉，表示由衷的感激。科門（Comum）、杜林（Turin）和莫德納（Modena）的民間傳說疑點甚多，然而他們提出很多可信的證據，說是阿提拉的蹂躪行動遍及整個富裕的平原，也就是現代的倫巴底地區，中間有河流過，四周為阿爾卑斯山和亞平寧山環繞。當他據有米蘭的皇宮，看到了一幅畫使他極為吃驚、厭惡，上面繪著凱撒端坐寶座，錫西厄的王侯跪在下面。阿提拉對羅馬人虛榮的紀念物，雖沒有任性破壞，卻能巧妙加以修改。他命令一個畫家將圖中人物的形象和態勢轉換過來，讓畫布上的皇帝在錫西厄國君的寶座前哀求，為了奉獻貢金正在倒空他的錢袋。看到這幅畫的人應該會認為角色的調換非常適切，完全合乎事實的需要。

　　有一句用來描述阿提拉凶狠與高傲的話，說他「鐵騎所到之處，地面寸草不生」。然而野蠻的毀滅者無意之中為一個共和國奠定基礎，使得歐洲的封建國家恢復經商貿易的技術和精神。威尼斯或威尼提亞這個舉世讚譽的名字，原來是指意大利一個面積廣大而且土地肥沃的行省，位於潘農尼亞邊界到阿度阿河，以及波河到雷蒂提亞和朱理安‧阿爾卑斯山之間。蠻族入侵之前，威尼提亞有五十座城市，和平的環境獲得繁榮和興旺，其中阿奎利亞處於名列前茅的地位。帕度亞擁有農業和手工業的支持，仍能保持古代的尊榮，五百名市民根據他們的財產列入騎士階級，經過精確的統計總數已達到四萬二千五百磅黃金之鉅。阿奎利亞、帕度亞和鄰近城鎮有很多家庭，從匈奴的刀劍下逃生，就在附近島嶼找到安全而隱密的避難所。亞得里亞海盡頭的海灣，從大洋滾滾而來的波濤已經衰弱無力，幾乎有一百多個小島以潟湖與大陸隔開，幾條細長的陸地可以阻止海上的風浪，形成狹窄而祕密的通道可以讓船隻進出。直到五世紀中葉，遙遠而偏僻的地點還是沒有開墾，居民稀少有的島嶼連名字都沒有。

　　威尼提亞難民的生活習性、技藝才能和政府體制，在嶄新的環境逐漸形成。卡西多流斯的一封信中，雖然敘述的狀況是七十年以後的事情，仍舊可算是共和國最原始的資料，極具歷史價值。狄奧多里克的大臣用奇特的筆調把他們比成一群水鳥，將自己的家園築在浪濤之中。雖然他承認威尼提亞行省過去有很多貴族家庭，經過重大變故貶降到卑微貧賤的地位。他們不論階級的高低都以魚類為主

要食物，此後也都如此。他們唯一的財富是從海水提煉大量的鹽，這是人類生活的必需品，於是鹽像金銀一樣在附近的市場流通。遷居的群體搞不清楚自己是居住在陸地還是海上，在生計的需要得到滿足後，接著就是貪婪的欲望，變得對金和銀的運用非常熟悉。

從格拉多（Grado）到基奧查（Chiozza）的島民彼此關係密切，他們在河流和內陸運河的航行非常安全，只是工作極為辛苦，直接進入意大利的心臟地區。他們的船隻無論大小或數量都在增加，可以開往海灣所有的港口。從威尼斯建城的早期開始，每年要舉行一場婚禮儀式，慶祝城市與亞得里亞海的結合。禁衛軍統領卡西多流斯寫信給濱海各城鎮的護民官，雖然身為上司語氣卻很溫和，教誨他們要激起國民為公眾服務的熱誠，現在需要他們的協助，將大批庫存的油和酒從伊斯特里亞行省運到皇都拉芬納。當地官員負責的職務並不清楚，根據傳統的說法，十二個主要島嶼每年由人民選出十二位護民官或法官。意大利的哥德王國統治期間，存在的威尼斯共和國有可信的記錄作證。同樣也是這份文件要取消他們的崇高權利，亦即歷史悠久而永恆不變的獨立地位。

9 阿提拉與羅馬簽訂和約及其逝世的始末（453年）

意大利人已很久不再操練武器，經過四十年的和平，看到大批無法抗拒的蠻族接近，不僅是宗教也是國家的仇敵，當然感到無比的驚慌。遍及全國的恐懼浪潮，只有埃伊久斯毫不在意，當然不是說光靠他一人沒有任何協助，就能完成威名遠播的赫赫戰功。保衛高盧的蠻族不願進軍解救意大利，東部皇帝應允的援軍距離遙遠難以濟急，是否真如所言會大力鼎助也難預料。現在要靠埃伊久斯仍能掌握戰局，親自率領國內部隊，前去擾亂和拒止阿提拉進軍。他真正顯示出偉大的器度，在於面對無知和忘恩的人民，對他的行動不僅無理取鬧，還一味指責。設若華倫提尼安心中還存在著大丈夫氣概，他就應選擇將領當作效法的對象和指引的導師。狄奧多西的孫子是位怯懦的君王，不僅無法分擔戰爭的危險，反而拋棄責任先行逃走。他從拉芬納趕到羅馬，離開難以攻破的堡壘到敞開大門的都城，完全顯示出暗中的企圖，那就是一旦個人遭到危險，將立即棄守意大利。羞辱喪權的行為沒有執行，由於御前會議的猶豫不決、遇事推拖，可惡的打算會因時間關係而得到修正。西部的皇帝帶著羅馬元老院和人民，採取更為有效的措施，就是派出慎重其事的求和使節，使得阿提拉無法發洩他的憤怒。

阿維努斯（Avienus）接受此一重大任務，無論他的身世和財富、擔任執政

官的顯赫地位、個人的才華和能力，以及擁有無數的部從，而且又是元老院的首席議員，可以說是最佳人選。何況他有具有善於應變和講究手腕的性格，最適合私下和公開的談判事務。他的同僚是擔任意大利禁衛軍統領的特里杰久斯（Trigetius），還有羅馬主教李奧（Leo），表示不顧個人的危險，也要為教民的安全請命。李奧的天賦才能在公眾遭到災難會發揮重大的作用，運用積極的熱忱在正教信仰和宗教紀律的名義之下，建立個人的理論基礎和指導權威，使教會在他的職位加上「偉大」的稱號。羅馬使臣被領進阿提拉的帳幕，他的營地開設的位置正好在蜿蜒的民修斯（Mincius）河流入貝納庫斯（Benacus）湖的入口處，白色的浪花打擊著湖岸，錫西厄的騎兵部隊放馬踐踏卡圖拉斯（Catullus）和魏吉爾的農莊。蠻族國君用非常客氣而恭敬的態度傾聽來使的高見，最後西羅馬帝國以鉅額贖金也可以算是霍諾里婭的嫁粧，用錢買到意大利的平安。軍隊的情況有利於簽訂和約及迅速撤兵，獲得大量的財富和當地溫暖的氣候，戰鬥的精神和士氣全部鬆懈下來。

北國遊牧民族通常的食物是牛奶和生肉，現在盡情大吃麵包、痛飲葡萄酒、享用經過烹調的肉類，疾病的狀況嚴重到使意大利的苦難獲得相當程度的報復。阿提拉宣布，他決定帶領得勝的軍隊進入羅馬的城門，不論是朋友還是敵人都在勸他。阿拉里克征服永恆之城後不久身亡，阿提拉的內心對真正的危險並不在意，卻無法忍受想像當中恐懼的打擊，更無法逃脫迷信思想的影響，何況這危險的時刻幫助他獲得成功。李奧有讓人印象深刻的口才，莊重嚴肅的態度和主教神聖的袍服，使阿提拉把他看成基督徒的精神之父，不禁肅然起敬。當時流行的傳聞說是聖彼得和聖保羅兩位使徒顯靈，如果那位蠻族膽敢拒絕教會繼承人的請求，就威脅要讓他立刻倒地身亡，應該算是宗教神話最高明的故事。羅馬的安全確實值得神靈的直接干預，經過拉斐爾（Raphael）的畫筆和阿加第（Algardi）的鑿子加以美化，使得流傳的寓言更具有說服力。

匈奴國王在撤離意大利前提出恐嚇之辭，如果不把他的新娘霍諾里婭公主，按照條約規定如期交給他的使臣，就會毫不客氣回師再戰帶來更大的傷害。阿提拉本就有無數妻妾，現在又增加一個名叫伊笛可（Ildico）的美麗少女，減少了他對公主的愛慕之情。婚禮在多瑙河畔用木頭構建的皇宮舉行，按照蠻族風俗有盛大的歡宴招待賓客。國君到午夜酒醉之餘，才又累又睏回到新床。他的侍從在第二天不打擾，讓他去休息或享受新婚之樂，直到房內太過於安靜引起他們的害怕和懷疑，最後只有破門進入皇帝的寢宮。他們看到發抖的新娘坐在床邊，頭巾還蓋在臉上，為國王的死亡和自己的危險悲悼不已。阿提拉是在夜間過世，起因

是一根血管破裂而他正好仰睡，噴出的血沒有從鼻孔流出，反而流進胃部和肺臟，使得呼吸受堵窒息而亡。

他們在大平原的中央用絲綢搭一個天幕，遺體很莊嚴的展示在裡面，挑選幾個匈奴組成的分隊，排成隊形踏著節拍圍繞天幕轉圈，向逝世的英雄人物唱出喪歌。他的一生充滿光榮，出生入死從未失敗。他不僅是族人的父親，也是敵人的剋星，給全世界帶來畏懼和恐怖。按照他們的民族習俗，蠻族要剪下一綹頭髮，再在自己的臉上毫無道理的刺幾個傷口，為了哀悼值得效死的英勇首領，他們不用婦女的眼淚而是戰士的鮮血。阿提拉的遺體裝進用金、銀和鐵製作的三層棺材在夜間私下埋葬。從各國掠奪的戰利品都扔進墳墓，把動工挖墓的俘虜全部毫不留情的殺死。那些剛才還極為悲傷的匈奴戰士，就在國王的新墳前面飲酒作樂。君士坦丁堡流傳一個故事，就在他過世那個幸運的夜晚，馬西安夢到阿提拉的弓被折斷。這種說法足以證明羅馬皇帝的心頭隨時浮現可畏蠻族的形影。

阿提拉的名聲建立在顛覆匈奴帝國的革命上面，只有他的才智支持龐大而破碎的統治機構。他亡故以後，膽大包天的酋長紛紛封自己為國王，勢力強大的部屬拒絕承認有人可以唯我獨尊。來自不同民族的母親為故世國君生出很多兒子，就像分家析產一樣爭奪日耳曼和錫西厄民族的統治權。大膽的阿達里克深有所感，特別指出何其自私的行動極為可恥。還有黷武好戰的臣民像是吉皮迪人和東哥德人，在英勇三兄弟的指揮之下，鼓勵他們的盟軍要求獲得自由和加入皇室的權利。於是在潘農尼亞的尼塔德（Netad）河畔，展開一場血腥的決戰，吉皮迪人的長矛、哥德人的短劍、匈奴戰士的弓箭、蘇伊威人的步兵、赫魯利人的輕裝備、阿拉尼人的重兵器，有的相互廝殺也有彼此支援，阿達里克獲得勝利的代價是殺死三萬名敵人。

阿提拉的長子埃拉克（Ellac）在著名的尼塔德會戰中喪失性命和王冠。他早年的英勇使他登上阿卡齊爾人（Acatzires）的王座，原是錫西厄人的一支為匈奴降服。所以他的父親對埃拉克的陣亡一定感到羨慕，就阿提拉愛好榮譽的性格而言，這才真正是死得其所。埃拉克的弟弟但吉昔克（Dengisich）率領一支匈奴軍隊，到處剽掠襲擾和燒殺破壞，仍舊保持強大的勢力，竟然盤據多瑙河兩岸達十五年之久。阿提拉的皇宮連同古老的達西亞田野，從喀爾巴阡山一直綿延到黑海，全都成為吉皮迪人國王阿達里克建立的新政權的領地。東哥德人征服潘農尼亞，占領的地區從維也納到色米姆一帶。那些曾為天賦自由而奮戰不息的部族，按照各自的實力分到大小不等的居留地。吉昔克的王國在他父親眾多奴隸的包圍和壓迫之下，領地縮小到大車所能圍住的地面，在絕望之中只有奮力一搏，向東

部帝國發起入侵行動，結果在戰場陣亡，頭顱掛在橢圓形競技場，給君士坦丁堡的人民帶來勝利的歡呼。

　　阿提拉本著一味溺愛或迷信思想，先入為主認定他的小兒子伊爾納克，會給整個民族帶來永恆的光榮。這位皇子一直想要改變他的哥哥但吉昔克奮不顧身的作風，看來他的性格與匈奴趨向衰亡的境況倒是十分吻合。伊爾納克率領臣和屬於他的各旗，退到小錫西厄的中部地區。他們很快為新來臨的蠻族浪潮傾覆，後來者循著匈奴祖先發現的老路向西移動。希臘作者認為哲歐根人（Geougen）或稱阿瓦爾人（Avares）居住在大洋的岸邊。他們壓迫鄰近的部族，使得北國的伊果人（Igours），從盛產值錢毛皮而又寒冷的西伯利亞地區出發，遍及整個荒野抵達波里昔尼斯河和裏海的門戶，最後終於絕滅匈奴帝國。

第十三章
顛覆西羅馬（439-490 年）

1 汪達爾人掌握海權和麥克西繆斯的喪命（439-455 年）

　　喪失或殘破的行省從大洋一直延伸到阿爾卑斯山，損害羅馬的光榮和偉大，阿非利加的脫離使國內的繁榮受到重大的打擊。貪財好貨的汪達爾人籍沒元老院議員的世襲產業，中止正常的穀物運送和供應，好吃懶做的首都平民無以為生。阿非利加所屬各行省長久以來培育勤奮而聽話的臣民，現在被野心勃勃的蠻族武裝起來，發動出其不意的攻擊，更加重羅馬人的災難。汪達爾人和阿拉尼人追隨堅西里克勝利的旗幟，獲得肥沃而富裕的地區，沿著海岸從丹吉爾（Tangier）到的黎波里（Tripoli）之間的距離，一共有九十天的旅程，狹長的邊界局限在沙漠和地中海的壓迫之下。黑人民族居住在熱帶地區，堅西里克雖然發現但沒有興趣，不會出兵加以征服。他把眼光投射在海洋，憑著堅忍不拔的毅力下達勇敢的決定，終於建立一支強大的海上武力。阿特拉斯山脈的森林提供取用不盡的木材，新獲得的臣民熟練海上航行和建造船隻的技術。堅西里克鼓勵膽大包天的汪達爾人採用新的作戰方式，可以很輕易將他們的兵力帶入濱海的國度。摩爾人和阿非利加人受到引誘，產生從事搶劫的希望，熱心參加他的陣營。

　　過了六個世紀，從迦太基港口出發的艦隊，再度要與羅馬人爭奪地中海的霸權。汪達爾人獲得一連串的成就，征服西西里、洗劫巴勒摩（Palermo），經常對盧卡尼亞海岸發起襲擊，使得華倫提尼安的母親以及狄奧多西的姊妹從迷夢中清醒，不得不保持警惕之心。東西兩個帝國為了摧毀共同的敵人締結聯盟，花費大量金錢準備的軍力沒有發揮效用。堅西里克保持勇氣面對危險，他的政策是不阻止帝國的結盟也不逃避對手的攻擊。羅馬政府的企圖不斷受到阻撓，完全出於人為的延遲、曖昧的承諾和明顯的讓步，再就是堅西里克實力強大的盟友；匈奴國王在一邊橫加干涉，迫得皇帝撤回阿非利加的用兵，先要考慮自己國內的安全。宮廷發生變故使西部帝國失去保護人和合法的君王，不僅消除堅西里克心中的憂慮，更有了貪婪的念頭。他立即整備一支數量龐大的艦隊，就在華倫提尼安逝世和推舉麥克西繆斯為帝的三個月之後，率領汪達爾人和摩爾人的大軍在台伯

河口停航錨泊。

　　彼特洛紐斯‧麥克西繆斯（Petronius Maximus）的一生際遇，可以說是人類幸福生活極其罕見的例子。他出身於阿尼西安家族，不僅高貴無比而且享有盛名，富足的世襲產業和錢財支持他的地位，加上慷慨的作風和得體的態度，使個人的才華和德行獲得各方推崇和仿效。他那豪華的府邸和豐盛的飲宴，經常招待川流不息的賓客，用善於應對的口才使四座談笑風生。只要麥克西繆斯出現在公眾場合，四周就擁滿成群結隊心懷感激和奉承逢迎的部從。其實就他的為人處世而論，倒是真正獲得朋友的愛戴。他建立的功勳贏得君主和元老院的嘉許，曾經三度出任意大利的禁衛軍統領，兩次獲得執政官的殊榮，擢升到大公的最高位階。獲得國家賜予的榮譽與享受清閒而安詳的生活，兩者之間沒有衝突。他的時間根據各種需要用水鐘精確分配，對他來說「一寸光陰一寸金」是平生幸福的最佳寫照。華倫提尼安對他的傷害似乎成為血腥報復的藉口，然而就哲學家的看法，只要他的妻子真正抗拒不從，那麼她的貞潔並沒有受到侵犯。要是她願意滿足奸夫的慾念，夫妻的關係當然無法破鏡重圓。要把狄奧多西家族整個絕滅，會使麥克西繆斯本人和他的國家面臨不可避免的災難，就一個愛國人士而言，這需要再三斟酌的考量。

　　率性而為的麥克西繆斯不考慮後果，只為了滿足一己的仇恨和遂行個人野心，看著華倫提尼安滿身血跡的屍體倒在腳前，耳中聽到元老院和人民異口同聲用皇帝稱號向他歡呼。他登基那天就是他幸福的終結（455年3月17日），因為他等於是被囚禁在皇宮，暗中嘆息度過許多無眠的夜晚。他已經抵達人生欲念的顛峰，渴望從危險的登基安全脫身。他帶著懊惱的心情回顧過去愉悅的生活，現在身負帝位的沉重壓力，只能把焦慮告訴他的朋友兼財務官發爾金久斯（Fulgentius），皇帝曾驚呼：「啊！何其幸運的達摩克利斯（Damocles）！能在用餐的同時開始和結束他的統治！」（達摩克利斯是敘拉古僭主戴奧尼休斯的寵臣，有次主子說要讓他享受世間的榮華富貴，設宴款待讓他高居首位，然而卻有一把利劍用一根馬毛吊起高懸在他的頭頂，這時他的快樂和興奮立刻消失；皇帝說達摩克利斯很幸運，是因為他羨慕這位寵臣只在用餐的片刻工夫坐在利刃之下，不像身為君王要永遠擔心危險的打擊）他引用這件史事倒是非常恰當，後來發爾金久斯一再重述，作為君王和臣民最富教誨意味的經驗。

　　麥克西繆斯的統治只延續三個月而已。他那失去控制的時間受到悔恨、罪孽和恐怖的騷擾，帝位的基礎為士兵、人民和蠻族盟友的叛亂帶來動搖。他的兒子帕拉狄斯（Palladius）與先帝的長女結婚，可以建立家族的合法繼承權利。對於

皇后優多克西婭的暴力侵犯，只能說是色慾和報復的盲目衝動。至於他那引起悲劇事件的髮妻，則被當成障礙及時處死加以排除。華倫提尼安的孀婦被迫屏除哀悼和憂愁，順從膽大妄為的篡奪者對她的示愛，她猜測是麥克西繆斯主使謀害過世的丈夫。啟人疑竇的慘劇很快從麥克西繆斯不緊的口風透露出去，對於並不甘願的新娘，他懷著惡意要激起她心中的仇恨，何況她始終認為自己早已身居帝王之列，為當前的境遇感到委屈。不過，優多克西婭從東部帝國不可能有希望獲得實質的幫助，她的父親和姑母帕契麗婭都已過世，母親在耶路撒冷羞辱和放逐的環境暗自凋萎，君士坦丁堡的權杖在外人手裡。她只有把眼光投向迦太基，祕密懇求汪達爾人的國王給予援手，說服堅西里克可利用此一良機，打著榮譽、正義和同情的名義，掩蓋貪財好利的企圖。

　　不論麥克西繆斯在職位上的表現有多出色，他仍缺乏治理帝國的才能。雖然他獲得信息，知道對面的阿非利加海岸已經完成海上作戰的整備，仍然一廂情願認定敵人不會接近，所以沒有採取任何防衛、議和或及時撤退的有效對策。等到汪達爾人在台伯河口下船登陸，皇帝在群眾戰慄和憤怒的鼓噪聲中，從昏睡的狀況突然驚醒感到惶恐不已，唯一的希望是匆忙逃走，同時還勸告元老院的議員要效法君王的榜樣。等到麥克西繆斯出現在街頭，就立刻遭到一陣石塊的攻擊，有一個羅馬人或許是勃艮地人獲得首先下手的光榮。最後他遍體鱗傷的屍體被丟進台伯河（455年6月12日）。羅馬民眾懲處為國家帶來災難的始作俑者大聲歡呼，優多克西婭的家臣因替女主人復仇而情緒激動。

2 汪達爾人洗劫羅馬以及阿維都斯在高盧登基（455年）

　　暴亂發生第三天，堅西里克從歐斯夏港口勇敢向著不設防城市的城門前進。羅馬的青年並沒有擺出接戰的陣式，從城門走出一隊沒有武裝而且年歲已高的教士，一個主教在前面領隊。有大無畏精神的李奧，靠著他那莊嚴的儀表和流利的辯才，再度安撫蠻族征服者凶狠的脾氣。汪達爾人國王同意不殺害放棄抵抗的民眾，保護建築物免於縱火破壞，以及不對俘虜施用酷刑。雖然答應的命令並沒有當成一回事被真正下達，事實上也不會有人嚴格遵守，李奧的斡旋還是給自己帶來榮譽，以及給自己的家園帶來一些好處。但是羅馬和所有的居民，全部陷身在汪達爾人和摩爾人無法無天的暴行之中。他們帶著盲目的憤怒情緒，要為迦太基受到傷害報復血海深仇，洗劫的行動持續十四個晝夜（455年6月15日至29日）。所有還剩下的公私財物，不論神聖或異教的寶藏，他們都不辭辛苦運到堅

西里克的船上。

　　戰利品當中有兩間廟宇光輝奪目的遺物，可以代表兩種宗教。即使是塵世和神聖的事物，仍會受到命運變化無常的影響，看來就是顯明的例證。自從異教面臨嚴苛的查禁，卡庇多神殿多次受到褻瀆及遺棄，然而諸神和英雄的雕像仍舊被人尊敬，精細的鎏金銅瓦屋頂一直保存下來，直到被堅西里克貪婪的手取走。猶太教獻祭使用的神聖器具包括黃金的祭品桌和七個分枝的燭台，都是按照神的特別旨意在早期製作，安置在耶路撒冷神殿的聖所，提圖斯的凱旋式公開展示在羅馬民眾面前，後來存放在和平女神神廟保管。不到四百年的時光，這些從耶路撒冷攜回的戰利品，從羅馬拿走運到迦太基，到擄掠的蠻族根源波羅的海海岸。

　　古代的偉大紀念物可能吸引了人們的好奇心，同時也引發貪婪的念頭。當時盛行的迷信助長基督教教堂的富裕和修飾，會給褻瀆神聖的行為提供更多的資財。虔誠的教皇李奧生性慷慨大方，把君士坦丁堡贈送的禮品，每個重達一百磅的六個銀瓶全部熔化，證明他想辦法彌補損失。從哥德人入侵以來四十五年的時光轉瞬而過，羅馬的壯麗市容和奢華生活幾乎恢復舊觀，看來很難逃脫和滿足蠻族征服者貪婪的心態。他們有的是時間去搜刮首都的財富，也有足夠的船隻將所有的物品運走。皇宮裡面各類裝飾品、華麗的擺設和服裝、餐具間價值昂貴的器皿，都在混亂的搶奪中堆積在一起，黃金和銀塊的總值達到數千泰倫，甚至連青銅器具和價值不高的銅幣，蠻族也不辭辛勞全部搬運一空。

　　優多克西婭親自前去迎接朋友和解救的恩人，立刻就為不智的舉動感到哀傷悲痛。她的首飾財寶全被搶光，不幸的皇后和兩個女兒是狄奧多西大帝僅存的後裔，當作俘虜被傲慢的汪達爾人帶走，立即揚帆發航順利回到迦太基港口。幾千羅馬人不分男女，經過選擇只要認為有用或合於資格，就被逼著登上堅西里克的船艦。他們的不幸因為蠻族的生性冷酷而更為慘痛，在作為戰利品瓜分之際，妻子被迫離開丈夫，兒女被從父母懷中奪走。只有迦太基主教迪奧格拉提阿斯（Deogratias）發揮慈善的博愛精神，是他們唯一能獲得的撫慰和支撐。他變賣教堂的金銀器具贖回一些人士的自由，也減輕其他人員受

黃金手鐲。

到奴役的痛苦，給予大群俘虜生活必需品和疾病醫療援助。很多人在從意大利到阿非利加的航行途中經歷千辛萬苦，健康受到很大的傷害。他親自下達必要的指示，把兩座面積寬廣的教堂改為醫院，病患獲得舒適的床位，有充分的飲食和醫藥供應。年事已高的主教不分晝夜前往巡視，勤勉的工作已經超過體力的負擔，抱著仁慈的惻隱之心更提高服務的熱忱。我們不妨拿當前的狀況與坎尼（Cannae）會戰（公元前216年8月2日，漢尼拔率領的聯軍與羅馬執政官包拉斯和瓦羅的軍團在坎尼會戰。漢尼拔用中央誘敵兩翼包圍的戰術，殲滅羅馬軍隊七萬人）的情景做一比較，判斷漢尼拔和聖西普里安（St. Cyprian）的繼承人有何不同之處。

埃伊久斯和華倫提尼安逝世以後，高盧的蠻族保持和平安寧與臣屬關係的約束力量全部解除。海岸地區受到薩克遜人的騷擾，阿里曼尼人和法蘭克人從萊茵河向著塞納河前進，激起了哥德人的雄心壯志，擴大征服的範圍進行永久的統治。麥克西繆斯皇帝為了免除遙遠地區難以負擔的責任，做出明智的選擇。他對朋友的懇求始終不加理會，聆聽各方人士的意見，擢升一個素不相識的陌生人出任主將，負責指揮高盧的軍隊。阿維都斯是皇帝不熟悉的外鄉人，他的功勳值得授與高貴的職位，出身於奧文尼教區富有的貴族家庭，面臨社會騷動不安的時代，他有滿腔熱血要獻身國家從事文職或軍事的工作。不知疲倦為何物的年輕人一邊在研究文學和法律，同時又努力軍事和狩獵的練習。他的一生有三十年的時間用在公眾服務，真是值得同聲讚譽，無論是作戰或議和都能顯示出他非凡的才幹。他是埃伊久斯手下的得力幹部，擔任重要的使臣完成任務，擢升為高盧的禁衛軍統領。

一方面是阿維都斯的功績引起猜忌，再則他那與世無爭的態度能夠急流勇退，於是很平靜的辭去職位，回到坐落在克勒蒙附近的田產過隱居的生活。一條水量充沛的溪流發源在山嶺，瀑布在喧囂聲中像一匹白練從上往下衝，急速奔流兩哩注入湖中。他的莊園建造在景色優美的湖邊，包括浴場、柱廊以及夏天和冬天的住屋，不僅非常奢華也很講究實用，鄰近地區的森林、牧場和草地都是他的產業。阿維都斯的退休生活靠著閱讀書籍、戶外活動、農耕生產和朋友交往來打發閒暇的時間。這時他接到皇家送來的文書，任命他為高盧的騎兵和步兵主將。他擔任軍事指揮的工作時，蠻族暫停發洩狂怒的行為，只要他運用手段就能迫使對方讓步，人民享受真正的平靜生活。高盧的命運完全視西哥德人的態度而定，羅馬的將領把公眾的利益看得比自己的地位更為重要，不反對用使臣的身分去拜訪土魯斯。

他接受哥德國王狄奧多里克殷勤的款待，就在阿維都斯與勢力強大的民族，為雙方堅實的同盟關係建立基礎的時刻，傳來令人極為驚詫的信息，麥克西繆斯皇帝被殺以及汪達爾人洗劫羅馬城。適當的時機登上空懸的帝座既不會犯罪也不會產生危險，這激起了他野心勃勃的豪邁氣概。西哥德人很容易被說服大力支持，使他要求表決帝位時不會節外生枝。蠻族敬愛阿維都斯的為人和他的德行，當然知道為西部帝國推舉皇帝不僅帶來榮譽，還有莫大的利益。等到七個行省的年度會議在亞耳召開，狄奧多里克帶著好戰的弟兄親臨會場，使得深思熟慮的決議受到影響。他們的選擇當然偏向名聲顯赫的同鄉，阿維都斯幾乎沒有遭遇困難，就從高盧的代表手裡接受皇帝的冠冕（455 年 7 月 10 日），選舉在蠻族和省民的歡呼聲中獲得批准，經過懇求得到東部皇帝馬西安的同意。雖然羅馬和意大利的元老院因為新近遭到災難，表現出卑微的順從態度，卻仍暗中抱怨高盧的篡臣喧賓奪主。

3 里昔默的用權和馬喬里安繼阿維都斯為帝（456-457 年）

在元老院和人民苦苦請求下，阿維都斯皇帝把宮廷設置在羅馬，並在次年接受執政官的職位。他的女婿賽東紐斯·阿波利納里斯（Sidonius Apollinaris）讚揚他的事蹟，寫了一篇有六百行詩句的頌辭。雖然優異的作品獲得樹立銅像的榮譽，內容無論是出於天才的構思還是基於事實的陳述，倒是非常確切得體。設若我們沒有貶低他神聖的名字，詩人過於誇大一個君主和一個父親的功績，預言有長久而光榮的統治，過沒多久就讓人看出不符事實。阿維都斯處在劇烈變動的時代，帝位的威嚴已敗落為辛苦而又危險的職務，還要縱情於意大利的奢侈生活。年齡並沒有熄滅他對愛情的憧憬，受到指責說他勾引別人的妻子，其實這是荒唐而卑劣的笑話，用來侮辱自稱戴上綠頭巾的丈夫而已。羅馬人不相信也不了解他的德行，更不會在意他的過失。帝國的各部分已變得日趨疏遠，高盧的外來者成為普遍痛恨和鄙視的對象。元老院申言他們有選舉皇帝的合法權利，傳統的主權來自古老的憲法，由於君王的實力已經衰弱，加強他們行使權利的要求。然而阿維都斯是依靠蠻族的君主，可以抗拒沒有武力的元老院，使他們的投票不能發生作用。

現在狀況發生變化，里昔默（Ricimer）伯爵不僅支持還煽動元老院的不滿。他是蠻族部隊一個主要的將領，負責意大利的軍事守備任務。西哥德國王華里亞的女兒是里昔默的母親，父親這方面的家世是來自蘇伊威人。他的民族自尊

心也可以說是愛國心，因為同胞遭逢不幸大為憤怒，在勉為其難的狀況下只有服從皇帝，然而這次推選並沒有徵詢他的意見。他用忠誠的服務對付帝國的敵人，發揮很大的阻嚇作用使他的威名遠播，後來在科西嘉海岸摧毀一支汪達爾人艦隊，包括六十艘大型戰船。里昔默凱旋歸來獲得「意大利解救者」的光榮稱號。他選擇在獲勝的時機通知阿維都斯的統治已告結束，實力衰弱的皇帝離哥德人盟友太遠，經過一陣短暫而無效的掙扎，還是難逃罷黜的命運（456年10月16日）。

　　里昔默出於仁慈為懷或是目中無人，讓阿維都斯退位後，出任普拉森提亞主教這個更為合適的職位。元老院的怨恨沒有得到滿足，他們堅持非常強硬的態度，宣告處以死刑的嚴厲判決。阿維都斯很快逃向阿爾卑斯山，抱著非常微小的希望，並不願意西哥德人為他大動刀兵，只想在朱理安的聖所使自己和錢財獲得安全，朱理安是奧文尼的一個主保聖徒。阿維都斯罹患疾病，有人說是劊子手在途中讓他送命，遺體運到家鄉布利烏德（Brioude），長眠在神聖保護人的足下。阿維都斯只留下一個女兒，就是賽東紐斯·阿波利納里斯的妻子。賽東紐斯以女婿的身分繼承所有家業，哀悼在公私兩方面都無法達成期許的落寞之感。他的內心充滿憤恨，即使未加入高盧的叛黨，至少獲得大力支持。詩人難免犯下一些罪行，自覺有贖罪的義務，就用一篇新的頌詞恭維繼位的皇帝。

　　阿維都斯的繼承者成為受到眾所歡迎的偉大英雄人物，偶爾出現在一個衰敗的時代，能夠提振人類的榮譽。馬喬里安（Majorian）皇帝無愧於時人和後代的推崇，一個見識卓越而又立場公正的史家，更能強烈表現極為普遍的讚譽之辭：「他待臣民慷慨寬厚，讓敵人膽戰心驚，他的德行無論在任何方面，都要邁越在羅馬進行統治的國君。」這段話至少可以證明賽東紐斯的頌辭還有幾分可信。雖然善於奉承的演說家用同樣熱情的語調，歌頌不值一提的君王，然而他處於目前的狀況，懷有特別的企圖使得奉承話不致過分離譜。馬喬里安的名字取自外祖父，這位將領在狄奧多西大帝統治時期，指揮伊里利孔邊區的部隊，就把女兒嫁給馬喬里安的父親，一個受人尊敬的官員，非常有才幹而且廉潔，在高盧負責稅收的事務，為人慷慨好義，贏得埃伊久斯的友誼，只是不願憑著這層關係，在行事陰險的宮廷謀取有利可圖的職務。他那位成為未來皇帝的兒子，接受專業的軍事教育，從幼年時代起就顯示出無畏的勇氣、成熟的智慧和慷慨的天性，雖然財產有限還是不改樂於助人的本色。馬喬里安一直在埃伊久斯麾下服務，竭盡全力協助他建立事功，能夠分享應得的榮譽，然而有時也會加以推辭。最後竟然使得大公或許是他的妻子，起了懷疑或猜忌之心，強迫他離職退休。

等到埃伊久斯過世以後，馬喬里安重新受到起用並不次擢升，與里昔默伯爵建立密切的關係，這是最重要的步驟，有助於登上西部帝國皇帝的寶座。阿維都斯退位那段空位期，野心勃勃的蠻族由於出身低微，不可能獲得帝王的殊榮，於是里昔默以大公的頭銜治理意大利，把騎兵和步兵主將更為重要的職位讓給他的朋友。過了幾個月以後，他贏得對阿里曼尼人戰事的勝利，獲得羅馬人民的愛戴，能夠順從民意的要求，就在拉芬納登基稱帝。

從他寫給元老院的書信，可以了解當時的情況和他的心情：「各位議員：諸君的推選和英勇軍隊的擁戴，使我成為帝國的皇帝。願無上權威的神明引導保佑我的施政作為，務使一切舉措能為諸君和公眾帶來福祉安寧。就我個人而言，並不渴望權力，只是順從民意治理國家，設若我自私自利不知感恩，拒絕國家加於我的沉重工作負擔，等於是放棄盡一個公民的職責。因此請盡力協助你們所推舉的君王，共同分擔大家的責任，齊心促進帝國的幸福，使我能不負全民所託。我敢保證在我們這個時代，正義必能恢復古代的榮名，德行終將獲得應有的獎賞。讓我們不要畏懼誣告的羅織，除了可惡的告發者本人全都無罪。我一直對可恥的行為深惡痛絕，作為一個君王就會嚴懲不貸。我們要提高警覺，我們尊貴的父老里昔默處理軍隊事務，會護衛羅馬世界的安全，免於國外和國內敵人的危害。你們現在明瞭政府施政的原則，對一個曾與各位同甘共苦的君王，可完全信賴他的愛心和忠誠。他仍以身為元老院的議員為榮，念茲在茲生怕有負諸君推舉之明。」

這位皇帝身處羅馬世界的廢墟，恢復古代的法律和自由，即使圖拉真在世也會欣然贊同。寬闊的心胸顯然出於天性，因為他面對的時代沒有可供仿效的榜樣，從前的君王也沒有可供參考的先例。

4 馬喬里安痛砭時弊的立法和施政方針（457-461年）

我們對馬喬里安公開和私人的行為所知甚少，他的法令可反映出君主的特性，不僅從最早的構思和表達都帶有獨創性，也可看出他熱愛人民願意研究帝國衰敗的原因，有能力提出合理而有效的辦法改變社會混亂的狀況。他在財政方面提出許多規定事項，力圖消除或減輕民眾最難忍受的痛苦。

其一，從他登基開始，迫切要求減輕省民因產業而帶來不堪其苦的負擔，那就是一再加稅的財產估值和超量財產估值。他頒布一項普遍適用的蠲賦詔書，最後完全免除拖欠的稅金，禁止財政官員用任何藉口向人民催繳債務。他下達明智

的決定，廢止過時、擾民、無益的稅收辦法，可以增進且淨化國家歲入的來源。民眾知道往後不再陷入絕境，就會滿懷希望和感激之情，全心全力為國家勤奮工作。

其二，稅款的估定和徵收，馬喬里安恢復由行省官員負責的辦法，取消以皇帝本人或禁衛軍統領名義指派的委員會。受寵的廷臣獲得額外的權力，態度變得傲慢，任意索取需求，裝出藐視下級法庭的神色。他們中飽或圖利自己的數額，不達到交給國庫的款項兩倍絕不罷休。有一個強行勒索的案子，若非立法者自己證實，還真不敢置信。枉法的人員提出要求，所有的款項必須用黃金支付。他們拒絕帝國流通的金幣，要上面印著弗斯汀娜（Faustina，兩位安東尼努斯皇帝的皇后名字都叫弗斯汀娜，她們還是母女，同名同姓的羅馬人實在太多，尤其是女性，經常是女兒沿用母親或姑母的名字，很難分得清楚）或兩位安東尼努斯皇帝名字的古幣。那些找不到此類稀有錢幣的臣民，就要用其他的方式去滿足他們永不饜足的要求。如果找到那類金幣，因為古代的成色較佳而且分量較重，就等於是加倍支付。

其三，要把城市自治機構和次級元老院看成各行省的中樞和帝國的支撐，然而由於行政官員的偏袒不法和徵稅人員的貪汙腐化，致使他們的地位愈來愈低微，其中許多市民拋棄光榮的頭銜，情願背井離鄉流亡異地。他提出呼籲甚至強迫他們回到自己的城市。那些使他們放棄市政職能的有害因素，要找出來全部排除。他明確指示各行省的官員只要經過他們的批准，讓這些人恢復原職，負起稅務的責任。復職以後，不必像過去負起責任區內全部審定的額度，只需要開列清單列舉收到稅款的帳目和欠稅未交的人員。

馬喬里安非常清楚，城市自治團體會為過去所受的不公和壓迫進行報復，因此必須恢復「城市辯護士」有用的職位。他訓諭民眾在人人參與的集會，選出敢做敢為而正直廉潔的人士，能夠確保他們的權利，接受不幸者的申訴，保護窮苦百姓不致受到富室豪門的欺壓，把假藉皇帝名義的濫權行為向他隨時提出報告。

當遊客將悲慘的眼光投向羅馬的廢墟，就會責怪古代的哥德人和汪達爾人，犯下他們不該犯的罪行。事實上他們沒有時間和能力，也沒有興趣和嗜好進行摧毀的工作。戰爭的風暴會使城堡和高塔崩塌，龐大的建築物連基礎全都毀棄，那可是經過十個世紀的時間，毫無聲息在緩慢中進行。基於圖利自己的動機造成的破壞行為，被不知羞恥的人們毫無顧忌的運用，只有馬喬里安皇帝的藝術鑑賞力才能嚴厲加以制止。城市的衰微逐漸減低公共建築物的價值，賽車場和大劇院只能挑起人們的欲望，已經很少能夠給予滿足。廟宇就算逃脫人群已基督徒狂熱

的破壞，但既無神像也無人居住。空間寬闊的浴場和柱廊，造訪的人群已日漸稀少。

莊嚴的圖書館和法院大廳，對於懶散的一代而言已經是無用之物，他們整日遊手好閒無所事事，不受研究學習和法律事務的干擾。不理執政官或帝王偉大事功的紀念物，不再看成首都千秋萬世的榮譽受到尊敬，只當成建築材料的來源視為有利用價值，不僅取之不盡而且價廉物美，比從遙遠的採石場獲得更為方便。羅馬願意給人方便的官員總是收到理由充分的申請，說是為了必要的工作急需多少石塊和磚頭。最美觀宏偉的建築式樣為了一些破爛不堪的修繕，遭到局部的拆除變得慘不忍睹。墮落的羅馬人為了把公物變成私產，不惜用褻瀆神聖的雙手，損毀祖先最偉大的基業和德澤。

馬喬里安一直為城市的敗壞深表嘆息，對於日益猖獗的惡行採取嚴厲的防範措施，就把特殊狀況下可以拆除古代建築物的批准權，保留在君主和元老院的手裡。任何行政官員如果膽敢故意非法侵犯此項權利，將被科以五十磅黃金的罰鍰處分。對於拒不執行這一命令的下級官員，威脅要施以殘酷的鞭刑，甚至砍去犯者的雙手。立法者可能忘掉了依罪量刑的原則，因為他的熱忱出於急公好義的情懷，要保護古老時代與生活和欲望息息相關的紀念物。

皇帝認為要運用自己的影響力增加臣民的數量，有責任要確保婚姻生活的純真，他為達成有益目的運用的手段，非但值得商榷且確有不當之處。虔誠的少女如果願意將貞潔獻給耶穌基督，年滿四十歲前不得戴上面紗出家。在這個年齡以下還能生育的寡婦必須在五年內出嫁，否則半數的財產將分給近親或者被國家籍沒。年歲不相稱的婚姻受到譴責或被判無效。通奸罪的處分不僅是籍沒財產和流放，要是罪犯敢溜回意大利，按照馬喬里安公開的宣示可以格殺勿論。

5 馬喬里安光復阿非利加功敗垂成被迫退位（457-461 年）

馬喬里安皇帝竭盡全力恢復羅馬人的幸福和德行，遭到堅西里克的武裝力量造成極大的阻礙，無論就對方的個性還是當時的狀況而言，可以說是實力最強大的敵人。汪達爾人和摩爾人的一支艦隊抵達加里亞諾（Garigliano）河的河口登陸，在康帕尼亞擄掠大量戰利品。帝國軍隊對混亂不堪的蠻族發起奇襲攻擊，蠻族被一直追殺到船上，連身為國王妻弟的首領也被殺死。全面提高警覺等於宣示帝國的統治絕非昔比，已經呈現新的局面，再嚴密的警戒也難以使意大利漫長的海岸線免於來自海上的騷擾和侵犯。公眾的輿論把更為高貴而艱鉅的任務強加在

天縱英武的馬喬里安身上，羅馬期望他光復阿非利加。計畫攻擊汪達爾人的新居留地，是推行大膽而明智的政策獲致的結果。設若英勇的皇帝能把他的精神灌輸給意大利的青年，戰神教練場恢復使他出人頭地的訓練項目，便有可能親自率領一支羅馬軍隊，揮軍前去對抗堅西里克。進行國家風氣的改革可能得到下個世代的歡迎，盡力維持衰敗王國的君主要避免給全民帶來不幸。他們僅為獲得眼前利益，或是避開迫在眉睫的危險，不得不容忍或加重最有害的違法行為。

　　馬喬里安還是和以前那些最軟弱的皇帝一樣，明知羞辱也只有採用權宜的辦法，招募蠻族協防軍取代自己不習軍旅的臣民。他那出眾的才能像是在揮舞危險的工具，想要展現自己的力量和技巧，豈不知稍出差錯就會傷害到本人。除了那些已為帝國效勞的聯盟，慷慨和英勇的名聲使得皇帝能夠吸引多瑙河、波昔里尼斯河，甚至塔內斯河的民族前來為他賣命。阿提拉屬下數以千計最勇敢的臣民，像是吉皮迪人、東哥德人、魯吉亞人（Rugians）、勃艮地人、蘇伊威人、阿拉尼人，全部在黎古里亞（Liguria）平原集結，然而他們所向無敵的實力將會因為相互的敵視抵消於無形。大軍在嚴寒的冬天越過阿爾卑斯山，皇帝全副甲冑步行率軍前進，不時用長手杖探試冰雪的深淺，帶著愜意的神色鼓勵抱怨寒冷的錫西厄人，他們很快就要適應阿非利加的炎熱。里昂的市民原本打算關閉城門防守，立即改變主意乞降，受到馬喬里安寬大處理。他在戰場打敗狄奧多里克，對於已經不堪一擊的國王，仍舊承認是他的朋友和同盟。高盧和西班牙大部分地區的結合雖然有利還不算穩定，這是勸說和威脅雙管齊下的結果。就是力主獨立的巴高迪，過去一直逃避或反抗前朝的統治，現在也相信馬喬里安的德操。

　　他的營地到處都是蠻族的盟友，他的帝座受到人民的愛戴和熱烈的支持，但是皇帝有先見之明，若不建立海上武力就無法征服阿非利加。第一次布匿克戰爭期間共和國以難以置信的努力，進入森林砍下第一斧後不過六十天的時間，一支一百六十艘戰船的艦隊，便在海上威風凜凜地排開陣式。即使當前情勢更為不利，馬喬里安的精神和毅力卻不輸古代羅馬人。砍伐亞平寧山的森林，重建拉芬納和麥西儂的軍械庫和造船廠，意大利和高盧競相要對國家做出最多的貢獻。皇家海軍擁有三百艘戰船以及適量的小艇和運輸船，集結在西班牙的迦太基納安全而寬廣的港灣。馬喬里安大無畏的神情使部隊充滿必勝的信念，要是我們相信史家樸洛柯庇斯的說法，馬喬里安的進取精神有時會超過審慎的限度，急著想親眼目睹汪達爾人的情況，偽裝成使臣把頭髮染色前往迦太基。等到堅西里克發現招待過羅馬皇帝並將他送走，心中感到氣憤不已。毫無依據的軼事只能看成不合情理的傳說，完全是後人編造附會，諸如此類杜撰的情節只會加在英雄人物的

身上。

堅西里克不必親自會晤，也能了解對手的才幹和策略。他又實施慣用的欺騙和拖延戰術，但絲毫沒有發生作用，於是祈求和平的行動不僅更為急迫，且表現得更為誠摯。馬喬里安毫不通融，堅持古代的原則，只要迦太基是敵對國家，

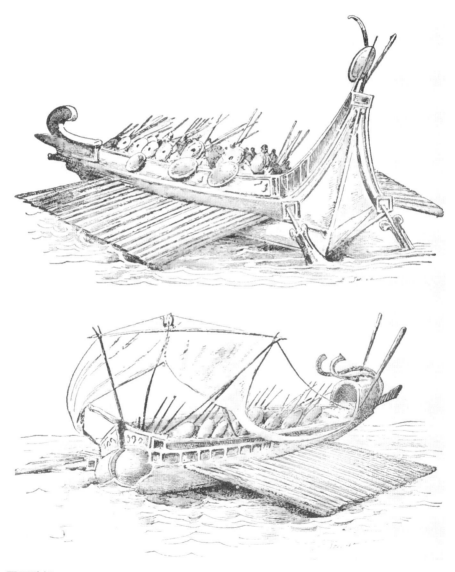

羅馬戰船。

羅馬就無安全可言。汪達爾國王鑑於臣民被南方的奢侈生活所軟化，不信他們還有衝鋒陷陣的豪邁勇氣。他也懷疑那些被征服人民的忠誠，他們都憎恨身為阿萊亞斯教派的暴君。堅西里克採用堅壁清野的計畫讓茅利塔尼亞化為一片焦土，卻無法擊敗羅馬皇帝的作戰決心，也就是掌握主動在阿非利加海岸任何一處登陸。堅西里克之所以能倖免於即刻且難以脫逃的滅亡，在於幾位有強大勢力的臣民暗中的賣國行為，他們嫉妒羅馬皇帝的成就產生恐懼的心理。堅西里克在獲得機密情報的引導之下，對停泊在迦太基納（Carthagena）海灣無人防守的艦隊發起奇襲，很多船隻遭到擊沉、擄走或燒掉，三年的準備毀於一旦。在這次事件以後，雙方的行動都無法經由一時的幸運占到上風。汪達爾人沒有因為偶然的勝利自鳴得意，立即派人再次乞求和平。西部皇帝有足夠能力可擬定龐大的計畫和支持重大損失，同意簽訂和約不過是想暫停用兵，等待水師完成復建後，再度運用各種手段發起第二次的戰爭。

　　馬喬里安回到意大利致力各項民生福利工作，由於他為人清廉正直，經過很長時期都不知道有人進行陰謀活動，威脅他的寶座和生命。發生在迦太基納的不幸事件，使民眾感到目眩的光榮頓時黯然失色。他壓制政府的濫權作風，等於阻斷大小官員的財路，改革者引起大家極大的反感。位居大公的里昔默運用影響力，讓善變無常的蠻族反對既尊敬又痛恨的君主。位於阿爾卑斯山山麓靠近托托納（Tortona）的軍營爆發叛亂行動，以馬喬里安的品德尊貴同樣難以倖免。他被迫脫下皇帝的紫袍，退位五天據稱死於痢疾（461年8月7日）。埋葬遺體的簡陋墳墓一直受到後人的景仰和感懷，馬喬里安的風範更是受到舉世的敬重和愛戴。惡意攻訐和嘲譏引起他的仗義執言，如果是針對他作為目標，就用不屑一顧的態度漠然視之。他盡力維護機智表達的自由，與親密朋友相處時，就會拋開尊貴的地位，盡情享受交友之樂。

6 西部帝位的更迭及對堅西里克的斡旋作為（461-467年）

　　里昔默為了個人野心和利害關係不惜犧牲自己的朋友，心中難免會有懊悔之情，他決心不要重蹈覆轍，需要選擇另一個皇帝的時候，為審慎起見應該避免才德之士。唯命是從的元老院在他的操控之下，把帝位授與利比烏斯·塞維魯斯（Libius Severus）；寒微的出身又無突顯的功德，竟能在西部登基稱帝真是咄咄怪事。歷史毫不在意他的身世、推舉、人品甚或死亡，等到他的生命對贊助人產生不便或帶來威脅，塞維魯斯必然難逃滅亡的下場。從馬喬里安的逝世到安塞

繆斯（Anthemius）的登基，這段空位期僅有名義而已，實質上六年的統治真是乏善可言。整個政府在里昔默的掌握之中，雖然謙遜的蠻族拒絕國王的名位，但已經累積大量財富，編組一支聽命於己的軍隊，對外藉著建立私人的聯盟關係，運用獨立和專制的權威統治意大利。奧多瑟（Odoacer）和狄奧多里克後來也如法炮製，但是疆域限制在阿爾卑斯山以南地區。兩位羅馬將領馬塞利努斯（Marcellinus）和伊吉狄斯（Aegidius）對共和國效命盡忠，鄙視里昔默的蠻族出身，反對他任何稱帝的跡象。馬塞利努斯仍舊皈依古老的宗教，身為虔誠的異教徒在暗中抗拒教會和國家的法律。他精通占卜學為人讚譽，獲得最有價值的資格是在他的學識、德行和勇氣。研究拉丁文學可以增進他的鑑賞力，軍事才能使他獲得埃伊久斯的賞識和信賴，卻為埃伊久斯的垮台受到牽累。他及時逃脫華倫提尼安的荼毒，西部帝國騷動不安的時期，勇敢的宣稱要保持中庸之道不涉及黨派之爭。他在馬喬里安當權以後自動歸順，可能是大勢使然不得不爾。馬喬里安為酬勞他的效命特別讓他管轄西西里，指揮配置在島上的一支軍隊，用來抵抗或是對汪達爾人發起攻擊。

皇帝逝世，蠻族傭兵部隊受到里昔默暗中收買要發起叛亂。英勇過人的馬塞利努斯率領一批忠心的追隨者，占領整個達瑪提亞行省，僭用西部帝國的大公頭銜，實行溫和而得當的統治，獲得臣民的愛戴。他建立一支艦隊控制亞得里亞海區域，經常為意大利和阿非利加的海岸地區帶來驚慌和恐懼。伊吉狄斯是高盧的主將，可以媲美古代羅馬的英雄人物，至少他要盡力效法，因此宣稱要為敬愛的主子遭到謀害報仇雪恥，一支作戰剽悍且人數眾多的軍隊效忠追隨。雖然他為里昔默的權謀和西哥德人的武力所阻，無法向著羅馬進軍，仍能維持阿爾卑斯山以北地區的獨立統治。無論平時或戰時，伊吉狄斯的名聲都受到各方尊敬。年輕無知的旭爾德里克（Childeric）犯下愚行，法蘭克人施以放逐的處罰，推選這位羅馬將領成為國王，極其難得的榮譽可以滿足他的自負並非他的野心。過了四年，英勇的民族為傷害墨羅溫（Merovingian）家族感到悔恨，伊吉狄斯處於民意變化的狀況只有忍耐，默許合法的君主恢復原來的地位。伊吉狄斯的權勢隨著生命宣告終結，可能是下毒或是私下的暴力侵犯，里昔默當然也脫不了關係，容易輕信傳言的高盧人急著擁抱這樣的說法。

西部帝國逐漸沒落以後出現意大利王國，在里昔默的統治之下一直苦於汪達爾人海盜的蹂躪。每年春天他們在迦太基的港口整備一支實力強大的海上武力，年事已高的堅西里克親自指揮最重要的遠征行動。他把所有的計畫當成機密，直到揚帆出海的時刻才讓屬下知道。舵手問他要採用那條航路，信仰虔誠的蠻族用

專橫的口氣回答：「就讓風向來決定航路，會把我們帶到充滿罪惡的海岸，那裡都是注定受到上天懲罰的居民。」如果堅西里克下達更精確的命令，那麼他的判斷是基於掠奪財富而不是懲治罪行。汪達爾人一再進出西班牙、黎古里亞、托斯卡尼、康帕尼亞、盧卡尼亞、布魯提姆（Bruttium）、阿普里亞、卡拉布里亞（Calabria）、威尼提亞、達瑪提亞、伊庇魯斯、希臘和西西里的海岸地區。他們也想占領薩丁尼亞島，據有地中海位於中央的有利位置。他們的軍隊從海克力斯之柱到尼羅河口，散布毀滅帶來的荒涼和恐怖。

　　他們熱中於獲得戰利品而非戰勝的光榮，所以很少攻擊防務森嚴的城市，也不會與正規部隊展開陣式堂堂的野戰；靠著動作的神速，他們對遙遠的目標只要引起洗劫的念頭，就會在形成威脅的同時發動攻擊。他們在船上也裝載相當數量的馬匹，登上陸地就用一隊輕騎兵橫掃驚魂喪膽的國度。縱使國君做出令人羨慕的榜樣，原來土生土長的汪達爾人和阿拉尼人，還是在辛勞和危險的戰爭當中逐漸消耗殆盡。等到歷盡艱辛的第一代征服者告別人世，他們子孫都是在阿非利加出生，享受舒適的浴場和花園，都是父執輩英勇戰鬥獲得的成果。出征隊伍空

古羅馬花園一景。

出的位置由大群摩爾人和羅馬人、俘虜和逃犯來適時加以補充。這些走向絕路的可憐蟲，參與掠奪是在違犯自己國家的法律，現在只有全力奉行最殘暴的行為，會使堅西里克的勝利蒙受羞辱。堅西里克對待不幸遭到擄獲的人員，有時會考慮到貪財求贖的需要，有時則完全是放縱殘酷的暴行。屠殺五百名高貴的占特（Zant）或札辛瑟斯（Zacynthus）市民，將遍體鱗傷的屍首投入愛奧尼亞海，激起大家的氣憤造成的後果，所有的惡行要歸罪在下一代的報應。

傷天害理的罪行不能用受到激怒作為藉口，汪達爾國王發起對抗羅馬帝國的戰爭，倒是有合理而且說得通的動機。華倫提尼安的遺孀優多克西婭被當成俘虜從羅馬帶到迦太基，她是狄奧多西家族唯一的繼承人。長女優多西婭（Eudocia）處於身不由己的狀況，成為堅西里克長子亨尼里克（Hunneric）的妻室。嚴苛的父親提出合法的權利，要求分給適當比例的皇室產業，基於雙方結親的狀況既不容拒絕也難以滿足。東部的皇帝支付足夠的補助金，至少是很值錢的物品，換來所需要的和平。汪達爾人在保持顏面的條件下送還優多克西婭和幼女普拉西地婭，要發洩怒氣限定在西部帝國的國境之內。意大利人缺乏海上作戰部隊，沒有能力單獨保護海岸線的安全，懇求東部正在走運的民族給予援助，他們在過去無論是平時還是戰時，都承認羅馬有至高無上的權威。兩個帝國的永久分離已疏遠彼此的利益和意願，所謂要信守雙方的條約也只是說說而已。西部的羅馬人並沒有獲得武力和船艦的援助，只有冷淡而無效的斡旋行動。傲慢的里昔默局限在困難的處境，經過長期掙扎他只有放下身段，終於用臣民的身分以謙卑的語氣寫信向君士坦丁堡的帝座告急，為了對盟友提供的安全付出代價，意大利接受東部皇帝決定的人選成為自己的主子。

7 李奧在東部登基和推舉安塞繆斯為帝（457-474年）

自從狄奧多西二世亡故以後，君士坦丁堡內部的安寧和平靜，未曾受到對外戰爭和黨派傾軋的干擾。帕契麗婭帶著東部帝國的權杖，嫁給個性謙恭的馬西安，他對自己的妻子秉承感激的態度，尊敬她處於神聖的地位和謹守處女的貞節，她的逝世讓人民用宗教的儀式崇敬出身皇家的聖徒。馬西安只注意本國的繁榮，對羅馬的災禍連綿視若無睹。一個勇敢而積極的君主竟如此固執，始終拒絕出兵對付汪達爾人，有人認為這要歸之於祕密的承諾，馬西安過去曾是堅西里克的俘虜。馬西安在統治七年以後逝世，要是按照規定選出深孚眾望的繼位者，就會陷東部於危險的境地。有一個家族以優勢的地位，支持符合他們利益的候

選人。身為大公的阿斯帕（Aspar）如果贊同尼西亞信條，就能順理成章接替帝位。阿斯帕從他的父親到他的兒子阿達布流斯（Ardaburius），接連三代掌握東部的軍權，率領蠻族衛隊形成一股軍中勢力，能夠懾服皇宮和首都。阿斯帕擁有雄厚財力，憑著慷慨作風獲得聲望和權勢。

他推薦無籍籍名的色雷斯人李奧，身為軍事護民官也是阿斯帕家中的首席管事，候選人的提名得到元老院一致同意。阿斯帕的忠僕從教長或主教手裡接受皇家冠冕，在這場罕見儀式中表示蒙受神的恩准。這是首位用李奧為名的皇帝，為推崇他的事功特別加以「大帝」的稱號。根據希臘人的意見，在歷代帝王之中，無論就英雄或君主的標準而言，李奧已經幾乎接近完美的境界。皇帝用溫和而堅定的態度抗拒恩主施加的壓力，表示他要善盡自己的責任和權力。阿斯帕發現他無法運用影響力指派君士坦丁堡的郡守感到詫異，譴責李奧沒有信守承諾，扯住皇帝的紫袍不放實在有失宮廷的禮儀。阿斯帕說道：「這樣做太沒有道理，一個人要是穿上這身袍服，若再說謊就是有罪。」李奧回答：「君王若是順從臣下的意願，放棄自己的判斷和人民的福祉，那才確實沒有道理。」從此皇帝和大公之間再不可能真誠和解，期待雙方保持堅實而長久的關係無異緣木求魚。

李奧暗中徵募一支由艾索里亞人組成的軍隊，開進君士坦丁堡駐防，削弱阿斯帕家族的權勢，免除他們在宮廷和政府擔任的職位。李奧的行為舉止溫和，且在各方面都提高警覺，使得對方不敢輕舉妄動，以免未能制敵反而先受其害。處於內部不穩會隨時發生重大變故，就會影響爾後謀求和平還是遂行戰爭的大政方針。長久以來阿斯帕損害帝位的尊嚴，基於宗教和利害關係使他與堅西里克保持私下連繫，贊同蠻族在阿非利加的建國大業。一旦李奧擺脫聽命於人的局面，願意考量意大利人所受的苦況，決心根絕汪達爾人暴虐的侵犯行動。他公開宣布要與地位平等的羅馬皇帝結盟，何況是他把西部帝國的冠冕和紫袍授與安塞繆斯。

安塞繆斯的皇室血統可以追溯到僭主樸洛柯庇斯，等到一旦登基稱帝，難免要誇大他的德行和事功。完全是上一輩的功勳、地位和財富，安塞繆斯成為東部最顯赫的臣民。他的父親樸洛柯庇斯出使波斯歸國，獲得將領和大公的高位，安塞繆斯的名字取自他的外祖父，就是那位受人讚許的東部統領，憑著才幹和忠誠保護狄奧多西幼年時期的統治，建立顯赫的地位和深厚的關係。統領的外孫與馬西安皇帝的女兒優菲米婭（Euphemia）結婚，立即從一介平民平步青雲扶搖直上。皇室的聯姻可以取代必要的功勳，安塞繆斯很快擢升內廷伯爵、軍隊的主將、執政官和大公等崇高的職位。他靠著本領或運道在多瑙河地區獲得戰勝匈奴的莫大榮譽，馬西安的女婿希望能成岳父的繼承人，不算是過分虛妄的野心。安

塞繆斯用勇氣和忍耐克制失望的情緒，後來公眾和輿論認為只有他夠資格統治西部，接位登基成為順理成章之事。西部帝國的皇帝從君士坦丁堡啟程，幾位職級尊貴的伯爵陪同，隨護的衛隊實力強大，就兵員數量而論，幾乎與正規部隊不相上下，擺出堂皇的氣勢得意洋洋進入羅馬。

李奧推薦的人選獲得意大利的元老院、人民和蠻族同盟軍一致贊同。安塞繆斯莊嚴的登基大典（467 年 4 月 12 日）之後，緊接著是他的女兒和大公里昔默的婚禮，結親的喜事可以保證維持國家的團結合作和幸福太平。兩個帝國在表面上展現富足繁榮的景象，很多元老院的議員還要講究排場掩飾貧窮，花費之大已到破產的地步。慶典期間所有的軍國大事全部停頓，法院緊鎖大門不受理訟事，羅馬的街頭、劇院以及公家或私人聚集人群的場合，全都迴響許門之歌的頌辭和舞蹈。皇家的新娘身穿絲袍頭戴金冠，引導前往里昔默的府邸。新郎沒有著軍裝而是換上執政官和元老院議員的服飾。賽東紐斯在這個值得紀念的日子，以奧文尼的演說家身分出現，昔日的萬丈雄心已如過眼雲煙完全消失，他和各行省派來的代表一起祝賀新帝的登基。

新年元旦的執政官任職儀式（468 年 1 月 1 日），被人收買的詩人過去雖然受到阿維都斯的愛護和馬西安的器重，現在經友人的勸說寫出歌頌英雄的敘事詩，讚美安塞繆斯蓋世的功勳和傲人的幸運，祝福他的第二次出任執政官和未來的勝利。賽東紐斯發表的頌辭現在還流傳在世，無論就作者的身分和臣民的作為而言，都令人感到齒冷，卻是成功的最佳保證。奉承之詞的立即報酬是畀以羅馬郡守的高位，能夠在帝國出人頭地，後來更成為受人尊敬的主教和聖徒。

8 安塞繆斯的被弒及奧利布流斯的起落（471-472 年）

不論里昔默所犯的罪行為何，權勢薰人的蠻族能與君王相爭，最後取得妥協願意建立聯姻關係。安塞繆斯承諾要給西部帶來和平興旺的統治，卻很快落到災禍和傾軋的局面。里昔默對於一位人士現在擁有更高的權勢，感到惶惶不安而且無法容忍，離開羅馬把府邸安置在米蘭。這是一個非常有利的位置，對於散布在阿爾卑斯山和多瑙河之間的好戰部族而言，一方面便於邀請前來相助，另一方面也容易加以拒止。

意大利逐漸分裂成為兩個獨立而相互敵對的王國，黎古里亞的貴族為迫在眉睫的內戰而驚惶不已，全部投身在大公的腳前懇求他以大局為重。里昔默不動聲色用傲慢的口氣回答：「就我個人而言，還是願意與這位蓋拉提亞人（Galatian）

保持友誼。只是他看到我們順從就會變得傲慢，試問誰能抑制他的驕氣、平息他的怒火？」他們向里昔默提到帕維亞主教伊壁費紐斯（Epiphanius），不僅人品清貴、才識高超，而且有口若懸河的辯才，若能擔任使臣從利害關係和婚約親情方面著手，可以說服最強烈的反對意見。推薦的人選得到里昔默的同意，伊壁費紐斯本著慈悲為懷的精神願意負起說客任務，毫不延遲立刻前往羅馬，憑著他的地位和聲望獲得隆重接待。

主教的說辭是為了和平這點倒是不難了解，他一再重申無論處於任何情況，要寬恕對方的侮辱和無禮，才是仁慈、寬厚和謹慎之道。他鄭重規勸皇帝避免與凶狠的蠻族發生衝突，不僅危害到自身安全，也會對國家帶來毀滅。安塞繆斯雖然承認他所言不虛，卻對里昔默的行為感到深刻的悲傷和憤怒，強烈的情感就在談話當中不由自主的發洩出來。於是他驚呼說道：「忘恩負義之徒提出任何要求，難道我們曾經加以拒絕？對於他所作所為即使讓人怒不可遏，我們還不是忍氣吞聲？我顧不得紫袍的尊嚴把女兒嫁給一個哥德人，為了國家的安全我甚至犧牲家世和門風。這些應該使里昔默永保忠誠的慷慨，反而讓他用不義的手段對付自己的恩主。難道他沒有掀起各種戰爭打擊帝國？難道不是他經常唆使和協助帶著敵意的民族傾洩他們的憤恨？是不是我現在就得接受他那不忠不義的友誼？他已經違犯作為一個兒子的責任，我還能希望他尊敬區區一紙婚約？」

安塞繆斯的怒氣在充滿熱情的宣告中逐漸消失，願意屈從伊壁費紐斯的提議。主教為恢復意大利的和平感到滿意，就回到自己的轄區，雙方的修好是否能真誠維持下去，實在讓人懷疑。皇帝的力量過於弱小迫得只有故示仁慈，里昔默暫時中止野心勃勃的行動，暗中加強準備項工作，一旦時機成熟決心要顛覆安塞繆斯的統治。後來和平與忍讓的假面具撕破，里昔默獲得勃艮地人和東方的蘇伊威人的大量增援，軍隊的戰力更為強盛。他公開宣布與希臘籍的皇帝斷絕所有關係，從米蘭向著羅馬的城門進軍，營地設置在阿尼奧河河岸，急著期望奧利布流斯（Olybrius）的來到，把他當成下任皇帝的候選人。

元老院議員奧利布流斯出身阿尼西安家族，自認能夠合法繼承西部帝國。他娶華倫提尼安的幼女普拉西地婭為妻，那是她被堅西里克送回以後的事，她的姊姊優多克西婭仍被留下，如同俘虜成為堅西里克兒子的妻室。汪達爾國王支持羅馬盟友的公正權利，一面運用恫嚇手段，一面提出更多懇求，特別指出若是元老院和人民不承認合法的君王，仍舊擁戴不合格的外鄉人當皇帝就會引起戰爭。奧利布流斯與國家公敵建立友誼，使得他在意大利無法獲得民眾愛護，里昔默一心想推翻安塞繆斯皇帝，引誘奧利布流斯成為皇位候選人，憑著顯赫的身世和皇家

的聯姻，一切行動合法不會視為謀逆的叛賊。

　　奧利布流斯身為普拉西地婭的丈夫，像祖先一樣獲得執政官的高位，大可居住在君士坦丁堡安享榮華，特別是他欠缺治理帝國的天賦才能，所以感到不必為帝位自尋煩惱。他終屈服於友人的不斷糾纏，加上他妻子在旁慫恿，陷身在內戰的危險和災難竟然何其草率。他願意接受意大利的紫袍，那是因為私下取得李奧皇帝的默許，然而他在西部登基稱帝，還是出於生性善變的蠻族在背後支持。無論是在拉芬納還是奧斯夏港登陸，他都未遭到絲毫阻礙（堅西里克主宰著海洋），很快到達里昔默的營地，在那裡成為西部世界的統治者（472年3月23日）。

　　里昔默把前哨從阿尼奧河延伸到米爾維亞橋，據有梵蒂岡和賈尼庫隆（Janiculum），台伯河將這邊與城市其餘部分隔開。傳聞擁護奧利布流斯的議員已從元老院退出，召集會議形成一次合法的選舉。元老院多數議員和人民仍舊堅定擁戴安塞繆斯，哥德軍隊給予有效支持使他延長統治時間。經過三個月的抵抗，公眾遭到伴隨而來的災難，饑饉和瘟疾在全城肆虐。最後里昔默在哈德良橋或稱是聖安基洛（St. Angelo）堡發動凶狠的突擊，哥德人在他們的領袖基利默（Gilimer）戰死之前，一直在狹窄的通道進行英勇防禦。戰勝的部隊排除前進阻礙，勢如破竹衝進城市中心，安塞繆斯和里昔默的內爭摧毀羅馬至萬劫不復的境地。命運乖戾的安塞繆斯從躲藏的地方被拖了出來，毫無人性的女婿下令將他殺死（472年7月11日），這是第三位或第四位在他手上犧牲的皇帝。軍隊的士兵和黨派的暴民聯合，行為就像蠻族一樣凶殘暴虐，不受約束到處燒殺擄掠。奴隸和群眾形成的暴民，根本不理會當前處境，只想趁火打劫，整個城市呈現出嚴苛的殘殺和縱情的放蕩極為怪異的對照。此一帶來巨大災難的事件，除了罪惡毫無光榮可言。

　　事後不過四十天，僭主里昔默得病暴斃（472年8月20日），意大利獲得絕處重生的機會。里昔默把指揮軍隊的權力交給他的外甥，甘多柏德（Gundobald）是勃艮地人的一個諸侯。重大變革的主要當事人都在同一年內相繼離開人世，奧利布流斯的統治不過七個月，他的死亡（472年10月23日）並沒有顯示出遭受暴力侵犯的跡象，後裔只有與普拉西地婭所生的一個女兒。狄奧多西大帝的家族從西班牙遷移到君士坦丁堡，都是靠著女性的傳承得以延續不絕，現在已經是第八代。

⑨ 兩位皇帝的接位及歐里斯特斯的崛起（472-476年）

　　意大利處於帝位空懸任由無法無天的蠻族四處為患，李奧在御前會議對西部選出新的君主極表關切。弗瑞娜皇后加緊運作要光大自己的家族，她曾將一個姪女嫁給朱理烏斯·尼波斯（Julius Nepos），繼承叔父馬塞利努斯統治達瑪提亞，比起西部皇帝的虛名具有更大的實權，他被弗瑞娜皇后說服接受紫袍。拜占庭宮廷的行事作風不僅軟弱無力且優柔寡斷，安塞繆斯甚至奧利布流斯逝世數月，指定的繼承人才帶著大隊人馬出現在意大利臣民眼前。這段期間格利西流斯（Glycerius）是一個無籍籍名的軍人，被他的恩主甘多柏德授與帝位。勃艮地君主既無能力也無意願用內戰來支持他的人選，而且他要在國內遂行自己的野心，於是越過阿爾卑斯山回到高盧。失去保護的格利西流斯願意用羅馬的權杖交換薩洛納主教的職位。處理完畢這位競爭者，尼波斯皇帝受到元老院、意大利人和高盧省民的承認。大家異口同聲稱讚他的德行操守和軍事才能，任何人只要從他的政府獲得好處，就用預言的口吻宣布，尼波斯會使臣民重新恢復幸福的生活。

　　他們的希望不過一年就消失無蹤，在尼波斯短促而屈辱的統治期間，唯一的重大事項是簽訂和平條約，把奧文尼割讓給西哥德人。意大利皇帝為了獲得國內的安全，犧牲高盧最忠誠的臣民。安寧的局面很快為蠻族同盟軍憤怒的叛亂所侵犯。他們在將領歐里斯特斯（Orestes）的指揮之下，全速從羅馬向著拉芬納進軍。尼波斯為叛軍的接近而戰慄不已，他對拉芬納的防禦能力沒有信心，趕快逃上他的船隻，退回亞得里亞海對岸的達瑪提亞公國。經過這次可恥的遜位他又多活了五年，直到在薩洛納（Salona）為背義的格利西流斯殺死，始終處於皇帝和放逐者之間這種很曖昧的狀況。為了獎勵格利西流斯的罪行，他被升為米蘭的總主教。

　　舉凡被征服的民族，在阿提拉死後都揚起獨立的大纛，根據他們的主權和戰爭的成果，在多瑙河以北的廣大地區，或是在多瑙河與阿爾卑斯山之間的羅馬行省，建立起自己的國家。其中最勇敢的年輕人受到召募，組成一支稱為「同盟軍」的軍隊，用來保衛意大利的安全，給人民帶來難以言喻的恐懼。雜亂混合的群體以赫魯利人、錫里人、阿拉尼人、圖西令吉人（Turcilingi）和魯吉亞人明顯占有優勢。歐里斯特斯是塔圖拉斯（Tatullus）的兒子，西部最後一個羅馬皇帝的父親，要拿英勇的武士當作效法的榜樣。前面已提過歐里斯特斯的歷史，知道他並沒有背棄自己的國家，憑著身世家財成為潘農尼亞最顯赫的臣民。

　　行省割讓給匈奴阿提拉成為合法統治者，他進入宮廷服務擔任阿提拉的樞密

大臣，一再派到君士坦丁堡出任使臣，代表專橫的國君提出種種要求。征服者去世後，歐里斯特斯恢復自由之身，保持超然立場，拒絕追隨阿提拉的兒子退回錫西厄的曠野，不願聽從東哥德人的命令，他們現在已篡奪整個潘農尼亞地區。他情願在意大利的君主手下服務，在位的統治者都是華倫提尼安的繼承人。歐里斯特斯具有英勇和勤勉的稟性，且作戰經驗豐富，戎馬生涯的升遷非常迅速，後來獲得尼波斯的寵信，拔擢成為大公及主將。軍隊長久以來尊敬歐里斯特斯的為人處世和大權在握。他對於手下的部屬非常關切，經常與將士用自己的方言交談，部落的酋長都是多年的好友，已經建立密切的關係。於是在他的請求之下，大家拿起武器反對出身寒微的希臘人，不得人望的君王竟敢要求他們聽命從事。歐里斯特斯基於一些祕密的動機，不願穿上紫袍登基，大家就順水推舟擁護他的兒子奧古斯都拉斯（Augustulus）成為西部帝國的皇帝。

　　尼波斯退位以降，歐里斯特斯懷抱雄心壯志，現在已抵達希望的頂峰，就在第一年的終了，立刻發現一場反對自己的叛變，如同他表現在人前的違犯誓言和忘恩負義。意大利的統治完全操縱在傭兵的手裡，種種翻雲覆雨的變化全視他們

的選擇，如果君王不願當聽話的奴隸，就要成為立即的犧牲者。憑藉武力的異鄉人都是危險的盟友，欺壓和侮辱羅馬人最後僅餘的自由和尊嚴。每次帝位興亡更替的變革，他們都為了支付的代價和應有的特權發生爭執，無禮犯上的姿態已經到達無法忍受的程度，然而這些傭兵還在羨慕高盧、西班牙和阿非利加的同胞得到更多的好處。勝利的軍隊建立獨立自主和永遠傳承的王國，於是強勢的傭兵部隊堅持他們絕對的要求，立刻劃分意大利三分之一的領土。

歐里斯特斯居於完全不同的立場，秉持的精神讓人感到欽佩，他的選擇是寧願迎戰一支武裝起來的蠻族群眾，也不願無辜的人民陷入水深火熱的災難之中。於是他拒絕接受厚顏無禮的要求，反而使野心勃勃的奧多瑟獲得有利的藉口。膽大包天的蠻子向多年的戰友提出保證，大家只要拋棄成見聯合起來接受他的指揮，立刻會為大家討回公道，畢竟合乎禮法的請願不能毫無商量受到否決。意大利所有的軍營和城防部隊的駐防地點，同盟軍抱著同樣的希望發出憤怒的吼聲，很快集結在深得軍心的首領張開的旗幟之下。不幸的歐里斯特斯為這股勢不可當的狂流衝倒，倉促之中退守帕維亞防衛嚴密的城市，神聖的聖靈顯現派教徒（Epiphanites）在這裡設置主教的座堂。帕維亞立即受到圍攻，防禦的工事全部摧毀，攻下的市鎮受到洗劫，雖然主教費盡力氣總算獲得相當成效，教堂的財產受到保護，女性俘虜的貞節不容侵犯，只有處死歐里斯特斯才能平息暴亂。他的兄弟保羅在拉芬納附近的作戰中被殺，剩下毫無希望的奧古斯都拉斯不再獲得奧多瑟的尊敬，反而要懇求他大發慈悲。

10　奧多瑟在意大利的勝利和西羅馬帝國的滅亡（476-490年）

獲得勝利的奧多瑟是艾迪康（Edecon）的兒子，前面曾經提過艾迪康的功績，那時他是歐里斯特斯的同僚，涉及謀害君王的叛逆事件免除使臣職位。他能及時悔悟要不就是早有圖謀，不僅能將功贖罪還獲得阿提拉賞識，擢升到引人注目的高位。他指揮的部隊要輪替護衛皇家的村莊，錫里人的部族成為他的臣民，雙方關係親密且可傳承。等到各地的蠻族開始叛亂，他們還是追隨匈奴這個主子。十二年後又提到艾迪康的光榮事蹟，寡不敵眾的狀況下與西哥德人展開鬥爭，經過兩場犧牲慘重的會戰，錫里人遭到擊敗四處星散，英勇的首領在經歷部族重大的災害，已經無法偷生於世，留下兩個兒子奧努夫（Onulf）和奧多瑟，繼續與當前的苦難奮鬥不息，流亡外國期間靠著搶劫和提供軍旅服務，用來維持忠實的追隨人員。奧努夫直接投效君士坦丁堡，等到他殺害心胸寬闊的恩主，玷

汙他在軍旅生涯所獲得的名聲。他的兄弟奧多瑟領導所屬在諾利孔的蠻族當中，過著漂泊不定的生活，無論是他的個性還是運道，都適合最艱辛的冒險事業。

當時整個國度最得眾望的聖徒是塞維里努斯，奧多瑟為了要決定未來的前途，虔誠拜訪聖徒隱居的小室，懇求他的認同和祝福。低矮的門戶容不下奧多瑟魁偉的身材，他只有彎腰躬身進入室內。聖徒從謙卑的姿態看出他的前途無可限量，會創造偉大的事功，就用預言的口氣向他指示：「前往意大利去追求心中的目標，你會立刻脫去襤褸的袍服，獲得的財富可以使你發揮慷慨的天性。」這個蠻子有大無畏的精神，不僅接受也證實聖徒所說的預言，獲得允許為西部帝國提供軍旅服務，很快擢升很高的職位，負責皇室的警衛工作。他的言行舉止逐漸變得高雅，軍事素養也有很大的進步。意大利的同盟軍沒有選他擔任將領，倒不是奧多瑟的勇氣和才能不夠標準，他所建立的功勳使大家一致擁戴他成為國王。在他的統治期間一直拒絕穿戴紫袍和冠冕，以免觸怒各部族的諸侯。他們的臣民在意料之外混雜起來，組成一支戰無不勝的軍隊，經過時間的同化和策略的需要，不知不覺形成一個偉大的民族。

蠻族對於皇權非常熟悉，意大利歸順的人民毫無怨言準備服從權威。奧多瑟在運用的時候還是以西部皇帝代理人自居，他決心廢除無用又浪費的職位，認為完全是古老傳統遺留的負擔，因此需要膽識和洞察力才能找出更方便的運作方式。時運不佳的奧古斯都拉斯成為自取其辱的工具，他向元老院表示退位之意，舉行會議尊重羅馬君主的決定，體現熱愛自由的精神和憲法的形式。元老院一致通過敕令，要將一封書信呈送季諾皇帝，他是李奧的女婿和繼承人，經歷一場為時短暫的叛變，恢復秩序登上拜占庭的寶座。

他們莊嚴宣告要「放棄所有的權利和意願，不再在意大利繼續帝位的傳承。就他們的意見認為只要有一個君王，憑著他的權威可以同時照顧和保護東部和西部。元老院用他們和人民的名義，同意整個帝國的中樞應該從羅馬轉移到君士坦丁堡。他們單方面很自私的放棄選擇主子的權利，唯一留下來的遺物是通用於世界的法律。共和國完全信任奧多瑟在政府和軍事方面的能力和德行，同時他向元老院提出謙卑的懇請，只要授與他大公的頭銜，以及統治意大利行政區的權力。」

君士坦丁堡帶著不滿和氣憤的態度接待元老院的代表團。他們覲見季諾的時候，他嚴辭指責西部竟如此對待安塞繆斯和尼波斯兩位皇帝，是在意大利懇求之下東部才同意選派。「你們謀殺第一個皇帝，然後又把第二位皇帝趕走，現在尼波斯還活在世上，應該是你們合法的君主。」謹慎的季諾立刻放棄復位不

青銅盔甲雕像（局部）。

陶瓦燈具。

切實際的想法，何況只有一個皇帝可以使他的虛榮心獲得滿足，他的雕像能在羅馬光榮的樹立。他雖然表現出曖昧的態度，還是抱著友善與奧多瑟大公通信的念頭，同時很高興接受皇家的紋章和標誌，以及寶座和皇宮的神聖裝飾，這些都是蠻族恨不得趕快從人民眼前移走的東西。

從華倫提尼安去世不過二十年的光景，連續有九位皇帝喪生或垮台。歐里斯特斯的兒子獲得推選完全靠著年輕英俊，就這一點值得後人的注意。如果他的統治不是標示著西羅馬帝國的滅亡（476年或479年），那麼在人類歷史上就沒有留下任何可資紀念的事蹟。身為大公的歐里斯特斯在諾利孔的佩托維奧（Petovio），娶了羅慕拉斯伯爵的女兒為妻，使得自己的兒子得以取名為奧古斯都（Augustus），這雖然是羨慕權勢，但在阿奎利亞倒是很普通的事。然而羅馬和羅馬帝國兩位最偉大的奠基者，他們的稱號竟會很奇特的集合在最後這位繼承人的身上。歐里斯特斯的兒子僭用並侮辱了羅慕拉斯‧奧古斯都（Romulus Augustus）這個崇高的名諱，好在希臘人把第一個名字訛用稱為摩邁拉斯（Momyllus），第二個名字拉丁人為輕視起見加上表示「小」的語尾詞，就成為奧古斯都拉斯（Augustulus）。

心胸豁達且仁慈的奧多瑟饒恕無害年輕人的性命，讓他帶著全家離開皇宮，固定賜給他六千金幣的年金，指定康帕尼亞的盧克拉斯城堡作為他放逐或退休的住處。羅馬人從布匿克戰爭的辛勞中喘息稍定，就為康帕尼亞的美景和歡愉所吸引。老阿庇西的鄉間住屋位於利特隆（Liternum），能夠持之以恆展現農村簡樸

的風格。那不勒斯灣令人心曠神怡的海岸滿布別墅，蘇拉讚賞他的對手見識高人
一等，莊園位於高聳的麥西儂海岬，每一邊都可以控制陸地和海洋，涵蓋的範圍
延伸到遙遠的地平線。過了幾年，馬留的別墅為盧庫拉斯買下，價格從六十磅黃
金猛漲到兩千磅。新主人用希臘的藝術和亞洲的財富把住所裝飾得美輪美奐，盧
庫拉斯的府邸和花園在皇家的宮殿當中，贏得首屈一指的聲譽。等到汪達爾人在
海岸地區肆虐，位於麥西儂海岬的莊園逐漸加強防衛的力量成為堅固的城堡，西
部最後的皇帝在此過著退隱生活。

　　重大的變革又過了二十年，莊園改為教堂和修道院，供奉聖塞維里努斯的遺
骨，四周是破敗的辛布里人（Cimbric）和亞美尼亞人戰勝紀念碑，信徒在此過
著與世無爭的平靜日子。直到十世紀初葉，遺留的堡壘可能成為撒拉森人危險的
庇護所，就被那不勒斯的人民夷為平地。

11 羅馬精神的淪喪和奧多瑟統治意大利（476-490年）

　　奧多瑟是首位統治意大利的蠻族子弟，治下的臣民自命不凡，處處覺得高人
一等。羅馬人受到莫大恥辱的確令人由衷同情；墮落的後代裝出一副悲傷和氣憤
的樣子，卻讓人感到無地自容的輕蔑。意大利災難不斷，逐漸剝奪了羅馬人自由
與光榮的高傲意識。羅馬事功鼎盛時期，行省被共和國的武力降服，市民也受到
共和國法律管轄。制定的法令後來被內部的爭執摧毀，城市和行省也變成暴君任
意處置的私產，憲法的形式原本是用來緩和或掩飾奴役的作用，也在不知不覺中
被時間和暴力消滅殆盡。意大利人對於他們藐視或厭惡的君主，始終為他們的蒞
臨或離去感到哀怨。

　　人民連續五個世紀受到縱兵殃民的軍事統治、任性善變的專制政體和無所不
在的高壓策略所帶來的無窮痛苦。就在同一時期，蠻族從卑微和屈從的狀況脫穎
而出。日耳曼和錫西厄戰士引導進入行省，羅馬人處在他們的羞辱或保護之下。
外來的蠻族一開始是作為奴僕或同盟，最後卻成為統治的主子。人民的憤恨被畏
懼鎮壓得不動聲色，反倒尊敬好戰首領的精神和權勢。他們被授與帝國的高位，
羅馬的命運依靠在無可匹敵的異鄉人手中所執的刀劍。堅毅的里昔默立足在意大
利的廢墟之上，雖沒有國王的頭銜卻已在行使君主的權力，逆來順受的羅馬人在
無形中已準備接受奧多瑟和後續不同蠻族的統治。

　　意大利國王奧多瑟憑著勇氣和機運受到擁立登上高位，實在是名正言順、
當之無愧，養成溝通的習慣逐漸泯滅凶暴的天性，雖然身為征服者又是外來的蠻

族，能夠尊重臣民的制度甚或他們的偏見。經過七年的統治，奧多瑟恢復西部的執政官，他自己出於謙虛或高傲的心態，拒絕接受此一榮譽頭銜，不像東部的皇帝還繼續保有。元老院的首席元老連續由十一名最有聲望的議員擔任，名單有受人尊敬的巴西留斯（Basilius）備增光彩。他的人品及德行獲得賽東紐斯的友誼和感恩的讚譽，而且後者曾經做過他的部從。皇帝頒布的法令能嚴格執行，意大利的民政權力仍掌握在禁衛軍統領及下屬官員手裡。奧多瑟將引人反感的徵收稅賦工作授與羅馬官員負責，卻把及時施惠給民眾的角色保留給自己運用。他與其餘蠻族一樣信奉阿萊亞斯異端教義，尊敬教士和教會神職人員。正統基督徒保持沉默，證明他們還能享用宗教寬容政策。為了保持城市的安寧，需要郡守巴西留斯插手選擇一個羅馬主教，發布詔書限制教士讓渡土地，最終目標是在保障人民權益。他們基於信仰的虔誠，修復損毀的教堂要負擔沉重的財務壓力。

意大利受到征服者的武力保護，邊界獲得高盧和日耳曼蠻族的尊重，不像過去狄奧多西家族的軟弱無能，經常受到不斷的寇邊和騷擾。奧多瑟渡過亞得里亞海懲處刺殺尼波斯皇帝的凶手，獲得達瑪提亞此一濱海行省。他越過

古羅馬的主要道路。

阿爾卑斯山，從居住在多瑙河彼岸的魯吉亞人國王法瓦（Fava）或稱菲勒蘇斯（Feletheus）手中，奪回剩餘的諾利孔地方，他在戰場擊敗國王還讓對手無法逃脫追捕，大量俘虜和臣民又回到意大利的懷抱。羅馬遭受長期的戰敗和羞辱，竟然在蠻族主子的統治之下可以揚眉吐氣。

　　儘管奧多瑟行事謹慎又獲得成功，他的王國卻呈現悲慘和荒涼的淒苦景象。自從提比流斯時代開始，意大利感受到農業的衰敗，生產大量下降，有人難免要就這個題目抱怨，說是羅馬人的生存完全靠風向和海浪的幫助。在帝國分裂和衰亡的過程當中，埃及和阿非利加停運每年進貢的穀物，居民人數隨著生活必需品的不足而銳減。整個國家因戰爭、饑饉和瘟疫帶來無法挽回的損失，已是民窮財盡幾無生路。聖安布羅斯（St. Ambrose）看到昔日人口稠密、繁榮興旺的城市，像是波隆那（Bologna）、莫德納（Modena）、雷吉姆（Regium）和普拉森提亞，都已殘破不堪，心中難免感慨。教皇傑雷休斯是奧多瑟的臣民，他用誇張的語氣宣稱，伊米里亞（Aemilia）、托斯卡尼及鄰近幾個行省，幾乎已是人煙絕滅。羅馬的平民靠主子餵養，等到過往的慷慨供應無法維持，只有坐以待斃或流亡他鄉。藝術沒落使得勤奮的工匠整日遊手好閒，生活沒有著落。元老院議員每當看國家受到摧殘，原本還抱著極大耐心加以支持，後來都為喪失家產和奢華的生活而悲傷不已。龐大的地產中有三分之一被征服者據為己有，只能歸類為意大利的荒廢土地。直接施加的傷害隨之而來的羞辱更為加重，實際感受的痛苦因擔心大禍臨頭而變得更難忍受。看到土地被分給成群新來的蠻族，每個議員都憂慮萬分，生怕專橫的測量員來到他們喜愛的別墅，或是收獲豐盛的農莊。那些最不幸的人們無力反抗，為了生存只有保持沉默，對於饒過他們性命的暴君，還應該懷有幾分感激之情。既然他是羅馬人命運的最高主宰，對留給他們的一份財產，應該看成純粹出於善意賜送的禮物。奧多瑟的審慎和仁慈緩和意大利的苦難，原來他曾許諾要用滿足任性和喧囂群眾的需要，作為他擢升國君的代價。蠻族國王經常受到當地臣民的反抗、推翻或謀殺，然而意大利有形形色色的傭兵隊伍，集結在一個他們選出的將領之下，便能享有更大的行動自由和掠奪特權。一個王國設若缺乏民族向心力和世襲繼承權，很快就會解體崩潰。奧多瑟在統治十四年後受到東哥德國王壓迫，狄奧多里克的見識比他更高。總而言之，奧多瑟的才能無論是作戰用兵或政府事務，都稱得上是一個英雄人物。他重建新世代的和平與繁榮，名聲至今尚為後人讚譽。

第十四章
西歐的雛形（449-536年）

1 西羅馬帝國覆滅後高盧發生的變革（476-536年）

　　高盧人不願再忍受羅馬人強加在身上的枷鎖，他們應該回想羅馬帝國初期，維斯巴西安皇帝的部將提出發人深省的教訓，可說是分量重過萬鈞，塔西佗用他的如椽大筆很精確表示：「在共和國的保護下，高盧人得以脫離內部的紛爭和外敵的侵略。你們雖然喪失民族的獨立，卻獲得羅馬公民的名分和特權，像羅馬人一樣享受民治政府的永久利益。你們由於所處的位置比較偏遠，很少受到暴君的欺凌和壓迫。我們並沒有遂行征服者的權利，只是從你們徵收的貢金中獲得一份就感到滿足。和平要用武力來保障，武力要用經費來支持。為了你們的安全，羅馬人防守如同天塹的萊茵河拒止凶狠的日耳曼人，他們一直念念不忘在打主意，想要以荒蕪的森林和沼澤換取富裕而豐饒的高盧。羅馬的衰亡會給行省帶來致命的危險，你們就會埋葬在巨大政治結構的廢墟之中。這個英勇而明智的體系興起已有八百年之久，等到羅馬人被趕走以後，你們幻想中的自由就會遭受蠻族主子的侮辱和壓榨，要面對未開化的征服者無窮無盡的敵意。」

　　善意的勸告受到接納，奇特的預言也都一一實現。在四百年前，強壯的高盧人迎戰凱撒的軍隊，不知不覺發生同化作用，成為臣服的屬地和公民的社群。等到西部帝國瓦解，日耳曼人渡過萊茵河，為了據有高盧發生激烈的競爭。愛好和平、舉止文雅的居民對他們不僅表示輕視，而且極為反感。何況高盧人自覺在知識水準和生活程度要高人一等，難免產生驕傲的心理，嘲笑來自北國蓄著長髮、身高體壯的野蠻人。他們粗魯的習性、下流的嗜好、貪吃的胃口以及可怖的外貌，看了就討厭，連發出來的氣味都令人作嘔。奧頓和波爾多的學校仍然教授各種文理課程，高盧的年輕人熟悉西塞羅和魏吉爾使用的語文，聽到日耳曼方言粗俗刺耳的聲音感到驚訝不已。他們帶著無限的惋惜，認為文藝女神也會被勃艮地人的七弦琴嚇得花顏失色，只有趕快逃走。高盧人在技藝和習性方面具有天賦的優越感，缺乏勇氣用來保護自己，只有低聲下氣聽命甚至奉承勝利的蠻族，靠著對手大發慈悲才能苟安偷生，所有的財產都朝不保夕。

　　奧多瑟斷送西部帝國以後，馬上要與最有權勢的蠻族建立友誼。這位意大利的新統治者，要把阿爾卑斯山以北羅馬人征服的地區，一直遠抵萊茵河與大西洋，全部放棄給西哥德國王優里克（Euric）。元老院裝模作樣算是同意他慷慨的作風，在稅收和國土方面並沒有實質上的損失。優里克獲得合法的權利，只是證實他的野心和成就，哥德民族受到鼓舞，要在他的指揮之下，建立一個包括高盧和西班牙在內的王國。亞耳和馬賽向他的軍隊投降，奧文尼爭取自由權利受到大力鎮壓，就連主教也要勉強發表公正的讚辭，才能獲得撤銷流放的命令。賽東紐斯與一群使臣和懇求者等在皇宮的大門，波爾多內廷的事務繁多，證明西哥德國王的權勢和名望。

　　赫魯利人用靛藍繪滿赤裸的身體，雖然居住在遙遠的海邊，卻也來懇求保護；哥德國君缺乏海上武力，然而薩克遜人不敢侵犯濱海的行省；他的權威降服高大的勃艮地人；就連最凶狠的民族也只有遵從不平等的和平條款，他才釋放俘虜的法蘭克人；阿非利加的汪達爾人盡力巴結，以得到友情的好處；潘農尼亞的東哥德人獲得有力的支援，對抗隔鄰而居的匈奴施加的壓力。只要優里克稍微點點頭，就可以讓歐洲北部風雲變色或是相安無事。波斯最偉大的國王也要請教西部的神諭；台伯河老邁年高的神明也卵翼在加倫河的天才之下。國家的氣數通常依賴偶然的機運，後來之所以產生偉大的法蘭西，可以歸功哥德國王的英年早逝。他的兒子阿拉里克是無依無靠的襁褓嬰兒，反觀對手克洛維斯卻是野心勃勃的勇敢青年。

2 墨羅溫王朝克洛維斯的崛起和對外的征戰（481-496年）

　　克洛維斯的父親旭爾德里克（Childeric）在日耳曼過放逐生活，受到圖林基亞國王和皇后友善的照顧。等到他被赦回，巴西娜（Basina）皇后逃離丈夫的宮殿，投入愛人的懷抱，同時毫無顧忌的宣稱，沒有人比旭爾德里克更為聰明、強壯和英俊，所以他才是她愛慕的目標。克洛維斯就是這對野鴛鴦的愛情結晶，不過，十五歲時他的父親就亡故，他便繼承了指揮薩利（Salic）部族的權利。他的王國領地狹小，局限在巴塔維亞的島嶼，是古老的土內爾（Tournay）和阿拉斯主教轄區。克洛維斯受洗之際，手下武士的數量沒有超過五千人。法蘭克人同宗的部族沿著貝爾京地區的河流分布，像是在須耳德河、馬士河、莫瑟爾（Moselle）河和萊茵河兩岸一帶散居，受到獨立自主的國王管轄。薩利人的王侯都是墨羅溫家族的後裔，相互之間保持平等和聯盟的關係，時而產生敵對的行

為。日耳曼人在和平時期服從有世襲審判權的酋長，到了戰時，自由追隨深獲民心和作戰勝利的將領。克洛維斯憑著優異的功績贏得本族同盟軍的尊敬和忠誠。他首次開赴戰場，不會將金銀財寶存放在私人的箱櫃，也不會在自己的庫房堆滿酒類和糧食。

他要效法凱撒當年在高盧的作為，拿刀劍獲得大量財富，用征戰的成果收買軍心為己效命。每一次作戰和遠征得勝以後，就會累積大批戰利品，每位武士憑著功績分到應有的一份酬勞。皇家的特權在於提出軍法規定，蠻族難以駕馭的野性經過教導，也會體認紀律帶來的優勢。每年3月，軍隊要接受年度校閱，詳盡檢查兵器整備狀況。他們行軍通過後方和平地區，要做到秋毫無犯。克洛維斯的裁決絕對是鐵面無私，擅離職責和抗命不從的士兵受到立即處死的懲罰。素來人們對法蘭克人作戰奮不顧身一直讚譽有加，克洛維斯的英勇表現在於冷靜和審慎的作為，一切行動務求完美毫無缺失。他在處理與人群有關的事務時，會仔細衡量利益、感情和意見的分量，採取的措施有時會發揮日耳曼人殘暴凶狠的性格，有時會贊同羅馬時代寬大為懷的政策，對待基督教有關的問題也莫不如是。他過世時年僅四十五歲，使得戰無不勝的軍事生涯為之中斷，經由他三十年的統治，已經在高盧建立法蘭西王國。

克洛維斯擊敗伊吉狄斯（Aegidius）的兒子塞阿格流斯（Syagrius），贏得旗開得勝的首次用兵。當前的狀況可能是私人的仇恨燃起公開爭執的火花，父親的光榮戰蹟侮辱墨羅溫王室，兒子的權力引起法蘭克國王的嫉妒。塞阿格流斯把蘇瓦松這座城市和所屬的領地當成世襲產業加以繼承，第二貝爾京行省破敗荒涼的殘留城市包括理姆斯、特洛瓦（Troyes）、波斐（Beauvais）和亞眠（Amiens）等地，很自然劃歸伯爵或大公所有。等到西部帝國解體，他也許可以仗著權勢拿羅馬國王的頭銜進行統治。身為羅馬人的塞阿格流斯曾經學習修辭和法律有關的文理課程，他為了應付當前的狀況和政策的需要，運用熟練的日耳曼方言與人溝通，不受羈縻的蠻族對法庭會求助外來的陌生人。他具有特別的才能，可以用地方的土語解釋各種規定，說明案情和判決是否公正，執行法律非常勤勉又和藹可親，使他的聲望日益升高。他的敕令不僅充滿智慧且公正無私，贏得民眾發自內心的服從。塞阿格流斯的統治及於法蘭克人和勃艮地人，像是要恢復全民社會早期的制度。和平占領的過程中，塞阿格流斯勇敢接受克洛維斯的挑戰，就像武士制度標榜的精神和方式，在指定的日期和地點與敵手決一勝負。

凱撒在高盧征戰的時代，僅蘇瓦松地區就有五萬名騎士傾巢而出，由城市的三個軍械庫或作坊供應所需的盾牌、胄甲和投射器具。高盧年輕人無論勇氣和數

量，經過承平日久早已經無復當年氣概，只有組織鬆散的志願軍或傭兵隊伍，在塞阿格流斯的旗幟下開拔前進，沒有能力對抗發揮民族精神的法蘭克人。要是不清楚塞阿格流斯真正的實力和作戰的資源，責備他迅速逃走是很不公平的說法。他只是在會戰失敗以後才在遙遠的土魯斯宮廷避難。國勢衰弱而且尚未成年的阿拉里克，無法協助也不能保護命運乖戾的流亡者，怯懦的哥德人受到克洛維斯恫嚇之辭的威脅，身為羅馬人的國王經過短時間的囚禁就被劊子手處決。貝爾京的城市向法蘭克國王投降，克洛維斯在統治第十年征服面積寬廣的通格里地區，整個領域向東擴展到很大的範圍。

　　有人很荒謬地提到阿里曼尼人得名的由來，因為他們住在利曼（Leman）湖邊一塊出乎想像的居留地。傳說的人間樂土從利曼湖延伸到阿凡西（Avenche）和侏羅（Jura）山脈，一直為勃艮地人據有。赫爾維提亞（Helvetia）的北部地區的確是為凶狠的阿里曼尼人制服，征戰獲得的成果全被自己親手毀滅。過去受到羅馬的技藝獲得改善和裝飾的行省，再度退化到原始的荒野狀況。物產豐富和人口眾多的阿爾（Aar）山谷，仍可以發現壯觀的溫多尼薩（Vindonissa）遺留的古蹟。從萊茵河的源頭到緬因河與莫瑟爾河的會合口，蜂擁而至的阿里曼尼人勢不可當。他們根據古老的主權和新近的勝利，控制河流兩岸接著越過現在的阿爾薩斯和洛林兩省，散布到整個高盧地區。他們大膽侵犯科隆王國，召喚薩利人的王侯前來防衛里普里安（Ripuarian）聯盟。

　　克洛維斯在離科隆約二十四哩的托爾比克（Tolbiac）平原迎擊高盧的入侵者，日耳曼兩個最凶狠的民族，為了過去建樹的功績和未來展現的偉業，激起一爭高下的壯志雄心。法蘭克人經過頑強奮戰敗北而退，阿里曼尼人發出勝利的怒吼，猛烈的緊壓不肯放鬆。然而在克洛維斯的勇氣、領導或許是虔誠的宗教感召之下，法蘭克人重新恢復會戰的行動。在這血流成河的日子裡，戰鬥的結局決定帝國的主人，敗者難逃奴役的命運。阿里曼尼人最後一個國王在戰場陣亡，他的人民遭到殺戮和追捕，只有丟下武器聽憑征服者發落。缺乏紀律的烏合之眾不可能整頓再戰，城牆和工事可以在遭遇災難的時候提供保護，他們抱著傲慢的心理全部加以毀棄，等到戰敗四散奔逃，行動積極毫無畏懼的敵人，就會尾隨他們進入森林深處。

　　狄奧多里克恭賀克洛維斯的勝利，這位意大利的國王最近才娶了克洛維斯的妹妹阿博芙萊達（Albofleda）。他為了戰敗者和流亡人士向他的內兄求情，這些人走投無路正在哀求他的保護。屬於阿里曼尼人所有的高盧領土成為勝者的戰利品，倨傲的民族一直沒有被羅馬的武力所征服，而且經常發起叛亂；現在他們承

認墨羅溫國王的統治，他也仁慈的允許他們仍舊保有獨特的習俗和制度，要接受他指派的一個公爵，承認他治理和繼承的權利。法蘭克人完成西部行省的征服，還能維持在萊茵河對岸的古老居所，逐漸將過去已經枯竭的國土恢復生機，文明的發展一直推進到易北河岸和波希米亞山區，只有日耳曼人的馴服可以確保歐洲的和平。

3 克洛維斯改信正統基督教及對後世的影響（496-497年）

　　克洛維斯一直到三十歲還在繼續膜拜祖先的神明，對於基督教抱著不相信也不理會的態度，使他能夠在敵人的地區大肆劫掠教堂，心中毫無畏懼羞慚之感。他的高盧臣民樂於在宗教信仰方面不受束縛，主教心中所盼望的工作是要屏除偶像崇拜，對於異端教派倒是不甚在意。墨羅溫王室的君主與嬌柔的克蘿提兒姐（Clotilda）締結幸福美滿的婚約。她是勃艮地國王的姪女，雖然處在阿萊亞斯教派的宮廷，她所受的教育卻使她公開宣布接受正教的信仰，所以讓異教徒的丈夫完成改信和皈依，不僅是她的興趣所在，也是她的責任。克洛維斯不知不覺從情話綿綿之中傾聽教義的開導，同意長子可以受洗（或許是最初簽定婚約的條件），嬰兒夭亡帶來迷信的恐懼，後來他被說服再一次接受危險的嘗試。

　　克洛維斯在托爾比克會戰遭遇困苦，大聲向克蘿提兒姐的神以及基督徒乞求幫助。勝利使他帶著感恩的心情，用尊敬的態度傾聽雄辯的言辭。理姆斯主教雷米吉烏斯（Remigius）力陳，改變信仰會對他在世俗和精神方面帶來莫大的利益。國王聲稱他對正教信仰的理念感到滿意，但是為了政治上的理由要暫緩公開宣布。法蘭克人熱誠擁戴的歡呼使宗教的顧慮變得多餘，他們明確表示要追隨首領和英雄，不論是走向戰場還是接受洗禮。重要的典禮在理姆斯的主座教堂舉行，盛大的排場和莊嚴的儀式，使得粗魯的新入教者對全能的主產生敬畏之心。這位新的君士坦丁有三千好戰的臣民跟著一齊受洗，還有很多稟性溫和的蠻族效法他們的行動。為了服從大獲全勝的高級神職人員，他們不僅崇拜燒毀過的十字架，還把以往膜拜的偶像燒掉。

　　克洛維斯聽到基督的平生和死亡的悲慘事蹟，內心受到感動激起為時短暫的熱情。他沒有權衡神祕的犧牲帶來極為有益的後果，表現出衝動的憤怒情緒，甚至說道：「我要親自率領英勇無敵的法蘭克人，為祂受到的屈辱報仇雪恥。」野蠻的高盧征服者對宗教的證辭沒有能力辨別對錯，明瞭教義是靠辛勤的研究查明歷史的證據和神學的理論。克洛維斯無法感受福音書發揮的溫和影響力，那會使

真正改變信仰的人滋生馴服的信念和純潔的心靈。雄才大略的統治者不斷違犯道義和身為基督徒的責任，無論在戰時或平時，他的手上都沾滿鮮血。克洛維斯剛解散格里西亞教堂的宗教會議，就若無其事的處死墨羅溫家族所有的王侯。然而法蘭克人的國王可能真心禮拜基督教的上帝，比起古老民族的神祇更為卓越，具有更大的權勢。

托爾比克之戰獲得拯救和勝利使克洛維斯產生信心，萬軍之王的耶和華會在未來對他施加保護。馬丁這位眾所周知的聖徒，在土爾神聖的墓地仍舊不斷顯現神蹟，使他在西方世界享有盛名。靠著他有形或無形的影響力發揮作用，才能水到渠成獲得一個慷慨大方的正教國君。克洛維斯發表褻瀆的評述，說聖馬丁是代價極其昂貴的朋友，我們不必解讀成永久或理性懷疑的徵兆。不管是塵世還是天國，對法蘭克人的皈依都感到欣慰，在這值得紀念的日子，克洛維斯從施洗的聖水盆登上基督教世界的頂峰，只有他配得上正教國王的稱號和權柄。阿納斯塔休斯（Anastasius）皇帝在有關神聖的道成肉身方面，抱著非常危險的錯誤觀念。意大利、阿非利加、西班牙和高盧的蠻族都涉及阿萊亞斯異端，所以克洛維斯是教會唯一有力的擁護者。教士承認他是合法的君主和光榮的救星，正統教派的熱情和厚愛對克洛維斯的軍隊給予堅定的支持。

在羅馬帝國統治下，主教擁有財富和審判權，表現出神聖的形象和永恆的職位。他們有無數信徒聽從平易近人的言辭，還可以召開全省的宗教集會，使他們獲得尊敬有時會產生危險。他們發揮的影響力一直受到爭議，因為會使迷信得到很大的進展。還有法蘭西王國的建立，從更加具體的程度上看來，是一百位高級教士有穩固的聯盟造成的結果，他們統治高盧深表不滿的城市，何況它們有能力獨立自主。阿莫里卡共和國的根基淺薄，一再受到搖撼之後就會崩潰，但是人民仍然要保衛國內的自由權利，表現出不愧為羅馬人應有的尊嚴，英勇抵抗克洛維斯掠奪性的入侵和經常性的攻擊。現在克洛維斯使出全國的力量，把征服的行動從塞納河延伸到羅亞爾河，獲得成功產生平等而有利的聯邦政體。法蘭克人對阿莫里卡人的作戰英勇表示欽佩，阿莫里卡人因為法蘭克人的宗教信仰願意雙方和解。配置在各地用來防衛高盧的軍事力量，包括一百多個騎兵和步兵編組不同的隊伍，都能獲得羅馬士兵的稱呼和特權，可以從蠻族青年得到源源不斷的補充。在帝國最遙遠地區戍守工事的人員和零星分散的殘部，過去表現出英勇氣概，現在已落入無望的深淵。雖然他們沒有鬆懈防務，處於要撤退就會受到攔截的情勢，要想與本國保持連絡也完全無濟於事，他們已經被君士坦丁堡的希臘君主所遺棄。但他們仍舊保持著虔誠的信念，拒絕與高盧信奉阿萊亞斯教派的篡奪者發

生任何關係。

等到一個正統教會的英雄人物，提出非常寬大的條件和協議，他們當然感到面子十足樂意接受。軍團的接班人雖然是正式編制，不過虛有其名，在接踵而來的時代裡，能夠引人注目的也只是他們的武器裝備和旗幟標誌、特殊的服裝和制度而已。等到他們志願加克洛維的陣營，更能增強地方部隊的實力，鄰近的王國對法蘭克人的兵員數量和作戰精神更為畏懼。高盧北部行省的降服，並非取決於一次會戰的機運，威脅與談判交互運用緩慢產生的影響。克洛維斯努力不懈必要時又能稍做讓步，無論如何總能發揮最大效果，終於達成雄心壯志的目標。他那種兇暴的作風和亨利四世的德行做一對比，真的可以說是南轅北轍大相逕庭，讓人聯想到人性怎麼會完全相反，然而這兩位君王所處的立場倒是頗為相似。他們用勇氣、政策和及時改變信仰建立功勳，完成征服法蘭西的偉大事業。

4 克洛維斯擊敗甘多柏德獲得勃艮地戰爭的勝利（499-532年）

勃艮地王國的領地局限在高盧的兩條河流之間，索恩河和隆河從佛日（Vosges）山向阿爾卑斯山延伸的森林地帶，一直向南流到馬賽入海。甘多柏德（Gundobald）執掌國家的權柄，是驍勇無比而且野心勃勃的君王，兩位兄弟過世可以減少競爭王座的對手，其中一個是克蘿提兒妲的父親。他竟然還讓最年幼的弟弟戈德吉塞爾（Godegesil），擁有獨立的日內瓦公國，這是唯一不夠謹慎之處。甘多柏德是位阿萊亞斯教派的君主，克洛維斯改信正教剛好可以使他提高警惕，不僅讓他感到滿意也給他帶來希望，可以藉此激勵他的教士和人民。於是他在里昂召集主教舉行會議，盡可能調停宗教和政治的不滿狀況。兩個教派發生激烈的爭執，會議毫無成效可言。阿萊亞斯教派譴責正統教會禮拜三位真神，正統教徒用神學的觀點辯解他們所執的理由，相互提出異議和反駁，到處回響固執成見的喊叫，一直到國王說出心中的憂慮才平息下來。

他向正統教會主教提出非常唐突但是帶有決定性的問題：「如果你仍舊要公開聲稱信仰基督教，為什麼不能約束法蘭克國王？他不僅對我宣戰，為了毀滅我要與我的敵人聯盟。如果他抱著真誠的態度改變宗教，就不應該產生嗜殺和貪婪的念頭。他要用行為表現他的信仰。」維恩納主教阿維都斯（Avitus）代表教友回答，用和藹可親的姿態和悅耳動人的聲音發言：「我們並不了解法蘭克國王的動機和意圖。《聖經》教導我們說是王國放棄神的律法就會遭到覆亡的命運；誰要是把神當成仇寇，那麼敵人就會在四面蜂擁而起。要是帶著人民回歸神的律

法，祂就會在你的疆域賜予和平與安全。」

正統教會提出訂立和平協議的首要條件，勃艮地國王不想接受，將宗教會議延緩並加以解散，在此之前他譴責正統教會的主教，說克洛維斯身為主教的朋友和入教者，卻私下引誘戈德吉塞爾不要效忠他的兄長。甘多柏德的弟弟毫無忠誠之心，根本禁不起勾引。戈德吉塞爾遵命率領日內瓦的軍隊加入皇家的陣營，使得陰謀活動更容易獲得成功。就在法蘭克人和勃艮地人勢均力敵相持不下時，他掌握最好的機會投靠敵營，這樣一來就決定戰爭的勝負。首尾兩端的高盧人對甘多柏德的支持極為有限，他無法對抗克洛維斯的軍隊，只有倉促撤離戰場，地點好像是在朗格勒（Langres）和第戎（Dijon）之間。

甘多柏德對第戎的防守能力也沒有信心，受到兩條河流圍繞的四方形城堡，有四個城門和三十三座塔樓，城牆的高度是三十呎，倒有二十呎厚。甘多柏德把重要的城市里昂和維恩納放棄給在後緊迫的克洛維斯，仍舊馬不停蹄，慌忙逃到亞維農（Avignon），離開戰場已有兩百五十哩。經過長期的圍攻作戰和勾心鬥角的談判，總算讓法蘭克國王認清當前狀況，若繼續打下去會帶來更多危險和更大的困難。於是克洛維斯向勃艮地君主索取一筆貢金，強迫甘多柏德對於兄弟的背叛行為，不得追究還要加以獎賞，帶著南部行省獲得的戰利品和俘虜，趾高氣揚班師回國。傳來的信息使場面盛大的凱旋頓時黯然失色，甘多柏德違背剛剛簽訂的條約。不幸的戈德塞吉爾和五千名法蘭克人防守部隊留在維恩納，受到圍攻在奇襲下失守，戈德塞吉爾被毫無人性的兄長殺害。

高談和平的統治者遇到不守信義的暴虐行為，也會氣沖斗牛失去耐心。但高盧的征服者裝出若無其事的樣子，免除原來規定的貢金，仍舊把勃艮地國王當成聯盟，接受他在軍事上所提供的服務。克洛維斯無法像在先前那些戰爭一樣，可以確保無往不利的優勢，他的對手接受經驗教訓，勵行新的策略，以獲得人民好感。高盧人和羅馬人讚譽甘多柏德的法律溫和而且公正，幾乎將他的名望提升到征服者的同一水平。他用好聽的言語奉承主教使他們安於現狀，同時運用計謀讓大家以為他會改變信仰，然後設法規避，直到死前最後一刻才受洗。在這種溫和施政的作風之下，能夠保障勃艮地王國的和平，延緩受到摧毀的命運。

勃艮地王國最後的滅亡，正當甘多柏德之子西吉斯蒙德（Sigismond）統治期間。身為正教信徒的國王獲得殉教者榮名，皇家聖徒的手上沾著親人的鮮血，這是後母倨傲和憎恨的情緒作崇，兒子雖無辜卻成為父親的劍下亡魂。西吉斯蒙德知道自己犯下大錯後，抱著不幸青年冰冷的屍體哀悼慟哭，他接受隨從嚴厲的諫言：「啊，陛下，是你讓人感到憐憫和悲痛，並非死者。」他對瓦雷（Vallais）

紀念聖摩里斯（St. Maurice）的阿高隆（Agaunum）修道院，奉獻大量捐款，減輕自覺有罪遭受譴責的良心，建立修道院以推崇底比斯軍團純屬想像的殉教者。虔誠的國王設置一個正式的合唱團，要唱出永恆的讚美詩。他像僧侶保持恆久而嚴格的禮拜活動，非常謙卑的虔誠祈禱，希望天國為了懲罰他的罪孽會使世界蒙受苦難。

他的祈禱受到垂聽，復仇者開始動手，勃艮地的行省被法蘭克人的軍隊踐躪。西吉斯蒙德在會戰失敗後，希望能活下去以延長悔過的時間，穿上僧侶服裝隱藏在荒郊野外，被他的臣民發覺出賣，藉此獲得新主子賞賜的好處。蒙塵的國君及其妻子和兩位子女被送到奧爾良，克洛維斯的兒子下達慘絕人寰的命令，將他們全部活埋在深井。殘酷的行為不合天理人情，部分藉口可說是他們年輕個性衝動。野心驅使他們征服勃艮地，孝心可能激發或掩飾他們的野心。克蘿提兒妲有神聖的虔誠之心，卻不會寬恕所受到的傷害，迫得她的兒子要殺死西吉斯蒙德全家，來為她父親之死雪恥報仇。叛逆的勃艮地人一直要掙脫加在身上的鎖鍊，只要同意盡到付貢金和服兵役的義務，克洛維斯的兒子答應他們可以保留自己民族的法律。墨羅溫王朝的君王和平統治征討的王國，過去雖有光榮歷史和偉大事功，現在卻為克洛維斯的武力制服。

5 克洛維斯贏得哥德戰爭建立法蘭西王國（507-536年）

旗開得勝的克洛維斯使哥德人的光榮受到羞辱，法蘭克人快速的發展讓哥德人感到嫉妒和畏懼。阿拉里克年紀很輕就享有大名，在對手強勢作為下感到自嘆不如。兩國相鄰的邊境發生很多爭執，談判沒有結果，拖延一陣子後，兩國君王同意見面會商。克洛維斯和阿拉里克在羅亞爾河一個小島舉行會議，選出的地點離安布瓦士（Amboise）不遠。他們相互擁抱為禮，交談氣氛非常親切，一起舉行盛大的宴會，分手時矢言和平與手足之情。表面上的信任隱藏著見不得人的陰謀，充滿敵對和叛逆的企圖，雙方彼此提出控訴，因此有必要成立最後的仲裁，後來兩方都逃避和否認斡旋的存在。克洛維斯已將巴黎當成帝都，就在這裡召集諸侯和武士開會，他的動機和藉口是要發起哥德戰爭。他宣稱：「我看到高盧大部分地區仍為阿萊亞斯教派據有，內心感到惱怒不已。讓我們在上帝的幫助之下進軍討伐他們，等到征服異端教派，我們可以占領和分配最富裕的行省。」

法蘭克人受到傳統英勇和宗教熱情的鼓舞，大聲讚許國君深謀遠慮的計畫，不論陣亡還是征服同樣有利可圖，他們願意獻身戰爭，不惜以死相報。這時有

人發出莊嚴的誓言，若不贏取勝利絕不刮臉修面，哪怕再不方便也只有忍受。克蘿提兒妲無論是公開還是私下的勸誡，一直極力贊助偉大的義舉。她提醒丈夫皇家的事業只要建立在虔誠的信仰根基上面，一定可以邀得上帝的恩寵。她對於所有家僕和隨從也是如此要求。基督徒的英雄有高明的戰技，用強壯有力的手臂投出他的戰斧，說道：「我要在戰斧落下的地點建立一座教堂，以榮耀神聖的使徒。」裝模作樣的舉動肯定獲得正教信徒的擁戴，何況在私下已經建立連繫。信徒神聖的願望逐漸成熟，發展為勢不可當的通敵活動。哥德暴君指控他們情願接受法蘭克人統治，衝動的譴責使阿奎丹的人民提高警覺。羅德茲（Rodez）主教奎提阿努斯（Quintianus）是熱衷的追隨者，他遭到放逐以後的講道比在教區更能發揮影響力。法蘭克人在與勃艮地人建立聯盟，實力增強不少。阿拉里克為抵抗國外和國內的敵人集結軍隊，數量上遠比克洛維斯的軍事力量強大得多。

西哥德人重新開始加強訓練，他們過著長期平靜衣食無缺的生活，早已忽略對作戰的要求。一隊勇敢而強壯的精選奴隸伴隨主人趕赴戰場，高盧的城市逼不得已提供協助。東哥德國王狄奧多里克統治意大利，盡力想要維持高盧的平靜局面，或許是故意裝出確有需要，挺身而出擔任不偏不倚的仲裁者。明智的國君害怕克洛維斯建立如日東升的帝國，遂基於民族和宗教的關係，肯定地提出保證要支持哥德人。偶然發生或刻意安排的奇特徵兆妝點克洛維斯的遠征，當成受到上帝恩寵的明確宣示，欣然為迷信的時代全盤接受。他從巴黎出發經過土爾神聖的教區，帶著崇敬的態度繼續前進，突然感到心神不寧，想到要去參謁聖馬丁的神龕。這裡不僅是高盧的聖地，還可以獲得神諭的指示。

他的信使受命要特別注意，在他進入教堂那一刹那，合唱隊唱出讚美詩的詞句。他真是非常幸運，《聖經》的詩篇在歌頌天國勇士的英武和勝利，很容易轉用到新的約書亞（Joshua）和基甸（Gideon）身上，他正要趕赴戰場擊滅天主的敵人。奧爾良為使法蘭克人的進軍獲得安全保障，特別在羅亞爾河上架設一座橋樑。就在離波瓦提耶（Poitiers）約四十哩的地方，維恩（Vienne）河的水位高漲，使得行程受到妨害，況且西哥德人在對岸設置營地。作戰的延遲通常會給蠻族帶來危險，因為他們在行軍的途中，會將經過地區的糧草耗用一空。現在克洛維斯雖然有充分的時間和足夠的物資，然而面對兵力優勢的敵人，要想構築橋樑或者強行打開一條通路，這是完全不切實際的做法。態度友善的農人熱烈歡迎他們的救星，很容易提供不為人知而又沒有防備的徒涉位置。後來加上傳奇的故事更能誇大發現渡河點的功勞，說是一條極為碩壯而又美麗的白色公鹿，出來引導和催促正教軍隊的行軍。

　　西哥德人的軍事會議猶豫不決而又混亂不堪，一群性情粗暴的戰士狂妄無禮誇耀自己的實力，拒絕在日耳曼的強盜面前逃走，使得阿拉里克要用武力維護羅馬征服者的名聲和血統。行事謹慎的酋長提出勸告，強迫他避開法蘭克人第一擊的銳氣，期望在高盧南部的各行省，會合久經戰陣和贏得勝利的東哥德人，這時意大利國王已派遣軍隊提供援助。哥德人在最重要的關頭把時間浪費在無益的商議，過於倉促放棄有利的位置，緩慢而混亂的行動喪失安全撤退的機會。克洛維斯從徒涉位置渡過河流，後來這個地點仍稱為哈特（Hart，公鹿），他不顧一切迅速進擊阻止敵人脫逃，夜間行軍只靠閃閃發光的流星指引方向，高高懸掛在波瓦提耶主座教堂的上空。聖奚拉里正教繼承人預先的說法與現況完全一致，上天的信號可以和在沙漠裡引導以色列人的火柱相比。在當天清晨的第三時辰已經過了波瓦提耶約十哩，克洛維斯俯視下方的哥德軍隊就發起立即攻擊。對手在恐懼和混亂之中很快完成防禦準備，雖然情勢極端危險仍能重振士氣。鬥志高昂的年輕人發出鼓噪的聲音要求出戰，拒絕差辱的逃跑苟且偷生。

　　兩位國王遭遇以後實施單獨決鬥，阿拉里克死在對方的手下。隨護的哥德人奮不顧身騎馬衝上來，要為戰死的君主報仇。勝利的克洛維斯靠著堅固胸甲和靈活戰馬，才能避開兩支致命長矛的攻擊。這場會戰陣亡的屍體堆積如山，從含糊的形容足以知道大肆殺戮的殘酷和毫無軍紀的約束。格列哥里很小心的提到賽東紐斯之子，他那位勇敢的老鄉阿波利納里斯（Apollinaris），在奧文尼貴族的隊列前面喪失性命。疑似正教的信徒受到惡意的描述，任憑敵人盲目亂殺一通，也許是個人的戰功和從軍隊獲得的榮譽，取代了宗教的影響力。

　　上面所說就是蒙受上帝恩惠的王國遭遇的狀況，要想預知戰事的發展或解釋產生的各種後果，確實有很大的困難。有時一場血流成河的勝利也不過是占領戰場而已，然而損失一萬人的敗仗，可能會在一天內毀滅一個世代的成果。經過波瓦提耶決定性的會戰以後，接著就是征服阿奎丹。阿拉里克陣亡留下年幼無知的稚子、舉止可惡的敵手、相互傾軋的貴族和不忠不義的人民。哥德人剩餘的部隊不是被憤怒的群眾制壓得無法動彈，就是彼此內鬥、相互對抗將力量抵消殆盡。法蘭克國王毫不遲疑繼續前進圍攻安古蘭（Angouleme），他的號角長鳴使城市的城牆像耶利哥（Jericho）應聲倒塌。光輝耀目的奇蹟不能算是迷信，是主教派出技師在暗中將防壁的基礎挖空所致。克洛維斯在波爾多沒有遭到抵抗就接受投降，將冬營設在此地，採取非常明智的措施，把在土魯斯奪取的皇家金庫盡快轉移過來，通常金庫都設置在王國的都城。征服者繼續深入直達西班牙的邊境，恢復正統教會唯我獨尊的地位，阿奎丹設立一個法蘭克人殖民區，將鎮壓和掃蕩西

哥德民族比較容易達成的任務，分別授與他的部將來執行。

意大利聰明又有權勢的國王對西哥德人施加保護，使得歐洲的局勢仍能保持平衡。狄奧多里克或許延後東哥德人的進軍，他們堅持到底毫不懈怠，能夠有效拒止克洛維斯充滿野心的擴張行動。法蘭克人以及勃艮地人聯合組成的大軍，被迫在亞耳解圍而去，據稱他們的損失高達三萬人。難以預料的命運枯榮使克洛維斯知所收斂，願意接受一個有利的和平條約。西哥德人以保有塞提瑪尼亞（Septimania）的主權為滿足，這是一條狹長的海岸地區，從隆河延伸到庇里牛斯山。而阿奎丹面積廣大的行省，從庇里牛斯山直到羅亞爾河，永遠併入法蘭西王國。

哥德戰爭獲得勝利，克洛維斯接受羅馬執政官的榮譽職位。野心勃勃的阿納斯塔休斯也把表彰高貴地位的頭銜和標誌，頒授給最有勢力的對手狄奧多里克。然而基於很多不為人知的理由，克洛維斯的名字並沒有列入東方或西方的《歲時記》（Fasti）。高盧的國君在莊嚴的日子，頭上戴著冠冕抵達聖馬丁教堂，接受紫色的長袍和斗篷。他再從這裡騎馬前往土爾的主座教堂，經過街道親自拋出大量的金幣和銀幣，當作賞賜散發給喜氣洋洋的群眾，這時大家不斷發出「執政官」和「奧古斯都」的歡呼。克洛維斯已經有合法的權威，獲得執政官的職位不可能增加任何實質的利益，只能看成一種名義，一種幻影，一種空虛的裝飾品而已。征服者受到指點要求晉升高位應得的古老特權，他必須遵守任期一年的規定。羅馬人只是顯示對古老名銜的尊重，代表個人對主子應有的態度，甚至連皇帝也要降格以從，接受執政官的名位。蠻族笑納等於簽訂神聖的義務，要尊敬共和國的威嚴。狄奧多西的繼承人為了獲得克洛維斯的友誼，只有心照不宣的承認高盧受到篡奪的事實。

克洛維斯去世二十五年以後，他的兒子和查士丁尼皇帝簽定的條約，正式宣布要授與充滿尊榮的重要職位。意大利的東哥德人沒有能力防護遙遠的國土，就把亞耳和馬賽兩個城市讓給法蘭克人。亞耳仍舊有禁衛軍統領駐紮妝點門面，馬賽因貿易和航海之利極為富裕，相關的處理措施獲得皇家授權。查士丁尼也慷他人之慨，承認法蘭克人對阿爾卑斯山以北地區的主權，解除省民應對君士坦丁堡盡忠報效的義務，墨羅溫王朝的帝座建立更合法的基礎，雖然這樣做也不見得會更穩固。法蘭克人從此開始，有權可以在亞耳大肆慶祝，觀賞賽車場的比賽節目，同時還獲得一項特權，過去連波斯國王都加以拒絕，那就是發行銘刻法蘭克國王姓名和頭像的金幣，成為帝國合法的通貨。

當代一個希臘史家讚譽法蘭克人在公私兩方面的德行，實在偏袒過火有失

公允，就是拿來當成國內的編年史也不太適合。他對法蘭克人的舉止文雅和彬彬有禮讚不絕口，佩服他們遵守制度的政府組織和正統教義的宗教信仰，甚至大膽斷言蠻族已經無法從衣著和語言方面，看出與羅馬臣民有多大的區別。或許法蘭克人展現社交的習性與和善的風度，表面的優點不論在任何時代都可以用來掩飾原有的惡行，有時還會遮蓋卓越的本質。或許阿果西阿斯（Agathias）和其他的希臘人，會為軍隊的快速進步和帝國的顯赫成就而感到眼花撩亂。除了哥德人的塞提瑪尼亞行省，整個高盧和勃艮地在征服以後，全都臣屬於克洛維斯的幾個兒子。他們絕滅圖林基亞的日耳曼王國，把原來模糊不清的領地伸展到萊茵河對岸，一直深入孕育他們的森林，抵達難以通行的心臟地區。阿里曼尼人和巴伐里亞人占領雷蒂提亞和諾利孔的羅馬行省，一直到達多瑙河南岸，都自承是法蘭克人地位卑微的諸侯。何況阿爾卑斯山並非有力的障礙，無法阻止法蘭克人擴張領土的野心。等到克洛維斯最後倖存的一個兒子，統一墨羅溫王朝繼承和征服的疆域，他的王國遠大於現代法國的面積。然而現代法蘭西的技藝和政策有長足的進步，在財富、人口和軍備方面，遠超過在克洛泰爾（Clotaire）或達哥伯特（Dagobert）統治下遼闊而野蠻的國度。

6 西哥德人在西班牙的建國過程和施政作為

　　西哥德人將絕大部分高盧所有權捨棄給克洛維斯，他們的損失在輕易的征服行動獲得豐碩的補償，能夠安全享有西班牙的行省。哥德人開始建立君主國，很快併吞格里西亞的蘇伊威王國，現代的西班牙人仍舊能滿足民族的虛榮心，羅馬帝國的史家既沒興趣也無義務，追述他們編年史瑣碎而貧瘠的記載。高聳的庇里牛斯山脈將西班牙的哥德人與其餘的人類隔絕，他們的生活方式和規章制度與一般日耳曼部族相同之處，已經有所說明。我預先在前面提到有關教會的重要事件，就是阿萊亞斯教派的滅亡以及猶太人受到宗教迫害，下面僅敘述若干有趣的情節，有關西班牙王國的民事和教會制度。

　　法蘭克人和西哥德人從偶像崇拜和異端邪說改信正統教義，對於迷信與生俱來的災禍和無意獲得的福祉，決心表示出同樣順服的態度。法蘭西的高級神職人員早在墨羅溫王朝絕滅以前，已經腐化成為戰鬥和狩獵的蠻族。他們對宗教會議的用處抱著藐視之心，忘記自制和守貞的戒律，把僧侶修道誓約的公益置之不顧，情願沉溺於個人的野心和奢華之中。西班牙的主教潔身自愛所以才能獲得大眾的尊重，他們緊密團結就能掩蓋所犯的惡行，穩固建立在塵世的權威。教會有

合於常情常理的紀律規範，就能用和平、秩序和穩定引導政府的作為。從第一個信奉正教的國王雷卡瑞德，到不幸的洛德里克（Roderic）以及跟著接位的威提札（Witiza），連續召集十六次全國宗教大會。六個大都市托雷多、塞維爾、美里達、布拉加、塔拉格納和納邦，分別由資深大主教擔任主席，會議由所屬主教組成，自己不克參加可派出代表，同時要留下一個位置給最神聖或最富有的西班牙修道院院長。前三天的會議大家熱烈討論教會有關教義和紀律的問題，俗家人士不得參加他們的議程，相關的過程都在莊嚴的儀式下進行。第四天的早晨打開大門，迎進皇宮的高階官員、行省的公爵和伯爵、城市的法官和哥德貴族，經由人民的同意批准天國的教令。省民大會也採用類似的規定，授權年度宗教會議聽取人民的訴願，可以補救受到冤屈的判決。

　　西班牙的教士發揮極大的影響力，支持一個合法的政府。以往在每一次的變革當中，主教總是準備要奉承勝利者以及羞辱敗亡者，盡力燃起宗教迫害的火焰，使法冠凌駕於皇冠之上，辛勤的工作獲得很大的成就。然而在托雷多的全國宗教大會，蠻族的自由精神受到教會政策的安撫和指導，為了國王和人民的共同利益，制定若干見識卓越的法律。王座虛懸時由主教和內衛軍決定接位人選，等到阿拉里克帝系斷絕傳承，帝王的寶座仍舊限於血統純正和出身高貴的哥德人。教士為合法的君王舉行神聖的塗油儀式，總是推薦或親自履行忠誠的職責。臣民如果抗拒國君權威、密謀奪取國君的生命，或是與國君遺孀不道德的結合，完全違反守貞的節操，教士就會發出宗教的譴責。國君在登上寶座以後，受到人民與神的相互誓約給予限制，要將最重要的託付事項忠實的執行。施政工作最大的缺失，無論出於事實或想像，在於受到有勢力的貴族階層控制。主教和內衛軍獲得最重要的特權就會加以護衛，那就是不得罷黜、入獄、刑求或處死，除非經過同儕自由而公開的審判，才可以處以流放或籍沒。

　　托雷多召開一次立法會議，對於從殘暴的優里克到虔誠的伊基卡（Egica），連續幾位哥德國王編纂的法典，進行審查加以核定。長久以來西哥德人自己滿意祖先遺留的極為簡陋的習慣法，縱容阿奎丹和西班牙的臣民仍舊享用羅馬法。經過幾個世代在技藝、政策和宗教方面的改進，激勵他們用來模擬或取代外來的制度，擬定有關民事和刑事訴訟程序的法典，施用於人數眾多而又團結合作的民族。同樣的義務和特權頒授給西班牙君主國的各民族，征服者在不知不覺中拋棄條頓土語，情願接受平等帶來的約束，提升羅馬人共享自由的權利。在西哥德人統治之下，公正無私的政策產生的優點，因為西班牙處於很特別的位置得以發揚光大。基於宗教方面無法妥協的差異，省民長期與阿萊亞教派的主子形成離心離

德的局面。等到雷卡瑞德改變信仰，破除正統教會秉持的成見。無論是大西洋還是地中海的海岸地區，仍然為東部皇帝所有，他們在暗中煽動不滿的民眾，除去蠻族加在身上的枷鎖，力陳他們要維護羅馬公民的名聲和尊榮。要讓產生疑慮的臣民保持忠誠，最有效的方式是使他們自己相信，他們在叛亂中所冒的風險，大於在順從中獲得的好處。人類的天性是要去壓制自己痛恨和畏懼的人，一個與此相反的體系所表現的睿智和仁慈，使人不得不衷心欽佩和讚揚。

7 不列顛的變革及薩克遜人的入侵和統治（449-455 年）

　　法蘭克人和西哥德人分別在高盧和西班牙建立王國，西部第三大行政區不列顛為薩克遜人所征服。自從不列顛與羅馬帝國分離以降，產生很多流傳的軼事野史，為最無知的人所熟悉而為最有見識的人所忽略，讀者的習慣如此我毫無責怪之意，只是表明不願接受的立場。薩克遜人運用槳櫓或戰斧的本領高超，不諳文字無法建立永垂不朽的功勳。省民回復未開化的狀況，忘懷敘述國家遭到毀棄的經過。羅馬的傳教士重新燃起學術和基督之光，往昔讓人起疑的傳統幾乎絕滅殆盡。吉爾達斯（Gildas）大肆宣揚的主張、內紐斯（Nennius）的斷簡殘篇或無稽之談、薩克遜人的法律和編年史中無人注意的暗示、以及年高德劭的比德（Bede）為教會所做的記述，都為後來的作者樂於引證，有時還會根據想像加以修飾潤色，我對這些著作既不會批評也不會採用。然而帝國的史家有意探索巨大變革，直到整個行省完全從眼前消失。就是一個英國人也會抱著好奇心，想要知悉蠻族建國的狀況，因為他的姓氏、他的法律甚或他的家世全部淵源於此。

　　羅馬政府解體以後約四十年，佛特金（Vortigern）對於不列顛的王侯和城市，看來已經獲得最高指揮權，雖然建立的根基還不夠穩固。不幸的國君遭到舉國一致的譴責，原因出在他那軟弱無力而且後患無窮的政策，邀請實力強大的外族驅除入侵國內，他們苦於應付的敵人。心情極為沉重的史家認為，他派遣的使臣前往日耳曼海岸，在薩克遜人的群眾大會發表哀憐的講話。黷武好戰的蠻族決定用戰船和軍隊，幫助遙遠而未知島嶼的懇求者。要是不列顛確實不為薩克遜人所知，也就不會受到難以計數的災難。羅馬政府的實力不足以保護臨海的行省，抗拒日耳曼的海盜，獨立自主已經形成分離的國家，更會暴露在他們的侵犯之下。薩克遜人有時會默許蘇格蘭人和皮克特人加入，聯合起來進行掠奪和破壞。佛特金的敵人在四面環伺，他的王座和人民隨時會受到攻擊。處於內憂外患的情況只有對各種危險加以平衡，薩克遜人的海上力量可以成為最危險的敵人，或是

最有助益的盟友。所以他寧可與後果不明的蠻族建立聯盟關係，這樣說來他的政策不僅值得讚許而且理由非常充分。

亨吉斯特（Hengist）和賀爾薩（Horsa）帶著三艘船沿著東部海岸航行，佛特金應允付給他們優厚的待遇，讓他們願意負責不列顛的防務。他們憑著大無畏的精神，很快把國家從卡里多尼亞的侵略者手中解救出來。珊尼特（Thanet）島是個安全而肥沃的地方，分配給蠻族協防軍作為居留地，按照協定充分供應所需的衣物和糧食。良好的接待激勵五千名戰士前來投效，用十七艘船運送他們的家庭，及時到達強大的援軍，使亨吉斯特初期的戰力很快提升。狡猾的蠻族對佛特金提出有利的建議，要在鄰近皮克特人的地方為忠誠的盟友建立一個殖民區。有四十艘船的第三支船隊，在亨吉斯特的兒子和姪兒的指揮下從日耳曼發航，對奧克尼（Orkneys）島大蹂躪一番。

接著有一支新來的部隊在諾森伯蘭（Northumberland）海岸下船，這個地點在神聖的島嶼對岸，位於不列顛最北端。很容易預知即刻就會帶來禍害而且根本無力制止，兩個民族因相互猜忌帶著怒氣分道揚鑣。薩克遜人誇大他們的作為，對於忘恩負義的民族深表不滿。不列顛人也感到極為懊惱，他們花費龐大的報酬，還是無法滿足傲慢傭兵貪心的胃口。畏懼和憎恨的動機激起不能善了的爭執，薩克遜人拿起武裝完成備戰。要是雙方運用一次歡宴的安全時刻，一方就犯下謀叛作亂的大屠殺，對於用來維持和平與戰爭的正常溝通關係，澈底摧毀相互信任的基礎。

8 薩克遜人建立七王聯盟及不列顛的展望（455-528 年）

亨吉斯特膽大包天竟然想要征服不列顛，規勸他的族人掌握光榮的機會。他生動描述土地的肥沃、城市的富裕、土著怯懦的習性以及面積廣大孤懸海外的島嶼處於交通便利的位置，薩克遜人的船隊可以從四面八方進入毫無阻礙。就在一個世紀的時間之內，不斷建立的殖民區都來自易北河、威瑟河和萊茵河的河口，主要的組成是日耳曼三個英勇的部落或民族：朱特人（Jutes）、古老的薩克遜人和盎格魯人（Angles）。朱特人在亨吉斯特專有的旗幟下作戰，他領導族人在光榮的路途上衝鋒陷陣，在肯特建立第一個獨立王國。

冒險事業獲得響亮的名聲要歸功最早的薩克遜人，這個民族的國號在征服者的普通法和語言都曾經提到，就是在五世紀末葉建立在南不列顛的君主國。盎格魯人之所以聞名後世，在於人數眾多和成就非凡，他們在這個國家奠定不朽的

稱號和占領最廣的區域。蠻族為了在海洋或陸地達成剽掠的願望，這三個部族逐漸聯合編組混雜在一起。弗里斯蘭人（Frisians）受到鄰近不列顛海岸的引誘，曾經短暫平衡本土的薩克遜人具有的實力和名氣；丹麥人、普魯士人和魯吉亞人（Rugians）都隱約的提及；還有一些偶爾遷移到波羅的海的匈奴，為了征服新世界登上日耳曼人的船隻。所以會創造極其艱辛的成就，並非聯合民族的勢力經過準備著手執行。每一個勇氣十足的酋長根據他的名聲和財富，集合一群追隨者，裝備一支有三艘甚或六十艘船隻的船隊，選擇要攻擊的地點，至於後續的行動受到作戰狀況和個人利益的支配。

很多英雄人物在不列顛的入侵敗下陣來或喪失性命，只有七位勝利的首領能獲得並維持國王的頭銜，薩克遜七國聯盟（Saxon Heptarchy）是征服者設立的七個獨立的王座。這七個家族中有一個在女性繼承的傳統下，一直延續到我們現在的統治者，這七個家族都可以追溯到神聖的戰神渥登（Woden）。可以聲稱這些共和國有一個代表民意的議會和大權在握的官員，使國王的行為受到節制，只是像虛有其表的政略架構，根本就違反薩克遜人粗魯和狂暴的天性。他們的法律只有保持緘默，當代的編年史都不夠理想，只能對內部的爭權奪利提供黑暗而血腥的描述。

一個對塵世生活毫無所知的僧侶，竟敢負起史家的責任，對於不列顛從西部帝國分離那個時代的狀況，提供錯誤的論點，有的地方根本是不知所云。吉爾達斯用華麗的辭藻描述農業的進步，國外的貿易隨著每一次的潮水進入泰晤士河和賽汶（Severn）河，無論是公家還是私人的建築物，都有堅實而高聳的結構，進而指責不列顛的人民過著罪惡的奢侈生活。然而，也就是同一位作者提到，這個民族連最簡單的技藝都付之闕如，要是沒有羅馬人的幫助，根本無法供應構建邊牆所需石塊和製造武器所需鐵料，用來保護自己的國土。

不列顛在皇帝長期統治之下，助長文雅和奴化的風氣，逐漸形成羅馬的行省，安全完全依靠國外的武力。霍諾流斯的臣民用驚訝和恐懼的眼光，注視新近獲得的自由權利。他們在喪失民政和軍事組織的狀況下被遺留在當地，地位尚不明確的統治者缺乏應有的技巧、勇氣和權威，無法指揮民眾組成的部隊對付最平常的敵人。引進薩克遜人洩露內部的衰弱，貶低君王和人民應有的地位，難免產生憤懣之情更增加危險。缺乏團結的精神難以遂行有效的解決辦法，瘋狂的黨派傾軋使大家渴望指控禍害而非防止狀況惡化。他們都把處理不當歸咎於對手的錯誤，然而不列顛人並非無知之輩，也不是不會製造和運用武器。薩克遜人持續不斷和混亂不堪的攻擊，使他們從驚愕之餘清醒過來，無論戰事的順利和逆轉，都

能增進民族尚武精神的紀律和經驗。

　　就在歐洲和非洲大陸屈從蠻族毫無抵抗這段期間，不列顛在外無奧援之下，單獨進行英勇而效果不彰的長期奮鬥，對抗勢不可當的海盜。薩克遜人幾乎在同一時刻，襲擊北部、東部和南部的海岸。居民決心要保護城市就加強各種防禦設施，辛勞的工作使山嶺、森林和沼澤發揮地形之利，征服每個地區都要付出血的代價。當代的編年史家很明智的保持緘默，就是薩克遜人失利的有力證據。亨吉斯特一心想征服不列顛，在長達三十五年非常活躍的統治過程，他的雄心壯志只限於據有肯特而已。他在北部開拓很多殖民區，也都被不列顛人的刀劍所絕滅。

　　西薩克遜君主國經過三代好戰家族不屈不撓的努力，歷盡艱辛終於奠定基礎。塞爾迪克（Cerdic）是渥登最勇敢的子孫，他的一生都耗盡在漢普夏（Hampshire）和威特（Wight）島的征服，巴當（Badon）山之戰蒙受很大損失，使他落於羞辱的狀況引恨長眠。他那作戰英勇的兒子肯里克（Kenric）向著威特夏（Witshire）前進，開始圍攻索斯柏立（Salisbury），及時配置在有利的制高點，擊潰前來解救城市的一支軍隊。未過多久又發生馬波羅（Marlborough）之戰，不列顛敵軍展現他們的兵法，部隊部署成為三線配備，每一線的隊列包含三種不同的隊伍，就是騎兵、弓箭手和長矛兵，部署的方式完全依據羅馬人的戰術原則。薩克遜人形成有力的縱隊發起衝鋒，用短劍勇敢迎戰不列顛人的長矛，保持勢均力敵的激戰直到黑夜來臨。在兩次決定性的勝利中，三位不列顛國王戰死，加上塞倫塞斯特（Cirencester）、巴斯（Bath）和格洛斯特（Gloucester）的投降，塞爾迪克的孫子索林（Ceaulin）率領獲勝的軍隊進入塞汶河兩岸，建立名聲和勢力。

　　經過一百年的長期戰爭，獨立的不列顛人仍舊據有西部海岸整個區域。從安東尼邊牆直到康瓦耳最遠的海岬，內陸地區的城市依然反對蠻族的武力。攻擊者的數量和勇氣繼續增加，使抵抗變得衰弱無力，緩慢而痛苦的努力贏得持續的發展。薩克遜人、盎格魯人和其餘各族的聯盟，從北部、東部和西部進軍，一直到勝利的旗幟在島嶼的中央會師，不列顛人退過塞汶河，仍舊保持民族的獨立權利。薩克遜七國聯盟甚或成為君主國，不列顛人還能倖存一隅尚未滅亡，勇敢的戰士寧可出走也不願受到奴役，在威爾斯的山區建立安全的庇護地，康瓦耳拖延一段時日才勉強降服。有一支流亡隊伍靠著自己的打拚，或許是墨羅溫王朝國王的善意收留，在高盧獲得一個根據地。阿莫里卡的西部海角得到「康瓦耳」或「小不列顛」之類的新稱呼。歐塞斯米（Osismii）的空曠之地進居陌生的民族，在伯爵和主教的權威統治下，保存祖先的法律和語言。等到克洛維斯和查理曼的

後裔勢力衰退時，阿莫里卡的不列顛人拒絕繳納慣常的貢金，占領鄰近的凡恩（Vannes）、雷恩（Rennes）和南特（Nantes）等地區，成為有勢力的屬國，統一在法蘭西的君權之下。

經歷一個世紀永無間斷也難以善罷的戰爭，不列顛人盡力運用勇氣和技術來保衛本土的安全。設若勇士的功勳埋沒在歷史的灰燼之中，我們也毋須怨天尤人，無論人類是否缺乏知識或德行，每個時代因流血或戰爭而顯赫一時的行動，總是多得不勝枚舉。佛特金之子佛特穆（Vortimer）的墳墓，建築在海岸的邊際，當成對付薩克遜人戰無不勝的地標，他曾在肯特的戰場兩次擊敗對手。安布羅休斯・奧理安（Ambrosius Aurelian）的出身淵源於羅馬貴族世家，為人遜恭有禮而又驍勇善戰，世人推崇他光輝的成就，直到馬革裹屍戰死沙場。每個不列顛人都被亞瑟的威名所掩蓋，他是南威爾斯西魯里人（Silures）的世襲諸侯，成為民族推選出來的國王或將領。要是按照最合理的記載，他參加十二次連續的戰鬥，擊敗北部的盎格魯人和西部的薩克遜人。

處於一個人心淪喪的時代，忘恩負義的人民和國內頻仍的災禍給英雄帶來無窮的苦難。他的一生事蹟比起驚天動地的名聲可以說是實有不逮。威爾斯和阿莫里卡的吟遊詩人名不見經傳，薩克遜人痛恨他們的諷嘲，其餘的世人對事實的真相一無所知。經過他們粗枝大葉的修飾潤色，把亞瑟的功業當作傳統保存有五百年之久。諾曼人征服者高傲又好奇，探究不列顛古老的歷史，帶著心儀而又深信的態度傾聽亞瑟的浪漫遊俠故事，熱烈讚譽一個君王彪炳的戰功，將不共戴天的仇敵薩克遜人打得落花流水。蒙默思（Monmouth）的傑福瑞（Jeffrey）將他的羅曼史用拉丁文改寫，後來才譯成大眾所喜愛的方言。雖然情節的安排毫無條理但是文字非常華麗動人，就經驗、學識和幻想而言完全是十二世紀的風格。一個弗里基亞殖民區建立的過程，從台伯河發展到泰晤士河，很容易轉用伊涅阿斯的神話，亞瑟的皇家祖先淵源於特洛伊，與凱撒有姻親的關係。他的戰利品裝飾控制的行省和皇家的頭銜，丹麥的勝利報復最近所受的傷害。不列顛英雄的俠義豪勇、宗教迷信、歡宴盛會、馬上比武以及圓桌武士的規範，完全抄襲騎士制度風行一時的言行準則。

尤瑟（Uther）之子流傳於世的奇聞軼事，比起諾曼人歷盡艱險創建的英勇事業更不可信。進香朝聖和聖地之戰將阿拉伯人魔法的各種神蹟傳入歐洲，像是神奇的精靈、碩大的巨人、飛行的惡龍以及令人銷魂的後宮，混雜西方比較簡單的神話。不列顛的命運依靠梅林（Merlin）的法術和預言。亞瑟以及圓桌武士的羅曼史適合大眾口味，每個民族都要自行引用和加以修飾，連希臘和意大利都稱

頌他們的名字。蘭斯洛（Lancelot）和崔斯特朗（Tristram）兩位爵士卷帙浩繁的故事，君主和貴族抱著虔誠的態度加以研讀，對古代真正的英雄和歷史人物反而不理不睬。終於，科學和理性之光再度燃起，符咒和魔誡全部破滅，幻想的神話已經消失，公眾意見很自然的產生轉變。誰知當前的時代過於現實，甚至懷疑亞瑟是否真有其人。

抵抗要是不能防止入侵，反而會增加征服帶來的痛苦。過去從來沒有像薩克遜人的鎮壓產生這麼多的恐怖和蹂躪，他們憎恨敵人的英勇，藐視條約的誠信，破壞基督教信仰最神聖的事物毫無羞愧之心。幾乎在每個地區的戰場上都看見累累白骨，倒塌塔樓的殘破碎片沾染鮮血。安德里達（Anderida）遭致攻破的命運，倖存的不列顛人無分男女老幼被屠殺在廢墟之中。諸如此類災禍在薩克遜七王聯盟時代屢見不鮮，羅馬人苦心經營在不列顛培養的技藝、宗教、法律和語言，為蠻族的繼承者澈底根絕。等到主要的教堂夷為平地，主教拒絕殉教者的冠冕，帶著神聖的遺物退到威爾斯和阿莫里卡。留下其餘的教民缺乏精神食糧，宗教的儀式無法舉行，福音的訓誨難以記憶，基督教在無形中受到查禁，不列顛的教士或許從詛咒崇拜偶像的外來者得到一點安慰。

法蘭西國王讓羅馬臣民繼續擁有特權，凶暴的薩克遜人踐踏羅馬和皇帝的法律。民事和刑事的審判程序、職位的頭銜、官吏的編制、社會的階層，甚至有關個人權益的婚姻、遺囑和繼承，到末了都遭到廢止。無論是貴族還是平民都成為奴隸，受到歧視的群眾為傳統的習慣法所統治，是由日耳曼的牧人和海盜草率制定。羅馬人教導有關學術、貿易和社交的語言，在荒蕪和孤獨的環境被人遺忘。日耳曼人採用相當數量的拉丁語和塞爾特語單字，用來表示新需要和觀念。大字不識的異教徒仍舊保存和運用民族的方言，幾乎每個人的姓氏都表明條頓人的血統，特別是在教會或政府服務的人士更為顯著。英格蘭的地理名詞通常用外國的特徵和稱呼來敘述。如此迅速而澈底的重大變革很不容易找到類似的例證，還是會使人懷疑它的起源，移植在不列顛的羅馬文明不如高盧和西班牙那樣根深柢固，這片國土和居民存在著原始的粗俗習氣，意大利的生活方式只不過像薄薄一層光亮的油漆刷在表面。

奇特的取代方式說服了歷史學家和哲學家，不列顛的省民全部遭到絕滅。外來人口不斷的注入以及日耳曼殖民區迅速增加，空曠的土地再度有人居住。據說有三十萬薩克遜人服從亨吉斯特的召集命令，盎格魯人整族移遷使得故鄉一片荒蕪，那個時代的比德證實確有其事。要是把他們散布在收穫富裕的荒野，行動不受任何限制，加上糧食非常充足，就我們的經驗也可以知道人類自然繁殖的力

量。薩克遜王國顯示出最近才被發現和開墾，市鎮的規模很小，與村莊相隔的距離很遠，對農耕漠不關心而且毫無技術可言，一畝最好的土地只能豢養四頭綿羊，放棄很大面積的樹林和沼澤任其荒廢以致草木叢生。像德罕（Durham）一個現代的主教轄區，整個區域從泰因（Tyne）河延伸到提斯（Tees）河，回復到蠻荒森林毫無人煙的原始狀況。數量不夠充實的人口，幾代之內都可以用英國的殖民區供應所需。

　　哪怕從理論或事實，都不足以證明不近情理的臆測，說是不列顛為薩克遜人征服，只有他們會留在人為的荒原之中。嗜殺的蠻族在鞏固統治和滿足報復，為了自己的利益，對沒有抵抗的地區會保存原有的農夫和牲口。在每一次連續變革之中，忍辱圖存的群眾就成為新主子所擁有的財富，基於相互的需要只有默默批准食物和勞工極其有益的契約關係。威爾弗里德（Wilfrid）是薩塞克斯（Sussex）的使徒，由於皇家改變宗教信仰，使他獲得契赤斯特（Chichester）附近的塞爾西（Selsey）半島當作贈送的禮物，連帶所有的居民以及他們的家產，一共是八十七戶家庭。他立即解除他們在宗教和世俗方面所受的束縛，結果是兩百五十位男女奴隸從大恩大德的主子手裡接受洗禮。

　　薩塞克斯王國的領地從海岸直到泰晤士河，包括七千戶人家，其中一千兩百戶位於威特島。要是我們根據並不可靠的資料加以計算，英格蘭大致有一百萬從事農耕的傭工，也可以稱為半自由的農奴，依附在專制地主的產業上面。貧窮的蠻族想把自己的小孩或是本人出售，成為永久的奴隸或是賣到國外，然而有特定的豁免權給予國內的奴工，足以顯示他們

智慧女神的銅像。

的數量比外來者和俘虜要少得多，
這些俘虜是因戰爭喪失自由或是改
變主人。時間和宗教逐漸緩和盎格
魯─薩克遜人凶狠的天性，法律促
成經常實施的解放行動，例如具
有威爾斯或坎布連（Cambrian）血
統的臣民，獲得次級自由人相當有
利的身分，可以擁有土地和產業，
具備資格參與市民社會的權利。對
新近降服的凶狠民族而言，他們居
於威爾斯和康瓦耳的地境之內，比
較溫和的待遇可以保證他們的忠
誠。威塞克斯（Wessex）明智的
立法者伊那（Ina），用國內聯姻
的方式將兩個民族團結在一起。薩
克遜君主的宮廷之中，索美塞特夏
（Somersetshire）四位不列顛領主居
有顯赫的地位。

　　獨立的不列顛人顯然已經回到
原始的野蠻狀況，從那時起，他們
的教化和復原就不夠完美。敵人使
他們與其餘的人類隔絕，立刻就變
成正統基督教世界詆毀和憎惡的對
象。威爾斯山區仍舊奉行基督教，
只不過教士受誡的方式不同，慶祝
復活節的日期不一而已，粗俗的分

羅馬晚期的皮帶扣環。

波浪形的玻璃碗。

裂分子非常固執，抗拒羅馬教皇專橫的命令。不列顛人逐漸放棄使用拉丁語，意
大利直接與薩克遜的改變宗教者發生連繫，等於剝奪不列顛人獲得技藝和學識的
權利。塞爾特語和西部的方言在威爾斯和阿莫里卡保存和傳播開來。吟遊詩人伴
隨著德魯伊教，直到十六世紀仍然受到伊麗莎白朝法律的保護。他們的首領是朋
格維恩（Pengwern）或亞伯夫勞（Aberfraw）或卡瑪森（Caermathaen）宮廷受
人尊敬的官員，像國王的僕從一樣隨著參戰。他在會戰的陣列裡面高聲歌唱，讓

戰士知道不列顛君主在激勵大家的鬥志，勝者可以任意的劫掠。戰利品中最好的小母牛是歌者可合法要求的獎賞。在他下面的次級執事人員，人聲和器樂歌詠隊的隊長和成員，在各自的巡迴區內拜訪皇室、貴族和平民家庭。公共的財產幾乎被教士耗用一空，吟遊詩人苦苦不斷需索的情況更是雪上加霜。他們的職位和功勞經過嚴格考驗受到肯定，對超自然啟示的強烈信念更提升詩人和聽眾的想像。

　　塞爾特人自由的最終安息之地是高盧和不列顛極北邊區，畜牧較農耕更為合適。不列顛人的財產是他們的牛馬和羊群，牛奶和肉類是日常飲食，麵包看成外國的奢侈品而加以拒用。他們能夠自由自在的生活在威爾斯的山區和阿莫里卡的沼澤，將人口快速增加惡意的歸罪於縱情一夫多妻的緣故，任性的蠻族家中會有十房妻室和五十個子女。他們的脾氣衝動而又暴躁，不論是行動還是說話都很大膽放肆。他們不了解和平的策略，交替發洩嗜血的熱情在國外和國內的戰爭之中。阿莫里卡的騎兵、昆特（Gwent）的長矛兵和美里昂尼斯（Merioneth）的弓箭手同樣知名於當世，他們生活貧苦，沒有能力購置盾牌和頭盔，體位過重妨礙到散開作戰時的速度和靈巧。希臘一個皇帝對不列顛的狀況感到好奇，英國最偉大的國君之一覺得有讓他了解的必要。亨利二世提起個人的經驗，認為威爾斯被一群裸體的武士據為己有，他們迎戰全身冑甲的敵人毫無畏懼之感。

　　談到不列顛的變革，無論從學術方面還是整個帝國而言，範圍都已經縮小得多。籠罩在島國上方難以透視的烏雲，最早是腓尼基人發現開始清除，後來凱撒運用武力將之完全驅散，現在重新堆積在大西洋的海岸，一個羅馬行省再度在大洋的神話島嶼中消失無蹤。霍諾流斯統治的時代過了一百五十年，當代有位嚴肅的史家，敘述遙遠島嶼令人驚異的事物：一條古老的邊牆將它分隔為東西兩部分，這是生與死的界線，更適合的說法是隔開真相和虛構的傳聞。東部是美好的國度，居住著文明開化的民族，空氣清新宜人，水源純淨充足，土地生產收成豐碩的作物；越過邊牆就是西部，空氣傳染致命的疾病，地面都是毒蛇，淒涼的荒野是死者安息之地，在大量的船隻和活人划槳手操縱下，從對岸運送過來。

　　法蘭克人的臣民中有些家族是漁人，免除繳納貢金，神祕的任務需要大洋的卡戎（Charon）負責執行。每一個輪值人員在午夜時分接受召喚，像是聽到鬼魂在呼叫名字的聲音。他已經體驗到他們的重量，感覺受到未知而又無可抗拒的力量驅策。經歷有如夢幻的描述，我們非常驚異的讀到，這個島嶼名叫不列提亞（Brittia），橫臥大洋之中面對萊茵河口，離大陸的距離不到三十哩，為弗里斯蘭人、盎格魯人和不列顛人三個民族所擁有。有些盎格魯人隨著法蘭西使臣的隊伍，出現在君士坦丁堡。

英國北部的哈德良城牆。

　　樸洛柯庇斯報導獨特並非不可能的冒險故事，旨在宣揚一個英國女傑的大無畏精神，而不是她的靈巧氣質。她許配給瓦尼人（Varni）的國王拉迪吉（Radiger），日耳曼的部落鄰接海洋和萊茵河。變心的愛人基於政治的動機，打算要娶他父親的遺孀，也就是法蘭克國王狄奧迪伯特（Theodebert）的姊妹。盎格魯人的公主受到遺棄，沒有自憐自怨而是要報復所受的羞辱。據說她那些好戰成性的臣民，不知道運用馬匹，甚至沒看過馬。她率領一支船隊有四百艘船和十萬人的軍隊，從不列顛勇敢航向萊茵河口。在一次會戰大敗之餘，被俘的拉迪吉懇求勝利的新娘大發慈悲。她原諒受到無禮的冒犯，將敵手釋放，迫使瓦尼人的國王要以榮譽和忠誠，善盡一個丈夫的責任。英勇的戰績顯然是盎格魯─薩克遜人最後的海上作戰行動。他們就是因為掌握航海的技術，才能稱霸大洋，建立不列顛帝國，這些技術很快就為傲慢的蠻族所忽略，怠惰的心態放棄處於島嶼位置的通商優勢條件。七個獨立王國引發持續不斷的爭執，不列顛世界無論是平時還是戰時，很少想到要與大陸的民族建立連繫。

9 結語

　　我已經竭盡全力敘述大約五個世紀的羅馬帝國衰亡情況，從圖拉真和兩位安東尼皇帝的幸福時代，直到西部帝國澈底消滅。在最後這段災禍叢生的期間，薩克遜人窮凶惡極與當地土著爭奪不列顛的主權，高盧和西班牙被強大的法蘭克王國和西哥德王國瓜分，加上蘇伊威人和勃艮地人的附庸王國還要分一杯羹，阿非利加慘遭汪達爾人殘酷的迫害和摩爾人蠻橫的騷擾。羅馬和意大利的疆域直達多瑙河兩岸，普遍受到蠻族傭兵的侵犯，縱兵殃民的暴政為東哥德人狄奧多里克的

古羅馬廣場（Félix Bonfils〔French, 1831–1885〕，攝於 1870 年代）。

統治接替。帝國所有的臣民，只要是使用拉丁語，享有羅馬人的特權，全都受到外來侵略者的凌辱和摧殘。日耳曼一些獲得勝利的民族，在歐洲的西部諸國就生活方式和政府架構建立新的體系。君士坦丁堡的君王成為奧古斯都實力軟弱而虛有其名的繼承人，隱約之間表現出羅馬的威嚴。即使如此，他們還繼續統治從多瑙河到尼羅河和底格里斯河的東部地區。在意大利和阿非利加，哥德王國和汪達爾王國為查士丁尼的武力推翻。從希臘皇帝的漫長歷史過程，能提供很多意義深長的教訓和興趣盎然的變革。

第十五章
哥德人共主（455-526年）

　　等到西羅馬帝國敗亡，繼承君士坦丁堡寶座的季諾、阿納斯塔休斯和賈士丁一世幾位皇帝，五十年的統治期間（476-527年），不僅缺乏名望也毫無建樹，要到查士丁尼一世接位才能重振聲威。這個時期的意大利在哥德國王的治理下，恢復原有的繁榮富足，狄奧多里克的作為真可置身古代羅馬明君勇將之列而毫無愧色。

1 狄奧多里克的出身和東哥德人初期的狀況（455-488年）

　　東哥德人（Ostrogoth）狄奧多里克是阿瑪利（Amali）皇族第十四代直系後裔，阿提拉死後第二年出生在維也納附近地區，東哥德人靠著新近的勝利獲得獨立的地位。瓦拉米爾、狄奧德米爾（Theodemir）和威地米爾（Widimir）三兄弟，分別紮營在肥沃卻荒蕪的潘農尼亞行省，用聯合商議的方式統治黷武好戰的民族。匈奴對反叛的臣屬始終多方威脅，倉卒之間發起攻擊，瓦拉米爾僅靠著一支兵力就將他們擊退。等到勝利的信息傳到他兄弟遙遠的營地，在這個幸運的時刻，狄奧德米爾寵愛的侍妾給他生下一個兒子，就是未來的繼承人（455年）。到了狄奧多里克八歲的時候，他的父親為了公眾的利益，以每年獲得補助三百磅黃金的代價，答應與東部的皇帝李奧一世（Leo I）建立聯盟關係宣誓訂約。

　　狄奧多里克成為皇室的人質在君士坦丁堡接受教育，獲得很好的安排和妥善的照應。他的身體經得起戰爭的訓練活動，習慣慷慨的交談，養成了開闊的胸襟。他經常到學院接受明師的教導，對希臘的藝術並不重視，始終停留在科學的入門課程，顯示自己是多麼的無知，甚至用一個粗俗的記號代表簽名，讓人認為他是大字不識的意大利國王。就在他到達十八歲的年紀，皇帝渴望獲得東哥德人的幫助，為了表示寬厚和信任，就將他送回去以滿足東哥德人的意願。瓦拉米爾這時已在戰場陣亡，最年輕的兄弟威地米爾帶領一支蠻族軍隊，進入意大利和高盧。

　　整個民族把狄奧多里克的父親視為國王，凶狠的臣民羨慕年輕王子的體力和

身材，立刻知道他的勇氣能與祖先一比高下。他率領六千志願軍祕密離開營地，進行遠程的冒險活動，順著多瑙河抵達辛吉都儂（Singidunum）或貝爾格勒。他擊敗並殺死一位薩瑪提亞國王，很快帶著戰利品回到父親的身邊。標榜個人英雄主義的勝利只能獲得虛名，所向無敵的東哥德人缺乏衣物和糧食，陷於極度悲慘的境地。他們一致決定不願在難以維生的潘農尼亞紮營，非常勇敢向著溫暖而富裕的鄰近地區前進。當面都是拜占庭宮廷的領地，駐紮很多隊伍是由同盟的哥德人組成，他們保持驕縱的心態過著奢華的生活。

東哥德人產生敵對的行動證明他們是危險的對手，至少也會帶來很多的麻煩。拜占庭宮廷為了和解以及獲得他們的忠誠，用高價收買東哥德人，賞賜他們土地和金錢。東部帝國把下多瑙河的防務交付蠻族，全部由狄奧多里克指揮。這時狄奧多里克已經在他父親死後，繼承阿瑪利人傳下來的王座。只要是身為王族後裔的英雄人物，一定會藐視卑賤怯懦的艾索里亞人，因為他既沒有出眾的稟賦和才華，又欠缺皇家的血統和良好的出身，竟然身披羅馬人的紫袍成為皇帝。狄奧多西的胤嗣斷絕以後，只要是馬西安或李奧一世繼承寶座，無論是帕契麗婭還是元老院的選擇，一般而言還很適當。只是後者在統治期間最讓人詬病之處，忘恩負義謀害阿斯帕（Aspar）和他的兒子，也是他們的言辭不留餘地，才給自己帶來殺身之禍。

李奧和東部帝國的傳承，在平靜的狀況下授與年幼的孫兒，是他的女兒亞歷迪妮（Ariadne）和幸運的艾索里亞女婿所生的兒子。女婿的名字是特拉斯卡利修斯（Trascalisseus），改變蠻族的音調換用希臘語稱呼為季諾。年長的李奧一世逝世之後，季諾一反常情，極為尊敬兒子李奧二世的帝座（474年2月9日—491年4月9日），用謙遜的態度接受帝國一人之下的地位當成恩賜的禮物。等到年輕的同僚未成年突然死亡，昭然若揭的野心已經完全達成，這樣一來立刻引起公眾的猜疑。君士坦丁堡的皇宮為女性的勢力統治，也為女性的情緒牢牢掌握。李奧的孀婦維里娜（Verina）聲稱她有權處理帝國的傳承，只有她能將東部的權杖授與季諾。現在她反對一無是處而又不知感恩的奴僕，於是公開宣布一份廢位的判決書。等到她這番深惡痛絕的言辭傳到季諾的耳中，他只有倉卒逃到艾索里亞山區。

維里娜的兄弟巴西利斯庫斯（Basiliscus）在阿非利加的遠征中弄得臭名滿天下，這時在聽命於人的元老院提出繼位的要求，經過表決獲得一致的贊同；篡位者的統治不僅短促而且動亂不已。巴西利斯庫斯膽大包天刺殺他妹妹的面首，竟敢觸怒妻子的情人，就是虛榮而傲慢的哈瑪久斯（Harmatius）。這個傢伙處在

亞洲的奢華環境之中，喜愛模仿阿奇里斯的服飾和舉止，僭用他的姓氏裝出英勇的氣概。不滿分子發起陰謀活動，季諾從放逐當中復位，軍隊和首都遭到出賣，巴西利斯庫斯和整個家族都被定罪，毫無人性的皇帝要他們飽受寒冷和飢餓的痛苦。

須知季諾缺乏勇氣迎戰敵人，更不敢寬恕他們的過失。生性剛毅的維里娜不甘雌伏也不願認命，有位受到恩寵的將領為季諾罷黜，她就激起他的敵意，在敘利亞和埃及擁立一位新皇帝，徵集七萬人的一支大軍，把沒有成效的叛亂堅持到她生命最後一刻。要是按照迷信時代的風尚，基督教的隱士和異教的術士早就預言會有不幸的結局。就在維里娜的私心為東部帶來苦難的時候，她的女兒亞歷迪妮個性溫和而且忠貞自持，女性的德行受到臣民的景仰。她跟隨丈夫過放逐的生活，等到復位，懇求他大發慈悲之心善待她的母親。季諾過世，身為皇帝的女兒、母親和寡婦的亞歷迪妮，嫁給皇宮一位年老的家臣阿納斯塔休斯，連帶授與他最尊貴的稱號（491年4月11日—518年7月8日）。阿納斯塔休斯即位以後又活了二十七年，人民對他的歡呼是「願吾皇的統治天長地久永垂不朽」，可以證實他的人品和德行。

季諾賞賜東哥德國王舉凡大公和執政官的高位、內衛軍部隊的指揮權、樹立騎馬的雕像、數千磅黃金和銀兩的財富、收為養子賜給姓名、同意他娶富有而尊貴的妻子等等，無論是出於畏懼或感激都會讓人感到過分浮濫。狄奧多里克自從甘願效力以來，運用勇氣和忠誠來支持恩主的事業，採取迅速的行動有助季諾的復位。在第二次的叛變事件當中，人們所稱的「瓦拉米爾部隊」進剿和鎮壓亞洲的叛徒，直到皇家的軍隊能獲得輕易到手的勝利。忠誠服務的下屬突然成為不共戴天的敵人，燃起的戰火從君士坦丁堡蔓延到亞得里亞海，讓許多繁榮的城市化為灰燼。哥德人的行為惡毒殘酷，要把擄獲農夫的右手砍掉，使他們不能扶犁耕種，幾乎絕滅色雷斯的生機。

處於內外交迫的情況之下，狄奧多里克承受似是而非的大聲指責，說他違犯誓言、忘恩負義和貪得無饜。這僅僅是他的處境艱苦才會如此，就統治方式看來他不像君王，只能算是一個凶惡民族出身的官員。東哥德人的精神不會屈服在奴役之下，無法忍受真正或想像的侮辱。他們的貧窮已達到難以為繼的地步，再慷慨的賞賜立刻浪費在無益的奢侈生活，最肥沃的產業到他們的手裡也會完全荒廢。他們對於勤勞的省民雖然藐視還是很嫉妒，等到缺乏維持生存的必需品，只能靠戰爭和掠奪這種最常用的謀生方式。狄奧多里克的意願（至少他有這樣的說法）是領導他的族人，在錫西厄的邊界過著和平自由、與世無爭的生活。然而拜

占庭宮廷用好聽卻不一定可靠的承諾，引誘他攻擊哥德人部落組成的聯盟，只因為他們參加巴西利斯庫斯所屬的派系。

狄奧多里克從駐紮的地點瑪西亞開始進軍，得到非常正式的保證：在到達亞得里亞堡之前會獲得大批給養和糧食，還有八千騎兵和三萬步卒的增援部隊，同時亞細亞的軍團會進駐赫拉克利，以支援他的作戰行動。雙方之間產生猜忌，原來的安排受到阻撓無法實現。等到他進入色雷斯地區以後，狄奧德米爾的兒子發現這裡遭受刀兵的蹂躪，成為充滿敵意的殘破之地。追隨他的哥德族人帶著騾馬和大車所編成的輜重行列，遭嚮導出賣留在桑德斯（Sondis）山區的懸岩絕壁之間。特里阿流斯（Triarius）的兒子狄奧多里克（這是兩個同名的人物，一個是狄奧德米爾的兒子，一個是特里阿流斯的兒子）對他大肆抨擊，排出隊伍要與他決戰。他那富於心機的敵手從鄰近的高地，對著「瓦拉米爾部隊」的營地破口大罵，用無知的童子、瘋狂的頭目、偽誓的叛徒以及民族的仇敵之類可恥的稱呼，汙衊他們的領導者。

特里阿流斯的兒子大聲疾呼：「羅馬人一貫的政策就是用自相殘殺來毀滅哥德人，難道你不知道？當前有違天理的鬥爭，即使勝者也會陷入冤冤相報的仇恨之中，難道你不清楚？對陣的武士都是我的親戚和你的親戚，當他們的寡婦在哀泣的時候，豈不是你那輕率的野心將他們的性命斷送？你的士兵受騙離開家園參加你的隊伍，他們所得的錢財現在都在哪裡？他們之中每一個人在過去都是三、四匹馬的主人，現在卻追隨你像奴隸一樣步行，好通過色雷斯的曠野。這些人受到引誘說有希望可以獲得一大袋黃金，真正的勇士不愛錢財，才能像你一樣自由和高貴。」

哥德人聽到這番合情合理、投其所好的言辭，馬上心生不滿，發出鼓噪的聲音。狄奧德米爾的兒子擔心孤掌難鳴，逼不得已只有擁抱自己的同胞以示和好，背叛拜占庭宮廷效法羅馬人不忠不義的行徑。

2 狄奧多里克遠征意大利擊敗並殺害奧多瑟（489-493年）

無論是領導聯盟的哥德人威脅君士坦丁堡，還是率領忠誠的隊伍退到伊庇魯斯（Epirus）的山區和海岸，狄奧多里克的運道一直很好，其實他最引人注目的兩大特點就是謹慎和堅毅。特里阿流斯的兒子終於意外死亡，權力的平衡受到破壞，羅馬人一直對此極為關切。整個民族承認阿瑪利世系的最高權力，君士坦丁堡當局只有簽訂屈辱而嚴苛的條約。公眾為了維持哥德人的聯合武力已經不勝其

煩。元老院宣布他們的構想，選擇其中的一部分給予兩千磅黃金的補助金，對於一萬三千人而言是很大的一筆酬勞。權宜的做法是，一定要考慮自己的軍隊有何意見，因為艾索里亞人要保護的對象是皇帝而不是帝國，除了擁有掠奪的特權，每年的恩俸是五千磅黃金。

狄奧多里克有明智的頭腦，立即了解這樣一來會被羅馬人憎恨，也引起蠻族的疑慮。臣民在寒冷的木屋忍飢受凍的時候，要是國王喪失鬥志在希臘過奢華的生活，就會使群眾普遍產生不滿。同時他要事先預防做出痛苦的選擇，不是成為季諾的打手與哥德人接戰，就得領大家到戰場與季諾的部隊為敵。狄奧多里克預備從事的偉大事業，能夠發揮他的勇氣和滿足他的野心，於是他對皇帝說出下面一段話：「雖然皇上極為慷慨，為你服務能獲得優渥的待遇，還是要請你傾聽我內心的意願！意大利是你祖先的遺產，羅馬也是世界的首都和尊貴的皇后，時運不濟受到外籍傭兵奧多瑟的凌虐和壓榨。現在請下令命我帶著我的部隊去征討不法的僭主。如果我失敗，你可以擺脫一位費用昂貴而又專惹麻煩的朋友；要是蒙神的恩典我能成功，會用你的名義統治光復的地區。獲勝的軍隊把羅馬元老院和位於意大利的共和國，從奴役中解救出來，將所有的榮譽歸給你。」

狄奧多里克的提議被接受，這件事可能就是拜占庭宮廷的授意。核定或批准的形式為審慎起見，從外表看來好像很曖昧，不過事件的本身或許可以說明一切。到底意大利的征服者是以東部皇帝的部將、家臣或盟友的身分進行統治，還是讓人百思不解。

領袖和戰爭都享有盛名，引發熱烈情緒。哥德人蜂擁而來，要加入服務的行列，或是在帝國的行省定居，使得「瓦拉米爾部隊」的實力倍增。膽大的蠻族只要聽過意大利的財富和美麗的景色，雖然必須經歷最危險的行動，還是忍不住想要據有令人著迷的東西。狄奧多里克的出兵要看成是一個民族的遷徙，他將哥德人的妻子兒女、年邁雙親和貴重財物，全都妥善運送。他們的打算是組成綿長的輜重行列，跟隨在營地的後方。伊庇魯斯的一場戰事就損失了兩千輛大車，由此可想見他們的輜重有多少。至於用來維生的給養和糧食，哥德人依靠庫儲的穀物，婦女用輕便的手磨予以磨碎，牛羊牲口提供奶類和鮮肉，加上臨時獲得的獵物。此外任何人膽敢阻礙他們的前進，或是拒絕給予友好的資助，他們就會向對方強迫徵收所需的物品，使補給不致短缺。

儘管已經做好準備工作，但行軍的路程長達七百哩，又在隆冬之際開始，當然會遭遇危險，饑饉的苦難幾乎不可避免。自從羅馬人的勢力衰落以來，達西亞和潘農尼亞不再有人煙稠密的城市、耕種不輟的田地和交通便利的道路，無法展

現出一片繁榮的景象。再度盛行野蠻的統治，使得大地生機絕滅。保加利亞人、吉皮迪人（Gepidae）和薩瑪提亞人的部落占據空曠孤寂的行省，他們受到天生凶狠性格的激發，或者是聽從奧多瑟的懇求，要阻止敵人的前進。在很多不為人知但卻犧牲慘重的作戰之中，狄奧多里克奮鬥不息打開一條血路，靠著卓越的指揮能力和過人的英勇行為，終於克服萬難通過朱理安·阿爾卑斯山，在意大利的邊界展現所向無敵的旌旗。

成為敵手的奧多瑟並非泛泛之輩，他在靠近阿奎利亞遺址的松提烏斯（Sontius）河畔，率領戰力強大的隊伍，占領有利的位置和良好的陣地。那些獨立自主的國王或是各個部落的首領，全部無法善盡屬下的本分，對於審慎的滯敵作為更是不屑採用。狄奧多里克經過短暫的休息，疲憊的騎兵部隊恢復體力，立即對敵軍的防壁發起勇敢的攻擊。東哥德人為了獲得意大利的土地，比守備的傭兵更加奮不顧身，首次接戰就贏得勝利（489年9月28日），占有整個威尼提亞行省，一直遠抵維洛納的城牆。水勢湍急的阿第傑（Adige）河從城市鄰近地區流過，狄奧多里克在陡峭的河岸，對抗敵軍一支新到的增援部隊，對方不僅兵力強大而且作戰勇氣十足，他經過一番苦戰獲得決定性的戰果。

奧多瑟逃進拉芬納，狄奧多里克向米蘭進軍，擊敗的部隊用歡呼的聲音迎接征服者，表示他們的尊敬和效命之意。勉強的歸順既不夠持久也沒有信心，使得他很快就大禍臨頭。有幾位哥德人的伯爵擔任前鋒，竟然行事大意相信一個逃兵，受到誤導和背叛在法恩札（Faenza）附近被圍慘遭殲滅。奧多瑟再度主宰戰局，入侵者在敵軍掘壕包圍之下，困守在帕維亞的營地，四面楚歌之際只好懇求同宗的族人，要高盧的西哥德人（Visigoths）給予援手。這段歷史的過程是在戰亂四起的多事之秋，對於幽暗和殘存的史料也毋須感嘆，不可能讓我如實記述意大利的災變以及雙方激烈的衝突，最後還是取決於哥德國王的能力、經驗和英勇。

維洛納會戰展開部署之前（490年8月），他進入母親和妹妹的帳幕，認為這一天是他生命中最重要的日子，要求裝扮得像參加盛宴一樣。她們將親手縫製的華麗錦袍給他穿上，這時他說道：「我們的榮譽骨肉相連而且命運生死與共，世人都知道妳是狄奧多里克的母親，因而我要證明自己是英雄人物的後裔，絕不能有忝所生。」狄奧德米爾的妻子或侍妾真不愧是日耳曼的貴婦，認為兒子的名譽重於生命。據說在最危險的關頭，狄奧多里克隨著潰退的人潮蜂擁而下，她在營地的入口勇敢迎上前去，發出義正辭嚴的指責，要他們轉身與敵人拚個你死我活。

從阿爾卑斯山直到卡拉布里亞的盡頭，狄奧多里克用征服者的權力統治到手的領土。汪達爾人的使臣獻出西西里島，成為王國合法的屬地。他是羅馬的救

星，為元老院和人民衷心接受，他們曾關上城門反對逃走的篡賊。只有拉芬納仗著深溝高壘形勢險要，仍能抗拒圍攻達三年之久。奧多瑟發起大膽的突擊，哥德人的營地死傷狼藉，殘兵驚慌不已。最後由於缺乏糧草和援救無望，不幸的君王屈從於臣民的呻吟和士兵的鼓譟。拉芬納主教出面商談和平條約，允許東哥德人進入城市。兩位敵對的國王同意立下誓言，用對等和不容分割的權力共同統治意大利的行省。類似的協定很容易預測到會產生哪些後果。以後的日子從外表看來，到處充滿歡樂和友誼，而奧多瑟在一次正式的宴會被他的敵手刺殺（493年3月5日），至少也應是狄奧多里克幕後指使。

狄奧多里克事先發出機密而有效的命令，背信和貪婪的傭兵毫無還手之力，同時被殺戮殆盡。哥德人正式宣布狄奧多里克擁有統治的王權，東部皇帝的同意不僅遲緩、勉強而且含混其辭。依據一般的方式，陰謀活動被安在認輸的僭主頭上，奧多瑟的無辜和征服者的罪行，從有利的條約中可以完全證實。強者只要沒有產生異心，弱者自然不會莽撞違犯。可以聯想到更適當的藉口，就是權力的嫉妒和爭執的災難。謀殺異己罪行的判決並不嚴厲，因為有了這樁謀殺事件，意大利才有一整代的公眾幸福可言。幸福的創造者在活著的時候聽取厚顏無恥的頌辭，基督教和異教的演說家當面大聲奉承。然而歷史並沒有留下正式記載，顯示這是狄奧多里克的得意之作，或者認定是過失行為因而損害他的名譽。有份資料與他的聲望有關還留存到現在，一卷全部由卡西多流斯用皇室的名義寫成的信函，看來讓人更相信確有其事。

他的政府展現在眾人眼前只是形式並非實質的內容。我們想要從一位哲人的聲明和學識，找出蠻族純潔和出於自發的情操，絕對是徒然無用之事。至於羅馬元老院議員的意願和官員的先例更是如此。何況不論在哪一個宮廷，發生任何極不尋常的狀況，含混模糊的表白就成為謹慎大臣常用的措辭。狄奧多里克的名聲值得信賴之處，在於三十三年統治期間眾所目睹的和平與繁榮，在動盪的時代受到異口同聲的尊敬。他的智慧、勇氣、公正和仁慈，銘記在哥德人和意大利人的心田。

3 哥德國王在意大利的統治策略和施政作為（493-526年）

狄奧多里克分配意大利的土地，把其中三分之一奉送給他的士兵，受到無可厚非的指責，說是他一生之中唯一不公之處。要是照奧多瑟的榜樣來說，採取的行動更是通情達理。要考慮到征服者的權利和意大利人真正的利益，尤其是他

負有神聖的責任，要維持整個民族的生存，由於北國的蠻族對他的應許有信心，才會追隨他前往遙遠的異國。在狄奧多里克的統治之下，哥德人在意大利這片樂土，很快增加到二十萬男丁，成為勢不可當的群體。要是計算總數，另外還要加上婦女和兒童。他們所侵占的財產有一部分是用巧取豪奪的方式，為了慷他人之慨，就假借「親善」的名義滿足私欲。不受歡迎的外來者任意散布在意大利各地，每個蠻族分到的部分要能適合本人的出身和職位、追隨者的人數以及農村的富裕程度，特別是為了獲得所需的奴隸和牛隻。大家承認貴族和平民應有區隔，每位自由人的產業都免徵田稅，臣民只要遵守國家的法律，就能享受無上的特權。當地人的服飾更為雅緻，不僅式樣新穎而且穿著舒適，立刻為征服者仿效和採用。他們堅持使用母語瞧不起拉丁人的學校。狄奧多里克讚許族人甚至自己的成見，同時公開宣稱，兒童要是害怕老師的教鞭就沒有膽量舞槍弄刀。悲慘的災難難免會刺激一無所有的羅馬人，使他們擺出凶狠好鬥的姿態；享受富裕和奢華生活的蠻族，則會在不知不覺中放棄暴虐粗魯的習性。

君王的政策並不鼓勵相互之間的轉換，他堅持意大利人和哥德人應有區別，前者要保留和平生活的技藝，後者要從事戎馬征戰的行業。他為了貫徹企圖，煞費苦心保護勤勉的臣民，更要能節制士兵的暴力而又不會喪失他們作戰的勇氣，因為還要靠軍隊防衛國家的安全。他們保有土地和福利當作軍職的薪俸，聽到號角的聲音，會在行省官員的指揮下完成行軍的準備。整個意大利分為幾個區域，都有設備良好的營地。在皇宮和邊疆的服役要經過挑選或者實施輪調，特別辛苦的工作用增發加給或經常的賞賜作為補償。狄奧多里克說服英勇的作戰夥伴，帝國的開創和守成要運用同樣的技術和手段。等到國王做出榜樣，他們對於能戰勝敵人的工具，訓練時務求熟能生巧而且日益精進，不僅是長矛和刀劍，還有各種投射武器，一般而言他們對後者非常注重絕不忽視。戰爭最鮮明的景象展現在哥德騎兵的每日訓練和年度校閱之中，以堅定而合理的軍紀要求灌輸謙遜、節制和服從的習性。哥德人受到教誨要愛護民眾、尊重法律、了解自己在文明社會的責任，放棄格鬥審判和報復私仇的野蠻行徑。

狄奧多里克的勝利給西部的蠻族帶來莫大的驚恐。等到他看來已滿足征戰成就並渴望和平，人們對他的畏懼才變成尊敬，願意聽命他所擁有的強大仲裁力量，何況他總是用力量來調解相互的紛爭，改善彼此的行為。歐洲最遙遠的國家都經常派遣使臣前往拉芬納，他們欽佩國王的智慧、豪爽和謙虛。要是他接受送來的奴隸、武器、白馬和珍奇野獸，回報的禮物是日晷、水鐘和一位音樂家，他要讓高盧的君王知道，意大利臣民不僅技術過人，而且極為勤奮。狄奧多里克的

家庭包括一位妻子和兩個女兒，還有一個妹妹和一個姪女，通過聯姻和法蘭克人、勃艮地人、西哥德人、汪達爾人和圖林基亞人的國王建立家族關係，保證大家和諧相處，至少能夠維持西部龐大共和國之間的實力平衡。在日耳曼和波蘭陰暗的大森林，要想制止赫魯利人的遷徙的確有困難。凶狠的民族作戰不用冑甲護身，無情地指責死去丈夫的寡婦和失去行動能力的父母，為何還要偷生苟活下去？率領蠻橫武士的國王乞求狄奧多里克的友誼，按照蠻族的儀式集合軍隊完成認養的手續，就能晉升更高的地位成為他的義子。

　　伊斯提亞人（Aestians）和黎弗尼亞人（Livonians）來自波羅的海沿岸，他們聽到這位君王的名聲如日中天，不辭辛勞完成一千五百哩前所未有的旅程，便將當地的琥珀奉獻在他的腳前；他與哥德民族發源地所在的國家經常維持友好的通信連繫。這位意大利人竟能穿著瑞典極為奢華的黑貂服飾；遙遠北國的一位統治者在自願或不得已被迫禪位，還能在拉芬納的宮廷找到舒適的隱退之地。斯堪地那維亞是個巨大的島嶼或半島，有時會很含糊的被稱作圖勒（Thule）。在這個北國之地，十三個人口眾多的部落耕種小部分的土地，他在當時統治其中一個部落。北部地區一直到北緯六十八度都有人居住，很多地方都經過探勘了。北極圈內的原住民在每年的夏至和冬至，都有四十天的時間是陽光普照或不見天日。太陽消失的長夜是人們悲傷的季節，帶著哀悼和不安的心情在等待，直到派往山頂的使者送來第一線陽光露面的信息，向山下的平原宣告歡樂已經重臨。

　　狄奧多里克在壯年就獲得常勝英名，但他竟能就此收起手中刀兵，就蠻族而言倒是少見的事，特別值得表揚。他三十三年的統治（493年3月5日—526年8月30日）全用來改進施政作為，雖然有時會涉及運用武力的敵對行為，不過靠著部將的指揮、軍隊的訓練、聯盟的兵力，甚至個人的威望，都能很快結束戰事。他行事非常謹慎，很不放心將意大利的邊防重責交付給兵微將寡而又紛爭不已的鄰國。同時基於正義的原則，他要求歸還被強占的疆域，其中有些是他的王國原有的領土，也有他父親所繼承的封地。這也是為什麼他能征服雷蒂提亞（Rhaetia）、諾利孔、達瑪提亞和潘農尼亞這片多事的國土，把從多瑙河的源頭和巴伐利亞地區，一直到吉皮迪人在色米姆的廢墟上實力微弱的王國，全部置於一個強有力政府的統治之下。狄奧多里克名義上還是東羅馬的臣屬，現在建立偉大的事功，難免讓阿納斯塔休斯皇帝產生猜忌之心，把他的成就視為不忠不義的行為。何況人事的變化興衰無常，阿提拉的一位後裔竟然要求哥德國王的保護，在達西亞的邊區引起一場戰事。

　　薩賓尼安（Sabinian）是一位眾望所歸的將領，不僅靠著父親的功勳，而且

自己能力高強，他率領一萬羅馬人奔殺而來。無數大車裝載著給養和武器，編成長列輜重，全部交由最驍勇的保加利亞部落護衛。東部的大軍在瑪古斯戰場被哥德人和匈奴的弱勢兵力擊潰，羅馬部隊的精英甚至希望己方陣營能全部都被摧毀，整個局勢落到無法挽回的地步。狄奧多里克一直教導獲勝的部隊要能審慎克制，領導人沒有下達掠奪的命令之前，就算敵軍豐富的戰利品散落在腳前也沒有人敢動。拜占庭宮廷惱羞成怒，竟然派出兩百艘船帶著八千人馬，前往卡拉布里亞和阿普里亞一帶海岸燒殺搶劫，進襲古老的城市塔倫屯（Tarentum），破壞這片安樂國土的貿易和農業，然後才回航海倫斯坡（Hellespont）海峽。他們曾把當地的人民視為羅馬人的兄弟，現在對如同海盜行徑的勝利，竟然感到自豪不已。

狄奧多里克堅定的意志帶來的報酬是確切而光榮的和平，他用強勢的雙手維持西部的平衡，直到最後被克洛維斯（Clovis）的野心推翻。雖然狄奧多里克無力幫助輕率和不幸的親戚西哥德國王，不過對於他的家族和人民遭受劫難，倒還能拯救倖存的人員，阻止法蘭克人在勝利中的進展。我在這裡沒有意思要重複述說涉及各方的軍事行動，要點還是狄奧多里克的統治狀況，最多只能提及阿里曼尼人（Alemanni）受到保護，對勃艮地人的入侵給予嚴厲的懲處。他在攻占亞耳和馬賽以後，與西哥德人建立一條不受妨礙的交通線，而且阿拉里克未成年的兒子不僅身為外孫受到他的監護，也把他當成自己國家的攝政一樣尊敬。意大利國王處於這樣極為高貴的地位，在高盧恢復禁衛軍統領的職務，糾正西班牙民事政府一些弊端。西班牙的軍事總督很有見地，並不信任他派往拉芬納宮廷的人員，於是狄奧多里克接受他每年的貢金作為表面上的降服。哥德人建立的主權從西西里到多瑙河，從色西姆或貝爾格勒到大西洋，就連希臘人自己也都承認，狄奧多里克所統治的區域是西部帝國最精華的部分。

哥德人和羅馬人只要團結起來，就可以使意大利轉眼消失的幸福世代相傳下去，一個新興的民族有自由的臣民和文明的士兵，在相互尊重的德行激勵之下，就會逐漸成為一個蒸蒸日上的國家。然而，引導或支持變革的蓋世功勳，並沒有出現在狄奧多里克的統治期間。他缺乏立法者所具有的天分和機遇，僅有的作為只能放縱哥德人享受隨心所欲的自由而已。他一味模仿原來的規章制度，甚至濫用君士坦丁和他繼承人創設的政治架構。在國王這個世襲頭銜之下，他可以享用全部的皇室特權，不僅非常實際而且更為富足。狄奧多里克在提到東部君主時，用語非常尊敬表現的意義卻很曖昧，拿誇張的辭句稱頌兩個國家的和諧，炫耀自己政府的形象，是獨一無二不容分割的帝國。他雖然自稱高於世上所有的國王，

謙虛的表示阿納斯塔休斯同樣擁有最高的地位。每年都會宣布東部和西部的聯盟，由雙方無異議選出的執政官負責傳達。看來像是由狄奧多里克提名的意大利候選人，還是得要獲得君士坦丁堡君主的正式批准。

拉芬納的皇宮與狄奧多西和華倫提尼安的宮廷毫無差別，同樣設置禁衛軍統領、羅馬郡守、財務大臣和御前大臣，以及管理國庫和皇室經費的財務官員。他們的功能被卡西多流斯華麗的修辭描述得光采奪目，仍舊繼續執行國家大臣的職務。有關地方政府的司法和稅務授與七個總督、三個巡撫和五個省長，按照羅馬法律體制的原則和形式，由他們管理意大利的十五個地區。征服者的暴虐行為因為法律程序的緩慢，加以巧妙的運用可以獲得化解或規避。政府的行政工作以及隨之而來的榮譽和薪資，全部限定由意大利人擔任。人民仍然保有他們的服飾、語言、法律和習慣，以及個人的自由和三分之二的田產。

奧古斯都對於改行君主制度的事實要加以隱瞞，狄奧多里克的政策則是要掩飾蠻族的統治。就算他的臣民感到何其有幸，有時還是會從羅馬政府的幻象中清醒過來，得知哥德君王正在實事求是解決問題，有決心要追求自己和公眾的利益，這時他們就會從這種品格中獲得更大的安慰。狄奧多里克自詡他所具有的德行，即使對於欠缺的才能也感到滿意。萊比流斯（Liberius）能夠晉升禁衛軍統領的高位，是因為他對不幸的奧多瑟一直懷有不可動搖的忠貞之心。狄奧多里克的大臣像是卡西多流斯和波伊昔烏斯（Boethius），在他的統治之下都能顯示出才能和學識的光采。卡西多流斯比起他的同僚來更為審慎也更有福分，始終沒有喪失君王的寵信並永保盛名不墜，在世上享受三十年的榮華富貴以後，又在斯奎拉契（Squillace）退隱，度過同樣漫長的勤學和寫作歲月。

4 狄奧多里克巡視羅馬及意大利的繁榮景象（500年）

哥德國王成為共和國的庇主，有義務也有責任要獲得元老院和人民的擁戴。羅馬的貴族為了表示尊敬，用動聽的頭銜和公開的言辭大加奉承，實際上在顯現祖先的勳業和權威。民眾對此毋須產生畏懼或警惕之心，在首都可以享受秩序、富裕和娛樂三方面的好處，然而從發放實物的數量來說，明顯看出人口已經減少。阿普里亞、卡拉布里亞和西西里有大量當作貢金的穀物，不停運到羅馬的糧倉，作為可以發給貧窮的市民麵包和肉類的配給品。任何職位只要關切到人民的生活和幸福，就可以獲得很高的榮譽。公眾有各種競技活動，就連希臘的使臣基於禮貌也會大聲叫好。雖然模仿起來力有不逮，隱約之間還能表現出凱撒當年的

雄風，就是音樂、特技和啞劇表演，也還沒有完全被人遺忘。非洲的猛獸在橢圓形競技場，仍舊可以磨練出獵人的勇氣和技術；生性豁達的哥德人，對於賽車場的藍黨和綠黨相互之間競爭引發的喧囂和流血的搏鬥，不是一味縱容就是好言勸阻。

狄奧多里克在和平統治的第七年巡視世界的古老首都（500年），元老院和人民排出莊嚴的隊伍，前往迎接這位被稱為圖拉真第二或新一代的華倫提尼安。他用高貴的姿態保證政府的公正廉明，公開發表的宣告可以鐫刻在銅牌上永垂後世。羅馬在莊嚴而盛大的儀式當中，顯現出榮譽即將沒落的迴光返照。一位聖徒有幸目睹了這壯觀的場面，只能虔誠的盼望新耶路撒冷的宗教慶典會更盛於此刻。

哥德國王在羅馬居留六個月，他的名聲、儀表和禮賢下士的態度，讓羅馬人敬仰欽佩；觀賞體現古代偉大事蹟的紀念碑，同樣表現出好奇和驚訝的情緒。他在卡庇多丘重新踏過征服者當年的足跡，非常坦誠的承認，每天看到圖拉真廣場和高聳的圓柱，都有一番新的感受。龐培劇院儘管已經傾圮，仍舊像一座雄偉的大山，之後經過了人工的挖空和粉刷，再加上勤奮的工作加以修飾。他概約計算一下修建提圖斯巨大的橢圓形競技場，要花費一整條河流的黃金。十四條供水渠道的出口處，有清澈而充足的用水流向全市各個區域。其中一條是克勞狄安水道，從三十八哩外的薩賓（Sabine）山區，用連續微微傾斜的結實拱形水道橋，將水流引到阿溫廷（Aventine）丘的山頂。修建寬廣而綿長的地下拱室作為排水之用，經過十二個世紀仍能保持原始的功能，這種深藏地下的渠道，更勝於所有羅馬地面可見的奇妙建築物。

哥德國王在過去為毀損古蹟曾受到嚴厲的指責，後來都會注意保存所征服民族的紀念物。皇家的詔書一再重申禁止公民破壞、損傷和拆毀，還特別設置一位專業建築師，每年有兩百磅黃金的款項、二萬五千塊磚瓦，加上盧克林（Lucrine）港口的關稅，撥作城牆和公共建築物的修繕費用。各種人類和動物的雕像，無論是用金屬或大理石製作，同樣給予妥善的照顧。昆林納爾山的馬匹雕像後來取了一個現代名字，神韻和氣勢深獲蠻族的讚許；神聖大道兩旁的銅像非常用心加以修復；名聞遐邇的邁隆（Myron）小母牛雕像真是栩栩如生，趕過和平廣場的公牛都會受騙上當。狄奧多里克把它們當成王國最高貴的裝飾，特別設置一位官員來保護都城的藝術精品。

狄奧多里克仿效帝國最後幾位皇帝的做法，把住所安置在拉芬納，自己親手在那裡建立一個果園。只要王國的安全受到蠻族的威脅（至今還未遭到入寇），

拱形水道橋。

他就把朝廷遷往位於北方邊界的維洛納。現在還留存一種錢幣，上面有他所居宮殿的圖像，代表最古老的哥德建築物真正的形式。兩個都城以及帕維亞、斯波列托（Spoleto）、那不勒斯和其餘意大利城市在他的統治期間，興建壯觀的教堂、水渠、浴場、柱廊和皇宮，到處裝飾得花團錦簇。真正表現出臣民幸福，在於人人都有繁忙的工作和奢華的生活，在於國家財富的增加和成果的享受。羅馬的元老院議員在寒冬季節，總是從陰漠淒冷的泰布爾和普里尼斯特，搬到陽光普照溫暖如春的貝宜。他們的莊園像一道堅固的堤防深入那不勒斯海灣，可以遠眺藍天、大地和海洋變化無窮的景色。

在亞得里亞海的東岸，美麗和富裕的伊斯特里亞（Istria）行省，就像新開發的康帕尼亞地區，和拉芬納的交通連繫極為便利，海上的航程只有一百哩。物產豐富的盧卡尼亞和鄰近行省在流泉處處的馬西利安（Marcilian）進行交易買賣，每年舉辦人客眾多的市集，提供各種通商購物、歡樂宴飲和宗教活動。因為出了一位個性溫和的天才人物普里尼，荒涼的科門（Comum）曾經有一度興起，拉里安（Larian）湖的岸邊修建的村落，沿著清澈的水流絡繹不絕長達六十哩。坡度平緩的山丘，滿布著橄欖、葡萄和栗樹這三種植物所形成的樹林。太平歲月的庇護使得農業復甦，贖回的俘虜增加農夫的人數。達瑪提亞的鐵礦，還有布魯提姆發現的金礦，都經過詳盡的探勘和全力的開採。私人出資排除了龐普廷（Pomptine）和斯波列托附近沼澤地區的積水，土地經過耕種獲得利潤，能夠促進地方的繁榮。只要年時不利和發生災害，就採取開設穀倉、限定價格和禁止輸出等措施，雖然不一定有效，至少可以證明國家的恩惠和關懷。

勤勞的民眾在肥沃的土地獲得的收成是如此豐富，有時一加侖葡萄酒的售價，在意大利不過是三個法尋（farthing是英國貨幣，價值四分之一便士）而已，一夸特的小麥也只賣五先令六便士。一個國家擁有大量可供貿易的物品，立即吸引世界各地的商人。狄奧多里克心靈開放，對於便利流暢的交通提供鼓勵和保護。各行省之間陸上和水面的來往可以通行無阻，不僅完全恢復舊觀，還能繼續擴展開發，市鎮的城門日夜不閉。當時的說法是就算一袋黃金留在田野也不會丟失，可以表明居民有極大的安全感。

5 蠻族信仰阿萊亞斯教義引起的宗教迫害（493-526年）

宗教信仰的不同對君王和人民的和諧關係，產生不利的影響，最後帶來致命的惡果。哥德征服者接受阿萊亞斯教義的薰陶，意大利的民眾一直熱誠皈依尼西

亞教條。狄奧多里克的堅定信念並沒有受到宗教狂熱的刺激，只是虔誠追隨祖先的異端邪說，根本不會想到在形而上的神學方面要對微妙的爭論加以平衡。阿萊亞斯教派在私下奉行寬容的作風使他感到滿意，理應當然認為自己是公眾宗教信仰的保護人，即使對所厭惡的迷信也表現出外在的尊敬，就像政客或哲人在心靈中孕育出適得其分的冷漠態度。在他統治之下的正統基督徒，帶著幾分勉強還是認同教會的和平。他們的教士依照職位和才識，都在狄奧多里克的皇宮接受優容的款待。凱撒流斯（Caesarius）和伊壁費紐斯（Epiphanius）分別是亞耳和帕維亞正統基督教會的主教，神聖不可侵犯的職位甚受各方的尊重。

狄奧多里克親自到聖彼得的墳墓呈獻祭品，完全不考慮使徒的信條。對於與他關係密切的哥德人，甚至就是他的母親，他都容許他們繼續保持和奉行阿泰納休斯的教義。在他漫長的統治期間，找不到一位正統基督徒要改信征服者的宗教，無論是出於自願或是受到逼迫。所有人民包括蠻族在內，接受教導都熟悉禮拜儀式的場面和程序。政府官員奉指示要保護教會人員和財產，讓他們在法律上有豁免的權利。主教可以參與宗教會議，大主教有權依法實施司法審判，聖所的特權依據羅馬法的精神，通常都會保持只在必要時予以限制。狄奧多里克保護教會，對於教會擁有合法的最高權力，經由堅強的行政作為能夠重新恢復或擴大，尤其有一部分教會的特權為西部軟弱的皇帝忽略。他非常清楚羅馬大主教擁有的權勢和地位的重要，現在已經加上教皇最尊貴的稱號。一位家財萬貫為民愛戴的主教，憑著他的作為可以決定意大利的和平或動亂。他在天上或人間都擁有至高的統治權，可以多次在宗教會議上宣布，自己純潔無瑕從未犯過錯，所有的審判都能獲得豁免。

敘馬克斯（Symmachus）和勞倫斯（Laurence）為爭奪聖彼得的寶座，聽從狄奧多里克的召喚，前來阿萊亞斯派君王的法庭，受到明確指示要選出最受尊敬以及聽命服從的候選人。狄奧多里克後來出於猜忌和憤怒的心理，不願讓羅馬人擔任此一職位，到了生命的末期竟在拉芬納宮廷提名一位教皇，讓教會產生分裂的危機和激烈的鬥爭，最後花了很大的力氣才制止。元老院最後頒布敕令，要盡其可能消除教皇選舉中賄賂買票的行為。

我已經詳述意大利幸福歡樂的情況，但這僅憑想像；絕不能匆忙認定：詩人歌頌的黃金時代，只是有一群人過著無憂無慮的生活，而且是哥德人的征服實現的成果。光明的前途不時會被烏雲遮住，狄奧多里克的智慧會遭到矇騙，權勢蒙受抵制。君王到了晚年的時候，會為民眾的仇恨和大公的鮮血所汙染。勝利使他首次產生侮慢無禮的心態，打算要剝奪奧多瑟那一派人的公民權，甚至於一切與

生俱來的權利。戰爭的災禍之後要把不合理的賦稅強加在人民頭上，就會摧毀黎古里亞（Liguria）新興的農業。他採用一種優先預購穀物的嚴厲規定，目的雖然是要解決公眾的糧食問題，卻給康帕尼亞帶來極大的苦難。靠著伊壁費紐斯和波伊昔烏斯的德行和辯才，才能除去這些為禍不淺的計畫。他們當著狄奧多里克的面前，為民眾的利益進行辯護竟能獲得成功。

雖然如此，即使君王願意傾聽真理的聲音，不見得會有聖徒或哲人在身旁提醒。無論是地位、職務或君王恩寵帶來的特權，經常會被意大利人的狡詐和哥德人的暴虐濫用。國王的姪兒為人貪財好利，無理強奪托斯坎鄰居的產業，後來又被迫歸還，而暴露內情有損狄奧多里克的盛德。二十萬名連主子都感到畏懼的蠻族被安置在意大利的腹地，受到和平與紀律的限制而氣憤不已。他們的行動不守法度，經常讓人身受其害，有時只能多方打點。須知天生的凶狠習性發作以後，施以懲罰可能會引起危險，明智的做法是假裝不知其事。狄奧多里克有惻隱之心，特地減免黎古里亞人三分之二的貢金。此外，他為了避免產生不良的影響，親自出面向蠻族解釋當前處境的困難，說明國家的安全至為重要，強把沉重的負擔加在他們身上，自己感到甚為遺憾。意大利這些不知感恩圖報的臣民，對於哥德征服者的家世、宗教甚至德行，始終無法優容接納。他們已經遺忘過去的災難，當前過著幸福的日子，感覺或疑慮自己受到傷害，使痛苦變得更難以忍受。

甚至就連基督教世界，讓狄奧多里克深感自豪的宗教寬容，對意大利正統教會的狂熱信徒而言，也給他們帶來苦惱和引起反感。哥德人的武力可以維護異端邪說，倒是博得正統基督徒的尊敬。他們虔誠的怒火很安全的指向富於資財和無力自保的猶太人，這些異教徒在那不勒斯、羅馬、拉芬納、米蘭和熱那亞，經由法律的認可，為了貿易的利益建立居留區。猶太人的人身受到羞辱，財產遭到劫掠，會堂被拉芬納和羅馬的瘋狂群眾放火燒毀，事件的引發完全是任意妄為所致，而且毫無理性可言。政府不應坐視不管，否則就會自食惡果。當局立即進行合法的調查程序，暴亂的倡導分子可以藏匿在人群之中，政府只能判處整個社區負責損害的賠償。有些極為頑強的教徒拒絕出錢，就被用刑的禁卒拉到街上鞭打示眾。像這樣簡單的執法行為引起正統基督徒的不滿，他們為神聖的受害人能夠堅持信仰、不畏強勢而歡呼，有三百個布道講壇為教會受到迫害表示哀悼。

要是維洛納的聖司蒂芬禮拜堂的確是狄奧多里克下令摧毀，那真可以說是一種奇蹟。在如此神聖的地點，竟然可以假借宗教之名詆毀他的聲譽和權威。光榮的一生即將結束，意大利國王竟然發現，畢生辛勞為人民增進幸福，所得到的只是仇恨。當然他會對沒有回報的愛深感痛苦，內心充滿氣憤和猜疑。對於這些不

諳戰事的意大利土著，哥德征服者下令解除他們的武裝，除了家庭使用的小刀以外，禁止他們擁有攻擊性的武器。狄奧多里克身為羅馬的救星，要是懷疑元老院議員與拜占庭宮廷進行勾結，犯下叛國的罪行，等於在指控他與下賤的告發者密謀，好奪取懷有貳心者的性命。

等到阿納斯塔休斯去世，東部的皇冠落在一位衰弱老人的頭上，政府的權力掌握在他的姪子查士丁尼的手裡。這個人存著絕滅異端的念頭，想要征服意大利和阿非利加。君士坦丁堡頒布嚴苛的法條，在教會的範圍之內用懲處的手段消滅阿萊亞斯教派，趨向極端的做法使狄奧多里克憤怒不已。他要求東部遭受苦難的弟兄，如同長期在他統治下的正統基督徒那樣，能夠獲得宗教信仰的自由。在他的堅持之下，教皇和四位德高望重的元老院議員組成使節團，然而他們對於任務的失敗和成功同樣感到惶恐不安。首位訪問君士坦丁堡的教皇受到極為崇敬的接待，結果此舉被猜忌的國君當作罪行加以懲處。拜占庭宮廷玩弄翻雲覆雨的伎倆，最後還是斷然拒絕，對方當然也會如法炮製，甚至採取更大的報復行動。那時意大利準備要執行一項命令，從規定的日期起完全禁止正統基督徒的禮拜儀式。由於他的臣民和敵人堅持固執己見的行為，逼得最為寬容的君王不惜採取宗教迫害的手段。狄奧多里克在位的時日何其漫長，有生之年竟會懲治品德高尚的波伊昔烏斯和敘馬克斯。

6 波伊昔烏斯的人品學識和定罪遭到處決（524-525年）

元老院議員波伊昔烏斯是真正的羅馬人，就是加圖和西塞羅在世也會把他視為自己的同胞。他是個富有的孤兒，繼承阿尼西安家族的產業和榮譽，當代的皇帝和國王都恨不得能有他這令人垂涎的出身，孟留斯的名號更使人相信他是執政官和笛克推多的後裔。根據傳說他的祖先曾將高盧人逐出卡庇多神廟，還有一位為了共和國的軍紀不惜犧牲自己的兒子。在波伊昔烏斯年輕的時候，羅馬對學術研究工作沒有完全放棄，有位詩人的文采有如魏吉爾，作品經過執政官親手修改還能流傳到現在。舉凡文法、修辭和法學教授，由於哥德人的慷慨大方，還能享有昔日的特權和薪俸。拉丁文的學識無法滿足波伊昔烏斯極為熱切的求知欲，據說他曾在雅典的學院攻讀十八年之久。樸洛克盧斯（Proclus）和門人用熱情、知識和勤學，對他的教導不遺餘力支持。羅馬來的學生倒是非常幸運，靠著自己的理性和信仰的虔誠，沒有受到當時學院盛行的玄學和巫術汙染。他吸取過世和現存大師的學說精義，仿效他們的行為模式，能夠把亞里斯多德高深和精微的理

念，與柏拉圖沉思和崇高的想像，融會貫通綜合成為一體。

等到波伊昔烏斯返回羅馬，身為好友也是大公的敘馬克斯將女兒嫁給他。這時他仍舊在象牙和大理石的府邸，孜孜不倦進行學術研究，用深奧的辯辭維護正教的信條，反對阿萊亞斯派、優提契斯派和聶斯托利派（Nestorius）的異端邪說，讓教會在神學方面得益不淺。他寫出一篇正式的論文充分說明基督教的統一性，對於三個神格同體而又有差異的關係並不特別重視和強調。他為了讓僅懂拉丁文的讀者也能領悟高深的學識，對於自己的才華毫不珍惜，竟用來教導希臘藝術和科學最基本的知識，像是歐幾里德的幾何、畢達哥拉斯的音樂、尼柯馬克斯的數學、阿基米德的物理、托勒密的天文、柏拉圖的神學以及經過波菲利註釋的亞里斯多德邏輯學，都由羅馬元老院議員日夜不停的寫作，全部翻譯和注釋出來。大家認為只有他能說明各種學門的精妙之處，就像是一座日晷、一個水鐘，或是用一個球體說明行星的運動。

波伊昔烏斯從獲得深奧的學識著手，不惜屈就世俗的職位，善盡公眾和私人生活中的社會責任，當然要說他盡力向上發展倒也是事實。他的為人慷慨無私，能使貧者得到救濟，人們恭維他的辯才可以媲美笛摩昔尼斯和西塞羅，一直用來幫助無辜和主持公道。眾所周知的操守德行，為知人善任的君主賞識和重用，波伊昔烏斯的高位又加上執政官和大公的頭銜，憑著才華擔任御前大臣極其重要的職務。儘管東部和西部對加蔭的做法沒有多大差別，他的兩個兒子還很年幼，同一年被授與執政官的名銜。他們就職日是令人難忘的日子，舉行莊嚴的儀式以後，從皇宮來到廣場接受元老院和人民的歡呼。笑逐顏開的父親是羅馬真正的執政官，發表演說頌揚皇家的恩主，在賽車場的競賽發給獲勝的御車手一份厚禮。波伊昔烏斯的名聲和運道、榮譽和關係、學識和品德，已經到達顛峰，從這些方面來看，他的一生可以稱得上幸福。如果「幸福」這個並不牢靠的形容詞，只是用在他晚年以前的大部分時日上，如此的說法真是沒有錯。

哲人重視時間勝過黃金，野心的誘惑和名利的追求，他完全無動於衷。波伊昔烏斯曾經表白，他不得不聽從柏拉圖神聖的訓誡，每一位重視品德的市民，都要拯救為邪惡和無知篡奪的國家，義正辭嚴的話說來倒是令人相信。他為了保證執行公務能夠正直無私，特別以共和國的往事為鑑不敢或忘。他的權勢可以遏阻皇室官員的驕縱和壓榨，靠著直言無隱的辯才，能夠從宮廷的爪牙和鷹犬手中救出保連努斯（Paulianus）。他對省民的苦難不僅同情，而且願意伸出援手，他們的家財被公開和私下的掠奪弄得山窮水盡。蠻族的暴政為征服所鼓舞，為貪婪所激勵，以及如他經常提到為免於刑責所推動。在那個以強凌弱的時候，只有他一

個人敢挺身而出加以反對。在這種光榮的抗爭之中，他那崇高的精神完全無視於危險，更談不上謹慎之道。以我們所知的加圖為例，一位品德高尚剛正不阿的人物，最容易受到偏見的誤導和狂熱的激盪，自以為主持正義，結果是公私不分。柏拉圖的門人弟子對於自然的弱點和社會的缺陷經常誇大其辭，哥德王國即使不講求禮節和形式，就羅馬愛國分子的自由精神看來，僅僅表示忠誠和感恩都讓他們無法忍受。

等到公眾的幸福逐漸喪失，波伊昔烏斯的恩情和忠誠也隨之減少，何況國王還派任了一位卑鄙的同僚，分享和控制御前大臣的權力。在狄奧多里克最後那段陰鬱的歲月中，波伊昔烏斯感到自己成為別人的奴隸而心中無限悲憤，須知他的主人至多也不過置他於死地而已。即使他沒有武器也要毫無畏懼的站起來，面對怒氣沖天的蠻族進行反抗。問題在於國王受到挑撥，說是元老院的安全與君主的安全已經勢不兩立。元老院議員阿比努斯（Albinus）受到指控並且已經定罪，傳聞他大膽包天，竟敢「希望」羅馬獲得自由。波伊昔烏斯在元老院的演說中大聲疾呼：「如果阿比努斯是罪犯，那麼元老院和我本人都犯下了同樣的罪行；要是我們都清白無辜，阿比努斯同樣會受到法律的保護。」

一個人對無法達到的幸福抱著單純而無效的期望，法律不會加以制裁。別有用心的人認為波伊昔烏斯的發言過於冒失，一旦知道暴君、明瞭從前還無法察知的陰謀事件，當然就不會對他優容。阿比努斯的辯護人很快涉及與當事人同罪的危險，最初呈給東部皇帝的訴願書上被發現有他們的簽名（他們說是偽造的而加以否認），主旨是請求從哥德人手中解救意大利。三個身居高位而名譽掃地的證人，出面證實羅馬大公的叛國陰謀。然而從事實看來他是清白無辜的，狄奧多里克把他關在帕維亞的高塔之中，剝奪他接受公正審判的權利。遠在五百哩外的元老院對名望這位最高的成員發布判決，籍沒家財以後處死（524年）。在蠻族的授意之下，哲學家深奧的科學修養，編造為褻瀆神聖和施用魔法的罪名；對元老院真誠和盡責的擁戴行為，議員用發抖的聲音指責成為罪犯。他們的忘恩負義倒是與波伊昔烏斯的意願或預言相吻合，那就是在他以後不會再有人犯下類似的罪行。

波伊昔烏斯釘上腳鐐隨時可以引頸就戮，他在帕維亞的高塔寫出《哲學的慰藉》（*Consolation of Philosophy*）一書。出色的作品不僅可以媲美柏拉圖和西塞羅的名著，就那個時代的野蠻作風和作者本人的親身體驗而言，更是不同凡響別有見地。想當年他在羅馬和雅典，一直請求在天上的導師能為他指出光明的道路，現在祂來到他受到囚禁的牢房，就能恢復他的勇氣，在他的傷口敷上消除痛

苦的藥膏。祂教導他用長期的愉悅與短暫的災難做一比較，從命運的無常中體認新的希望。理性讓他明瞭地上的恩賜並不穩妥，經驗使他辨識事物的真正價值。他在享用的時候既然問心無愧，現在要捨棄一切也不必惋惜。對於敵人無能為力的惡毒用心，要用不屑一顧的態度平靜看待。他們讓他留下德操，就等於使他獲得幸福。波伊昔烏斯從人世到天堂一直在尋覓「至善」，曾經探索過機遇和氣運、自主和宿命、時間和永恆等等形而上的迷宮。他要用開敞的心靈，試圖把道義和實質的政權帶來的混亂，要與上帝的完美屬性調和起來。像這種能安撫人心的題材，需要是如此的顯然，內容是如此的模糊，意義是如此的深奧，即使完全不足以抑制人性的情感。然而不幸的意念經由深入思考得到充分的解釋，智者能把內容豐富的哲學、詩文和辯術，巧妙綜合起來寫成一本作品。他早已擁有大無畏的寧靜，那也是他刻意追求的目標。

　　最後終於執行狄奧多里克毫無人性的命令，死神的決定使他不再忍受懸疑拖延的痛苦能夠得到解脫。一根粗繩繞住波伊昔烏斯的頭部，用力收緊直到他的眼珠突出，這時再用棍棒把他打到氣絕，算是開恩的解脫而不是酷刑。他的天才卻能永存散發出知識之光，照亮拉丁世界最黑暗的時代。哲學家的作品為名聲最顯赫的英國國王（是指阿爾弗雷德大帝，845-899年英格蘭西南部威塞克斯王國的國王）翻譯出來，奧索三世把正統教會聖徒的遺骨遷入更為光榮的墓地。波伊昔烏斯從阿萊亞斯派的迫害者，獲得殉教者的尊榮和創造奇蹟的名聲。他在生命結束的最後時刻，得知兩個兒子和妻子以及德高望重的岳父敘馬克斯全都平安無事，還能得到一絲安慰。敘馬克斯悲痛萬分以致不夠謹慎，也可以說是過於魯莽，不僅公開哀悼受冤朋友的死亡，而且竟敢試圖報復。結果他被戴上腳鐐手銬，從羅馬送到拉芬納皇宮。無辜而老邁的元老院議員只有流出鮮血犧牲性命（525年），才能讓猜忌的狄奧多里克安靜下來。

7 狄奧多里克的崩殂和最後的遺命（526年）

　　就人類的習性而言，只要能夠證實正義得以伸張、帝王願意悔悟，任何傳聞都樂於被人接受。哲學何嘗不清楚混亂的想像具有的力量，失調的身體形成的衰弱，有時會創造出最可怕的鬼魂。狄奧多里克度過崇高和光榮的一生，現在正帶著恥辱和罪孽走向墳墓。他的心靈與過去相比已經墜入深淵，對未來看不見的恐懼更是驚怖不已。據說有天晚上端來魚頭做成的菜餚放在皇家餐桌，他突然喊叫起來說看到敘馬克斯憤怒的面孔，兩眼冒出復仇的火花，滿嘴長而尖銳的牙

齒，發出威脅要吃掉他。君王立即回到寢宮，躺在床上蓋著厚被仍舊冷得渾身發抖，斷斷續續向他的醫生艾爾庇狄斯（Elpidius）喃喃低語，為殺害波伊昔烏斯和敘馬克斯深感悔恨。他的病情日益加重，持續三天的腹瀉在拉芬納的皇宮過世（526年8月30日）。他登基已有三十三年，要是從入侵意大利算起，更已統治了長達三十七年之久。

狄奧多里克知道自己不久人世，就把他的財富產和行省分給兩個孫兒，雙方固定以隆河為界。阿馬拉里克（Amalaric）重新登上西班牙的王座；意大利以及所有東哥德征服的領土，全部傳給阿薩拉里克（Athalaric）。後者的年齡不到十歲，他的母親阿瑪拉桑夏（Amalasuntha），與一位血統相同的皇室流亡人員有短暫的婚姻關係，使得他成為阿瑪利世系末代的男性後裔，因而受到大家的珍視。哥德人酋長和意大利官員當著臨終國王的面，相互保證要對年輕的王子和擔任監護人的母親克盡忠誠的責任。來到臨終的莊嚴時刻，他們接受狄奧多里克有益的勸告，也就是維護法律、愛護羅馬的元老院和人民、用尊敬的態度培養與東部皇帝的友誼。

狄奧多里克的女兒阿瑪拉桑夏在一處險要的地點，為過世的國王建立帶有紀念性質的建築物，在那裡可以俯視拉芬納城區、港口和鄰近的海岸。一所圓形禮拜堂直徑有三十呎，上面覆蓋整塊花崗岩做成的屋頂，從圓頂的中央豎立四根支柱，架住裝著哥德國王遺骸的斑岩石棺，四周有十二使徒的銅像圍繞。一個意大利隱士在幻境當中見到的景象，使得狄奧多里克的處境沒有補救的餘地；否則只要經過從前的悔罪程序，他的往生也許會和人類的恩主並列在一起。現在隱士看到神聖的復仇使者，將哥德國王的亡靈丟進利帕里（Lipari）火山，那裡就是地獄烈焰沖天的入口。

第十六章
陰鬱的王朝（482-565年）

1 賈士丁一世繼位後清除異己的作為（482-527年）

查士丁尼皇帝生在（482年5月5日或483年5月11日）撒迪卡（Sardica）（現代城市索非亞）的遺址附近，一個不知名的蠻族家庭，居住在人煙稀少的荒野，這個地方先後被稱之為達達尼亞（Dardania）、達西亞和保加利亞。他後來能夠登基，完全靠叔父賈士丁的開創精神，先完成準備工作。

賈士丁和同村的兩個農民拋棄務農和畜牧這些熟悉的工作，一起去從軍。三個年輕人的背包只裝少量乾糧，沿著通往君士坦丁堡的大道步行前進，憑他們的體格和身材，很快加入了皇帝李奧一世的衛隊。經過兩個朝代的統治，幸運的農夫擁有的財富和地位使他出人頭地，數度從威脅到性命的危險中安然脫身，後來歸之於他有帝王的氣運，能獲得天使的保護。

他參加艾索里亞戰爭和波斯戰爭，經歷長期的服務，建立卓越的功勳，使得人們不會忘記賈士丁的名字，保證他在五十年長遠的時期，能夠在軍隊逐步高升，階級從護民官、伯爵、將領、元老院議員的榮銜，一直到衛隊的指揮官。阿納斯塔休斯皇帝離開人世的緊要關頭，整個衛隊始終把他視為首領聽從他的命令。皇帝扶植的親屬雖然有權而且富有，都被排除在皇座以外，掌理皇宮的宦官阿曼久斯（Amantius）暗中決定，要讓最逢迎諂媚的人戴上皇冠接位。他為了取得衛隊的同意，特地準備巨額賞金交給他們的指揮官。但賈士丁要拿這筆錢為自己打算，違背雙方議定的諾言，運用極為有利的情勢：士兵知道他作戰英勇而且待人溫和，教士和人民相信他是正統基督徒，省民無法分辨只能以首都唯命是從。他在沒有對手競爭的狀況下獲得一致的同意，達西亞的農民於是被授與紫袍登基稱帝。

賈士丁一世與出身同一家族、名字完全相同的皇帝，在各方面都大相逕庭。他到六十八歲的高齡才登上拜占庭的寶座，要是政事都讓他來指導和決定，在這九年的統治期間（518年7月10日—527年4月1日或8月1日），任何時刻都讓臣民感到後悔自己怎麼會做出如此錯誤的選擇。他的無知與狄奧多里克相互媲

查士丁尼一世。

美，在一個學識不感匱乏的時代，同時有兩位君王竟然大字不識，諸如此類的狀況倒不常見。賈士丁的才華遠遜於哥德國王，當兵服役的經驗無法用來管理一個帝國，雖然個性英勇，卻對自己的弱點心知肚明，難免使他產生猜疑、缺乏信心、憂慮政事。好在國家的日常事務有忠誠的財務大臣樸洛克盧斯分勞分憂，年邁的皇帝收養極具才幹和抱負的姪兒查士丁尼。這位積極進取的青年是被叔父從達西亞偏僻的農村帶出來，在君士坦丁堡接受教育，成為私人產業的繼承人，最

後還獲得整個東部帝國。

宦官阿曼久斯用來收買軍心的錢財遭到挪用，有必要將他滅口，只要隨便安上陰謀不軌的罪名，不論是真是假都很容易完成任務。為了使他死罪難逃，告知法官說他在暗中信奉摩尼教的異端邪說，阿曼久斯於是落到斬首示眾的下場。他的三個同謀都是皇宮的總管，均遭到處決或放逐的懲罰。妄想紫袍加身的不幸接班人被扔進陰暗的地牢，頭顱被石頭砸爛，屍身不予掩埋就拋進大海。清除維塔利安（Vitalian）是一件困難而又危險的工作，哥德酋長在內戰期間為了維護正教信仰，大膽起兵反抗阿納斯塔休斯，在民間獲得很高的聲望。最後簽訂一份有利的條約，讓他仍舊率領一支戰無不勝的蠻族部隊，駐紮在君士坦丁堡附近地區。維塔利安受到引誘，立下並不可靠的保證，放棄原本占有優勢的位置，相信自己能安然回到城內。君士坦丁堡的居民，特別是藍黨的成員，想起他那表現宗教虔誠的敵對行為，受到挑撥而產生憤怒的情緒。皇帝和他的姪子熱情歡迎，把維塔利安視為教會和國家忠誠而英勇的鬥士，授與寵臣執政官和將領的頭銜。維塔利安接受榮譽的職位不過七個月，就參加皇家的宴會被刺，身上帶著十七處傷口，查士丁尼被控是殺害同教弟兄的凶手。不久前查士丁尼還參加基督教的神祕儀式，要用誓言保證雙方的忠誠，現在就把維塔利安的一切當作戰利品全部接收。等到他的敵手喪命以後，查士丁尼雖然沒有在軍隊服務的經歷，仍舊擢升為東部軍隊的主將，負責率領官兵進入戰場迎擊國家的敵人。

查士丁尼在追逐聲名和權勢的時候，對於年邁而體衰的叔父可能會失去現在還能保持的控制力，他並不想藉戰勝錫西厄人或波斯人贏得同胞的讚譽。然而這位生性謹慎的戰士卻在君士坦丁堡的教堂、賽車場和元老院，想盡辦法求取民眾的好感。正統教會全都依附賈士丁的姪兒所給予的幫助，他處於聶斯托利派和優提契斯派異端之間，奮勇邁進在堅定不屈和無法妥協的狹窄道路。賈士丁一世（或查士丁尼）在開始統治的初期，鼓動民眾起而反對逝世的皇帝，使大家的宗教熱情得到滿足。經過三十四年的分裂，他安撫羅馬教皇傲慢和憤怒的情緒，在拉丁人中間散布能討大家歡心的消息，他用虔誠的態度尊敬使徒傳授的主教職權。東部的主教寶座全是正統教派的基督徒，所以才會照顧查士丁尼的利益，他的慷慨獲得教士和僧侶的支持，人民受到教誨要為未來的君王祈禱，只有他才真正是宗教的希望和支柱。查士丁尼用龐大無比的排場，展現出公眾活動的華麗，從民眾的眼中看起來，要比尼斯和卡爾西頓的信條更為神聖和重要。他擔任執政官，花掉巨額的費用，估計價值二十八萬八千個金幣，在競技場中同時展出二十頭獅子和三十隻花豹，一群馬匹配戴值錢的鞍具和轡頭，當作額外的禮物贈給賽

車場獲勝的御車手。

　　賈士丁遷就君士坦丁堡的民眾和處理外國君王的來信，這時他的姪兒卻極力培養與元老院的友誼，自古以來深受尊重的成員有資格掌握輿論，左右帝國寶座的繼位人選。衰老的阿納斯塔休斯願意讓強勢的政府，退化到形式或實質的貴族政體，因而造成尾大不掉的結果。進入元老院成為議員的軍官，加上私人衛隊追隨左右，運用這幫身經百戰的老兵，憑著他們的武力或聲勢，可以在動亂的時刻奉上東部帝國的冠冕。賈士丁尼浪費國家的財富用來收買議員的支持，皇帝得到通知說元老院已經表決，一致同意請他接受賈士丁尼成為共治者。這野心勃勃的要求太過於明顯，當然不會感到受到歡迎，也讓賈士丁知道自己的統治已接近尾聲。

　　年邁的君主心存猜忌，在無能為力的狀況之下，還想繼續掌握權勢。雙手抓住紫袍的賈士丁對他們出言諷嘲，既然選舉如此有利可圖，何不找較為年長的候選人。儘管君王口吐譴責之詞，元老院還是給賈士丁尼加上了「尊貴者」的皇室稱號。他的叔父不知是愛護還是畏懼，批准元老院的敕令，同時沒過多久賈士丁的腿部受傷，久治未癒，使身心都委頓，找一位幫手在旁協助是刻不容緩的事。他召集元老院的議員和基督教的教長，當著大家的面舉行莊嚴的儀式，把皇冠放在姪子的頭上。賈士丁尼在大家簇擁之下從皇宮前往賽車場，接受民眾熱烈的致敬和大聲的歡呼。賈士丁的生命又延續了四個月，從舉行加冕典禮的一剎那間，對帝國而言他已經壽終正寢。賈士丁尼在四十五歲的盛年，成為東部的合法統治者。

2 史家對查士丁尼的描述和評價（527-565年）

　　查士丁尼從登基到崩殂，統治羅馬帝國三十八年七個月又十三天（527年4月1日–565年11月14日），在位期間的重大事件，貝利薩流斯（Belisarius）的祕書，工作勤勉有記載詳細，論數量之多、變化之大和影響之巨，都引起我們的關切和注意。所幸修辭學家憑著雄辯的才能，晉升到元老院議員的高位，成為君士坦丁堡的郡守。樸洛柯庇斯經歷命運的擺布，飽嘗得意或受苦、受寵或被黜的際遇，透過不停的著述，寫出那個時代的史書、頌辭和諷刺詩文，其中八冊是波斯人、汪達爾人和哥德人的戰史，阿果西阿斯（Agathias）又續編五冊，仿效雅典人的名著，值得我們的重視，至少也像古希臘的亞細亞作家受到我們的讚賞。他所蒐集的史實全部基於個人的經歷，以士兵、政要和旅客的身分與當事人自由交

談，從而獲得最珍貴的第一手資料。他的風格在於以執著的態度達成強勢和高雅的優點，他的理念特別是用插入對話的方式表示，包含內容豐富的宮廷掌故和朝政要聞。身為史家激起豪邁的雄心壯志，要使後代子孫享受知識帶來的樂趣，獲得寶貴的經驗教訓，看來對人民的成見和宮廷的阿諛認為一無是處。

　　樸洛柯庇斯的作品受到當代人士的閱讀和推崇，雖然他恭恭敬敬把史冊呈獻到皇帝的足下，由於一位英雄人物受到讚揚，使得無所作為的君主相形見絀，驕傲的查士丁尼自覺傷到顏面。祕書擁有獨立尊嚴的意識卻不敵奴隸的希望和恐懼，為了獲得寬恕或謀取報酬，花費極大精力就皇帝的豐功偉業寫出六冊作品。貝利薩流斯的祕書巧妙選定極為耀目的題材，用來大聲讚揚君主的才華、仁慈和虔誠。無論就征服者或立法者而言，他至少可以超邁提米斯托克利（Themistocles）和居魯士極度幼稚的德行。就樸洛柯庇斯而言，失望之情使得諂媚人士進行暗中的報復，恩寵的眼光又可能使他暫時停止及壓抑誹謗言辭。惡意的中傷使羅馬的居魯士被貶為可憎和卑鄙的暴君，皇帝和他的配偶狄奧多拉（Theodora）的所作所為就像兩個魔鬼，外表有人的形狀卻要毀滅整個人類。過於卑劣的自相矛盾說法，毫無疑問會損害到樸洛柯庇斯的名譽，減低建立的誠信。然而他已噴灑怨恨的毒液，剩餘的《祕史》（Anecdotes）仍能發揮殺傷的效果，其中甚至記載最下流的事件，公開的史書只能輕描淡寫的暗示，內在的證據或正史的評述證實確有其事。

3 狄奧多拉皇后的家世和婚姻狀況（527-565年）

　　查士丁尼行使最高權力的當急之務，是要與寵愛的女人共同統治帝國。狄奧多拉能夠出乎意料擢升高位，實在不能妄加推崇，認為是女性的美德造成的勝利。阿納斯塔休斯在位期間，君士坦丁堡的綠黨負責照顧野獸，危險的工作交託給阿卡修斯（Acacius），他是一名土生土長的塞浦路斯人，因職業的關係得到「馴熊師」的綽號。收益很好的職位在他死後被交給別人，雖然他的妻子有心承接，想要嫁個丈夫爭取還是沒有得手。阿卡修斯遺留三個女兒，分別是柯美托（Comito）、狄奧多拉和安娜斯塔西婭（Anastasia），其中最年長的姊姊還不到七歲。在一次莊嚴的節日盛會當中，這三個孤女穿著哀求者的服裝，由悲痛又氣憤的母親帶領她們出現在劇院。綠黨用鄙視的眼光看待他們，藍黨倒是表現同情的態度，雙方的差異深印在狄奧多拉的心田，多年以後影響到帝國的統治。

　　三姊妹隨著成長變得愈來愈美麗，相繼在公私場合為拜占庭的人民帶來歡

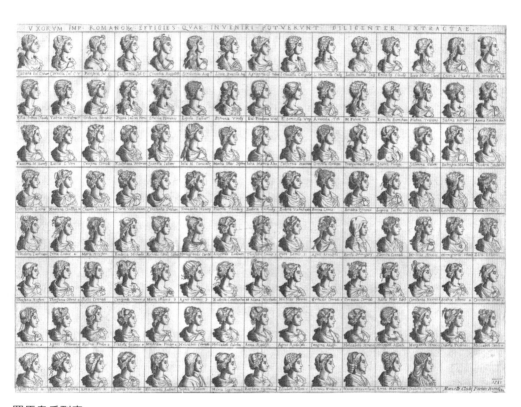

羅馬皇后列表。

樂。狄奧多拉追隨柯美托在舞台討生活，穿起奴隸的服裝頭上頂著一個便器，後來終於能夠發揮她獨特的才華。她既不跳舞也不唱歌，更不吹奏笛子，她的技巧限於啞劇，專長是擔任丑角。可愛的喜劇演員只要翹起嘴巴，用插科打諢的動作和姿態表現出荒謬的表情，就會使君士坦丁堡整所劇院充滿歡笑的聲音，讓大家樂不可支。美艷動人的狄奧多拉受到百般的讚賞，是給群眾帶來歡樂的源泉。她的面貌秀麗五官端正，皮膚白皙帶有自然的色澤，一雙巧笑倩兮的美目表達各種情緒的變化，靈敏而又輕快的動作顯示纖細的身材，使得舉止更為雅致文靜。無論出自愛情或是討得歡心，對於她那優美的體態和風度，一般人都說圖畫和詩歌都無法描述於萬分之一。

　　傾國傾城的花顏月貌容易暴露在公眾的眼前，隨意滿足男人淫蕩的欲望，難免成為自甘下賤的殘花敗柳。她那用錢可以買得到的媚態，經常招來一堆沾腥好色的主顧，不論生張熟魏一概納為入幕之賓，幸運的登徒子獲准和她享受一夜的雲雨，有時會被更強壯或更有錢的恩客趕走。她從街上花枝招搖的經過，害怕引起醜聞或經不起誘惑的行人，不敢和任何人打照面只有趕快迴避。慣寫諷刺詩文的史家一點都不害臊，描述狄奧多拉毫無羞恥之心，在劇院大膽演出赤身裸體的場面。在肉慾歡愉表演以後、精疲力竭之餘，她經常慣恨在心發出怨言，責怪老天對她何其吝嗇。只是她的抱怨、她的歡樂和她的表演，全部被一種文雅的語言加以掩飾，只能在隱隱約約之間看到當時社會的風尚。

　　她主宰著首都的歡樂卻受到鄙視，名聲消退又過了一段時間，委身跟從厄西波盧斯（Ecebolus）。這個泰爾人獲得一個職位，前往阿非利加管轄潘塔波里斯（Pentapolis）地方政府。雙方的結合非常草率而且短暫，厄西波盧斯很快遺棄開銷很大或不夠忠實的侍妾。她在亞歷山卓淪落到極為悲慘的處境，費很大力氣才回到君士坦丁堡。即使在歸途之中，東部各大城市都在稱譽和傾心可愛的塞浦路斯美女，她的德行真是無愧於特殊的島嶼（是指錫西拉〔Cythera〕，位於伯羅奔尼撒半島馬利亞岬的南端），因為愛神維納斯的名字享譽世界。狄奧多拉交往隱密又能採取極下流的防範手段，使她逃過令人憂心忡忡的生育危險。只有那麼一次她成為母親，嬰兒被父親救了下來，帶到阿拉伯受教育，後來這位父親在臨死前告訴他，他的親生之母就是當今的皇后。不諳世情的年輕人抱著充滿野心的希望，匆匆趕到君士坦丁堡的皇宮，獲得允許安排覲見。從此青年再未被人看到，甚至狄奧多拉死後都不見他蹤影，很符合人們對皇后極為惡毒的指責，說她犧牲兒子的性命，保護有損皇后盛德的祕密。

　　狄奧多拉的處境和名聲在最不如意的期間，睡夢或想像的幻影低聲帶來令人

愉悅的保證，說她命中注定要成為一位有權有勢君王的夫人。她知道自己會有偉大的前途，就從帕夫拉果尼亞（Paphlagonia）回到君士坦丁堡。她像演技高明的女藝人，表現清清白白的人品，辛勤紡織羊毛賺錢才免於貧苦，在一間小房子過著貞潔而又孤獨的生活，住的地方後來改建為宏偉富麗的禮拜堂。她那國色天香的面貌，靠著手腕或機緣的幫助，很快吸引、俘虜和抓牢查士丁尼大公，這時他用叔父的名義握有絕對的統治大權。或許她也花費心思提高才能的價值，過去曾經濫用在最低等人員身上；或許她在剛認識的時候裝出嫻淑的神情，多方推脫讓他無法得手，到後來用肉慾的誘惑，勾引他產生無法克制的欲火。何況她的愛人天性虔誠，一直沉溺於長期的守夜和清淡的飲食。等到他在開始之際的神魂顛到慢慢消失，她得靠自己的性情和對他的了解，用更為實際的長處在他的內心維持優越的地位。

查士丁尼樂於讓所愛的對象變得富有與高貴，東部的錢財開始在她的腳下堆積。賈士丁的姪子或許是在宗教方面有所顧忌，決定要把神聖與合法妻子的名位給予他的侍妾。羅馬法明文規定，只要是奴隸出身或從事戲劇行業的女性，禁止與元老院的議員結婚。露庇西娜（Lupicina）皇后或稱優菲米婭（Euphemia）出身蠻族，雖然舉止帶有鄉野的土氣，不過因為人品德高尚深受朝野的尊敬，拒絕接受青樓女子成為她的姪媳。甚至就連查士丁尼迷信的母親維吉蘭提婭（Vigilantia），雖然承認狄奧多拉聰明而又美麗，也極為擔憂富於心機的淫婦，會用輕佻和傲慢毀掉自己兒子的虔誠和幸福。查士丁尼堅定的癡念終於克服所有的障礙，耐心等待皇后過世，也不理會母親極度痛苦流下的眼淚。他用賈士丁皇帝的名義頒布一項法令，廢除古代苛刻的規定，使得在劇院賣身的不幸婦女，只要經過光榮的悔改，就可以與門第最高的羅馬人締結合法的婚約。有了出之在上的恩典，查士丁尼和狄奧多拉就可以舉行隆重的婚禮。

她的地位隨著丈夫的權勢逐漸高升，等到賈士丁授與姪子紫袍，君士坦丁堡的教長將冠冕加在東部的皇帝和皇后頭上。但是，按照羅馬嚴格的習俗，君王的妻子所能得到的榮譽，既不能滿足狄奧多拉的野心，也無法表現查士丁尼的專寵。他接受她成為平等而獨立的共治者，一起坐上寶座統治帝國。行省的總督同時宣誓要效忠查士丁尼和狄奧多拉。東部世界對於阿卡修斯的女兒，只有跪拜在她的才華和機運之下。這個娼妓當著許多觀眾的面前，以下流的行為玷汙君士坦丁堡的劇院，現在還在這座城市裡面，成為權傾一世的皇后，四周是嚴肅的官員、正統的主教、勝利的將軍和被虜獲的君主。

4 狄奧多拉的暴虐和宗教救濟行為（527-565年）

有人相信婦女喪失貞節以後心靈一定跟著墮落，出於個別的嫉妒和普遍的仇視，急著想聽到各種抨擊之辭，認為誰都能抹殺狄奧多拉的德性誇大她的惡行，嚴厲指責年輕的婊子賣身或淫蕩的罪過。她可能是感到羞愧或者出於不屑，經常拒絕群眾類似奴僕的敬拜，避開首都可憎的亮相場面，把一年大部分光陰消磨在皇宮和花園，位於普洛潘提斯海和博斯普魯斯海峽風景優美的海岸。她私下的時間全用來保持自己的容貌，非常謹慎小心，不容任何差錯，出浴和用餐都非常奢華，夜晚和早上有很長的休息和睡眠。很多隱密套房裡住著她所寵愛的侍女和宦官，為了滿足他們的利益和要求，她不惜犧牲法律的公正。國家最尊貴的人物擠在黑暗和悶熱的斗室，經過冗長的等待獲准前去親吻狄奧多拉的腳趾。至於覲見人員親身的感受，是端莊女皇沉默的傲慢，還是喜劇演員善變的輕佻，則完全視她的心情而定。她那無厭的貪婪累積巨大的財富，藉口是憂慮丈夫的死亡，但其實是她已經毫無選擇，不是澈底的毀滅就是單獨據有帝座。

皇帝生病不能臨朝時，兩位將領非常魯莽的宣稱，對於選定皇都的問題絕不會坐視不管，這讓狄奧多拉出於畏懼和野心感到極為憤怒。就指責她的行為極其殘酷而論，甚至就是較輕的罪行也令人不勝厭惡，給狄奧多拉留下難以洗刷的汙點。她有無數的密探到處偷窺，只要有人的一言一行甚或一個表情，對於皇家的女主稍有不敬，密探就會前來詳盡告發。只要受到指控就會被投進特設的監牢，犯人在那裡叫天不應叫地不靈。根據傳聞，無論是拷問架的酷刑還是無情的鞭打，都要當著女暴君的面前執行，她對於討饒的乞求和悲慘的呼叫根本無動於衷。有些可憐的犧牲者喪命在汙穢的地牢，還有一些人在被砍掉手腳和逼成瘋人才放出來，甚至奉獻所有的財產才獲得自由。凡此都是她報復行為活生生的見證，任何人只要覺得懷疑或是遭到迫害，他們的子女都被株連無法倖免。元老院議員或是主教被狄奧多拉定罪處死或放逐時，她總要選派可靠的皂隸押解，為了使人不敢怠慢，她會親口威脅說道：「我對著天主發誓，你要是敢不遵奉我的命令，就把你的皮給活活的剝下來。」

要是狄奧多拉的宗教信念不被異端邪說汙染，按照當代人士的意見，她那極度的虔誠可以為驕傲、貪婪和殘酷的行為贖罪。設若她確實發揮影響力，緩和皇帝絕不寬容的憤怒，就當前迷信的時代來說，是可以承認她在宗教方面的功勞，寬恕她在理念上一些過失。所有查士丁尼建立的宗教慈善機構，都用同樣尊敬的口吻提到狄奧多拉的名字。在他統治期間最出名的福利組織，要歸功於女皇對不

幸姊妹的同情，她們不是受到引誘就是被迫從事賣淫的行業。博斯普魯斯海峽亞細亞這邊的海岸，有一座宮殿改建為宏偉而寬廣的修道院，優渥的贍養費用維持五百名婦女的生活。進入的人員經過篩選，來自君士坦丁堡的街頭和妓院，要在安全而神聖的退隱之地，奉獻給宗教度過終身囚禁的歲月。然而還有人被恩主從罪惡和悲慘中拯救出來，不知感恩圖報誠心悔改，絕望之餘想要逃走竟然投身大海。

　　狄奧多拉的精明審慎使得查士丁尼贊不絕口，就是他的法律也靠著可敬的妻子給予賢明的意見才能完成。她真是天神賜給他最大的福分，在人民的騷動和宮廷的變故之中她展現出勇氣。自從她與查士丁尼結合以來，那些不共戴天的仇敵都三緘其口，更可證明她的貞潔受到尊敬。有些讚譽之辭推崇她堅定的心志，為了責任和利益的強烈意識，讓他即使犧牲歡樂和習慣也在所不惜。狄奧多拉的祈禱和許願未能讓她獲得合法的兒子，曾經埋葬的一個女嬰是她婚姻的唯一後裔。

維提之家（House of Vettii）一景。

儘管生育方面讓她感到失望，他仍舊能夠維持恆久而絕對的統治權力。她靠著策略或長處始終獲得查士丁尼的寵愛，至於他們之間出現的爭執，會對那些信以為真的廷臣帶來致命的後果。她在年輕時期縱情放任損害健康，使她更為嬌柔讓人憐愛，只有接受醫生的勸告到皮提亞（Pythia）溫泉養病。女皇在離開都城的旅程，陪同的人員是禁衛軍統領、財務大臣、幾位伯爵和大公，加上四千名隨從浩浩蕩蕩的行列，道路全部經過整修，特別增建一所接待的宮殿。她在經過俾西尼亞的途中，賜給教堂、修道院和醫院大量施捨，祈求上天恢復她的健康。她終於在結婚二十四年和統治二十二年以後，為癌症奪去性命（548年6月11日）。她的丈夫認為這是無法彌補的損失而悲痛不已。說實在，查士丁尼原本可在東部帝國挑選最高貴和最純潔的處女，誰知他竟然娶了一個在劇院討生活的娼妓。

5 賽車場的黨派造成君士坦丁堡動亂（527-565年）

我們從古代的競賽可以看出很大的差異，傑出的希臘人都是選手，羅馬人僅是觀眾。奧林匹克運動會開放給家世富有、品學俱優和滿懷抱負的人士，要是參賽者能依靠自己的技巧和能力，就可以步上戴米德斯（Diomedes）和美尼勞斯（Menelaus）的後塵，駕馭馬匹迅速趕上前去贏取勝利。十輛、二十輛或者四十輛賽車同時出發，勝者的獎賞是一頂月桂樹葉編成的冠冕。他的聲名連帶家族和城邦的榮譽被寫進抒情詩，歌謠的旋律能夠帶來的讚頌，比起青銅和大理石的雕像更為長久。元老院的議員或是公民考慮到他們的地位，差於讓自己和豢養的馬匹在羅馬的賽車場出現。大規模的競賽是由國家、官員或皇帝出資舉辦，管理放手交給下賤的奴才，要是一名受到歡迎的御車手收益超過主辦人，只能視為觀眾肆意揮霍的表現，也是低賤職業所能得到的最高工資。

激烈的賽車在最初創立的時候，場面和章程都非常簡單，只有兩輛車彼此爭先，車夫分別穿著白色和紅色的制服，到後來又增加兩種顏色就是草綠和天藍。比賽也要重複進行二十五次之多，同一天有一百輛賽車，會使場地出現人潮洶湧的盛況。四個黨派很快獲得合法的組織和神祕的來源，夢幻的色彩代表一年四季不同的景象：紅色天狼星的盛夏、白雪的寒冬、蔚藍的深秋和蔥綠的初春；另外一種表示不提季節的則是自然的元素，綠和藍的競爭是陸地與海洋的衝突，各自的勝利可以預告穀物的豐收或海運的昌隆，因而引起農夫和船員的敵對情緒。帶有徵兆和宿命的做法比起羅馬人民盲目的狂熱，為了支持某種顏色不惜犧牲自己的身家性命，看起來就不會那麼荒謬可笑。

一些明智的君主雖然鄙視過於愚蠢的行為，還是以放任不管為上策；像喀利古拉、尼祿、維提留斯、維魯斯、康莫達斯、卡拉卡拉和伊拉珈巴拉斯這些皇帝的名字，都列進賽車場的藍黨或綠黨之中。他們經常前往自己的馬廄，為本派受到寵愛的御車手喝采，責罵別個黨派的參賽者，並且在有意無意之間模仿英雄人物的舉止動作，好獲得群眾的愛戴和尊重。血腥和騷亂的競爭擾得公共的節日不得安寧，一直延續到羅馬公眾活動時代的末期。狄奧多里克不知是出於公正或偏袒的動機，運用他的權勢插手保護綠黨，免於一位執政官和一位大公的暴力迫害，須知後面兩位在賽車場熱烈擁護藍黨。

君士坦丁堡並未繼承古代羅馬的美德，反而因襲西部都城的愚昧，同樣的黨派煽起賽車場的動亂，在橢圓形競技場引發的狂暴更加激烈。阿納斯塔休斯在位的時候，群眾的怒氣更為宗教的熱情所鼓動。奸詐的綠黨把石頭和短劍藏在水果籃，莊嚴的節日展開大屠殺，竟有三千名藍黨敵手死於非命。暴亂像瘟疫一樣從首都蔓延到東部的行省和城市，用做比賽識別的兩種顏色，產生強烈到拚個你死我活的鬥爭，動搖一個弱勢政府的基礎。民眾之間的衝突一般基於重大的利益或神聖的藉口，都比不上出自惡意爭吵的固執和堅持，不僅侵犯家庭的和睦，而且破壞朋友和兄弟的感情，即使很少到賽車場的女性，也會擁護情人喜愛的黨派，反對丈夫的主張。法律甚至天理人情都被踩在腳下，只要黨派得到勝利，受到蠱惑的追隨者便將個人的痛苦和公眾的災難全部置之腦後。姑息養奸是沒有自由的民主，全部在安提阿和君士坦丁堡復活，任何想要獲得行政和宗教職位的候選人，都必須支持一個黨派。

綠黨在暗中和阿納斯塔休斯家族或派系有密切的關係；藍黨熱烈獻身正統教會和查士丁尼的大業。他身為感激的庇主，有五年多的時間，對於這個不斷在東部的皇宮、元老院和首都引起騷

銀製置物籃。

亂的黨派，一直盡力施加保護。藍黨仗著獲得皇室的寵愛，擺出一副傲慢的姿態，用奇特的蠻族打扮使人觸目心驚。他們留著匈奴的長髮，穿起緊袖寬袍的服裝，走路旁若無人，說話粗聲粗氣，白天身上暗藏著雙刃的匕首，夜晚毫無顧忌攜帶武器聚會，分為許多小隊隨時準備進行暴力和搶劫行動。他們的敵手綠黨成員以及毫無瓜葛的市民，會為夜間作案的強盜剝光財物或當場殺害。任何人要是戴著金釦環和金腰帶，深夜在首都平靜的街頭出現都非常危險。作姦犯科的風氣因惡行受到赦免而日益猖獗，竟然襲擾應受保護的私人住宅，聚眾鬧事的黨派分子常用縱火發起攻擊，或者拿來掩蓋自己的罪行。在他們的蹂躪之下沒有一個地方安全，所謂的神聖不可侵犯成為空話。他們為了貪財或報復，到處流灑無辜者的鮮血，殘忍的謀殺玷汙教堂和聖壇。無法無天的凶手吹噓自己的本領，短劍一擊之下可以取人性命。

君士坦丁堡的放蕩青年喜愛穿破壞秩序的藍色制服，法律已經噤若寒蟬，社會失去制約力量，債主被迫放棄應有權利，法官只有延後推遲審判，主人要釋放奴隸自由，父親聽任兒子放縱揮霍，貴婦受辱滿足奴僕的肉慾，漂亮的男童從父母的手裡被奪走，妻子除非不惜一死，否則會當著丈夫的面被人強姦。絕望的綠黨遭到敵手的迫害，官員會棄他們於不顧，決定行使自衛或報復的權利。即使在戰鬥中倖存的人員，被捕以後會拖回去處死，可憐的逃亡分子在樹林和山洞裡藏匿，不時潛回驅逐他們的社會，到處殺人放火毫無惻隱之心。一些有膽識的執法官員竟敢懲治罪犯，不怕引起藍黨的仇恨，結果成為狂熱分子不擇手段的犧牲品。君士坦丁堡的郡守逃到聖墓避難，東部一位伯爵受到羞辱的鞭刑。有兩個藍黨謀害西里西亞總督的馬夫，還要繼續大砍大殺，因而受到處決的懲治，但最後狄奧多拉竟然下令將總督吊死在凶手的墓前。

野心勃勃窺伺帝座的接班人想要藉著社會的混亂建立偉大的事功；等到登上君王的寶座，為了自己的利益和責任，就必須維護法律的尊嚴。查士丁尼首次頒布詔書，公開宣稱決心保護無辜的市民，任何名稱或顏色的黨派只要犯罪就嚴懲不貸；他以後還一再公布提出警告。然而要求公平的正義，基於皇帝的私下情感、相沿成習以及心懷恐懼，仍舊傾向於偏袒藍黨。他的不偏不倚經過一番掙扎，只有順從狄奧多拉勢不兩立的仇恨情緒。女皇始終沒有忘懷自己身為喜劇演員所受的傷害，絕不考慮寬恕。賈士丁二世繼位時，公開呼籲要求嚴格和公正執法，等於間接譴責前朝的偏私：「你們藍黨要聽清楚，查士丁尼已經過世！你們綠黨也要知道，查士丁尼還活著！不論哪派犯事，我絕不輕饒！」

6 皇室的縱容引起尼卡動亂的始末（532 年）

兩個黨派相互仇恨和暫時和解引發的叛亂，幾乎將君士坦丁堡化為一片焦土。查士丁尼統治第五年，歡度元月望日的節慶，綠黨不滿的喧囂聲不時擾亂比賽的進行，一直到第二十二次賽車開始，皇帝還是不聲不響保持莊嚴的神色。最後他實在看不過去，非常唐突的指示，通過司儀大聲傳話，要在君王和臣民之間進行極為奇特的對談。綠黨的群眾開始時雖抱怨，還是抱著尊敬和克制態度，只是指責君王下面的大臣在壓迫他們，並且對皇帝三呼萬歲，祝他贏得勝利。查士丁尼大聲說道：「你們這些傲慢的搗亂分子，給我注意聽著！你們這些猶太人、薩瑪提亞人和摩尼教徒，全部給我閉嘴！」綠黨仍舊想要喚起他的同情心：「我們都是窮人，都是無辜的市民，我們受到欺凌，不敢從街頭走過，藍黨對我們的名字和顏色正在進行全面的迫害。啊，皇帝！讓我們去死吧！這也得遵照你的吩咐，好為你賣命而死！」在他們的眼裡看來，查士丁尼一再重複偏袒和激動的咒罵，完全失去身穿紫袍的尊嚴。他們拒絕效忠不能公平對待臣民的君主，為查士丁尼的父親感到悲哀，怎麼生出這樣一個禍害，被人稱為凶手、笨驢和口出偽誓的暴君。憤怒的君王高喊：「你們不想活了嗎？」

這時藍黨火氣直冒，全部從座位上站起來，充滿敵意的怒吼震動整個橢圓形競技場。他們的對手綠黨看來勢單力薄，為了避免吃眼前虧，全都跑到君士坦丁堡街頭，在那裡展開絕望的活動。就在此一危機四伏的時刻，兩黨有七個被郡守定罪的殺人犯被拉出來遊街示眾，然後押送到佩拉（Pera）郊區的刑場。四個人很快斬首，第五個被吊死，同樣的懲處落在剩下兩個人頭上，但繩索突然斷裂，人掉在地面還沒有斷氣。群眾為他們得以大難不死而歡呼，聖科農（St. Conon）的僧侶從鄰近的修道院出發，把這兩個倖存者用船運到教堂的聖所庇護。一個罪犯是藍黨另一個穿綠色制服，兩黨同時被殘酷的壓迫者和不知感激的庇主激起怒火，決定在解救囚犯和滿足報復之前暫時保持休戰的狀況。至於抗拒叛亂風暴的郡守，他的府邸被人縱火燒毀，手下的官員和衛士遭到屠殺。監獄的大門被武力打開，關在牢裡的犯人恢復自由，會給公眾帶來毀滅的禍害。一支部隊奉派前來支援行政官員，遭到武裝群眾凶狠的抵抗。他們的人數愈來愈多行為更加大膽放肆。

帝國服役的蠻族以赫魯利人最為蠻橫，教士出於宗教的動機，帶著聖物匆忙前來分開血腥衝突，遭到赫魯利人鎮壓和毆打。褻瀆神聖的舉動使騷亂急劇增高，民眾打著上帝的名義進行激烈的戰鬥。婦女從屋頂和窗戶往士兵的頭上投擲

石塊，對方就將火把扔進屋內。市民和外人點燃的火頭，無法控制就在整個城市蔓延開來。大火波及聖索非亞主座教堂、宙克西帕斯（Zeuxippus）浴場以及部分皇宮，從大門入口一直到戰神祭壇，通過長長的柱廊從皇宮燒到君士坦丁廣場。一家規模很大的醫院連同病人全部燒毀，很多教堂和宏偉的建築物成為一片瓦礫，收藏大量財物的金庫貯放的金銀熔化或是遺失。這幅恐怖和悲慘的景象，使得機警和有錢的市民越過博斯普魯斯海峽，逃到亞細亞那邊的海岸去避難。君士坦丁堡有五天的時間落在黨派的手裡，他們使用的暗語是「尼卡」（Nika），意為「戰勝」，拿來作為這次大規模叛亂的名字。

只要黨派始終處於分裂的狀況，無論是洋洋得意的藍黨意或垂頭喪氣的綠黨，對國家處在混亂的狀況同樣是漠不關心。他們一致怪罪司法和財政的腐敗，兩位負責的大臣是善於權術的垂波尼安（Tribonian）和貪財好貨，被稱為卡帕多西亞的約翰，他們受到大聲的指控說是國家災難的始作俑者。民眾溫和的怨言沒有人理會，等到城市陷於大火之中，就有人裝出尊重的樣子願意傾聽。財政大臣和郡守立即受到罷黜的處分，遺留的職位由兩位為人正直毫無過失的元老院議員接任。查士丁尼做出深獲民心的讓步，前往橢圓形競技場公開承認自己的錯誤，對於感激的臣民也願意接受他們的懺悔。雖然他對著福音書做出莊嚴的宣告，但兩個黨派並不相信他的保證。皇帝對他們的懷疑感到吃驚不已，慌張之餘退回皇宮嚴密防衛的堡壘。堅持下去的騷動現在成了祕密又居心叵測的陰謀，有人懷疑暴徒背後有支持者，特別是綠黨方面一直得到海帕久斯（Hypatius）和龐培供應的武器和金錢。兩位大公沒有忘記他們是阿納斯塔休斯的姪兒，雖然高貴的身分可以帶來榮譽，卻無法保證生命和財產的安全。

個性輕佻的君王心懷猜忌，在反覆無常的信任、罷黜和原諒之中，使他們看起來像是在寶座前服侍的皇家僕役。然而就在這五天的騷動期間，這兩兄弟受拘留被當成重要的人質。直到後來查士丁尼的恐懼超過智慧，就把兩人看成奸細甚或刺客，堅決打發他們離開皇宮。他們一再說明要是服從君王的命令，就會在不由自主的狀況下被逼成叛徒，坦誠的表白一點都沒有用處。等到他們回到家裡，在第六天的早晨，民眾包圍海帕久斯的住處將他帶走，根本不管他是在真心抗拒，他的妻子流著眼淚苦苦哀求。群眾蜂擁受到推崇的人物前往君士坦丁廣場，用一個華麗的項圈代替皇冠戴在他的頭上。設若篡奪者聽從元老院的勸告，進而激起眾怒，最初具有無法抗拒的力量，或許能夠制服或驅除心驚膽戰的查士丁尼。海帕久斯後來以拖延和耽擱有功，作為自己辯護之辭。拜占庭皇宮享有進出海洋的自由通道，船隻停泊在花園台階之下隨時可用，宮廷已經做出祕密的決

定，要運送皇帝和他的家人及財富，安全撤退到離首都有相當路程的城市。

要是從劇院發跡的娼妓沒有拋棄女性的怯懦和退避，查士丁尼肯定會一敗塗地。就在貝利薩流斯參加的會議，狄奧多拉展現英雄的氣概，為了拯救皇帝脫離當前的危險和可鄙的恐懼，只有她不必擔心會在未來引起查士丁尼的忌恨。查士丁尼的配偶說道：「哪怕只有逃走才能安全，我也不會拔腿離開。人自出生都不願去死，居上位的統治者失去榮譽和權力，就不應該苟且偷生。我祈求上蒼，別讓人看到我失去冠冕和紫袍，即使是一天也不行。要是人們不再尊稱我為女皇，那時我絕不願見到陽光。啊，凱撒！如果你決定逃走還是有財富。請看那大海你有很多船隻可用。對君主而言，最可怕的事莫過於求生的慾望，會陷你於可憐的放逐和可恥的死亡之中。在我來說，只相信一句古老的諺語：『帝座是光榮的皇陵。』」

意志堅決的婦女使得大家恢復勇氣，開始重新考慮當前的問題和未來的行動，很快為絕望的處境找到解決的辦法。再度挑起黨派之間的仇恨不僅簡單，而且可以產生決定性的效果。這時藍黨為自己的罪行和愚蠢感到害怕，為了一件微不足道的屈辱，竟然會使他們與不共戴天的仇敵聯合起來，對抗友善和慷慨的庇主。藍黨再度公開宣布承認查士丁尼的權威，就把綠黨和他們的篡奪者留在橢圓形競技場。衛隊的忠誠度相當可疑，然而查士丁尼的軍事力量包括三千名老兵，有良好的訓練和無敵的勇氣，經歷過波斯和伊里利孔的戰爭。貝利薩流斯和蒙達斯（Mundus）的指揮之下，兵分兩路離開皇宮，銜枚疾走強行穿過狹隘的通道、熄滅的火場和倒塌的大廈，同時打開橢圓形競技場兩端的大門。在那狹小的空間裡面，混亂和驚懼的群眾，對於兩邊發起的正規攻擊，完全無力反抗。藍黨用瘋狂的行動表示自己的悔悟，那一天毫不留情和斬草除根的濫殺，估計有三萬多人喪失性命。

海帕久斯被從寶座上拖了下來，和他的弟弟龐培一起押到皇帝的腳前，他們懇求皇帝大發慈悲，但叛徒的罪行眾所周知，清白卻大有可疑，何況查士丁尼在驚魂未定之餘更不會輕言寬恕。次日早晨，阿納斯塔休斯的兩個姪子，還有十八名高官厚爵的從犯，位列大公或執政官的階級，都私下被士兵處死，屍體丟進大海。他們的府邸夷平，財產全部充公。在以後的幾年中間，橢圓形競技場受人責怪備感悽涼。然而只要恢復比賽就會帶來同樣的騷亂，藍黨和綠黨繼續傷害查士丁尼的統治，擾亂東部帝國的安寧。

7 絲對羅馬帝國的影響和後來的發展（527-565 年）

　　羅馬自從成為化外之地，帝國仍舊擁有征服亞得里亞海以東的民族，疆域一直到達衣索匹亞和波斯的邊界。查士丁尼統治六十四個行省和九百三十五個城市，整個地區真是得天獨厚，無論土地、位置和氣候都極為有利，而且人類文明的進步，從古代的特洛伊到埃及的底比斯，不斷沿著地中海海濱和尼羅河兩岸傳播。埃及是眾所周知的富饒之地，曾經解救亞伯拉罕的苦難，那片國土是南北狹長而人口眾多的地帶，每年出口二十六萬夸特的小麥運給君士坦丁堡。查士丁尼的首都還一直接受西頓（Sidon）供應的產品，荷馬曾在詩篇中稱讚其事，不過已經過了十五個世紀。植物生長所需的地力，沒有因兩千次的收成而耗盡，由於農人的技術、肥料的增多和及時的休耕，不僅能夠恢復生產而且產量更增。家畜的繁殖可以無限增加，樹木的種植、房舍的建築以及勞動和享受的工具，延續的時間比起人的一生還要長久，在後代子孫的照顧之下得以累積生產的成果。

　　傳統能夠保持一些最基本的技藝，工作的經驗可以更加簡化。勞動的分工和交換的便利，使得社會日益富足，每個羅馬人的居住、衣著和飲食，都要靠一千雙手的辛勤勞動。織機和梭桿的發明可以歸之於神的恩賜，每個時代和各種不同的動物和植物產品，像是毛髮、生皮、羊毛、麻、棉以及最後的絲，經過人為的加工，用來遮蓋或是裝飾人類的身體，它可以漂染成各種永久的顏色，能夠用畫筆彌補織機功能之不足。選擇顏色可以模仿自然的美景，盡情表現個人的品味和時尚。只有一種深紫色，腓尼基人從貝類提煉獲得，專門供應皇帝本人和皇宮使用，明文規定大膽臣民若敢僭用皇家的特權，將視同叛國罪行加以懲處。

　　毋須我多加解釋，大家知道絲是從昆蟲的消化器官裡吐出來，繞成為金黃色的繭，最後這蠶的成蟲從裡面鑽出來變成蛾。直到查士丁尼統治的時代，只有中國人知道蠶要用桑葉餵養。像是松樹、橡樹和白楊的毛蟲，遍布亞洲和歐洲的森林，飼養和培育都很困難，產量也無法確定，除了靠近阿提卡海岸的小島西奧斯（Ceos），通常都沒有人理會。西奧斯有一名婦女發明難得的產品，用吐出的絲織成薄紗供女性專用，很長一段時間在東部和羅馬備受讚譽。

　　魏吉爾是第一位提到此事的古代作家，他說中國人從樹上採取柔軟的羊毛，後來才慢慢知道有一種價值極高的昆蟲存在，成為各民族提供奢侈品的頭號技師。提比流斯在位時期，稀少而又文雅的奢侈品，備受生活嚴肅的羅馬人交相指責。普里尼用稍嫌做作而有力的語言，抨擊人們貪財求利的心理，為了有害的目的探勘地球遙遠的盡頭，尋找在眾人看來呈現裸體的服裝，貴婦人穿上就會全身

透明。製成的衣物可以顯示手足的轉動和皮膚的顏色，用來滿足女性的虛榮或挑起男性的情慾。

中國的絲織品質地非常緊密，腓尼基的婦女有時會將它拆散開來，再拿亞麻的纖維混紡在裡面，鬆散的質地使貴重的材料倍增價值。普里尼時代以後這兩百多年，純絲或混紡的絲織品限定女性使用。伊拉珈巴拉斯具有婦女的陰柔習性，是第一個穿著絲綢衣物的名人，玷汙了作為皇帝和男子漢的尊嚴。爾後羅馬和行省有錢的市民，也在不知不覺中效法奢華的先例。奧理安抱怨一磅絲在羅馬要賣十二英兩的黃金，因為供應依據需求而增加，價格並未隨著供應而降低，要是發生意外事件或實施專賣，有時會使價格高過奧理安的標準。泰爾和貝里都斯的製造商基於同樣的情況，對於以上高昂的售價，有時被迫僅收取九成就感到滿足。從產地進口的絲織品大部分耗用在查士丁尼的臣民身上，有人認為應該制定法律，要讓喜劇演員與元老院議員的服裝有所區別。他們仍然比較熟悉地中海一種特別、稱為海蠶的貝類，這種大型珍珠貝貼在岩石上面，長出質地細緻的毛髮可以織成衣料。

價值昂貴的商品並不需要很大的數量，便足夠支付陸上運輸的費用，特別是駱駝商隊要跨越整個亞洲，從中國海岸到敘利亞港口的行程長達兩百四十三天。波斯商人經常到亞美尼亞和尼昔比斯的市場，很快將絲織品送到羅馬人手裡，進行單邊貿易在休戰期間會受到貪婪和嫉妒的抑制，更會因與敵對君王的長期戰爭完全中斷。波斯國王出於驕傲的心理，把粟特（Sogdiana）地區甚至塞里卡（Serica）也算成帝國的行省，真正的疆域是以阿姆河為界，越過邊陲的天塹與粟特人進行有利可圖的接觸，完全要視征服者的意願而定，白匈奴人和土耳其人先後統治這個勤奮的民族。然而在號稱亞洲四大花園之一的地區，就是最野蠻的統治，也不會將農業和貿易澈底毀滅。撒馬爾罕（Samarcand）和布卡拉（Bochara）的市場據有優越的地理位置，可以用來交換各種產品，他們的商人從中國購買生絲和絲織品，運到波斯再供應給羅馬帝國。

在中國繁華的首都，粟特人的商隊被當成進貢國家的使臣，受到優渥的款待，只要他們能夠安全返國，大膽的冒險就能賺取極為優厚的利潤。從撒馬爾罕到陝西最近的市鎮是艱辛而危險的旅程，至少需要六十天、八十天或者一百天。他們渡過錫爾河就進入沙漠，除非軍隊和地區的守備部隊加以約束，遊牧族群認為市民和旅客都是合法掠奪的對象。運輸絲綢的商隊為了避開韃靼的強盜和波斯的暴君，探勘一條位置更靠南邊的路線。他們越過西藏的高山順著恆河或印度河而下，在古澤拉特（Guzerat）和馬拉巴（Malabar）的港口，耐心等待一年一度

西方船隊的來到。沙漠雖然危險，比起難以忍受的勞累、飢渴和拖延時日還是要好過得多。以後很少人再有別出心裁的打算，僅有一名歐洲人通過南邊乏人問津的路線，為自己歷盡困苦自鳴得意，他在離開北京以後，花了九個月的時間才抵達印度河口。

開放的海洋可供人類自由的交往。中國的各省從黃河到北回歸線，都被北部的皇帝征服和教化。基督紀元開始的時代，整個地區滿布居民和城市，到處種植桑樹養蠶生產絲綢。要是發明羅盤的中國人獲得希臘人或腓尼基人的航海天分，就會向著南半球進行開發。我沒有資格鑑定也很難相信，中國人的長途航行曾經抵達波斯灣或好望角。他們的祖先可能與現代的子孫一樣努力與成功，航海的範圍從日本群島延伸到麻六甲（Malacca）海峽，或許我們可以採用具備同樣意義的名字，稱之為東方的海克力斯之柱。從這裡開始能將陸地保持在視線之內，沿著海岸抵達頂端的阿欽（Achin）海岬（指馬來半島的南端，可以說是現在的新加坡和周邊的地區），每年總有十到二十艘船來到此地，上面裝滿中國的貨物，像是各種工藝產品，甚至還有工匠在內。蘇門答臘（Sumatra）和對面的半島被很含混的描述為生產金銀的地區，托勒密的地理學曾經提到當地的商業城市，指出擁有的財富並非全部來自礦產。蘇門答臘和錫蘭之間的直線距離大約是三百個里格，中國和印度的航海人員依靠飛鳥指示航向，乘著季風就是方形的帆船也能安全穿越海洋。簡陋的船體在製造的時候不用鐵釘，椰子樹葉編成牢固的繩索將船連結起來。

錫蘭又稱塞倫底布（Serendib）或塔普洛巴納（Taprobana），由兩個敵對的君主分治：其中一位據有山地、大象和晶瑩剔透的紅寶石；另一位享有更為實際的財富，像是國內的產物、國外的貿易和寬闊的海港亭可馬里（Trinquemale），成為東方和西方船隊的集散中心。這個人情味濃厚的島嶼，距離兩端的國家有概等的航程，中國的絲商把買來的沉香、丁香、豆蔻和紫檀木裝在船上，與波斯灣的居民維持自由而且利潤很高的商業活動。波斯國王的臣民頌揚他的權勢和偉大，認為已經沒有可與匹敵的對手。有名羅馬人單純以旅客的身分，乘坐衣索匹亞人的船隻到過錫蘭，他拿出阿納斯塔休斯的金幣，再與波斯人不起眼的銅錢做比較，駁斥他們過於狂妄無知的心態。

絲成為市場不可或缺的商品，波斯人控制陸地和海洋，主要的供應來源受到壟斷，查士丁尼非常憂心，臣民的財富不斷流入充滿敵意而又崇拜偶像的國家。埃及的貿易和紅海的航運隨著繁榮的帝國走向衰敗，同樣遭遇沒落的命運。一個積極進取的政府應該加以恢復，羅馬人的船隻可以航行到錫蘭、麻六甲甚或中國

的港口，前去購買所需的生絲和織物。查士丁尼採用謙卑的權宜之計，請求同是基督徒盟友的衣索匹亞人給予協助。他們新近獲得航海的技術、貿易的風氣和阿杜利斯（Adulis）海港，擁有此地仍舊是一位希臘征服者最炫燿的戰利品。衣索匹亞人沿著非洲的海岸深入赤道地區，搜尋黃金、翡翠和香料，他們很明智的拒絕不利的競爭，因為波斯人靠近印度市場，通常會產生防範和阻止的作用。

　　皇帝為此感到失望，直到後來發生出乎意料的事件，他的願望才獲得滿足。福音的教誨已經傳到印度，一位主教在馬拉巴的胡椒海岸領導聖湯瑪士的基督徒，在錫蘭也建立一所教堂，傳教士追隨貿易的足跡到達亞洲的盡頭。兩個波斯僧侶長期居住在中國，或許是皇家的都城南京，在位的君王信奉外國的宗教（是魏晉南北朝的後梁，555年建都在建康，即現在的南京，當時佛教在全國極其流行），事實上他曾經接見錫蘭派遣的使節。波斯的僧侶在虔誠傳教的時候，見到中國人的普通服裝都是絲織品，感到非常驚奇，還看見成千上萬被飼養的蠶（不論是在樹林或家庭裡面）。他們很快了解，要想運走生長期短促的昆蟲，是不切實際毫無用處的事，蠶卵可以孵出很多後代，容易保存也能在遙遠的地區培育。對於波斯的僧侶來說，愛國心比不上宗教或利益的吸引力。他們經過長途的跋涉，抵達君士坦丁堡，將計畫詳盡報告皇帝，獲得查士丁尼的首肯，接受豐盛的賞賜和優渥的許諾作為鼓勵。然而就君王御用的史家看來，高加索山下的一場戰役，比起傳教士經商的辛勞更值得詳細報導。

　　他們進入中國，欺騙懷著猜忌之心的民族，把蠶卵藏在中間挖空的手杖，然後帶著東方戰利品光榮歸去。經由他們的指導，蠶卵在適當的季節，用堆肥產生人工的熱量加以孵化，以桑葉作為飼養的食料。適合異國的氣候不僅成長也能結出蠶繭，留下足夠數量的蛾用來繁殖推廣，並種植更多的桑樹飼養更多的蠶，供應大量生產絲織品的需要。藉由經驗和研究可以改進新興產業的錯誤，等到下一代皇帝在位的時候，粟特的使臣承認，羅馬人在養蠶和產絲方面的技術，已經不亞於原來的中國人。我看見這些質地雅致的奢侈品，並不是毫不動心，但仍難免會感覺遺憾，要是傳進蠶絲的人能帶來中國人已經使用的印刷術，那麼米南德（Menander）的喜劇和李維（Livy）整個世代的史書，就可以得以永存。擴大的世界觀有助於思維科學的發展，基督教的地理學依據《聖經》的文字，有的地方難免斷章取義，對自然的研究成為缺乏信仰的心靈最確鑿的徵候。正統基督教的信念把可以居住的世界限定在一個溫帶地區之內，成為一個橢圓形的表面，長度是四百天的旅程而寬度是兩百天，四周被海洋包圍，上面覆蓋透明晶體的穹蒼。

8 東部帝國的稅收及皇帝的貪婪揮霍（527-565年）

查士丁尼的臣民對災禍頻仍的時代和政府都不滿意，歐洲滿布蠻族四處橫行，亞洲則為數量龐大的僧侶所苦。西部的貧窮和落後妨害到東部的貿易和製造，人民的血汗拿來供奉教會、政府和軍隊，沒有發揮任何效用就白白的浪費。可以感到構成國家財富的固定和流動資本在迅速減少。阿納斯塔休斯的節儉可以緩和公眾的艱困，明智的皇帝累積巨額的國庫財富，開始解救人民免於高稅的壓榨和暴斂。他們的感激特別表現在「苦難救助金」的廢止，這是一種個人貢金使貧民可以獲得工作，這項福利最令人難以忍受之處，是在於表面的形式而非可行的內容，可以說完全名實不符。繁榮的城市埃笛莎只支付一百四十磅黃金，卻要向一萬名工匠花四年的時間徵收。如此看來，只有吝嗇的作風才能支持慷慨的意願，阿納斯塔休斯在二十七年統治期間，年度的歲入所能節餘的總額是一千三百萬英鎊，或三十二萬磅黃金。

賈士丁一世的姪子非但不能效法先賢的懿行，反而濫用國庫的積儲。查士丁尼繼承的財富因宗教施捨、大興土木、野心戰爭和羞辱條約迅速耗用殆盡，等到他發現歲入已無法擔負支付的費用，便用盡各種手段索取人民的金銀，浪費的手再將金銀從波斯遍撒到法蘭西。他的統治顯示強奪和貪婪、華麗和貧窮之間的變遷，或說是直接的對抗。他掌握上代藏匿的財富享有名聲，遺留給繼承人的負擔是要為他償還債務，像這樣的人物只會引起人民和子孫的控訴。公開的不滿容易讓人知道，私人的怨恨也會毫無忌憚。愛好真理的人士要帶著懷疑的眼光，才能閱讀樸洛柯庇斯富於教訓意味的《祕史》。隱密的史家旨在揭露查士丁尼的敗德亂行，用惡毒的筆調加以渲染和醜化，將他曖昧可疑的行為歸之於極其卑鄙的動機，原本無心的過失指責為有意的罪孽，偶發的事故被認定為事先的圖謀，古老的法律受到任性的踐踏和濫用，一時的偏袒不公加以巧妙的運用，成為他統治三十二年的金科玉律。皇帝單獨要為官員的缺失、時代的混亂和臣民的墮落負起責任，甚至就是黑死病、地震和水患之類的天災，也要強加在惡魔化身的君王頭上，罪大惡極的查士丁尼引起天怒人怨。

9 聖索非亞大教堂的興建和華麗的風格（527-565年）

查士丁尼的建設是用人民的血汗和財富凝聚而成，宏偉的巨大結構似乎是在宣告帝國的繁榮，而且也能表現建築師的技術。這門學問的理論和實用主要的依

據是數理科學和機械力學，在幾代皇帝的支持贊助之下獲得快速的發展。阿基米德（Archimedes）的名聲遭到樸洛克盧斯和安塞繆斯的挑戰。頗有見識的觀眾記述他們的工程奇蹟，可以擴大哲學家的思維範圍，不僅只是引起懷疑而已。有一個眾所周知的傳說：阿基米德用聚光鏡在敘拉古的港口，將羅馬人的艦隊燒成灰燼。有人很肯定的表示，樸洛克盧斯用同樣的辦法，在君士坦丁堡的海港摧毀哥德人的船隻，對付維塔利安極為大膽的冒險行為，保護他的庇主阿納斯塔休斯不受侵犯。有一組機械裝置固定在城牆上面，由一面磨得很亮的六角形銅鏡，加上四周許多面可以移動的較小多邊形銅鏡組合而成，可以用來接收和反射正午熾熱的陽光，投射出引起燃燒的熾熱光線到兩百呎外的距離。

　　信譽最佳的史家對於這兩個極為特殊的事件不置一辭，可見得無法盡信，聚光鏡也從未使用於攻擊或防禦任何地點。然而一位法國哲學家有令人驚奇的實驗，展現出運用鏡子的可行性。要是如此，我認為技術的發展應該歸功於古代最偉大的數學家，並非出於一個僧侶或詭辯家的胡思亂想。要是根據另外一種說法，樸洛克盧斯使用硫磺摧毀哥德人的船隻。在現代人的印象裡面，提到硫磺的名字就會產生聯想，懷疑傳說提及的就是火藥，事實上是他的門人安塞繆斯在暗中搞鬼，故意把難以置信的懷疑傳播出去。

　　亞細亞的綽爾（Tralles）有一位市民，生了五個極其卓越的兒子，每人都因在本行表現才能和獲得成就而聞名於世。奧林庇斯（Olympius）在羅馬法的理論和應用方面極為精到；戴奧斯柯魯斯（Dioscorus）和亞歷山大成為學識淵博的醫生，前者的醫術造福自己的同胞，至於積極進取的兄弟則在羅馬名利雙收；梅特羅多魯斯（Metrodorus）是文法學家，安塞繆斯是數學家和建築師。查士丁尼聽聞後面兩位的名聲，邀請他們前來君士坦丁堡：一位在學校，對有光明前途的子弟教導辯論和演說；另一位在首都和行省，運用他的技術建造雄偉壯觀的紀念物。安塞繆斯和他同事米勒都斯人伊希多爾（Isidore）都有這方面的才華，受到君王的鼓勵和雇用，豈不知好大喜功的君王對建築的鑑賞，已經深陷於勞民傷財的地步。受寵的建築師向查士丁尼提出他們的設計和困難，承認他們全神貫注的努力，很容易為皇帝自發的智慧或神賜的靈感有大幅的超越，何況君王永遠關心人民的利益、統治的光榮和靈魂的得救。

　　君士坦丁堡的創建奉獻給聖索非亞，或以永恆的聖智為名的大教堂，曾經兩次毀於大火，一次是約翰·克里索斯托（John Chrysostom）遭受放逐以後，另外就是藍黨和綠黨的尼卡叛變期間。等到城市的動亂剛剛平息，基督徒群眾開始悔恨褻瀆神聖的魯莽行為。他們要是能夠預見新教堂帶來的光榮，就會慶幸有可怕

的災禍發生。事件結束不過四十天的工夫，虔誠的查士丁尼開始全力著手興建。殘留的遺址全部清除乾淨，更加宏偉的計畫已經制定，需要得到某些土地所有人的同意。他們獲得非常優厚的報酬，因為君王不僅急著到手，而且感到良心不安。安塞繆斯落實整個規劃的細節，他用無比的才華指揮一萬個工匠，從未延誤夜間上燈的時刻。皇帝自己穿著亞麻短上衣，每天查看快速的進度，運用他的關懷、熱忱和獎賞，鼓勵他們更加賣力工作。新建的聖索非亞主座教堂由教長出面奉獻，從奠基之日起花了五年十一個月另十天的時間。莊嚴的典禮儀式當中，查士丁尼用虔誠的自豪語氣高呼：「榮耀歸於上帝，只有祂相信我能夠完成如此偉大的工作，啊！所羅門！我已經勝過你了！」

　　沒有等到二十年，羅馬人的所羅門王最感驕傲的建築被一場地震摧毀，圓頂的東半部倒塌。毅力驚人的君王重新修復，仍能保持原來的華麗和光輝。在他統治第三十六年，查士丁尼舉行神聖教堂第二次奉獻大典，經過十二個世紀的歲月，仍舊是他留名千古的宏偉紀念物。索非亞教堂現在已經改建為主要的清真寺（穆罕默德二世下令拆除所有的圖像和裝飾，後來在寺外的四個角建立細長高聳的叫拜塔，使得整個建築物更為調和，減少大教堂的沉重感），原來的建築形式為土耳其蘇丹極力模仿，古老莊嚴的圓頂繼續讓希臘人真心讚美，並給歐洲的旅客帶來理性的驚奇。參觀者的視線只看到半圓頂和搭棚式的屋面感到失望，西邊正面是主要的入口，既不簡潔也不夠壯觀，整體規模不如幾所拉丁主座教堂。須知建築師首次建造一個飄浮（空中樓閣式）的頂樓，大膽的設計和巧妙的施工讓人讚賞不已。聖索非亞教堂的穹頂弧度非常小，頂深只有直徑的六分之一，圍繞二十四個窗戶作為照明之用（現在看到的穹頂，結構已經有所改變，是用四十個肋架圈加蹼板組成，所以開了四十個窗子，而不是原來的二十四個）。穹頂的直徑是一百一十五呎，最高的中心位置懸掛新月來替代十字架，從頂點到地面的垂直高度是一百八十呎。圓頂拼合的環狀體非常輕巧，坐落在四個堅固的拱門上面，拱門再由四個厚重的扶壁支撐，北面和南面再用四根埃及花崗岩石柱加強。

　　整個建築物的形狀像嵌在方盒裡的希臘十字架，確切的寬度是兩百四十三呎，最大長度是兩百六十九呎。從東邊的聖所到九間的西門，打開以後通往中庭再到narthex或稱為外部柱廊的地方，後者是地位最卑下的場所，供悔罪者使用。教堂的中殿或稱大堂坐滿虔誠的會眾，只是兩性的位置要分開，上方或下層的樓座比較隱密，專供婦女使用。北面和南面扶壁之外最靠後面的地點，安置皇帝和教長的寶座，中間有一道欄杆從唱詩班的位置把大堂分為兩半。這裡開始到聖壇階梯整片區域，是教士和領唱人做禮拜的位置。基督徒耳熟能詳的聖壇，坐

落在東邊最奧祕的所在，特別建造成半圓柱的形狀。神聖的地點有幾道門通往聖器室、法衣室、洗禮室以及相鄰的建築物，都能表現出禮拜儀式的排場，或者專供高級教士使用。

查士丁尼記得過去的災難，特別做出明智的決定，除了用做房間的房門，新建築物不准使用任何木料。各個部分對材料的選用，要考慮堅固、輕巧和華麗的原則。支撐圓頂的實心扶壁，是用砂岩鑿削三角形和正方形的磚塊砌成，外面用鐵箍加強，中間的細縫灌鉛液和石灰，使磚塊緊密黏合在一起。頂樓的重量因採用質輕的建材得以大幅減低，像是能夠浮在水面的輕石，以及來自羅得島的磚塊，重量只有普通磚的五分之一。建築物的整體結構全用普通的泥磚砌成，外部再加上一層大理石。聖索非亞教堂的內部，像是頂樓、兩個較大和六個較小的半圓頂、牆壁、上百根圓柱以及地面，全部裝飾富麗堂皇和形形色色的圖案及繪畫，就是蠻族看到也會心悅神怡讚嘆不已。

有一位詩人曾經見過聖索非亞教堂早期金碧輝煌的景象，列舉出十或十二種大理石、碧玉石和斑岩的彩色、光澤和紋理，表現出大自然的千變萬化，彷彿由一位技藝高超的畫家調製而成。基督的勝利用掠奪異教最後的寶藏加以裝飾，貴

重石材的主要部分來自小亞細亞、希臘的島群和陸地、埃及、阿非利加和高盧各地的採石場。羅馬一位虔誠的貴婦捐贈八根斑岩石柱，原來是奧理安奉獻給太陽神廟；以弗所討好皇帝的行政官員，呈送另外八根綠色大理石柱，全部都以體積碩大和色彩華麗廣受讚譽。舉凡造形怪異的柱頭，無論任何式樣的建築都難以全部採納，令人見到更是嘖嘖稱奇。各式各樣的裝飾和圖畫用馬賽克表現逼真的形狀，還有基督、聖母、聖徒和天使的繪像，使希臘人的迷信暴露在危險之中，全部受到土耳其狂熱分子的毀傷和塗抹。

　　每件物體根據賦予的神聖性質，有的用金銀打成很薄的葉片包在外層，有的用貴重金屬鑄成實體。唱詩班的欄杆、各種支柱的柱頭、門和樓座的裝飾，全部鍍銅加上光彩奪目的頂樓使訪客眼花撩亂。聖所用去四萬磅白銀，祭壇的聖瓶和壇面用純金製成，上面鑲嵌價值連城的寶石。教堂的建築在進度還不到兩肘尺的高度，就已經花掉四萬五千二百磅白銀，全部的費用是三十二萬磅。每位讀者可按自己相信的程度，用黃金或銀兩的價格加以估算，就最低的標準而言也不會少於我們的幣值一百萬英鎊（兩萬五千磅黃金）。一座規模宏偉的聖殿是民族文化和宗教信仰備受頌揚的里程碑，站在聖索非亞教堂圓頂下面的狂熱信徒，難免會有永生難忘的體認，聖潔之地是神的「住所」，甚至是神的大能所建造。要是拿在聖殿表面爬行的渺小蟲豸加以比較，巧奪天工的建築是多麼的平庸！精益求精的工程是多麼的無聊！

10 查士丁尼酷愛工程建設及其重大成果（527-565年）

　　查士丁尼在首都和行省曾經興建許多工程，只是規模較小無法持久而已。要是對經得起時間考驗的建築物詳加介紹，應該就不知名的部分稍加描述。僅僅在君士坦丁堡和鄰近的郊區，他就修建二十五座教堂，奉獻給基督、聖母和聖徒，大部分裝飾黃金和大理石。這些教堂精心選擇不同的地點興建，有的在人煙稠密的廣場，有的在風景優美的樹林，或是位於海岸的邊緣，或是位於高聳的台地，能夠俯瞰歐亞大陸。君士坦丁堡的聖使徒教堂和以弗所的聖約翰教堂，外表看來取法於類同的模式，圓頂仿照聖索非亞教堂的頂樓，聖壇刻意安排放在圓頂正下方，位於四個寬廣柱廊的交會處，更能精確呈現希臘十字架的形象。皇家的信徒選擇最難討好的地點興建教堂，那裡沒有適用的地面也無法對建築師供應材料，然而耶路撒冷的聖母對此應該感到心滿意足。教堂位於一個平台上面，是把深谷的一部分填上土方，到與山頂同樣的高度。從附近採石場把石塊鑿成規定的形

狀，每一塊石磚裝上大車，要四十頭健壯的牛才拉得動，道路拓寬以運送最重的建材。黎巴嫩供應高聳入雲的雪松作為教堂的棟樑，恰好發現紅色大理石的礦脈可以製造美麗的石柱，其中有兩根用來支撐門廊，估計尺寸在全世界首屈一指。

皇帝虔誠而慷慨的施捨遍及整個聖地，如果查士丁尼為男女僧侶興建和修復很多修道院，就理性而言可以給予譴責，然而他為救助疲憊的朝聖者，開鑿水井和設立醫院，普及眾生的慈善行為受到稱讚。除了分裂主義盛行的埃及被排斥皇家的恩典之外，敘利亞和阿非利加則獲得若干賑濟，可以紓解戰爭和地震的災難。迦太基和安提阿能從一片焦土中恢復生機，必然尊重仁慈的恩主。教會時曆書列名的每位聖徒，幾乎都獲得興建教堂的榮譽，帝國每一個城市都享有實質的好處，像是興建橋樑、醫院和供水渠道。然而國君的慷慨有其嚴厲的一面，絕不會縱容臣民沉溺於浴場和劇院的奢華享受。查士丁尼致力於公眾服務的時候，也未曾忘懷維持自己的尊嚴和舒適。

拜占庭皇宮被大火摧毀，修復以後顯得煥然一新，更加富麗堂皇。有些人認為從它的前廳或大堂就可以一窺全貌，前廳就大門或屋頂的形式可以稱為chalce或銅廳。寬廣的正方形基座上面架著圓形屋頂，下面用很多石柱支撐，地面和牆壁鑲嵌顏色各異的大理石，像是拉柯尼亞（Laconia）的綠玉色、弗里基亞的火紅色和白色，裡面還顯現深藍色的紋脈。圓頂和周圍有馬賽克拼成的圖畫，表現阿非利加和意大利作戰凱旋的光榮事蹟。普洛潘提斯海對面的亞洲海岸，離東邊的卡爾西頓不遠，宮廷建造豪華的赫勞姆（Heraeum）皇宮和花園，供給查士丁尼特別是狄奧多拉避暑之用。當代的詩人對於自然和藝術的配合、林木、噴泉和海浪的和諧，前所未見的美景真是讚不絕口。只有伴隨宮廷前來的大批侍從人員，抱怨他們的住處非常不便。就是森林女神也受到波菲利歐（Porphyrio）的騷擾驚慌不已，這條極其有名的鯨魚寬十肘長三十肘，為害君士坦丁堡海域達半個世紀，終於擱淺在桑格里斯（Sangaris）河口。

查士丁尼倍增歐洲和亞洲的防衛力量，過於怯懦和無效的準備工作一再重複進行，把帝國的弱點暴露在一位哲學家的慧眼之中。從貝爾格勒到黑海以及從薩維河的匯流處到多瑙河河口，有八十多處守備的據點連成一道防線，沿著這條天塹的河岸向前延伸。單獨的瞭望塔改建為寬大的城堡，原來空虛無人的城市，工程人員按照地形的需要，將城牆加以縮小或擴大，用遷來的移民和派遣的守備部隊充實人口數量。圖拉真過去建橋的遺址，現在有一座堅強的堡壘受到嚴密的防衛，有幾處軍事駐地已經越過多瑙河，用來展現羅馬的威名。只是炫耀的做法適得其反，不能達成懾人的效果。蠻族每年入侵的時候，以藐視的神情穿越無法

發揮作用的防衛工事，帶著掠奪的戰利品歸去。邊
疆的居民不能依賴正規的防務獲得庇護，被迫保持
毫不鬆弛的警戒，用自衛的力量防守分離的居留
地。位置偏僻的古老城市在各方面加強工事，
查士丁尼新設立的基地雖然過於急迫，仍想
要獲得固若金湯和人煙稠密的美譽。

　　虛榮心極重的君王把自己的出生地視
為「至福之所」，加以百般照顧和尊敬。
授與查士丁尼特區的稱號，名不見經傳的
小村落陶里西姆（Tauresium），成為大
主教和統領的所在地，管轄的區域包括
伊里利孔七個戰事頻仍的行省。後來龍
興之地以訛傳訛，被誤傳為朱斯廷迪爾
（Giustendil），位於索非亞的南邊二十哩，
現在是土耳其一個行政區的首府。皇帝為

擁抱葡萄的孩童青銅像。

了衣錦榮歸，很快在鄉親面前建造一所主座教堂、皇宮和一條供水渠道，加上公
眾和私有的建築物，使得皇家城市更為偉大，同時也修築堅固的城牆，使得查士
丁尼在位期間，能夠阻止匈奴和斯拉夫人無攻城能力的襲擊。達西亞、伊庇魯
斯、帖沙利、馬其頓和色雷斯所屬各行省，建立無數的城堡，看起來滿布整片國
土，能夠遲滯蠻族的行動，使得南下牧馬大肆剽掠的願望落空。皇帝曾經整建或
修復六百多座此種類型的守備據點，看來讓人不得不相信，絕大部分的據點都是
方形或圓形，中間僅有一座石塊或磚頭砌成的高塔，四周圍繞一道城牆或壕溝，
在最危急的時候，為鄰近村莊的農人和牲口提供相當的保護。雖然數量龐大的軍
事工程已經耗盡國家的財源，還是無法讓查士丁尼和歐洲的臣民感到放心，不再
憂慮蠻族的進犯。

　　安契拉斯的溫泉位於色雷斯，非常安全，可以作為療養的聖地；提薩洛尼卡
富饒的牧場受到錫西厄人騎兵部隊的蹂躪；田佩（Tempe）是風景優美的谷地，
離多瑙河有三百哩遠，不斷傳來殺伐的聲音使人驚惶不已。只要是不設防的地
點，無論距離多遠或多麼偏僻，都無法享受和平的生活。色摩匹雷的隘道好像可
以保護希臘的安全，卻讓人失望，查士丁尼倒是盡最大努力加強防務，修建一道
堅固的邊牆，從海岸的水際穿過森林和山谷，抵達遙遠的帖沙利山區直到絕頂，
占領所有可用的通道，還派遣一支兩千士兵的守備部隊，替代原來倉卒召集的農

夫，沿著修建的防壁駐紮，設置穀倉和貯水池供應官兵的需要。重視防禦的準備工作只是激起畏戰的心理，說來倒是未卜先知的事，修建舒適的堡壘不過便於部隊的後撤罷了。科林斯被地震摧毀的城牆，以及雅典和普拉提亞（Plataea）倒塌的堡壘，都被很仔細加以修復。蠻族知道未來要進行曠日持久的圍攻，對於的痛苦無不感到失望。科林斯地峽在強化防禦力量以後，伯羅奔尼撒沒有城牆的城鎮也得到掩護。

　　歐洲的終端位置另外還有一個半島，通過色雷斯‧克森尼蘇斯（Thracian Chersonesus）再加三天行程到達海邊，與對面的亞洲海岸形成海倫斯坡海峽。半島這一部分有十一個人口眾多的市鎮，到處都是高聳的森林、美好的草原和耕種的農田。過去有一位斯巴達將領，曾在長達三十七個斯塔迪亞或弗隆（furlong，長度單位相當於八分之一哩）的地峽上面設防，時間是查士丁尼統治之前九百年。當時是一個崇尚自由和英勇的時代，非常簡陋的防壁或許可以免於遭受突然的襲擊。樸洛柯庇斯對古代的作戰優勢並不清楚，所以他讚許留存的城牆，不僅構建結實而且有兩道胸牆，形成的護壁一直延伸到大海。如果不是每個城市，尤其是加利波里和塞斯都斯（Sestus），有特別的防護措施用來保障安全，那麼城牆的強度仍不足以防衛克森尼蘇斯整個地區。他們用強調的口吻把它稱為「長城」，這項工程就興建的目的而論是一種羞辱，只是執行的成效可以獲得讚許。

　　首都的富裕會散布到鄰近地域，君士坦丁堡城區真是得天獨厚，自然的美景中妝點元老院議員和富有市民豪華的花園和別墅。累積的財富對大膽和貪婪的蠻族產生莫大的吸引力，最高貴的羅馬人處在和平的怠惰環境，成為錫西厄人的階下囚。他們的君王從皇宮看到烽煙四起，大火即將蔓延到皇家城市的城門。阿納斯塔休斯被迫要建立最後的邊疆，距離皇宮已經不到四十哩。他的長城從普洛潘提斯海到黑海達六十哩，等於正式宣告現有的武力已不足恃。在大難臨頭的緊急狀況之下，明智的查士丁尼用不屈不撓的精神，增建堡壘和工事構成新的防線。

11 查士丁尼的崩殂及其性格和統治的蓋棺論定（565年）

　　皇帝要是因貝利薩流斯的死亡感到欣慰，那麼在他三十八年的統治和八十三年的壽命之中，也不過享受到八個月最卑鄙的樂趣而已（565年11月14日）。這位君主在他所處的時代並非光彩耀目的人物，要想弄清楚他的性格和為人實在很困難。有人惡意中傷，提到查士丁尼肖似圖密善的胸像，他們有同樣有勻稱的身

材、紅潤的氣色和和藹的面容。他是一位平易近人、耐心受教、談吐高雅、態度親切的皇帝，也是一位能控制憤怒情緒的主子，須知「王者之怒」可以在專制君王的心胸激起暴虐的行為。樸洛柯庇斯讚揚他的脾氣，是為了譴責他不動聲色和謀定而動的殘酷。

更為坦率的批評者會認同查士丁尼的公正，稱許他的寬厚，而不是藉著陰謀事件對他的權威和人身加以攻擊。他的個人操守像是純潔和節欲，真是無人能及，愛美的天性比起對狄奧多拉的夫妻之情，倒是不會帶來更大的遺毒；他對清淡飲食的節制出於僧侶的迷信，不是哲學家的智慧；他的用餐時間很短而且極為節儉，在舉行嚴肅慶典的齋戒期間，僅進飲水和蔬菜。他的精力旺盛充滿幹勁，經常連著兩天兩夜不進食物，他的睡眠也嚴加控制，休息一個時辰以後就會自動醒來，開始走動或進修直到天明，使他的寢宮總管大為驚愕。毫不鬆懈的起居生活使他得到更多時間，用於尋求知識和處理政務，由於過分的瑣碎以及反常的勤奮，使得政府的正常運作受到干擾，他在這方面應受到指責。

皇帝把自己看成音樂家、建築師、詩人和哲學家，也是律師和神學家，即使調停基督教各派系的工作未獲得成功，羅馬法的整理綜合也使他的精神和勤勉獲得最高貴的紀念碑。他在帝國的政府之中不是幹練和精明，也沒有多大的成就，就墮落的時代而言非常不幸，人民受到壓迫心懷不滿。狄奧多拉濫用權勢，任命的大臣多是平庸貪婪之輩，使他蒙上無知人之明的譏諷。查士丁尼生前不受人民愛戴，死後無人哀悼。追求名聲是深植於他內心的目標，然而貧瘠的野心只能屈從於空洞的頭銜、地位和當代人士的讚揚。他努力想要獲得羅馬人的稱頌，卻喪失他們對他的尊敬和愛戴。阿非利加和意大利戰爭的規劃大膽又能貫徹執行，靠著驚人的洞察力從軍營中拔擢貝利薩流斯，從皇宮裡重用納爾西斯（Narses），然而皇帝的名聲為兩位勝利的將領掩蓋。貝利薩流斯活得夠久，使君王被斥為嫉賢妒才和忘恩負義。

人類偏愛征服者的天才，讚譽他領導臣民進行武力的鬥爭。菲利浦二世和查士丁尼最為人所知的特點，是有喜愛戰爭的冷酷野心，卻又規避戰陣的殺身危險。然而有一座皇帝巨大的青銅騎馬雕像，穿上阿奇里斯的服裝和鎧甲，準備向著波斯進軍的雄姿，就在聖索非亞大教堂前面的廣場，有七級台階的石座和銅柱上面安放這尊紀念物。原來放著七千四百磅白銀鑄成的狄奧多西紀念柱，被貪婪而虛榮的查士丁尼移開。後來的君王對他的名望有比較公正的看法，可以說是更加縱容。十四世紀初葉，安德洛尼庫斯二世（Andronicus II）重新整修美化他的騎馬銅像，卻在帝國滅亡後被勝利的土耳其人熔化，拿來製作砲彈。

CASTELLO
ACQVA GIVLIA

第十七章
悲劇的角色（523-565 年）

1　查士丁尼決定征服阿非利加及當前狀況（523-534 年）

　　查士丁尼登基稱帝是西羅馬帝國滅亡以後五十年的事，哥德人和汪達爾人的王國在歐洲和非洲不僅穩固建立，看來已是合法的政權。羅馬人勝利所銘刻的頭銜被蠻族用刀劍刮掉，可以算是正義的行動。他們曾經不斷的掠奪和搶劫，在時間、條約和忠誠誓詞的約束之下知所收斂，第二代或第三代聽命的臣民保證不懷貳心。神明建立的羅馬能夠永遠統治世間所有的國家，迷信的希望為過去經驗和基督教教義所全盤否定。想要很自負的認定永久不變和不容侵犯的主權，這已經無法用士兵來維護，完全靠著政治家和律師的堅持。現代學校的法律課程有時也會重新傳授與散播他們的見解。等到羅馬被剝去皇家的紫袍以後，君士坦丁堡的君主自認手握神聖的權杖，是唯一的皇帝，要求獲得合法的繼承權利，那是執政官征服或凱撒所據有的行省，雖然實力薄弱還是抱著渴望之心，要從異端和蠻族的篡奪者手中解救西部忠誠的臣民。偉大的計畫多少要保留給查士丁尼執行，在他統治的前五年，基於很勉強的狀況，對波斯發起費用浩大而又得不償失的戰爭，後來為了達成雄心壯志，顧不得喪失顏面，支付一萬零四百磅黃金的代價，與波斯達成並不穩定的停戰協定，就兩個國家的說法，已經建立「永久」的和平。帝國東部的安全使皇帝能夠轉用兵力對付汪達爾人，阿非利加內部的情況對於進犯提供合理的藉口，同時也答應給予羅馬軍隊有力的支持。

　　阿非利加王國按照創建者的遺囑傳位給赫德里克（Hilderic）（523-530 年），他是最年長的汪達爾君王，個性溫和有禮。他身為暴君的兒子和征服者的孫子，為政之道力主仁慈與和平，接位以來改弦更張頒布表達善意的詔書，恢復教會原有的兩百位主教，給予教徒信仰自由可以接受阿泰納休斯信條。正統教會即使獲得認可表現冷淡而又短暫的感激，對他們所要求的權利而言，目前的恩惠還無法滿足。同時赫德里克的德行過於寬大，冒犯了族人秉持的成見。阿萊亞斯派的教士暗示他已經背棄原有的宗教信仰，士兵大聲抱怨他喪失祖先開疆闢土的勇氣，他的使臣受到懷疑要與拜占庭宮廷進行祕密而羞辱的談判。他有一個將領被眾人

稱為「汪達爾的阿奇里斯」，征討赤裸的摩爾人烏合之眾竟然鎩羽而歸。傑利默（Gelimer）挑起公眾不滿的情緒（530-534年），他憑著年齡、家世和軍事聲譽獲得表面的頭銜及繼位的權利，得到民族的認同進而掌握政府。不幸的統治者毫無掙扎的餘地，很快遭到推翻，從寶座打進地牢，在同謀者嚴密的看管之下苟延殘喘，而這位同謀者就是那位不得民心的姪兒「汪達爾的阿奇里斯」。

　　赫德里克給予信奉正教的臣民恩惠，可以使他獲得查士丁尼的好感；後者為了使自己的教派能占優勢，承認宗教自由的運用和公正。他們的聯盟過去因為互贈禮物和來往信件，建立了更為緊密的連繫，當時賈士丁一世的姪子還處於私人的地位。等到查士丁尼成為皇帝，更加肯定相互的關係會產生忠誠和友誼。他接見相繼派來的兩位使臣，規勸篡奪者對於背叛要有悔悟之心，至少要戒絕更進一步的暴力行為，以免惹上帝和羅馬人不滿；要尊敬有關家族和繼承的法律；無論是在迦太基的帝座或是君士坦丁堡的皇宮，要讓一位虛弱的老人平靜安度天年。他使用威脅和指責的傲慢聲調，從傑利默的情緒或智慧來看，迫得要拒絕干涉內政的要求。他認為自己的登基是正當的行為，就用少見的語氣對著拜占庭宮廷剴切陳詞，宣稱自由的民族有權罷黜或懲處無法善盡職責的最高官員。外來的諫言毫無成效可言，反而使囚禁的國君受到嚴苛的待遇，赫德里克的雙目被他的姪兒剜去。殘酷的汪達爾人對自己的實力以及雙方的距離產生信心，不把東部皇帝的恫言恐嚇和緩慢準備放在眼裡。查士丁尼決心解救朋友為他復仇，傑利默要維護篡奪的成果，雙方依據文明國家的做法，向彼此提出最嚴正的抗議，都說自己矢言和平，對方才是引起戰爭的罪魁禍首。

　　聽到阿非利加戰爭的傳聞，只有君士坦丁堡虛榮而又怠惰的群眾感到爽快，因為貧窮免於繳納貢金，怯懦免於從軍出戰；一般有見識的市民，想起帝國為了支持巴西利斯庫斯的遠征行動，根據過去的經驗判斷未來的狀況，難免要付出生命和金錢的巨大損失。部隊已經從事五次重大的戰役，新近從位於波斯的邊界召回，他們對於海洋、天候和實力未明的敵人都深感畏懼。負責財政的大臣計算阿非利加戰爭的需求並盡可能從寬考量，這樣一來必須增設稅制加強徵收才能供應無饜的戰費，否則到時候還要負起供應不足的責任，可能危及他們的生命或至少賠上有利可圖的職位。帕多西亞的約翰基於這種自私的動機（我們認為他一點都不關心公眾的利益），在一面倒的會議裡面竟敢提出反對意見。他承認如此重要的勝利無論付出多高的代價都不為過，只是他對於困難重重的戰事和無法預料的結局，表示嚴重的關切和疑慮。禁衛軍統領說道：「皇上要進行迦太基的圍攻作戰，從陸地發動的距離至少有一百四十天的行程；如果經由海洋，在從艦隊獲得

任何信息之前，一年的時間就已經過去。要是接受阿非利加的歸順，勢必進而著手西西里和意大利的征戰。成功只會加重我們的責任和新增的工作，要是出了一點差錯，筋疲力竭的帝國就會引來蠻族進入心腹要地。」

查士丁尼體驗到有益的諫言極具分量，為一向聽命的寵臣竟然放言高論感到驚異。如果不是他的勇氣在聽到呼籲的聲音之後又重新恢復，可能會就此放棄戰爭的企圖。東部主教非常技巧而又狂熱的證辭，使得令人懷疑的褻瀆理由全部噤若寒蟬，他大聲說道：「我已經預見未來的景象，那是上天的意願。啊！陛下！你不能放棄解救阿非利加教會的神聖事業，上帝在戰場上要走在你的旗幟前面，使你的敵人一敗塗地，須知背教者也是聖子的仇敵。」皇帝可能受到宗教的誘導，只有相信過於牽強的說辭，就是身邊的顧問也不得不如此表示。他們燃起更為合理的希望，那就是赫德里克或阿泰納休斯的追隨者，已經在汪達爾王國的邊界激起叛亂行動。普登久斯（Pudentius）是阿非利加的臣民，私下表示效忠的意圖，在一小部分軍事力量的協助下，光復的黎波里行省，再度聽從羅馬人的統治。薩丁尼亞政府已委託哥達斯（Godas）治理，驍勇的蠻族停止支付貢金，拒絕向篡奪者效忠，接見查士丁尼派來的密使，要讓皇帝的代表知道他是富裕島嶼的主人，站在衛隊的前面，非常驕傲地接受皇室的紋章。汪達爾人的兵力在爭執和疑慮之中逐漸減少，羅馬軍隊的士氣受到貝利薩流斯的鼓舞日益高漲，這位英雄人物的名字，無論在任何時代或國家，都為大家所熟悉。

2 貝利薩流斯的家世經歷和出征阿非利加（529-533年）

新羅馬的阿非利加努斯（Africanus）出生在色雷斯的農家，也在那裡接受教育，沒有具備老西庇阿（Scipio）與小西庇阿可以培養武德的優勢地位，像是高貴的家世、通才的教育和發揮創意的競爭。喜歡饒舌的祕書（就是下面提到的普羅科皮烏斯）保持沉默，可以證明年輕時代的貝利薩流斯沒有鋒芒四射。他的勇敢和名聲受到肯定，才能在查士丁尼的私人衛隊裡服務。等到庇主登基稱帝，家臣受到重用升為軍事指揮官。入侵帕薩美尼亞的大膽軍事行動，他的光榮戰績為一位同僚分享，然而他的前途發展也受到一個仇敵的阻礙。貝利薩流斯趕赴最重要的駐地達拉（529-532年），首次接受樸洛柯庇斯的服務，在他的一生事業當中，樸洛柯庇斯始終是最忠誠的夥伴和最勤快的史家。

波斯的米朗尼斯（Mirranes）率領四萬銳不可當的大軍一路奔殺過來，要將達拉的守備工事夷為平地，而且還指定日期時辰要市民準備浴場，好讓他在獲勝

之後解除連日的辛勞。他遭遇勢均力敵的對手，對方的新頭銜是東部的將領。貝利薩流斯的優勢是在作戰的技術方面，然而部隊的數量和素質都稍遜一籌，兵力總數是兩萬五千羅馬人和外來的人馬，軍紀的要求非常鬆，新近遭受打擊且士氣低沉。達拉是平原廣闊之地，各種欺敵和埋伏無所遁形，貝利薩流斯用一道深壕保護正面，首先要求挖成垂直的角度，再向水平方向延伸，直到可以掩護兩翼的騎兵，部署的優勢作為在能控制敵人的翼側和後方。羅馬軍的中央部位受到攻擊，正在岌岌可危之際，兩翼的騎兵及時和迅速衝鋒，決定這場血戰的勝敗。波斯的旗幟被砍倒，所向無敵的「鐵騎軍」逃走，步兵拋棄他們的小圓盾，潰敗的一方有八千人陳屍戰場。

等到下一次戰役，敘利亞在面對沙漠的一邊受到敵軍的入侵，貝利薩流斯率領兩萬人馬，倉卒之間離開達拉，前去解救面臨險境的行省。該年整個夏季，他那高明的戰術和用兵的技巧，屢次擊敗敵人的企圖。他迫使敵軍後撤，每天晚上都占領敵人前一日使用的營地。只要部隊發揮堅忍的耐性，就能確保犧牲最小取得勝利。他們原先立下勇敢的承諾，開始接戰卻無力支撐下去；信奉基督教的阿拉伯人遭到收買或是出於怯懦，臨陣脫逃使得右翼暴露；八百名匈奴武士組成的老兵部隊，力拒敵軍優勢兵力的壓迫；逃走的艾索里亞人受到攔阻；羅馬步兵仍然在左翼屹立不搖；貝利薩流斯從馬背上跳下來，向部隊表示他堅定的信念。只有在絕望中發揮無畏的精神，才能使大家獲得安全。他們轉過身來面對敵人背水而戰。羅馬人遵守命令緊密架起圓盾，於是箭雨在空中閃耀無法產生殺傷效果，伸出的長矛組成無法穿透的陣列，阻止波斯騎兵一再的突擊。抵抗很多個時辰以後，剩下的部隊在夜幕的掩護之下，非常技巧地乘船渡過幼發拉底河全師而返。波斯指揮官只有在混亂和恥辱的狀況下撤離，他將要面臨嚴厲的指責，因為犧牲了眾多的士兵只贏得一無可取的勝利。

貝利薩流斯的名聲沒有受到作戰失敗的玷汙，部隊輕率行動產生的危險局面，靠著他大無畏的精神才能拯救全軍。簽訂和平條約使他免於負起東部邊疆的守備任務，處理君士坦丁堡叛亂事件順利完成任務，皇帝深為感激對他更加信任。等到阿非利加的戰爭成為公眾談論和暗中商議的主題，每位羅馬將領對於危險的使命沒有雄心壯志的企圖，而是懷著謹慎恐懼的焦慮。查士丁尼立即宣布他的選擇，完全在於卓越的功績和用兵的能力，等到推舉貝利薩流斯獲得大家一致的讚許，難免再度激起將領嫉妒的心情。拜占庭宮廷的陰柔習性必然產生猜忌的氣氛，到處傳聞英雄狡詐的妻子在暗中打點。安東妮娜（Antonina）漂亮又機智，一生之中交互受到狄奧多拉皇后的信任和痛恨。安東妮娜的先世沒沒無聞，

出身賽車御手的家庭，人盡可夫的性格遭到極為惡毒的譴責；然而她對名滿天下的丈夫，有長久而絕對的權力，完全控制他的心靈和意志。如果說安東妮娜貌視忠貞婚姻的價值，那麼她對貝利薩流斯就是表現男性的友誼，在艱苦而危險的軍人生涯之中，用大無畏的決心伴隨他面對和解決所有的困難。

阿非利加戰爭的準備工作（533年），對於羅馬和迦太基最後的鬥爭發揮很大的作用。軍隊裡感到自豪的精英分子，包括貝利薩流斯的衛隊在內，根據墮落時代奉承的習氣，用特別的忠誠誓詞奉獻給服務的庇主。每個人的體力和身材都經過仔細的挑選，配發最好的馬匹和甲冑，孜孜不倦進行各種作戰的訓練項目，採取行動以激勵最大的勇氣。整支隊伍的群體活動和相互交往，以及個人對官職和財富的野心，更能提升頑強凶悍的戰鬥精神。忠誠負責而又積極進取的法拉斯（Pharas），指揮四百名最驍勇的赫魯利人，他們有永不認輸的鬥志和難以駕馭的傲氣，價值遠超過溫馴而又聽話的希臘人和敘利亞人。獲得六百名馬撒杰提人（Massagetae）或是匈奴的增援，認為是極其重要的決勝因素，他們受到甜言蜜語的誘惑，參加海上的遠征行動。五千騎兵和一萬步兵在君士坦丁堡上船要去討伐阿非利加，步兵大部分從色雷斯和艾索里亞徵召，就運用的範圍和名聲的響亮而言不及騎兵，不過錫西厄的強弓成為羅馬軍隊最倚重的武器。

樸洛柯庇斯最值得嘉許的地方，是了解當時的狀況以及箭矢發揮的作用，並特別提出來為那個時代的士兵辯護，對抗一些不利的批評和流行的說法。古代只有全副鎧甲的武士是最受尊敬的人物，提到弓箭手就會心懷惡意，引用荷馬的話認為他們應當受到貌視。「弓箭在荷馬時代之所以受到輕視，可能是因為全身赤裸的青年，步行出現在特洛伊的戰場，潛伏在墓碑的後面，或者拿朋友的身體當盾牌，弓弦只拉到胸前，射出去的箭有欠準頭而且力道不強。我們的弓箭手現在都騎在馬上，用值得稱譽的技術操控武器，頭部和肩膀用圓盾保護，腿部穿著鐵製的護脛，全身披上鎧甲或者是鎖子甲，右邊懸掛著一袋箭囊，左邊有一把佩劍，手裡通常揮舞著長矛或是標槍，在短兵相接時使用。他們的弓強勁而沉重，在任何方向都能發射，無論是前進或後退，無論是對著正面、後方還是側翼。他們接受的訓練不是將弓弦拉到胸前而是右耳後方，只有真正堅韌的鎧甲才能抵擋力道強大的箭矢。」

五百艘運輸船配置兩萬名來自埃及、西里西亞和愛奧尼亞的水手，全部集結在君士坦丁堡港口，各種船舶從三十噸到最大型重達五百噸，加上各種補給品，能夠充分供應所需，船隻的總噸位要到達十萬噸，才能容納三萬五千名士兵和水手、五千匹馬，以及武器、機具、各類軍需，再加上足夠三個月航程所需的飲水

和糧食。威風凜凜的戰船上有數百名划槳手，在過去的時代曾經橫掃地中海，所向無敵，如此雄偉的景象在君士坦丁堡人民的眼中早已睽違多年。查士丁尼的艦隊只有九十二艘輕型雙桅帆船負起護衛的任務，掩護運輸船不受敵軍發射武器的損害。兩千名君士坦丁堡最勇敢和健壯的青年，配置在雙桅帆船上面擔任划槳的工作。知名的將領有二十二位，後來在阿非利加和意大利的戰役中大顯身手，但是不論是海上還是陸地的最高指揮權，全部授與貝利薩流斯，他可以運用毫無限制的權力，有如皇帝御駕親征。航行和海上作戰的技術，到現代已經有了長足進步，軍隊也區分為海軍和陸軍兩個軍種，兩者互為因果俾能發揮整體戰力。

3 羅馬艦隊在海上的航行及在阿非利加登陸（533 年）

查士丁尼統治第七年，大約在夏至前後（533 年 6 月），整個艦隊六百艘船在皇宮花園前的海面，排列出軍威雄壯的校閱陣容。教長向全軍將士祝福，皇帝下達遠征的命令，將領的號角手發出開拔的信號，每個人根據畏懼或期望的情緒，帶著焦慮而好奇的心理，搜尋可能帶來失敗或成功的徵兆。貝利薩流斯先在佩林瑟斯（Perinthus）或赫拉克利停留五天，接受國君送來幾匹色雷斯駿馬，作為旗開得勝的禮物。開始順著航道穿過普洛潘提斯海，等到進入海倫斯坡海峽掙扎前進之際，遭到一陣妨礙航行的頂頭風，迫得要在阿拜杜斯（Abydus）等待四天。這時將領堅定而又嚴苛的軍紀要求令人終生難忘。

三個匈奴在酒醉以後發生爭吵，其中一個被同伴殺死，將領立即下令將凶手吊死懸屍示眾。他們的族人認為違背習俗的做法侮辱民族的尊嚴，拒絕接受帝國把人視為奴隸的法律，要維護錫西厄人自由的特權，也就是對於酒醉和氣憤的突發行為，只能用少量罰鍰作為補償。他們的抱怨很像回事，發出大聲的叫囂，羅馬人對於不守秩序的行為，沒有追究也就等閒視之。但接著很快有暴動的危險，靠著將領出面用威嚴的地位和動聽的辯才，方始將他們安撫下來。他對集合的部隊講話，提到他要善盡公正的責任，強調紀律的重要，行為良好和信仰虔誠的人會獲得獎賞，謀殺是不可饒恕的罪行，而在酗酒惡習助長之下，寬大會產生更為嚴重的結果，這才是令人感到極為憂慮的地方。

從海倫斯坡海峽到伯羅奔尼撒的海上航行，希臘人圍攻特洛伊返國，回程只花了四天的時間。貝利薩流斯的旗艦引導整個艦隊的行進路線，白天張著醒目的紅色船帆，夜間在船首點燃耀眼的巨大火炬。他們不停在島嶼之間航行，到達馬利亞（Malea）和提納隆（Taenarium）的海岬準備轉向（這兩個海岬位於伯羅奔

尼撒半島最南端，中間形成拉哥尼亞灣，船隻通過與錫西拉島之間狹窄的水道，會遭遇突然颳起的狂風，是地中海最危險的海域之一）。舵手的責任是要使為數眾多船隻保持正確的隊形和適當的間隔，風向很順而且風力適度，他們的苦心沒有白費，安全抵達美塞尼亞（Messenian）海岸。部隊在美索尼（Methone）下船，充分休息好恢復海上的疲勞。勇敢的士兵獻身為公眾服務，在此地經驗到貪婪是如何藐視數以千計人員的生命，何況無法寬恕的罪惡是隨著職權產生。

按照陣中勤務的規定，野戰爐灶要為羅馬人每天供應兩次麵包或餅乾，因為重量的損失，容許減少四分之一的定額配給。為了獲得少許可憐的利潤以及節省木柴的費用，卡帕多西亞的約翰身為統領竟然下達命令，要麵粉先在君士坦丁堡用浴場燒水的火稍微烘焙一下，但如此做法導致了等到裝糧食的麻袋打開，麵團都已因潮溼而發黴。如此已經腐敗又不衛生的食物，因為炎熱的天候和季節更加嚴重，立即引發流行的傳染性疾病並有五百名士兵喪生。幸好貝利薩流斯採取防範措施，才能恢復大家的健康。他在美索尼供應新鮮的麵包，同時毫不顧慮會得罪在朝的大臣，基於正義和人道表達氣憤之情。皇帝聽到他的抱怨對將領的處置表示嘉許，並沒有處分瀆職和貪財的大臣。

艦隊離開美索尼港口，舵手沿著伯羅奔尼撒的西岸航行，直抵札辛瑟斯（Zacynthus）或稱占特（Zant）島，從發航到越過愛奧尼亞海的航程是一百里格（在他們的眼裡，這是最困難的一段海域）。現在艦隊遭到未曾意料之事，在無風狀況下浪費十六天的時間緩慢航行。要不是機靈的安東妮娜保存了一瓶水，為了避免陽光的照射埋在船上一個沙堆的深處，甚至連將領本人都要飽嘗口渴的痛苦了。他們終於在西西里南部的考卡納（Caucana）港，找到安全而友善的庇護所。哥德官員用狄奧多里克的女兒和外孫的名義統治資源豐富的島嶼，所以會服從極不平常的命令，把查士丁尼的部隊視為友人和同盟，充分供應所需的糧食，為騎兵隊配發缺少的馬匹。樸洛柯庇斯立即從敘拉古趕回來，獲得汪達爾人當前狀況和企圖的正確資料。他提供的情報使貝利薩流斯下達決心要立即展開行動，迫不及待的明智作為適時獲得風向的幫助。艦隊離開西西里的視線，駛過馬爾他的前方發現阿非利加的海角，強烈的東北風吹襲下沿著海岸航行，最後在卡普特‧法達（Caput Vada）海岬所圍成的海灣中下錨，迦太基在南邊大約還要五天的行程。

要是傑利默知道敵軍正在接近，就會延緩對薩丁尼亞的征服行動，集中兵力防衛他本人和王國的安全。派出的特遣部隊有五千士兵和一百二十艘戰船，將會回來加入汪達爾人其餘的部隊。堅西里克的後裔可以用水師奇襲的方式壓制敵軍

的艦隊，因為塞滿貨物的運輸船無法從事作戰行動，輕型雙桅帆船參加海戰似乎只有逃跑的資格。貝利薩流斯在航行途中無意中聽到士兵的談話，使他暗中驚慌不已。不習水戰的部隊感到憂慮要相互壯膽，同時強調只要能登陸上岸，願意用武器來維護自己的榮譽，如果在海上受到攻擊，只有毫不羞愧的認輸，他們沒有勇氣同時與風浪和蠻族搏鬥。等到明瞭大家的想法，貝利薩流斯決定只要抓住一線機會，就趕快率領部隊登上阿非利加的海岸。他在作戰會議保持審慎和明智的決定，反對大家非常魯莽的建議，就是用艦隊搭載兵力直接駛往迦太基的港口。

離開君士坦丁堡已有三個月，人員、馬匹、武器和軍需物資全部安全下載，每艘船留下五名士兵在甲板上擔任警衛，整個艦隊布置成半圓形。登陸的部隊在海岸附近占領營地，按照古老的軍事教範，用防壁和塹壕加強守備的力量，發現一處新鮮的水源可以解除口渴的煎熬，使羅馬人獲得宗教和紀律的信心。次日早晨鄰近地區有幾處田莊遭到搶劫，貝利薩流斯懲罰違犯法紀的人員，在關鍵的時刻掌握稍縱即逝的機會，諄諄教誨全軍要奉行公正、節制和真誠的策略和原則。將領說道：「我開始接受綏靖阿非利加的任務，考量成功的因素不是靠著部隊的數量或作戰的勇氣，而是在於當地人士的友情和對汪達爾人勢不兩立的痛恨。要是那些只花少許金錢就可買到的物品，你們抱著不在意的態度要用掠奪來獲得，等於是剝奪我僅有的希望和唯一的優勢。要知道暴力行為會使當面的世仇和解，聯合起來成為公平和神聖的同盟，對抗侵略他們國家的敵軍。」

將領的訓示用嚴格的軍紀要求貫徹執行，士兵本身立刻感受到有益措施產生的效果，表示由衷的欽佩和贊許。居民毋須拋棄家園或是隱匿財物，有收費公平和貨物充足的市場供應羅馬人，行省的文職官員用查士丁尼的名義繼續行使原有的職責，教士基於本能和利益的動機，盡心盡力為信仰正統教義的皇帝奮鬥不息。距離營地約一日行程名叫蘇勒克特（Sullecte）的小鎮，獲得第一個開城簞食壺漿以迎王師的榮譽，重建古老的隸屬關係；理普提斯（Leptis）和艾得魯米屯（Adrumetum）這些大城，在貝利薩流斯出現時，也都效法歸順的榜樣。

他在毫無抵抗之下到達格拉西（Grasse），汪達爾國王在此建造一座宮殿，距離迦太基有五十哩。到處是濃蔭的樹叢、冷冽的流泉和美味的水果，疲困的羅馬人盡情休息恢復體力。樸洛柯庇斯認為此地的果園真是前所未見，無論在東方或西方都難以比擬，可能是史家喜愛美食或者是太過勞累所致。汪達爾人經過三代的時間，優裕的生活和溫暖的氣候使得刻苦耐勞的習性喪失得一乾二淨，不知不覺成為奢侈頹唐的種族。他們的田莊和花園就波斯人看來真是「天堂」，讓人能夠享受涼爽而安寧的休憩，每天要沐浴一番，蠻族的餐桌擺滿山珍海味。他們

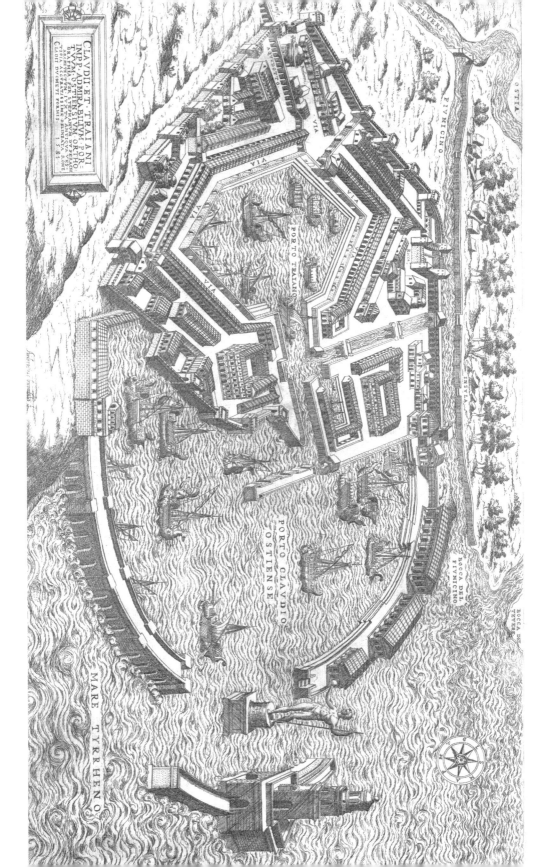

穿著絲質長袍，模仿米提人的形式寬大飄逸，用金線繡出各種圖案和花樣。生活中要勞動出力的工作，只有談情說愛和騎馬出獵，空閒的時光充滿各種消遣，像是啞劇、賽車以及劇院的歌舞表演。

4 貝利薩流斯進軍獲得初期勝利及占領迦太基（533年）

在十天或十二天的行軍當中，貝利薩流斯始終保持高度的警覺和旺盛的企圖，隨時準備迎擊尚未露面的敵軍。亞美尼亞人約翰是位戰功彪炳而又深獲信賴的軍官，率領三百名騎兵擔任前鋒。六百名馬撒杰提人保持一段距離掩護左側翼。整個艦隊沿著海岸航行，盡量要與軍隊能夠通視。軍隊每天的行程大約是十二哩，夜晚駐紮在防衛森嚴的營地或是友善的城鎮。羅馬人即將接近迦太基的消息，使得傑利默的內心充滿焦慮和恐懼。他一廂情願想把戰事拖延下去，好讓他的弟弟帶著身經百戰的部隊，從薩丁尼亞的征戰撤軍返國。他現在最感煩惱的地方，是他們的祖先過去極為輕率的政策，竟然拆除阿非利加所有防衛工事，使他只能採用最危險的解決辦法，出兵迎擊與敵軍在都城的近郊決一死戰。汪達爾人用五萬人征服阿非利加，現在要是不算婦女和小孩，可用的作戰人員到達十六萬人，龐大的兵力只要有戰鬥的勇氣和合作的精神，用來對付羅馬將領衰弱而又勞累的隊伍，就可以將登陸初期的敵軍擊成齏粉。失去主張的國王聽從友人的意見，以逸待勞接受敵人的挑戰，而不願前去阻止貝利薩流斯的進軍。很多自負的蠻族假裝痛恨篡奪者，用以掩飾反對戰爭的求和態度。

傑利默靠著權勢和承諾，仍舊能夠集結一支實力強大的軍隊，同時他的計畫也能符合兵法的要求。他的弟弟阿馬塔斯（Ammatas）接到命令，率領迦太基的守軍，在離開城市十哩的地方迎擊羅馬人的前衛；他的姪兒吉巴蒙德（Gibamund）和兩千騎兵攻擊左翼；國王自己率領大軍跟進策應，到達適當的位置從後方發起進攻，切斷羅馬人和艦隊的連繫，使貝利薩流斯無法獲得援軍的協助。阿馬塔斯輕敵冒進斷送自己的性命和國家的生機；他提早搶先行動超越緩慢前進的步卒，親自斬殺十二個最英勇的敵手，自己也受到致命的重傷，手下的汪達爾人全部逃回迦太基，整條十哩長的大道滿布死者的屍體，很難相信只有三百名羅馬人竟能殺死這樣多的烏合之眾。傑利默的姪兒在接戰中為馬撒杰提人輕易擊敗，對方的數量不及他的三成，每個錫西厄人都仿效酋長的作戰方式，展現家族的光榮技巧，衝上前用弓箭對敵人發射強大的火力。就在戰事激烈的時候，傑利默根本不知道當前發生的狀況，曲折的山路引導他到錯誤的方向，無意中穿過

羅馬人隊伍的空隙，到達阿馬塔斯激戰以後陣亡的位置，為自己兄弟和迦太基的命運痛哭流涕。要是他沒有浪費寶貴的時間，安排死者身後的尊榮以善盡虔誠的責任，而是讓全軍無比的憤怒，從後方發起騎兵的突擊，必然可以獲得決定性的勝利。

悲慘的現場使得國王的意志完全崩潰，這時他聽到貝利薩流斯的隊伍響起號角的聲音，那是貝利薩流斯將安東妮娜和步兵留在營地，自己率領衛隊和剩下的騎兵，要去收容和整頓已經星散的部隊，鞏固這天戰鬥所獲得的成果。才識高明的將領在混亂的戰場也無法兼顧，四處都有弱點給敵可乘之機，國王只想擺脫獲勝的英雄趕快逃走。汪達爾人過去已經習慣摩爾人的作戰方式，對於羅馬人的武器和紀律根本沒有抵抗的能力。傑利默潰不成軍退向努米底亞沙漠，這時唯一的安慰是他暗中下達的命令已經遵照辦理，就是處死赫德里克和那些遭到囚禁的朋友。暴君的報復行為只給敵人帶來好處，合法君主的死亡使他的人民產生同情的心理。赫德里克要是還活在世上，會給勝利的羅馬人帶來困擾。查士丁尼的部將與這件罪行無關，等於幫助他解決最痛苦的選擇，那就是自己不講信義喪失榮譽，或是放棄在阿非利加的征戰。

混亂的情勢平息下來，軍隊各單位相互通報當天所遭遇的意外狀況。貝利薩流斯在戰勝的地點紮營，那裡正好有一個十哩的里程碑，指出到迦太基的距離，所以用拉丁名字稱呼為笛西繆斯（Decimus）。他對汪達爾人所能採用的策略和手段，仍舊抱著疑慮的態度，第二天繼續行軍下達會戰的命令，傍晚抵達迦太基的城門前面停頓下來，接著下令全軍宿營休息。他不願在黑夜和混亂之中把城市交給無法無天的士兵，也不願部隊在城內遭遇暗地裡的埋伏。貝利薩流斯的戒慎基於理性的要求毫無畏懼之心。他對於都城的和平與友善，覺得不會帶來危險深感滿意。迦太基燃起無數的火把顯得一片光明，呈現出萬眾歡騰的氣氛，防衛港口通道的鐵鍊很快移走，城門大開群眾發出感激的歡呼，前來迎接解放他們的救星（533 年 9 月 15 日）。聖西普里安節的前夕，在城內當眾宣告汪達爾人的失敗和阿非利加的自由，教堂為殉教者的慶典裝飾得花團錦簇，照耀得燈火通明。經過三個世紀的迷信活動，西普里安像是當地的神明受到頂禮膜拜。阿萊亞斯教派自知他們的統治已經面臨絕滅的關頭，就把教堂和禮拜的場地全部捨棄給正統教會。會眾從異端的手裡救出他們的聖所，舉行神聖的儀式大聲宣告阿泰納休斯和查士丁尼的信條。只用一小時的時間，敵對的教派相互變換角色和命運。

苦苦哀求的汪達爾人過去縱情於征服者的惡行，現在要在教堂的聖所尋找憐憫的庇護。東部的商人被面無人色的獄卒從皇宮最深的地牢中釋放出來，獄卒轉

過來懇求囚徒的保護，要被關的犯人從牆壁的縫隙中看出去，羅馬人的艦隊正在駛進港口。海上部隊的指揮官與軍隊分離以後，小心翼翼沿著海岸前進，抵達赫米安（Hermaean）海岬之際，接獲貝利薩流斯最初的勝利信息。要不是更熟練的水手不在意海岸的危險和即將迫近的暴風雨，他們就會遵奉他的指示，在離迦太基約二十哩處下錨。他們對後面的發展不太明瞭，並沒有冒險突進衝破港口的鐵鍊。鄰近的港口和曼德拉辛姆（Mandracium）的郊區只有一件暴行，一名汪達爾人軍官不服從上官的命令，不是率領部隊逃亡，而是進行搶劫和掠奪。皇家的艦隊順著有利的風向前進，駛過哥勒塔（Goletta）的狹窄通道，占據水深和廣闊的突尼斯礁湖，離首都只有五哩。

貝利薩流斯聽到艦隊到達就立即下達命令，絕大部分的水手要馬上登岸，加入凱旋入城的行列，壯大羅馬人的聲勢。在他允許部隊進入迦太基城門之前，告誡大家要認清當前的情況和自己的職責，不可玷汙軍隊的榮譽，特別要記住汪達爾人是暴君，他們才是阿非利加人的救星。當地人不僅出於自願要成為帝國治下的臣民，而且會呈現一片熱忱之心，所以現在應該尊重他們。羅馬人用密集隊形進軍通過市內的街道，要是出現敵人就準備戰鬥。維持嚴格的命令和善盡服從的責任，深刻銘記在他們的心頭。處於當前混亂的時代，習俗的認同和罪行的豁免，使征服的濫權行為幾乎被視為神聖的報酬，如此一位天才人物卻抑制了勝利軍隊的驕縱和暴虐。聽不到威脅和抱怨的聲音；迦太基的貿易沒有受到干擾；就在阿非利加改換主子和政府的時刻，商店繼續開門，生意非常忙碌；士兵在崗位服行警衛勤務完畢便安靜的離開，前往接待他們住宿的家庭。

貝利薩流斯把住所安置在皇宮，坐在堅西里克的寶座上接受蠻族繳交的戰利品並且加以分配，對苦苦哀求的汪達爾人答應饒他們的性命，盡快派員修復曼德拉辛姆郊區昨夜所受的災害。晚餐用排場盛大的皇家宴會招待主要的官員，汪達爾皇家的管事用尊敬的態度侍奉勝利者。在宴會酒酣耳熱之際，公正無私的旁觀者讚頌貝利薩流斯的氣運和功勳；心懷嫉妒的奉承者在暗中用他們的語句和姿態噴灑毒液，激起猜忌的國君產生疑慮之心。這一天有盛大的鋪張場面，要是能夠引起民眾的崇敬，也不能認為無用而等閒視之。貝利薩流斯以積極進取的心靈做出決定，就是在勝利的樂觀氣氛中也要考慮有吃敗仗的可能，阿非利加的羅馬帝國不能憑藉武力的運氣或民眾的偏愛。汪達爾人過去下達雷厲風行的禁令，只有迦太基的防衛工事免於拆除。在統治的九十五年期間，怠惰的風氣已經相沿成習，對於軍事整備的工作置之不理，就是首都的城牆也免不了到處損毀傾圮。明智的征服者用難以置信的速度，修復城市的城牆和壕溝，以慷慨的報酬鼓勵施工

人員的情緒，無論是士兵、水手還是市民，都競相完成極其有益的工作。傑利默過去一直擔憂，就是認為他自己處在沒有設防的城鎮，現在帶著驚奇和絕望的心情，看到一個無法攻下的城堡正在加強防禦的力量。

5 貝利薩流斯在垂卡米隆會戰擊敗汪達爾國王（533年）

命運乖戾的國君已經喪失都城，全力收容剩餘的軍隊，自從上次會戰結束以來，兵員只是星散並沒有消滅。搶劫的希望吸引一些摩爾人的匪幫，願意在傑利默的旗幟下作戰。他在布拉（Bulla）的原野開設營地，離迦太基大致是四天的行程；對都城的侵犯活動只是破壞供水渠道，使民眾得不到飲水；只要殺死任何羅馬人割下頭顱，就會獲得高額的賞金；對於他的阿非利加臣民，還裝模作樣要赦免他們的罪行，發還他們的財產；同時他暗中與阿萊亞斯教徒進行談判，並且要收買參加聯盟軍的匈奴人馬。處於劣勢情況之下，薩丁尼亞的征戰只有加重他的災禍使他深感痛苦，竟然會為一無是處的冒險行動，浪費五千名最勇敢的部隊。

他帶著悲傷和羞辱的心情，閱讀他的弟弟札諾（Zano）獲得勝利的書信，來函向國王表示樂觀的信心，以為他已經效法他們的祖先，懲罰羅馬侵略者輕率狂妄的行動。傑利默回覆道：「啊！我的弟弟！老天要拋棄我們這個可憐的民族。就在你征討薩丁尼亞的時候，我們已經丟掉阿非利加。貝利薩流斯帶著少數人馬一出現，立刻使汪達爾人的根基失去勇氣和繁榮。你的姪兒吉巴蒙德，你的兄弟阿馬塔斯，他們為怯懦的追隨者出賣力戰成仁。我們的馬匹、我們的船隻、迦太基本身以及整個阿非利加，都在敵人的控制之下。然而汪達爾人寧願過極其可恥的安定生活，即使犧牲妻子兒女、財產和自由，全都視為當然毫不珍惜。現在除了布拉的原野沒有剩餘的東西，所有的希望都靠你的英勇。離開薩丁尼亞，趕快來解救我們，光復我們的國土，要不然讓我們死在一起！」

札諾接到來信把悲慘的消息通知重要的汪達爾人，盡量掩飾當前的狀況，不讓島上的土著知曉。部隊在卡利阿里（Cagliari）港口登上一百二十艘戰船，第三天在茅利塔尼亞邊界下錨，很快繼續行軍趕到布拉原野加入皇家的陣營。會面的情景非常傷感，兩兄弟擁抱在一起，在無聲中流著眼淚，沒有詢問薩丁尼亞的勝利，也沒有追究阿非利加的慘劇。從當面的情況可以知道遭受苦難的程度，看不到他們的妻子兒女更是悽慘的見證，可見他們不是死就是被俘。國王的乞求、札諾的榜樣以及威脅到王國和宗教的立即危險，終於喚醒積弱不振的精神，使得

大家團結起來。民族的軍事實力促使他們提前發起會戰行動，等到部隊抵達離迦太基二十哩的垂卡米隆（Tricameron），迅速增加的兵力使他們竟敢誇耀，比起羅馬人微弱的實力，他們具有十倍的優勢。

然而羅馬的雜牌部隊接受貝利薩流斯的指揮，他認為他們的作戰能力極為卓越，可以在任何不適當的時機抗拒蠻族的奇襲。羅馬人立即完成備戰，一條小河掩護他們的正面，騎兵部隊形成第一線，貝利薩流斯位於中央，現身在五百名衛隊的前面，步兵保持相當距離，組成加大縱深的第二線。他是警覺性很高的將領，看到馬撒杰提人處於與主力分離的位置，想要祕密保存實力再決定爾後的動向，因此無法相信他們的忠誠；將領各依身分向部隊諄諄教誨這場作戰務求獲勝，要大家把死生置之度外。史家對主將的訓示難免要加油添醋，在讀者看來也是理應當然之事。

札諾率領追隨他征服薩丁尼亞的部隊，部署在中央位置，要是汪達爾人的烏合之眾都能仿效他們大無畏的決心，那麼堅西里克的寶座仍能穩如泰山。札諾的部隊擲出標槍和投射武器，拔出長劍迎擊敵人的衝鋒。羅馬的騎兵部隊三次涉水度過小溪都被驅回，雙方激戰要拚個你死我活。直到札諾被砍倒，貝利薩流斯的旗幟仍在揮舞，傑利默收兵退回營地，匈奴一改初衷也加入追擊，勝利者從被殺的屍體上搜刮財物和戰利品。經過一天的激戰以後，如此微不足道的犧牲，竟然絕滅一個民族的生機，使得阿非利加改朝換代（533年11月）。貝利薩流斯在傍晚領導步兵攻擊敵軍的營地，怯懦的傑利默趕緊逃走。他曾豪情萬丈的說過：「對於遭到擊敗的人而言，死亡是解脫而活著是負擔，恐懼的唯一目標是恥辱。」看來也不過是矯情的空話而已。他不讓人知道地偷偷開溜，汪達爾人很快發現國王已將他們遺棄，於是大家一哄而散，每個人只關心自己的安全，其他貴重物品一概置之不理。

羅馬人在沒有抵抗之下進入營地，夜晚的黑暗和混亂掩蓋軍紀蕩然的狂野景象，只要遇到蠻族就絕不留情大肆屠殺，留下的寡婦和女兒如同值錢的遺物或是美麗的侍妾，任由縱情淫樂的士兵任意享用。在這一段漫長的繁榮與和平期間，過去的征服或節約所累積的成果，使得皇家庫存的金銀財寶幾乎可以滿足貪婪的要求。部隊瘋狂的搜刮，把貝利薩流斯的告誡完全置之腦後。慾念和掠奪引起的興奮，使他們分成小股或是獨自行動，前往鄰近的田野、樹林、山岩和洞穴，探索可能隱藏的戰利品，身上背負所獲得的財物，脫離自己的隊列，無人引導地在通往迦太基的大路上面亂逛。要是逃走的敵軍膽敢發起逆襲，外來的征服者將無一倖免。深感羞辱和危險，貝利薩流斯在獲勝的戰場度過焦急的一夜，等到黎明

他在小山上樹起統帥的旗幟，召回他的衛隊和資深的老兵，逐漸在營地恢復節制的行為和服從的紀律。

羅馬將領對於屈服敵人的戰鬥意志，以及拯救俯地討饒的蠻族，同樣付出關切之心。苦苦哀求的汪達爾人發現，要想活命只有到教堂才能獲得保護。他們在解除武裝以後就分別監禁，免得在外流竄擾亂公眾的安寧，或是成為民眾報復行為的犧牲品。貝利薩流斯派出一支輕裝分遣部隊，追躡傑利默的動向和行蹤，親率大軍繼續前進，經過十天的行軍遠抵希波‧里吉烏斯（Hippo Regius），此地已不再擁有聖奧古斯丁的遺骸。他獲得確實的情報，汪達爾人逃到摩爾人難以進入的山地，於是決定放棄徒然無用的追擊，將冬營安置在迦太基，接著派遣手下主要的部將觀見皇帝，報告他在三個月的時間完成阿非利加的征服。

6 貝利薩流斯遠征西西里及狄奧達都斯的示弱（534-536年）

查士丁尼以歡愉的心情冷眼旁觀哥德人的爭執不和，作為出面調停的盟友，征服者隱藏日益高漲的野心。他的使臣在公開觀見的場合，提出的要求是讓出利列賓（Lilybaeum）的城堡，遣返十個逃亡的蠻族，以及對在伊里利孔邊境一個小鎮發生的搶劫事件，支付合理的賠償。不過使臣私下與狄奧達都斯（Theodatus）談判，要他出賣托斯卡尼行省，使臣同時慫恿阿瑪拉桑夏，要從危險和混亂之中脫身，必要時可以放棄意大利王國。受到囚禁的王后處於無可奈何的狀況，只有在一封偽造而且諂媚的信件上簽名。送信到君士坦丁堡的使臣是羅馬元老院的議員，透露出實情。查士丁尼立刻派出一名新使臣，當面交代要使用一切辦法，盡量為她的生命和自由向狄奧達都斯說項求情。然而大臣也接到祕密的指示，要為冷酷而嫉妒的狄奧多拉效命，女皇害怕美麗的敵手有天會來觀見。使臣用欺騙和曖昧的暗示，說處決一個罪犯對於羅馬人有很大的好處。於是查士丁尼接到她死亡的信息，表示悲傷和氣憤，用君王的名義公開提出指責，要進行神聖的戰爭對付不忠不義的凶手。

在意大利和在阿非利加一樣，篡奪者的罪行使查士丁尼師出有名。如果不是靠著一位英雄的名聲、精神和能力，使得原本微薄的數量能夠增加數倍，僅就皇帝準備的兵力，根本無法滅亡一個實力強大的王國。貝利薩流斯的衛隊由一支精選的部隊擔任，全部配發坐騎，使用的武器是長矛和圓盾，寸步不離追隨在他的身邊。他的騎兵部隊是由兩百名匈奴、三百名摩爾人和四千聯盟軍組成，步兵只有三千艾索里亞人。採用上次遠征的航行路線，羅馬的執政官在西西里的卡塔納

（Catana）外海停泊，探查當面島嶼的軍備實力，好決定是否加以征服，還是擺出和平的姿態，繼續向阿非利加海岸進發。他發現這是一個物產豐碩的地區，人民非常友善，雖然農業已經衰落，西西里仍舊運送穀物供應羅馬。當地沒有營舍和駐軍，歡悅的農夫可以免於壓迫和需索。

哥德人把島嶼的防務託付給居民，等到他們的信任被忘恩負義的出賣，難免要抱怨幾句。島上的民眾並沒有乞求或是期望意大利國王給予援助，他們在羅馬人第一次召喚就表示心悅臣服的歸順。這個行省是布匿克戰爭中最早獲得的成果，經過長期的分離，重新回到羅馬帝國的懷抱。只有巴勒摩的哥德人守備部隊要抵抗，貝利薩流斯採用獨特的策略，縮短圍攻的時間，使他們很快投降。貝利薩流斯指揮船隻開進港口，抵達最深入的地點，將繩索和滑輪裝在最高的桅桿頂端，然後把弓箭手拉到上面，居高臨下的位置可以控制城市的防壁，作戰很容易獲得勝利。征服者領導獲勝的隊伍進入敘拉古，沿路向民眾拋灑金幣，這天正好是他光榮結束執政官的任期（535年12月31日）。

貝利薩流斯在古代國王的宮殿度過冬季，現存的遺址是希臘的殖民地，曾經擴展到長二十二哩。次年春天到了復活節前後，阿非利加的部隊發生危險的叛變，使得原訂計畫的準備工作為之中斷。貝利薩流斯率領一千名衛隊突然登陸，迦太基因他的親臨免於刀兵之災，兩千名原來在旁邊觀風望色的士兵，馬上回到老長官的旗幟之下。於是他毫不猶豫的進軍五十哩，帶著憐憫和藐視的神情去尋找敵人。八千名叛軍聽到他的來到無不大驚失色，在他開始攻擊之後立即潰敗。要不是征服者被火速召回西西里，這場名聲不彰的勝利就會恢復阿非利加的和平。因為他不在營地所以才引起一場暴動，亟待他去安撫。違紀和抗命是那個時代很常見的亂象，有才者下令，有德者從命，理想的軍隊只存於貝利薩流斯心頭。

狄奧達都斯（534年10月—536年8月）出身英雄世家，他對兵法一無所知，厭惡戰爭。雖然他研究柏拉圖和西塞羅的著作，哲學卻無法淨化他的心靈免於欲念、貪婪和畏懼的玷汙。他用忘恩負義和謀殺尊親的手段獲得權杖，等到敵人厲聲恫嚇，可以貶損帝王及國家的尊嚴。就是自己的同胞後來也棄他如敝屣。他對傑利默的先例感到驚慌不已，害怕有一天也被鍊條拖過君士坦丁堡的街道。貝利薩流斯已經使他惶惶不可終日，拜占庭的使臣彼得更是危言聳聽。大膽而又狡猾的說客勸他簽訂一項條約，卻因內容太過可恥而無法成為長久和平的基礎。條約規定：羅馬人民在向君王歡呼之時，皇帝的名字在國王的前面受到讚頌；只要狄奧達都斯豎立銅像或是大理石像，就要把查士丁尼神聖的畫像放在雕像的右邊；

除非意大利的國王提出懇求，皇帝不會授與他元老院的榮譽位階；對於教士或元老院議員執行死刑或籍沒的判決，皇帝的同意是必要條件。懦弱的國君放棄西西里的主權，為了表示順從，每年呈獻一頂重達三百磅的金冠。他的統治者只要提出需求，就得派遣三千名哥德協防軍為帝國服役。

查士丁尼的使臣表現出色，對於額外的讓步感到滿意，就急著趕到君士坦丁堡去表功。等他剛返回阿爾巴的莊園，焦急的狄奧達都斯馬上召見。國王和使臣的對話很簡明扼要，節錄如下：「就你的看法，皇帝會批准這項條約？」「或許。」「要是他拒絕，會產生什麼後果？」「戰爭。」「這種戰爭公平合理嗎？」「那當然，每個人都按自己的原則採取行動。」「你的意思怎麼說？」「您是位哲學家，查士丁尼是羅馬皇帝。柏拉圖的門徒因為私人的爭執，竟然要幾千人流血犧牲，非常不恰當；奧古斯都的繼承人為了辯護自己的權利，可以用武力恢復帝國的古老行省。」

看來這些道理沒有什麼說服力，足夠使狄奧達都斯感到兩腿發軟，他不僅非常清楚，而且只有遵命而行。他立刻提出最後的出價，少到只要相當於一萬兩千磅黃金的津貼，他就放棄哥德人和意大利人的王國，然後將剩餘的時日花費在哲學和農業上面。兩份條約委託使臣負責，他的誓詞只能給予脆弱的保證，在第一份條約完全遭到拒絕之前，不提出第二份條約。事態的發展很容易預見，查士丁尼要求並且接受哥德國王的遜位。他那不屈不撓的使臣帶著詳盡的指示，從君士坦丁堡回到拉芬納，帶來一封懇切的書信，讚許皇家哲學家的智慧和氣量，同意要求的津貼，保證給予臣民和基督徒所享有的榮譽，而且很明智的指出，要把條約最後的執行，交託給在現場負有全權的貝利薩流斯。

商議懸而未決的期間，兩位羅馬將領進入達瑪提亞行省，被哥德部隊擊敗並且遭到殺害。狄奧達都斯自認不再處於盲目而可憐的絕望，反覆無常的個性變成不可理喻和自取滅亡的傲慢心態。查士丁尼的使臣要求履行承諾，他竟敢以威脅和藐視面對使臣。他現在懇求臣民的忠誠，勇敢宣示他的地位具有神聖不可侵犯的特權。貝利薩流斯的進軍驅散他虛幻的驕縱心理，第一次戰役使得西西里降服，而樸洛柯庇斯說，他在哥德戰爭的第二年開始入侵意大利。

7 貝利薩流斯進軍意大利光復那不勒斯和羅馬（537年）

貝利薩流斯在巴勒摩和敘拉古留下足夠的守備兵力，其餘部隊在美西納上船，到對岸的雷朱姆（Rhegium）登陸沒有受到抵抗。埃柏摩爾（Ebermor）是

一位哥德君王，他娶了狄奧達都斯的女兒，率領一支軍隊防守意大利的門戶，完全拿統治者做榜樣，於公於私都已背棄應盡的責任而毫無羞愧之心。他帶領追隨人員到羅馬人的營地輸誠，送到拜占庭宮廷享受奴僕的榮譽。貝利薩流斯的軍隊和艦隊從雷朱姆到那不勒斯，一直保持相互通視的距離，沿著海岸前進三百哩。布魯提姆、盧卡尼亞和康帕尼亞的人民，痛恨哥德人的姓氏和宗教，支持貝利薩流斯出兵的義舉，藉口則是城牆都已毀壞根本無法防守。士兵在貨物充裕的市場公平的交易，只有好奇心才使居民不願過和平的生活，拋棄農夫和工匠的職業去從軍。那不勒斯發展成為面積廣大而又人口稠密的首府，長久以來堅持希臘殖民地的語言和習俗，魏吉爾選此地作為隱退之地，使得此城身價更為高雅，吸引愛好寧靜生活和研究學問的人士，離開烏煙瘴氣和銅臭熏人的羅馬。

貝利薩流斯完成陸地和海上的包圍，便立刻接見當地人民組成的代表團，他們勸他不要為征服無用之地而浪費兵力，應該在戰場與哥德國王決一勝負，等到他獲得勝利成為羅馬的統治者，所有的城市都會迎風而降。羅馬人的首領帶著傲慢的笑容回答道：「每當我接見敵人的時候，通常是給予忠告而不是接受建議。要知道我能帶來無可避免的毀滅，也能賜予和平與自由，西西里人就是很好的例子。」貝利薩流斯無法忍受頓兵日久的拖延，迫得他同意最寬大的條件，只要他們願意履行也可以保住他的顏面。那不勒斯分為兩個派系，希臘式的民主被演說家煽起，帶著幾分銳氣向群眾說明實情，那就是哥德人會懲罰他們的背叛，同時貝利薩流斯必須尊重他們的忠誠和勇氣。不過市民也不能完全自行作主，有八百名蠻族控制城市，他們的妻子兒女要留在拉芬納當作誓言的保證。還有猶太人要反抗查士丁尼絕不寬容的法律，他們的人數眾多而且雄於資財，抱著勢不兩立的宗教狂熱。

那不勒斯的周長僅有兩千三百六十三步，整座城堡受到懸崖或海洋的保護，就算是供水渠道遭到截斷，水井和山泉還可以供應飲水，儲備的糧食足夠使圍攻部隊曠日持久而喪失耐性。經過二十天的延宕，貝利薩流斯幾乎陷於絕境無法可施，只有安慰自己為了長遠的打算放棄圍攻，一定要在冬季來臨以前進軍羅馬征討哥德國王。他的焦慮很快獲得解決，有一個大膽的艾索里亞人生性好奇，他在探勘供水渠道的乾涸管路以後，馬上前來向他私下報告，如果在裡面鑿開一條通道，全副武裝的士兵便可以直抵市區的中心。這項艱難的任務要不露聲色暗中執行，仁慈為懷的將領要冒著被發現祕密的危險，最後還要對他們提出沒有效果的勸告，必須注意面臨的失利。在一個漆黑的夜晚，四百名羅馬人進入供水渠道，把繩索綁在一棵橄欖樹上，攀援而下進入一位獨居貴婦人的花園，接著吹響他們

的號角，全城陷入混亂之中，突襲守衛的哨兵，引導在四周爬登城牆的同伴進入市內，撞開城市的大門。凡是會被社會正義所懲罰的每一樁罪行，都將視為戰爭的權利，而匈奴殘酷和褻瀆的行為更是令人髮指。

貝利薩流斯單獨前往那不勒斯的街道和教堂，用規勸的言辭緩和他所預見的災難。他一再的大聲呼籲：「金銀財物是你們勇敢的報酬，但要饒了當地的居民，他們是基督徒，他們是哀哀乞求的人，他們現在是你們的同胞。把孩童還給他們的父母，把妻子還給他們的丈夫，即使他們以前頑固拒絕我們的友誼，我們還是要像朋友那樣表現慷慨的氣量。」征服者的德行和權威使城市獲救，那不勒斯人回到自己的家中，慶幸埋藏的財物未被搜走，還能夠得到一點慰藉。蠻族的守備部隊全部被收編為帝國服役。阿普里亞和卡拉布里亞厭惡哥德人的存在，承認征服者的主權得到解放。貝利薩流斯的史家帶著好奇心，敘述卡利多尼亞（Calydonia）野豬的長牙現在仍保存在賓尼文屯（Beneventum）。

那不勒斯忠誠的士兵和市民期望獲得君王的援救，然而他卻毫無動靜也漠不關心，坐視他們遭到毀滅的命運。狄奧達都斯安全留在羅馬城內，這時他的騎兵部隊沿著阿皮安大道前進四十哩，在龐普廷沼澤附近紮營，後來低窪的濕地用一條十九哩長的運河將水排乾，成為非常優良的牧場。哥德人的主力分散在達瑪提亞、威尼提亞和高盧，國王受到預言的影響，見到事件的發展像是帶來帝國的覆滅，懦弱的心靈感到無所適從。最卑鄙的奴隸控告可憐主子的罪孽或軟弱，一群自由而閒散的蠻族，基於利益和權力的考量，對狄奧達都斯的職責進行嚴格的審查，最後認定他配不上他的種族、他的國家和他的王座。他們的將領維提吉斯（Vitiges）（536 年 8 月—540 年）參與伊里利孔戰爭，驍勇的行動能夠脫穎而出，現在安坐在盾牌上面，戰友高舉起來接受大家同聲歡呼。群眾開始喧囂的吵鬧，被迫下台的國王只得趕快逃走，免得受到正義的制裁。他為私人仇恨所追捕；有一個哥德人因為愛情受到他的羞辱，在弗拉米尼亞大道趕上狄奧達都斯，對於他毫無男子氣概的哭叫充耳不聞，趁他匍匐在地將他殺死，就像奉獻在祭壇前面（史家是如此表示）。

人民的選擇對統治者是最美好也是最純潔的頭銜，然而就任何時代而言都是一種偏見。維提吉斯急著趕回拉芬納，要從阿瑪拉桑夏的女兒不怎麼情願的手中，攫取可掩人耳目的繼承權利。全民大會立刻召開，新登基的國君調解蠻族急躁的氣焰，只能採取有失榮譽的措施，看來前任國王處理不當的過失，變成審慎明智而且確有必要的行為。哥德人同意勝利的敵軍一旦現身就馬上撤退，拖延到明年春天再發起攻勢作戰，召回已經分散的兵力，放棄他們在遙遠地區的所有

權，甚至將羅馬託付給當地居民的忠誠。琉德里斯（Leuderis）是一位年長的武士，率領四千士兵留在京城，這支實力微薄的守備部隊雖然沒能力反抗羅馬人的意願，卻可能熱情支持他們的決定。羅馬居民的內心深處在剎時之間激起宗教和愛國的洶湧狂濤，他們憤怒的宣布使徒的寶座不再為阿萊亞斯教派的勝利或寬容所褻瀆，凱撒的墓地不能再遭受北方蠻子的踐踏。然而他們並沒有再深入的考量意大利將會淪落為君士坦丁堡的行省，只是一廂情願的高呼，要恢復羅馬帝國，進入自由和繁榮的新時代。一個由教皇和教士、元老院和人民組成的代表團，邀請查士丁尼的部將接受他們發自內心的忠誠，為了接待他的駕臨，偉大的都城已經敞開大門。

　　貝利薩流斯等到新征服的那不勒斯和邱米（Cumae）完成防務，立即開拔來到二十哩外的弗爾土努斯（Vulturnus）河岸，注視昔日繁華付諸流水的卡普亞，在拉丁大道和阿皮安大道的交會處暫時停駐。羅馬監察官的工程歷盡九世紀的風霜侵蝕和不斷使用，仍能保持原來的優美景象，巨大而平整的基石上面找不到一道裂縫，這條實用而稍嫌狹窄的道路，竟能鋪砌得如此堅固。不過貝利薩流斯採用拉丁大道距離海岸和沼澤較遠，可以避開人煙稠密的地區，沿著高山的山腳前進一百二十哩不見敵人的蹤跡。他通過阿辛納里亞（Asinarian）門（536年12月10日），守備部隊在沒有干擾之下離開，沿著弗拉米尼亞大道向後撤走。羅馬城在受到六十年的奴役以後，終於從蠻族枷鎖中解救出來。只有琉德里斯基於自負或不滿的心理，拒絕臨陣脫逃，哥德人酋長成為獲勝的戰利品，連同羅馬城的一把鑰匙，送到查士丁尼皇帝的寶座前面。

8 維提吉斯率軍圍攻羅馬和貝利薩流斯的出擊（537年）

　　正好是古代的農神節，大家相互祝賀，舉行公眾的盛會。正統教會的信徒在沒有敵手的狀況下，準備慶祝即將來臨的基督生日。羅馬人在與蓋世英雄親切的談話當中，見識到他所具備的美德，從過去的歷史得知，在他們的祖先身上倒是常見。對貝利薩流斯接待聖彼得的繼承人表現尊敬的態度，大家受到很大的啟示。他投身戰爭還能要求嚴格的紀律，市民可以確保安寧和公正的福分。羅馬人頌揚他的部隊能夠迅速獲得勝利，占領鄰近的地區，最遠到達納爾尼（Narni）、珀魯西亞（Perusia）和斯波列托（Spoleto）。元老院、教士和不諳戰陣的民眾立刻就知道，貝利薩流斯要進行圍攻作戰，對抗哥德國家的龐大軍事力量，而且讓人膽寒的局面很快就要來到。維提吉斯的計畫在整個冬季非常努力的推動而且成

效顯著，從農村的居住地區以及遙遠的守備部隊，哥德人為了保衛自己的國家在拉芬納集結，整個兵力的數量在派遣一支軍隊前往拯救達瑪提亞以後，還有十五萬戰鬥人員打著皇家的旗幟開始出兵。

哥德國王按照階級和功勳，分配馬匹和武器，贈送貴重的禮物，給予慷慨的承諾，他沿著弗拉米尼亞大道前進，對於珀魯西亞和斯波列托不予理會，認為圍攻根本沒有必要，納爾尼難以攻破的山寨更是敬謝不敏，到達離羅馬僅兩哩的米爾維亞（Milvian）橋橋頭才停止下來。狹窄的通道有一座高塔加強防禦的力量，貝利薩流斯計算守備這個要點的價值，是可以阻止敵人二十天的時間才喪失作用，因為迫得敵人花這麼多時間構建另外一座橋樑。守塔的士兵極為驚懼，不是逃走就是開溜，使他的願望無法達成，讓城市陷入立即面臨的危險。羅馬將領率領一千騎兵從弗拉米尼亞門衝殺出去，更顯得這個優勢位置的重要，能夠瞰制蠻族的營地。就在他認為敵軍仍舊位於台伯河另岸的時候，發現突然陷入無數騎兵隊伍的包圍攻擊之中。意大利的命運與他存亡相依，投敵者指出他的座騎很顯目，在那個值得紀念的日子，他騎著一匹白面頰的棗色馬，於是「瞄準那匹棗色馬！」的喊叫聲四起，每張拉彎的弓，每根抓在手裡的標槍，全部對著最重要的目標投射。數以千計的人員在覆誦和遵從下達的命令，甚至連真正的動機都搞不清楚。那些更為勇敢的蠻族迎上前來用劍和矛進行肉搏戰鬥，一個敵人的讚許讓維桑達斯（Visandus）死得光榮，他是掌旗官，始終保持在最前列的位置，最後身上被創十三處傷口，因死在貝利薩流斯手裡而留名千古。

羅馬將領的體格強壯、行動機敏而且戰技高超，不論步戰、馬戰使用哪種兵器，都可以從任何方向發出沉重而致命的一擊，忠勇的衛隊都拿他做榜樣，誓死保護他的安全。哥德人在損失一千人馬以後，全部逃開不敢與英雄人物接戰。等到他們從營地傾巢而出，羅馬人受到優勢兵力的壓迫開始緩慢後退，最後突然撤回城門之內，馬上關閉城門免得有人藉機逃亡，這時全城籠罩著一片恐懼，傳出貝利薩流斯被殺的消息。他的面孔被汗水、塵土和血跡玷汙得不成形狀，聲音完全嘶啞，體力耗盡幾乎要虛脫，他那永不屈服的精神仍然存在，還要灌輸到戰友的身上。奔逃的蠻族能感受到置之死地而後生的衝鋒，好像有一支勇氣百倍、煥然一新的軍隊從城市裡攻打出來。弗拉米尼亞門敞開迎接一場真正的勝利。貝利薩流斯接著巡視每一個據點，確保公眾的安全，他的妻子和朋友才可以勸他，趕快進點飲食和睡眠，俾能恢復精神和體力。在戰爭的藝術更為精進的狀況之下，一位將領如同士兵表現奮不顧身的英勇，不僅沒有必要也是不受允許的舉動。所以亨利四世、皮瑞斯和亞歷山大大帝都是少見的楷模，貝利薩流斯也能有幸名列

其間。

　　開戰不利遭到敵人迎頭痛擊，哥德大軍全部渡過台伯河，形成圍攻的態勢直到最後撤離，圍城的時間延續達一年之久。不管想像力有多麼豐富，地理學家曾經很精確的測量，羅馬城的周長是十二哩又三百四十五步，從奧理安的凱撒到現代教皇和平而含糊的統治，除了在梵蒂岡位於河的西岸，周界的狀況一直沒有改變。但是在羅馬威鎮四海的時代，城牆裡面所有的空間都塞滿房舍和居民，人口稠密的郊區沿著大道向外延伸，有點像很多光線從中心點發射出去。兵燹之災橫掃這片花團錦簇的精華區域，留下滿目瘡痍的斷壁殘垣，就連羅馬七山也有部分受到波及。然而目前的羅馬可以根據軍事的需要，派遣三萬男丁進入戰場，儘管缺乏紀律和訓練，大部分人也已經習慣於貧窮的艱苦生活，能夠拿起武器保衛自己的家園和宗教。明智的貝利薩流斯不會忽略這個重要的資源，熱情和勤奮的民眾可以接替士兵的工作，讓士兵在睡眠的時候有人觀察敵陣的動靜，休息的時候有人輪班擔任各項勤務。他接受最勇敢和最窮困的羅馬青年志願從軍，市民所編成的連隊有時進駐騰空的據點，原來的部隊已經抽調擔任更重要的任務。他真正的信心還是放在久歷戰陣的老兵身上，驍勇的隊伍已經減少到五千人，他們追隨他的旗幟參與波斯和阿非利加的戰爭。他帶領數量讓人輕視的兵力開始防守一個十二哩的包圍圈，對抗有十五萬人的蠻族大軍。

　　貝利薩流斯整建或修復羅馬的城牆，有的地方還可以分辨出古老建築物的材質。整個城區的防衛工事完成，只有平西安（Pincian）門和弗拉米尼亞門之間那道裂口，現在仍舊存在。城牆上面的雉堞和城垛，形狀都砌成尖銳的角度，有一道深而寬的塹壕保護防壁的基礎，位於城牆步道上面的弓箭手，獲得各種投射機具的支援。弩砲是一種大型的十字弓，能夠射出短而重的箭矢；石弩又稱野驢，運用投石器原理可以將巨大的石塊或彈頭投到遠處。一條鐵鍊從台伯河上橫拉過去，供水渠道的拱橋形成最好的阻絕工事。哈德良的堤壩也是他的墳墓，經過改建第一次當作城堡使用。古老的建築物裡安葬著兩位安東尼努斯皇帝的骨灰，圓形的塔樓從方形的基礎上升起，表面是白色佩洛斯（Paros）大理石，裝飾神明和英雄的雕像。熱愛藝術的人士得知下述此事一定會嘆息，普拉克西特勒斯或利西波斯（Lysippus）的作品，被從高聳的基座拖曳下來，當成石塊砸在壕溝的圍攻敵人頭上。貝利薩流斯指派部將防守每一座城門，下達明智而嚴格的指示，不論何處發生緊急狀況，都要堅守自己的崗位，要羅馬安全就要信任他們的將領。

　　哥德人的強大兵力不足以圍困整個龐大的城市，在十四個城門當中，從普里尼斯廷（Praenestine）大道到弗拉米尼亞大道的七個城門，都受到敵人的包圍攻

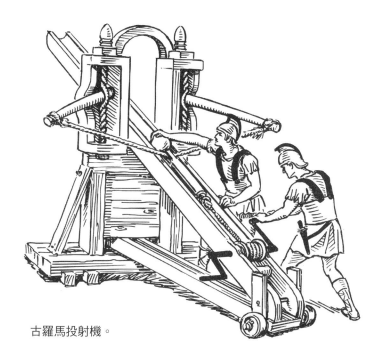

古羅馬投射機。

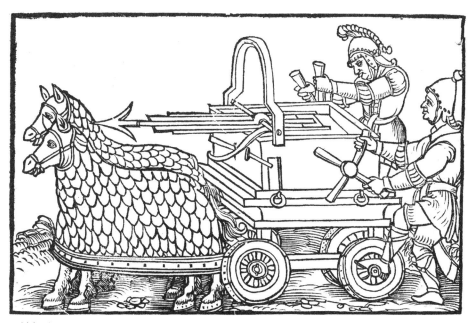

四輪弩砲。

擊。維提吉斯把他的部隊分駐六個營地，每個營地都用一道塹壕和防壁加強守備的力量。台伯河靠近托斯坎這邊的河岸，在梵蒂岡原野或是原來賽車場的地點，哥德人安置第七個營地，主要目標是用來控制米爾維亞橋以及台伯河的水道。他們帶著虔誠的態度趨近相鄰的聖彼得大教堂，身為基督徒的敵軍在整個圍城期間，對使徒的門楣極為尊敬從未侵犯。在過去戰無不勝的時代，只要是奉行元老院敕令進行遙遠地區的征服，執政官會公開宣布進入戰爭狀態時，以莊嚴的儀式打開傑努斯（Janus）神廟的大門，但現在是內戰就認為沒有必要如此做，而且新興宗教取代了原有的儀式。傑努斯的青銅廟宇仍然矗立在羅馬廣場，神殿的規模只能容納神祇的雕像，完全比照人類的造型，只有五肘尺高，兩個面孔分別對著東方和西方。雙重大門全是青銅打造，生鏽的鉸鍊即使再用力也無法打開殿門，從這裡洩露出了可恥的祕密，那就是羅馬人仍然遵循祖先的迷信。

9 哥德人攻城被羅馬人擊退及後續的作戰（537年）

　　圍攻的部隊費了十八天的功夫，準備自古以來攻城需要的器具。柴束拿來填滿塹壕，雲梯用來攀登城牆，從森林裡砍伐巨大的樹木製造四具攻城撞車，鐵製撞頭可以增強衝擊的力量，用繩索懸掛在吊架上面，每具要用五十個人進行操作。高聳的木頭塔樓下面裝著輪子，或者墊上滾木可以移動，成為寬廣的平台，到達與城牆的防壁同一高度。到了第十九天的早晨，從普里尼斯廷門到梵蒂岡全面發起攻擊，共有七路哥德人馬帶著各種器具展開攻城的行動。羅馬人在城牆的防壁上面列陣，帶著懷疑和焦灼的心情，傾聽主將興高采烈提出的保證。等到敵軍接近塹壕，貝利薩流斯射出第一枝箭，靠著他的力量和技巧，貫穿位置在最前列的蠻族首領。

　　讚頌和勝利的喊聲沿著城牆發出巨大的回響。他拉弓射出第二枝箭，百發百中的效果再度引起雷動的歡呼。羅馬將領下達指示，弓箭手要瞄準成隊的牛隻，這些牲口立刻受到致命的傷勢，留下拖曳的塔樓無法移動也就失去作用，一時之間哥德國王費盡心血的計畫全部打亂。哥德人的攻城頓挫以後，維提吉斯裝模作樣繼續進襲撒拉里亞門，為的是要轉移敵人的注意。這時他的主力正在努力攻擊普里尼斯廷門和哈德良的墓塔，兩個位置之間相距三哩：接近前者是維瓦里姆（Vivarium）的雙重城牆，比較低矮而且破爛不堪；後者工事堅固只是防守的兵力薄弱。勝利和劫掠的希望引發哥德人採取英勇的行動，只要有一個據點棄守，就會給羅馬和市民帶來無可挽回的損失。

　　這個危機四伏的日子是貝利薩流斯一生之中最光榮的時候，在動亂和緊張的狀況之下，整個攻防的計畫全部了然於胸。他觀察到每一瞬間的情勢變化，權衡每一個行動的利害得失，及時轉移兵力到最危急的位置，發出沉著而明確的命令，將處變不驚的精神灌輸到全軍。雙方的搏鬥極為慘烈，從早晨一直延續到黃昏，哥德人在各方面都遭擊退。所有的羅馬人都可以吹噓，說他們一個人可以打敗三十個蠻族，如果這樣懸殊的對比沒有弄錯，那還是靠著一個人的功勞。據說哥德人的酋長後來承認，激烈的血戰中他們有三萬人陣亡，受傷與被殺的人數大約概等。他們前進發動攻擊的時候，過於密集的隊形完全喪失秩序，敵人只要投出標槍都會造成殺傷的效果。等到他們不支退卻，城裡的群眾也參加追擊，敵軍留在後面的人員毫無抵抗能力，便遭到殺害。貝利薩流斯立即打開城門出擊，士兵發出歡呼，歌頌他的名字和勝利，敵人留下的攻城器具全部付之一炬。

　　慘重的損失給哥德人帶來極大的驚愕，從這一天開始，對羅馬的圍攻轉變成為冗長而無力的封鎖。羅馬將領不斷進行騷擾行動，經常發生局部衝突和前哨戰鬥，蠻族最勇敢的部隊喪失五千人馬。他們的騎兵對使用弓箭並不熟練，弓箭手通常由步兵擔任，無法配合的部隊遠非敵人的對手。羅馬人的長矛和弓箭，無論是遠距離的攻擊，還是近身的接戰，看起來真是無往不利。貝利薩流斯最高明的是能掌握戰機，無論是作戰地區或時間的選擇、發起突擊的行動還是鳴金收兵、部隊的派遣和運用，都能得心應手從不失誤。單方面的優勢使士兵和人民急著出兵決戰，不願再忍受圍攻的困苦，更不畏懼戰陣的危險。每個平民都自認是英雄，步兵在過去因紀律廢弛拒絕列陣，現在則渴望能像羅馬軍團獲得古代的榮譽。貝利薩流斯讚許部隊的士氣高漲，指責他們過於自大和傲慢，也屈從他們要求出擊的呼叫，私下為萬一失利準備補救的辦法。只有他能勇敢面對現實，料想到兵凶戰危的可能。

　　羅馬人在梵蒂岡地區的作戰占有優勢，如果在關鍵時刻沒有忙著在營地搶劫，就會占領米爾維亞橋從後方對哥德的烏合之眾發起包圍攻擊。在台伯河的另一邊，貝利薩流斯從平西安門和撒拉里亞門出兵。羅馬人在開闊的平原遭到蠻族生力軍的包圍，敵人前仆後繼不怕犧牲，結果他的部隊有四千人陣亡。步兵部隊勇敢的領導者沒有能力應付當前的狀況全部戰死，將領的謹慎安排使退卻（簡直是一場潰敗）獲得掩護，防備森嚴的防壁對敵人形成威脅，得勝一方只能收兵歸營。貝利薩流斯的名聲沒有因戰敗而受損，哥德人變得虛榮自負，羅馬人的部隊知道悔改和收斂，對貝利薩流斯而言未嘗不是一件好事。

10 羅馬遭受封鎖的困苦及東部援軍的到達（537年）

　　貝利薩流斯從決定忍受圍攻那刻開始，就念茲在茲要使羅馬能夠克服饑饉的危險，認為這比哥德人的軍隊更為可怕。他們從西西里運來額外供應的穀物，康帕尼亞和托斯卡尼的收成被搜刮一空，全部存放在城市使軍民食用無缺，打著公共安全的理由，私人的財產權受到侵犯。很容易事先得知敵人會中斷供水渠道，水磨的停用首先就會帶來很大的不便，於是人們很快將磨房裝到大船上面，安置好磨石再將船碇泊在河流中央。溪流中很快出現大根的木材造成阻礙，也會為漂浮的死屍所汙染，然而羅馬將領事先的預防工作非常有效，台伯河的水流仍舊在推動水磨，也能供應居民的飲水；距離較遠的地區則使用家庭的水井。羅馬從普里尼斯廷門到聖保羅教堂，大部分地區沒有受到哥德人的包圍，摩爾人部隊發起主動出擊，使他們的進犯無法得逞。台伯河的航運以及拉丁、阿皮安和歐斯夏（Ostia）三條大道，運送糧草和牲口都能安然無事，居民可以撤退到康帕尼亞和西西里尋找庇護。有眾多在作戰中無法出力而又消耗糧食的平民，貝利薩流斯對於如何安頓他們一直苦惱萬分，最後發布強制執行的命令，婦女、兒童和奴隸要馬上撤離，遣散士兵的男性和女性隨從人員依規定每日配賦量，其中半數發給糧食，另外一半用現金支付。

　　哥德人很快占領羅馬外圍的兩個要點，公眾的災難變得更加嚴重，大家認為貝利薩流斯的先見之明極為正確。他喪失河港，也就是現在稱為波多（Porto）的城市，敵人奪去台伯河右岸的鄉野，以及通往海洋最方便的補給線。他認為防守這個堅強的據點，也許只要靠三百人的薄弱隊伍就已足夠，因此一旦失守使他感到更為懊惱和憤怒。有個地方距離首都七哩，位於阿皮安大道和拉丁大道之間，兩條主要的供水渠道交會，接著又再度交叉通過，堅實和高聳的拱橋圍成一個易守難攻的要點。維提吉斯設置的營地部署七千名哥德人，阻斷通往西西里和康帕尼亞的運輸路線。羅馬穀倉的儲糧在不知不覺中消耗殆盡，鄰近的國土全部受到刀兵的蹂躪，要靠著倉卒派出部隊前往遠地，才能獲得少量的供應。馬匹的草料和士兵的麵包從沒有供應不足的問題，等到圍城最後幾個月，缺糧的困境、腐敗的食物和疾病的流行終於使民眾無法忍受。貝利薩流斯見到大家的痛苦，難免產生惻隱之心，他預判會失去人們的忠誠，增加大家的不滿。過度的災禍使羅馬人從偉大和自由的迷夢中清醒，給他們帶來羞辱的教訓，那就是只要能得到片刻的幸福，才不管主子的姓名是哥德語還是拉丁語。

　　查士丁尼的部將聽到怨聲載道，擺出不屑的態度，拒絕接受逃走或是投降

的觀念，壓制群眾求戰的不耐叫囂，用充滿希望的景象來安慰大家，保證能確實得到迅速救援。即使有人處於絕望發生反叛，務使個別的行動不致危及他本人和城市的安全。有些官員被授與監視各處城門的任務，每個月要兩次改變服勤的位置；採取各種預防措施，像巡邏隊、口令、燈號和音響，在通過防壁和工事時，要重複運用來辨識身分；警戒哨配置在壕溝的外圍，使用警覺性極高的犬隻，忠誠度比起可疑的人類更為有效。他們曾經攔截到一封信，向哥德國王提出保證，鄰近拉特朗（Lateran）教堂的阿辛納里亞（Asinaria）門，會在暗中打開，好讓他的部隊入城。叛逆的行為經過證實或者僅是涉嫌，有幾位元老院的議員遭到流放。教皇西爾維流斯（Sylverius）受到召喚，要到設置在平西安皇宮的大本營，面見君主在意大利的代表。追隨教皇的教士留在最前面的房間，只有他本人可以與貝利薩流斯會晤。

羅馬和迦太基的征服者安詳的坐在安東妮娜的腳前，她躺在一張豪華的臥榻上面，將領保持平靜的神色，傲慢的妻子嘴裡發出指責和威脅的語句。可信證人的指控加上證據上面有自己的簽名，讓聖彼得的繼承者被剝奪表徵教皇的飾物，穿上僧侶的普通服裝，一點都不耽擱地送到船上，流放到遙遠的東部（537年11月17日）。皇帝的授意要從羅馬的教士當中推舉新的教皇，經過莊嚴的儀式向聖靈祈禱，選出輔祭維吉留斯（Vigilius），他花兩百磅黃金的賄款買到教皇的寶座。這筆收益及買賣聖職的罪行算在貝利薩流斯頭上，英雄聽從妻子的命令，安東妮娜拿來孝敬皇后，狄奧多拉浪費她的錢財，奢望找到一個對卡爾西頓宗教會議敵對或漠不關心的教皇。

貝利薩流斯用信函向皇帝報告他獲得的勝利、面臨的危險和下定的決心：「我們奉行你的命令，進入哥德人的領域，西西里、康帕尼亞和羅馬城都已經歸順；一旦失去新近征服的地區，帶來的羞辱將更勝過獲得的榮譽。迄今為止，我們繼續和數量龐大的蠻族戰鬥，他們仗著兵力優勢占上風。勝利是上天賜的禮物，國王和將領的聲名，端視他們的策略成功還是失敗。請允許我講幾句肺腑之言：要是你願意讓我們活下去，請把補給運來；如果你希望我們繼續征戰，還要盡速補充兵器、馬匹和人員。羅馬人把我們視為朋友和救星，目前遭遇的困境，他們要不是因為對我們的信心而犧牲成仁，再不然就會因為對我們的叛逆和痛恨而讓我們死無葬身之地。就我個人來說，我的生命全部奉獻給你，請你務必考量，讓我在毫無後援的情況下死亡，是否會對你統治下的榮譽和興旺有更大的貢獻。」

要是東部和平的主子不再想征服阿非利加和意大利，統治或許還是同樣的

順利。查士丁尼是對名聲懷抱莫大野心的皇帝，會盡相當的努力用來支持和拯救勝利的將領，雖然援軍的實力薄弱而且行動遲緩。馬丁和華勒利安率領的增援部隊，有一千六百名斯拉夫人和匈奴。他們冬季在希臘的港口休息整補，海上運輸的辛勞沒有損害到他們的實力，首次出擊對抗圍城的敵軍表現出眾的驍勇。大約是夏至前後，優塔留斯（Euthalius）帶著大筆支付給部隊的金錢，在特拉契納（Terracina）登陸。他非常小心沿著阿皮安大道前進，車隊通過卡皮納（Capena）門進入羅馬時，貝利薩流斯在另一邊發起英勇而成功的前哨戰鬥，好轉移哥德人的注意力。舉凡及時獲得的援助在羅馬將領巧妙的安排之下，發揮最大的效果用來恢復作戰的士氣，起碼也可以給士兵和民眾帶來希望。史家樸洛柯庇斯受領一個重要的任務，要把康帕尼亞的供應和君士坦丁堡運來的部隊和給養集結起來。

　　這時安東妮娜緊接在貝利薩流斯的祕書之後，勇敢穿過敵人的哨所，帶著東方的援軍回來解救她的丈夫和被圍的城市。一個船隊運送三千名艾索里亞人在那不勒斯灣停泊，接著抵達歐斯夏。有兩千多名的騎兵在塔倫屯登陸，其中部分是色雷斯人，然後與五百名康帕尼亞的士兵會合，加上一列大車裝載酒類和麵粉，直接在阿皮安大道上前進，從卡普亞抵達羅馬的近郊。無論是陸上或海運的部隊，全部在台伯河河口聚集，安東妮娜召開會議決定船運，用帆和槳逆河而上。哥德人生怕任何輕率的敵對行動會擾亂雙方的談判，貝利薩流斯很狡猾的靜聽不做任何表示。哥德人誤認看到的景象只不過是艦隊和軍隊的前衛，輕易受騙，以為對方的大軍已經布滿愛奧尼亞海的海面和康帕尼亞的平原。羅馬將領接受維提吉斯使臣的觀見，傲慢的語氣更能證明確有其事。經過不著邊際的談話，用來辯解行為的正當性，使臣宣布為了和平願意放棄西西里的主權，皇帝的部將帶著藐視的笑容回答：「你們送給皇帝禮物，他的回報不會吝嗇。皇帝要把帝國一個古老的行省送給你們，哥德人可以擁有不列顛島的統治權。」貝利薩流斯用同樣堅定而輕視的態度，反對給哥德人一筆貢金，只是他答應讓哥德使臣碰運氣，看看查士丁尼自己怎麼說，同時帶著勉強的神色同意三個月的休戰，從冬至到第二年的春分。

　　他基於審慎起見並不相信蠻族的誓言或人質，深具信心從軍隊的配置可以建立戰力的優勢。哥德人因為畏懼或飢餓的關係，很快被逼撤離阿爾巴（Alba）、波多和申圖西利（Centumcellae），放棄的地方立即被羅馬軍接替。納爾尼、斯波列托和珀魯西亞的守備部隊獲得增援，一次圍攻作戰帶來的災難，反而使哥德圍攻部隊的七個營地陷入包圍圈之內。米蘭主教達提烏斯（Datius）的祈禱和朝聖之行不是沒有發生效果，他獲得一千名色雷斯人和艾索里亞人，有助於黎古里

亞的叛亂用來對付阿萊亞斯派的暴君。就在這個時候，維塔利安的姪兒「嗜血者」約翰（John the Sanguinary），奉命率領兩千名挑選過的騎兵，首先到達福奇尼（Fucine）湖的阿爾巴，接著趕赴亞得里亞海的派西隆（Picenum）邊界。貝利薩流斯說道：「哥德人把他們的家人和錢財存放在遙遠的行省，沒有守備部隊，也從不相信那裡會有危險。毫無疑問他們將會違犯停戰協定。在他們聽到你的行動之前，讓他們誤認你還留在原地。對意大利人要寬大為懷，不要讓任何守備嚴密的地點，仍舊保持敵意留在你的後方；始終記住戰利品的分配要公平合理。這也沒有什麼道理（他笑著繼續說道），我們像工蜂一樣辛辛苦苦的工作，至於那些幸運的傢伙卻在偷偷享用蜂蜜。」

11 哥德人撤離羅馬及貝利薩流斯的追擊行動（538年）

　　東哥德人集結起來攻擊羅馬，幾乎全部在圍城之戰中耗盡。一位真才實學的旁觀者說在城牆下面經常發生的血戰當中，數量龐大的烏合之眾有三分之一遭到殲滅。這個地區的夏天一直惡名昭彰，空氣的性質對人體有害，農業的沒落和人口的減少都肇因於此，哥德人的放縱行為以及地區的不利條件，使得饑饉和瘟疫更加嚴重。維提吉斯竭盡全力為自己的命運奮鬥，一直在接受羞辱和遭到毀滅之間舉棋不定，國內發生緊急狀況迫得他只有趕快撤退。渾身發抖的信差向哥德國王報告，嗜血者約翰將蹂躪的戰火從亞平寧山蔓延到亞得里亞海，派西隆大量戰利品和無數的俘虜被運送到里米尼的堅固城堡之內。實力強大的酋長已經擊敗他的叔父，威脅到他的都城，暗中通信想要勾引他那忠貞的妻子，也就是阿瑪拉桑夏傲慢的女兒。然而維提吉斯要在退走之前盡最後的努力，用奇襲的方式毀滅要攻占的城市。他在一條供水渠道發現祕密的通道，兩名梵蒂岡的市民受到賄賂，要用酒灌醉奧理安門的警衛，打的如意算盤是要攻擊台伯河對岸的城牆，因為這個位置沒有興建角塔增強防禦的力量，同時蠻族帶著火把和雲梯去攻打平西安門。警覺性極高的貝利薩流斯帶著麾下的老兵部隊，擊退蠻族所有的企圖，最緊要的關頭不等同伴來到就衝上前去。哥德人喪失所有的希望，到處發出喧囂的吵鬧催促要盡速離開，以免停戰協定到期的時刻，羅馬人的騎兵再度集結起來。

　　開始圍城以來已一年零九天，不久之前那支實力強大而又得意洋洋的軍隊，現在燒掉自己的帳幕，在一片嘈雜聲中退過米爾維亞橋（538年3月）。他們的撤離要付出極大的代價，蜂擁的群眾在狹窄的通道上推擠，畏懼的心理和敵軍的追擊使很多人掉進台伯河。羅馬的將領率軍從平西安門衝殺出來，對於撤退的敵

人毫不留情的痛下毒手。虛弱和沮喪的哥德族人拖著沉重的腳步，拉開來成為綿長而鬆散的隊伍，在弗拉米尼亞大道蹣跚而行。蠻族有時被迫離開正路，以免遭遇帶有敵意的守備部隊，他們防守從里米尼到拉芬納之間的重要通道。然而逃走的軍隊仍舊是如此強大，維提吉斯對於有迫切需要保存的城市，抽調一萬人去加強守衛，同時派遣他的姪兒烏萊阿斯（Uraias）帶著相當兵力，前去鎮壓米蘭的叛亂行動。他自己率領主力圍攻里米尼，離哥德人的都城只有三十三哩。

「嗜血者」約翰靠著防衛的技術和英勇的作為，使薄弱的城牆和淺顯的壕溝不致被敵軍攻破。他身先士卒不怕辛苦和危險，同時以身處次要的舞台，模仿偉大的主將發揮軍人的武德。蠻族的木塔和攻城撞車無用武之地，他們的攻擊被守城部隊驅退，只有實施長期的封鎖，使守軍陷入飢餓的絕境，然而羅馬軍隊可以獲得足夠的時間，集結兵力兼程前來解圍。一支艦隊突襲安科納（Ancona），沿著亞得里亞海岸航行前來救援被圍的城市。宦官納爾西斯率領兩千名赫魯利人和五千名東方最驍勇的部隊在派西隆登陸。貝利薩流斯親自指揮一萬名久歷戰陣的老兵，攻下亞平寧山位於高崖的要點，沿著山腳向前運動。有一支新出現的軍隊在紮營的位置，點起無數通明的燈火，看起來是沿著弗拉米尼亞大道進軍。哥德人深受驚懼和失望的打擊，只有放棄里米尼的圍攻，丟下營地的帳幕、連隊的標誌和戰敗的首領。維提吉斯也就跟著逃走，馬不停蹄趕回拉芬納的城牆和沼澤的保護圈之內。

只能在城牆之內獲得安全，所有的據點都無法相互支援，哥德王國現在已落到山窮水盡的地步。意大利的行省投靠到皇帝的陣營，他的軍隊逐漸徵召到兩萬兵員，要不是羅馬將領之間相互傾軋，使得戰無不勝的軍隊削弱實力，一定能夠容易而快速的征服此地。在完成圍城作戰之前，有件血腥、可疑而不智的處理方式，損害到貝利薩流斯公正的聲譽。普里西狄斯（Presidius）是個忠心耿耿的意大利人，在從拉芬納逃到羅馬的途中，駐在斯波列托的軍事總督君士坦丁，很不客氣的將他攔阻下來，甚至就在教堂裡把他身上的兩把佩劍搶走。等到戰亂的危險狀況消失以後，普里西狄斯對於損失和傷害提出控訴。他的指控獲得受理，然而傲慢和貪婪的被告卻不遵從將佩劍歸還的命令。

普里西狄斯為拖延的行為而火冒三丈，等到貝利薩流斯騎馬經過廣場，便大膽跑上去抓住馬頭，要求遵照羅馬法重視市民的權益。現在這件事涉及到貝利薩流斯的職權，於是他召開會議認為下屬的官員要服從命令，在受到無禮的拒絕以後發著脾氣匆忙把侍衛叫來。君士坦丁看見他們進來，以為是要殺他的訊號，於是拔出佩劍衝向將領。貝利薩流斯很靈活的避過刺劈，他的朋友也上來保護。失

去鬥志的凶手丟下武器拖進鄰近的房間，在貝利薩流斯專橫的命令之下，被侍衛立即處死。在極為草率而又粗暴的行動當中，沒有人會記得君士坦丁的罪行，然而勇敢的官員卻因此走上身敗名裂的絕路，並將之暗中歸罪於安東妮娜無情的報復。何況總督的同僚自認或多或少都犯下掠奪的罪行，因而人人感到自危。

　　要是對共同的仇敵感到恐懼，就會壓制自己的妒恨和不滿，只有自信可以獲得勝利，他們慫恿那位強而有力的對手去反對羅馬和阿非利加的征服者。宦官納爾西斯從皇宮的內廷執事與皇室的賦稅管理，突然晉升為一支軍隊的統領。雖然他從爾後的勝利贏得的名聲和榮譽，可以與貝利薩流斯不分軒輊，目前這位英雄人物的所作所為，只是增加哥德戰爭在執行上的困擾。諸多不滿派系的領導者將救援里米尼的功勞歸於納爾西斯的謹慎忠告，要他依據權責獨立指揮。查士丁尼的信函禁止他服從貝利薩流斯。這位謹慎的寵臣在不久前要離開之際，曾經與君主進行神聖而親切的談話，君王說「盡可能有利於大局」是個危險藉口，特別給他保留一些自主的裁量權。

　　基於雙方之間含糊不清的權責，宦官對於貝利薩流斯的意見，始終本著表示異議的態度。等到他勉強屈從同意圍攻烏比諾（Urbino），在夜間將同僚丟下不管，率軍前去征討伊米利亞行省。赫魯利人凶狠而善戰的隊伍忠誠追隨納爾西斯，一萬羅馬人和聯盟軍在他的旗幟下面跟著前進。每個不滿分子都要掌握最好的機會，報復私人或想像中的冤屈。至於貝利薩流斯其餘的部隊，從西西里的守備任務到亞得里亞海的沿岸地區，都已經分遣出去或是散布開來。他的用兵素養和堅定意志克服所有的困難和障礙，烏比諾已經奪取，腓蘇利（Faesulae）、奧維亞托（Orvieto）和奧克西姆（Auximum）的圍攻正在積極執行。納爾西斯終於被召回處理皇宮的內部事務，羅馬將領善於自制的權威平息所有的紛爭衝突，抑制所有的反對意見，就是他的仇敵也難免對他表示敬意。貝利薩流斯諄諄誘導大家要接受有益的教訓，所有的部隊必須一心一德親愛精誠。哥德人趁著發生爭執的間隙獲得喘息的機會。適合用兵的季節已經過去，米蘭遭到毀滅的命運，意大利的北部行省面臨法蘭克人大舉入寇。

12 完成意大利的征服和哥德王國的覆滅（538-539 年）

　　等到貝利薩流斯擺脫國內和國外的敵人，他一心一意運用兵力完成意大利的征服。將領在奧西莫（Osimo）的圍城作戰，差點被弓弩當場射殺，一名侍衛為了善盡職責，犧牲自己的手臂將箭矢擋下，使他逃過致命的一擊。哥德人在奧西

莫的四千武士，以及在腓蘇利和科提安的人馬，直到最後還想維持獨立，驍勇的守備部隊幾乎使得征服者失去耐性，卻也贏得他的尊敬。他們要求安全的離開，到拉芬納加入他們的族人，貝利薩流斯拒絕簽名同意，他終於同意條件合理的投降協定，保證他們至少可以帶走一半的財物，然後有兩條路可以自由選擇，一是安靜回到家業和田產所在的地點，再不然就投效皇帝的軍隊參加波斯戰爭。大批蠻族仍舊追隨維提吉斯的旗幟，人員的數量遠超過羅馬軍隊。哥德國王不論受到請求還是挑戰，或是最忠誠的臣民陷於極端危險之中，都無法引誘他離開拉芬納堅固城堡的保護。防禦工事固若金湯，可以抗拒強攻硬打，等到貝利薩流斯將都城圍得水泄不通，立刻知道只能靠著饑饉瓦解蠻族堅持到底的意志。羅馬將領提高警覺，嚴密守衛海洋、陸地和波河的水道。他的道德原則延伸戰爭的權利，認為放火把周圍城市的穀倉燒掉，甚至在水中下毒都是合法的行為。

　　就在他全力封鎖拉芬納的時候，君士坦丁堡派來兩位使臣，讓他大吃一驚。查士丁尼沒有詢問獲勝主將的意見，就貿然簽署一紙和平條約，裡面的條款使人無法獲得榮譽，並且會產生有害的後果：那就是意大利和哥德人均分所有的資財，波河以北的行省留給狄奧多里克的繼承人保有王室的頭銜。使臣急著完成能夠提高名聲的任務；哥德人處在糧食重於榮譽的狀況，被困的維提吉斯出乎意料獲得王冠，當然感到喜不自勝；其他的羅馬首長對於繼續戰爭在私下發出怨言，公開表示要絕對服從皇帝的命令。如果貝利薩流僅僅像士兵靠著蠻力毫無智慧，怯懦和嫉妒的律師就會將勝利的桂冠從他的頭上攫走。他在關鍵時刻像心胸開闊的政治家，決定單獨承受不服從命令所產生的危險，當然也可能因而建立莫大的功勳。手下的官員提出書面的意見，認為圍攻拉芬納不切實際也毫無希望；然而主將不願接受瓜分意大利的條約，宣布他的決心是要用鍊條牽著維提吉斯送到查士丁尼的腳前。

　　哥德人陷於疑懼和驚慌之中，只能信任將領的簽字能讓他們有條活路，現在遭到拒絕等於剝奪一切的希望，特別是他們的內心充滿憂慮，生怕明察秋毫的敵人已經洞悉他們目前處於極為悲慘的狀況。哥德人拿貝利薩流斯的名聲運道與苦命國王的懦弱做一比較，提出一個非常特殊的計畫，維提吉斯顯然已經認命，受到逼迫只有默許。瓜分意大利會危害國家的實力，接受放逐會有辱民族的榮譽。要是貝利薩流斯拒絕承認主子的權威，願意接受哥德人的推選，他們會提供軍隊、財富和拉芬納的城堡，讓他擁有意大利王國，何況也只有他具備登上寶座的資格。如果一頂皇冠發出虛偽的光彩，能夠對忠誠的臣民產生難以抗拒的誘惑，那麼貝利薩流斯的謹慎恐懼在於預知蠻族的輕浮多變，他合乎理性的野心在於羅

馬將領安全和榮譽的地位。現在逼得他考慮一個謀叛的建議，只要抱著容忍的態度和滿足的心情，都會帶來惡意的解釋。查士丁尼的部將自認光明磊落，才會進入這條黑暗和欺騙的路途，為的是要讓哥德人出於自願的降服。他用機智的策略說服對方，表示會順從他們的意願，只是他對祕密的約定非常憎惡，所以不願提出誓言和承諾。

　　拉芬納開城投降當天（539年12月），將領事先已經與哥德人派遣的使臣安排妥當，一支船隊滿載糧食，當作受到歡迎的貴賓，駛進港口最深入的地點。他們對心目中的意大利國王大開城門，所以貝利薩流斯沒有遭到一個敵人攻擊，像是凱旋的行列通過堅固城市的街道。羅馬人對於他們的成功感到無比的驚奇，高大而又強壯的蠻族群眾竟然能夠忍受羞辱的場面，更是令大家困惑不已。具備男子氣概的婦女，向她們的兒子和丈夫的臉上吐口水，疾言厲色指責他們將主權和自由出賣給南方的侏儒，藐視貝利薩流斯的兵力不足，瞧不起他們矮小的身材。趁著哥德人還未從震驚中恢復，要求滿足他們的願望之前，勝利者已經在拉芬納建立權威，不會產生反悔和叛亂的危險。維提吉斯可能會有逃走的打算，先行軟禁在自己的皇宮，優秀的哥德青年挑選出來為皇帝服行勤務，剩餘的民眾分散開來送到南部行省平靜的居留地。成群結隊的意大利人受到招募，前去補充人口日益稀少的城市。首都的歸順引起意大利城鎮和鄉村的仿效，根本不需要派部隊前去征服。獨立自主的哥德人在帕維亞和維洛納還保存相當武力，抱著強烈的野心想要成為貝利薩流斯的臣民。然而將領只願意擔任查士丁尼的全權代表，表現堅定不移的態度，矢言要為皇帝效命到底，拒絕他們要用誓言表達投效的忠誠。哥德代表團的指責並沒有使他惱羞成怒，意思是說他情願做查士丁尼的奴隸，也不要當國王。

13 貝利薩流斯的功高震主及其妻的荒淫（540年）

　　貝利薩流斯獲得第二次的勝利，猜忌的聲音到處流傳，查士丁尼信以為真，就將顯赫的英雄召回：「哥德戰爭已近尾聲，不值得多做停留，心懷感激的君主急著獎勵他的服務，諮詢他的高見。帝國需要他發揮高明的將道，前去保衛東方的安全，擊潰波斯的無敵大軍。」貝利薩流斯知道自己功高震主，接受君王的一番託辭，帶著掠奪的財物和戰利品在拉芬納登船，要用服從的行動證明自己的忠誠，現在卻非常唐突將他從意大利調職回國，不僅草率而且有欠公正。皇帝用謙虛有禮的態度，接見維提吉斯和他那更為高貴的配偶。哥德國王遵從旨意皈依阿

泰納休斯的信仰，獲得元老院議員和大公的位階，以及亞細亞廣大的世襲土地。每個旁觀者都稱許蠻族青年的體魄和身材，沒有產生一點危險的感覺。他們順從帝座的威嚴，承諾要為恩主服務，犧牲性命在所不計。查士丁尼把哥德王國的財富收藏在拜占庭的皇宮，諂媚的元老院成員有時會得到允許，參觀金碧輝煌的寶物，只是他帶著嫉妒的心理，不願將財富展示在公眾的面前。

　　意大利的征服者拒絕第二次凱旋應得的榮譽。說實在他的榮譽已經遠超過外表盛大的排場，在一個腐化的奴隸主時代，全國都會對他表示敬仰和欽佩，可以彌補宮廷曖昧而空洞的讚許。只要貝利薩流斯出現在君士坦丁堡的街道和公開場合，就會引起民眾的興趣和注視，他魁梧的體格和嚴肅的面容展現大眾心目中的英雄形象。他那溫和與謙恭的態度使最卑賤的市民都有如沐春風之感，軍隊死心塌地追隨他的足跡前進，讓他比起戰鬥的日子更為平易近人。七千名無比英俊和驍勇的騎士靠著主將私人的津貼，繼續在軍隊服役。他們在肉搏戰鬥和前列對陣，表現得極為出色且英勇受到敵我雙方承認，羅馬幾次的圍攻作戰當中，靠著貝利薩流斯的衛隊就能擊敗蠻族的烏合之眾。那些作戰勇敢和一諾千金的敵人，會使他的衛隊不斷擴充編制，走運的俘虜像是汪達爾人、摩爾人和哥德人，爭著投靠到他的麾下成為依附的部從。他用公正和慷慨獲得士兵的愛戴，也不會疏遠民眾對他的感情。生病和受傷的人會得到醫藥的照應和金錢的賜予，主將親臨探視和慰勉笑語帶來更大的治療效果。喪失武器或馬匹立時得到補充，任何英勇的行為都會得到報酬，像是臂鐲或項圈之類價昂而光彩的禮物，經過貝利薩流斯的鑑賞顯得更為名貴。農夫在他的旗幟所及的領域，能夠享受和平的生活與豐碩的收成，所以對他極為敬愛。羅馬部隊的進軍給社會帶來富裕而不是損失，營地保持嚴肅的軍紀，就連樹上的蘋果都不摘一個，也不會踐踏田地的作物。

　　貝利薩流斯的個性純樸而又節制，放縱的軍事生活絲毫不對他產生影響，沒有人敢吹牛說看過他酒醉誤事。很多美麗的哥德或汪達爾俘虜願意投懷送抱，他像禁欲的僧人拒絕女色的誘惑，安東妮娜的丈夫從不違犯配偶要相互忠貞的信條。有位史家是追隨在側的友人，對他一生功勳瞭如指掌，提到他面對戰爭的危險，大膽而不莽撞，謹慎而不畏懼，按照情勢的需要，行動的快慢可以收發自如。陷於最惡劣的處境，他會指出真正的希望所在，激起所屬奮鬥的勇氣；即使擁有一帆風順的機運，他會保持如臨深淵、如履薄冰的審慎態度。他的武德不僅可以媲美古代的兵學大師，甚至青出於藍，揮軍所向無論在海上或陸地都贏得勝利。他征服阿非利加、意大利和鄰近的島嶼，堅西里克和狄奧多里克的繼承人成為俘虜；君士坦丁堡的皇宮裝滿戰利品，他用六年的時間光復了西部帝國大半的

行省。他在名聲、功績、財富、權勢方面無人可以匹敵，仍舊是羅馬臣民中第一號人物。嫉妒的聲音只是給他帶來鳥盡弓藏的危險，皇帝大可以自詡有識人之明，發掘貝利薩流斯的才華加予拔擢和重用。

羅馬舉行凱旋式的傳統習慣，是由一名奴隸緊隨在戰車的後面，不斷提醒征服者要知道命運的無常和人性的弱點。樸洛柯庇斯的《祕史》承擔卑微低下和忘恩負義的工作。心胸開闊的讀者會將誹謗之辭棄而不顧，只是證據留在記憶當中揮之不去，況且還會無可奈何的承認，貝利薩流斯的聲譽甚至德操都因妻子的情慾和殘酷玷汙，只是正派的史家對英雄人物的缺陷不置一辭。安東妮娜的母親是劇院的娼妓，父親和祖父在提薩洛尼卡和君士坦丁堡，從事御車手這個低賤而又多金的行業。命運使她面對各種不同的情況，成為狄奧多拉女皇的密友、仇敵、奴僕和寵幸。共同的嗜好使兩個生性淫蕩而又野心勃勃的女人聯手合作，猜忌和嫉妒的惡意使她們各行其事，互不相容，最後是夥同犯下滔天大罪又勾結在一起。安東妮娜在與貝利薩流斯結婚之前，曾經有丈夫和許多愛人。福提烏斯（Photius）是她前一次婚姻所生的兒子，長大從軍，參加那不勒斯的圍攻作戰表現突出。

安東妮娜到人老珠黃的年齡，還對一個色雷斯的青年發生感情，沉溺於可恥的醜聞而不堪自拔。狄奧多西在優諾謬斯派異端邪說的環境教育成長，前往阿非利加的航程途中，是第一個登船並接受洗禮的士兵，因而被授與神聖的名字。貝利薩流斯和安東妮娜成為他的教父和教母，把改宗者收養在自己的家庭。就在登上阿非利加海岸之前，神聖的親屬關係墮落成為肉慾的性愛苟合，安東妮娜任性妄為，無視於旁人的指指點點，只有羅馬的主將不知道自己戴上了綠頭巾。居住在迦太基期間，他在無意之中發現這對情人躲在一間隱密的臥室，四周無人而且溫暖如春，兩個人衣冠不整幾乎要赤身裸體。貝利薩流斯的眼中冒出怒火，不知羞恥的安東妮娜說道：「我要這位年輕人幫我在暗中處理寶貴的財物，有關這方面的祕密不能讓查士丁尼知曉。」狄奧多西穿上自己的衣物，虔敬的丈夫甚表滿意，連親眼看到的證據都可以不信。但即使如此自我欺騙，貝利薩流斯進入敘拉古後，由於一名侍女的好管閒事，終於完全了解整個的姦情。

馬其頓妮亞（Macedonia）獲得他發誓會為她保密，找來兩名內侍跟她一樣承認確有其事，說他們經常看到安東妮娜的淫亂行為。狄奧多西後來盡快逃到亞細亞，避開受辱丈夫的報復，他已經簽署命令給一員衛士趕去殺死姦夫。安東妮娜的眼淚和費盡心機的誘惑手段，使得耳根軟弱的英雄相信她的無辜，甚至墮落到否定自己的誠信和理性，放棄不知謹言慎行的侍從，不給她們任何保護，因為

她們竟敢指控或懷疑他的妻子，說她不能保持貞節。罪惡深重的婦女用仇恨和血腥的手段開展報復的行動，不幸的馬其頓妮亞和兩名證人被安東妮娜暗中指使逮捕，進行殘酷的迫害。她們的舌頭被割掉，身體砍成碎塊，然後丟進了敘拉古的大海。

君士坦丁提到眾所周知的奸情，講了一些魯莽倒是有見地的話：「是我的話，要懲處的是淫婦，不是無知的小夥子。」安東妮娜把這些話記在心裡，等過了兩年，這位官員一時衝動拿起武器反抗他的上司時，就是她提出斬草除根的建議，決定立即處死他。甚至就連福提烏斯也得不到母親的原諒，她將兒子放逐就是為了準備召回情人。對於意大利征服者施壓和卑辭邀請，狄奧多西只有屈從不敢拒絕。直接從情人手裡收到的饋贈，以及參加和平與戰爭的重要委員會，讓這位受到寵愛的青年很快獲得一萬磅黃金的財產。他們回到君士坦丁堡以後，安東妮娜的愛仍舊熾烈無比，絲毫沒有消退的現象；狄奧多西因畏懼、虔誠以及厭倦，感到事態的嚴重。他害怕在首都到處傳播的醜聞，還有就是貝利薩流斯的妻子任性而為的痴情，於是從她的懷抱中溜走，隱退到以弗所尋求聖所的庇護，剃去頭髮過著修道院的生活。

安東妮娜就像亞歷迪妮在丈夫死後無法獲得赦免那樣感到絕望，淚流滿面扯著自己的頭髮，府邸裡回響著她的哭聲。「她失去了最親密的朋友，一個溫柔、忠誠和勤快的朋友。」即使她熱誠的乞求加上貝利薩流斯的祈禱，也無法把聖潔的僧侶從以弗所這孤獨之地召喚回來。一直等到主將前往進行波斯戰爭，狄奧多西才受到引誘回到君士坦丁堡，在安東妮娜離開之前，短暫相聚一段時間，大膽將自己奉獻給愛情和歡愉。

14 貝利薩流斯及其子的受辱和降伏（540年）

哲學家沒有受到真正的傷害，才會憐憫和饒恕女性的弱點；丈夫切身感受妻子給他帶來的羞辱，卻又只能忍受，而軟弱的性格讓人鄙視。安東妮娜對她的兒子抱著刻骨的仇恨，英勇的福提烏斯就連在底格里斯河對岸的營地，都無法逃過她在暗中的迫害。他為自己的委屈極為生氣懊惱，也為自己的身世感到無地自容，現在輪到他來發洩難以忍受的情緒。他在貝利薩流斯的面前揭露一個女人的墮落邪惡，完全違背身為母親與妻子的天職。羅馬主將感到震驚和氣憤，可見往昔的輕信似乎太過天真。他拉起跪在地上的福提烏斯，懇求他記住自己的責任重於血緣的親情，於是在祭壇前面立下神聖的誓言，不但要報復而且要相互為此事

提出辯白。安東妮娜因為人不在場，所以才落到盡失先機的處境。她前去迎接正從波斯邊境歸來的良人。貝利薩流斯在見面之際難免情緒衝動，把她囚禁起來加以威脅要取她的性命。福提烏斯決心要懲處不願寬恕，急忙趕到以弗所逼迫他母親信任的宦官，全盤招出她所犯的罪行。他在聖約翰使徒大教堂逮捕狄奧多西，查封他的財產並且將囚犯藏在西里西亞安全而偏僻的城堡，處死只是早晚的事。他犯下膽大包天的罪行，違背了國法，不可能逃過懲處。

　　皇后始終支持安東妮娜，因為她參與統領的罷黜以及教皇的放逐和謀殺，全力協助圓滿完成任務，狄奧多拉自認欠負甚多。等到波斯的戰役結束，貝利薩流斯被召回君士坦丁堡，還是與往常一樣遵奉皇室的命令。他從來沒有產生反叛的念頭，絕對的服從儘管違背良知，還是出於個人的意願。等他在女皇的授意甚或就在觀見的時候，不得不擁抱自己的妻子，心軟的丈夫已經決心要寬恕對方，甚至還要忍受妻子的怪罪。狄奧多拉要獎賞親密戰友更貴重的恩典。她說道：「尊貴的大公，我發現一顆價值連城的珍珠，還沒有讓凡人過目，要讓我的朋友先看，而且還要送給她。」安東妮娜立刻激起好奇心，一間寢室的門突然打開，裡面是她的愛人狄奧多西，宦官花很大力氣才從祕密的監獄將他找到。她驚奇得片刻之間講不出話來，接著發出感激和愉悅的歡呼，稱狄奧多拉為她的皇后、她的恩主、她的救星。以弗所的僧侶在府邸休養身體，不僅過著奢華的生活，還有了莫大的野心。貝利薩流斯給予承諾，讓他指揮羅馬的軍隊；誰知狄奧多西後來卻在第一次勞累的性愛途中突然暴斃。

　　安東妮娜的悲痛要平息下來，只有讓自己的兒子受盡活罪。這名年輕人有行省總督的位階，而且正在患病，沒有經過審判就受到罪犯或奴隸的懲罰，然而他的內心忠誠如一。福提烏斯忍受鞭打甚至拷問架的酷刑，並沒有違犯他與貝利薩流斯立下的誓言。在沒有結果的逼供之下，安東妮娜的兒子在他的母親參加皇后的宴飲的時候，被丟進皇宮的地下監牢，陰森黑暗的環境難分日夜。他兩次逃到君士坦丁堡最古老的神聖處所，亦即聖索非亞大教堂和無垢聖母教堂，暴君對於慈悲如同宗教一樣毫無感覺，無助的青年在教士和群眾的抗議聲中，兩次從祭壇被拖回地牢。他第三次嘗試倒是獲得成功，那是過了三年以後的事，先知撒迦利亞（Zachariah）或是一個生死之交的朋友，指出一種脫逃的方法。他避開女皇的密探和警衛，到達耶路撒冷的聖墓，願意獻身成為修道士。查士丁尼過世以後，修道院院長福提烏斯盡畢生之力，對埃及的教會進行調解，制定統一的規則。安東妮娜的兒子受到敵人施予的所有痛苦，都不及她的丈夫給自己帶來的折磨，貝利薩流斯違背了承諾拋棄朋友。

　　貝利薩流斯在下一次的戰役再度被派到波斯，拯救東方免於刀兵之災，不僅得罪狄奧多拉還觸怒皇帝本人。患病的查士丁尼對於流傳他已逝世的謠言，保持不動聲色的態度，羅馬的主將對不幸事件產生的反應，就像士兵或市民，毫無哀傷的感覺，談話態度非常的隨便，甚至到放肆的程度。他的同僚布捷斯（Buzes）的心情跟他非常類似，結果卻受到告發被女皇迫害，失去階級、自由和健康。貝利薩流斯有地位和權勢，以及他妻子發揮的影響力，使得他的失寵顯得比較緩和。皇家倒是有意給他多受挫折，但並不願意毀滅與她共享榮華的夥伴。甚至他的調職也提出保證來刻意掩飾，意大利處於的危險情況，需要羅馬的征服者出面才能拯救。等到他單獨返回君士坦丁堡，失去自我保護的能力，一個帶著敵意的委員會便被奉派到東方，調查他的財富和犯罪的行為。追隨主將個人旗幟的衛隊和資深老兵，分配給軍隊其餘的首長和將領，就是宮廷的宦官也用抽籤方式，瓜分他在軍中的家臣和部從。

　　他帶著一小批風塵僕僕的隨從經過君士坦丁堡的街道，孤獨的外表引起民眾的驚異與同情。查士丁尼和狄奧多拉用冷漠和敷衍的態度接見，見風轉舵的廷臣表現出無禮和藐視的樣子。他在夜晚踏著顫抖腳步回到眾人遺棄的府邸，安東妮娜身體微恙的事不知是真是假，她待在自己的房間，卻又不聲不響單獨在鄰近的柱廊散步。這時貝利薩流斯躺在床上，陷入悲傷和恐懼之中感到萬分痛苦，真是恨不得一死了之，想當年在羅馬城內面對戰陣的危險又是何等勇敢。度過漫漫長夜等到旭日東升，女皇派來一名信差，他帶著焦急的心情，打開宣判他命運的來信：「你應該知道何以讓我如此反感，特別是安東妮娜盡心盡力為我服務，更加突顯你的狂妄無知和忘恩負義，全靠她的功勞和講情讓我饒你一命，讓你還能保有部分財產，照說應該全部充公才對。你如果知道感恩圖報，就要用未來的行動而不是言辭表達你的心意。」

　　舉世無雙的英雄接到極為羞辱給予從寬處理的通知，表現出歡欣的神色像是獲得天高地厚的恩情，真是令人難以置信也不忍描述。他趴俯在妻子的面前親吻她的腳，誠心應許這一輩子都是安東妮娜忠心耿耿的奴僕。貝利薩流斯的財產被拿走三千磅黃金當作罰鍰。他接下意大利戰爭的指揮權離開君士坦丁堡；親朋好友和一般大眾都相信，只要他重獲自由掌握軍權，就會對他的妻子、狄奧多拉甚至皇帝本人，撕破掩飾的面具，顯露本來的容貌。品德高尚的叛徒為了報復，會讓他們付出生命的代價。然而大家的希望全部落空，貝利薩流斯的韌性和忠誠無可匹敵，真不知是擁有堅忍圖強的優點還是甘願雌伏的短處。

15 保加利亞人的入侵和貝利薩流斯的勝利（559年）

我只能希望而不敢斷言，貝利薩流斯對於納爾西斯的勝利會感到高興。然而體會到自己建立了多麼蓋世的功勳，也許會讓他毫無猜忌之心，願意讚許一位競爭對手的才華。年長的武士發揮處變不驚的作風，贏得最後的勝利，拯救皇帝和首都。蠻族每年都要入侵歐洲的行省，偶然遭受幾次挫敗難免打擊士氣，士兵還是會受到劫掠和賞賜的雙重誘惑。查士丁尼統治第三十二個年頭的冬天，多瑙河全部凍結。札伯根（Zabergan）率領保加利亞人的騎兵大舉出動，烏合之眾的斯拉夫人也聚集在他的旗幟之下。蠻族的領袖勢如破竹，越過大河與山區，部隊散布在馬其頓和色雷斯境內，不到七千人馬直趨邊牆用來保衛君士坦丁堡地區的最後防線。可惜人為的工程無法抗拒大自然的威力，最近發生的地震不幸動搖了邊牆的基礎。

帝國的軍隊運用在阿非利加、意大利和波斯遙遠的邊境，國內的守備部隊共有七個支隊，兵力增加到五千五百人，通常的駐地是亞洲一些平靜無事的城市。原來由英勇的亞美尼亞人擔任的位置，現在用懶惰的市民取代，他們花錢買到國民應盡的義務，而又不必擔心軍中服役的危險。訓練不足的士兵很少人願意離城出擊，更無法說服他們隨著隊伍進入戰場，除非這樣做能夠很快避開保加利亞人的來犯。逃兵的報告誇大敵軍的數量和凶狠，說他們到處強暴純潔的處女，把初生的嬰兒拿來餵狗和兀鷹。成群的農人懇求食物和保護，增加都城的恐慌和驚懼。札伯根的帳篷紮營在距離二十哩外一條小河的岸邊，這條河繞著米蘭西阿斯（Melanthias）流過，最後注入普洛潘提斯海。查士丁尼害怕得渾身戰慄，任何人見到老態龍鍾的皇帝，都會認為他完全「喪失」年輕時的敏捷與活力。對於鄰近地區以及君士坦丁堡郊區的教堂，他下令繳回所有的金銀器具。城牆的防壁上用面無人色的旁觀者列陣充數，金門裡面擠滿一無是處的將領和護民官，元老院的議員也像民眾一樣勞累不堪而又肝膽俱裂。

君王和民眾全注視著一位年邁體衰的老兵，他過去曾經進軍迦太基和防衛羅馬，現在為了解救公眾的危險又再度披掛上陣。無論是御廄、私人或賽車場的馬匹全部匆促集中起來，市民無分年齡全被貝利薩流斯的名聲激起爭勝的熱情，設置第一個營地，位於獲勝敵軍的正面。他用兵極為審慎，加上友善農人的協助，先挖好塹壕築成防壁，部隊在夜間能夠安全的休息。他以無數燈火以及飛揚的塵土，誇大自己的實力欺騙敵軍；所有的士兵突然從絕望之中奮起，表現出狂妄的氣勢，一萬個聲音在呼喊要求出戰。這時只有貝利薩流斯非常清楚，在決定勝負

的關鍵時刻，他只能依靠三百名堅苦卓絕的資深老兵。次日早晨保加利亞人的騎兵發起衝鋒。他們聽到群眾的吶喊，看到作戰正面閃亮的武器和紀律森然的列陣，受到兩支伏兵從樹林中衝出來對側翼發起攻擊，最前列的武士被身手矯健的老英雄和他的衛士砍倒在地。在羅馬人近接戰鬥和快速追擊之下，他們剽悍如風的動作完全喪失作用。經歷這次作戰行動（逃走速度極快），保加利亞人不過損失四百人馬，君士坦丁堡卻得到拯救。札伯根感到盛名蓋世主將不好欺侮，只有撤到相當距離之外。

貝利薩流斯在皇帝的國務會議還有很多朋友，何況查士丁尼出於嫉妒之心，他只有聽從命令，不能放棄解救國家於倒懸的責任。等他回到城市，人民認為危險並未消失，對他的凱旋歸來發出感恩的歡呼，後來反而成為打勝仗將領的一項罪名。當他進入皇宮時，廷臣全都沉默無語，皇帝給予冷淡的擁抱，毫無感激之意，就叫他退到奴隸的隊列裡。然而貝利薩流斯的光榮戰蹟，在人們的心目中仍舊保持深刻的印象，使得查士丁尼在七十七歲的高齡，還要鼓起勇氣離開首都，前往四十哩以外的地方，親自視察重新修復的邊牆。保加利亞人在色雷斯平原浪費整個夏季，竟然過於倉卒地對希臘人發起攻擊，導致在克森尼蘇斯的失利，現在也一心想要求和。札伯根威脅要殺死俘虜，很快獲得一大筆贖金，又聽到消息說羅馬人在多瑙河建造有兩個撞頭的船隻，要用來阻止他的渡河，於是急著趕回去。危機很快被人遺忘，只留下一個不敬的問題，君主的表現究竟是明智還是軟弱？市民對此的爭辯可以用來打發無聊的日子。

16 晚景淒涼的貝利薩流斯及其死亡（561-565年）

大約在貝利薩流斯獲得最後勝利的兩年後，皇帝為了健康、政務或是朝聖，到色雷斯旅行一趟，很快回朝。查士丁尼感到頭部疼痛，私下從郊區進城，因此傳出死亡的謠言。那天還未到第三時刻，烘烤店的麵包就已搶購一空，住戶的大門緊閉，所有市民帶著希望或恐懼，面臨即將到來的騷亂。元老院的議員全都惶恐不安，在第九時刻舉行會議，郡守接到指示巡視全城各個重要的地點，向民眾公開宣布皇帝的健康已經恢復。騷動平息下來，無論發生任何意外事件，都會顯現政府的顢頇無能和民眾的派系傾軋。守備部隊只要聽到調防或是欠餉不發就會譁變，經常發生的火災和地震提供動亂的起因，藍黨和綠黨以及正統教派和異端邪說的鬥爭成為流血的慘劇。查士丁尼在波斯使臣的面前，為自己和臣民的行為感到羞愧。反覆的赦免和任性的懲罰使人民忍受長期統治的煩擾和痛苦。

此時皇宮醞釀陰謀活動，但我們不要因為出現馬塞拉斯和色吉烏斯的名字而產生誤會，事實上廷臣無論賢與不肖全都涉及其中。他們已經決定舉事的日期，每人的身分都能參與皇家的宴會，在前廳和柱廊安排黑人奴隸，隨時可以宣布暴君的死訊，趁機在首都引發一場叛變。有個同謀一時疏忽，查士丁尼可憐的統治苟延幾天的光景，查出陰謀分子立即加以逮捕，他們的衣袍都暗藏著匕首。馬塞拉斯自殺而死，色吉烏斯從教堂的聖所被拖走。他出於悔恨或是妄想一線生機，供出貝利薩流斯的兩名家臣。嚴刑拷問之下，他承認全聽庇主在暗中的命令行事。後代子孫不會貿然相信，一位英雄人物正當盛年，不屑於運用最好的機會滿足野心和報復，卻會忍受羞辱的名聲謀害君主，何況自己也將不久於人世。他的手下心焦如焚，只想趕緊逃走，因為亡命就會坐實叛亂的罪行。叨天之幸，他已享有長久的年紀和榮譽了。

貝利薩流斯出現在專案會議之上（563年12月5日），懷著憤怒情緒而不是恐懼，為皇帝賣命四十年之久，竟會在證據不足的狀況下判決他的罪行，不公正的審判因教長的在場和授權獲得批准。貝利薩流斯的生命得到寬恕，全部財產籍沒入官。從12月到次年7月被當成囚犯監禁在自己的府邸，最後還是認同他的清白無辜，恢復自由和榮譽。悔恨和悲傷可能加速了他的死亡，獲得釋放以後過了八個月，他離開人世（565年3月13日）。貝利薩流斯的名聲不朽，看起來憑著那麼多功勳，可以當之無愧舉行葬禮、樹立紀念碑和雕像，就我所知他的財富及從哥德人和汪達爾人獲得的戰利品，全部被查士丁尼奪走。皇帝還留下相當多的錢財，供應遺孀的生活。安東妮娜應懺悔之事不可勝數，就把餘生和財產奉獻給一所修道院。以上簡單真實的敘述，就是貝利薩流斯的敗亡沒落和查士丁尼的忘恩負義。傳聞他被剜去雙目，出於怨恨只能乞討維生：「行行好！給身為將領的貝利薩流斯一個銅板吧！」這是後來杜撰的情節，可以作為人生變遷無常的活生生範例，頗能獲得好評，我們也由此得知大家喜愛這一類的故事（查證當代的編年史，會得知貝利薩流斯沒有失明，還恢復原有的名譽和財富）。

第十八章
拜占庭英雄（570-629年）

1 羅馬與波斯的爭雄以及諾息萬的征戰和逝世（570-579年）

　　羅馬和波斯的衝突從克拉蘇之死延續到赫拉克留斯的統治。七百年的經驗教訓讓這兩個民族知道，只要超越底格里斯河與幼發拉底河這條要命的界線，就不可能維持征服的成果。然而亞歷山大的豐功偉業，激起圖拉真和朱理安的雄心壯志，想要一比高下；波斯的國君縱情於野心勃勃的願望，志在恢復居魯士的帝國。權力和勇氣所能發揮的額外效果，會吸引後代子孫的注意，這些事件對民族的命運並沒有造成實質的改變，只是在歷史的紀錄上留下微弱的印象。讀者一再看到重覆的敵對行動，發起不知原因，執行沒有榮譽，結局無法預料，唯一的感覺是使人厭煩。拜占庭的君主下很大的工夫培養談判的藝術，這是當年偉大的元老院和凱撒無法想像的事。歷史記載他們派出常駐的使臣，不斷送回冗長的報告，裡面的言辭充滿虛假和雄辯，可以看到蠻族的傲慢和無禮，納貢的希臘屬國奴顏婢膝的姿態。

　　我為這些貧瘠而多餘的史料嘆息，只有將無趣的記錄用簡單明確的方式加以敘述。公正的諾息萬（Nushirvan）是亞洲國王當中最值得讚譽的楷模人物，他的孫兒克司洛伊斯（Chosroes）懷有雄心壯志，準備在東方進行改革，穆罕默德的繼承人很快用武力和宗教，完成這件偉大的工作。希臘人和蠻族發生爭執，引起雙方君王的口角，相互指控對方違犯和平條約，是由兩個帝國在查士丁尼逝世前四年所簽訂。波斯和印度的統治者想要吞併葉門或阿拉伯‧菲利克斯（Arabia Felix）成為自己的行省（570年）。盛產沒藥和乳香的遙遠國度，過去逃過東方征服者的掌握沒有全力抗拒。等到亞伯拉哈（Abarahah）在麥加的城下大敗而歸，他的兒子和兄弟之間反目成仇，給波斯人大開方便之門，能夠追擊阿比西尼亞的外來異族一直越過紅海。當地一位王子出身於荷美萊特人這個古老的民族，登上國王的寶座，成為偉大的諾息萬的諸侯或是總督。

　　查士丁尼的姪兒宣布他的決定，同為基督徒的盟友阿比西尼亞國君受到羞辱，他要進行報復的行動，讓人不禁猜想他是想用適當的藉口，廢止每年向波斯

奉獻貢金，而這已經很難用賞賜的名義加以掩飾了。祆教祭司以宗教迫害行動欺凌帕薩米尼亞（Persarmenia）的教會，他們在暗中向基督教的保護者祈求幫助，等到用宗教做藉口謀殺地區的省長，叛徒竟然坦承是羅馬皇帝的同胞和臣民而且受到大力支持，拜占庭宮廷對諾息萬的抗議置之不理。賈士丁二世屈服於突厥的強求不休，他們要建立聯盟關係對付共同的敵人。這樣一來波斯帝國立刻受到歐洲、衣索匹亞和錫西厄聯軍的威脅。東方的統治者已年高八十歲，大可選擇享受和平的光榮與偉大，但等到戰爭不可避免，他卻以年輕人的敏捷親赴戰場；反觀身為侵略者的賈士丁躲在君士坦丁堡的皇宮，聽到鞻鼓的聲音就嚇得發抖。

　　諾息萬或稱克司洛伊斯親自指揮圍攻達拉（572年），雖然形勢險要的城堡缺乏部隊和給養，英勇的居民抵擋波斯國王的弓箭手、戰象和攻城器具長達五個月之久。同時他的將領阿達曼（Adarman）從巴比倫進軍，橫越沙漠渡過幼發拉底河，襲擾安提阿的郊區，將阿帕米亞化為一片焦土，向君主呈獻敘利亞的戰利品。國王在冬季不屈不撓，終於摧毀當面的防線。東部帝國的損失使行省和宮廷大為驚愕，使得賈士丁皇帝極其懊悔並停止聽政；拜占庭的國務會議呈顯蓬勃的生氣，接位者提比流斯二世的審慎作為獲得三年的停戰協定，及時爭取到一段期間用來準備戰爭。謠言傳遍世界，帝國的騎兵來自阿爾卑斯山和萊茵河遙遠的地區，另外還有錫西厄、瑪西亞、潘農尼亞、伊里利孔和艾索里亞等行省，獲得增援以後實力增加到十五萬士兵。

　　然而波斯國王毫無畏懼之心，或許是不信真有其事，決定要阻止敵人的攻擊，再次渡過幼發拉底河，辭退提比流斯的使臣，很傲慢的指使他們到凱撒里亞等待他的到臨，這座城市是卡帕多西亞的首府。兩軍遭遇發起美利提尼（Melitene）會戰，蠻族的箭矢遮天蓋日，延長戰線使得兩翼越過平原形成包圍之勢。這時羅馬軍保持較大的縱深和堅實的陣式，期望運用長劍和槍矛的力量發揮近戰的優勢。一名錫西厄酋長指揮右翼的騎兵，突然轉過敵軍的側翼，攻擊克司洛伊斯御駕所在的後衛，突入營地之內搶劫皇家的帳幕，褻瀆永恆的聖火，將亞洲的戰利品裝在成列的駱駝背上，從波斯人的隊伍中打開一條血路，掌著勝鼓回到友軍的戰線。其餘的羅馬軍浪費整日的時間，從事個別的戰鬥和難分勝負的前哨衝突。等到夜幕低垂，波斯國君想利用羅馬軍隊的分離狀況掌握報復的機會，在快速和猛烈的攻擊之下，他們有一個營地被完全消滅。克司洛伊斯考慮到自己的損失，知道面臨危險的處境，下定決心立即撤退，等到行軍隊伍通過以後，縱火燒掉美利提尼這座空城，也不顧及部隊的安全，自己坐在戰象的背上泅水渡過幼發拉底河。

經過這次沒有結果的戰役，可能是缺乏補給或是突厥的入侵，使他不得不遣退部分軍隊，留下羅馬人成為戰場的主人。主將查士丁尼進軍救援帕薩米尼亞的叛徒，將他的旗幟樹立在亞拉克西斯河的兩岸。龐培大將過去向著裏海遠征，只走了三天就停止前進，現在這個內海有一支敵對的艦隊在進行探勘，這是有史以來第一次。七萬俘虜從海卡尼亞遷徙到塞浦路斯島，查士丁尼在次年春天又揮師進入亞述的肥沃平原，戰爭的火焰接近諾息萬的行宮。氣憤的國君患病身亡（579年），遺言交代他的嗣君不要與羅馬人輕啟戰端。然而喪師受辱的短暫經驗，在長期的光榮統治之中逐漸被遺忘。

2 阿瓦爾戰爭與軍隊的叛亂以及莫理斯的被弒（595-602年）

波斯人的盟友重整東部的軍隊用來防禦歐洲，莫理斯（Maurice）忍受台吉（Chagan）的粗野無禮已有十年，宣布他要御駕親征對抗蠻族的決定（595-602年）。有兩個世紀的時間，狄奧多西的繼承人沒有在戰場現身，怠惰的生命全部浪費在君士坦丁堡的皇宮。希臘人根本弄不清楚，皇帝的稱呼最早是指共和國的軍隊主將。莫理斯好武的熱情受到眾人反對，元老院以表情嚴肅的奉承之辭、教長用生性怯懦的迷信行為，康士坦提娜皇后則是忍不住的眼淚，大家一致勸他將辛勞而危險的錫西厄戰役，委交位階較低的將領奉命執行。皇帝對於規勸和懇求充耳不聞，英勇前進，到達離開首都七哩的地方。神聖的十字架標誌展示在隊列的前面，莫理斯用充滿自負的神情，校閱武器鮮明人數眾多的百戰雄師，這些部隊曾渡過底格里斯河完成征戰的任務。在水陸兼進的行程中，安契拉斯成為最後的目標。

他在夜間的祈禱，要求上天給予奇蹟的答覆，卻沒有任何成效，接著寵愛的馬匹突然死亡、遇到一頭野豬、受到大雷雨的襲擾以及畸形嬰兒的出生，都使他的內心迷惑不安。然而他卻忘卻最好的預兆，就是拔出佩劍保護自己的國家。皇帝藉口要接見波斯使臣又轉回君士坦丁堡，明顯不再戀戰，他的規避戰陣和選擇將領使得公眾大感失望。莫理斯的兄弟彼得同樣可恥至極，竟然從蠻族、領導的士兵和羅馬城市的居民面前逃離。皇帝用召回晉升給予赦免，這是只講手足之情的盲目偏袒行為。要是我們記得類似的名字和情況，這個要被放棄的城市就是聲威遠震的阿茲穆提姆（Azimuntium），曾經單獨擊退阿提拉雷霆萬鈞的進犯。英勇好戰的年輕人拿來作為榜樣，已經延續幾代的時光，他們在賈士丁一世或二世時獲得榮譽的特權，能夠保持傳統的戰鬥精神，只用來保衛自己的家園。

　　莫理斯的弟兄打算不理會傳統的特權，要把一支愛國的隊伍與他營地裡的傭兵混雜在一起。他們退到教堂裡面，看來他對神聖不可侵犯的地點毫無敬畏之心。民眾看到這種情況就揭竿而起，關上城門把人員配置在防壁上；他們發現彼得的怯懦竟然不亞於他的傲慢和偏袒。康門提奧拉斯（Commentiolus）的勇氣連最低賤和通俗的資格都不具備，他軍事方面的名聲是諷刺和喜劇的目標，與嚴肅的歷史倒是沒有多少關係。他舉行盛大的軍事會議、擬定奇特的部隊運行方式、下達不為人知的命令，所有的做法都要為他的逃走或拖延找辯護的藉口。他朝敵人進軍時，面對希繆斯山令人心曠神怡的山谷，竟成為無法克服的阻礙；他的撤退膽小而畏懼，盡量要探求最困難和無人使用的路徑，擇徑之僻甚至連當地最年長的人士都已經記不清楚那些路怎麼走了。他唯一發生的流血事件，不知是真的生病還是裝出患者的樣子，讓外科醫生用放血針給他治療；他的健康情況受心境影響，只要蠻族接近就發生病痛，經過冬營期間安全的休息就自然痊癒。

　　一位君主擢升和支持怯懦無能的寵倖，即使他的同僚普里斯庫斯（Priscus）靠著運氣獲得功勞，君主當然談不上有什麼光榮可言。普里斯庫斯在連續五次會戰，似乎憑著高明的戰術和堅定的決心，俘虜一萬七千兩百名蠻族，將近六萬人被殺，包括台吉的四個兒子。趁著吉皮迪人在阿瓦爾人的保護下安然入睡，將領對平靜無事的地區發起奇襲，使他能夠在多瑙河與特斯河的兩岸，建立羅馬帝國最後的勝利紀念牌坊，自從圖拉真過世以降，帝國的軍隊在古老的達西亞還沒有突入如此深遠。然而普里斯庫斯的成功只是曇花一現，他很快就被召回，因為顧慮柏伊安（Baian）有大無畏的精神和新徵召的部隊，準備開到君士坦丁堡城下為作戰的失敗進行報復。

　　凱撒和圖拉真的營地就熟悉戰爭的原則而言，比不上查士丁尼和莫理斯的時代。托斯卡尼或潘達斯的鋼鐵經過拜占庭工匠的技術，製造的兵器硬度很高、極為鋒利；為數眾多的倉庫儲存種類繁雜的攻擊和防禦武器；對於船舶、機具和工事的構建和運用，蠻族讚譽希臘民族掌握優勢的創造能力，即使前者經常在戰場獲得壓倒性勝利。有關陣式、操練、運動和戰略這些古老的兵法，希臘人和羅馬人都著書立說加以研究；行省的隔絕或衰落無法支持在君士坦丁堡的居民，他們不能執武器在城牆上防守，不能駕駛船隻在海上作戰，不能在戰場把兵法化為勇敢而具體的行動。貝利薩流斯和納爾西斯的將才是無師自通，以後也沒有傳人及身而絕。無論是榮譽感、愛國心還是宗教的迷信，都不可能激勵奴隸和外鄉人，讓他們繼承軍團的光榮傳統。

　　皇帝只有身在軍營才能施展專制的指揮，然而他的權威也只有在軍營才會受

到抗拒和侮辱。他用金錢安撫或刺激無法無天的軍人；須知部隊的惡行是與生俱來的習性，獲得勝利倒是偶然的成就，軍隊的維持要消耗國家的財富，無法保國衛民才是最大的浪費。經過長期的縱容和遷就產生有害的影響，莫理斯決心要剷除暮氣已深的積習，只是草率的行動不僅送掉自己的性命，病入膏肓的情狀也更形惡化。改革者必須免於圖利自己的疑惑，他為了糾正錯誤發出的呼籲應該獲得認同和尊敬。莫理斯的部隊傾聽勝利領導者的聲音，不屑政客和詭辯家的勸說，他們接到詔書要從獲得的報酬當中扣錢，用來支付兵器和衣物的費用，便大聲咒罵君主貪婪，說他無法感受戰爭遭遇的艱辛和危險，因為皇帝本人已經臨陣逃脫。

　　亞洲和歐洲的軍營浪潮湧洶，持續發起狂暴的叛變。駐防埃笛莎的士兵氣憤填膺，用斥責的言辭、威脅的行動和帶血的傷口，追趕渾身顫抖的將領。他們推倒皇帝的雕像，對著基督顯現奇蹟的畫像丟擲石塊，不是拒絕接受民法和軍法的約束，就是創設「自願隸屬」的危險模式。君王遠離這些現場，有時還受到欺騙和隱瞞，無法在危機發生的剎那立即加以安撫或是阻止。他害怕發生一場全面的叛變，對於任何勇敢的行動或忠誠的表態都樂於接受。原來宣布的改革要盡快放棄，不僅不能處罰或是限制部隊，反而還要感激的宣布赦免和獎勵，使他們感到驚喜。士兵接受延遲而且勉強的禮物卻毫無表示，等到發現皇帝的軟弱和自己的實力，對於偏執的精神感到意氣風發，就會激起相互的仇恨，不會再有寬恕的信念與和好的希望。

　　那個時代的史家採用世俗值得懷疑的看法，認為莫理斯要在暗中摧毀苦心重建的軍隊，康門提奧拉斯的不當處置和受到重用可以證明他毒惡的陰謀。無論在任何時代都可以譴責莫理斯的凶狠或貪婪，他只因不願支付微不足道六千金幣的贖款，就任憑台吉屠殺手上的一萬兩千名俘虜。他還火上加油引起大家的憤怒，下達給多瑙河駐軍的一紙命令，他們必須節約運用行省的軍需物質，將冬營建立在阿瓦爾人充滿敵意的地區。他們覺得受夠委屈和忽略，公開宣布莫理斯失去統治的資格，對於他忠誠的擁護者不是驅逐就是殺戮。福卡斯（Phocas）不過是一名百夫長，部隊在他的指揮之下迅速回師，向著君士坦丁堡地區進軍（602年10月）。經過長時期的合法傳承，三世紀軍人篡奪和擁立的混亂狀況再度出現，然而當前謀逆的情勢與過去最大不同之處，在於叛徒為倉卒起事感到害怕。他們遲遲不願將紫袍授與深受愛戴的人物，同時拒絕與莫理斯本人進行談判，只是與他的兒子狄奧多西以及日耳曼努斯保持友善的連繫；日耳曼努斯是這名年輕人的岳父。

　　福卡斯過去可以說是沒沒無聞，皇帝對於這名敵手的姓名和性格毫無印象，很快知道百夫長發起勇敢的叛變，面對危險卻退縮不前。意志消沉的國君大聲說道：「唉呀！如果他是一個懦夫，那倒是會成為殺人不眨眼的凶手。」然而只要君士坦丁堡表現堅定和忠誠，凶狠的惡漢只能對著城牆發洩怒氣，行事謹慎的皇帝等叛軍的實力耗損，就可以獲得和解的機會。他前往賽車場參觀比賽，一再擺出異乎尋常的壯大排場。莫理斯用充滿自信的笑容掩飾內心的焦慮，非常客氣地請求黨派向他喝采和歡呼，為了滿足他們那種狂妄的心理，他從他們選出的護民官手裡接受一份名單，上面有九百個藍黨和一千五百個綠黨的名字。他用尊敬的口吻說這些人是帝座最堅實的基石。這些虛有其表或軟弱無力的支持，只能顯出他已落於窮途末路的處境，加速他的垮台和滅亡。綠黨是叛軍在暗中的同謀，藍黨大聲呼籲羅馬弟兄的鬩牆之爭要能寬恕和節制。莫理斯嚴苛和吝嗇的性格早已使臣民離心離德，他赤足在宗教的遊行隊伍中行走時，遭到人民用石塊無禮的攻擊，逼得侍衛來護駕。一名狂熱的僧侶帶著出鞘的長劍跑過街上，用上帝的天譴和降災大聲指責他。還有一個賤民裝扮成他的面貌和衣飾，騎著一頭驢子，後面尾隨著咒罵連連的群眾。

　　皇帝懷疑深得民心的日耳曼努斯，會跟士兵和市民聯合在一起對他不利。大公逃到教堂的聖所去避難，民眾揭竿而起保護自己的安全，守備部隊放棄守城的任務，夜間的暴民在喪失法紀的城市到處縱火大肆劫掠。命運乖戾的莫理斯帶著妻室和九名子女，乘坐一艘小帆船逃到亞細亞海岸，暴風迫得他們在卡爾西頓附近的聖奧托諾繆斯（St. Autonomus）教堂登陸，他從那裡派遣長子狄奧多西前往懇求波斯國君，希望他基於感激和友情給予援手。他自己拒絕逃走，肉體因坐骨神經疼痛難忍，心情受到迷信的影響衰弱不堪，他只有忍耐等待革命的結局，同時向全能的上帝公開而誠摯的祈禱，為他的罪孽願意在今世而不是來生受到懲罰。

　　莫理斯接受退位，兩個黨派為了推舉皇帝發生爭執，藍黨的選擇因為對方的猜忌而受到拒絕。日耳曼努斯在群眾催促之下，趕到離城七哩外的赫布多蒙皇宮，急著向百夫長福卡斯致敬。福卡斯很謙遜的表示要將紫袍授與位高功大的日耳曼努斯，然而後者的決定是堅持婉拒而且態度很誠懇。元老院和教士都服從福卡斯的召喚，教長很快證明他的正教信仰，在施洗者聖約翰教堂為成功的篡賊舉行奉獻儀式。到了第三天，福卡斯在舉止輕率的群眾歡呼聲中，坐著四匹白馬拖曳的車輛公開進入城市。叛亂的部隊獲得大批賞賜作為報酬，新統治者在巡視皇宮以後，坐在競技場的寶座上觀看比賽節目。兩個黨派要爭奪優先的位置，而他

那偏袒的態度完全向著綠黨。「別忘記莫理斯還在，我們走著瞧！」藍黨極不謹慎的叫囂，對殘酷的暴君產生刺激和警告。

負有執行處死任務的人員被派到卡爾西頓，將皇帝從聖所拖出來。當著悲痛萬分的父母面前，莫理斯的五個兒子逐一慘遭殺死。每一刀都像是砍在他的心上，他不斷發出語句短促急不成聲的祈禱：「啊！正直的神，你的判決使公義得以伸張。」面臨最後的時刻，他還要堅實依附真理和正義，向士兵洩露奶媽虔誠的掉包事件，她用自己的兒子來替換皇家的嬰兒。皇帝的處決結束了血腥的場面，他在六十三歲去世，統治已有二十年之久（602年11月27日）。父親和五個兒子的屍體投入大海，頭顱送到君士坦丁堡示眾，受到大家的侮辱或憐憫，還沒有等到出現腐爛的跡象，福卡斯便默許為地位崇高的遺骸私下舉行喪禮。莫理斯的錯誤和過失隨之埋葬在墳墓之中，他的下場讓人難以忘懷。時光又過了二十年，狄奧菲拉克特（Theophylact）詳盡記述這段歷史，慘痛的故事使聽眾情不自禁流下眼淚。

3 福卡斯的暴虐和絕滅以及赫拉克留斯的舉兵稱帝（602-610年）

福卡斯的登極非常平靜，獲得東部和西部行省的承認，在他的統治之下（602年11月23日—610年10月4日），民眾只能在暗中流淚，同情就是犯罪的行為。皇帝和他的妻子李奧提婭（Leontia）的畫像，受到羅馬元老院和教士的敬仰，特別陳列在拉特朗大教堂，後來存放在凱撒的皇宮，掛在君士坦丁和狄奧多西的畫像之間。作為一個臣民和基督徒，格列哥里的責任是要默認已經建立的政府，祝賀凶手的好運時竟然興高采烈的歡呼，這種難以洗刷的羞辱玷污了聖徒的人格。使徒的繼承人對於謀殺的罪行，應該用相當堅定的態度施以諄諄的教誨，凶手要誠心的悔過贖罪。然而他同意大肆慶祝人民得到解救和壓迫者的垮台。福卡斯虔誠和仁慈榮獲上天的恩典，能夠擢升到皇家的寶座使他極為歡愉，他祈求福卡斯用鐵腕對付所有的敵人，表示出願望，並預兆會有長久而勝利的統治，福卡斯的王國會從塵世轉變到永恆。我已經追循革命的發展途徑，照格列哥里的意見，無論是天國和世間都是如此的愉悅。

設若福卡斯運用權力不應比起追求權力更讓人可恨。一位立場公正的史家用筆詳盡描繪出這個怪物的全貌：他的身材矮小而且畸形，濃黑的眉毛連成一線，有紅色的頭髮和光潔無鬚的下頷，一道可畏的疤痕使面頰破相而且醜陋不堪，此外，他大字不識，也不懂法律和軍事。他身居高位放縱於帝王的特權，不僅性好

女色而且濫飲無度，獸性的歡樂傷害臣民的榮譽也侮辱自己的尊嚴。他無法履行君王的職務，放棄身為軍人的責任，福卡斯的統治使歐洲飽嘗喪權辱國條約的痛苦，讓亞洲陷於水深火熱的戰爭成為一片荒漠。他一旦情緒激動就會發作蠻橫的脾氣，要是感到畏懼就更形冷酷，要是受到抗拒或譴責必定暴跳如雷。狄奧多西逃到波斯宮廷的途中被追兵趕上，或者是受到偽造信息的欺騙，結果就近在尼斯被斬首身亡。宗教的撫慰和自認清白無辜，使這位年輕的王子在臨死前感到問心無愧。然而他的幽靈在篡奪者休息的時候作祟，東部流傳著耳語，說莫理斯的兒子仍舊活在世間。

　　人民對於為他們報仇的人抱著期望，過世皇帝的孀婦和女兒則願意將世間最卑賤的人當成她們的兒子和兄弟。在這次皇室家庭的大屠殺中，福卡斯出於憐憫或審慎，特別赦免幾位不幸的婦女，她們經過適當的安排監禁在一座私家住宅。康士坦提娜皇后保持勇氣，仍舊思念她的父親、丈夫和兒子，渴望獲得自由和報仇。她在深夜逃到聖索非亞大教堂的聖所，但是她的眼淚和聯盟的日耳曼努斯提供的黃金，不夠引起叛亂活動。在她一生當中無法報仇也得不到正義，教長立下誓言可以保證她的安全，一所修道院當作關她的監獄，莫理斯的孀婦接受並且濫用凶手賜予的仁慈。她還是要伺機而動，然而福卡斯發現或是懷疑有第二次的陰謀事件，取消他給予的諾言並且激起更大的怒火。這位能在人類中博得尊敬和同情的貴婦人，是皇帝的女兒、妻子和母親，竟像最下賤的罪犯一樣受到嚴刑逼供，要她招出圖謀不軌和涉案的人員。康士坦提娜皇后和三個無辜的女兒在卡爾西頓被斬首，就是她的丈夫和五個兒子赴死流血的同一地點。

　　像這樣的案例發生以後，地位較低的犧牲者的姓名和苦難真是不勝枚舉，定罪很少經過正式的審判程序，所受的懲罰是精心改進的酷刑：眼睛遭到刺瞎、舌頭連根割除、四肢全被砍斷；有些人死於鞭刑，也有人用火活活燒死，還有一些人被箭射成刺蝟。想要速死成為大發慈悲之舉，倒是不容易獲得這種恩惠。橢圓形競技場是羅馬人的娛樂聖地，人們可以擁有自由喧囂和喊叫的特權，現在被滿地的頭顱、四肢和撕裂的屍體所汙染。就是福卡斯的同夥也深有同感，即使為他重用或是盡心服務，也無法保證可以從暴君的手裡倖免。看來帝國早期的喀利古拉和圖密善，可以把他當成相與匹敵的對手。

　　福卡斯只有一個女兒，許配給大公克里斯帕斯，新娘和新郎的皇家雕像很不謹慎的放在賽車場，位於皇帝的旁邊。身為父親當然期望後代能夠繼承罪孽的成果，但過早爭取民望會觸怒國君。綠黨的護民官把罪過全部推到雕刻師身上，判定有罪要立即處死。他們的性命因全民的懇求而獲得饒恕，只是克里斯帕斯非常

懷疑，像他已經是暴君至親之人，無心之失還會被認為是競爭者，而猜忌的篡奪者是否會原諒或遺忘這年事呢？綠黨產生離間的心理被福卡斯疏遠，主要是他的忘恩負義和綠黨喪失特權所致。帝國每個行省的叛亂時機都已成熟。赫拉克留斯（Heraclius）是阿非利加的太守，兩年以來一直不願聽命於百夫長也拒絕繳納貢金，認為憑凶手的身分是侮辱君士坦丁堡的帝座。

克里斯帕斯和元老院都派出密使，懇求自立自主的太守拯救並且統治災禍頻仍的國家，但他的年齡不允許再有旺盛的野心，於是把危險的任務交付給他的兒子赫拉克留斯，以及他的朋友和部將，格列哥里的兒子尼西塔斯（Nicetas）。兩個冒險進取的年輕人整備阿非利加的武裝力量，其中一人指揮艦隊從迦太基航向君士坦丁堡，另外一人率領軍隊從陸地經過埃及和亞細亞，辛勞和成功的報酬就是皇家紫袍加身。他們已經動手的不確定謠言傳到福卡斯的耳中，他認為將年輕的赫拉克留斯還有母親和妻子，當成信任的人質可以確保安全，而奸詐成性的克里斯帕斯，為了減輕遠距離航行所冒的危險，對於承諾的防備工作不是疏忽就是拖延。暴君還在怠惰的安眠之中，阿非利加的艦隊已經在海倫斯坡海峽下錨。逃亡和流放的人員在阿拜杜斯（Abydus）加入陣營，他們渴望報仇雪恨。赫拉克留斯所有的船隻，在高聳的桅桿上面裝飾著宗教的神聖標誌，順著勝利的水道通過普洛潘提斯海。

福卡斯從皇宮的窗內看到接近的敵人，明瞭他已面臨無法逃避的命運。綠黨受到禮物和承諾的引誘，對登陸的阿非利加人施以薄弱而無效的抵抗；人民甚至衛隊都做出決定，要隨著克里斯帕斯發動及時的起義。一個仇人勇敢闖進寂靜的皇宮將暴君抓住，剝去他的冠冕和紫袍換上賤民的衣服，戴起腳鐐手銬用一條小舟將他運到赫拉克留斯的皇家戰船。赫拉克留斯譴責他那令人厭惡的統治真是罪孽深重，萬念俱空的福卡斯留下最後的話：「那你的統治又能有多好？」歷經各種侮辱和酷刑的痛苦後，他的頭被砍下來，血肉模糊的屍身被丟到火裡（610年10月4日）。篡奪者愛慕虛榮的雕像和綠黨反叛的旗幟，全都遭受同樣的待遇。

教士、元老院和人民異口同聲，盛讚赫拉克留斯的純潔無私，一生毫無罪惡和羞辱的行為，應該登極稱帝。經過一番謙讓和猶豫，他終於順從大家的請求（610年10月5日—642年2月11日），在他的妻子優多克西婭陪伴之下，共同舉行加冕典禮，他們的後裔統治東部帝國延續達四代之久。赫拉克留斯的航行順利又快速，在鬥爭獲得決定性的結果之前，尼西塔斯還沒有完成冗長而艱辛的行軍，但是他對朋友能夠身登大寶，毫無怨言表示心悅誠服。尼西塔斯的善意值得嘉許，感激的回報是為他樹立騎馬的銅像，將皇帝的女兒嫁給他為妻。克里斯帕

拜占庭時期的富人。

斯的忠誠很難讓人信任，新近建立的功勞獲得的酬庸是指揮卡帕多西亞的軍隊。他的傲慢態度激怒新接位的國君，可能作為不守信用的藉口。福卡斯的女婿在元老院接受譴責，得到的處分是在修道院過僧侶生活。赫拉克留斯認為判決很公正，皇帝極有說服力地說，一個人要是背叛他的父親，怎麼會對朋友忠誠。

4 克司洛伊斯奪取埃及和東部各行省國勢已臻頂點（603-616年）

　　福卡斯的罪行即使死後還是給國家帶來痛苦，因為他給恨意難消的仇敵提供最虔誠的理由，從而引起長期的戰爭。拜占庭和波斯的宮廷安保持友善和平等的關係，當然要將他登極稱帝的大事通知對方，派遣的使臣利利烏斯（Lilius）曾經把莫理斯和他兒子的頭顱呈到福卡斯面前，沒人比他更有資格來描述悲劇場面的情節。不論是虛構的故事還是文飾的辯術，克司洛伊斯把滿腔怒火從凶手轉移到使臣的頭上，認為使臣的身分不明先關起來，並拒絕承認篡奪者的權利，公開宣布要為父執和恩人雪恥復仇。波斯國王悲傷又憤恨的表現，可以獲得仁慈和榮譽的名聲，在這種情況下能夠爭取更大的利益，尤其是祭司和省長帶有民族和宗教的成見，使他變成最大的贏家。往昔他們藉著言論的自由和奉承的語氣，竟敢批評他對希臘人過分的感激和友善，即使已經締結和平條約或聯盟協定，親密的行為都會給國家帶來危險。

　　希臘人的迷信缺乏真理和公正，因為他們犯下滔天大罪，非常邪惡的謀殺自己的國君，所有的作為已經沒有德行可言。一個野心勃勃的百夫長現在所犯下的罪行，會給受他壓迫的國家帶來懲罰，那就是戰爭的災難和痛苦，而誰知過了二十年同樣的禍患會加倍報復在波斯人頭上。羅馬將領納爾西斯協助克司洛伊斯復位，仍舊坐鎮在東部，他的威名遠震使亞述地區的母親用來嚇唬兒童。要說當地的臣民鼓勵他們的君主和朋友，解救和據有亞洲的行省當然是有可能，但更可能的是克司洛伊斯為了激勵部隊的士氣特別提出保證，他們所畏懼的納爾西斯不會動手，而且如果他要用兵會對他們有利。英雄人物不能依賴暴君的信用，暴君自己則很清楚沒有什麼地方值得英雄的服從。

　　納爾西斯調離指揮的職位，就在敘利亞的海拉波里斯豎起自主的旗幟，後來受到引誘為欺騙的承諾出賣，在君士坦丁堡的市場被活活燒死。失去唯一受到畏懼或尊敬的軍事首長，這支長勝軍兩次敗在蠻族的手裡，他們被騎兵擊潰、被戰象踐踏、被箭矢貫穿。勝利者的判決使大量俘虜在戰場遭到斬首，反叛的傭兵可以說是受到公正的懲罰，因為在莫理斯的死亡一事上他們是始作俑者或幫凶。在

福卡斯的統治之下，麥丁（Merdin）、達拉、阿米達和埃笛莎的城堡工事，相繼受到波斯國君的圍攻，失陷以後全部被摧毀。他渡過幼發拉底河，占領敘利亞的城市海拉波里斯、卡爾契斯、貝里亞或稱阿勒坡，很快率領無敵大軍將安提阿圍得水泄不通（611年）。勝利的狂潮暴露帝國的衰弱、福卡斯的無能和臣民的不滿。此時一個騙子前往克司洛伊斯的營地，說他是莫理斯的兒子，要合法繼承羅馬帝國，讓克司洛伊斯得到最適用的藉口，引起東部各城市的降服或叛變。

　　赫拉克留斯接到從東部傳來安提阿失陷的消息，這座古老的城市經常為地震所摧毀和為敵人所劫掠，無論是金錢或人命的損失已經無足輕重。波斯人奪取卡帕多西亞的首府凱撒里亞，不僅同樣成功而且機運更佳，等到他們前進越過邊疆的防壁，也是古老戰爭的國界，一路上如入無人之境，得到的收穫更為豐碩。大馬士革坐落在令人愉悅的谷地，每個時代都妝點得花團錦簇，成為皇家的城市，羅馬帝國的史家到這時還不認識名聲未彰的幸福之地。克司洛伊斯攀登利班努斯（Libanus）的山嶺，或是侵入腓尼基海岸的城市之前，他的軍隊在大馬士革的樂園休養生息秣馬厲兵。諾息萬念念不忘耶路撒冷的征服，他的孫子靠著宗教熱忱和貪婪欲望終於達成使命，祆教祭司宗教迫害的精神極力敦促，要毀滅基督教最感自豪而又永垂不朽的聖地。同時克司洛伊斯為了進行神聖的戰爭，徵召一支兩萬六千猶太人的軍隊，他們具有狂熱的傳統成見，可以彌補勇氣和紀律之不足。等到波斯大軍奪取加利利，看來約旦河對岸地區的抵抗可以延長都城的命運，耶路撒冷最後還是在強攻之下失守（614年）。

　　基督的聖墓以及海倫娜和君士坦丁宏偉的教堂，都毀滅在大火之中，再不然也受到嚴重的損壞。三百年虔誠的奉獻器物，在褻瀆神聖的日子裡搜刮一空，教長撒迦利亞（Zachariah）和真十字架都被運到波斯。有九萬基督徒遭到屠殺，要歸咎於猶太人和阿拉伯人，他們加入波斯人的隊伍，使得秩序大亂軍紀無法維持。約翰總主教本著慈善為懷的精神，巴勒斯坦的難民在亞歷山卓受到良好的照應。他在無數聖徒之中以「賙濟者」的名號著稱於世，教堂的收入加上金庫的七千五百磅黃金，全部還給原來的施主，也就是不論國籍或教派的窮人。埃及是從戴克里先以來，唯一免於國內或國外戰爭的行省，這時再度為居魯士的後裔所征服（616年）。

　　佩魯西姆（Pelusium）是難以進入國家的關鍵要點，波斯的騎兵用奇襲占領。他們毫無損失通過三角洲數量繁多的渠道，搜索漫長的尼羅河谷地，從曼非斯（Memphis）的金字塔抵達衣索匹亞的邊界。亞歷山卓原本可以從海上獲得增援和救助，總主教和郡守乘船逃到塞浦路斯，克司洛伊斯進入帝國第二大城，

餘留的製造業和商業仍舊保存相當的財富。他在西方的戰勝紀念牌坊沒有建立在迦太基的城下，而是在的黎波里地區。塞林（Cyrene）的希臘殖民地終於絕滅，征服者追隨亞歷山大的腳步，通過利比亞沙漠勝利班師。在發起同一場戰役的時候，另外有支軍隊從幼發拉底河向著色雷斯‧博斯普魯斯前進，卡爾西頓遭到長期圍攻只有投降（616年）。波斯人的營地設置在君士坦丁堡的當面，維持的時間長達十年之久。潘達斯的海岸、安卡拉的城區和羅得島是波斯國王最後征服的目標。如果克司洛伊斯建立海上武力，他那永無邊際的野心會把奴役和毀滅擴展到歐洲的行省。

諾息萬的孫子把他的統治區域，從底格里斯河與幼發拉底河雙方爭戰不已的河岸，突然延伸到海倫斯坡海峽和尼羅河，這是波斯帝國古老的邊界，位於兩者之間地區形成的行省，經過六百年的時間，已經習慣羅馬政府的惡行和德行，只能勉強忍受蠻族加之於身的桎梏。共和國的觀念活生生的存在於希臘人和羅馬人的制度之中，至少也還能夠保存在著作裡，赫拉克留斯的臣民所受的教育能夠運用自由和法律的語言。東方君王的自負和政策，則是要展示至高全能的頭銜和屬性，譴責奴隸民族連帶真正的姓氏和卑屈的狀況，並且以殘酷和無禮的威脅，運用絕對的權力強制執行嚴苛的法律。拜火教徒以及善惡兩元論的邪惡信條為東部的基督徒極其憎恨，祆教祭司比起主教在宗教方面同樣不寬容，有些波斯土著背棄瑣羅亞斯德的宗教成為殉教者，可以很清楚看出這是嚴厲而全面宗教迫害的前奏。

查士丁尼頒布強制的法律，凡是反對教會者就是國家的敵人。猶太人、聶斯托利教派以及雅各比教派聯合起來，對於克司洛伊斯的成功有很大的貢獻，同時他偏袒各教派的信徒，激起正統教會教士的仇恨和畏懼。波斯征服者也感覺到對方的心理狀態，就用嚴刑峻法的鐵腕統治新的臣民。似乎他對主權的穩定表示懷疑，於是用超高的貢金和任意的搜刮耗盡他們的財富，掠奪或是摧毀東部的廟宇，把亞洲城市的黃金、白銀、名貴的大理石、藝術品和工匠，全部運到他繼承的國土之內。在這幅隱約可見的帝國災難圖中，很不容易辨識克司洛伊斯扮演的角色，很難分辨他及部將的行動，要從光榮與偉大的事蹟肯定他個人的功績則更加困難。他喜歡誇耀勝利的成果，經常會從艱苦的戰爭回到皇宮享受奢侈的生活。

有二十四年這麼長一段時間，迷信或憤怒使他避免靠近帖西奉的城門。他所喜愛的住處是阿提米塔（Artemita）或稱達斯特傑德（Dastagerd），位於底格里斯河對岸在都城的北方約六十哩。鄰近的草原布滿牛馬和羊群，狩獵的樂園就

像一座大公園，裡面放養雉雞、孔雀、鴕鳥、麋鹿和野豬，高貴的動物像是獅子和老虎，有時會釋放出來供應最勇敢的追獵。九百六十頭大象用來作戰或是維持萬王之王壯觀的排場；載運他的御帳和行李進入戰場，要使用一萬兩千頭大型駱駝和八千頭體型較小的品種；皇家馬廄飼養六千匹騾和馬，其中包括喜布迪茲（Shebdiz）和巴萊德（Barid）兩個品種，以疾馳的速度或外形的美麗著稱於世。皇宮大門前面有六千衛士不斷騎馬巡行，後宮有一萬兩千名奴隸執行各種服務工作，還有三千名處女都是亞洲各地的佳麗，一些幸運的嬪妃能夠服侍她們的主子，靠著她們的年輕或是西拉（Sira，她是波斯國王的妻子）的不以為意。各種財寶像是黃金、銀塊、寶石、絲織品和香料，儲存在上百個地窖之中。他的寢宮取名Badaverd，代表「風」送來的意外禮物，原來是赫拉克留斯的戰利品，結果漂流到他的敵手在敘利亞的港口。人們奉承的描述或許是杜撰的故事，提到掛在牆上用來裝飾的織毯，竟會神色自若的說有三萬條；有四萬根銀柱或大理石柱及貼金箔的木柱，用來支持皇宮的屋頂；有一千個金球懸掛在圓頂下面，用來模擬行星的運動或是指出黃道十二宮的群星。

拜占庭時期的寶石手環。

　　波斯國君在沉思他的才能和權勢造成的奇蹟時，接到麥加一個沒沒無聞市民的來信，要求他承認穆罕默德是神的使者。他拒絕無禮的請求並且撕掉來函。阿拉伯的先知喊道：「因此神就會撕裂這個王國，拒絕克司洛伊斯的乞求。」位置正好在東方兩個偉大帝國的邊緣，使得穆罕默德暗中很高興看到他們相互毀滅，同時在波斯人的凱旋之中他竟敢預告，不用過多少年，勝利會再回到羅馬人的旗幟之下。

5 赫拉克留斯要激起進取的精神（610-622年）

　　就在不可思議的預言向公眾宣告的時候，要想完成羅馬人的夢想真是遙遙無期，赫拉克留斯即位的前面十二年，帝國面臨將要解體的局勢。設若克司洛伊斯有純正的動機而且重視榮譽，他應該在福卡斯死後終結雙方的爭執，要把幸運的阿非利加人當成最好的盟友，因為已經替他的恩主莫理斯報仇雪恨。戰爭的進行顯示蠻族真正的習性，赫拉克留斯派遣乞和的使臣，前去懇求他慈悲為懷停止進軍，其實他可以原諒對方並且接受貢金，讓世界獲得安寧與和平，然而他用無言的藐視或無禮的威脅加以拒絕。敘利亞、埃及和亞洲的行省被波斯的大軍征服；這時的歐洲局勢極其嚴重，意大利的戰爭無法讓蠻族獲得殺戮和搶劫的滿足。從伊斯特里亞的疆界到色雷斯的邊牆，廣大的地區受到暴虐的壓迫變得動盪不安。阿瓦爾人在潘農尼亞神聖的原野冷酷屠殺男性俘虜，留下婦女和孩童成為奴隸，貴族家庭的處女供蠻族滿足雜亂的淫慾。尋求愛情的貴婦私自溜出夫里阿利（Friuli）的城門，在皇家情人的懷抱渡過短促的良宵，羅米達（Romilda）在次日夜晚被迫與十二名阿瓦爾人發生關係，第三天倫巴底的公主被處以刺刑，並讓對方營地很清楚的看見這一切，這時，台吉帶著殘酷的微笑表示，她的淫亂和不貞只有受到令人髮指的懲處，才能讓她的丈夫找回公道。

　　赫拉克留斯在東西兩面都受到敵人的羞辱和圍攻，羅馬帝國的實力限制在君士坦丁堡之內，疆域只剩下希臘、意大利和阿非利加殘留的地區，以及亞洲海岸從泰爾到特里比森德的濱海城市。等到喪失埃及已成定局，都城飽受饑饉和瘟疫之苦，皇帝沒有能力抵抗，也毫無救援的希望，決定將他的人員和政府遷移到更安全的城市迦太基。安排好的船隻已經裝載皇宮的財物，但他的逃走受到教長的阻止，這時教長正要動員宗教的力量用來守衛國家，領著赫拉克留斯到聖索非亞大教堂的祭壇，逼邀皇帝立下莊嚴的誓言，絕不離棄上帝託付他照顧的人民，要與都城同生死共存亡。台吉在色雷斯的平原紮營，隱瞞奸詐背信的圖謀，要求

與皇帝在赫拉克利附近見面。為了慶祝雙方的和好，舉行馬術表演和比賽，元老院議員和人民都穿上鮮豔的服裝，喜氣洋洋參加和平的盛會。阿瓦爾人看到羅馬的奢華，難免起羨慕和貪念。突然之間，橢圓形競技場被錫西厄騎兵團團圍住，他們乘著暗夜祕密進軍，台吉的長鞭響起可怕的聲音，向全軍發出攻擊的信號。赫拉克留斯用手臂抱住皇冠，靠著疾馳的快馬，在極端危險之下逃過一劫。阿瓦爾人的追擊非常迅速，幾乎隨著飛奔的群眾衝進君士坦丁堡的金門。郊區受到洗劫，成為陰險和欺騙行為的報酬，阿瓦爾人抓到二十七萬俘虜，將之運過多瑙河。

　　皇帝在卡爾西頓的岸邊與比較信守榮譽的敵人舉行安全的會談，赫拉克留斯身著紫袍離開他的座艦，受到對方的尊敬也引起同情之心。波斯將領薩因（Sain）表示友善，提供機會親自引導使節團前去觀見萬王之王，羅馬人非常感激願意接受善意的安排。禁衛軍的統領、都城的郡守和主座教堂的首席執事，謙卑的言辭懇求原諒與賜予和平，克司洛伊斯的部將犯了致命的錯誤，竟然不了解主子的意圖。亞洲的暴君說道：「我要的不是苦苦哀求的使節團，應該把赫拉克留斯五花大綁押到我的腳前，除非他們棄絕遭受磔刑的神，信奉我們的宗教崇拜太陽，否則我絕不讓羅馬皇帝得到和平。」按照他們國家毫無人道的行為，薩因受到活活剝皮的懲罰，所有的使臣施以隔離和冷酷的監禁，這不僅違犯萬國的法律，也沒有信守原來的約定。六年毫無進展的經驗終於說服波斯國君，放棄奪取君士坦丁堡的意圖，接受羅馬帝國每年的貢金或賠償：一千泰倫黃金、一千泰倫銀塊、一千件絲袍、一千匹戰馬以及一千名處女。赫拉克留斯簽署可恥的條約，要從貧窮的東部收集進貢的財寶，使他獲得足夠的時間和空間，全部用來加強作戰準備，好發起大膽而孤注一擲的攻擊。

　　歷史上名聲響亮的人物當中，赫拉克留斯的性格不僅極為特殊而且非充滿矛盾。長期統治的早年和晚期，皇帝看起來像是陷入怠惰、歡樂和迷信的奴隸，對於國家的災難漠不關心，有如置身事外的旁觀者。晨間和薄暮停滯的濃霧，會為正午明亮的陽光驅散，阿卡狄斯的宮殿成為凱撒的軍營，六次冒險犯難的戰役建立舉世欽佩的功勳，恢復羅馬和赫拉克留斯的榮譽和權勢。拜占庭的史家有責任找出他之所以懶散和振作的原因，而我們處於何其遙遠的距離，只能臆測他發揮天賦的個人勇氣更勝於政治考量；或者推想他為姪女瑪蒂娜（Martina）的魅力和手段迷戀到不能自拔，優多克西婭逝世後，他與姪女締結亂倫的婚姻；同時他可能屈服於法律顧問卑劣的意見，請求他遵守基本法的規定，皇帝身繫國家的安危不能輕易御駕親征。

他的覺醒可能是因為波斯征服者最後提出的無禮要求。就在赫拉克留斯裝出英雄氣概的重要時刻，羅馬人只能從命運無常獲得僅有的希望，對於克司洛伊斯驕傲的後裔形成威脅，處於最消沉的狀況可能託天之福得以否極泰來。皇帝最關心的事務是供應戰爭所需的費用，為了如數收到貢金，他請求東部行省大力的捐助。歲入無法從常用的來源獲得，而一位專制君主的信用會隨著權力而消滅，這時赫拉克留斯首次展現勇氣，竟敢向教會借用奉獻的財富，立下莊嚴的誓言要連同高額的利息一起償還。教士顯然對國家的災難非常同情，雖然過去沒有褻瀆神聖的先例，亞歷山卓生性謹慎的教長願意幫助他的國君，說是得到奇蹟的啟示及時發現一處祕密的財富。追隨福卡斯叛亂的士兵，後來只有兩名逃過時間和蠻族的打擊倖存在世，即使損失無數叛變的老兵，赫拉克留斯供應的新兵仍嫌不足，聖所的黃金就在同一營地，與東方和西方的姓氏、兵力和語言結合在一起。他對於阿瓦爾人的中立感到滿意，用友好的態度要求台吉扮演護衛者的角色，而不是帝國的敵人，伴隨懇請的言辭是二十萬個金幣，能夠具有更大的說服力。復活節過後兩天，皇帝把紫袍換上悔罪者和戰士的簡單服裝，發出進軍的信號（621年）。赫拉克留斯把子女託付給他所信任的人民，民政和軍事的權力交付到最可靠的人士手中，要是因他不在遭受優勢敵人的壓迫，是戰是降則授權教長和元老院權宜處置。

6 赫拉克留斯對小亞細亞的攻勢作為（622-625 年）

卡爾西頓鄰近的高地滿布帳幕和陣地，要是赫拉克留斯率領新徵的軍隊魯莽發起攻勢，從君士坦丁堡可以看到波斯的勝利，就會給羅馬帝國帶來末日。他們向亞洲行省的進軍務必審慎從事，只留下數量龐大的騎兵用來截斷敵人的運輸，繼續騷擾波斯的後方造成兵力的倦勞和混亂。希臘人仍舊主宰海洋，一支艦隊由戰船、運輸船和軍需船組成，在港口集結可以讓蠻族部隊登船。穩定的陣風將他們送過海倫斯坡海峽，小亞細亞西邊和南邊的海岸在他們的左方，首長積極進取的精神在暴風雨中表現無遺，甚至在隊伍中的宦官拿他們的主子做榜樣，能夠忍受各種辛苦努力工作。赫拉克留斯指揮部隊在斯坎迪隆（Scanderoon）灣登陸，位於敘利亞和西里西亞的邊界，海岸線從此急轉指向南方。他有優秀的戰略能力，能夠選擇極關重要的位置，分散在濱海城市和山地的守備部隊，可以從四面八方很迅速而安全集中到皇家的旗幟之下。

西里西亞的天然阻障保護赫拉克留斯的營地，甚至還可以獲得隱蔽，他的營

地靠近伊蘇斯（Issus），亞歷山大在此地擊敗大流士的軍隊。皇帝占有頂角的位置，深入指向亞細亞、亞美尼亞和敘利亞所屬各行省犬牙交錯的廣大地區，對於圓周上的各點他都可以施以直接的攻擊，也很容易掩飾自己的行動，預防敵軍可能的企圖。羅馬將領在伊蘇斯的營地，要改進老兵訓練怠惰和不守秩序的習性，教育新兵熟悉和遵行軍人武德。展現基督充滿神蹟的肖像，神聖的祭壇受到拜火教徒的褻瀆，他催促大家要報復奇恥大辱，用兒子和兄弟的親愛名字向他們稱呼，對於國家在公私方面所犯的錯誤深感悲痛。國君的臣民受到說服要為自由奮戰不息，用同樣的熱情與外國的傭兵溝通，須知他們對羅馬和波斯的利益全都漠不關心。赫拉克留斯具有一名百夫長的技巧和忍性，不厭其煩教導有關的戰術，辛勤訓練士兵熟悉運用的武器，以及戰場的勤務和接敵的運動。騎兵和步兵根據鎧甲的輕重區分為兩個單位，角號位於中間位置，用來下達行軍、衝鋒、撤退或追擊的信號，無論是正面隊形或斜行隊形，無論是加大縱深的方陣或是延長正面的方陣，都用模擬的戰鬥演練真實的作戰。皇帝要求部隊完成辛苦的工作，同時也以身作則嚴格要求自己，他們的勞動、飲食和睡眠，全部要符合紀律無可變更的規則，教導士兵不要輕視敵人，對於自己的勇氣和領袖的智慧要有絕對的信心。

　　西里西亞很快為波斯大軍包圍，他們的騎兵不願進入陶魯斯山的狹谷，赫拉克留斯的戰術機動使對方的騎兵受阻，他在正面排成會戰隊形，要使敵軍後衛在不知情的狀況下受到攻擊。他實施欺敵運動像是要威脅亞美尼亞，逼得對方違犯自己的意願要採取積極的行動。他的營地故意顯得混亂不堪用來引誘敵軍，等到波斯人展開發起會戰，地面的狀況、太陽的位置以及預期兩軍接戰的地點，都對蠻族不利。羅馬人在戰場繼續實施一連串的戰術作為，這一天的戰爭向世人宣布波斯人並非所向無敵，身著紫袍的皇帝的確是一位英雄人物。赫拉克留斯的勝利和名聲使得實力更為強大，他大膽翻越陶魯斯山的高地，直接行軍穿過卡帕多西亞的平原，在哈里斯河的河岸建立安全和供應無缺的營舍，部隊在此度過寒冷的冬季。他不像君士坦丁堡人那樣愛慕虛榮，為一次未獲得決定性戰果的勝利就大喜若狂，不過皇帝親臨戰場有絕對必要，可以安撫阿瓦爾人急躁不安和任性善變的習性。

7 赫拉克留斯發起對波斯的遠征行動（622-625年）

　　自從西庇阿與漢尼拔爭奪霸權的時代以來，再也沒有像赫拉克留斯這樣大膽

的冒險行動，完成拯救帝國的任務。他讓波斯人在關鍵時刻繼續壓迫行省，毫無顧忌凌辱東部的都城，羅馬皇帝通過黑海和亞美尼亞的山地，採取最危險的路線貫穿波斯的心臟地區，逼得萬王之王召回軍隊防守元氣大傷的國土。

　　赫拉克留斯率領精選的五千人馬，從君士坦丁堡航向特里比森德，在潘達斯集結兵力度過冬季，然後從費西斯河的河口進入裏海，鼓勵他的臣民和盟友高舉虔誠和勝利的十字架旗幟，要與君士坦丁的繼承人一起進軍。想當年盧庫拉斯和龐培的軍團首次渡過幼發拉底河，輕易獲得對亞美尼亞土著的勝利，但他們並不覺得會有多麼光彩。長期的戰爭經驗強化一個柔弱民族的心靈和身體，他們所表現的宗教狂熱和作戰英勇，從服務一個衰微的帝國可以獲得證明，他們憎恨和畏懼薩珊家族的篡奪行為，記得宗教迫害帶來的災難，永遠仇視穌耶基督的敵人。亞美尼亞將部分領土割讓給莫理斯皇帝，國界已經延伸到亞拉克西斯河，湍急的水流上面只有一座橋樑。赫拉克留斯踏著馬克·安東尼的足跡，向著陶里斯（Tauris）或稱甘札卡（Gandzaca）進軍，這是米地亞行省古老和現代的首府。

　　克司洛伊斯率領四萬人馬從同樣距離的遠征行動回師救援，要來阻止羅馬軍隊的進展，他的撤退完全出於赫拉克留斯的迅速接近，不願立即做出講和或會戰的決定。陶里斯在索非斯（Sophys）統治的時代有五十萬居民，現在整個城市不到三千戶人家，儲存在這該地的皇家財寶，價值因古老的傳統大為增加，都是克里蘇斯（Croesus）的戰利品，居魯士從薩德斯（Sardes）的要塞搬運過來。赫拉克留斯快速的征戰到冬季就停頓下來，基於審慎或是迷信的動機，決定撤退路線沿著裏海的海岸到達阿爾巴尼亞行省，他的帳幕可能開設在莫根（Mogan）平原，這是東方的君王最喜愛的宿營地點。

　　在他成功入侵的過程之中，凸顯出一個基督教皇帝的宗教熱忱和報復行動，士兵在他的指使之下熄滅受到崇拜的聖火，摧毀祆教祭司的廟宇。克司洛伊斯渴求神聖榮譽建立的雕像，全部投入火中燒毀。瑣羅亞斯德的出生地塞巴瑪（Thebarma）或奧米亞（Ormia），全部受到破壞夷為平地，對於聖墓的損傷是報復也是贖罪。宗教能夠表示真正的博愛精神，在於解救和釋放五萬名俘虜。赫拉克留斯獲得的報酬是感激的眼淚和歡呼，明智的措施使得仁慈的名聲遠播，相比之下在波斯人當中卻換來不滿的怨言，反對他們的君主何其傲慢和固執。

　　赫拉克留斯在後續戰役獲得的光榮（623-625年），拜占庭的史家和後人都無法知曉。皇帝離開阿爾巴尼亞廣闊而肥沃的平原，順著海卡尼亞（Hyrcania）山脈的走向，從山地進入米地亞或伊拉克（Irak）行省，率領勝利的軍隊到達遙遠的皇家城市，卡斯賓（Casbin）和伊斯巴罕從未感受羅馬征服者接近帶來的威

脅。克司洛伊斯接到警報，知道王國陷入前所未有的危險之中，已經從尼羅河與博斯普魯斯海峽召回全部兵力。皇帝在遙遠而充滿敵意的土地上，被三支實力強大的軍隊包圍。聯盟的柯爾克斯人（Colchians）準備脫離他的陣營，就連最勇敢的老兵也感到畏懼，毫不掩飾他們無言的絕望。大無畏的赫拉克留斯說道：「不要害怕數量龐大的敵人，靠著上天的幫助，一個羅馬人可以戰勝一千個蠻族。我們如果為拯救自己的同胞犧牲性命，就能獲得殉教者的冠冕，上帝和我們的子孫會使我們的榮名永垂不朽。」

　　英勇的部隊和作戰的行動能夠支持高尚的情感，他擊退波斯人三倍兵力的進攻，利用敵軍處於分離的狀況，實施一連串協調良好的行軍、撤退和成功的作戰行動，最後把波斯人從戰場趕到米地亞和亞述設防的城市。到了嚴寒的冬季，沙巴拉札（Sarbaraza）守在薩爾班（Salban）的城牆之內感到非常安全，結果被行動積極的赫拉克留斯加以奇襲。他把部隊分散編組在夜間銜枚疾走。波斯的貴族和省長、他們的妻妾和子女，以及好勇善戰年輕人的精英分子，不是被殺就是成為俘虜。沙巴拉札見機不對趕快逃走，他的黃金鎧甲成為征服者的獎品。赫拉克留斯的士兵享受財富和休息，這是他們拚命應得的報酬。

　　等到春季到來，皇帝花了七天時間橫越庫德斯坦（Curdistan）的山地，順暢地渡過底格里斯河湍急的水流。羅馬大軍受到大量戰利品和俘虜的拖累，暫停在阿米達城下。赫拉克留斯派人將成就和安全通知君士坦丁堡元老院，他們在圍攻的部隊撤走以後，大致也知道狀況已經好轉。幼發拉底河上的橋樑為波斯人破壞，皇帝很快發現一個徒涉點，當面的敵人只有火速撤退，要在西里西亞依托薩魯斯河實施防禦。形成的天險大約有三百呎寬，中間是無法渡越的激流，其上橋樑建有堅固的角樓，用來加強防守的力量，河岸部署成列的蠻族弓箭手。激烈的血戰一直打到黃昏，羅馬人的攻擊占到上風。一個波斯士兵有魁梧的身材，看起來好像是巨人，被皇帝親手殺死將屍體投入薩魯斯河。敵軍遭到擊潰已經毫無鬥志，赫拉克留斯發起追擊到達卡帕多西亞的塞巴斯特（Sebaste）。經過三年的時間，這場漫長而勝利的遠征在歡呼聲中，又重新回到黑海海岸原來的地點。

8 蠻族對君士坦丁堡的圍攻鎩羽而歸（626 年）

　　兩位國君為了爭奪東部帝國，不願在邊境纏鬥，想對敵手的要害施以致命的一擊。二十年的行軍和戰鬥損耗波斯軍隊的實力，很多老兵經歷兵刃和天候的危險還能倖存於世，仍舊留在埃及和敘利亞的城堡當中賣命。克司洛伊斯的野心和

報復卻使得王國精疲力盡，這時他把新徵召的臣民、異族和奴隸編成為三個實力強大的戰鬥團隊：第一支軍隊是精兵，共有五萬人，特別賜給光榮的稱呼「金矛軍」，保持機動，專門用來對付赫拉克留斯；第二支軍隊配置在要點，阻止赫拉克留斯和他弟弟狄奧多西的部隊會師；第三支大軍負責圍攻君士坦丁堡，必要時支援台吉的作戰。波斯國王與阿瓦爾人簽訂聯盟條約，要瓜分東部帝國。

薩巴（Sarbar）是第三支軍隊的主將，貫穿亞洲的行省到達卡爾西頓眾所周知的營地，焦急等待錫西厄友軍到達博斯普魯斯海峽的對岸，現在只有破壞亞洲城市近郊的神聖建築物或異教廟宇自娛。阿瓦爾人的前鋒有三萬蠻族，在6月29日突破漫長的邊牆，把雜亂成群的農夫、市民和士兵趕進首都。台吉的旗幟下面有八萬人，包括本國的臣民，以及成為附庸部族的吉皮迪人、俄羅斯人、保加利亞人和斯拉夫人，隨著一起前進。他們花費一個月的時間用來行軍和談判。整個城市被圍是在7月31日，從佩拉（Pera）和蓋拉塔（Galata）的郊區一直到布拉契尼（Blachernae）和七塔，居民帶著恐怖的神色看到歐洲和亞洲海岸同時出現無數的篝火。

君士坦丁堡的官員到生死存亡關頭還在繼續努力，不惜付出任何代價讓台吉退兵。然而他們派出的代表團卻受到拒絕和侮辱，台吉故意讓大公站在寶座的前面，波斯的使者穿著絲質長袍坐在他的身邊。傲慢的蠻族說道：「你們看到現在的狀況，可以證明我與萬王之王有良好的合作關係，他的部將要選出三千勇士編成隊伍，派到我的營地併肩作戰。不要再想用那麼一點贖金就能收買你們的主子，你們的財產和城市都是我的囊中之物。我對你們網開一面會讓你們安全離去，除了內衣褲別的都要留下。經過我的懇求，我的朋友薩巴不會拒絕你們通過他的防線。你們的國君遠離都城，甚至現在已經成為俘虜或難民，留下君士坦丁堡面對不幸的命運。你們逃不出阿瓦爾人和波斯人的掌握，除非能變成會飛的鳥或是潛入海中的魚。」

阿瓦爾人連續十天對都城發起攻擊，技術方面有很大的進步。他們用堅固的龜甲陣提供掩護，前進到城牆的下方挖掘基腳，或是用攻城撞車衝擊；他們運用數量繁多的投射器具，不停發射下落如雨的石塊和投矢；建造十二座高聳的木塔，可以讓士兵在與防壁同樣的高度進行戰鬥。赫拉克留斯的精神鼓勵元老院和人民高昂的士氣，他派遣的增援部隊有一萬兩千重裝步兵；希臘火和機具的運用使君士坦丁堡的防禦，在技術方面占有莫大的優勢；他們的兩層和三層槳戰船控制博斯普魯斯海峽，使得波斯人難以越雷池一步，只能坐視他們的盟友在戰場失利。阿瓦爾人的攻擊遭到擊退，斯拉夫人用獨木舟所組成的船隊，在港口全部被

擊沉。台吉的附庸和諸侯威脅要脫離他的陣營，糧食已經消耗殆盡，他把全部投射機具付之一炬，然後發出信號緩慢而且毫無所懼的撤退。羅馬人非常虔誠將獲得解救的信號，歸於無垢聖母施展法力。然而耶穌的母親一定會譴責他們冷酷謀殺波斯的使者，要是使者無法受到萬國公法的保護，也有資格獲得人權的保障。

聖母與聖子。

9 赫拉克留斯的進軍和尼尼微會戰的勝利（627年）

　　赫拉克留斯的兵力分散開來，基於謹慎的著眼退到費西斯河岸，發揮守勢作戰的優勢對抗波斯的五萬名金矛軍。君士坦丁堡的獲救使他消除心中的憂慮，他的兄弟狄奧多西贏得勝利更能鞏固未來的希望。羅馬皇帝與突厥建立有用而互利的盟約，用來對付克司洛伊斯和阿瓦爾人充滿敵意的聯合部隊。在他大力邀請之下，卓查人（Chozars）把他們的帳幕從窩瓦河的平原移到喬治亞的山地，赫拉克留斯在特夫利斯（Teflis）附近接見他們。要是我們相信希臘人的話，當時可汗和貴族都下了座騎，趴俯在地上向身著紫袍的凱撒致敬。皇帝對於自願的效忠和重要的資助真是感激萬分，取下自己的皇冠放在突厥君王的頭上，賜予義子的稱呼給予熱烈的歡迎。盛大而奢華的宴會完畢以後，他把皇家餐桌的金盤和銀器、各種寶石和絲織品，送給齊貝爾（Ziebel）當禮物，同時親手將貴重的珠寶和耳環分贈新的盟友。在一次私下的會面中，他拿出女兒優多西婭的畫像，親口答應蠻族讓他娶到美麗而又尊貴的新娘（優多西婭這時大約十五歲，正要準備嫁給突厥丈夫，但中途傳來她死亡的消息，只有中止聯婚的行動），於是立即獲得四萬騎兵的援軍，同時議定突厥的大軍轉用到阿姆河的當面。波斯人看見狀況不利只有匆忙撤軍。赫拉克留斯在埃笛莎的營地，校閱羅馬人和外來異族組成的軍隊，數量之多共有七萬人馬，他花費幾個月的時間陸續收復敘利亞、美索不達米亞和亞美尼亞的城市，全力整修城堡工事總算差強人意。

　　薩巴仍舊保有卡爾西頓重要的據點，克司洛伊斯的猜疑或赫拉克留斯的詭計，很快使勢力強大的省長離心離德，背棄他的君王和國家。羅馬人攔截一名信差以及下達給副將的命令，要立即處決有罪或不幸的將領，將頭顱火速送到寶座的前面不得稍有延誤。副將是營地僅次於薩巴的第二號人物，命令的真假也難以辨明。羅馬人將這件公事遞送給薩巴本人，看到要將他處死的判決；薩巴也玩弄手段將四百名軍官的姓名附在上面，然後召開軍事會議，質問副將是否準備執行暴君的命令。波斯人一致同意公開宣布克司洛伊斯喪失統治的資格，單獨與君士坦丁堡政府議和。要是薩巴考慮到榮譽與政策，無法加入赫拉克留斯的陣營，皇帝仍然信心滿滿，對於達成勝利與和平的目標，不致造成妨害或中斷。

　　喪失盟友的強力支持，懷疑臣民的忠誠信念，克司洛伊斯的偉大已經受到損害，擁有的實力顯得極為突出不容忽視。強調五十萬人馬當然是東方的比喻方式，不過他還是有為數眾多的人員和武器、騎兵和戰象，配置在米地亞和亞述，用來對付赫拉克留斯的入侵行動。然而羅馬人大膽從亞拉克西斯河向著底格里斯

河進軍，怯懦而謹慎的拉札特斯（Rhazates）只敢尾隨，迫不得已用強行軍通過荒無人煙的國度，直到他接獲嚴格的命令，冒險要將波斯的命運付諸一場決戰。底格里斯河以東，摩蘇爾（Mosul）的附近有座橋樑，偉大的尼尼微過去在橋的一端建立，城市的現址甚至就是古老的遺跡，長久以來已經湮滅無蹤，空曠的原野成為兩軍交鋒的寬闊戰場。拜占庭的史家向來忽略重要作戰，他們像敘事詩和傳奇故事的作者，把勝利歸於受到喜愛的英雄人物，不是他的指揮才能而是個人的作戰勇氣。

在這個值得紀念的日子（627年12月1日），赫拉克留斯騎著戰馬法拉斯（Phallas），比他手下的武士更為驍勇無敵。他的嘴唇被長矛刺穿，座騎的腿部受傷不輕，還能載著主人穿越蠻族的三重方陣，獲得勝利安然歸營。在這場激戰之中，三位驍勇的酋長連續被皇帝的佩劍和長矛所殺，其中包括拉札特斯在內。他戰死沙場使得波斯人看到高懸的首級，讓大驚失色的陣列出現憂愁和絕望的氣氛。拉札特斯的鎧甲是純金製成，盾牌使用一百二十塊金片，加上佩劍和劍帶以及馬鞍和胸甲，全部用來裝飾赫拉克留斯的凱旋。如果不是他對基督和祂的母親有虔誠的信仰，羅馬的勇士會向卡庇多山的朱庇特神殿，奉獻第四次最豐盛的戰利品。

尼尼微會戰激烈地從破曉打到深夜，除了撕毀和損壞不算，共從波斯人手裡奪取二十八面軍旗，戰敗的軍隊大部分陣亡，勝利者為了隱瞞自己的損失，整夜留在戰場沒有歸回營地。羅馬人知道在當前狀況之下，殺死克司洛伊斯的士兵比起擊敗他們要較為容易。他們就留在戰友的屍體之中，離開敵人不到兩個弓程，波斯騎兵的殘餘人員堅持不退，一直嚴陣以待直到夜間七時。大約在八時，他們退回未遭搶劫的營地，把行李收拾好了，就在喪失秩序和無人指揮的狀況下一哄

戰神大理石頭像。

而散。

　　勤奮的赫拉克留斯運用勝利的成果值得稱道，實施二十四小時的行軍前進四十八哩，他的前衛奪取大札布河與小札布河上的橋樑，亞述的城市和宮殿第一次讓羅馬人進入。真是世事難料，他們竟然攻入皇家的中樞要地達斯特傑德（Dastagerd）了，雖然有很多財寶已經搬走，剩餘的錢財仍舊超過他們的期望，甚至可以滿足他們的貪念。那些無法搬運的東西全部毀於縱火，都是克司洛伊斯不理民生的疾苦，從帝國的行省搜刮所得，巨大的損失可能使他極為痛心。

　　如果破壞的對象只限於供君王享受的奢侈，如果民族的仇恨、軍隊的放縱和宗教的狂熱，沒有用同樣的暴行對付無罪臣民的住所和寺廟，那才真是正義的行為。收回三百面羅馬軍隊的旗幟，解救埃笛莎和亞歷山卓無數的俘虜，這才是赫拉克留斯運用武力真正獲得的光榮。他離開達斯特傑德的宮殿，繼續向摩代因（Modian）或帖西奉追擊前進，不過僅前進數哩的距離就在阿爾巴（Arba）河的河岸停頓下來，基於渡河的困難、寒冷的季節，或許還因都城固若金湯的名聲。赫拉克留斯非常幸運，能在大雪封山之前越過札拉（Zara）山脈，否則會連續降雪達三十四天之久，迫得甘札卡或陶里斯的市民要友善接待士兵和馬匹。

10 波斯國王遜位被弒與羅馬恢復和平的局面（627-628 年）

　　克司洛伊斯的野心未遂、逼得他只有保衛世襲王國，對榮譽的熱愛或羞愧的感覺敦促他要在戰場迎擊不共戴天的敵手。在尼尼微的會戰當中，他的勇氣應該可以教導波斯人擊敗敵人，或者是陣亡在羅馬皇帝的長矛之下獲得不朽的榮名。居魯士的繼承人寧願選擇在安全的距離之外期待最後的結果，收集潰敗的殘餘軍隊，或是在赫拉克留斯發起追擊以後，用整齊的步伐撤退，直到帶著嘆息看到達斯特傑德心愛的建築物。無論是他的朋友和敵人，都認為克司洛伊斯的意圖是要葬身在城市和宮殿的殘址。目前雙方的態勢都不利於他的逃亡，亞洲的國君帶著西拉和三個嬪妃，在羅馬人到達前九天，從城牆的一個破洞脫身離開（627 年 12 月 29 日）。過去他用緩慢而莊嚴的行列，向趴俯地面的群眾展示帝王的權威，現在卻快速而祕密的趕路。第一夜他住在農夫的茅屋，萬王之王很少會進入如此簡陋的木門。他的畏懼還是勝過迷信，第三天很高興抵達防備森嚴的帖西奉，卻仍舊懷疑是否安全，直到底格里斯河已經擋住羅馬人的追擊。

　　他逃走被發現以後，達斯特傑德的皇宮、城市和軍營頓時瀰漫恐懼和動亂。所有的省長感到猶豫難決，不知是統治者還是敵人使他們更加畏懼。後宮的婦女

能有機會見到外人，覺得驚奇而又歡愉，有三千妻妾的嫉妒丈夫再度將她們監禁在遠地的城堡。達斯特傑德的軍隊在他的指揮之下，撤退到新的營地，阿爾巴河可以用來掩護正面，有一條戰線配置兩百頭大象，部隊從遙遠的行省陸續抵達，國王和省長最卑賤的僕役，也都徵召入伍用來保衛君主的寶座。克司洛伊斯仍舊有權可以決定合理的和平，赫拉克留斯的信使不斷向他表示，不要再犧牲臣民的性命，也不要讓一個仁慈的征服者，非要在亞洲最美麗的國土大動兵刀。這名波斯人的自負沒有因運道不佳稍微收斂，皇帝的撤退更使他獲得短暫的自信。他為亞述的皇宮受到摧毀而流淚，發出徒然無益的狂怒。長久以來他對國內倍增的不滿毫不在意，人民抱怨他們的生命和財產為固執的老人白白犧牲。可憐的年邁國君為身心的痛苦備受煎熬，自己感覺已經接近陲暮的晚景，決定把皇冠安放在默達札（Merdaza）的頭上，是他最寵愛的兒子。

　　克司洛伊斯的意願不再受到尊重，昔羅伊斯（Siroes）因母親西拉的地位和

駕著戰車的歐諾姆斯（Oenomaus）。

美德獲得尊榮，心生不滿開始結黨圖謀，要確保長子繼承的權利。二十二個省長自稱是愛國人士，受到新統治朝代的勾引來自承諾的財富和職位。克司洛伊斯的嗣子答應增加士兵的薪餉，讓基督徒有宗教信仰的自由，戰俘則可以獲得釋放或服務的報酬，對於自己的國人保持永久和平與降低稅賦。陰謀分子的決定讓昔羅伊斯穿著皇家的服飾出現在軍營，要是爭奪寶座的行動失敗，他的逃走可以說是宮廷的陷害。新君受到萬眾異口同聲的歡呼，克司洛伊斯的逃走（然而他能逃到哪裡？）被粗魯的行動加以阻止，有十八個兒子當著他的面遭到屠殺，他被關進地牢後，只多活了五天而已（628年2月28日）。

希臘人和現代波斯人都曾詳細敘述，克司洛伊斯在毫無人性的兒子指使之下，如何遭受侮辱、飢餓與酷刑，繼承人在這方面比起父親做出的榜樣，有青出於藍的成就。克司洛伊斯去世之際，何嘗有人敢提及弒父之事？又有誰能透視黑暗的高塔？按照基督教敵人虔信而又仁慈的說法，他落入陰森的深淵之中，毫無得救的希望是無可置喙的事，無論任何時代或教派的暴君，都有資格拿地獄當作永久的住所。薩珊王朝的光榮隨著克司洛伊斯二世的生命一起終結，他那形同禽獸的兒子也只享受八個月罪惡的成果。四年之內有九位候選人僭用帝王的名號，他們用刀劍和匕首爭奪一個民窮財盡王國早已分裂的領地。波斯每一個行省和城市，都出現獨立、混亂和血腥的場面。無政府的狀態長達八年之久，直到所有的黨派受到阿拉伯的哈里發給予的統治和約束，才安靜下來願意團結合作。

11 赫拉克留斯的勝利和凱旋及留下的隱憂（628-629年）

等到山區可以通行，皇帝接獲好消息：繼位陰謀的成功、克司洛伊斯的死亡和他的長子登上波斯的寶座。赫拉克留斯促成波斯的變革，他在陶里斯的宮廷或營地展現出自信的態度，接著是昔羅伊斯的使臣帶來主子的信函，送給他的「兄弟」羅馬皇帝。他的語氣就像每個時代的篡位者，把他的罪行歸之於天命，處於不願貶低自己的身分，他提議讓兩個長期抗爭的國家重歸於好，簽訂沒有期限的和平與同盟條約（628年3月）。條約的款項容易確定而且忠實執行。歸還落在波斯人手裡的軍旗和俘虜，皇帝仿照奧古斯都的先例，重視國家的尊嚴為當代的詩人極力讚譽，只是皮西底亞（Pisidia）的喬治想要與賀拉斯的作品相比，其間的差距不能以道里計，足證那個時代的天才已經隕滅。赫拉克留斯將他的臣民和教友從迫害、奴役和放逐中解救出來，不過君士坦丁的繼承人不斷要求歸還的是神聖的真十字架而不是羅馬的鷹幟。

　　勝利者沒有擴充疆域的野心去增加帝國的弱點，克司洛伊斯的兒子毫無遺憾放棄父親征服的成果，波斯人從敘利亞和埃及的城市撤走，很順利的回到邊界。戰爭對兩個國家造成致命的傷害，到頭來原來的疆界和雙方的關係並沒有發生改變。赫拉克留斯從陶里斯回到君士坦丁堡，帶來永垂青史的凱旋，獲得六次光榮戰役的勝利，辛勞的身體可以享受安息日的寧靜。經過長久焦急的等待，元老院議員、教士和人民帶著橄欖樹枝和無數燈火，用眼淚和歡呼前去迎接他們的英雄。皇帝乘坐用四頭大象拖曳的戰車進入都城，而他一旦從公眾歡樂的喧囂中脫身，立即滿足於母親和兒子溫暖的親情之中。

　　隨後一年，不比尋常的勝利更顯得光耀奪目，將真十字架歸還給了聖地。赫拉克留斯以個人身分到耶路撒冷朝聖，成為奇蹟的遺物經過謹慎的教長鑑定後，用每年一度的節慶舉行盛大的奉獻典禮。皇帝在踏上神聖的土地之前，接受勸告換下皇冠和紫袍，因為那代表塵世的奢華和虛榮。根據教士的意見，對猶太人的宗教迫害很容易與福音書的教誨相吻合。他再度登上寶座，接受法蘭西和印度使臣的祝賀。赫拉克留斯大帝的光榮事蹟，就公眾的評論已經使摩西、亞歷山大和海克力斯的名聲大為失色，然而東方的解救者這時已經處於貧窮和虛弱之中，獲得的戰利品大部分已經充作戰爭的費用，還要當成犒賞分配給士兵，有的還遭遇不幸的暴風雨埋葬於黑海的波濤。

　　皇帝深感他有責任要歸還教士的財富，因為這是他借來作為防衛國家的費用，需要一筆經常費用來滿足立場堅定的債權人。行省雖然因波斯人的刀兵和貪婪而山窮水盡，被迫要支付第二次同樣的稅款。只為了一名普通市民的拖欠債款，大馬士革的財務官被處以十萬金幣的罰鍰。二十萬士兵在戰場喪生，在歷時長久和盡情毀滅的戰爭之中，比起技藝、農業和人口的損失和沒落，還不致帶來最致命的影響。雖然在赫拉克留斯的旗幟之下組成一支常勝的軍隊，但如此違背自然的奮鬥不是鍛鍊而是耗盡他們的實力。

　　皇帝在君士坦丁堡或耶路撒冷感到得意洋洋的時候，敘利亞邊界有一個不知名的小鎮受到撒拉森人的洗劫，一支軍隊前去救援，被殺得片甲不留。這樣普通而又尋常的事件不大像是重大變革的前奏。然而，所謂的強盜都是穆罕默德的門徒弟子，他們從沙漠之中激發宗教狂熱的高昂鬥志。赫拉克留斯統治的最後八年中，原來打敗波斯人所光復的行省，全部落到了阿拉伯人手裡。

第十九章
查理曼加冕（730-1356年）

1 倫巴底人向羅馬進擊及丕平的救援行動（730-774年）

奧古斯都過去運用武力和權謀對羅馬的自由進行壓迫，經過七百五十年的長期奴役統治，羅馬從艾索里亞人李奧的宗教迫害獲得解放。執政官的勝利完全在凱撒的手裡失去，經歷帝國的衰亡過程，地界神掌管的神聖國境線，在不知不覺中從大洋、萊茵河、多瑙河和幼發拉底河向後撤離，羅馬又縮回從維特波（Viterbo）到特拉契納（Terracina），從納爾尼（Narni）到台伯河口的古代疆域。想當年在位的國王遭到放逐，共和國之所以能奠定穩固的基礎，完全靠著智慧和美德。王政時期永久的統治權，現在分別由兩個任期一年的行政官員掌管，元老院繼續執行行政和咨詢的權力，立法權分配給人民的會議，按照財產和功績很公平合理的設置。早期的羅馬人對奢侈的技藝一無所知，卻能改進政府和戰爭的智能。社會的意願絕對不容侵犯，個人的權利則具有神聖地位，十三萬市民全副武裝保衛國家或從事征戰。這是一幫強盜和化外之民陶鑄而成的民族，全力追求自由精神和雄心壯志的榮譽。

等到希臘皇帝的統治權被剝奪，羅馬的廢墟顯現絕滅和殘破的淒涼景色，城市的奴役是一種習慣行為，而自由只是偶然現象，迷信造成的結果是使自己成為歡愉或恐懼的目標。制度殘留的內容甚至於形式，已從羅馬人的行動和記憶裡面全部擦拭得乾乾淨淨，他們缺乏再度建立共和國架構的知識或德行。智能不足的殘兵敗卒是奴隸和移民的後代子孫，看在勝利的蠻族眼裡毫無地位可言。法蘭克人和倫巴底人要是用最藐視的口氣對待仇敵，就會稱對方是羅馬人。勒特普朗德（Liutprand）主教說道：「這個稱呼包括人性當中最卑鄙、最怯懦、最惡毒、極端貪婪奢侈和腐敗墮落的成分。」基於當前情況的需要，羅馬居民適應共和國政府粗製濫造的模式，他們被迫在和平的歲月選出法官，在戰爭的時期推舉領袖。貴族聚會進行商議，但決定的事項沒有群眾的參與和同意便無法執行。

羅馬元老院和人民的施政風格已經恢復，可是內涵的精神完全喪失得無影無蹤，法紀蕩然和高壓手段引起喧囂的衝突，新興的獨立地位受到打擊和玷辱。

法治觀念的缺乏只能靠宗教影響加以彌補，主教的權威使外交和內政的議事受到掣肘和拖累。教皇的賑濟、布道、與西部的國王和高級教士通信連繫、最近的禮拜儀式以及他們的感激和誓言，使得羅馬人已經習於把他看成本市的首席官員或君主。教皇以身為基督徒的謙恭態度，不會為「主上」或「主子」的稱呼產生反感，他們的面容和銘文在最古老的錢幣上面歷歷可見。他對塵世的統治受到一千年的尊敬，現在已經獲得肯定，高貴的頭銜得之於人民的自由選擇，因為是他把羅馬人從奴役的狀況解救出來。

古代的希臘發生爭執，伊利斯神聖的人民在朱庇特的保護之下，負責辦理奧林匹克運動會，能夠享有永恆的和平。聖彼得的遺產要是受到類似特權的保護，免於戰爭帶來的災害，要是基督徒參拜神聖的廟堂，就會在使徒和他的繼承人前面收起刀劍，羅馬人才有真正的幸福。但是只有身為立法者和賢德之士手執權杖才會追躡神祕的循環過程，須知和平的體系與教皇的熱忱和野心根本無法並存。羅馬人不可能像伊利斯人安於純潔和寧靜的農耕生活，意大利的蠻族受到天候的影響，性情已經稍微溫和，比起希臘城邦在公眾和個人的生活都有規範，倒是不可同日而語。倫巴底國王勒特普朗德的懺悔和虔誠形成令人難忘的先例，身為征服者全副武裝出現在梵蒂岡的大門，聽到格列哥里二世的聲音，就將部隊向後撤收，放棄武力征戰的行動，他帶著恭敬的態度參拜聖彼得大教堂，等到完成禮拜的儀式，將自己的長劍和匕首、胸甲和斗篷、銀十字架和黃金皇冠，全部奉獻在使徒的墓前。

然而宗教的熱忱主要還是出於幻覺或策略，利益的著眼不僅強烈而且持久不變，倫巴底人的習性就是愛好武力和掠奪，對於他們的君王和人民來說，一直縈迴在心就是意大利的混亂局面、羅馬人的手無寸鐵、新主子的放棄武力。皇帝頒布最早的詔書，他們公開宣稱要成為聖像的捍衛者。勒特普朗德入侵羅馬涅（Romagna）行省，從這個很特別的稱呼可見一斑。基督教的太守管轄區毫無反抗，為他的民政和軍事力量所降服，一支外國軍隊首次開進拉芬納強攻不下的堡壘。威尼斯人主動積極發揮海上優勢，很快光復失去的城市和堡壘，信仰虔誠的臣民則聽從格列哥里的告誡，不要把李奧個人所犯的罪行算在羅馬帝國的頭上。

希臘人不在意倫巴底人的附和從命，然而重視他們的冒犯行動，這兩個民族在信仰上一直對彼此有敵意，要用危險而反常的聯盟關係化解雙方的歧見。國王和太守進軍前去占領斯波列托（Spoleto）和羅馬：突發的風暴很快消失，沒有產生任何成效，勒特普朗德的策略使意大利提高警覺，帶來的困擾是要就敵對行動和停戰協定兩者做一抉擇。倫巴底國王的繼承人是大名鼎鼎的阿斯托法

斯（Astolphus），他宣稱自己是皇帝也是教皇的敵人。拉芬納在武力攻打或陰謀
叛逆之下被敵人奪取，這場最後的征戰終結太守的職位，從哥德王國的滅亡和查
士丁尼時代的開始，太守一直運用從屬的權力統治整個地區。羅馬當局受到召喚
要承認勝利的倫巴底人是他們合法的統治者，每個市民為了贖身每年要繳納一個
金幣作為貢金。要是他們不遵從命令就會被毀滅的刀兵嚴懲。羅馬人始終猶豫拖
延，不斷懇求和抱怨。直到最後教皇越過阿爾卑斯山，獲得一位結盟者的保證，
他不僅提供友誼的幫助，還會對倫巴底人展開報復的行動，威脅羅馬的蠻族才會
受到軍隊和談判的阻止。

　　格列哥里一世在極為困苦的狀況下，要向那個時代的英雄人物「鐵鎚」查理
（Charles Martel）懇求援助。查理雖然用不起眼的頭銜像是皇宮總管或公爵統治
著法蘭西王國，由於他打敗撒拉森人取得光耀千古的勝利，把自己的國家甚或整
個歐洲從伊斯蘭的枷鎖下拯救出來。查理用適當的禮儀接見教皇的使臣，除了從
事友善而無效的幹旋，也想要完成最重要的占領行動，但關鍵在於他的壽命過於
短促，無法對意大利的事務進行干預。他的兒子丕平（Pepin）傳承全部的權力
和德行，負起羅馬教會捍衛者的職責，宗教的愛好和榮譽激起法蘭西君主的熾熱
情緒。台伯河畔的情勢極為危急之際，盼望的援軍卻還在塞納河邊。要是考慮到
距離遙遠的災難，我們的同情和焦慮也會冷淡下來。

　　教皇司蒂芬三世處在全城欲哭無淚的狀況，採取最有效的解決辦法，也就是
親自拜訪倫巴底和法蘭西的宮廷，抗議敵人極不厚道的行動，或是使朋友產生憐
憫和義憤之心。他用連禱和演說安撫公眾不要懷憂喪志，就在法蘭西君主和希臘
皇帝的使臣陪同之下，展開這趟極為辛苦的行程。倫巴底國王仍舊固執己見態度
強硬，威脅之辭無法平息羅馬教皇的怨言，也不能減緩他行進的速度。司蒂芬越
過潘乃阿爾卑斯山（Pennine Alps），在聖莫理斯修道院停憩，急著抓住保護人
的右手，他知道無論是戰爭還是友誼都不會落空。他以使徒的繼承人身分受到妥
善的接待，在接著來的會議當中以及該年三月或五月的戰場上，他把所受的委屈
表現在一個虔誠而又好戰的民族面前。等他再越過阿爾卑斯山時，已經不再是一
個可憐的求援者，而是站在法蘭西軍隊前面的征服者，出征的部隊由他們的國王
親自率領。倫巴底人經過一陣虛弱無力的抵抗，只有簽訂喪權辱國的和平條約，
立誓要恢復羅馬教會的權利，尊重神聖不可侵犯的地位。阿斯托法斯一旦從法蘭
西軍隊前面全身而退，立刻就忘記他的承諾而且要洗雪所受的羞恥。

　　羅馬再度被倫巴底人的軍隊包圍，司蒂芬憂慮外高盧的同盟因為倦怠而失
去宗教的熱誠，迫使他用聖彼得的名義，寫出感人的書信訴說他所受的冤屈和目

前的需要。使徒向他的義子法蘭西的國王、教士和貴族提出保證，即使他的肉體已經死亡，靈魂卻仍然永存不朽。他們現在聽命和服從羅馬教會創始人和捍衛者的呼籲，聖母、天使、聖徒和殉教者以及所有在天國的人，異口同聲認為有救援的需要，而且肯定是他們應盡的義務。財富、勝利和樂園用來獎勵虔誠的冒險行動，要是他們讓使徒的墳墓、寺院和他的人民落在不忠不義的倫巴底人手裡，有意的疏忽帶來的懲罰是永恆的詛咒。丕平的第二次遠征行動像第一次那樣迅速和順利，羅馬獲得拯救讓聖彼得感到滿意。阿斯托法斯遭受外國主子的鞭笞，獲得教訓知道行事要公正做人要守信。

　　倫巴底經過兩次懲處以後國勢凋敝，二十年之內始終呈現衰弱和破落的狀況。他們的心情還不會自卑到自艾自憐的地步，缺乏實力並沒有使他們產生愛好和平的德性行，仍舊保持乖張的作風，用一再的要求主權、邊境入寇和攻擊行動侵擾羅馬人，出兵沒有經過深思熟慮，等到遭遇羞辱的打擊就草草結束。陷入絕滅的王國在兩面都受到壓迫，南邊是熱誠而審慎的教皇亞得里安一世（Adrian I），北邊是丕平的兒子查理曼那個偉大而又走運的天才人物。教會和國家的英雄靠著公開和家族的友誼聯合起來，對趴俯在地上的討饒者施以無情踐踏，表面上裝出一副和顏悅色和悲天憫人的樣子。倫巴底人僅有的抵抗是阿爾卑斯山的關隘和帕維亞的城牆，丕平的兒子對前者運用奇襲加以攻克，對後者施予水洩不通的包圍。土生土長的君王德西迪流斯（Desiderius）經過兩年的封鎖，終於獻出自己的權杖和都城向敵人投降。倫巴底人接受外國君主的統治之後，還是適用本國的法律，成為法蘭克人的弟兄而不是變成他們的臣民，法蘭克人要從同是日耳曼人的淵源中獲得他們的血統、習俗和語言。

2 丕平及其子成為法國國王和羅馬大公（751-768年）

　　教皇和加洛林（Carlovingian）家族的相互義務關係，形成古代史和現代史、政府史和教會史之間最重要的樞紐。征服意大利的期間，羅馬教會的捍衛者獲得有利的態勢、虛榮的頭銜、人民的意願、教士的祈禱和密謀。教皇送給加洛林王朝的最貴重禮物是法蘭西國王和羅馬大公的崇高地位。聖彼得的宗教王國統治之下，西部的民族開始在台伯河畔尋找他們的國王、法律和關係到命運的神諭。法蘭克人對政府的名稱和實質之間的差異感到百思不解，皇家權力全部掌握在皇宮總管丕平的手裡，除了皇帝的頭銜已經無法滿足他的野心。他用英勇的戰鬥消滅敵人，用慷慨的行為增加朋友。他的父親是基督教世界的救星，四代的服

務使個人的功績顯得更為高貴。

皇家的名稱和形象仍舊保存在旭爾德里克（Childeric）的身上，他生性軟弱，是克洛維斯（Clovis）最後一代子孫，然而那早已過時的權力只能用來作為叛亂的工具。全國民眾都想恢復簡單的制度，作為臣民而又像君王的丕平，帶著雄心壯志要肯定自己的地位和家族的命運。總管和貴族都曾經宣誓要效忠皇家的傀儡，他們眼裡的克洛維斯世系不僅純潔而又神聖。他們共同派遣使臣寫信給教皇，要能驅散心中的疑慮或是解除先前的承諾。兩位格列哥里的繼承人是撒迦里（Zachary）教皇，他基於利害關係所做的決定是要投其所好，根本不考慮公理正義。教皇公開宣稱國家可以合法把國王的頭銜和權力授與同一個人。不幸的旭爾德里克成為公共安全的犧牲品，應該退位並且削髮進入修道院度過餘生。附和的答覆正中當權者下懷，當作是決疑的見解、法官的判決和先知的神諭，立即為法蘭克人接受。

墨羅溫王朝（Merovingian）從此在地球上消失，丕平為自由的人民推舉登上帝座，他們已習慣於服從他的法令，集結在他的旗幟下向前邁進。加冕禮獲得教皇的批准舉行兩次，一次由最忠實的僕人聖邦尼菲斯（St. Boniface）主持，他是日耳曼的使徒；一次在聖丹尼斯（St. Denys）的修道院，司蒂芬三世用感恩的手將皇冠加在恩主的頭上。以色列國王的皇家塗油禮也巧妙加以運用，聖彼得的繼承人具備神聖使臣的特性，一位日耳曼的首領經過轉變成為神授的君王，現代歐洲人的迷信和虛榮使猶太人的儀式得以傳播和維持。法蘭克人解除古老誓言的約束，要是他們膽敢重新恢復過去選擇的自由，沒有從顯赫和神聖的加洛林家族中找出一位國王，那麼可怕的「破門罪」就會打擊在他們和子孫的頭上。在位的君王毫不憂慮未來的危險，為現在的安全自得其樂。查理曼大帝的國務大臣認為法蘭西的權杖從教皇的威望轉移過來，在他們最大膽的冒險行動當中，對於塵世的司法權仍舊充滿信心，一定要堅持不放。

羅馬大公由於習俗和語言的改變，不僅遠離羅慕拉斯的元老院或君士坦丁的皇宮，同樣也告別共和國的貴族或身為養父母的皇帝。查士丁尼的軍隊收復意大利和阿非利加，遙遠的行省不僅重要而且處於危險的狀況，要求派遣一位授與最高權力的官員，就給予他一個普通的稱號叫做「太守」或「大公」。拉芬納的總督在君王的年表上占有一席之地，把他的司法審判權延伸到整個羅馬城。自從意大利叛亂失去太守管轄區之後，羅馬人便處於苦難之中，迫得他們要犧牲自己的獨立。即使要採用權宜的方式，他們也行使獨斷專行的權力，元老院和人民的敕令相繼授與「鐵鎚」查理和他的後裔，擁有羅馬大公的榮譽。

作為強勢民族的首領，定會蔑視奴性的頭銜和從屬的職位，於是趁著希臘皇帝的統治難以為繼，處於帝國權力真空之際，他們從教皇和共和國得到更為光榮的使命。羅馬使臣把聖彼得祭壇的鑰匙交給大公，作為統治權的保證和象徵，同時還有一面神聖的旗幟，使他們有權利和責任展示開來保護教會和城市。處在「鐵鎚」查理和丕平的時代，倫巴底國王的干預斷送羅馬的自由，威脅到教皇都城的安全，這時羅馬大公對於遙遠的保護人而言，不過代表著頭銜、義務和同盟關係而已。查理曼大帝的權勢和政策，為他們消滅了一個敵人卻帶來一個主子。

查理曼大帝第一次前來訪問首都時受到歡迎，原本如同代表皇帝的太守亞得里安一世表達歡欣和感激，使盛大的儀式生色不少。他剛剛接到國君即刻駕臨的消息，馬上派遣羅馬的行政官員和貴族舉著旌旗，到離城三十哩的地方去迎接。弗拉米尼亞大道長約一哩距離的道路兩旁，排列著希臘人、倫巴底人、薩克遜人各種團體和民族的大隊人馬，羅馬青年全副武裝，兒童手裡拿著棕櫚葉和橄欖枝，為偉大的救星唱著讚美的詩歌。在神聖的十字架和聖徒的標誌前面，查理曼大帝從馬上下來，領著他的貴族隊伍走向梵蒂岡，登上階梯就會親吻使徒門楣的每一步台階。亞得里安率領他的教士在門廳的柱廊恭候，像朋友和地位平等的人行擁抱禮，就在他們一起走向祭壇之際，國王或大公卻擅自挽住教皇的右手。

這個法蘭克人對虛有其表的禮貌也不滿意，從他征服倫巴底到加冕稱帝，二十六年的光陰轉瞬而過，是他的武力解救了羅馬，受到保護的城市理應臣屬於查理曼的王權之下。人民宣誓效忠他本人和他的家族，用他的名義鑄造錢幣，拿他的審判主持正義，他有權力對教皇的選舉進行審查和核定。除了君主與生俱來的權利，皇帝並沒有比羅馬大公多出任何特權。

3 加洛林王朝對羅馬教皇的賞賜和回報（751-814年）

加洛林家族被羅馬教會尊為救星和恩主，提供很多的實惠足以表達感激之情。教會一些古老的產業像是農莊和房屋，慷慨轉移到城市和行省的世俗主權之下。丕平的征服行動獲得最早的成果，就是把太守管轄區當成送給教會的贈與品。阿斯托法斯在嘆息聲中放棄他的獵物，各主要城市的鑰匙和人質都交給法蘭西的使臣，再用主子的名義呈送到聖彼得的墓前。太守管轄區的範圍非常廣闊，原來包括聽命於皇帝和代理人的意大利各個行省，嚴格認定的真正疆界僅限於拉芬納、波隆那（Bologna）和菲拉拉（Ferrara）的行政區域，還有不可分割的屬地潘塔波里斯（Pentapolis），沿著亞得里亞海岸從里米尼延伸到安科

納（Ancona），東側通向中部地區直到遙遠的亞平寧山的山脊。這一次的交易行為，教皇的野心和貪婪受到極其嚴厲的指責。謙恭的基督教教士或許應該拒絕接受塵世的王國，要是他不拋棄宗教職責所應具備的德行，便很難對隸屬的王國進行統治。忠誠的臣民應該將自己視為身分高尚的對手，不可急著分享蠻族的戰利品。要是皇帝委託司蒂芬以他的名義請求歸還太守管轄區，我認為教皇並不能免於謀叛和欺騙的譴責。

　　按照法律的嚴格解釋，任何人都可以接受恩主賜予的東西，只要合於公正的要求都不會因而受到傷害。希臘皇帝放棄或是喪失他對太守管轄區的權利，何況阿斯托法斯的劍根本不是加洛林王朝的敵手。丕平從事一次銜枚急進的遠征行動，自己親率大軍越過阿爾卑斯山，這跟出於「聖像破壞者」的原因毫無關係，他可以占有也能合法轉讓征戰的成果。對於希臘人一再的要求歸還，他虔誠回答：「任何人都不能敦促他送回禮物，獻給教皇是為了彌補自己的罪孽和拯救自己的靈魂。」極為豐碩的贈與獲得最高和絕對主權的認可，世人頭一次見到基督教的主教授與塵世君王的特權，像是官員的選用、司法的審判、賦稅的徵收以及拉芬納皇宮的財富。

　　在倫巴底王國解體之時，斯波列托公國的居民要在迫近的風暴之中找尋避難的地方，比照羅馬人慣用的方式剃光腦袋，自稱是聖彼得的奴僕和子民，等到公國自願歸順，形成的範圍就是現在所稱的教會國家。經過查理曼口頭或書面的贈與，神祕的範圍變得無限擴張。查理曼獲得勝利心情極為愉悅，把原來屬於太守管轄區的城市和島嶼，從他自己和皇帝的手裡轉移給教皇。等他冷靜下來深入思考問題，難免帶著嫉妒和羨慕的眼光，盤算他的教會盟友過於壯大的聲勢。履行本人和他父親承諾的相關問題時，他全都用外交辭令加以迴避；法蘭克人和倫巴底人的國王強調帝國不可轉讓的權利。拉芬納也和羅馬一樣，無論在他生前還是死後一直列在主要城市的名單上面。太守管轄區的統治權逐漸消失在教皇的手裡，他們發現拉芬納的大主教成為危險的內部競爭對手，貴族和人民全都蔑視一個教士強加於他們的束縛，在那段社會秩序混亂的期間，他們只能保留對古老權利要求的記憶，過去在繁榮的時代曾經一度恢復和實現。

　　欺騙是用來解決問題的墮落和奸詐手段，雖然強力，卻讓無知的蠻族常常陷入教會策略的羅網之中。梵蒂岡和拉特朗（Lateran）的宮殿是一個軍械庫和製造廠，依據當前的情況製造或隱藏許多真實或虛假、訛傳或可疑的鬼祟伎倆，目的是在促進羅馬教會的利益。八世紀結束之前，有某一位教皇的御用作家，或許就是名聞遐邇的伊希多爾（Isidore），編纂教皇的《法令集》以及頌揚君士坦丁

的捐贈，成為教皇精神和世俗王國的兩根神奇支柱。這筆令人難以忘懷的捐贈是用亞得里安一世的信函向世人宣布，他規勸查理曼效法君士坦丁大帝的先例，並且要使大帝的名聲再度受到世人的敬仰。根據當時的傳說，羅馬主教聖西爾維斯特（St. Silvester）治癒最早那位基督教皇帝的麻瘋，使他的心靈在施洗的聖水中獲得淨化，從來沒有一位醫生獲得如此光榮的回報。皇家新改信者放棄聖彼得的寶座和產業，宣布他的決定是要到東部去建立一個新的都城，把他對羅馬、意大利和西部行省自由而永久的統治權，全部委託給教皇。

這樣一個杜撰的故事產生極為有利的效果，希臘的皇帝受到宣判犯下篡奪的罪行，格列哥里的反叛是為了討回合法的遺產，教皇從此擺脫人情的包袱，加洛林王朝名義上的禮物，只占教會國家極少的部分，何況所得都是應該歸還給他的領地。羅馬的統治權不再依靠心志不專的人民做出選擇，聖彼得和君士坦丁的繼承人都被授與凱撒的紫袍和特權。那個時代的無知和輕信真是令人印象深刻，即使最為荒謬的神話故事，在希臘和法蘭西都被人接受而且同樣重視，仍舊列入教會法的條款和敕令之中。皇帝和羅馬人都沒有能力辨別偽造的謊言，已經損害到他們的權利和自由，唯一的反對意見來自薩賓地方的修道院，在十二世紀初期對君士坦丁的捐贈就真實性和有效性提出駁斥。

等到恢復文字表達的自由，杜撰的手法被勞倫久斯·瓦拉（Laurentius Valla）的如椽大筆戳穿，他是能言善辯的學者和羅馬的愛國志士。十五世紀的當代人士對於他大膽妄為的褻瀆行徑感到極其驚異，然而獨斷的行動代表理性的進步，默默發展成為無可抗拒的潮流，還沒有等到下一個世紀結束，這個神話故事就為大家排斥，受到史家和詩人的藐視、羅馬教會辯護者的含蓄或溫和批判。教皇自己也難免對世俗的輕信加以訕笑，還能用不實和過時的頭銜支持他們的統治，何況有同樣的運道附隨教皇的法令和西比萊（Sibylline）神諭，即便基礎已經掏空，整座大廈還能繼續矗立。

4 東西兩個帝國的分裂和查理曼大帝的加冕（774-800年）

前後幾任教皇在尼斯宗教會議以後，趁著虔誠的伊里妮（Irene）在位的機會，把帝國轉移到宗教信仰並不正統的查理曼手裡，終於完成羅馬和意大利的分治。他們被迫在敵對的民族之間進行選擇；宗教並不是唯一的考慮因素，他們費盡力氣掩飾朋友的缺失，看到敵人竟然具有正統基督徒的美德，心中感到不以為然和極其懷疑。兩個首都的仇恨因語言和習慣的不同永難化解，七十年的敵對狀

態使彼此的關係更為疏離，處於分裂的情勢之下，羅馬人嘗到自由的滋味，教皇體驗了統治的權威。他們現在要是屈服就會受到忌妒的暴君無情的報復，何況意大利的反叛已經洩露拜占庭的無能和暴虐。希臘皇帝後來雖然同意圖像崇拜，仍舊沒有恢復卡拉布里亞的產業和伊里利孔的教區，這是聖彼得的繼承人從「聖像破壞者」的手裡奪走。教皇亞得里安提出威脅，要是對方不盡快放棄破壞聖像之類異端分子的做法，就要公開宣判將他們逐出教會。希臘人現在具有正統基督徒的名分，他們的宗教還沾染統治君王的氣息；法蘭克人即使桀驁不馴，有識之士仍可以看出，他們逐漸從利用圖像轉變為崇拜圖像。

　　查理曼大帝的名聲雖有若干瑕疵，大多來自傳記家之間出現言辭刻薄的爭論。然而征服者卻能發揮政治家的風範，採用不同的施政作為，適合法蘭西和意大利的狀況。他曾經四次前往梵蒂岡朝拜或訪問，與教皇行擁抱禮都能表現誠摯的友情和恭敬的態度，跪在使徒的墳墓和圖像前面，毫不猶疑就參加羅馬禮拜儀式的祈禱和遊行。明智或感激的教皇難道能拋棄教會的恩主？身為教皇能有權轉讓他贈送的太守管轄區？他們真有力量廢除羅馬政府？大公的頭銜就查理曼大帝的功勳和事業而言算不了什麼，教皇只有恢復西部帝國才能報答他們所受的恩惠，也才能保障他們建立教會的成就。他們可以運用這樣一個極具決定性的措施，最後終究會將希臘人要求的主權全部剝奪殆盡。羅馬將從一個省級城鎮的卑下地位恢復原有的權勢，拉丁基督徒團結在古老的都城，服從一位最高領袖，西部的征服者會從聖彼得的繼承人手裡接受皇帝的冠冕。羅馬教會獲得一位熱情洋溢和聲威顯赫的擁戴者，主教可以在加洛林王朝勢力的庇護之下，光榮而安全的統治著羅馬城。

　　羅馬在異教徹底絕滅之前，為了爭取富裕的主教轄區，常常產生暴動和流血的事件，現在的居民人數雖然減少然卻變得更為野蠻，獲得的報酬也更加重要，居於領導地位的聖職人員，渴望聖彼得的寶座鬥爭更是激烈。亞得里安一世的統治區域超越前朝或後代的範圍，羅馬的城牆、神聖的遺產、倫巴底的毀滅和查理曼的友誼，都是使他揚名立萬的戰利品。他在暗中教誨接替寶座的繼承人，要在狹窄的範疇之內展現出偉大君主的德行。他的功業在死後仍舊受到尊敬，接著進行的選舉，拉特朗一位教士成為李奧三世，受到亞得里安寵愛的姪兒擢升教會最高職位，卻反而沒有選上。他的姪子在四年多的時間，裝出默認的態度或懺悔的心情，用來掩飾最為陰險的報復圖謀，等到有天舉行宗教的遊行，一群瘋狂的謀叛分子驅散沒有抵抗能力的群眾，對神聖的教皇發起攻擊要將他殺害，凶手處於混亂狀況或者是一時猶豫，企圖當場殺死或使他失去自由的打算卻無法得逞。

他們認為李奧已經死亡，就把他丟在路旁，但他只是因為失血過多陷入昏迷，復甦過來就恢復說話和視聽的能力，並以此自然的現象用來增強個人蒙受的奇蹟，因為他有兩次遭到謀刺幾乎要奪去性命。他從囚禁的狀況逃到梵蒂岡，斯波列托公爵趕來援救，查理曼對他的受傷表示同情，就在帕德朋（Paderborn）或西伐利亞的營地，接見大難不死的羅馬教皇，也可能是邀請他前來訪問。李奧帶著一個由伯爵和主教組成的委員會，再度越過阿爾卑斯山返回羅馬，奉派的人員要保護他的安全，也要裁定他的清白。薩克遜的征服者一直拖到翌年，才親身前來完成神聖的職責，其實裁定是非讓他感到很勉強。他進行第四次也是最後一次的朝拜活動，在羅馬受到國王和大公應有的尊榮和接待。李奧獲得允許可以用宣誓洗清被控的罪行，他的仇敵只有保持沉默，謀害教皇性命的十惡不赦罪行受到輕微的處分，為了有所交代施以流放了事。

第八世紀最後一年的聖誕節，查理曼出現在聖彼得教堂（800年12月25日），為了滿足羅馬的虛榮心，他把本國簡單樸素的衣著換成大公金碧輝煌的禮服。神聖的儀式舉行完畢，李奧突然將一頂華麗的皇冠加在他的頭上，教堂的圓頂回響著民眾震耳欲聾的歡呼聲：「勝利的查理曼萬歲！上帝為最虔誠的奧古斯都加冕，成為偉大與和平的羅馬皇帝！」查理曼大帝的頭部和身體完成神聖的皇家塗油禮，按照凱撒的先例受到教皇的致敬或推崇。他的加冕誓言明示承諾要維持教會的信仰和特權，最早的收獲是他向使徒的祭壇呈獻豐碩的禮物。皇帝在私下的談話當中鄭重聲明他對李奧預先的安排一無所悉，否則會在重大的日子設法不要出席，使得李奧的一番好意全部落空。典禮的準備工作必定揭穿保密的舉動，查理曼的行程透露出他不僅知道也有所期待。他過去曾經承認唯一的抱負是要獲得皇帝的頭銜，而且教皇曾經在羅馬的宗教會議公開宣布，只有加冕的方式才能獎勵他的功績和勳業。

5 查理曼大帝的統治方式和行事作風（768-814年）

大帝的稱號經常被賦予很多君王，有時確實也名副其實，唯獨查理曼能將大帝的頭銜和自己的名字永遠結合在一起，何況還要加上聖徒的稱號出現在羅馬的曆書。身為教會的護衛者何其幸運，在一個開明的時代受到史家和哲人紛至沓來的讚譽。民族的野蠻習性和他出現的時機，毫無疑問可以加強他真正的功勞，然而一樣物體的外觀尺寸會因不相稱的對比而放大，帕爾麥拉的廢墟在四周赤裸的沙漠襯托下顯得相當雄偉。我絕無意破壞他的名聲，只想從西部帝國神聖和偉大

的中興之主身上找出一些瑕疵。就個人的道德要求而論，對於守貞和禁欲不必過分的強調。然而他有九個妻室或侍妾，加上風流成性和喜新厭舊的愛情生活，為數眾多的私生子送到教堂，他的女兒全都長期獨身舉止放蕩，與父親的關係過於親熱而引起猜疑，畢竟個人的私生活對於公眾的幸福倒是不會產生實質的損害。

我也不應該數落征服者的雄心壯志，在一個睚眥之仇必報的時代，他的兄弟卡洛曼（Carloman）的兒子、墨羅溫王朝在阿奎丹的君王，以及在同一個地點被砍頭的四千五百個薩克遜人，必然對查理曼大帝的公正和仁慈頗有微辭。他對擊敗的薩克遜人施加的處置，完全濫用戰勝者的權利。他的法律和武力一樣充滿血腥的氣味，殘酷的動機如果不是出於固執的性格，也要歸咎於倔強的脾氣。愛好靜坐的讀者會為他身心永不停息的活動而感到不可思議，他的臣民和敵人也為他突然出現而驚訝不已，因為他們深信這一刻他應該在帝國最遙遠的邊陲。無論是和平還是戰爭時期，更不要說是夏季或冬季，他都不會停下來稍事休憩。

我們就是憑著想像也無法把他遠征所到的地點，完全列入在他統治時期的編年史，他強大的活動力不是個人獨有，已經成為民族的優點，法蘭克人飄盪不定的生活通常消磨在狩獵、朝拜和軍事冒險行動，查理曼四處奔波最大的區別在於隨員眾多和目標重要而已。他在軍事方面建立的名聲，要受到他的部隊、他的敵人和他的行動這幾個方面的嚴格考驗。亞歷山大用他的父親菲利浦建立的武力進行征服，至於在查理曼前面的兩位英雄人物，已經把名聲、經驗和勝利的夥伴全都遺留給接位的後裔。查理曼親自率領久經戰陣和無可匹敵的軍隊，制服較他們更為野蠻或墮落的民族，他們從來不知道為了共同的安全而聯合起來，他也沒有遇到在數量、訓練和裝備上勢均力敵的對手。戰爭的科學在喪失以後又與和平的技藝一同復甦，他沒有用任何一次圍攻或會戰，表現他的軍事行動是如何的高明，能夠克服重大的困難和取得特殊的成就，他可能要用羨慕的眼光看待他祖父獲得撒拉森人的戰利品。他進行西班牙的遠征行動，掩護大軍的後衛在庇里牛斯山遭到擊敗，陷入絕境無法發揮英勇精神的士兵，臨終之際難免要指責他們的將領不懂兵法，行動也過於冒失。

一位德高望重的法官對查理曼的法律極為推崇，使我也感到肅然起敬。他的法律不成體系，而是包括大量特定和瑣碎的詔書和條例，像是糾正濫權的行為、風俗習慣的改革、增加農田的產值、注重家禽的照應甚至雞蛋的售價等等。他希望能改革法律和法蘭克人的性格，無論企圖是如何微不足道和有欠完美，仍舊值得讚許，那個時代有很多根深柢固的惡習，在他的治理之下能夠加以遏阻或緩和。然而在他設立的制度當中，我倒是沒有發現放諸四海的觀念和永垂不朽的精

神，這才是一位立法者嘉惠後代子孫的最大福祉。帝國的團結和穩定完全依賴一個人的生命，他仿效極為危險的做法把國土分給兒子，經過多次改組議會還是缺乏效能，整個政府架構在無為而治和集權專制的混亂之間搖擺不定。他尊敬教士的虔誠和知識，想要把塵世的統治和民事的審判全都託付給野心勃勃之輩，等到他的兒子劉易斯（Lewis）受到主教的罷黜和羞辱，必然會怪罪做父親的沒有先見之明。他制定法律強制徵收十一稅，因為拖欠稅賦是引起上一次荒歉的主要原因。

查理曼大帝在文教方面的功績，可以用興建學校和提倡藝術為證，有很多作品用他的名字出版。他與臣民和外鄉人保持密切的關係，有識之士受他邀請來到宮廷教育君王和人民。他自己的學習過程起步很遲，非常勤勉然而成效不是很顯著，要是他能說拉丁話也聽得懂希臘語，獲得入門的知識也是來自交談而非書本，因為他等到成年才發奮要做到能夠寫字。在那個時代即使培育文法和邏輯、音樂和天文的才能，也不過是迷信的奴婢罷了。但是人類思想的求知欲最後總會導致本身的進步，鼓勵追求知識反映出查理曼性格最純潔和喜悅的光輝。地位的尊嚴、統治的長久、武力的強大、政府的活力以及對遙遠民族的尊重，使他有別於很多的君主，而從他光復西部帝國之後，又開啟歐洲一個新的紀元。

6 帝國從法蘭西向外的擴張和遭遇的強敵（768-814年）

查理曼的帝國並不是沒資格擁有應得的稱呼，歐洲現在最具規模的王國就是在位君王的世襲產業或征服之地，他在同個時間統治法蘭西、西班牙、意大利、日耳曼和匈牙利。其中高盧這個羅馬行省轉變為法蘭西王國，在墨羅溫世系的沒落狀況之下，由於不列顛人的獨立和阿奎丹人的反叛，疆域縮減很多。查理曼追擊不列顛人並將他們限制在大洋的兩岸地區，凶狠的部族與法蘭西的民族，在來源和語言方面有很大的差異。他們受到的責罰是繳納貢金、送出人質和維持和平。經過長久而又迂迴的鬥爭，阿奎丹公爵的叛亂行動給予的懲處是喪失他們的行省、自由和性命。野心勃勃的總督事事想要仿效皇宮總管，結果受到嚴苛和無情的處置，直到最近才發現可憐的諸侯才是克洛維斯血統和王座最後的合法繼承人。他們的先世是克洛維斯的兄弟達哥伯特（Dagobert），可以算是墨羅溫家族的旁支。古老的王國貶為加斯科尼（Gascogne）公國，領地是庇里牛斯山麓的菲森札克（Fesenzac）和阿馬尼亞克（Armagnac）。整個家族非常興旺，一直到十六世紀初葉，經歷加洛林皇室的暴虐統治還能倖存，接續蒙受第三王朝的不公或厚愛。法蘭西與阿奎丹重新結合，把邊界擴展到當前的狀況，增加尼德蘭和西班

牙使國境能以萊茵河為界。

　　撒拉森人被查理曼的祖父和父親驅出法蘭西，仍舊據有西班牙的大部分地區，即從直布羅陀的高岩到庇里牛斯山。等到內部發生爭執造成分裂，薩拉戈薩（Saragossa）有位阿拉伯埃米爾懇求查理曼在帕德朋的議會給予保護。查理曼發起遠征行動恢復埃米爾的地位，保持很公正的態度，不因宗教信仰而有差別的待遇，一方面粉碎基督徒的抵抗，同時也獎勵伊斯蘭教徒的從命和服務。在著手西班牙進軍行動之際他本人並未在場，要將控制地區從庇里牛斯山延伸到厄波羅河（Ebro）。法蘭西總督進駐巴塞隆納據有的領地是盧西隆（Rousillon）和加泰隆尼亞（Catalonia）。那瓦爾（Navarre）和亞拉岡（Arragon）還是初創時期的王國，全部受到查理曼的管轄。

　　查理曼用倫巴底國王和羅馬大公的身分，統治絕大部分的意大利，廣大的疆域從阿爾卑斯山到卡拉布里亞的邊界長達一千哩。賓尼文屯（Beneventum）公國原來是倫巴底人的采邑，犧牲希臘人的權益就將現在的那不勒斯王國包括在內。擁有統治權的阿里契斯（Arrechis）公爵，不願讓他的國土受到奴役，採用諸侯的獨立頭銜起兵反抗加洛林王國。阿里契斯的防衛非常堅固，後來的屈服也沒有喪失榮譽。皇帝對於奉獻容易到手的貢金、拆除所有的碉堡工事以及用錢幣承認一位最高權力的國君，都能感到滿意不再追究。阿里契斯的兒子運用巧妙的奉承手段，使自己的父親獲得名正言順的稱呼，他處在弱勢的地位一直小心謹慎，賓尼文屯可以逃過法蘭西的高壓統治。

　　查理曼是能將日耳曼統合在一個王權之下的首位君王，法蘭哥尼亞（Franconia）擁有的範圍仍舊保存東法蘭西的名稱，黑瑟和圖林基亞的民眾基於共同的宗教和政府，現在與勝利者完全合併在一起。阿里曼尼人（Alemanni）過去使羅馬人感到極為畏懼，目前已經成為法蘭克人忠實的諸侯和同盟的戰友，他們的國土位於阿爾薩斯（Alsace）、斯瓦比亞（Swabia）和瑞士目前的疆域之內。巴伐里亞同樣擁有的恩典是運用自己的法律和習俗，他們較沒有耐性去伺候一位主子。塔西洛（Tasillo）一再反叛使他們的世襲公爵遭受廢除的命運，釜底抽薪的做法不能說沒有道理，重要邊區負責管轄和守備的伯爵，分享被黜公爵的權力。然而日耳曼的北部從萊茵河到越過易北河，仍然充滿敵意也是異教徒的天下，一直要經過三十三年的戰爭，薩克遜人屈服於基督和查理曼的嚴加束縛，當前的狀況才有所改變。

　　偶像崇拜和他們的信徒全部遭到滅絕，僅僅在威瑟河兩岸古老的薩克森尼廣大範圍，建立孟斯特（Munster）、奧斯納堡（Osnaburgh）、帕德朋、民登（Minden）、不來梅（Bremen）、佛登（Verden）、希德斯海姆（Hildesheim）和哈

伯斯塔（Halberstadt）八個主教轄區，府邸所在地成為蠻荒之區最早的學校和城市。從某些程度而言，子女的宗教和人性要為父母的殺戮獲得救贖。越過易北河向東都是斯拉夫人，他們過同樣的生活方式只是有不同的稱呼，占有普魯士、波蘭和波希米亞現在的領土，有段時間出現短暫的順從情況，法國的史家將帝國的疆域延伸到波羅的海和維斯杜拉河（Vistula）。這些國家的征服行動或宗教皈依要到較晚的時代才發生，只是波希米亞與日耳曼主體的結合主要可以歸功於查理曼的武力。

他對潘農尼亞的阿瓦爾人（Avars）或匈奴採取報復手段，如同蠻族施加於當地民族的災難。法蘭西的軍隊採用水陸兼進的方式，通過喀爾巴阡山和多瑙河平原進入東部地區。匈奴的「寨子」是用木頭做的防壁，圍繞居住的地區或村莊，為具有三倍優勢的法蘭西部隊攻破。經過八年血腥的激戰折損幾位法蘭西將領，獲得的代價是匈奴地位最高的貴族慘遭殺戮，整個民族的殘餘人員只有降服，台吉的皇家宮廷所在地全部荒蕪不為人知。兩百五十年劫掠獲得的金銀財寶，讓得勝的部隊人人腰纏萬貫，意大利和高盧的教堂修飾一新。查理曼據有潘農尼亞，帝國的國境以特斯河和薩維河流入多瑙河的匯合口為界，輕而易舉將伊斯特里亞（Istria）、黎本尼亞（Liburnia）和達瑪提亞幾個行省併入領土。擴張疆域的做法並沒有多大的好處。為了表示謙遜，他留下濱海的城市讓希臘人獲得實質或名義的統治。這種過於遙遠的主權對於拉丁皇帝而言，只能獲得名聲無法增加實力，他也不必冒險負起教會的使命，教化蠻族的遊牧生活和偶像崇拜。他也曾經試過在索恩河（Saone）與馬斯河（Meuse），以及萊茵河與多瑙河之間修築可以通航的運河，工程的執行可以使整個帝國發揮生動的活力。然而錢財開銷最大和人力投入最多的工作，還是浪費在主座教堂的興建上面。

要是我們檢視這張地圖的輪廓，就會看到法蘭克人的帝國從東到西是由厄波羅河延展到易北河或維斯杜拉河，從南到北是由賓尼文屯公國到埃得河（Eyder），這裡是日耳曼和丹麥的永久邊界。歐洲其餘部分的災難和分裂使查理曼個人和政治的重要性更為突出，一群先世為薩克遜人或蘇格蘭人的諸侯，使大不列顛和愛爾蘭這些島嶼的紛爭四起。等到西班牙喪失以後，基督徒和哥德王國正統的阿方索（Alphonso）家族，局限在阿斯突里亞斯（Asturian）山區很狹小的地區。蕞爾小國的統治者尊敬加洛林王朝君王的權力或德行，懇求建立結盟給予照應和支持，把他稱為自己的再生父母，是西方世界高高在上的皇帝。

查理曼與哈里發哈龍·拉須德（Harun al Rashid）建立平等的交往關係，此際哈龍的統治權從阿非利加擴展到印度。查理曼接受對方使臣送來的禮物，一頂帳

篷、一座水鐘、一頭大象和一把聖墓的鑰匙。照說很難理解一名法蘭克人和一名阿拉伯人的私人友誼，他們的個性、語言和宗教沒有共同之處，可以說是風馬牛不相及，公開的聯繫完全是出於虛榮心作祟，相隔遙遠的位置也不會引起利害的衝突。羅馬的西部帝國有三分之二的疆域屬於查理曼所有，日耳曼舉凡難以接近或無法征服的民族都已經在他的控制之下，缺少的人力資源可以獲得充分的供應。

他對敵人的選擇寧可對手是北方的貧民不是南方的富戶，避輕就重的做法確實讓我們感到非常詫異。他在日耳曼的森林和沼澤打了三十三次千辛萬苦的戰役，要是用來驅除意大利的希臘人或是西班牙的撒拉森人，不僅遊刃有餘還可以獲得更響亮的名聲。攻擊虛弱的希臘人保證可以獲得勝利，光榮和報復也能引來神聖的十字軍對付撒拉森人，何況還可以大聲疾呼發揮宗教和策略的作用。或許在他越過萊茵河和易北河的遠征行動，渴望從羅馬帝國面臨的噩運拯救他的國家，那就是要讓現在文明社會的敵人解除武裝，以及毀滅未來民族遷移的種子。有人用很有見地的眼光提到，他已經了解到預防措施的重要，要是擴張獲得的國土還會發生敵對狀況，那就得將征服行動遍及於整個區域，否則毫無效果可言。

很久以來掩蓋斯堪地那維亞這個大陸或是島嶼、不讓歐洲知曉的厚重簾幕，現在被日耳曼的征服者拉開，喚醒野蠻的土人早已麻痺的勇氣。那些最為凶狠的薩克遜偶像崇拜者逃離基督徒暴君，跑向北方的同胞尋找庇護，大洋和地中海布滿他們的海盜艦隊。查理曼看到諾曼人的毀滅行動不禁歎氣，在不到七十年的時間之內，諾曼人將加速滅亡他的家族和擁有的王國。

7 查理曼的繼承人以及日耳曼國王奧索的崛起（814-962年）

教皇和羅馬人要是按照最早的制度，授與查理曼的頭銜，無論是皇帝或奧古斯都只能及身而止，那麼他的繼承人在每一次的空位期，都要經過正式或默許的選舉才能登上寶座。查理曼的兒子「虔誠者」劉易斯（Lewis the Pious, 814-840年）參加有關的政教聯席會議，認為自己對於王國和征服具有獨立的權利，因此皇帝所要面對的情況似乎已經預知，特別要防止教士別有用心的主張。皇室繼承人接受的教導是從神聖的祭壇拿到皇冠，然後戴在頭上為自己加冕，當作他的上帝、他的父親和他的民族送給他的禮物。羅沙爾（Lothaire）和劉易斯二世在往後的例行會議上面，雖然不像第一次自認理由充分幹勁十足，還是重複舉行同樣的典禮。加洛林王朝的權杖從父以傳子的直系繼承已到第四代，教皇的野心受到貶抑高據虛有其表的地位，只能為世襲的君王加冕和塗油，須知在位的統治者早

已擁有權勢和國土。

「虔誠者」劉易斯在他的兄弟去世立即擁有查理曼打下的天下，帝國所有的民族和貴族，以及劉易斯的主教和他的子女，很快了解當前的狀況，巨大的團體不會再為一個人的意志維持高昂的士氣和積極的行動，即使受到打擊但外表看來仍安然無恙，穩固的基礎在中心已經發生崩塌。經過損失十萬法蘭克人的一場戰爭或會戰，整個帝國用一紙協定分給三個兒子，他們之間毫無孝順之心和手足之情。日耳曼和法蘭西的王國從此永久分離；高盧位於中間的部分，就是隆河與阿爾卑斯山、馬斯河與萊茵河之間的行省；再加上意大利，授與有皇族身分的羅沙爾（840-856 年）。羅沙爾分到這份產業後，把洛林（Lorraine）和亞耳兩個剛剛成立和為時短暫的王國授與他的幼子。羅沙爾的長子劉易斯二世（856-875 年）以獲得意大利的疆域而滿足，成為羅馬皇帝很適當的世襲領地。劉易斯二世逝世後沒有男性後裔，他的叔伯和堂兄弟便爭奪遺留的皇位，教皇掌握當前大好機會，藉著審核候選人的資格和功績，把皇位授與最會逢迎或個性慷慨的繼承人，能夠在皇家的職位上擁護羅馬教會。加洛林王朝的渣滓完全無法展現出任何德行或權力的徵兆，人們對其統治者只有非常荒謬的稱呼，像是「禿子」、「結巴」、「胖子」和「單純」，這些國王的特色是馴順的個性和相似的面貌，很快就被歷史遺忘。

旁系血統的敗亡使整個世襲的權利落在「胖子」查理的手裡，顯赫的家族最後一任皇帝，癡呆和瘋狂可以任由日耳曼、意大利和法蘭西的背離不採取任何行動（888 年）。他在議會當中被迫遜位，還向叛徒乞求供應每日的飲食；極端的低能受到藐視被認為一無是處，敵人竟然饒恕他的性命，讓他可以過自由自在的生活。所有的總督、主教和領主憑著自己的實力，奪取沒落帝國已經分裂的碎片，查理曼的女兒或私生子靠著血統具備優先權，其中大部分的頭銜和主權都很可疑。個人的功勳有限倒也適合國土縮小的狀況，只要率領軍隊出現在羅馬的城門，就可以在梵蒂岡加冕稱帝。不過他們的言行都很謙虛，通常能有意大利國王的稱號就感到滿足。從「胖子」查理退位到奧索的建國，整個空位期有七十四年之久。

奧索出身貴族世家，祖先曾經是薩克森尼公爵，如果他真是威提肯（Witikind）的子孫，威提肯又是查理曼的敵手和改信者，那麼一個被征服民族的後裔要反過來統治他們的征服者。他的父親是「捉鳥人」亨利（Henry the Fowler），受到推舉要拯救衰敗的民族，從而建立日耳曼王國。這個家族幾位皇帝的名字都叫奧索，他是第一位也是最偉大的君主，把帝國的邊境向外擴展，從高盧的一部分直到萊茵河的西邊，沿著馬斯河和莫瑟爾河（Moselle）的河岸，全都指明要

交給日耳曼人。整個民族從凱撒和塔西佗的時代開始，血統和語言方面都已混雜在一起。奧索的繼承人在萊茵河、隆河和阿爾卑斯山之間的地區，對於四分五裂的勃艮地和亞耳王國，只獲得虛有其名的最高權力。

奧索在歐洲的北部用武力傳播基督教，成為易北河和奧德河（Oder）流域斯拉夫民族的征服者和使徒；布蘭登堡（Brandenburg）和司里斯威克（Sleswick）的進軍行動，用日耳曼的殖民地加強地區的防務；丹麥的國王以及波蘭和波希米亞的公爵，承認自己是繳納貢金的封臣。奧索率領勝利的軍隊越過阿爾卑斯山，征服意大利王國解救教皇的窘境，從此以後這頂皇冠用於以日耳曼為名的國家。從那個值得紀念的時代開始，大陸公法的兩項原則經過大力的推動及時獲得認可：其一，經由日耳曼議會選出的君王，立即獲得隸屬的意大利和羅馬王國；其二，他要從羅馬教皇的手裡接受皇冠，才能擁有皇帝和奧古斯都合法的頭銜。

8 東西兩個帝國的事務和教皇選舉的權責（800-1060 年）

查理曼的皇家尊貴地位用不同的名號向著東方宣布，他並沒有把希臘皇帝看成父執輩加以尊敬，而是採用昆仲平等而又親密的稱呼。查理曼或許想與伊里妮交往並使用丈夫的身分，他派往君士坦丁堡的使臣在談話中表達和平與友誼，並且可能隱瞞一樁與公主聯姻的協定；野心勃勃的她已經拋棄作為母親的神聖責任。兩個帝國相距遙遠而又無法融洽相處，虛有其表的聯合到底真實狀況如何、能夠延續多少時間、可能發生何種後果，都無法加以臆測。拉丁人始終保持沉默倒是讓我們感到可疑，也許是伊里妮的敵人杜撰這類的傳聞，用來指控她犯下叛逆的罪行，要將教會和國家出賣給西部的外邦人士。法蘭西的使臣是尼西弗魯斯陰謀事件的旁觀者，幾乎成為舉國同仇敵愾的受害人。

古代羅馬的叛國背逆和褻瀆神聖激起君士坦丁堡的怒火，有句人人都朗朗上口的諺語：「法蘭克人是好朋友和壞鄰居。」然而衝動的做法很危險，會刺激鄰人採取報復行動進軍奪取君士坦丁堡，用聖索非亞大教堂來舉行皇家加冕大典。經過一段迂迴而又拖延的辛苦行程之後，尼西弗魯斯的使臣到達位於薩拉（Sala）河岸的營地。查理曼在一個法蘭哥尼亞的村莊，擺出盛大的排場打擊拜占庭皇宮的虛榮。希臘人被引進四個接見的大廳：第一個大廳有位衣著華麗的貴人高坐在上，他們正要俯下身體行跪拜禮，來人卻告訴他們說他僅是皇帝的奴僕，皇家馬廄的管理人。類似的誤會和答話在幾個房間裡面重複，陸續露面的是內廷伯爵、皇宮管事和寢宮總管。使臣愈來愈無奈和焦急，一直到觀見廳的門打

開，他才看到真正的國君坐在寶座上面，到處擺滿來自外國的奢侈品，四周圍繞獲得勝利的軍事首長。

　　兩個帝國簽訂和平與聯盟的條約，劃定東部和西部的國境，以目前主權所及的地區為準。不過希臘人很快忘記令人羞辱的平等，或是僅僅記得要去痛恨勒索他們的蠻族。基於短暫的聯合感受的美德和權力，他們用極為推崇的禮節向神聖的查理曼致敬，拿出羅馬皇帝的名號向他高聲頌揚。他那信仰虔誠的兒子登基就失去應有的資格，拜占庭的書信是如此稟告：「致國王或自稱為法蘭克人和倫巴底人的皇帝。」等到權力和美德都已經絕滅，他們剝奪劉易斯二世世襲的頭銜，使用蠻族對國王的稱呼，等於將他貶低到拉丁的諸侯此一階層。從劉易斯二世的答覆就可以看出他的懦弱，他只能用淵博的學識從神聖和世俗的歷史提出證明，國王的稱號和希臘的皇帝是同義字。如果是在君士坦丁堡，皇帝的頭銜有專屬而至高無上的意義，他的權利基於祖先和教皇的授與，正好可以分享羅馬自古以來的榮譽。奧索的統治時期也發生類似的爭論，派出的使臣生動描述拜占庭宮廷的

聖母與基督像吊墜。

傲慢無禮。希臘人樂於藐視法蘭克人和薩克遜人的貧窮無知，即使他們最終面臨敗亡之際，仍拒絕讓日耳曼的國王濫用羅馬皇帝的頭銜。

日耳曼的皇帝在教皇的選舉當中，繼續運用他們得之於哥德和希臘君王的權力，羅馬教會的世俗產業和宗教審判更增加擁有特權的重要性。在基督教的貴族政體裡，教士的主要成員仍然組成一個元老院，協助主教執行管理工作，或是填補主教留下的空缺。羅馬劃分為二十八個牧區，每個牧區有一位紅衣教士或長老負責治理，平民化的頭銜無論起源是多麼普遍和謙恭，還是渴望與登基的國王一爭高下。他們的數量增加來自最重要的醫院有七位輔祭、拉特朗宮的七位內廷審判長，還有教堂的顯要人物。教會的元老院接受羅馬行省七位紅衣主教的指導，他們每周都要到拉特朗宮去處理事務，留在城郊的歐斯夏（Ostia）、波多（Porto）、維利特里（Velitrae）、塔斯庫隆（Tusculum）、普里尼斯特、泰布爾和薩賓等教區的時間較少。同時他們要分享教廷的榮譽和權威，教皇一旦逝世，掌權的主教須推薦一位繼承人給紅衣主教團投票選舉，產生的結果經由羅馬民眾的歡呼或叫囂加以批准或拒絕。

然而公正的選舉過程仍舊會出現問題，因為要等到教會的擁護者皇帝親自表示認可和同意，否則教皇不可能合法任職。皇家委員會立即審核選舉程序的形式和權限，不可或缺的事項是要先詳細檢查候選人的資格，他才接受效忠宣誓，同意用捐贈不斷充實聖彼得的產業。經常發生教派分裂的狀況，敵對一方的權利要求會屈從皇帝的裁決，他可以參與主教的宗教會議，審訊、宣判和懲處一個身為罪犯的教皇。奧索一世將一項協定強加於元老院和人民，保證他們提出的候選人能為國君接受。他的繼承人期待或阻撓他們的選擇，就將羅馬的聖職賜給自己的祕書和教師，有點像在科隆或班堡（Bamberg）主教轄區的做法，不論任何一位法蘭克人或薩克遜人建立多大的功績，他的名字本身就可以證實外國勢力的干涉。如果競爭者受到紅衣主教的排斥，可以求助於群眾的熱情或貪婪，梵蒂岡和拉特朗都沾染受害者的鮮血。舉凡最有權勢的元老院議員，像是托斯卡尼的侯爵和塔斯庫隆的伯爵，會使教廷受到長期而可恥的奴役統治。

九世紀和十世紀的教皇受到暴君的侮辱、囚禁和謀殺，等到教會的產業喪失或被人霸占，陷入貧窮的處境才會遭到不幸的待遇，教皇不能支持羅馬這個君王國家，也不能遂行教士應盡的善行。瑪蘿齊婭（Marozia）和狄奧多拉是一對豔幟高張的姊妹，靠著財富和美麗發揮影響力，用政治活動和風流韻事進行不法的密謀。她們有很多入幕之賓，其中最奮發圖強的愛人獲得羅馬的法冠，兩人統治的方式可以讓人聯想到黑暗時代傳說中的女性教皇。瑪蘿齊婭的私生子、孫子

和曾孫都曾經盤據聖彼得教堂的寶座，像這種光宗耀祖的家譜倒是很罕見。她的孫子在十九歲就成為拉丁教會的首領，年輕和成年後都能保持容光煥發的神色。各國的朝聖客拿出證據當著奧索大帝的面，在羅馬的宗教會議對他可恥的身分提出控訴。就拿若望十二世來說，他拒用聖職的服裝和禮儀，認為自己是教會的士兵，可以飲酒、殺人、放火、賭博和狩獵，對軍人而言都不是讓人感到羞辱的事。他公開買賣聖職，可能是窮困的結果。他做出祈求朱庇特和維納斯之類褻瀆神聖的行為，如果其言不虛也不會有多麼嚴重。然而我們讀到一些讓人感到驚奇的情節，瑪蘿齊婭的可敬孫子與羅馬的貴婦人通姦，公開姘居在一起，拉特朗宮變成賣淫的大本營。他強暴處女和孀婦，女性朝聖客不敢朝見聖彼得的墓地，以免在虔誠的禮拜過程為他的繼承人侵犯。新教徒用帶有惡意的心態樂於詳述這個偽基督的品行。

　　教廷在長期醜聞不斷的狀況之下，個性嚴峻和熱心公益的格列哥里七世加以改革和整頓。雄心壯志的僧侶奉獻他的一生要達成兩個目標。其一是律定紅衣主教團在教皇的選舉方面，具有自由意志能夠獨立行使職權，永遠廢除皇帝和羅馬人民篡奪的權利；其二要確使西部帝國再度成為教會的采邑或封地，擴展塵世的統治權及於地球上所有的帝王和王國。經過五十年的鬥爭擁有聖秩制度堅定的支持，每個成員的自由權與他們最高的職位有關，從而完成第一件規劃的工作；第二項企圖雖然獲得部分成就，表面看來相當光彩，然而受到世俗權力的強烈反抗，最後由於人類理性的進步還是無疾而終。

9 羅馬的政教之爭和意大利王國的建立（774-1025 年）

　　無論是主教還是人民，對於羅馬帝國的復興，不可能將喪失的行省賜予查理曼或是奧索，因為他們所屬的疆域是過去掌握時機、運用武力、擊敗對手才能贏得的。然而羅馬人有自由可以為自己選擇主人，已經把全部職權委託給大公，接著又贊同西部的法蘭西和薩克遜皇帝可以兼任，現在已經變成無可挽回的局面。羅馬城從掌權者是凱撒到郡守這段期間，留下一些殘破不全的記錄，保存他們的皇宮、鑄幣廠、法庭、詔書和正義之劍的若干回憶，最晚一直到十三世紀。處於教皇的謀略和民眾的暴力之間，羅馬的最高權力已經破碎或殘缺。查理曼的繼承人滿足於皇帝和奧古斯都的頭銜，對於維護地方審判權根本忽略不予理會。興旺繁華的年頭，他們的野心會轉向更有誘惑力的目標，等到帝國處於衰敗和分裂的處境，他們才被迫要保衛世襲的行省。

　　意大利已經殘破不堪，瑪蘿齊婭勾引一名篡奪者成為她第三任丈夫，勃艮地國王修伊‧卡佩（Hugh Capet）在她的黨派引導之下，領兵進入哈德良的堤道或聖安吉羅（St. Angelo）堡壘，此處控制主要的橋樑和進入羅馬的門戶。阿柏里克（Alberic）是她第一次婚姻所生的兒子，被逼前來參加婚禮的喜宴。他表現出非常勉強的態度，接待賓客說話不得體，當眾為後父揮拳責打，僅是一記耳光就促生了一次革命（932年）。這位不甘受辱的年輕人大聲疾呼道：「羅馬人，過去你們曾經是世界的主人，北方的勃艮地人不過是最低賤的奴隸，當前在貪婪而又殘忍的蠻族統治之下，連我都受到傷害，你們怎麼逃得掉奴役的生活？」城市每個區部都響起警鐘要大家武裝起來，勃艮地人在倉卒的狀況下只有很羞辱的撤離，瑪蘿齊婭被獲勝的兒子關進監獄，他的兄弟教皇若望十一世退位從事靈修的職責。阿柏里克用君王的頭銜，擁有羅馬的統治權達二十多年之久。據說他滿足大家的偏好，恢復執政官和護民官的職位，至少也要先制定各種頭銜。阿柏里克的兒子和繼承人屋大維安（Octavian），後來成為教皇是為若望十二世，他也和前任一樣為倫巴底的君王激怒，因而找人來解救教會和共和國，奧索的服務得到的報酬是皇家的尊嚴和榮譽。薩克遜人蠻橫無理而羅馬人個性急躁，帝王的特權和選舉的自由在暗中鬥法，加冕典禮的慶祝活動受到干擾，奧索命令他的負劍衛士片刻不可離身，免得在祭壇的前面受到刺殺和謀害。皇帝在越過阿爾卑斯山返家之前，譴責民眾的作亂犯上和若望十二世的忘恩負義。

　　教皇在一次宗教會議中遭到罷黜（967年），郡守被綁在驢背遊街並且當眾遭到鞭打然後關進地牢；十三個罪行重大的人員當眾吊死，其他從犯受到砍斷手足或驅離家園的處分；狄奧多西和查士丁尼古老的法條認可嚴厲的審判程序。義正辭嚴的聲音指控奧索二世奸詐和血腥的行為，他用待客和交友作為冠冕堂皇的藉口，邀請元老院的議員參加宴會乘機加以屠殺。他的兒子奧索三世還未成年，羅馬當局擬定大膽的圖謀要擺脫薩克遜人加在身上的枷鎖。執政官克里森久斯（Crescentius）效法共和國的烈士布魯特斯，以臣民和流犯的身分兩次崛起，擁有控制整個城市的實力。他隨心所欲用高壓手段對付教皇，或是將教皇驅逐出境再任命一位，同時形成一個陰謀組織要恢復希臘皇帝的權勢（998年）。他對於聖安吉羅堡壘進行堅韌不拔的圍攻作戰，直到不幸的執政官因對方答應赦免其餘人員遭到出賣，送上絞架吊死，頭顱砍下掛在城堡的雉堞。奧索在與部隊分離以後運道轉壞，被圍在皇宮三天缺乏飲食，只能可恥的暗中逃走，免得遭到羅馬人要求公道的毒手。

　　元老院議員托勒密（Ptolemy）成為人民的領袖，克里森久斯的寡婦毒死皇

室情人為丈夫報仇，能夠稱心如意也獲得受人尊敬的名聲。奧索三世的構想是放棄北方荒涼的國土，在意大利設立他的寶座，恢復羅馬君主國的制度。他的繼承人平生只有一次來到台伯河畔，在梵蒂岡接受加冕的皇冠。每當他們缺席難免遭人藐視，一旦前來參加就會引起厭惡和畏懼。外邦的君王率領蠻族從阿爾卑斯山下來，成為國家的異鄉來客和世仇大敵，短暫的巡視引起動亂和流血的場面。對於蠻族的祖先還有微弱的記憶，仍舊在折磨羅馬人的心靈，因而用虔誠的憤怒之情注視薩克遜人、法蘭克人、斯瓦比亞人和波希米亞人的後裔子孫，過去正是這些惡漢篡奪凱撒的紫袍和特權。

違反自己的意願和利益，只為了順從遙遠的國家和外邦的民族，這是天下最不合情理的事。蠻族根本不理會現實狀況，而要支持一個面積廣大的帝國，必須在政策和管理兩方面建立嚴密有效的系統：絕對的權力居於核心地位，能夠迅速採取所望的行動，可以立即獲得豐富的資源，距離遙遠的邊陲有快捷而便利的交通，構建的城堡工事阻止反叛活動的蔓延，依法行事的施政作為保護人民和懲罰罪犯，還要有一支紀律嚴明的軍隊使敵人敬畏，不會激起叛逆的情緒和陷入絕望的處境。日耳曼的凱撒抱著完全不同的想法，充滿野心要奴役意大利王國。他們世襲的田產沿著萊茵河延伸，或是散布在各個行省，後續的諸侯出於輕率或窮困，竟將廣大的領土轉讓。他們的稅收來自詳盡和苦惱的帝王特權，歲入很難用來維持整個皇家的需要。他們的軍隊由封建的家臣依據法律或志願投效所組成，抱著勉強的態度越過阿爾卑斯山，到處搶劫，根本是一群烏合之眾，反覆無常的習性使他們在戰役沒有結束之前就不告而別。炎熱氣候產生的瘟疫會為害整個軍隊，倖存的人員只能將諸侯和貴族的遺骨帶回故土。他們毫無節制的酗酒產生致命的影響。當地的土著很高興蠻族終於遭到浩劫。

在十一和十二世紀這段期間，倫巴底人的勤奮和自由又再度燃起新的希望，光明正大的先例終於為托斯卡尼共和國仿效。意大利的城市保有市政府的組織，始終沒有受到廢止，皇帝的恩典和政策使原有的特權得到認同，意圖用平民的阻礙防止貴族的獨立。興旺的社區無論在數量和精神方面，都使城市迅速發展，每天都在擴大他們的實力和權益。每個城市根據面積列入主教轄區或行政區域，無論是修道院院長還是主教，邊境侯爵還是地區伯爵，全都喪失對土地的裁量權。最高傲的貴族受到說服或是被迫放棄孤獨的城堡，接受自由人和官吏更為光榮的身分。市民大會繼承立法的權責，執行的權力委託給三位執政官，每年從貴族（captains）、豪門（valvassors）和平民三個階層選出，共和國通常有類似的區分。基於法律平等給予的保護，農業和商業的工作都逐漸恢復，面臨危險的情勢

培育倫巴底人好武善戰的精神。通常在警鐘響起或旗幟高舉之際，城市的大門湧入大批英勇無畏的隊伍，他們對鄉土的熱忱經過因勢利導，很快成為一支訓練有素的軍隊。面對風行一時的防禦體系，自負的凱撒也葬身在工事或堡壘的牆腳。自由的風潮所向披靡，凌駕於腓特烈一世和二世之上，這對祖孫是中世紀最偉大的君王，頭一位在軍事武德方面的表現極其卓越，第二位在和平與知識方面有更為傑出的成就。

10 腓特烈一世和二世的事功及日耳曼諸侯的獨立（1152-1250 年）

　　腓特烈一世（1152-1190 年）的抱負是要恢復身御紫袍的威嚴和光彩，帶著政治家的手腕、士兵的英勇和暴君的殘酷入侵倫巴底共和國。新發現的《民法彙編》是最有利於專制政體的一門學問，經過收買的擁護者公開宣揚，皇帝對他的臣民而言，是掌握生命和財產而有絕對權力的主子。腓特烈的皇室特權一般說來沒有那麼可惡，要在隆卡格利亞（Roncaglia）的議會中通過才算數。意大利的稅收核定是三萬磅白銀，財務官員的掠奪使需求的數目增加到無法計算。負嵎頑抗的城市運用威脅或武力加以攻占，抓到的俘虜送給劊子手行刑，屍體用投射器具拋進城裡。米蘭受到圍攻只有投降，雄偉首都的所有建築物被夷為平地，三百個人質送到日耳曼，居民由征服者實施高壓統治。米蘭很快從灰燼中重生，災難使倫巴底人的聯盟變得更為堅固，他們的復國大業受到威尼斯、教皇亞歷山大三世和希臘皇帝的贊助，使壓迫人民的結構在一日之內倒塌。

　　腓特烈一世在康斯坦斯（Constance）的條約雖然有保留條款，還是簽字將自由權利給予二十四個城市。他的孫子成年後靠著個人的英勇繼續鬥爭，成為腓特烈二世（1198-1250 年），靠天賦得到個人和特定的優點，他的出生和教育讓人認為他是意大利人。兩個派系發生無法和解的爭執，吉比林（Ghibelin）派依附皇帝的支持，奎爾夫（Guelf）派打出自由和教會的旗幟。腓特烈二世的父親亨利六世同意帝國與那不勒斯和西西里王國合併，那時羅馬的宮廷還在昏睡之中。他從兒子繼承的領地，在軍隊和錢財方面可以獲得源源不斷的接濟。然而腓特烈二世終於受到壓抑，是來自倫巴底的軍隊和梵蒂岡的威脅。他的王國交給一個異鄉人，家族最後一個子孫在那不勒斯的行刑台上公開斬首。六十年的期間之內，意大利沒有出現一位皇帝，只有統治者的遺物被拿來進行可恥的拍賣時，才能讓人記起他們的名字。

西部的蠻族征服者很高興用皇帝的頭銜裝飾他們的首領，這並不表示授與他君士坦丁和查士丁尼的專制權力。日耳曼人崇尚個人的自由，他們的征戰出於自發的行為，民族的特質為黷武的精神所激勵，要對羅馬最新和古老的奴性法律體系抱持藐視的態度。武裝的自由人對於官員不會忍讓，大膽到拒絕服從威嚴的地位，渴望能控制所有的權力。統治者要想把制約的體系強加到他們的身上，這可是徒然無益又極其危險的企圖。查理曼和奧索的帝國早就瓜分得一乾二淨，他們是部族或行省的公爵、較小區域的伯爵，還有在國界或邊陲的侯爵，擁有民政和軍事的全部權責，就像早期的凱撒指派的部將。絕大部分的羅馬總督都是軍人出身，靠著機運獲得高位，誘惑他們雇用的軍團，覬覦身登大寶的紫袍，他們的造反無論是失敗還是成功，不會傷害到政府的權力和結構。

日耳曼的公爵、侯爵和伯爵的目標並不是最高的權力階層，暗中的努力是要建立和擁有行省的獨立自主。他們的野心受到下列因素的支持：產業和家臣的分量、相互之間的榜樣和資助、從屬貴族階層的共同利益、諸侯和家族的變遷和更換、未成年的奧索三世和亨利四世、野心勃勃的教皇、毋須追逐意大利和羅馬短暫的皇冠。王室和地區主權的全部屬性都為行省的軍事首長逐漸篡奪，擁有的權力包括和平和戰爭、赦免和處死、鑄幣和徵稅，以及國外的聯盟和國內的經濟。不論用暴力贏取多麼大的收成，都會因恩惠或災難的關係加以批准，當作可疑的選舉或自願的賣命所能獲得的酬庸。不論將什麼好處給予某個人，要想不造成傷

害，就不可能拒絕他的繼承人和勢均力敵的對手。任何與局部或臨時所有權有關的行動，都在不知不覺中塑造出日耳曼王國的制度。通常在每個行省可以見到的公爵或伯爵，形成介乎帝座和貴族之間的階層，有法律地位的臣民成為私人首長的附庸和家臣。首長從統治者那裡接受的旗幟，常會在戰場升起，用來對抗他的主子。

加洛林和薩克遜的王朝基於迷信或政策，對於僧侶的謙恭和忠誠，產生盲目的依賴心理，尊重他們的世俗權力還不斷加以提升。日耳曼的主教轄區較之於最富足的軍區，在控制的範圍和賦予的特權方面不相上下，而在豐富的收入和管轄的人口方面更要過之。既然皇帝保有特權是在主教職務出缺的時候，拔擢教會和世俗的人員接替，從而身為朋友和寵臣出於感恩和抱負，就要全力維持皇帝的基業。等到主教的敘任發生爭執，外來的人員卻失去對於教士會議的影響力。選舉的自由權完全恢復，主教的收入已經減少，對於聖職人員的第一次祈禱來說是嚴正的嘲諷，因為他們答應在就職以後，各教堂要推行單一薪俸的規定。

日耳曼出任政府職務的總督不必看上官的臉色，只有同儕的判決可以讓他降級貶職。君主政體早期指派兒子出任父親的公爵或伯爵職位，必須要懇求皇帝給予恩典。類似的狀況逐漸成為一種習慣，或是強求成為一種權利，從直系繼承人延伸到旁系血親或女性姻親。帝國（開始是流行的稱呼，最後成為法定的名銜）的領土根據遺囑和出售可以分割和轉讓，社會在大勢所趨之下，私有和永久的繼承使公共的信託完全喪失作用。皇帝不可能再用籍沒強奪和摧毀殺戮帶來的災禍獲得大量財富，無主的采邑按規定要在一年的期限之內處理完畢，就是在抉擇候選人的時候，也有責任要諮詢國會或省級議會的意見。

腓特烈二世崩殂以後日耳曼成為有一個百頭怪物。一群諸侯和高級教士爭奪殘破的帝國，各地有無數的領主建立城堡，只會仿效上官的行為根本沒有服從的觀念，一切都要按照自己所擁有的實力，不斷發生敵對行動獲得征服或搶劫的稱呼。諸如此類的無政府狀態是歐洲的法律和習俗無可避免的後果。暴力的摧毀作用同樣使法蘭西和意大利王國，受到蹂躪立即變成四分五裂的碎片。然而意大利的城市和法蘭西的采邑帶來的分崩離析，同時促成日耳曼的聯合，運用帝國的名義創立聯邦共和國的偉大體制。議會開始是常設接著成為永久的制度，使得民族的精神保持活力，一個共同立法機構的權力仍舊發揮功能，可以區分為三個部分或團體，分別是選侯、諸侯以及日耳曼的自由邦和皇家城市。

其一，七個最有權力的封建諸侯，獲得顯赫的稱號和位階，最重要的特權是選舉羅馬皇帝。這幾位選侯分別是波希米亞的國王、薩克森尼的公爵、布蘭登堡的

侯爵、萊茵地區的皇室領地伯爵，以及門次、特列夫（Treves）和科隆的總主教。

其二，諸侯和高級教士的選舉團要從亂哄哄的大批成員中脫穎而出。他們減少到四種代表性的選舉，有很多源遠流長而且獨立自主的伯爵，但是不包括貴族和騎士階層。在波蘭的議會，就有六萬人騎馬前來參加選擇。

其三，對於出身和權勢、武力和法冠感到自負的人，非常明智的認同平民是立法機構的第三個部分，在社會進步的過程當中，同一時代引進法蘭西、英格蘭和日耳曼的國家會議。漢薩同盟控制北部貿易和航運，萊茵聯邦能夠確保內陸地區的和平與交通。城市運用財富和策略發揮影響力，對於選侯和諸侯這兩個位階較高團體通過的法案，他們的否決還是無效。

11 日耳曼皇帝查理四世虛有其表的尊榮（1347-1356年）

我們要到十四世紀才能看清楚日耳曼羅馬帝國的真正情形和對比狀況，除了萊茵河和多瑙河的邊界，不再擁有圖拉真或君士坦丁的任何一個行省。他們那些一無是處的繼承人是哈布斯堡、納索（Nassau）、盧森堡和施瓦茲堡（Schwartzenburgh）的伯爵。皇帝亨利七世為他的兒子獲得波希米亞的皇冠，他的孫子查理四世要是按照日耳曼人自己的說法，是出生在一個陌生而又野蠻的民族中間。等到巴伐里亞的劉易斯革出教會，查理四世獲得處於空位期的帝國，這是教皇的禮物或是所做的承諾，然而不自量力的教皇在亞維農的放逐和拘禁期間，還以為正在統治全世界。他的競爭對手過世使得選舉團能夠協同一致，查理在毫無異議之下被尊為羅馬的國王和未來的皇帝。這個頭銜在同個時期也賤讓給日耳曼和希臘的凱撒，日耳曼皇帝僅僅是選出來而且職位不重要的行政官員，選他的人是一批奉行貴族政體的諸侯，他們連一個村莊都不讓皇帝擁有。他唯一可以發揮功能的特權是召集國家元老院開會，主持議程和提出議案。他的出生地是波希米亞王國，雖然不如鄰近的城市紐倫堡那樣的富裕，也已經成為權力最堅固的基地和歲入最主要的財源。他率領軍隊越過阿爾卑斯山，全部實力是三百名騎兵。

在聖安布羅斯主座教堂，查理用一頂鐵皇冠加冕，完全是按照倫巴底君主國的傳統做法。他只允許帶一隊沒有武裝的隨從，進入以後城門就關閉起來。意大利的國王將米蘭的統治權授與威斯康提（Visconti），這時反被他的部隊監禁起來。查理在梵蒂岡再度用帝國的金冠加冕，要遵守一項祕密協定：羅馬皇帝必須立即離開，不能在都城停留一夜。口若懸河的佩脫拉克（Petrarch）憑著幻想恢

復卡庇多的光榮，帶著悲傷的心情譴責波希米亞人可恥的逃走，甚至就連他同時代的人都可以看出，查理唯一可以行使的職責是高價出售特權和頭銜。意大利的黃金可以保證他兒子的當選，但當時羅馬皇帝實在窮得非常可憐，有次在窩姆斯（Worms）的街頭還被一個屠夫抓住，扣押在一個小酒館要他還清欠款。

讓我們離開這個丟人現眼的場面，轉過頭去看看同一位查理在帝國議會的呼風喚雨。教皇的敕書被拿來核定日耳曼的制度，是用統治者和立法者的名義頒布，有一百位諸侯在他的寶座前面躬身行禮，願意接受總管或大臣的職稱可以提升自己的地位。皇家宴會上的七位選侯是世襲的高級官吏，階級和頭銜不亞於國王，奉行嚴肅的內廷大臣職務；門次、科隆和特列夫的大主教和日耳曼、意大利和亞耳的終身職大法官，他們帶著莊嚴的神色將三個王國的印璽捧在手裡；大元帥騎在馬背帶著裝在銀器裡的燕麥行使他的職責，等他把燕麥倒在地上以後，就立即下馬去調整賓客的座位和覲見的次序；宴會管事由萊茵地區享有王權的伯爵擔任，他負責將菜餚端上皇帝的餐桌；布蘭登堡侯爵擔任寢宮總管，用餐完畢就奉上盥洗的金壺和金盆；波希米亞國王的侍酒大臣是皇帝的兄弟盧森堡和布拉奔（Brabant）公爵。整個行列由幾位知名的獵手壓陣，他們在響亮的號角和獵犬的吠叫聲中，抬進來一隻野豬和一頭雄鹿。

皇帝的最高權力不僅限於日耳曼地區，歐洲的世襲君王明確表示，查理四世擁有萬人之上的階等和地位，他的祖先是最早信奉基督教的君王，西部偉大共和國的世俗領袖，尊貴的頭銜長久以來非他莫屬，只有他可以與教皇爭奪決定國王傳承和召集宗教會議的最高特權。學識淵博的巴托盧斯（Bartolus）是民法的代言人，要靠皇帝發給的年金過日子，在他的學院裡到處可以聽到這種論點：日耳曼皇帝是整個地球合法的統治者，管轄的區域從日出到日落之地。任何反對意見不僅是錯誤的謬論而且要視為異端邪說給予懲處，甚至福音書也如此宣稱：「凱撒‧奧古斯都明令規定，世人都應納糧繳稅。」

如果將奧古斯都和查理四世之間的時空距離全部移走，我們會發現兩位凱撒的強烈對比：波希米亞人誇大其辭掩飾自己的虛弱，那位羅馬人卻要禮賢下士隱藏自己的強大。奧古斯都率領勝利的軍團，統治的海面和陸地從尼羅河和幼發拉底河直到大西洋，然而他卻自稱是國家的公僕，和他的同胞完全平等。羅馬和所屬行省的征服者，採用全民與合法的形式擔任監察官、執政官和護民官。他的意志就是人類的法律，只是宣布他的法律卻要借用元老院和人民的聲音。尊奉元老院和人民的敕令，使他們的主人接受委託治理共和國，而且民意的形式一再重複的實施。奧古斯都的穿著、家庭生活、頭銜稱呼、社會職能，全都維持一個羅馬

平民的形象。即使身為最富心機的諂媚者，對於具有絕對和永恆權力的國君，也用尊敬的態度始終保守眾所周知的祕密。

第二十章
阿拉伯先知（569-655 年）

　　追蹤君士坦丁堡和日耳曼迅速輪替的凱撒，經過六百多年的歲月，目前回到赫拉克留斯的統治時期，就在希臘王國的邊境停留下來。東部的國家因波斯戰爭而民窮財盡，教會因聶斯托利派和一性論者的爭執而混亂不安之際，穆罕默德一手持劍一手拿著《古蘭經》，要在羅馬帝國的廢墟上面建立他的寶座。須知阿拉伯先知的才華、民族的特質和宗教的精神，後來成為東部王朝衰亡的主要因素。我們用好奇的眼光注視這令人難忘的變革，要如何為世界各民族帶來恆久而新穎的面貌。

1 阿拉伯人酷愛自由和獨立的天性

　　阿拉伯人能夠保持永久的獨立，一直是外人和土著極口讚譽的題材，運用辯論的技巧將特殊的事件變為預言和奇蹟，以實瑪利（Ismael）的後裔獲得莫大的利益。有些例外既無法掩飾也不能避免，使得迷信的爭論不僅多餘而且不切實際。葉門王國先後為阿比西尼亞人、波斯人、埃及的蘇丹和土耳其人擁有。聖城麥加和麥地那多次屈從於錫西厄暴君的淫威，羅馬的阿拉伯行省將特殊的荒野包括在內，想當年以實瑪利和他的兒孫在那裡紮營，離不開他的兄弟以撒（Isaac）密切的注視。然而過去的歷史都是暫時和局部的例外，事實上整個民族的主體，總能逃脫實力強大的王國想要加在他們身上的枷鎖，塞索斯垂斯（Sesostris）和居魯士、龐培和圖拉真的武力，始終未能達成征服阿拉伯的目標。目前土耳其的統治者只能運用微不足道的管轄權，稍微處理不當就會引來危險，派兵攻打也無法發揮效用，只有拋開傲慢的身段，力求獲得這個民族的友誼。

　　阿拉伯人擁有自由最明顯的原因在於國土的特點和民族的氣節，穆罕默德以前長遠的世代，他們無論是發起攻擊或實施防禦，奮不顧身的英勇在鄰國的心目中留下深刻的印象。士兵忍耐和主動的武德是在遊牧生活的習慣和磨練逐漸形成，照應羊群和駱駝的工作交給部落的婦女，好武善戰的青年追隨酋長的旗幟，騎著駿馬在原野飛馳，演練搭弓射箭、標槍投擲和彎刀搏鬥。遠古以來自由無羈

的生活是最堅實的保證，後代子孫受到激勵要維護祖先遺留的權利，遇到共同敵人的進犯就會擱下家族之間的世仇。他們與土耳其人最後一次敵對行動當中，麥加的商隊遭到八萬同盟軍的攻擊和掠奪。阿拉伯人向戰場進軍之際，希望在前線獲得勝利，同時也要在後方保證能夠安全撤退。他們的戰馬和駱駝在八到十天之內，可以實施四到五百哩的行軍，很快在征服者的眼前消失。沙漠少數祕密的水源很難搜尋，得勝的部隊追逐一支看不見的敵軍，很快就會因為乾渴、飢餓和疲憊紛紛倒斃；敗退的土著在酷熱荒野的安全深處則得以養精蓄銳，藐視對方的無知和不智。

貝都因人的武力和沙漠不僅是贏得自由的保證，而且也是阿拉伯半島這塊世外桃源的屏障。當地的居民遠離戰亂，宜人的氣候和肥沃的土地使他們過著與世無爭的生活。奧古斯都的軍團因疾病和疲乏潰不成軍，只有運用海上武力才能使葉門屈服。穆罕默德舉起神聖的旗幟，整個王國還是波斯帝國的一個行省，荷美萊特人的七位王子仍舊統治整個山區，克司洛伊斯派出的代理人想要忘掉遙遠的祖國和不幸的主子。查士丁尼的史家敘述阿拉伯人的獨立狀況，他們會因利益或感情形成分裂，一直在東部產生長久不息的爭執。

迦山（Gassan）部落獲得允許可以在敘利亞的領土設置營地，希拉（Hira）的公侯可以在巴比倫廢墟以南四十哩之處興建城市。英勇的部族在戰場上行動不僅快速而且勇敢，只是他們的友誼可以用金錢收買，欠缺忠誠的美德，隨時反目成仇，煽動四處遷移的蠻族，遠比解除他們的武裝更為容易。經歷多次戰爭的頻繁互動以後，摸清他們羅馬人和波斯人虛張聲勢的軟弱，難免表現出目空一切的態度。從麥加到幼發拉底河，阿拉伯部族被希臘人和羅馬人通稱為撒拉森人（Saracens），自古以來每個基督徒提到這可怕的名字，都免不了會產生畏懼和憎恨的情緒。

奴性深重的群眾處於暴君淫威之下，只能吹噓國家的獨立自主，阿拉伯人具備個體的自由，可以享受若干程度的社會福利，毋須放棄天賦的特權。世界上每一個部落或社會，舉凡迷信、感恩或財富總要將某個特殊家族，推到高於他人之上的地位。身分崇高的族長或酋長毫無例外都出於特選的世家，繼承的法則並不嚴謹，而且沒有約束的力量，常會從尊貴的親屬當中，選擇才能卓越或德高望重的人士，擔任稱呼簡單而實質重要的職位，運用智慧排解糾紛，以身作則鼓舞士氣。甚至一名婦女憑著勇氣和見解，也能像季諾碧亞一樣指揮自己的同胞。

幾個部族短暫聯合可以成立一支軍隊，更為長久的結合便形成一個民族，權勢最高的領袖是酋長中的酋長，他的旗幟在眾人的頭上飄揚，從外人的眼裡看

來，值得加上稱王道寡的榮名。要是阿拉伯的公侯濫用權力，很快就會受到懲罰為子民拋棄，要知道他們的習慣是接受溫和的領導作風與家長的處理方式。他們保持自由的風氣，行動不受任何制約，廣闊開敞的沙漠，不同的部落和家族結合在一起，靠著共同遵守的自願協議。葉門土著個性溫馴，支持君王的排場和威嚴，設若統治者為了避免生命發生危險，以至於不敢離開皇宮，那麼政府的實際統治權，必然落在貴族和官員的手裡。位於亞洲內陸的城市麥加和麥地那，不論形式或實質都呈現共和國的特徵。

穆罕默德的祖父和他的直系祖先，一直以國家的君主身分處理國外和國內的事務，就像伯里克利（Pericles）在雅典或美第奇（Medici）在佛羅倫斯，運用過人的智慧和正直的見解進行統治。他們的影響力也像遺產，能為繼承人均分，國家的權杖由先知的叔伯輩，傳到古萊須族（Koreishites）較為年輕的支派手中。重大事情要召開人民大會，為了讓人聽命總是強制執行或者經由說服，古代的阿拉伯人重視口才的運用和技術，這是公眾享有自由最明確的證據。不過他們簡樸的自由與希臘和羅馬共和國大不相同，不僅沒有那麼精巧，也不像一部人工的機具，每個成員在社會當中分享一份不容分割的民主和政治權利。

阿拉伯較為簡單的局面之下，完全是一個自由的民族，原因是每個兒孫都拒絕聽命一位主子的意願。每個人的胸懷為嚴苛的德行，像是英勇、堅毅和節制加強武裝，對於獨立的熱愛使他養成自我克制的習慣，害怕喪失榮譽和顏面使他蔑視低俗的恐懼，能夠面對痛苦、危險和死亡。心靈的莊重和堅定能在外表充分顯示出來：說話緩慢、有力而確切，不輕易發出歡樂的笑聲，唯一的動作是經常輕捋自己的鬍鬚，那是一個男子漢可敬的象徵。自重的體會使他對同輩的言行絕不輕佻，對上司的應對絕不畏懼。撒拉森人的自由比他們的征戰更為持久，早期的哈里發熱中於臣民粗野和熟悉的語言，登上講壇對會眾進行勸說和教導。阿拔斯王朝（Abbassides）在將帝國的首都遷往底格里斯河畔之前，沒有採用波斯和拜占庭宮廷傲慢和誇耀的禮儀。

2 阿拉伯人的歷史背景和社會條件

我們要對民族和人群進行研究，應當注意使得彼此和睦或仇恨的原由，是什麼因素會使社會習性趨向狹隘或博大，變得溫和或激進。阿拉伯人與其他民族隔絕，養成把所有陌生人看成是敵人的習慣，貧瘠的土地仍舊流通一種法理的教條，直到現代仍為人們所信奉和實行。他們經常運用類似的說法，就是在劃分地

球區域之際，肥沃和豐饒的地帶分給人類大家庭中另外的支派，以實瑪利受到放逐帶來綿延的後代，應得的遺產已經遭到不公正的剝奪，現在可以用欺騙或暴力的手段重新收回。要是按照普里尼的說法，阿拉伯部族對竊盜和經商都同樣內行。穿越沙漠的商隊被擄勒索贖金或是遭到搶劫，從遙遠的約伯和塞索斯垂斯時代以來，他們的鄰人便成為掠奪風氣的犧牲品。

　　要是有個貝都因人在遠處發現一個孤獨的旅人，就會騎馬大叫大嚷的衝過去：「趕快自己脫光衣服！你大媽（我老婆）還沒得穿的哪！」照著話做可以使他高抬貴手，反抗只會激怒攻擊者，正當防衛的藉口只有讓受害人白白犧牲性命。無論是一個人做案還是結夥聯手，都是名副其實的土匪。要是成幫組隊的冒險行徑，就性質而言可以稱為合法而正當的戰爭。一個民族的特性要是武裝起來冒犯他人，毫無問題會因內部的剽掠、謀殺和報復而火上加油。根據歐洲的制度，舉凡和戰大事均掌握在少數人的手中，執行無上的權力更是僅限幾位高層人員；每個阿拉伯人隨時可以用長矛刺死同胞，不僅免於懲罰反而得享大名。民族的結合只靠含糊類似的語言和習慣，行政官員的司法審判權在落後的社會沉默無言形同虛設。

　　據說在穆罕默德之前的蒙昧時期，曾經發生一千七百次戰鬥，敵對情緒由於政治派系的傾軋更為激烈，只要誦讀一段散文或詩歌，就能激發年深月久的夙怨，在敵對部落的後裔心中重新燃起祖先的怒火。每個男子在私人生活之中，舉凡涉及到本人的事件都自己擔任審判者和報復者，至少就家族而言更是如此。個人的榮譽極其敏感，顏面的侮辱重於身體的傷害，在阿拉伯人的爭吵中增加致命的毒液。涉及女人和鬍鬚的榮譽問題更是事關重大，碰到就會受傷。一個下流的動作或是一句藐視的言辭，只能用冒犯者的生命償還所受的羞辱。他們極為固執可以耐心等待，用整月或數年的時間尋找機會實施報復。無論任何時代的蠻族，對謀殺的罰金或賠款都非常熟悉，阿拉伯死者的親屬可以憑著自己的意願，接受金錢還是親自實施合法的報復。

　　阿拉伯人無所不用其極的惡毒之心，甚至拒絕接受凶手的頭顱，要一個無辜的人代替罪犯受過，把懲罰轉移到對方部族最有名望和最受重視的人，這樣才會給予最大的傷害。如果他們真正把這個人殺死，現在又輪到自己落入隨時遭到報復的危險之中。血債的利息和本金累積起來，讓這些家族的每個人都過著怨恨和疑慮的生活，有時甚至過了五十年，這筆血海深仇的帳還無法算清。嗜血的風尚讓他們根本不知憐憫與寬容為何物，不過基於榮譽的要求倒是能夠有所制約，也就是每次參加械鬥的人員，在年歲、力氣、數量和武器方面必須概括相等。穆罕

默德以前的時代，每年有長達兩個月甚至四個月的節期，無論是本族或對外的敵對行動，基於宗教的要求都不得拔刀相向，局部的休戰強烈表現出他們習慣於無政府狀況和黷武好戰。

商業和文學發揮溫和的影響力，使得劫掠和復仇的精神能夠有所節制。孤寂而隔絕的半島四周圍繞古代世界最開化的民族，商賈是全人類的朋友，每年前來的商隊最早將知識和禮儀的種子傳入城市，甚至進入沙漠的帳幕。不論阿拉伯人的世系出於何處，他們使用的語言與希伯來語、敘利亞語和迦勒底語是同一語源。部落的獨立可以從特殊的方言表現出來，只是每個部族用自己的方式，喜歡加上出自麥加精純而清晰的辭彙。阿拉伯就如同希臘一樣，言語的完美超越文雅的舉止，常用的辭彙可以區分八十種蜂蜜、兩百種蛇、五百種獅子和一千種劍的名字，有段時期這部極其冗長的字典，全部保存在不識字者的頭腦之中。荷美萊特人遺留的紀念碑使用已經廢棄的神祕文字，幼發拉底河兩岸發明的庫法（Cufic）字體（阿拉伯字母作為一種裝飾用字體，可以橫寫或直寫，與幾何圖形和花草配合，把字母變成藝術作品），後來經過演變成為現代字母的基礎，最近發展出來的體裁是在穆罕默德出生以後，由定居在麥加的外鄉人傳授給他們使用。

生來自由而又能言善道的阿拉伯人，對於文法、計量和修辭一無所知，然而他們有敏銳的理解力、卓越的想像力、驚人的智慧而且極富感性，精心撰寫的作品使聽者受到強烈的影響。一位有如旭日東升的詩人憑著天才和成就，不僅會受到部落也受到整個民族異口同聲的讚譽。他們會準備盛大的節慶宴會和婦女的吟唱隊伍，敲打手鼓展示婚禮的亮麗排場，在她們的兒子和丈夫面前歌頌，述說他們的部落何其幸福。一位為他們的權利辯護的鬥士，用高昂的音調為族人贏得不朽聲譽的先鋒。遙遠或敵對的部落都會前往參加一年一度的市集，後來被早期穆斯林的狂熱分子廢止。民族的集會必定能夠消除野蠻的習性，建立和諧的關係。三十天的會期之中進行各種交易行為，除了購買糧食和酒類，還舉行辯論和詩歌比賽。吟遊詩人踴躍參加爭取各種獎品，優勝的詩文保存在王公和酋長的檔案紀錄之中，有七首膾炙人口的詩，原作用黃金鑄成，懸掛在麥加的廟宇裡面，我們現在已經可以讀到譯文。阿拉伯詩人是那個時代的史家和導正人心的教師，如果說他們表現出同胞的偏見，也能激勵和鼓舞他們的德行。慷慨大方和英勇無畏的親愛精誠是他們最喜愛歌頌的主題，每當他們用尖銳的嘲諷指向一個鄙部族，就毫不留情給予辛辣而苦澀的譴責，都使得對方的男子不知如何回應婦女也無法否認。

3 阿拉伯人的偶像崇拜及外來宗教的影響

　　阿拉伯人的宗教一如印地安人，崇拜太陽、月亮和恆星，是非常原始而且看來合理的迷信模式。天上亮麗的發光體顯示神明可見的形象，恆星的數量和距離在哲學家或世人的眼中，形成無限空間的概念。固定的球體具有永恆的特性，似乎不會毀壞或腐朽，規律的運動認為是理性或本能產生的作用，發揮真實或想像的影響力可以增強人們的信念，認為無數的星體會關切地球和所居住的生物。天文學最早在巴比倫獲得孕育和發展，阿拉伯人的課堂則是晴朗的天空和赤裸的平原。他們在黑夜趕路行進，靠著星星指引方向，因而它們的名字、運動的軌跡和每日的位置，所有好奇而虔誠的貝都因人都很熟悉。他們從經驗得知月亮的黃道帶可以分為二十八宿，要向帶來雨水、紓解沙漠旱象的星座祈禱。天體的統治無法延伸到不可見的空間，為了維護靈魂轉世和肉體復活的理念，必須強調超越物質的精神力量，一頭殉葬的駱駝在死後仍可供主人在另個世界使用，召喚已經離開肉體的靈魂，表明死者仍有知覺和權勢。我對於蠻族盲目的迷信，提到有關地方的神祇、星座、虛空和大地，無論是它們的性別、名銜、尊榮和位階，毫無所知也不感興趣。每一個部族、家庭或戰士，對於狂熱禮拜的儀式和對象都可以任意創造和變換，只是整個民族不論在哪個時代，都用謙恭的態度接受麥加的語言和宗教。

　　天房（Caaba）的古蹟出於基督紀元之前，希臘史家戴奧多魯斯（Diodorus）描述紅海的海岸，提到薩穆德人（Thamudites）和薩比安人（Sabaeans）居住地區之間有一座著名的廟宇，受到阿拉伯半島所有居民敬拜的神聖地點，使用亞麻和絲質的帷幕，每年由土耳其皇帝加以換新，第一次舉行奉獻的儀式，是在穆罕默德之前七百年由荷美萊特國王負責提供。蠻族禮拜神明只要一頂帳幕或一個山洞就足夠，他們卻修建一座用石塊和泥土當材料的建築物。寬大的柱廊圍繞正方形的天房，那是一座長二十四肘尺、寬二十三肘尺和高二十七肘尺的方形宮殿，只有一門和一窗採光，雙層屋頂由三根木柱支撐，有一根水管（現在是黃金打造）排除屋頂的雨水，澤姆聖井為了防止意外的汙染，特地蓋上了圓頂。古萊須部族運用權謀或武力獲得天房的管理權，教士的職務經過四代直系親屬的繼承，後來落到穆罕默德祖父的手裡，他的出身是哈希姆族（Hashemites），是同胞眼中最神聖和最受尊敬的世系。

　　麥加的周圍地區享有聖地的特權，每年最後一個月，城市和廟宇擠滿各地前來的朝聖客，向真主的殿堂呈獻誓詞和祭品。忠誠的穆斯林現在還是奉行同樣

的儀式，原先是偶像崇拜者創立和延續的迷信活動。各地的朝聖客在離城還很遠的地方，就更換身上的衣服，匆匆繞行天房七圈，親吻神聖的黑石，七次前去朝拜鄰近的高山，七次朝著米納（Mina）山谷投擲石塊，最後奉獻羊隻或駱駝作為犧牲，在聖地埋下犧牲的毛和蹄，才完成整個的朝聖程序，與今日的做法並沒有不同。每個部落從天房學會或教導自己的敬神儀式，廟宇裝飾和豎立三百六十個人物、鷹鷲、獅子和羚羊這些偶像，其中最引人注目是紅色瑪瑙製成的赫巴爾（Hebal）雕像，手裡拿著七支無鏃和無羽的箭矢，代表瀆神預言的工具和象徵。神聖的石像是敘利亞藝術的紀念物，在更為原始的時代只要一根石柱或石碑就可以進行祭神的活動，沙漠的岩石模仿麥加的黑色隕石，用來鑿成神像或祭壇，顯然源於偶像崇拜而備受譴責。

從日本到秘魯到處都流行犧牲的運用，虔誠的信徒在神明的面前毀棄或燒掉最心愛或最貴重的禮物，以表示感激或恐懼之心。人的生命成為最寶貴的祭品，用來乞求神明免除大眾的災難，腓尼基、埃及、羅馬和迦太基的祭壇一直浸染人血。阿拉伯人長時期盛行殘酷的儀式，第三世紀杜瑪提安人（Dumatians）的部落每年用一個童男作為犧牲；撒拉森王子曾經是查士丁尼的盟友和士兵，他曾把一位俘虜的王室青年殺死獻祭。父母將其子獻上祭壇，展現宗教狂熱極其痛苦而又崇高的感情，聖徒和英雄做出的榜樣使無私的行為或意願則顯得更為神聖。穆罕默德的父親發出輕率的誓言要將自己獻給神明，好不容易用價值一百頭駱駝的禮物贖回性命。阿拉伯人從愚昧無知的時代開始，就像猶太人和埃及人一樣不吃豬肉，男孩進入青春期舉行割禮，《古蘭經》對痛苦的習俗未加指責和首肯，保持沉默的態度傳給後代子孫和皈依的外族信徒。一些有識之士加以臆測，認為傳統的方式只是富於心機的立法者有意順從同胞極為固執的偏見，寧可單純相信只是謹守年輕人的習慣和意願，原先並沒有預想到適宜麥加氣候條件的做法，到了多瑙河或窩瓦河地區以後，對於身體的衛生根本不會產生有利的作用。

阿拉伯是自由之邦，鄰近的王國受到強敵的入侵和暴政的震撼，面臨迫害的教派就會逃到沙漠的樂土，享有無憂無慮極其自在的生活。諸如沙比安派（Sabians）教徒、拜火教徒、猶太教徒和基督徒信奉的宗教，經過波斯灣從陸海兩路到達紅海。更為遙遠的古代，沙比安教義經由迦勒底人的科學和亞述人的武力傳遍亞洲各地。巴比倫的祭司和天文學家用兩千年觀察獲得的經驗，演繹出自然和天體的永恆法則。七位神明或天使指揮七大行星的運轉，受到他們的敬拜，並且把無法抗拒的影響力投向地球。七大行星的特性、黃道十二宮的符號以及南北半球的二十四個星座，全部用圖像和符咒表現出來，每個星期的七天各有所代

表的神明。沙比安教派每天要禱告三次，哈蘭（Haran）的月神廟是朝聖的地點。

　　他們對信仰保持堅定的彈性，隨時能夠向別人學習或努力教導，舉凡創造世界、洪水氾濫和教長授命的傳說，他們和俘虜的猶太人有極為類似的論點，全部訴諸於亞當、塞特（Seth）和以諾（Enoch）等祕典，摻雜一些福音書的道理，多神教論者的殘餘勢力轉變為巴索拉（Bassora）地區的聖約翰派基督徒。巴比倫的聖壇已被拜火教信徒推翻，沙比安教派受到的傷害讓亞歷山大用刀劍進行報復，波斯人在異族的奴役之下呻吟五百年之久，瑣羅亞斯德最純潔的門徒才逃脫偶像崇拜的汙染，前往沙漠與過去的敵手共同呼吸自由的空氣。

　　穆罕默德逝世前七百年，猶太人已經在阿拉伯半島定居，提圖斯和哈德良的戰亂期間，有更多的人從聖地被趕出來。勤勞的流亡人士嚮往自由和權力，他們在城市修建會堂，在曠野構築堡壘。很多非猶太人的改信者因為受過割禮，外表上看起來與以色列人的後裔無法區別。基督教的傳教士行動活躍，獲得極大的成就，正統教會建立穩固的統治，受到壓迫的教派相繼逃到羅馬帝國境界之外的地區。馬西昂派和摩尼教派到處傳播狂熱的宗教理念和基督福音的偽經；葉門的教會以及希拉和迦山的公侯，接受雅各比派和聶斯托利派的主教向他們諄諄告誡更為純潔的信條。

　　每個部落都有信仰的自由，阿拉伯人不受約束，可以選擇或創立自己的宗教，部族原始簡單的迷信與聖徒和哲人崇高的神學融合在一起。學識淵博的異鄉客一致認同，開始傳播最基本的神學概念：有一位至高無上的神存在，超越天國和人世所有的權柄和力量，祂經常運用天使和先知的作為對人類有所啟示，祂的恩典或正義化為及時的奇蹟，能夠改變自然界的規律和秩序。阿拉伯人的有識之士儘管忽略對祂的禮拜，然而全都承認祂的權威。他們之所以緊抱偶像崇拜的遺骸，完全是習慣作祟而非出於信念。猶太人和基督徒是經書裡面提到的選民，彼時《聖經》已經譯成阿拉伯文，勢不兩立的敵人全都接受《舊約》的各卷。阿拉伯人在希伯來教長的事蹟當中，很高興能夠發現自己民族的祖先。他們為以實瑪利的身世和應許高聲歡呼，尊敬亞伯拉罕的信仰和德行，追溯民族的起源直到神創造第一個人，他們也對聖書的神奇故事以及猶太法師的夢想和傳說深信不疑。

4 穆罕默德的家世出身和宗教使命（569-609年）

　　提起穆罕默德的家世微賤，完全出於基督徒拙劣的誹謗之辭，實際上這並未降低反而提高他的身分。要說他是以實瑪利的後代則是民族的特權或神話，最早

的家譜雖然有的地方含糊不清令人可疑，但倒也可以提出很多真正顯貴的祖先加以證明：他的家世是古萊須部落的哈希姆（Hashem）家族，阿拉伯人最著名的人物，麥加的王公和天房的世襲管理人都出於高貴的世系。穆罕默德的祖父阿不都爾·摩塔勒布（Abdol　Motalleb）是哈希姆的兒子，哈希姆是個家財富有生性慷慨的平民，曾經大量賑捐救濟當地的饑饉災禍。他靠著父親慷慨解囊讓麥加能夠存活世間，後來更依賴兒子的勇敢使聖城獲得拯救。

葉門王國臣屬阿比西尼亞的基督徒王公，他們的家臣亞伯拉哈（Abrahah）受到羞辱，決心要為十字架的榮譽進行報復，聖城受到成隊的戰象和阿非利加的軍隊包圍得水泄不通。後來雙方同意和談，穆罕默德的祖父在第一次會議，要求歸還失去的牛群，亞伯拉哈問道：「我提過摧毀聖廟這件事，為何不要求我高抬貴手賜給你們更大的恩惠？」無所畏懼的首領回答道：「牛群是我們的財產，當然向你提出請求；真主自然會保護祂的天房不受損毀和褻瀆。」阿比西尼亞人缺乏給養，或者出於古萊須人作戰英勇，只有被迫很不光彩的撤退，同時還有一群神奇的飛鳥使敵人更加狼狽不堪，把石塊像雨點撒落在異教徒的頭上。城市獲得解救，以戰象作為年號給予紀念。

阿不都爾·摩塔勒布的榮譽更因自己的福氣大放異彩，他竟然活到一百一十歲，成為六個女兒和十三個兒子的父親。他最寵愛的兒子阿布都拉（Abdallah）是英俊而又謙遜的阿拉伯青年，要和察萊特（Zahrites）部族出身尊貴的阿米娜（Amina）舉行婚禮，據說當天晚上就有兩百位處女因為嫉妒和絕望命喪黃泉。穆罕默德是阿布都拉和阿米娜的獨生子，查士丁尼逝世第四年，阿比西尼亞人遭到擊敗（要是他們獲勝，天房可能會成為基督教堂）以後兩個月生於麥加。

穆罕默德幼年便失去父親、母親和祖父，有很多身體強壯的叔叔和伯伯，遺產落到孤兒手裡時，只有五頭駱駝和一名衣索匹亞女僕。無論在家中或外出、戰時或平時，受人尊敬的叔父阿布·塔里布（Abu Taleb）一直是他成人之前的監護人。他在二十五歲那年到卡蒂嘉（Cadijah）的家中服務，她是麥加一位富有而高貴的寡婦，為了回報他的忠誠，很快將自己連同所有的家財一併許配給他（卡蒂嘉嫁給穆罕默德時已經四十歲，後來還給他生了四男四女八個小孩）。婚約按照古老簡樸的方式，朗誦穆罕默德和卡蒂嘉互愛的誓詞，把他描述為古萊須部落最有成就的人士，聘禮是十二英兩黃金和二十頭駱駝，全部由慷慨的叔父支付。阿布都拉的兒子經由有利的聯姻，重新恢復祖先原有的地位，識人之明的貴夫人對丈夫家居生活的德行極為滿意，他直到年滿四十歲才獲得先知的頭銜，開始傳播《古蘭經》的宗教。

　　依據他的友伴傳述的說法，穆罕默德長得極為英俊秀氣，天賦的容貌除了有些傢伙心懷嫉妒，很少引起別人的厭惡。在他開口講話之前，無論因公因私的聽眾都會受到演講者的吸引，就要與他採取共同的立場。大家對他嚴肅的態度、專注的神情、理解的眼光、和善的笑容、飄動的鬍鬚、透露內心感受的面容以及加強言語表達的手勢，都一再讚賞喝采不已。在日常生活的相關事務之中，他用莊重和謙虛的態度全部按照本國的規則行事，對有權有勢的人物非常尊敬，關心和愛護麥加最貧窮的市民顯得更為高貴。他坦率的言行能夠配合深刻的見解，禮節周到的習性看成友情和善意的表現。他有過目不忘和重視細節的記憶力，機智的言行使他在社交方面無往不利，想像力極為豐富而且掌握重點，判斷力清晰、迅速帶有當機立斷的特質。他在理念和行動兩方面都充滿果敢的勇氣，儘管能夠隨著成就逐步擴大規劃的事項，對於最早抱有神聖使命的想法，仍然具備原創構思和優異才華的獨特標誌。

　　阿布都拉的兒子是在出身高貴的族群接受教育，始終運用純正的阿拉伯語言，談吐不僅流暢輕快，審慎的遣詞和及時的沉默更使表達能力得到修正和強化。穆罕默德能夠發揮口若懸河的本領，卻仍然是一個大字不識的化外之民，年輕的時候他未曾學習讀書和寫字，普遍的無知使他免於人們的恥笑和指責，始終生活在一個非常狹窄的圈子，沒有機會見到忠實的明鏡，無法在腦海裡面反映聖哲和英雄的思想。總算有「自然」和「人生」兩本大書打開在他的眼前，可以歸納出阿拉伯「旅客」的政治和哲學觀點，說起來多少還要來自人們的幻想。通常認為他對世間的民族和宗教做了一番比較，發現波斯和羅馬這兩個帝國的弱點，表露憐憫和憤怒的情感觀察時代的墮落和邪惡，決心運用唯一真主和國王的名義，將具有所向無敵精神和原始簡樸美德的阿拉伯人全部統一起來。

　　我們進行更精確的探索可以得知，穆罕默德前往敘利亞的兩次旅行，沒有參觀東部的宮廷、軍營和廟宇，只去了波斯特拉（Bostra）和大馬士革的市場。他隨著叔父的商隊外出當時不過十三歲的年齡；在很多年後他再度前往，即使把卡蒂嘉的商品處理完畢，職責所在也使得他要立即趕回。在這種來往匆匆的遊覽過程，天才的眼睛可能見識普通夥伴忽略的東西，知識的種子已經撒布在肥沃的土壤裡面。只是他根本不懂敘利亞語，必定使好奇心的滿足受到限制。況且在穆罕默德的生活和著作當中，我無法看出他的視野曾遠及阿拉伯半島以外的世界。宗教活動的虔誠和商業行為的召喚，每年從世界各地都有大批朝聖客前往麥加，在何其荒涼的角落集結起來。經過群眾的自由交往和談話，一個只會本國語言的普通市民，可以學習各部族的政治狀況和特性，包括猶太人和基督教的理論和運

用。某些帶來好處的異鄉客受到引誘或是出於逼迫，總想要求獲得殷勤接待的權利。

穆罕默德的仇敵曾經提到猶太、波斯和敘利亞的僧侶，指責他借重外鄉客在暗中幫助他寫成《古蘭經》。交談有助於加強理解，但唯有凝神獨處始能培養絕無僅有的天才，作品的脈絡一致可以表明出於同一個藝術家之手。穆罕默德從幼年就開始愛好宗教的沉思默想，每年齋月一定會離開塵世和卡蒂嘉的懷抱，前往距麥加三哩的赫拉岩洞。他向虛幻或狂熱的精靈請教，對話者沒有定居天堂，只是潛伏先知的內心深處。他用伊斯蘭教的名義向家庭和宗族宣講教義，亦即「唯有真主，穆罕默德是祂的使徒」，其中有永恆的真理，以及基於需要的杜撰之辭。

5 《古蘭經》的編纂方式和重大啟示

觀念的溝通彼此需要相似的思想和語言，農民聽到哲學家的談話根本無動於衷。要是就無限和有限的心靈進行接觸，以及用凡人的嘴或筆表達神的語言，相較之下理解的差距又何其微小？希伯來的先知、基督的使徒和福音書的作者就聖靈感應而言，可能與他們的理性和記憶產生的作用並不相稱，才智方面的高下形成不同的風格和文采，《舊約》和《新約》各卷可以明顯看出其間的差異。穆罕默德的立場在於能夠單純成為編者而滿足，具有的特性是態度更加謙卑然而地位更為崇高。按照他本人和門徒的說法，《古蘭經》的經文能夠傳之千秋萬世，存在於神性的本質之中並非人類的創作，運用光明的筆墨書寫真主永恆的信條。一卷由絲綢和寶石裝飾的手抄本，加百列（Gabriel）天使帶往層次最低的天國，猶太人的體系和聖階當中，祂經常奉派擔任重大的使命，一再將各章的韻文透露給阿拉伯的先知。審慎的穆罕默德宣示片斷的《古蘭經》，不讓世人看到不朽和完美的神意，每一次的啟發都是為了應付策略或情感的需要，所有的矛盾都被補救的規則排除殆盡，聖書裡面任何一段經文都可以為後續的章節加以廢止或修正。

真主與使徒的叮嚀和吩咐，門徒用非常勤勉的態度記錄在棕櫚葉和羊胛骨上面，書寫的單頁毫無次序也沒有連續，全部丟進家中一口大木箱，先知一個妻子負責看管。穆罕默德去世兩年以後，他的朋友和繼承人阿布貝克爾（Abubeker）編纂和頒布這部聖書（《古蘭經》一共有一百一十四章經文，按照長度的遞減安排各章的次序，早期的啟示通常較短，可以說是一部倒寫的歷史），哈里發鄂斯曼（Othman）在伊斯蘭教紀元30年重新加以訂正。《古蘭經》雖然有不同的版

本，經文完全不變而且一字不差，擁有非常奧妙的權威特質。基於宗教狂熱或講求虛榮的精神所鼓舞，先知依據本書的價值肯定他的使命是何等的真實，所以才膽敢向世人和天使挑戰，知道沒有誰能夠模仿從而寫出其中任何一頁的美妙之處，藉以宣揚只有真主具備大能大慈的指示才能完成無與倫比的著作。

提出的論點用強大的力量教誨虔誠的阿拉伯人，他們的心靈適於信仰和激情，他們的雙耳喜愛天籟的樂聲，他們的無知不足以辨別何者為人類天才的產物。同一本書包括和諧與冗贅的風格，很難觸及歐洲不信者的心靈，他們沒有耐性去閱讀無窮無盡、缺乏條理、極其狂熱的神諭、訓誡和辯解。全篇陳腔濫調很難激起感情和意念，使人像是有時在泥土裡面爬行，有時迷失在雲層的頂端。神的屬性提升阿拉伯傳教士的想像，巍然聳立的筆調還是不及《舊約：約伯記》的簡樸來得崇高，須知猶太人的經典完成在遙遠的年代，同一地區全都使用閃族的語文。如果說《古蘭經》的寫作超出人類的天賦能力，那麼荷馬的《伊利亞德》或笛摩昔尼斯的《論腓力》，我們又能歸於哪種超凡入聖的作品？

舉凡有關一切的宗教，創始人的生活可以用來補足他的啟示未能盡言之處，穆罕默德的講話都是真理的教訓，行動都是美德的典範，無論是公私的紀念物都由妻室和朋友保存。過了兩百年以後，稱為遜納（Sonna）的口述律法，阿爾·波查里（Al Bochari）運用文字完成神聖的工作，從數量龐大多達三十萬條，包括可疑或偽造的資料當中，清理出來七千二百七十五條真正具有傳統價值的紀錄。虔誠的作者每天都在麥加的廟宇膜拜祈禱，打起澤姆井的聖水洗淨身體，陸續將整理好的書頁供奉在使徒的講壇和墳墓前面，完成的章節受到四個正統遜尼派（Sonnites）學者的讚許。

6 穆罕默德在麥加傳道和遭到驅逐的始末（609-622年）

須知穆罕默德最早和最難說服的對象，是他的妻室、僕從、門生和朋友。他對他們而言是一個具有弱點的凡人，平日的言行素來為大家熟悉，現在卻要表明自己是一個先知。卡蒂嘉相信丈夫的話而且以此為榮；順從又重視感情的柴伊德（Zeid）只想獲得自由；享有盛名的阿里（Ali）是阿布·塔里布的兒子，拿出年輕人的英雄氣概擁護堂兄的情意；阿布貝克爾以財富、謙恭和誠實，注定繼承先知的宗教。經過穆罕默德的開導，麥加十位最有聲望的市民私下接受伊斯蘭教的訓示。他們屈服在理性和熱情的呼聲之下，學會背誦最基本的教義：「唯有真主，穆罕默德是祂的使徒」。他們的信仰即使在他活在世上的時候，也已經獲得

財富與榮譽、軍隊的指揮權和王國的統治權，成為他們應得的獎賞。

　　他默默用三年時間完成使命的第一批成果，有十四個人改信他的宗教。等到第四年他便運用先知的身分，決心向他的家族表達神的信念。據說他籌備一次宴會，只有一頭羔羊和一碗牛奶，要讓哈希姆家族四十位客人享用。穆罕默德對與會人員說道：「各位親朋好友：我向大家奉獻最珍貴的禮物，只有我能將今生和來世的財富送給你們。真主命令我召集各位前來為祂服務，你們之中有誰願意分擔我的重責大任？又有誰自告奮勇做我的友伴和副手？」無人回答他的話，全場籠罩在驚愕、猜忌和藐視的氣氛當中，不滿十四歲的少年終於打破沉默，不耐煩的阿里鼓起勇氣說道：「啊！先知！你要的人就是我，無論誰要是膽敢與你作對，我就會打掉他的牙齒、挖出他的眼睛、砍斷他的雙腿、撕裂他的肚皮。啊！先知！我要做你的副手好好看住他們！」

　　穆罕默德非常高興接受他的請求，當時還有人用嘲諷的口吻要阿布‧塔里布尊重他兒子高高在上的地位。阿里的父親用莊嚴的口吻規勸他的姪子，要他放棄不切實際的企圖。無所畏懼的狂熱分子對他有恩的叔父說道：「就算你有莫大的能力，可以把太陽放在我的右手，月亮放在我的左手，也無法讓我改變心意。」他堅持十年進行傳教的工作，能夠在東方和西方推廣的宗教，在麥加城內只能獲得緩慢而艱辛的發展。然而穆罕默德樂於見到，處在幼年時期的一神教正在日益茁壯強大。會眾已經把他尊為先知，穆罕默德也就及時向他們灌輸《古蘭經》的精神糧食。

　　據稱在他傳教的第七年，門徒當中有八十三名男子和十八名婦女退到衣索匹亞。他的叔父漢姆札（Hamza）和凶狠又固執的奧瑪（Omar）及時皈依，使得教派的實力大增，奧瑪原來要摧毀伊斯蘭教，現在卻盡全力為宗教的事業奮鬥不懈。穆罕默德的善行不僅僅限於古萊須部落，或是麥加的周邊地區，舉行莊嚴典禮的節慶和朝聖客雲集的日子，他常去天房找各部落的外鄉人談話，不論是在私下的閒聊或公開的演說，他始終規勸大家要信仰和崇拜唯一的真主。他意識到自己很有道理和現存的弱點，強調信仰自由和反對宗教暴力；不斷呼籲阿拉伯人要醒悟悔改，讓他們記住古代的亞德人（Ad）和薩穆德人（Thamud），神的正義會使偶像崇拜者遭到絕滅的命運。

　　麥加的人民基於迷信和猜忌，堅持不相信的態度。城市裡面年高德劭的人士以及先知的叔伯，對於妄想改革家園的孤兒表示厭惡和不齒。穆罕默德在天房發表虔誠的演說，阿布‧塔里布的回答是大聲高呼：「各位市民和外來的朝聖客！不要理會這個邪惡的魔鬼，別聽他褻瀆神明的囈語，我們崇拜阿爾‧拉塔（Al

Lata）和阿爾·烏札哈（Al Uzzah）的信心絕不改變。」穆罕默德身為阿布都拉的兒子，仍舊獲得年邁酋長的寵愛，他盡力保護姪子的名聲和安全，免得遭受古萊須人的攻擊，因為他們一直嫉妒哈希姆家族的崇高地位。他們把私人的怨恨塗上一層宗教色彩，認為在約伯的時代，褻瀆神聖的罪行受到阿拉伯行政官員的懲罰，現在穆罕默德犯下滔天大罪，竟然拋棄和拒絕全民族信奉的神明。

　　麥加的宗教政策極其衰弱無力，古萊須人的領導階層並沒有將他當成罪犯提出控訴，卻迫得採取規勸或武力解決的辦法。他們不斷向阿布·塔里布發出譴責或威脅的說辭：「你的姪子羞辱我們的宗教，公然責怪我們的祖先愚昧無知，你要馬上讓他住口，以免在本城引發動亂和爭論。如果他仍舊執迷不悟，我們要對他和他的追隨者進行武力制裁，這時你要為本市的流血慘劇負責。」阿布·塔里布的權勢和審慎的作為，避免因宗教的派系之爭而產生暴力行動，無能和膽怯的門徒全都退避到遙遠的衣索匹亞，先知本人也藏身到市鎮和鄉村有實力保護他的地方。

　　穆罕默德在此刻還能得到家族的支持，古萊須部落其餘人員對哈希姆家族的子弟採取杯葛的行動，不再與他們買賣交易，拒絕與他們通婚聯親，堅持勢不兩立的敵對態度，迫使他們交出穆罕默德，用以伸張神的正義。敕令掛在天房讓全族每個人都看到，古萊須人還派遣使者到阿非利加的腹地追蹤穆斯林的逃亡人員，包圍先知和那些忠心耿耿的追隨者，切斷他們的水源，運用傷害和侮辱的手段，使得彼此更是仇深如海。雙方簽訂不穩的停戰協定，暫時恢復外表的和平。阿布·塔里布逝世加上失去忠誠而寬厚的卡蒂嘉，破壞穆罕默德家居生活的安適和快樂，等於把他拋棄給敵人任憑對方處置。

　　當時奧米亞（Ommiyah）家族旁支有一位酋長阿布·蘇斐安（Abu Sophian），獲得授權管理麥加的公共事務，他是狂熱的偶像崇拜者，也是哈希姆家族不共戴天的仇敵。他很快召集古萊須人和他們的同盟舉行會議，找出最妥善的辦法用來決定使徒的命運。囚禁穆罕默德可能引發宗教狂熱的追隨者進行絕望中的奮鬥，流放一位能言善辯而又深受人民愛戴的激進分子，只會使異端邪說在阿拉伯各行省流傳。因此大家一致同意必須置他於死地，拿出各部落提供的劍刺進他的胸膛，共同分擔殺人的罪孽，使得哈希姆家族無法報復。派來的天使或是暗探洩露他們的陰謀，穆罕默德除了逃走沒有別的生路。在一個寂靜的深夜，他的朋友阿布貝克爾陪伴他悄悄離開家門，以偽裝成功蒙騙在門口守候的凶手，他穿上使徒綠色的長袍睡在床上。

　　穆罕默德和他的同伴一連三天都藏身在索爾（Thor）的洞窟裡面，距離麥加

只有一里格的路程。阿布貝克爾的兒女在每天入夜之前，暗中為他們送來情報和食物。古萊須人大肆追查城市附近可供藏身的地點，他們已經來到岩洞的入口，神意用蛛網和鴿窩騙過搜索者，讓他們認為此處不僅偏僻而且無人到來。嚇得發抖的阿布貝克爾說道：「好在我們僅是兩個人。」先知回答：「還有另外一位，那就是真主與我們同在。」等到搜捕的風聲稍微緩和，兩位逃亡客離開岩洞騎上駱駝，前往麥地那的途中被古萊須人派遣的追兵趕上，靠著懇求和許諾得以免遭毒手。在這個千鈞一髮之際，阿拉伯人的一支長矛可能就改寫了世界史。先知從麥加到麥地那的逃亡，開創「希吉拉」（Hegira）極其重大的伊斯蘭教新紀元，一直到十二世紀末葉，仍與當地使用的陰曆有所區別（第二任哈里發奧瑪制定伊斯蘭教紀元，開始的日期是穆罕默德逃亡前第六十八天，當作阿拉伯紀年的穆哈蘭〔Moharren〕月1日或元月1日，這一天也就是公元622年7月16日星期五）。

7 穆罕默德逃到麥地那建立發展的基礎和方向（622-632年）

　　神聖的麥加放逐者要不是得到麥地那的接納和尊敬，《古蘭經》的宗教就會在創立初期夭折。麥地那或稱為雅什里布（Yathreb）的城市，先知在這裡安置寶座之前，一直由合里濟人（Charegites）和奧斯人（Awsites）分庭抗禮掌握政治的權力，雙方積怨已深，衝突成為一觸即發的情勢。兩個猶太人的殖民區各自吹噓有一個祭司階層，成為地位較低的同盟，無法讓阿拉伯人皈依他們的信仰，卻引進學術和宗教，使得麥地那成為書卷氣濃厚的城市。他們之中一些出身高貴的市民前往天房朝拜，受到穆罕默德的啟發改信他的宗教，等到返鄉開始散播真主和先知的信條。派遣的代表深夜在麥加郊外的小山舉行兩次祕密會議，同意建立新的聯盟。開始是十個合里濟人和兩個奧斯人，在共同的信仰和友愛的情況之下聯合起來，用他們的妻兒子女和不在場兄弟的名義作證，公開宣稱要永遠信奉和遵守《古蘭經》的教義。接著成立一個政治聯盟，撒拉森人組成的帝國冒出第一個耀目的火花。

　　麥地那的七十三名男子和兩名婦女，與穆罕默德以及他的家人和門徒，舉行一次正式的會議，保證彼此忠誠不貳。他們同時打著麥地那的旗號提出承諾，要是穆罕默德遭到流放，他們會用盟友的身分接待他的來到，把他看為領袖人物、服從他的領導，像對待自己的妻兒一樣保護他的安全。他們用恭維又緊張的神色問道：「一旦你為自己的國家召回，難道你就不會放棄新的盟友？」穆罕默德帶著微笑回答：「我們現在已經是生死相依，禍福與共，榮譽和利害的紐帶將我們

緊密連繫在一起。我是你們的朋友，會把你們的世仇當成勢不兩立的敵寇。」麥地那的代表大聲問道：「要是有天我們為你服務犧牲性命，那時我們會獲得什麼報酬？」先知回答道：「天堂的樂園。」他伸出手來說道：「現在，伸出你們的手來。」於是他們重述順從和忠貞的誓言。簽訂的條約得到市民的批准，全體一致接受伊斯蘭教，他們為先知的放逐感到慶幸，還為他的安全擔驚受怕，急切期盼他的到達。

　　沿著海岸經過一段危險和倉促的行程，他在距離城市兩哩的科巴（Koba）停下來，從麥加逃亡第十六天公開進入麥地那。五百名市民前往迎接，用表示崇敬和皈依的口號向他歡呼。穆罕默德騎在母駱駝的背上，他的頭頂打著一把遮陽的傘，隊伍的前面飄揚一面用頭巾製作的旗幟。他的門徒原在暴風雨中分散，現在很英勇的聚集在他的身旁。穆斯林認為麥加的逃亡者和麥地那的贊助者有相等的功績，只是表現的方式不一，分別用「遷士」（Mohagerians）和「輔士」（Ansars）的稱呼。穆罕默德為了在他們的心中斷絕嫉妒的根源，就將主要的追隨者成對分配權利和責任，產生如同手足的兄弟情懷。權宜的做法獲得極大的成功，神聖的手足關係在和平與戰爭當中受到尊敬，兩派的人物會相互鼓勵，要在勇敢和忠誠方面一比高下。僅有一次偶發的口角稍微擾亂和諧的氣氛，麥地那有位愛鄉人士指控外來的客人傲慢無禮，暗示要將他們趕走。大家聽到以後怒不可遏，甚至他的兒子非常激動，要將父親的頭顱呈獻在先知的腳下。

　　穆罕默德自從在麥地那建立根基，從此擁有皇室和長老的職權。對於聽命於神慧的士師頒布的敕令表示不服，認為是褻瀆神聖的行為。有一塊很小的地是兩個孤兒的遺產，他們花錢買下或是用禮物交換，他在選擇的地點蓋了住所和一座清真寺，粗俗和簡陋的外表比起哈里發在亞述的宮殿和廟宇，更令人肅然起敬。他的印璽是用黃金或白銀製做，上面刻著使徒的名銜，他每周在集會上面祈禱和講道的時候，總是倚靠著一棵棕櫚樹的樹幹，過了很久才使用粗糙木材搭建的座椅或講台。經過六年的統治，一千五百名全副武裝的穆斯林聚集原野重申對他效忠的誓言，酋長公開宣稱要用必死的決心保護他的安全，直到戰至最後一人或整個組織解體。

　　麥加的代表和他們處在同一個營地，這時才非常驚奇的發現，忠心的信徒竟然不斷注意先知的一言一行，帶著熱切的態度在收集他的唾液、掉在地上的頭髮、避邪儀式用過的廢水，好像這些東西都帶著先知本身的美德。因此見多識廣的代表說道：「我觀見波斯的克司洛伊斯和羅馬的凱撒，卻從未看到一個在臣民當中的國王，能像穆罕默德那樣受到友伴的尊敬。」虔誠的宗教熱情較之於奴化

的冷漠宮廷，讓人感到更有力量而且真實不虛。

8 運用武力推展宗教獲致初步的成果（623-625年）

　　每個人處於自然狀態都有權運用武力保衛自身和擁有的一切，不僅可以預防甚至擊退敵人的暴力行為，也可以展開對抗行動讓自己感覺滿足和達到報復的程度。身處阿拉伯人的自由社會，臣屬和市民的職責只能產生極其有限的控制作用。穆罕默德遂行和平與仁慈的事業，卻被執法不公的同胞懲處和放逐。一個獨立的民族接納麥加的逃亡分子，將他推上統治者的位階，賦予締結同盟和遂行戰爭的最大權限。人權的欠缺獲得神權的補充和武裝的力量，麥地那的先知口授新的啟示，運用凶狠而血腥的語氣宣告，證明過去的溫和實在是力有不逮所致。規勸的方式已經嘗試，忍讓的時機即將消失，他現在奉命用刀劍推廣天啟的宗教，摧毀偶像崇拜的圖騰，根本不考慮神聖的日子或月分，窮追猛打世間不信的民族。《古蘭經》一直宣揚血淋淋的教義，完全取法《摩西五經》和《福音書》。即使後者的風格展現溫和的聲調，有人仍舊會對一段曖昧的文字，解釋為耶穌沒有讓世人獲得和平，只帶來干戈不斷的鬥爭。不能將基督的忍讓和謙卑與王侯和主教的狂熱情緒沆瀣一氣，他們的行為有辱耶穌門徒的名聲。

　　穆罕默德在進行宗教戰爭之時，可能會效法摩西、以色列的士師和國王的榜樣。希伯來人的軍法較之阿拉伯的立法者更為嚴酷，萬王之主親自在猶太人的面前校閱：要是有城市拒絕他們的招降，所有的男子不分階級一律處死，迦南（Canaan）有七個部族遭到絕滅的命運，無論是悔改或皈依都不能挽回注定的浩劫，就是附近地區的人民也沒有活命的機會。穆罕默德總是對敵人提出友誼、歸順或戰鬥這三條路讓他們選擇，只要他們承認伊斯蘭的信條，就如同最早的門徒享有塵世的利益和精神的優勢，打著同一面旗幟進軍，推廣他們接受的宗教。先知的仁慈由利益決定，然而他很少踐踏降服的敵人，好像同意罪行較輕而又不信的臣民，支付一定數量的貢金，容許他們進行自己的禮拜活動，或者從事那些不夠完美的信仰行為。

　　在他統治的頭幾個月裡，就經歷聖戰的教訓，麥地那的城門樹起白色的旗幟。黷武的使徒親身參加九次會戰和圍攻，不過十年的期間，由他自己或是部將進行五十次作戰行動。阿拉伯人仍然把貿易和土匪的職業結合在一起，對商隊發起的小規模攻防作戰，不知不覺中為征服阿拉伯半島準備所需的部隊。戰利品的分配由神聖的法令加以律定，全部集中處理，五分之一的金銀和錢財、俘虜和

牛群、動產和不動產交給先知保管，供作宗教和慈善之用，作戰勝利和守衛營地的士兵分享剩餘的部分，陣亡人員的獎賞由遺孀和孤兒領取。為了鼓勵組成騎兵部隊，人員和馬匹可以分得雙份。浪跡天涯的阿拉伯人從四面八方被吸引到宗教和劫奪的旗幟之下，先知公開同意可以俘虜女性當作自己的妻妾；財富和美女是樂園最低級的歡愉模式，準備供應給英勇的殉教者用來獎勵他的虔誠。

　　穆罕默德說道：「刀劍是通往天堂及地獄的鑰匙。為真主的大業流一滴血或是進行一整夜的戰鬥，比兩個月的齋戒或祈禱更為管用。不論是誰在戰場上陣亡，他的一切罪孽得到赦免，等到最後審判的那天，他的傷口會像朱砂一樣鮮紅也像麝香一樣芬芳，砍掉的四肢會長出天使或精靈的雙翅。」阿拉伯人大無畏的精神被宗教狂熱的火焰燃燒起來，不可見世界的圖像在他們的腦海中鮮明的呈現，一向鄙視的死亡變成希望和欲念的目標。《古蘭經》用最絕對的意義來闡揚宿命的理念，一個人只要按照這種信仰的方式行事，可以不理會辛勤的工作和世間的美德。其實伊斯蘭教的教義能在每個時代產生影響力，激勵撒拉森人和土耳其人發揮奮鬥的勇氣。穆罕默德早期的追隨者帶著毫無所懼的信心走向戰場，他們要是注定能夠壽終正寢，雖然矢石交加也會安全不致受傷，在無可選擇的狀況之下必然化險為夷。

9　穆罕默德制服猶太人及麥加的歸順（623-629年）

　　穆罕默德選擇耶路撒冷成為祈禱當中居於首位的克布拉（kebla）（禮拜時應面對的中心位置），表明從開始就重視猶太人的傾向，如果他們從阿拉伯的先知身上，看到以色列的希望以及應許的彌賽亞，正確的選擇就塵世的利益而言真是值得慶幸的大事。猶太人剛愎的態度使他的友情轉變成難以彌補的仇恨，對那不幸的民族一直窮追猛打至死不息，運用先知和征服者的雙重身分，在兩個世界同時進行迫害行動。住在麥地那的凱諾卡（Kainoka）家族依靠城市的保護，偶然發生一次暴亂使穆罕默德抓住機會，要求猶太人改信他的宗教，要不就在戰場決一勝負。嚇得渾身發抖的猶太人回答道：「天哪！我們根本不知道如何使用武器，只不過堅持祖先的信仰和禮拜，為什麼一定要逼我們採取正當的自衛？」一場無法勢均力敵的衝突只打十五天就宣告結束，穆罕默德非常勉強接受盟友再三要求，同意饒恕俘虜的性命，他們的財產全部充公，武器交到穆斯林的手裡更能發揮效用。一大群可憐的流亡者將近七百人，連帶他們的妻兒子女都被趕到敘利亞，乞求一塊可供棲身的土地。

納狄爾人（Nadhirites）的罪行更為嚴重，他們在一次友好的會面暗藏刺殺先知的圖謀。距離麥地那三哩的城堡被穆罕默德圍得水泄不通，堅決的抵抗獲得有條件的投降，同意守軍吹號擊鼓排出戰鬥隊形從容離開。憤怒的猶太人參加古萊須人的戰線，等到麥加的隊伍從戰壕撤走，穆罕默德連鎧甲都沒有脫下，就在那天出發前去消滅敵對的部落，都是科來達（Koraidha）家族的後代子孫。他們不屈不撓抵抗二十五天以後，經過慎重的考慮決定投降，只能信賴麥地那過去的盟友居間調停。猶太人懇求一位德高望重的長者給予公正的審判，結果全被處以死刑，七百名鐵鍊加身的猶太人被拖到城內的市場，當眾活埋在事先準備的墳地。先知不動聲色冷眼旁觀無助的仇敵慘遭殺害。他們的羊群和駱駝全被穆斯林接收，三百副胸甲、五百根長矛和一千支標槍是最有價值的戰利品。

查巴（Chaibar）是古老和富裕的市鎮，位於麥地那東北方有六天的行程，成為猶太人在阿拉伯半島最堅強的據點，一大片肥沃的土地位於沙漠的綠洲，到處都是豐收的作物和放牧的牛群，在八個碉堡護衛之下根本不會被敵人攻破。穆罕默德的兵力是兩百名騎兵和一千四百名步兵，接連進行八次歷盡艱辛的正規圍攻作戰，部隊陷入危險、勞累和飢餓的處境，就是毫無所懼的酋長對於戰事的前途也感到絕望。先知把阿里稱為「真主的雄獅」，拿他當作榜樣恢復大家的信心和勇氣。或許我們會相信，有一位身材魁梧的希伯來勇士，竟然被他無堅不摧的彎刀當胸劈為兩半，卻無法恭維過於浪漫的傳聞，說他左手揮動沉重的盾牌，硬是把堡壘的大門從門軸上給卸了下來。等到攻下四周的碉堡，查巴降服在高壓統治之下，部落的酋長當著穆罕默德的面前接受酷刑，逼迫他們供出藏匿的財物，勤勞的牧人和農民獲得宗教自由作為獎賞，只是暫時的優容隨時會發生變化。他們得到允許可以保有祖傳的產業，而為了使征服者滿意，一切收入和財物都要繳出一半。在奧瑪的統治之下，查巴的猶太人遷移到敘利亞，哈里發拿主子臨終的遺命當作藉口，他的故鄉阿拉伯半島只能存在唯一真正的宗教。

穆罕默德的眼光每天有五次轉向麥加，最神聖和最強大的動機不斷催促他，要以征服者的身分重訪熟悉的城市和廟宇。天房總是出現在他清醒或是睡眠的幻覺之中，一個閒暇無聊的夢境轉化為先知先覺的預言。他高舉神聖的旗幟，使徒的嘴裡輕易吐出必然勝利的承諾。從麥地那到麥加的進軍，顯示出朝聖隊伍寧靜和莊嚴的排場，選出七十頭駱駝作為奉獻的犧牲，裝飾得煥然一新走在前面，對於神聖的地點表示尊敬，釋放俘虜不要任何贖金，用來展現他的仁慈和虔誠。等到穆罕默德一旦進入平原，距離麥加只有一天的行程，他馬上公開宣布：他們已經披上老虎的外皮準備進襲。古萊須人靠著數量的優勢和決心要阻止他們的前

進。沙漠上面漂泊的阿拉伯人唯一的打算是戰利品，隨時會遺棄或背叛他們追隨的領導人。此時無畏的宗教狂熱分子搖身一變成為冷靜和謹慎的政客，他願意放棄「真主的使者」這個自封的稱號，就能與古萊須人和他們的同盟簽署為期十年的停戰協定：麥加的流亡人員只要信仰他的宗教應該恢復原有的權利；謙卑的朝聖客按照條約的規定，下一年可以用朋友的身分進入城市，停留三天完成朝聖的傳統儀式。穆斯林這一次的敗退，臉上出現羞辱和悲痛的神色，失望的表情等於在指控先知的錯誤，由於他一再保證會獲得成功。

麥加的景色使朝聖客重新燃起信心和希望，他們全副武裝，刀出鞘、弓上弦，追隨先知的腳步繞行天房七圈，古萊須人退到山地，穆罕默德按照規定的習俗呈獻祭品，在第四天撤離城市。他那虔誠的態度使人民深受感動，帶有敵意的酋長不是敬畏有加，就是產生分歧的看法，還有人受到誘惑效命先知的陣營。卡立德和阿穆洛（Amrou）後來成為敘利亞和埃及的征服者，都能及時放棄日趨沉淪的偶像崇拜活動。阿拉伯部族的歸順加強穆罕默德的權勢，集結一萬士兵用來征服麥加，不信正道者處於弱勢的一方，很容易安上破壞停戰協定的罪名。宗教的熱情和嚴格的紀律加快行軍的速度，還能保持行動的機密，直到一萬支火把出現，等於向驚愕的古萊須人宣告敵人積極的意圖、迫在眉睫的接近以及無可抗拒的實力。傲慢的阿布‧蘇斐安呈獻城市的鑰匙，帶著羨慕的神色觀看各式各樣的武器和旌旗在面前通過，親眼目睹阿布都拉的兒子建立一個龐大的王國，受到奧瑪的彎刀施加的威脅，只有承認穆罕默德是真主的使徒。

馬留和蘇拉的班師回朝使得羅馬人血流成河，穆罕默德的報復行動出於宗教熱誠的激勵，過去受到傷害的追隨者都急著執行或防止大屠殺的命令，勝利的流亡者並沒有縱容報仇雪恥的情緒，終究還是饒恕麥加犯下重罪的人士，使各黨各派能夠精誠團結在一起。他的部隊分成三批開進城市，有二十八名市民死於卡立德的刀劍之下。穆罕默德判決十一名男子和六名婦女放逐，譴責部將的殘酷行為；有幾名令人憎惡的受害者，真是靠著他的仁慈或藐視才得以保全性命。古萊須人的酋長全都俯伏在他的腳下。「在一個被你們傷害的人面前，還能奢望他大發慈悲？」「我們唯一的指望，是能看在親戚的面子上高抬貴手。」「那麼你們的指望沒有落空。走吧！我保證你們平安無事，一切都成為過去。」麥加的人民皈依伊斯蘭教，就應該獲得他的寬恕。經過七年的放逐，流亡的傳教士在故國登上君王和先知的寶座。天房的三百六十座神像全被砸得粉碎，真主的住所淨化以後整修一新，為了給未來的世代做出良好的榜樣，先知再度履行朝聖者的職責，並且制定永恆的法令，絕不允許不信真主的異教徒踏入聖城的區域。

10 平定阿拉伯半島與羅馬帝國的衝突（629-632年）

麥加的奪取決定阿拉伯部族的信仰和歸順，他們過去依據世事的變遷或命運的撥弄，曾經服從或違背先知的勸說或武力。對於禮拜的儀式和宗教的問題無動於衷，仍然是貝都因人獨有的特性，他們抱著不在意的態度接受《古蘭經》的教義。仍然有一些頑固的殘餘分子堅持祖先的宗教和自由，對於穆罕默德極力摧毀的偶像，塔耶夫（Tayef）的聯軍發誓要加以保護，從而產生胡內因（Honain）之戰。四千名異教徒在暗中進軍，加快速度前去襲擊征服者，他們憐憫並藐視古萊須人的怠惰和因循，還要依靠失敗者的加盟和支助，只是他們不知古萊須人不久以前已經背棄他們的神明，寧願接受敵人的壓迫和鞭策。先知展示麥地那和麥加的旗幟，成群的貝都因人增加軍隊的實力或數量。一萬兩千名冒失的穆斯林認為自己具有無可匹敵的威力，一點都不害怕狂妄自大造成的後果。他們在毫無接戰的準備進入胡內因山谷，兩邊的高地被塔耶夫聯軍的弓箭手和投石手占領，處於兵力劣勢、軍紀混亂和士氣渙散的狀況，古萊須人看到穆斯林即將遭到殲滅的命運，認為可報大仇不禁喜笑顏開。

騎著白騾的先知已經為敵軍包圍，他想對著長矛衝上去求得光榮的殉難，十名忠誠的同伴用武器和胸膛加以阻擋，其中三名當場陣亡在他的腳下。他在氣憤之餘悲痛的大叫：「各位弟兄！我是阿布都拉的兒子，我是真理的使徒。啊！大家要堅持虔誠的信仰。啊！真主請趕快前來拯救我們。」他的叔父阿拔斯就像荷馬筆下的英雄，用極為洪亮的聲音宣示真主的恩惠和應許，使得整個山谷產生回響，飛散逃走的穆斯林開始集結在神聖的旗幟四周。穆罕默德看到高漲的士氣感到極為欣慰，他的卓越指揮和身先士卒扭轉局面，不斷用言詞和行動激勵得勝的軍隊，要對讓他們蒙羞的敵人施以無情的打擊和報復。

他毫不遲疑從胡內因的戰場進軍，對位於麥加東南六十哩的塔耶夫實施圍攻作戰。該處是一個堅固的城堡，肥沃的土地正在阿拉伯沙漠的中央位置，生產敘利亞所需的各種水果。有一個友善的部族精通各種圍攻作戰的技術，供應攻城撞車和投射機具，再加上五百名各種工匠。穆罕默德願意把自由賜給塔耶夫的奴隸，顯然沒有收到期望的效果，果樹全部砍倒也違背自己所制定的法律。他要礦工在地下開挖坑道，好讓部隊從缺口發起突擊。圍攻作戰進行二十天，先知發出撤收的信號，退兵之際唱著勝利的讚美歌曲，為這個不信真主的城市，裝模作樣的祈禱能夠澈底悔改和獲得安全。這是一次收獲豐碩的遠征行動，戰利品是俘虜六千人、駱駝兩萬四千頭、羊四萬隻和四千英兩白銀，一個參加胡內因之戰的部

族，用奉獻給神像的犧牲贖回被俘的人員。穆罕默德為了彌補信徒的損失，將應得的五分之一掠奪物分給士兵，希望他們獲得與蒂哈瑪（Tehama）行省的樹木一樣多的羊群。

　　他沒有懲罰古萊須人的不滿情緒，用異乎尋常的寬宏大量確保他們的忠誠，就是使他們的舌頭再也無法發出怨言，僅僅阿布・蘇斐安就獲得三百頭駱駝和二十英兩白銀的禮物，於是麥加死心塌地皈依《古蘭經》和有利可圖的宗教。這樣一來引起遷士和輔士的抱怨：他們負起戰爭的重擔，卻在勝利的論功行賞中受到忽略。手腕高明的領導者回答道：「唉呀！讓我用塵世的禮物安撫最近降服的仇敵，這些不穩的新入教者！我把生命和事業都交付給你們保護，你們是我流亡在外的同志、建立王國的同僚和共享樂園的同伴。」

　　塔耶夫害怕再次遭到圍攻，派出代表追隨在他的左右。「啊！真主的使徒，同意給我們三年的停戰時間，讓我們仍舊奉行古代的宗教。」「沒有什麼好說的，依皈連一時一刻都不可延後。」「至少讓我們免除祈禱的規定。」「宗教要是沒有祈禱，一切都會落空。」他們只有無言的屈服，所有的廟宇遭到摧毀，阿拉伯半島全部的神像都不能倖免於難。在紅海、大西洋和波斯灣的沿岸地區，他派出的部將受到一個虔誠民族的熱情擁護和歡迎，麥地那的寶座前面跪拜的使臣多如椰棗成熟的果實。整個民族服從真主和穆罕默德的權杖，貢金帶有侮辱的名稱遭到廢止，使用自願的捐贈和盡義務的什一稅，從事宗教的事務和活動，共有十一萬四千名穆斯林陪伴使徒進行最後一次朝聖。

　　赫拉克留斯從波斯戰爭班師回朝之際，在伊美莎接見穆罕默德的一名使臣，來人邀請全世界的君王和民族都信奉伊斯蘭教。處於宗教熱情的認知，阿拉伯人以為基督教的皇帝一定會暗中改變信仰，虛榮的希臘人捏造麥地那的君王曾經親臨訪問，從皇家的賞賜接受一個富裕的采邑，保證安全撤離敘利亞行省。赫拉克留斯和穆罕默德之間的友誼非常短暫，新興的宗教不會壓制撒拉森人的掠奪精神，反而更為增強可供使用的力量。一名使臣遭到謀害，提供入侵的現成藉口，三千名士兵攻擊巴勒斯坦地區，接著延伸到約旦河的東部。神聖的旗幟託付給柴伊德，新興的教派是如此嚴守紀律而且充滿宗教熱忱，即使最高貴的酋長在使徒的奴隸手下工作也毫無怨言。萬一他逝世，則由賈法（Jaafar）和阿布都拉相繼接替指揮，要是三位都不幸戰死，則授權部隊選出他們的主將。結果三位領袖都在穆塔（Muta）會戰陣亡，這是穆斯林對付外敵初試鋒芒的軍事行動。

　　柴伊德在戰陣的前列像士兵那樣倒下。賈法之死不但非常英勇而且事蹟令人難忘，他失去右手就把旗幟轉到左手，等到左手也被砍掉，就用血淋淋的雙臂抱住旗幟，直到全身有五十處光榮的傷口，倒在地上不能動彈為止。阿布都拉跳上來填補空出的位置，大聲喊叫道：「前進！大膽的前進！我們即使得不到勝利，也可以進入天堂的樂園。」羅馬人的一支長矛為他作出最後的決定，倒下的旗幟為麥加新入教的卡立德抓住，在他的手裡已經砍斷九把長劍，英勇的戰鬥阻止並擊退基督徒優勢兵力的進攻。當天晚上在營地舉行的會議上面，他受到推選成為全軍的總指揮，第二天運用巧妙的兵力調度，可以獲得勝利的保證，或讓撒拉森人順利撤退。卡立德的大名在自己兄弟和敵人之中流傳，榮獲「真主之劍」的美稱。

　　穆罕默德以先知的宗教狂熱情緒，在講壇描述受到祝福的烈士頭戴華麗的冠冕，私下仍然流露出凡人的天性，當他對著柴伊德的女兒流淚之際，使人大感

驚奇，詫異的信徒說道：「我怎麼會看見令人尷尬的場面？」使徒回答道：「你看到是一個人在悼念最忠誠的朋友離開人世。」完成麥加的征服，阿拉伯的統治者從表面上看來，像是要預防赫拉克留斯的敵意進行各種準備工作，接著卻正式公開向羅馬人宣戰，對於何其魯莽的冒險行動，他並不打算掩飾可能的艱苦和危險。他要鼓舞穆斯林的士氣，然而他們藉口沒有經費、馬匹和給養，現在正是收割的季節，炎熱的盛夏使人難以忍受。氣憤的先知說道：「地獄還要熱得多！」他不屑強迫他們進軍出戰，等到班師回朝再譴責犯下罪行的人，給予逐出教門五十天的處分。他們的瀆職更突顯阿布貝克爾和鄂斯曼的功勳，還有忠誠的夥伴不惜犧牲自己的生命和財產。

穆罕默德的麾下有一萬名騎兵和兩萬名步卒，進軍的行動真是艱辛備至、吃盡苦頭，沙漠的焚風和瘴癘的氣息增加困頓和乾渴，每十個人輪流乘騎一頭駱駝，最後只有不顧一切要殺死用處極大的動物，從牠的腹中取水解渴。大軍到達半路，就是分別離麥地那和大馬士革有十天行程的地方，他們在塔布克（Tabuc）的樹叢和泉水邊休息，穆罕默德不願超過心目中的位置進行戰爭。他公開聲稱已經滿足於和平的意願，也可能為東部皇帝的軍事部署嚇得不敢前進。行動積極而又英勇無畏的卡立德到處揚威，從幼發拉底河到紅海盡頭的艾拉哈（Ailah），先知接受許多阿拉伯部族和城市的歸順。穆罕默德對於基督教臣民，欣然保護他們的人身安全、貿易自由和財產貨物，容許他們信奉自己的宗教。他的阿拉伯兄弟過於軟弱，不敢限制他的野心，然而耶穌的門徒是猶太之敵的朋友，對世上勢力最大的宗教提出優惠的和談條件，完全符合征服者的利益。

11 穆罕默德的逝世和後事的安排（632年）

穆罕默德到達六十三歲，體力還能應付世俗和宗教使命帶來的辛勞。癲癇病的發作會讓人同情他而並不會引起厭惡，有關染疾的傳聞則完全是希臘人惡意的誹謗。據稱一名猶太婦女為了報復，在查巴對他下毒，這件事倒是讓眾人信以為真。他的健康狀況在四年之內變得很差，身體愈來愈虛弱，致命的打擊是十四天的熱病，高燒不退使他喪失語言表達的理性。等到他自己感覺大限已到，便以謙恭的態度和悔改的心情教誨門人弟子。使徒在講壇上說道：「我有沒有不公正的鞭打任何一個人？我在這裡願意讓他如數抽打我的背脊。我有沒有無故詆毀一位穆斯林的名譽？請他站出來當著大家的面指責我的錯誤。我有沒有搶奪哪一位的貨物？我願用為數不多的財產連本帶利償還全部債務。」

　　群眾當中響起一個聲音：「是有這麼一回事，我有權利要求三個銀幣。」穆罕默德聽取他的申訴，立即滿足他的願望，感激債主現在把話說清楚，沒有等到最後的審判日才提出要求。他用泰然自若的神情面對死亡，釋放奴隸使他們獲得自由（根據資料有十七個男性和十一個女性奴隸），對葬禮做出詳盡的指示，勸阻為他哭泣的朋友應該順變節哀，並且賜給他們和平的恩典。直到他逝世前第三天，還是按照規定舉行公眾的祈禱儀式，選擇阿布貝克爾接替他的職位，像是清楚表示要讓年邁而忠誠的老友，成為宗教和政治事務的繼承人。他非常審慎拒絕一次明確的提名，不僅危險而且會引起猜忌之心。就在他天賦的才智明顯削弱的時刻，他要人拿來紙張和墨水，寫出或者口述一部聖書，就他獲得真主的啟示做出最終的總結，這樣一來就在房間裡面引起爭論，是否會超越《古蘭經》代表的權威性，先知被迫在力不從心的狀況下指責門徒過於意氣用事。如果能就傳統的習俗對妻妾和同伴略盡綿力，他要在家庭成員的懷抱之中，維持使徒的尊嚴和狂熱信徒的理念，直到生命最後時刻的來臨。

　　他敘述加百列的親自來訪，要他向人間做永久的告別，不僅感激真主的仁慈，也對祂的恩惠表示真誠的信心。雙方進行親切的交談，加百列提到他應有的特權，死亡的天使沒有獲得先知的同意，不會擅自攫走他的靈魂。要求得到應允後，穆罕默德立即陷入解脫的痛苦之中。他把頭枕在最心愛的妻室阿伊夏（Ayesha）的膝上，劇烈的疼痛使他昏厥過去。等他恢復知覺，抬起頭來眼望著屋頂，雖然聲音有些顫抖，神志卻非常清醒，斷斷續續說出幾句明晰的話語：「啊！大仁大慈的真主！赦免我的罪……是的……我來……要與天國的同胞在一起。」躺在鋪著毛毯的地板上面安詳逝世（632年6月7日）。

　　悲痛的喪事使敘利亞的遠征行動中止，軍隊停駐在麥地那的幾座城門，酋長圍繞在臨終主子的四周。先知的城市特別是停靈的房屋，到處響起哀傷的喊聲或絕望的飲泣，只有狂熱的宗教情緒能激起一絲希望和撫慰，「他是我們在真主面前的見證人、求情人和連絡人，怎麼可能會死呢？靠著真主的恩典他並沒有過世，就像摩西和耶穌一樣，只是陷入神聖的昏迷狀況，很快會回到忠誠的子民中間。」奧瑪根本不承認傳來的噩耗，拔出他的彎刀威脅那些不信神的人，誰敢說先知已經死去，便要將他的頭砍下來。阿布貝克爾憑著懾人的威望和冷靜的態度，平息極其混亂的局面。他對奧瑪和在場的人群說道：「你們頂禮膜拜的對象，究竟是穆罕默德還是穆罕默德的真主？穆罕默德的真主有不朽的永生，使徒像我們一樣是凡人，根據他的預言要經歷必死的命運。」親近的家人非常虔誠地把他埋葬在最後咽氣的位置。麥地那由於成為穆罕默德謝世和奉安的地點而受到

敬仰，無數前往麥加的朝聖客，經常轉離大道來到先知簡樸的墓地，抱著誠摯的心情躬身致敬。

12 穆罕默德的性格作風、私人生活和妻妾後裔

　　穆罕默德去世後，應該蓋棺論定他一生的功過，對於這樣一位極為特殊的人物，究竟應該決定稱他為狂熱信徒還是江湖騙子何者更為適當。即使我與阿布都拉的兒子有很深的私交，這件工作仍然相當困難，不能保證可以恰如其分。相距十二個世紀的時空，我只能透過香火瀰漫的宗教隱約注視他的身影，就算我能描繪出某一時刻的形象，那也只是一種飄浮的類似之感，並不完全適合於希拉山的孤客、麥加的導師和征服阿拉伯的君主。這場巨大革命的領導人似乎具有虔誠和沉思的天性，婚姻使他脫離困苦的處境，決心避免走上野心和貪婪的道路，直到四十歲還過著清白的生活，很可能沒沒無聞終生如是。一神論的概念最能迎合自然與理性，只要同猶太人和基督徒談話，他們便會告訴穆罕默德，麥加的偶像崇拜是多麼的醜鄙可恥。身為人類一分子和市民有責任宣揚獲得救贖的理論，把自己的民族從罪孽和過失的困境解救出來。心靈的力量要是執著單一的目標，便會將普通的義務轉變為特殊的天職，基於個人的理解或幻象產生熾熱的聯想，使人認為是來自上天的啟示，極其用心的思考也會在狂喜和幻影當中消失無蹤，內在的激情是隱形的監視者，賦予的形象和屬性描述為真主的天使。從狂熱信徒到江湖騙子的進展不僅危險而且易於失足，蘇格拉底的神靈提供令人難忘的例證，那就是一個聰明的人如何欺騙自己，一個善良的人如何欺騙別人，以及在自我迷幻和存心作假之間，如何使良知沉溺於混雜和中庸的兩難狀況。

　　人們基於善意相信穆罕默德的原始動機不外乎純潔和真正的仁慈，只是一個有人性弱點的傳教士，不可能喜愛生性頑固的不信者，他們拒絕他的主張，藐視他的論點，還要迫害他的生命。他可以原諒個人之間的爭執，卻一定會依據律法的要求痛恨真主的仇敵。穆罕默德的胸中燃起驕傲和報復的嚴苛激情，就像尼尼微的先知一樣，要毀滅受到他譴責的叛徒。麥加的不公和麥地那的抉擇，使得普通市民搖身一變成為君王，卑微的傳道士能夠領導軍隊。他的寶劍按照聖徒的先例加以神聖化，大能的神明使有罪的世界飽受瘟疫和地震的災難；可能為了授意人們皈依或給予責罰，才讓侍奉他的人有戰鬥的勇氣；為了行使政府的統治權力，他被迫減輕嚴峻的宗教狂熱作風，有時還要順從追隨者的偏見和激情，甚至利用人類的罪惡當作獲得救贖的工具。欺騙、叛逆、殘酷和偏激的行為，經常有

助於信仰的宣傳。對於從戰場上逃生的猶太人或偶像崇拜者，穆罕默德指使或贊同對他們進行暗殺的行動。可恥的事件一再發生，穆罕默德的形象必定逐漸受到汙蔑和損毀。一位先知要在個人和社會的德行方面有所表現，才能在信徒和友伴中間維持良好的名聲，諸如此類罪惡的習慣產生的影響，形成無法彌補的缺失。

在穆罕默德的最後幾年，野心主宰了一切，只要是政治家難免會有所懷疑，認為他對年輕人的宗教狂熱和入教者的淺薄無知，必然會在暗中偷笑（這個大獲成功的江湖郎中！）。要是哲學家則會表示，教徒的輕信和先知的成功，更會額外加強完成神聖使命的保證，使他的利益和宗教密不可分連繫在一起，只有他獲得神的特許，免於法律和道德的約束，即使放縱自己的行為，深信自己的良心會得到撫慰。如果他還保有絲毫純良天性，穆罕默德的罪孽在於當成誠摯的證據。只要獲得真理的支持，欺騙和謊言的手法或許可以減輕所犯的罪行。他為了達成重要和正義的目標，對於手段的卑鄙才不會感到難堪。甚至在一位征服者或教士的身上，我也會偶爾察覺表現真正人性的一言一行。穆罕默德的命令規定，出售奴隸母親不得與她的子女分離，看來可以緩和史家大肆譴責的言辭，甚或使他們難以開口。

見識高人一等的穆罕默德厭惡皇室的排場，真主的使徒參與由奴僕擔任的家務工作，他親自生火、打掃、擠奶、修補自己穿的鞋子和羊毛衣服。他雖然瞧不起隱士的悔罪和修行，卻還是能夠捨棄虛榮的生活，像阿拉伯人或士兵享用極為簡單的飲食。他遇到盛大的節日會用豐碩的農村食物宴請所有的友伴，至於平素的家庭生活，先知的爐灶經常幾個星期不會生火。他以身作則厲行禁酒，飢餓時只吃少量大麥麵包。雖然他極為喜歡牛奶和蜂蜜，經常的飲食卻不過是椰棗和清水。香料和女人兩種情欲享受合乎天性的要求，在宗教上不加禁止。穆罕默德非常肯定的說明，純真無害的歡愉可以增強虔誠的信仰。炎熱的氣候使阿拉伯人的血脈賁張，古代的作家早已注意其淫蕩的氣質。放縱的行為完全靠《古蘭經》的民事和宗教規定加以節制：亂倫的聯姻受到譴責；數量無限的多妻制最後定為四個合法的妻妾（穆罕默德用多妻制度來平衡兩性之間過高的死亡差異率，尤其是熱帶地區女性生殖力的早衰，同時從《古蘭經》的經文還可以看出他嚴禁蓄妾。至於規定四位妻室，他自己並不受此一規定的約束），她們有輪流過夜和支配嫁粧的權利；並不鼓勵離婚的自由；通姦當作重罪給予嚴懲，不論男女發現苟合一律給予一百皮鞭的處分。這些從而表明立法者清醒而理性的教諭，只是在個人的私生活，穆罕默德放縱男性的慾念，濫用先知的職能。一次特別的啟示使他免於律法的規範，他卻強加在整個民族的身上。所有的女性毫無保留可以任他為所欲

為。奇異的特權就虔誠的穆斯林看來，只會引起羨慕和尊敬，不會帶來反感和嫉妒。

　　要是我們想起智者所羅門有七百名妻室和三百名侍妾，反而會稱許這位阿拉伯人何其謙虛，他只娶了十七或十五名妻子，可舉出十一名婦女單獨住在麥地那先知房屋的四周，輪流享受婚姻生活帶來的寵愛，特別令人感到不可思議之處是，身邊的女人除了阿布貝克爾的女兒阿伊夏，全部都是丈夫亡故的寡婦。阿伊夏無疑是處女，她和穆罕默德舉行婚禮時僅有九歲（當地的氣候竟然使人早熟到這種程度）。她的年輕、貌美和性情能夠具有優勢的地位，獲得先知的專寵和信任，穆罕默德過世以後，阿布貝克爾的女兒有很長一段時間被尊為信徒之母。

　　阿伊夏的行為曾經啟人疑竇而且非常輕浮，一次夜間行軍，她偶然留在隊伍後面，第二天早晨才與一名男子回到營地。穆罕默德的本性十分善妒，而真主的啟示使他確認她的清白，於是斥責出面指控的人，為了家室的安寧特別頒布一條法令：除非有四名男性證人親眼看到通姦行為，否則不能對一名婦女定罪（在一個極其出名的案例中，哈里發奧瑪裁定所有非直接的推定證據都沒有效力，四個證人必須確實親眼看見性交的行為才算數）。他與柴伊德的妻子珍妮布（Zeineb）以及一名埃及女俘虜瑪麗私通，可見多情的先知完全不顧自己的名聲。柴伊德是他釋放的奴隸，後來成為養子，他在柴伊德家裡從單薄的衣服看到珍妮布美麗的身體，立即大聲發出讚美和愛慕之情。自由人出於奴性或感激之心，非常了解他的暗示，毫不猶豫地滿足恩人的愛情。克盡孝道的關係也引起一些懷疑和物議，於是加百列天使從天堂下來協助處理此事，廢除雙方的收養關係，溫和的斥責先知有負真主對他的恩惠。

　　奧瑪的女兒海弗娜（Hafna）是他的妻室之一，意外看到穆罕默德在她的床上與埃及女俘虜瑪麗擁抱在一起，海弗娜答應保守祕密也原諒他的行為，穆罕默德則發誓不再跟瑪麗發生關係。雙方都不再提這段交往，加百列卻再次帶著《古蘭經》的一節經文降臨，解除他所承諾的誓言，讓他可以盡情享受俘虜和侍妾，根本不需理會妻室的怨言。於是他與瑪麗在一個隱蔽的地點單獨相處三十天，以遵從天使的命令。等到他的愛情和報復得到滿足，就把十一個妻子召喚到面前，譴責她們不聽從他的指示和言行不夠檢點，並且威脅要與她們離婚，無論是今生來世都完全斷絕關係。這可是令人心驚膽戰的判決，因為任何人只要與先知發生肉體關係，就完全喪失結第二次婚的希望。

　　穆罕默德荒淫無度或許起於傳說中的天賦異稟，他的男子漢雄風等於三十個亞當子孫，先知完成第十三個功業的能力可以媲美希臘的海克力斯。此外更為

嚴肅而獲得認同的理由來自他對卡蒂嘉的忠貞，長達二十四年的婚姻生活當中，年輕的丈夫一直放棄多妻制的權利。可敬的貴夫人高傲或柔情，從來不曾因為情敵的出現而受到侮辱。穆罕默德在卡蒂嘉死後將她算為四個完美婦女之列，其餘三位便是摩西的妹妹、耶穌的母親和他最愛的女兒法蒂瑪（Fatima）。阿伊夏仗著年輕貌美很驕傲的問道：「卡蒂嘉不是已經很老了嗎？真主不是用更好的人來取代她了嗎？」穆罕默德懷著真誠的感激之情說道：「妳說的不對，憑著真主之名，沒有人比她更好。當人們藐視我的時候，她始終相信我。我受到世人的迫害陷入潦倒的困境時，只有她解救我。」

宗教和帝國的創始人渴望眾多的子息和嫡系繼承人，一夫多妻制的最大好處是能增大獲得的機會。穆罕默德最後還是完全失望，無論是身為處女的阿伊夏或他所娶正在盛年而證明有生殖能力的十個寡婦，在他全力效命之下始終沒有成果。卡蒂嘉的四個兒子都在童稚之時夭折，埃及侍姜瑪麗生了伊布拉希姆（Ibrahim）以後受到他的專寵，但先知後來只能對只活了十五個月就死亡的幼兒流淚哭泣。他用堅定的態度忍受仇敵在背後說風涼話，對於穆斯林教徒的奉承或輕信加以勸阻，向他們提出保證，一個幼兒的死亡不會引起日蝕。卡蒂嘉同樣也生下四個女兒，都嫁給最忠誠的門徒，三個年長的女兒早於父親過世，只有法蒂瑪最得他的信任和歡心，後來成為堂叔阿里的妻子，繁衍的後裔獲得舉世盛名。阿里和他的子孫建立的功勳和遭遇的不幸，等於提早告訴我他們會成為撒拉森人的哈里發，眾所周知的頭銜被用來稱呼教徒領袖，他們是真主的使徒在世上的代理者和繼承人。

13 穆罕默德的傳承和哈里發的接位（632-655年）

阿里的出身、婚姻和個性使他躍升到其餘的同胞之上，有權利要求繼任阿拉伯已經空出的寶座。就他身為阿布·塔里布之子的條件來說，既是哈希姆家族的族長，也是麥加這座城市和廟宇的監護人或世襲的君主。預言之光已經熄滅，法蒂瑪的丈夫可能期望得到她父親的傳承和恩賜。阿拉伯人有時也會容忍女性的統治，先知的兩個外孫在他的膝下受到撫愛，也在他的講壇上向大家展現，他們是他老年的希望所託，使他能夠享受含飴弄孫之樂。首位真正的信徒渴望在塵世進軍的時候，能僅次於先知走在眾人的前面。即使有些人表現得更為莊重和嚴謹，沒有一個新近的改宗者能夠超越阿里的熱忱和德行。他具備詩人、士兵和聖徒的綜合氣質，從蒐集到有關他倫理和宗教的語錄，把他的智慧表現得淋漓盡致。無

論是言辭的辯論或戰場的搏鬥，他的對手總是屈服在他的口才和勇氣之下。使徒從傳教的初期到最後的葬禮，忠心耿耿的朋友一直追隨在身旁，所以他樂於稱呼阿里是他的兄弟和代理人，如果穆罕默德是像摩西一樣的先知，那麼阿里就是忠誠的亞倫（Aaron）。

　　阿布‧塔里布的兒子後來受到指責，說他忽略利益的維護，沒有就自己的權利提出嚴正的宣告，否則會使所有的競爭對手銷聲匿跡，他也沒有假借上天的旨意，保證他的繼承成為事實。毫不懷疑的英雄透露，穆罕默德對帝國的權力抱著猜忌的心理，也可能害怕引起反對的意見，所以才會延宕下達決定的時機。躺在床上的病人被富於心機的阿伊夏包圍，她是阿布貝克爾的女兒也是阿里的仇敵。先知沒有交代後事的死亡，等於使人民恢復自由，他的友伴要召集會議進行討論選出繼承人。阿里世襲的權利和高昂的姿態，觸怒資深前輩的貴族體制，他們想用自主而且經常辦理的選舉，獲得授與最高職位的權力俾能重新掌握權杖。古萊須人絕不會與哈希姆家族高傲的傑出人士妥協，於是部落之間再度引發古老的衝突。

　　麥加的遷士和麥地那的輔士大力宣揚各自的功勳。非常草率的建議竟然要選出兩位各自為政的哈里發，會使撒拉森人的宗教和帝國在幼年期分崩離析。奧瑪用公正無私的決定安撫喧囂的動亂，並突然宣布放棄自己的權利，伸出手臂公開擁護溫和的阿布貝克爾，願意成為德高望重長者的首位臣民。處於狀況極為緊急的時刻加上民眾的默許，非法與倉促的權宜措施獲得充分的理由，奧瑪在講壇上面發表聲明，如果任何一個穆斯林敢投票贊同他的兄弟，不論是選舉人或被選舉人都應該處死。

　　阿布貝克爾舉行簡單的就職典禮（632年6月7日），麥地那、麥加和阿拉伯半島各行省都服從他的統治。只有哈希姆派拒絕效忠宣誓，他們的酋長在自己的家族，保持一支慍怒而獨立的後備部隊達六個月之久，根本不理會奧瑪的威脅，奧瑪甚至企圖燒毀先知女兒的居處。法蒂瑪的逝世和黨派的衰落，削弱了阿里的憤慨之氣，他只有遷就現實向教徒領袖致敬，接受他的藉口是為了需要防備共同的敵人，並很明智的拒絕他那殷勤的提議，說是要放棄統治阿拉伯人的權力。

　　年邁的哈里發阿布貝克爾即位兩年接受死神召喚，他的遺囑要把權杖授與堅定和無畏的奧瑪，獲得同伴心照不宣的贊成（634年7月24日）。謙遜的候選人說道：「我沒有理由接下這個職務。」阿布貝克爾回答道：「空出的位置交給你有充分的道理！」他在熱烈的祈禱當中逝世，穆罕默德的真主會批准他的選擇，指出穆斯林要走上同意和服從的道路。祈禱並不是沒有發揮應有的效果，阿里過

著退隱和虔誠的生活，公開宣稱尊敬對手優勢的身價和地位。奧瑪刻意奉承用來安撫他失去帝國，不僅是優渥有加而且極為禮遇。哈里發在統治第十二年被一名凶手刺殺受了重傷，他用同樣公平的態度拒絕提名自己的兒子或者要阿里取而代之，不願負擔繼承者的罪過來增加良心的不安，把推選教徒領袖極為困難的任務，交託給六位最受尊敬的同仁。遇到難得的機會，阿里接受無法逃避的職務，成為六個推選人之一，等於承認他們有裁量權，將自己的繼承權利屈服於眾人的判決，因而再度受到友人的責難。他要是答應嚴格而屈辱的妥協條件，可能就會獲得推選，那就是不僅要遵從《古蘭經》和傳統，還包括兩位資深長者決定的事項。

穆罕默德的祕書鄂斯曼在限制條件之下，接受統治國家的權力（646年11月6日）。等到第三任哈里發去世，已經是先知死後二十四年的事。在民意的要求之下，授與阿里統治和宗教的最高職位。阿拉伯人的習性是能安於簡樸的生活，阿布·塔里布的兒子輕視塵世的排場和虛榮。他在祈禱的時刻前往麥地那的清真寺，穿著單薄的棉布長袍，戴上質地粗糙的頭巾，一隻手拿著自己的拖鞋，另外一隻手執弓當作行路用的拐杖。先知的友伴和部族的酋長前來向新的統治者致敬，用右手向他行禮表示效命和忠貞。

14 穆罕默德的偉業和伊斯蘭教的勝利

我們毫不諱言，穆罕默德的才華值得我們大加頌揚，他的成功有些地方或許引起過譽之辭。成群的改信者竟會接受一個能言善辯狂熱分子的教義和激情，難道不會讓我們感到無比驚奇？教會的異端也採用同樣的誘騙方式，從最早的使徒時代到宗教改革，一直不停有人重複嘗試。一個普通市民竟能抓住軍隊和權柄，統治自己的同胞，運用得勝的武力建立一個君主國家，難道會是讓人無法相信的事？東部有如走馬燈的改朝換代，一百多個幸運的篡奪者從更卑賤的出身登上寶座，克服更為艱險的阻礙，擴大帝國和征戰的範圍。穆罕默德獲得同樣的教導要一面傳教一面戰鬥，把兩種相彼此對立的特性結合在一起，既能提升他的能力，也有助於他的成功。強制和規勸、狂熱和恐懼相互作用，直到一切障礙讓步給無堅不摧的力量。他的聲音呼喚阿拉伯人奔向自由和勝利、戰備和掠奪、縱情於現世和來生的歡樂。他強加的限制為建立大眾對先知的信心所必需，為履行人民的順從所必需，對於他的成功唯一的抗議是他提出理性的信條，也就是有關神的單一和完美。

　　先知的宗教讓我們吃驚不已，不在於傳播的方式而是恆久的特性。他在麥加和麥地那給人帶來純正和完美的印象，經歷十二個世紀的變革，縱使印度人、阿非利加人和土耳其人改信《古蘭經》，仍然能夠毫無變化的保留下來。要是基督教的使徒聖彼得或聖保羅能回到梵蒂岡，他們可能會問，在這個宏偉的廟宇裡面，用如此神祕的儀式禮拜的神明，究竟應該怎麼稱呼。他們到了牛津或是日內瓦，倒是不會那樣吃驚，仍要盡責去閱讀教會的教理問答，研究正統注釋家對他們的作品或上主的說話所做的評論。然而聖索非亞教堂的土耳其圓頂代表穆罕默德在麥地那親手立起的簡陋盧幕，只是建築更巨大更宏偉而已。穆斯林不斷抗拒變更和改革的誘惑，會把他們信仰和崇拜的對象降低到人類感覺和想像的水平。「我相信唯一的真主，穆罕默德是阿拉的使徒」是伊斯蘭教永遠不變的簡單信條，神的睿智形象不會遭到任何可見偶像的褻瀆。先知的榮譽也未超出人類德行的範疇，他那生動鮮明的道理會把門人弟子的感激之情，限制在理性和宗教的格局之內。

　　阿里的信徒把心目中的英雄、他的妻子和兒女視為神聖不可侵犯，於是有些波斯的神學家找到藉口，認為神的本質已經表現在伊瑪目的身上，迷信的觀念普遍受到遜尼派信徒的譴責。他們表現拒不接受的行為，已經及時向大家提出警告：「不可崇拜聖徒及殉道者。」有關神性的形而上問題和人的自由，穆斯林如同基督徒，教派與教派產生激烈的爭辯，只是前者不曾煽起人民的情緒或擾亂城邦的安寧。此一重大差異的原因出於皇權和教權的分離或聯合。哈里發是先知的繼承人和忠誠信徒的指揮官，盡力壓制和阻止一切宗教的改革，最能符合他的利益。伊斯蘭教徒根本不知道教士的教階、紀律以及世俗和宗教的野心，智者的律法就信徒而論是良心的指導和信仰的神論。

　　從大西洋到恆河，《古蘭經》不僅被視為神學的基本原理，而且包括民事和刑事的法律體系。規範人類的行為和財產的準則和條款，受到真主意志的保護，祂的認可絕無謬誤而且永恆如一。宗教的奴性伴隨若干運作不便之處，不識字的立法人員經常為自己以及國人的偏見帶來誤導，阿拉伯沙漠的制度並不一定適合生活富庶和人口眾多的伊斯巴罕和君士坦丁堡。發生難以通用的狀況，宗教法官會很恭敬將聖書頂在頭上，提出一個變通的解釋處理有關的問題，頗能符合公平的原則以及當時的習俗和政策。

　　就穆罕默德的為人處世最後應該考慮的方面而論，在於他對公眾的幸福產生有利或有害的影響。即使極為凶惡而又頑固的基督徒或猶太人仇敵也會承認，他奉行錯誤的使命灌輸有益的教義，只是堅持的教義不如他們那樣完美而已。他非

常虔誠的認定，對信徒的預先啟示具備真理和神聖的特性，以及創始人的德性和奇蹟，要當成他的宗教即伊斯蘭教的基礎。阿拉伯地區的偶像在真主的寶座面前被砸得粉碎，早年用人奉獻犧牲流出的鮮血，為祈禱、禁食、施捨和表示虔敬各種有利無害的方式沖洗得乾乾淨淨。他描繪想像中來世的獎賞和懲罰，符合無知而好色一代的品味。穆罕默德也許沒有能力提出一個道德和政治的體系供他的同胞運用，然而他在信徒的心裡灌輸仁慈和友愛的精神，提倡社會公德的實踐和履行，以他的法律和教條制止報復的渴求和對寡婦孤兒的欺凌。

敵對的部族在信仰和服從之下聯合起來，過去無謂消耗於內部爭執的精力，全部用來對付外在的敵人。如果衝突不是那樣強而有力，對內能夠保持自由而對外所向無敵的阿拉伯，在當地君王的傳承下會生生不息的繁榮，後來卻因征戰的擴張和迅速導致統治權的喪失。阿拉伯民族的殖民地散布到東部和西部，他們與新入教者和俘虜的血統相互混合。經過三代的哈里發統治之後，寶座由麥地那遷到大馬士革河谷和底格里斯河兩岸。兩座聖城受到瀆聖戰爭的侵犯，阿拉伯半島被一個臣民用武力征服，而且還是遠來的異鄉客。沙漠裡的貝都因人從統治的美夢當中清醒過來，恢復從前古老而孤寂的獨立生活。

第二十一章
傳播與擴張（632-1055 年）

1 阿拉伯人建立龐大的哈里發帝國（632-718 年）

伊斯蘭教紀元一世紀的末葉，哈里發是全世界最有權勢的絕對君主。他們具有在法理或實質方面都毫無任何限制的統治特權，姑且不論所謂的限制是來自貴族的實力、平民的自由、教會的權柄、元老院的選舉，還是對共和國制度的記憶。穆罕默德的友伴建立的權威隨著他們的生命一同消逝，阿拉伯部族的酋長或埃米爾在沙漠之中，只留下平等和獨立的精神。先知的繼承人兼備帝王和僧侶的雙重性質，如果說他們的行為受《古蘭經》的規範，然而對這本聖書而言，他們才是高高在上的審判官和解釋者。他們運用征服的權力來統治東方的民族，須知這些民族根本不知道自由為何物，都已養成讚許暴君的習慣，所有虐待和嚴苛的行為都以他們為犧牲品。

在奧米亞王朝最後一位哈里發統治之下，阿拉伯帝國從東延伸到西的距離是兩百天的行程，也就是從轄轄地區和印度的邊界到大西洋的海岸。要是我們把長袍的袖子省略不算，這是阿拉伯作家的說法，阿非利加是長而狹的行省就像袖子，剩下完整而緊湊的疆域從法加納（Fargana）到亞丁（Aden），以及從塔蘇斯到蘇拉特（Surat），四方形的每一個邊要是加以測量，那是商隊要走四或五個月的距離。尋找穩固不變的聯合與心甘情願的順從是不切實際的妄想，然而在奧古斯都和安東尼努斯的政府瀰漫類似的氣氛。伊斯蘭教的進展是出於言行的一致，才能散布到如此廣大的空間。在撒馬爾罕和塞維爾用同樣虔誠的態度研究《古蘭經》的語言和法律；摩爾人和印度人在麥加朝聖，就像同胞和弟兄擁抱在一起；從底格里斯河向西，所有的行省都採用阿拉伯語當成流行的方言。

阿拉伯人首次從沙漠中崛起，必定會為其成功的容易和快速而驚奇不已。他們步上勝利之途，到達印度河的兩岸和庇里牛里山的頂峰。他們一再試用銳利的彎刀和信仰的力量，發現沒有任何民族能夠抵擋他們戰無不勝的軍隊，也沒有任何邊界能夠限制先知的繼承人擴展疆域，更是使他們感到不可思議。說實在倒是可以把士兵和教徒的信心當作成功的主要因素。態度平和的史家必須費盡力氣追

隨撒拉森人快速的行動，一直想要提出解釋和說明，教會和國家能用什麼方法和手段將他們從迫近的危險拯救出來，但似乎已經是在劫難逃。錫西厄和薩瑪提亞的沙漠靠著面積的廣袤、氣候的嚴酷和人民的窮困獲得保護，何況還有勇氣十足的北國牧人；中國不僅路途遙遠而且很難進入；除此以外，位於溫帶的絕大部分地區已向伊斯蘭的征服者稱臣，連年戰禍和精華行省的喪失使希臘人陷入民窮財盡的困境，歐洲的蠻族也為哥德王國的不堪一擊感到膽戰心驚。

基於全面進行探索的著眼，我必須將歷史的真相交代清楚，發生重大事件將我們的不列顛祖先和高盧鄰居，從《古蘭經》的民事和宗教桎梏解救出來，不僅保護羅馬教廷的尊嚴，以及延緩君士坦丁堡遭受奴役的命運，鼓舞基督徒發揮抵抗的精神，對他們的敵人散布分裂和衰敗的種子。

2 阿拉伯人圍攻君士坦丁堡及簽訂和約（668-677年）

穆罕默德從麥加出亡不過四十六年，他的門徒全副武裝出現在君士坦丁堡的城牆外面。先知的話無論真假同樣激起奮勇直前的士氣：對於第一支圍攻凱撒城市的軍隊，他們的罪孽全可獲得赦免。自古以來羅馬人的光榮戰績，將會轉移到新羅馬征服者的身上，君士坦丁堡經過挑選的位置用來當作皇家的都城和貿易的中心，積存世界各國的財富。哈里發穆阿偉亞打倒他的敵手篡固王權，馬上發起神聖的遠征行動，急著要拿勝利和光榮為血腥的內戰贖罪。他用海陸並進的準備工作對付極其重要的目標，把指揮大權授與一位身經百戰的勇士蘇斐安（Sophian），葉茲德（Yezid）親身參加更激勵部隊旺盛的鬥志，後者是教徒領袖的兒子和推定繼承人。希臘人的前途堪慮，使他們的敵人有恃無恐，統治的皇帝缺乏勇氣和警覺之心，只能拿他的祖父赫拉克留斯在晚年不光彩的事蹟作為榜樣，他取名君士坦丁也是一種侮辱。撒拉森人的水師沒有受到耽誤和阻礙，通過毫無防衛能力的海倫斯坡海峽。

阿拉伯的艦隊在港灣停泊妥當，部隊在距城市七哩的赫布多蒙宮殿附近下船。幾天之內從早到晚絡繹不絕的攻城序列，由君士坦丁堡城門之一的金門向著東邊的海岬展開，後續縱隊的數量和壓力迫使最前列的勇士發起突擊，然而圍攻者對於君士坦丁堡的實力和資源評估不夠正確。人數眾多和紀律嚴明的守備部隊，防衛堅固而高聳的城牆，他們的帝國和宗教已經面臨生死存亡的關頭，羅馬人重新燃起堅忍不拔的精神。流亡人員從遭到征服的行省陸續來到，就像防守大馬士革和亞歷山卓一樣，再度奮戰到底。火攻發揮奇特而驚人的效果，使撒拉

森人的士氣大受打擊。希臘人堅強而有效的抵抗使阿拉伯部隊轉移目標，對普洛潘提斯海周邊的歐洲和亞洲海岸，進行更為輕鬆的掠奪性襲擊。他們控制整個海面從四月直到九月，冬季來臨之前從首都後撤八十哩，在西茲庫斯島建立戰利品和糧食的倉庫。阿拉伯人的耐性毅力是如此倔強頑固，作戰行動反而顯得委靡不振，後續的六個夏季重複同樣的攻擊和撤退。他們的希望和勇氣在戰鬥和火攻之下逐漸化為烏有，直到海難和疾病帶來惡運，迫得放棄毫無成果的冒險行動。他們悲悼三萬穆斯林的殉教和損失，也為他們死得其所感到慶幸，能在君士坦丁堡的圍攻犧牲性命。

只有阿布·阿優布（Abu Ayub）或約伯（Job）的葬禮使基督徒感到好奇。這位德高望重的阿拉伯人是穆罕默德碩果僅存的友伴，也是麥地那的輔士，曾經用自己的身體掩護在奔逃中先知的頭部。他年紀輕輕就投身神聖的旗幟之下，參加貝德爾和烏胡德兩次會戰的搏鬥，到了壯年是阿里的朋友和追隨者，暮年還要奉獻剩餘的精力和生命，為了對抗《古蘭經》的敵人，犧牲性命在遙遠和危險的戰爭。他的光榮事蹟受到大眾的尊敬，埋葬的位置受到忽略也被人遺忘，要過了七百八十年以後，直到君士坦丁堡為穆罕默德二世攻占為止。及時出現的幻象（每種宗教都會使用類似的手法）顯示了這個神聖的地點，就在靠近海港的城牆下面。於是歷任的土耳其蘇丹都選擇阿優布清真寺，舉行儀式簡單和表揚武德的就職典禮。

圍攻失利無論在東方和西方都恢復羅馬軍隊的聲譽，對於撒拉森人的光榮戰績投下為時短暫的陰影。希臘使臣在大馬士革受到優容，他與埃米爾或古萊須族重要人士舉行會議，兩個帝國之間簽訂為期三十年的和平條約或停戰協定，主要的條款是定出每年的納貢：阿拉伯人要付出五十匹純種血統的駿馬，五十個奴隸和三千金幣，使得教徒領袖的尊嚴大受打擊。年邁的哈里發渴望保有他的領土，餘生能在平靜的氣氛中頤養天年。就在摩爾人和印度人聽到他的名字驚顫不已之時，他的皇宮和大馬士革城池受到馬代特人（Mardaites）或馬龍教派（Maronites）的襲擾。異端的教派位於利班努斯山脈成為帝國最堅強的屏障，後來希臘人基於啟人疑竇的政策，將他們解除武裝再予以遷離。

奧米亞家族在阿拉伯和波斯連續發生叛變以後，王國統治的地區縮減到敘利亞和埃及，災難和畏懼迫使他們依從基督徒的強行索取，貢金增加到在每一個陽曆年的三百六十五天，每天要給付一個奴隸、一匹馬和一千個金幣。等到帝國再度統一在阿布都馬立克（Abdalmalek）的武力和策略之下，他拒絕接受代表奴役的標誌，這不僅違背他的良知更加傷害他的自尊，便停止支付貢金。查士丁尼二

世瘋狂的暴政引發臣民的叛亂，還不斷變換敵手和繼承人，使得憤怒的希臘人無力採取任何行動。阿布都馬立克鞏固穩定的統治之前，撒拉森人能夠隨心所欲據有波斯人和羅馬人的財富，尤其是克司洛伊斯和凱撒的錢幣就感到非常滿意。在位的哈里發頒布命令，設立一個國家的製幣廠，雖然受到膽怯的法理學家嚴厲指責，還是在金幣和銀幣上雕刻第納爾（Dinar）的字樣，用來稱頌真主和穆罕默德的偉大。在瓦立德（Waled）哈里發的統治之下，公眾的稅收紀錄不再使用希臘的語文和數字；如果有助於創造和推廣現行阿拉伯或印度的十進位制，那麼對於促進算術、代數和數理科學的發展，這項官方規定產生了重大的作用。

3 第二次圍攻君士坦丁堡和希臘火的運用（716-718年）

　　瓦立德哈里發坐在大馬士革的寶座上面無所事事的時候，他的部將完成對河間之地和西班牙的征服，撒拉森人第三支大軍遍布小亞細亞各行省，快要接近拜占庭都城的邊界。第二次圍攻的大舉進擊和羞辱敗逃，發生在他的弟兄索利曼（Soliman）在位期間，索利曼具有積極進取和黷武好戰的精神，接任哈里發以後要加速實現雄心壯志的企圖。希臘的帝國發生重大變革，暴君查士丁尼二世慘遭報應，一位生性謙恭的祕書阿納斯塔休斯或阿提繆斯（Artemius），能夠掌握機會或是憑著功績身穿紫袍登上帝座。戰爭使他提高警覺，使臣從大馬士革帶回令人驚懼的信息，撒拉森人在海上和陸地已經完成武力的整備，實力之強遠超過以往的經驗和現在的想像。阿納斯塔休斯的預防措施就他的地位來說已經盡力而為，必須採取一切手段應付迫近的危險。他發布一道緊急命令，任何軍民人等要有維持生存的能力應付三年圍攻作戰，否則就要從城市撤離。公家的穀倉和軍械庫全力補充保持最大存量，破損的城牆全面予以修復加強，拋擲石塊、射矢和火球的投射器具沿著防壁配置，裝在作戰用的雙桅帆船上面，同時要趕緊建造增加船隻的數量。

　　不戰而屈人之兵較之擊退敵人的進攻，不僅更為安全也可以獲得更大的榮譽，於是他們構思出一個計畫，超出希臘人的勇氣和精神，那就是燒掉敵人水師貯藏的造船材料。阿拉伯人從利班努斯山砍伐扁柏，把木材堆積在腓尼基的沿海地區，用來供應埃及艦隊的需要。富於創意的冒險行動因為部隊的怯懦或出賣遭到失敗，就帝國新的編組和術語來說，獲得的稱呼與軍區（Obsequian Theme）很有關係。地區的守備部隊殺害直屬的首長，在羅得島拋棄自己的連隊標誌，散布到鄰近的大陸地區到處流竄，一旦希臘人將紫袍授與負責稅收的官員，以前的

罪行都能獲得赦免並且受到重賞。這個人有偉大君主的名字，本來可以將自己推薦給元老院和人民，但狄奧多西三世不過幾個月的時間就被迫退位進入修道院，把國家交到艾索里亞人李奧三世堅定的手裡，面對緊急的狀況防衛首都和帝國的安全。

撒拉森的將領當中最讓人敬畏的人物，就是索利曼哈里發的兄弟摩斯勒馬哈（Moslemah），率領十二萬阿拉伯人和波斯人出征，大部分人員都騎馬或乘坐駱駝，連續圍攻台納、阿摩里姆（Amorium）和帕加姆斯等地，獲得足夠的時間訓練攻城的技巧和提高成功的勝算。從眾所周知的阿拜杜斯（Abydus）渡過海倫斯坡海峽，伊斯蘭的龐大兵力第一次從亞洲運到歐洲。阿拉伯人再橫掃位於普洛潘提海濱的色雷斯城市，開始在歐洲的陸地包圍君士坦丁堡，環繞自己的營地挖出一道壕溝和建起防壁，準備和配置攻城的器具，要用言語和行動表示耐久的決心，期望歸去的時間是在播種和收穫的季節，先決條件是要比被圍者的倔強固執更勝一籌。希臘人很樂意出錢救贖自己的宗教和帝國，城市每個居民按人頭計算繳貢金或估定值一個金幣，可是慷慨的建議遭到拒絕，摩斯勒馬哈由於埃及和敘利亞所向無敵的水師即將來臨，所以氣焰更是狂妄得不可一世。據說船隻的總數是一千八百艘，光憑數量就洩露船隻的型式實不足取，同時還提到二十艘堅固和容量特大的船艦，每艘可以裝載一百名重裝步兵，但噸位過重會妨礙整個艦隊的行程。

艦隊在風平浪靜的海面航行，朝著博斯普魯斯海峽的出口前進，就希臘人的言語形容，說是海面上有一片樹林在移動。撒拉森將領決定要在重要的夜晚發起陸地和海上的攻擊。皇帝為了引誘敵人堅定接戰的信心，將防衛海港入口的鐵鍊放下。就在他們遲疑不決是否要抓住良好的機會，還是憂慮這是一個陷阱，毀滅的工具已經完成準備即將出動。希臘人的火船衝向敵人的艦隊，阿拉伯人的部隊和船隻都陷入熊熊烈焰之中，混亂狀況下急著逃離的船艦相互撞在一起，被大海的波濤吞沒。還有一個極關重要而且無可彌補的損失，是索利曼哈里發在敘利亞靠近金尼斯陵（Kinnisrin）或卡爾西斯（Chalcis）的營地，因為消化不良而暴斃，這時他正準備率領東方餘留的部隊前來攻打君士坦丁堡。哈里發為他的親戚也是仇敵所繼承。索利曼是積極而能幹的君王，留下的寶座落在一個宗教偏執狂的手裡，不僅一無是處而且產生有害的後果。

哈里發奧瑪二世出於盲目信念產生的顧忌心理，使他從開始就對現況感到滿足，圍攻作戰延續了整個冬季，問題不在於他的決定而是疏忽。這年冬天出乎意外的寒冷，一百多天地面堆滿厚厚的積雪，習慣炎熱氣候的埃及和阿拉伯土

著，在寒風刺骨的營地裡凍得全身麻木了無生氣。他們到春回大地才逐漸恢復體能，大家盡力支持之下進行第二次的努力。兩支龐大的船隊運來穀物、武器和士兵，他們的災難得到解救：第一支船隊來自亞歷山卓，有四百艘運輸船和作戰的舳艫；第二支船隊從阿非利加各港口開過來，包括三百六十艘一般船隻。「希臘火」再度發揮威力，要說沒有達成最大的毀滅效果，那是因為穆斯林獲得經驗和教訓，要保持安全的距離，要不就是埃及水手的變節反正，他們駕船投向基督教皇帝。首都的貿易和航運開始恢復，漁產能夠供應居民的需要，甚至可以滿足奢侈的生活。

然而摩斯勒馬哈的部隊很快感受到饑饉和疾病的災禍，等到人為的悲慘的局面逐漸緩和，卻由於供應不足迫得他們吃最不乾淨和違反自然的食物，有害的東西使得可怕的疾病開始蔓延。征戰的精神甚至宗教的狂熱全都消散得無影無蹤，撒拉森人無論個人還是小隊伍都不敢離開戰線到處亂跑，生怕落在色雷斯農夫的手裡，就會慘遭毫不留情的報復。保加利亞人有一支軍隊接受李奧的禮物和承諾離開多瑙河前來助陣，野蠻的協防軍為了補償他們對帝國過去所犯的惡行，這次作戰當中擊敗並殺死兩萬兩千名入侵的亞洲人。他們同時很技巧的散布一則消息，說拉丁世界的法蘭克人這個為對方所不了解的民族，正在水陸並進前來保衛基督教的大本營，勢不可當的援助在營地和城市引發完全不同的期盼。

實施十三個月的圍攻後，毫無希望的摩斯勒馬哈從哈里發那裡接到深受期盼的撤軍許可。阿拉伯騎兵部隊渡過海倫斯坡海峽，穿越亞細亞的行省，一路上毫無耽擱也沒有任何阻礙。有一支軍隊全是他們的同胞，在俾西尼亞一帶遭到殲滅。剩餘的艦隊再三受到暴風雨和火攻的損害，只有五艘舳艫回到亞歷山卓港，敘述他們難以置信的災難和可怕的遭遇。

經歷兩次圍攻作戰，君士坦丁堡能獲得解救主要歸功於新奇可怕和發揮功效的希臘火。有關調配和運用人工縱火劑的重大祕密來自卡利尼庫斯（Callinicus）的傳授，他是敘利亞的希利歐波里斯（Heliopolis）土著，曾經在哈里發的手下服務，後來轉而報效皇帝的陣營。化學家和工程師的技術同時用來拯救艦隊和軍隊，墮落的羅馬人和東方沒有足夠的能力，拿來對抗撒拉森人宗教狂熱的好戰和朝氣蓬勃的士氣，所幸軍事科技的發明和改進能用於苦難的時代。史家懷疑自己沒有具備化學方面的知識，加上拜占庭的說法是如此的神奇，所有的例證是如此的粗糙，整個的實情是如此的保密，因此不敢分析這個非常特殊的配方。從他們急著掩飾甚至欺騙的暗示，我們知道希臘火的主要成分是石油醚，或稱為液體瀝青，是一種質地很輕、黏性很大而又易燃的油類，從地下噴出來接觸到空氣就會

燃燒。他們將石油醚和硫磺以及從常綠樅木提煉出來的松脂一起混合，至於製造的方法和比例那就非我所知。

　　混合物會產生一股濃煙和很大的爆炸聲，發出凶猛和持久的火焰，不僅垂直向上升起，還用同樣暴烈的方式向下方和側面擴散。澆水不會使之熄滅反而助長火勢使燃燒更為快速，只有沙土、尿液和醋可以中和或壓制，威力強大的藥劑具有狂暴的性質，因而獲得希臘火、液體火或「海上之火」的稱呼。不論是使用在海上還是陸地、會戰還是圍攻，同樣可以發揮功效，對敵人造成傷害。防壁上面用大鍋裝著澆灑下去，或是裝在燒紅的石球或鐵球裡拋擲出去，或是投射箭矢和標槍上面繞著亞麻或大麻的纖維，先在容易燃燒的油液裡浸泡過；有時裝載在火船上面當成同歸於盡的工具，對敵人產生最大的報復行動；最常見的方式是用很長的銅管吹灑出去，威力強大的器具裝在舢舨的船頭，外形經過修飾像是野蠻怪物在張著大嘴，噴出一柱液體成為燒毀一切的烈焰。

　　這門極其重要的技術當作國家的守護神保存在君士坦丁堡，海上的火船或陸地的投射工具有時會借給羅馬的盟軍，希臘火的配方被當成最珍貴的顧慮事項很嚴密的隱藏，敵人在不知情的狀況下受到奇襲更能發揮恐懼的效果。有一篇論文敘述帝國的施政作為，皇家的作者建議他們的回答和藉口，是使魯莽好奇和強行

希臘火（Greek Fire），東羅馬帝國用於海戰的熱兵器。

需索的蠻族打消念頭的最好辦法：那就是他們提到神祕的希臘火是天使最早透露給君士坦丁大帝，對於天國送給的禮物附帶神聖的禁令，這項特別的恩惠只賜予羅馬人，絕不可以傳授給任何外國的民族，不論是君主還是臣民都受到約束要保持宗教的沉默，違反的人員要以謀逆叛國和褻瀆神聖的罪名接受塵世和宗教的懲罰，就是起了邪惡的企圖，也會激怒基督徒的上帝突然施予超自然的報復。

東方的羅馬人保持希臘火的祕密達四百年之久，到了十一世紀末葉，比薩人對天下的萬事萬物無所不知，想盡辦法要刺探希臘火的配方始終未能如願。最後配方還是被伊斯蘭教徒發現或是偷走，在敘利亞和埃及的聖戰當中，運用以其人之道反制其人之身的手法，打擊在基督徒的頭上。一位武士藐視撒拉森人的刀劍和長矛，卻用實話實說的口吻提到他和戰友都極為驚懼，他們不僅看到也聽見可怕的器具噴出一股希臘火。更早的法國作者稱之為 feu Gregeois，即「希臘火」，按照壯維爾（Joinville）的說法，它像一條有大木桶般粗的火龍，拖著長長的尾巴飛過天空，發出雷鳴的聲音和快速的閃電，蒼白的光芒照亮陰森的黑夜。「希臘火」以及現在可以稱為「撒拉森火」的運用，延續到十四世紀的中期。後來出於科學的試驗和偶然的情況，發明成分為硝石、硫磺和木炭的混合物，使得戰爭的技術和人類的歷史都起了一場新的革命。

4 阿拉伯人進犯法蘭西的遠征和勝利（721-731 年）

君士坦丁堡和希臘火或許拒止阿拉伯人進入歐洲東方的門戶，西方位於庇里牛斯山一側的高盧行省受到西班牙征服者的威脅和侵略。法蘭西王國的衰敗招來貪得無饜的宗教狂熱分子乘機發起攻擊。克洛維斯（Clovis）的後裔沒有繼承驍武好戰和凶狠殘暴的精神，墨羅溫王朝（Merovingian）最後幾位國王的不幸處境或重大缺失，使他們被人安上「懶骨頭」的綽號。他們登上帝座毫無權力，身後之事沒有人知曉。康皮恩（Compiegne）附近的鄉村宮殿成為他們的居處或監獄，每年的三月或五月他們被牛車帶到法蘭克人的會場，接受外國使臣觀見，批准皇宮總管擬定的文件和法案。掌權的家臣成為國家的首長和君王的主子，公家的職位變為私人家族的世襲產業。年長的丕平逝世留下一個成年的國王，還是在他的孀婦和子女的監護之下，但後來攝政大權被丕平的私生子採用積極的手段強行奪走。這樣一個半野蠻半墮落的政府幾乎就要解體，屬國的公爵、行省的伯爵以及地方的領主對衰弱的王國抱著藐視的態度，皇宮總管的野心成為他們模仿的對象。

　　獨立自主的首長之中，行事大膽而又獲得成功的優德斯（Eudes）是阿奎丹（Aquitain）的公爵，在高盧南部各個行省建立莫大的權勢，幾乎要篡奪國王的頭銜。哥德人、加斯科人（Gascons）和法蘭克人都聚集在基督徒英雄的旗幟之下，擊退撒拉森人最早的侵略行動，哈里發的部將查瑪（Zama）在土魯斯（Toulouse）城下喪失他的軍隊和性命。查瑪的後任為了報復激起雄心壯志，帶著征服的手段和決心再度越過庇里牛斯山。納邦（Narbonne）居於有利的位置才被羅馬人選為最早的殖民地，現在成為穆斯林奪取的目標。他們對於塞提瑪尼亞（Septimania）或是朗格達克（Languedoc）行省提出主權的要求，認為是西班牙王國的從屬國；加斯科尼（Gascony）的葡萄園和波爾多（Bordeaux）的城市，為大馬士革和撒馬爾罕的統治者據有；法蘭西的南部地區從加倫（Garonne）河口到隆（Rhone）河地區，全採用阿拉伯人的生活方式和宗教信仰。

　　然而阿布德拉曼（Abdalrahman）或稱阿布德拉姆（Abderame），有旺盛的企圖心，對這塊狹小的地區抱著藐視的態度，哈希姆（Hashem）哈里發為了滿足西班牙士兵和民眾的意願，特別命令他要光復失去的國土。資深而大膽的指揮官要讓法蘭西和歐洲剩餘的地區都服從先知，為了準備執行真主的判決，他率領一支聲勢浩大的軍隊，滿懷信心要戰勝所有天生或人為的反對力量。他首先要考量的事項是要鎮壓內部的叛徒，穆紐札（Munuza）是一位摩爾人酋長，控制庇里牛斯山最重要的關隘，已與阿奎丹的公爵建立聯盟關係。優德斯的動機是出於公眾或私人的利益，將美麗的女兒嫁給阿非利加背棄穆斯林的改信者。然而塞當（Cerdagne）是堅固的城堡為優勢兵力包圍，叛徒在山區被擊潰以後遭到殺害，遺下的寡婦當作俘虜送到大馬士革，用來滿足教徒領袖的欲望或虛榮。阿布德拉姆一點都不耽擱，從庇里牛斯山進軍渡過隆河包圍亞耳。一支基督徒的軍隊企圖前來解圍，戰敗以後數以千計的屍體丟進了滾滾激流沖到地中海，他們領袖的墳墓在十三世紀還可見到。阿布德拉姆的軍隊在海岸得到同樣的勝利，毫無抵抗之下渡過加倫河與多敦（Dordogne）河，這幾條河流都注入波爾多灣。當他渡過以後發現英勇無畏的優德斯駐紮的營地。優德斯已經組成第二支軍隊，同時也嘗到第二次的敗績，給基督徒帶來致命的打擊，要是按照他們極為悲傷的自白，只有上帝才算得清被殺的人數。

　　勝利的撒拉森人占領阿奎丹各個行省，原來的哥德名字被篡改而不是喪失，變成現代的稱呼像是珀里格（Perigord）、聖東吉（Saintonge）和波亞圖（Poitou）。阿布德拉姆的旗幟插在土爾和森斯（Sens）的城牆，至少也曾經出現在城門外面。他的分遣部隊遍及勃艮地王國，最遠到達里昂和貝桑松（Besancon）

這些知名城市。阿布德拉姆對據有的國土和人民毫不心慈手軟，受到蹂躪的記憶長久以來難以忘懷。摩爾人或伊斯蘭教徒入侵法蘭西，為民間的傳奇提供最早的基本材料，在騎士制度的浪漫故事當中大幅扭曲，為意大利詩人用文雅的筆調加以修飾和描述。那個社會和工藝都已殘破不堪的時代，被人遺棄的城市給撒拉森人提供為數不多的戰利品，他們只能在教堂和修道院發現值錢的物品可以劫掠，拆除所有的裝飾投進火焰之中。無論是波瓦提耶（Poitiers）的奚拉里還是土爾的馬丁兩位主保聖徒，都忘記使用神奇的力量保護自己的墓地。勝利的隊伍從直布羅陀的岩石到羅亞爾河岸，迤邐的路途長達千哩之遙，要是再加上一個同等的空間，就可以使撒拉森人到達波蘭邊境或蘇格蘭高地。萊茵河並不會比尼羅河或幼發拉底河更難渡過，阿拉伯人的艦隊不必經過一次海戰就可駛進泰晤士河口。牛津大學或許現在還要教授《古蘭經》的釋義，學生可能要對受到割禮的民族宣揚穆罕默德天啟的神聖真理。

5　查理在波瓦提耶會戰擊敗撒拉森人（732 年）

有一個人憑著自己的才能和運道，把基督教世界從屍骨無存的災難當中拯救出來。查理是不平的非婚生子，對於皇宮總管的頭銜和身為法蘭克人的公爵，已經感到心滿意足，後來能夠成為一連串國王的始祖，倒也是名實相符。他恢復和支持帝座的尊嚴，管理政府辛勤工作達二十四年之久，像武士採取積極的行動，連續粉碎日耳曼和高盧的叛亂事件，同樣的戰役要把他的旗幟展示在易北河、隆河和大洋的海岸地區。現在公眾處境危險，他聽從國家的召喚，同時他的死對頭阿奎丹公爵優德斯狼狽不堪地成為流亡的懇求者。這位法蘭克人大聲叫道：「啊！我的上帝！我不知道為什麼會這樣的悽慘！為什麼會這樣的不幸！我們很久以來就聽到阿拉伯人的名聲和他們的征戰，一直擔心他們在東方的攻勢行動，誰知他們現在已經占領西班牙，正從西方來侵略我們的國家。然而他們的人數和武器裝備（他們並沒有小圓盾）與我們相比，還是居於劣勢。」見識高明的皇宮總管回答道：「假若你願意聽從我的勸告，那麼就不要攔阻他們的前進，更不要過早發起攻擊。他們像是一道激流，要逆流而上一定會發生危險。對財物的欲念和必勝的信心，能夠倍增他們的勇氣，比起兵器和數量更能發揮效用。一定要忍耐不要著急，等他們滿載而歸再動手。他們奪得財物就會各懷鬼胎，保證我們可以獲得勝利。」

狡猾的政策可能是阿拉伯的作者精心杜撰，查理的地位也會讓人聯想到他在

拖延時間，是出於更為狹隘和自私的動機，難以讓人發覺的企圖，是使不穩善變的阿奎丹公爵優德斯的自尊心受到打擊、行省受到摧殘。然而更有可能是他的延宕難以避免且情非得已。一支正規軍還不知道在什麼時候整備完成，近半的國土已經落在撒拉森人手裡，按照當時他們的情況來說：紐斯特里亞（Neustria）和奧斯特拉西亞（Austrasia）的法蘭克人非常清楚迫近的危險，或是抱著不以為意的態度；吉皮迪人和日耳曼人樂意提供自願的幫助，只是遠水救不了近火，距離基督徒將領的營地還有相當路程。

查理等待部隊集結完畢，立即出發搜尋敵軍，發現他們位於法國中部的土爾和波瓦提耶之間。他的行軍編組正好為一道山脊掩護，阿布德拉姆像是因他的不預期出現遭到奇襲。現在亞洲、非洲和歐洲的民族都用勇敢的精神前進，發生的接戰要改變世界的歷史。最早的六天都是毫無秩序的混戰，東方的騎士和弓箭手能夠維持優勢。第七天的肉搏近戰，日耳曼人靠著強壯的意志和鐵鑄的手臂，無論力氣和體型都對東方人造成壓倒之勢，使得他們的子孫確保民事和宗教的自由。於是「鐵鎚」的稱號就落在查理的頭上，用來證明他那雷霆萬鈞無可抗拒的一擊。優德斯的憤怒和競爭也激起更大的勇氣，從歷史的角度來看，他們的同伴都是法蘭西騎士制度真正的貴族和保護神。經過一場血腥的戰鬥阿布德拉姆被殺，撒拉森人在黃昏時候退回營地。夜晚時一片混亂且瀰漫絕望，來自葉門、大馬士革、阿非利加和西班牙的部族各持己見引起衝突，幾乎要兵戎相向。剩餘的烏合之眾突然之間開始消散，每位埃米爾考慮自己的安全只想盡快能夠單獨撤離。天亮破曉時敵營寂靜無聲，使得勝利的基督徒感到懷疑，直到接到細作的報告才敢到空無一人的帳幕搜尋留下的財寶。如果我們扣除一些值得紀念的遺物，只有一小部分戰利品歸還無辜和合法的原主。

歡樂的浪潮立即席捲整個正統基督教世界，意大利的僧侶非常肯定的相信，三十五萬或三十七萬五千名伊斯蘭教徒被查理的鐵鎚砸得粉身碎骨，頂多不過一千五百位基督徒在土爾戰場陣亡。然而難以置信的故事從法蘭西將領的小心翼翼，即可獲得足夠的反面證據。他顧慮敵人故意設置陷阱，不敢勇敢發起追擊行動，同時解散日耳曼的聯軍部隊，讓他們回到故鄉的森林裡去。征服者的消極行為洩露他已經喪失實力和士氣，須知作戰收穫最大的時機不是用在戰鬥的行列，而是在逃走敵人的背後。法蘭克人已經獲得完全的勝利，達成最終目的，優德斯的部隊光復整個阿奎丹地區，阿拉伯人不再存著征服高盧的幻想，很快被鐵鎚查理帶著忠勇的夥伴將他們趕過庇里牛斯山。

一般來說，基督教世界的救主應該受到感激的教士封為聖徒，最起碼也要

獲得讚許之辭，他們靠著查理的劍才有生存的機會。然而在公眾的災難期間，皇宮總管被迫運用主教和修道院院長的財富，或至少是年度的歲入，拿來解決國家的困難和支付士兵的報酬。他的功績被人遺忘，只有褻瀆神聖的行為長留記憶之中。致送卡洛林王朝君主的信函，高盧的宗教會議竟然宣稱他的祖先受到詛咒，等到打開他的墳墓，竟從一陣火光當中出現一條可怖的龍，使得旁觀者為之驚懼不已。當時還有一位聖徒縱情於歡愉的幻覺，看到鐵鎚查理的靈魂和肉體，在地獄深淵受永恆烈火的煎熬。

6 阿拔斯王朝的建立和西班牙的反叛（746-755 年）

西方世界喪失一支軍隊或一個行省，就大馬士革的宮廷而言，比起國內一位競爭者的崛起和發展，這點痛苦真是算不了什麼。奧米亞家族除了在敘利亞，從來得不到臣民公開的支持。穆罕默德的聖傳記錄他們堅持偶像崇拜和陰謀反叛的毅力。他們出於極其勉強的態度才改信伊斯蘭教，人員的擢升不合常理而且是黨同伐異的結果。他們的寶座與阿拉伯人最神聖和最高貴的血統結合在一起，即使整個世系之中最好的一位是虔誠的奧瑪，他仍是不滿於自己的頭銜。他們個人的德行不足無法使繼承次序的改變視為正當的行為，教徒的眼光和意願轉向哈希姆世系以及真主的使徒穆罕默德的親戚。法蒂瑪世系就傳承方面來說妄自菲薄或是怯懦退縮，阿拔斯的後裔勇氣百倍而且小心謹慎，對於日漸高升的運道滿懷希望。他們從敘利亞一個位置偏僻的居處，祕密派遣代表和宣傳人員，在東部行省藉著傳道向民眾呼籲他們具有無法取消的世襲權利：穆罕默德是阿里的兒子，阿里是阿布都拉的兒子，阿布都拉是阿拔斯的兒子，而阿拔斯是先知的叔父，穆罕默德接受柯拉珊代表團的觀見和自願奉獻的禮物四十萬個金幣。等到穆罕默德過世，效忠誓詞用他兒子的名字伊布拉希姆（Ibrahim）核定，對象是為數眾多的信徒，他們只期望一個信號和一個領袖。柯拉珊總督看到態勢有變，繼續苦諫還是毫無效果，大馬士革的哈里發陷入昏睡之中，沒有採取任何行動，直到阿布‧穆斯林（Abu Moslem）的部隊叛變，將柯拉珊總督和他的追隨者全部逐出美魯（Meru）的城市和皇宮。

阿拔斯王朝通常將阿布‧穆斯林稱為「國王的製造者」，感激的宮廷不斷酬勞他建立的功動。阿布‧穆斯林出身低賤或許有異國血統，還是難以壓制渴望權勢的精力。除了對自己的妻室絕對忠實，對自己的財物慷慨處理，對自己和別人的生命毫不珍惜，還能用愉悅的口氣向人吹噓的事情，就是已經消滅六十萬名敵

人，這話可能有幾分真實。這時他的心性和面貌都表露無畏的莊嚴神色，除了上戰場的日子外從不曾面帶笑容。阿拉伯人為了能夠辨識清楚各種不同的派別，神聖的綠色給予法蒂瑪派，奧米亞派用顯著的白色，最不吉利的黑色自然為阿拔斯派採用。他們的頭巾和長袍都染上陰鬱的色調，兩面漆黑的旗幟裝在長矛的橫桿上面，有九肘尺那麼長，阿布·穆斯林的前鋒高舉起來迎風招展。他用象徵的稱呼「黑夜」和「陰影」，晦澀的表示要與哈希姆家族精誠團結和永恆傳承。從印度河到幼發拉底河，整個東方為白和黑兩個派別的鬥爭變得騷動不安，阿拔斯派經常獲得勝利，然而公開的成功因領導者個人的不幸，使得整個派別的前途暗淡無光。

　　大馬士革宮廷從長期的昏睡中驚醒，決定要對麥加的朝聖採取防範措施。伊布拉希姆帶著陣營盛大的隨員隊伍，想要使自己立刻獲得先知的喜愛和人民的支持。哈里發派遣騎兵部隊阻截他們的行軍，逮捕他們的人員，命運乖戾的伊布拉希姆被抓走，他們絲毫不顧慮他的王室身分，讓他戴著腳鐐斃命在哈蘭（Haran）的地牢。兩位年輕的弟弟薩發（Saffah）和阿爾曼殊（Almansor）逃避暴君的搜尋藏身在庫法，直到民眾激起狂熱的情緒和東部朋友的到達，他們才在失去耐心的公眾面前現身。薩發在星期五那天穿上哈里發的服飾，使用自己這一派的顏色，擺出宗教和軍隊的盛大排場前往清真寺，穆罕默德合法的繼承人登上講壇開始祈禱和講道，在他離開之際，用效忠誓言約束一個願意追隨的民族。然而在札布（Zab）河的兩岸並不是庫法的清真寺，無法和解的爭執獲得決定性的結果。白派的陣營顯然具備所有的優勢：現任政府的職責和權力；一支十二萬士兵的軍隊，面對敵人的數量不過六分之一；以及哈里發穆萬（Mervan）的親征和他的功動，成為奧米亞家族第十四任也是最後一位君主。他登上寶座之前就在喬治亞戰爭贏得光榮的綽號「美索不達米亞之驢」。就像阿布爾菲達（Abulfeda）事後的評論，要不是永恆的命令在那一刻讓他的家族遭到絕滅，穆萬也配得上偉大君主之列。

　　人類的智慧和毅力要是與天命對抗，一切努力皆歸於徒然。穆萬的命令發生錯誤或是沒有人服從。他的坐騎單獨歸來使人產生深刻的印象，認為他已經陣亡，哪裡知道他有必要下馬步行。阿布都拉是競爭者的叔父，有能力領導狂熱的黑色騎兵部隊。哈里發遭到無可避免的敗績逃往摩蘇爾（Mosul），可是阿拔斯的旗幟已經在防壁上招展。他在緊張之際渡過底格里斯河，對於哈蘭的宮殿投以憂鬱的回顧，接著橫越幼發拉底河，放棄守衛森嚴的大馬士革，也沒有在巴勒斯坦稍做停留，最後把他的營地設置在尼羅河岸的布昔爾（Busir）。快速的奔逃逼

得阿布都拉隨著緊跟不放，追擊行動的各個階段都使他增加實力和獲得名聲。白派的殘餘人員終於在埃及一戰而潰，穆萬被長矛結束性命也免除他的焦慮，不幸的戰敗者比起光榮的勝利者更樂於獲得應有的下場（750 年 2 月 10 日）。征服者用嚴酷的鞫訊手段根除敵對家族最偏遠的旁支，他們的遺骸挖出來焚燒散播，樹立的事蹟和紀念物全部受到詛咒和摧毀，胡笙的殉難全部報復在了暴君的子孫身上。奧米亞家族八十名重要人物屈從於仇敵的仁慈或信用，受邀前往大馬士革參加宴會，一場不分青紅皂白的屠殺完全違犯「待客之道」，餐桌上倒臥氣絕的屍體，客人用垂死的呻吟當成音樂為這場盛宴助興。血腥的內戰使阿拔斯王朝能夠穩固建立，穆罕默德的門徒相互之間的仇恨和同樣重大的損失，使得基督徒只能在這方面獲得勝利。

　　只要撒拉森帝國不會因革命的結果造成權力的喪失和聯盟的解體，即使戰爭之劍使數以千計的人員身首異處，後續的世代也很快會補充所需的人力。奧米亞家族受到「公敵宣告」的懲處，只有一位名叫阿布達拉曼（Abdalrahman）的皇室青年逃脫仇敵的魔掌。從幼發拉底河的兩岸到阿特拉斯山的谷地，到處都在捕殺這個在荒漠漂盪的流亡人員。阿布達拉曼在西班牙的鄰近地區現身，恢復白派的狂熱激情。阿拔斯派的名號和事業最早是波斯人出面為之辯護，西方對於內戰的大動干戈完全置身事外，退位家族原來使用的家臣和下屬，現在處於任期不穩的局面，繼續承受政府的土地和職位。受到感恩、義憤和畏懼的強烈刺激，他們懇請哈希姆哈里發的孫兒登上祖先的寶座。他已經面臨絕望的情勢，只有把魯莽和謹慎全部置之不顧。他在安達魯西亞（Andalusia）海岸登陸了受到民眾熱烈的歡迎，經過不斷的奮鬥和努力，阿布達拉曼在哥多華（Cordova）建立了政權，成為奧米亞王朝在西班牙的始祖，統治從大西洋到庇里牛斯山之間的地區達兩百五十年之久。

　　阿拔斯王朝派來的部將亞拉（Ala）率領一支艦隊和軍隊，侵入阿布達拉曼的領域被他在戰場殺死，頭顱經過用鹽和樟腦防腐以後，由一位大膽的信差將首級掛在麥加的皇宮前面。阿爾曼殊（Almansor）哈里發為自己的安全慶幸，能與可畏的敵手隔著遙遠的大海和陸地。雙方一再宣布開戰或是想要發起攻勢，後來全部無疾而終。西班牙脫離王國的母體，沒有成為征服歐洲的門戶。阿布達拉曼始終對東方保持永久的敵對態度，轉向君士坦丁堡和法蘭西的統治者尋求和平與友誼。阿里家族舉凡無法辨識真假的後裔，像是茅利塔尼亞的伊迪里（Edrissites）家族，以及阿非利加和埃及更有勢力的法蒂瑪支系，都因奧米亞王朝的先例激勵起仿效的決心。第十世紀有三個哈里發或教徒領袖爭奪穆罕默德的

寶座。他們分別在巴格達、卡羅安（Cairoan）和哥多華進行統治，也把對方革出教門，只有爭論的原則獲得一致的同意，那就是不同派別的教徒比起不信正道的人員更加罪惡滔天。

7　阿拉伯人的知識、思想、科學和藝術（754-813年）

奧米亞王朝的統治期間，穆斯林的勤學求知限於《古蘭經》的詮釋，以及用本國語言的辯論和詩歌。一個民族始終要面對戰場的危險，就會重視醫藥的治療效果，尤其是外科的手術。然而阿拉伯挨餓忍飢的醫生一直在私下抱怨，絕大部分的生意都因人們的運動和節制而門可羅雀。經過內戰和家族之間的鬩牆惡鬥，阿拔斯王朝的臣民從精神昏睡中清醒過來，對於探索異教的科學不僅有空閒的時間也感到好奇。求知的精神一開始是受到阿爾曼殊的鼓勵，他除了精通伊斯蘭的律法，天文學的研究也極有成就。然而等到權杖傳給阿爾馬蒙（Almamon），這位阿拔斯王朝第七代的哈里發，他完成祖父的心願，將繆司從古老的園地引進自己的國土。派往君士坦丁堡的使臣和住在亞美尼亞、敘利亞和埃及的代理人，到處搜購希臘的學術書籍，遵奉他的命令找最高明的譯者將書翻成阿拉伯文，臣民在他的規勸之下勤學苦讀有益的作品，穆罕默德的繼承人參與學術的聚會和辯論，拿出愉悅和謙遜的態度給予最大的贊助。阿布法拉杰斯（Abulpharagius）說道：「他非常清楚他們都是真主的選民，能力最強和用處最大的臣屬，奉獻一生來改進天賦才智。中國人或突厥人並沒有雄心壯志的抱負，勤勞工作是為了謀求世間的財富或耽溺於獸性的慾念。要是技術高明的工匠仔細看看蜂窩，裡面有無計其數角錐體和六邊形的小室，就知道自己的手藝根本無法相比。堅毅過人的英雄畏懼獅子和老虎的凶猛。要是談到求偶的行為，就不如汙穢的四足獸充滿活力。智慧的教師是世界上真正的哲人和立法者，沒有他們的大力鼎助，人類會再度沉淪於無知和野蠻的狀態。」

阿爾馬蒙的熱心和好奇為阿拔斯王朝後續的君主效法，就連他們的敵手阿非利加的法蒂瑪支系和西班牙的奧米亞家族，既是王朝的君主也是學術的贊助人。各行省的獨立埃米爾也認為自己同樣有皇家的特權，從撒馬爾罕和不花剌（Bochara）到非茲和哥多華，他們之間的競爭提高科學的素質和報酬。有位蘇丹的首相奉獻二十萬個金幣在巴格達興建一所學院，然後再捐助高達一萬五千第納爾的年金。教學的成果或許在不同的時期傳授給了六千名弟子，他們來自社會各個階層，從貴族到工匠的兒子都有。窮困的學生有足夠的津貼，學有專長或工作

勤奮的教授獲得適當的薪俸。每座城市都靠著抄錄和蒐集供應阿拉伯文學作品，以滿足學者的求知慾和富豪的虛榮。一位私人醫生婉拒不花剌蘇丹的邀請，因為載運他的書籍需要四百頭駱駝。法蒂瑪王朝的皇家圖書館藏書有十萬冊原稿和抄本，書法典雅而且裝訂精美，開羅的學生都可以借閱，館方毫無猜疑之心也不怕對方不還。然而看來龐大的收藏只算中等規模，要是我們相信西班牙奧米亞王朝用六十萬卷書充實一所圖書館，其中僅目錄就要編成四十四卷。首都哥多華及附近的市鎮像是馬拉加（Malaga）、阿美里亞（Almeria）和莫西亞（Murcia），當地出生的作家有三百多位，安達魯西亞王國各城市開放給大眾使用的公立圖書館就有七十多所。阿拉伯提倡學術的時代繼續五百年之久，直到蒙古人突然帶來浩劫為止。就歐洲的編年史來說，這段期間最為黑暗和怠惰，後來自從科學的朝陽從西方升起，東方的學術研究便開始凋萎和衰退。

　　阿拉伯的圖書館也和歐洲一樣，為數甚眾的藏書之中絕大多數是當地通俗書籍，主要的特點是出於想像和虛構。書架上排列演說家和詩人的作品，風格適合國人的愛好和習俗；還有通史和一般歷史作品，循環不息的世代提供人和事的最新資料和成就；談到法學體系的法典和評註，從先知的律法獲得權威的說明和解釋；再有就是《古蘭經》的詮釋和正統的聖傳；整個神學系統的著作，包括辯證神學、神祕論、經院神學和倫理學，年代最早或最後的作者，按照不同的評估成為懷疑論者或接受正道者。有關思考或科學的作品範圍縮減為四大類，那就是哲學、數學、天文學和醫學。希臘哲人的經典譯成阿拉伯文，還加以舉例說明，此外還有很多的論述和著作保存下來。經過戰亂的蹂躪之後，原文現在已經喪失，只能出現在東方的譯本之中，像是亞里斯多德、柏拉圖、歐幾里德、阿波羅紐斯、托勒密、希波克拉底斯和格倫的作品，全靠這種方式獲得永續的生命，並且有進一步的研究成果。唯心論的體系之中，根據時代的風尚有很大的變化：阿拉伯人接納亞里斯多德的哲學，對每個時代的讀者來說，他都同樣清晰透澈或晦澀難解。柏拉圖的作品是為雅典人而寫，寓言的特性已與希臘的語言和宗教融為一體。

　　等到希臘的宗教式微以後，逍遙學派（Peripatetics）從名不見經傳的狀況下崛起，在東方教派的爭論當中風行一時，學派的創始人由西班牙的伊斯蘭教徒傳到拉丁文的學院，經過很長的時間才能恢復盛名。學院學派（Academy）和黎西昂學派（Lyceaum）的物理學，建立的基礎是辯論而不是驗證，對於知識的發展造成遲滯的作用。形而上學有關靈魂的無限或有限，經常被拿來用於迷信的論述。然而辯證法的技巧和運用可以強化人類的才智，亞里斯多德對於我們的「觀

念」加以系統化的整理，區分為「十大範疇」，他的「三段論法」是辯論的利器，撒拉森人的學院全盤接受，對於運用的方法非常講究，只是發揮效果在於查明謬誤並非探求真理，新一代的大師和門人弟子，仍舊陷身於無窮無盡的邏輯爭辯之中，看來倒也不足為奇。

　　數學的表現極為卓越能夠獨樹一格，無論在任何時代都向前開展，從未發覺退步的現象。然而提到古代的幾何學，如果我沒有獲得錯誤的資料，十五世紀的意大利已經恢復到同樣的水平。不論最原始的說法為何，經過阿拉伯人謙遜的證實，代數這門科學應歸功於希臘人戴奧菲都斯（Diophantus）。阿拉伯人培育出更有成就而且極為崇高的天文學，提升人類的心靈能夠藐視所居微小的行星和短暫的存在。阿爾馬蒙供應昂貴的觀測儀器，迦勒底人的土地仍舊有廣闊的高原和毫無掩蔽的地平線。阿爾馬蒙的數學家第一次在辛納爾（Sinaar）平原，第二次在庫法平原精確測量地球繞日循環當中每一度的距離，因而把我們這個行星的周長定為兩萬四千哩。從阿拔斯王朝的統治到泰摩蘭（Tamerlane）的孫兒即位，在沒有望遠鏡的協助之下仍然努力進行星球的觀察。巴格達、西班牙和撒馬爾罕的天文年表，能夠修正微小的錯誤，但還是不敢拋棄托勒密的學說，就發現太陽系而言，連一步都沒有向前邁進。科學的真理在東方的宮廷是無知之輩的託辭和呆瓜笨蛋的囈語。天文學家要是不能自貶身分，無視於知識和誠實，願意提供占星術徒然無益的預言，那就沒有人管他的死活。

　　阿拉伯人的醫學值得世人讚美，像是米蘇亞（Mesua）、吉伯（Geber）、拉齊斯（Razis）和阿維西納（Avicenna）的名望，能與希臘的大師相提並論。僅在巴格達一地就有八百六十位有照醫生從事賺錢的職業，西班牙的正教君主都相信撒拉森人的醫術。他們的嫡系子孫在薩勒諾（Salerno）的學院，能夠振興意大利和歐洲的醫療程序和方法。個人特殊的病情和意外的事故，對每位教授的成就都會發生影響，我們評估醫生有關解剖學、植物學和化學的普通知識，不會存有太高的幻想，這是醫學理論和運用的三個主要基礎。迷信的希臘人和阿拉伯人為了尊敬死者，解剖限於猿猴和四足獸，實質和可見的部分在格倫的時代都已全部知曉，至於對人體組織進行精細的檢查，要保留給現代技術人員的顯微鏡和注射劑。植物學是一門發展極為快速的科學，熱帶地區發現兩千種植物，戴奧斯科瑞德斯（Dioscorides）的《植物誌》增加更多的資料。埃及的寺廟和修道院可能祕密保存傳統的醫療知識。從技術的發展和製造的過程，可以獲得很多有用的經驗。

　　不過化學的起源和改進應歸功於撒拉森人孜孜不倦的研究，首先發明並且命名為蒸餾器，原來的目標是要提煉物質的精華；分析材料的自然三界，區分動

物、植物和礦物；試驗鹼和酸的成分和相互的結合；將有毒的物質變為性質溫和與有益人體的藥物。然而阿拉伯的化學家最熱心的研究，是要轉變金屬的性質或是使人長生不老，有太多的理由和不計其數的錢財，浪費在煉丹的坩堝之中，神祕、傳奇和迷信也在旁助一臂之力，使重要的工作獲得更大的成就。

伊斯蘭與希臘和羅馬的來往雖然非常密切，還是剝奪自己最主要的福利，那就是古老的知識、精純的韻味和自由的思想。極為自信的阿拉伯人認為本國語言有豐富的表達能力，不屑於學習任何外國語文。希臘文的譯者都是選自基督徒的臣民，他們雖然有時根據原文卻經常使用敘利亞文的譯本。有一大群天文學家和醫生經過教導，會講撒拉森人的語言；詩人、演說家甚至歷史學家，都還沒有這方面的例子。荷馬的神話會讓嚴厲的宗教狂熱分子激起憎惡的情緒，他們對於馬其頓的殖民地以及迦太基和羅馬的行省，都抱著渾噩無知不以為意的態度，蒲魯塔克和李維筆下的英雄人物全都埋葬在遺忘之中。穆罕默德以前的世界歷史，不過是教長、先知和波斯國王一些簡短的傳奇而已。

我們在希臘和拉丁的學院接受教育，就會對特有的韻味在心中建立一種標準，我要是不熟悉這個國家的語文，就不會很魯莽的站出來指責他們的著作和見解，然而我知道古典文學可以拿出來教導，相信有很多地方值得東方人學習：像是適度節制而高貴的風格、比例優雅而勻稱的藝術、視覺和智慧之美的形式、人物和情緒求真的描述、敘事和辯論講究的修辭以及史詩和詩劇習用的結構等等。理性和良知的影響很少表現出曖昧的定義，雅典和羅馬的哲學家樂於享用民事和宗教的自由，大膽斷言與生俱有的權利。他們寫出倫理學和政治學的著作，可能逐漸打開東方專制政體的枷鎖，散布探索和寬容的自由精神，鼓勵阿拉伯的智者懷疑哈里發是暴君、先知是騙子。甚至於傳入理論科學也會使迷信的本能為之惴惴不安，較為嚴肅的法理學家指責阿爾馬蒙輕率而有害的好奇心。我們將渴望殉教、憧憬天國和相信宿命，看成君主和人民無可抗拒的宗教狂熱。撒拉森人把年輕人從軍營拖出來送到學院，等到教徒的軍隊敢去閱讀和思考，他們的刀劍就無法發揮所向披靡的威力。然而希臘人出於愚蠢的虛榮心，特別珍惜他們的學術和知識，很不情願將聖火傳授給東方的蠻族。

8 阿拔斯王朝的衰亡因素及造成的結局（841-936年）

摩塔辛（Motaseem）是阿拔斯王朝第八任的哈里發，家族和帝國的光榮隨著他一起逝去。阿拉伯的征服者遍布整個東方，就與波斯、敘利亞和埃及受奴役

的群眾混雜起來，不知不覺之中喪失原有的德行，也就是沙漠地帶培育出來愛好自由的精神和英勇善戰的習性。南方人的勇氣來自紀律和傳統，完全是人為的成果。等到宗教狂熱的進取心消失殆盡，就從北部地區徵召人員組成哈里發的傭兵部隊，他們的窮兵黷武完全是強壯和自發的產物。突厥居住在阿姆河和錫爾河以外的地區，強壯的年輕人從戰爭中獲得或購自奴隸市場，他們的教育來自戰場的考驗和伊斯蘭的信仰。突厥衛隊全副武裝護衛恩主的寶座，首領篡奪皇宮和行省的統治權。摩塔辛是造成險惡處境的始作俑者，他調來五萬多名突厥人馬進入都城。他們不守法紀的行為讓公眾氣憤，士兵經常與人民發生爭執，逼得哈里發從巴格達撤走，離開和平之城約二十里格，在底格里斯河畔的沙馬拉（Samara），興建自己的居處和受寵蠻族的軍營。

他的兒子摩塔瓦克爾（Motawakkel）是個猜忌而又殘酷的暴君，受到臣民憎惡，只信任這群外來者的忠誠，但就連野心勃勃的傭兵也害怕局勢的發展，受到優厚承諾的引誘發起了一場革命。在他兒子的唆使之下，衛士在晚餐之際衝進寢宮，哈里發被刀劍砍成七塊，致他於死的鋒利武器還是不久之前發給衛士，用來保護他的生命和王權。蒙塔色（Montasser）為意氣風發的衛隊擁上寶座，上面還流著他父親的鮮血。六個月的統治期間，他始終感覺有罪而且受到良心的譴責。一幅古老的繡帷呈現了克司洛伊斯之子的罪行和懲罰，他一看到就會流淚。如果他的生命因悲傷和悔恨而縮短，我們會憐憫十惡不赦的弒親者，蒙塔色臨終前痛苦大叫：「不論在今生來世，他都已失去一切。」

自從衛隊發生謀財害命的背叛行為，對於皇室的紋章以及穆罕默德的衣袍和手杖，外國傭兵可以隨意授與和剝奪。他們在四年之內擁立、廢除和謀害三位教徒領袖。突厥經常會因恐懼、暴虐或貪婪而激起怒火，無力反抗的哈里發就會被他們拖曳著步行前進，赤裸的身體曝曬在熾熱的炎陽之下，受到鐵棍的責打以後逼得要花錢消災，經過一段短暫的緩刑，還是被迫遜位喪失尊嚴。肆虐的暴風雨終於消失或轉向，阿拔斯王室搬回巴格達動亂較少的居處，傲慢的突厥為堅定而巧妙的手段加以安撫，衛隊的官兵參加國外的戰事因而分散和滅亡。然而東方的民族已受到教導可以藐視和踐踏先知的繼承人，實力的減弱和紀律的鬆弛獲得國內和平的恩賜。軍事專制產生的災難是如此的類似，我好像在重複敘述羅馬禁衛軍的事蹟。

那個時代發生的事件、能獲得的樂趣和需追求的知識，使得宗教狂熱的火焰為之黯淡無光，被選中的少數人在胸中燃起熾烈的情緒，他們有意氣風發的精神，充滿野心想要統治當前的世界或死後的陰間。麥加的使徒小心翼翼把預言

之書全部封存，宗教狂熱分子的意願甚至理性使他們相信，在亞當、諾亞、亞伯拉罕、摩西、耶穌和穆罕默德不斷負起使命之後，只要時機一旦成熟，他們侍奉的神會透露更為完美和永恆的律法。伊斯蘭教紀元277年在庫法附近地區，一位名叫喀麥什（Carmath）的傳道士，獲得極為崇高而不可思議的稱號，像是「領路者」、「指導者」、「證實者」、「正道」、「聖靈」、「神駝」以及「彌賽亞的先驅」，像是阿里的兒子穆罕默德的代表、施洗者聖約翰和天使加百列，都用人的形體與他交談。《古蘭經》的聖諭在他的神祕著作裡更為精練，到達屬靈的層次。他放寬淨身、齋戒和朝聖的天職，允許盡情享用美酒和受到禁止的食物，為了充實門徒的信仰熱誠每天要祈禱五十次。閒散無事的農村群眾醞釀起事，使得庫法的官員提高警覺，虎頭蛇尾的迫害行動有助於新興教派的發展，在他本人辭世後以「先知」之名更受到尊敬。

喀麥什的十二個門徒散布在貝都因人之間，阿布爾菲達說：「這些遊牧民族同樣缺乏理性和宗教。」傳教成功對阿拉伯人來說，像是受到威脅會有一場新的革命。喀麥什信徒等待時機成熟就舉兵起義，他們拒絕承認阿拔斯王室的頭銜，憎惡巴格達的哈里發世俗的排場。真主和人民都認為他們的伊瑪目有預言的職責，於是他們發誓要盲目和絕對的順服和追隨，從此要建立嚴格的紀律。他們對於財產和戰利品的主張是繳出五分之一，而不是合法的十一制。抗命不從成為十惡不赦的罪行，保守祕密的誓言用來團結教友並且提供掩護。

經過一番血戰，他們沿著波斯灣在巴林行省獲得優勢，深遠而又廣大的沙漠部落，降服在阿布・賽德（Abu Said）和其子阿布・塔赫（Abu Taher）的權柄和武力之下，反叛的伊瑪目在戰場集結十萬零七千個宗教狂熱分子。哈里發的傭兵部隊接近敵軍時感到心驚膽寒，因為叛徒絕不求饒也不寬恕對手。三個世紀的興旺和繁榮對阿拉伯人的性格已產生莫大的影響，雙方的差異表現的改變在於堅毅和忍耐的精神。哈里發的部隊在每一次作戰行動都吃了敗仗，拉卡（Racca）、巴貝克（Baalbec）、庫法和巴索拉這些城市被敵人占領及搶劫，巴格達全城陷入恐懼，皇宮簾幕後面的哈里發嚇得面無人色。

阿布・塔赫竟敢越過底格里斯河進犯，只率領五百名騎兵抵達首都的大門。摩克塔德（Moctader）下達特別的命令，拆散船隻搭成的橋樑，教徒領袖時刻都在期待要抓到叛徒本人或是取得項上頭顱。哈里發的部將出於畏懼或憐憫的動機，通知阿布・塔赫陷身危險應該立即逃走。無畏的喀麥什信徒對來使說道：「你的主人率領三萬士兵，就找不出像我這裡的三個人來。」於是立即轉身對著三個同伴，命令第一個人用佩劍刺進自己的胸口，第二個人跳進底格里斯河，第

三個人跳下懸岩，他們全都聽從命令，萬死不辭、毫無怨言。伊瑪目繼續說道：「告訴他們你所看到的事情，入夜之前你的將領會跟我的狗拴在一起。」營地在黃昏之前受到奇襲，他的威脅之辭全部兌現。

　　喀麥什信徒厭惡麥加的朝拜活動，把搶劫看成神聖的行為，他們襲擊一支朝聖的商隊，兩萬名虔誠的穆斯林遭遺棄在熾熱的沙漠，讓他們死於飢渴。另外有一年他們讓朝聖照常進行毫不留難，虔誠奉獻的慶典期間，阿布·塔赫像暴風雨襲擊聖城，踐踏伊斯蘭信仰最古老的遺跡。三萬市民和外鄉人死於刀劍之下，埋葬的三千屍首使神聖的地區受到汙染，澤姆井溢出鮮血，黃金的噴口被強行搶走，邪惡的教徒將天房的帷幕拆下瓜分。神聖的黑石是整個民族最早的紀念物，他們趾高氣昂抬回自己的首都。經過這次褻瀆神聖和殘酷暴虐的行為，他們將之繼續騷擾伊拉克、敘利亞和埃及的邊界，宗教狂熱最主要的原則已經從根開始枯萎。他們有所顧慮或許是貪婪的關係，再度開放麥加的朝聖活動，把黑石送回天房。至於他們分裂成哪些黨派，或是他們最後被誰的武力絕滅，都不必詳加探究。總而言之，喀麥什教派的活動可以視為哈里發帝國衰亡的第二個可見因素。

　　第三個也是最為明顯的因素，就是帝國的負擔過重而且地區廣大。阿爾馬蒙很驕傲的宣稱，統治東方和西方比在兩尺見方的棋盤上面下棋還要容易。然而我懷疑他如此表達定會感到心虛，因為他面對這兩方面都發生很多錯誤。我認為即使阿拔斯王朝最早和實力最大的哈里發，他的權威在遙遠的行省也已經受到損害。類似的獨裁專制帶著君主全部的尊嚴一起授與他的代表，權力的分割和平衡削弱服從的習慣，鼓勵消極被動的臣民探索民事政府的根源和管理。生而為君王的人很少夠資格統治帝國，舉凡從一介平民、農夫或奴隸登極稱帝者，倒是強烈表現出勇氣和能力。遙遠地區的總督在並不穩固的授權狀況下，渴望能夠保障他的財產和職位的傳承。任何民族都樂於經常見到統治者，指揮軍隊和管理國庫立即成為野心分子的目標和手段。只要哈里發的部將滿意他的代理頭銜，產生的改變倒是不很明顯，他們會為自己或是為兒子懇求皇家繼續授與原有的職位，而錢幣的表面和公眾的祈禱，仍舊維持教徒領袖的名字和特權。然而一旦權力的運用時間漫長而又可以繼承，他們就會僭用皇室的驕縱和習性，完全按照自己的意願抉擇和平還是戰爭，獎賞還是懲罰。他們統治的政府將稅收保留下來，用於當地人員的服務報酬或是個人名義的雄偉建設。對於先知的繼承者不再按時供應人員和金錢，只是用誇張的禮物加以奉承和諂媚，像是一頭大象或一對獵鷹、一條絲質掛氈或是幾磅麝香和琥珀。

9 獨立王朝相繼崛起和哈里發的敗亡（800-1055年）

自從西班牙發生反叛事件，阿拔斯王朝據有世俗和宗教最高權力，開始出現拒不從命的徵兆，最早爆發在阿非利加的行省。機警而又嚴厲的哈龍（Harun）有位部將名叫阿格拉布（Aglab），他的兒子易布拉欣（Ibrahim）繼承他的名號和權力，建立阿格拉布王朝（800-941年）。哈里發出於怠惰或策略的需要，隱瞞受到的傷害和損失，僅僅追捕伊迪里王朝（Edrisites）（829-907年）的創始者然後將其毒死，叛徒在西方大洋的海岸建立稱為非茲的王國和城市。塔赫爾王朝（813-872年）在東方最早出現，由塔赫爾（Taher）的後裔建立。哈龍的幾個兒子發生內戰，塔赫爾在老二阿爾馬蒙的手下服務之中立下汗馬功勞。他奉派到阿姆河指揮當地的部隊，等於是一種光榮的放逐手段。他的繼承人統治柯拉珊地區達四代之久，由於他們對哈里發保持謙恭與尊敬的態度，臣民獲得幸福的生活，邊疆能夠確保安寧，即使獨立也會使雙方的衝突得以緩和。

有位冒險家想要取而代之，此類人物在東方編年史中經常提到，他拋棄銅匠（所以才取名為薩法爾王朝〔Soffarides〕），（872-902年）的職業去做強盜。雅各（Jacob）是萊什（Leith）的兒子，有一次在夜晚光顧西斯坦（Sistan）君王的財庫，踏到一塊鹽跌倒在地，無意中嘗了一下才知道那是什麼東西。須知鹽在東方是表示友情的象徵，講義氣的強盜沒有帶走劫掠品和造成任何損害，立即撤離。等到君王發現他光明正大的行為，就赦免雅各的罪行並且將他視為心腹。他率領一支軍隊開始為恩主征服波斯，到最後才為自己打算，同時威脅到阿拔斯王朝的都城。雅各在向著巴格達進軍之際，患了凶險的熱病。他在床邊接見哈里發的使臣，旁邊的桌子上放著一把出鞘的彎刀、一塊黑麵包和一串洋蔥。雅各說道：「如果我病死，你的主子就會安心；要是我活著，雙方還要比一個高下；萬一我戰敗，毫不考慮馬上退兵，回家去吃老米飯。」他已經爬到眾所矚目的高位，摔下來不會平安無事。及時的死亡使雅各獲得最後的休息，而哈里發也難逃厄運，他做出過分的讓步，為了要雅各的兄弟阿穆洛（Amrou）退到昔拉茲（Shiraz）和伊斯巴罕（Ispaham）的皇宮。

阿拔斯王朝衰弱不堪已經無力競爭，只是過於驕傲不願放下身段。他們邀請勢力強大的薩曼王朝（Samanides,874-999年）前來救援，薩曼率領一萬騎兵渡過阿姆河，他們是如此的貧窮，以至於馬鐙都是用木頭製作，作戰是如此的勇敢，能夠打敗薩法爾王朝的大軍，接連八次都是以寡擊眾。被俘的阿穆洛身繫鐵鍊，當作受人感激的禮物送給巴格達的宮廷，薩曼成為勝利者，對於承受河

間地帶和柯拉珊感到滿意，波斯整個領域暫時又回到哈里發的盟友手裡。敘利亞和埃及的行省兩次被他們的土耳其奴隸瓜分，就是托龍（Toulun）和伊克謝德（Ikshid）所率領的人馬。獲勝的蠻族就宗教和習俗而言是穆罕默德的同胞，從皇宮血腥的黨派傾軋中出人頭地，負責行省的軍事指揮，最後建立王朝登上獨立的寶座。

　　兩個極具潛力的王朝（托龍王朝：868-905年；伊克謝德王朝：934-968年）在當代不僅名聞遐邇而且所向無敵，他們的創始者無論是出於文字還是行動，承認野心勃勃到頭來還是一片空虛。托龍在臨終之際懇求真主對他身為罪人大發慈悲，認為權力已沒有任何意義；伊克謝德有四十萬士兵和八千奴隸，睡覺要躲在小室之內不讓任何人看見。他們的兒輩所受的教育都不足以負起國王之責，然而有三十年的時間，阿拔斯王朝重新據有埃及和敘利亞。他們的帝國在衰敗之中，美索不達米亞連帶重要的城市摩蘇爾和阿勒坡，被哈瑪丹部族的阿拉伯君王占領。宮廷詩人能夠毫不臉紅一再稱頌，統治者天生俊美而且出口成章，出手大方而又能英勇作戰；哈瑪丹王朝（892-1001年）的擢升和統治就真正的事蹟而論，表現出叛逆、謀殺和弒親的場面。同樣在這個關鍵時期，波斯王國再度被步武王朝（Bowides 933-1055年）的三兄弟用武力篡奪，他們用不同的頭銜成為國家的主要支撐和中流砥柱，從裏海直到大洋除了自己不容許其他暴君存在。在他們的統治之下波斯恢復語言和才智，穆罕默德死後三百零四年，阿拉伯人被奪走東方的權杖。

　　拉哈地（Rahdi）是阿拔斯王朝第二十任哈里發，也是穆罕默德第三十九代傳人，成為最後的教徒領袖倒是名實相符。最後一位與民眾或博學之士交談的哈里發（阿布爾菲達曾經提過），也是最後一位哈里發以皇室作為犧牲的代價，表現出古老王朝的財富和華麗。東方世界的君王從拉哈地以後淪入最悲慘的境地，處於奴役的狀況，隨時受到打擊和侮辱。反叛的行省使他的領土限於巴格達一隅之地，首都仍然擁塞無數的人群，誇耀過去的運道不滿當前的處境，感受到財務需求的壓力，以往可以從各民族的戰利品和貢金挹注貼補。怠惰的民眾肇因於黨派的傾軋和激烈的爭論。

　　漢巴爾（Hanbal）手下嚴苛的追隨者打著信仰虔誠的幌子，侵犯到家庭生活，衝進平民和公侯的住宅將酒和食物倒在地上，破壞各種樂器並毆打演奏的樂師，帶著可恥的猜疑心理對於任何英俊年輕人之間的來往加以侮辱。他們在每一次的信仰表白當中，將兩個人留在指定的房間，一個是阿里的支持者而另外一個是反對者。教徒大聲疾呼的悲憤之情要把阿拔斯王朝喚醒，他們否認哈里發的頭

衛也詛咒阿拔斯家族的祖先。狂熱的民眾只能用軍事武力鎮壓，現在有誰能滿足傭兵隊伍的貪婪、相信得過他們的紀律？阿非利加人和突厥的衛隊相互劍拔弩張，他們的首長是在奧姆拉（Omra）的埃米爾，將統治者關在監獄逼他遜位，清真寺和後宮是神聖不可侵犯的地點都受到褻瀆。

　　要是哈里發逃到附近一位君主的營地或宮廷，即使獲得解救也不過寄人籬下而已，最後處於絕望之中時，只有邀請步武王朝的君主給予援手。波斯的蘇丹派遣所向無敵的軍隊，一舉蕩平巴格達的黨派。民政和軍事大權全部落到墨札多拉特（Moezaldowlat）的手裡，他在三兄弟中排行第二，很慷慨提供六萬鎊的薪俸當作教徒領袖個人開支之用。然而僅僅過了四十天，哈里發接受柯拉珊使臣覲見，服侍在身邊的底里麥特人（Dilemites）受到外人的指使，當著一大群面無人色的旁觀者，用粗魯的動作把哈里發從寶座上拖下來打進地牢。哈里發的宮殿受到洗劫，他連眼睛也被弄瞎；阿拔斯家族還有人懷著卑鄙的野心，渴望危險而可恥的空懸寶座。奢華的哈里發受到不幸和災難的磨練，恢復草創時期嚴肅和節制的德行。甲冑和絲質服裝都被奪走，他們奉行齋戒和祈禱，研習《古蘭經》和遜尼派的聖傳，富於信仰的熱忱和知識實踐宗教地位的職能。

　　整個國家仍舊保持尊敬的態度，聽從使徒的訓誡、律法的啟示和信仰的良知，他們的專制君主不是實力衰弱就是分崩離析，有時反而使阿拔斯王朝恢復在巴格達的統治地位。然而法蒂瑪支系的勝利使教徒領袖的不幸更為艱苦，他們都是阿里真正或虛構的後裔，從阿非利加邊陲之地崛起，成功的敵手擁有埃及和敘利亞，立即絕滅阿拔斯王朝在宗教和世俗方面的權威，尼羅河的帝王羞辱位於底格里斯河畔謙卑的宗教領袖。

10 希臘的反攻和兩位皇帝在東方的征戰（960-975 年）

　　處於哈里發勢力衰退的時代，狄奧菲盧斯（Theophilus）和摩塔辛的戰事結束，轉瞬而過的一百年，兩個國家的敵對行動限於海上和陸地的零星入寇，這是雙方國境鄰接和深仇大恨的必然結果。然而等到東方世界陷入動亂和分裂的局面，征服和復仇的希望將希臘人從倦怠之中喚醒。拜占庭帝國在巴西爾世系（Basilian）傳承以來，一直能夠安享和平與尊榮，也許會使用全部實力在前線迎戰不足掛齒的埃米爾，何況對手的後方受到攻擊和威脅，都是埃米爾的國內仇敵也是伊斯蘭信徒。公眾用「明日之星」和「撒拉森人的死神」這些崇高的名號，向著尼西弗魯斯‧福卡斯（Nicephorus Phocas）發出震耳的歡呼，君王在營地的

紅碧玉戒石。

提了字的玻璃碗碎片。

英名蓋世如同在都城的不得民心。他出任皇家總管的僚屬或東方的將領，奪回克里特島根除海盜的巢穴，無數亡命之徒長久以來藐視帝國的尊嚴，做盡惡事未受懲處。他的軍事天才在冒險行動當中表露無遺，能夠身先士卒獲得極大的成就，須知過去的鋌而走險經常敗北，帶來損失和恥辱。撒拉森人看到他從船上架起棧橋伸到岸上，使得部隊能夠安全登陸不禁大吃一驚。圍攻坎地亞用了七個月的時間，讓土生土長的克里特人陷入絕望之境，經常獲得阿非利加和西班牙同胞的幫助激起鬥志，就是厚實的城牆和雙重的壕溝都為希臘人攻克，但城市的街道和房屋還是在毫無希望的奮戰當中。都城喪失抵抗全島順利占領，降服的民眾接受征服者的洗禮。君士坦丁堡舉行久已被人遺忘的凱旋式，盛大的排場受到民眾高聲讚許，帝王的冠冕成為唯一能夠酬庸尼西弗魯斯的服務和滿足野心的獎品。

羅馬努斯（Romanus）二世是巴西爾世系的第四代，等到他英年早逝，成為孀婦的狄奧法諾（Theophano）皇后，接連嫁給尼西弗魯斯二世和殺害他的凶手約翰・齊米塞斯（John Zimisces），兩位都是當代的英雄人物。狄奧法諾有兩位稚子，先後由他們擔任監護人和共治者進行統治，十二年的軍事指揮形成拜占庭編年史最光輝燦爛的時期。他們率領參

戰的臣民和盟友，在敵人的眼中
看來是二十萬兵強馬壯的隊伍，
大約有三萬人裝備胸甲，一個四
千匹騾子的補給縱隊伴隨行軍，
露宿過夜的營地通常會在四周用
鐵蒺藜加強守備的力量。雙方發
生幾場血腥但欠缺決定作用的戰
鬥，如果按照當前的狀況，要想
達成預想的成效還得要幾年的工
夫。

　　我必須簡略敘述兩位皇帝，
從卡帕多西亞的山丘到巴格達的
沙漠進行的征服工作。西里西亞
圍攻摩蘇艾斯提亞（Mopsuestia）
和塔蘇斯，可以用來磨練部隊的
戰鬥技巧和堅忍習性，就這幾場
作戰的表現來看，我會毫不猶豫
承認他們配得上羅馬人的令名。
摩蘇艾斯提亞是兩個相連的城
市，中間為薩魯斯河分隔，二十
萬伊斯蘭教徒注定遭到屠殺或接
受奴役，龐大的人數使人難以置
信，應該是把隸屬區域的居民都
算進去了。他們先將城市圍得水
泄不通再用強攻的方式奪取；塔
蘇斯的降服則是運用饑饉的緩慢
程序，撒拉森人剛接受體面的條
件放下武器投降，就看到埃及海
上援軍的到達，因為距離過遠而
且難以挽回只有放棄，心中感到
無限懊惱。他們在遣散以後安全
引導來到敘利亞的邊界，有一部

塞拉皮斯神（Serapis）與鱷魚浮雕。

大理石劇場面具裝飾。

分年代久遠的基督徒，在希臘人的統治之下過著平靜的生活，用一個新的殖民地補充空無人煙的居留區。清真寺用來當作馬廄，講壇投到火焰之中，許多黃金和寶石製作的名貴十字架，是從亞細亞教會奪來的戰利品，當成感恩的禮物孝敬給皇帝，滿足虔誠或貪婪的虛榮心。他將摩蘇艾斯提亞和塔蘇斯的城門運走，裝在君士坦丁堡的門樓裡面，當成征勝利永垂不朽的紀念物。

等到他們奪取和鞏固阿瑪努斯（Amanus）山狹窄的隘道以後，兩位羅馬君王一再率領軍隊進入敘利亞的心臟地區。然而，尼西弗魯斯並沒有攻打安提阿的城牆，不論是基於人道或迷信的關係，顯然是出於對東方古老都城的尊敬。他圍繞城市構成一條對壘線就感到心滿意足，同時還交代部將不要急躁，等他到春天回來再處理。然而在隆冬一個漆黑多雨的夜晚，有位冒險進取的副官帶著三百名士兵偷偷接近防壁，架起雲梯爬上去占領兩個相鄰的塔樓，堅持對抗優勢敵軍的壓力，極其勇敢保持占據的要點，直到不甘願的首長帶著遲緩而有效的兵力前來救援。等到最初發出殺戮和劫掠的叫囂聲逐漸消失，重新恢復凱撒和基督的統治，十萬撒拉森人加上敘利亞的軍隊和阿非利加的艦隊，他們的努力全部成為泡影，在安提阿的城牆下面沒有發生一點作用。

哈瑪丹王朝的皇家城市阿勒坡臣屬於塞菲多拉特（Seifeddowlat），倉卒的撤退使過去的光榮蒙塵，等於把王國和都城放棄給入侵的羅馬人。阿勒坡的城牆並沒有將建築壯觀的皇宮包括在內，羅馬人很高興在那裡找到一個存量豐富的軍械庫，一千四百匹騾子的馬廄，還有三百袋金銀。城市的城牆抵抗攻城衝車的撞擊，圍攻者將帳幕紮在鄰近的焦山（Jaushan），撤離以後引起居民和傭兵的爭執。城門和防壁的守衛都放棄職責，這時在市場發生激烈的衝突，他們受到共同敵人的大舉襲擊和屠殺。成年男子全部不留活口，一萬名青年被當成俘虜帶走，值錢的戰利品重量超過載運駄獸的數量和負荷，剩下無法運走的東西則放火燒毀；經過恣意洗劫十天以後，羅馬人行軍離開空無一物和血流漂杵的城市。入侵敘利亞的過程當中，他們命令農人要耕種土地，如此一來在下一個季節就可以不勞而獲。有一百多個城市受到征服情願歸順，主要的清真寺有十八個講壇丟到火中，用來報復穆罕默德門徒褻瀆神聖的行為。名聲響亮的海拉波里斯、阿帕米亞和伊美莎，暫時出現在征服的名單上面，齊米塞斯皇帝紮營在人間樂園的大馬士革，接受一個降服民族付出的贖金。所向無敵的洪流到達腓尼基的海岸，在的黎波里為堅固的城堡阻擋。

自從赫拉克留斯離開之後，陶魯斯山下流過的幼發拉底河，就沒有希臘人再能渡過，甚至連看一眼都很困難。現在河流屈服於勝利的齊米塞斯可以自由

通行。史家認為他可以用同等的速度，繼續占領過去一度著名的城市，像是薩摩薩塔（Samosata）、埃笛莎、馬提羅波里斯（Martyropolis）、阿米達和尼昔比斯，帝國古老的邊界就在底格里斯河的附近地區。伊克巴塔納是個眾所周知的城市，拜占庭的作者故意隱瞞，不讓人知道這是阿拔斯王朝的都城，希臘人急著想奪取尚未被人碰過的金庫，英勇的精神受到很大的鼓舞。憤怒的流亡人士傳播齊米塞斯的恐怖行為、國內暴君的貪婪和揮霍，以及巴格達的財富已經浪費一空的消息。人民的祈禱和步武王朝的部將提出嚴苛的要求，逼得哈里發供應錢財防衛城市。一籌莫展的摩昔（Mothi）僅有的答覆，是他的軍隊、經費和行省已經全部被人拿走，無力支付的狀況下只有退位下台。埃米爾絲毫不肯通融，皇宮的家具全部出售，獲得戔戔之數不過四萬金幣，立即在個人的奢華生活上花得乾乾淨淨。然而希臘人的撤離解除巴格達的憂慮，口渴和飢餓護衛美索不達米亞的沙漠，皇帝已經滿足於光榮的戰績，載運東方的戰利品班師君士坦丁堡，他的凱旋式展示絲織品、香料以及三百萬金幣和銀幣。

　　然而東方的實力只是被暫時一陣颶風吹得彎腰駝背，並沒有完全粉碎。等到希臘人撤離，流亡在外的君王回到首都，臣民對不是出於自願的效忠誓言全部加以否認，穆斯林再度洗淨他們的清真寺，把聖徒和殉教者的偶像清除一空。聶斯托利派和雅各比派情願要撒拉森人當他們的主子，也不願正統教會得勢。憑著東正教基督徒的數量和銳氣，還不足以支持教會和國家。這次範圍廣大的征戰過程，只有安提阿在光復以後，能與西里西亞的城市和塞浦路斯島一起，成為羅馬帝國永遠而有用的產業。

第二十二章
東歐的曙光（640-1100年）

　　多瑙河這條古老的天塹，雖然經常受到侵犯卻也能很快恢復作用，赫拉克留斯的孫兒君士坦丁四世的統治期間，蠻族的洪流席捲而過，形成無法收拾的局面。他們的進展對哈里發有利，就把入侵者視為一無所知和從天而降的輔助部隊；等到凱撒失去敘利亞、埃及和阿非利加，需要防守都城對抗撒拉森人，已經兩次陷入危險和羞辱的狀況，因此要把羅馬的軍團部署在亞洲，更沒有能力防範在多瑙河地區的蠻族。要是為了敘述令人感到興趣的民族，我不得不背離保證要遵守的原訂寫作大綱，特別是題材具備的優點可以掩飾我的缺陷或是容易找到藉口。無論是在東方還是西方，不管是戰爭、宗教還是學術，甚至談到他們的興起或沒落，阿拉伯人總是讓我們感到好奇和難以捉摸：希臘人的教會和帝國最早受到摧殘，可以歸咎於阿拉伯人的武力，穆罕默德的門徒仍舊掌握東方世界政治和宗教的權杖。然而如果認為另一群蠻族也完成類似的工作，這過於誇張的說法實在有點勉強，他們從七世紀到十二世紀之間，來自錫西厄的大平原，進行短暫的寇邊或不斷的遷徙。

　　他們的姓氏稱謂非常俗氣，家世來源都很可疑，行動過程無人知曉，宗教信仰盲目無知，作戰起來英勇而殘酷無情，無論是公眾行動和個人生活始終保持團結和維護習俗，不會因率直純真軟化蠻橫凶狠的性格，也不會講求策略變得文雅高尚。拜占庭寶座的權威擊退烏合之眾的攻擊，在經歷浩劫以後還能倖存。當年的蠻族多數已消失，他們的存在沒有留下任何紀念物；苟延殘喘的餘眾在一個外國暴君的統治下呻吟，悲慘的狀況已經延續很長的時間。我所選擇的史料只能限於仍舊值得記述者，像是保加利亞人、匈牙利人和俄羅斯人。諾曼人的征戰和土耳其人的君主國，在永難忘懷的十字軍到達聖地，以及君士坦丁的帝國和城市淪陷以後，就很自然的告一段落。

1 保加利亞人的遷徙和最早建立的王國（640-1017年）

　　東哥德人狄奧多里克入侵意大利之前，先行擊滅了保加利亞的軍隊。保加

利亞人經過慘重的潰敗以後，整個民族連帶他們的名字消失達一個半世紀之久。位於波里昔尼斯河、塔內斯河和竄瓦河之間陌生的殖民地，很可能又恢復原來或類似的稱呼（680年）。古老的保加利亞國王留給五個兒子的遺言，是要他們節制私心與和諧共處。年輕人對於父親的訓示，當成經驗豐富的長者提出的逆耳之言，五位王子埋葬亡故的先王，分掉王國的臣民和牛群，忘記老父提出的忠告，然後大家分手各奔前途，開始漂泊找尋各人的機運。我們發現最富冒險精神的弟兄到達意大利的腹地，獲得拉芬納太守的庇護。遷徙的潮流是直接朝著或是被迫指向都城。

現代的保加利亞沿著多瑙河的南岸，一直使用保持到目前的名字，也能維護建立的形象，歸因於當年新來到的征服者運用戰爭和條約，陸續獲得達達尼亞（Dardania）、帖沙利和兩個伊庇魯斯這些羅馬行省。教會的最高權力從查士丁尼幼年開始成長的城市撒迪卡（Sardica）改換到另外的地點，保加利亞人欣欣向榮的時代，名不見經傳的小鎮黎克尼杜斯（Lychnidus）或阿克賴達（Achrida），非常榮幸能夠設置國王和教長的寶座。語言是非常確鑿的證據，可以說明保加利亞的先世淵源於斯拉夫尼亞人的血統，更精準的說法是斯拉夫尼亞種族，與他們有親戚關係的族群如塞爾維亞人（Serbian）、波士尼亞人、拉西亞人（Rascian）、克羅埃西亞人、瓦拉幾亞人（Walachian），對於這個居於領導地位的部族，不是追隨他們的旗幟就是模仿他們。從黑海到亞得里亞海，他們遍布整個陸地，成為希臘帝國的俘虜、臣民、盟友或敵人。整個民族被稱為斯拉夫人，無論是出於機會或是惡意，他們從光榮的涵義貶為受奴役的地位。

殖民地當中的克羅巴提亞人（Chrobatian）或克羅埃西亞人都是這個偉大民族的後裔，也是達瑪提亞的征服者和統治者（900年），現在加入奧地利的軍隊採取共同的行動。濱海的城市以及建立不久的拉古薩（Ragusa）共和國，哀求拜占庭宮廷的援助和指導。他們得到寬宏大量的巴西爾給予的勸告：對於羅馬帝國只要略微效忠即可，卻要支付年金安撫難以抗拒的蠻族，以免引起無法收拾的怒火。克羅埃西亞王國由十一位「卓潘」（Zoupan）或封建領主分享統治權，聯合的兵力達到六萬騎兵和十萬步卒。漫長的海岸線曲折不齊，形成寬大的港灣，受到一串島嶼的掩護，幾乎在意大利陸地的通視之內，無論是當地土著還是外來人士，都可以用複雜的地形練習航海的技術。克羅埃西亞人仿效古老的黎本尼亞（Liburnian）型快船，建造他們的船隻或雙槳帆船：根據原來的理想，要用一百八十艘各型船隻組成實力可觀的水師，我們的水手也許會嘲笑用來作戰用的船隻，每艘上面只配置十、二十或四十個人。他們逐漸演變為替商業和貿易提供更

有價值的服務，然而斯拉夫尼亞的海盜仍舊出沒頻繁而且帶來危險。

在十世紀快要結束前，威尼斯共和國有效控制亞得里亞海灣，讓船隻能夠不受阻礙自由通航。達瑪提亞國王的祖先非常精通航海術，已經到達濫用不知節制的地步，後來才放棄這門危險的行業，定居在白克羅埃西亞（White Croatia），就是西利西亞（Silesia）和小波蘭（Little Polannd）的內陸地區，按照希臘人的計算，離黑海有三十天的行程。不論就時間還是位置來說，保加利亞人的豐功偉業都只限於一個很狹小的範圍（640-1017年）。到了第九和第十世紀，他們的統治已經延伸到多瑙河南岸地區，實力更為強大的民族追隨他們的遷徙行動，逼得他們又回到多瑙河北岸，然後向著西方發展。然而只有晦澀難解的紀錄保存他們的功績，可以誇耀獲得的榮譽，就是他們在戰場殺死一位奧古斯都和君士坦丁的繼承人，想當年這方面的功勞完全歸於哥德人。皇帝尼西弗魯斯一世在阿拉伯戰爭喪失聲譽，卻在斯拉夫尼亞戰爭丟掉性命（811年）。

發起第一次的作戰行動時，希臘皇帝大膽而成功的深入保加利亞中部地區，燒毀皇家的宮廷，也不過是一些木造的建築物和村莊而已。然而就在他搜尋戰利品以及拒絕和平條約的時候，他的敵人激勵士氣並集結戰力，讓撤離的渡口成為難以克服的障礙，戰慄的尼西弗魯斯知道局勢的嚴重，大聲喊道：「天哪！天哪！我們已經插翅難飛了！」有兩天的時間他沒有採取任何行動，完全是一副坐以待斃的模樣。等到第三天的早晨，保加利亞人對營地發起奇襲，羅馬君王和帝國的重要官員都被殺死在帳幕裡。華倫斯（Valens）皇帝的屍體免於褻瀆（378年）（君士坦丁堡君主與哥德人的哈德良堡會戰），尼西弗魯斯的頭顱卻被插在長矛上面示眾，他的頭蓋骨鑲嵌金座，經常在勝利的宴會中斟滿美酒供大家飲用。希臘人哀悼君權受到侮辱，然而他們認為這是貪婪和殘酷應得的懲罰。令人毛骨悚然的酒杯強烈表現出錫西厄曠野的習性和風俗，在與希臘人和平的交往、獲得文明開發的地區，以及引進基督教的禮拜儀式以後，而就在同個世紀的末葉，保加利亞人在各方面都有長足的進步。

保加利亞的貴族都在君士坦丁堡的學校和皇宮接受教育，西米恩（Simeon）是一位有皇室血胤的年輕人，研習笛摩昔尼斯的修辭學和亞里斯多德的邏輯。他想成為國王或武士，因而放棄僧侶的修道宣誓。在他超過四十年的統治之下（888-927或932年），保加利亞躋身世界文明強權之列。西米恩對東部帝國一再發起攻擊，希臘人可以任性譴責他的忘恩負義和褻瀆神聖，倒是從中可以獲得一絲安慰。他們花錢買到異教徒土耳其人的幫助，西米恩的第二次會戰，補救了前一次會戰的損失，當時只要能躲過可畏國家的軍隊，就可以算是一次勝利。塞爾

維亞人接戰遭到擊潰，人員不是成為俘虜就是已四散逃走。要是有人在他們復原之前到這個國家來遊歷，會發現不到五十個流浪漢，沒有婦女和兒童，他們過著受到追捕的危險生活。阿奇洛斯（Achelous）河岸有一個古代的遺跡，希臘人在此地被擊敗，蠻族的海克力斯用神力折斷他們的尖角。

西米恩編組部隊圍攻君士坦丁堡，在與皇帝當面的談判當中，他強迫對方要履行提出的和平條件。他們的會面特別加強戒備，拖著皇家的座艦靠近一個人工製造而且警衛森嚴的平台，保加利亞人的排場要與皇帝的權勢一比高下。態度謙遜的羅馬努斯一世說道：「你是基督徒嗎？那麼你有責任不要讓教友流血犧牲。你願意接受和平，難道不是受到渴求財富的誘惑？那麼請收起你的劍，張開你的雙手，我會盡最大限度滿足你的欲望。」他們用皇家的聯姻保證雙方的修好，自由貿易獲得核准或恢復到原來的規模，宮廷最高等級的禮遇用來維繫保加利亞人的友誼，比起敵國或外國的使臣更為優渥。為了對西米恩表示尊敬，加封地位崇高和引起反感的頭銜，特別稱他為「巴賽流斯」（Basileus）或皇帝。不過虛偽的友情很快無法保持，西米恩逝世使得兩國再度大動干戈，他的繼承人發生內鬨，難逃絕滅的命運（950年）。

十一世紀初期，巴西爾二世呱呱墜地就繼承帝位，平生的作為獲得「保加利亞征服者」的稱號。他在黎克尼杜斯的皇宮發現金庫存有一萬磅的黃金的財富，使他的貪婪多少能夠獲得滿足。他對數量龐大的戰俘施以極度冷酷和令人髮指的報復，而且他們的罪名是保衛自己的國家，更能顯示出暴虐和殘忍的性格。這一萬五千人都被剜去雙目，每一百個戰俘中只有一個人可以保留一隻眼睛，使他能夠牽引瞎眼的百人隊返鄉參見國王。據說他們的國王因而死於憂傷和恐懼，可怖的景象使全民為之驚畏難安，保加利亞人從他們的居留地掃地出門，限制在一個狹小的行省之內。倖存的酋長勸誡他們的子弟堅忍負起雪恥復仇的重責大任。

2 土耳其人和匈牙利人的遷徙以及共同的先世（884-900年）

大約在基督紀元900年，凶狠的族群匈牙利人首次威脅歐洲，出於畏懼和迷信的心理，他們被誤認為《聖經》提到的歌革（Gog）和瑪各（Magog），是世界末日的徵候和預兆。等到他們傳進文字，出於愛國心產生的好奇，形成強烈和值得讚許的衝動，要去探索古代的事物。他們遵從理性的考量，不再為阿提拉和匈奴無用的宗譜而自誇，只是抱怨韃靼戰爭使最早的紀錄受到損毀，無論真有其事還是出於虛構，鄉土風味的民歌很久以前就已遺忘得一乾二淨。皇家的地理學

家獲得當代和外國的資料，與匈牙利人一份簡陋的年代記餘留的殘卷對照，非常辛苦才能找到吻合之處。匈牙利人在本國和東方的稱呼是馬札兒人（Magiar），在錫西厄人的部落當中，希臘人為了便於區別，取了一個專用而特別的名字稱之為土耳其人，把他們視為一個偉大民族的後裔，過去征服並統治從中國到窩瓦河這片廣闊的區域。

潘農尼亞的殖民地與波斯邊界的東部土耳其人，一直保持著貿易和友善的長期連繫。在分離三百五十年以後，匈牙利國王的傳教士發現並拜訪靠近窩瓦河的古老國家。他們受到一群異教和野蠻的民眾好客的款待，這些人還保有匈牙利人的姓名，大家用本鄉的語言交談，記起長久失去連絡的弟兄原來的傳統。他們帶著驚奇的神色，聽取新的王國和宗教各種不可思議的故事，後來基於血緣的利害關係，引發改變信仰的狂熱情緒。他們之中有一位最偉大的君主，曾經擬訂非常有創意的構想，結果還是無疾而終：他認為潘農尼亞現在是人煙稀少的荒漠，族人可以在這裡建立殖民地，還可以從轄蚎地區的腹地補充所需的人員。

匈牙利人從轄蚎地區最早的發源地，為戰爭和遷徙的潮流帶向西方，這是更遙遠的部落發生移動的力量所引起，他們既是逃亡者同時也是征服者。無論是出於理性或機運的因素，匈牙利人遷徙的路線直接指向羅馬帝國的邊疆，沿著巨大河川的兩岸就地暫時停留下來。在莫斯科、基輔和摩達維亞（Moldavia）這些區域，還可以發現臨時居住的遺跡。經歷路途漫長而又形式各異的遊牧過程，匈牙利人無法經常逃避外人的統治，他們與異族的通婚使純淨的血統獲得改進，也可以說是受到玷汙。完全是出於強制或選擇的動機，卓查人（Chozars）有幾個部落參加他們的陣營，成為資格最老的諸侯或家臣，引進第二種語言供他們使用。

卓查人有顯赫的名聲，會戰部署獲得最榮譽的位置。土耳其人和他們的盟友組成的軍隊，行進的隊伍分成七個人員概等的「師級」單位，每個師由三萬零八百五十七位武士編成，再加上適當比例的婦女、兒童和奴隸，估計至少形成一個百萬人的遷移團體。他們的全民會議接受七位「瓦弗德」（vayvod）或世襲酋長的指導，根據過去產生爭執和實力減弱的經驗，推舉一個人進行簡單而有力的管理。生性謙虛的黎貝迪阿斯（Lebedias）婉拒授與的權杖，阿爾穆斯（Almus）和他的兒子阿帕德（Arpad）有良好的身世或功勳，獲得大家的承認。卓查人至高無上的可汗具有很大的權勢，願意為君王和人民所訂的約定作證：人民要服從君王的指揮，君王要考量人民的幸福和光榮。

現代知識可以深入運用的辨證能力，讓我們獲得古代民族相關的新穎、廣泛的概念，因此還可以對以上的敘述加以補充。匈牙利的語言非常獨特，好像與斯

拉夫尼亞人的方言絕緣，倒是與芬尼克族（Fennic）的語系相當接近有密切的關係。芬尼克人是一個受到淘汰和習性野蠻的種族，過去占有亞洲和歐洲的北部地區。他們真正的稱呼是優格里人（Ugri）或伊果人（Igours），出現在中國的西部邊界，韃靼人提出的證據說他們遷徙到額爾濟斯（Irtish）河流域。經過探查在西伯利亞的南部地區也有類似的名稱和語言。芬尼克族剩餘的部落分布的狀況非常寬廣而又稀疏，從鄂畢河（Oby）的源頭一直到拉普蘭的海岸。匈牙利人和拉普蘭人有血緣關係，是同一父母所生的兒女，展現出不同氣候的深刻影響。他們之間有鮮明的對比，南下的大膽冒險家在多瑙河痛飲美酒，可憐的難民陷入北極圈的冰天雪地。匈牙利人的身體和心智具備天賦的英勇氣質和性格，戰爭和自由從來就是主要的支配力量，雖然不見得經常可以達成目標。嚴寒的氣候使拉普蘭人的身材變小而且才智退化，極地的民族是人群之中最孤獨的子孫，對戰爭非常陌生也不了解人類的血緣關係。如果理性和德行是和平的護衛者，那麼他們的無知就是最大的幸福。

《戰術學》一書的作者李奧六世有這方面的記載（900年），所有錫西厄人的各旗，遊牧和戰鬥生活全都大同小異，經歷類似的生存方式，也運用相用的毀滅工具。他特別強調保加利亞人和匈牙利人這兩個族群，在各方面要優於他們的蠻族弟兄，紀律和管理有長足的進步，社會的架構和政府的組織還很簡陋，兩者的運用倒是非常接近，同時從外表看起來也很相像。李奧決定還是用共同的描述方式，只是會產生敵友難分的後果。從十世紀當代人士的一些介紹，可以突顯他的描述。除了軍事技能的優點和名氣，蠻族討厭和藐視人類認為有價值的所有事物。他們自認人數眾多而且無拘無束，難免要引發凶狠的天性。匈牙利人使用皮革製作的帳幕，穿的衣著是動物的毛皮，剃光頭髮而且黥面，說話很慢倒是動作敏捷，根本不遵守條約的規定。他們遭到蠻族所共有的譴責，就是無知到不了解誠信的重要，傲慢到否認違犯誓言的保證，甚至強辭奪理一味狡辯。他們過著簡樸的生活並受到讚譽，然而他們之所以戒絕奢侈的行為，在於對這方面的認知根本沒有任何概念。他們對於所見到的一切物品，都抱著垂涎和貪婪的態度，高漲的欲望是難以滿足的無底洞，唯一願意動手做的工作是暴力和掠奪。

為了定義遊牧民族，我對遍及於低等社會階層的生計、戰事和統治已經有詳盡的描述。我還要多說幾句，就匈牙利人而言捕魚和狩獵同樣重要，因為他們很少會去耕種土地，但一旦到達新的居留地，有時還需要從事局部並不熟練的農耕工作。在他們的遷移過程，也可以說是他們的遠征行動，整個群體伴隨著數以千計的牛羊，掀起一大陣高騰入雲的灰塵，卻也可以立即供應有益健康的乳類和肉

食。大眾最關心的事項是供應充足的草料，只要把牲口安置在牧場，強壯的武士再也不會感受到危險和勞累。人員和家畜毫無規劃的散布開來，要不是他們的輕裝騎兵能夠占領寬廣的空間，保持不斷的機動發現和遲滯敵人的接近，他們的營地就會暴露在夜間的奇襲之下。他們從羅馬人的戰術獲得一些經驗，士兵可以使用刀劍、長矛和頭盔，戰馬也裝上鐵製的胸甲，然而傳統和致命的武器還是韃靼弓，從最幼小的年紀開始，兒童和奴僕就不斷練習射術和騎術，一定要精通這兩門武藝。他們的手臂很有力，瞄準很穩定，能夠在急速的奔馳中轉身，很快射出一陣箭雨。

　　無論是堂堂正正的會戰還是在暗中設置的埋伏，無論是不敵敗逃還是全力追擊，同樣讓人感到畏懼不容輕視。戰線最前面的隊列在外表上可以保持原來的次序，等到發起衝鋒就成為一股狂潮向前擠壓。他們的追擊非常莽撞而又草率，放鬆韁繩向前猛衝，口裡發出可怕的吶喊。如果他們開始逃走，不管是真的害怕還是故意誘敵，習慣用極快的速度和突然的機動，阻止放膽追趕的敵人並且實施反擊。匈牙利人濫用勝利的權力使整個歐洲為之驚駭難忘，何況撒拉森人和丹麥人造反的傷口還在劇痛不已。他們很難向人討饒，更不會大發慈悲，不管男女都受到指責說是沒有惻隱之心。他們嗜食生肉的習性更助長了流傳的故事，說他們喜歡喝人血，將人殺死挖出心臟食用。然而匈牙利人並不缺少公正和仁慈的原則，那是每個人心胸之中的天性。不管是公眾或個人受到傷害和冤屈，任意報復的特權還是受到法律和懲處的抑制。就一個開放營地的安全保障來說，偷竊是最容易發生和最危險的犯罪行為。蠻族之中很多人都有自動自發的德行，支持他們的法律、改進他們的行為，讓他們抱著熱愛和同情的心理，履行社會生活的責任。

3 匈牙利人的建國和「捉鳥人」亨利的勝利（889-972年）

　　土耳其人的各旗經過逃亡或勝利的漫長旅程，逐漸接近法蘭西人和拜占庭帝國共有的邊界（889年）。他們最早征服和最後定居的地區，在多瑙河流域的中部，上下游各以維也納和貝爾格勒為界，並且將潘農尼亞的羅馬行省包括在內，就是現在的匈牙利王國。廣大和肥沃的土地原來被摩拉維亞人很輕鬆的占有，是一個使用斯拉夫尼亞人稱呼的部落，後來被侵略者趕到範圍很狹小的行省。查理曼大帝將一個含糊不清和虛有其名的帝國，向前擴張遠及外斯拉夫尼亞（Transylvania）的邊緣，等到他的嫡系子孫開始沒落，摩拉維亞公爵對於東部法蘭西王國的君主，不想再履行兵役和繳納貢金的義務。私生子阿努夫（Arnulph）

在一怒之下邀請土耳其人的軍隊入境（900年），他們才能衝過真正或想像的邊牆，此舉無異引狼入室，是極為不智的舉動。

日耳曼國王被當成賣國賊遭到譴責，背叛基督教的信仰和統治。終阿努夫一生，匈牙利人出於感恩或畏懼而受到遏止，等到其子劉易斯（Lewis）在位的幼年時期，他們發現且開始侵略巴伐利亞，完全採用錫西厄人速戰速決的方式，在一天之內，周長約五十哩的地區遭到洗劫和毀滅。雙方發起奧古斯堡（Augsburgh）會戰，基督徒維持優勢直到白天第七個時辰，土耳其騎兵部隊運用佯裝潰逃的策略，誘使他們中計吞下戰敗的苦果。戰火蔓延到巴伐利亞、斯瓦比亞（Swabia）和法蘭哥尼亞（Franconia）這幾個行省，匈牙利人讓最強悍的男爵訓練家臣，加強城堡的防禦力量，等於助長無政府的統治局面。

到處林立的市鎮圍牆和築城源於災禍頻仍的時期，敵人已經克服距離的限制因素，幾乎在轉瞬之間可以讓聖高爾（St. Gall）的赫爾維提亞（Helvetian）修道院，以及位於北部海岸的城市不來梅（Bremen），全部化為一堆灰燼。大約有三十多年的時間，日耳曼帝國或王國忍受繳納貢金的羞辱，解除武裝失去抵抗的能力，受到威脅要擄走他們的婦女和子女成為俘虜，殺光所有年齡在十歲以上的男性，可說是最嚴重和最有效的恐嚇。我既沒有能力也沒有意願繼續敘述匈牙利人越過萊茵河的進展，只是我要提及另一件非常驚愕之事，那就是法蘭西的南部行省受到暴風雨的襲擊，躲在庇里牛斯山後面的西班牙，居然看到難以抗拒的異族在迅速接近而大為驚愕。匈牙利人先是想入侵附近的意大利地區（900年），後來從設置在布倫塔（Brenta）的營地，看到新發現的國家實力非常強大而且人口眾多，難免產生敬畏的心理。他們請求允許撤離此地，但傲慢的意大利國王竟然嚴辭拒絕，他的固執和輕率付出的代價是兩萬基督徒的性命。

在西部帝國的城市當中，皇室所在的帕維亞不僅名聲響亮而且雄偉壯觀，羅馬的卓越地位只不過來自使徒的遺骸。匈牙利人傾巢來犯，帕維亞烈焰四起，四十三座教堂化為一片焦土（924年），對人民大開殺戒只赦免兩百多個可憐蟲，他們還在冒煙的廢墟收集到幾個蒲式耳的金銀（多麼含糊的誇大之辭）。北起阿爾卑斯山到羅馬和卡普亞附近的區域，每年都遭受定期的大規模入侵，那些逃過一劫的教堂回響著心驚膽戰的連禱文：「主啊！拯救我們免於匈牙利人弓箭的危害！」聖徒充耳不聞或是冷酷無情，蠻族的洪流席捲而過，一直到卡拉布里亞的盡頭才停止。匈牙利人最後接受對方提出和解協議，每個意大利臣民按人頭付費，十個蒲式耳的銀兩送進土耳其人的營地。然而用謊言來對付暴力是順理成章的辦法，強盜在丁口的數目和金銀的成色兩方面都受到欺騙。位於東邊的匈牙利

人要對抗保加利亞人，雙方勢均力敵就會引起衝突。保加利亞人的宗教信仰禁止與異教徒建立聯盟關係，他們所處的位置成為拜占庭帝國能夠拒止敵人的障礙。

　　等到障礙完全排除（924年），君士坦丁堡的皇帝看見土耳其人的旗幟有如潮湧，有名最大膽的武士竟敢向金門投擲戰斧。希臘人的計謀和財富轉變這次攻擊的方向，匈牙利人對於撤軍感到自豪，因為他們迫使強悍的保加利亞人和尊貴的凱撒，願意雙手奉上貢金。在同一場戰役裡面，他們發起遙遠和快速的作戰行動，似乎誇大了土耳其人的戰力和數量，提到勇氣還是值得讚揚，一支三到四百名騎士的輕裝部隊，常常對著提薩洛尼卡和君士坦丁堡的城門，進行最大膽的入侵行動。在九和十世紀天災人禍連綿不絕的時期，歐洲從北面、東面和南面忍受三重懲罰的痛苦，諾曼人、匈牙利人和撒拉森人有時踐踏同一塊飽受蹂躪的土地，這些野蠻的敵人就像荷馬所說那樣：一隻撕裂的雄鹿屍體上面，有兩隻獅子在咆哮。

　　薩克遜的君王「捉鳥人」亨利（Henry the Fowler）和奧索大帝，完成拯救日耳曼和基督教世界的豐功偉業，兩場令人難忘的會戰永久粉碎匈牙利人的勢力。英勇的亨利在國家受到侵略之際（934年），從病床上一躍而起，他的心靈充滿活力，靠著審慎和明智的作為獲得成功。開始戰鬥的那天早晨他說道：「戰友們！維持戰線的隊形不要產生空隙，用盾牌擋住異教徒第一擊射出的箭雨，發起同等速度的進襲，用長矛阻止對方第二擊的衝鋒。」他們服從命令擊敗敵人。麥瑟堡（Merseburgh）有幅歷史性的圖畫，描繪出亨利的面容或至少展現他的性格，在一個蒙昧無知的時代，他相信美術能使他的令名享譽千古。

　　二十年以後（955年），那些在亨利劍下身亡的土耳其人，他們的子姪輩又開始侵犯在他的兒子統治之下的帝國，就最低的估計這支大軍不會少於十萬名騎兵。他們受到國內傾軋的黨派在暗中的邀請，日耳曼的防務因陰謀叛逆而敞開，匈牙利人很快擴展勢力越過萊茵河與馬士河，進入法蘭德斯的內陸腹地。積極和審慎的奧索大帝著手肅清陰謀活動，要西部的君王認清當前的局勢，除非能夠彼此建立互信互助，否則一定會喪失他們的宗教和國家。整個民族的實力集結在奧古斯堡的平原，按照行省和部落的分配名額，編成八個軍團發起行軍和戰鬥：巴伐利亞人組成第一、第二和第三軍團；第四軍團是法蘭哥尼亞人；第五軍團是薩克遜人，由君王直接統率；第六和第七軍團由斯瓦比亞人組成；第八軍團是一千名波希米亞人，擔任大軍的後衛。

　　他們的力量在於紀律和英勇，再用謀略和迷信予以加強，須知迷信在面對強敵的狀況之下，才當得起高尚和有益的字眼。士兵用齋戒淨化心靈，營地受到聖

徒和殉教者遺骸的祝福，基督教的英雄掛起君士坦丁的佩劍，手裡握著查理曼無堅不摧的長矛，揮舞聖莫理斯（St. Maurice）的旗幟，莫理斯曾經擔任底比斯軍團的長官。然而奧索最堅定的信心在於聖矛，其上鑲嵌十字架的鐵釘，這件沾染基督寶血的遺物，是他的父親用戰爭的威脅和一個行省作為禮物，從勃艮地國王手裡強行索取。他們預期匈牙利人會出現在大軍的前面，誰知他們卻祕密渡過多瑙河的支流列赫（Lech）河，然後轉到基督徒大軍的後方搶劫輜重行列，使得波希米亞和斯瓦比亞的軍團一時為之大亂。法蘭哥尼亞人恢復會戰的態勢，他們的公爵是英勇的康拉德（Conrad），精疲力竭的休息之際被箭矢貫穿。薩克遜人在國王的親征下奮戰到底，他的勝利就功勳和重要性而言，超過近兩百年來所有將領獲得的成果。

匈牙利人的損失主要在於人員的逃走而非作戰傷亡，四周有巴伐利亞的河流圍繞，過去的殘酷使他們喪失寬恕的希望。三位被俘的王侯吊死在瑞特斯朋，為數甚眾的戰俘慘遭殺害或就此殘廢，逃亡的難民要是膽敢在自己的家鄉現身，就會受到定罪以致終生窮困不堪而且備受羞辱。現在整個民族遭受挫折，已經表現出謙恭的態度，匈牙利最容易進入的關隘，都用壕溝和防壁來加強守備的能力。不幸的災難才會使人接受節制與和平的勸告，西方的強盜只有聽天由命展開洗心革面的生活。他們的下一代受到一位有見識君主的告誡（972年），肥沃的土地可以加倍生產各種農產品，經過交易可以獲得更多的利益。當地的種族有土耳其人和芬尼克人的血統，後來錫西厄人或斯拉夫尼亞人建立新殖民地，就與他們的後裔混雜起來，又從歐洲各國輸入數以千計最強壯和勤奮的俘虜。等到蓋薩（Geisa）與一位巴伐利亞的公主結縭，獲得日耳曼貴族的位階和產業。蓋薩的兒子被授與王室的頭銜，阿帕德（Arpad）家族統治匈牙利王國三百年。生而自由的蠻族不會羨慕帝王的威嚴，人民維護他們不容剝奪的權利，可以推選、罷黜和懲處國家世襲的公僕。

4 俄羅斯君主國的起源以及瓦蘭吉亞人的事蹟（839-862年）

俄羅斯人這個詞在九世紀第一次出現（839年），是由東部皇帝狄奧菲魯斯的一位使臣，告訴查理曼大帝的兒子西部皇帝劉易斯。俄羅斯的大公爵或台吉也可以稱為沙皇（czar），派遣特使在希臘人的陪同下前往君士坦丁堡，漫長的旅程越過很多帶有敵意的民族居留的地區，希望回程能夠避開危險，便請求法蘭西國君用海路將他們送返國門。他們與瑞典人和諾曼人是同一血統，諾曼人這個名

字讓法蘭西人感到討厭而又畏懼，難免擔心來自異鄉的俄羅斯人，不是和平的信差而是戰爭的探子。等到與希臘人告別，俄羅斯人的行程受到延宕。劉易斯經過考量，採取令人滿意的做法，為了兩個帝國的利益，他必須遵守待客之道而且要審慎行事。

俄羅斯的人民或者是君王源於斯堪地那維亞半島，歐洲北部國家的通史和編年史都有詳盡的說明，一致如此認定。諾曼人突然在海上和軍事冒險行動大放異彩，不再被一層穿不透的黑暗掩蓋。也就是說丹麥、瑞典和挪威這些地區廣大和人口眾多的國家，充滿各行其是的頭目和鋌而走險的亡命之徒，嘆息平時的倦怠含笑面對痛苦的死亡。海盜生活是斯堪地那維亞年輕人的考驗、行業、榮譽和專長。他們沒有耐性留在陰冷的氣候和狹小的環境，大家從一場歡宴中出發冒險，拿著武器吹響起程的號角，登上船隻前去探尋可以搶劫或居留的海岸。波羅的海是創立海上偉業最早的場地，他們巡視東部的沿岸地區，有芬尼克人和斯拉夫尼亞人的部落在此興建無人知曉的居所。

拉多加（Ladoga）湖早期原始的俄羅斯人用白貂皮當作貢金，送給外來的異鄉人，並且尊稱他們為瓦蘭吉亞人（Varangian）或海盜（Corsair）。他們憑著優勢的武器、紀律和名氣，博得當地土著的畏懼和崇敬。當地的俄羅斯人與內陸的野蠻人發生戰事，瓦蘭吉亞人作為朋友或幫手願意屈就提供服務，出於俄羅斯人的選擇或是征戰的需要，對於有資格接受保護的人民，反而獲得統治他們的權利。瓦蘭吉亞人的暴政使得他們遭到驅離，基於過去的英勇行為再度召回，最後有位斯堪地那維亞的酋長魯里克（Ruric）成為一個王朝的創始人（862年），接續的統治期間長達七百年之久。魯里克的弟兄擴大他的影響力。他的戰友在俄羅斯的南部行省，仿效服役和篡奪的先例，運用戰爭和暗殺司空見慣的伎倆，他們的建樹凝聚成一個強大君主國的架構。

只要被魯里克的後裔視為外國人和征服者，他們就用瓦蘭吉亞人的武力進行統治，把產業和臣民分配給忠誠的衛隊隊長，波羅的海海岸提供源源不絕的冒險家。斯堪地那維亞的酋長在這片土地上生根茁壯，他們就與俄羅斯人的血統、宗教和語言攙雜在一起，首位瓦拉迪米爾（Waladimir）的功績就是從外國的傭兵手裡拯救他的祖國。瓦蘭吉亞人擁戴他登上寶座，雖然他的錢財難以滿足傭兵的需要，他們還是樂意聽從他的勸告，就是要尋找一位更為富有而不是更有感激之心的主子。他們應該乘船前往希臘，在那裡不是只有白色貂皮，而是用絲和黃金報答他們的服務。俄羅斯的君王同時也向拜占庭的盟友提出警告，對於北國個性衝動的後代，有的要遣散有的可以雇用，給予他們酬勞也要多方面加以約束。當

時的作者曾經記載瓦蘭吉亞人的引進以及他們的姓氏和性格，逐漸獲得信任和尊
敬，地位也日益升高，整個團體集結在君士坦丁堡執行警衛的責任。他們的實力
以人數眾多的隊伍加以補充，那些人都是來自圖勒之島的老鄉。

在當前封閉的情況之下，圖勒這個相當含糊的稱呼就是指英格蘭。新的瓦
蘭吉亞人是指殖民地的英吉利人或丹麥人，他們從「諾曼征服者」的高壓統治下
逃走。朝聖漫遊和海上搶劫的習性使他們能夠接近地球所有的國家，流亡無家可
歸的人受到拜占庭宮廷接納，可以保有毫無瑕疵的忠誠，經過多少代的傳承直到
帝國的終結，交談仍舊使用丹麥語或英語。他們的肩上背著寬鋒面的雙刃戰斧，
隨侍希臘皇帝前往寺廟、元老院和橢圓形競技場，他無論睡眠或用餐都在深受信
任的衛士保護之下，皇宮、金庫和都城的鑰匙都交到瓦蘭吉亞人可靠而忠誠的手
裡。

5 俄羅斯人進犯君士坦丁堡的四次海上遠征（815-1043年）

基督紀元十世紀，錫西厄的地理位置遠超過古代知識的範圍，俄羅斯的君主
國在君士坦丁的地圖上面，占有面積廣大而又極為顯著的地區。魯里克的兒子成
為窩洛多米爾（Wolodomir）或莫斯科（Moscow）遼闊行省的主人，要是他們
受到東方各旗的限制只能向一邊發展，那麼西邊的國界在最早的時代，就會擴展
到波羅的海和普魯士人的國度。他們在北部的疆域已經拓展到北緯六十度，包括
整個極北樂土（Hyperborean）之區，居住著幻想中的怪物，籠罩永恆的黑暗濃
霧。他們順著波里昔尼斯河的水路前往南方，可以趨近黑海周邊地區的河流。廣
大空間裡面居住或漫遊的部落，都聽命於同一個征服者，在不知不覺中融合成同
一個民族。俄羅斯語是斯拉夫尼亞人的一種方言，這兩種語言的表達方式在十世
紀有很大的差異。由於斯拉夫尼亞人在南部人多勢大，可以推測出北部最早的俄
羅斯人，雖然是瓦蘭吉亞人原來的臣民，應該算是芬尼克族的一支。隨著逐水草
漫遊的部落在大平原上遷移、聯合和分裂，錫西厄曠野無拘無束和一望無垠的景
色不斷變換。

俄羅斯最古老的地圖在某些地點，仍舊保留原有的名字和位置，諾夫哥羅
（Novogorod）和基輔（Kiow）兩個首都同時出現在君主國最早的時期。諾夫哥
羅當時還配不上地位崇高的名聲，也還不是漢薩（Hanseatic）同盟的成員，北國
知名的團體可以傳播財富的潮流和自由的原則；基輔還沒有眾多的人民，到後來
市容才變得雄偉壯觀，要與君士坦丁堡相比顯有不足，就沒有見識過凱撒居處的

人來說，能有三百所教堂還是值得誇耀。兩個城市的起源不過是營地或市集，蠻族聚集在交通最方便的地點，舉行會議處理戰爭或貿易有關的事務，特別是和平時期可以促進社交的活動和商業的技巧，像是從南部行省輸入新品種的牛隻。從波羅的海到黑海，從奧德河（Oder）的河口到君士坦丁堡港灣，無論是海洋和陸地，到處瀰漫通商貿易的進取精神。

偶像崇拜和蠻荒未開的時代，斯拉夫尼亞人的城市朱林（Julin）由於諾曼人經常來訪變得非常富裕，他們謹慎經營一個購買和交換的自由商場，並且確保貿易的安全和便利。從位於奧德河入口的商港，海盜船或是商人航行四十三天可以抵達波羅的海東岸，距離最遙遠的民族就在這裡相會融合，據說庫爾蘭（Curland）神聖的樹叢裝飾希臘人和西班人的黃金。在大海和諾夫哥羅之間有一條很便利的通道：夏天需通過一個海灣、一個湖泊和一條可以通航的河流；冬季則是平坦堅硬無邊無際延伸的雪地。

俄羅斯人從城市的鄰近地區順著溪流下行到波里昔尼斯河，他們用整棵樹挖成獨木舟，裝上不同年紀的奴隸、不同種類的毛皮、蜂巢取得的蠟和蜜、宰殺牲口製成的皮革，所有北國的產品在基輔的棧房裡收集和裝卸。6月通常是船隊開航的季節，獨木舟裝上長槳和坐板，成為比較結實和容量更大的小船，在進入波里昔尼斯河以前沒有任何障礙，接著陸續就有七或十三道石質山脊橫過河床，形成奔騰的急流。在水流比較淺的小型瀑布，船隻可以減輕負載再行通過；落差很高的大瀑布無法通行，水手拖著他們的船隻帶著奴隸，通過崎嶇的陸地走六哩路，這極為勞累的行程使他們成為曠野的強盜最容易搶奪的目標。到達瀑布下方的第一個島嶼，俄羅斯人為逢凶化吉設宴慶祝；靠近河口的第二個島嶼，他們修理損壞的船隻，因為黑海的航行不僅路途遙遠而且更加危險。要是他們沿著海岸行駛，就可以進入多瑙河；遇到順風只要三十六或四十小時就能抵達對岸的安納托利亞。君士坦丁堡同意北國的陌生人每年一度的來訪。俄羅斯人在固定的季節返回，帶著穀物、酒、油等大宗的貨物、希臘的產品和印度的香料。他們有些同胞居留在都城和行省。國家之間簽署協定，保護北國商賈的人身、家財和特權。

造福人類的交通很快產生傷害：俄羅斯人在一百九十年之內，曾經四次想要搶劫君士坦丁堡的金銀財寶。發生的事件因時因地有所不同，但動機、工具和目標完全相似，全部採用海上遠征的方式。俄羅斯的船商在凱撒的城市見識繁華的景象，享受奢侈的生活，不可思議的故事和數量稀少的供應品，刺激野蠻的老鄉產生難以滿足的欲望。那些在當地天候之下無法出產的貨物使他們極為羨慕，那些他們太懶無法模仿和太窮無力購買的工藝品使他們垂涎三尺，瓦蘭吉亞人的

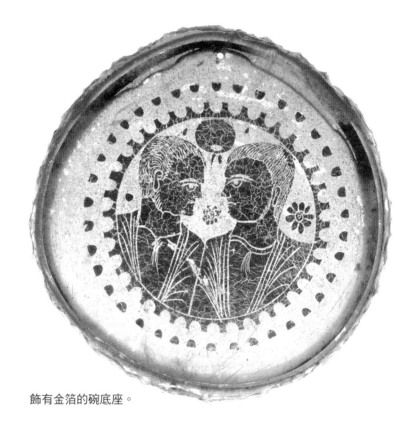

飾有金箔的碗底座。

王侯打著海盜的旗幟展開冒險活動，有些民族居住在北方的島嶼，遠在無邊無際的大洋之中，最英勇的士兵都從該地吸引過來。哥薩克（Cosack）的艦隊在前個世紀恢復過去海上兵力的雄風，從波里昔尼斯河出發，為了達成同樣的目的，航行經過同樣的海洋。希臘人把單一的獨木舟叫做monoxyla，也可以用來形容俄羅斯船隻的船底。他們在很長一根山毛櫸或柳樹的樹幹上面挖出船的形狀，脆弱和狹小的基部從兩邊裝起很高的連續木板，一直到達六十呎的長度和十二呎的高度。這種船不需要甲板，還有兩個舵和一根桅桿，航行靠著帆和槳，可以容納四十人到七十人，以及他們的武器，還有淡水和鹹魚等給養。

　　俄羅斯人第一次的考驗是製造兩百艘小船，正在使用這支民族武力的時候，可能需要一千到一千兩百艘船隻，用來對抗君士坦丁堡的建制部隊。他們的船隊並不比阿格曼儂（Agamemnon）的皇家水師差太多，只是從畏懼的眼裡看來，卻比原有的實力和數量要誇大十到十五倍。希臘的皇帝要是能夠未卜先知並預先

防範，就應該在波里昔尼斯河口派駐一支海上部隊。他們的怠惰放棄安納托利亞海岸，任憑海盜式的戰爭在那裡肆虐。經過六百年的平靜無事，黑海地區再度遭受蹂躪。長久以來只有首都受到關切，一個遙遠行省的痛苦，君王和史家並沒有放在心上。這輪猛攻沿著海岸從費西斯（Phasis）河與特里比森德橫掃而過，最後闖入色雷斯的博斯普魯斯海峽，經由十五哩長的水道，俄羅斯人粗製濫造的船隻，應該會被技術高超的敵手加以阻止或摧毀。

　　第一次的冒險行動（865年）是在基輔的王侯指揮之下，他們趁著狄奧菲盧斯的兒子米迦勒三世離開都城，毫無阻攔通過海峽，占領君士坦丁堡的港口。米迦勒歷經險阻艱辛，在皇宮階梯的下面登陸，立即趕赴聖母馬利亞大教堂，接受教長的建議，將聖母的衣服視為極為寶貴的遺物，從聖所捧出來浸泡在海裡，一陣及時發生的暴風雨，逼得俄羅斯人只有撤離，這要很虔誠的歸功上帝之母的拯救。魯里克之子的監護人奧列格（Oleg）發起第二次的襲擊（904年），希臘人保持緘默，讓人懷疑起史實的真相，至少就這件事的重要性而言無法苟同。防守的兵力和工事形成強固的障礙，保衛博斯普魯斯海峽讓敵人無法通過，俄羅斯人採用權宜之計，將船隻拖過狹窄的陸地，使希臘人的作為全部落空。官方的編年史記載很簡單的作戰方式，好像颳起一陣強烈的狂風，俄羅斯的船隊就在乾燥的陸地快速滑行，直到全部撞毀為止。

　　第三次用兵（941年）的首領是魯里克之子伊戈（Igor），選擇敵人實力衰弱和自顧不暇的時機，就是帝國的水師全部用來對抗撒拉森人之際。然而只要能激起全民的勇氣，防禦的工具就不致匱乏。十五艘破舊不堪的戰船勇敢發航前去迎擊敵軍，並不像通常那樣在船首裝設單管的希臘火，只是在每艘船的兩舷和船尾，充分供應液體的易燃物質。工程人員的技術非常熟練，天候的狀況相當有利，數以千計的俄羅斯人跳到海裡，寧可在水中淹斃也不願被火燒死。烏合之眾游上色雷斯的海岸，慘遭農夫和士兵毫不留情的屠殺。還是有三分之一的獨木舟逃到淺水區域得以倖存。伊戈在次年春天又要準備動手，不僅要恢復聲譽還要報仇雪恥，但因為出現種種狀況只好放棄。經過一段長期的和平以後，伊戈的曾孫雅羅斯勞斯（Jaroslaus）又打算進行一次海上入侵（1043年）。雅羅斯勞斯的兒子指揮的船隊在博斯普魯斯海峽的入口，同樣被全力施為的火攻打得潰不成軍。希臘人的前鋒莽撞追擊，遭到敵人優勢的船隻和人員圍殲，毫無還手之力，他們準備的希臘火可能已經消耗殆盡，有二十四艘戰船被奪走、擊沉或是焚毀。

　　然而俄羅斯戰爭的威脅或災禍經常會發生轉變，條約所發生的作用大於武力。舉凡海上的敵對行動，所有不利的因素都在希臘人這邊：諸如野蠻的敵人毫

無惻隱之心；打贏俄羅斯這個極端貧窮的國家也得不到戰利品；他們撤退到無法進入的地區，勝利者失去報復的希望；同時帝國的傲慢和虛弱，遷就一種似是而非的觀點，那就是任何人與蠻族打交道，無論得失都毫無榮譽可言。為了簽訂和平條約，最初他們的開價很高，使希臘人無法接受：船隊每名士兵和水手要三磅黃金。俄羅斯的少壯派堅持原來征服和榮譽的計畫，德高望重的老成之士提出溫和的主張。他們說道：「對於凱撒慷慨的還價要感到滿足，能夠獲得黃金、白銀、絲綢和所有渴望的物品，毋須經過一番戰鬥豈不是更好？難道我們可以保證獲得勝利？誰說我們能與大海締結一份條約？我們並沒有踏上陸地，只要漂浮在深邃的水面，死神就在我們的頭頂不停飛翔。」

　　北方的船隊在記憶之中像是發航極圈從天而降，帶來的驚駭給皇家的城市留下深刻的印象。無論哪個階層的人士在閒聊之中，全都異口同聲斷言而且相信，陶魯斯的廣場有一座騎馬銅像，上面很祕密的刻著一段預言，等到最後清算的日子，俄羅斯人就會成為君士坦丁堡的統治者。我們這個時代也有一支俄羅斯的大軍，沒有從波里昔尼斯河出航而是繞過歐洲大陸，使土耳其的首都遭到分遣艦隊的威脅，每一艘強大和高聳的戰艦可以用航海的技術和犀利的砲火，擊沉或打散一百艘他們祖先所使用的獨木舟。當前這一代或許可以看到預言成真，這看來像是極其罕見的神讖，敘述的風格非常清晰而且日期明確。

6 斯瓦托斯勞斯的統治及其敗北的始末（955-973年）

　　俄羅斯人在陸地沒有像在海洋那麼可畏，因為他們以步戰為主，錫西厄人各旗的騎兵部隊經常會將他們非正規的軍團衝散，或者將他們打得潰不成軍。然而他們的市鎮正在成長，無論防務是多麼的微弱和不夠完善，總可以為臣民提供庇護也形成敵人的障礙。基輔的君主國在發生致命的分裂之前，始終保有北部地區的統治權，從窩瓦河到多瑙河之間所有的民族，不是降服於斯瓦托斯勞斯（Swatoslaus）的武力就是被他擊退不敢再來挑釁。斯瓦托斯勞斯的上面三輩，伊戈是父親、奧列格是祖父而魯里克是曾祖。斯瓦托斯勞斯的心靈和身體都很英勇，極為艱苦的軍旅生涯和蠻荒生活，使得意志和精神的力量更加強大。他通常裹著一塊熊皮睡在地上，頭枕馬鞍，飲食粗糙而又節儉，就像荷馬筆下的英雄人物，吃的肉（通常是馬肉）放在炭火上炙烤。他的軍隊經由戰爭的訓練和演習，能夠保持穩定的耐力和嚴肅的紀律，我們可以假定士兵不允許過著比酋長更為奢侈的生活。

　　希臘皇帝尼西弗魯斯二世派出使臣帶一千五百磅黃金作為禮物，放在斯瓦托斯勞斯的腳前，用來當作請他遠征保加利亞的經費或是為了酬謝他的辛勞。斯瓦托斯勞斯集結一支六萬人的軍隊登船出發，從波里昔尼斯河航向多瑙河，在瑪西亞的海岸登陸，突然遭遇對方發生激戰，俄羅斯人的刀劍勝過保加利亞騎兵的弓箭。戰敗的國王喪失性命，他的子女成為俘虜，直到希繆斯山的國土都被北方的侵略者占領或蹂躪。瓦蘭吉亞的君王並沒有放棄他的獵物和履行他的保證，所以他不願守約撤走而是大舉進兵，要是他的野心能夠成功，帝國的政治中樞在很早的時期，就會遷移到更為溫暖和收獲豐碩的地區。

　　斯瓦托斯勞斯不僅享用也了解這個新位置的利益，靠著交換或掠奪可以獲得世上各種物產。便利的航行可以從俄羅斯運出毛皮、蠟和蜂蜜這些當地的商品，匈牙利供應血統優良的馬匹和來自西方的掠奪物，希臘的金、銀和外國的奢侈品極為豐富，他們很窮所以對無法到手的東西裝出不屑一顧的神色。帕奇納賽特人、卓查人和土耳其人的隊伍，都趕赴勝利的旗幟之下。尼西弗魯斯的使臣背叛託付給他的任務，自己想要登基稱帝，答應與他的新盟友分享東部世界的財富。俄羅斯的君王從多瑙河進軍，一直趕到亞得里亞堡。皇帝發出一份正式的照會，要求他撤離羅馬的行省，受到他的輕視與拒絕，斯瓦托斯勞斯非常凶狠的答覆，君士坦丁堡很快會看到一個敵人和一個新統治者。

　　尼西弗魯斯二世引狼入室，現在已經無法趕走凶狠的野獸；這時他的寶座和妻子都為約翰・齊米塞斯接收。約翰一世的身材矮小卻具有英雄人物的精神和能力。他的部將贏得第一場會戰的勝利，使得俄羅斯失去外國盟邦，他們有兩萬人不是死於刀劍之下，就是激起叛變的行為，或是受到引誘逃亡在外。色雷斯獲得解救，卻仍舊有七萬名全副武裝的蠻族整裝待發。齊米塞斯新近完成敘利亞的征服以後召回軍團，準備到了春天就打著戰勝君主的旗幟進軍，他公開宣布自己是保加利亞人的朋友，要為他們的受害報仇雪恨。希繆斯山的關隘根本無人防守，他們立即加以占領，羅馬人的前鋒列陣贏取不朽的名聲。皇帝率領的主力有一萬零五百名步兵，其餘的部隊隨著輜重和軍事工程的縱列，行進的速度緩慢而且戒備森嚴。

　　齊米塞斯旗開得勝，在兩天之內奪取瑪西亞諾波里斯或佩里斯拉巴（Peristh-laba）。全面進攻的號角響起，士兵架起雲梯爬上城牆，八千五百名俄羅斯人死於刀劍之下。保加利亞國王的兒子從備受羞辱的監禁中被救出來，授與有名無實的冠冕。斯瓦托斯勞斯再度遭受重大的損失，退守多瑙河岸邊堅固的據點德里斯特拉（Dristra），敵人交替運用快速和緩慢的部隊在後面追擊。拜占庭的戰船溯多

瑙河而上，軍團完成對疊線的作業，俄羅斯君王在加強工事的營地和城市之中，要忍受攻擊和饑饉帶來的痛苦。無論是士兵奮不顧身的英勇行為，還是部隊負嵎頑抗的出擊行動，都沒有辦法使斯瓦托斯勞斯脫離困境，經過六十五天的圍攻氣數已盡，只有屈服。從寬大的條件可見識到勝利者審慎的作風，齊米塞斯不僅欽佩他的英勇，對於一個無法征服的心靈，也要顧慮他會發起孤注一擲的反撲。

俄羅斯的大公爵願意約束自己的行為，立下莊嚴的詛咒要放棄所有敵對的企圖。皇帝開放一條安全的通路讓他歸國，恢復貿易和航行的自由，他的士兵每人發給一斗的糧食，從兩萬兩千斗的分配量，可以證實蠻族的損失和殘餘的人員。經過一段痛苦的航程，他們再度抵達波里昔尼斯河的河口，給養已經耗盡，天候非常惡劣，要在冰天雪地的狀況下度過寒冬。就在他開始出發之前，斯瓦托斯勞斯受到鄰近部落的襲擊和壓迫，乃因希臘人始終在幕後保持長久和發揮作用的連繫。齊米塞斯班師回朝的狀況有天壤之別，就像古羅馬的救星卡米拉斯（Camillus）和馬留（Marius），受到都城盛大的歡迎。信仰虔誠的皇帝把勝利的功勞歸於上帝之母，聖母馬利亞抱著聖嬰的畫像，放在一輛凱旋式的戰車上面，裝飾各式各樣的戰利品和保加利亞皇室的紋章旗幟。齊米塞斯跨鞍顧盼策馬進入都城，頭上戴著皇帝的冠冕，手裡拿著勝利的桂冠，君士坦丁堡群眾在驚訝之餘讚頌統治者的武德和功勳。

7 俄羅斯人的皈依和基督教向北部地區的發展（800-1100年）

福提烏斯（Photius）是君士坦丁堡的教長，傳教的抱負與求知的欲望在他而言倒是不分軒輊，無論是他本人或是希臘的教會，對於俄羅斯人的皈依都感到極其慶幸。凶狠殘忍的蠻族為理性和宗教的言論說服，承認耶穌是他們的神，傳教士是他們的導師，羅馬人是他們的朋友和兄弟。然而基督教的勝利只是曇花一現，況且時機尚未成熟。俄羅斯酋長長期從事海盜的冒險生涯，難免要遭到各種不同的機遇，也有人會浸入水中接受洗禮。一位主教使用都主教的名義，可能在基輔的教堂為奴隸和土著的會眾奉行聖事。福音的種子撒布在貧瘠的土壤，背教者日多而皈依者日少，只有奧加（Olga）的受洗開創俄羅斯的基督教新紀元。這位身世卑賤的女性不僅為她的丈夫伊戈之死報仇，可以掌握遺留的權杖，必定擁有積極主動的德行，博得蠻族的敬畏和服從。趁著國內外一片安寧的時刻，她從基輔航向君士坦丁堡，皇帝君士坦丁七世波菲洛吉尼都斯詳細敘述，在都城和皇宮接待她的儀式和禮節。所有的程序、名銜、商談、宴會和禮物都要極度的配

合，能夠滿足這位陌生來客的虛榮心理，因而使她尊敬羅馬皇帝高高在上的威嚴。

　　她在洗禮的聖事儀式接受海倫娜女皇這個廣受尊敬的名字。她的叔父、兩名通事、十六名高階和十八名低階的侍女、二十二名僕從或家臣，以及四十四名俄羅斯商人，都先於她舉行儀式或隨著改變信仰，眾多人員組成奧加大公爵夫人的隨從隊伍。海倫娜回到基輔和諾夫哥羅，用堅定的態度支持新的宗教，她努力傳播福音卻沒有獲得成功的榮冠，無論是她的家族還是國家，仍舊用頑梗不化或漠不關心的態度，繼續信奉祖先的神明。她的兒子斯瓦托斯勞斯擔心改信會引來譏諷和嘲笑，她的孫兒窩洛多米爾奉獻年輕人的熱誠，踵事增華修飾古代傳統的宗教紀念物。

　　北國野蠻的神祇還是要用活人獻祭來邀寵，選擇犧牲寧願要一個本國人而不是外鄉人，基督徒比偶像崇拜者更為適合。父親要保護兒子免於祭司的殺害，在狂熱信徒的暴怒當中也遭到同樣的命運。虔誠的奧加給予的教訓和榜樣，在君王和人民的心目中留下深刻的印象，然而他們要保守祕密不讓人知曉：希臘的傳教士繼續講道、爭論和施洗。俄羅斯的使臣或商人將君士坦丁堡文雅的迷信活動，與森林深處的偶像崇拜做一比較。他們帶著羨慕和欽佩的情緒注視聖索非亞大教堂的圓頂、聖徒和殉道者鮮明的畫像、裝飾華麗和莊嚴肅穆的祭壇、人數眾多而又穿著法衣的僧侶、排場盛大和秩序井然的儀式。他們在虔誠靜肅與和諧聖歌交互進行之中受到潛移默化，要讓他們相信每日都有一隊天使組成的唱詩班，從天國下凡加入虔誠的基督徒行列，這也不是一件困難的事。

　　決定或加速窩洛多米爾的皈依，歸功他渴望一位羅馬的新娘。就在稱為克爾遜（Cherson）的城市，基督教的主教同時主持受洗和結婚的儀式，窩洛多米爾把占領的城市歸還給新娘的兄弟巴西爾二世，據說青銅的城門拆下來運到諾夫哥羅，裝設在第一所教堂的門口，作為他在信仰的戰場獲勝的紀念物。他下達專橫的命令，雷神佩隆（Peroun）的雕像拖過基輔的街道，長久以來他對北國的神明敬畏有加。十二名強壯的蠻族用木棍將神像打成稀爛，擺出理所當然的態度將殘餘的碎片拋進波里昔尼斯河的水流之中。窩洛多米爾公開宣布他的諭令，任何人拒絕受洗的儀式就是上帝和君王的敵人，絕不寬恕。數以千計聽命的俄羅斯人立即來到河裡來接受洗禮，真是達到人滿為患的程度，對於大公爵和貴族階層接受的教義，不僅是真理而且成為不能逾越的法律，俄羅斯人只有加以默認。異教的遺跡到下一個世代全部絕滅，窩洛多米爾的兩個兄弟過世時尚未受洗，他們的遺骸從墳墓裡被挖出來，經過不合常規的聖事和儀式，使亡故者獲得神聖的令名。

大理石石棺雕刻（局部）。

　　基督紀元第九、十和十一世紀，福音和教會的統治擴展到保加利亞、匈牙利、波希米亞、薩克森尼、丹麥、挪威、瑞典、波蘭和俄羅斯。使徒的宗教狂熱獲致的勝利重現基督教的墮落時代。歐洲的北部和東部地區全部聽命於一種宗教，要說與原來當地土著的偶像崇拜的主要差異是在理論，實務方面並沒有多大不同。日耳曼和希臘的僧侶有值得讚譽的抱負，拜訪蠻族的帳幕和木屋。早期傳教士擁有的一切只是貧窮、困苦和危險，他們的勇氣是積極進取和誨人不倦，他們的動機是純潔無私和充滿善意，他們獲得的報酬是求得良心的寧靜和感恩人民對他們的尊敬。現在他們辛勤工作所得到的豐碩收穫，為後續時代的高級教士傳承或享用，既得利益者不僅態度傲慢而且變得富有。最早的皈依不會用強制的手段，完全出於自動自發的行為，傳教士僅有的工具是聖潔的生活和說服的技巧。異教徒源自國內的神話和傳說，遇到外鄉人的奇蹟和顯靈就只有啞口無言；酋長出於虛榮和利益也會加速善意以待的作風。國家的領導人物受到禮遇，被授與國王和聖徒的頭銜，為了保持合法的身分和虔誠的態度，就把正教的信仰強加在臣民和鄰人的身上。從賀爾斯廷（Holstein）到芬蘭灣這段波羅的海海岸，入侵是

在十字架的旗幟之下進行，到了十四世紀才因立陶宛的改變信仰，結束偶像崇拜的時代。

　　然而我們必須用坦誠的態度承認真相所在，北部地區的信仰改變無論對年代久遠或新近入教的基督徒來說，都帶來很多塵世的利益。戰爭中的暴怒是人類與生俱有的情緒，福音書有關博愛與和平的教訓，也沒有辦法加以療傷止痛，正教君王的野心在每個時代都要恢復敵對意圖造成的災禍。允許蠻族進入文明和宗教的社會，他們就會學習到寬恕他們的弟兄和耕種他們的產業，在諾曼人、匈牙利人和俄羅斯人由海洋和陸地的進犯之下，歐洲從毀滅的邊緣獲得解救。教士的影響力有助於建立法律和秩序，藝術和科學的基礎知識傳入地球上那些未開化的國家。俄羅斯君王出於寬厚的虔誠心理，允諾運用更為熟練的希臘人提供的服務，裝飾他們的城市和教導他們的人民。基輔和諾夫哥羅的教堂很簡陋的模仿聖索非亞大教堂的圓頂和圖畫，把神父的著作譯成斯拉夫尼亞的土語。三百名貴族青年受到邀請或是加以強迫，要到雅羅斯勞斯的學院上課聽講。俄羅斯與君士坦丁堡的教會和政府有特殊的連繫管道，所以應該在早期就獲得長足的進步，而且那個時代希臘人對於拉丁人的無知表示輕視。

　　然而拜占庭本身的奴性太深而且陷於孤立，瀕臨急速的衰退過程。等到基輔的地立沒落以及波里昔尼斯河的航行被人遺忘。窩洛多米爾和莫斯科的大君與海洋和基督教世界分離，分裂的君主國受到韃靼奴役制度可恥而盲目的壓迫。拉丁的傳教士使斯拉夫尼亞和斯堪地那維亞王國改變信仰，使他們接受教皇在精神和世俗方面的權力。他們有共同的語言和宗教，就會在相互之間與羅馬聯合起來，吸取歐洲共和國自由和博愛的精神，逐漸分享從西方世界升起的知識之光。

第二十三章
十字軍東征（1095-1270年）

1 十字軍的源起和教皇的大力支持（1095年）

土耳其人據有耶路撒冷之後二十年，有位名叫彼得的隱士前來參拜聖墓。他是法國人出生在皮喀第（Picardy）行省的亞眠（Amiens），看到基督徒在朝聖期間受到欺侮和壓迫，使他氣惱之餘頓生同情的感覺，提到耶路撒冷教長的處境使他熱淚盈眶。他經由誠摯的探問得知東部的希臘皇帝根本沒有將耶路撒冷放在心上，要他們如何能有獲得拯救的希望。教長對君士坦丁的繼承人極為不滿，就將敗德的惡行和虛弱的國勢全部揭露出來，彼得聽了高聲叫道：「我要喚醒歐洲的強國對你伸出援手。」果真如此，歐洲聽從隱士的呼籲。甚為驚異的教長在他辭行之際，交給他表示信任和申訴的書函，於是彼得在巴利（Bari）上岸後，馬上趕去參見羅馬教皇。他的身材矮小而且容貌猥瑣，兩眼炯炯不可迫視，談吐有力，坦誠直爽，能打動對方的內心，樂意聽從他的教誨。他出生於上流社會的家庭，過去在鄰近的布倫（Boulogne）伯爵麾下服行兵役，後來伯爵成為第一次十字軍的英雄人物。彼得很快拋棄軍旅生涯和紅塵世界；如果得知的傳聞沒有錯，原因在於他出身貴族家世的妻子既老又醜，使他毫無繾綣之情，離開家庭進入修道院，最後自己找一個隱居之地。苦修和孤獨的環境使他的身體憔悴，內心出現各種幻想，凡是所願都令他信以為真，凡是所信都會在夢中見到，甚至產生靈魂出竅的感覺。朝聖客從耶路撒冷返鄉，都會成為宗教狂熱的信徒，只是他已經超過那個時代常見的瘋狂狀況。

教皇烏爾班二世（Urban II）把他當成先知，極力讚譽他的構想帶來光榮，答應召開大公會議給予最大的支持，鼓勵他到各處去宣揚「拯救聖地」的理想。獲得教皇的批准給了他百折不回的勇氣，負起傳教士虔誠的使命，很快穿越法蘭西和意大利的行省。他的飲食簡單又有節制，冗長的祈禱充滿熱烈的情緒，接受贈送的布施，轉手分配給需要的人。他光著頭赤著腳，羸弱的軀體裹著一件粗布衣服，背負一個沉重的十字架，展現耶穌受到磔刑的模樣。他騎著驢子的樣子在眾人看來有聖潔的地位，可以服侍至高無上的神人。他在教堂、街巷和大道對無

數的群眾宣講福音。身為隱士，他無論進入皇宮還是木屋，都抱著泰然自若的神情，召喚大家懺悔和從軍，所有人民都熱烈響應。他描述巴勒斯坦的土著和香客遭受的痛苦，每個人都感染到惻隱之心。他請求英勇的武士前去保護他們的教友和救世主，所有人的心胸都燃起氣憤的怒火。他用姿態、眼淚和失聲的叫喊彌補語言的溝通不足。他自認可以向基督和聖母訴求，能與天國的聖徒和天使談話，即使他欠缺理性又有什麼關係。就是雅典口若懸河的演說家，對他的成功也只有甘拜下風。粗魯不堪的宗教狂熱分子已經如願煽起高漲的情緒，基督教世界對教皇的會議和敕令失去等待的耐性。

個性豪邁的格列哥里七世（Gregory VII）贊成歐洲用武裝對付亞洲的權謀，他的信仰和抱負散發出熾熱的情感，這些仍舊在他的書信當中表露無遺。從阿爾卑斯山的南北兩側算起，五萬名正統教徒自願投效到聖彼得的旗幟之下，身為使徒的繼承人宣示自己的意圖，要親自率軍出陣攻打邪惡的穆罕默德信徒。執行神聖任務的榮譽或是羞辱，雖然不應歸於個人，已經保留給烏爾班二世承擔，他是格列哥里七世最受信任的門人。烏爾班二世著手進行東方的征戰，他的對手是拉芬納的基伯特（Guibert），還據有羅馬大部分地區，正在加強各種守備工作，要與烏爾班爭奪教皇的頭銜和地位。

烏爾班期望將西方的強權團結起來，在一個帝王與教會分道揚鑣、人民與國君離心離德的時代，他和前任教皇都用破門罪威脅皇帝和法蘭西國王。法蘭西的菲利浦一世過著淫亂的生活，受各方的責難，使他極為憤怒，但為了獲得支持，只有盡量容忍。日耳曼皇帝亨利四世維護敘任式的權利，亦即主教的任職要經過他的核定，用贈送指環和牧杖當成信物。皇帝在意大利的黨派，被諾曼人和瑪蒂爾達（Mathilda）伯爵夫人的部隊澈底擊潰，他的兒子康拉德（Conrad）的叛變和妻子的醜聞，使得長期的爭執更為惡化。在康斯坦斯和普拉森提亞召開的宗教會議上，他的妻子承認有多次賣淫的行為，因為他不尊重她的榮譽，也不在乎自己的顏面，她被迫從事這一切無恥的勾當。

烏爾班的壯舉如此深得民心，產生的影響如此關係重大，他在普拉森提亞召開大公會議（1095年3月），主要成員是來自意大利、法蘭西、勃艮地、斯瓦比亞和巴伐利亞的兩百位主教，還有四千名教士和三萬名世俗人物參加會議，連最大的主座教堂都無法容納這麼多人，七天的會期就在城市鄰近的平原舉行。希臘皇帝阿里克蘇斯·康南努斯（Alexius Comnenus）的使臣受到介紹，特別在大會陳述統治者面臨的困境，以及君士坦丁堡迫在眉睫的危險。勝利的土耳其人是基督徒的共同敵人，只隔著狹窄的海峽在虎視眈眈。使臣用懇求的言詞針對拉丁君

王的自負極力奉承，同時訴諸策略和宗教的需要，提出勸告要在亞洲的邊界將蠻族擊退，否則就會與他們在歐洲的腹地遭遇。聽到東部教友悲慘和危險的情況，與會人員都禁不住流下淚來，滿腔熱血的戰士大聲宣布他們已經完成出發的準備。

希臘使臣在離開的時候，獲得保證要盡快派遣實力強大的援軍。解放耶路撒冷的計畫不僅龐大而且路途遙遠，現在又將援救君士坦丁堡包括進去。審慎的烏爾班要留到下次宗教會議做出最後的決定，他提議同年秋天在法國某個城市舉行。短暫的延期可以擴散宗教狂熱的火焰，在一個由士兵組成的國家可以保持最大的成功希望，他們不僅以家族的名聲而自傲，而且有更大的抱負要與英雄人物查理曼一比高下。眾所周知的特平（Turpin）傳奇故事，查理曼完成占領聖地的偉大任務。烏爾班基於親情或虛榮的不為人知動機，影響到他做出正確的選擇。他是法國人出身克絲尼（Clugny）的僧侶，同胞當中第一個登上聖彼得的寶座。教皇已經炫耀他的家庭和行省，現在處於顯赫的地位，還有什麼比起重訪年輕時代謙卑和勞累的場所，能使他感到更大的喜悅和滿足。

2 十字軍的先期行動和遭遇的苦難（1096年）

克勒蒙會議決定8月15日是朝聖者離開的日期，已經有一大群輕率和貧窮的平民先行開拔，在我提到主要的領袖進行重大和成功的冒險行動之前，簡短報導他們引發及遭遇的災難。早在春天的時候，大約有六萬包括男女在內的群眾，從法蘭西和洛林的邊界來到十字軍最早這位傳教士的四周，喧囂的聲音在不斷的強求，逼使他立即率領大家趕赴聖墓。隱士自認他的角色就像一位將領，然而卻欠缺軍事的才能和權威，衝動的信徒迫得他只有從命，沿著萊茵河和多瑙河的兩岸前進（1096年3月）。食物的缺乏和龐大的人數促使他們分離，彼得的部將「窮漢」華特（Walter the Penniless）是名英勇的士兵，然而他的狀況卻是囊空如洗，負責指揮朝聖隊伍的前鋒，一共是八位騎士和一萬五千名步卒，從兵種的比例就決定他們未來要遭遇的狀況。

另外一名宗教狂熱人士拿彼得做榜樣，追隨他的腳步緊跟不捨，名叫戈迪斯卡（Godescal）的僧侶，靠著講道從日耳曼的村莊帶走一萬五千或兩萬名農夫。還有二十萬烏合之眾在他們的後面形成壓力（1096年5月），都是一些最遲鈍和蠻橫的人員，他們遭到民眾的遺棄，宗教的虔誠混雜著獸性的放縱，不斷發生搶劫、賣淫和酗酒。還有幾位伯爵和士紳率領三千人馬，伴隨群眾的運動要分

享戰利品。這個隊伍真正的領導者，是在前面帶路的一隻鵝及一頭羊（我們會相信這種愚行？），有見識的基督徒認為是神靈附身的效果。

　　無論是當前或其他宗教狂熱分子的隊伍，對著猶太人發起最早和最易動手的戰事，把孤獨的民族看成殺害上帝之子的凶手。莫瑟爾河和萊茵河兩岸貿易興旺的城市，猶太人的殖民區不僅數量很多而且非常富裕，受到皇帝和主教的保護，能夠享有宗教信仰的自由。提到凡爾登（Verdun）、特列夫（Treves）、門次、斯拜爾斯和窩姆斯這些城市，不幸的民族有數以千計的人員慘遭搶劫和屠殺。自從哈德良的迫害行動以後，他們還未受到更為血腥的打擊。地區的主教用堅定的態度拯救倖存的餘眾，接受他們假裝的皈依和暫時的改信，然而更為倔強的猶太人，抱著同歸於盡的作風反對基督教的狂熱分子，將自己的房屋當作抵抗的路障，最後把自己、家人和財富全部投入河流或火焰之中，讓不共戴天的仇敵感到失望，因為他們無法發洩惡意或滿足貪婪。

　　從奧地利的邊界到拜占庭

有把手的玻璃瓶。

以非洲人頭顱為形的玻璃杯。

玻璃製的謎樣生物。

君主國的政治中樞，十字軍人員被迫要橫越六百哩的空間，這是匈牙利和保加利亞野蠻和荒涼的國度，土壤肥沃而且河流縱橫，地面覆蓋著沼澤和森林，毫無止境向前延伸，人們在這裡看見蒼茫的大地，地球上面據有的領土像是沒有盡頭。兩個民族剛開始受到基督教的陶冶，匈牙利人被本國的君王統治，希臘皇帝的部將管轄保加利亞人。土著只要極輕微的怒火就會引出殘暴的天性，頭一批朝聖者的混亂狀況帶來遍及整個地區的憤恨。落後的民族必然對於農耕並不熟悉而且極為怠惰，他們的城市用蘆葦建造，夏季就會改住進獵人或牧人的帳篷。他們糧食供應不足的原因在於需求過於粗暴、憑著勢力搶走有限的儲存，大批人員的貪吃很快消耗殆盡。剛剛開始發生爭執的時候，十字軍人員盡情發洩怒氣和痛下毒手，他們對於這個國家和戰爭沒有認識，烏合之眾毫無紀律可言，最後陷於羅網四面受敵。

保加利亞的希臘統領指揮一支常備部隊；匈牙利國王下達召集命令，好戰的臣民有八分之一或十分之一騎馬射箭，運用的策略是嚴密監視伺隙而動，對於外來的宗教強盜，報復的手段是絕不留情而且血腥殘忍。大約有三分之一的人倖存下來，連同彼得本人在內，赤身裸體躲在色雷斯山區。皇帝對拉丁人的朝聖和援助表示尊敬，引導他們走安全和容易的路線到達君士坦丁堡，勸他們等待後續教友的到達。他們一時之間還記得自己所犯的錯誤和遭遇的損失，等到受到友善的款待恢復體力，馬上故態復萌產生怨恨之心，不法的行為讓恩主坐立難安，無論是花園、皇宮還是教堂都遭到劫掠。阿里克蘇斯為自己的安全著想，引誘他們渡過博斯普魯斯海峽到達亞洲，盲目的感情作用驅使他們放棄皇帝指定的位置，不顧一切向土耳其人猛衝過去，敵人正防守著前往耶路撒冷的道路。

隱士知道自投羅網會使自己蒙羞，便離開營地撤回君士坦丁堡。他的部將「窮漢」華特稱得上優秀的指揮官，期望野蠻的群眾能夠遵守秩序和行事謹慎，約束的要求沒有成功。他們分離是為了搜尋獵物，結果蘇丹有高明的技巧使他們更容易落到獵人的手中。謠傳說他們在前列的同伴為蘇丹首都的戰利品發生爭吵，索利曼（Soliman）用利誘的方式引導華特的主力進入尼斯平原。他們全部為土耳其人的箭雨殲滅殆盡，用數以萬計的白骨告知後來的同伴這是戰敗之地。在第一次十字軍東征的過程當中，在任何一座城市從不信者的手裡拯救出來之前，甚或在更為莊嚴和高貴的同志完成冒險事業的準備工作之前，已經有三十萬人喪失性命。

3 第一次十字軍東征向君士坦丁堡進軍（1096-1097年）

正規的軍隊和將領舉起十字架前去解救聖墓了。平民的烏合之眾一旦沒有加入行動，他們立時感到如釋重負，舉行會議或是派出信差，相互鼓勵要實踐誓言盡速開拔。他們的妻子和姊妹亟欲分享朝聖之途的危險和功勳，輕便的金庫內裝銀塊和金條易於運輸。諸侯和貴族都帶著獵犬和獵鷹，可以消遣解悶也能供應肉食。數以萬計的人員和馬匹需要大量糧草，採購的工作極為困難，為了達成任務只有分散兵力。根據他們的選擇或處境決定使用的路線，大家同意在君士坦丁堡的鄰近地區會師（1096年8月15日—1097年5月），從那裡再發起對土耳其人的作戰行動。

布容（Bouilon）的戈弗雷（Godfrey）離開馬士河與莫瑟爾河，順著日耳曼、匈牙利和保加利亞最直接的方向前進，只要有不受干擾的單獨指揮，他所採取的每個步驟都很明智和正確；部隊抵達匈牙利的邊界，受到信奉基督教的民族阻擋三個星期。他們妄用十字架的名義，被認為是極為可惡的行為。匈牙利人對於上一批朝聖者的傷害仍然記恨在心，當然他們也有不對的地方，就是濫用自衛和報復的權利，所以現在感到憂慮不已，生怕來自同一民族、從事同樣任務的英雄人物，會施展嚴厲的尋仇手段。明理的公爵衡量雙方的動機和事件的始末，對於不值得尊重的同胞所犯的罪行和遭到的苦難，只表示憐憫和同情，就感到滿足了。

他派出十二位代表充當和平使者，用他的名義要求自由通過的權利和公平交易的市場；為了解除匈牙利人的猜疑，戈弗雷以及後來他的兄弟，都對他們的國王卡洛曼（Carloman）表示信任，願意接受簡略而友善的款待。雙方訂立條約用共同的福音書起誓更為神聖，發布文告禁止拉丁士兵有敵對和放縱的行為，犯者處以極刑。他們從奧地利到貝爾格勒，橫越匈牙利平原，沒有遭到或造成任何傷害，卡洛曼就在近處追隨，數量龐大的騎兵部隊守候在側翼，能維護客人的安全也不鬆弛自己的戒備。他們抵達薩維河安全渡越，匈牙利國王馬上放回人質，祝福他們一路順風，完成光復聖地的使命。戈弗雷運用類似的領導方式和紀律要求，在保加利亞的森林和色雷斯的邊區獲得同樣的成效。他自己感到十分慶幸，不但達成朝聖之途開始階段的行程，還不必拔出劍來對付任何一個同為基督徒的敵手。

雷蒙（Raymond）從杜林穿過倫巴底地區到達阿奎利亞，完成這段方便而又愉快的旅程，率領他的「鄉巴佬」繼續四十天的行軍，橫越達瑪提亞和斯拉夫尼

亞（Sclavonia）蠻荒的國度。天候一直是大霧瀰漫，土地崎嶇不平而且殘破悽涼，土著不是趕緊逃走就是充滿敵意。宗教和統治都欠缺約束的力量，他們拒絕供應糧草或嚮導，迷途和落單的人員遭到謀殺，無論白天還是夜晚都要提高警覺。伯爵懲罰俘獲的強盜，比起他與斯科德拉（Scodra）的君王舉行會議和訂立條約，能夠獲得更大的安全保障。十字軍從杜拉索（Durazzo）到君士坦丁堡的行軍途中，希臘皇帝的農夫和士兵給他帶來不斷的騷擾，還有同樣模糊和曖昧的敵對態度，準備用來對付其餘的首領，他們正從意大利海岸渡過亞得里亞海。

　　波赫蒙德（Bohemond）有足夠的軍隊和船隻，還有先見之明和嚴肅的紀律，伊庇魯斯和帖沙利的行省沒有忘記他的威名。憑著他的指揮才能和唐克理德（Tancred）的英勇，不論遭遇哪些障礙都能克服。如果諾曼人的諸侯不是裝出饒恕希臘人的模樣，他就會大肆劫掠一個異端分子的城堡，先讓士兵滿足胃口。法蘭西的貴族憑著一股勇氣向前猛衝，根本不用頭腦也沒有打算，所以輕佻的民族經常為此受到指責。

　　偉大的修伊（Hugh）、兩位羅伯特（Robert）和沙爾特（Charters）的司蒂芬（Stephen），從阿爾卑斯山到阿奎利亞的行軍，要經過一個富裕的國度，受到正統基督徒的歡迎，這是充滿宗教情懷或得意洋洋的路程。他們親吻羅馬教皇的腳致以最高的敬意，聖彼得的金色旗幟授與法蘭西國君的兄弟。他們在這段虔誠和歡樂的訪問期間，竟然忽略乘船的季節安全和準備的運輸工具。冬季在不知不覺中浪費，部隊散布在意大利的城鎮，紀律和風氣開始敗壞。他們只有分別完成海上的行程，顧不得部隊安全或個人的地位。烏爾班指定的聖母升天節開拔後九個月之內，所有的拉丁諸侯都抵達君士坦丁堡。然而維蒙德瓦（Vermandois）伯爵卻成為俘虜，他搭乘最前列的船隻被暴風雨吹散，為阿里克蘇斯的部將囚禁，這是違反國際公法的行為。修伊抵達君士坦丁堡的時候，二十四名穿著黃金鎧甲的騎士高聲宣布，拉丁基督徒的將領和萬王之王的弟兄，獲得希臘皇帝的尊敬。

4 阿里克蘇斯的誘導策略和處理方式（1097年）

　　我從東方的故事讀到一則寓言：牧羊人向上天祈禱獲得水源，恆河轉向流到他的土地，羊群和木屋都被洪水沖走；看來世人的意願達成卻反而身受其害。所以就希臘皇帝阿里克蘇斯‧康南努斯而言，十字軍東征會帶來好運，同樣會讓他感到憂慮。他的使臣在普拉森提亞的宗教會議，請求給予適度的援軍，可能的限度是指一萬士兵，現在有這麼多勢力強大的首領和宗教狂熱的民族，他們的到

達讓他感到大為驚畏。皇帝處於希望和恐懼、勇氣和怯懦之間，心中忐忑不安，對於一個受到扭曲的策略，他誤認為是充滿智慧的行為。我不可能相信也無法洞悉，他在背後策劃惡意的陰謀活動，是要奪去法蘭西英雄的生命或榮譽。

隱士彼得的烏合之眾是一群野蠻的禽獸，缺乏人性和理智，阿里克蘇斯對他們遭到殲滅的命運，不可能加以阻止或表示哀悼。希臘皇帝對戈弗雷的部隊和他的戰友不會輕視，一定會產生懷疑和猜忌的心理。他們的動機或許純潔而又虔敬，由於他清楚波赫蒙德的野心，加上對山北高盧（Transalpine）的首領認識不深，同樣要提高警覺增強戒備。法蘭西人的勇氣不僅盲從而且魯莽，可能受到希臘的奢華和財富帶來的引誘，認為自己有無可抗拒的實力因而得意忘形，君士坦丁堡的景象使他們不再記得耶路撒冷。經過長途行軍和痛苦的禁欲，戈弗雷的部隊在色雷斯平原紮營，聽到他們的弟兄維蒙德瓦伯爵為希臘人打下監獄，大家不禁怒火中燒。極為勉強的公爵被迫同意他們的要求，可以自由採取報復和搶劫的行動。阿里克蘇斯用順從和恭敬的態度安撫他們的不滿，答應供應營地的需要。他們拒絕在冬季渡過博斯普魯斯海峽，將狹窄內海岸邊的莊園和宮殿充作進駐的營舍。

無可救藥的猜忌仍然使得兩個民族心存芥蒂，相互藐視對方為奴隸或蠻族。無知的人不能認清狀況就會產生疑懼，會每天引起憤怒的情緒。偏見使人盲目，欲念使人耳聾，阿里克蘇斯受到指控，說他把拉丁人安置在一個危險的地點，那裡四面為海水圍困，企圖將他們餓死或是發起攻擊將他們殺害。戈弗雷吹起號角衝破包圍圈，部隊滿布平原開始襲擾郊區，君士坦丁堡的城門戒備森嚴，防壁上面排列弓著箭手。經過一場難分勝負的衝突，雙方最終願意聽從和平與宗教的呼籲。對於西部的異鄉人，皇帝的禮物和承諾能夠逐漸緩和他們凶狠的脾氣。皇帝是基督徒的武士，再度燃起他們的宗教熱誠要執行神聖的事業，何況他提出保證要用部隊和金錢給予大力支持。等到春天來臨，戈弗雷受到遊說要在亞洲占領位置良好和供應豐富的營地，等到他們渡過博斯普魯斯海峽，希臘船隻馬上從對岸召回。阿里克蘇斯一直加強警戒，防止同一時刻有兩支大軍在君士坦丁堡的城下會合。等到開始慶祝五旬節的盛典時，沒有一個拉丁朝聖者留在歐洲海岸。

5 十字軍的兵力和對尼斯的圍攻（1097年）

亞歷山大率領三萬五千名馬其頓人和希臘人，發起亞洲的征服行動，獲得空前的成就，他的成敗全部靠著步兵方陣的實力和紀律。十字軍的主力在於騎兵部

隊，軍隊在俾西尼亞平原集結（1097年5月），武士和好戰的隨從騎著戰馬，總數是十萬名戰鬥人員，全部裝備頭盔和鎖子甲。應該有一份公正和可信的記錄說明基督徒士兵的價值，身為歐洲騎士制度的精華人物，可能全力供應壯觀的重裝馬匹部隊。部分步卒也許徵召擔任斥候、工兵和弓箭手，只是那些一盤散沙的群眾，在毫無紀律和不聽指揮的狀況下損失慘重。鮑德溫的隨軍神父估計在拉丁人的營地裡面，除了教士和僧侶、婦女和兒童，還有六十萬攜帶武器的朝聖者。我們認為他的記載不是出於目擊或常識，完全是自信和想像的數字。讀者聽到也許會嚇一跳，在從吃驚的狀況恢復之前，我還要提到虔誠的神父公開的證詞，如果舉起十字架的人都完成誓言，從歐洲遷移到亞洲的人員會有六百萬之眾。在宗教信仰的壓力之下，我只有求助於更有見識和思考周密的作者，他檢查有關騎士制度的資料，指責沙爾特教士的可信度，甚至就是山內高盧地區來說，是否能夠產生和遷移數量如此龐大的群眾，都令人感到難以置信。

　　最冷靜的懷疑論者會記得，基督教的志願軍絕大多數從未見過君士坦丁堡和尼斯。宗教狂熱的影響力不僅異常而且短暫，很多人基於理性或怯懦、貧窮或衰弱留在家鄉，還有很多人為路途的障礙被迫驅回；無知的狂熱分子從未預料竟有這麼多難以克服的困苦。匈牙利和保加利亞野蠻的國土到處是暴露的白骨，他們的先鋒為土耳其的蘇丹全部殲滅，剛開始的冒險行動受到刀劍、天候和疲累的打擊，損失的狀況幾達三十萬人。然而還有數以萬計的人員留得活命繼續趕路，堅持神聖的行程，他們自己也感到驚訝，就連希臘人認為不可思議。安娜公主用生動的語言也難以描述：就她看見和聽到的狀況，已經到無法表達的程度，人數之多好比成群的蝗蟲、樹木的葉片、海邊的沙粒甚或天上的群星，使得阿里克蘇斯的女兒大聲喊叫，他們從歐洲傾巢而出投向亞洲。就像古代的主人大流士和澤爾西斯，率領數量含糊籠統的群眾，同樣令人懷疑。

　　我還是相信在尼斯的圍攻參加作戰的人數最多，因為這是拉丁人最早的一場作戰，爾後無論在任何一個會戰的陣列或是單獨的營地，都沒有這樣龐大的兵力。作戰的動機、人員的素質和軍械的狀況完全展示得清清楚楚。部隊絕大部分成員包括法蘭西土著；低地國家、萊茵河兩岸和阿普里亞派出實力強大的增援部隊；西班牙、倫巴底和英格蘭吸引亡命之徒的隊伍；愛爾蘭及蘇格蘭遙遠的沼地和山區，赤裸和野蠻的狂熱分子前來投效，他們在家鄉凶狠無比，到了海外卻不能適應作戰的要求。如果剝奪最貧窮和最衰弱的基督徒獲得朝聖的成就，適當的謹慎會被迷信譴責為褻瀆神聖的行為。若非如此，無用的群眾只會動口去罵不會動手去做，就會配置在希臘帝國各地，直到他們的同伴打開和確保天主的道路。

只有一小部分殘餘的朝聖者越過博斯普魯斯海峽，得到允許能去朝拜聖墓。

　　北國人民的體質不適，被敘利亞熾熱陽光烤得枯焦，蒸發的瘴氣很容易造成傳染疾病流行。他們仍舊保有不在意的浪費習性，很快消耗儲存的飲水和糧食，人員數量之多使得內陸地區無法負擔趨向枯竭，海岸非常遙遠而且希臘人民很不友善，不管哪個教派的基督徒都逃避一空，免得遭受教友貪婪而又殘酷的洗劫。在饑饉可怕的本能需求之下，他們有時會將幼小或成年的俘虜殺死，將肉烤來分吃。在土耳其人和撒拉森人的印象裡面，歐洲的偶像崇拜者博得「食人者」的名聲，讓人極為厭惡。據稱探子潛進波赫蒙德的廚房時，看到人的屍體在烤肉架上轉動。富於心機的諾曼人鼓勵傳播令人髮指的報導，雖然會使不信的異教徒憎恨獸性的行為，同時可增加他們恐懼的心理。

　　我很高興能詳述十字軍剛開始的發展步驟，進而描繪當時歐洲的情勢和狀況。十字軍過於盲從的建樹靠著實力達成，所有的記載出於無知，冗長而類似的介紹應該予以簡化。他們最初安置在尼柯米地亞附近地區，接著陸續分兵前進，通過希臘帝國已經縮小的國境，穿越山嶺打開一條通路，開始包圍對方的首都，用宗教戰爭對付土耳其蘇丹。羅姆（Roum）王國的疆域從海倫斯坡海峽延伸到敘利亞邊界，成為到耶路撒冷朝聖之途的阻礙。蘇丹是塞爾柱人（Seljuk），名字叫克利吉—阿爾斯蘭（Kilidge-Arslan）或索利曼，他是第一任征服者的兒子，防衛土耳其人認為屬於自己的國土，他的作為值得敵人的稱讚，奮勇抵抗的姿態長存後裔的記憶之中。他對來勢洶洶的洪流一開始只有忍讓，將家庭和金庫存放在尼斯，帶著五萬人馬退到山區。基督徒圍攻軍形成一個大約六哩並不完整的包圍圈，他曾經兩次從山上衝下來，突擊他們居住的營地或軍營。尼斯高聳和堅固的城牆前面有一道深邃的壕溝，側面有三百七十座塔樓加以掩護，位於基督教世界的邊緣地帶，穆斯林有精良的訓練和高昂的士氣。法蘭西諸侯在城市的前面占領各人的位置，發起的攻擊缺乏協調連繫或指揮關係，靠著競爭激發各自的勇氣。只是作戰的勇氣為殘忍的暴行玷，相互的競爭墮落成猜忌和烏合之眾的混亂。

　　尼斯的圍攻作戰之中，拉丁人運用古老的技術和器具，像是挖掘地道、使用攻城衝車、編組龜甲陣、構建衝擊塔或活動式木塔、人工縱火、弩砲或石弩、投石器、以及強有力的十字弓等等。圍攻軍在七周之內浪費無數的勞力和生命，已經獲得相當進展，特別是雷蒙伯爵最為賣力。城市的西邊阿斯卡紐斯（Ascanius）湖延伸幾哩路遠，只要土耳其人能控制湖面的交通線，就可以拖長抗拒的時間，也能保障逃走的安全。阿里克蘇斯的謹慎和勤奮供應征服的工具，

相當數量的船隻裝上地面的橇車，從海洋拖進內陸的湖中，船上運載技術最佳的弓箭手。蘇丹的女眷在逃走的途中遭到攔截，尼斯在陸地和海洋兩面都被包圍。一名希臘的密使說服居民，只要及時投降就可以獲得皇帝的保護，拯救他們免於歐洲野蠻人的暴行。在獲得勝利或希望的時刻，十字軍人員雖然渴望殺戮和搶劫，看到皇帝的旗幟在城堡上面飛揚，還是感到十分的敬畏。阿里克蘇斯維持猜疑和警覺，保障重要的征服不要產生意外。首領獲得榮譽或利益，使得抱怨的聲音慢慢停止，他們休息九天，後來在一位希臘將領的引導之下直接向著弗里基亞進軍。他們懷疑將領暗中安排的行動獲得蘇丹的默許。皇帝非常禮遇送還索利曼的妻室和主要的僕傭，沒有要求贖金或其他的條件，對異教徒的俠義行為被解釋為背叛基督教的大業。

6 多里利姆會戰及埃笛莎公國的建立（1097-1151年）

首都的失守使得索利曼憤怒不已，他並沒有感到驚懼害怕，看到西部蠻族奇特的入侵方式，對於臣民和盟友發出警告。土耳其的埃米爾遵從忠誠或宗教的召喚，土庫曼群眾紮營在他的旗幟周圍，概約計算全部兵力是二十萬或三十六萬人馬。然而索利曼耐心等待不願提早動手，直到對手將海洋和希臘邊區留在背後，他將部隊保持在側翼盤旋伺機而動。十字軍編成兩個縱隊，採取疏忽卻充滿自信的行動，現在兩支部隊分離超過視線之外。他們離弗里基亞的多里利姆（Dorylaeum）還有幾哩路時（1097年7月4日），左翼的兵力較為薄弱，受到土耳其騎兵部隊的奇襲，幾乎全軍覆沒。炎熱的天候、濃密的箭雨和狂野的進攻，使得十字軍人員陷入困境。他們喪失秩序和信心，只有個人的英勇還能維持局部的戰鬥，就是波赫蒙德、唐克理德和諾曼第的羅伯特親自上陣都無法發揮作用。他們能恢復鬥志，在於看到戈弗雷公爵使人精神為之一振的旌旗，他帶著維蒙德瓦伯爵和六萬騎兵飛奔前來援救，隨後還有土魯斯的雷蒙和普伊主教，以及神聖大軍的其餘人員。沒有片刻耽擱，他們重新整頓編成隊形，前進展開第二次的會戰。

兩軍經過一番苦戰還是不分勝負，通常他們輕視希臘和亞洲不諳戰陣的民族，現在雙方承認只有土耳其人和法蘭克人夠資格獲得士兵的稱呼。他們的接戰基於武器和訓練的對比，顯得變化多端而且勢均力敵：像是直接的衝鋒和迂迴的運動；平放的長矛和揮舞的標槍；沉重的寬劍和彎曲的軍刀；累贅的鎧甲和飄動的長袍；以及輻鞀的長弓和西方的強弩。強弩就是十字弓，是一種致命的武器，

東方人在當時還不知道它的性能。只要有精力充沛的戰馬和裝滿箭矢的箭囊，索利曼能在白天維持優勢，四千名基督徒為土耳其的利箭射穿身體。到了傍晚，敏捷的機動屈服於強大的實力。雙方還是保持概等的兵力，數量之多使得戰場的地面無法容納，將領也不能有效掌握。最後來到的生力軍是雷蒙和他的「鄉巴佬」，他們轉過山嶺攻向精疲力竭的敵軍側背，決定漫長搏鬥的勝負。除了沒有名聲和無法計算的群眾，三千名異教徒武士在會戰和追擊中被殺，索利曼的營地遭到洗劫，獲得種類繁多的昂貴戰利品，拉丁人對異國的武器和飾物感到好奇，單峰和雙峰駱駝都是前所未見的動物。蘇丹的迅速撤退證明十字軍贏得重大的勝利，他的軍隊遭受重大損失，但還保有一萬名衛士。索利曼將羅姆王國的臣民疏散一空，盡快向東部的兄弟之邦懇求給予援助，激起同仇敵愾的信念。

十字軍橫越小亞細亞實施五百哩的行軍（1097年7月—9月），通過荒蕪的土地和遺棄的城鎮，沒有發現一個朋友或敵人。地理學家可以描繪出多里利姆、皮西底亞的安提阿、伊科尼姆（Iconium）、阿齊拉斯（Archelais）和日耳曼尼西亞（Germanicia）的位置，可以拿古代的稱呼來比較現代的名字，像是艾斯基瑟希（Eskishehr）意為古老的城市、阿克息爾（Akshehr）意為白色的城市，還有柯尼（Cogni）、艾萊利（Erekli）和馬拉什（Marash）。朝聖者穿越一處沙漠，要用銀幣才能換到一次飲水，他們受難以忍受的口渴折磨，到達第一條溪流的岸邊時，他們不由得狂奔和痛飲。他們攀登陶魯斯山脈陡峭而滑溜的斜坡，不僅極為勞累而且危險，還有很多士兵為了的安全拋棄武器。如果不是因為恐懼使他們的前方空無一人，只要有少數勇敢的敵軍把守，就會將漫長而又害怕的行軍行列逼下懸崖。兩位最受尊敬的首領洛林公爵和土魯斯伯爵，坐著人抬的舁床；雷蒙從毫無希望的重病中復原，據說是奇蹟出現；戈弗雷在皮西底亞山區進行粗野和危險的狩獵，在追逐的時候被一隻熊抓傷。

為了使當前陷入狼狽不堪的狀況獲得改善，派遣波赫蒙德的表弟和戈弗雷的弟弟離開主力向前挺進，兩個人各自率領五百或七百武士的部隊，火速占領西里西亞的山嶺和海岸，掌握柯尼和進出敘利亞的門戶。諾曼人的旗幟首次插上塔蘇斯和馬米斯特拉（Malmistra）的城牆。鮑德溫不僅自負而且發生不公正行為，終於使忍讓和寬厚的意大利人大為冒火，他們在一場自私而邪惡的爭執當中，不惜拔出神聖的刀劍惡言相向。榮譽是唐克理德的動機而名聲是他的報酬，但是運道眷顧他的對手唯利是圖的行動。鮑德溫奉命去協助一個希臘或亞美尼亞暴君，過去長期忍受土耳其人高壓帶來的痛苦，合法統治埃笛莎的基督徒。鮑德溫接受的身分是成為暴君的兒子和擁護的戰士，等到他剛被引進這個城市，馬上煽動民

眾殺害他的義父，占領遺留的寶座和金庫，迅速展開征服行動，據有亞美尼亞的山地和美索不達米亞的平原，建立第一個法蘭克人或拉丁人的公國，疆域越過幼發拉底河，維持的時間有五十四年（1097-1151年）。

7 安提阿的圍攻作戰帶來的艱辛困苦（1097-1098年）

法蘭克人能夠進入敘利亞之前，已經浪費整個的夏季和秋季。到底要圍攻安提阿或者在冬季分散兵力休養生息，在軍事會議引起激烈的爭吵，武力和聖墓的喜愛逼得他們採取行動，決定發起攻擊的一方舉出充分的理由，說是入侵的聲勢和兵力在逐日下降，隨著時間的拖延將會倍增守軍的成功機會。敘利亞的首都受到奧龍特斯（Orontes）河的保護，有九個拱門的「鐵橋」從高塔的巨大閘門獲得這個名稱，兩座高塔建造在橋的兩端。諾曼第公爵用武力克服人工的阻礙，他的勝利讓三十萬十字軍獲得進入的通道。有關兵力的數字因損失和逃亡頗有斟酌的餘地，回顧尼斯的作戰很清楚的看出實在過分誇大。要是對於安提阿加以敘述，亞歷山大和奧古斯都的繼承人建設是何等的雄偉壯麗，而在土耳其人的統治下是如此的荒蕪敗壞，很不容易在古代和現代之間界定出中古時期的範圍。特崔波里斯（Tetrapolis）或稱之為「四城之都」，要是我們還能保有它的名字和位置，十二哩周長可以在裡面留下很大一塊空曠地區。四百座高塔的設置，跟只有五個城門的狀況並不是很吻合，會在圍攻作戰的歷史中經常提到。

然而安提阿仍舊繁華有如昔日，是一個面積廣大和人口眾多的首都。負有地區指揮之責的巴吉西安（Baghisian）是資深的族長，在土耳其的埃米爾中高居首位，他的守備部隊有六或七千騎兵以及一萬五千到兩萬步卒。據說有十萬名穆斯林死於刀劍之下，他們的人數可能會少於希臘人、亞美尼亞人和敘利亞人，異教徒受到塞爾柱家族的統治，至多過了十四年的奴役生活。從一段堅實和雄偉的殘餘城牆看來，巍然聳立在山谷有六十呎的高度，無論是運用的工藝水準和人工材料或許還有不足之處，主要的原因是可以用河流、沼澤和高山加強防禦的功能。雖然擁有這些工事和堡壘，城市不斷為波斯人、阿拉伯人、希臘人和土耳其人奪取，過於龐大的防守區域和城牆周長，受到猛烈的攻擊就會產生很多的弱點和漏洞。

安提阿的圍攻作戰（1097年10月21日—1098年6月3日）大約在10月中旬形成包圍圈，執行的氣魄只能說是暴虎馮河。十字軍的勇士能夠在戰場上盡量發揮勇氣和實力達成任務，經常遭遇的狀況像是突然的出擊、糧草的搜集、運輸隊

伍的攻擊和防禦，他們總是能夠獲得勝利。我們只能說是感到遺憾，他們的功績有時誇大到難以置信和不符事實的程度。戈弗雷用他的長劍將一個土耳其人從肩到尻砍成兩截，不信者的半段身軀掉落在地，另外一半還留在他的坐騎上帶進城門。當諾曼第的羅伯特騎在馬上與對手廝殺，他用虔誠的語氣大聲叫道：「我要將你的頭奉獻給地獄的魔鬼。」話沒說完，他用劈砍的動作實施雷霆一擊，將敵人的頭從頸部很俐落的斬下來。提到卓越的武功，無論是真有其事或僅是傳聞而已，都會讓穆斯林受到教訓，要想活命就得留在城牆裡面。對付土夯或石砌的城牆，劍和矛都是無法發揮效用的武器。

十字軍怠惰無知，使得圍城的各項工作只能緩慢和陸續的進行，對於用人力製作的攻城器械和工具，缺乏創造的技術、購買的金錢和勤勉的習性。他們靠著希臘皇帝的財富和知識，獲得有力的協助才能完成尼斯的征服。目前阿里克蘇斯沒有來到現地，一些熱那亞人和比薩人的船隻給予的供應不足，他們受到宗教或貿易的吸引來到敘利亞的海岸。補給的量很少，運輸的過程困難而且危險。性格散漫或是實力衰弱使法蘭克人無法構成完整的包圍圈，有兩個城門始終保持自由通行的狀況，能夠補充城市缺乏的物質和徵召所需的守備部隊。過了七個月，他們的騎兵部隊都已毀滅，因饑饉、逃亡和勞累產生重大的損失，十字軍沒有任何進展。要不是拉丁人的尤利西斯，智勇雙全和雄心壯志的波赫蒙德，運用狡詐和欺騙的用兵技巧，距離成功的機會將更為遙遠。

安提阿的基督徒人數眾多而且心存不滿。菲洛茲（Phirouz）是敘利亞人，後來背叛改信伊斯蘭教，獲得埃米爾的歡心，負責指揮三座高塔的防衛。他的悔恨對十字軍產生很大的好處，隱藏不讓拉丁人知道他有可恥的前科，好從事出賣和背叛這等極為汙穢的勾當。為了相互的利益，菲洛茲很快與塔倫托（Tarento）的諸侯建立暗中的連繫：波赫蒙德在會議向參加的首領宣布，他有辦法將城市奉獻到大家的手裡，論功行賞要讓他統治安提阿。自私的提議在嫉妒的同僚反對之下遭到拒絕，最後大家陷入困境只有勉強同意。法蘭西人和諾曼人的諸侯實施夜間突襲，波赫蒙德率領士兵攀登從城牆上拋下的雲梯。菲洛茲謀殺顧慮太多的弟兄，新入教者擁抱基督的僕人接著引導十字軍衝進城門，等到穆斯林發覺大勢無法挽回，只有引頸待斃。城中的要塞還是拒絕投降，勝利者反而很快為一支大軍包圍得水泄不通。

克波加（Kerboga）是摩蘇爾的君主，率領二十八位土耳其埃米爾，前來解救安提阿。基督徒有二十五天處於毀滅的邊緣，哈里發和蘇丹的部將表現出傲慢的態度，留給他們唯一的選擇是奴役或死亡。面臨生死存亡的關頭，十字軍集結

殘留的實力從城市出擊，在這個值得紀念的日子（1098年6月28日），消滅或擊潰土耳其人和阿拉伯人的烏合之眾，根據他們很保守的報導，共有六十萬人。我應該先想到要有從天而降的幫助，才能完成不可思議的工作。法蘭克人有大無畏的精神和在絕望中奮鬥的勇氣，才是在安提阿獲得勝利的主要人為因素；還有就是經驗不足和過分狂妄的敵手，受到襲擊後發生混亂和恐懼的現象。敘述這場會戰就像整個過程一樣雜亂無章，我們可以看到克波加的帳幕非常寬大，如同一座可以移動的宮殿，到處都是亞洲的華麗奢侈品，可以容納兩千位人員。特別要提到他有三千名衛士，人和馬都配備著全鋼的護身冑甲。

8 十字軍對耶路撒冷的圍攻和征服（1098-1099年）

法蘭克人出於明智或機遇延緩他們的入侵行動，要等到土耳其帝國陷入衰弱的狀況才下手。初期三位蘇丹運用氣度宏大的治理之道，亞洲的王國在和平與公正之中恢復統一的局面，他們親自率領兵多將廣的軍隊，作戰的勇氣與西方蠻族不相上下，在紀律和訓練方面則占有優勢。來到十字軍的時代，馬立克沙王（Malek Shaw）的四個兒子爭奪繼承權，他們私人的野心無法察覺公眾的危險。他們的運道處於無常和變幻的境地，皇室的家臣不知道也不關心真正要效忠的目標。二十八個埃米爾打著克波加的旗幟進軍，參與者原本是他的對手或敵人。他們從美索不達米亞和敘利亞的市鎮和帳篷急著徵召兵員，土耳其的百戰雄師越過底格里斯河，運用或消耗在內戰之中。埃及的哈里發掌握衰弱和混亂的大好機會，恢復已經失去的古老統治權利。他的蘇丹阿菲達爾（Aphdal）圍攻耶路撒冷和泰爾，驅逐奧托克（Ortok）的子女，讓法蒂瑪（Fatimites）世系在巴勒斯坦重新掌握民事和宗教的權勢。他們聽說基督教的大軍從歐洲向亞洲進發，感到大為驚異，很高興西方蠻族在會戰和圍攻中擊潰土耳其的勢力。無論如何，土耳其人是教派和國家的敵手。當面的基督徒同樣也是先知的世仇，自從他們占領尼斯和安提阿，埃及人逐漸明瞭到十字軍的動機，明白他們會繼續向著約旦河甚或尼羅河前進。

開羅的寶座和拉丁人的營地維持信函和使者的交往，關係的密切或冷落視戰爭的發展而定。他們之間出現自以為是的對立態度，完全是愚昧無知和宗教狂熱產生的結果。埃及的大臣用傲慢的口氣宣稱，或許也會用溫和的語調暗示，他們的君主是真正的信徒領袖，要從土耳其人高壓統治之下拯救耶路撒冷，朝聖者要是能夠人數分散而且放下武器，就會在耶穌的墓地受到安全而友善的接待。哈里

發摩斯塔利（Mostali）相信十字軍處於即將敗北的情勢，藐視他們的武力監禁派去的代表。安提阿的征服和勝利使他害怕，為了懇求所向無敵的勇士，贈送馬匹、絲袍、花瓶和成袋的金銀當成禮物。評估基督教首領的功勳或勢力，需要籠絡的首號人物指明波赫蒙德，戈弗雷排在其次。十字軍的答覆非常肯定而且眾口一辭。他們拒絕探究穆罕默德信徒私下的主權要求或認定，不論當事人使用哪種名義或是哪個民族，耶路撒冷的篡奪者就是他們的敵人。不必多費力氣規定朝聖的方式和時程，只有及時投降為上策，趕快將城市和行省全部交出來，這是他們神聖的權利，如果聽話就可以當盟友，否則就會大禍臨頭。

即使十字軍擊敗克波加，光榮的獎品就在眼前伸手可得，對於耶路撒冷的攻擊還是拖延十個月（1098年7月—1099年5月）。他們的熱誠和勇氣在勝利的時刻已經冰消瓦解，不願一鼓作氣趁勢進軍，要完全鬆弛下來享受敘利亞的奢華生活。發現停止作戰的主要的原因，在於缺乏足夠的兵力和下屬的單位。安提阿的攻防戰鬥服行各種痛苦吃力的勤務，騎兵部隊都已損耗殆盡，饑饉、疾病和逃亡使每個階層損失數以千計的人員。他們對於充沛的資源不知節儉運用，浪費的結果造成第三度的饑荒。暴飲暴食和極度匱乏的交替作用產生流行的瘟疫，五萬名朝聖者奪去性命。很少人能夠控制全局發號施令，根本沒有人願意聽命服從。對外的畏懼可以抑制內部的宿怨，等到危難的狀況解除，敵對的行為或情緒再度死灰復燃。鮑德溫和波赫蒙德的運道和財富引起戰友的嫉妒；他們召募最勇敢的武士前去防衛新成立的公國；雷蒙伯爵對敘利亞的腹地進行無益的遠征，耗盡他的部隊和錢財。

整個冬季在爭執四起和騷動混亂的狀況下度過，等到春天又恢復榮譽和宗教的情操，低階士兵受到野心和猜忌的影響較少，首領的怠惰引發憤怒的喧囂。強勢軍隊的殘部在5月由安提阿向拉奧狄西亞進軍，四萬拉丁人當中，可以立即服勤的人員只有一千五百騎兵和兩萬步卒。從利班努斯山脈到海岸的行軍都很順利，沿海地區的熱那亞和比薩商人慷慨供應缺乏的補給品。的黎波里、泰爾、西頓、亞克和凱撒里亞的埃米爾奉上大量的捐獻，允許十字軍自由通行，保證要遵循耶路撒冷的先例。十字軍從凱撒里亞出發向著內陸前進（1099年5月13日—6月6日），他們的教士認出利達（Lydda）、拉姆勒（Ramla）、伊茂斯（Emaus）和伯利恆這些神聖的地點。一旦遠遠看到聖城，十字軍就忘懷所有的勞累，因為他們即將獲得應有的報酬。

耶路撒冷的圍攻作戰值得懷念，不僅次數很多而且極為重要，就忍受災難而言，聖城享有大名。經過漫長和堅持的鬥爭，巴比倫和羅馬才能壓制猶太民族

的頑抗，崎嶇的地面或許可以取代工事的需要，對於很容易進入的平原，更要用城牆和高塔加強防禦的能力。在十字軍的時代，人為阻礙的功能極為微弱。堡壘在過去全部受到摧毀，經過修復還是不夠理想，猶太人的民族和宗教已被永久驅離。天然的形勢比起人事的滄桑還是更難改變，耶路撒冷坐落的位置發生局部遷移，沒有過去那樣險峻現在仍舊非常堅強，可以抗拒敵軍的攻擊。埃及的撒拉森人從最近的圍攻和三年的占領經驗，知道整個地區的弱點何在，經過相當程度的彌補和改進，無論是榮譽或宗教都不容他們棄守不顧。

阿拉丁（Aladin）是哈里發的部將，受命負責防務，他的策略是努力約束當地的基督徒，讓他們感到畏懼，那就是聖墓會隨著他們一起毀滅；然後用保證獲得現世和永恆的報酬鼓勵穆斯林。據說他的守備部隊有四萬土耳其人和阿拉伯人，如果他能集結兩萬居民，整個的兵力已經超過圍攻的軍隊。要是拉丁人的實力和人數都已減少，還能掌握整個城市約有四千碼的周長，那麼他們為什麼要下到本‧赫儂（Ben Hinnom）的谷地越過汲德隆（Kedron）的急流，或者是趨近南邊和東邊的懸崖，難道無從下手的地點還能給他們帶來希望或是免於畏懼？他們的圍攻更為合理的方面是指向城市的北邊和西邊。

布容的戈弗雷在髑髏地的前緣豎起他的旗幟，從左翼一直到聖司蒂芬門，唐克理德和兩位羅伯特繼續維持攻擊的陣線。雷蒙伯爵從當面的要塞到錫安（Sion）山的底部建立營地，那時的錫安山還沒有納入城區。十字軍的圍攻作戰（1099年6月7日─7月15日）在第五天帶著宗教狂熱的希望發起全面的進攻，沒有製造攻城器具用來衝破防壁，也沒有準備雲梯攀登城牆，僅僅靠著一股蠻力突破第一層障礙。他們損失相當人馬，很不光彩地返回營地。顯靈和預言之類宗教的伎倆，濫用以後就會減弱影響力，只有時間和辛勞才是獲勝的工具。

圍攻的期程在全力施為之下堅持四十天之久，他們遭遇災難吃盡苦頭，一再受到饑荒最為古老禍害的打擊，也要歸咎於法蘭克人貪吃成性而且胃口很大。耶路撒冷遍地岩石，缺乏可以飲用的水源，稀少的山泉和迅速的急流到了夏季全部乾涸，不像城市用人工方式準備儲水池和供水渠道，圍攻部隊的飲水問題無法獲得解決。周圍地區同樣缺少樹林提供用來遮蔭或建築的材料，十字軍在一個山洞發現若干木材。靠近西欽姆（Sichem）有茂密的森林，景色迷人的樹叢受到塔索（Tasso）的歌頌，現在已經砍伐一空。唐克理德費盡力氣和技巧將需要的木頭運到營地，有一些熱那亞工匠正巧在雅法（Jaffa）的港口登岸，前來協助規劃和製造攻城的器具。洛林公爵和土魯斯伯爵出資，在他們的陣地構建兩座可以移動的木塔，避開最容易接近的路線，大家非常賣力將之推到工事最受忽略的地段。雷

蒙的木塔被守城部隊縱火燒成灰燼，他的袍澤更為勇敢獲得成功，弓箭手從防壁驅逐守軍，木塔上的門橋放了下來。這個星期五下午三時，正好與耶穌受難節同日同辰，布容的戈弗雷帶著勝利的神威，站在耶路撒冷的城牆上面，全線戰士以他為榜樣奮勇爭先。距奧瑪的征服四百六十年後，他終於將聖城從伊斯蘭的魔掌下解救出來。

西方的冒險家洗劫公眾和私有的財富，一致認同要尊敬最早登城者的統治權。最大一所清真寺的戰利品，七十個金或銀製作的燈座和巨大的花瓶，當成唐克理德勤奮和努力的報酬。犯下大錯的信眾要用屠城作為奉獻給上帝的犧牲：堅決的抵抗激起滿腔的怒氣，不分年齡或性別都無法緩和深仇大恨的暴行。他們大開三天的殺戒，死者的屍首沒有處理，造成全城陷入瘟疫，七萬名穆斯林死於刀劍之下，順從的猶太人喪生在焚毀的會堂裡面。他們仍舊保留大批俘虜，完全是基於利益的謀取或殺戮的厭倦，才讓倖存的人員免於一死。十字軍這群野蠻的英雄人物當中，只有唐克理德表現出惻隱之心，然而我們也會讚許雷蒙出於自私的寬大為懷，他同意要塞的守軍簽訂投降條約，放他們安全離去。

聖墓現在已經自由開放，滿手血腥的勝利者已經誓言交付的使命。他們光著頭、赤著腳、懷著悔罪的心情，在教士讚美詩的歌韻聲中登上髑髏地的山頂，親吻覆蓋在救世主聖墓上面的石板，為這永生救贖的一刻流出喜悅和感恩的眼淚。凶殘的習氣和溫柔的情緒融合在一起，使得兩位哲學家產生不同的感想：一位（英國的休謨）認為是極其容易的當然之事，另外一位（法國的伏爾泰）覺得絕對荒謬而不敢置信。要求一個人在同時做出完全相反的行動，或許是過於嚴苛。重視德行的戈弗雷用本人做榜樣，提醒同伴要有虔誠的舉止，就他們在那個時候的看法，只要清淨自己的身體就會使心靈純潔。我不相信在參拜聖墓最前列的位置，會有人熱中於殺戮和劫掠的行動。

9 戈弗雷當選耶路撒冷國王及後續的狀況（1099-1187 年）

基督教世界值得紀念的事件過了八天，拉丁人的首領要選出一位國王，保衛和統治已經征服的巴勒斯坦，教皇烏爾班過世無法與聞。「偉大」的修伊和沙爾特的司蒂芬帶著喪失的名望黯然離開，後來經過很長時期的奮鬥，發起第二次的十字軍，終於光榮戰死，建立不朽的聲譽。鮑德溫在埃笛莎、波赫蒙德在安提阿分別建立公國。諾曼第公爵和法蘭德斯伯爵這兩位羅伯特，回到西方接受更為可靠的繼承權，總比留下競爭不毛之地的權杖要好得多。雷蒙的嫉妒和野心受到追

隨者的指責，全軍一致發出自主和公平的歡聲，讚許布容的戈弗雷是西方聲望最高的第一號勇士。他有高尚慷慨的氣魄，願意接受充滿危險和光榮的職責，在救世主戴著荊棘冠的城市，虔誠的朝聖者不願意有任何人僭用皇室的名號和紋章，耶路撒冷王國的創建者滿足於聖墓衛護者和男爵更為平易近人的頭銜。

　　戈弗雷的統治只有一年（1099年7月23日－1100年7月18日），時間太短無法為公眾謀求幸福，即位不過兩個星期就受到戰場的召喚。埃及的首相或蘇丹率軍接近，他們的反應太慢不能防止耶路撒冷的失守，現在急著採取報復的行動。伊斯蘭教徒在參加阿斯卡隆（Ascalon）會戰全軍覆滅，拉丁人在敘利亞打下堅實的基礎，法蘭西諸侯英勇善戰的聲名遍傳世界，他們在這次行動以後便長久告別聖戰。部分的光榮來自兵力相差的懸殊，雖然我無法算出法蒂瑪王朝數以萬計的騎兵和步卒有多少，除了三千衣索匹亞人或黑人，他們受到嚴厲的懲罰能夠堅持不退；南方的蠻族在第一次的接戰就四散奔逃，土耳其人的積極勇敢與埃及土著的懶散陰柔，可提供有趣的對比。等到蘇丹的劍與旗幟懸掛在聖墓當成祭品，新即位的國王（僅有他夠資格獲得這個頭銜）很高興擁抱離開的戰友，讓英勇的唐克理德僅維持三百位騎士和兩千士卒，用來防護整個巴勒斯坦地區。

　　戈弗雷的統治很快受到一名新仇敵的攻擊，只有無比狂妄的人物才會將耶路撒冷的國王當成一個懦夫。普伊主教阿德瑪無論在會議和戰場都有極其卓越的表現，他在安提阿發生瘟疫期間亡故，其餘的教會人員仍保有原來職位的傲慢和貪婪，他們曾用煽動的喧囂選擇一位主教，時間要早於耶路撒冷王國的國王。合法教長的權柄和收益為拉丁教士篡奪，希臘人和敘利亞人受到異端或分裂的譴責，排除在外還認為很有道理。東部的基督徒在解救者嚴苛的奴役之下，要是與阿拉伯哈里發寬容的統治加以對比就會感到無比悔恨。戴姆伯特（Daimbert）是比薩的總主教，對於羅馬很多不能見人的勾當和計謀，他有長期的訓練和經驗，帶著本國同胞的一支艦隊前來增援聖地，沒有競爭對手成為教會有關宗教和世俗事務的領袖。新任教長立即攫取統治的權力，這是勝利的朝聖者辛勞和流血才能獲得。戈弗雷和波赫蒙德願意舉行敘任儀式，從教長手裡接受封地的所有權。戴姆伯特還覺得不夠，要求對耶路撒冷和雅法能夠直接管轄。聖地的英雄並沒有立即嚴辭拒絕，他願意與教士舉行談判，每個城市的四分之一讓給教會。故作謙遜的主教對於其餘部分最後的歸屬感到滿意，戈弗雷過世沒有子女可以繼承，或許他以後會在開羅或大馬士革要求一個新的位置。

　　征服者要是沒有獲得教會的恩惠，新成立的王國雖然只有耶路撒冷和雅法，以及鄰近地區的二十多個村莊和市鎮，還是會被人奪走。處於狹窄的範圍之內，

伊斯蘭教徒仍舊居住在很難攻陷的城堡之內。農民、商人和朝聖者還是經常面對國內的敵意。戈弗雷和他的繼承人也就是互為兄弟和表兄弟的這兩位鮑德溫，靠著軍隊讓拉丁人過著更為舒適和安定的生活。隨著他們向外擴張領土，雖然沒有數以百萬計的臣民，看來與猶大和以色列古老的君王仍不分軒輊。他們從威尼斯、熱那亞和比薩甚至法蘭德斯和挪威的艦隊，獲得強大的援助，陸續占領濱海城市拉奧狄西亞、的黎波里、泰爾和阿斯卡隆，整個海岸地區從斯坎迪羅（Scanderoon）到埃及邊境，全部為基督徒的朝聖者占有。要是安提阿的君主放棄最高的地位，埃笛莎和的黎波里的伯爵都承認是耶路撒冷國王的諸侯。拉丁人統治的地區已經超過幼發拉底河，霍姆斯（Hems）、哈瑪（Hamah）、大馬士革和阿勒坡是穆斯林征服敘利亞以後僅餘的四個城市。

法蘭西民族和拉丁教會的法律和語言、習俗和稱呼，逐漸傳入海外的殖民地。按照封建制度的法律體系，主要的國家和下屬的領地可以由男性或女性的世系繼承，第一代征服者的子女都是不成材的墮落品種，只能享受奢侈的生活，早晚會被時代淘汰。盼望從歐洲到達新的十字軍人員，只是偶爾出現的狀況。六百六十六位騎士服役執行封建制度的任期和權利，預期可以獲得的黎波里伯爵麾下兩百騎士的援助，每位騎士有四名騎馬的扈從或弓箭手伴隨進入戰場。教會或城市供應五千零七十五名下級武士，可能都是步卒。王國全部合法的民兵組織不會超過一萬一千人，薄弱的守備兵力要對抗四周數以萬計的撒拉森人和土耳其人。

耶路撒冷的聖約翰醫院騎士和所羅門聖殿騎士，興建防禦能力最為堅強的要塞，教會的聖戰組織是寺院生活和軍事訓練最奇特的結合，雖然出於宗教狂熱的建議，必定獲得策略需要的認可。歐洲貴族的精英分子渴望參加備受尊敬的軍事階級，能夠佩帶十字架的標誌，立下神聖的誓言，精神和紀律可以永垂不朽。有兩萬八千個農莊或采邑立即捐獻出來，能夠維持一支包括騎兵和步兵在內的正規軍隊，用來保護巴勒斯坦的安全。嚴峻的修道院生活很快在軍隊的演練中消失無蹤，基督徒士兵的傲慢、貪婪和敗壞使得人神共憤。他們要求罪行的赦免和司法的權力，擾亂了教會與國家的和諧。他們出於猜忌的爭功心理，使得公眾的和平陷入危險的境地。他們的行為最為荒唐放蕩的時期，醫院和聖殿騎士還是維持無所畏懼和宗教狂熱的特質，他們為了服務耶穌基督將生死置之度外。騎士制度的精神是十字軍的本源和成果，後來神聖的組織從聖墓移植到馬爾他島。

10 希臘皇帝阿里克蘇斯保存實力的策略（1097-1118年）

　　歷史敘述的風格要是能夠不致過分嚴肅，我就會把阿里克蘇斯皇帝比為胡狼，跟隨在獅子的後面吞食剩餘的殘骸腐肉。第一次十字軍經過帝國，給他帶來恐懼和辛勞，等到法蘭克人憑著戰功建立勳業，他從而獲得後續的利益和豐碩的報酬。靠著機敏的手段和嚴密的警戒，他確保首次開戰就能光復尼斯的成果，占領帶有戰略性的威脅位置，逼得土耳其人要從君士坦丁堡的周邊地區撤離。這個時候的十字軍帶著目空一切的勇氣，向著亞洲的內陸地區進軍。靠近海岸的埃米爾都被召喚到蘇丹的旗幟之下，狡詐的希臘人趁著大好機會，將土耳其人從羅得島和開俄斯島趕走，收復以弗所、西麥那、薩德斯、菲拉德菲亞和拉奧狄西亞這些主要的城市。阿里克蘇斯將帝國的疆域從海倫斯坡海峽，擴展到米安得河和龐非利亞（Pamphylia）的岩岸。教堂整修一新，重現昔日的光輝，城鎮重新建設並加強守備的力量，土耳其人放棄的地區則用大量基督徒補充所需的人口，他們都是從更為遙遠和危險的邊區遷移過來的。

　　要是他基於愛護民眾的情操，竟將拯救聖墓置於腦後，我們也應該體諒他的苦衷。他受到拉丁人嚴厲的指責，認為他犯了通敵和賣友的罪行。十字軍的首領曾經對希臘皇帝立下效忠和服從的誓言，阿里克蘇斯也答應親自領軍支援收復聖地的行動，至少要提供部隊和金錢。現在他很卑鄙的撤軍，相對解除法蘭克人應盡的義務。刀劍是他們獲得勝利的工具，更是獨立自主的誓約和保證。皇帝倒也沒有另做打算，不會想要對耶路撒冷王國重申早已作廢的主權要求，西里西亞和敘利亞的邊界地區現在為他據有，大軍可以長驅直入。十字軍的隊伍數量龐大，不僅傷亡慘重而且兵力分散。波赫蒙德在一次奇襲中成為俘虜，安提阿公國變得群龍無首。贖金使他欠下沉重的債務，而且追隨他的諾曼人力量不夠，無法擊退希臘人和土耳其人的敵對行動。

　　波赫蒙德處於不幸的狀況之下，還能做出最具遠見的決定，把安提阿的防務交給他的親戚，忠誠的唐克理德，再去組織西方的武力對付拜占庭帝國，為了完成計畫能夠繼承他父親基斯卡（Guiscard）的遺志，並且還要吸取前人的經驗教訓。他很祕密的登船離開，要是我們相信安娜公主記載的故事，竟然藏身在棺材裡面好渡過充滿敵意的海洋。他在法蘭西受到公眾的讚譽，所有的接待非常隆重而禮遇，並與國王的女兒結成連理，帶著榮耀的身分歸來。當代最英勇的人物都願接受沙場老將的指揮，於是他率領五千騎兵和四萬步兵再次渡過亞得里亞海，屬下的部隊來自歐洲最遙遠的地域。杜拉索的守備實力、阿里克蘇斯的步步

為營、饑饉的大肆暴虐，以及冬季的即將來臨，在在使他充滿野心的希望受到打擊，用金錢收買的聯盟部隊反叛他的陣營。一紙和平協定使希臘人免於恐懼，敵手的死亡終於使他們獲得解救。

對波赫蒙德而言，平生不受誓言的約束、絲毫不懼危險的恫嚇、更不會為成功感到滿足。他的子女繼承安提阿公國，疆域受到嚴格的限制，效忠有明確的規定，塔蘇斯和馬米斯特拉兩個城市歸還給拜占庭帝國。希臘人擁有整個安納托利亞海岸的周邊地區，從特里比森德到敘利亞的門戶。羅姆王國的塞爾柱王朝從各方面都與海洋隔絕，並且與他們的伊斯蘭教友分離。法蘭克人的勝利使蘇丹的權勢發生動搖，即使一時的敗北仍然如是。等到喪失尼斯以後，塞爾柱人將宮廷遷到柯尼（Cogni）或伊科尼姆（Iconium），是個沒沒無聞的內陸小鎮，距離君士坦丁堡有三百哩。康南尼王朝的君主不再為都城受到威脅感到憂心忡忡，他們現在對土耳其人發起攻勢作戰。第一次十字軍東征最大的作用，是使得衰微的帝國免於滅亡。

11 第二次和第三次十字軍東征的概況（1147-1189年）

十二世紀有三次重大的遷徙行動，從西部經由陸地的進軍前去解救巴勒斯坦。第一次十字軍東征的先例和成就，激勵倫巴底、法蘭西和日耳曼的士兵和朝聖者。聖墓的解救過了四十八年之後，皇帝康拉德三世和法蘭西國王路易七世發起第二次十字軍，支持面臨衰微命運的拉丁人。第三次十字軍當中，有力的一部受皇帝腓特烈·巴巴羅薩（Frederic Barbarossa）的領導，法蘭西和英格蘭的兄弟在耶路撒冷共同遭到慘痛的損失，使他產生同情之心。三次東征行動就兵力的數量龐大、通過希臘帝國的前進路線、以及土耳其戰爭的性質和過程這幾方面而言，看來都非常類似，要是做一個簡短的比較，可以省略重複而冗長的敘述。十字軍所呈現的外貌無論是多麼光耀奪目，發生的原因和獲得的結果始終維持不變，幾乎成為一個常態的歷史事件，所望達成的目標是防衛或光復聖地，有很多次收效甚微而且與原始構想天差地遠。

龐大的群眾亦步亦趨，踩著第一次朝聖者的足跡前進。他們的首領若與布容的戈弗雷和他那些冒險犯難的戰友比較，大致出身於相同的階層，只是名聲和功勳有很大的差異。隊伍的前面招展勃艮地、巴伐利亞和阿奎丹幾位公爵的旗幟：前面那位是修伊·卡佩（Hugh Capet）的後裔，其次是布藍茲維克（Brunswick）世系的先祖。米蘭的總主教是位世俗的王侯，為了有利於土耳其人的皈依，把教

堂和宮殿的財富和飾物全部運走。還有十字軍老將，「偉大」的修伊和沙爾特的司蒂芬，返回戰地履行尚未完成的誓言。他們的追隨者形成人數眾多和組織雜亂的團體，大致編成兩個縱隊向前運動。要是第一個縱隊的總數是二十六萬人，那麼第二個縱隊可能是六萬騎兵和十萬步卒。第二次十字軍東征提出的主張可以說是征服亞洲，法蘭西和日耳曼的統治者御駕親征能夠激勵貴族的士氣，康拉德和路易無論就位階和個人身分，都可以使發起的理由更為尊貴，他們的部隊更易於維持紀律，然而要封建制度的首長負起領軍的責任，可能會使過高的期望落空。皇帝和國王有直屬的騎兵部隊，分別由七萬騎士和陪伴上戰場的隨員組成。要是輕裝部隊、農夫編成的步兵、婦女和兒童、教士和僧侶全都排除不算在內，總兵力不會少於四十萬人。整個西部從羅馬到大不列顛全都要採取行動，波蘭和波希米亞的國王也服從康拉德的號召。根據謠傳，總人數到達九十萬人，希臘人和拉丁人則證實情況的確如此，在渡過海峽或是河流的時候，拜占庭派遣的探子到後來只能停止計算人數，因為無窮無盡的行列實在令人感到害怕。

第三次十字軍東征，法蘭西人和英格蘭人採取地中海的海上航行，腓特烈·巴巴羅薩的部隊數量要較少一些。一萬五千名騎士以及同等數量的扈從都是日耳曼騎兵部隊的精英分子。六萬騎兵和十萬步卒在匈牙利平原集結，接受皇帝的校閱。經過這樣重複計算，我們不再為六十萬的朝聖者到驚異，他們的確在最後的遷徙行動中被確信並記載了下來。這種非常誇大的數字只能證明，那個時代的人士對遠征感到極為驚愕。他們的驚愕就是強烈的證明，存在著數量巨大並不明確的群眾。希臘人對於戰爭的技術和策略有高人一等的知識廣受稱譽，他們承認法蘭西人的騎兵和日耳曼人的步兵，不僅實力強大而且作戰勇敢，看到這些外鄉人有魁梧的身材，描述他們為剛強善戰的種族，目露殺人不眨眼的凶光，會使得整個東部血流成河。在康拉德的旗幟之下，有一隊女兵全副鎧甲，用男人的姿勢騎在馬上，身為亞馬遜女戰士的首領穿著鍍金馬刺和高統靴，獲得「金足女將」的稱號。

12 伊斯蘭的反擊和土耳其人征服埃及（1127-1169年）

主宰萬物的神明總是逃不過立場不同的信徒大聲抱怨。同樣一件事的結局從歐洲來看是解救要大加讚揚，亞洲認為是災難不僅悲痛還要指責。耶路撒冷失陷以來，流亡的敘利亞人到處散布驚愕和憂懼；巴格達感受羞辱而悲傷萬分；大馬士革的宗教法官塞尼丁（Zeineddin）為了表示憤怒，當著哈里發的面撕扯自己

的鬍鬚；整個國務會議聽到悽慘的事故如喪考妣。信徒領袖只能痛哭流涕而已，他們都是土耳其人手裡的傀儡，阿拔斯王朝到末期曾經恢復若干臨時的權勢，只是他們沒有開疆闢土的野心，能夠統治巴格達和鄰近行省就已感到滿足。真正的藩王是塞爾柱的蘇丹，他們無法避免亞洲王朝的自然法則，那就是英勇的崛起、事功的建立、內部的傾軋、墮落的後裔和衰亡的結局這個永不止息的循環。他們現在的神精和權力，已經無法用來捍衛神聖的宗教。在波斯遙遠的邊區，桑吉爾（Sangiar）是宗族最後一位英雄人物，就他的名聲和軍隊而言，基督徒都感到陌生。蘇丹深陷後宮的溫柔鄉中，要把虔誠的宗教任務交付給奴隸執行，他們在土耳其的名稱叫做阿塔貝克（Atabecks），有點像拜占庭的大公，也可以稱之為「尚父」。

　　阿斯坎薩（Ascansar）是位驍勇的土耳其人，曾經得到馬立克沙王的賞識，獲得殊榮可以站在寶座的右邊。他在隨著國君逝世引起的內戰，喪失自己的頭顱和阿勒坡的統治權。原來在手下任職的埃米爾仍舊追隨他的兒子珍吉（Zenghi），他們這支部隊第一次作戰是在安提阿擊敗法蘭克人。珍吉為哈里發和蘇丹效命，經由三十次戰役建立軍事方面的聲譽。他是唯一能為先知的宗教受到羞辱進行報復的勇士，因而被授與摩蘇爾（Mosul）總督的職位。他沒有讓公眾失望，圍攻二十五天以後終於奪取埃笛莎，越過幼發拉底河光復被法蘭克人所征服的地區。摩蘇爾和阿勒坡的獨立統治者接著降服庫德斯坦（Curdistan）地區黷武好戰的部落，他的士兵受到教導要把營地視為僅有的國土，信任珍吉慷慨的個性會賞給他們豐富的報酬，何況他也有很高的警覺心，會保護留在故鄉的家人。

　　珍吉的兒子努爾丁（Noureddin）率領身經百戰的老兵，逐漸將伊斯蘭信徒的勢力統合起來，將大馬士革王國納入阿勒坡，對敘利亞的基督徒發起長期的戰爭，終於獲得勝利。他擴張廣大的統治區域從底格里斯河到尼羅河，阿拔斯王朝用皇室的各種頭銜和特權酬庸忠誠的服務。就是拉丁人也被逼得承認，所向無敵的對手無論是智慧和勇氣、公正和虔誠全都高人一等。神聖的武士無論一生言行或為政之道，都以恢復最早幾位哈里發的宗教狂熱和簡樸生活為己任。他的宮殿棄絕黃金和絲綢，統治的疆域之內禁止飲用酒類，稅收很審慎的使用於公共事務，儉省的家用靠戰利品合法的配額來維持，還能購買一處私人的產業。受到寵愛的妃子為婦女用品的花費太大而哭窮，國王回答道：「哎呀！敬畏的真主！我不過是穆斯林的司庫而已，不能把他們的財產轉讓給妳。不過我在霍姆斯擁有三間店鋪，妳可以拿去，這些是我唯一可以送給妳的東西。」他的審判廳讓權貴感到悚懼，貧民獲得庇護。蘇丹逝世過了幾年，一位受到委屈的臣民在大馬士革的

街道大叫道：「啊！努爾丁！努爾丁！你在哪裡？可憐可憐我們吧！請從墳墓裡出來保護我們！」擔心亡故老王的名字會引起騷動，會讓一個在世的暴君感到羞慚或恐懼。

法蒂瑪王朝統治的敘利亞被土耳其人和法蘭克人運用武力奪走，就埃及的狀況而論，最重要的原因還是權勢和影響的式微。然而他們是先知的後裔和繼承人，仍舊受到伊斯蘭信徒的尊敬，開羅的皇宮維持天顏難近的習性，輕易不會受到臣民或外人的窺探或褻瀆。拉丁使臣敘述他們的引見，要經過一段很長的幽暗走道，接著是陽光閃爍的柱廊，啁啾的鳥鳴和潺潺的流泉，四周的景色一片生機盎然，貴重的擺設和稀有的動物，更顯得宮廷的富麗雄偉，皇家的寶藏展現出來只是少數，其餘的品項比想像還要多得多。很長一列的大門敞開，黑人士兵和內廷宦官擔任警衛。觀見廳的內殿用簾幕遮掩，首相在前面引導使臣進入，將彎刀解下趴俯在地面跪拜三次，簾幕這時才拉開讓他們看到信徒領袖。他向寶座前面第一個軍奴表示高興之意，須知這個位高權重的人就是他們的主子。

首相或蘇丹已經篡奪埃及最高的行政權力，想掌握權勢的敵對競爭者要靠武力來解決，最為傑出或實力最強者列入「皇家武班」。達岡姆（Dargham）和紹威爾（Shawer）兩個黨派輪流將對方逐出首都和國土，弱勢一方會乞求大馬士革的蘇丹或耶路撒冷的國王，給予帶來危險的保護。無論是伊斯蘭的蘇丹還是基督徒的國王，就法蒂瑪王朝而言都是教派和國君不共戴天的仇敵。土耳其人憑著武力和宗教使埃及無法抗衡；法蘭克人可以從加薩直抵尼羅河，進軍極為便利。同時基督徒的疆域占有中間位置，迫使努爾丁的部隊要繞過阿拉伯的邊緣地區，路途不僅加長而且環境極為惡劣，忍受沙漠的焦渴和辛勞，暴露在焚風的吹襲之中。土耳其君王在暗中保持宗教狂熱和勃勃野心，渴望用阿拔斯王朝的名義統治埃及，然而幫助懇求出兵的紹威爾派復位，只是第一次遠征行動冠冕堂皇的藉口。整個任務交付給謝拉古（Shiracouh）埃米爾才獲得成功，他是一位英勇而又資深的將領。

達岡姆派一旦推翻就遭到屠殺，走運的對手掌權以後，出於忘恩負義或猜忌嫉妒的心態，再不然就是憂慮未來的狀況，很快邀請耶路撒冷國王進軍，從傲慢的恩主手裡解救埃及。謝拉古的兵力面對聯軍居於劣勢，只有放棄尚未成熟的征服行動，撤離貝爾貝斯（Belbeis）或佩魯西姆是讓他安全退卻的條件。土耳其人成單列在敵人面前通過，他們的將領走在最後，用警覺性很高的眼睛向四周觀看，這時他的手裡拿著戰斧。一名法蘭克人竟敢問他，如果不是怕受到攻擊，為什麼主將走在最後？大無畏的埃米爾回答道：「你們是有權發起攻擊，只是我可

以保證，手下的弟兄要是不能將一個不信真主的人送到地獄，那他就不能進入天堂。」他的報告提到資源的富足、土著的柔弱、政治的混亂，使努爾丁重新燃起希望。

巴格達的哈里發讚譽虔誠的企圖，謝拉古率領一萬兩千名土耳其人和一萬一千名阿拉伯人，第二次對埃及發起突擊行動，然而要對抗法蘭克人和撒拉森人的聯軍，他的兵力仍嫌不足。不過從他一連串的作為：像是率領部隊渡過尼羅河；向蒂貝伊斯的退卻；巴貝因（Babain）會戰主宰戰場的調動和部署；亞歷山卓的奇襲作戰；在埃及的平原和山谷，從北回歸線到海洋這片廣大的疆域，實施的行軍和反向行軍等等，就我的看法是他把用兵之道發揮到最高的境界。卓越的指揮加上部隊的英勇更是如虎添翼，作戰行動的前夕，一位馬木祿克（Mamaluke）大聲叫道：「要是我們無法從基督狗的手裡奪回埃及，為什麼不丟掉蘇丹給我們的職位和報酬，退休下去像農夫那樣辛勤的耕作，或是與後宮的婦女一起紡紗織布？」雖然謝拉古在戰場竭盡所能，他的姪兒薩拉丁（Saladin）在亞歷山卓堅守到底，第二次入侵行動還是以簽訂有利條約和撤退告終。

13 薩拉丁的人品德行、統治風格和雄才大略（1171-1193年）

越過底格里斯河的多山國度為庫德人的遊牧部落占有，這個民族堅毅、強壯、野蠻、不受任何約束、愛好搶劫掠奪、聽從部族統治。類似的姓名、位置和習俗，好像與希臘人提到的卡都齊亞人（Carduchians）沒有多大差別。他們過去堅持古老的自由權利反對居魯士的繼承人，保持悠久的傳統直到現在仍舊抗拒土耳其政府。貧窮和野心激勵他們從事傭兵的行業，父親和叔父的服務為薩拉丁偉大的統治奠定基礎。約伯（Job）或阿烏布（Ayub）的兒子只是普通的庫德人，阿諛者推論他的家譜來自阿拉伯的哈里發，薩拉丁聽到不禁微笑以對。努爾丁強迫態度很勉強的年輕人，追隨他的叔父謝拉古前往埃及，殊不知會讓自己的家族很快走向滅亡之路。薩拉丁在亞歷山卓的防衛作戰建立軍事的聲譽，要是我們相信拉丁人的說法，他懇求一位基督徒的將領讓他獲得騎士的身分，照理講這是褻瀆神聖的行為。

等到謝拉古過世，薩拉丁因為是年輕而且實力最弱的埃米爾，才被授與大首相的職位。他請他的父親前來開羅遊歷，並且聽從他父親的勸告，那就是憑著自己的才能超越同僚的權勢，與軍隊建立緊密的關係，他們只為他自己和他的利益賣命。努爾丁在世的時候，野心勃勃的庫德人是最謙卑的奴隸。謹慎的阿烏布在

國務會議平息極為不滿的怨言，他大聲發出誓言，只要蘇丹一聲令下，他會親自將他的兒子腳鐐手銬送到寶座的前面。他在私下特別提到：「你在仇敵參加的會議，說話務必要極其審慎。我們現在的狀況已超過畏懼或聽命的程度，努爾丁的威脅連蔗糖的貢金都要不到手。」

努爾丁正好死亡，解除雙方可厭和後果難料的衝突。他留下一個十一歲的兒子，暫時託付給大馬士革的埃米爾。埃及新的領主用哈里發和各種頭銜錦上添花，使他的篡權從人民的眼裡看來是神聖的舉動。薩拉丁對據有埃及並沒有感到長期滿足，他掠奪耶路撒冷的基督徒，對於統治大馬士革、阿勒坡和狄爾貝克（Diarbekir）的阿塔貝克，搶走他們的職位和財產。麥加和麥地那承認他是塵世的保護者，他的兄弟征服遙遠的葉門地區，那裡是阿拉伯的樂土。等到他過世的時候，帝國從阿非利加的的黎波里擴展到底格里斯河，從印度洋延伸到亞美尼亞的山地。要判斷他的性格和人品，僅是聽到譴責他叛逆作亂和忘恩負義，就會在我們的內心產生很大的衝擊，因為法律和忠誠的原則與經驗已深深烙印在我們的心頭。他的抱負多多少少可以歸諸下面幾點：亞洲的變革消除合法繼承的概念；引用阿塔貝克最近發生的案例；他尊敬而且禮遇恩主的兒子；仁慈和慷慨行為及於他的旁系親屬；他們的顢頇無能以及他所建立的功勳；哈里發的認可是所有合法權力的唯一來源等等。除此以外，最重要還是人民的意願和利益，他的施政首要目標就是給全民帶來幸福的生活。

同時具備英雄和聖徒的風格，是薩拉丁和他的保護人獲得的最大讚許，努爾丁和薩拉丁都在伊斯蘭的聖人之列。對於聖戰的不斷沉思默想，使得他們的生命和行動呈現和散發真誠而冷靜的特質。年輕的薩拉丁迷戀於醇酒美女，他有抱負遠大和積極進取的精神，為著權力和聲譽更為嚴肅的虛名，能夠很快棄絕歡樂的誘惑：薩拉丁的長袍是粗糙的毛織品，清水是唯一的飲料，雖然他和阿拉伯的先知一樣禁絕酒類，個人的守貞要更勝一籌。他在信仰的虔誠和戒律的實行兩方面，都是一個嚴格遵守教規的伊斯蘭教徒。他甚至為了保衛信仰的事業無法前往麥加朝聖而感到懊惱，卻能在規定的時刻每天五次都與教友一起祈禱，無心之失而遺漏的齋戒一定非常審慎的補足。他會在迫近的兩軍之間騎在馬背上閱讀《古蘭經》，不管是否裝模作樣，可以被人引用作為虔誠和英勇的證據。他僅僅閱讀薩菲（Shafei）教派迷信的經典，並且親自垂詢加以鼓勵。他對詩人抱著藐視的態度，還是讓他們獲得安全的保障。所有褻瀆的學識都會引起他的反感，一位哲學家發表異想天開的言論，他下令逮捕處以絞刑。地位最低賤的請願人都可以進入他的接待室，向他或他的大臣提出訴求。

　　僅僅為了一個王國，薩拉丁才會偏離公平的原則。塞爾柱和珍基的後裔為了巴結討好，前來扶他的馬鐙和給他撫平衣服的皺痕，他對於低賤的服務只有表示善意和耐心。他的慷慨真是毫無止境，為了圍攻亞克，他將一萬兩千匹馬分配給部隊。他逝世的時候留下的私人財產只有四十七個銀幣和一個金幣。然而在軍政府的統治之下，他減少貢金的徵收，富裕的市民可以享受勤勞的成果，不必感到畏懼也不會帶來危險。皇家興建的醫院、學院和清真寺，給埃及、敘利亞和阿拉伯帶來最美麗的裝飾，開羅用一道城牆和要塞加強防務。他所進行的工程都是為著公眾之用，蘇丹從未為自己蓋花園或宮殿享受個人的奢侈生活。在一個宗教狂熱的時代，他自己就是狂熱的信徒，薩拉丁的德行博得基督徒的尊敬。日耳曼的皇帝以他的友誼為榮，希臘的皇帝懇求他的結盟，征服耶路撒冷讓他的名聲在東部和西部傳播和誇大。

　　耶路撒冷王國獲得短暫的生存期間，全靠土耳其人和撒拉森人的爭執和雙方的芥蒂。法蒂瑪王朝的哈里發和大馬士革的蘇丹都極其卑劣，為了考量當前和個人利益，犧牲宗教的原則都在所不計。一位英雄人物現在將埃及、敘利亞和阿拉伯的權勢團結起來，順應自然和命運的發展，用武力對抗基督徒。耶路撒冷現在面臨最大的威脅卻毫無準備，內部狀況不僅虛弱不堪而且一無是處。最早兩位鮑德溫分別是戈弗雷的弟弟和表弟，他們的權杖經由女性的世系傳給梅麗森達（Melisenda），她是第二位鮑德溫的女兒，丈夫是安茹（Anjou）伯爵福克（Fulk），經由前面一次婚姻，福克成為英國金雀花王朝的始祖。

　　他們的兩個兒子鮑德溫三世和阿茂里（Amaury），為了對付不信上帝的敵人，發起一場極為艱辛而成功的戰爭。阿茂里的兒子鮑德溫四世患有麻瘋，這種病在十字軍當中很普遍，使得他無論是生理或心理都被剝奪正常的機能。他的姊姊西貝拉（Sybilla）自然成為他的繼承人，後來再傳她的兒子接位，也就是鮑德溫五世。等到這個小孩很可疑的去世，她就立第二任丈夫盧西格南（Lusignan）的蓋伊（Guy）為國王，是一位很英俊的世家子弟只是名聲很差，連自己的兄弟傑福瑞（Jeffrey）聽說此事都大聲叫道：「他們能立他為王，就能讓我成為神！」這個抉擇普遍受到指責，實力最強的諸侯是的黎波里伯爵雷蒙，剝奪繼承權和攝政的地位，對於國王心中存著難以平息的恨意，同時受到蘇丹的承諾帶來的誘惑，還是抱著引以為榮和問心無愧的態度。

　　這幾位就是聖城的護衛者：一個麻瘋患者、一個黃口小兒、一個柔弱婦女、一個執袴懦夫、一個變節分子。然而他們還有機運拖延十二年，在於獲得歐洲的支援和協助、軍事組織和騎士團的英勇，以及主要敵人在遙遠的邊界或宮廷的內

部發生事故。終於在一條充滿敵意的戰線壓迫和包圍之下，每個方面都處於立即崩潰的狀況，法蘭克人竟然違犯休戰協定，他們的生存就靠著條約的保護。沙提永（Châtillon）的雷吉納德（Reginald）是一名戰士，吉星高照之下奪得沙漠邊緣的一座堡壘，他從這個位置搶劫商隊，口出狂言侮辱穆罕默德，威脅到麥加和麥地那兩座城市的安全。

薩拉丁親自出馬討回公道，很高興能有伸張正義的機會，率領八萬騎兵和步兵侵入聖地。他依據的黎波里伯爵的建議，選擇提比里阿斯作為第一個圍攻的城堡。耶路撒冷國王受到說服派出全部守備部隊，將民眾武裝起來，趕去解救重要的據點。基督徒接受奸詐的雷蒙提出的勸告，暴露在缺乏飲水的營地。他在第一次的攻擊中逃走，引起兩個民族的咒罵，盧西格南損失三萬人，哈丁（Hattin）會戰的慘敗遭到覆滅的命運（1187年7月3日），真十字架的喪失是最可怕的災難！神聖的遺物留在不信神的仇敵手中。

成為俘虜的國王被引導到薩拉丁的帳幕，當他因口渴和恐懼而昏亂不清時，氣量宏大的勝利者派人送上冰鎮的果凍，不讓沙提永的雷吉納德分享表示友善和原諒的飲料。蘇丹說道：「一位國王的身分和地位都很神聖，這個瀆聖的強盜必須立即承認先知，過去他曾經口出惡言，照說應該立即處死。」基督徒的戰士本著良心或自傲加以拒絕，薩拉丁用彎刀砍他的頭，衛兵一擁而上將雷吉納德殺死。渾身戰慄的盧西格南送到大馬士革，受到禮遇的監禁很快付出贖金。然而醫院騎士有兩百三十人很快遭處決，他們都是無畏的勇士和獻身信仰的殉教者，殺降的行為使勝利的榮譽受到玷汙。王國現在無人領導，騎士團的兩位盟主一位作戰陣亡，一位成為俘虜。在海岸和內陸地區的城市，守備部隊全部調到致命的戰場，只有泰爾和的黎波里逃過薩拉丁迅速的襲擊。提比里阿斯的奪取過了三個月，薩拉丁全副武裝出現在耶路撒冷的城門前面。

14 薩拉丁奪取耶路撒冷以後的俠義行為（1187-1188年）

薩拉丁可能預先經過估算，圍攻一座受到天上和地下敬重的城市，也是歐洲和亞洲都感興趣的城市，就會重新燃起宗教狂熱最後一絲火花。六萬名基督徒每個人都能成為士兵，每個士兵都想尋求殉教的光榮。然而西貝拉王后為自己和被俘的丈夫感到擔憂害怕，從土耳其人的刀劍和鎖鍊下逃脫的貴族和騎士，對於國家即將大難臨頭，仍舊抱著黨派的心理和自私的打算。絕大部分居民是希臘人和東方基督徒，他們根據過去的經驗，寧可接受伊斯蘭的統治也不願被拉丁人欺

壓。聖墓吸引大量低賤和貧苦的群眾，沒有武裝的能力和作戰的勇氣，靠著朝聖者的施捨維持生活。耶路撒冷的防禦工作進行極為倉卒，成效非常有限。

在十四天的時間之內，一支得勝的軍隊粉碎被圍守軍的出擊，裝置各種攻城的器具，在城牆上面打開十五腕尺寬的裂口，運用雲梯攀登防壁，在攻擊的地點豎起十二面先知和蘇丹的旗幟。王后、婦女和僧侶組成一個赤足的遊行隊伍，懇求上帝之子從邪惡的侵犯中拯救他的墓地和遺產，這些都是徒然無益之事。他們要想活命的唯一希望是征服者大發慈悲，第一個派出的代表團懇求給予憐憫，受到嚴辭拒絕：「他立下誓言要報復穆斯林多年忍受的痛苦，寬恕的期限早已過去，現在只有用血償還所犯的罪行。想當年戈弗雷和第一批十字軍在這裡大開殺戒，多少無辜民眾喪失性命。」

法蘭克人的負嵎頑抗等於是個警告，讓蘇丹明瞭他不能保證可以獲得勝利。他用尊敬的態度聽取莊嚴的誓詞，是用祖先和上帝之名立下的詛咒，惻隱之心的情操油然而生，緩和宗教狂熱和征服行動的嚴酷報復和肆意殺戮。他答應接受這座城市，饒恕所有的居民，允許希臘人和東方基督徒生活在他的主權統治之下，規定法蘭克人和拉丁人在四十天內撤離耶路撒冷，安全引導他們到達敘利亞和埃及的港口，支付的贖金是每個成人十塊金幣、婦女五塊以及兒童一塊。任何人要是沒有能力買回自由權利，就會受到拘留服行永久的奴役。將薩拉丁的仁慈與第一批十字軍的屠殺進行比較，這是一些作者喜愛的題材，經常會引起怨恨的心理。

想法的不同僅僅因人而異，然而我們不要忘記：基督徒獲得的待遇完全依據投降條約協議的款項；耶路撒冷的伊斯蘭教徒堅持絕不妥協的立場，攻擊和城破的最後時刻仍然奮戰到底。公正的前提是守信和真誠，土耳其征服者本著這種態度履行條約的各項規定。他能夠表現憐憫的神色確實值得讚譽，雖然是他給被征服者帶來不幸和痛苦。他沒有用嚴苛的手段勒索各項債務，只收到三萬個拜占庭金幣作為七千窮人的贖金。他的慷慨和仁慈另外放走二到三千人，使得出售為奴的數目減少到一萬一千或一萬四千人。他與王后晤面所說的話和流出的眼淚，可以看成最為親切的安慰之辭。他用出手大方的賙濟和獎賞，將戰爭獲得的財富分配給孤兒寡婦。就在醫院騎士全副武裝與他對陣之際，允許騎士團虔誠的教友繼續照顧和服侍病患，期限以一年為準。

薩拉丁的美德表現出仁慈的行為，讓我們感到欽佩和敬愛，事實上他根本沒有假冒為善的必要，何況他有堅定的宗教狂熱，應該促使他把同情心埋藏起來，對於《古蘭經》的敵人不能有示惠的舉動。等到耶路撒冷從外鄉人的手中獲得解

救，蘇丹以興高采烈的行列入城（1187年10月2日，從薩拉丁的入城看出這個
人有偉大的靈魂，想當年（1099年）第一批十字軍攻入耶路撒冷，曾經大事屠
殺和洗劫，以致伊斯蘭教徒死者多達七萬人），他的旗幟在空中迎風招展，配合
著軍樂和諧的旋律。奧瑪大清真寺已經改成一座教堂，再度奉獻給唯一的真主和
祂的使徒穆罕默德。牆壁和通道用帶著玫瑰芳香的清水洗淨，一個講壇用來表示
努爾丁的勤勉，建造在聖所裡面。圓頂上面閃閃發光的黃金十字架，拆除下來拖
過街道，不論是哪個教派的基督徒，都發出悲哀的呻吟，穆斯林則回應以充滿歡
樂的叫囂。教長將在聖地蒐集到的十字架、聖像、金瓶、遺物，裝滿四個象牙裝
飾的大箱，被征服者全部奪走，原來想要當成基督徒偶像崇拜的戰利品呈送給哈
里發。他受到說服，將擄獲物託付給安提阿的教長和君王保管，這批虔誠的抵押
品被英格蘭的理查贖回，代價是五萬二千個拜占庭金幣。

15 英諾森三世發起第四次和第五次十字軍東征（1198-1216年）

　　征服者建立名聲最高貴的紀念碑，使人聽到為之悚懼不已，就是薩拉丁的
十一稅。全面稅則的執行是為著聖戰的需要，強加在俗家甚或拉丁教士的身上，
運用起來獲利極豐，時機消逝也難以廢止。類似的貢金當作教會聖俸十一稅的基
礎，羅馬教皇將徵稅權力授與天主教國家的君王，或保留給使徒教區直接掌握運
用。金錢的酬勞必然可以增加教皇對光復巴勒斯坦的興趣。等到薩拉丁去世，教
皇用信函、使節或傳道士在各地宣導十字軍，要完成神聖的工作必須依靠英諾森
三世的熱誠和才能。這位教士年紀輕輕而又雄心萬丈，使聖彼得的繼承人臻於偉
大的頂峰，他在十八年的統治期間，用專制的手法控制皇帝和國王，可以任意加
以擢升和罷黜。要是他們冒犯這位高高在上的聖主，就會受到禁令的處分，剝奪
他們在數月或數年之內參加基督徒禮拜儀式的權利。拉特朗宮舉行的國務會議，
他的作為不僅是東部和西部的教會負責人，更是塵世的統治者。英格蘭的約翰跪
在他派遣的使節腳前，交出頭上的冠冕。英諾森可以誇耀兩項最偉大的勝利，能
夠摧毀人類的理性和良知，那就是「聖餐變體論」的學說和「宗教裁判所」的設
立。在他的呼籲之下發起第四（1203年）和第五（1218年）兩次十字軍東征，
不過除了匈牙利有一位國王參與，其餘都是位階列於第二等的諸侯，他們親自率
領朝聖的隊伍，兵力目標並不適合計畫的要求，產生的結果不能滿足教皇和人民
的希望和意願。

　　第四次十字軍從敘利亞轉向君士坦丁堡，希臘人或羅馬帝國為拉丁人征服，

產生極其深遠的影響。第五次十字軍東征，二十萬法蘭克人在尼羅河最東邊的河口登陸，他們的希望非常合理，占領埃及就可以打敗巴勒斯坦，因為埃及是蘇丹的政治中樞和糧食倉庫。經過十六個月的圍攻，穆斯林為達米埃塔（Damietta）的失陷悲痛不已。擔任使節的貝拉基斯（Pelagius）運用教皇的名義，擅自侵犯將領的職權，他的傲慢和無禮斷送基督徒的大軍。患病的法蘭克人被尼羅河的洪水和東方人的軍隊圍困，只有拿撒離達米埃塔作為條件，用來交換安全的退卻機會、朝聖者的租借用地和真十字架的可疑遺物。部分的失敗原因可以歸咎於十字軍人員的膽大妄為和數量增多。歐洲的皇室家族在同個時候，宣導十字軍的作為用來處理棘手的問題：像是黎弗尼亞的異教徒、西班牙的摩爾人、法蘭西的阿爾比（Albigeois）異端、以及西西里的國王。在這種論功行賞的服務方式之下，國內的自願人士從宗教方面獲得同樣的恩典和賞賜，還有更多的塵世報酬。甚至就是教皇也要用滿腔熱血來對付內部的敵人，有時就會將敘利亞弟兄所遭受的苦難忘得乾乾淨淨。

　　從十字軍終結的時代開始，教皇獲得機會能夠控制軍隊和稅務，還有一些深入考量問題具備理性思維的人士，懷疑從第一次普拉森提亞宗教會議開始，羅馬教廷的政策就在規劃和執行整體的十字軍運動。這些疑慮並非依據東征的性質或事實。聖彼得的繼承人顯然是在追隨而非引導習俗和偏見產生的衝動，他們採收迷信的時代天然生長已經成熟的果實，事先不知道季節的狀況也沒有耕耘土地。他們獲得所望的成就絲毫不感勞累更毋須冒險犯難。英諾森三世在拉特朗的國

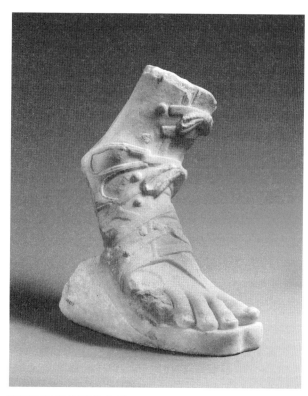

著羅馬涼鞋的雕像右足。

務會議做成含糊的決議，要以自身當作榜樣激勵十字軍人員採取行動，只是神聖船隻的領航員不能放棄手裡的舵，巴勒斯坦也不可能得到羅馬教皇親臨的祝福。

16 法蘭西國王聖路易領導最後兩次十字軍行動（1248-1270年）

　　十字軍東征最後第六次和第七次，是由法蘭西國王路易九世負責指揮。他在埃及遭到囚禁失去自由，然後在阿非利加海岸送掉性命，過世二十六年以後在羅馬被封為聖徒，人們不難發現他的六十五樁奇蹟，嚴正聲明皇家的聖徒真是名實相副。歷史的回響提出更為光輝的證詞：說他集國王、英雄和男子漢大丈夫的

描繪送花給戀人的鑲嵌畫地板裝飾。

美德於一身；無論對公眾還是私人的正義行動都保持熱愛，能夠規範勇往直前的尚武精神；路易是人民的父親、鄰居的朋友和邪惡異教徒的剋星。只有迷信發揮最大的影響力，腐蝕他的理性和良知。他對於法蘭西斯（Francis）和多米尼克（Dominic）之流的遊方僧侶，不僅抱持虔誠的信仰屈身從命，還要仿效他們的言行；他用盲從和殘酷的宗教狂熱追擊基督的敵人；高居帝王之首的國君兩度離開寶座，要經歷遊俠騎士的冒險犯難。

　　一位身為僧侶的史家會樂於就他性格中最荒唐的部分大加推崇，出身高貴而又勇敢的壯維爾（Joinville），與路易同時被囚交情深厚，用真實的手法很自在的描繪出他的德行和過錯。我們從他的密友才知道事情的來龍去脈，過去一直讓人懷疑，那些使得重要的諸侯感到沮喪的政治觀點，實際上全是十字軍的始作俑者提出的主張。路易九世超過中世紀所有的君王，能夠成功恢復皇家的特權，都是在國內而非東部，是為了自己和後代子孫的利益。他的誓言是狂熱和病態必然出現的產物。對於這種神聖的瘋狂之舉，如果說他是倡導者，同樣也是受害人。法蘭西為了侵略埃及，將軍隊和財力消耗殆盡，塞浦路斯的海面布滿一千八百艘帆船，最保守的估計兵力達到五萬人。要是我們相信他自己的說法，帶有東方誇耀習氣的報導，船隻搭載九千五百名騎士和十三萬名步卒，在他的權勢庇護之下展開朝聖的行程。

　　全身胄甲的路易緊隨飄揚的龍旗，率先縱身跳上海灘。達米埃塔這座防衛嚴密的城市，他的前輩圍攻十六個月才能奪取（1249年），戰慄的穆斯林在第一次的攻擊中棄守逃走，使得達米埃塔是他征服的首座城市也是最後一座。第五次和第六次（1248-1254年）十字軍東征，基於同樣的因素也幾乎在同樣的地點，產生非常類似的災難。整個營地感染到流行的瘟疫，經過一段遭受致命打擊的延遲，法蘭克人從海岸地區向著埃及首都進軍，尼羅河發生不正常的暴漲現象，他們要努力克服阻擋去路的障礙。法蘭西貴族和騎士在大無畏國君的眼前，表現出藐視危險和軍紀的英雄氣概。他的弟弟阿特瓦（Artois）伯爵帶著暴虎馮河的蠻勇強攻馬索拉（Massoura），一群信鴿將狀況通知開羅的居民。有一名士兵重新整頓逃散的隊伍，就是他在後來篡奪王國的權杖。基督徒的主力遠留在前衛的後面，阿特瓦在寡不敵眾之下被殺。

　　拋射的希臘火如暴雨一樣落在侵略者的頭上，埃及人的戰船控制尼羅河的航道，阿拉伯人據有開闊的鄉土。運送的給養都在途中遭到攔截，疾病和饑饉的狀況一天比一天更為嚴重，等到他們發現必須撤退已經為時太晚。東方的作者認為路易可以逃掉，只要他願意拋棄他的臣民，結果他和大部分的貴族成為俘虜。

舉凡不願用投降服役或奉獻贖金換取性命的人士，全部遭到殘酷的屠殺，開羅的城牆四周掛滿基督徒的頭顱當作裝飾。法蘭西國王被鐵鍊鎖住，生性慷慨的勝利者是薩拉丁兄弟的曾孫，送給皇室的俘虜一件表示地位的長袍。等到他歸還達米埃塔和支付四十萬個金幣，就與被俘的士兵一起釋放（1250年4月5日—5月6日）。

努爾丁和薩拉丁戰友的墮落子孫，生長在溫和的氣候和富裕的環境當中，根本沒有能力抗拒歐洲騎士的精英人物。他們的獲勝靠著軍奴或馬木祿克所組成的軍隊，身強力壯的韃靼土著在幼年時從敘利亞商人的手裡買來，在蘇丹的軍營和皇宮接受訓練。埃及很快提供新的例證，證明羅馬禁衛軍形成幫派有多危險，凶狠的猛獸原來是為了對付外人，受到激怒就會殘害他們的恩主。圖朗‧蕭（Touran Shaw）是原來這個民族最後一任國王，自豪於征服的成果而為馬木祿克謀殺。膽大包天的凶手拔出彎刀進入內室，這時國王已成階下囚，他們的手裡沾滿蘇丹流出的鮮血。堅定不屈的路易博得他們的尊敬，貪財好利的念頭勝過凶殘狂暴的習性，雙方終於簽訂條約，同意法蘭西國王帶領殘餘的部隊乘船前往巴勒斯坦。他們不能造訪耶路撒冷，也不願在喪失榮譽的狀況下回歸祖國，就在亞克城內浪費四年的時光。

路易經過十六年的忍辱負重和休養生息，回憶當年失敗的情況激勵他進行第七次，也是最後一次的十字軍東征（1270年）。經濟已經復甦而且國土有所擴張，新生一代的戰士成長興起，他充滿信心率領六千騎兵和三萬步卒登船發航。安提阿的失陷促使他加速行動，要讓突尼斯國王受洗的狂妄構想，誘使他向著阿非利加海岸航行。傳說可以獲得大量財富，部隊也不在乎延遲向聖地的行程。他們沒有見到新入教的人，反而受到重重包圍。法蘭西人在熾熱的沙漠受盡饑渴死去，聖路易亡故（1270年8月25日）在他的帳幕之中。他才剛剛閉上眼睛，他的兒子和繼承人就發出撤退的命令。有位作家的敘述極其生動：「路易九世是身為基督徒的國王，發起戰爭對付穆罕默德的信徒，能在迦太基的廢墟附近捐軀，想當年戴多（Dido）把敘利亞的神明引進到這塊地方。」

右圖：羅馬將領瑞古勒斯（Marcus Atilius Regulus）的死亡。

第二十四章
東羅馬式微（697-1261 年）

1 威尼斯的政治制度和對外貿易的狀況（697-1200 年）

　　阿提拉入侵意大利期間，我曾經提到威尼斯人從大陸上陷落的城市逃跑，在亞得里亞海灣盡頭一連串小島找到隱蔽的避難所。他們停留的水域幾乎一無所有，生活在自由、貧窮、勤勞和隔絕的環境，逐漸聯合成為一個共和國。威尼斯最早的根基建立在麗都（Rialto）島，初期的制度是每年選出十二個護民官，後來為一個終生職的公爵或元首取代。威尼斯人處在兩個帝國的邊緣地帶，堅持自主的狂熱情緒，對於原創和永恆的獨立極具信心，靠著武力從拉丁人手裡確保古老的自由，也許要用文字和條約加以肯定。查理曼大帝對亞得里亞海灣放棄要求的主權，他的兒子丕平（Pepin）攻擊運河縱橫地區總是鎩羽而歸，騎兵認為那裡的水太深，船隻的航行則太淺。日耳曼凱撒統治的時代，共和國的領土與意大利王國是涇渭分明。威尼斯的居民反而被他們自己、外地人以及他們的統治者，看成是希臘帝國不可分割的一部分。

　　在第九和第十這兩個世紀，許多確鑿的證據可以認定從屬的地位，威尼斯的公爵渴望獲得拜占庭宮廷空洞的頭銜和奴性的榮譽，就自由人民的官員看來完全是自甘墮落的行為。雙方基於附庸關係的結合並非絕對也不可能牢固，由於威尼斯的野心和君士坦丁堡的軟弱，產生的連繫無形中變得更為鬆散。要求服從經過讓步成為尊敬，授與特權不斷發展成為專賣，本國政府的自主權隨著國外領土的獨立獲得加強。伊斯特里亞（Istria）和達瑪提亞的濱海城市，都接受亞得里亞海灣主人的統治。等到他們為了阿里克蘇斯的帝業，武裝起來反對諾曼人，皇帝靠的不是他們身為臣民的責任，而是忠實盟友的感激和慷慨。對於威尼斯人而言，海洋是祖傳的產業：地中海的西部從托斯卡尼到直布羅陀，都已落入他們的對頭比薩和熱那亞的手裡；威尼斯早已從希臘和埃及的商業活動，賺到非常豐碩的收益。他們的財富隨著歐洲的需求更加增多，無論是絲綢或玻璃的製造，還有銀行的建立，都是極為古老的行業，他們能在高貴的公眾和私人生活享受勤勞的果實。

共和國為了維護國家的尊嚴、報復外敵的傷害和保證航運的暢通，可以派出一支實力強大的艦隊，由一百艘人員齊備的戰船組成。希臘人、撒拉森人和諾曼人曾經在海上遭遇威尼斯的水師。敘利亞的法蘭克人接受威尼斯人的幫助，占領很長的海岸地區。他們的熱情並非盲目或無私，泰爾的攻取可以分享城市的統治權，能夠掌握位居世界第一的商業中心。威尼斯的政策表現出貿易優勢的貪婪和海上強權的傲慢，然而野心勃勃的發展還是有其限度，他們從未忘記自己能夠偉大的成因，如果武裝的戰船是效果和保障，貿易的商船就是根基和靠山。他們在宗教方面避免希臘的分裂主義，也不會對羅馬教皇表現奴性的服從，盡量與世界各地非基督徒自由來往，可以及時遏止迷信行為的狂熱。威尼斯的原創政府是民主政體和君主專制相當鬆散的混合體，元首由共和國全民大會選舉產生，只要擁有民眾的愛戴和成功的施政，就可以拿出君王的排場和權威進行統治。在國家經常發生變革的狀況之下，他會被主持正義或毫無正義的群眾運動所罷黜、放逐或殺害。十二世紀首度出現明智而又猜忌的貴族政治，元首成為華麗的擺設，更不容人民任意置喙。

2 法蘭西和威尼斯為十字軍東征結盟（1201-1202年）

法蘭西朝聖大軍的六位使節到達威尼斯（1201年），他們在聖馬可宮受到當政的公爵熱烈歡迎，這位元首的名字叫做亨利・丹多羅（Henry Dandolo），衰老之年卻發出燦爛的光輝，成為當代最顯赫的人物之一。體能因高齡而衰弱，雙眼已經喪失視力，丹多羅仍舊保持周密的思維和男子漢的勇氣：一位英雄人物的進取精神，渴望建立令人難忘的勳業用來妝點自己的統治；一位愛國志士的無上智慧，迫切需求國家的榮譽和繁榮華用來弘揚自己的名聲。他讚揚法蘭西的貴族和代表，具備勇敢的熱情和開明的信念。如果他是一個普通的市民，就會心甘情願加入他們的陣營，為著偉大的事業奉獻自己的生命。當前他是共和國的公僕，必須延緩片刻的時間，就承擔艱鉅的任務詢問同僚的意見。法蘭西人的建議事項先經過六位輔政官的討論，他們最近才受到指派監督元首的行政措施。再把結論告知國務會議的四十名成員，最後才向立法會議提出報告，這是由城市六個區每年選出的四百五十名代表組成。無論平時還是戰時，元首是共和國最高負責人，法律賦予的權力更得到丹多羅個人威望的支持。他提出有關公眾利益的觀點，能夠內外兼顧贏得一致的讚揚。

丹多羅獲得授權，通知使節下述簽約的條件：建議東征的十字軍在威尼斯集

結，時間是翌年的聖約翰節；準備運輸四千五百匹馬和九千名扈從的平底船，以及足夠裝載四千五百名騎士和兩萬名步卒的船隻；在九個月的期程之內保證供應所需給養，運往上帝和基督教世界必須前往的海岸；共和國派出五十艘戰船的艦隊加入遠征軍；朝聖部隊在出發前要支付總額八萬五千銀馬克；無論海上或陸地的征服，獲得的戰利品由同盟軍均分。付款條件雖然苛刻，時機已經非常急迫，法蘭西貴族捨得花錢就像不惜犧牲一樣，全部當作身外之物。威尼斯特別召開全民大會批准條約，雄偉的聖馬可大教堂被一萬市民擠得水泄不通，幾位高貴的代表看到這群充滿尊嚴的民眾，極其難得的經驗使他們表現出謙恭的態度。香檳的元帥說道：「各位卓越的威尼斯市民！我們奉到偉大和強勢的法蘭西貴族派遣，懇求海洋的主人協助我們解救耶路撒冷。他們命令我們幾位代表俯伏在各位的腳下，擬訂的盟約是為了替基督所受的傷害進行報復，要是你們不批准，我們就絕不從地上起來。」

他們的言詞和眼淚發揮雄辯的力量，加上勇敢的氣勢和懇求的姿態，引起全場一致贊同的歡呼，激昂的情況要是按傑福瑞的說法，簡直像是產生一場大地震。年高德劭的元首登上講壇，用榮譽和道德的動機答覆他們的請求，只有莊嚴的方式才符合群眾集會的要旨。這份條約寫在羊皮紙上，經過宣誓和簽名並且蓋上印璽，法蘭西和威尼斯的代表相互換文，大家興高采烈而且熱淚滿眶，然後將條約送到羅馬，請求英諾森三世的核准。他們為了支付軍備的第一次費用，特別向商人借貸兩千銀馬克。兩位代表越過阿爾卑斯山，回去報告成功的消息，其餘的四名同伴想盡辦法，要激起熱那亞和比薩兩個共和國的宗教熱情，只是毫無成效可言。

這份條約的執行遭遇未曾意料的困難和延緩。元帥返回特洛瓦（Troyes），受到香檳伯爵狄奧巴德的擁抱和讚許，伯爵獲得一致的推舉成為聯軍的主將。然而英勇的年輕人身體狀況非常虛弱，毫無恢復的希望。他悲嘆命運的乖戾以致未能馬革裹屍，反而亡故在病床之上。瀕死的諸侯把他的財富分給眾多驍勇的家臣，他們當著他的面宣誓要履行遺言，根據元帥的說法，有些人接受他的餽贈，實際上卻有食言的打算。信心堅定的十字軍勇士決定要在蘇瓦松（Soissons）召開會議，另外選出一位新主將。法蘭西的諸侯出於無能、嫉妒或推辭，竟然找不到一個人有能力和意願，可以負起指揮東征行動的重責大任。他們對於推舉一個外鄉人抱著默許的態度，蒙特費拉的邦尼菲斯（Boniface）侯爵是英雄世家的後裔，他本人在那個時代無論從事戰爭或談判，都能建立非常顯赫的名聲。身為意大利的首領基於宗教的虔誠和戰勝的野心，當然不會拒絕極其光榮的邀請。他前

往法蘭西宮廷拜訪，受到像朋友和親戚的接待和禮遇，侯爵在蘇瓦松教堂接受朝聖者的十字架和主將的權杖，然後他立即再次越過阿爾卑斯山，要為東方的遠征行動進行準備工作。

　　邦尼菲斯展開自己的旗幟，率領由意大利人組成的隊伍，就在五旬節前後向威尼斯進發。法蘭德斯和布耳瓦的伯爵，以及法蘭西最受尊敬的貴族，不是走在前面就是追隨在後。日耳曼的朝聖者參加，使得聲勢更為浩大，大家的動機和目的都完全相似。威尼斯人不僅達成交付的任務，而且超過要求的標準，為馬匹整建所需的馬廄，為部隊也準備足夠的營舍，倉庫堆滿飼料和糧食，艦隊的運輸船、平底船以及戰船都已完成備便，共和國只要拿到船隻和軍備的價款，立刻可以發航（1202 年 10 月 8 日）。然而需要支付的金額非常龐大，遠超過在威尼斯集結東征十字軍的全部財富。法蘭德斯人服從他們的伯爵，雖然說是出於自願，對於承諾的事項卻反覆無常，早已登上自己擁有的船隻，向著大洋和地中海進行長距離的遠航。還有許多法蘭西人和意大利人，一直想走一條更為方便和經濟的路線，就是從馬賽和阿普里亞直達聖地。每個朝聖者都在抱怨，已經交足自己一份費用，對於沒有趕來的弟兄還要負責所欠的款項。各國首領帶來的金銀器具，原來是要奉獻給聖馬可教堂的金庫，現在很慷慨的充作價款還是不夠。經過大家一番努力之後，離原先講定的金額還差三萬四千個銀馬克。

　　元首的策略和愛國的熱情終於克服所有的困難，他向貴族提出建議，如果能夠共同出兵鎮壓達瑪提亞幾個反叛的城市，他將親自參與東方的聖戰，並且從共和國獲得一項為時較長的延期優惠，直到他們從戰爭當中獲得足夠的財富，可以償還所欠債務為止。經過不斷的考量和再三的猶豫，他們決定接受後果難以預料的條件，總不能使全部行動半途而廢。艦隊和軍隊的首次敵對行動指向札拉（Zara），這是斯拉夫尼亞海岸一座防衛森嚴的城市，他們拒絕向威尼斯效忠，轉而請求匈牙利國王給予保護。十字軍撞開港口的鐵鍊或防柵，載運的馬匹、部隊和攻城器械全部登陸，擊退居民的抵抗。只不過五天的工夫終於開城無條件投降（1202 年 11 月 10 日），他們的性命得到饒恕，叛變的懲罰是家庭遭到洗劫和城牆全被拆除。

　　季節已近歲末，法蘭西人和威尼斯人決定在安全的港口和富足的地區度過冬天。士兵和水手經常發生民族之間的爭執，引起的騷動擾亂到大軍的休養生息。札拉的征服播下對立和仇恨的種子，盟軍部隊的攻擊使得自己的雙手沾滿鮮血，死者都是基督徒並不是拒信上帝的人。匈牙利國王和新獲得的臣民全部加入十字軍的陣營，虔誠的朝聖者對於未來的行動還在猶疑不決，使得那些勉強追隨的信

徒更為畏懼或倦怠。教皇將冒名為惡的十字軍人員逐出教門，因為他們搶劫和屠殺同教的弟兄。僅有邦尼菲斯侯爵和蒙福特的西門，能夠免於教會有如雷霆的譴責之聲，一位是圍攻之際沒有在現場，另外一位是早已離開軍營。英諾森原來可以赦免法蘭西人，他們生性單純而又順從心中充滿悔意。教皇為威尼斯人頑固的態度激怒，他們拒絕承認有罪，不願接受教會的寬恕，更不容許一位聖職人員插手世俗的事務。

3 十字軍幫助阿里克蘇斯復位簽訂協議（1202-1203年）

海上和陸地作戰的強大力量已經集結起來，年輕的阿里克蘇斯重新恢復希望，在威尼斯和札拉懇求十字軍出兵，幫助自己的復位和拯救他的父親。皇家青年得到日耳曼國王菲利浦的推薦，親自到場苦苦哀求的神態在營地激起大家的同情，蒙特費拉侯爵和威尼斯元首支持他的大業，願意為他薄盡綿力。靠著雙重的聯姻加上身居高位的日耳曼凱撒出面說項，使得邦尼菲斯的兩位兄長能與皇家建立關係。邦尼菲斯的打算是想藉著有力的效勞建立自己的王國，丹多羅要滿足更大的野心，確保國家日益增多的貿易和領土，從而獲得難以估計的利益。他們發揮無可抗拒的影響力，阿里克蘇斯的使臣獲得受到歡迎的觀見。如果他提出的重大事項會引起外界的猜疑，那麼就動機和報酬可以向大家說明清楚，獻身於解救耶路撒冷的部隊，能夠暫時延後和改變任務也不是沒有道理。

阿里克蘇斯用他自己和父親的名義保證：只要他們登上君士坦丁堡的寶座，立即結束希臘人在宗教方面的長期分裂，無論是本人或所有的人民，全都歸順羅馬教會的最高合法權力；他答應獎賞十字軍的辛勞和功勳，立即支付二十萬個銀馬克；事成以後他要親身陪同大家前往埃及；如果大家認為確有必要，他在一年之內撥交一萬人馬，同時在他有生之年始終維持五百名騎士，專門用來保護聖地。威尼斯共和國接受富於誘惑力的條件，元首和侯爵鼓動如簧之舌說服法蘭德斯、布耳瓦和聖波爾（St. Pol）的伯爵，以及八位法蘭西的貴族，共同參加極其光榮的復國大業。

他們立下誓言和加蓋印璽，訂定一紙攻守同盟條約。每個人依據處境和性格，受到的影響來自於公眾或私人利益的期望；協助流亡國君復辟的榮譽；還有就是有人提出很誠摯的意見，認為他們在巴勒斯坦的努力將會毫無成果，完全是徒然無益之事，要先行獲得君士坦丁堡，才能完成光復巴勒斯坦的準備。不過他們都是一支勇敢隊伍的首領或同僚，全部以自由人和志願者的身分組成，無論任

何言行都可以自作主張。士兵和教士分開不相隸屬。即使大多數人員簽署支持聯盟條約，持異議者的數量和論點不可輕視應予尊重。

聽到君士坦丁堡強大戰力的水師和固若金湯的城池，最勇敢的戰士也會感到心慌意亂，基於宗教和職責更為重要的考量，不僅對世人也要對自己，隱瞞所要面對的恐懼。他們一直強調誓言的神聖，逼得他們離開親人和家園，前來解救聖墓。世俗策略的商議即使運用陰暗的詐欺伎倆，也不能勸使他們背離所要追求的目標，凡此都操持在全能上帝的手裡。首先發生的過錯是對札拉的攻擊，良心的譴責和教皇的非難已使他們受到嚴厲的懲處，不能再讓自己的雙手沾染基督教同胞的鮮血。羅馬的使徒已經公開宣布，對於希臘的分裂活動和拜占庭王國可疑的篡奪，他們不會擅自運用刀劍施展報復的權利。很多在勇敢和虔誠方面極為卓越的朝聖者，基於相同的原則或藉口紛紛離開營地，還是比不上一群心懷不滿的人公開或暗中的反對，造成更大的危害。他們隨時在找機會使軍隊分裂，要讓攻擊君士坦丁堡的計畫胎死腹中。

儘管出現很難解決的問題，威尼斯人還是積極敦促艦隊和軍隊立即出發，雖然他們充滿熱情要為年輕王子效勞，內心卻隱藏對他的家庭和民族的憎恨。比薩一直是貿易的競爭對手，最近受到君士坦丁堡的優先照應，使得威尼斯人倍感苦惱，何況他們與拜占庭宮廷有筆長期拖欠的債務和損害需要清算。丹多羅也不會為市井的流言鬬謠，說他的眼珠子被那背信棄義的皇帝馬紐爾剜掉，殘酷的行為踐踏一國使臣神聖不可侵犯的特權。亞得里亞海已經多少世代沒有出現這樣強大的艦隊，共有一百二十艘載運馬匹的平底船，兩百四十艘裝滿士兵和武器的運輸船，七十艘運送糧食和給養的供應船，以及五十艘堅固的戰船，準備隨時與敵軍接戰。只有在風向順利、天氣晴朗和波平浪靜的時候，每一雙眼睛都帶著驚喜的神色，欣賞海面布滿船隻和軍容盛大的壯觀景象。盾牌是騎士和扈從的防護用具，現在當作裝飾品掛在船隻的兩邊，代表各民族和家族的旗幟在船尾迎風飄揚，現代的火砲用三百架拋擲石塊和標槍的投射器具取代，勞累的海上行程使軍樂吹奏的聲音更為悅耳。趕赴東方的冒險家相互鼓舞激起高昂的士氣，認為四萬名篤信基督教的英雄可以征服世界。

艦隊從威尼斯及札拉啟程航行，船隻由經驗豐富、技術純熟的威尼斯人駕駛平穩前進，盟軍在杜拉索首次登上希臘帝國的領土，科孚島提供一個補給站和休息的地點。他們沒有遭遇任何意外事件，就繞過伯羅奔尼撒或摩里亞（Morea）的南端，風濤險惡的馬利亞（Malea）角；向內格羅朋特（Negropont）和安德羅斯（Andros）兩個小島發起突擊；抵達海倫斯坡海峽亞洲的一側，在阿拜杜斯

（Abydus）下錨停泊（1203年4月7日－6月24日）。這場征戰的序幕進展順利無人傷亡。行省的希臘人既不愛國也缺乏勇氣，面對勢不可當的軍隊，還未接戰就已瓦解冰消。合法繼承人的現身或許可以使他們的歸順成為正當的行為，獲得的獎賞是拉丁人以禮相待和紀律嚴明。他們穿過曲折的海倫斯坡海峽，龐大的水師擠進狹窄的水道，四周布滿黑壓壓數不清的船帆，進入普洛潘提斯內海再度展開，越過水波不興的平靜海面，直接抵達聖司蒂芬修院附近的歐洲海岸，位於君士坦丁堡西邊三哩的地點。謹慎的元首向大家提出要求，不能在人口眾多和充滿敵意的環境分散兵力。他們儲存的給養逐漸減少，決定在收穫作物的季節，到達普洛潘提斯海幾個富饒的島嶼，補充供應船所需的糧食。

他們按照所做的決定指出發航的路線，吹起一陣強風加上船隻的操控過於莽撞，偏離航向接著朝東行駛，從海岸和城市旁邊很近的地方擦過，船隻和防壁相互投射如雨的石塊和標槍。就在他們沿著岸邊通行之際，大家用讚賞不已的目光注視東部的都城，也可以說是世界的首府，座落七座山丘上面雄偉矗立，像是在俯瞰著歐洲和亞洲大陸。五百座皇宮和教堂的圓形拱頂和高聳塔樓在豔陽下閃閃發光，倒映水面更是氣象萬千，城牆和防壁擠滿士兵和觀眾，可以看得清面孔只是不知道他們抱著什麼想法。有史以來還沒有先例，微弱的兵力竟要完成如此繁重的使命，想起來真是不寒而慄，短暫的憂慮立刻為希望和勇氣袪除得一乾二淨。香檳的元帥在事後提到，對於在光榮的搏鬥當中對方要使用的刀劍和長矛，每個人都禁不住要多看幾眼。拉丁人在卡爾西頓下方的海面錨泊，只有水手留在船上，士兵、馬匹和武器全都安全上岸，附近有一座豪華的皇室宮殿，高階的貴族首先嘗到勝利的果實。艦隊和軍隊在第三天向斯庫塔里（Scutari）移動，該地是君士坦丁堡在亞洲方面的郊區，八十名法蘭西騎士突襲一支五百人的希臘騎兵分遣隊，以寡擊眾將對方打敗。經過九天的整頓和休息，營地補充足夠的草料和糧食。

我在敘述對於一個偉大帝國的入侵行動，竟然沒有提及對方的抵抗力量，盡可能用來阻止外鄉人的前進，看來讓人感到奇怪。事實上，希臘人並不是黷武好戰的民族，他們的富裕、勤奮、對於獨夫唯命是從，不論這個獨夫是有點風聲鶴唳便感到驚慌不已，還是大敵當前仍舊無所畏懼。篡奪者阿里克蘇斯開始聽到傳聞，他的姪子與法蘭西和威尼斯結盟，他還擺出不屑一提的態度。諂媚的臣工只會說奉承話，讓他相信只有藐視才能呈現英勇和真誠。每天晚上宴會結束的時候，他再三表示為西部蠻族的遭遇感到難過。可憐的蠻族聽到水師的戰力一定會緊張萬分，君士坦丁堡的一千六百艘漁船可以改裝成一支艦隊，將對手擊沉在亞

得里亞海，或是拒止在海倫斯坡海峽的入口。

　　然而君主的疏忽和大臣的貪汙可以使所有力量化為烏有，大公爵或水師提督的行為極為可恥，公然拍賣所有的船帆、桅桿和纜索。皇家森林保存作為更重要的狩獵活動之用，尼西塔斯（Nicetas）提到高大的樹木被宦官像宗教的神聖叢林一樣嚴密保護。札拉的圍攻作戰和拉丁人的迅速進軍，使阿里克蘇斯從傲慢的睡夢中驚醒，等他看到危險成真確實無可避免，自負的狂妄消失無蹤，只剩下極為羞辱的懊惱和絕望。可恨的蠻族在皇宮能夠通視的地點紮起帳幕，使他心如刀割無法可施，只能若無其事公開派出一個求和使節團，勉強用來掩飾內心的恐懼。

　　使者奉命傳話，說是羅馬帝國的統治者看到一些外鄉人突然犯境，心中感到十分詫異。如果朝聖者遵守誓言解救耶路撒冷，他會高聲讚許虔誠的行動，要用金錢給予大力的資助；假若他們膽敢侵犯神聖的都城，即使人數再多十倍，正義的怒火不會讓他們全身而退。元首和貴族的答覆非常簡單而且正氣凜然，他們說道：「我們到來是為了重視榮譽和主持正義，對於希臘的篡位者的恫嚇之辭和所提條件，感到非常的厭惡和可恥。我們的友誼和皇室的忠誠都歸於合法的繼承人，就是坐在我們中間的王子以及他的父親艾薩克皇帝，然而東部的皇帝竟會被罪惡滔天和忘恩負義的兄弟，奪去他的權杖、自由和眼珠。讓篡位的兄弟承認自己的罪行，懇求國法的饒恕，我們就會為他說項講情，允許他在富裕和安全的環境度過餘生。他不得再用其他的藉口來胡說八道，我們唯一的答覆是用武力打進君士坦丁堡的皇宮。」

4　君士坦丁堡第一次被拉丁人圍攻和占領（1203年）

　　十字軍在斯庫塔里紮營的第十天，每個人準備像士兵和正統教徒要越過博斯普魯斯海峽。敵前渡河的行動確實十分危險，海峽很寬而且水流湍急，黑海的洋流在風平浪靜的時候，還能將漂流水面難以撲滅的希臘火推送過來。對面的歐洲海岸還有守備部隊，計為七萬騎兵和步卒嚴陣以待。在這個值得紀念的日子裡（1203年7月6日），天氣晴朗和風習習，拉丁人分為六個戰鬥隊或師級單位，第一隊為前鋒，受法蘭德斯伯爵指揮，他是最有權勢的基督教諸侯之一，擁有十字弓的數量和技術都居首位。接下來由法蘭西人組成四個隊，分別聽從法蘭德斯伯爵的兄弟亨利、聖波爾（St. Pol）和布耳瓦（Blois）的兩位伯爵，以及蒙特摩倫西（Montmorency）的馬太指揮，最後這個隊還有香檳的元帥和貴族，他們都是自願加入，增添該隊的光榮。第六隊是後衛，也是全軍的預備隊，在蒙特費拉侯

爵的指揮之下，由日耳曼人和倫巴底人組成。

　　戰馬的鞍轡齊全而且馬衣拖地，裝載在稱為帕朗德（planders）的平底船上，騎士全副胄甲戴上頭盔，手執長矛站在戰馬旁邊。運輸船滿載無數成列的下級武士和弓箭手，每艘運輸船由有力和快速的戰船拖引前進。六個隊沒有遭遇敵軍的抵抗就渡過博斯普魯斯海峽，搶先登陸是每個人和每個隊的願望，征服或陣亡是他們的決心。最卓越的表現是無視於危險，騎士披掛沉重的鎧甲，水深到達腰際就跳進海中，下級武士和弓箭手受到激勵也都勇氣百倍，那些扈從趕緊放下平底船的跳板，牽著馬匹上岸。騎兵部隊還沒有上馬列隊舉起長矛，七萬希臘士兵早已逃得無影無蹤。怯懦的阿里克蘇斯為他的部隊做出最壞的榜樣，拉丁人正在搶劫富麗堂皇的御帳，才知道他們是跟一位皇帝作戰。

　　趁著敵軍逃走陷入慌亂之際，他們決定用雙鉗攻勢打開進入港口的門戶。蓋拉塔（Galata）的塔樓位於佩拉（Pera）的郊區，由法蘭西人負責攻擊和奪取；威尼斯人的任務更為艱鉅，要衝破橫阻在塔樓和拜占庭海岸間的柵欄或鐵鍊。經過幾次得不到戰果的攻擊，大無畏的堅忍毅力終於獲得最後的勝利，希臘水師殘存的二十艘戰船不是被擊沉就是捕獲，粗大沉重的鐵鍊不是被剪斷，就是被強大的戰船撞開。威尼斯艦隊安全而又得意洋洋在君士坦丁堡的內港下錨碇泊。完成這些大膽的作戰行動，拉丁人一支兩萬多人的部隊，要求允許他們圍攻當面的都城，裡面有四十多萬居民具備防守的能力，都不願拿起武器保衛自己的國家。要是照這個數目推算，全城的人口將近兩百萬。不管按實際狀況將希臘人減去多少，相信無論是什麼數字，仍舊激起攻擊者無所畏懼的精神。

　　法蘭西人和威尼斯人在生活和作戰的習慣有所差異，選擇進攻的路線和方式大相逕庭。前者以事實證明，從海面和港口最容易攻進君士坦丁堡；威尼斯人可以拿榮譽擔保，將性命和運道交付給漂浮的小船和無情的大海，已經有很長一段時間，現在大聲要求接受騎士精神的考驗，靠著騎馬前進或步行，在堅實的地面發起近距離的攻擊。經過很審慎的協議，兩個民族各自依據最適合的方式，分別由海洋或陸地去占領城市，先用艦隊掩護陸上部隊，全部都從海港的入口向著盡頭前進。河上的石橋很快修復，法蘭西的六個隊對著都城的正面紮下營寨，就是從港口到普洛潘提斯海長約四哩的三角形底邊，在陸上發起圍攻作戰（1203年7月7日—7月18日）。他們的位置在寬廣的塹壕邊緣，上面有高聳的防壁瞰制，還能從容不迫考量整個計畫所要遭遇的困難。他們的營地很狹窄，左右兩側的城門不時衝出騎兵和輕裝步兵，攔截零星失散的人員，掃蕩供應糧食的鄉村，每天都要發出五、六次的警報，逼得他們為了眼前的安全，修築一道護欄和挖出一條

壕溝。在給養的供應和護送方面，威尼斯人非常節儉，法蘭西人過於貪吃，經常怨聲載道說是吃不飽或肚子餓，庫存的麵粉三個星期消耗殆盡，厭惡醃肉使他們用馬匹的鮮肉來充飢。

心驚膽戰的篡奪者受到女婿狄奧多爾・拉斯卡里斯（Theodore Lascaris）的大力支持，勇敢的青年保衛國家，渴望將來能由自己統治。希臘人對國家的事務不予理會，現在醒悟過來要維護他們的宗教，最大的希望託付給瓦蘭吉亞（Varangian）衛隊，也就是丹麥人和英格蘭人，完全依賴他們的實力和作戰的精神，當代的作者都提過他們的大名。接連十天不斷的努力，地面已經整平，壕溝也都填滿，包圍部隊按照計畫迫近城牆，兩百五十架攻城器具發揮威力，用來清除防壁的人員，衝撞城牆甚至破壞它的基礎，只要對方的防務出現缺口，馬上使用攀登的雲梯，還是被大隊占據有利位置的守軍頂住，冒險犯難的拉丁人最後遭到擊退。希臘人仍然佩服十五名騎士和下級武士的決心，他們登上城牆在危險狀況下維持奪取的據點，直到皇家衛隊將他們打下城牆或是力盡被俘為止。

威尼斯人在港口那邊發起的海上攻擊更為有效，勤勞的民族使用火藥發明前一切已知和可用的攻城方法。戰船和船隻排成兩列，每艘船最前面安置三名弓箭手，前面一列船隻的行動很敏捷，後面這列船隻鈍重而又高聳用來掩護，甲板、船尾和塔樓都裝置投射器具，越過前列的頭頂發射矢石。士兵從戰船跳到岸上，馬上架起雲梯開始爬登。接著行動遲緩的大船慢慢靠過來，放下很長的跳板，等於在桅桿和防壁之間連接一座懸空的通道。威嚴的元首在進攻的激戰當中，全身披掛鎧甲目標顯著，站在戰船的船頭，寬大的聖馬可旗幟在他的頭頂飄揚。

他用威脅、承諾和叫喊，催促划槳手使出全身的力氣。他的船隻先行靠岸，丹多羅是第一個上岸的勇士。各個民族的士兵欽佩失明老人的壯舉，年高體弱對他而言已降低苟延殘喘的意願，反而增強不朽榮譽的價值。突然之間共和國的旗幟被一隻看不見的手（旗手可能已經陣亡）插在防壁上面。他們很快占領二十五座塔樓，正好發生一場無情的大火，將希臘人從附近的營房中趕走。元首已經發出獲勝的捷報，得知盟軍陷入危險的處境。高貴的丹多羅立即宣稱，他寧可與朝聖者一同赴死，也不願用盟友的毀滅換取自己的勝利，立即放棄目前的優勢，重新整頓部隊迅速趕到激戰的現場。他發現法蘭西六個隊的人數減少而且困倦不堪，被六十個希臘騎兵隊包圍得水泄不通，其中希臘人最小的一支騎兵隊，也比法蘭西人最大的隊人數要多。

阿里克蘇斯在羞慚和絕望之中，盡全力發起最後的全面出擊，拉丁人堅定的陣式和驍勇的氣概使他敬畏有加，經過一場遠距離的前哨戰鬥，到了傍晚雙方收

兵回營。怯懦的篡位者在平靜或騷亂的夜間感到驚恐萬狀，收拾在金庫的一萬磅黃金，極其無恥拋棄他的妻子、人民和帝座，匆忙登上一艘三桅帆船，偷偷溜過博斯普魯斯海峽，帶著羞愧的神色在色雷斯一個小港口安全登岸。希臘的貴族一聽到阿里克蘇斯逃走，趕快到雙目失明的艾薩克前面乞求饒恕與和平。他已經關在地牢裡隨時等待劊子手前來行刑。變幻莫測的命運再度使他獲得拯救和擁立，階下囚又穿上龍袍登上寶座，四周環繞俯伏在地的奴才，到底是真正的恐懼還是假裝的喜悅，他根本沒有能力去辨識。等到天色破曉敵對行動完全停止，拉丁人的首領獲得令人驚訝的信息，合法的在位皇帝急著要擁抱他的兒子，對於主持正義的救星要給予最高的獎賞。

5 艾薩克皇帝復位後無法履約引起的紛爭（1203 年）

　　然而前來主持正義的救星，在沒有獲得他的父親支付報酬或給予承諾之前，無意放走掌握在手中的人質。他們選出四位使節，就是蒙特摩倫西的馬太、身為史家的香檳元帥，以及兩位威尼斯人，前去向皇帝祝賀。城門大開等待他們的到達，街道兩旁排列手執戰斧的丹麥和英格蘭衛士，金碧輝煌的觀見廳成為美德和權力極其虛幻的擺設。失明的艾薩克身邊坐著他的妻子，她是匈牙利國王的姊妹，由於皇后在場希臘的貴婦人從後面的接待室出來，和四周的元老院議員與軍官混雜在一起。西方的元帥代表大家致辭，從他說話的語氣來看，深知自己的功勞重大又能善盡交付的工作。皇帝現在已經完全明白，他的兒子與威尼斯和朝聖者達成的協議，必須毫不猶疑馬上批准。等到皇后、一名內侍、一名通譯和四位使節進入內室，身為阿里克蘇斯這位年輕人的父親，很焦急的詢問他們提出的條件：東部帝國向教皇歸順；援助聖地的解放以及立即捐助二十萬個銀馬克。皇帝很謹慎的回答道：「這些條件的要求太高，很難接受而且不易執行，即使提出任何條件也比不上你們的辛勞和功勳。」

　　直到獲得滿意的保證，這幾位貴族騎上馬，將君士坦丁堡的繼承人領進城市和皇宮。年輕的面貌和不可思議的冒險行動，贏得全體人民的好感和愛戴，阿里克蘇斯和他的父親一起在聖索非亞大教堂舉行神聖的加冕典禮（1203 年 7 月 19日）。他開始統治的頭幾天，人民恢復富足和寧靜的生活，看見這場悲劇圓滿落幕，感到非常高興。貴族用表面的愉悅和忠誠，掩飾他們的不滿、悔恨和畏懼。兩個心懷鬼胎的民族住在同一個都城，可能會隨時引發災禍和危險。蓋拉塔或佩拉的郊區被指定作為法蘭西人和威尼斯人居住區，這些友好的民族之間容許自由

貿易和相互交往。

受到宗教虔誠或好奇的吸引，每天都有一些朝聖者參觀君士坦丁堡的教堂和皇宮，粗魯的心靈對於精美的藝術品或許無動於衷，富麗堂皇的景象卻讓他們大為驚愕。他們家鄉的城鎮何其貧窮落後，襯托出基督教世界第一大城的興旺和富裕。年輕的阿里克蘇斯基於利害關係和感激之情，經常放下高貴的身段，前去探望情誼深厚的拉丁友人，在言談毫無拘束的餐桌上面，生性暴躁的法蘭西人忘掉他是東部的皇帝。他們在更為嚴肅的會談中獲得一致的同意，兩個教會的聯合要耐心等待時間的結果。然而貪婪的滿足比起宗教的狂熱更難以抑制，必須立即支付大筆款項，解決聯軍部隊財源匱缺的狀況，免得十字軍人員不停的追討。

他們離去的時間即將到來，使阿里克蘇斯非常緊張，雖然可以解除目前無法履約的壓力，等到他的朋友離開，留下他孤身一人，要去應付反覆無常、充滿偏見和不守信義的民族。他打算用花錢買通的方式，讓他們把停留的時間再延長一年，除了支付他們所需的金額，還用十字軍的名義付清威尼斯船隻的費用。相關的條件在貴族會議引起爭辯，經再三的討論和反覆的斟酌之後，投票的結果是大部分人同意威尼斯元首的建議和年輕皇帝的懇求。他用一千六百磅黃金的代價，說服蒙特費拉侯爵答應派遣一支軍隊，親自陪他去巡視歐洲的行省，使得他能夠建立權威，追捕在逃的叔父。鮑德溫率領法蘭西和法蘭德斯聯軍坐鎮君士坦丁堡，使得別有用心的人不敢輕舉妄動。遠征行動非常成功，失明的皇帝為軍隊的勝利極為欣喜，聽從身旁阿諛之徒的預言，上天既然將他從地牢拔擢到寶座，一定會治好他的痛風恢復他的視覺，保佑他有長久而繁榮的統治。然而這位猜疑心重的老人，為兒子的聲譽日高倍感痛苦，他聽到自己的名字被含糊勉強的歡呼，年輕的皇帝受到異口同聲的讚譽，心頭的傲氣再也掩蓋不住嫉恨的情緒。

最近這次成功的入侵行動，希臘人從九個世紀的睡夢中清醒過來。他們拋棄狂妄的想法，不再認為羅馬帝國的首都有如金城湯池，外敵根本無法攻破。西部的外鄉人褻瀆君士坦丁的城市，僭用他的權杖成為皇帝的保護人，變得跟他們一樣不受民眾的歡迎。原本惡貫滿盈的艾薩克體弱多病，使人覺得更加卑鄙；年輕的阿里克蘇斯看成背教者受到大家的痛恨，因為他拋棄本國的習慣和宗教。他與拉丁人所訂的密約已經洩露出去，或者僅是引起大家的懷疑。所有的人民特別是教士，虔誠依附一直保有的宗教活動和迷信行為。每座修道院和每個店鋪都在談論教會的危機和教皇的暴虐，空虛的國庫無法滿足皇室的奢侈和外族的勒索。希臘人拒絕採行徵收「普通稅」的做法，用來解決即將來臨的奴役和洗劫；對於富室的壓榨挑起更為危險的個人仇恨；如果皇帝熔化聖所的金銀器具，掠奪各種價

值連城的神像，更是證實他的異端邪說和褻瀆神聖。

　　邦尼菲斯侯爵和他的皇家門生不在朝廷，君士坦丁堡遭到一場巨大的災難，或許完全是法蘭德斯朝聖者狂熱和輕率的行為所引發。他們有一次在城內到處遊玩，看到一座清真寺或是猶太人的會堂，感到十分憤慨，因為裡面只供奉一個神，沒有聖母也沒有聖子。他們認為解決爭論最有效的方式，是用刀劍攻擊不信上帝的人，放火燒掉他們的住處。不信者和一些基督徒的鄰居，竟然膽敢保衛他們的生命和財產，頑固分子燃起的熊熊大火，所能燒掉的都是正統教徒和無辜者的建築物。一共有八天八夜的時間，烈焰以一里格的寬度向前蔓延，從普洛潘提斯海的港口一直燒到人口最稠密的地區。我們很難算出或是估計，究竟有多少雄偉的教堂和皇宮燒成冒煙的廢墟，在滿是店鋪的街巷到底有多少值錢的商品被焚毀，或是多少人遭受家破人亡的損失。

　　元首和貴族都想推卸縱火暴行的責任，拉丁人的名字更加不受歡迎，威尼斯在殖民區有一萬五千人，為了安全趕快撤出城市，在佩拉郊區的旗幟之下尋求保護。皇帝獲得勝利班師回朝，即使有最堅定和神奇的策略，也無法引導他安然渡過巨大的風暴。何況這次極為慘重的天災人禍，已經圍繞不幸的青年和他的政府肆虐。無論是自己的意願還是父親的勸告，都要他時時依賴拯救他的恩主。阿里克蘇斯卻在感恩和愛國之間舉棋不定，在對臣民和對盟友的畏懼之間徘徊逗留，優柔寡斷的性格使他同時失去兩方面的尊敬和信任。他邀請蒙特費拉侯爵住進皇宮，實際上已容許貴族的陰謀活動和人民的揭竿而起，好讓他們解救自己的國家。拉丁人的首領根本不理會他的痛苦處境，一再提出他們的要求指責他的拖延，逼得他要明確答覆是戰是和。三位法蘭西騎士和三位威尼斯代表遞送傲慢的最後通牒，他們佩上長劍騎著戰馬，穿過憤怒的群眾闖進皇宮，帶著毫無畏懼的神色觀見皇帝。他們用斷然的口氣簡單敘述他們的功績和他的承諾，最後豪氣萬丈的宣布，除非正當的要求立即全部獲得滿足，否則他們不再把他看成君王和在朋友。首次說完刺傷皇帝尊嚴的冒犯言辭，他們保持平靜的態度很快離開。能夠在光天化日之下逃出滿是奴隸的宮殿和怒火沖天的城市，幾位使節自己都感到不可思議。等到他們安全回到營地，像是發出開始敵對行動的信號。

6 木茲菲烏斯的篡位及第二次的圍攻作戰（1204年）

　　衝動的希臘群眾拒絕權威和智慧，他們的錯誤在於把憤怒當作勇氣，把數量當作實力，把宗教狂熱當作上天的保佑和啟示。兩個民族都把阿里克蘇斯看成

既虛偽又卑鄙的人物，低賤和假冒的安吉利家族受到全民的譴責和唾棄。君士坦丁堡的人民圍住元老院，要求他們選出更有作為的皇帝。他們先後向每位出身高貴和地位顯赫的元老呈獻紫袍，元老院所有的議員都拒絕接受帶來死亡的服飾，推辭的動作拖延三天之久。我們可以從史家尼西塔斯的評論得知，他當時參加會議，認為臣民的忠誠靠著恐懼和無能給予保衛。有一個幽靈早已被人忘懷，群眾的歡呼聲中受到擁立（1204 年 2 月 8 日）。動亂的始作俑者和戰爭的領導人，本是杜卡斯（Ducas）家族的一位王侯，名字同樣是阿里克蘇斯，要加上木茲菲烏斯（Murtzuphius）的稱號以資區別，粗俗的字眼意為「濃黑相連的眉毛」。

毫無信義的木茲菲烏斯不僅狡猾而且膽大包天，自稱愛國之士也曾出任朝臣，言語和行動都與拉丁人作對，煽動希臘人產生激情和偏見，曲意奉承獲得阿里克蘇斯的重用和信任，委以內廷總管大臣的職位，所穿的高底靴染上皇室的顏色。在一天深夜他帶著驚怖的神色衝進寢宮報告，人民開始攻擊皇宮而且衛隊已經叛變。深信不疑的君王從臥榻上面跳下來，立刻投身到敵人的懷抱。身為大臣圖謀不軌，騙他從一條暗道逃走，暗道的終點就是監獄，阿里克蘇斯被抓，剝光衣物用鐵鍊綑住，經過幾天酷刑的折磨，在暴君的命令及親自監督之下，慘遭毒殺、勒斃或用棍棒打死。艾薩克‧安吉拉斯皇帝很快隨著兒子進入墳墓。木茲菲烏斯對這個無能而又瞎眼的人，可能不用再犯額外的罪行來加速他的死亡。

兩位皇帝的慘死和木菲烏斯的篡位，使得雙方的鬥爭在性質上發生很大的改變，現在不是盟軍之間發生的口角，一方高估自己的功勞、另一方未能善盡承諾。法蘭西人和威尼斯人忘懷對阿里克蘇斯的不滿，他們為英年早逝的友伴灑下同情之淚，發出誓言要向不忠不義的民族尋求報復，善變的希臘人竟然將弒君的凶手推上帝座。不過謹慎的元首仍然有意進行談判，他提出的要求是五萬磅黃金，作為應付的債務、補助的經費或冒犯的罰鍰。如果不是木茲菲烏斯出於宗教的狂熱或政策的需要，拒絕犧牲希臘教會換取國家的安全，雙方的會議也許不會突然決裂。他在當前所要面對的處境，是國內和國外敵人的抨擊和叫罵，我們可以很清楚的看到，要他扮演公眾的勇士較為積極的角色倒是非常稱職。對君士坦丁堡第二次的圍攻比起第一次要困難得多。希臘人嚴格檢討前朝統治的缺失，國庫的財務獲得改善，軍隊的紀律加強整飭，木茲菲烏斯手執矛鎚巡視據點，裝出武士的姿態和相貌，對於他的士兵和朋友，都能讓人望而生畏。

阿里克蘇斯去世前後段期間，希臘人經過周密安排和竭盡全部力量，兩度企圖燒毀停泊在港口的水師，威尼斯人的機警和勇氣把火船驅除，漂流的烈焰只在海面燃燒，沒有造成任何損失。在一次夜間的出擊行動，希臘皇帝被法蘭德斯伯

爵的兄弟亨利打敗，兵力的優勢和主動的突擊更增加敗北的羞愧。他遺留的圓盾在戰場被人找到，連帶繪有聖母圖像的皇家旗幟，當作戰利品或聖物送給西妥會（Cistercian）修道院的僧侶，他們是聖伯納德的門徒弟子。包括神聖的大齋期在內，拉丁人用了將近三個月的時間，進行一些前哨戰鬥和準備工作，等到一切妥當時，下定決心發起全面的攻擊。陸地的工事和城堡看來很難攻破，根據威尼斯領航人員的說法，面臨普洛潘提斯海的海岸下錨很不安全，強勁的海流會把船隻沖進海倫斯坡海峽。這對那些勉強留下的朝聖者未嘗不是好消息，他們一直想找機會解散入侵的軍隊。圍攻部隊決定從港口的岸邊發起攻擊，這在守軍來說也是意料中事。

皇帝將紅色的御帳設置在附近的高地上面，用來指揮和監督他的部隊克盡職責完成任務。兩軍擺開長長的陣勢，綿延不絕超過半個里格，一方的作戰人員都在戰船和小艇就位，另一方排列在城牆和塔樓上面，還有很多座多層結構的木質塔台，高度遠超過一般標準。不知畏懼的觀戰者樂於見到壯觀的場面，要是有機會欣賞當前的景象，一定會傾心不已。兩軍首次瘋狂的交戰是用各種投射器具，向著對方發射標槍、石塊和火球。但是所在地點的海水夠深，法蘭西人非常勇敢，威尼斯人駕駛的技術高明，他們的船隻靠近城牆，一場用刀劍、長矛和戰斧的殊死搏鬥，就在不停搖晃的跳板上展開，船上盡量鉤緊連接的位置保持穩定。進行攻擊的位置有一百多處，守軍固守陣地堅持不退，直到地形有利和兵力優勢的一方占了上風，拉丁人逼得鳴金後撤。過了幾天，他們同樣發起勇猛的進攻，最後還是落得毫無進展。

元首和貴族在夜間舉行軍事會議，唯一憂慮的問題是害怕聯軍出現信心危機，沒有一個人提出退走或談和的意見，雖說勇士的性格各有不同的表現，全都抱持勝利的信念或光榮戰死的決心。希臘人從上一次圍攻的經驗獲得寶貴的教訓，在拉丁人而言是士氣受到鼓舞，確認君士坦丁堡可以攻克，比起促使守軍加強戒備，對於攻擊者能夠發揮更大的作用。在第三次的進攻當中，兩艘船連在一起以加強穩定的力量。颳起一陣強勁的北風將船吹向岸邊，特洛瓦（Troyes）和蘇瓦松（Soissons）的主教率領前鋒，整個戰線回響著「朝聖」和「天堂」這類充滿吉兆意味的戰鬥吶喊。主教的旗幟在城牆展現，最先登臨的勇士榮獲一百銀馬克的賞金，要是死亡剝奪他們領賞的機會，還是可以贏得永垂不朽的名聲。架起雲梯攻占四個塔樓，三個城門被攻城鎚撞開，害怕波濤險惡的法蘭西騎士，等到踏上堅實的地面便覺得自己無敵天下。數以千計保衛皇帝安全的人員，看到單槍匹馬的騎士過來便一哄而散，這種作戰的景象難道還需要我描述？

他們的同胞尼西塔斯證實可恥的潰敗，說是有一隊幽靈與法蘭西的英雄一起進軍，他在希臘人的眼裡變成一個巨人。臨陣脫逃的人員棄甲丟盔抱頭鼠竄，拉丁人在指揮者旗幟的引導下進入城中。所有的街道和城門全部敞開，他們毫無阻擋的通過，不知是預謀還是意外，又燃起第三次大火，幾個小時之內燒掉的面積，相當於法蘭西三個最大的城市。接近傍晚的時分，領軍的貴族開始清查軍隊的狀況，加強占領地區的工事。他們對於首都廣大的面積和眾多的人口感到驚訝，如果教會和宮廷知道自己內部的力量，十字軍還需要一個月的苦戰。第二天早晨出現一支求和的行列，手裡舉著十字架和聖像，宣告希臘人願意投降，哀求征服者息怒，篡位者已從金門逃走。法蘭德斯伯爵和蒙特費拉侯爵占據布拉契尼（Blachernae）和布科勒昂（Boucoleon）的宮殿，帝國仍舊使用君士坦丁的名字和羅馬的頭銜，實際上已被拉丁朝聖者的武力推翻。

7 十字軍洗劫君士坦丁堡及希臘人悲慘的命運（1204年）

君士坦丁堡被武力強行攻占，除了宗教和良知以外，沒有任何戰爭法可以約束征服者的行為。蒙特費拉的邦尼菲斯侯爵仍舊是全軍的主將，希臘人把他尊為未來的統治者，經常可以聽到極其悲傷的喊叫：「神聖的侯爵國王，請你可憐我們！」他出於審慎的考量或是同情的心理，為逃命的民眾打開城門，勸告十字軍的士兵饒恕基督徒同胞的性命。尼西塔斯的著作描述血流成河的情景，沒有抵抗的市民被殺的數目減到兩千人。大部分遇害者並非死在十字軍的手裡，而是那些早被趕出城的拉丁人，他們得知獲得勝利立即前來大肆報復。然而其中有很多人回來是為了圖利，並不見得一定非要傷害城市的居民。尼西塔斯靠著一位好心的威尼斯商人才能平安無事。英諾森三世指責朝聖者貪財好色，對於老人、婦女甚至宗教職務毫無尊重之心。他痛心疾首汙穢的勾當，像是姦淫、私通和亂倫，公然在光天化日之下進行。高貴的夫人和聖潔的修女都在正統教會的軍營，被馬夫和農人玷汙。

的確如此，勝利的放縱可能激發並掩蓋大量罪惡的行徑，可以肯定一件事，那就是東部的都城會有很多貪財或有意的佳麗，能夠滿足兩萬名朝聖者的情慾，監牢的女性囚犯也不再是家庭的奴隸，可以受到權勢或責打帶來的約束。蒙特費拉侯爵要維護軍隊的紀律和行為，法蘭德斯伯爵成為節欲和守貞的模範，他們用當眾處決的重刑，嚴厲禁止強姦婦女的惡行。戰敗者乞求張貼公告也會受到勝利者的同意，首領的權威和士兵的同情使殘暴和縱欲的行為得以緩和。十字軍不再

是我們在前面描述的蠻族從北國猛衝進來，即使還會露出凶惡的面孔，然而時間、政策和宗教讓法蘭西人的舉止變得更為文明，特別是意大利人本就如此。

不過貪婪的動機容許有更大施展的餘地，君士坦丁堡的洗劫甚至在復活節神聖的周日都繼續進行，可以滿足他們無饜的胃口。沒有任何承諾或條約可以限制勝利的權利，那就是籍沒希臘人所有公有和私人的財富。每個人都可以合法執行搜括的判決和財物的奪取，掠劫的多少視範圍的大小和實力的強弱而定。無論是鑄成的錢幣或成錠的金銀，都有簡便而通用的兌換標準，劫掠品的持有人不管在國內還是國外，都可以換成適合自己口味和地位的財產。在通商貿易和奢侈生活累積的資財當中，最貴重的品項要數絲綢、絨布、毛皮、珠寶、香料和名貴的家具，落後的歐洲國家就是拿錢也買不到。劫掠有共同遵守的規則，每個人的所得不能全憑自己的辛勞或運道。拉丁人要將搶劫的物品交出來統一分配，私自吞沒以偽證罪嚴懲，革出教門或判處死刑。

他們挑選三座教堂作為收存和發放戰利品的地點，分配的原則是步卒每人一份，騎兵或下級武士兩份，騎士四份，貴族和諸侯按地位和功勳分得更多的配額。聖保羅伯爵手下一名騎士違犯神聖的規定當眾吊死，他的盾牌和盔甲掛在脖子上面。這樣的案例使類似的罪犯更為小心和講究技巧，貪婪的心理總是勝過懲罰的恐懼，一般認為私藏的財物遠超過交出分配的數量。儘管有無法規避的漏洞，洗劫君士坦丁堡掠奪財物之多，不僅前所未見也超出原來的預料。法蘭西人和威尼斯人全數均分，從中還要減去五萬銀馬克，用來償付法蘭西人積欠的債務，滿足威尼斯人所提出的要求。最後法蘭西人還剩下四十萬個銀馬克，相當於兩萬磅黃金。我無法就那個時代的國家和私人的交易，說明獲得金額真正的價值，倒可以做一個很好的比較，就是等於當時英格蘭王國年度歲入的七倍。

在這場驚天動地的大變革之中，我們比較維爾哈杜因與尼西塔斯描繪的狀況，就是香檳元帥與一位拜占庭元老院議員不同的看法，產生非常奇特的感受。整個事件讓人最早獲得的印象，只不過是君士坦丁堡的財富，從一個民族轉移到另外一個民族的手裡，希臘人的損失和痛苦恰好與拉丁人的喜悅和利益達成平衡。只是在戰爭極其可悲的帳目當中，收益和損失、歡樂和痛苦從來無法相等。拉丁人的笑容何其短暫容易消失，希臘人永遠望著破碎的家園哭泣，真正的災難受到褻瀆和嘲諷，更會加深心靈的創痛。三次大火已經燒掉整座城市絕大部分的建築物和財富，征服者在實質上又能獲得多大好處？那些既不實用也無法運走的東西，到底有多少被惡意破壞或隨手摧毀？有多少財寶在打賭、狂歡和胡鬧中任意的浪費？那些既無耐心又無知識的士兵，自己的報酬被希臘人拐騙偷走，使得

多少值錢的物品被他們賤價賣掉？

　　只有那些窮無立錐之地的人，才可能從社會的變動撈到一些油水，對於上等階層的悲慘狀況，尼西塔斯有身歷其境的描述。他擁有豪華的府邸在第二次大火中化為灰燼，這位元老院的議員帶著家人和朋友，躲進聖索非亞大教堂附近的一所房屋。他的朋友那位威尼斯商人，在簡陋住所的門口假裝看守的士兵，直到他能找到機會匆忙逃走，好保住殘餘的財產和女兒的貞操。這群在富貴環境長大的流亡者，寒冷的冬季靠著步行趕路，家中的奴隸都已逃走，他的妻子正在懷孕，只好自己把行李扛在肩頭。混雜在男人中間的婦女，聽從吩咐用汙垢掩蓋美麗的面孔，絕對不可以裝飾打扮。每走一步都會遭到襲擊或面臨危險，外人的威脅遠不及平民的揶揄讓人更感難堪，大家現在都落到平等的處境。蒙難的人群除非到達西利布里亞（Selymbria），結束這段悲慘的旅程，否則便難以安心，須知這個城市到首都的距離是四十哩。他們在路上還趕過教長，他騎著一頭毛驢，沒有隨從也缺乏禦寒的衣物，完全落到使徒當年的貧窮狀況。他這身裝扮和行動如果出於自願，倒是會博得安貧樂道的美譽。

　　就在這個時候，拉丁人的放縱和出於教派的仇恨，正在褻瀆教長那些空無一人的教堂。他們將裝飾的寶石和珍珠全部挖出來，拿聖餐杯酌滿美酒大口飲用，他們用來賭錢和宴飲的桌子上面舖著基督和聖徒的畫像，禮拜儀式最神聖的器具任意用腳踐踏。在聖索非亞主座大教堂，為了拿走掛著的金縷，聖所的大幔都被扯下來，祭壇可以說是最貴重的藝術精品，劫掠者全部打碎大家分掉。他們的騾馬滿載純銀或鍍金的雕刻，全部是從教堂的大門或講壇上面撬下拆走。如果可憐的牲口因負載過重而摔倒，急躁的趕馬人拔出刀來將牠們刺死，使得聖潔的道路流著汙穢的鮮血。一個妓女被抱上教長的寶座，大家叫她「魔鬼的女兒」，就讓她在教堂裡面唱歌跳舞，用來嘲笑列隊唱讚美詩的東方人。皇家的陵墓和死者的安寧都受到侵犯，使徒大教堂的皇帝墓室全被打碎。據說查士丁尼的屍體過了六個世紀，沒有發現任何腐爛或變質的跡象。就在城市的街道上面，法蘭西人和法蘭德斯人用彩繪的長袍和飄逸的亞麻頭巾，裝扮自己和馬匹。他們參加宴會的酗酒和放縱，對東方的莊嚴節制是一種侮辱。他們為了表示征服的民族有人能寫能讀，裝模作樣擺出筆墨和紙張，卻沒有料到無論是科學的工具和作戰的兵器，拿在現代希臘人手裡同樣是英雄無用武之地。

8 希臘帝國在尼斯流亡政權的積極作為（1204-1259年）

希臘人喪失君士坦丁堡，激起為時短暫的中興氣象。君王和貴族從宮殿趕進原野，沒落的帝國已成殘破不堪的碎片，精力最旺盛或手段最高明的接位者緊抓不放。拜占庭編年史冗長而乏味的文卷，評述狄奧多爾‧拉斯卡里斯（Theodore Lascaris）（1204-1222年）和約翰‧杜卡斯‧瓦塔西斯（John Ducas Vataces）（1222-1255年）兩位人物，可不是一件簡單的工作。他們重新打起羅馬帝國的旗幟，在俾西尼亞的尼斯上空招展。雖然各人具有不同的美德，所幸都能適合當時極為惡劣的環境。拉斯卡里斯在流亡的初期經過不斷的奮鬥，只能控有三個城市和兩千士兵，他的統治正處於孤注一擲的絕望關頭，每一次的軍事行動都拿生命和皇冠賭他的運氣。位於海倫斯坡海峽和米安得河當面的兩個敵人，為他的用兵神速感到驚奇，為他的大膽進擊飽受頓挫。經過十八年戰無不勝的大膽出擊，尼斯公國的開疆闢土已經具備帝國的規模。寶座的繼承人是他的女婿瓦塔西斯，建立更為堅實的基礎，從各方面來說能夠掌握更為豐富的資源。瓦塔西斯無論是個人的習性或基於利益的考量，為了達成雄心壯志的企圖，在涉險之前詳細的計算，運用最有利的時機，並且要保證能夠勝利成功。

拉丁帝國的衰亡過程當中，我已經簡約提到希臘人的復國行動。征服者用審慎的態度，採取逐步進逼的策略，在三十三年的統治期間，從國內和國外的篡奪者手裡解救行省，直到四面八方已對都城形成包圍之勢，不長枝葉的腐朽樹幹在利斧一擊之下應聲倒地。他的勵精圖治和內政修明更值得我們的注意和欽佩。時代的災禍損毀希臘的居民和資產，農業生產的誘因和工具蕩然無存，大部分肥沃的田地都已荒廢，不是缺乏照料就是無人耕種。皇帝為增加國家的利益，下達命令要占有或改進無主的產業。他用權勢極大的雙手和提高警覺的眼光，供應人力資源的需要，配合講究技巧的管理方式，比一個私有的農莊主人更為勤奮，皇家的田地成為亞洲的花園和糧倉。統治者不必殺雞取卵壓榨人民，可以獲得來源清白和創造財富的基金。按照土壤的自然性質，他的田地不是生長穀物就是種植葡萄，牧場有成群的牛馬和各種牲口。

瓦塔西斯送給皇后一頂鑲滿鑽石和珍珠的皇冠，這時他帶著笑容說道，貴重的飾物來自賣出雞蛋所得款項，他的農場有不計其數的家禽。皇家田莊的物產用來維持皇宮和醫院，合乎正道的需求可以滿足個人尊嚴，作為施惠臣民之用：自食其力獲得的教訓遠比僅知收稅更為有效，恢復耕種像在古代具有安全和榮譽的功能，教導貴族可以從自己的產業當中，找到穩定和自主的歲入來源，不要靠著

壓迫民眾和取悅宮廷妝點已成赤窮的門面。

　　土耳其人很高興購買多餘的穀物和牲口，瓦塔西斯與他們保持緊密和誠摯的聯盟關係。然而他並不鼓勵進口國外的產品，像是東部極為昂貴的絲綢，還有精細費工的意大利織機。他經常這麼說：「自然和生存的需要不可或缺，社會風氣的形成存於君王一念之間。」他的身教言教在於簡樸的生活和勤奮的工作，最關心的目標是青年的教育和學術的恢復。他很誠摯的公開宣布，人類群體以君王和哲學家最為卓越，仍舊無法取決以何者居先。他頭一位妻子是狄奧多爾·拉斯卡里斯的女兒伊里妮，不僅對國家建立功勳而且個性溫和善良，具備安吉利家族和康南尼家族的血胤，能夠確保帝國的繼承權利。

　　瓦塔西斯在伊里妮過世以後與安妮或康士坦斯締結婚約，她是腓特烈二世的非婚生女兒，新娘還未到青春期的年齡。陪嫁的隨從行列有一名意大利少女，皇帝與她發生關係，多情的弱點竟然將合法皇后的地位授與侍妾，雖然還沒有到加上頭銜的地步。品德的缺失被僧侶譴責為十惡不赦的罪孽，接受粗魯不文的抨擊，顯示皇室的情人有十足的耐性。在一個通達情理的時代，只要大節不虧，可以原諒偷香竊玉的微行。無論是縱欲的過失或是拉斯卡里斯更為放肆的激情，當代人士感激重建帝國的奠基者，經過判斷視為無傷大雅之事。拉丁人的奴隸沒有法律的保護也得不到和平，他們為同胞恢復民族的自由和過著幸福的生活而歡呼。瓦塔西斯推行深受讚許的政策，說服無論在哪個主權統治下的希臘人，要他們為了個人的利益登記成為他的臣民。

　　從約翰·瓦塔西斯和他的兒子狄奧多爾（1255-1259 年）身上，可以看到非常明顯趨向墮落的徵候。創建者要支撐皇家冠冕帶來的重負，繼承人只享受紫袍加身的光彩。狄奧多爾的個性並非欠缺活力，他在父親創辦的學校接受教育，參加戰爭和狩獵的操演和磨練：君士坦丁堡仍舊沒有奪取，在他短暫的三年統治期間，曾經三次率領軍隊深入保加利亞的腹地。他的德行被暴躁的脾氣和猜疑的性格所玷汙：暴躁固然可以歸於缺乏自制的能力；猜疑卻是一種陰暗和邪惡的觀念，可能從人類腐敗的天性自然浮現。在向保加利亞進軍途中，他召集主要的大臣和將領詢商政策有關問題，希臘行政首長喬治·阿克洛波利塔（George Acropolita）憑著良心提出很誠懇的意見，言辭之間對他有所冒犯。皇帝已經將彎刀抽出一半，有意的狂暴行為使阿克洛波利塔受到更為羞辱的懲處。帝國首席行政官員受命下馬，被剝去官服當著君主和軍隊的面前趴在地上，就用不雅的姿勢被兩名衛士或行刑手用棍棒盡力痛打一頓，等到狄奧多爾下令停止用刑，這位大臣已經無法站起來，只能爬回自己的帳篷。經過幾天的休養和調理，一道專橫

的命令要他參加會議，從此希臘人為了保全官位和免於羞辱，會議安靜得針掉下地都可聽見。

我們從受害人自己的記述才知道他受辱的經過。皇帝的殘酷為患病的劇痛引起，愈是接近早逝生命的盡頭，愈是懷疑被人下毒或施以魔法。每次他的情緒衝動發作起來，總是有親戚或貴族遭殃，不是喪失性命和財產，就是剜去眼珠或砍掉四肢。就在他過世之前，瓦塔西斯的兒子夠資格被人民稱為暴君，起碼宮廷的官員會有這種看法。他出於一種喜怒無常的心態，要把帕拉羅古斯家族一位貴夫人的女兒，許配給地位低賤而又卑劣的平民，遭到拒絕使他勃然大怒，根本不考慮貴夫人的年齡和出身，就把她的身體從脖子以下與幾隻貓包在一個大袋子裡，再用針去刺那些寵物，激起牠們狂暴的獸性去對付不幸的婦女。皇帝在生命最後的時辰，公開宣布他的意願是要寬恕別人和得到寬恕。真正讓他焦慮的是約翰的命運，那位只有八歲的兒子和繼承人，在漫長的未成年期間要遭到難以預測的危險。

他最後的選擇是將監護人的職責，託付給神聖的阿森紐斯（Arsenius）教長和勇敢的內衛統領穆札隆（Muzalon），然而在受到皇室的重用和引起公眾的痛恨兩方面，穆札隆同樣知名於世。自從他們與拉丁人建立連繫，世襲階級的名號和特權巧妙滲透入希臘君主國。擢升一名毫無價值的寵臣讓貴族家庭憤憤不平，就把統治階段的過失和災難，全都歸咎於皇帝受到他的影響。皇帝過世不久舉行第一次會議，穆札隆從高聳的寶座上面，就他的言行和意圖宣布一份矯揉造作的辯白書。大家一致向他提出尊敬和忠誠的保證，使得他不再謙遜反而氣焰高漲。不共戴天的仇敵用「羅馬的守護神和拯救者」大聲向他祝賀，八天的時間足夠他們安排陰謀活動。皇帝逝世在馬格尼西亞（Magnesia），這座亞洲城市位於赫繆斯（Hermus）河畔，正在西庇拉斯（Sipylus）山的山麓，第九天在主座教堂舉行莊嚴的葬禮。一隊叛變的衛士打斷神聖的儀式，穆札隆和他的兄弟以及追隨者在祭壇前面遭到屠殺。沒有出席的教長與一位新的共治者聯合起來，米迦勒‧帕拉羅古斯無論就家世和功績都是希臘最顯赫的貴族。

9 帕拉羅古斯的稱帝與君士坦丁堡的光復（1260-1261年）

任何人要是為他們的祖先感到驕傲，絕大部分都會滿足於地區或家族的名聲，僅有少數世家在國家的編年史出現值得懷念的事蹟。早在十一世紀中葉，帕拉羅古斯這個高貴的家族在拜占庭的歷史裡面，始終出人頭地保持高高在上的位

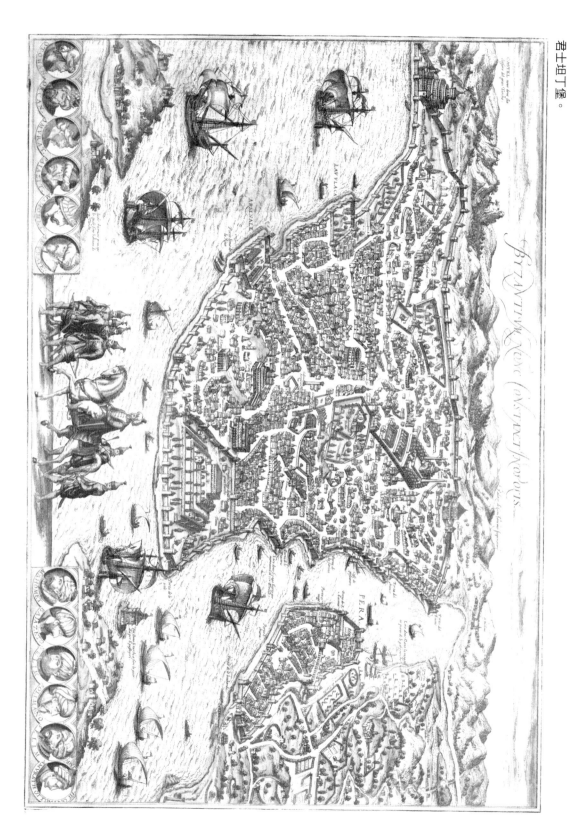

階。英勇無比的喬治‧帕拉羅古斯將康南尼家族的鼻祖推上寶座，他的親戚或後裔在每個世代，都在領導國家的軍隊或是主持政府的會議，身登大寶的君王與他們的聯姻也不會辱沒身分。要是嚴格遵守繼承法和女性接位的規定，狄奧多爾‧拉斯卡里斯的妻子必須讓步給她的姊姊，也就是米迦勒‧帕拉羅古斯的母親，後來他還是將家族推上君士坦丁堡的寶座。僅就米迦勒‧帕拉羅古斯個人而言，軍職和從政的功績使得耀目的家世更為尊貴無比。他雖然年紀很輕就已擢升司令的位階，負責指揮法蘭西傭兵部隊，個人的歲入每天沒有超過三個金幣，野心勃勃不僅貪得無饜而且揮金如土。他在接見部屬和款待賓客都會加倍送出禮物，獲得軍隊和人民的愛戴引起宮廷對他的猜忌。

　　米迦勒或是朋友因為行事不夠審慎，三次涉入殺身之禍終能化險為夷。其一，瓦塔西斯極其公正的統治之下，兩位官員發生爭執，其中一位指控他的同事，對帕拉羅古斯家族的繼承權利有包庇的行為，這樁案件按照拉丁人新的審判程序，裁決要用個人格鬥作為定罪的依據。被告在馬上比武被打翻在地，他公開宣布堅持自己有罪，說是當眾吐露草率或背信的言辭，並沒有獲得當事人核可或認同。傭兵司令的清白受到質疑，惡意的流言始終緊纏不放。菲拉德菲亞的總主教是一位狡猾的廷臣，勸他接受烈火判罪法來聽取上帝的裁定。審判前三天他的手臂上用一個布袋包住，上面蓋著皇家的印璽。他應按規定將燒紅的鐵球用手從祭壇帶到內殿的護欄，一共要重複三次不能搞鬼也不能灼傷。帕拉羅古斯用高明的見識和詼諧的語調，避開這極為危險的考驗。他說道：「我是個軍人可以毫無所懼跟原告進入比武場。身為俗家子弟就像我這樣的罪人，不可能得到奇蹟的賞賜。你是最神聖的教職人員，憑著虔誠的信心可以得到上天的恩寵，我要從你的手裡接受這個熾熱的球體，來證明我的清白無辜。」總主教大驚失色，皇帝面露微笑，米迦勒獲得赦免或諒解，重新恢復薪俸和職位。

　　其二，他在後續的統治時代負責尼斯的政務，有次在暗中得到通知，離城的君主聽取讒言，心中產生猜忌要下毒手，他的下場不是被殺就是剜去眼珠成為盲人。不等狄奧多爾回來宣布判決，傭兵司令帶著一些追隨人員逃離城市和帝國。雖然他被沙漠的土庫曼人搶劫，還是在蘇丹的宮廷獲得友善的庇護所。處於放逐的曖昧狀況之下，米迦勒安於感恩和忠誠的責任：拔刀協助蘇丹對付韃靼；警告在羅馬邊境的守備部隊；發揮影響力促進雙方恢復和平，他的召回和寬恕很光榮列入條約。

　　其三，米迦勒在西部負起守備任務對抗伊庇魯斯藩王，再度受到皇宮的猜疑和定罪，這次他表現忠誠或示弱的態度，接受腳鐐手銬從杜拉索押解六百哩到達

尼斯。信差的殷勤能夠緩和羞辱的心情，皇帝病重除去面臨的危險。狄奧多爾在彌留之際，立即認清帕拉羅古斯的無辜和實力，只有把年幼的兒子託付給他。

　　然而他的無辜根本沒有受到合理對待，提到他的實力可以在旁虎視眈眈，現在沒有可以忌憚的對象，雄心壯志可以大展鴻圖。狄奧多爾亡故以後召開會議，他首先向穆札隆宣布效忠的誓言，也是他首先違犯誓言。他的行為相當高明，手法極為技巧，可以獲致最大的既得利益，接著發生的屠殺事件，不會觸犯法網或引起譴責。為了推舉一位攝政，他讓候選人的利害關係和情緒激動形成勢均力敵的局面，轉移大家對他的猜忌和恨意，使得競爭者相互鬥個你死我活，迫得他們承認除了這兩位當事人，帕拉羅古斯最具備出任攝政的資格。他被授與大公爵的頭銜，在皇帝漫長的未成年時期，掌握政府的實際權力；教長僅僅擁有德高望重的虛名。他憑著自己的才能建立優勢地位，可以利誘或壓制相互傾軋的貴族。

　　瓦塔西斯勤儉累積的錢財存放在赫繆斯河岸一個守備森嚴的城堡，忠誠的瓦蘭吉亞人（Varangians）負責保護看管，傭兵司令還保留對外國部隊的指揮權或影響力，他運用衛隊保護和支配國家的金庫，過度的信任會造成衛隊的腐化。不管公眾的財富如何被濫用，都不會懷疑到他的貪婪。他派出密使和暗探努力說服各階層的臣民，只要他能夠建立權威的地位，大家的財富也會隨之水漲船高。重稅的負擔始終引起民怨，現在暫時停止徵收。他禁止在法庭使用神斷法和格鬥審判，這些野蠻的制度在法蘭西和英格蘭已經遭到廢止或取消。訴諸刀劍不僅觸犯文明社會的理性和良知，同時也違背一個不善黷武好戰民族的習俗。資深老兵都感激他提供的福利，可以在未來維持妻兒子女的生計；教士和哲學家都欽佩他的熱情，促成宗教和學術的發展和進步。他提出含糊其辭的承諾要酬庸有才之士，使得每個職位的候選人都充滿希望。

　　米迦勒非常清楚教士的影響力，對於具有權勢的教會職位，竭盡力量掌握投票和選舉的過程。他們從尼斯到馬格尼西亞的行程花費很大，可以提供適當而充分的藉口，免得參加的人數太多。居於領導地位的高級教士對他夜間來訪的慷慨感到欣慰，廉正不阿的教長受到新同僚表示敬意的奉承。米迦勒牽著騾子的韁繩引導他進入城鎮，將不斷強求的群眾保持在尊敬的距離之外。帕拉羅古斯並沒有放棄來自皇家後裔的頭銜，鼓勵大家自由討論民選君主政體的優點。他的黨羽帶著洋洋得意的無禮神色問道：病人難道會信任出了娘胎就會看病的醫生？商人會將船隻交給天生就會航行的船主？乳臭未乾的皇帝以及未成年所迫近的危險，需要一位行事老成和經驗豐富的監護人給予支持，還要擢升一位共治者以超越他的同僚，免得產生猜忌引起覬覦之心，授與皇家的稱號和特權。為了君王和人民的

利益，不能考慮個人和家族的立場，大公爵同意保護和教導狄奧多爾的兒子。他在表面上還說要用勤勞的雙手，重新管理世襲的產業，享受無官一身輕的生活，現在只能嘆息幸福的日子已經過去。

他首先授與親王的頭銜和特權，能夠使用紫袍的服飾；在羅馬，君主國具有「一人之下萬人之上」的地位。接著同意正式宣布約翰四世和米迦勒七世是「共治的皇帝」，被大家用盾牌舉起來，約翰有生為帝王者的權利，所以保有較高的位階，兩位共治者宣誓要相互保持友善的盟約關係，雙方要是發生決裂的事件，臣民應受效忠誓言的約束，公開宣布要反對引起事端的侵犯者。侵犯者的稱呼非常的含糊，只會製造動亂發生內戰。帕拉羅古斯對提出的事項都表示同意，到了舉行加冕典禮的日子，在尼斯的主座教堂裡面，他的黨羽用熱情的態度和激烈的言辭，認為憑著年齡和功勳，帕拉羅古斯應該居於優先的地位。為了平息不合時宜的爭執，暫時停止約翰‧拉斯卡里斯的加冕，等待更適當的機會。他的王位難保，只有走進監護人的隨行隊伍，米迦勒七世一個人從教長的手裡接受皇帝的冠冕（1260年1月1日）。阿森紐斯處於極為勉強的狀況，對於自己的受監護人無法登基稱帝只有袖手旁觀。瓦蘭吉亞人揮舞戰斧擺出威脅的姿態，嚇得發抖的年輕人逼得做出同意的手勢。在旁邊還可以聽到大聲呼叫的聲音，說不要讓一個小孩的性命妨害到國家的大政方針。感激的帕拉羅古斯把權勢和職位賜給他的朋友，讓大家都能滿載而歸。他把一個親王和兩個「塞巴斯托克拉特」（Sebastocrator）的位階封給族人，授與阿里克蘇斯‧斯特拉提哥普拉斯（Alexius Strategopulus）凱撒的頭銜。久歷戰陣的主將終於不負所託，不久就光復君士坦丁堡呈獻給希臘皇帝。

帕拉羅古斯統治的第二年，當時他住在西麥那附近尼菲姆（Nymphaeum）的宮殿和花園，頭一名信差在深夜到達。在他妹妹優洛基婭（Eulogia）細心照應輕輕把他喚醒，米迦勒七世獲得極為驚人的消息，然而來人名不見經傳或身分低下，也沒有從勝利的凱撒那裡帶來信函。瓦塔西斯吃了敗仗，帕拉羅古斯最近也沒有獲得成功，很難相信一支八百士兵的分遣部隊，竟然用奇襲方式一舉奪下都城（1261年7月25日）。可疑的軍使就像人質一樣看管起來，可能會因誤報遭到處死或是獲得豐盛的獎賜。整個宮廷頓時陷入希望或恐懼的焦慮之中，直到阿里克蘇斯派出的信差接二連三到達，帶來確鑿無疑的信息，展示出征服的戰利品，像是篡奪者鮑德溫的佩劍和權杖、官靴和軟帽，都是在匆忙逃走之際遺留下來。他立即召集主教、元老院議員和貴族舉行盛大的會議，大家也許從來沒有如此興高采烈欣喜若狂。發表精心推敲的演說，君士坦丁堡的新統治者祝賀自己的

運道和國家的氣數。他說道：「羅馬帝國開疆闢土越過亞得里亞海，到達底格里斯河和衣索匹亞的邊界，已經訴諸非常綿長的歲月。然而等到行省逐漸喪失，處於前途黯淡和災難不斷的日子，首都被西部的蠻族從我們的手中奪走。興旺和繁榮的潮汐從最低點又開始流動，凡此都是我們在流亡和放逐中獲得的成果。過去有人問我們羅馬人的國土在哪裡，只能帶著羞愧的神色指出地球的美好地區和天國的最後歸宿。上帝的恩惠讓君士坦丁的城市，宗教和帝國最神聖的位置，現在又重新回到我們的懷抱，靠著我們的勇氣和行動獲得最偉大的成就，也是未來勝利的預兆和保證。」

君王和人民的情緒激昂不耐久等，驅除拉丁人以後不過二十天的時間，米迦勒七世凱旋進入君士坦丁堡（1261 年 8 月 14 日）。金門敞開通行無阻，虔誠的皇帝到達立即下馬，民眾高舉馬利亞顯靈的聖像在前面開道，童貞聖母的指引進入聖子的殿堂聖索非亞主座教堂。虔敬和自負的狂喜心情深受感動，他為荒蕪和殘破的景象而嘆息不已，皇宮成為烏煙瘴氣的汙穢場所，到處留下法蘭克人酗酒鬧事的痕跡，整個通衢大道全部毀於大火，或者禁不住時日的磨蝕倒塌在地。無論是神聖或異教的廟宇，所有的裝飾全被剝除一空，好像拉丁人知道接近放逐的時日，他們唯一的工作是盡力去搜刮和破壞。對外貿易禁不起混亂和窮困的壓力已經宣告結束，城市的財富隨著居民的數量日益減少。希臘國君首先要關切的事項，是讓貴族恢復祖先居住的府邸，將拉丁人占領的房舍和建地，歸還給提出合法繼承權的家族。絕大部分不是後代已經絕滅就是文件完全喪失，無人繼承的財產移交給領主。

他用慷慨的條件吸引行省的民眾，前來充實君士坦丁堡的人口，勇敢的「志願軍」安置在他們用武力所光復的首都。法蘭西貴族和顯要的家庭都隨著他們的皇帝一起撤走，能夠忍耐和出身卑賤的拉丁群眾安土重遷，願意留在已有感情的國家，對於變換主子漠不關心。謹慎的征服者並沒有關閉比薩、威尼斯和熱那亞人的工廠，反倒是接受他們效忠的宣誓，鼓勵他們勤奮工作，明確律定原有的特權，允許他們在居住的區域受本國官員治外法權的管轄。外在的民族之中，比薩人和威尼斯人在城市保有各自的租界；熱那亞人的服務和權勢，在重要的時刻引起希臘人的感激和嫉妒。他們的獨立殖民地起初遷移到色雷斯的赫拉克利海港市鎮，很快召回安置在具有獨占所有權的蓋拉塔郊區。他們在優勢地點不僅恢復原來的通商貿易，後來也傷害到拜占庭帝國的威嚴。

第二十五章
蒙古和韃靼（1206-1448 年）

　　鄂圖曼王朝崛起和發展成為君士坦丁堡目前的統治者，在現代歷史據有極為重要的地位。他們的基礎是建立在蒙古和韃靼的雷霆之勢，快速的征服像原始時代的造山運動，改變整個地球的地表面貌。舉凡與羅馬帝國的沒落發生關係的民族，無論是否帶來立即或遙遠的影響，我一定要進行探索和推介，所以我不會忽視產生重大作用的事件，冷靜的心靈會對這段血腥的歷史產生興趣。

1 成吉思汗崛起的背景及法律和宗教的觀點（1206-1227 年）

　　廣闊的高原位於中國、西伯利亞和裏海之間，從這裡一再發出遷徙和戰爭的浪潮。匈奴和突厥的故土在十二世紀，已經為很多遊牧部落占據，他們有共同的祖先和類似的習俗，所向無敵的成吉思汗聯合和指揮之下進行征戰行動。東方的蠻族（他在家族的稱呼是鐵木真）在邁向偉大事業的過程當中，一直踩著敵手的頸脖和頭顱。他的出身很高貴，完全是取自戰爭勝利的驕傲，君王或人民追溯他第七代的祖先是純潔無瑕的處女懷孕所生。鐵木真的父親曾經統率十三個旗，組成的家庭約有三萬或四萬戶，三分之二以上的人員拒絕付十一稅，不願聽命於年幼的孤兒。鐵木真在十三歲就與反叛的臣民作戰，亞洲未來的征服者失敗，只有逃走或是降服。他的發展超越命運的安排，四十歲時建立卓越的名聲，已將鄰近的部落囊括在他的統治之下。處在初期社會的狀況，政策的擬定非常簡陋然而勇敢的行為極為普遍，一個人的優越地位建立在權勢和果決的基礎上面，要能懲罰敵人和酬庸朋友。

　　他最早的軍事聯盟透過簡單的儀式建立：殺一匹馬作為犧牲，並且用湍急的溪流測試膽識。鐵木真發誓要與他的追隨者同甘苦共生死。他把自己的馬匹和服飾分給大家，獲得的感激和未來的希望使他更為富有。等到他贏得第一次的勝利，火堆上面架起七十個大甕，七十個罪大惡極的叛徒投進沸騰的滾湯之中。生性傲慢的敵人自取滅亡，行事謹慎的部落全都降服，使得受到影響的地區範圍逐漸擴大。克烈（Keraites）汗的頭顱骨鑲上銀邊當作酒杯，最勇敢的酋長看到都

會膽寒心戰。提到的可汗還有一個名字叫做長老約翰（Prester John），曾經與羅馬教皇和歐洲的君王建立連繫。鐵木真雄心壯志，不惜運用迷信的伎倆：一位赤身裸體的先知能騎著白馬升到天堂，從他那裡得到成吉思汗的頭銜，意為「偉大的君王」，獲得神聖的權利要去征服和統治世界。他參加部落大會所坐的毛氈，後來一直當成遺物受到尊敬，他接受歡呼成為蒙古和韃靼的大可汗或皇帝。構成的家族都有不同的稱呼，他們經常是彼此競爭的對手，提到蒙古則代表著皇室的出身。韃靼這個稱呼出於意外或錯誤，延伸範圍將北部地區廣闊的荒野包括在內。

　　成吉思汗制定的法規用來教導他的臣民，對內保持國家的和平，對外採取敵對的行動。凡是犯有通姦、殺人、偽證和盜竊馬匹牛隻之類重罪要處死，慓悍的人民彼此的交往態度溫和而且行為公正，未來的大可汗推選制度將君王授與成吉思汗的家族，使他們成為整個部落的首領。狩獵的規則在韃靼營地最為重要，出獵不僅帶來樂趣，而且獲得豐收。勝利的民族為了保持神聖的地位，把所有的工作交給奴隸和外人。除了成為職業軍人，其他的行業都是低賤的奴役。提到部隊的編組和訓練，每個人的武器是弓箭、彎刀和狼牙棒，區分為百夫長、千夫長和萬夫長，職位按照制度由資深人員出任。每位軍官和士兵都要為戰友的安全和榮譽負責，違犯者可以判處死刑。征戰的精神與以下的法則息息相關：除非敵軍遭到擊敗或提出懇求，否則絕不會批准和平協定。

　　成吉思汗對宗教抱持的態度使我們感到驚訝和讚許。歐洲的天主教宗教法庭裁判官用殘酷的手段防衛僵化的信仰，對於蠻族的行為一定百思不解。他們竟能預知哲學的思維程序，依據純粹的一神論和完美的宗教自由建立法律體系。信仰主要和唯一的教條是只有一位神存在，創造萬物和德行充沛於天地之間，連成吉思汗都出自祂的大能。蒙古和韃靼的人民習慣崇拜各個特定部落的偶像，很多人受到外國傳教士的影響，轉而信奉摩西、穆罕默德和耶穌基督的宗教。各種宗教體系都享有自由與和諧，在同一個營地裡接受教義的宣導和禮拜的儀式，不論是佛教的和尚、伊斯蘭教的阿訇、猶太教的法師、聶斯托利派的僧侶還是拉丁的教士，同樣獲得服役和貢金的豁免。

　　傲慢的戰勝者在不花剌的清真寺，可能騎在馬上踐踏《古蘭經》；對於最具敵意教派的先知和教皇，溫和的立法者對他們都很尊敬。成吉思汗沒有讀和寫的能力，不可能從書卷獲得宗教的道理。除了伊果人（Igours）的部落，絕大部分的蒙古人和韃靼人，都像他們的統治者一樣大字不識。他們的功勳靠著記憶保存在傳說之中，成吉思汗逝世六十八年之後，口述的傳說經過蒐集和編寫，他們的

編年史簡潔，由中國人、波斯人、亞美尼亞人、敘利亞人、阿拉伯人、希臘人、
俄羅斯人、波蘭人、匈牙利人和拉丁人提供補充的資料，每個民族都提到本身的
災難和敗北，可見內容值得相信。

2 成吉思汗率領蒙古人從中國到波蘭的征戰（1210-1227年）

　　成吉思汗和他的部將運用武力逐次平服沙漠的各旗，帳篷安置在中國的長城
和窩瓦河之間這片廣大的荒原。蒙古皇帝成為遊牧世界的君王，數以百萬牧人和
士兵的領主。他們感受到聯合起來產生的實力，急著衝向南方氣候溫暖和物產富
裕的地區（1210-1214年）。他們的祖先曾經是中國皇帝的屬國，就是鐵木真也
為表示尊榮的奴僕稱呼感到羞辱。北京的宮廷為過去諸侯派來的使臣大吃一驚，
他的口氣像是代表權勢極大的國王，堅持要求支付貢金和聽從命令，所作所為像
是要以其人之道還治其人之身，看來使臣對待「天子」的態度極為藐視。宮廷用
傲慢的答覆掩飾暗中焦慮之情，他們的畏懼很快為無數騎兵部隊的進軍所證實，
軍隊從各方面突穿長城守備薄弱的防壁。九十個城市被蒙古人攻破或是飽受饑饉
之苦，只有十個城市逃過毀滅的命運。

　　蒙古大汗熟知中國人的孝順，用俘虜的父母來掩護他的前衛，可恥的做法
濫用敵人在道德方面的弱點，有時還是無法發揮作用。他的入侵獲得十萬契丹人
的支持，倒戈的叛軍原來在護衛邊疆，然而他願意接受和平協定：一位中國的
公主、三千匹馬、五百名奴僕及五百名處女，以及黃金和絲綢的貢品，做為他撤
軍的代價。第二次的遠征，他逼得中國皇帝退過黃河到更南邊的行宮。圍攻北京
曠日持久而且極為困苦，饑饉使居民的人數只剩下十分之一，很多人易子而食。
他們的武器用罄，就拿金塊和銀錠用機具來發射，蒙古人挖一條坑道進入首都的
中心，皇宮的大火燃燒三十天之久。韃靼戰爭和國內黨派的傾軋使得中國成為廢
墟，北方的五個省併入成吉思汗的帝國。

　　成吉思汗在西方接觸花剌子模蘇丹的疆域。使用穆罕默德之名的君主統治的
地區從波斯灣到印度和土耳其斯坦的邊境，帶著雄心萬丈的抱負想要仿效亞歷山
大大帝，竟然忘記他們的祖先受到塞爾柱家族的奴役和隨之而來的背叛。成吉思
汗的意願是要與最有權勢的穆斯林君主建立友誼和通商的關係，巴格達的哈里發
用暗中唆使的手段引誘他出兵，不智的做法等於將宗教和國家的安全拱手讓人。
這時發生一樁殘酷的意外事件，激怒韃靼的武力，讓他們有正當的理由可以入侵
亞洲南部。一個商隊有三名使臣和一百五十名商人，由於穆罕默德蘇丹的指使在

奧特拉（Otrar）遭到逮捕和謀殺。成吉思汗要求公平處理面臨拒絕，還是沒有立即採取行動，等到他在高山經過三個夜晚的祈禱和齋戒，蒙古皇帝決定訴諸神明和他的刀劍討回公道。

　　一位見多識廣的作者提到，要是就參加的兵力和傷亡的人數來說，歐洲的會戰就亞洲人看來等於是一場小規模的前哨戰鬥。據說在成吉思汗和他四個兒子的旗幟下，進軍的隊伍是七十萬蒙古人和韃靼人（1218-1224年）。廣闊的平原一直延展到西荷（Sihon）河或錫爾河的北部，他們在這裡遭遇到蘇丹的四十萬士兵，第一場會戰打到暗夜才停手，有十六萬花剌子模人橫屍戰場。穆罕默德為敵軍的實力強大和作戰英勇震驚不已，處於危險的態勢只有盡快撤軍，將部隊配置在邊區的城鎮。雖然蒙古人在野戰當中無敵不摧，蘇丹預判他們無力進行曠日持久而且困難重重的圍攻，因而要靠防禦作戰將他們擊退。不過生性謹慎的成吉思汗有一支由中國人組成的工程部隊，精通各種機械和器具的運用，或許已經明瞭火藥的祕密和作用，經過嚴格的訓練和紀律的要求，比起防守本國的領土安全，攻擊外國的城鎮更加英勇，獲得攻無不克的盛名。

　　波斯的史家提到奧特拉、科吉德（Cogende）、不花剌、撒馬爾罕、卡里斯姆、赫拉特、米羅伊（Merou）、尼薩波爾（Nisabour）、巴爾克和康達哈（Candahar）的圍攻和奪取，以及河間之地、卡里斯姆和柯拉珊此等物產富饒和人口繁多的地區，陸續為蒙古人征服的經過。長久以來阿提拉和匈奴帶來毀滅的敵對行為，可以用成吉思汗和蒙古人的例子來說明。我願意在這裡特別加以敘述，從裏海到印度河數百英里廣袤的地區遭到摧毀，過去妝點人類勤奮和努力的成果，經過四年的蹂躪，在爾後五個世紀都無法恢復。蒙古皇帝鼓勵或縱容部隊採取狂暴的手段，只要熱中搶劫和殘殺就不會產生據有的心理，戰爭的行動是用正義和報復當成藉口，激發天生的殘暴習性。

　　穆罕默德蘇丹的身敗名裂完全是自食其果，卻為國家帶來極大的災禍，後來沒沒無聞死在裏海的一座小島。要是有一位英雄人物能夠拯救花剌子模帝國，那就非蘇丹的兒子札蘭丁（Gelaleddin）莫屬。他採取積極的攻勢行動，一再使蒙古勢如破竹的勝利受到扼阻。後來他且戰且退到達印度河，受到兵力優勢的敵軍壓迫，札蘭丁在面臨絕望的關頭，策馬衝進波濤之中，游過亞洲河面寬闊和水勢湍急的巨川，連成吉思汗本人都深表欽佩。蒙古的征服者在他的營地，聽到疲憊不堪而又發了橫財的部隊發出不滿的聲音，想要返回本國享受勝利的成果，他也只有勉為其難屈從他們的要求。部隊的行動受到亞洲戰利品的拖累，只有放慢撤軍的速度，為了緩和敵對的情緒，對於戰敗者的悲慘狀況表示憐憫之意，同時

宣稱他的意圖是要重建受到摧毀的城市。等到他渡過阿姆河與錫爾河，就與手下兩位部將會師，他們奉到指派率領三萬人馬征服波斯的西部行省。蒙古大軍一路擊敗阻擋他們前進的國家，深入敵境直達德本（Derbend）的城門，渡過窩瓦河並且橫越大漠，遠征的路線等於繞著裏海走了一圈，真是前無古人後無來者的壯舉。成吉思汗鎮壓反叛或獨立的韃靼王國才發出返國的信號，他在安養天年和享盡尊榮方始崩殂（1227年），臨終前交代兒孫要完成中華帝國的征服。

成吉思汗的後宮有五百名妻子和侍妾，無數的子孫中間有四個兒子憑著身分和功勳獲得聲譽，無論是在和平或戰爭時期都執行父皇授與的重要職務。尤赤是總管負責狩獵、察合台是法官、窩闊台是大臣、拖雷是將領。他們的名字和行動經常在征戰的歷史占有顯要的地位，基於個人和公眾的利益能夠精誠團結，合作無間。三個兄弟和他們的家庭對從屬於王權的地位感到滿足，窩闊台經過部族大會的推舉，公開宣布是大汗或蒙古和韃靼的皇帝。他的兒子貴由繼位，過世再將帝國傳給他的堂兄弟蒙哥和忽必烈，兩位皇帝都是拖雷的兒子，成吉思汗的孫子。成吉思汗之後四位繼承者統治的六十八年期間（1227-1295年），蒙古幾乎征服整個亞洲和大部分歐洲地區。我並沒有按照時間的先後，也沒有敘述詳情，僅就他們在東方、南方、西方和北方的征戰過程，做一個簡略的描繪。

3 蒙古大汗對中國的金、宋和鄰國的用兵（1227-1279年）

中國在成吉思汗入侵之前已經分為兩個帝國或王朝，那就是南方的宋以及北方的遼或金，雖然有完全相異的民族根源和利益衝突，由於法律、語言和生活習俗的統一，雙方對立的情勢逐漸緩和下來。北方的金國開始先為成吉思汗瓜分，在他死後七年終於完成征服（1234年）。金國的皇帝失去北京就將行宮遷到開封，整座城市的周長有很多里格，根據中國歷史的記載，共有一百四十萬戶的人口和難民。等到他逃離開封只有七位騎衛相隨，把最後的抵抗設在第三座都城。絕望之餘君王為了保持清白情願赴死，詛咒他的命運，登上一個龐大的柴堆，飲劍自殺的同時由隨從舉火引燃柴堆，金朝隨之滅亡。

南宋原來是擁有本土整個帝國的古老統治者，北部篡位者滅亡之後又倖存約四十五年，忽必烈的大軍完成全部的征服大業。這段期間蒙古人經常為外國的戰爭轉移方向，中國人不敢與勝利者在戰場短兵相接，消極防禦不斷，使得無數的城市陷入攻破的命運，數以百萬計的人民慘遭屠殺。在每一個地點的攻防作戰當中，古老的投射機具和希臘火都交替使用，火砲和竹筒裝填火藥已經是司空見慣

之事。伊斯蘭教徒或法蘭西人負責指導圍攻作戰，西方的專家投效忽必烈可以獲得優渥的待遇。渡過黃河可以利用大運河輸送部隊和火砲，直到大軍包圍皇家的都城杭州或京師，此地為絲綢之鄉，是中國最豐饒富足的地區。皇帝是無法自保的年輕人，只有獻出政權率眾投降。他被押解流放韃靼地方之前，向大汗行三跪九叩首的大禮感謝他不殺之恩。然而從杭州到廣州，戰爭（現在已經稱為叛亂）仍舊在南方幾個行省進行，堅持國家獨立的殘餘部隊從陸地經由海上，繼續反抗行動。

南宋的艦隊被優勢的敵軍包圍和擊滅，最後有一位大臣抱著年幼的皇帝跳進大海的波濤，他大叫道：「寧可轟轟烈烈死得像個君王，也不要像奴隸一樣苟且偷生。」南宋滅亡（1279年），十萬名中國人效法他的榜樣以身殉國。整個帝國從越南的東京到長城全部納入忽必烈的版圖。他有雄心壯志要征服日本，艦隊兩次遭到颶風，發生海難事件，十萬蒙古人和中國人葬身在毫無成效的遠征行動。周圍的王國像是高麗、東京、交趾、勃古（Pegu）、孟加拉和西藏，全都畏懼他的武力，歸順的狀況因貢金和聽命的程度有所不同。他派遣一支艦隊包括一千艘船隻前去探勘印度洋，航行六十八天，可能到達赤道的婆羅洲，雖然他們返航時並非沒有戰利品或光榮的戰績，皇帝對蠻族國王逃脫他的手掌仍感到不滿。

4 蒙古人西進攻略波斯、俄羅斯和歐洲諸國（1225-1258年）

蒙古人征服印度斯坦要留到後期的帖木兒王朝，伊朗或波斯的攻略在旭烈兀汗的手裡完成，他是成吉思汗的孫子，也是相繼兩位皇帝蒙哥和忽必烈的弟弟。我無法列舉被他踐踏在灰塵之中大批的蘇丹、埃米爾和阿塔貝克，不過波斯的暗殺派或稱為伊斯瑪教派被他根絕，對人類而言可能是一大功德。裏海以南的群山峻嶺之中，可憎的教派統治的時間有一百六十年，所有的惡行未曾受到任何懲處。他們的君王也稱為伊瑪目，任命他的部將負責領導和治理利班努斯山的殖民區，在十字軍東征的歷史當中極為出名而且所向無敵。

伊斯瑪教派是狂熱的《古蘭經》信徒，混雜印度的輪迴之說與先知的洞見，首要的責任是奉獻自己的靈魂和肉體，盲目聽從真主代理人的指示。無論是東方還是西方的人士，都感受到殘酷的教派傳教士所使用的匕首，可以列舉無數基督徒和穆斯林最顯赫的受害者，犧牲在山中老人（這是他以訛傳訛所獲得的稱呼）的信仰、貪婪或憤恨之下。他們唯一的武器匕首為旭烈兀的長劍折斷，人類之敵除了「暗殺」這個字沒有任何遺跡留下，歐洲的語言只有帶著厭惡的情緒予以採

華麗的銀盤把柄。

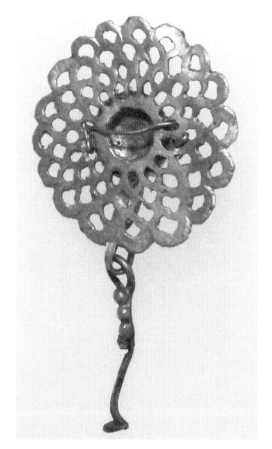

玫瑰花形的黃金耳環。

用。旁觀者看到阿拔斯王朝的絕滅，對它的偉大和敗亡難免會起惻隱之心。

自從塞爾柱的暴君權勢沒落，哈里發恢復在巴格達和阿拉伯的伊拉克合法的統治權利，然而神學的派系傾軋使城市混亂不堪，教徒領袖迷戀後宮的七百侍妾無法自拔。蒙古的入侵（1258年）只遭到實力微弱的軍隊和傲慢無比的使臣，哈里發木司塔辛（Mostassem）說道：「奉真主的敕令為阿拔斯的子孫在此地建立君王的寶座，他們的敵人無論今生來世都會遭到毀滅的命運，旭烈兀難道敢違抗真主的旨意？如果他願意獲得和平，那麼就讓他馬上離開神聖的地區，對於他所犯的錯誤，我們也許可以大發慈悲給予寬恕。」

一位奸詐的首相迎合極其幼稚的放肆之辭，他向主子提出保證，要是蠻族膽敢進入城市，靠著婦女和小孩在房屋的平頂上面拋擲石塊，就可以將他們完全消滅。虛幻的幽靈接觸到旭烈兀，馬上像一股輕煙消失得無影無蹤。經過兩個月的圍攻，巴格達為蒙古人攻破，全城受到洗劫。野蠻的將領宣判哈里發木司塔辛死刑，身為穆罕默德在塵世最後的繼承人，他那高貴的親戚阿拔

斯家族，在亞洲的統治長達五百年之久。無論征服者有哪些企圖，麥加和麥地兩座聖城受到阿拉伯沙漠的保護，蒙古人越過底格里斯河和幼發拉底河，大掠阿勒坡和大馬士革，威脅要加入法蘭克人的隊伍前去解救耶路撒冷。埃及如果僅有軟弱的後裔負責守備，遇到強敵入侵就會喪失，馬木祿克在幼年時代就生活在錫西厄凜列的空氣當中，他們與蒙古人打了幾場硬仗，作戰的英勇難分軒輊，訓練和紀律要略勝一籌，把侵略的浪潮驅回幼發拉底河的東岸。不過，氾濫的洪流仍發揮無法抗拒的力量，掃過亞美尼亞和安納托利亞的王國，前者為基督徒擁有，後者是土耳其人的勢力範圍。伊科尼姆的蘇丹盡力拒止蒙古大軍，阿札丁（Azzadin）後來在君士坦丁堡的希臘人中間找到庇護，塞爾柱王朝終究還是為波斯的大汗完全絕滅。

窩闊台滅亡中國北部的金朝，立即決定派遣大軍侵襲最遠的西方國家（1235-1245年）。一百五十萬蒙古人和韃靼人列入服役名冊，大可汗從中間選出三分之一的人員，把指揮大權授與姪兒拔都，是他弟弟拖雷的兒子。這時拔都正統治裏海的北部，原來是他父親征服的地區。度過長達四十天的節慶假期，拔都開始偉大的遠征行動。無數的騎兵分遣部隊不僅快速而且驃悍，不到六年的時間，經過的地區相當於經度九十度的距離，等於地球周長的四分之一。亞洲和歐洲的巨川大河，像是窩瓦河、迦馬（Kama）河、頓河、波里昔尼斯河、維斯杜拉河和多瑙河，他們騎在馬背上游過去，或是趁著嚴寒的季節走過冰凍的河面，或是用簡單的皮筏渡越，營地隨著向前運動，支援所需的輜重和砲兵。

拔都的首次勝利，將面積遼闊的土耳其斯坦和欽察（Kipzak）平原，所有剩餘民族的自由權利全部連根摧毀。在他快速的進軍途中，攻取現在稱為阿斯特拉汗（Astracan）和喀桑（Cazan）兩個王國，派遣部隊前往高加索山脈，深入搜查位置奧祕的喬治亞和色卡西亞。俄羅斯的國內爭執使得大公爵或諸侯把國家出賣給韃靼人，他們從黎弗尼亞（Livonia）擴展到黑海，莫斯科和基輔兩個現代和古代的都城全部化為灰燼。暫時的毀滅不會造成重大的影響，對比之下兩百年的奴役生活，在俄羅斯人的性格上留下難以洗刷的痕跡。

韃靼對於希望據有或是快速離去的國家，蹂躪的方式都是同樣猛烈而狂暴。他們從長期征服的俄羅斯，對波蘭的腹地進行凶狠而短暫的入侵，最遠抵達日耳曼的邊界，盧布林（Lublin）和克拉考（Cracow）這些城市都從地表上面消失。蒙古人向著波羅的海海岸地區前進，在利格尼茲（Lignitz）會戰擊敗西利西亞（Silesia）公爵、波蘭內衛軍的主將及條頓騎士團的盟主，從被殺者割下的右耳可以裝滿九個麻袋。他們西進的盡頭是在利格尼茲，接著轉變方向進犯匈牙利。

拔都的親征或是他的精神激起五十萬人高昂的鬥志，喀爾巴阡山對於分兵前進的
縱隊，不再是難以穿越的障礙。蒙古人前進的消息根本沒有人相信，等到發現有
變時已經無法抵擋。

匈牙利國王貝拉四世（Bela IV）集結伯爵和主教的武裝部隊，由於過去他
接納四萬戶飄泊無依的柯曼人，使得國內產生離心離德的現象。這些野蠻的來客
被國人懷疑，認為他們會出賣國家或是謀殺君王，受到激怒以後發生叛變。多瑙
河北岸的疆域在一日之內喪失殆盡，僅僅一個夏季人口就大量減少，殘破的城市
和教堂散布著土著的白骨，等於在償還土耳其祖先所犯的罪孽。有一位神職人員
從受到洗劫的瓦拉丁（Waradin）逃出來，敘述他所看見或遭受的苦難。圍攻和
會戰的血腥狂暴，遠不及對待逃亡難民的殘忍無情，他們被應許的和平與赦免從
森林裡引誘出來，在完成收割作物和葡萄的工作之後，全部被冷酷地屠殺。韃靼
到冬天從冰上渡過多瑙河，向著格蘭（Gran）或斯特里哥尼姆（Strigonium）前
進，這裡是日耳曼人的殖民區和王國的都城。韃靼人安裝三十部攻城器具用來對
付城牆，壕溝用麻袋盛土或屍體填滿，經過一陣不分青紅皂白的屠城以後，三百
名貴婦當著可汗的面前全部被害。匈牙利所有的城市和堡壘只有三座在韃靼人入
侵後留存，命運乖戾的貝拉在亞得里亞的島嶼上藏身。

野蠻的敵對行動像烏雲一樣遮天蓋地，使得拉丁世界成為一片黑暗。一個俄
羅斯的逃亡分子向瑞典提出警報，波羅的海和大洋的遙遠國家為韃靼人的迫近而
戰慄不已。基於畏懼和無知，他們並沒有將這些異族視為人類。自從阿拉伯人在
八世紀的入侵以來，歐洲從未面臨如此類似的災難。如果宗教和自由受到穆罕默
德門徒的壓迫，那麼就要憂慮錫西厄的牧人會絕滅歐洲的城市、技藝和文明社會
所有的制度。羅馬教皇試圖用方濟各會（Franciscan）和多明我會（Dominican）
的修士，前去安撫這些戰無不勝的異教徒，使他們皈依基督教。但是他為可汗的
回答大感驚異，說上帝之子和成吉思汗的兒子同樣被授與神明的權力，可以降服
或絕滅世上的國家。教皇除非像懇求者親身前來訪問可汗所在位置的旗，否則也
包括在摧毀之列。

皇帝腓特烈二世提倡整體防衛計畫，他在寫給法蘭西和英格蘭國王以及日
耳曼各選侯的信中，提到即將迫近的共同危險，敦促大家將所屬的諸侯武裝起
來，成立一個合乎正義公理的十字軍。韃靼對法蘭克人的名聲和英勇抱著敬畏的
心理，五十名騎士和二十名弓弩手在奧地利的紐斯塔德（Neustadt）進行防禦戰
鬥，一支日耳曼軍隊的出現達成解圍的任務。等到塞爾維亞、波士尼亞和保加
利亞這些鄰近的王國成為一片焦土，拔都從多瑙河慢慢退向窩瓦河，要在薩萊

（Serai）的城市和宮殿享受勝利的報酬，選定的地點位於荒漠之中，他從此地開始指揮部隊的行動。

甚至就是北方貧苦和冰凍的地區也吸引蒙古人的軍隊。昔班汗是拔都的弟弟，率領一旗有一萬五千戶進入西伯利亞的荒野之地，他的後裔在托波斯克（Tobolskoy）統治約三百年之久，直到後來為俄羅斯人征服。冒險的精神使他們循著鄂畢河和葉尼塞河的水道前進，最後必定能夠發現北方冰凍的海洋。經過清除若干怪誕的傳奇，像是當地的土著長著狗頭和偶蹄的腳，我們發現大約在成吉思汗去世十五年以後，蒙古人提到薩莫耶德人（Samoiedes）的名稱和習性，說他們位於北極圈附近地區，住在地下的木屋裡面，只能從狩獵生涯獲得所需的毛皮和食物。

5 蒙古的統一和分裂及為中國同化的過程（1227-1368年）

就在中國、敘利亞和波蘭同時被蒙古和韃靼侵略這段期間，巨大災難的創始人體認到當前的狀況，感到心滿意足，他們的話等於宣判死刑的刀劍。就像開頭幾位哈里發一樣，成吉思汗最早幾個繼承人很少親自率領常勝的軍隊。鄂嫩（Onon）河和色楞格（Selinga）河的兩岸，皇族或金帳展示出簡樸和偉大的對照，用烤羊和馬奶供應盛宴，每天的貢金是五百輛大車的黃金和白銀。歐洲和亞洲的使臣和君王，被迫從事遙遠而又辛勞的朝聖之旅。無論是俄羅斯的大公爵、喬治亞和亞美尼亞的國王、伊科尼姆的蘇丹或波斯的埃米爾，他們的生命和權勢決定在大可汗的一顰一笑之間。成吉思汗的兒子和孫子習慣遊牧生活，哈喇和林（Caracorum）雖然是個小村莊因為選舉大汗和君王駐蹕，逐漸受到尊敬和重視。

窩闊台和蒙哥從帳幕移居到房舍，顯示出習俗的改變，他們的榜樣為君王的家庭和帝國的高官所仿效。狩獵不再到廣大無邊的森林去追逐野獸，圍牆環繞的園林可以提供更為省力的娛樂，新建的住所裝飾繪畫和雕塑，使用不盡的財富可以廣建噴泉、深池和純銀的雕像。中國和巴黎的藝術家和工匠相互競爭，要為大汗提供最佳的服務。哈喇和林有兩條很特別的街道，一條街住著中國的技師而另一條是伊斯蘭商人。此地有一座聶斯托利派教堂、兩所清真寺以及十二所祭祀各種神像的廟宇，使得眾多不同的居民有宗教禮拜的場所。然而一位法蘭西的傳教士宣稱，靠近巴黎的聖丹尼小鎮更適合成為韃靼的首都。蒙哥皇帝的整個宮殿區域，就規模來說也沒有本篤會大修道院的十分之一。俄羅斯和敘利亞的征服，可以用來滿足大可汗虛榮心。

　　蒙古人的部族位置在中國的邊界，獲得南部的帝國是最接近和最有利的目標。他們只熟悉遊牧的生產方式，北部地區對牧人而言有利於牲口的管理和繁殖。我要讚譽一位中國官員（此指耶律楚材）的智慧和德行，使得五個人口眾多和農業發達的行省，免於遭到蹂躪成為一片荒漠。這位國家和人類的贊助者從政三十年，毫無任何瑕疵和過失，不斷致力於緩和與停止戰爭帶來的重大破壞，拯救學術文化的著作和遺物，重新燃起重視科學的熱情，恢復文官制，把愛好和平與正義灌輸到蒙古人的心田。他費盡力氣防止第一代征服者「野蠻化」的作風，提出有利的政策，在第二代獲得豐碩的成果。忽必烈當政默許在帝國的北部實施，跟著南部也得到相當程度的改進，蒙古派駐在外的部將和接位的繼承人都比照辦理。整個民族效忠的君王受到薰陶，接受中國的風俗習慣和生活方式。他恢復各種古老的制度，被征服民族的法律、習尚甚至成見對戰勝者產生同化作用。運用和平的手段獲取勝利的方式，曾經再三的出現，主要在於中國人的數量眾多而且耐性極強。蒙古大軍逐漸在面積廣闊和人煙稠密的國家裡消失。

　　皇帝樂於採用互為表裡的政治制度，君王擁有實質利益的專制政體，臣民保有哲理、自由和孝順的虛名。忽必烈統治期間，學術文化、商業貿易、社會秩序和法律體制全都次第恢復，五百英里長的大運河從南京可以通航到首都。他定都北京興建氣象萬千的壯麗宮廷，展現出亞洲最偉大君王的權勢和氣派。然而學識淵博的皇帝遠離祖先純潔而簡單的宗教，對於佛像頂禮膜拜，盲目推崇西藏的喇嘛和中國的和尚，引起儒家子弟和孔孟門徒的指責。忽必烈的繼承人任用大批宦官、醫師和術士，使皇宮受到汙染和玷辱，這時各行省發生饑荒，餓死的臣民達到一千三百萬人。成吉思汗崩殂不到一百四十年（1227-1368年），墮落的後代致使朝政腐敗不堪，中國的漢族揭竿而起驅逐元朝，蒙古皇帝在沙漠之中湮滅無聞。

　　在發生民族革命運動之前，北京宮廷對皇室的獨立旁支已經喪失至高無上的權威（1259-1300年），像是欽察、俄羅斯、察合台或河間地區、伊朗或波斯的大汗，由於距離遙遠而且權勢日增，過去是皇帝的部將很快解除服從的責任。等到忽必烈過世，他們對於威望不足的繼承人抱著藐視的態度，不願從他的手裡接受權杖或頭銜。他們按照各人所處的位置，維持簡樸的遊牧生活，或是享受亞洲城市的奢華。君王和他們的各旗同樣傾向接受外來的宗教，在《福音書》和《古蘭經》之間經過一段時間的猶豫，決定遵從穆罕默德的宗教。一旦他們接納阿拉伯人和波斯人成為兄弟，就與古老的蒙古以及中國的偶像崇拜斷絕所有的關係。

6 希臘帝國和君士坦丁堡逃過蒙古的入侵（1240-1304 年）

　　很多國家遭到毀滅，羅馬帝國能夠逃過一劫，真是令人感到意外。就在蒙古大軍入侵時，帝國的殘餘領土還被希臘人和拉丁人所瓜分。就像馬其頓人在歐洲和亞洲同時受到錫西厄牧人的壓迫一樣，他們並未具備亞歷山大那樣強大的實力。要是韃靼實施圍攻，君士坦丁堡一定會落得和北京、撒馬爾罕和巴格達同一命運。拔都從多瑙河光榮而自動的撤軍，法蘭克人和希臘人認為獲得勝利，對敵人大肆侮辱。第二次的遠征行動，拔都要用強行軍發動奇襲攻擊凱撒的首都，前進的中途去世。他的弟弟別兒哥（Borga）帶領韃靼部隊進入保加利亞和色雷斯，後來轉變作戰的方向，放棄拜占庭戰爭，前往北緯五十七度的諾夫哥羅，根據居民的數量規定俄羅斯應繳納的貢金。

　　蒙古大汗與馬木祿克建立聯盟關係對付他的波斯同教弟兄，三十萬人馬深入穿越德本的城門，希臘人對他們第一次發生國內戰爭應該感到欣喜。等到君士坦丁堡光復以後，米迦勒八世帕拉羅古斯前往與宮廷和軍隊有相當距離的地方，在色雷斯的城堡受到兩萬韃靼的奇襲和包圍。不過他們進軍的目標完全出於私人的利害關係，要去解救土耳其蘇丹阿札丁，對於皇帝本人和他的財富感到非常的滿意。韃靼將領諾加（Noga）反抗欽察汗國第三任大汗忙哥·帖木兒（Mengo Timour），發起一場聲勢浩大的叛變，在阿斯特拉汗的各旗獲得永垂不朽的令名，他後來娶帕拉羅古斯的非婚生女瑪麗亞為妻，保護他的朋友和岳父的疆域。錫西厄人在後續的入侵行動中，主要的班底是一群亡命之徒和無家可歸的難民，還有數以千計的阿拉尼人和柯曼人，他們被趕出自己的家園，想要放棄飄泊的生活，接受徵召為帝國服役。

　　以上是蒙古的侵略對歐洲帶來的影響。強大的軍隊在開始造成的恐怖，對於羅馬人在亞洲的和平，不致帶來干擾，反而產生安定的作用。伊科尼姆的蘇丹要求與約翰·瓦塔西斯當面協商，約翰富於心機的策略鼓勵土耳其人，加強防守他們的邊界對抗共同的敵人。漫長的防線很快就被摧毀，塞爾柱人受到奴役和踐踏，使得希臘人面臨唇亡齒寒的危機。戰無不勝的旭烈兀提出恫嚇之辭，要率領四十萬人馬進軍君士坦丁堡。尼斯的市民產生毫無理性的驚慌，帶來恐怖的想像是旭烈兀渴望達成的效果。偶然狀況下出現的遊行隊伍，陰鬱的連禱發出聲音：「仁慈的主！請將我們從韃靼暴怒的手中拯救出來。」等於在倉卒之間散布攻擊和屠殺的報導。畏懼的心理產生盲目的輕信，尼斯街頭擁塞著數以千計無分男女的群眾，他們不知道應該逃向何處。等到軍方和官員肯定表示，能夠從想像中敵

軍手裡拯救城市，很多個時辰已經白白溜走。

　　野心勃勃的旭烈兀和他的繼承人，幸好要轉去征服巴格達，敘利亞戰爭曠日持久，成為互有勝負的局面。蒙古人對穆斯林產生敵意，想與希臘人和法蘭克人聯合起來，基於慷慨或是藐視的心理，願意把安納托利亞王國當作賜給亞美尼亞諸侯的報酬。塞爾柱君主國殘留的領土被埃米爾瓜分，他們占領城市或山區，承認波斯的可汗有至高無上的權力。統治者有時運用權威或武力的介入阻止相互之間的搶奪，在土耳其的邊區保持和平與均勢。喀桑（Cazan）是成吉思汗家族最偉大和最有成就的君王之一，他的逝世（1304年5月31日）等於拿走最有效的控制力量，蒙古人的衰亡留下廣大的空間可以自由運作，鄂圖曼帝國從中急劇崛起快速發展。

7 帖木兒的家世、經歷和權勢的建立（1361-1370年）

　　心雄萬夫的帖木兒（Timour）首要的目標是要征服世界成為人類的共主，恢宏開闊的心胸立下的第二志願是要在未來的世代受到讚譽和尊敬。在他的統治之下，所有民政和軍事的重要事務，全由他的祕書很勤奮的記載在《實錄》上面，每一個特定事務的處理過程，都有了解狀況的人員加以仔細訂正，使得文字的敘述詳實可靠。帖木兒的帝國和他的家族全都相信，君王為自己的《本紀》撰寫注釋，以及為政府擬定《法令彙編》。關注之情對於保存名聲沒有產生實際的效用，寶貴的歷史記載使用蒙古文或波斯文，反而對於世人產生保密的作用，至少歐洲人對此一無所知。

　　至於被他征服的民族出於動機卑鄙和力有未逮的報復心理，無知之士長期以來一再重複轉述誹謗的傳聞，不僅對他的家世出身和為人處世盡情詆毀，甚至對他的名字泰摩蘭（Tamerlane）也要加以訕笑。他從一個農夫的身分登上亞洲的寶座，非但沒有貶低反而提高真正建樹的功勳，除非他的個性軟弱對天生的殘疾感到自慚，或許身體的缺陷就是榮譽的標記，否則不應把他的跛足當成受到天譴的話題。

　　從保有成吉思汗世系無可剝奪繼承權的蒙古人眼裡看來，帖木兒毫無疑問是一個反叛的臣民。然而他的家世是貝拉斯（Berlass）高貴的部族，第五代的祖先卡拉夏·尼維安（Carashar Nivian）是察合台的首相，新征服的領域位於河間地區（Transoxia），後續幾個世代都能保持高位。帖木兒出身的旁支已與皇族世系混淆在一起，至少在女性的姻親關係的確如此。帖木兒生在撒馬爾罕南方四十哩

的塞布查（Sebzar）小村，位於
物產豐富的開什（Cash）地區。
他的父親是世襲的酋長，也是
率領一萬人馬的「萬人隊」將
領。他的誕生正是一個天下板
蕩的時期，宣告亞洲王朝的衰
亡，要為英雄豪傑開放一個逐鹿
中原的環境。察合台汗國的世
系已經絕滅，只要身居埃米爾
的高位都渴望獨立。喀什加爾
（Kashgar）汗的征服和暴政，使
他們暫停國內的宿怨，這時他帶
著杰特人（Getes）或卡爾木克
人（Calmucks）組成的軍隊，侵
入位於河間地區的王國。

　　帖木兒在十二歲那年就進入
戰場，二十五歲的時候挺身而出
成為國家的救星。人民的眼光和
意願全都投向當代的英雄人物，
他為了完成復國大業可以忍受艱
辛苦難。法律和軍隊的領導者對
帖木兒發出誓言，只要從他那裡
獲得救援能夠安然無恙，就會用
生命和財產支持他的行動。等到
面臨危險的關頭，他們按兵不動
而且畏敵如虎。他在撒馬爾罕的
山丘多留七天才撤向沙漠，只剩
下六十人馬。走投無路的亡命之
徒被一千杰特人趕上，他大殺一
陣終於將追兵擊退，迫得敵人大
聲喊叫：「帖木兒的遭遇何其奇
特，他是一個天命所歸的人。」

飾有豹裝飾的湯匙。

圖案複雜的玻璃鑲嵌飾品。

兔子形胸針。

血腥的戰鬥使他的追隨者只剩下十人，很快有三個卡里斯姆人開小差，使人數更加減少，他帶著妻子、七個同伴和四匹馬在沙漠裡漂泊。他被關在令人作嘔的地牢裡有六十二天之久，還是靠著自己的勇氣逃走，使得迫害者感到懊惱不已。他游過寬廣而湍急的烏滸水（Jihoon）或阿姆河，在鄰國的邊疆地區度過幾個月流放和罪犯的生活。他的名氣在逆境顯得更為輝煌，學會如何辨識出真正的朋友和事業的同志，要運用每個人的長處和優點，讓他們始終有利可圖，更重要是為自己獲得長遠的收益。帖木兒在回到故鄉的路上，原來與他結盟的各方感到非常焦急，就到沙漠裡去尋找，陸續加入他的隊伍。

我要用他那極其簡略的筆調敘述給他們帶來幸運的遭遇：看到三位酋長帶領著七十位騎士，帖木兒表示願意當他們的嚮導，他繼續說道：「他們把眼光落在我的身上，大家感到樂不可支，立即下馬跑過來跪在地上，用嘴唇親我的馬鐙。我也從馬背下來，與他們三個人擁抱在一起，接著我把自己的頭巾放在第一位酋長的頭上，再把鑲滿珠寶和黃金的腰帶束在第二位的腰部，最後把我的上衣披在第三位的身上。他們流出感激的眼淚，我也陪著他們流淚。祈禱的時候到了，大家共同向真主乞求。我們全都騎上馬匹來到我的住所，這時就把民眾集合起來，舉行宴會接待他們。」

深受信任的隊伍在最勇敢的部落加入以後，很快人數大增，在他的統率之下要去對抗兵力優勢的敵人，經歷戰爭的變幻無常和勝負難料的過程，杰特人終究還是驅出位於河間地區的王國。帖木兒已經盡全力為自己爭取光榮，在他教會同僚要服從他這個主子之前，要完成更多的工作，運用更多的計謀，還有一些人喪失性命成為犧牲品。埃米爾胡笙（Houssein）出身高貴而且勢力龐大，逼得帖木兒要接受邪惡和無用的共治者，而且胡笙的姊妹是他寵愛的妻室。他們的聯合為時短暫充滿猜忌，雙方經常發生爭執，帖木兒的策略是使對手遭到不公和謀叛的譴責，等到胡笙戰敗之後，就被個性精明的朋友殺死，從此以後再也沒有人敢不服從主子的命令。

帖木兒在三十四歲之年，國民會議「庫利爾台」授與帝國的指揮權（1379年4月），他在表面裝出尊敬成吉思汗皇室的樣子。正當埃米爾帖木兒統治察合台和東方的時候，名義上的大汗如同一位無職位的官員，當作他的僕從留在軍隊。一個土地肥沃物產豐富的王國，幅員長寬各有五百哩，應該能夠使野心勃勃的臣民感到滿足。帖木兒渴望統治全世界，去世之前，察合台的皇冠不過是他戴在頭上的二十七頂皇冠之一而已。我沒有辦法詳述帖木兒三十五次戰役的勝利，以及縱橫在亞洲大陸的進軍路線，只是很簡單的談起他在波斯、韃靼地區和印度

的征服行動，最後敘述更能引人入勝的鄂圖曼戰爭。

8 帖木兒的凱旋和逝世於出征中國的途中（1403-1405年）

從額爾濟斯河和窩瓦河到波斯灣，以及從恆河到大馬士革和愛琴海，亞洲在帖木兒的掌握之中，他的軍隊百戰百勝，他的野心永無止境，他的宗教狂熱渴望征服西方的基督教世界，讓基督徒皈依伊斯蘭信仰，現在世人聽到他的名字無不顫慄。他已經抵達陸地最遙遠的邊緣，歐亞兩個大陸之間流動一個狹窄而又無法超越的海洋。身為無數「托曼」（Tomans）騎兵隊也就是萬人隊的最高統帥，麾下竟然沒有一艘戰船。君士坦丁堡和加利波里是越過博斯普魯斯海峽和海倫斯坡海峽主要的通道和渡口，前者在基督徒手裡而後者為土耳其人掌握。面對如此嚴重的情勢，他們忘記宗教的差別，為著共同的目標要緊密團結在一起，兩個海峽用船隻和工事來加強防衛，帖木兒拿攻擊對方的敵人作為藉口，要求將軍隊運送過去，遭到希臘人和土耳其人個別的拒絕。他們同時也用貢金作為禮品，派出懇求的使臣極力安撫他那高傲的性情，用審慎明智的理由對他進行說服的工作，讓他了解採取撤退的行動可以獲得戰勝的榮譽。拜亞齊特的兒子索利曼苦苦哀求，懇請帖木兒對他的父親和他自己能夠大發慈悲，表示接受帖木兒一份紅色國書，當作在羅馬尼亞王國登基的敘任式，事實上他早已用武力獲得整個國家的主權。他同時還反覆陳述極其誠摯的意願，親自前來致敬投身到「世界之王」的腳前。

希臘皇帝（無論是約翰或馬紐爾都如此）用繳納貢金的方式表示降服，與原來按規定付給土耳其蘇丹的金額完全相同，並用忠誠的誓言批准條約，只要蒙古軍隊從安納托利亞退走，可恥的做法讓人厭惡還是對得起自己的良心。還有很多國家陷入恐懼和幻想之中，那是因為泰摩蘭的雄心壯志要擬定新的企圖，從事工程浩大和傳奇冒險的迂迴行動：計畫的要點是要奪取埃及和阿非利加，從尼羅河向著大西洋進軍，越過直布羅陀海峽進入歐洲，等到把基督教世界的王國納入他的控制之下，再經由俄羅斯和韃靼地區的曠野返回家園。埃及蘇丹的降服能夠防止路途遙遠和充滿幻想的危險。祈禱詞提到他的名字，錢幣上面刻他的頭銜，前所未有的殊榮證實帖木兒在開羅享有至高無上的地位。像是長頸鹿或稱駝豹之類稀有動物和九隻鴕鳥，都是阿非利加地域進貢給撒馬爾罕的禮物。

在我們的想像之中竟然出現一位高瞻遠矚的蒙古人，真是會讓人感到驚奇不已：他在圍攻西麥那的營地，進行各種狀況的考量幾乎完成入侵中華帝國的規劃，帖木兒用民族的榮譽和宗教的狂熱督促偉大的冒險行動。他使得伊斯蘭信徒

血流成河，只能用毀滅同樣多不信真主的人才能贖罪。他現在已經站在樂園的門口，要用根絕中國的偶像崇拜者，在每個城市建立清真寺，公開信仰唯一的真主和祂的使者穆罕默德，才是他光榮進入樂園的最佳保證。成吉思汗的世系最近在中國遭到驅除，視為對蒙古姓氏的侮辱，帝國處於混亂之中，正是報仇雪恥最好的時機。

建立明朝威名遠震的洪武皇帝朱元璋，在安哥拉之戰前四年崩殂（1398年），他的孫子是個軟弱和不幸的年輕人，經過犧牲百萬中國人性命的內戰燒死在皇宮之中。帖木兒在撤離安納托利亞之前，派遣一支大軍渡過西荷河，還有大批原有或新近獲得的臣民，修築所需的道路，降服身為異教徒的卡爾木克人和蒙加爾人（Mungals），在沙漠中建立城市和倉庫。派出的部將辛勤工作，他很快接到未知地區完美的地圖和報告，從額爾濟斯河的源頭直到中國的長城。就在這個準備階段，皇帝完成喬治亞的征服，在亞拉克西斯河畔度過冬季，綏靖波斯發生的動亂，經過長達四年九個月的戰役，用緩慢的班師行列回到首都。

他登上撒馬爾罕的寶座，經過短暫的休息展現出統治的氣勢和權威（1404年7月—1405年1月8日），聽取人民的訴願，裁定公正的獎懲，分配經費建築皇宮和廟宇，接見埃及、阿拉伯、印度、韃靼地區、俄羅斯和西班牙的使臣，後者呈獻的一件繡帷使得東方的畫家為之失色。六位孫兒的婚事不僅表現出皇帝慈愛的親情，也像宗教的儀式受到尊敬。他們的婚禮恢復古老哈里發的高貴和虛榮，典禮在夏宮的花園舉行，點綴無數的帳篷和天幕，展示一個偉大都城的奢侈物和一個勝利營地的戰利品。整片森林被砍倒，供應廚房所需的燃料，平地上面布滿可以食用的肉類，還有無數成罈的美酒，數以千計的客人受到殷勤的款待，政府各階層的人士和世上各民族的代表，全都前來參加皇家的盛宴，甚至就是歐洲的使臣都沒有受到排斥，即使是最渺小的魚類在廣大的海洋也有容身之處（傲慢的波斯人比喻的說法）。

帖木兒很快開始處理政府和戰爭的事務，招展的旌旗和標誌發起入侵中國的行動，埃米爾提出的報告共有二十萬人馬，都是從伊朗和圖朗地區挑選的士卒，再加上久經戰陣的老兵。五百輛大車和數量龐大的馬匹和駱駝隊伍，用來運送他們的輜重和給養。部隊要為未來長期的缺乏補給完成妥善的準備，因為一個商隊從撒馬爾罕到北京平靜無事的旅程需要花六個多月的時間。無論是老邁的年齡還是嚴寒的冬季，都沒有讓性急的帖木兒受到耽誤，他騎上馬背在冰上走過西荷河，從首都前進七十六個帕勒桑大約是三百哩的距離，奧特拉（Otrar）附近紮下最後的營地，在那裡聽候死神的召喚。勞累以及不慎飲用冰水，加速熱病的嚴

重狀況，亞洲征服者的終年是七十歲（1405年4月1日），登上察合台的寶座有三十五年之久。他的征服大業完全停頓，集結的軍隊很快解散，中國免於入侵的威脅。在他逝世十四年以後，最有權勢的兒子派遣使臣要與北京的朝廷建立友誼和貿易關係。

9 帖木兒的行事風格、歷史評價及對後世的影響

帖木兒顯赫的名聲稱譽於東方和西方，在世的後裔仍舊授與皇室的頭銜，他受到臣民的頌揚當成神明一樣的尊敬，就是那些不共戴天的仇敵在某些方面也深表認同。雖然他跛一足而一手殘廢，體型和身材倒是符合他的地位，完全靠著自制和鍛鍊保持活力充沛的健康，這點不僅對他個人非常重要，就是整個世界都受到影響。他在私下的談話表現莊重的態度，聲調非常溫和，雖然說他不懂阿拉伯語，波斯語和土耳其語說得流利用詞典雅。他很高興就歷史和科學這類的題材與博學之士討論交換意見，閒暇的時間喜愛的娛樂是西洋棋，經過他的改良也可以說是誤導，新的弈法更為精細而且無比複雜。他在宗教方面或許不是正統伊斯蘭教徒，卻是一個信仰虔誠的狂熱分子。他保持清晰的領悟力，使得我們大可以相信，他對徵兆、預言、聖徒和占星家抱著迷信的尊敬態度，僅僅是裝模作樣拿來當作政策的工具。他管理一個龐大的帝國，不僅唯我獨尊而且大權在握，沒有一個叛徒反對他的權勢，沒有一個寵倖迎合他的嗜好，更沒有一個大臣誤導他的判斷。他有非常嚴謹的策略指導和施政原則，無論產生哪種結果，君王的命令不容爭辯或撤銷。只是他的仇敵帶著惡意的看法提到，憤怒和毀滅的命令比起施惠和恩寵更會嚴格的執行。

帖木兒在逝世之後留下三十六個兒子和孫兒，都是他最早和順從的臣民，只要服行職責產生偏差，就要按照成吉思汗的家規，用打腳心的笞刑糾正所犯的錯誤，等到改過自新再恢復職務和指揮的權力。或許他的心靈並非缺少群居的美德，或許他不是不能去愛護朋友和寬恕敵人，但是倫理學的規範是建立在公眾利益的基礎之上。我們大可以多去讚許一位帝王的智慧，對人民慷慨大方不會耗盡和枯竭，對人民公平正義更為有力和富足。他的工作是要維持權威和服從的平衡，懲罰倨傲和保護弱者，獎勵有功的人員，將罪惡和怠惰驅離統治的領域，旅客和商人獲得安全，抑制士兵的劫掠，珍惜農夫的辛勞，鼓勵工作的勤奮和努力的求知。關於這些可以提出一個非常公允的評估，那就是君王的責任是不增加人民的稅賦而能提高國家的歲入，只要善盡責任就會發現立即獲得豐碩的回報。

帖木兒可以吹噓他在剛剛登上寶座之際，亞洲是戰亂和掠奪的俎上魚肉；等到他建立興旺的君主國，就是一個幼童帶著一袋黃金從東部走到西部，毋須害怕也不會受到傷害。這是他能夠功成名就的信心所在，進行的改革使他有理由獲得勝利，爭取到的頭銜可以統治全世界。下面四點意見可以從公眾的感激，辨別出他所主張的觀點，我們或許應該獲得這樣的結論，蒙古皇帝是人類的公敵而非恩主。

其一，要是一些局部的混亂或地區的迫害要用帖木兒的刀劍施加治療，那麼醫護會比疾病帶來更大的傷害。波斯權勢有限的暴君，他們的掠奪、殘酷和爭執使得臣民受苦，然而整個國家卻在改革者的腳步下面化為齏粉。在滿布繁榮城市的大地上面，經常出現極其可厭的戰利品，是用人類的頭顱所堆成的圓柱或金字塔。阿斯特拉汗、卡里斯姆、德里、伊斯巴罕、巴格達、阿勒坡、大馬士革、布爾薩、西麥那和一千座其他的城市，當著他的面被他的部隊洗劫、縱火或是完全摧毀。要是一個僧侶或哲學家膽敢算出數百萬受害者，成為他建立和平與秩序的犧牲品，或許他的良心也會感到一陣驚愕。

其二，他進行毀滅性最大的戰爭，完全是入寇而不是征服。他侵略土耳其斯坦、哥薩克、俄羅斯、印度斯坦、敘利亞、安納托利亞、亞美尼亞和喬治亞，根本不抱希望或意願要保存位置遙遠的行省。他在離開的時候滿載戰利品，沒有留下部隊約束強悍的土著，也沒有官員保護馴服的居民。等到他把古老政府的組織架構盡情破壞，就將城市放棄給那些因他的入侵而加劇或引起的惡行，任何現有或可能的恩惠都無法補償這些惡行帶來的損失。

其三，河間地區和波斯的王國才是他盡力栽培和美化的地域，將要永遠為他的家族繼承。征服者的遠離使得和平的工作受到干擾，有時還會產生破壞的作用。他在窩瓦河或恆河獲得勝利時，他的僕從甚至他的兒子都忘懷他們的主人和責任，調查和處罰遲緩而又偏袒，使公眾和私人的傷害很少獲得補救。我們只能將帖木兒所謂的「制度」，譽為一個完美的君主政體極其虛偽的理想。

其四，不論他的施政作為會帶來多少幸福，都隨著他的生命化為烏有，他的兒孫輩所具有的野心是統治而不是管理，他們相互之間充滿敵意，全都成為人民痛恨的對象。他最小的兒子沙洛克（Sharokh）還為四分五裂的帝國維持昔日的光榮，等到他逝世以後，整個局面再度陷入黑暗和殘殺之中，一百年內，河間地區和波斯受到烏茲別克人來自北方的蹂躪，土庫曼人在這裡放牧他們的羊群。要不是在烏茲別克人的軍隊征服印度斯坦之前，有一位英雄人物趕快逃走，帖木兒的家族在他的子孫傳到第五代就要完全絕滅。他的繼承人（偉大的蒙兀兒

[Moguls]諸帝）擴展他的統治從喀什米爾的山區到科摩令角（Cape Comorin），從康達哈到孟加拉灣。在奧倫捷布（Aurungzebe）的統治之下，整個帝國冰消瓦解，一個波斯的強盜將德里的財富搜刮一空。他們的王國所有膏腴之地全部為一個基督教的商業公司所有，這個公司位於北方大洋一個遙遠的海島（所指是英國東印度公司，成立於公元1600年，主要從事馬來群島的香料貿易，後來用武力進行對印度和中國的侵略，建立殖民地，推行帝國主義政策）。

10 希臘帝國的狀況和阿穆拉圍攻君士坦丁堡（1402-1448年）

要是帖木兒慷慨答應希臘皇帝的請求領兵前去援救，就會得到基督徒的讚揚和感激，一位把迫害之劍帶進喬治亞、尊敬拜亞齊特發起聖戰的伊斯蘭信徒，對於歐洲的偶像崇拜者不會表示同情或給予幫助。韃靼君王還是遵行野心的衝動，君士坦丁堡獲得拯救完全是出乎意料的結局。馬紐爾將政府棄之不顧的時刻，他對上帝祈求不敢奢望：教會和國家的毀滅，能夠延遲到他時運不濟的有生之年結束之後，在他而言是莫大的幸事。等到他從西部的朝聖之行歸來，認為隨時都會獲得悲慘不幸的消息，突然之間收到鄂圖曼人撤退、敗北和被俘的報告，使他極為驚愕不禁大喜若狂。馬紐爾立即從摩里亞的莫敦（Modon）啟航，登上君士坦丁堡的寶座（1402-1425年），罷黜瞎眼的競爭對手，將他放逐到生活安閒的列士波斯島。

拜亞齊特之子派來的使臣很快獲得覲見，狂妄的態度已經有所收斂，說話的語氣顯得謙遜有禮，他們最感憂慮和驚慌的事情，就是怕希臘人為蒙古的軍隊敞開歐洲的大門。索利曼將皇帝尊稱為父親，要從他的手裡乞求羅馬尼亞的統治權，或者將它視為他所賜與的禮物，用永不變心的友誼保證絕不辜負他的恩惠，要歸還提薩洛尼卡，以及從斯特里蒙（Strymon）河、普洛潘提斯海到黑海一線最重要的地區。皇帝與索利曼的結盟使他成為穆薩仇視報復的對象，全副武裝的土耳其人出現在君士坦丁堡的城門前面。他們在海上和陸地都被擊退，如果不是一些外籍傭兵守衛城市，希臘人一定會對自己獲得勝利感到奇怪。馬紐爾的政策或熱情非但沒有延長鄂圖曼勢力的分裂，反而要去幫助拜亞齊特幾位兒子中最強悍的一位。這時穆罕默德一世的進展被有如天塹的加利波里所阻，馬紐爾竟然與穆罕默德簽訂條約，要將蘇丹和軍隊運過博斯普魯斯海峽。穆罕默德還在都城受到熱烈的款待，成功的出擊為羅馬尼亞的征服踏出第一步。

征服者的謹慎和節制推遲偉大都城的毀滅：穆罕默德忠實執行自己以及索

利曼應盡的義務，帶著感激的態度尊重和平條約的規定，並且要請皇帝成為他的兩個幼子的監護人，抱著妄想以免遭到他們的兄長阿穆拉凶狠而猜忌的毒手。執行最後的遺囑會損害到民族的榮譽和宗教，國務會議一致宣稱，絕不會將兩位皇室的年輕人交給基督狗去照顧和教育。有關拒絕執行遺囑的問題，拜占庭的最高會議出現不同的意見。年邁和謹慎的馬紐爾還是屈服他的兒子約翰狂妄的主張，他們要拔出危險的復仇之劍，就是釋放不知是真是假的穆斯塔法。他當成俘虜或人質受到長期的拘留，為了維持他的生活領取的年金高達三十萬阿斯珀。穆斯塔法在牢房的門口簽署所有的條件，明確規定他要交出進入加利波里也可說是進入歐洲的鑰匙，作為獲得釋放的代價。等他登上羅馬尼亞統治者的寶座，帶著藐視的笑容打發希臘的使臣走路，同時用虔誠的口吻告訴他們，等到最後審判日的時候，他寧可為違背誓言受苦受罪，也不願將一座穆斯林的城市拱手交給不信真主的異教徒。皇帝立即成為兩位對手的敵人，對他們而言他既是受害者也是加害人。阿穆拉在獲得勝利以後，接著在翌年的春天開始圍攻君士坦丁堡。

征服凱撒的城市就宗教的價值而論，可以從亞洲吸引大批渴望殉教冠冕的自願投效人士，得到戰利品和美女的承諾燃起黷武好戰的激情，賽德‧貝查爾（Seid Bechar）的到來和預言使得蘇丹的雄心壯志更是勢不可當。先知的後裔騎著一頭騾子抵達營地，五百名門徒組成浩浩蕩蕩的隊伍。要是一個宗教狂熱分子會臉紅的話，他可能為預言的不靈感到有點難為情。堅固的城牆擋住二十萬土耳其大軍，他們的攻勢為希臘人和外籍傭兵的出擊所打退，古老的防禦技術抗拒最新的攻城器具。傳聞狂熱的托缽僧被穆罕默德召喚到天堂進行通靈的談話；輕信的基督徒所做的回應，是他們看見穿著紫色袍服的無垢聖母馬利亞，在防壁上面行走鼓舞大家的士氣。經過兩個月的圍攻之後（1422年6月10日—8月24日），國內發生叛亂事件迫得阿穆拉趕回布爾薩，完全是希臘人的陰謀詭計引發，處死一個無辜的弟弟得以平息下來。他率領新軍在歐洲和亞洲再度展開征服行動，拜占庭皇帝邀天之幸在奴役和不穩的狀況下苟安三十年的歲月。馬紐爾崩殂，約翰二世帕拉羅古斯皇帝（1425年7月21日—1448年10月31日）獲得允許繼續統治，條件是每年繳納貢金三十萬阿斯珀，割讓除了君士坦丁堡郊區以外所有的領土。

11 鄂圖曼帝國的世襲繼承權以及新軍的創建

土耳其帝國的建立和光復完全歸功幾位蘇丹的個人品格，這是無庸置疑的

事，因為在人類的歷史過程之中，最重要場合往往取決於一位主角的表現。提到蘇丹的智慧和德行還是有少許差異，彼此之間還是可以加以區別。從鄂斯曼登基到索利曼逝世長達兩百六十五年這段歷史，一共有九位登基的君主，除了其中一位之外，其餘都是英勇善戰和行動積極的蘇丹。這群極其少見的統治者不僅讓臣民心悅臣服，也使得敵人心驚膽寒。王朝的繼承人不是豢養在後宮奢華的環境，是從會議和戰場接受教育，幼小的年紀讓父親授與管理行省和軍隊的職位，顯現男性剛強氣概的制度雖然很容易引發內戰，對於君主國家培養重視紀律和勵精圖治的精神起了很重要的作用。

　　鄂圖曼的君主不能像阿拉伯的哈里發，稱自己是真主的使者的後裔或繼承人，然而他們自認與韃靼的大汗或成吉思汗家族有親戚關係，看來像是奉承之辭並非事實。他們的祖先沒沒無聞根本無從查考，卻能擁有時間難以磨滅、暴力無法損害以及神聖不可侵犯的權利，很快根植在臣民的心田幾乎無法拔除。一個軟弱或邪惡的蘇丹可能受到罷黜和絞殺，繼承的權利可能傳給一個嬰兒或白痴，就是膽大包天的叛賊也不敢登上合法統治的寶座。

　　宮廷裡狡詐的首相和軍營中勝利的將領，相繼推翻亞洲短命王朝之際，鄂圖曼的世襲制度經過五百年的實踐獲得肯定，現在已經與土耳其民族最重要的政治原則結合在一起。

　　民族的精神和制度能夠形成，要歸功於一種強烈而奇特的影響力。鄂圖曼原始的臣民是四百戶逐水草而居的土庫曼遊牧民族，追隨他們的祖先從阿姆河來到桑加爾（Sangar）河，現在的安納托利亞平原仍舊布滿他們老鄉黑白相間的帳幕。最初那一小撮人混雜在自願參加或受到征服的大批臣民當中，獲得土耳其人此一特定的稱呼，會因共同的宗教、語言和習俗緊密融合。所有城市從艾斯倫到貝爾格勒，這個名字普遍用於全部的穆斯林，是最早到來和擁有榮譽的居民。他們卻把村莊和耕種的土地放棄給基督徒的農夫，至少在羅馬尼亞始終保持隔離的狀況。鄂圖曼統治極為強勢的時代，土耳其人本身被排除在所有民政和軍事的重要職位之外，經由服從、征戰和指揮方面類似宗教戒律的教育，興起一個奇特的奴隸階級，一個人為的團體組織。

　　從奧爾漢（1326-1359 年）和阿穆拉一世（1359-1389 年）統治的時代開始，蘇丹完全相信：靠刀劍統治的政府每一代要用新的士兵維持戰力，徵召的人員絕不能來自生性柔弱的亞洲，應該是身強體壯和勇敢善戰的歐洲土著。色雷斯、馬其頓、阿爾巴尼亞、保加利亞和塞爾維亞這些行省，成為供應土耳其軍隊的永久來源。皇室擁有的五分之一俘虜因征戰而消耗殆盡，一種不人道的稅收方式強加

在基督教家庭，那就是五個兒子要徵召一個或是五年徵收一次。到了十二或十四歲，最健壯的少年強制從父母的身邊拉走，他們的名字登上紀錄冊，從此他們的穿著、教育和供應完全是軍事服役的生活。他們靠著儀表預測未來的前途發展，被選到布爾薩、佩拉（Pera）和亞得里亞堡的皇家學校，交給高階官員去照應或是分散到安納托利亞的農民家庭。他們的主子第一件事是教他們講土耳其語，用各種勞苦的活動鍛鍊體魄增強體能，學習角力、跳躍、跑步、箭術，最後才是前膛槍的運用，直到他們抽調到新軍的司令部和連隊，繼續接受軍事或寺院紀律的嚴格訓練。

那些在出身、才能和儀表上更為出色的年輕人，可以進入職位較低的Agiamoglans階級或者是更有發展潛力的Ichoglans階級，前者選派到皇宮服務而後者隨侍在君王身邊。四所學校施以連續的課程，在白人宦官的棍棒要求之下，每天都要練習騎術和投擲標槍，更為好學的人員努力研究《古蘭經》以及阿拉伯和波斯的語言知識。等到成年而且學習的成績良好，逐漸派去擔任軍事、民政甚至神職的工作。在職的時間愈長可能獲得的職位愈高，等到學養俱佳能夠獨當一面時，成為四十員將領之一，可以站在蘇丹的寶座之前，經由他的拔擢負責管理行省的事務，接受帝國最高的榮譽。

這種模式的制度無論實質或精神非常適合一個專制獨裁的君主政體。就更嚴格的意義而論，大臣和將領全是皇帝的奴隸，感激他的恩典才能接受教導和培養。等到他們離開後宮，可以留起鬍鬚作為獲得釋放的標誌，發現自己身居要職卻沒有親信或朋友，也沒有父母和後代，完全依靠將他們從低賤地位拉拔起來的手，主子稍有不滿，誠如土耳其的格言很委婉的表示，這雙手會把玻璃的雕像砸得粉碎。他們在接受教育緩慢而痛苦的過程中，性格和才能在洞察一切的眼睛之前無所遁形：一個孤立無援毫無牽掛的「人」，完全要用自己的優點和長處作為任用的標準。如果統治者真有識人之明，他擁有絕對和無限的自由可以進行挑選。鄂圖曼的帝位候選人接受的訓練是從欲望的克制養成行動的完美，從服從的習性造就指揮的才華。軍隊裡面瀰漫類似的風氣，他們的沉著、警覺、堅忍和謙遜，就連基督徒的敵人都心儀不已。如果我們把新軍的紀律和訓練，拿來與長期受到貴族出身的傲慢、騎士制度的散漫、新徵士兵的無知、資深官兵的叛逆、以及罪惡滔天和目無法紀的歐洲軍隊進行比較，那麼對土耳其人獲得勝利就不應有任何懷疑之處。

希臘帝國和鄰近的王國獲得拯救的唯一希望，是運用威力更大的武器，創造更為新穎的作戰技術，對抗土耳其這個世仇大敵的時候才能具有絕對優勢。他們

的手裡就有這樣一種武器，創新的技術正在危急存亡的最後關頭出現。不知是出於偶然的機會還是精心的試驗，中國或歐洲的化學家發現用硝石、硫磺和木炭製成的混合物，遇到火星產生強烈的爆炸。他們很快知道，要是把巨大的膨脹力封閉在堅固的鐵管裡面，就會用破壞性的極大速度將一顆石彈或鐵彈推送出去。有關火藥的發明和運用的確實年代，各家的說法不一，有的地方含糊其辭。然而我們可以斷定，十四世紀中葉便已為人所知，等到這個世紀結束之前，在日耳曼、意大利、西班牙、法蘭西和英格蘭幾個國家，火砲已經廣泛使用於海上或陸地的會戰和圍攻。每個國家知道的時間先後關係不大，也不可能擁有最早或優勢的知識獲得壟斷的利益，普遍的發展使相對的實力和軍事的科學始終處於同等的水平，也不能將這方面的祕密限制在教會的範圍之內，洩露給土耳其人就是出於背教者的反叛行為和競爭對手的自私政策。

蘇丹對基督徒工程人員的才能，不僅樂意採用還要獎賞錢財。那些將阿穆拉運送到歐洲去的熱那亞人，是他們傳授火砲方面的技能應該受到譴責，也可能是他們親手鑄成大砲直接用在君士坦丁堡的圍攻作戰。第一次的攻勢行動沒有達成目標，從那個時代整個戰局來看，他們始終據有優勢的地位，絕大多數的情況下都是攻擊者，當攻防兩方勢均力敵形成膠著的態勢，驚天動地的砲火瞄準城牆和塔樓，構建的工事只能抵禦古代威力較小的攻城器械。威尼斯人把火藥的使用傳授給埃及和波斯的蘇丹，並沒有受到任何指責，因為這些人是反對鄂圖曼帝國的盟軍。這些機密立即傳播到亞洲的邊陲地區，歐洲人的優勢只限於輕易征服新大陸的野蠻民族。要是我們將罪惡發明擴展的速度是如此快捷，拿來與理性、學術和求得和平的技藝極其緩慢和艱困的進步加以比較，哲學家會依據他的性格，對於人類的愚行不是張口大笑就是掩面悲嘆。

第二十六章
帝國的絕滅（1421-1481 年）

1　阿穆拉二世的統治特色及性格作風（1421-1451 年）

　　蘇丹穆拉德（Murad）或阿穆拉享年四十九歲，在位時間長達三十年六個月零八天。他是一位公正而又英勇的君王，為人勤勞、博學、仁慈、虔誠、寬厚，具有高尚的人品和偉大的精神，個人好學不倦，對於藝術或科學方面的鼓勵不遺餘力，是勤政愛民的皇帝，也是豐功偉業的將領。古往今來沒有人比阿穆拉獲得更偉大的勝利，只有貝爾格勒這個城市能夠抗拒他的攻擊。在他的統治之下，士兵保持長勝的令名，市民不僅富裕而且安全。要是他征服任何一個國家，最關心的事項是要興建清真寺、客棧、醫院和學校。他每年將一千個金幣送給先知的子孫，並且拿出兩千五百個金幣分配給麥加、麥地那和耶路撒冷的宗教界人士。

　　以上是鄂圖曼帝國一位史家對穆拉德非常詳盡的描述，就一個奴性和迷信的民族而言，他們將熱烈的掌聲浪費在最惡劣的暴君身上。蘇丹的德行對他自己來說是最大的罪惡，所有的臣民全都同意似是而非的觀點。一個民族要是不明白自由和法律有具有同等的利益，就會被專制權力的閃光嚇倒，藩王的殘酷假借公正的名義，把他的揮霍當作慷慨，剛愎認為堅毅。要是最有道理的辯辭都遭到否決，除了奉命從事幾乎沒有自主的行為。犯罪難免要膽戰心驚，就是清白無辜有時也無法獲得安全的保障。民眾的安寧和部隊的紀律，要想維持在最佳的狀況，必須在戰場採取不斷的作戰行動。新軍最擅長的本領就是戰爭，凡是經歷戰陣危險能夠倖存的人員，可以分享掠奪的戰利品，讚譽統治者極其慷慨的野心。忠誠的伊斯蘭信徒首要的責任是要傳播堅持正道的宗教，不信者非但是穆斯林也是先知的敵人，土耳其人手裡的彎刀是要求皈依唯一的工具。

　　即使處於嚴苛的環境之下，阿穆拉的公正和節制從他的行為可以獲得證實，就是基督徒也都承認的確如此，他們認為長治久安和壽終正寢是他莫大功德應有的報酬。他正當活力充沛的盛年統率著強大的軍事武力，如果不是事先受到激怒自認行為正當，很少從事戰爭的行動。歸順請降會使勝利的蘇丹解除軍隊的武裝，如果遵守條約的規定，他的承諾不容違犯而且視為神聖。匈牙利通常都是發

起攻擊的侵略者，斯坎德貝格（Scanderbeg）的背叛使他怒氣沖天，鄂圖曼國君兩次擊敗不義的卡拉瑪尼亞人（Caramanian），接著都能加以赦免。在他入侵摩里亞之前，底比斯為藩王用奇襲方式奪取。征服提薩洛尼卡的過程當中，拜亞齊特的孫兒與威尼斯為最近的購買方式發生爭執。自從第一次圍攻君士坦丁堡以來，蘇丹從未受到帕拉羅古斯的災難、離國或傷害的引誘，不曾趁火打劫絕滅拜占庭帝國最後一線希望。

論及阿穆拉的平生和性格，最令人印象深刻的特點是兩次遜位下台，自動放棄土耳其帝國的寶座，要不是動機摻雜迷信行為的作祟，我們就會讚許皇家哲學家的壯舉，四十歲的英年就看透人類的偉大有如鏡花水月，把權杖交給自己的兒子，隱退到馬格尼西亞（Magnesia）賞心悅目的行宮，生活在聖徒和隱士的社會之中。一直到伊斯蘭教紀元四世紀，穆罕默德的宗教才被一種制度敗壞，所謂的苦行僧完全違背先知的精神和意念。到了十字軍東征的時代，就拿基督教聖職人員甚至拉丁人的僧侶作為榜樣，托缽僧的各種等級成倍增加。整個民族的主子屈從於齋戒和祈禱，與宗教狂熱分子一起進行無窮盡的旋轉動作，他們誤以為眩暈的頭腦可以產生清明的心靈。匈牙利人的入侵很快使阿穆拉從宗教狂熱的迷夢中清醒過來，聽命的兒子最早向他力陳國家的危險和人民的意願。久經戰陣的領袖高舉大纛，新軍在他的指揮下從事戰鬥和進行征服。等到他從瓦爾納（Varna）的戰場班師回朝，重新開始祈禱和齋戒，與馬格尼西亞的教友一起不斷旋轉。

國家面臨危險的局勢，再度中斷這些虔誠的功課。勝利的軍隊藐視缺乏經驗的年輕統治者，亞得里亞堡整座城市放棄給搶劫和殺戮，意見一致的國務會議懇求他出面安撫騷動的情勢和制止新軍的叛亂。部隊聽到主子熟悉的聲音，全都戰慄不已願意聽命從事，非常勉強的蘇丹被逼要過講究禮儀的奴役生活，四年以後受死神召喚才獲得解脫。年齡、病痛、不幸和任性，使得有些君王情願禪位，等到他們過於空閒不甘寂寞，只有懊惱無法挽回的步驟。僅僅阿穆拉有充分的選擇自由，經過帝國和孤獨的考驗，還是寧願過無拘無束的私人生活。

2 東羅馬帝國末代皇帝君士坦丁・帕拉羅古斯（1448-1453 年）

羅馬帝國漫長的衰亡過程之中，我終於要提到君士坦丁堡皇帝最後的統治，他用如此薄弱的力量維持凱撒的地位和尊嚴。約翰八世歷經匈牙利的十字軍又活了四年才過世，整個皇室在安德洛尼庫斯亡故和伊希多爾出家之後，只剩下君士坦丁、德米特流斯和湯瑪士三位親王，他們是皇帝馬紐爾二世倖存的兒子。君士

坦丁和湯瑪士在遙遠的摩里亞，德米特流斯擁有塞利布里亞這塊領地，位於都城的郊區，而且他還是一個黨派的首領。公眾的災難對他的野心沒有發生影響，他祕密結交土耳其人，加上分裂主義者已經破壞國家的和平。先帝的葬禮加速舉行，倉卒的狀況不僅奇怪甚至引起懷疑。有人用觀念迂腐和證據薄弱的詭辯，擁戴德米特流斯接位，說他呱呱落地就穿上紫袍，是父皇登基以後所生最年長的兒子。身為皇后的太后、元老院和軍隊、教士和人民，一致贊同合法繼承人。湯瑪士藩王不知道政局發生變化，在偶然的狀況下回到首都，對於尚未來到的兄長，非常熱心維護他的權益。史家法蘭札擔任使臣，很快奉派前往亞得里亞堡的宮廷，阿穆拉對他非常優容，離開的時候還贈送禮物，土耳其蘇丹親切的認可等於公開宣示他有最高的權力，東部帝國即將面臨滅亡的命運。

君士坦丁在斯巴達由兩位顯赫的代表為他加冕（1448年11月1日—1453年5月29日），在春天由摩里亞發航，避開一支土耳其分遣艦隊不要在海上遭遇，帶著愉快的心情接受臣民的歡呼，舉行新朝開始統治的慶祝典禮，他的賞賜耗盡國庫的財富，使得政府更加窮困。皇帝立即將摩里亞託付給兩位弟弟治理，德米特流斯和湯瑪士的親情關係非常脆弱，當著太后的面他們用誓言和擁抱鞏固極其不穩的安全保證。君士坦丁還有一件大事是選擇配偶，有人建議威尼斯元首的女兒，拜占庭的貴族反對世襲君王和民選官員之間的地位差距，等到他們後來發生災難，身為強大共和國的首領並沒有忘記這一次的侮辱。君士坦丁對於要與特里比森德還是喬治亞的皇室聯姻一直猶豫不決，擔任使臣的法蘭札敘述拜占庭帝國最後這段期間的公私生活。

法蘭札是皇宮的總管大臣，擔任新郎求親的代表從君士坦丁堡啟航，剩餘的財富和奢侈品用來擺出盛大的排場，人數眾多的隨員包括貴族、衛士、醫生和僧侶，他還帶著一個樂隊，這位花費驚人的使臣任期延長到兩年（1450-1452年）。等他到達喬治亞或伊比里亞，城鎮和村莊的土著聚集起來圍繞外來的異鄉人，他們過著簡樸的生活，雖然喜歡音樂的旋律，根本缺乏藝術方面的知識。群眾當中有名老人年齡大約一百多歲，很早以前被蠻族當作俘虜掠走，他用印度奇觀之類的故事娛樂他的聽眾，他曾經越過不知名的海洋從印度回到葡萄牙。法蘭札從友善的國土前往特里比森德的宮廷，希臘國君在那裡告訴他阿穆拉新近逝世的消息。經驗豐富的政要對於國家能夠脫離苦難，並沒有感到欣慰反而是憂心忡忡，一個野心勃勃的青年不會長遠跟從他父親明智與和平的路線。等到蘇丹逝世不久，他的基督徒妻子馬利亞（Maria）是塞爾維亞藩王的女兒，很體面的歸還給她的父母。憑著她的容貌和才藝建立的名聲，獲得使臣的推薦認為是皇帝擇偶

的最佳對象，法蘭札對於正在高漲的反對聲浪，加以說明而且駁斥似是而非的意見。

皇帝的尊嚴可以使身分不相配的聯姻獲得高貴的地位，慷慨的施捨和教會的赦免能夠除去血親關係的障礙，她與土耳其人結婚的羞辱一再不予理會，雖然金髮白膚的馬利亞即將年屆五十歲，仍舊抱著希望要給帝國生一個繼承人。君士坦丁從特里比森德的來船得知使臣對他提出的忠告，宮廷的派系傾軋反對他的婚姻，最後還是王妃虔誠的誓言打消整個行動，她要在修道院度過餘生。等到這方面的希望破滅，法蘭札的選擇只有喬治亞的公主最適合。她的父親是個虛榮心很重的人，為光榮的聯姻感到神智昏眩，並沒有按照原始和民族的習慣，要求男方為他的女兒付出一大筆聘金，反而提供五萬六千達卡特的嫁奩和每年五千達卡特的津貼。使臣的功勞得到皇帝的保證作為報答，他的兒子舉行施洗就讓皇帝收養，他女兒的婚姻將受到君士坦丁堡的皇后特別照顧。

法蘭札回國帶來的婚約經過希臘國君的批准，他在金色的詔書上面親自劃三個朱紅十字，並且向喬治亞的特使提出承諾，他的戰船要在翌年春天引導新娘進入皇宮。君士坦丁擁抱忠誠的僕從，不像統治者給予冷淡的嘉許，而是朋友接受溫暖的信賴，經過長久的分離，急著要將內心的祕密向他傾訴。皇帝說道：「只有我的母親和康塔庫齊尼向我提出建議和忠告，不會帶有私心也不受人情的關說。自從他們過世以後，那些包圍在我四周的人，無法受到我的喜愛、信賴和尊敬。你對水師大提督盧卡斯‧諾塔拉斯（Lucas Notaras）應該不陌生，他堅持自己的理念，甚至私下或公開宣稱，我的思想和行動完全以他的意見為依歸。朝廷其餘人員都是牆頭草，基於個人的利益或黨派的考量始終搖擺不定。我怎麼能夠與僧侶商量政策和婚姻的問題？我仍舊要借重你的勤奮和忠誠，明年春天你要陪我一位弟弟去懇求西方強國派遣援軍，要從摩里亞航向塞浦路斯從事特別任務，再從那裡前往喬治亞去迎接和引導未來的皇后。」

法蘭札回答道：「你的命令我不敢推辭，」一本正經帶著笑意繼續說：「陛下，務必請你三思，要是我還一直長久離家，我的妻子不是受到勾引去再找個丈夫，就是丟開一切去進修道院。」皇帝對他的擔心不禁大笑起來，用令人窩心的保證對他極力慰勉，說這是最後一次派到國外的工作，要將一位富有的貴族女繼承人許配給他的兒子，同時要授與他首席行政長官或國務大臣的重要職位。婚事的細節立即律定，不過野心勃勃的提督明知這個職位不適合於他還是出面奪走。為了商談出雙方同意和條件相當的結果就會耽誤一些時間，法蘭札的任命遮遮蓋蓋以免得罪傲慢又有權勢的寵臣，整個冬天花費在他擔任使節的準備工作上面。

法蘭札決定讓他的兒子趁著年輕掌握到外國旅行的機會，等到危險出現，他與摩里亞的母系親屬已經離開。上面所說私人和公眾的計畫受到土耳其戰爭的影響已經中斷，最後還是一起掩埋在帝國的廢墟裡面。

3 穆罕默德二世的性格作風和統治狀況（1451-1481年）

土耳其人圍攻君士坦丁堡，首先讓我們注意當代梟雄的身世和性格。穆罕默德二世（1451年2月9日—1481年7月2日）是阿穆拉二世的兒子，雖然他的母親是基督徒，擁有公主的頭銜，卻很可能是蘇丹後宮來自各地的無數嬪妃之一而已。他開始接受教育和養成習性，就是要成為一個虔誠的穆斯林。只要他與一個不信真主的人接觸，就要舉行合法的齋戒儀式淨化他的雙手和面孔。隨著年齡的增長和帝國的責任，使他不受狹隘的偏執思想所約束，志向遠大的才華使他恥於承認有人擁有更高的權力，較為鬆懈的時刻他竟然（據說如是）敢把麥加的先知稱為強盜和騙子。然而蘇丹對《古蘭經》的教義和戒律保持相當的尊敬，即使私下有輕率的言論，也不會讓普通人聽到。

我們對外來的陌生人和穆斯林教徒的輕信應該感到懷疑，他們竟然認為穆罕默德二世的心靈僵硬到無法接受真理，荒謬和錯誤的想法真是讓人極度藐視。他受到教學經驗豐富的老師諄諄誘導，在求知的道路上很早取得迅速的成就。大家一致認為他除了本國的母語，至少還能講或懂得五種言語，就是阿拉伯語、波斯語、迦勒底語或希伯來語、拉丁語和希臘語，其中波斯語是出於消遣的需要，而阿拉伯語與宗教的啟示有關，學習語言的風氣對東方的年輕人而言非常普遍。在希臘人與土耳其人的交往之中，征服者基於統治的野心，很願意與管轄的臣民直接對話，他讚譽拉丁人的詩篇或散文，精通語言是進入耳中最方便的通道。然而向政要或學者推薦希伯來奴隸極其粗俗的方言，又能發揮什麼作用或帶來什麼好處呢？

他對世界的歷史和地理非常熟悉，東方甚或西方英雄人物的傳記，使他產生一比高下的抱負。他精通占星學，在一個愚昧的時代可以得到諒解，從而認定他通曉數學的入門知識。他邀請意大利畫家來訪並給予慷慨的酬勞，透露出他對異教的藝術有很高的鑑賞能力。宗教和學識對野蠻和放縱的性格沒有產生任何作用，我不願照抄或相信流傳的故事：說他剖開十四名隨從的肚皮看是誰偷吃了瓜，以及把一名美麗女奴的頭砍下來，向新軍證明他們的主子並非好色之徒。土耳其編年史指責三位鄂圖曼君主有酗酒的惡習，僅僅只有三位而對他不著一詞，

證明他能保持清醒的頭腦；不能否認他的情緒會出現極端狂暴和殘酷的狀況，在皇宮如同在戰場一樣，會為微不足道的小事激怒釀成血流成河的慘劇，變態的情慾使出身高貴的年輕俘虜常常受到他的汙辱。

參與阿爾巴尼亞戰爭他盡力吸取父親的經驗教訓，很快能夠青出於藍而勝於藍。根據一份誇大和奉承的紀錄，他用無敵之劍征服兩個帝國、十二個王國和兩百座城市，不僅是作戰勇敢的士兵，也是運籌帷幄的將領，君士坦丁堡的攻占奠定不朽的光榮。我們考量他的手段、阻礙和成就，穆罕默德二世比起亞歷山大或帖木兒，還是要甘拜下風自嘆不如。在他的指揮之下，鄂圖曼軍隊在兵力方面始終較敵軍占有優勢，然而他們的發展還是限於幼發拉底河與亞得里亞海之間的區域，他們的武力始終受到杭尼阿德斯和斯坎德貝格、羅得島騎士和波斯國王的遏阻。

陶製酒瓶。

阿穆拉二世統治期間，穆罕默德兩度身登大寶都被迫下台，幼小的年紀無法抗拒父王的復辟，從此不再原諒向他提出圖利自己的大臣。他與一位土庫曼酋長的女兒舉行婚禮，結束兩個月的慶祝活動，帶著新娘離開亞得里亞堡，負責管理馬格尼西亞的政事。在那裡不過六個禮拜，國務會議突然派來信差通報，阿穆拉二世過世，新軍出現譁變不穩的狀況，要他立即返回。他的速度和氣勢使得大家聽命服從，他帶著刻意挑選的衛隊渡過海倫斯坡海峽，在距離亞得里亞堡尚有一哩的地方，大臣、酋長、阿訇、宗教法官、士兵和人民都俯伏在地，迎接新的蘇丹，他們之中真是幾家歡樂幾家愁。他登基之年是二十一歲，為了消除叛亂的根源，無可避免非得立即處死所有年幼的弟弟。

　　歐洲和亞洲各國派出使節，很快前來祝賀他的接位並且懇求建立友好關係。他的說辭非常謙遜，表達和平的意願，他用印批准條約加上莊嚴的誓言和公正的保證，使得皇帝恢復對他的信賴。有一位鄂圖曼藩王要求留在拜占庭宮廷，他指定斯特里蒙（Strymon）河一塊肥沃的土地，用來支應每年所需三十萬阿斯珀的津貼。然而穆罕默德二世的鄰國看到一位年輕的君王，改進他父親在治家方面過分重視排場，對自己的嚴厲要求真是讓人膽寒：過去花在奢侈生活的費用，全部拿來滿足野心的需要；一無是處的七千名獵鷹隊伍，不是解散就是編到軍隊服役。他在當政第一年夏天率領一支軍隊巡視亞洲各行省，挫折卡拉瑪尼亞人的銳氣，穆罕默德接受他們的歸順，才不致於因細微的阻礙而影響到偉大的事業。

4 穆罕默德的敵意和修建要塞控制海峽（1451-1453年）

　　伊斯蘭教徒特別是土耳其詭辯家提出宣告，信徒絕不接受違背宗教利益和責任的任何承諾，蘇丹可以廢除他自己和以前諸帝簽訂的條約。公正寬厚的阿穆拉對於違背道德標準的特權深表不齒，他的兒子雖然生性高傲，為了達成雄心壯志的目標，卻會採取偽裝和欺騙極其卑鄙的手段，和平掛在嘴上而戰爭始終留在心頭，穆罕默德一直渴望要據有君士坦丁堡。希臘人的態度不夠謹慎，居然製造會產生致命決裂的藉口。他們沒有忘記鄂圖曼人過去的承諾，反而派出使臣到營地追討應付的款項，並且要求增加年度的津貼。自私的希臘人在國務會議不斷提出申訴，首相是基督徒暗中的朋友，逼得要向同教弟兄表達他的看法。卡利爾（Calil）說道：「你們這些愚蠢而又可憐的羅馬人哪！根本不知道已經大禍臨頭。遲疑不決的阿穆拉不在人世，一位年輕的征服者據有寶座，法律不能制約他的作為，障礙無法阻止他的行動。你們要想逃過他的手心，完全要靠神明的保佑，即使如此，你們的罪孽所應受的懲罰，也不過拖延時間而已。你們為什麼要用徒然無益的威脅來刺激我們？說是要釋放長期受到囚禁的奧爾漢（Orchan），還要立他為羅馬尼亞的蘇丹；召喚匈牙利人越過多瑙河南下；呼籲西方國家武裝起來反對我們。你們這樣做只會激怒我們，使自己很快淪入毀滅的深淵。」

　　設若首相嚴厲的語氣能讓畏懼的使臣產生警惕之心，鄂圖曼的君王就用殷勤的觀見和友善的言詞安撫希臘人。穆罕默德二世向他們提出保證，等他回到亞得里亞堡，會對希臘人遭受的損害給予補償，並且願意就他們真正的利益做全盤的考量。他越過海倫斯坡海峽以後，立即頒發命令要扣留答應付給的津貼，驅離派駐在斯特里蒙河兩岸的官員，採取的措施已經完全表明他內心的敵對意圖。等到

第二道命令下達，已開始對君士坦丁堡發起圍攻作戰（1451A.D.）。他的祖父過去在博斯普魯斯海峽狹窄的通道修築一座位於亞洲的堡壘，現在他決定要在歐洲這邊的相對位置建造有如金城湯池的要塞。那年春天一千名工匠奉命集結在阿索瑪頓（Asomaton）險要的地點，離開希臘人的都城不過五哩的路程。弱勢的一方可用的解決辦法要靠說服，只是很少能夠達成所望的效果。皇帝派出使臣想要讓穆罕默德轉變企圖，沒有發生任何作用。

他們表示根據過去的做法，他的祖父在自己的領土上修築一座城堡，曾經提出請求獲得馬紐爾皇帝的同意。現在進行更加嚴密的工事築城控制海峽的交通，只會違犯兩國之間的聯盟條約，不僅截斷拉丁人在黑海的貿易，城市也可能無法獲得所需要的糧食。生性奸詐的蘇丹答覆道：「我不會對這個城市採取冒險的行動，何況君士坦丁堡帝國有城牆可以作為靠山。想當年你們與匈牙利人結成同盟，開始從陸上侵入我們的國土，這時海倫斯坡海峽為法蘭西的戰船控制，難道會忘記這件事所給我父親帶來的災難？阿穆拉被逼得要打通博斯普魯斯海峽的通道，好在你們的實力無法支撐狠毒的惡意，才使我們有逃脫的機會。那時我在亞得里亞堡還是個幼童，穆斯林全都戰慄不安，使得萬惡的蓋波兒（Gabours）有一陣子能對我們橫加羞辱。等到我父親在瓦爾納會戰獲勝，他發誓要在西岸建立一個堡壘，完成神聖的誓言是我的責任。難道你有權利和實力能在我的領土上面限制我的行動？這塊領土原本屬於我所有，一直到達博斯普魯斯海峽的兩岸，土耳其人早就居住在亞洲海岸，而歐洲海岸已經被羅馬人放棄。趕快回去告訴你們的國王，現在的鄂圖曼帝國與前面幾位蘇丹在位已經大不相同，『他』的決心已經超過『他們』的願望，『他』要做的事都超過他們的『決定』。你們可以安全回去，誰要是下次再來提出同樣的問題，我會活活把他的皮給剝下來。」

君士坦丁是頭一位精神能與地位相稱的希臘人，聽到明確的宣告決定出動部隊，拒止土耳其人接近博斯普魯斯海峽，不讓他們在西岸建立基地。經由政府和教會的大臣建議，他只有放棄武力解決的辦法。他們推薦一種方式比較沒有那樣直截了當，當然也談不上明智審慎，就是證明他們長期忍受苦難，要讓鄂圖曼人負起攻擊者的罪名。他們的安全要靠機會和時間來解決，在範圍廣大和人口眾多城市的附近，敵人無法維持一個要塞，慢慢就會陷入毀滅的命運。面對同時存在的希望和恐懼，智者只能感到恐懼的壓力，僅有輕信的人看到希望，冬天慢慢消逝，每個人的工作都受到影響。希臘人對於迫在眉睫的危險只有閉上雙眼，直到次年春天來臨，蘇丹的決心讓他們陷入萬劫不復的境地。

要是一個主子不會原諒部下所犯的過錯，就沒有人敢不服從命令。3月26日

（1452年）就在指定的要地阿索瑪頓，聚集一大群工作積極的土耳其技術人員。建築材料從歐洲和亞洲經由海上或陸地克服艱辛運送過來，石灰在卡塔弗里基亞（Cataphrygia）燒成，從赫拉克利和尼柯米地亞的森林砍伐所需的木材，石料來自安納托利亞的採石場。上千名磚瓦匠每一位有兩名工人在手下幫助，每天的進度非常驚人，經過測量會增加兩肘尺的高度。龐大的要塞建造成三角形，每個角都有堅固和高聳的塔樓給予掩護，其中有一個角位於小山的斜坡，另外兩個角沿著海岸。城牆的厚度是二十二呎而塔樓有三十呎，整個建築物覆蓋鉛皮屋頂的平台。

穆罕默德用不知疲倦的熱情親自督導和指揮工程的進行，三位大臣享有殊榮能夠完成負責的塔樓，宗教法官要與新軍官兵相互爭勝，看誰有更為虔誠的信仰狂熱，甚至就是地位最卑賤的工人能為真主和蘇丹效力都感到無比的高貴。暴虐的君王用眼光一掃使得大家的工作更為賣力，他的笑容帶來榮華富貴的希望，然而只要眉頭一皺他們就會命喪黃泉。希臘皇帝帶著恐懼的神色觀看無法制止的施工過程，要用奉承和禮物安撫一個無法和解的仇敵，一切努力都是白費心血。勢不兩立的敵人不放過任何一個可以挑釁的微小衝突，甚至在暗中醞釀和煽動，很快可以找到無可避免的機會。

雄偉的教堂受到破壞和摧毀，奉獻給聖米迦勒天使長的大理石柱，褻瀆和強奪的穆斯林毫無顧慮的當作建築的材料，有一些基督徒出面制止，就從他們的手裡獲得殉教的冠冕。君士坦丁懇求對方派遣一支土耳其禁衛軍，保護臣民的田地和收成，免得成為報復的犧牲品。等到這支衛隊配置完畢，他們收到第一個命令是允許自由放牧營地的騾馬，如果受到當地土著的騷擾，要保衛自己的同教弟兄。鄂圖曼酋長帶領的隨員將他們的馬匹留在成熟的麥田裡過夜，造成重大的損害，公然侮辱的行為使大家極感厭惡，在一場引起暴動的衝突中雙方都有人喪命。穆罕默德帶著愉快的心情聽取申訴，派遣一支軍隊去消滅當地的村莊，他們口中的罪犯已經逃走，四十名無辜沒有任何嫌疑的刈麥者遭到士兵屠殺（1452年6月）。

直到引發激怒雙方的暴行很快的擴大，君士坦丁堡還是歡迎貿易和好奇的訪客，等到第一次警報開始以後城門緊閉。皇帝仍舊渴望和平，第三天釋放捕獲的土耳其俘虜，最後的信息表明身為基督徒和軍人，抱持忍辱負重的堅定態度。他向穆罕默德說道：「既然誓言、條約和順從都無法確保和平，你還是要繼續邪惡的戰事。我唯一的信賴是上帝的意旨：如果安撫你好戰的心靈能取悅於祂，我樂於遵循帶來幸福的改變；要是祂把城市交到你的手裡，我會毫無怨言順從神聖的

意願。然而在世間的最高審判者宣布裁決之前，不論生死我的責任是要保護人民的安全。」

蘇丹的答覆充滿敵意，成為最後的決定，現在要塞已經建造完成，在他離開回到亞得里亞堡之前，配置一位警覺性很高的阿加（Aga）和四百名新軍，不論任何國家的船隻在他們火砲射程之內通過都要繳納貢金（1452 年 9 月 1 日）。對於博斯普魯斯海峽的新主人下達的命令，一艘威尼斯的商船拒絕服從，結果被發射的一枚砲彈擊沉（1452 年 11 月 26 日）。船主和三十名水手逃到一隻小船上面，帶著枷鎖被拖到鄂圖曼政府所在地，船主受到刺刑，他的手下都被斬首。史家杜卡斯在德摩提卡看到他們的屍體拋在郊外餵野獸。君士坦丁堡的圍攻作戰延到翌年春天，一支鄂圖曼的軍隊向摩里亞進軍，先要消滅君士坦丁的兄弟擁有的作戰實力。在一個充滿苦難的時代，像湯瑪士藩王這樣無能為力的君主，生下一個兒子可以獲得祝福也會帶來悲傷（1453 年 1 月 17 日）。憂愁的法蘭札說道：「末代繼承人是羅馬帝國最後一個火花。」

5 圍攻君士坦丁堡的態勢和雙方的兵力（1453 年）

穆罕默德運用武力威脅東部都城，希臘皇帝依靠虔誠的祈禱懇求來自世間和天國的拯救，至高無上的權威對他的哀訴裝聾作啞，基督教世界眼看君士坦丁堡的陷落完全無動於衷。埃及蘇丹出於對土耳其的猜忌和暫時的需要，倒是答應給予相當的支援。有些國家本身的實力衰弱，還有很多國家的距離過遠，有人認為是杞人憂天不必擔心，也有人知道大難臨頭已經無法避免。西部的國君全都涉及沒完沒了的內部爭執之中，希臘人的欺騙或固執使羅馬教皇仍舊氣憤填膺。

尼可拉斯五世並沒有妥善運用意大利的軍隊和財富幫忙希臘人，反而提出先入為主的看法說他們已經是在劫難逃，好像他的榮譽完全在於務使預言成真。或許是他們所遭遇的災禍已經陷入絕境，原本拒人於千里的態度有軟化的現象，教皇的惻隱之心過於遲緩，不僅沒有全力以赴也無法產生任何作用。熱那亞和威尼斯的特遣艦隊發航離開港口之前，君士坦丁堡已經落入敵手。甚至就是摩里亞和統治希臘島嶼的王侯也都裝出冷漠的中立立場，熱那亞的蓋拉塔殖民地談判暗中解決的條約，蘇丹縱容他們保有虛幻的希望，帝國滅亡以後土耳其人會大發慈悲，他們還能獲得倖存的機會。平民群眾和大多數拜占庭的貴族，對於國家面臨的危險只會一味的規避。貪婪的念頭使他們拒絕支持皇帝，情願將財富保留給土耳其人享用，否則他們可以用不為人知而且數量龐大的金錢，徵召更多的傭兵隊

伍前來防守偉大的城市。不管怎麼說，貧窮而孤獨的君王還在加強準備，要抵擋極其可畏的敵手。雖然他的勇氣能夠克服危局，僅憑實力卻不足以一爭高下。

土耳其的前鋒部隊在初春時節大舉掃蕩市鎮和鄉村，直抵君士坦丁堡的城門前面。降服可以獲得赦免和保護，只要稍加抗拒就會為兵刀和火焰化為粉齏。黑海周邊的希臘地方像是美森布里亞（Mesembria）、阿奇隆姆（Acheloum）和比松（Bizon），開始奉到召喚就遞表歸順。只有西利布里亞拒不從命，獲得圍攻或封鎖的無上榮譽。勇敢的居民在陸地受到包圍，竟然乘著船隻出海，搶劫西茲庫斯當面的海岸地帶，將擄來的俘虜在公開市場發售。等到穆罕默德親自領軍到達，整個地區全部安定下來俯伏在他的腳前；他先在距城五哩的地方停止下來，然後擺出會戰的隊形繼續前進，抵達聖羅馬努斯（St. Romanus）門的前方位置樹立蘇丹的大纛，從4月6日（1453年）起進行歷史上著名的君士坦丁堡圍攻作戰。

亞洲和歐洲的部隊從普洛潘提斯海到港口，自右至左成一線展開，新軍部署在蘇丹御帳前方的正面位置，鄂圖曼軍隊的戰線用一道深壕加以掩護。一支分遣部隊奉派包圍蓋拉塔郊區，監視不守信義的熱那亞人。喜歡追根究柢的菲勒福斯（Philelphus）在圍城之前，已經在希臘居留了三十年，確信土耳其的軍隊無論打著何種名義或方式，總兵力沒有超過六萬騎兵和兩萬步卒。他譴責希臘民族怯懦成性，竟然馴服屈從於一小撮蠻族的手裡。事實上他提到的兵力稱為卡披庫利（Capiculi），是土耳其政府的正規部隊，隨著君王一起進軍並且由國庫支付薪餉。地方的行政長官在管轄的區域，維持或徵召省級的民兵單位。軍事的任命可以保有更多的土地，掠奪的希望吸引數量龐大的志願軍，神聖的號角聲音邀請成群饑腸轆轆和不知畏懼的狂熱分子，他們至少可以造成令人恐怖的聲勢。在第一次發起攻擊的時刻，他們成為最好的砲灰，可以用來磨鈍基督徒的刀劍。

杜卡斯、查柯康戴爾斯和開俄斯島的李奧納德（Leonard），盡量誇大土耳其人的聲勢，說是總兵力是三十或四十萬人。法蘭札（Phranza）是當代的知名之士，做為仲裁者他的計算更為精確，提出的數量是二十五萬八千人，合乎經驗的要求和可能的狀況。圍攻者的水師實力不足，普洛潘提斯海面雖然布滿三百二十艘各型船隻，只有十八艘稱得上戰船的標準，絕大部分應該都是補給船和運輸船，將大量的人員、裝具和給養絡繹不絕運送到營地。

君士坦丁堡在最後的衰亡狀況下，仍舊擁有十萬以上的居民，這個數據不是參加戰爭的人數而是來自俘虜的統計。說到俘虜，大部分是工匠、僧侶、婦女和缺乏作戰勇氣的男子，他們比婦女還要苟且偷安。我對這點幾乎可以諒解，暴君

為貫徹意志迫使勉強的臣民到遙遠的邊疆去服役。失去進取精神的社會裡面，身為男子漢不敢冒著生命的危險去保護子女和財產。當局奉皇帝的命令，在街道和住宅進行一項特別的調查，看看有多少市民甚至僧侶願意執干戈以衛社稷，法蘭札負責完成名冊。經過一番努力盡量增加人數以後，他帶著悲痛和不敢置信的神情報告他的主子，整個國家擔任守備任務的市民減少到只有四千九百七十名「羅馬人」。君士坦丁和他所信任的大臣，只有保守令人膽寒的祕密不能外洩。足夠數量的盾牌、十字弩和前膛槍，從軍械庫分發給城市的隊伍，完全可以滿足他們的需要。

以盾牌作戰的角鬥士。

帝國獲得一些新來的盟友，也就是由熱那亞貴族約翰・查士丁尼（John Justiniani）指揮的兩千外籍軍隊。皇帝對效命的協防軍給予豐碩的賞賜，為了獎勵英勇行動和爭取勝利的決心，承諾將林諾斯（Lemnos）島贈送給他們的首領當作封地。拉曳一條堅固的鐵鍊橫過海港的進口，安排希臘和意大利的戰船和商用船隻加以支撐。基督教國家的船隻從坎地亞和黑海陸續抵達，全部留下擔任各種勤務之用。這個城市的周長有十三或十六哩，僅有七到八千士兵的守備部隊擔任防務，要來對抗當代強權的鄂圖曼帝國。歐洲和亞洲的通路全部開放，圍攻的軍隊可以通行無阻，希臘人的實力和糧食必須維持每日的消耗，使得存量不斷減少，他們不可能期望獲得任何外來的援軍或補給。

6 東西兩個教會聯合的幻滅和宗教的狂熱（1452年）

早期的羅馬人拔出佩劍，下定決心不是死亡就是征服；原創的基督徒對這兩者都甘之如飴，抱著耐心和慈悲等待成為殉教者的致命一擊。然而君士坦丁堡的希臘人僅為宗教的精神所激動，這種風氣只會產生怨恨和爭執。約翰・帕拉羅古斯皇帝在逝世前公開宣布，為了不違背民意放棄與拉丁教會聯合的舉措，爾後雙方的關係始終沒有獲得改善，一直要等到他的弟弟君士坦丁面臨災難，逼得要用奉承和欺瞞當成僅有的手段。為了獲得塵世的救援，他的使臣奉到指示要將雙方的聯合，與願意接受服從的方式一併討論，並且可以提出明確的保證。他對教會抱著不予理會的態度，藉口是有緊急國家大事要處理。他秉持正統教義的願望，懇求一位羅馬使節的蒞臨。

梵蒂岡經常受到對方的欺騙和誘惑，現在接到悔改的信號卻不容忽視，一位使節總比一支軍隊容易獲得同意。大約在最後滅亡的前六個月，俄羅斯的紅衣主教伊希多爾以教皇特使的名義，帶著大批僧侶和士兵的隨員行列出現在君士坦丁堡。皇帝像是歡迎一位朋友和父執，帶著尊敬的神色聆聽他的講道，在教堂的公開場合或者皇帝的禮拜堂。教士和世俗人等都用逢迎的態度在聯合法案上簽署，原因是在佛羅倫斯大公會議已經獲得批准。12月12日（1452年）這天，兩個民族在聖索非亞大教堂舉行領聖體儀式的奉獻和祈禱，兩位教宗的名諱都受到大聲表揚和稱頌，就是基督的代理人尼可拉斯五世，以及為叛亂群眾放逐的喬治教長。

拉丁教士在祭壇進行聖事的服裝和語言，成為引起反感的目標。希臘人用極度厭惡的口氣，提到他拿未發酵的麵包當作奉獻的薄餅，把冷水注入聖餐的酒

杯。一位希臘史家承認面臨的狀況實在讓他感到羞愧，對於宗教的認同和統一，他的同胞沒有一個人有絲毫的誠意，甚至皇帝自己也懷著暫時敷衍的用心；拿未來要修改的信條當作承諾用來緩和倉卒和無條件的順從，最好的藉口是自認已經犯下偽證罪，這也許是最壞的託辭。等到誠實的同教弟兄用譴責的言詞對他們形成壓力，言行不一的希臘人只有喃喃自語：「我們務必忍耐，等待上帝只要將都城從吞吃的巨龍口裡拯救出來，到時大家會了解我們是否真要與阿茲邁特分子（Azymites）和解。」須知忍辱負重不是宗教狂熱的主要特性，宮廷的手腕不見得適應民眾熾熱情緒的自由和暴力。

居民不論性別和階層，從聖索非亞大教堂的圓頂，蜂擁前往僧人吉內狄斯（Gennadius）的小室，請教有關教會未來前途的神諭。聖人不見外客，通常在沉思冥想，恍惚之中陷入神意的通靈狀態，就在他小室的門口懸掛一塊可以寫字的木板，他們讀過可怕的字句以後陸續離開：「啊！可憐的羅馬人，你們為什麼要拋棄真理，為什麼不信上帝而要把一切託付給意大利人？你們要是喪失信仰就會丟掉城市！請憐憫我，啊！上主，我當著你的面誠心稟告，我一生清白無辜沒有犯下任何罪孽。啊！可憐的羅馬人，要思考未來，要停止作惡，要徹底悔改。面臨重要的時刻放棄祖先的宗教去接受邪惡的信仰，就會成為外國人的奴隸淪入萬劫不復的境地。」

要是根據吉內狄斯的意見，純潔有如天使而高傲有如惡魔的守貞修女反對教會聯合的決議，無論是現在和未來都不願與拉丁人在所有的宗教儀式上有任何連繫。她們的榜樣受到絕大部分教士和人民的稱讚和效法。虔誠的希臘人從修道院分散到各地的酒館，飲起酒來就像教皇的奴隸令人混淆不清，為了向無垢聖母的聖像致敬不停乾杯，懇求祂大發神威抗拒穆罕默德，就像從前祂從克司洛伊斯和台吉的手裡拯救受到恩寵的城市。宗教狂熱和酗酒過度的雙重麻醉之下，他們神勇百倍的高聲喊叫：「有什麼理由需要西方的援軍、教會聯合或是拉丁人？阿茲邁特份子的禮拜儀式趕快滾開！」土耳其人征戰行動的前一個冬天，像時疫發生的狂暴狀況使整個民族為之騷亂不已，其他的工作全部受到干擾。

四旬齋的齋期和復活節的來臨，並沒有激發仁慈和博愛的氣氛，只能用來加強狂熱信徒的剛愎心理，發揮更大的影響力。告解的神父對於信徒的心靈進行仔細的審查並且提出警告，任何人要是從教士的手裡接受聖體，對於教會聯合表示同意或是加以默許，都要強迫進行嚴厲的苦修和悔改。拉丁教士在祭壇奉行聖事，等於散播傳染病給參加儀式那些沉默和簡樸的群眾。邪惡的排場只會讓他們喪失僧侶職務所具有的美德，乞求他們的祈禱和赦罪帶來幫助，根本就是不合法

的行為，甚至有引起突然死亡的危險。聖索非亞大教堂剛受到拉丁奉獻儀式的汙染，馬上就被教士和人民當成猶太人的會堂或異教徒的廟宇棄若敝屣，巨大的圓頂下面瀰漫著一股肅殺之氣，過去這裡的香火旺盛，燈光燦爛，回響著祈禱和感恩的聲音。拉丁人是最可惡的異端分子和背離正統教義的走狗。大公爵是帝國的首席大臣，據說他公開宣稱，情願在君士坦丁堡看到穆罕默德的頭巾，總要比教皇的法冠或紅衣主教的角帽更為順眼。本土的情懷對於基督徒或是愛國志士沒有一點價值，希臘人縈迴在心帶來致命的後果。皇帝失去臣民的敬愛和支持，順從神意的安排和懷著奇蹟的解救希望，會使民族的怯懦行為變得無比的神聖。

7 兩軍在君士坦丁堡進行攻防作戰的概況（1453年）

君士坦丁堡的形狀成三角形，構成沿海的兩個邊敵軍很難接近，普洛潘提斯海的一邊形勢險要，靠近港口的一邊工事堅固。兩個水域之間是三角形的底部也就是陸地的一邊，雙重城牆和深達一百呎的壕溝作為保護（狄奧多西陸牆一共有三層，內層高四十呎，有一百一十二個塔樓，每個高約六十呎；外層高二十五呎也建有塔樓；最前面有一道胸牆，由護城河的內壁所構成，這個外壕有六十呎寬和十五呎深。在每道城牆的間隔有二十碼的空地）。根據目擊者法蘭札的說法，鄂圖曼人的主攻指向這條六哩長的防線。皇帝在最危險的部位分配兵力和律定指揮關係，自己負責外層城牆的守備任務。圍攻開始最初幾天，希臘士兵突入壕溝列隊出擊，他們立刻發現在兵力的對比上，一個基督徒要抵擋二十多個土耳其人，因此在這次大膽的先制作戰以後，採取審慎的行動用投擲武器保護他們的防壁，步步為營的做法不應指責為怯懦的表現。

希臘民族的確貪生怕死而且行事猥賤，最後關頭的君士坦丁卻無愧於英雄的稱呼，出身高貴的志願軍隊伍受到羅馬武德的鼓舞，就連外國的協防軍都有西部騎士的風範。不斷投射的標槍和箭雨伴著前膛槍和火砲的硝煙、巨響和火焰，他們使用的小型武器同時發射，可以打出五發甚至十發核桃大小的鉛彈，根據雙方隊列接近的程度和火藥的威力，一發子彈可以穿透幾層胸甲和軀體。土耳其人的進攻很快陷入壕溝之中，或是用屍體當作掩護。每天都能使基督徒增加實戰的經驗，只是儲量不足的火藥，卻在每天的作戰行動當中逐漸消耗殆盡。希臘人的火器在口徑或數量上都處於劣勢，即使他們擁有一些重型火砲，也不敢放列在城牆上面，唯恐古老的結構經不起爆炸的震撼發生倒塌。像這種極具破壞性的祕密早已為穆斯林所知曉，他們拿出宗教狂熱、金錢財富和專制制度更為優越的力量加

以利用。

　　穆罕默德擁有一門巨大的火砲已經特別引人注意，是那個時代重要而具體的題材，可以記載在史冊上面。這個龐然大物的左右兩側，還有威力幾乎相等的大口徑火砲。土耳其的砲兵火力排成一線對準城牆，十四個連的放列陣地同時向著最易進攻的位置發起轟擊。根據一個含糊不清的報導，有一個地點集中一百三十門砲，或是發射出一百三十發砲彈。然而蘇丹掌握的權勢和展開的行動，讓我們感覺到新科學已開始進入幼年期。當時有位大師已經計算出來，這門巨砲每天只能裝火藥和發射七次。過熱的金屬發生不幸的爆炸，幾名工作人員遭到炸死，有位高明的工匠值得欽佩，想到在每次發射以後把油灌進砲口，可以防止發生意外和危險事件。

　　最初漫無目標的射擊只能產生響聲沒有實際效果，在一名基督徒建議之下，教導操作人員要將砲口瞄準堡壘突出凸角的兩側。雖然還是不夠理想，重複發射的火砲已經在城牆上面留下無數的彈痕。土耳其人推進到壕溝的邊緣，想要填平這巨大的裂隙，開闢出攻擊的通路。不計其數的柴束、木桶和樹枝，交互混雜的堆積起來，亂成一團的烏合之眾行動毫無章法，走在前面或體力衰弱的人就被擠得一頭栽下深壕，很快被拋下的雜物所埋葬。圍攻部隊要填平壕溝是艱苦的工作，被圍人員清除遺留的廢棄物倒是很安全。經過一場歷時長久的血戰，白天辛苦織成的羅網在夜間被拆除得乾乾淨淨。穆罕默德想到第二種進攻方法是挖坑道，只是當地的土質全是岩石，每次的企圖都被基督徒工程人員所阻絕或破壞。可以在地下坑道塞進很多火藥，產生爆炸把整座塔樓或城市轟上天的技術，當時還沒有發明出來。

　　君士坦丁堡的圍攻作戰有一個非常顯著的特點，就是古代和現代砲兵技術的再度結合。火砲與拋擲石塊和標槍的投射裝置混雜在一起，發射的砲彈和攻城鎚對準同一處城牆。火藥的發明並沒有取代希臘火的運用，這種液體產生的火焰很難撲滅。體積碩大的木製塔樓安裝輪子推著前進，成為可以移動裝滿軍火和柴束的庫房，外面包上三層牛皮以資保護，上面開著射孔可以安全發射成群的子彈和箭矢，前面裝上三扇門，方便士兵和工匠的出擊和撤退之用。他們可以走樓梯到上層平台，裝著與平台同高的雲梯，使用滑輪架起一座吊橋直通對方的防壁，並且用爪鉤緊緊抓住。各種不同的技術和方法給希臘人帶來極大的困擾，有些最新的發明產生的危害最大。

　　聖羅馬努斯門的塔樓最後還是被敵人摧毀，經過一番惡鬥土耳其人從打開的缺口給趕了出去，黑夜使他們的行動受到妨害，他們堅信等到天亮生力軍又會加入再興攻擊，可以獲得決定性的勝利。趁著戰鬥暫停要掌握希望的時刻，皇帝和查士丁尼採取積極的行動，每一分鐘都用來改善現況，整夜留在位置重要的據點，不斷督導修復保護教會和城市安全的工事。等到天亮以後，急著要發起攻擊的蘇丹看到木製塔樓燒成灰燼，感到極為驚訝而且悲傷，壕溝清理完畢恢復原狀，聖羅馬努斯的塔樓又像從前那樣堅固和完整。他為計畫的失敗哀嘆不已，口中發出瀆神的喊叫，就是三萬七千個先知的話也無法讓他相信，背棄真主的人竟然能在很短的時間之內完成如此繁重的工作。

8 西部海上增援獲勝和穆罕默德的對策（1453 年）

基督教的君王雖然個性慷慨，採取的行動不僅消極而遲緩。君士坦丁最早考慮城市會被圍攻，就與愛琴海各島嶼、摩里亞和西西里，談判最為重要的補給品供應問題。要不是一直刮著凜冽的北風，五艘滿載商品和戰爭裝備的大型船隻，早在 4 月初就從開俄斯島的港口開過來。一艘船掛著帝國的旗幟，其餘四艘屬於熱那亞所有，裝滿小麥、大麥、酒類、食油和蔬菜，更為重要的是前來首都作戰的士兵和水手。經過費時冗長的耽擱之後，開始是微風拂面，到了次日變成強勁的南風，將吃水沉重的船隻吹過海倫斯坡海峽和普洛潘提斯海。城市無論是從海上還是陸地都被敵軍包圍，博斯普魯斯海峽的入口處，土耳其的艦隊在兩岸之間拉開排成新月形陣式，用來攔截或阻擋大膽的援軍。

讀者要是能在腦海出現君士坦丁堡的地形圖，就會感受到激動的心情，讚譽極其壯觀的偉大場面。五艘基督徒的大船，在一片歡呼聲中帆槳並用，對著敵人有三百艘船隻的艦隊，全速直接衝撞過去。無論是防壁上面或營地裡面以及歐亞兩洲的海岸邊上，全都擠滿無數的觀眾，焦急等待重大救援行動的最後結局。任何人打開始看到一面倒的狀況根本不會產生懷疑，無論用什麼標準來衡量都是穆斯林占有優勢，只要海面風平浪靜，他們憑著數量和勇氣一定穩操勝券。只是他們的水師在倉卒之間建立，存有很多的缺陷，主要出於蘇丹的意願而非人民的智慧。土耳其人處於成功的巔峰，一直認為真主將陸地交給他們，海洋留給不走正道的人，一連串的海戰失利和很快落於衰退的過程，證明謙虛的表白非常吻合事實。他們艦隊除了十八艘戰船具備作戰能力以外，其餘的組成部分都是沒有風帆的小船，不僅粗製濫造而且配備不全，上面擠滿部隊也沒有裝置火砲。而且，高昂的士氣取決於實力所帶來的信心，面對新的作戰環境，即使最勇敢的新軍也會膽戰心驚。

五艘堅固而龐大的船隻組成基督徒的分遣支隊，船長和舵手的技術熟練，其餘人員都是意大利和希臘的資深老手，他們的作戰經驗豐富，久經海上風浪的磨練。船隻的重量可以撞沉或衝散那些微不足道的障礙；敵人企圖阻擋前進的航道，他們用砲火掃過海面；有些敵人想要靠近強行登船，他們將液體的火焰直接灑在對手的頭上。對於這群本領高強的航海者而言，愈是猛烈的風浪愈為有利。激戰當中幾乎快要落敗的皇家船隻獲得熱那亞人的救援，土耳其人在遠距離的攻擊和近接戰鬥，兩次都被擊退而且損失慘重。穆罕默德騎馬趕到岸邊，用大聲的喊叫和親臨戰場激勵士氣，他許諾給予獎賞甚至用令人感到畏懼的懲罰，要部隊

勝利女神形狀的金製針頭。

再去攻打基督徒的船隻。無論是心靈的激情還是身體的姿勢，他看起來像是在仿效戰鬥人員的動作，彷彿他成為自然的主宰，明知不能發揮作用也會毫無所懼縱馬衝進海中。他的高聲譴責和營地裡喧囂的吼叫，逼得鄂圖曼人發動第三次攻擊，比起前面兩次更為凶狠和血腥。

　　儘管我並不相信仍然要重述法蘭札的證言，他從對方口裡聽來的說法：這一天的大屠殺土耳其的損失是一萬兩千人。他們在混亂中逃到歐洲和亞洲的海岸，基督徒的分遣支隊卻得意洋洋，毫無損傷沿著博斯普魯斯海峽航行，進入港口的鐵鍊之內安全下錨。他們對勝利充滿信心，吹噓土耳其人已經屈服在他們的武力之下。對方的水師提督身為土耳其的高級將領，從眼睛受傷的劇痛中獲得一些好處，可以把作戰的失敗歸於天意。巴爾薩·奧格利（Baltha Ogli）是保加利亞王室的叛賊，軍事方面建立的聲譽，受到令人厭惡的貪婪帶來的汙染。在君主或人民的專制政體之下，戰爭的失利足以構成犯罪的證據，穆罕默德受到挫折極為不滿，剝奪他的階級和一切職務。當著君王的面位高權重的水師提督被四名奴隸按倒在地，用金棍痛打一百杖，原來已經判處死刑，他要感激蘇丹的寬宏大量，僅僅處以籍沒和流放較輕的懲罰。

　　補給品的到達使希臘人恢復希望，開始指責西方盟國的按兵不動；然而過去在安納托利亞的沙漠和巴勒斯坦的山岩下面，數以百萬的十字軍人員毫無怨尤的犧牲性命。帝國的首都對敵人而言，形勢險要有如金城湯池，卻便於友軍的進入和支援，瀕海的城邦有合理和適當的軍備，原本可以保住殘留的羅馬名聲，能夠在鄂圖曼帝國的心腹地區維持一座基督徒的城堡。然而來到的船隻就是為解救君士坦丁堡，進行唯一一次軟弱無力的努力：相隔遙遠

的國家根本不了解即將到來的危險；匈牙利也可以說是杭尼阿德斯的使臣，一直住在土耳其的營地裡面，不僅要讓蘇丹不必對他們存有戒心，還可以對他的作戰行動提供意見。

　　希臘人很難洞悉土耳其國務會議所要保守的祕密，然而他們卻有先入為主的看法，認定如此固執而出乎意料的抵抗會使穆罕默德二世無法支持。蘇丹開始考慮撤退，如果不是位居次席的大臣出於野心和嫉妒，反對首相帶有賣國行為的建議，君士坦丁堡很快就會解圍，要知道這時卡利爾在暗中還是與拜占庭有書信的來往。土耳其人一定要從港口和陸地同時發動攻勢，否則不可能奪取堅固的城市，進出方便的港口根本攻不進去，對方拉著一條無法穿越的鐵鍊，派出八艘大船和二十多艘小船，以及幾艘戰船和單桅船嚴密的把守。土耳其人非但不敢強攻海上的防線，還唯恐對方的水師出擊，再次在開闊的海面正式開戰。才智過人的穆罕默德處於兩難的困境，想到一個大膽而奇特的計畫要付諸實施：他要把輕型船隻和軍用補給，從博斯普魯斯海峽經由陸地運到港口的深處。這段距離大約是十哩，地面崎嶇不平，四處林木叢生，需要從蓋拉塔的郊區打開一條道路，能否自由通行或是全軍覆滅要看熱那亞人的選擇。

　　意大利的商人自私而且過於短視，只顧眼前不計長遠的後果；實在不得已撐到最後才被消滅也心甘情願，他們應該堅持拒絕的態度。誰知運送船隻的技術還有不周的地方，他們願意提供數以萬計的人力提供支助，完全是開門揖盜的自取滅亡。一條平坦的道路鋪起堅硬而又結實木板製成的平台，上面塗著牛或羊的脂肪使得更為光滑。八十艘輕型戰船和雙桅帆船，後者配備五十名或三十名划槳手，從博斯普魯斯海峽拉上岸來，按照排列的次序在船底墊起滾木，用人力及滑輪拖曳前進。每艘船有兩名嚮導或舵手位於舵房或船頭，掛的帆全在風中張開，歌聲和吶喊在鼓起大家的幹勁，利用一個夜晚的時間，土耳其艦隊不辭辛勞爬上山岡，經過一片平疇，接著在離開希臘人吃水較深的船隻有段距離、不會受到妨害的地方，從斜坡上面直接滑下港口裡面的淺水區。突然的行動引起驚慌和產生自信，因而誇大它的重要性，不過卻是眾所周知和無可置疑的事實，出現在兩個民族的眼前已經記錄下來。古代人曾經多次運用類似的策略；鄂圖曼的戰船（我必須重申此事）應該是大型船隻，要是我們將巨大的船體和拖行的距離，與遭遇的障礙和運用的方法進行比較，像這樣一個可以吹噓的奇蹟，可能只有我們的時代費盡力氣才能達成。

　　等到穆罕默德用一支艦隊和軍隊占領港口的上半部地區，就在最狹窄的地段構建一座橋樑或堤壩，有五十肘尺寬和一百肘尺長，全部由大小不等的木桶組

成，用鐵鈎與大筏連在一起，上面鋪著很結實的木板。他在浮動砲台架起一門最大口徑的火砲，再用八十艘戰船滿載部隊和雲梯，航向最容易靠近的一側，拉丁征服者前一次就在此處攻破城池。有人指責基督徒因循怠惰，沒有趁著工程尚未完成之前予以摧毀，須知他們的砲擊為更為優勢的火力壓制。基督徒何嘗不想在夜間出擊燒毀蘇丹的船隻和橋樑，對方提高警覺加強戒備拒止他們的接近，位居前列的輕型小艇不是擊沉就被擄走，蘇丹的命令之下四十名意大利和希臘最勇敢的青年慘遭屠殺。雖然實施正當而殘酷的報復行為，兩百六十名穆斯林戰俘的頭顱掛在城牆上面，還是難以平息皇帝悲痛的情緒。

　　經過四十天的圍攻以後，君士坦丁堡已經是在劫難逃，人數日益減少的守備部隊在兩面夾擊之下幾乎消耗殆盡，多少世代對抗敵人暴力的堅固工事，在各個方面都被鄂圖曼的砲火打得七零八落，很多地點出現缺口，靠近聖羅馬努斯門的四座塔樓全被夷為平地。君士坦丁為了發餉給戰力衰弱已有反意的部隊，逼得要拿走教堂所有的財物，答應將來要用四倍的價錢償還債務，這樣一種褻瀆神聖的行為，使得大聲叫囂反對教會聯合的敵人，對他增添一樁譴責的罪狀。明爭暗鬥的氣氛進一步破壞基督徒殘餘的實力，熱那亞和威尼斯的協防軍都聲稱自己的服務最為卓越。大公爵到現在還是野心勃勃，查士丁尼和他已經處於共同的危機之中，仍然相互指責對方叛逆和懦弱。

9　土耳其人發動全面攻擊和希臘皇帝的陣亡（1453年）

　　君士坦丁堡受到圍攻期間，有時也會提到求和與投降的問題，營地和城市之間曾有幾名使者來往。希臘皇帝處於逆境顯得非常謙卑，只要不悖離宗教和皇權願意接受任何條件；土耳其蘇丹希望減少士兵的犧牲，更想把拜占庭的財寶據為己有，他為了完成神聖的責任特別提出蓋波兒的處理方式，就是願行割禮、支付貢金或面對死亡供他們選擇。每年獲得十萬個達克特金幣或許可以滿足穆罕默德的貪婪，他的雄心壯志卻要緊緊抓住東部的都城，於是他願意提供希臘皇帝同樣富有的城市，對於人民可以容忍信仰自由或讓他們安全離去。經過毫無結果的談判之後，蘇丹終於宣示他的決定，如果不能據有君士坦丁堡的寶座，情願將此地當成他的墳墓。帕拉羅古斯不能將城市交到鄂圖曼人手裡，此事有關個人榮譽，擔心受到千載罵名，堅定意志力戰到底至死不屈。蘇丹花幾天時間完成攻擊的準備工作，運用愛好的占星學，把帶來吉兆的重要時間定在5月29日，可以使大家獲得一段休戰的間隙。

他在27日夜晚發布最後的命令，親自召集軍事首長開會，派出傳令官到營地各處，宣布此一重大冒險行動的任務和目的。專制政體的首要原則是恐懼，他用東方人的方式發出威脅之辭，擅離職守和臨陣不先的人員，即使長著飛鳥的翅膀，難逃正義之手給予鐵面無情的懲處。他手下大部分高級將領和新軍成員，都是基督徒家庭的後裔，至於能夠獲得尊貴的土耳其姓氏，靠著一再發生的收養關係永久保存下來。個人的身分逐漸發生變化，帶來身教言教和嚴格紀律，軍

三女神青銅鏡。

團、團隊和連隊的精神得以保持積極進取的活力。從事這一場聖戰，穆斯林受到勸導要用祈禱和七次沐浴，淨化他們的心靈和肉體，翌日結束之前一直要禁食。一群伊斯蘭托缽僧訪問各處的帳篷，灌輸士兵宗教信念要成為殉教的烈士，保證他們會在天堂到處是河流的花園裡面，擁抱長著黑眼睛的童女，度過永恆的青年時光。

然而穆罕默德更看重塵世可見的報酬，承諾發給勝利的部隊雙倍的薪餉。蘇丹說道：「我只要城市和建築物，一定會將俘虜、戰利品、金銀財寶和美女，全部拿來當作英勇的獎賞，人人得到財富和快樂。我的帝國有廣大的幅員和眾多行政區域，首先登上君士坦丁堡城牆的大無畏士兵，獲得的酬勞是掌管最美好和最富饒的行省，我的感激所加於他的榮譽和產業遠超過他的希望。」

強烈的刺激和動機在土耳其人的心中形成高漲的熱情，使得他們不禁躍躍欲試而且將生死置之度外，整個營地響起「阿拉是唯一的真主」和「穆罕默德是祂的使者」的呼叫聲，在海上和陸地到處可聞，從蓋拉塔到七座塔樓遍地閃爍燃燒的營火。

基督徒的狀況大不相同，他們都在唉聲嘆氣的埋怨，悔恨自己的罪孽和即將來臨的懲罰，聖母馬利亞的聖像已經展示在巡遊的行列，至高無上的守護神對他們的乞求充耳不聞。他們責怪皇帝固執己見未能及早投降，念念不忘未來的處境令人不寒而慄，奢望土耳其人的奴役還能獲得休息和安全。尊貴的希臘人和勇敢的盟軍全被召往皇宮，要在28日夜晚完成準備，對於即將發起的全面攻擊，

不畏危險善盡自己的職責。帕拉羅古斯最終的講話等於是羅馬帝國舉行葬禮的悼辭：在他心中已經破滅的希望，即使再三提出承諾和懇求，一切的企圖只是徒然無益。整個世界找不到容身之地何其冷漠和陰森，對於慷慨赴義為國捐軀的英雄，無論是福音書還是教會都沒有提起任何明確的補償。只有他們的國君以身作則的榜樣以及處於圍攻的困境之中，使得麾下的戰士用絕望中奮鬥的勇氣加強作戰的力量。

史家法蘭札當時參加悲傷的會議，親身的感受描述極其慘痛的場面。他們流下眼淚擁抱在一起，全都將家庭和財產置之不顧，決心奉獻自己的生命。每一位將領離開會場，立即前往負責的崗位，整夜帶著焦慮的心情，提高警覺在防壁上面守望。皇帝和幾位忠誠的友伴走進聖索非亞大教堂，此處再過幾個時辰就會成為一所清真寺，他們用淚水和祈禱舉行虔誠的領聖體儀式。他在皇宮休息片刻，四周回響哭泣和哀嘆的聲音，皇帝乞求那些可能受到他傷害的人給予原諒，接著騎馬離開前去巡視哨所，觀察當面敵軍的動靜。最後的君士坦丁蒙受的苦難和絕滅，比起拜占庭以往長治久安的凱撒，發射出更為耀目的光輝。

攻擊部隊可以利用暗夜的掩護得以亂中取勝，穆罕默德的軍事判斷和占星學素養，要讓全面的進攻在光天化日之下進行，那是1453年5月29日令人難忘的早晨。他們的前一夜是在辛勞的工作中度過，部隊、大砲和柴束都已運到壕溝的邊緣，很多地點開闢平坦的通道直達防壁的裂口。八十艘戰船的船頭和架起的雲梯，幾乎接觸到面對港口的海牆，那個部位的防禦力量非常薄弱。土耳其士兵在處死的恐懼之下只有啣枚疾走，行動總要發出受到克制的聲音，即使軍紀和害怕也不能違反順乎自然的規律。每個人只有盡量壓低聲息，摸索腳步前進，數千人的行進和動作，無可避免傳出一種奇特而混雜的聒噪，傳入塔樓上面的哨兵耳中。

天色剛剛破曉，土耳其人免去日常規定的起床砲信號，從海上和陸地對著城市發起全面的行動。他們的攻擊線緊密和連續的程度，可以比擬一根雙股或多股擰成的繩索。最前面的隊列是部隊的渣滓，一群零亂不堪的烏合之眾：都是老弱殘兵、農夫和流浪漢，還有懷著盲目希望的人員，加入軍隊是為了靠搶劫發財或是成為殉教烈士。一致的衝動驅使他們奔向外牆，最大膽的人在攀登的時候很快摔落下來。基督徒面對愈聚愈多的敵人，沒有浪費一根標槍或是一顆彈丸，只是他們的精力和彈藥在防禦作戰當中消耗殆盡。壕溝填滿被殺士兵的屍體，為他們的戰友提供可以落腳的地點，對些志願獻身的先鋒部隊而言，陣亡比活著作戰更能發揮作用。

安納托利亞和羅馬尼亞的部隊，各自在他們的將領和頭目率領指揮之下，陸

續投入進攻的行動。他們的進展有時順利有時被迫後退，整個情勢很難預料。經過兩個小時激戰，希臘人不僅維持原來的局面而且處於有利的地位，到處都可以聽到皇帝的聲音，激勵士兵盡最大的努力拯救他們的國家。就在這個緊要關頭，土耳其的新軍重新整頓鼓起勇氣，用排山倒海之勢衝向敵人。蘇丹騎在馬上手裡拿著一根鐵矛鎚，親自壓陣嚴密掌握戰場的狀況。他的四周是一萬名最精銳的御林軍，要保留到決定性的時刻，他用獨斷的聲音和銳利的眼光操縱戰爭浪潮的起伏。大批執法人員安置在戰線的後面督戰，用強制、督促和懲罰的手段逼著部隊進攻，對於臨陣脫逃的人員來說，戰線的前列固然危險萬分，退縮只會帶來羞辱和不可避免的死亡。

　　恐懼和痛苦的喊叫為鼓號齊鳴的軍樂淹沒，根據經驗已經獲得證明，演奏的樂曲要是節拍強烈旋律動人，就會加快血液循環振奮精神，對人體產生的刺激作用遠勝於理性和榮譽的說教。鄂圖曼的砲兵部隊從陣線、戰船和浮橋，發出震耳欲聾的射擊和爆炸的響聲，營地和城市、土耳其人和希臘人全被一片硝煙彈雨所籠罩，只有等到羅馬帝國的絕滅或獲救才會消散。舉凡在歷史和傳說當中的英雄人物一對一搏鬥，引發我們的想像也使我們感興趣。戰爭藝術的快速發展可以增加人類的智慧，儘管帶來無窮的禍害，還是使一門必要的科學獲得極大的進步。全面進攻的畫面總是大同小異令人厭惡，到處是鮮血淋漓、恐怖萬分和混亂不堪。時隔三個世紀相距一千哩，即使我再努力也無法詳細描繪當年的景象，何況對陣的狀況不容旁觀者存在，就是當事人也無法提出任何公正準確的說法。

　　君士坦丁堡陷落的直接原因，是一發穿透約翰·查士丁尼鎧甲的子彈或箭矢。他看到自己鮮血直流而且劇痛無比，使得這位軍事首長喪失勇氣，然而他的指揮才華和用兵藝術是都城最堅固的堡壘。他離開自己防守的崗位下去找外科醫生，看成要逃走的樣子被不知疲勞的皇帝攔住，帕拉羅古斯驚喊

銀製鴿子裝飾。

道：「你的傷勢很輕！目前的情況非常危險，你要留在這裡坐鎮，況且你又能退到哪裡去呢？」全身戰慄的熱那亞人說道：「我要用上帝為土耳其人打開的通道撤走。」說完這句話他便穿過內牆一個缺口趕緊走掉，臨陣脫逃的怯懦行為玷汙一生的武德，最後在蓋拉塔或開俄斯島也不過多活幾天，良心的不安和公眾的指責飽嘗臨終的痛苦。絕大多數的拉丁協防軍都效法他的榜樣，等到敵人用加倍的勇氣再度發起攻勢，守軍的防線開始動搖。

鄂圖曼人的數量超過基督徒五十倍或一百倍，堅固的工事在砲火的轟擊下成為一堆殘磚廢垣。周長十多哩的城牆必然有些地方容易進攻或是守軍薄弱，如果圍攻者在某一點突破，整個城市的下場是無法挽回的陷落。新軍的哈珊（Hassan）軀體雄偉膂力驚人，有資格接受蘇丹最高獎賞，他一手握著彎刀一手持著盾牌登上外牆的碉堡，三十名新軍不甘示弱隨著進攻，其中十八名在勇敢的行動當中喪命，哈珊和他的十二名戰友登上碉堡的頂端。不服輸的巨人從防壁上面打落下來，他以一個膝蓋支撐住身體，接著被暴雨一樣的標槍和石塊擊倒。他用果敢的攻擊證明任務可以達成，城牆和塔樓很快爬滿密密麻麻的土耳其人，現在希臘人都被趕出有利的陣地，馬上為不斷增加而且聲勢浩大敵軍殲滅殆盡。

在進擊和敗退的洶湧人潮當中，很長一段時間還可以看見皇帝，終於消失變得蹤跡全無，他已經善盡作為一位將領和士兵的全部使命。圍繞在他身邊負責警衛的貴族，維護帕拉羅古斯和康塔庫齊尼的榮譽和名聲，全部戰鬥到最後一息壯烈成仁。有人聽到他的喊叫何其悲憤：「難道找不到一個基督徒把我的頭砍下來嗎？」他最大的恐懼是活著落入不信上帝的人手中。已經絕望的君士坦丁為審慎起見脫下紫袍，兩軍混戰當中遭到無名之輩的殺害，身體埋在堆積如山的屍首下面。等到他陣亡以後無人抵抗秩序蕩然，希臘人爭著向內城逃走，很多人在聖羅馬努斯門狹窄的通道擠得窒息而死。

戰勝的土耳其人從內牆的缺口一擁而入，衝進大街很快與他們的弟兄會合，後者是從海港一側的菲納爾（Phenar）門攻入城市。開始這陣狂熱的追殺過程，兩千名基督徒死於刀劍之下，貪婪的心理很快勝過殘酷。勝利者一直持用這種看法當藉口，如果不是皇帝和精選的隊伍英勇奮戰，使得他們以為首都各處都會受到類似的抵抗，那麼他們立刻就會停止屠殺全面給予赦免。整個的情況就是如此，君士坦丁堡過去曾經打退克司洛伊斯、台吉和幾位哈里發的進犯，現在受到五十三天的圍攻，絕望的情勢無法挽回，穆罕默德二世的武力達成征服的目標。拜占庭這個名字構成的帝國，過去僅僅落到拉丁人的手裡，現在整個城市連同神聖的宗教全被穆斯林征服者踩在腳下。

10 君士坦丁堡陷落遭到燒殺擄掠的狀況（1453 年）

　　長著翅膀的噩耗迅速傳布開來，只是君士坦丁堡的範圍廣大，還能延長一些幸福的時刻，不會馬上知道國破家亡的消息。舉凡處於普遍存在的恐慌之中，處於為自身或社會的焦慮之中，處於攻擊的混亂和喧囂之中，一個難以成眠的夜晚和清晨必定已經轉瞬而過。我也不相信有許多希臘婦女會被土耳其新軍，將她們從深沉而安詳的睡眠中驚醒。居民等到確知大難臨頭之際，很快從所有住宅和修道院逃走一空。戰慄的居民就像一群膽怯的小動物，成堆聚集在街道上面，好像眾多的弱者在一起就會產生力量，再不然懷著自我安慰的希望，認為個人躲在群體之中就會安全或是不會被人看到。從首都的每一個角落，大家擁入聖索非亞大教堂，一個時辰之內，內殿聖所、唱詩台、中殿以及上下廊道，全都擠滿了父親和丈夫、婦女和孩童、教士和僧侶以及童貞修女，緊閉的大門從裡面閂住，尋求上主的殿堂給予保護，不久之前他們還感到十分痛恨，將這裡視為瀆神和不潔的建築物。

　　他們的信心來自一個宗教狂熱分子或騙子的預言：有一天土耳其人會進入君士坦丁堡，追殺羅馬人直到君士坦丁的石柱，位於聖索非亞大教堂前面的廣場。神聖的地點是災禍的盡頭，一位天使會手拿寶劍從天而降，把解救帝國的責任連帶天神的武器，交給坐在石柱底下的一個窮漢。天使會說：「拿起這把寶劍為上帝的子民報仇雪恥。」大家會為振奮人心的言詞鼓舞士氣，土耳其人立即遭到打敗飛快逃走，勝利的羅馬人會將他們驅出西部，從整個安納托利亞地區趕到波斯的邊境。就是在迷信和神蹟的情況之下，帶著幾分幻想和許多真理的杜卡斯，對於希臘人的爭執和頑固大加指責，博學的史家哀嘆道：「設若天使真的出現，提出的要求是教會的統一，祂才幫助你們消滅敵人，即使處在生死存亡極為重要的時刻，你們也會將安全置之不顧，或者是假裝同意欺騙你們的上帝。」

　　就在希臘人期待天使降臨而天使遲遲不來的時候，大門已經被斧頭劈開，土耳其人沒有遭到任何抵抗，現在無須展開大肆殺戮的手，用來挑選和保有大批俘虜，年輕、美貌和看來富有的人是爭奪的對象。他們之間所有權的決定在於攫取的先後、個人的實力和長官的命令。只用一個時辰的工夫，男性俘虜都被繩索綑綁，女性則用自己的面紗或腰帶。元老院的議員和奴隸、高級教士和教堂的門房，全部不論身分高低拴在一起；平民階層的年輕男子也與貴族少女綁在一堆，羞怯的少女平常不輕易露面，就連最親近的家屬也很少見到她們的臉孔。在這一大群的俘虜當中，社會的地位沒有人理會，血親的關係全部砍斷，凶狠無情的士

兵對於父親的呻吟、母親的哭泣和孩童的哀嚎根本無動於衷。俘虜之中哭聲最高的人是出家的修女，她們衣衫不整、伸展雙手、披頭散髮被從祭壇旁邊拖走。我們非常虔誠的相信，她們之中很少人願意放棄修道去過後宮的生活。不幸的希臘人就像馴服的家畜，一串一串用粗暴的動作趕過街道，征服者急著回去抓更多的獵物，他們在鞭打和叫罵聲中只有加快蹣跚的腳步。

就是在這個時候，首都所有的教堂和修道院、所有的宮殿和住宅，都在進行類似的搶劫活動。城市裡面再沒有一個地方，無論是多麼與世隔絕，能夠保護希臘人的人身和財產的安全。虔誠的民眾大約有六萬人從城市運到營地和艦隊，完全憑著主子的意願或利益將他們交換或出售，成為奴隸分散到鄂圖曼帝國遙遠的行省。我們在他們中間可以看到一些極為出眾的人物。史家法蘭札是首席寢宮總管和御前大臣，他的家庭也遭到相同的命運。忍受四個月艱辛的奴役生活，他恢復自由，翌年冬季冒險前往亞得里亞堡，從馬廄總管的手裡贖回他的妻子，兩個年輕貌美的孩兒抓去侍候穆罕默德本人。法蘭札的女兒死於後宮，很可能保住貞操；那個十五歲的兒子，寧死也不願受辱，被身為最高統治者的情人，因愛生恨親自用刀將他刺死。諸如此類慘無人道的行為，不能用個別的人情或慷慨來抵消和補償。

蘇丹收到菲勒福斯（Philelphus）呈送一首拉丁頌歌，知道詩人的妻子來自一個高貴的家庭，就把擄來的貴婦人和兩個女兒全部釋放。穆罕默德要是抓住羅馬的使節，大可滿足他的驕傲或殘酷。機智的紅衣主教伊西多爾避過搜捕，穿著一套平民服裝從蓋拉塔逃走。外港的鐵鍊和入口仍舊受到意大利的商船和戰船的控制，他們在圍攻期間已經表現過人的英勇，趁著土耳其水手分散在城市四處搶劫，他們抓住機會開始撤退。正當船上的水手升起船帆之際，海灘上面擠滿乞求和哀號的群眾。運輸的工具有限，威尼斯人和熱那亞人只挑選自己的同胞。雖然蘇丹提出最動聽的保證，蓋拉塔的居民還是帶著最值錢的財富，拋棄家園登船離開。

在一座大城陷落和遭到洗劫的時候，總有史家重複敘述一再發生的災禍，同樣的激情產生類似的結果。要是說人性的激情無法控制可以任意濫用，唉呀，那麼文明人和野蠻人又有多大差別？偏執和憎恨的微弱叫喊聲中，土耳其人並沒有受到指責，說他們帶著惡意濫殺無辜的基督徒。根據他們的規則（存在的歲月何其古老），戰敗者喪失生存的權利，征服者合法的報酬來自男女俘虜的勞役、售價或贖金。君士坦丁堡的財富全被蘇丹賞給戰勝的軍隊，一個小時的搶劫勝過多年辛苦的工作，戰利品的分配沒有規定適當的辦法，每個人得到的分量並不取

決於他的功績。獎勵英勇作戰的酬勞被一群營地的混混趁火打劫偷走，這些人渣卻一直逃避戰場的辛勞和危險，敘述他們的搶劫行為非但讓人厭惡也不能產生教誨的作用。即使帝國已經處於非常窮困的時期，掠奪的總額約為四百萬個達克特金幣，其中有一小部分是威尼斯人、熱那亞人、佛羅倫斯人和安科納（Ancona）商人的財產。外國人的股本在迅速和不停的流通中增值極快，希臘人的財富用來炫耀宮殿和衣飾，或是兌換成錠的金銀和古老的錢幣深藏在地下，唯恐為了保衛國家從他們的手裡拿走。

教堂和修道院受到褻瀆和劫掠，引起最令人痛苦的怨恨。聖索非亞大教堂極其雄偉的建築物，人間的天堂、巨大的蒼穹、天使的華蓋、上帝的寶座，多少世代的奉獻全被搜刮一空，無數的金銀財富、珠寶飾物、花瓶器皿和神聖物品，用邪惡的手法奪去供給人類使用。那些在異教徒眼裡稍有價值的東西，將上面的聖像擦掉或刮除，剩下的帆布或是木料便被扯碎、打爛、燒毀或踩在腳下，要不就極其惡毒的用在馬廄或廚房之中。他們所以使出褻瀆神明的做法，完全是從君士坦丁堡的拉丁征服者那裡學來，基督、聖母和聖徒從罪孽深重的正統信徒得到的待遇，狂熱的穆斯林用在偶像崇拜的紀念物。或許哲學家不會隨著公眾一起喊叫，反而說在藝術趨於沒落的時代，技巧不可能比作品更有價值，狡猾的教士和輕信的人民很快用新供應的顯靈和奇蹟全面加以更換。拜占庭的圖書在這場全面的變亂中被毀和失散，可能使他真正感到悲痛。據說有十二萬部手稿或抄本不知去向，一個達克特金幣可以買到十卷書，同樣低廉的價格對神學的書籍來說還嫌太高，亞里斯多德和荷馬的全部著作也受到可憐的待遇，要知道這是古希臘最偉大的學術和文藝作品。我們或許能高興的想到，古典文化的寶庫中極大部分無價珍品安全存放在意大利，何況日耳曼有個城鎮發明一種技術（是指谷騰堡的印刷術），可以用來抗拒時間和蠻族的破壞。

11 穆罕默德二世的入城及後續處理（1453 年）

令人難忘的 5 月 29 日從第一個時辰開始，發生在君士坦丁堡的暴亂和搶劫，一直延續到當天第八個時辰，就是蘇丹踏著凱旋的腳步通過聖羅馬努斯門之際。穆罕默德二世的四周有大臣、將領和衛士的簇擁，每個人（一位拜占庭史家的說法）都像海克力斯那樣強壯，像阿波羅那樣高明，能在戰場上打敗十個不堪一擊的對手。征服者用滿足而驚訝的眼光注視教堂和宮殿，雖然與東方建築的風格迥異卻顯得更為雄偉和無比的光輝。他在橢圓形競技場目不轉睛看著三蛇盤繞的石

柱，像是在試一試他的臂力，矛鎚或戰斧的猛擊打碎一條怪蛇的下顎，土耳其人認為猙獰的雕像是城市崇拜的偶像或守護的神物。穆罕默德在聖索非亞大教堂的正門下馬，走進擁有巨大穹頂的建築物：他用極為珍愛的態度把這個地點當成光榮的紀念物，以至於看到一名狂熱的穆斯林正在敲碎鋪在地面的大理石，就拔出彎刀大聲恫嚇：要是戰利品和俘虜都賞給士兵，所有公私建築物必須留給君王。

在他的命令之下，東部教會的主座教堂改為清真寺，宗教儀式使用的貴重器具和用品全部搬走一空，所有的十字架全部推倒，布滿圖像和鑲嵌畫的牆壁經過刮除沖洗，恢復最早赤裸和光禿的狀況。就在同一天或是次周的禮拜五，叫拜人登上最高的塔樓，用真主和先知的名字發出召喚的呼喊，伊瑪目講道完畢，穆罕默德二世在大祭壇祈禱和感恩，須知最後幾任凱撒不久之前在此舉行基督教的神祕儀式。蘇丹從聖索非亞大教堂前往神聖而陰鬱的大殿，那裡供奉君士坦丁大帝以來一百個繼位的皇帝，也才不過是幾個時辰的變遷，剝奪一切皇家的氣勢和威嚴。一種人事滄桑興衰無常的傷感情緒盤據在蘇丹的心頭，他禁不住口中唸出波斯詩人高雅的絕句：「蜘蛛結網昭陽殿，梟鳥哀鳴子夜歌；千古江山如許恨，百戰英雄奈樂何！」

他在沒有確切知道君士坦丁的下落之前，是逃走或是被俘，還是在戰場陣亡，心中仍舊感到不安，好像自己並沒有獲得全面的勝利。兩名新軍士兵聲稱擁有殺死皇帝的榮譽要求給予獎賞，在一大堆陣亡人員當中，鞋上繡有金鷹的屍首找出來，希臘人含著眼淚認出已故皇帝的頭顱，血淋淋的戰利品經過公開示眾，穆罕默德為了尊重對手，安排適合身分的葬禮。君士坦丁戰場陣亡，大公爵兼帝國的首席大臣盧卡斯‧諾塔拉斯（Lucas Notaras）成為最重要的俘虜，他俯伏在寶座的腳前，奉獻個人服從和全部財產，蘇丹氣憤的說道：「你為什麼不用龐大的財富保衛君主和國家？」這個奴才回答道：「這些都是您的，上帝要把所有的財富保留下來好交到您手裡。」專制暴君問道：「要是祂真要把這一切保留給我，那你為什麼不馬上交到我手裡，還要徒勞無益死命抵抗？」根據大公爵的說法，出於某些國外人士的據理力爭和土耳其大臣的暗中包庇，使得極為危險的會晤能夠平安無事，同時他還獲得免於處分和給予保護的承諾。

穆罕默德還親自去拜訪他的妻子，這位可敬的公主受到病痛和憂傷的折磨，他用仁慈的語氣和晚輩的尊敬，對她的不幸表示慰問之意。惻隱之心及於政府的重要官員，其中有幾位還是由他出錢贖得自由之身，開頭那些天，他還自稱是這個被征服民族的朋友和父親。情況很快發生改變，在他離開之前，出身高貴的俘虜在橢圓形競技場遍灑他們的鮮血。基督徒咒罵不守信義的殘酷行為，對受到

處決的大公爵和他的兩個兒子，封上殉教英雄的稱號，死因說成他有大無畏的精神，拒絕暴君拿他的兩個孩子滿足獸慾。然而一位拜占庭的史家在無意中透露信息，提到陰謀活動、企圖逃走和意大利的援軍等說法，這種起義行動極其光榮，勇敢的叛徒冒著生命的危險自然是死而無憾。征服者處死不能再信任的敵人，我們也毋須過於責怪。勝利的蘇丹在 6 月 18 日班師亞得里亞堡，面帶微笑接見基督徒君主派來的使臣，低賤而無用之輩從東部帝國的喪失，看到自己即將滅亡的命運。

君士坦丁堡成為一片赤裸的荒漠，沒有君王也沒有人民。作為一個偉大帝國的國都，無可比擬的地理位置卻不容抹殺，天生靈秀之氣永遠勝過時間和命運的一時損害，鄂圖曼古老的政治中樞布爾薩和亞得里亞堡都降為省府。穆罕默德將他自己和繼承人的居所，仍舊放在君士坦丁選擇的高地上面。蓋拉塔的防禦工事原來做為拉丁人屏障，為了審慎起見已經全部拆除。土耳其的砲火造成的損害很快恢復，8 月以前就燒製大量石灰用來修理首都的城牆。現在所有的土地和建築，無論屬於公眾或私人所有，無論是世俗或教會的產權，全部都歸於征服者的名下。

他先從三角形的頂點劃出一塊八弗隆見方的地區，用來建築他的後宮或皇居。就是在這個極其奢侈繁華的核心地點，大君（意大利人對他的尊稱）好像統治整個歐洲和亞洲。他置身在博斯普魯斯海峽的岸邊，很難確保不受敵對水師的進犯。現在已經成為清真寺的聖索非亞大教堂，每年有豐碩的歲入，四個角落建起高聳的叫拜塔，環繞著樹叢和流泉，供穆斯林前來禮拜和休息之用。皇家清真寺也模仿偉大建築的格局和式樣，成為穆罕默德所建第一所寺院，就在神聖使徒大教堂和希臘皇帝陵墓的廢墟上面。城池陷落以後第三天，在一次顯靈中發現阿布・阿優布或約伯的墓，他是第一次圍城之戰陣亡的阿拉伯人，從此新任蘇丹在殉教烈士的墓前受領統治帝國的佩劍。

君士坦丁堡與羅馬史家不再有任何關係，我也用不著一一列舉民事或宗教的建築物，無論是受到土耳其主子的褻瀆還是來自新建。人口得到補充很快恢復原狀，在那年 9 月底之前，便有來自安納托利亞和羅馬尼亞的五千戶家庭，他們奉皇帝的命令遷往都城的新居，凡是抗命不從者一律處死。穆罕默德的寶座受到數量眾多而又忠心耿耿的穆斯林保護。他那合理的政策有助於召回殘餘的希臘人，只要確信生命財產、自由權利和宗教信仰獲得保障，他們很快成群結隊回來。教長的選舉和任職，恢復並且仿效拜占庭宮廷原來的儀式。他們懷著歡欣和恐懼參半的心情，看著坐在寶座上的蘇丹把權杖或牧杖交給金納狄斯，當作出任教會職

位的象徵。接著他引導教長到達後宮的大門，贈給他一匹鞍轡華麗的駿馬，讓一些大臣和將領陪他前往指定給他居住的宮殿。

君士坦丁堡的教堂由兩個宗教均分，非常清楚的標示出界線，直到穆罕默德的孫子謝利姆（Selim）才破壞原來的規定，希臘人享受平等劃分的好處達六十多年之久。有些國務會議的大臣希望逃避蘇丹的狂熱情緒，基督教的擁護者在他們的鼓勵之下，竟敢大膽宣稱此一劃分並非出於君王的慷慨，而是正義行為的要求；並非出於單方面的讓步，而是雙方協議的結果；要是城市的一半是被強攻奪取，其餘的一半是為了信守神聖的條款放下武器投降。最初批准的協定已經被大火燒掉，不過有三名年邁的新軍人員還記得處理的過程，他們的證言使喪失的權利得到彌補。就康提米爾（Cantemir）的看法，比起那個時代所有史籍一致認同的意見，可以收買的誓言聽來更為可靠。

12 希臘王朝的絕滅給歐洲帶來悲傷和恐懼（1453-1481年）

希臘王國在歐洲和亞洲剩餘的領土，全部交給土耳其軍隊去處置，兩個王朝曾經都在君士坦丁堡實施統治，他們最後的滅亡也就標誌著東羅馬帝國衰亡的終結。摩里亞的藩王德米特流斯和湯瑪士，是帕拉羅古斯皇族僅存的兩兄弟，對於君士坦丁皇帝的死事和君主國的毀滅深感震驚。他們知道毫無抗拒的希望，與出身高貴和命運相同的希臘人，準備遠離鄂圖曼的魔掌，要到意大利去尋找棲身之地。勝利的蘇丹滿足於一萬兩千個達克特金幣的貢金，他們最初的恐懼得以消除。穆罕默德二世的野心放在歐洲大陸和一些島嶼搜尋獵物，摩里亞能安然消磨七年的時光，這段緩刑期卻在哀傷、爭執和痛苦中度過。地峽的防壁不斷修復又遭摧毀，不可能長期由三百名意大利弓箭手守備。通往科林斯的鑰匙也掌握在土耳其人手裡，他們從夏季的寇邊行動中歸來，帶回大批俘虜和戰利品，受到傷害的希臘人發出怨言沒人理會，有人聽到還表示厭惡。四處漫遊的阿爾巴尼亞人部族靠著放牧和搶劫為生，使得廣大的半島充滿劫掠和謀殺。

兩位藩王向鄰近的土耳其將領乞求危險而又羞辱的救援，等到外來的軍隊平定叛亂，教訓和斥責成為他們爾後行動的準據。無論是雙方的血緣關係還是在聖餐禮和聖壇前反覆發出的誓言，甚至是基於需要的更強烈壓力，都無法平息或暫停內部的爭執。他們用火和劍踐踏對方的世襲產業，來自西方的救濟和援助耗費在國內的敵對行動，他們的力量僅用於野蠻和任性的處決。弱勢的對手出於悲痛和報復，求助最高統治權的主子。等到作物成熟的復仇季節，穆罕默德宣稱自

己是德米特流斯的友人，率領一支無敵的
部隊進軍摩里亞，當他據有斯巴達以後，
蘇丹說道：「你的實力過於衰弱，無法控
制多事的行省，我準備娶你的女兒，好讓
你在安全和光榮當中度過餘生。」德米特
流斯在嘆息之餘只有聽命，獻出自己的女
兒和城堡（1460 年），跟隨他的國君和女
婿前往亞得里亞堡，得到色雷斯一座城市
和附近的因布洛斯（Imbros）島、林諾斯
島和沙摩斯瑞斯（Samothrace）島，以維
持自己和隨從人員的生活。

鑲有金箔的玻璃人臉珠飾。

　　第二年德米特流斯有一個命運乖戾的
夥伴，康南尼家族的最後成員，想當年君
士坦丁堡被拉丁人攻占，曾經在黑海之濱建立一個新帝國。穆罕默德在征服安納
托利亞的過程，曾經用一支艦隊和軍隊包圍大衛的都城，大衛竟敢自稱是特里比
森德的皇帝。蘇丹在整個談判中只提出一個簡短而專橫的問題：「你是願意交出
王國來保住生命和財產？還是寧願同時喪失你的王國、財產和生命？」軟弱的康
南努斯被恐懼和穆斯林鄰邦的榜樣所征服：夕諾庇的君王接受類似的招降，拱手
送出防衛森嚴的城市，有四百門大砲和一萬兩千名士兵在把守。特里比森德的投
降按照條款忠實履行（1461 年），皇帝和家人搬遷到羅馬尼亞的一座城堡，引起
蛛絲馬跡的懷疑說是與波斯國王暗中通信，大衛和整個康南尼家族全部成為征服
者猜忌或貪婪的犧牲品。岳父的身分也無法長久保護不幸的德米特流斯免於流放
和籍沒的懲處，他的卑躬屈節倒是獲得蘇丹的同情和藐視，追隨的下屬人員全都
遷居君士坦丁堡，獲得五萬阿斯珀年金可以紓解窮困的生活，歷經長久的歲月最
後穿著僧侶的服裝過世，帕拉羅古斯終於從塵世主子的控制下得到解脫。

　　提起德米特流斯的奴役生活和他的兄弟湯瑪士的浪跡天涯，哪種更令人感
到羞辱倒很難說得清楚。藩王在摩里亞被敵人占領之際，帶著一些身無長物的擁
護者逃到科孚，然後再轉往意大利。他的頭銜身分和所受苦難，還有使徒聖安德
魯的頭顱作為奉獻的遺物，使他獲得梵蒂岡的禮遇，然而他只能從教皇和紅衣主
教的手中，領取六千達克特金幣的年金，永無止境過著悲慘的生活。他的兩個兒
子安德魯和馬紐爾在意大利接受教育，長子為敵人藐視卻讓朋友受到拖累，生活
格調的低落和無法門當戶對的婚姻為人不齒，唯一能夠繼承的權利是頭銜，後來

被他陸續賣給法蘭西和亞拉岡的國王。查理八世在短暫的權勢高峰時期，激起雄心壯志，想要將東部帝國與那不勒斯王國合併，舉行盛大的典禮穿上紫袍封自己是奧古斯都。看到法蘭西騎士的接近，希臘人真是欣喜若狂，鄂圖曼帝國感到膽戰心驚。湯瑪士的次子馬紐爾‧帕拉羅古斯想要重遊故國，他的回歸不會帶來危險，土耳其政府當然表示歡迎。他在君士坦丁堡過著安全而舒適的生活，最後有基督徒和穆斯林相當體面的行列為他送葬。如果真能指出一種高貴的動物，處於豢養的狀況便拒絕繁殖後代，皇家的末代王孫應該可以歸於格調更為低賤的品類。他接受慷慨的蘇丹贈送兩名美女，死後留下一個兒子，無論穿著還是宗教都像土耳其人的奴才，逐漸被人遺忘。

君士坦丁堡要等到失陷，重要性才被察覺及誇大，教皇尼可拉斯五世的統治即使是和平與繁榮的盛世，東部帝國的滅亡卻帶來無法推卸的難堪，拉丁人的悲傷和恐懼重新喚起十字軍東征的昔日狂熱情緒。西部最遙遠一個國家，勃艮地的菲利浦公爵在法蘭德斯的利斯勒（Lisle），接待他的貴族舉行盛大的宴會，華麗的場面經過巧妙的安排能適合大家的品味和習性。就在飲宴進行之中，一個體型高大的撒拉森人牽著一頭裝扮的大象進入大廳，象背上有一個城堡。一名穿著喪服的婦女代表宗教的象徵從城堡裡出來，她為自己處處受到抑制感嘆不已，同時責怪她的捍衛鬥士行動何其緩慢。金羊毛的首席使者進來，手裡拿著一隻活生生的雉雞，按照騎士的禮儀獻給公爵。菲利浦是一位英明而年邁的諸侯，接受極具特色的召喚，要把自己的身體和力量奉獻給對抗土耳其人的戰爭，參加宴會的貴族和騎士紛紛效法他的榜樣，他們向著上帝、聖母、在場的女士和奉獻的雉雞發出誓言，響起熱烈的呼聲也獲得普遍的贊同。

採取實際行動要視未來和國外可能發生的事件，勃艮地公爵直到臨終，有十二年的時間處於整裝待發的狀態，可見他不僅審慎而且可能極為認真。設若每個人的胸膛全都熱血沸騰，設若基督徒不僅團結而且英勇，設若從瑞典到那不勒斯每個國家供應一定比例的騎兵步兵以及人力錢財，那麼君士坦丁堡確定可以得救，土耳其人也會被趕過海倫斯坡海峽甚或幼發拉底河。皇帝的祕書伊涅阿斯‧西爾維斯（Aeneas Sylvius）是位政治家和演說家，負責草擬皇帝的書信及參加每一次的會議，根據他本人的經驗描述基督教世界極其可厭的狀態和風氣。

他非常感慨說道：「那是一個沒有腦袋的軀體，一個缺少法律或官員的共和國。教皇和皇帝憑著崇高的頭銜和華麗的畫像顯得光彩奪目，只是他們毫無指揮的能力，也沒有人願意服從命令，每個城邦都有各不相關的君主，每個君主只關心本身的利益。對於如此眾多彼此不和與相互敵視的力量，要靠什麼樣的辯才方

能將他們團結在一面旗幟之下？即使他們能全副武裝集結起來，誰又能擔任主將的職位？如何維持他們的秩序？軍隊的紀律又怎麼辦？誰能餵飽這麼龐大的一支隊伍？誰能懂得那麼多不同的言語，或是導正奇特和對立的習俗？憑著一個世俗之人，誰能有辦法使英格蘭人與法蘭西人、熱那亞人與亞拉岡人、日耳曼人與匈牙利和波希米亞的土著和好相處？如果獻身聖戰的人數過少，會受到異教徒的圍殲；要是人數過多，本身的力量和混亂的狀況會走上自我毀滅的道路。」

　　伊涅阿斯後來用庇護二世（Pius II）的稱號榮任羅馬教皇，付出畢生的精力從事對抗土耳其人的戰爭。他在曼都亞（Mantua）的大公會議激起宗教熱情的火花，不僅虛假而且微弱。等到教皇出現在安科納親自領兵登船，原來的承諾為各種藉口加以廢止，決定的日期盡量拖延變成無限期的推遲，已經編成的軍隊包含一些日耳曼的朝聖客，他只有運用安撫和救濟的方式將他們遣散。他的繼承人和意大利掌權者根本不理會未來的局勢，涉入當前利益和國內野心有關的圖謀和計畫。一切事物在他們的眼裡看來，完全依據距離的遠近決定外形的大小。他們的利益圖像經過放大，應該會教導他們對一個共同的敵人，要維持防禦性的海上戰爭形態，應該對斯坎德貝格和勇敢的阿爾巴尼亞人給予支援，以避免那不勒斯王國受到入侵的威脅。

　　土耳其人對奧特蘭托（Otranto）的圍攻和洗劫引起普遍的恐慌，西斯篤（Sixtus）教皇準備逃過阿爾卑斯山，面臨的風暴卻因穆罕默德二世的亡故而煙消雲散（1481 年 5 月 3 日或 7 月 2 日）。享年五十一歲的蘇丹憑著雄才大略渴望征服意大利，他據有一個堅強的城市和寬廣的海港，本來可以同時用新羅馬和古羅馬妝點輝煌的統治。

尾聲
羅馬的面貌（800-1500年）

1 羅馬在中世紀的革命及與各國的關係（800-1500年）

羅馬帝國衰亡的最初階段，大家的眼光毫無例外集中皇家的都城，在那裡有一群人曾經為地球大部分區域制定法律。我們一直關心羅馬的命運，開始是頌揚最終是同情，無時無刻不是凝神注視。等到關心的對象從卡庇多轉向行省，將之全部看成帝國軀幹上面砍下來的分支。第二個羅馬城建造在博斯普魯斯海峽的岸邊，逼得史家追隨君士坦丁的繼承人前進，我們出於好奇心忍不住要訪問歐洲和亞洲最遙遠的國家，探索拜占庭君主國漫長衰落過程的主要原因和始作俑者。查士丁尼的征服行動使古老的城市獲得解放，讓我們重新回到台伯河畔，帶來的救援是改換形式的奴役，或許較之往昔會變本加厲。羅馬的財富、神明和凱撒遭到擄走，哥德人的統治比起希臘的暴政不見得讓人感到更為羞辱或殘酷。

基督紀元第八世紀，有關圖像崇拜的宗教爭端促使羅馬人追求獨立，他們的教宗同時成為一個自由民族世俗和信仰的教父。查理曼大帝恢復西部帝國，頭銜和形象始終裝飾政體獨特的現代德意志。羅馬的名望和聲譽直到今天仍舊令人肅然起敬，天候的狀況已經大不相同，純正的血統流經千百個脈管變得混雜，景象莊嚴的廢墟和昔日雄偉的回憶，都能重燃民族特質的火花。黑暗的中世紀展現一些不同凡響的場面，倒是值得我們特別注意。大約是土耳其人奴役君士坦丁堡的同時，羅馬正在默默接受教皇的絕對統治，我必須重新回顧整個的狀況和革命的後果，否則不會心甘情願結束本書的寫作。

十二世紀初葉第一次十字軍東征期間，拉丁人將羅馬尊為西方世界的都城、教皇和皇帝的寶座，他們從永恆之城獲得頭銜、榮譽和統治塵世的權利。有關的敘述已經中斷甚久，重複說明一下還是有點用處，查理曼大帝與奧索皇室的繼承人從萊茵河彼岸的國民會議上選出，強勢的王侯在沒有越過阿爾卑斯山和亞平寧山、到台伯河岸尋找皇帝的冠冕之前，抱著謙遜的態度，滿足於日耳曼國王和意大利國王的稱號。等到他們離城還有一段路程，受到成群結隊的教士和民眾歡迎，手裡拿著棕櫚葉和十字架。飄揚的軍隊旌旗上面繪著可怕的狼和獅、龍和鷹

的圖形，代表共和國早已不見蹤跡的軍團和支隊。

　　皇帝三次重申維護羅馬自由的誓言，分別在長橋、城門以及梵蒂岡的台階，他根據習俗發放賞金的做法，隱約有點仿效最初幾位凱撒的豪邁氣勢。使徒的繼承人在聖彼得大教堂為他舉行加冕大典，上帝的旨意和人民的聲音混雜在一起，「教皇吾主勝利成功萬歲！皇帝陛下勝利成功萬歲！羅馬和條頓軍隊勝利成功萬歲！」的歡呼表明全民萬眾一心的歸順。凱撒和奧古斯都的稱號、君士坦丁和查士丁尼的法律、查理曼和奧索的範例，建立皇帝最高的統治權力。他們的頭銜和圖像鑴刻在教皇的錢幣上面，同時還將正義之劍授與城市的郡守表示擁有的司法權。

　　薩克森尼或法蘭哥尼亞的凱撒只是封建貴族政體的首領，不可能執行民政和軍事的權力建立紀律，也只有強制的約束才能確保下屬的服從。雖然日耳曼人沒有能力獲得自由，卻也無法忍耐奴役生活。每位皇帝在一生之中都有一次或許是僅此一次，率領一支由諸侯和家臣組成的軍隊越過阿爾卑斯山乘勢而下。我已經描述他們進城和加冕之際匕鬯不驚的狀況，應有的安靜和秩序總是受到羅馬人的叫囂和反叛造成的擾亂，他們把合法的君王視為國外的入侵者：他的離開何其匆忙大都感到羞愧難當，由於長期未能臨朝統治，他的權威受到輕侮連名字都被人遺忘。日耳曼和意大利尋求獨立的過程破壞皇權統治的基礎，教皇的勝利卻能及時對羅馬伸出援手。

2 教會分裂給羅馬帶來的問題（1378-1418 年）

　　從台伯河和隆河的河岸，兩個敵對的教皇展開文字和武力的鬥爭，政權和宗教的社會秩序為之動盪不安，羅馬人在兩敗俱傷的災難中吃盡苦頭，還受到譴責成為罪惡的始作俑者。他們眼高於頂，竟然以為可以恢復宗教王國的地位，依賴各民族的貢金和奉獻來解救自己的貧窮，然而法蘭西和西班牙的分離使得賺錢的宗教事業改變潮流的方向，就是硬要在十年之內舉行兩次大赦年的節慶，得到的收入也無法彌補他們的損失。烏爾班六世和三位繼承人出於教會的分裂活動、外來的軍事威脅以及民眾的暴動騷亂，逼得無法在梵蒂岡安居。科隆納（Colonna）和烏爾西尼（Ursini）兩個家族宿怨已深尋仇不斷，羅馬的方旗爵士堅持享有並濫用共和國的特權。基督的代理人徵集一支武裝部隊，用絞架、刀劍和匕首懲治反叛的行為。在一次為建立友好關係而召開的會議，十一名人民代表慘遭殺害暴屍街頭。

　　自從諾曼人羅伯特入侵以來，羅馬人一直勇於內鬥，並沒有外人干預的危險。教會分裂帶來的混亂使得一位鄰人趁虛而入，那不勒斯國王拉底斯勞斯（Ladislaus）視需要交替支持或背棄教皇和人民。教皇稱他為教會的將領，人民根據他的提名選出政府的官員。他從陸路和水路包圍羅馬，就像蠻族征服者三度進入城門，玷汙聖壇，強暴少女，搶劫商賈，在聖彼得大教堂奉行聖事，並且在聖安吉洛城堡留下一支守備部隊。他的軍隊有時還是會遭到不幸，全被羅馬人殺害，他因為耽擱三天的時間才保全性命和王冠，接著還是拉底斯勞斯贏得勝利。現在只有等他不幸夭折，才能將都城和教廷國從野心勃勃的征服者手裡拯救出來。他已經僭用羅馬國王的頭銜至少還能擁有登上寶座的實力。

　　我沒有意願撰寫有關教會分裂的宗教史，然而最後三章的主題是羅馬，裡面提到了統治者產生爭議的繼承權問題，倒是與教會的分裂有密切的關係。巴黎大學或索邦神學院，最早就基督教世界的和平與統一問題召開幾場研討會，校方的教授和博士被高盧教會尊為頂尖的神學大師。他們的行事非常謹慎，對於爭論不休的起源和得失問題，不願進行深入的探討和研究，只是提出建議作為補救的措施：等到對立派系的紅衣主教獲得資格，能夠參加合法的選舉以後，羅馬和亞維農兩位自封的教皇就會同時退位。要是兩位競爭者其中任何一位把個人利益置於公眾利益之上，那麼各民族便可撤回對他的服從。每當教皇出現空位期，身為教會的治療專家力圖避免倉卒的抉擇可能造成的危害，只是祕密會議的政策和與會成員的野心，全都拒絕聽從理智和懇求的呼籲。無論做出任何承諾，紅衣主教的誓言對教皇毫無拘束的力量。

　　長達十五年這段期間之內（1392-1407年），巴黎大學謀求和平的計畫始終受到規避，那是出於敵對教皇常用的伎倆、雙方擁護者的疑慮或激情、以及法蘭西黨派傾軋的興衰起伏，以至於精神錯亂的查理六世要受他們的擺布。最後還是做出行動積極的決定，一個正式使節團的成員是亞歷山卓有名無實的教長、兩位大主教、五位主教、五位修道院院長、三位騎士和二十位神學博士，派到亞維農和羅馬的教廷，用教會和國王的名義，要求兩位自封為教皇的人退位，就是彼得‧德‧盧納（Peter de Luna）自稱本篤十三世，以及安吉洛‧柯拉里奧（Angelo Corrario）僭用格列哥里十二世的稱號。奉派的使節為了維護羅馬古老的榮譽，完成君王交付的使命，要求與城市的行政官員舉行會商，向他們很明確的宣布，身為基督徒的國王不願把神聖的教區從梵蒂岡遷走，因為羅馬才是聖彼得的寶座真正應該放置的地點，這樣一來讓當地的官員感到十分滿意。

　　有一位辯才出眾的羅馬人用元老院和人民的名義，重申他們的意願是要促成

教會的統一，為長期分裂帶來世俗和宗教的災難感嘆不已，要求法蘭西給予保護以抗拒那不勒斯國王的武力威脅。本篤和格列哥里的答覆全都據理力爭同是滿口謊言，敵對的雙方真是一丘之貉，對於退位問題避而不提。他們一致同意必須先行會晤，提到時間、地點和方式始終無法定奪。格列哥里手下的奴僕有似是而非的說法：「如果一位前進而另一位就後退，可以說這兩位是不同類的生物，因為前者畏懼陸地而後者害怕海洋。這樣一來，塵世的生命無多和宗教的權力日減的狀況下，年邁的教士會危及到基督教世界的和平與救贖。」

　　他們冥頑不靈的頭腦和欺騙手段終於激怒基督教世界，紅衣主教將這兩位教皇拋棄，然後運用朋友和同事的關係聯合起來。眾多高級教士和使節舉行的會議，支持紅衣主教的反叛行為。比薩的宗教會議（1409年）用同樣公正的態度，罷黜羅馬和亞維農的教皇，祕密會議一致同意選出亞歷山大五世，等到產生空缺很快推舉若望二十三世接替，身為教皇集荒淫無恥之大成倒是人類中少見。然而法蘭西和意大利過於輕舉妄動的做法，非但沒有除去教會的分裂，反而使聖彼得的寶座出現第三位覬覦者。大家為宗教會議和祕密會議提出新的主張而爭論不休，日耳曼、匈牙利和那不勒斯這三位國王，擁護格列哥里十二世的權利要求，本篤十三世是西班牙人，獲得強大民族的虔誠信徒和愛國人士的認同。比薩會議的議程極為草率，後來在康士坦斯會議（1414-1418年）獲得更正，西吉斯蒙德皇帝扮演非常顯眼的角色，成為正統教會的擁戴者和保護人。民事和宗教的成員不僅人數眾多而且地位重要，看來可以組成統一的歐洲聯邦。

　　在這三個教皇當中，若望二十三世是第一個犧牲品，他在逃走以後當成犯人抓回來，遭到最嚴重的控訴加以扣押，基督的代理人僅僅指控的罪名就犯有海盜罪、謀殺罪、強暴罪、雞姦罪和亂倫罪，他在定罪書上簽字承認，送到監獄過贖罪的生活。完全是他的行事不夠謹慎所致，竟然相信能在阿爾卑斯山北邊找到一個自由城市，所以才落得可悲的下場。格列哥里十二世等到只有里米尼狹小的地區聽命於他，開始尋覓比較體面的下台方式，他的使臣召開會議，宣布放棄合法教皇的頭銜和權力。皇帝為了制服本篤十三世或他的擁護者頑強的抵抗，親自從康士坦斯趕往佩皮南（Perpignan）。卡斯提爾、亞拉岡、那維爾和蘇格蘭的國王達成公平和禮遇的協議，得到西班牙人的贊同，在這次的宗教會議罷黜本篤。無辜的老人留在一個人跡罕至的城堡，得知原來擁戴的國王竟然將他的宗教事業和前途棄之若敝屣，就對他們每天兩次處以革出教門的懲罰。

　　等到把分裂教會的餘孽清除乾淨，康士坦斯宗教會議的議程採用緩慢而慎重的步驟，選出羅馬的君王和教會的首領。在這個極其重要的場合，由二十三位紅

衣主教組成樞機主教團，為了加強功能再增多三十名代表，基督教世界的五個主要民族即意大利、日耳曼、法蘭西、西班牙和英吉利各選派六人，一般而論，他們都主張選一位意大利人或羅馬人出任教皇，使得外來的干預逐漸趨於緩和。奧索·科隆納（Otho Colonna）憑著世家名聲和個人才華，成為祕密會議的成員，羅馬滿懷喜悅和順服之情接受最高貴的兒子，教會國家受到實力強大的家族給予保護，馬丁五世的登基開啟教皇在梵蒂岡復位和重建的新紀元。

元老院行使鑄造硬幣的皇室特權幾乎有三百年之久，最早在馬丁五世的手上恢復，他的肖像和稱號出現在一序列的教皇獎章上面。後面接任的兩位繼承人，尤金紐斯四世是最後一位被羅馬人民發起暴動趕走的教皇，尼可拉斯五世一直被羅馬皇帝當面不斷提出請求，此後再也沒有發生類似的狀況。

3 十五世紀波吉烏斯描述的殘破羅馬（1430年）

教皇尤金紐斯四世亡故之前不久，他的兩位伺候文字的侍從登上卡庇多山，學識淵博的波吉烏斯（Poggius）和一位朋友，徘徊在石柱和廟宇的廢墟之中，從獨特的制高點俯瞰面積寬廣和式樣各異的荒涼景象。無與倫比的地點和題目可以供應無盡的素材，用來感嘆命運的滄桑和世事的變遷，即使對歷史最顯赫的人物還是人類最驕傲的工程全無惻隱之心，還要把帝國和城市全都埋葬在同一座墳墓裡面。

大家都會同意昔日的羅馬是何等偉大，相較之下不幸的滅亡讓人感到更為驚怖和悲憤：「羅馬在遙遠古代的原始風貌，就在埃萬德（Evander）款待特洛伊陌生來客的時候，魏吉爾憑著想像曾經加以描述。當年塔皮亞的山岩還是大片蠻荒和孤獨的樹叢，處於詩人的時代此地是一座蓋著金瓦的神廟。曾經何時廟宇已被摧毀，黃金都被搶走，命運的巨輪完成一次循環，神聖的地面再度荊棘叢生不勝淒涼。我們站在卡庇多山丘上面，這裡原來是羅馬帝國的神經中樞，舉世無雙的金城湯池，多少國王在此魂斷黃泉，舉行無數次盛大的凱旋式而舉世聞名，獲得無數民族的戰利品和貢金而富甲天下，世界最偉大的奇觀，竟然衰敗得一蹶不振，非僅江山已改，況且面目全非。勝利的大道湮滅在枯藤蔓草之中，元老的座席埋沒在汙土糞壤之下。試請舉目觀看帕拉廷山，可以從巨大的斷壁殘垣當中找出大理石的劇院、方形尖碑、巨大的雕像以及尼祿皇宮的柱廊。再看一看這個城市其他的山丘，空曠的地面斷斷續續僅有幾處殘址和菜園。羅馬人民引為自豪的廣場，他們在這裡集會用來制定法律和選出官員，現在圍起來種植蔬菜或是敞開

任由豬牛覓食。修建起來以為可以永垂不朽的公家和私人的大廈，如同巨人殘廢的四肢趴俯在地，這些歷經時間和命運的磨難仍舊龐大的遺跡，到處所見都是成堆的殘磚破瓦。」

西部羅馬帝國甚或意大利的哥德王國衰亡已有九百多年，方始描繪這幅悲慘的圖畫。經歷長期苦難和混亂的局面，帝國、技藝和財富全都遷離台伯河畔，不會用來恢復或裝修老朽的城市。何況人類的處境必然是不進則退，每個後續時代都對古代的文物加速摧毀的作用，要想測出整體的衰敗過程，確定各個時期每幢建築的狀況，這項工作將永無止境而且意義不大。我在這裡只提出兩點看法，有助於對事物的因果關係進行簡單的研究。

其一，波吉烏斯用雄辯之辭表示個人感慨之前兩百年，有位不知名的作家寫出一篇描述羅馬的文章，他用一些奇特而怪異的名字來稱呼同一事物，顯示對這方面文物的無知，然而這位蠻族出身的地誌學家耳聰目明，看見那些殘留的遺跡，也聽到古老的傳說，能夠清楚列舉七所劇院、十一個浴場、十二座凱旋門和

位於貝勒貝克的神廟遺址。

十八處宮殿，其中大多數到波吉烏斯的時代已經消失無蹤。顯而易見的是很多富麗堂皇的建築物能夠倖存到較晚時期，而且十三和十四世紀出現的破壞因素，發揮與日俱增的力量和更為強大的作用。

其二，同樣的觀察也可以適用在最後三個時期。塞維魯斯建造的七角大樓，受到佩脫拉克和十六世紀古文物學家的讚美，我們再也無法見到。每當羅馬的建築物處於完整無缺的狀態，即使前幾次的打擊是如此的沉重和猛烈，憑著堅固的實體和均衡的架構可以抗拒外力不致毀滅，然而狀況嚴重等到已經搖搖欲墜，拱門和石柱只要輕輕碰觸，就會倒塌成為一堆碎片。

我展開辛勤的工作進行深入的探討，發現羅馬的毀滅出於四個主要因素，在一千多年的過程當中持續產生破壞的作用，分別是時間和自然界的力量造成的損毀、蠻族和基督徒敵意的攻擊行動、建築材料的替代與濫用、羅馬內部派系的紛爭和傾軋。對於一般狀況的觀察，可以單獨運用在提圖斯圓形競技場，所以得到「大競技場」這個稱呼，是來自本身的龐大無比或是尼祿的巨型雕像；這座建築物要是任憑時間和自然的侵蝕而不是人為的破壞，幾乎可以巍然矗立萬古長存。

圓形競技場作為比賽的場地只限於罕見或特別的節慶，然而建材的需求每天繼續不斷，市民不加限制盡量給予滿足。十四世紀通過一項極其可恥的和解法案，使得兩派獲得同樣的特權，可以無償從大競技場這個採石場任意搬運所需的材料，大部分石塊都被愚蠢的羅馬人燒成石灰，更是使得波吉烏斯為之痛心疾首。尤金紐斯四世為了阻止過分濫採的狀況，防範有人趁著黑夜到寬闊而陰暗的地方從事犯罪活動，特別建造一道圍牆把大競技場圈在裡面，同時辦理時效長久的特許狀，將整塊用地和附屬的建築物捐給鄰近的修道院。等到他逝世以後，圍牆有次在暴動中被民眾推倒，要是他們真對祖先最高貴的紀念物存有尊敬之心，那麼堅決不讓整個區域淪為私人的產業，倒是非常正確的做法。

大競技場的核心部分已經毀損，到了十六世紀中葉，正是重視鑑賞和提倡學術的時代，外圍部分尚有一千六百一十二呎仍舊完好無缺，八十座三層拱門高達一百零八呎。保羅三世的幾個姪子是造成目前破壞的罪魁禍首，每個旅客只要看到法爾尼斯（Farnese）宮，就會詛咒成為暴發戶的王侯，他們犯下褻瀆神聖和奢侈貪婪的惡行。大眾對於巴貝里尼（Barberini）家族施加類似的譴責，恐怕每一代的統治者都一再對大競技場造成損害，直到最明理的本篤十四世置於宗教的保護之下，迫害和傳說使這個神聖的地點沾染無數基督教殉難者的鮮血。

4 歷史的回顧及羅馬城的重建和修飾（1420年）

　　佩脫拉克帶著感激的心情觀賞偉大的紀念物，即使散落的碎塊也表現言詞無法形容的美，同時還對羅馬人極其怠惰的冷漠態度感到無比的驚異。等到佩拉克發現除了友人雷齊（Rienzi）和科隆納家族一位成員之外，他這個來自隆河的外鄉人，竟然比起當地的貴族和土著更熟悉都城的古代文物，心中的感受不是興奮而是挫折。十三世紀初葉完成一份城市的古蹟調查報告，將羅馬人的無知和輕信全部展示出來。姑且不要討論名稱和位置極其顯明的錯誤，就是提到卡庇多的傳說，也忍不住讓人發出藐視和氣憤的冷笑。

　　一個無籍籍名的作者竟然如此記載：「卡庇多的命名源於『世界之首』的意義，過去的執政官和元老都住在此地，統治城市和全世界。堅固和高聳的城牆上面滿布玻璃和黃金，頂蓋的屋檐有最華麗和最複雜的雕刻。城堡的下方屹立雄偉的宮殿，絕大部分建材都用黃金製成，裝飾各種珍貴的寶石，價值相當全世界財富的三分之一。所有代表各行省的雕像都按次序排列，頸脖上面掛著一個小鐘，出於奇特的設計或魔法的安排，如果某個行省發生叛亂的行為，雕像就會轉向那個方位的天空，警鐘也會發出鳴聲，朱庇特神廟的占卜官就會報告出現的徵兆，元老院對迫近的危險可以預為準備。」

　　蠻族的烏雲逐漸消散，馬丁五世和他的繼承人樹立和平的權威，重建城市的各種裝飾紀念物，恢復教會國家的安寧和秩序。羅馬從十五世紀以來的進步，已經不是自由和勞動的必然結果。一座大城市首要和天生的根基，在於四周有工作勤奮和人煙稠密的農村，提供生存、製造和外銷的原料。羅馬大部分的郊區淪落成淒涼和空曠的荒野，王侯和教士擁有雜草叢生的產業，交給貧窮和無望的家臣用極其怠惰的雙手從事經營，僅有的少量收獲為了專賣的利潤，不是加以限制就是逕行外銷。一個大都會的發展次要和人為的因素，就是成為君王的居住地點、奢侈宮廷的花費以及所屬行省的貢金；帝國的滅亡喪失了原有的行省和財源。

　　設若秘魯的白銀和巴西的黃金形成的金錢潮流，有一部分還能受到梵蒂岡吸引，那麼紅衣主教的歲入、公職人員的薪資、朝聖客和部從的奉獻，以及教會稅收的餘款，提供一筆可憐而又不穩的經費，無論如何還是可以維持教廷和城市過著無所事事的生活。羅馬的人口遠低於歐洲重要首都的水平，居民的數量沒有超過十七萬人。在範圍寬廣的城牆之內，大部分是葡萄園和廢墟覆蓋的七個山丘，這座現代城市的華美和光彩可以歸之於政府的濫權和迷信的影響。

　　每一代統治最顯著的特點是有新興家族迅速崛起，他們的富足是靠著沒有兒

朱庇特神廟。

女的教皇，所有經費由教會和國家來供應。何其幸運的傢伙都是教皇的姪兒，居住極其闊綽的府邸是優雅和奴役的紀念物，建築、繪畫和雕塑最完美的藝術，都是為了金錢像賣身一樣提供服務；走廊和花園裝飾古代最珍貴的作品，他們的蒐集出於欣賞的品味或虛榮的心理。教皇運用教會的歲入使正教的禮拜活動有驚人的排場，這倒是無可厚非的例行工作；要列舉他們虔誠修建的祭壇、禮拜堂和教堂，則大可不必浪費時間。梵蒂岡的太陽和聖彼得大教堂的圓頂照耀之下，其他的建築物如同星星一樣暗淡無光，要知道聖彼得教堂是古往今來用於宗教最光榮的建築。

朱理烏斯二世、李奧十世和西斯篤五世響亮的名聲，伴同布拉曼特（Bramante）、豐塔納（Fontana）、拉斐爾和米開朗基羅更為卓越的才華，宮殿和廟宇能夠同樣展現出雄偉的氣勢，同時用對等的熱情力圖恢復或激發古代的成就。臥倒在地面的方形尖碑重新豎立起來，安置在最醒目的地點；凱撒和執政官建造的十一條供水渠道有三條修復，人工河流經過舊有或新建的長列拱橋，新鮮乾淨的清水不斷注入大理石的浴池。遊客要是感到走聖彼得大教堂的石階太吃力，抄近

路就會被一根埃及花崗岩石柱擋住，轟立在兩道終年水流不絕的噴泉之間，高達一百二十呎。古代羅馬的地圖、著作和紀念物都有古文物學家和門人弟子加以闡述。英雄的足印和帝國的古跡都不是迷信的遺物，受到新一代朝聖者虔誠的參觀，他們來自昔日蠻荒之地的遙遠北國。

5 結語

對於嚮往都城的朝聖客以及一般讀者來說，羅馬帝國的衰亡必然會吸引他們極大的關注，這是人類歷史上最偉大而且最驚人的一幕。許多重大事件因果相連，互為表裡，影響世人至深至鉅；諸如：早期凱撒維持自由共和國的名稱和形象，採用極其高明的手段和策略；軍事專制的混亂和篡奪；基督教的興起和發展最後成為國教；君士坦丁堡的奠基；東西帝國的分治和決裂；日耳曼和錫西厄蠻族的入侵和定居；民法法典的制定；穆罕默德其人及其宗教；教皇在塵世的統治權力；查理曼大帝的加冕以及神聖羅馬帝國的復興和沒落；十字軍東征和拉丁王國的建立；阿拉伯人和土耳其人的征戰；希臘帝國的覆滅；中世紀羅馬的狀況和革命等等。身為史家，要為所選擇的題目興奮不已，感到能力有所不逮，只有責怪史實材料之不足。此書使我付出近二十年的光陰，得以享受畢生最大的樂趣。想當年我在羅馬卡庇多神廟醞釀此一構想，至此終能完成著述，呈獻讀者諸君披閱。

洛桑

1787年6月27日

羅馬帝國歷代皇帝年表

一、西羅馬帝國：從奧古斯都到西部帝國滅亡

B.C.27-14A.D　奧古斯都（Augustus）

14-37　　　提比流斯（Tiberius）

37-41　　　該猶斯（Gaius）即喀利古拉（Caligula）

41-54　　　克勞狄斯（Claudius）

54-68　　　尼祿（Nero）

68-69　　　伽爾巴（Galba）

69　　　　　奧索（Otho）

69　　　　　維提留斯（Vitellius）69-79　　維斯巴西安（Vespasian）

79-81　　　提圖斯（Titus）

81-96　　　圖密善（Domitian）

96-98　　　聶爾瓦（Nerva），97-98與圖拉真共治

98-117　　　圖拉真（Trajan）

117-138　　哈德良（Hadrian）

138-161　　安東尼努斯・庇烏斯（Antoninus Pius）

161-180　　馬可斯・奧理流斯（Marcus Aurelius），161-169年與盧契烏斯・維魯斯（Lucius Verus）共治，177年起與其子康莫達斯共治。

180-192　　康莫達斯（Commodus）

193　　　　佩提納克斯（Pertinax）

193	德第烏斯·鳩理努斯（Didius Julianus）
193-211	塞提米烏斯·塞維魯斯（Septimius Severus），自198年與其子卡拉卡拉以及209年與其子傑達共治。
211-217	安東尼努斯（Antoninus）即卡拉卡拉（Caracalla），211-212年與弟傑達（Geta）共治。
217-218	麥克林努斯（Macrinus），自218年與子笛都米尼努斯（Diadumenianus）共治。
218-222	安東尼努斯（Antoninus）即伊拉珈巴拉斯（Elaghabalus）
222-235	塞維魯斯·亞歷山大（Severus Alexander）
235-238	色雷斯人馬克西明（Maximinus the Thrax）
238	郭笛努斯一世（Gordian I），郭笛努斯二世（Gordian II），帕皮努斯·麥克西繆斯（Pupienus Maximus）及巴比努斯（Balbinus）
238-244	郭笛努斯三世（Gordian III）
244-249	阿拉伯人菲利浦（Philip the Arab），247-249年與其子菲利蒲共治。
249-251	狄西阿斯（Decius）
251-253	崔波尼努斯·蓋盧斯（Trebonianus Gallus）與其子弗祿昔努斯（Volusianus）共治。
253-260	華勒利安（Valerian）與子高連努斯共治。
260-268	高連努斯（Gallianus）
268-270	哥德人克勞狄斯二世（Claudius II Gothicus）
270-275	奧理安（Aurelian）
275-276	塔西佗（Tacitus）
276	弗洛里努斯（Florianus）
276-282	蒲羅布斯（Probus）
282-283	卡魯斯（Carus）
283-284	卡瑞努斯（Carinus）與其弟紐米倫（Numerian）共治。

284-305　戴克里先（Diocletian），305年退位。

286-305　馬克西米安（Maximian），305年退位。

305-311　蓋勒流斯（Galerius），在不同時期與他共同統治的君主，有康士坦久斯一世克洛盧斯（Constantius I Chlorus）、塞維魯斯二世（Severus II）、黎西紐斯、君士坦丁一世、馬克西米努斯‧達查（Maximunus Daza），在309年共有六位奧古斯都。

311-324　君士坦丁一世（Constantine I）與黎西紐斯（Licinius）共治。

324-337　君士坦丁一世

337-340　君士坦丁二世（Constantine II），康士坦久斯二世（Constantius II），及康士坦斯（Constans）共治。

340-350　康士坦久斯二世與康士坦斯共治。

350-361　康士坦久斯二世

361-363　朱理安（Julian）

363-364　傑維安（Jovian）

364-375　華倫提尼安一世（Valentinian I）與華倫斯（Valens）共治，自367年起加上格里先（Gratian）。

375-378　華倫斯、格里先與華倫提尼安二世（Valentinian II）共治。

378-395　狄奧多西大帝（Theodosius the Great）於378-383年與格里先，華倫提尼安二世共同統治；於383-392年與華倫提尼安二世，阿卡狄斯（Arcadius）共同統治；從392年起至死與阿卡狄斯、霍諾流斯共同統治。

395　　帝國被劃分為東西兩部，自霍諾流斯至羅慕拉斯‧奧古斯都拉斯均統治西羅馬帝國。

395-423　霍諾流斯（Honorius）

423-455　華倫提尼安三世（Valentinian III）

455　　彼特洛紐斯‧麥克西繆斯（Petronius Maximus）

455-456　阿維都斯（Avitus）

456-461　馬喬里安（Majorian）

461-465　　利比烏斯・塞維魯斯（Libius Severus）

467-472　　安塞繆斯（Anthemus）

472　　　　奧利布流斯（Olybrius）

473-474　　格利西流斯（Glycerius）

474-475　　朱理烏斯・尼波斯（Julius Nepos）

475-476　　羅慕拉斯・奧古斯都拉斯（Romulus Augustulus）

二、東羅馬帝國：從狄奧多西王朝的分治到君士坦丁堡陷落

狄奧多西王朝

395-408　　阿卡狄斯（Arcadius）

408-450　　狄奧多西二世（Theodosius II）

450-457　　馬西安（Marcian）

李奧王朝

457-474　　李奧一世（Leo I）

474　　　　李奧二世（Leo II）

474-491　　季諾（Zeno）

491-518　　阿納斯塔休斯（Anastasius）

查士丁尼王朝

518-527　　賈士丁一世（Justin I）

527-565　　查士丁尼一世（Justinian I）

565-578　　賈士丁二世（Justin II）

578-582　　提比流斯二世（Tiberius II）

582-602　　莫理斯（Maurice）

602-610　　福卡斯（Phocas）

赫拉克留斯王朝

610-641　　赫拉克留斯（Heraclius）

641-668　　康士坦斯二世（Constans II）

668-685　　君士坦丁四世（Constantine IV）

685-695　　查士丁尼二世（Justinian II）（被廢）

695-698　　李奧久斯（Leontius）

698-705　　提比流斯三世（Tiberius III）

705-711　　查士丁尼二世（復辟）

711-713　　巴達尼斯（Bardanes）

713-716　　阿納斯塔休斯二世（Anastasius II）

716-717　　狄奧多西三世（Theodosius III）

艾索里亞（Isaurian）王朝

717-741　　李奧三世（Leo III）

741-775　　君士坦丁五世科普羅尼繆斯（Constantine V Copronymus）

775-780　　李奧四世（Leo IV）

780-797　　君士坦丁六世（Constantine VI）（被母后伊里妮剜目後殺害）

797-802　　伊里妮（Irene）

伊索里亞王朝終結後稱帝者

802-811　　尼西弗魯斯一世（Nicephorus I）

811　　　　斯陶拉修斯（Stauracius）

811-813　　米迦勒一世（Michael I）

813-820　　李奧五世（Leo V）

弗里基亞（Phrygian）王朝

820-829　　米迦勒二世（Michael II）

829-842　　狄奧菲盧斯（Theophilus）

842-867　　米迦勒三世（Michael III）

馬其頓（Macedonian）王朝

867-886　　巴西爾一世（Basil I）

886-912　　李奧六世（Leo VI）與亞歷山大（Alexander）共治。

912-959　　君士坦丁七世波菲洛吉尼都斯（Constantine VII Prorphyrogeni-tus）

919-944　羅馬努斯一世勒卡皮努斯（Romanus I Lecapenus），與君士坦丁七世共同稱帝至944年，其子君士坦丁八世（Constantine VIII）在924年圖謀篡位。

959-963　羅馬努斯二世（Romanus II）

963　羅馬努斯寡后狄奧法諾（Theophano）為其子巴西爾二世（Basil II）和君士坦丁八世（Constantine VIII）攝政，尼西弗魯斯‧福卡斯（Nicephorus Phocas）娶狄奧法諾後稱帝。

963-969　尼西弗魯斯二世（Nicephorus II）（被約翰一世所弒）

969-975　約翰一世齊米塞斯（John I Zimisces）

976-1025　巴西爾二世保加洛克托努斯（Basil II Bulgaroctonus）

1025-1028　君士坦丁八世

1028-1934　羅馬努斯三世阿吉魯斯（Romanus III Argyrus）

1034-1041　帕夫拉果尼亞人米迦勒四世（Michael IV the Paphlagonian）

1041-1042　米迦勒五世卡拉法提斯（Michael V Calaphates）

1042　佐耶（Zoe）與狄奧多拉（Theodora）兩位女皇共治，摩諾馬克斯（Monomachus）娶佐耶後稱帝。

1042-1055　君士坦丁九世（十世）摩諾馬克斯（Constantine XI（X）Mono-machus）

1050　佐耶去世。

1055-1056　狄奧多拉

1056-1057　米迦勒六世斯特拉提奧提庫斯（Michael VI Stratioticus）馬其頓王朝終結。

康南尼（Comnenian）王朝前期

1057-1059　艾薩克一世康奈努斯（Isaac I Comnenus）（被廢）

1059-1067　君士坦丁十世杜卡斯（Constantine X Ducas）

1067-1071　羅馬努斯四世狄奧吉尼斯（Romanus IV Diogenes）

1071-1078　米迦勒七世杜帕拉皮納西斯（Michael VII Parapinaces）

1078-1081　尼西弗魯斯三世波塔尼阿特斯（Nicephorus III Botaniates）

康南尼王朝

　　1081-1118　阿里克蘇斯一世康南努斯（Alexius I Comnenus）

　　1118-1143　約翰二世卡洛約哈尼斯（John II Calojohannes）

　　1143-1180　馬紐爾一世（Manuel I）

　　1180-1183　阿里克蘇斯二世（Alexius II）

　　1183-1185　安德洛尼庫斯一世（Andronicus I）

安吉利（Angeli）王朝

　　1185-1195　艾薩克二世（Isaac II）（退位）

　　1195-1203　阿里克蘇斯三世（Alexius III）

　　1203-1204　艾薩克二世（復辟）與阿里克蘇斯四世（Alexius IV）共治。

　　1204　　　阿里克蘇斯五世杜卡斯・木茲菲烏斯（Alexius V Ducas Murt-
　　　　　　　zuphius）

　　1204　　　第四次十字軍占領君士坦丁堡，成立拉丁王國。

東羅馬帝國在尼西亞（Nicaea）的流亡政權

　　1204-1222　狄奧多魯斯一世拉斯卡里斯（Theodorus I Lascaris）

　　1222-1254　約翰三世杜卡斯・瓦塔澤斯（John III Ducas Vatatzes）

　　1254-1258　狄奧多魯斯二世拉斯卡里斯（Theodorus II Lascaris）

　　1258-1261　約翰四世拉斯卡里斯（John IV Lascaris）

　　1259-1282　米迦勒七世帕拉羅古斯（Michael VII Palaeologus）

　　1261　　　收復君士坦丁堡重建東羅馬帝國

帕拉羅古斯王朝

　　1261-1282　米迦勒八世帕拉羅古斯（Michael VIII Palaeologus）

　　1282-1328　安德洛尼庫斯二世（Andronicus II）

　　1293-1320　米迦勒九世（Michael IX），處於無政府狀態。

　　1328-1341　安德洛尼庫斯三世（Andronicus III）

　　1341-1376　約翰五世（John V）

　　1341-1354　約翰六世康塔庫齊努斯（John VI Cantacuzenus）

　　1376-1379　安德洛尼庫斯四世（Androcicus IV）

1379-1391　約翰五世（復辟）

1390　　　約翰七世（John VII）

1391-1425　馬紐爾二世（Manuel II）

1425-1448　約翰八世（John VIII）

1449-1453　君士坦丁十一世德拉迦斯（Constantine XI Dragases）

1453　　　穆罕默德二世（Mohomet II）攻占君士坦丁堡，東羅馬帝國滅亡。

圖片來源

[The Metropolitan Museum of Art (https://www.metmuseum.org/)] P.21(42.11.30), P.25(33.11.3), P.36(13.60), P.39(39.22.4), P.41(39.22.41), P.43(41.72(1.53)), P.64(40.11.1a), P.80(38.11.12), P.81(17.190.399), P.95(41.72(2.133)), P.102(17.230.119), P.132(11.140.8), P.135(18.75), P.147(14.37), P.152(26.229), P.169(1986.1180.118), P.187(99.35.142), P.269(41.72(2.132)), P.325(60.514.5), P.385(17.190.2053), P.406(2003.407.7; 06.1021.286), P.432(19.192.51), P.433(17.192.146), P.433(17.194.314), P.436(1973.594.87), P.467(41.72(3.98)), P.473(17.190.1707), P.488(07.286.94), P.499(41.72(1.73)), P.501(41.72(2.4)), P.534(51.501.3450), P.549(17.190.1670), P.557(2008.352), P.559(18.145.49), P.561(26.60.31), P.583(1994.403; 1994.403), P.601(41.72(2.11)), P.616(81.6.48), P.654(25.78.97; 17.194.916), P.655(10.130.1390; 13.229.6), P.673(18.145.6), P.679(20.187), P.685(X.21.171; 29.100.75; X.21.182), P.713(28.57.7), P.714(1998.69; 1999.99), P.717(2012.136.920), P.744(51.501.3468), P.752(06.1106; 74.51.3993), P.759(17.192.254; 17.194.389; 2007.162.2), P. 770(51.501.3469), P.777(53.70), P.783(57.11.7), P.790(17.230.126), P.793(1987.11.1), P.795(1986.3.15), P.803(52.11.10), P.806(41.72(2.117)), P.818(41.72(3.78))
[Wikipedia] P.2, P.26(https://commons.wikimedia.org/wiki/File:106_Conrad_Cichorius,_Die_Reliefs_der_Traianss%C3%A4ule,_Tafel_CVI.jpg), P.31(https://commons.wikimedia.org/wiki/File:Illustrerad_Verldshistoria_band_II_Ill_028.png), P34(https://commons.wikimedia.org/wiki/File:Julius_Caesar_Coustou_Louvre_MR1798.jpg), P.42(https://en.wikipedia.org/wiki/File:Bronze_Marcus_Aurelius_Louvre_Br45.jpg), P.55(https://commons.wikimedia.org/wiki/File:Tiberius_NyCarlsberg01.jpg), P.66(https://commons.wikimedia.org/wiki/File:Severan_dynasty_-_tondo.png), P.141(https://commons.wikimedia.org/wiki/File:Dioccletianus_Erfgoedcentrum_Rozet_300_191_d_6_C_(88)_20171115_0001.jpg), gP.171(https://en.wikipedia.org/wiki/File:Christ_Pantocrator_Deesis_mosaic_Hagia_Sophia.jpg), P191(https://commons.wikimedia.org/wiki/File:Traianus_Glyptothek_Munich_72.jpg), P.224(https://en.wikipedia.org/wiki/File:The_Roses_of_Heliogabalus.jpg), P.226(https://en.wikipedia.org/wiki/File:5305-Brescia-SGiulia-Ritratto_di_Claudio_II_Gotico_o_Aureliano-scontornata_png.png), P.295(https://commons.wikimedia.org/wiki/File:Scene_of_sacrifice_in_honour_of_Diana._Fresco_from_the_triclinium_of_House_of_the_Vettii_in_Pompeii.jpg), P.342(https://en.wikipedia.org/wiki/File:Pompeii_-_Osteria_della_Via_di_Mercurio_-_Dice_Players.jpg), P.358(https://commons.wikimedia.org/wiki/File:R%C3%B6mischer_Brustpanzer_-_Statue_de_Germanicus_in_Rom.jpg), P.463(https://commons.wikimedia.org/wiki/File:Meister_von_San_Vitale_in_Ravenna.jpg), P.471(https://commons.wikimedia.org/wiki/File:Italy_by_Frank_Fox_(48).jpeg), P.515(https://zh.wikipedia.org/wiki/File:Ballista_(PSF)_vector.svg; https://commons.wikimedia.org/wiki/File:Ballista-quadrirotis.jpeg), P.379(https://zh.wikipedia.org/wiki/File:Braun_Bzyantium_Constantinopolis_UBHD.jpg) [Ingimage]P.15(ISS_6411_05052), P.354(ISS_2136_09860), P.408(ISS_15939_00044), P435(ISS_2136_09592), P.450(ISS_3785_07402), P.813 (ISS_5146_02024) [Lohrs Aus dem alten Rom, Edgar S. Shumway, *A day in Ancient Rome* (1885)] P.23, P.231, P.816 [Victor Duruy, *Duruy's History of Rome* (1883)] P.52, P.197, P.286, P.393, P.396, P.593 [With notes by the Rev. H. H. Milman, Edward Gibbon, *Gibbon's History of the Decline and Fall of the Roman Empire* (1845)] P.107, P.356 [John Skylitzes, *Madrid Skylitzes* (12th)] P.545, P.589, P.636 [Giovanni Battista Piranesi (1720.10.04-1778.11.09)] P.45, P.83, P.138, P.158, P.161, P.203, P.206, P.212, P.216, P.236, P.240, P.245, P.252, P.275, P.281, P.298, P.300, P.307, P.312, P.329, P.347, P.381, P.403, P410, P.455, P.460, P.485, P.491, P.564, P.628, P.658, P.681, P.787

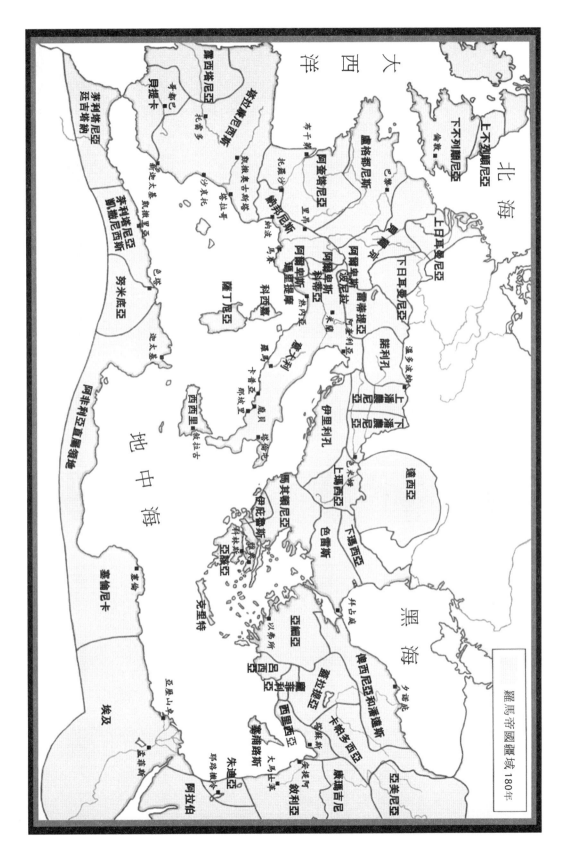

羅馬帝國疆域180年

聯經經典

羅馬帝國衰亡史（精選本）

2018年11月初版　　　　　　　　　　　　　　　　　定價：新臺幣1200元
有著作權・翻印必究
Printed in Taiwan.

著　　　者	Edward Gibbon	
譯　　　者	席　代　岳	
叢書編輯	黃　淑　真	
校　　對	施　怡　年	
內文排版	極翔企業有限公司	
封面設計	許　晉　維	
編輯主任	陳　逸　華	

出　版　者	聯經出版事業股份有限公司	總編輯	胡　金　倫	
地　　　址	新北市汐止區大同路一段369號1樓	總經理	陳　芝　宇	
編輯部地址	新北市汐止區大同路一段369號1樓	社　長	羅　國　俊	
叢書編輯電話	（02）86925588轉5322	發行人	林　載　爵	
台北聯經書房	台北市新生南路三段94號			
電　　　話	（02）23620308			
台中分公司	台中市北區崇德路一段198號			
暨門市電話	（04）22312023			
台中電子信箱	e-mail：linking2@ms42.hinet.net			
郵政劃撥帳戶第0100559-3號				
郵撥電話	（02）23620308			
印　刷　者	文聯彩色製版印刷有限公司			
總　經　銷	聯合發行股份有限公司			
發　行　所	新北市新店區寶橋路235巷6弄6號2樓			
電　　　話	（02）29178022			

行政院新聞局出版事業登記證局版臺業字第0130號

本書如有缺頁，破損，倒裝請寄回台北聯經書房更換。　　ISBN　978-957-08-5193-9 (精裝)
電子信箱：linking@udngroup.com

國家圖書館出版品預行編目資料

羅馬帝國衰亡史（精選本）/ 吉朋（Edward Gibbon）著 .
席代岳譯 . 初版 . 新北市 . 聯經 . 2018年11月（民107年）.
832面 . 17×23公分（聯經經典）
譯自：The Decline and Fall of the Roman Empire
ISBN　978-957-08-5193-9（精裝）

1.歷史　2.羅馬帝國

740.222　　　　　　　　　　　　　　　107017361